INSTITUTES OF THE CHRISTIAN RELIGION

1559년 최종판

기독교 강요 상

옮긴이   **원광연**

역자는 총신대학 신학과를 졸업하고, 합동신학교를 수학하였으며, 호주 장로회 신학교 (P.T.C.)를 졸업하였다. 호주 장로교회에서 목사 안수를 받고, 시드니 한인교회에서 시무하였으며, 현재 연구와 번역에 힘쓰고 있다. 역서로 칼빈의『기독교 강요』(전3권),『구약의 기독론』(헹스텐베르크),『성경신학』(게할더스 보스),『바빙크의 개혁교의학 개요』,『하이델베르크 요리문답 해설』(우르시누스),『그리스도인의 전신갑주』(윌리엄 거널) 등이 있다.

세계
기독교
고전

◀ 44 ▶

INSTITUTES OF THE CHRISTIAN RELIGION

1559년 최종판

기독교 강요 <상>

존 칼빈 | 원광연 옮김

CH북스
크리스천
다이제스트

세계 기독교 고전을 발행하면서

한국에 기독교가 전해진 지 벌써 100년이 넘었습니다. 그동안 수많은 기독교 서적들이 간행되어 한국의 교회와 성도들에게 많은 공헌을 해 왔습니다. 그러나 기독교 역사 100년을 넘어선 우리의 교회와 성도들에게 더 큰 영적 성숙과 진정한 신앙을 심어주기 위해서는 가치있는 기독교 서적들이 많이 나와야 한다고 생각합니다. 그리하여 영혼의 양식이 될 수 있는 훌륭한 기독교 서적들이 모든 성도들의 가정뿐만 아니라 믿지 아니하는 가정에도 흘러 넘쳐야만 합니다.

믿는 성도들은 신앙의 성장과 영적 유익을 위해서 끊임없이 좋은 신앙 서적들을 읽고 명상해야 하며, 친구와 이웃 사람들의 구원을 위하여 신앙 서적 선물하기를 즐기고 읽도록 권해야 할 것입니다. 이것은 하나님의 백성으로서 살기 원하는 사람은 누구나 마땅히 해야 할 의무라고도 하겠습니다.

존 웨슬리는 "성도들이 책을 읽지 않는다면 은총의 사업은 한 세대도 못 가서 사라져 버릴 것이다. 책을 읽는 그리스도인만이 진리를 아는 그리스도인이다"라고 말했습니다. 우리는 이제 한국에서 최초로 세계의 기독교 고전들을 총망라하여 한국의 교회와 성도들에게 소개하고자 합니다. 전세계의 기독교 고전은 모든 기독교인들에게 영원한 보물이며, 신앙의 성숙과 영혼의 구원을 위하여 이보다 더 귀한 것은 없을 것입니다.

이러한 취지로 어언 2천여 년의 세월이 지나는 동안 세계 각국에서 저술된 가장 뛰어난 신앙의 글과 영속적 가치가 있는 위대한 신앙의 글만을 모아서 세계 기독교 고전 전집으로 편찬하고자 합니다.

우리는 이 세계 기독교 고전 전집을 알차고, 품위있게 제작하여 오늘날 한국의 교회와 성도들에게 제공하고 후손들에게도 물려줄 기획을 하고 있습니다.
우리는 다시 한번 다니엘 웹스터가 한 말을 깊이 생각해 보아야 할 것입니다.

"만약 신앙 서적들이 우리나라 대중들에게 광범위하게 유포되지 않고,
사람들이 신앙적으로 되지 않는다면, 우리나라가 어떤 나라가 될지 걱정스
럽다 … 만약 진리가 확산되지 않는다면, 오류가 지배할 것이요, 하나님과
그의 말씀이 전파되고 인정받지 못한다면, 마귀와 그의 궤계가 우세할 것이
요, 복음의 서적들이 모든 집에 들어가지 못한다면, 타락하고 음란한 서적
들이 거기에 있을 것이요, 우리나라에서 복음의 능력이 나타나지 못한다면,
혼란과 무질서와 부패와 어둠이 끝없이 지배할 것이다."

독자들의 성원과 지도 편달을 바라마지 않습니다.

CH북스
발행인 박명곤

차례

제1권
창조주 하나님을 아는 지식

제 2 권
율법 아래에서 조상들에게 나타나셨고, 복음 안에서 우리에게 나타나신
구속주 하나님, 곧 그리스도를 아는 지식

독자에게 드리는 글 (1559)

우리들의 이 책의 초판에서 주님께서 그의 무한하신 선하심에 의하여 주셨던 그 성공을 나는 전혀 기대하지 못했었다. 따라서, 일반적으로 작은 책들에서 이루어지는 것처럼 나는 대체로 주제를 간략하게 다루었다. 그렇지만 기대하기는커녕 감히 바랄 수 없었던 호의로써 이 책이 거의 모든 경건한 사람들에 의해서 받아들여졌다는 사실을 깨닫게 되었을 때, 나는 내가 마땅히 받을 만한 것보다 훨씬 더 큰 호의를 입었다는 사실을 깊이 느끼게 되었다. 따라서 나에 대한 이 따뜻하고 호의적인 평가, 즉 나에게 더 큰 노력을 요청하는 찬사에 부응하기 위하여 나의 미약한 능력이 허락하는 한, 최소한으로라도 노력하지 않는다면 지극히 큰 배은망덕을 드러내게 될 것이라고 생각하게 되었다.

나는 이 작업을 두 번째 판에서도 시도하였으며, 또한 그 이후로 작품이 재인쇄될 때마다 약간씩 내용들을 첨가함으로써 이 작품이 풍부하게 되었다. 비록 내가 기울였던 수고에 대해서 후회하지 않는다 하더라도, 나는 이 작품이 현재 설명된 대로 배열될 때까지는 결코 만족하지 못하였다. 나는 여러분들이 모두 인정할 수 있는 책을 제공하게 되었음을 이제 확신할 수 있다.

여하튼, 나는 하나님의 교회를 위하여 내가 이 작업을 수행하기 위하여 쏟아부었던 크나큰 열심과 노력에 대해서 매우 분명한 증거를 제시할 수 있다. 지난 겨울에 4일 주기의 간헐열이 나를 죽음으로 부르고 있다고 생각하였을 때, 나는 이 질병이 나를 압박하면 할수록, 더욱더 수고를 아끼지 않았으며, 경건한 사람들의 관대한 권유에 보답하기 위해서 이 한 권의 책을 마침내 내어놓을 수 있었다. 실제로 나는 이 일을 더 빨리 완성하려고 할 수도 있었지만, 이것은 충분히 잘 이루어진 그만큼 적절하게 빠른 시일 내에 완성되었다고 할 수 있다. 더욱이, 이것이 지금까지보다 하나님의 교회를 위하여 더 풍성한 열매를 맺게 되었다는 사실을 인식하게 되는 순간에, 나는 나의 책이 적절한 시기에 나타나게 되었다고 생각할 수 있을 것이다. 이것이 나의 유일한 기도(祈禱)이다. 내가 다만 하나님의 인정(認定)으로 만족하고, 무지한 사람들의 그릇되고 사악한 판단들과 사악한 자들의 잘못되고 악의적인 판단들을 멸시하지 않았더라면, 주변의 상황이 나에게 어긋난 방향으로 흘러갈 수도 있었을 것이다. 하나님께서는 자신의 나라를 확장하시고 공적인 선(善)을 증진시키기 위하여 나의 마음을 열심으로 채워놓으셨다.

교회에서 교사의 직분을 떠맡은 이후로, 경건에 관한 순수한 교리를 유지함으로써 교회를 유익되게 하는 일 이외에는 내가 다른 목적을 가지고 있지 않다는 사실에 대해서, 나는 또한 나 자신의 양심에 있어서 충분히 결백하며, 이 사실을 증언하시는 하나님과 천사들을 소유하고 있다. 그러나 나는 나보다 더 그릇된 비난들로 인하여 괴롭힘을 당하고 물어뜯기고 상처를 입고 있는 사람은 없다고 생각한다.

이 서문이 인쇄에 들어갈 때, 제국의회가 소집되었던 아우크스부르크에서 내가 교황권으로 변절하였다는 소문이 널리 유포되었으며, 나는 이것이 적절한 정도 이상으로 군주들의 모임에서 더욱 열광적으로 받아들여졌다는 사실을 확인하게 되었다. 그러나 이것은 나의 지조에 대한 매우 많은 증거들을 확실히 감추지 않았던 사람들에게는 감사한 일이었다! 이 증거들은 천박한 비방을 물리치는 것이며, 또한 모든 공정하고 자비로운 재판관들 앞에서 나를 그러한 비방으로부터 보호해주어야 했었던 것들이다. 그러나 더러운 거짓말들에 의하여 나를 억압할 때 이런 모욕이 나를 더 연약하거나 더 유순하게 만들 것이라고 생각한다면 마귀는 자신의 전체 무리들과 더불어 속임을 당하고 있는 것이다. 왜냐하면 하나님께서 자기의 무한히 선하심에 의해서 내가 그의 거룩한 부르심의 길에서 확고한 인내를 가지고 끝까지 인내하도록 허락하실 것이라는 사실을 내가 확신하고 있기 때문이다. 이번 판에서 나는 경건한 독자들을 위하여 이 사실에 대한 새로운 증거를 제시할 것이다.

더욱이, 학생들이 하나님의 말씀에 쉽게 다가서게 되고, 그들이 흔들림 없이 말씀 안에서 진보할 수 있도록 하기 위하여, 거룩한 신학을 공부하는 후보자들이 하나님의 말씀을 읽을 수 있도록 준비시키고 훈련시키려는 것이 이 작품에서 나의 목적이 되었다. 왜냐하면 내가 종교의 핵심을 모든 부분들 속에서 그처럼 포함하였고, 또한 이것을 일정한 순서로 배열함으로써, 누구라도 그것을 바르게 포착하기만 하면, 성경에서 그가 무엇을 특별히 찾아야 하고 또 그 내용들을 어떤 목적과 관련시켜야 하는지를 판단하는 것이 그에게 어렵지 않을 것이라고 믿기 때문이다. 말하자면 이 길(路)이 포장된 이후에, 내가 성경에 대한 해석서들을 출판하게 된다면, 나는 언제든지 이것들을 간략하게 요약하게 될 것이다. 왜냐하면 내가 장황한 교리적인 논의들에 착수하고, 또 진부한 문구들로 이탈해야 할 필요가 없겠기 때문이다.

이렇게 해서 만일 경건한 독자가 본 작품에 대한 지식으로 구비(具備)하여 하나의 필수적인 도구로서 성경에 다가가게 된다면, 그는 크게 성가신 일이나 지루한 일이 없이 성경을 읽을 수 있을 것이다. 그러나 이 교훈에 대한 계획이 나의 모든 주석서들 속에서 분명하게 반영되어 있기 때문에, 나는 이것을 말로써 묘사하기보다는 이 책이 그 자체로서 자신의 목적을 선언하게 되는 것을 더 선호한다.

마지막으로 친절한 독자여, 만일 당신이 나의 수고에 의해서 조금이라도 유익을 얻게 된다면, 하나님 우리 아버지 앞에서 드리는 당신의 기도로써 나를 도와주시기를 바란다.

1559년 8월 1일, 제네바에서
존 칼빈

"나는 나 자신을 배울 때에 저술하고,
저술할 때에 배우는 다수의 사람들 중의 한 사람으로 생각한다."
— 아우구스티누스의 서신 7호

본서의 주제
(1560년 불어판 기독교 강요로부터)

나의 독자들이 본 작품에서 더 나은 유익을 얻을 수 있게 하기 위하여, 나는 그들이 이 책에서 얻을 수 있는 유익을 간략하게 지적하고 싶다. 왜냐하면, 이렇게 할 때, 그들이 이 책을 읽는 동안에 자신들의 의도를 굽혀서 이끌어야 하는 목표를 내가 그들에게 보여 줄 수 있을 것이기 때문이다. 주님께서 성경을 통하여 자신의 지혜의 무한한 보화들을 보여주시기로 의도하셨기 때문에, 성경이 어떤 것도 첨가할 수 없는 완전한 교리를 포함하고 있다 하더라도, 여전히 성경을 많이 학습하지 않은 사람은 스스로 이리저리 방황하지 않고 확실한 길을 붙들 수 있기 위하여, 자신이 성경에서 찾아야 하는 것을 알 수 있도록 약간의 인도와 안내를 받아야 될 만한 타당한 이유를 가지고 있다.

이렇게 해서 그는 성령께서 그를 불러주시는 목표를 향하여 항상 길을 재촉할 수 있게 되는 것이다. 아마도 하나님께로부터 다른 사람들보다 더 완전한 빛을 받은 사람들의 의무는 단순한 사람들을 안내하며, 또한 하나님께서 그의 말씀으로 우리들에게 가르쳐 주려고 하셨던 내용의 핵심을 그들이 발견할 수 있도록 하기 위하여, 이 점에 있어서 그들을 도와주고, 또한 그들에게 말하자면 손을 내미는 일이 될 것이다.

그런데, 이 일은 기독교 철학에 포함되어 있는 주요하고 가장 중요한 문제들을 성경을 통하여 다루는 것보다 더 훌륭하게 이루어질 수는 없을 것이다. 왜냐하면 이러한 사실들을 아는 사람은 — 특별히 각 문장을 어느 곳에 연결해야 하는지를 상당히 잘 알아서 자신에게 제시된 모든 것을 수용할 수 있는 규칙을 가지게 될 때 — 어느 한 날에 하나님의 학교에서 더 큰 은혜를 얻기 위하여 준비할 것이기 때문이다.

구원의 교리에 의하여 가르침을 받으려고 하는 사람들을 이런 방식으로 도와주는 것은 매우 필요한 일이다. 그 결과로서, 나는 주님께서 나에게 주신 능력에 따라서 이 일을 떠맡지 않을 수가 없었다. 이것이 바로 본서를 구성하려는 나의 계획이다. 무엇보다도 먼저 나는 그들이 어떤 나라에 속해 있든지 간에, 배우고자 하는 모든 사람들을 돕기 위하여 이 책을 라틴어로 저술하였고, 그 후에 우리 프랑스 국민을 위하여 열매를 맺을 수도 있었던 것을 전달하려고 했을 때, 이 책을 또한 우리의 언어로 번역하였다. 나는 이 책에 관하여 감히 지나치게 호의적으로 증거할 생각이 없으며, 이 책을 읽는 것이 얼마나 유익을 줄 수 있을지에 대해서도 단언하지 않으려고 한다. 왜냐하면 내가 나의 책을 너무 높게 평가하는 것처럼 보이지 않기 위해서이다.

그럼에도 불구하고, 나는 이 책이 하나님의 모든 자녀들이 성경에 대한 선하고 바른 이해로 나아가는 길을 열어주는 열쇠가 될 수 있을 것이라고 최소한 약속할 수 있다. 이렇게 해서, 향후에 만일 우리의 주님께서 나에게 주석서들을 쓸 수 있는 수단과 기회를 제공해 주신다면, 나는 최대한으로 간결하게 그 기회를 사용하려고 하는데, 왜냐하면 내가 기독교와 관련된 거의 모든 항목들을 여기에서 길게 다루었다는 사실을 고려할 때, 장황한 여담들이 필요가 없을 것이기 때문이다. 모든 진리와 건전한 교리가 하나님께로부터 나온다는 사실을 우리가 깨달아야 하기 때문에, 나는 내가 이 작품에 대해서 생각하는 것을 가장 단순하게 두려움 없이 과감하게 주장하겠다. 나는 이 책이 나의 책이 아니라 하나님의 책이라고 인정하겠다. 그리고 진실로, 이 책에 대한 모든 칭찬은 하나님께 돌려져야 마땅할 것이다.

이렇게 해서, 나는 첫째로 기독교 교리의 핵심을 알기를 바라고, 둘째로 신약 성경뿐만 아니라 구약 성경을 읽음으로써 크게 도움을 얻는 방법을 알고 싶어하는, 주님의 말씀을 공경하는 모든 사람들에게, 이 책을 읽고, 이 책을 자신들의 기억 속에 부지런히 각인시키라고 훈계한다. 그들이 이렇게 행하게 되었을 때, 그들은 내가 단어들을 전혀 오용하려고 하지 않았음을 경험을 통하여 깨닫게 될 것이다. 만일 누가 모든 내용들을 다 이해할 수 없다면, 그는 그 일로 인하여 절망해서는 안 되며, 하나의 구절이 다른 구절에 대한 더 친숙한 설명을 자기에게 나타내주기를 기대하면서 계속해서 앞으로 나아가야 한다. 무엇보다도

먼저, 나는 내가 성경에서 인용한 증언들을 평가하기 위해서, 그가 성경에 의지
할 것을 촉구하는 바이다.

먼저, 나는 내가 성경에서 인용한 증언들을 평가하기 위해서, 그가 성경에 의지
할 것을 촉구하는 바이다.

헌사

지극히 위대하시고 지극히 영명하시며 지극히 기독교적인 프랑스의 왕 프랑수아 폐하에게 존 칼빈은 주 안에서 평강과 문안을 드립니다.

1. 이 책이 쓰여진 배경

지극히 영광스런 왕이시여, 제가 처음 이 저술에 손을 댔을 때 폐하에게 바쳐질 어떤 것을 쓴다는 것은 꿈도 꾸지 않던 일이었습니다. 나의 목적은 단지 어떤 기초적인 사실들을 전달함으로 그것에 의해 종교에 열심을 가진 사람들이 참된 경건에 도달하게 하는 것이었습니다. 그리고 나는 특별히 우리 프랑스 사람들을 위하여 이 일에 착수하였는데 그들 중 상당수는 제가 보기에 그리스도에 굶주리고 목마른 사람들이었습니다. 그리스도에 대해 약간의 지식이라도 가지고 있는 자는 극소수에 불과했던 것입니다. 이 책 자체도 그것이 나의 의도였다는 것을 증거하는데 그 이유는 이 책이 단순하고도 초보적인 가르침의 형태로 기록되었기 때문입니다.

그러나 어떤 사악한 사람들의 격노가 당신의 영토에서 너무나 멀리 파급되었기 때문에 건전한 교리가 발붙일 장소가 없게 되었습니다. 결과적으로 만일 내가 가르치기에 착수한 자들에게 교훈을 주고, 동시에 폐하 앞에 신앙을 고백할 수 있다면 그것은 가치 있는 일이 될 것이라고 생각되었습니다. 이것으로부터 폐하는 오늘날 칼과 불로써 폐하의 영토를 교란시키는 저 미친 사람들이 불같은 성화로 반대하고 있는 교리의 속성을 알 수 있을 것입니다. 그리고 정말 저는, 그들이 투옥, 추방, 재산 몰수, 그리고 화형에 처해야 하며 육지와 바다에서 박멸해야 한다고 부르짖는 바로 그 교리의 대부분을 신봉하고 있다는 것을 주저 없이 고백하는 바입니다.

정말이지 저는 그들이 우리의 명분을 폐하에게 가능한 한 혐오스런 것으로 만들기 위해 어떤 끔찍한 보고들로써 당신의 귀와 마음을 가득 채웠는지 알고 있습니다. 그러나 당신의 자비하심에 합당하게, 만일 단순히 고발하는 것만으로 충분하다면 말로나 행위로나 무죄한 자가 남아 있지 못하리라는 사실을 당신은 고려해야만 할 것입니다.

어떤 사람이 증오심을 불러일으키기 위하여 이 교리, 즉 제가 지금 당신에게 말씀드리려 하고 있는 내용이 오래 전부터 모든 계층의 표결에 의하여 정죄되었으며 많은 법정의 판결에 의하여 폐기 처분된 것처럼 가장한다 합시다. 그것은 분명히 부분적으로 그것이 대적들의 맹종과 능력에 의해 격렬한 배척을 받아 왔으며, 부분적으로 그들의 허위, 트집, 중상에 의해 날치기로 또한 교활하게 억압을 받아왔다는 것을 말할 뿐일 것입니다. 한 번 들어보지도 않고 이 교리에 대하여 피비린내나는 선고를 내리는 것은 순전한 폭력인 것입니다. 부당하게도 그것을 반역과 악행으로 고발하는 것은 사기인 것입니다.

지극히 존귀한 왕이시여, 아무도 우리가 이러한 것들에 대하여 터무니없는 불평을 하고 있다고 생각하지 않게 하기 위해 얼마나 많은 중상 모략들이 매일 당신 앞에 고해지고 있는지 당신은 증언하실 수 있을 것입니다. 마치 이 교리가 모든 질서와 시민의 정부를 전복하고 평화를 깨뜨리고 모든 법률을 폐기하고 모든 신분과 재산을 박탈하려는, 한 마디로 모든 것을 뒤집어 버리려는 것 외에 어떤 다른 목적도 갖고 있지 않은 것 같습니다. 그러나 아직도 당신은 고발의 극히 적은 일부만을 듣고 있을 뿐입니다. 백성들 사이에서는 끔찍한 소문들이 널리 유포되고 있습니다. 만일 그러한 소문들이 사실이라면, 그 교리와 그것을 만든 자들은 수천 번 화형과 십자가형을 당해 마땅하다고 세상은 판단할 것입니다.

이처럼 지극히 사악한 비난들이 믿어지고 있는 때에 그 교리에 대한 일반의 증오심이 일고 있는 것이 어찌 이상한 일이겠습니까? 모든 계층의 사람들이 협력해서 우리와 우리의 교리를 정죄하려는 음모를 꾸미고 있는 것은 바로 그 때문입니다. 재판석에 앉아 있는 사람들은 이러한 감정에 사로잡혀서 자기들이 집에서 가져온 편견들을 판결로서 선고하고 있는 것입니다. 그리고 그들은 자기 자신의 고백에 의해서나 혹은 확실한 증언에 의해 유죄 판결을 받지 않은 사람을 아무도 처벌하지 않는다면 자기들의 직무를 완전히 유기한 것이라고 생각합니다. 그러나 무슨 죄에 대해서 입니까? 이 정죄된 교리에 대해서라고 그들은 말합니다. 그러나 무슨 권리로 그것이 정죄되었습니까? 이제 방어의 보루는 바로 이 교리를 부인하는 것이 아니고 그것이 진실이라고 지지하는 것입니다. 여기서는 심지어 속삭일 수 있는 권리조차도 박탈당하는 것입니다.

2. 박해받는 복음주의자들을 위한 탄원

이러한 이유로 인해, 무적의 왕이시여, 저는 정당하게 당신에게 이 송사를 충분히 심리해 주시기를 청원하는 바입니다. 이 송사는 지금까지 적법한 절차 없이, 사법적 엄숙함보다는 폭력적인 열기에 의해 취급되어 왔던 것입니다. 그리고 제가 여기서 개인적인 변호를 함으로써 무사히 조국으로 돌아갈 준비를 하고 있는 것으로 생각하지 마십시오. 비록 제가 저의 조국을 지극히 사랑하는 인지상정을 갖고 있기는 하지만 지금과 같은 상황 속에서는 추방되어 있는 것이 크게 유감스럽지는 않습니다. 오히려 저는 모든 신자들의 공통된 대의, 즉 그리스도 자신의 대의를 기꺼이 붙들고자 합니다. 이 대의는 현재 폐하의 왕국에서 완전히 짓밟히고 철저하게 버림받은 상태에 놓여 있는데, 그것은 폐하의 승인에 의한 것이라기보다는 어떤 바리새인들의 폭정에 의한 것입니다.

그러나 여기서 우리의 대의가 수난을 받고 있다는 그러한 일이 어떻게 일어나게 되었는가를 말하고자 하는 것은 아닙니다. 왜냐하면 불경건한 사람들이 지금까지 크게 득세를 해서 그리스도의 진리가 추방되고 흩어져서, 비록 소멸까지는 되지 않았다 할지라도 여전히 가려져 있고 묻혀져 있으며 빛을 보지 못하고 있기 때문입니다. 가련한 교회는 잔인한 살육에 의해 피폐되거나, 혹은 추방을 당해 유배 중에 있거나, 혹은 협박과 공갈에 압도당하여 감히 입도 열지 못하고 있는 형편입니다. 그럼에도 불구하고 불경건한 자들은 광분해서 이미 기울어가고 있는 벽을 강타하고, 그들이 악착같이 추구하고 있는 박멸 운동을 계속하고 있습니다.

한편 아무도 그러한 광분에 대항하여 교회를 지키고자 나서는 사람은 없습니다. 그러나 진리를 열렬히 사랑하는 것처럼 보이고 싶어하는 사람들은 무지한 자들의 오류와 경솔을 용서해 주어야 한다고 느끼고 있습니다. 왜냐하면 소위 온건한 사람들은 그들이 알고 있는 오류와 경솔을 하나님의 가장 확실한 진리라 부르고 있으며, 그리스도께서 하늘의 지혜의 신비를 부여해 주신 지성적인 사람들을 배우지 못한 자들로 부르고 있기 때문입니다. 그들은 그처럼 복음을 부끄러워하고 있는 것입니다.

그렇다면, 지극히 현명하신 왕이시여, 그처럼 정당한 변론에 대해 당신의 귀나 마음을 닫아버리지 않는 것이 당신을 위하는 일이 될 것입니다. 특별히 아주 중요한 문제들, 하나님의 영광이 어떻게 땅 위에서 안전하게 보존될 수 있을 것인가, 하나님의 진리가 어떻게 그 영예로운 지위를 유지할 수 있을 것인가, 그리스도의 왕국이 어떻게 우리 가운데 온전하게 유지될 것인가 하는 문제들이 걸려 있을 때에는 말입니다. 실로 이 문제는 당신이 듣고 인지할 가치가 있는 것이며 당신의 왕관에 어울리는 일입니다. 정말이지 이러한 생각이 진정한 왕을 만드는 것입니다. 즉 자신의 왕국을 통치하는데 있어 자신을 하나님의 종으로 인식하는 것 말입니다(롬 13:3).

만일 자기의 왕국을 통치하는데 있어 하나님의 영광을 위해 봉사하지 않는 왕이 있다면 그는 왕의 법도를 행하고 있는 것이 아니라 산적 행위를 하고 있는 것입니다. 더구나 자기 왕국이 하나님의 홀, 즉 그의 거룩한 말씀에 의해 통치되고 있지 않는데도 그것이 지속적으로 번영하기를 바라는 자는 스스로 속고 있는 자입니다. 왜냐하면 "예언이 없으면 백성이 흩어진다"(잠 29:18, 개역 성경에는 '묵시가 없으면 백성이 방자히 행한다'로 번역되어 있음: 역자주)고 선포하는 하늘의 음성은 거짓말일 수 없기 때문입니다.

또한 우리의 비천함에 대한 경멸이 당신으로 하여금 이러한 노력을 단념하도록 만들어서는 안 될 것입니다.

정말이지 우리는 우리가 얼마나 천하고 낮은 미미한 존재들인가를 잘 알고 있습니다. 하나님 앞에서 우리는 물론 비참한 죄인입니다. 사람이 보기에도 우리는 세상의 더러운 것과 만물의 찌꺼기(고전 4:13 참조)이거나 혹은 이름붙일 수 있는 그 어떤 것보다도 더 천한 것들입니다. 그리하여 하나님 앞에서 우리에게는 그의 자비 외에 자랑할 것이 아무것도 남아 있지 않으며(고후 10:17-18 참조) 그것에 의해 우리는 영원한 구원의 소망을 얻게 되었습니다. 우리 자신의 공로는 전혀 없이 말입니다(딛 3:5 참조). 그리고 사람들 앞에서 우리가 자랑할 것이라고는 우리의 연약함뿐인데(고후 11:30; 12:5, 9 참조) 그들에게 있어서는 단지 고갯짓으로 그것을 인정하는 것조차도 커다란 불명예가 되는 것입니다.

그러나 우리의 교리는 기가 꺾임이 없이 세상의 모든 영광과 능력들 위에 우뚝 솟아야만 합니다. 왜냐하면 그것은 우리에게서 난 것이 아니요 살아계신 하나님과 그의 그리스도에게서 난 것이기 때문입니다. 하나님께서는 그를 왕으로 삼으셔서 "바다에서 바다까지 그리고 강들로부터 땅 끝까지 다스리게" 하셨기 때문입니다(시 72:8). 그리하여 그는 그 철과 놋 같은 힘으로, 그 금은 같은 광채로 전세계를 쳐서 그 입의 막대기로 마치 토기를 부스러뜨리듯 하는 것입니다. 선지자들이 그의 통치의 장엄함에 관해 예언했던 것처럼 말입니다(단 2:32-35; 사 11:4; 시 2:9 종합). 사실 우리의 대적들은 우리가 거짓되이 하나님의 말씀을 핑계삼아 사악하게도 그것을 더럽힌다고 소리칩니다. 폐하께서 소유하신 분별력을 발휘해서 우리의 고백을 읽어 보시면 그것이 얼마나 악의에 찬 무고이며 파렴치한 말들인지를 판단하실 수 있을 것입니다.

그러나 우리는 여기서 당신의 열심과 주위를 끌기 위해, 혹은 최소한 당신께서 우리의 고백을 읽을 수 있는 길을 준비하기 위해 어떤 것을 말씀드려야만 하겠습니다. 바울이 모든 예언을 믿음의 분수대로 해야 한다고 말했을 때(롬 12:6), 그는 성경의 모든 해석을 시험하는 아주 명백한 규칙을 제시한 것입니다. 이제 만일 우리의 해석이 이 믿음의 규칙에 의해 평가된다면 승리는 우리의 것입니다. 왜냐하면 하나님이 입혀 주시는 옷을 입기 위해 우리는 미덕이 전혀 없는 벌거숭이이며, 하나님에 의해 채움을 얻기 위해 우리에게는 아무 선한 것이 없으며, 그분에 의해 자유를 얻기 위해 우리는 죄의 종들이며, 그분에 의해 비췸을 얻기 위해 눈먼 자이며, 그분에 의해 교정을 받기 위해 절름발이이며, 그분에 의해 지탱되기 위해 약한 자라는 것을 시인하는 것이야말로 우리의 믿음에 가장 잘 부합되는 것이기 때문입니다.

우리 자신에게서 모든 영광돌릴 기회를 제거하여, 그분 홀로 영광스럽게 부각되며 우리는 그분 안에서 기뻐하는 것보다 믿음에 더 잘 부합되는 일이 어디 있겠습니까(고전 1:31; 고후 10:17 참조)? 우리가 이러한 것들이나 이와 유사한 것들을 말하면, 우리의 대적들은 참견을 하면서 불평하기를 이런 식으로 우리가 자연의 맹목적인 빛과 가공적 준비들과 자유 의지와 영원한 구원을 받을 만한 공로가 있는 행위들, 심지어 그들의 구제를 통한 구원까지도 부인한다는 것입니다. 왜냐하면 그들은 모든 찬송과 영광, 덕, 의, 그리고 지혜가 하나님에게만 있어야 한다는 사실을 참을 수 없기 때문입니다.

하지만 우리는 어떤 사람이 생수의 샘물을 너무 많이 마셨다고 책망들었다는 이야기를 읽어본 적이 없습니다(요 4:14). 오히려 "자신들을 위하여 웅덩이를 팠는데 물을 저장할 수 없는 터진 웅덩이를 판" 사람들이 심하게 책망받았다는 이야기를 읽고 있는 것입니다(렘 2:13). 뿐만 아니라, 그리스도께서 형제요 구속자로 인식되는 곳에서 하나님이 구속해 주시는 아버지가 되심을 확신하는 것보다도 더 믿음에 가깝고 좋은 것이 어디 있겠습니까?

우리를 향한 말할 수 없는 사랑으로 "자기 아들을 아끼지 아니하시고 우리 모든 사람을 위하여 내어 주신"(롬 8:32) 그분으로부터 모든 행복과 성공을 자신 있게 기대하는 것보다 더 좋고 믿음에 가까운 것이 어디 있겠습니까? 그리스도를 묵상하면서 아버지께서 주신 구원과 영생을 기대하며 그러한 보화가 감추어져 있는 그분 안에 쉬는 것보다 더 좋고 신앙에 더 가까운 것이 어디 있겠습니까?

그렇게 말하면 그들은 우리를 공격하면서 소리치기를, 그러한 확실한 신뢰는 교만과 자만을 피할 수 없다고 합니다. 그러나 우리가 우리 자신에게 있어 어떤 것도 자랑하지 말아야 하는 것처럼 하나님이 주신 모든 것을 자랑해야만 합니다. 또한 우리는 주 안에서 자랑하는 법을 배우는 것 외에는 허세를 극복할 방법을 갖고 있지 않습니다(고후 10:17; 고전 1:31; 렘 9:23-24 참조).

더 무슨 말이 필요하겠습니까? 지극히 높으신 왕이시여, 우리의 주장을 전체적으로 간단히 검토해 보시고 만일 "우리가 수고하고 진력하는 것은 우리 소망을 살아계신 하나님께 두기"(딤전 4:10) 때문이며, 우리는 "유일하신 참 하나님과 그의 보내신 예수 그리스도를 아는 것이 영생"(요 17:3)임을 믿기 때문이라는 사실을 당신이 분명히 발견하실 수 없거든 우리를 사악한 자들 가운데서도 가장 사악한 자들로 여기십시오.

이러한 소망이 있기 때문에 우리 중에 어떤 사람들은 쇠사슬에 묶이기도 하고, 어떤 사람들은 곤장을 맞기도 하고, 어떤 사람들은 조롱을 당하면서 끌려 다니기도 하고, 어떤 사람들은 추방을 당하기도 하고, 어떤 사람들은 야만적인 고문을 당하기도 하고, 어떤 사람들은 도망을 다녀야만 하기도 했습니다. 우리 모두는 가난에 찌들리고 무서운 저주를 받고 중상모략을 받기도 하고, 가장 치욕스러운 취급을 받기도 했습니다.

이제 우리의 대적들을 보십시오(나는 사제들을 두고 말하고 있습니다. 그들의 지시와 의도에 따라 나머지 사람들은 우리를 향해 적대적인 행위를 일삼고 있습니다). 그리고 저와 함께 잠시동안 어떠한 열심이 그들을 움직이고 있는지 생각해 봅시다. 그들은 자신들과 다른 사람들로 하여금 진정한 종교를 등한히 하고 멸시하도록 즉각 허용합니다. 그런데 그것은 성경에서 전수되어 내려오는 것이며 모든 사람 가운데서 인정받는 자리를 차지했어야만 하는 것입니다.

그들은 어떤 사람이 하나님과 그리스도에 대해서 무슨 신앙을 견지하고 있느냐 하는 것에 대해서나, 어떤 신앙을 갖고 있지 않은가 하는 것에 대해서는 손톱만큼도 관심이 없습니다. 단지 그가 (그들이 일컫는 바) 맹목적 신앙으로 자기의 마음을 교회의 판단에 맡기기만 한다면 말입니다. 명백한 불경에 의해 더럽혀진 하나님의 영광을 보는 것도 그들에게는 별로 고통이 되지 않습니다. 교황청의 수위성과 거룩한 어머니 되시는 교회의 권위에 대항하여 손가락을 드는 자만 없다면 말입니다.

왜 그들은 미사, 연옥, 성지 순례 따위의 시시한 문제들을 위해서 그토록 모질고 독하게 투쟁하는 것입니까? 아주 분명한 신앙이 없이는 그러한 것들 속에 참된 경건은 있을 수 없다는 것을 부인하면서 말입니다. 그들은 하나님의 말씀으로부터 그 어떤 것도 증명하지 못하고 있는 것입니다. 왜입니까? "그들의 신은 배요"(빌 3:19) 그들의 부엌이 그들의 종교이기 때문입니다. 만일 이러한 것들이 제거된다면 그들은 자기들이 그리스도인이 아니요 심지어 사람도 아니라고 믿을 것입니다. 왜냐하면 어떤 사람들은 배가 터지도록 먹는 반면 또 어떤 사람들은 겨우 부스러기만을 씹고 있다 할지라도 역시 그들 모두는 한 솥의 밥을 먹고 있으며, 그 솥은 그러한 연료가 없으면 단지 식을 뿐 아니라 점점 얼어 붙을 수밖에 없기 때문입니다. 결과적으로 자기 배에 가장 깊은 관심을 가진 자가 자기 신앙을 위한 가장 열성적인 옹호자가 되고 있는 것입니다. 요컨대 모든 사람이 한 가지 목표를 향해 진력하고 있습니다. 그것은 자기들의 지배권을 보존하거나 혹은 자기 배를 채우는 것입니다. 진지한 열심을 조금이라도 보이는 사람은 하나도 없는 것입니다.

3. 대적자들의 비난에 대한 논박 — 새로운 것, 불확실한 것이라는 주장에 대한 — 과 기적들의 가치

그럼에도 불구하고 그들은 우리의 교리를 공격하기를 그치지 아니하고 비난하며 거기에 온갖 이름을 붙여 명예를 훼손함으로써 그것이 증오와 의심의 대상이 되게 합니다. 그들은 그것을 "새롭고" 또 "최근에 생성된" 것으로 부릅니다. 그들은 그것을 "의심스럽고 불확실한" 것으로 비난합니다. 그토록 많은 거룩한 교구들의 동의와 아주 오래된 전통에 대항하여 전통을 부정해 버리는 것이 과연 옳은 일인가 하고 묻습니다.

그들은 그것이 교회에 대항해서 전쟁을 수행하는 것이므로 그것이 종파 분리의 죄를 범하는 것임을 인정하든지, 아니면 도무지 그런 소리를 들어보지 못했던 수 세기 동안 교회가 죽어 있었던 것인지 둘 중에 하나를 인정하라고 우리를 몰아칩니다. 드디어 그들은 많은 말을 할 필요가 없다고 단언합니다. 그것은 열매에 의해서 정체를 파악할 수 있기 때문이라는 것입니다. 그것이 여러 종파들과 아주 많은 불온한 소란들과 커다란 무질서를 낳았다고 본다는 것입니다. 실로 그들이 속기 잘하고 무지한 대중들 앞에서 버림받은 주장을 매도하기란 극히 쉬운 일입니다. 그러나 만일 우리도 말할 기회를 얻게 된다면 방종하고도 낯 두껍게 거림낌 없이 쏟아붓는 이 비난들은 사라지고 말 것입니다.

먼저, 그것을 "새로운" 것이라 부름으로써 그들은 하나님께 큰 잘못을 범하고 있습니다. 왜냐하면 하나님의 거룩한 말씀은 새로운 것이라는 비난을 받을 성질의 것이 아니기 때문입니다. 사실 나는 그것이 그들에게는 새롭다는 것을 전혀 의심하지 않습니다. 왜냐하면 그들에게는 그리스도도 그의 복음도 다 새로운 것이기 때문입니다. 그러나 "예수 그리스도는 우리 죄를 위하여 죽으시고 또한 우리를 의롭다 하심을 위하여 살아나셨느니라"(롬 4:25)는 바울의 설교가 고대의 것임을 아는 사람은 우리에게서 아무 새로운 것을 발견하지 못할 것입니다.

그것이 알려지지 않은 채 오랫동안 파묻혀 있었던 것은 인간의 불경건 때문입니다. 이제 하나님의 선하심에 의해 우리가 그것을 되찾았으므로 그것이 오랜 역사를 가진 것이라는 주장이 마땅히 인정되어야 합니다.

동일한 무지가 그들로 하여금 그것을 의심스럽고 불확실한 것으로 보도록 만들고 있습니다. 바로 이것이 주께서 자기의 선지자를 통해 탄식하신 것입니다. "소는 그 임자를 알고 나귀는 주인의 구유를 알건마는 나의 백성은 깨닫지 못하는도다"(사 1:3).

그러나 아무리 그들이 그것의 불확실성을 조롱할지라도 만일 그들이 그들 자신의 피로써, 또한 그들 자신의 생명의 대가로 그들의 교리를 인쳐야 한다면 그것이 그들에게 얼마나 엄청난 의미를 지니는 것인지를 알 수 있을 것입니다. 우리의 확신은 정반대의 것입니다. 그것은 죽음의 공포나 심지어 하나님의 심판대까지도 두려워하지 않는 것입니다.

그들은 우리에게 기적을 요구함으로써 부정직한 행동을 하고 있습니다. 왜냐하면 우리는 어떤 새로운 복음을 날조하고 있는 것이 아니라 예수 그리스도와 그의 제자들이 행하신 모든 기적들이 확증해 주고 있는 진리의 복음을 견지하고 있기 때문입니다. 그러나 우리와 비교할 때 그들은 이상한 능력을 가진 자들입니다. 심지어 오늘날까지도 그들은 계속되는 기적에 의해 자기들의 신앙을 확증할 수 있다는 것입니다. 대신에 그들은 그렇지 않았더라면 평온했을 마음을 동요시킬 수 있는 기적을 끝까지 주장합니다. 그들은 그처럼 어리석고 우스꽝스러우며 허망하고 거짓된 것입니다. 그럼에도 불구하고 설령 그것들이 경이로운 것이라 할지라도 하나님의 진리를 대항하는 것이 되어서는 안 됩니다. 왜냐하면 하나님의 성호는 기적에 의해서든지 혹은 사물들의 자연적 질서에 의해서든지 항상 그리고 모든 곳에서 거룩히 여김을 받아야 하기 때문입니다.

또한 우리는 사탄도 자기의 기적을 가지고 있다는 것을 기억하는 것이 좋습니다. 비록 그것이 진정한 권능이라기보다는 사기에 불과하지만 단순하고 교육받지 못한 사람들을 미혹하기에는 안성맞춤의 것입니다(살후 2:9-10 참조). 마술사와 요술쟁이들은 항상 기적으로 유명했습니다. 우상숭배도 놀라운 기적들 때문에 더욱 조장되어 왔습니다. 그러나 이것들이 우리들에게 마술사들이나 요술쟁이들의 미신을 재가해 주지는 않습니다.

옛날의 도나투스주의자들은 이러한 도구로 단순한 대중들의 마음을 사로잡았습니다. 즉, 그들도 기적에는 능했던 것입니다. 그런고로 우리는 이제 아우구스티누스가 그때 도나투스주의자들에게 대답했던 것처럼 우리 대적들에게 대답합니다. 거짓 표적과 기사를 가진 거짓 선지자들이 할 수만 있으면 택하신 자들까지 미혹하러 올 것임을 주께서 예언하신 것은 우리로 하여금 이러한 기적 행하는 자들을 경계하기 위함이었다는 것입니다(마 24:24). 그리고 바울은 적그리스도의 통치가 "모든 능력과 표적과 거짓 기사들"과 함께 있을 것이라고 경고했습니다(살후 2:9). 그러나 그들은 말하기를 이 기적들은 우상이나 마술사나 혹은 거짓 선지자들에 의해서 이루어진 것이 아니고 성인들에 의해서 이루어졌다고 합니다. 마치 우리가 "자신을 광명의 천사로 가장하는" 것이 사탄의 궤계임을 모르기나 하는 것처럼 말입니다(고후 11:14).

옛날 이집트인들은 예레미야를 경배했습니다. 예레미야는 그때 이집트에 장사되어 있었는데 그들은 그에게 제사도 드리고 신적 영광을 돌렸던 것입니다. 그들은 우상숭배의 목적을 위해 하나님의 거룩한 선지자를 오용한 것이 아닙니까? 그럼에도 불구하고 그들은 그처럼 그의 무덤을 숭배함으로써 뱀에게 물려도 고침을 받을 수 있다고 생각했던 것입니다. 진리의 사랑을 받지 않은 자들에게 "유혹을 역사하게 하사 거짓 것을 믿게"(살후 2:11) 하는 것이 지금까지 항상, 그리고 앞으로도 아주 공정한 하나님의 심판이라는 것 외에 우리가 달리 무슨 말을 하겠습니까?

그런데 우리에게도 기적이 전혀 없지는 않은데 그것은 아주 확실하고 조롱거리가 되지 않는 것입니다. 반대로 우리의 대적들이 자신들을 뒷받침하기 위해 가리키는 "기적들"은 순전한 사탄의 미혹입니다. 왜냐하면 그것들은 사람들로 하여금 하나님에 대한 참된 예배로부터 허망한 데로 이끌어가기 때문입니다(신 13:2 이하).

4. 교부들이 종교개혁의 가르침에 반대한다는 부당한 주장들

게다가 그들은 부당하게도 고대의 교부들이 우리를 반대한다고 주장합니다(나는 좀 더 나았던 교회시대의 고대 저술가들을 두고 말하고 있습니다). 마치 교부들이 그들 자신의 불경건에 대한 지지자들이라도 되는 것처럼 말입니다. 만일 교부적 권위에 의해 승부가 결정된다면 승리는 우리편에 있습니다. 이 교부들은 현명하고 훌륭한 글들을 많이 썼습니다. 그럼에도 불구하고 사람들에게 흔히 일어나는 일들이 어떤 경우에는 그들에게도 일어났었습니다. 왜냐하면 소위 경건하다고 하는 그들의 후손들이 지혜와 판단력과 정신력을 총동원하여 교부들의 결함과 오류들만을 숭배하고 있기 때문입니다. 이 교부들이 썼던 훌륭한 글들을 이들은 이해하지 못하거나 잘못 설명하거나 혹은 왜곡시킵니다. 그들의 유일한 관심은 황금 가운데에서 쓰레기를 모으는 것이라 할 수 있을 것입니다.

그러면서도 그들은 우리를 교부들의 대적이요 교부들을 멸시하는 자라고 몰아치고 있습니다. 그러나 우리는 교부들을 멸시하지 않습니다. 사실은, 만일 그것이 우리의 현재 목적이라면, 나는 전혀 힘들이지 않고 오늘날 우리가 말하고 있는 대부분이 교부들의 사상과 일치한다는 것을 입증할 수 있을 것입니다.

우리는 만물이 우리의 것이며(고전 3:21-22) 우리를 섬겨야 하며, 우리를 주관할 수 없으며(눅 22:24-25) 우리는 모든 일에 예외없이 순종해야 하는(골 3:20 참조) 그리스도 한 분에게 속해 있다(고전 3:23)는 것을 항상 기억할 수 있을 정도로 교부들의 저술에 정통해 있습니다. 이러한 구별을 준수하지 않는 자는 종교에 있어 어떤 확실한 것도 가지지 못할 것입니다. 왜냐하면 이 거룩한 사람들도 많은 것을 몰랐으며, 종종 서로 의견이 일치하지 않았으며, 때로는 서로 의견이 대립되기까지 했기 때문입니다.

솔로몬이 우리 조상들에 의해 설정된 경계를 범하지 말라고 우리에게 명하는 것은 공연히 한 것이 아니라고 그들은 말합니다(잠 22:28). 그러나 동일한 규칙이 전달의 경계와 신앙의 순종에는 적용되지 않습니다. 그것은 "네 백성과 아비 집을 잊어버릴지어다"(시 45:10)란 말로 기준을 삼아야 합니다. 그러나 만일 그들이 풍유를 그렇게 사랑한다면 왜 옮기면 불법인 지계표를 설정한 "조상들"로서 (다른 어떤 사람보다도) 사도들을 받아들이지 않는 것입니까(잠 22:28)?

히에로니무스(제롬)는 이 구절들을 이렇게 해석했으며, 그들은 그의 말들을 그들의 교회 법전에 기록해 놓았습니다. 그러나 만일 우리의 대적들이 그들의 이해력에 따라 조상들이 설정한 한계를 보전하고 싶어한다면 왜 그들은 그것들을 그처럼 멋대로 범하는 것입니까?

우리 하나님은 마시지도 먹지도 아니하시며 따라서 쟁반도 컵도 필요로 하시지 않는다고 말한 것은 교부들 가운데 한 사람이었습니다. 또한 교부는 신성한 의식에는 금이 필요없으며 금으로 산 것이 아닌 것들은 금으로 기쁘게 할 수 없다고 말했습니다. 그런고로 그들이 의식을 행할 때 금이나 은이나, 상아나 대리석이나 귀한 돌이나 비단을 즐겨 씀으로써 이 한계를 범하고 있는 것입니다. 말하자면 그들은 모든 것을 사치스럽게 장식하지 않으면 하나님을 제대로 예배할 수 없다고 생각하는 것입니다.

자기가 그리스도인이기 때문에 다른 사람들이 고기 먹는 것을 삼가는 날에 자기는 자유롭게 고기를 먹는다고 말한 사람도 교부였습니다. 그런고로 그들이 사순절에 고기를 맛본 어떤 사람을 저주했을 때 그들은 경계를 범한 것입니다.

그리스도인의 교회에서 새긴 형상을 보는 것을 몸서리칠 끔찍한 일이라고 말한 것은 한 교부였습니다. 그럼에도 불구하고 그들이 교회 안에 형상이 없는 구석이라고는 하나도 남겨두지 않았을 때 그것은 그러한 한계 안에 머무르는 것과는 너무나 거리가 먼 일이었습니다. 또 어떤 교부는 말하기를, 장례식에서 죽은 자에 대해 인간적 도리를 다한 후에는 그들로 하여금 편히 쉬게 해야 한다고 했습니다. 그러나 그들은 죽은 자들을 위해 계속적인 염려를 부추김으로써 이 한계들을 범하고 있습니다.

교부들 가운데 한 분은 말하기를, 진짜 몸이 성찬식 안에 있는 것이 아니고 단지 몸의 신비가 그러하다고 했습니다. 왜냐하면 그렇게 함으로써 그는 말씀을 언급하고 있기 때문입니다. 그리하여 그들이 그것을 진짜의 실체로 간주할 때 그들은 한계를 벗어나고 있는 것입니다.

교부들 가운데 한 사람은, 어떤 종류의 성찬에는 참석하고 다른 종류의 성찬에는 불참하는 자들은 그리스도의 성찬으로부터 완전히 제외되어야 한다고 선언했습니다.

또한 교부는 강력히 주장하기를, 그리스도인들은 주님을 고백함에 있어 자기들의 피를 흘려야 한다는 강요를 받더라도 주의 보혈을 부인하지 말아야 한다고 했습니다. 그런데도 그들이 앞의 교부가 출교의 벌을 내리고 뒤의 교부가 타당한 이유로 책망한 바로 그것을 불가침의 법률로 권장했을 때 그들은 이 지계표를 옮겨 버린 것입니다.

어떤 애매한 문제를 판단할 때 분명하고도 명백한 성경의 증거 없이 이편이나 저편을 드는 것은 경거망동이라고 단정한 분도 교부였습니다. 그들이 하나님의 말씀 없이 수많은 제도들, 교회법들, 그리고 교리적 결정들을 제정했을 때 그들은 이 한계를 망각한 것입니다. 다른 이단들 가운데서 몬타누스가 최초로 금식법을 강요했다고 해서 몬타누스를 꾸짖은 것도 교부였습니다. 그런데도 그들은 아주 엄격한 법률로 금식을 명령함으로 그러한 한계를 훨씬 지나쳤던 것입니다.

교회의 성직자들은 결혼하지 말아야 한다는 것을 부인하고서 아내와 함께 사는 것이 순결이라고 선언한 것도 교부였습니다. 그리고 많은 다른 교부들도 그의 의견에 동의했습니다. 그런데 그들은 사제들에게 독신을 심하게 강요함으로써 이 한계를 넘어가 버린 것입니다. 성경이 "그를 들으라"(마 17:5)고 말하기 때문에 우리는 그리스도에게만 귀를 기울여야 하며, 우리 앞에 있는 다른 사람들이 말하거나 행한 것에는 신경쓸 필요 없이 만물의 으뜸이신 그리스도께서

명하신 것에만 주의를 기울여야 한다고 말한 것도 교부였습니다. 그런데도 그들은 자신들과 다른 사람 위에 그리스도 외에 어떤 주인들을 세움으로써 자기 자신들이 이 경계 안에 머무르지 않았을 뿐 아니라 다른 사람들이 그것을 지키는 것도 허용하지 않았습니다.

모든 사도들은 한 마음과 한 목소리로 하나님의 거룩한 말씀이 궤변론자들의 궤사에 의해 더럽혀지고 변론자들의 언쟁에 말려드는 것을 혐오했습니다. 궤변론자들의 변론보다 더 악하고 끝없는 논쟁으로써 성경의 단순성을 애매모호하게 만들어 버리는 것 외에 평생을 아무 하는 일 없이 보내는 그들은 이 경계 안에 머무르고 있는 것입니까? 만일 교부들이 다시 살아나서 이러한 자들이 사변적 신학이라 부르는 그러한 논쟁을 듣는다면, 교부들은 이러한 자들이 하나님에 대해 토론하고 있다고는 꿈에도 생각지 않을 것입니다.

그러나 만일 내가 그들이 얼마나 제멋대로 교부들의 멍에를 거부해 버렸는지를 일일이 열거하려 한다면 내 이야기는 끝이 없을 것입니다. 비록 그들은 자신들이 교부들에게 잘 순종하는 자녀들로 보이기 바라지만 말입니다. 정말이지 몇 달 몇 년도 부족할 것입니다. 그럼에도 불구하고 그들은 너무나 비겁하고도 썩어빠진 뻔뻔함으로 감히 우리를 책망하기를 우리가 옛날의 경계를 침범해 나아갔다고 비난하고 있는 것입니다.

5. 진리에 반대되는 "관습"에의 호소

비록 그들은 "관습"에 호소하지만 그것은 아무 소용없는 일입니다. 우리로 하여금 관습에 굴복하게 만드는 것은 우리를 아주 부당하게 취급하는 일이 될 것입니다. 사실상 사람들의 판단이 정확하기만 하다면 관습은 선한 사람들에게서 찾아져야만 했을 것입니다. 그러나 실제는 종종 그 반대입니다. 많은 사람들이 행하는 것이 관습이 되었던 것입니다. 사람들의 일이 제대로 처리되어서 보다 나은 것이 다수를 기쁘게 한 적은 거의 없었습니다. 그리하여 많은 사람들의 사적인 악이 종종 공적 오류 혹은 악에 대한 일반적 동의를 야기했는데 그것을 이제 이 선한 사람들이 법률로 만들고 싶어하는 것입니다.

눈이 있는 사람이라면 누구나 지구에 범람한 것이 어느 한 악의 바다가 아니라 많은 위험한 역병들이며, 모든 것이 앞뒤를 가리지 않고 달려들고 있음을 볼 수 있을 것입니다. 그리하여 우리는 인간사에 대해 완전히 절망하든지, 혹은 이

거대한 악들과 맞붙어 싸우든지, 혹은 차라리 그것들을 강력하게 진압해 버리든지 해야 할 것입니다. 그런데 이러한 치유책은 우리가 그러한 악에 오랫동안 익숙해 왔다는 단 하나의 이유 때문에 거부되고 있습니다.

그러나 인간들의 사회에서는 공적 실수를 인정한다 할지라도 하나님의 왕국에서는 그의 영원한 진리만이 청종되고 준수되어야 합니다. 그 진리는 세월이 많이 지나갔다고 해서, 혹은 어떤 관습이 오래 계속되었다 해서, 혹은 인간들의 음모에 의해 좌지우지될 수 없는 것입니다. 그런 식으로, 이사야는 옛날에 하나님의 택하신 자들이 "이 백성들이 음모라 부르는 모든 것을 음모라 부르지" 말라고 가르쳤던 것입니다. 말하자면, 백성들의 음모에 가담하지 말며 그것에 동의해서 "그들이 두려워하는 것을 두려워하지 말며 놀라지 말고 만군의 여호와 그를 거룩하다 하고 그로 그들의 두려워하며 놀랄 자로 삼으라"(사 8:12-13)는 것이었습니다.

그러므로 이제 우리의 대적들로 하여금 그들이 원하는 대로 과거와 현재의 수많은 예들을 제시하게 버려두십시요. 만일 우리가 만군의 여호와를 거룩하게 한다면 우리는 크게 두려워하지 않을 것입니다. 비록 많은 세대가 동일한 불경건에 동의하였다 할지라도 하나님은 심지어 삼 사대까지 보복하실 만큼 강하십니다(민 14:18; 출 20:4 참조).

비록 전 세계가 동일한 사악함으로 음모를 꾸민다 할지라도 그분은 우리에게 대중과 함께 범죄하는 자들의 최후가 어떠한지를 경험으로 가르쳐 주셨습니다. 그는 홍수에 의해 모든 인류를 멸망시키셨으나 노아만은 그의 가족과 함께 살려 주셨을 때 이 일을 행하셨습니다. 그리고 노아는 믿음에 의해, 즉 한 사람의 믿음이 온 세상을 정죄했던 것입니다(창 7:1; 히 11:7). 요약하면, 악한 관습이란 것은 일종의 전염병 외에 아무것도 아닌데 사람이 그 병에 걸리면 비록 대중과 함께 멸망한다 할지라도 멸망하는 것만큼은 분명합니다.

6. 교회의 본질에 관한 오류들

그들은 양도 논법에 의해 교회가 잠시 동안 생명을 잃었다든가 혹은 우리가 지금 교회와 갈등하고 있다든가 하는 것 가운데 하나를 억지로 인정하게 할 만큼 그토록 심하게 우리를 압박하지는 못합니다. 확실히 그리스도의 교회는 살아 왔었고, 또한 그리스도께서 아버지의 우편에서 통치하시는 한 살아있을 것입니다. 교회는 그의 손에 의해 지탱되며 그의 보호로 무장하고 그의 능력으로 강화됩니다. 왜냐하면 그는 한 번 약속한 것을 틀림없이 지키기 때문입니다. 말하자면 세상 끝날까지 자기 백성과 항상 함께 있으리라는 것입니다(마 28:20).

우리가 지금 이 교회에 대항해서 논쟁을 하는 것은 아닙니다. 왜냐하면 모든 믿는 자들과 함께 우리는 한 목소리로 한 분 하나님과 그리스도 주를 경배하고 찬양하기 때문입니다. 마치 그분이 항상 모든 경건한 사람들에 의해 찬양을 받아 오셨던 것처럼 말입니다. 그러나 그들이 자신들의 육안으로 교회를 보지 않으면 그것을 인정하지 않고, 결코 한정시킬 수 없는 한계 내에 교회를 두려고 하는 점에서 진리로부터 멀리 이탈하고 있는 것입니다.

우리의 논쟁은 다음과 같은 점에 관련되어 있습니다. 첫째, 교회의 형태는 항상 드러나 보이고 관찰될 수 있는 것이라고 그들은 주장합니다. 둘째, 그들은 이 형태를 로마 교회와 그 계급제도와 동일시하고 있습니다. 우리는, 반대로, 교회가 어떤 가시적 외형 없이도 존재할 수 있으며, 그 외형은 그들이 바보스럽게 흠모하는 저 외적 장엄함 속에 담길 수 없다고 확신합니다. 오히려 교회는 아주 다른 표지를 가지고 있는데 그것은 하나님의 말씀을 순수하게 전파하는 것과 성례를 올바르게 집행하는 것입니다. 그들은 손가락으로 교회를 꼬집어 지적할 수 없으면 격분합니다.

하지만 유대인들 가운데서 교회가 너무나 자주 손상을 입어 그 외형이 사라지고 말았던 것입니다. 엘리야가 자기 혼자 남았다고 불평했을 때 우리는 교회가 어떤 모습을 보였다고 생각하고 있습니까(왕상 19:10, 14)? 그리스도께서 오신 후 얼마나 오랫동안 교회는 형체 없이 감추어져 있었습니까? 그 후로도 얼마나 자주 교회는 전쟁과 폭동과 이단의 압제 밑에서 전혀 빛을 발하지 못하는 상태에 있었습니까? 만일 그들이 그 시대에 살았더라면 그들은 어떤 교회가 존재했다고 믿었겠습니까? 그러나 엘리야는 아직도 바알에게 무릎꿇지 않은 선지자 칠천 명이 남아 있다는 말을 들었습니다. 그리고 우리는 그리스도께서 승천하신 후 이 땅을 다스리고 계신다는 사실을 의심하지 말아야 합니다. 그러나 만일 신자들이 그때 어떤 가시적 형태를 요구했다면 그들은 당장 낙심하고 말았을 것입니다.

실로 힐라리우스(Hilary)는 사람들이 주교직의 위엄을 찬양하는 일에 마음을 빼앗겨 그 가면 밑에 있는 악을 깨닫지 못하는 것을 큰 죄악이라고 생각하였습니다. 그는 이렇게 말했습니다. "여러분들에게 한 가지 충고하겠습니다. 적그리스도를 조심하십시오. 벽을 사랑하는 것은 잘못입니다. 여러분은 하나님의 교회를 지붕과 건물로 알고 존경합니다. 그리고 그 안에서 평안을 구합니다. 이것은 잘못입니다. 적그리스도가 그곳에 자리잡게 될 것입니다. 내 생각에, 오히려 산, 삼림, 호수, 감옥, 그리고 골짜기가 더 안전합니다. 왜냐하면 선지자들은 이런 곳에 추방되어 살면서도 예언했기 때문입니다."

그러나 오늘날 무엇이 세상으로 하여금 그 주교들을 존경하게 합니까? 그것은 그들이 큰 도시를 다스리는 것을 보고, 그들이 종교의 고위 성직자라고 생각했기 때문입니다. 그러므로 그런 어리석은 예찬을 치워 버리십시오. 오직 주님만이 "누가 그의 것인지 아시기" 때문에(딤후 2:19) 때때로 자기 교회의 외적 표시를 인간의 시야에서 제거해 버리신다는 사실을 인정하고 그분에게 맡겨둡시다. 그것은 지상에 내리시는 하나님의 무서운 형벌임을 필자는 고백합니다. 그러나 만일 인간의 불경건함이 그러한 형벌을 받아 마땅하다면 왜 우리는 하나님의 공의에 대항하려고 애를 씁니까?

그러한 식으로 옛적에 주께서는 인간의 배은망덕함을 처벌하셨습니다. 왜냐하면 그들이 그의 진리에 순종하기를 거부하고 그분의 빛을 소멸시켜 버렸기 때문에 그는 그들의 마비된 감각들이 어리석은 거짓말에 의해 속아 넘어가고 깊은 어둠 속에 내던져지도록 허용하심으로써 진정한 교회의 형체라고는 전혀 남아 있지 않게 되었던 것입니다. 그러는 동안에 그는 비록 오류와 흑암의 와중에 흩어지고 감추어지기는 했지만 자기 자녀들을 보존하셨던 것입니다. 그리고 이것은 전혀 놀라운 일이 아닙니다. 왜냐하면 그는 바벨론의 혼란 중에서와 이글거리는 용광로의 불꽃 속에서 그들을 보존하는 방법을 아셨기 때문입니다(단 3장).

이제 나는 어떤 종류의 헛된 자랑에 의해 교회의 형태를 판단하려는 그들의 소망이 얼마나 위험한 것인가를 지적하고자 합니다. 나의 논의를 끝없이 계속하지 않기 위해서 나는 이것을 장황하게 설명하느니보다 간단히 묘사하고자 합니다. 그들은 사도적 지위를 가진 로마 교황과 나머지 주교들이 교회를 대표하며, 교회로 간주되어야 한다고 말합니다. 그런고로 그들은 오류를 범할 수 없다는 것입니다.

왜 그러합니까? 그것은 그들이 교회의 목자들이며 주님에 의해 성별되었기 때문이라고 그들은 대답합니다. 아론과 그의 아들들은 비록 지명된 제사장들이었으나 금송아지를 만들었을 때 오류를 범했습니다(출 32:4). 이러한 추론에 따르면 아합을 속인 사백 명의 선지자들은(왕상 22:12) 왜 교회를 대표하지 못했겠습니까? 그리고 교회는 단 한 사람의 멸시할 만한 인간, 그럼에도 불구하고 진실을 말할 한 사람, 미가의 편에 있었던 것입니다.

"제사장에게서 율법이, 지혜로운 자에게서 모략이, 선지자에게서 말씀이 끊어지지 아니할 것이니"(렘 18:18)라고 자랑하면서 예레미야에 대항하여 일어났던 선지자들이 교회의 이름과 형태를 지니지 않았습니까? 모든 선지자 반열에 대항하여 예레미야는 홀로 주님의 파송을 받아 "율법이 제사장으로부터, 모략이 지혜로운 자로부터, 말씀이 선지자로부터 끊어지게 될 것"을 선포하였던 것입니다(렘 18:18; 4:9 참조).

그리스도의 처형에 관해 모의하기 위해 모였던 제사장들과 서기관들과 바리새인들의 공회에 그러한 허세가 나타나지 않았습니까(요 11:47)? 이제 그들로 하여금 가서 이러한 외적 가면에 매달리게 버려두십시오. 즉 그리스도와 살아 계신 하나님의 모든 선지자들을 종파 분리주의자로 만들고, 반대로 사탄의 종들로 성령의 도구로 만드는 가면 말입니다.

그러나 만일 그들이 진심으로 말한다면, 그들로 하여금 선한 믿음 안에서 나에게 대답하게 해 보십시오. 바젤 공의회의 결정에 의해 유게니우스(Eugenius)가 교황직에서 물러나고 아마데우스(Amadeus)가 대신 그 자리에 앉은 후 교회는 어떤 지역에 혹은 어떤 국민들 가운데 존재하였다고 그들은 생각하는가? 하는 질문에 대해서 말입니다. 그들은 그 공의회가 외견상으로는 합법적이었으며 한 명의 교황이 아니라 두 명의 교황에 의해 소집되었다는 것을 부인할 수 없을 것입니다. 유게니우스는 그와 함께 공의회의 해체를 모의했던 모든 추기경들과 주교들과 함께 교회분열의 죄, 반역 죄, 그리고 완고의 죄로 정죄되었던 것입니다.

그럼에도 불구하고 제후들의 호의에 의해 후속적인 지원을 받아 그는 자기의 교황직을 고스란히 회복했습니다. 거룩한 공의회의 권위에 의해 엄숙히 행해졌던 아마데우스의 선출은 연기처럼 사라져 버렸습니다. 아마데우스는, 마치 짖는 개가 한 점의 고기로 달램을 받는 것처럼 추기경의 감투를 쓰는 것으로 달램을 받았던 것입니다. 이 반역적이고 완고한 이단들로부터 미래의 모든 교황들, 추기경들, 주교들, 수도원장들, 그리고 사제들이 배출되었습니다.

여기서 그들은 발뺌을 할 수 없게 되었습니다. 그들은 어느 편에 교회의 이름을 부여할 것입니까? 외적 장엄함을 완벽하게 갖추었고 두 개의 교서에 의해 엄숙하게 소집되었고 로마 교황청의 주재 대사에 의해 성별되었고 어느 모로 보나 질서정연했고 마지막까지 동일한 권위를 보유하고 있는 그 공의회가 보편적이었음을 부인할 것입니까? 그들은 유게니우스와 그의 모든 동료들에 의하여 성별되었는데 그들이 분파주의자들이었음을 인정할 것입니까?

그런고로 그들로 하여금 교회의 형태를 다른 말로 정의하게 하십시오. 그렇지 않으면 우리는 ― 그들의 수가 아무리 많다 할지라도 ― 짐짓 그리고 의도적으로 이단에 의해 안수받은 그들을 분파주의자들이라고 규정할 것입니다.

그러나 만일 그 사실이 전에 한 번도 밝혀지지 않았다 할지라도, 비록 교회에 대한 치명적인 재앙이었지만 "교회"라는 미명하에 그토록 오랫동안 자신들을 세상에 오만하게 선전해 온 그들은 교회가 외적 허식과는 별 관계 없다는 풍부한 증거를 우리에게 제공할 수 있을 것입니다. 나는 그들의 도덕이나 비극적 비행에 관해 말하고 있지 않습니다. 비록 그들의 모든 삶이 그러한 것들로 가득 차 있지만 말입니다. 그들 스스로 말은 듣되 행위는 본받지 말아야 할 바리새인으로 자처하고 있기 때문입니다(마 23:3). 만일 폐하께서 잠시만 틈을 내어 우리의 글들을 읽어 보신다면 그들이 교회라고 주장하는 그것, 바로 그 교리 자체야말로 영혼을 죽이는 도살장이요, 교회의 선동자요, 파멸자이며 파괴자임을 틀림없이 발견하게 될 것입니다.

7. 개혁 교리 때문에 야기되었다는 소란들

끝으로, 우리 교리의 전파가 수많은 소요와 소란과 다툼들을 불러일으켰으며 많은 사람들 가운데에 가져다준 해로운 결과들을 열거할 때 그들은 충분히 정직하게 행동하고 있지 않습니다. 그러한 악들이 부당하게도 우리의 교리 탓으로 돌려지고 있으나 사실은 사탄의 악의 탓으로 간주되어야 했을 것입니다. 여기 사실상, 하나님의 말씀의 어떤 특징이 나타납니다. 그것은 하나님의 말씀이 역사하면 사탄도 반드시 활동한다는 것입니다. 이것이야말로 하나님의 말씀을 거짓 교리들과 구별하는 가장 확실하고 믿을 만한 표지입니다.

거짓 교리는 쉽사리 그 모습을 드러내며 모든 사람들이 귀 기울여 받아들이고 세상이 박수갈채와 함께 청종한다는 특징을 갖고 있습니다. 그리하여 모든 것이 깊은 흑암 속에 잠겨 있던 수 세기 동안 인간들은 이 세상 주관자의 농담거리와 농락거리에 불과했던 것입니다. 그리고 사탄은 사르다나팔루스(Sardanapalus)처럼 빈둥거리면서 깊은 휴식을 즐기고 있었던 것입니다. 평온하고 고요하게 자기 왕국을 차지한 채 노닥거리는 것 외에 달리 무슨 할 일이 있었겠습니까?

그러나 위로부터 비치는 빛이 어느 정도 그의 흑암을 쫓아내었을 때, "더 강한 자"가 그의 왕국을 공격하여 괴롭혔을 때(눅 11:22), 그는 오랜 잠에서 깨어나 무기를 들기 시작했던 것입니다. 그리고 먼저 사람들로 하여금 행동하게 함으로써 동터오는 진리를 폭력으로 눌러 버리려 했던 것입니다. 그런데 그 방법이 아무 효과를 거두지 못하게 되자 그는 전략을 바꾸었습니다. 그는 재세례파들과 괴상한 악한들을 통해서 불일치와 교리적 논쟁을 불러일으킴으로써 진리를 희석시키고 마침내는 말살하려 했던 것입니다.

그리하여 이제 그는 두 가지 방법으로 진리를 줄기차게 포위하고 있습니다. 인간의 폭력적 수단을 통해서는 참된 씨를 뿌리뽑아 버리고 자기의 가시덤불로써 (할 수 있는 대로) 그것을 질식시켜 버림으로써 그것이 자라 열매를 맺지 못하게 하려는 것입니다. 그러나 만일 우리가 우리의 지도자되신 주님께 주의를 기울인다면 그 모든 것이 허사가 되고 말 것입니다. 주님은 오래 전부터 사탄의 간계들을 우리 앞에 펼쳐 놓으심으로써 사탄이 우리를 부지중에 사로잡지 못하게 하셨으며 강력한 방어물들로 우리를 무장시키셔서 사탄의 계교를 물리치게 하셨던 것입니다.

게다가 사악하고 반역적인 무리들이 하나님의 말씀에 대항해서 일으키는 폭동이나 흥분을 불러일으키는 분파들을 하나님의 말씀 그 자체 탓으로 돌리는 것은 얼마나 사악한 일입니까? 사실 그 양자는 둘 다 하나님의 말씀에 반대되는 것인데 말입니다. 하지만 그것이 전혀 새로운 일은 아닙니다. 엘리야는 이스라엘을 괴롭게 하는 자가 자기가 아닌가라는 질문을 받았습니다(왕상 18:17). 유대인들에게 그리스도는 선동가였습니다(눅 23:5; 요 19:7). 백성들을 소란하게 하는 자라는 고발이 사도들에게 집중되었습니다(행 24:5).

우리를 향해 들끓고 있는 그 모든 소요들과 소란들과 논란들로 인해 현재 우리에게 비난의 화살을 돌리고 있는 자들이 그 외에 무엇을 하고 있습니까? 엘리야는 우리가 그러한 고발에 대해 어떻게 대답해야 할 것인가를 가르쳐 주었습니다. 오류를 널리 퍼뜨리거나 소요를 불러일으키는 자는 우리가 아니라 오히려 하나님의 능력에 대항하여 싸우고 있는 그들이라는 것입니다(왕상 18:18).

그러나 그들의 무모함을 견제하기 위해서 그 한 가지 답변으로 족한 것처럼 종종 그러한 중상모략에 의해서 동요되고 혼란에 빠지는 자들의 어리석음을 대처하는 데에도 그 한 가지 대답으로 족할 것입니다. 이러한 동요에 굴복해서 자기들의 입장을 상실하지 않기 위해 그들로 하여금 사도들도 그 시대에 지금 우리에게 일어나고 있는 것과 똑같은 일들을 경험했다는 것을 알게 해야 합니다.

베드로가 말한 것처럼 바울이 쓴 거룩한 말씀들을 억지로 풀다가 멸망을 자초한 무식하고 굳세지 못한 자들이 있었습니다(벧후 3:16). 그들은 죄가 더한 곳에 은혜가 더욱 넘쳤다는 말을 듣고 즉시 결론짓기를 "은혜를 더하게 하려고 죄에 거하자" 하는 식으로 하나님을 멸시했던 자들이었습니다(롬 6:1). 신자들이 율법 아래 있지 않다는 말을 듣고는 당장 "우리가 율법 아래 있지 않고 은혜 아래 있으니 죄를 짓자"고 지껄였던 것입니다(롬 6:15).

바울이 악의 사주자라고 비난했던 자들도 있었습니다. 많은 거짓 사도들이 몰래 들어와서 바울이 설립한 교회들을 파괴하려 했습니다(고전 1:10; 고후 11:3; 갈 1:6). "어떤 이들은 투기와 분쟁으로 그리스도를 전파하고"(빌 1:15), "순수하지 못하게", 심지어 악의를 가지고, "그의 매임에 괴로움을 더하게 할 줄로 생각하여" 그리스도를 전파했던 것입니다(빌 1:17). 어떤 곳에는 복음이 아무런 진전을 보지 못했습니다. "그들이 다 자기 일을 구하고 그리스도 예수의 일을 구하지 아니했던 것입니다"(빌 2:21). 어떤 이들은 "개가 토하였던 곳에 돌아가고 돼지가 씻었다가 더러운 구덩이에 도로 누운 것"처럼 자기의 본색을 드러내었습니다(벧후 2:22).

많은 사람들은 성령의 자유를 육신의 방종으로 전락시켜 버렸습니다(벧후 2:18-19). 많은 형제들이 몰래 기어들어와서 경건한 자들을 위험에 처하게 만들었습니다(고후 11:3 이하). 바로 이러한 형제들 가운데에서 여러 가지 논쟁이 일어났던 것입니다(행 6, 11, 15장).

여기서 사도들은 어떻게 해야 했겠습니까? 잠시 동안 복음을 위장하거나 혹은 제쳐두거나 떠나버려야 하지 않았겠습니까? 왜냐하면 그들은 복음이 그토록 많은 논란거리와 위험의 원천, 그리고 중상모략의 원인이 됨을 보았기 때문입니다. 그럼에도 불구하고 이런 종류의 환난 속에서 그들은 그리스도께서 "부딪히는 돌과 거치는 반석"(롬 9:33; 참조. 벧전 2:8; 사 8:14)이며 "많은 사람이 패하거나 흥하게 하며 비방을 받는 표적이 되기 위하여 세움을 입으셨다"(눅 2:34)는 말씀을 생각하여 도움을 얻었습니다.

이러한 확신으로 무장하고 그들은 모든 소요와 모욕의 위험을 헤치고 담대히 전진했던 것입니다. 우리도 동일한 생각으로 힘을 얻는 것이 좋습니다. 왜냐하면 바울도 복음의 이 영원한 성격에 대해 "복음이 망하는 자들에게는 사망으로부터 사망에 이르는 냄새요"(고후 2:15) 구원을 얻은 자들에게는 "생명으로부터 생명에 이르는 냄새"(고후 2:16)이며, "모든 믿는 자에게 구원을 주시는 하나님의 능력"(롬 1:16)이라고 증언했기 때문입니다. 만일 우리가 배은망덕하여 하나님의 축복을 더럽히지 않고, 구원의 유일한 확신을 파괴시키지 않았다면, 우리는 이 사실을 분명히 체험할 것입니다.

8. 왕은 거짓 고소에 근거하여 행동하는 것을 조심하소서: 무죄한 자들은 하나님의 판단을 기다립니다.

그러나 자비로운 왕이시여, 저는 당신께 말씀드리고자 합니다. 우리 대적들이 당신 속에 공포를 불러일으키려고 애써 만든 거짓된 고소에 조금도 동요하지 마소서. 즉 이 새 복음에 의해(그들이 그렇게 부르고 있으므로) 사람들이 단지 소요와 모든 범죄에 대한 면책을 찾고 있다는 고소 말입니다. "왜냐하면 하나님은 무질서의 하나님이 아니시요 오직 화평의 하나님"(고전 14:33)이시며 하나님의 아들은 "죄를 짓게 하는 자"(갈 2:17)가 아니요 "마귀의 일을 멸하려"(요일 3:8) 오셨기 때문입니다. 또한 우리는 최소한의 혐의도 준 적이 없는 일을 의도했다는 부당한 비난을 받고 있습니다. 짐작하건대 우리가 나라들을 전복시키려는 모의를 꾸미고 있다는 것입니다. 우리는 한 번도 선동적인 발언을 해 본 적이 없으며, 폐하의 치하에 살고 있었던 동안에도 항상 고요하고 단순한 생활을 추구했으며, 고국으로부터 피신해 있는 지금도 폐하와 폐하의 왕국의 번영을 위하여 쉬지 않고 기도하고 있는데 말입니다. 짐작하건대 우리가 방탕한 죄악들을 거침없이 저지르고 있다는 것입니다. 비록 우리의 도덕적 행위들 속에 비난받아 마땅한 일들이 많이 있다 할지라도 그토록 심한 비난은 천부당만부당합니다.

하나님의 은혜로 우리는 복음의 혜택을 적지않게 받았기 때문에 우리의 삶이 이러한 중상자들에게 순결, 관용, 자비, 절제, 인내, 정절 그리고 모든 다른 덕들의 모범이 되지 못할 것이 아니었습니다. 우리가 진리 안에서 하나님을 경외하고 예배한다는 것은, 우리가 사나 죽으나 그의 이름이 거룩히 여김을 받는 것을 소원한다는 것만 봐도 너무나 분명합니다(빌 1:20 비교). 그리고 비범한 찬양을 받았어야만 할 저 한 가지 사실로 인해 사형의 처벌이 가해진 우리들 중 몇 사람의 무죄한 시민적 결백에 대해 증오 그 자체가 반증하게 되는 것입니다.

그러나 만일 어떤 사람들이 복음을 핑계로 소요를 일으킨다면 ― 지금까지 당신의 왕국에서 그런 사람이 발견된 적은 한 번도 없었지만 ― 만일 어떤 자가 자기의 방종한 사악들을 하나님이 주신 자유의 은혜로 미화한다면 ― 이런 종류의 사람들을 저는 많이 알고 있습니다만 ― 그들은 법률과 법률의 처벌 조항에 의해 자기들의 죄에 상응하는 엄한 심판을 받아야 할 것입니다. 단지 그 와중에 파렴치한 자들의 사악함으로 인해 하나님의 복음이 모독당하지 않게 되어야 할 것입니다.

오, 폐하시여, 저는 폐하께서 너무 쉽게 그들의 중상모략에 귀를 기울이시게 되지 않도록 우리를 중상하는 자들의 사악한 계획들을 자세히 개진해 올렸습니다. 너무 지엽적인 것까지 포함되지 않았나 염려가 됩니다. 왜냐하면 이 서문이 이미 거의 완전한 하나의 변론서의 분량에 이르러 버렸기 때문입니다. 여기서 제가 하려고 했던 것은 변명이 아닙니다. 단지 우리의 송사에 대한 실제 형편에 폐하께서 귀를 기울이시도록 하는 것이었습니다.

현재 폐하의 마음은 사실상 우리에게서 떠나 있으며 등을 돌린 상태이며 심지어 진노하고 계십니다. 그러나 만일 폐하께서 고요하고 안정된 기분으로 우리의 이 고백을 한 번 읽어 주신다면 우리는 폐하의 은총을 되찾을 자신이 있음을 첨언합니다. 우리는 이 고백을 변명 대신으로 폐하 앞에 바치는 것입니다. 하지만 저 악의로 충만한 자들의 속삭임들만이 폐하의 귀를 가득 채워 피고인들은 자기를 위해 변론할 기회조차 얻지 못하고 단지 그들의 미친듯한 격노만이 폐하의 묵인하에 투옥, 채찍질, 고문, 절단형, 화형 등으로 나타난다고 생각해 보십시오(참조. 히 11:36-37).

그렇게 되면 우리는 도살당할 운명에 처한 양처럼 막다른 골목에 몰리게 될 것입니다(사 53:7-8; 행 8:33). 그러나 우리는 "인내로 우리의 영혼을 얻을" 수 있을 것이며(눅 21:19) 주의 강한 손이 때가 되면 틀림없이 나타나 곤경에 처한 자들

을 그들의 환난에서 건져 내시고 그들을 멸시하는 자들을 처벌하실 것을 기다
릴 것입니다.

왕 중 왕이신 주께서 폐하의 보좌를 의(義) 가운데(잠 25:5 참조), 폐하의 통치
를 공평 가운데 견고하게 하시기를 기원하나이다.

바젤에서
1536년 8월 1일

INSTITUTES OF THE CHRISTIAN RELIGION

제 1 권

◆

창조주 하나님을 아는 지식

제 1 장

하나님을 아는 지식과 우리 자신을 아는 지식은
서로 연결되어 있음. 그 연결의 본질

1. 우리 자신을 아는 지식이 하나님을 아는 지식으로 향하게 함

우리가 지니고 있는 지혜, 즉 참되고 건전한 지혜는 거의 모두가 두 가지 부분으로 되어 있으니, 곧 하나님을 아는 지식과 우리 자신을 아는 지식이 그것이다. 그러나 이 두 지식은 갖가지 끈으로 서로 연결되어 있어서, 그 중 어느 것이 먼저 오며, 또 어느 것이 그 뒤에 결과로 따라오는 것인지를 분간하기가 쉽지 않다. 무엇보다도 우선, 사람은 하나님 안에서 "살며 기동하므로"(행 17:28), 누구든지 자기 자신을 바라보는 순간 곧바로 하나님을 묵상하는 데에로 생각이 옮아가지 않을 수가 없다. 왜냐하면 우리가 가진 그 굉장한 재능들도 그 근본이 우리 자신들에게 있는 것일 수 없다는 것이 너무도 분명하며, 사실상 우리의 존재 자체가 한 분 하나님 안에서 생존하는 것 이외에 아무것도 아니기 때문이다. 뿐만 아니라, 하늘에서 이슬이 내리듯 복들이 우리에게 끊임없이 흘러내리므로, 그것들이 마치 시냇물처럼 우리를 이끌어 그 근원이 되는 샘에까지 나아가게 하는 것이다. 그런데 거기서도, 우리 자신의 빈궁한 처지로 인하여 하나님께 거하는 그 복들의 무한함이 더 확연히 드러난다. 곧, 첫 사람의 반역이 우리에게 드리워 놓은 그 처참한 황폐의 상태로 인하여 우리는 어쩔 수 없이 시선을 위로 향하지 않을 수 없으며, 그리하여 배고프고 굶주려 있는 가운데서 우리에게 결핍된 것들을 거기서 찾으려 하며, 또한 두려움에 휩싸여 겸손을 배우게 되는 것이다. 사람 속에 비참의 세계가 존재하며, 또한 신적인 의복이 벗겨진 이후로 우리의 부끄러운 벌거벗은 상태로 인하여 온갖 수치스러운 것들이 떼를 지어 드러나므로, 사람은 각기 자기 자신의 불행을 의식하고 찔림을 받아 결국 최소한 어느 정도라도 하나님을 아는 지식에 이르게 되어 있다. 그리하여 우리 자신의 무지, 공허함, 빈곤, 연약함, 그리고 타락과 부패에 대해 느끼게 되고, 이로써 참된 지혜의 빛과 건전한 덕, 모든 선의 풍성함, 그리고 의의 순결함이 오직 주님께만 있다는 것을 깨닫게 되는 것이다. 그러므로 우리는 우리 자신의 악한 것들에게서 자극을 받아서 하나님의 선한 것들을 생각하게 되는 것이다. 사실, 먼저 우리 자신에 대해 불쾌하게 여기게 되지 않고서는 하나님을 진지하게 사모할 수가 없는 것이다. 자기 자신을 알지 못하는 상태에서, 즉 자기 자신의 재능에 만족하고 자기 자신의 비참한 처지에 대해서는 전혀 무지하거나 상관하지 않는 상태에서, 자기의 현재의 모습 그대로 남아 있기를 기뻐하여 그 상태 그대로 남아 있지 않을 사람이 세상에 어디 있겠는가? 그러므로, 우리 자신을 아는 지식은 우리를 자극시켜 하나님을 찾도록 해 줄 뿐 아니라, 말하자면 우리를 손으로 이끌어 그를 발견하도록 만들어 주는 것이다.

2. 하나님을 바라보는 것이 우리 자신의 진면목을 깨닫게 함

한편, 먼저 하나님의 얼굴을 바라보고 나서 거기서부터 내려와 자기 자신을 살피게 되지 않고서는 절대로 자기 자신에 대한 명확한 지식을 얻을 수 없다는 것도 분명한 사실이다. 분명한 증거들을 통해서 우리 자신의 불의함, 악함, 거짓됨, 부정함을 깨닫는 일이 없으면, 언제나 우리 자신을 의롭고, 올바르며, 지혜롭고, 거룩한 것으로 보게 되어 있으니, 이것이야말로 우리들 모두의 타고난 교만인 것이다. 더욱이, 이런 판단의 옳고 그름을 가리는 유일한 표준이 주님이신데, 그분을 바라보지 않고 우리들 자신만을 바라보면 도저히 납득할 수가 없는 것이다. 왜냐하면 우리 모두가 본성적으로 외식(外飾)의 경향이 있어서, 의(義) 그 자체가 없이 텅 빈 겉모양의 의(義)만으로도 얼마든지 만족하고도 남기 때문이다. 그리고 우리 속에 있는 것이나 우리 주위에 있는 것들 중에 크나큰 부도덕에 오염되지 않은 것이 없기 때문에, 우리 마음을 인간의 부패성의 한계 안에만 두는 한, 조금이라도 덜 악한 것이 보이면 그것을 가장 순결한 것으로 여겨서 기뻐하게 되어 있는 것이다. 마치 오로지 검은 물체만 본 사람은 하얀 얼룩이 졌거나 거무스레한 반점이 생긴 것만 보아도 그것을 완전한 흰 색으로 여기는 것처럼 말이다.

사실 우리가 정신의 능력을 평가하는 데에서 얼마나 많이 속고 있는가 하는 것은 육체적인 감각을 통해서도 더 분명하게 알 수 있다. 밝은 대낮에 땅을 쳐 다본다든지 아니면 그저 주위에서 시야에 들어오는 것들을 바라볼 때에는 우리 자신이 그야말로 강력하고도 예리한 시각이 있는 것 같은 생각이 든다. 그러나 태양을 향하여 시선을 돌려서 그것을 똑바로 바라보면, 땅을 바라볼 때에 그렇 게 강력하게 능력을 발휘했던 시력이 당장에 그 밝은 빛으로 인하여 아무것도 볼 수 없게 되고 혼란 속에 빠져버리고 만다. 그러므로 우리는 땅의 것들을 바 라볼 때에 나타났던 그 시력의 예리함이 태양 아래서는 무딤의 극치를 이룬다 는 것을 인정하지 않을 수 없는 것이다. 우리의 영적인 가치들을 평가하는 데에 서도 똑같은 현상이 일어난다. 땅 너머의 세계를 향하여 시선을 돌리지 않는 한, 우리는 우리 자신의 의와 지혜와 덕으로 완전히 만족하게 되고, 그리하여 우리 스스로 공연히 우쭐해지며, 우리를 마치 거의 신에 가까운 존재인 것처럼 상상 하게 되는 것이다.

그러나 우리의 생각을 높이 올려서 하나님께로 향하기 시작하여 그가 어떤 분이신가를 생각하고, 또한 그의 의와 지혜와 권능이 얼마나 절대적으로 완전 한가를 생각하며, 또한 그것이야말로 우리가 따라야 할 표준이라는 것을 생각 하면, 그 이전에 거짓으로 의(義)인 것처럼 뽐내어 우리를 즐겁게 하던 것들이 그야말로 추악하고 더러운 것이 되고 말 것이며, 지혜라는 이름으로 우리에게 감동을 주던 것이 지극히 어리석음의 냄새를 풍기게 될 것이며, 또한 덕스러운 열심의 모습을 보이던 것이 지극히 비참한 무능함으로 드러나고 말 것이다. 다 시 말해서, 완전 그 자체인 것처럼 보이던 우리 속의 것들이 하나님의 순결하심 에 비추어 볼 때에 그것과는 너무나도 거리가 멀다는 것이 드러나는 것이다.

3. 하나님의 위엄 앞에서 인간의 모습

그렇기 때문에, 성경이 아주 흔하게 보도하듯이, 성도들은 하나님의 임재를 느낄 때마다 항상 두려움과 놀라움에 휩싸여 완전히 압도되는 것이다. 그러므 로 우리는 평상시에는 확고하고 든든하게 서 있던 사람들이 하나님이 그의 영 광을 드러내실 때에는 완전히 흔들려서 마치 죽음의 두려움에 휩싸인 것처럼 벙어리가 되어 버리며, 사실상 거기에 완전히 압도되어 거의 죽은 것처럼 되는 현상을 보게 된다. 결국 우리는 하나님의 위엄과 자기 자신을 비교해 보기 전에는 절대로 사람이 자기 자신의 비천한 상태를 완전히 깨닫고 알았다 할 수 없다고 생각하지 않을 수 없는 것이다. 더욱이 사사기와 선지서에는 이처럼 깜짝 놀라는 예가 무수히 나타나고 있다. "우리가 하나님을 보았으니 반드시 죽으리라"는 식의 표현이 하나님의 백성들 가운데 아주 흔하게 일상적으로 있었던 것이다(삿 13:22; 사 6:5; 겔 2:1; 1:28; 삿 6:22-23 등을 보라). 욥의 이야기에서도 하나님의 지혜와 권능과 순결하심을 묘사하면서, 사람들을 압도시켜서 자기 자신의 우둔함과 무능과 부패를 깨닫게 하는 강력한 논증들이 항상 표현되고 있는 것을 보는데(참조. 욥 38:1 이하), 이것은 전혀 무리가 아니다. 아브라함도 하나님의 영광을 가까이에서 바라본 후 자기가 티끌이요 재에 불과하다는 것을 더욱 분명하게 깨달았으며(창 18:27), 또한 엘리야도 맨 얼굴로는 도저히 하나님의 다가오심을 견디며 기다릴 수가 없었을 만큼 하나님의 나타나심은 그렇게 위엄이 있었던 것이다(왕상 19:13).

그룹들조차도 두려움으로 자기 얼굴을 가리는데(사 6:2), 과연 썩은 물건이요(욥 13:28) 또한 벌레(욥 7:5; 시 22:6)에 지나지 않는 인간이 대체 어떻게 하겠는가? 선지자 이사야가 말씀하는 것이 바로 이것인 것이다. "그 때에 달이 수치를 당하고 해가 부끄러워하리니 이는 만군의 여호와께서 … 왕이 되시고 … 영광을 나타내실 것임이라"(사 24:23). 곧, 하나님이 그의 광채를 드러내시고 그것으로 가까이 오게 하시면, 아무리 밝은 것일지라도 그 앞에서 어둠이 되고 말 것이라는 것이다(사 2:10, 19).

그러나 아무리 하나님을 아는 지식과 우리 자신을 아는 지식이 서로 연결되어 있다 할지라도, 올바른 가르침의 순서가 있는 법이므로, 우리는 전자를 먼저 다루고 그 다음에 후자를 다루도록 할 것이다.

제 2 장

하나님을 안다는 것은 무엇이며,
또한 그를 아는 지식은 어떤 목적을 이루는가

1. 하나님을 아는 지식과 경건의 관계

자, 내가 이해하는 대로 말하자면, 하나님을 아는 지식이란 어떤 하나님이 계시다고 생각하는 것만이 아니라, 동시에 과연 우리에게도 어울리며 하나님의 영광에도 합당한 것이 무엇인가를 깨닫는 것이기도 하다. 요컨대, 하나님을 아는 것이 우리에게 어떤 유익이 있는가를 깨닫는 것이라 하겠다. 사실 제대로 말하자면, 신앙이나 경건이 없는 경우에는 거기에 하나님을 아는 지식이 있다고 말할 수가 없는 것이다. 여기서 지식이라 할 때, 잃어버려져 있고 저주 아래 있는 상태에서 사람들이 하나님을 중보자이신 그리스도 안의 구속주(救贖主)로 이해하는 그런 유의 지식을 가리키는 것은 아니다. 내가 지금 말하는 지식이란 그저 아담이 혹 계속 의로운 상태로 남아 있었을 경우 자연의 질서에 이끌림을 받아서 우리가 갖게 되었을 그런 단순하고도 원시적인 지식을 뜻하는 것일 뿐이다.

인류가 이처럼 황폐해 있는 상태에서는 중보자이신 그리스도께서 개입하셔서 우리를 하나님과 화목하게 하시는 역사가 없이는, 어느 누구도 하나님을 아버지로서나 구원의 주인으로서나 어떤 식으로든 호감이 가는 분으로 체험하지를 못한다. 하나님이 우리를 지으신 분으로서 그의 권능으로 우리를 지탱시키시고 그의 섭리로 우리를 다스리시고 그의 선하심으로 우리를 양육하시며 우리에게 온갖 복을 베푸신다는 것을 느끼는 것과, 또한 그리스도 안에서 우리에게 베풀어진 화목의 은혜를 받아들이는 것은 서로 전연 별개의 문제인 것이다. 우주를 지으심에 있어서나 성경의 일반적인 가르침 속에서 주님은 먼저 자신을 그저 창조주로 보여주시고, 그 다음에 그리스도의 얼굴에서(참조. 고후 4:6) 자신을 구속주로 보여주시는 것이다. 그리하여 하나님에 관하여 이중적인 지식이 생겨나는데, 우리는 먼저 첫 번째 면을 논의하고, 그 다음 적절한 곳에 가서 두 번째 면을 다룰 것이다.

물론 하나님을 깨닫는다 할 때에 반드시 어느 정도는 그분께 존귀를 돌리게 되기는 하지만, 모든 존귀와 찬양을 돌려야 마땅할 그런 어떤 분이 계시다는 어렴풋한 생각만으로는 모자란다. 동시에 그분이 모든 선(善)의 근원이시라는 것과 또한 그분 이외에 다른 어느 누구에게서도 아무것도 찾지 말아야 한다는 것을 납득해야만 되는 것이다. 내 말은 이런 뜻이다. 곧, 하나님이 한없는 권능으로 이 우주를 지탱시키시고 그의 지혜로 그것을 운행하시고, 그의 선하심으로 그것을 보존하시며, 특별히 그의 의로우신 판단으로 인류를 다스리시고 그의 긍휼하심으로 인류를 참아 주시며, 그의 보호하심으로 보살피신다는 사실을 받아들여야 하는 것은 물론, 지혜와 빛, 혹은 의나 능력이나 정의, 혹은 순전한 진리 가운데 하나님께로부터 흘러나오지 않는 것이 하나도 없고, 또한 하나님이 그 원인이 아니신 것이 하나도 없다는 사실을 납득해야만 하며, 그렇게 함으로써 모든 것들이 하나님께로부터 오는 것임을 알고 그에게 구하고 기다리기를 배워야 하고, 또한 우리가 받는 모든 것들을 하나님께로 돌리고 그에게 감사를 드려야 한다는 뜻이다.

하나님의 권능을 이렇게 감지하는 것이야말로 우리에게 경건을 ― 여기에서 신앙이 샘솟아 난다 ― 가르쳐 주는 적합한 선생이 되는 것이다. "경건"이라는 것은 곧, 하나님이 베푸시는 온갖 유익들을 아는 데서 생겨나는 바 하나님에 대한 두려움과 그를 향한 사랑이 하나로 결합된 상태를 뜻한다. 사람들은 자기들의 모든 것이 하나님 덕분이요, 자기들이 하나님 아버지의 보살피심으로 양육을 받으며, 자기들의 모든 선의 주인이 바로 하나님이시요, 따라서 하나님 이외에는 다른 것을 구하지 말아야 한다는 것을 깨닫기 전에는, 절대로 하나님께 기꺼이 복종하려 하지를 않는 법이다. 자기들의 완전한 행복을 하나님에게서 찾지 않고서는, 사람들은 절대로 자기 자신을 하나님께 진정으로 신실하게 드리지 않는 것이다.

2. 하나님을 아는 참된 지식은 신뢰와 경외로 이어짐

하나님이란 대체 어떤 존재일까? 이런 질문을 제기하는 사람들은 그저 한가한 사색거리를 놓고서 이리저리 장난하는 것에 지나지 않는다. 이보다 우리에게 더 중요한 문제는 하나님이 과연 어떤 분이시고 또한 그의 본성에 합당한 것이 무엇인가 하는 것을 아는 것이다. 에피쿠로스(Epicurus)처럼 세상의 문제에서 물러나서 홀로 한가하게 노닥거리는 그런 유의 신(神)을 고백한다면, 그것이 대체 무슨 유익이 있겠는가? 요컨대, 우리에게 전혀 관계가 없는 그런 하나님을 안다는 것이 무슨 도움이 되겠느냐는 말이다. 하나님을 아는 지식이 있다면, 그 지식으로 인하여 첫째로, 우리에게 두려움과 경외가 생겨나야 하고, 둘째로, 그 지식의 안내와 가르침을 받아서 그 하나님에게서 모든 선을 찾기를 배워야 할 것이요, 또한 그것을 받은 다음에는 모든 것을 하나님 덕분으로 돌리기를 배워야 마땅한 것이다. 여러분이 하나님의 지으신 바요, 또한 창조주의 권리로써 여러분이 그의 명령에 따르도록 지음 받았으며, 또한 여러분의 생명 자체가 하나님 덕분에 생긴 것일진대, 하나님에 대한 생각이 여러분의 뇌리에 들어올 때에 어찌 그런 사실들을 곧바로 깨닫게 되지 않을 수가 있겠는가? 여러분이 무슨 일을 하든, 어떤 행동을 하든 간에 그 일들이 하나님 덕분임을 인정해야 한다는 것을 곧바로 깨닫지 않겠는가?

이것이 사실이라면, 하나님의 뜻이 우리의 삶을 지배하는 법이 되어야 마땅하다는 것을 직시하고서 하나님을 섬기는 일을 위하여 우리의 삶을 드리는 일이 없다면, 우리의 삶은 그야말로 악하고 부패한 상태라는 것이 분명해지는 것이다. 뿐만 아니라, 하나님이 모든 선의 시발점이요 근원이시라는 것을 인정하지 않고서는 하나님을 분명하게 바라볼 수가 없는 것이다. 그러므로, 사람의 부패한 상태가 마음을 꾀어 하나님을 올바로 찾지 못하도록 한 사실이 없었다면, 사람은 자연스레 하나님을 붙잡고 그를 신뢰하기를 사모하게 되었을 것이다.

우선, 경건한 사람은 자기가 좋아하는 그런 신을 아무렇게나 꿈꾸지 않고 오직 유일하고 참되신 하나님만을 바라보며, 또한 자기가 좋아하는 성격을 아무렇게나 그 신에게 갖다 붙이지 않고 하나님께서 자신을 드러내시는 대로의 모습을 그대로 붙잡는 것으로 만족한다. 또한 더 나아가서 경건한 사람은 곁길로 빠지지 않도록, 혹은 분별없이 경솔하게 하나님의 뜻을 넘어서지 않도록, 최선의 노력을 기울이고 조심하는 것이다. 하나님을 이렇게 깨닫는 사람은 하나님이 만물을 다스리신다는 것을 알고서, 그를 자신의 인도자요 보호자로 신뢰하며, 자기 자신을 그에게 온전히 내어 맡기는 것이다. 하나님을 모든 선의 주인으로 이해하기 때문에, 어떤 것이 억누르고, 무언가 결핍된 것이 있으면 즉시 하나님께로 나아가 그의 보호와 도우심을 기다린다. 하나님이 선하시며 자비하심을 알기 때문에, 그를 완전히 신뢰하며 그 안에서 평안을 누리며 또한 그가 모든 악조건에 대해서 인자하심으로 치유책을 공급해 주실 것을 의심하지 않는다. 경건한 사람은 하나님을 주님으로 또한 아버지로 인정하기 때문에, 모든 일에서 그의 권위를 찾는 것을 합당한 권리로 여겨서 그의 위엄을 높이고 그의 영광을 드러내기에 진력하고 그의 명령들에 복종한다. 하나님을 악을 엄히 처벌하시는 의로우신 재판장으로 보기 때문에, 경건한 사람은 하나님의 심판대를 항상 그 앞에 두며, 그를 두려워하여 그의 진노를 촉발시키지 않도록 언제나 자기를 가다듬는다. 그러나, 하나님의 심판을 피할 길이 열려 있는데도 불구하고 스스로 위축될 정도로 하나님의 심판을 지나치게 두려워하는 것은 아니다.

경건한 사람은 하나님을 악인을 벌하는 분으로 보는 동시에 또한 경건한 자에게 긍휼을 베푸시는 분으로 바라보는 것이다. 불경건한 자들과 악인들을 벌하는 일과 의인에게 영생의 상급을 베푸는 일이 똑같이 하나님의 영광을 드러내는 것임을 인식하기 때문이다. 뿐만 아니라, 경건한 자가 죄를 범하지 않도록 자신을 가다듬는 것은 그저 형벌에 대한 끔찍스러운 두려움 때문이 아니다. 하나님을 아버지로서 사랑하고 기리기 때문에, 또한 그를 주로서 경배하고 높이는 것이다. 그러므로 혹시 지옥이 없다 할지라도, 하나님을 거스른다는 것만으로도 끔찍스러워 견딜 수 없는 심정일 것이다.

순결하고 순전한 신앙이란 바로 이것이니, 곧 하나님에 대한 신뢰가 진지한 두려움과 완전히 하나가 되어, 이 두려움으로 인하여 기꺼운 공경심이 나타나고 또한 율법이 제시하는 정당한 예배가 생겨나는 그런 것이다. 또한 우리가 더욱더 부지런히 명심해야 할 사실은 이것이니, 곧 모든 사람들이 다 하나님을 향하여 어렴풋하고 희미한 공경심을 갖고 있기는 하나, 하나님을 진정으로 높이 공경하는 사람은 별로 없으며, 또한 화려한 예식들이 즐비한 곳에서는 진실한 마음을 보기가 정말로 힘들다는 사실이다.

제 3 장

하나님을 아는 지식은 사람의 마음속에
본성적으로 심겨졌음

1. 본성적으로 심겨진 신에 대한 관념

인간의 마음속에 본능적으로 신(神)에 대한 지각(知覺)이 존재한다는 것을 우리는 논란의 여지가 없는 사실로 받아들인다. 무지(無知)를 핑곗거리로 삼지 못하도록 하기 위해서, 하나님은 친히 자신의 신적 위엄을 어느 정도나마 알 수 있도록 어느 정도의 사고력을 모든 사람들 속에 심어 놓으셨다. 그리하여 사람은 언제나 그것에 대한 기억을 되살리고 때때로 그 관념을 확대시키기도 한다. 이렇듯 사람들은 누구나 하나님이라는 분이 계시며 또한 그가 사람을 지으신 분이시라는 것을 지각하고 있기 때문에, 그에게 존귀를 돌리지 못하고 그의 뜻에 자기들의 삶을 드리지 못했을 경우에는 그들 자신의 양심이 그들을 정죄하는 것이다. 하나님을 모를 것으로 생각할 만한 곳이 있다면, 아마도 문명에서 멀리 벗어나 있는 미개한 족속들 가운데서 그 실례를 볼 수 있는 가능성이 가장 크다 할 것이다. 그러나 저명한 이교도의 말처럼,[1] 하나님이 계시다는 깊은 확신이 없을 만큼 그 정도로 야만적이고 미개한 족속은 세상에 없다. 그리고 삶의 다른 면에서는 짐승들과 별로 다를 바 없는 것 같은 미개한 사람들에게도 여전히 종교의 씨앗 같은 것이 어느 정도 있는 것을 보게 되는 것이다. 그러한 공통적인 관념이 모든 사람의 정신 속에 그렇게도 깊이 자리하고 있으며, 그렇게도 끈질기게 모든 사람의 마음속에 존재하고 있는 것이다! 그러므로, 세상이 시작된 이래로 종교가 없는 지역이나 도시나 가족이 있었던 적이 없으므로, 이러한 사실이야말로 신(神)에 대한 지각이 모든 사람들의 마음속에 새겨져 있다는 무언(無言)의 고백인 셈이다.

사실, 우상숭배조차도 이러한 관념이 있다는 명확한 증거가 된다. 사람은 자기 위에 다른 존재를 올려놓고 자기 자신을 그 밑에 굴복시키는 일을 순순히 하지 않는다는 것을 우리는 잘 알고 있다. 그런데, 사람이 차라리 나무나 돌을 예배할지언정 신(神)을 모시지 않는 것으로 보여지는 것을 싫어하니, 이것이야말로 신적인 존재에 대한 관념이 얼마나 생생한가를 단적으로 보여주는 것이다. 사람의 본성적인 기질이 바뀌는 것은 차라리 가능하지만 사람의 정신에서 이 신적 존재의 관념을 제거하는 것은 사실상 불가능하다. 그런데 사람이 자기의 본성적인 오만함을 꺾고 미물 앞에 자발적으로 스스로를 낮추어서 신에게 경의를 표하고 있으니, 이것이야말로 그의 기질이 바뀌어진 것이 아니고 무엇이랴!

2. 종교는 인위적으로 꾸며낸 것이 아님

그러므로, 종교란 몇몇 사람들이 무지한 대중을 속박하기 위하여 교묘하게 만들어낸 것이며 신(神)에 대한 예배를 만들어낸 그 장본인들은 신이 존재한다는 것을 조금도 믿지 않았다고 말하는 자들이 있으나 그것은 철저하게 허구에 불과한 것이다. 사실 똑똑한 사람들이 사람들의 마음을 굴복시키게 하기 위하여 종교에 속한 갖가지 것들을 꾸며내어 그것들로써 일반 대중에게서 경외감을 불러일으키기도 하고 또한 그들을 공포에 휩싸이게 만들기도 했다는 것은 나도 인정하는 사실이다. 그러나, 그보다 먼저 사람들의 정신이 신에 대한 확고한 신념으로 가득 차 있지 않았다면, 그런 일은 절대로 성공을 거두지 못했을 것이다. 사실, 마치 씨앗에서 싹이 나오듯이 그런 신념에서부터 종교에 이끌리는 경향이 나온 것이다. 그리고 종교를 빙자하여 무식한 대중을 교묘하게 선동한 그 사람들에게는 신에 대한 관념이 전혀 없었다는 말도 전혀 설득력이 없다. 신이 존재한다는 것을 부인하는 자들이 과거에도 몇몇 있었고 오늘날에도 적지 않은 수가 있으나, 싫든 좋든 그 사람들도 자기들이 믿고 싶어하지 않은 그것이 사실이라는 것을 느끼는 때가 종종 있는 것이다.

가이우스 칼리굴라(Gaius Caligula)[2]만큼 신(神)에 대해 경멸하며 오만방자하게 행동했던 사람은 없을 것이다. 그러나 신의 진노의 표적이 분명하게 드러날 때에 그 사람만큼 비참하게 떨었던 사람도 없다. 그는 자기가 노골적으로 경멸하려고 애쓴 그 신 앞에서 어쩔 수 없이 벌벌 떨었던 것이다. 그와 비슷한 자들에게 그런 일들이 일어나는 것을 흔히 볼 수가 있다. 그야말로 신을 대담하게 멸시하던 사람이 나뭇잎이 떨어지는 바스락 소리에도 소스라치게 놀라는 것을 보게 되는 것이다(참조. 레 26:36). 이것이 신적인 위엄을 입증하는 것이 아니고 무엇이겠는가? 그들이 도망하려고 애쓰면 애쓸수록 더욱더 격렬하게 하나님의 위엄이 그들의 양심을 찌르는 것이 아니고 무엇이란 말인가? 그들은 주님의 임재로부터 스스로 몸을 숨기고자 온갖 숨을 곳을 다 찾고 마음에서 그것을 지워버리려 안간힘을 다 쓰지만, 언제나 올가미에 걸리고 마는 것이다. 어느 때에는 그것이 잠시 사라진 것 같다가도, 곧바로 그것이 다시 돌아오고 새로운 힘으로 돌진해오는 것이다. 양심의 쓰라림에서 잠시 놓임을 받는 때가 있다 하더라도, 그것은 마치 술 취한 사람이나 미친 사람이 편안히 쉬지 못하고 온갖 끔찍스러운 꿈에 시달리는 것과 별로 다를 것이 없다. 그러므로 신에 대한 관념이 사람에게 언제나 살아 있다는 사실을 불경건한 사람들 스스로가 모범으로 보여주고 있는 것이다.

3. 신에 대한 지각은 없어지지 않음

그러므로, 건전한 판단을 가진 사람이라면 누구든지 절대로 지울 수 없는 신격에 대한 지각이 사람의 마음에 새겨져 있다는 것을 인정할 것이다. 하나님에 대한 두려움에서 벗어나려고 격렬하게 발버둥치지만 언제나 실패하고 마는 저 불경건한 자들의 오만불손함이야말로, 하나님이라는 분이 계시다는 믿음이 모든 사람에게 본성적으로 부여되어 있으며, 말하자면 그 골수에까지 깊숙이 박혀 있다는 사실을 입증해 주는 풍성한 증거가 되는 것이다. 디아고라스(Diagoras)[3] 같은 자들이 각 시대마다 종교에 관하여 믿어온 모든 내용들을 가지고 우스갯소리를 하고, 디오니시우스(Dionysius)[4]가 하늘의 심판에 대해 조롱한다 할지라도, 그것은 그저 냉소적인 웃음일 뿐이다. 왜냐하면 불에 달군 쇠보다도 예리한 양심이라는 벌레가 속에서 그들을 갉아먹고 있기 때문이다. 키케로는 시간이 지남에 따라서 오류들이 사라지고 종교가 날마다 발전되고 더 좋아진다고 말하지만,[5] 나는 동의하지 않는다. 조금 뒤에 살펴보게 되겠지만,[6] 세상은 할 수 있는 만큼 하나님에 대한 모든 지식을 멀리 던져 버리려고 애쓰며 또한 온갖 수단을 다 동원하여 하나님께 드리는 예배를 부패시키려 하고 있기 때문이다. 내가 말하고자 하는 것은 다만, 불경건한 자들이 어리석게도 하나님을 거부하려고 마음의 완악함을 발동시키지만 그것은 희미해져가고, 그들이 그렇게도 없애기를 원하는 그 신(神)에 대한 지각은 여전히 왕성하게 살아서 곧 터져 나온다는 것이다. 이로써 우리는 이런 결론을 얻게 된다. 곧, 그것은 학교에 가서야 비로소 처음 배우는 그런 가르침이 아니라, 우리들 각자가 모태에서부터 습득하고 나오는 것이요, 또한 많은 사람들이 잊어버리려고 온갖 힘을 다 쓰고 있지만 본성 그 자체가 그것을 허락하지 않기 때문에 아무도 잊어버릴 수가 없는 그런 가르침이라는 것이다.

더 나아가서, 모든 사람이 하나님을 알도록 그렇게 출생하였고 또한 그것을 목적으로 사는 것이라면 ─ 그리고 그런데도 하나님을 아는 지식이 불안정하고 허망하여 그런 구체적인 결과를 내지 못한다면 ─ 살아가면서 모든 생각과 행동을 이 목적을 위하여 기울이지 않는 사람들은 모두 그들의 창조의 법을 이행하지 못하고 있는 것이라는 것이 분명한 것이다. 철학자들도 이러한 점을 모르지 않았다. 플라톤은 영혼의 최고 선(善)은 신을 닮는 데 있다고, 즉 영혼이 신에 대한 지식을 습득하면 그것이 완전히 변화되어 신을 닮게 된다고 가르쳤는데,[7] 그것이 바로 이런 뜻인 것이다.

이와 같은 식으로 그릴루스(Gryllus)도 플루타르코스(Plutarch)의 저술에서 아주 세련된 사고를 진행시킨다. 그는 종교가 삶에서 사라지면 사람은 짐승보다 나을 게 없고, 여러 면에서 짐승보다 훨씬 더 비참한 처지일 것이라고 하였다. 왜냐하면 그렇게 되면 온갖 형태의 악에 사로잡혀서 끊임없이 혼란스럽고 불안정한 삶을 이끌어갈 수밖에 없을 것이기 때문이라는 것이다. 그러므로, 사람을 짐승보다 더 월등하게 만들어 주는 것은 오로지 하나님을 예배하는 것밖에 없으며, 오직 그것을 통해서만 사람이 불멸을 사모하는 것이다.

주

1. Cicero, *Nature of the Gods*, I. xvi. 43.

2. 로마의 황제(A.D. 37-41년).

3. 소크라테스와 동시대 인물인 Diagoras of Melos를 가리킨다. Cicero, *Nature of the Gods*, I. i. 2; I. xxiii. 63.

4. 시라쿠사의 폭군(B.C. 405-367년). Cicero, *Nature of the Gods*, III. xxxiv. 83.

5. Cicero, *Nature of the Gods*, II. ii. 5.

6. 참조. 4장 1절.

7. Plato, *Theaetetus*, 176.

무지에 의해서나 악의에 의해서, 하나님을 아는 지식이 짓눌리거나 더럽혀짐

1. 사람의 무지와 미신

하나님께서 모든 사람들에게 종교의 씨앗을 심어 놓으셨다는 것을 경험을 통해서 알 수 있지만, 그것을 마음으로 기리는 사람을 백 사람 중에 한 사람도 만나기 어렵고, 성숙한 상태에 이르는 사람은 하나도 없고, 더욱이 철을 따라 열매를 내는 사람은(참조. 시 1:3) 더 만나기 어려운 현실이다. 게다가 자기들의 미신적인 것들에 휩쓸려버리는 사람들도 있고 또 고의적으로 사악하게 하나님을 저버리는 사람도 있어서, 모두가 하나님을 아는 참된 지식에서 타락하여 있고, 그리하여 진정한 경건을 세상에서 찾아볼 수 없는 상태가 되어 버렸다. 여기서 미신에 휩쓸려버리는 사람들이 있다는 말을 했으나, 이것은 그들이 순진하여 그런 일을 하는 것이므로 그들에게는 책임이 없다는 뜻으로 한 말이 아니다. 그들이 무지하여 맹목적으로 그런 일을 하기는 하나, 거의 언제나 거기에는 헛된 교만과 완고함이 뒤섞여 있는 것이다.

사람이 하나님을 찾으려면 당연히 자기들 자신보다 높이 올라가야 하는 것이 마땅한데도, 저 가련한 사람들은 그렇게 하지를 않고, 자기들의 육신적인 어리석음의 잣대로 하나님을 재려고 하고, 또한 건전한 탐구를 무시하며 호기심에 이끌려 허망한 사색에 이리저리 휩쓸리는 것을 볼 때에, 헛된 교만과 완고함이 그들에게 있다는 것이 거기서 잘 드러난다. 그러므로 그들은 하나님께서 자기 자신을 제시하시는 대로 그를 깨닫지 않고, 자기들 자신이 추측하는 대로 그렇게 하나님을 상상하여 꾸며내는 것이다. 이처럼 엄청난 괴리가 있기 때문에, 어느 방향으로 발걸음을 내디디든지 그들은 곧바로 멸망으로 내던져지지 않을 수가 없다. 하나님에 대하여 그런 관념을 갖고 있는 상태에서는 아무리 하나님을 경배하고 섬기려는 의도로 무슨 일을 시도한다 해도, 그것은 하나님을 높이는 것일 수가 없는 것이다. 왜냐하면 그들이 예배하는 것은 하나님이 아니라 자기들 마음으로 꿈꾸어 지어낸 것일 뿐이기 때문이다. 바울은 이러한 사악함을 웅변적으로 묘사하고 있다. "스스로 지혜 있다 하나 어리석게 되어"(롬 1:22). 그는 그보다 앞서서 그들의 "생각이 허망하여지며"라고도 말했고, 또한 아무도 자기들의 죄책에 대해 변명하지 못하도록 그들의 미련한 마음이 어두워졌다고 덧붙이기도 했다(롬 1:21). 건전한 탐구에 만족하지 않고, 자기들에게 합당한 한도 이상을 스스로 주장하여 제멋대로 어둠을 자기들 자신에게 드리우며, 사실 자기들의 공허하고 완악한 오만함으로 인하여 스스로 바보가 되어 버리는 것이다. 그러므로 그들의 어리석음이 핑곗거리가 될 수 없다는 것이 자명해진다. 그런 상태가 헛된 호기심의 결과일 뿐 아니라, 합당한 것 이상을 알고자 하는 방자한 욕심에다 거짓된 확신이 겹쳐서 생겨난 것이기 때문이다.

2. 고의적으로 하나님을 부인함

다윗은 "어리석은 자는 그 마음에 이르기를 하나님이 없다 하는도다"(시 14:1; 53:1)라고 말씀했는데, 잠시 후에 다시 살펴보겠지만 이 말씀은 우선, 고의적으로 본성의 빛을 꺼뜨려 스스로를 바보로 만드는 자들에게 적용되는 것이다. 본성적인 지각을 통해서 속에서부터 하나님에 대한 생각이 우러나오는데도 불구하고, 많은 사람들이 완악하여져서 습관적으로 죄를 범하며 하나님에 대한 모든 기억을 없애버리려고 몸부림치는 것을 보게 된다. 이런 짓이 얼마나 혐오스러운가를 보여주기 위해서 다윗은 그들이 하나님의 존재를 노골적으로 부인하는 것으로 묘사하는데, 이는 그들이 하나님의 존재를 없애버린다는 뜻이 아니라, 하나님의 공의와 섭리를 빼앗아버리고 그를 하늘 속에 가두려 한다는 뜻이다. 그러나, 우주의 다스림을 내던져버려서 그것을 운명에다 맡겨버리며, 사람들의 악행들에 대해서 눈을 감아주고, 누구든지 하늘의 심판에 대한 두려움이 없이 그저 욕심대로 행하며 하나님이 계시다는 것을 부인하도록 그냥 내버려 두고 아무런 형벌도 내리지 않는 것보다 하나님의 본성에 어긋나는 것은 없는 것이다. 사실 악인들이 눈을 감아 버린 다음 그들의 마음을 무디게 하고 무겁게 하여, 보기는 보아도 보지 못하게 되는 것이 악인을 향한 하나님의 공의로운 심판인 것이다(마 13:14-15; 참조. 사 6:9-10; 시 17:10).

다윗의 사고에 대한 최고의 해석자는 바로 다윗 자신인데, 그는 다른 곳에서 악인의 "눈에는 하나님을 두려워하는 빛이 없다"고 말한다(시 36:1). 또한 이와 비슷하게 악인들은 하나님이 보지 못한다고 생각하여(시 10:11) 오히려 자기들의 그릇된 행실들을 자랑하며 박수를 치기도 한다. 뿐만 아니라 어쩔 수 없이 신의 존재를 인정하게 되더라도, 그들은 그의 권능을 부인함으로써 그 신의 영광을 빼앗아 버린다. "우리는 미쁨이 없을지라도 주는 항상 미쁘시니 자기를 부인하실 수 없으시리라"(딤후 2:13)고 바울이 선언하거니와, 악인들은 생명이 없는 허망한 우상을 만듦으로써 하나님을 부인한다는 말이 과연 옳은 것이다.

여기서 우리가 주의를 기울여야 할 것은, 악인이 아무리 자기들의 지각을 거스르느라 발버둥치고 하나님을 몰아내고 또한 하늘에서 그를 파멸시키기를 바라는 등 아무리 그들의 어리석음이 크다 할지라도, 하나님께서 그의 심판대 앞에 때때로 그들을 세우지 않는다고 생각할 만큼 어리석어지지는 않는다는 사실이다. 그러나 두려움이 없어서 하나님을 거슬러 마음대로 격렬하게 처신하기 때문에, 이러한 맹목적인 충동에 사로잡혀 있는 한 스스로 하나님을 잊어버리는 바보 같은 상태가 그들을 지배한다는 것이 분명한 것이다.

3. 진리와 결합하여야만 순전한 종교임

그리하여, 많은 사람들이 자기들의 미신을 포장하기 위하여 쓰는 헛된 핑곗거리들이 다 무너지고 만다. 그런 사람들은 아무리 터무니없는 것이라도 종교에 대한 열심만 있으면 그것으로 족하다는 식으로 생각하며, 참된 종교란 하나님의 뜻을 보편성 있는 규범으로 여기고 그 뜻에 일치하는 것이어야만 된다는 것이나, 하나님은 언제나 그분 자신의 모습 그대로 계시지 사람의 변덕에 맞추어 이리저리 바뀌는 그런 유령이나 환영이 아니라는 것을 전혀 깨닫지를 못하는 것이다. 미신이 하나님을 기쁘시게 하려는 의도를 갖고 있으면서도, 거짓된 것으로 하나님을 조롱하는 현상을 쉽게 볼 수 있다. 미신은 하나님이 전혀 가치를 두지 않으신다고 선포하신 것들에만 온통 사로잡혀서, 하나님께서 기뻐하시는 것으로 분명하게 지시하시고 명하시는 것들을 멸시하거나 혹은 노골적으로 거부하는 것이다. 그러므로 하나님을 위한다는 핑계로 거짓된 의식들을 세워놓는 자들은 자기들 자신의 환상을 경배하고 찬송하는 것이다. 사실, 자기들의 어리석은 욕심에 맞추어 하나님을 자기들 마음대로 꾸며놓은 것이 아니라면, 그들이 감히 이런 식으로 하나님을 가지고 장난질치지는 못했을 것이다. 그리하여 사도는 신격에 대한 이처럼 희미하고 그릇된 생각을 가리켜 하나님에 대한 무지(無知)로 말씀하고 있다. "너희가 그때에는 하나님을 알지 못하여 본질상 하나님이 아닌 자들에게 종 노릇 하였더니"(갈 4:8). 그리고 다른 곳에서는, 한 분 하나님을 아는 올바른 지식이 없이 방황하던 시절에는 "하나님이 없는 자"였다고 에베소 사람들에게 가르친다(엡 2:12). 이러한 상황에서는 한 하나님을 생각하든, 여러 하나님을 생각하든, 그것은 별 문제가 아니다. 일단 참되신 하나님을 계속해서 멀리하고 그를 저버리게 되면, 저주받은 우상밖에는 남는 것이 없기 때문이다. 그러므로 우리로서는, 진리와 결합하지 않는 신앙(종교)은 결코 순전하다 할 수 없다는 락탄티우스(Lactantius)의 가르침[1]을 인정하지 않을 수 없는 것이다.

4. 악인의 외식이 신에 대한 지각을 억누름

그들은 여기에다 또 하나의 잘못을 가중시키는데, 곧 강제로 시키지 않으면 절대로 하나님을 생각하지 않으며 또한 억지로 끌어가지 않으면 하나님께 가까이 나아가지를 않는다는 것이 그것이다. 그리고 그렇게 억지로 하나님을 생각하게 되어서도, 그의 위엄에 대한 경외심에서 우러나오는 자발적인 두려움으로 감동을 받는 것이 아니라, 하나님의 심판 때문에 어쩔 수 없어서 억지로 두려움을 갖는 것으로 그치며, 또한 자기들로서는 그것을 도저히 피할 수 없기 때문에, 그렇게 되는 것을 끔찍하게 혐오하기까지 하는 것이다. 두려움이 세상의 신(神)들을 만들어냈다는 스타티우스(Statius)의 말[2]은 이런 유의 불경건에 아주 잘 들어맞는 말이라 하겠다.

하나님의 의를 인정하지 않는 자들은 그의 심판대가 그를 거스르는 범죄들을 벌할 준비를 갖추고 있다는 것을 알면서도, 그 심판대가 전복되기를 열심히 바란다. 그리고 이런 느낌에 영향을 받아, 그들은 실제로 의를 본질적인 속성으로 지니고 계신 주님을 대적하여 싸움을 벌인다. 동시에 그들은 자기들이 언제나 하나님의 권능의 손 안에 있어서 저항하거나 피한다는 것이 불가능하다는 것을 알고서, 두려워하며 떤다. 그리하여, 그들에게 위엄을 드리우시는 그 하나님을 멸시하는 것처럼 보이지 않게 하기 위하여, 그들은 신앙과 비슷한 행동을 취한다. 그러나 그러는 중에도 그들은 온갖 악행으로 자기들을 더럽히기를 그치지 않으며, 범죄에 범죄를 가중시키고, 결국 주님의 거룩하신 율법의 모든 요건들을 다 범하며, 그의 의 전체를 완전히 무(無)로 만들어 버린다. 하나님에 대한 두려움이 가장된 것이므로 그것의 제재를 받지 못하기 때문에 자기들의 죄와 온갖 방종에서 흐느적거리게 되고, 성령으로 말미암아 자신을 억제하기보다는 오히려 육체적인 욕심에 탐닉하기를 더 원하는 것이다.

그러나 이것은 헛되고 거짓된 신앙의 그림자에 지나지 않는다. 아니, 그림자라 부를 가치조차도 없다. 이로써 우리는 하나님에 대한 혼란스런 지식이 신앙의 근원이 되는 경건 ― 이것은 오직 신자들의 가슴에만 생겨나는 것이다 ― 과 얼마나 다른 것인가를 새삼스럽게 깨닫게 된다. 그런데 외식하는 자들은 이처럼 뒤틀린 길을 가면서, 실제로 하나님께로부터 도망하고 있으면서도 겉으로는 하나님께 가까이 나아가는 것처럼 보이게끔 만든다. 평생토록 언제나 순종하는 자세를 견지해야 하는데도 그들은 거의 모든 행위에서 대담하게 하나님께 반역을 저지르고 그저 몇 가지 하찮은 것들을 희생시켜서 그를 누그러뜨리려 하는 것이다. 거룩한 삶과 순전한 마음으로 하나님을 섬겨야 하는데도, 그들은 시시한 방법들과 하찮은 것들을 준수하는 것만으로 하나님께 환심을 사려고 애쓰는 것이다.

아니, 오히려 그보다 더한 방종으로 자기들의 더러움 속에서 뒹굴고 있다고 해야 할 것이다. 왜냐하면 온갖 어리석은 행동으로도 속죄를 이룰 수 있고, 또한 하나님을 향한 의무를 얼마든지 이행할 수 있다고 자신하기 때문이다. 요컨대, 하나님께 신뢰를 두었어야 옳을 것인데도, 그들은 오히려 그를 무시하고 자기 자신이나 다른 피조물들을 의지하는 것이다. 그리하여 그들은 결국 온갖 오류 더미 속에 스스로 얽혀 들어가서, 한때 하나님의 영광을 그들에게 비추기도 했던 그 섬광들을 자기들의 맹목적인 사악함으로 흐려놓고 마침내 완전히 꺼뜨려 버리는 것이다. 그러나 절대로 사라지지 않는 씨앗은 그대로 남아 있는 법이다. 이와 같이 어떤 신적인 존재가 있다는 신념은 계속해서 남아 있다. 그러나 이 씨앗이 너무도 부패하여 그 자체로서는 오로지 지극히 악한 열매밖에는 맺지를 못하는 것이다.

이로 보건대, 신에 대한 지각이 본성적으로 인간의 마음에 새겨져 있다는 나의 주장이 더욱 분명하게 드러나며, 버림받은 자들도 시인하지 않을 수가 없는 사실임이 입증되는 것이다. 평안할 때에는 하나님에 대해서 농담도 하고, 그의 권능을 무시하는 우스갯소리들을 수다스럽게 늘어놓다가도, 절망이 짓누르게 되면 하나님을 찾고 억지로라도 입으로 기도를 늘어놓는 것을 볼 때에, 좀 더 일찍 드러났어야 할 그들의 본 모습이 완악함으로 인하여 억눌려 있어서 드러나지 않았을 뿐, 그들이 하나님에 대해 전혀 무지한 상태가 아니었다는 것이 분명해지는 것이다.

주
____

1. Lactantius, *Divine Institutes*, I. ii, v, vi, xx.
2. Statius, *Thebaid*, III. 661.

제 5 장

하나님을 아는 지식이 우주의 창조와
그 지속적인 운행에서 분명히 드러남

(하나님이 그의 창조하신 만물에 드러내셨음. 1-10)

1. 하나님의 영광의 증표가 세상 만물에 분명히 새겨져 있음

복된 삶의 최종적인 목표가 하나님을 아는 데 있으므로(참조. 요 17:3), 하나님은 아무도 복을 접하는 데에서 제외되지 않도록 하시기 위하여 이미 앞에서 논의한 종교의 씨앗을 우리 마음속에 심어 놓으셨을 뿐 아니라, 우주의 구조 전체 속에 자기 자신을 드러내셨고 또한 날마다 자신을 드러내시기를 기뻐하셨다. 그러므로, 사람이 눈을 뜰 때마다 하나님을 바라보지 않을 수가 없는 것이다. 사실, 하나님의 본성은 사람이 파악할 수가 없고, 그의 신성은 인간의 지각의 한계를 완전히 뛰어넘는 것이다. 그러나 하나님께서 그의 지으신 만물들 속에 자신의 영광의 흔적들을 확실하고도 분명하게 새겨놓으셨으므로, 전혀 무지하고 어리석은 사람들조차도 무지를 핑계삼을 수가 없는 것이다. 그러므로 시편 기자는 아주 적절하게, "주께서 옷을 입음 같이 빛을 입으셨다"(시 104:2)고 외치고 있다. 이것은 마치 이런 뜻과도 같다. 곧, 주께서 자기의 의복의 광채 속에서 자기 자신을 보이기 시작하셨고, 우주 만물 속에서 그의 영광의 표지를 드러내어 보이셨으므로, 언제든 우리의 시선이 가는 곳마다 그것들을 보게 된다는 것이다.

같은 곳에서 시편 기자는 또한 하늘을 하나님의 휘장에 비유하여 표현하면서 "물에 자기 누각의 들보를 얹으시며 구름으로 자기 수레를 삼으시고 바람 날개로 다니시며 바람을 자기 사신으로 삼으시고 불꽃으로 자기 사역자를 삼으신다"고 말씀한다(시 104:2-4). 그리고 그의 권능과 지혜의 영광이 위에서 더 밝게 빛나므로, 하늘을 가리켜 그의 보좌라 부르기도 한다(시 11:4). 그러나, 어느 곳을 바라보든지 하나님의 영광의 작은 불빛이라도 눈에 띄기 마련이다. 그것을 보지 못하는 곳은 우주 내에 아무 데도 없다. 이 지극히 광대하고 아름다운 우주의 체계를 흘낏 보기만 해도, 우리는 그 찬란한 광휘(光輝)의 그 무한한 힘에 완전히 압도되고 마는 것이다. 그러므로 히브리서 기자는 우주를 가리켜 보이지 않는 것들이 나타난 것이라고 멋지게 묘사하는 것이다(히 11:3). 곧, 우주의 그 세련된 구조가 일종의 거울의 역할을 하여, 보이지 아니하시는 하나님을 그 속에서 바라보게 된다는 것이다. 시편 기자가 하늘의 궁창에 언어가 있어서 그것이 온 땅의 민족들에게 전해진다고 말씀하는 것도(시 19:2 이하), 신성에 대한 증거가 너무나도 확연하여 아무리 어리석은 족속들이라도 그것들을 알아차리지 못할 수가 없다는 사실을 드러내기 위함인 것이다. 사도 바울은 이 점을 더욱더 분명하게 선포하고 있다. "이는 하나님을 알 만한 것이 그들 속에 보임이라 하나님께서 이를 그들에게 보이셨느니라 창세로부터 그의 보이지 아니하는 것들 곧 그의 영원하신 능력과 신성이 그가 만드신 만물에 분명히 보여 알려졌나니"(롬 1:19-20).

2. 하늘과 땅에 나타나는 하나님의 지혜의 증거

하늘과 땅에 하나님의 놀라운 지혜를 선포하는 무수한 증거들이 있다. 천문학이나 의학 등 모든 자연 과학을 통해서 면밀하게 탐구해야만 알 수 있는 다소 심오한 증거들뿐 아니라, 전혀 교육을 받지 않은 무식한 사람들도 보기만 하면 곧바로 알 수 있는 그런 증거들이 무수히 널려 있어서, 눈을 뜰 때마다 그것들을 증언하지 않을 수가 없다. 학문을 다소 밀접하게 접한 사람들은 그로 인하여 도움을 받아 하나님의 지혜의 은밀한 것들을 좀 더 깊이 바라볼 수 있게 되는 것이 사실이다. 그러나 아무리 무식하다 할지라도 그 때문에 창조 세계에 나타난 하나님의 솜씨를 바라보지 못하고 창조주 하나님을 찬미하지 못할 사람은 아무도 없는 것이다. 물론, 별들의 움직임을 조사한다든가, 그 위치를 파악한다든가, 그들의 거리를 측정한다든가, 그 속성들을 파악한다든가 하는 데에는 기술이 필요하고 또 주도면밀한 노력이 필요한 것이 사실이다. 이런 것들을 관찰하는 데에서 하나님의 섭리가 더 명확하게 드러나기 때문에, 그런 일을 접하는 사람들은 당연히 좀 더 높은 수준에 올라서서 하나님의 영광을 바라보게 될 것이다. 그러나 그냥 눈으로 보는 것 이외에는 아무런 교육도 받지 않은 보통 사람들도 하나님의 솜씨의 탁월함을 놓칠 수가 없다. 왜냐하면 그렇게 무수하면서도 분명한 질서를 갖추고 있는 천체들 속에서 그것이 분명하게 드러나기 때문이다. 그러므로 주께서 그의 지혜를 풍성하게 보여주시지 않은 사람이 하나도 없다는 것이 분명한 것이다. 인간의 몸의 구조에 대해서도 마찬가지다. 갈렌(Galen)[1]의 기술을 사용하여 신체의 각 부분의 연결과 그 균형과 아름다움, 그리고 그 용도를 가늠하기 위해서는 지극히 예민한 주의가 필요하다. 그러나 동시에 모든 사람들이 인정하듯이, 인간의 몸은 과연 그 지으신 이의 탁월하신 지혜를 선포하기에 충족하리 만큼 독창적인 구조를 보여주고 있는 것이다.

3. 사람이 하나님의 지혜의 탁월한 증거임

그리하여, 어떤 철학자들은 오래 전에 사람을 가리켜 소우주(小宇宙: microcosm)라고 매우 적절하게 표현하기도 했다. 사람이야말로 하나님의 권능과 선하심과 지혜를 드러내는 희귀한 실례요, 우리가 정신을 기울여 주목하기만 하면 우리의 정신을 쏟기에 충족한 기적들이 그 속에 담겨 있기 때문이다. 바울은 "하나님을 더듬어 찾아 발견하려 하는" 마음이 사람에게 있음을 말하고는 곧바로 이어서 "그는 우리 각 사람에게서 멀리 계시지 아니하도다"라고 덧붙이고 있다(행 17:27). 각 사람이 속에서부터 자기를 일깨우는 하늘의 은혜를 반드시 느끼게 되어 있다는 것이다. 그러니, 하나님을 발견하기 위해서 구태여 우리 바깥으로 나갈 필요가 없다면 우리 자신 속으로 들어가면 하나님을 발견하게 될 텐데, 그것을 싫어하는 사람은 그 나태함에 대해서 대체 어떤 핑계를 대겠는가?

이와 똑같은 이유로, 다윗은 곳곳에서 빛나는 하나님의 놀라운 이름과 영광을 간략하게 찬송한 다음, 곧바로 "사람이 무엇이기에 주께서 그를 생각하시나이까?"(시 8:4)라고 외치며, 또한 "어린아이들과 젖먹이들의 입으로 권능을 세우심이여"(시 8:2)라고도 외치고 있다. 그리하여 그는 인류가 창조주의 솜씨의 명확한 거울임을 선언할 뿐 아니라, 아직 어미의 젖을 먹는 어린 아기들까지도 하나님의 영광을 선포할 훌륭한 혀를 갖고 있으므로 다른 모든 웅변가들이 전혀 필요가 없음을 선언하는 것이다. 또한 다윗은 어린 아기들이 마치 철저하게 가르침을 받아서 옹알거리기라도 하는 것처럼 그 아기들의 옹알거림을 들어서, 마귀적인 교만으로 하나님의 이름을 무시해 버리려고 애쓰는 자들의 미친 짓을 반박하고 있는 것이다. 그리하여 바울도 우리가 "하나님의 소생"이라는 아라투스(Aratus)[2]의 말을 인용하고 있다(행 17:28). 왜냐하면 하나님께서 우리에게 그렇게 굉장한 탁월한 은사들을 주심으로써 자신이 우리의 아버지이심을 친히 증거하시기 때문이다. 이와 같이 세속의 시인들도 경험을 통해서 같은 느낌을 가지고서, 그를 가리켜 "사람들의 아버지"라고 불렀다. 사실, 하나님의 아버지다운 사랑을 먼저 맛보고서 그에게 이끌려 그를 향하여 사랑과 경배의 자세를 갖게 되지 않은 사람은 아무도 자발적으로 기꺼이 자신을 드려 하나님을 섬기려 하지 않는 법이다.

4. 하나님을 부인하는 사람의 배은망덕함

그런데 여기서 사람들의 수치스러운 배은망덕함이 드러난다. 자기들 속에 하나님의 활동들이 끊임없이 진행되고 있는 공장(工場)이 있고, 또한 측량할 수 없는 보화들이 저장되어 있는 창고가 있으므로 그들에게서 하나님을 향한 찬송이 터져 나와야 마땅한데도, 오히려 스스로 우쭐해져서 교만하기 그지없는 상태에 있는 것이다. 그들은 하나님이 자기들 속에서 얼마나 놀랍게 역사하고 계시는가를 느끼고 있고, 또한 하나님의 자비하심으로 자기들이 온갖 다양한 재능들을 소유하고 있음을 경험을 통해서도 배우고 있으므로 싫든 좋든 이런 것들이 신격의 증거들이라는 것을 알 수밖에 없는데도 불구하고, 그들은 그 증거들을 속에다 감추어 버린다. 그들의 마음을 일깨워 하나님을 똑똑히 보도록 하기 위해서 하늘로부터 그들에게 주어진 그것들을 자기들의 것이라 주장하고 그것들을 땅에다 파묻어 버리지만 않는다면, 사실 구태여 자기들 자신 이외의 것을 바라보지 않아도 하나님을 깨닫게 되어 있는 것이다.

그런데 오늘날 이 땅에는 악하기 그지없는 자들이 수없이 많다. 인간의 본성 속에 널리 저장되어 있는 모든 신격의 씨앗을 거꾸로 이용하여 오히려 하나님의 이름을 짓누르려 애쓰는 자들 말이다. 자기 몸과 영혼 속에서 일백 번이라도 하나님을 찾건만, 오히려 이런 탁월한 것을 빌미로 하나님이 계시다는 사실을 부인하고 있으니, 이 얼마나 혐오스러운 미친 짓이란 말인가? 그들은 자기들이 짐승들과 다른 것이 우연히 그렇게 된 것이라고는 말하지 않는다. 그러나 하

나님을 옆으로 제쳐두고, 그 대신 "자연"을 우주만물을 지은 존재로 대치시켜
놓는 것이다. 입에서부터 눈, 그리고 심지어 발톱에 이르기까지 자기들의 몸의
각 기관들에게서 나타나는 그야말로 훌륭하기 이를 데 없는 솜씨들을 보면서
도, 하나님을 자연과 대치시켜 버리는 것이다. 그토록 기민한 영혼의 움직임, 그
런 탁월한 기능들, 그렇게 희귀한 재능들이 사람에게 있어서 하나님의 솜씨가
도저히 숨겨질 수가 없는데도, 에피쿠로스 철학을 따르는 자들이 마치 키클로
프스(Cyclopes)[3]처럼 그런 유리한 조건을 이용하여 하나님과 대적하여 수치스
럽기 그지없는 싸움을 벌이는 것이다. 그 모든 하늘의 지혜의 보화들이 다섯 척
밖에 안 되는 사람이라는 벌레를 이끄는 데에 사용되고 있는데 반해서, 온 우주
는 그런 특권을 누리지 못한단 말인가? 영혼의 각 기능들과 일치하는 무언가 유
기적인 것이 있다는 것을 인정한다 해서 하나님의 영광이 가리어지는 것이 아
니다. 오히려 그것이 그 영광을 밝혀 주는 것이다. 에피쿠로스(Epicurus)는 한 번
대답해 보라. 어떤 원소의 집합이 과연 음식을 요리하며 그 중의 일부를 배설물
로 내어 보내고 또다른 일부를 피 속에 들여보내어 몸의 각 부분들로 하여금 마
치 한 몸의 감독 하에 있는 것처럼 일사불란하게 움직이며 자기의 기능을 다하
도록 만드는지를 말이다!

5. 창조주와 피조물을 서로 혼동하는 오류

그러나 지금 여기서는 그런 돼지우리 같은 것에 대해서는 문제 삼고 싶지 않
다. 여기서 내가 상대하고자 하는 것은 바로 아리스토텔레스(Aristotle)의 냉담한
가르침에 이끌려서, 영혼의 불멸을 파괴시키고 또한 하나님의 권리를 빼앗는
쪽으로 기우는 어리석은 자들이다. 그들은 영혼에 유기적인 기능들이 있는 것
을 빌미로 영혼을 육체와 묶어 놓음으로써 육체가 없이는 영혼이 존재하지 못
하는 것으로 만들며, 또한 자연을 찬양함으로써 할 수 있는 만큼 하나님의 이름
을 짓누르고 있기 때문이다. 그러나 영혼의 기능들은 결코 육체의 기능들로 제
한을 받는 것이 아니다. 하늘을 측정하여 별들의 숫자를 세고, 각 별들의 크기를
파악하고, 별들 사이의 공간이 어느 정도인지를 재며, 그 별들이 얼마나 빨리 혹
은 천천히 그 궤도를 따라 움직이며, 그 별들이 이쪽 혹은 저쪽으로 몇 도나 기
우는가 하는 것들을 재는 것이 과연 육체와 무슨 상관이 있는가? 물론 천문학이
어느 정도 도움이 될 것이라는 것은 인정한다. 그러나 나의 의도는 다만, 이처럼

천체들을 깊이 조사하는 일이 육체의 조직적인 균형을 통해서 이루어지는 것이 아니라는 점과, 또한 영혼의 기능은 그 자체가 육체와는 완전히 구별되는 것임을 보여주고자 하는 것이다. 한 가지 실례만을 제시했으나, 독자들은 이것만으로 나머지 모든 것을 쉽게 유추해 낼 수 있을 것이다. 하늘과 땅을 관찰하며 과거와 미래를 연결시키고, 오래 전에 들은 것을 기억 속에 두며 또한 무엇이든 원하는 것을 머릿속에 그리는 등, 여러 가지 방면에서 영혼의 영민함이 나타난다. 뿐만 아니라 놀라운 것들을 발견해 내고, 굉장한 것들을 고안해 내는 기술에서도 똑같은 점을 보게 되는데, 이 모든 것들은 사람 속에 심겨져 있는 신적인 지혜를 보여주는 움직일 수 없는 증표들인 것이다. 사람이 잠을 자는 동안 영혼이 그저 이리저리 떠돌기만 하지 않고 여러 가지 유용한 것들을 생각해 내며, 여러 가지 것들에 대해서 궁리하며 심지어 미래에 대해서 예측하기까지 하는 까닭은 어디에 있는가?

이런 점들이 사람 속에 심겨져 있는 불멸성의 증표들이 사라질 수 없다는 증거가 아니고 무엇이겠는가? 그러니, 사람에게 신적인 역사가 있음을 믿으면서도 자신의 창조주를 인정하지 않을 이유가 대체 어디 있단 말인가? 우리에게 주어진 판단력으로 옳고 그름을 분간하면서도 하늘에 판단자가 계시다는 것을 인정하지 않는다면, 그것이 과연 가당한 일이겠는가? 잠잘 때조차도 지적인 능력의 잔재가 남아 있는 것을 보면서도, 어찌 하나님이 계속해서 세상을 살피시고 다스리신다는 것을 인정하지 않을 수가 있겠는가? 우리에게 그렇게 놀라운 재능들이 있는 것이 다른 근원에서 비롯된 것이라는 것을 경험으로 충분히 알고 있는데도 불구하고, 그렇게 많은 기술들과 유용한 것들을 고안한 것이 바로 우리 자신이라고 생각하면서, 어찌 하나님께 드려야 마땅한 찬송을 그에게서 사취할 수가 있단 말인가?

더 나아가서 어떤 이들은 온 우주 전체에 생명을 주는 비밀한 영감에 대해 떠들기도 하지만, 그들의 말하는 내용이 어리석기 그지없고 동시에 지극히 불경스럽기까지 하다. 그런 사람들은 베르길리우스(Vergil)[4]의 다음과 같은 구절을 칭송해 마지않는다.

"무엇보다 먼저 알아라.
하늘과 땅, 그리고 흐르는 물, 그리고 빛나는 별과

찬란한 광명체들에게,

똑같이 하나의 영혼이 영감을 주며,

전체에 생기를 불어넣는다는 것을.

이 정신이 모든 공간에 불어넣어져

그 거대한 덩어리를 하나로 묶어 뒤섞나니,

사람들과 짐승들이, 공중의 새들과 바다의 괴물들이

거기서 생기를 얻는도다.

영묘한 능력이 모든 것들 속에 똑같이 있으며,

모든 영혼이 똑같은 불꽃으로 가득하도다."[5]

하나님의 영광을 드러내기 위하여 지은 바 된 우주가 마치 그 자신의 창조주라도 되는 것처럼 말하고 있지 않은가! 이 시인은 또다른 곳에서 헬라인들과 라틴 사람들에게서 공통적으로 나타나는 생각을 그대로 표현하고 있다.

"어떤 지혜자들은 신(神)의 한 부분이,

하늘의 정신이 꿀벌에게 있다고 가르쳤으니,

이는 신이 하늘과 땅, 바다의 만물에

두루 퍼져 나아감이로다.

각기 날 때부터 그에게 모든 존재를 나누어 받고,

사람과 각색 짐승이 생명의 기운을 받으며,

땅의 사슬에서 놓임을 받아

또다시 그에게로 돌아가고,

거기서부터 날아 다시 돋아나

신 속에서 안식을 누리며,

무덤을 우습게 여기고,

썩음을 두려워하지 않고,

높은 하늘에 거하며,

별들의 길에 들어서도다."[6]

자, 세계에 생명을 불어넣는 우주적인 정신에 대한 이런 빈약한 사색이 사람의 마음에 경건을 생기게 하고 자라게 하는 일에 아무런 소용도 없다는 것이 얼마나 잘 드러나고 있는가! 이런 사실은 이와 똑같은 원리에서 유추하여 사고를 전개하는 저 더러운 개와 같은 루크레티우스(Lucretius)의 불경스러운 말들에서도 더 명확하게 나타난다. 이것은 우리가 두려워하고 칭송해야 마땅할 참되신 하나님을 내쫓고, 그 대신 하나의 허구에 불과한 신적 존재를 만드는 처사인 것이다. 물론 경건한 자들이 경건한 의미로 "자연이 하나님이다"라고 말할 수도 있을 것이다. 하지만, 그것은 귀에 거슬리는 부적절한 표현으로서 ― 자연은 하나님께서 세워 놓으신 질서라고 해야 옳으므로 ― 매우 중요한 문제에서 상당한 해악을 끼친다. 곧, 하나님의 손으로 지으신 저급한 질서와 하나님을 서로 혼동하게 하여 엉뚱한 대상을 경외하게 만드는 것이다.

6. 우주에 나타나는 하나님의 권능이 그를 바라보게 함

그러므로 우리는 각자 자기 자신의 본성을 바라볼 때마다, 모든 자연 만물을 다스리시는 한 분 하나님이 계셔서 우리가 그를 바라보기를, 우리의 믿음을 그에게로 향하게 하기를, 그리고 그를 부르며 그에게 경배하기를 원하신다는 것을 기억해야 할 것이다. 우리 속에 신적인 임재를 증명해주는 훌륭한 재능들이 있어서 그것들을 몸소 누리고 있으면서도, 그것들을 우리에게 주시는 그 본래의 주인을 무시하는 것보다 더 터무니없는 짓은 없는 것이다. 하나님의 권능이 그토록 명확하게 드러나므로, 우리가 하나님을 바라보게 되지 않을 수가 없는 것이다. 저 광대한 하늘과 땅을 말씀으로 유지하시는 것이 ― 때로는 천둥으로 하늘을 뒤흔드시고, 번개로 모든 것을 태우시고, 대기를 화염으로 가득하게도 하시며, 때로는 온갖 폭풍으로 어지럽게 하시다가도 곧바로 언제 그랬느냐는 듯이 고요하게도 하시며, 때로는 격렬한 풍랑을 일으켜 파도가 땅을 삼켜버릴 것처럼 밀려오게도 하시다가도, 다시 풍랑을 가라앉히시고 파도가 잠잠하게 하시는 것이 ― 과연 누구의 능력인지를 전혀 모르는 체하지만 않는다면, 우리는 반드시 그렇게 그를 바라보게 되어 있는 것이다.

욥기와 이사야서 등 성경 전체에서 접하게 되는 자연에 관한 증언들에서 이와 관련한 하나님의 권능에 대한 찬송들을 보게 된다. 그러나 이 문제는 나중에 우주의 창조에 관하여 성경을 근거로 논의할 때에 다루는 것이 더 적절할 것이므로, 여기서는 그냥 지나치기로 한다.[7] 여기서 지적하고자 하는 것은 다만, 이런 방식으로 하늘에서나 땅에서 신적인 모습을 추적하여 하나님을 찾고자 하는 것이 외인(外人)들에게나 하나님의 권속들에게나 공통적인 현상이라는 사실이다. 우리는 이러한 하나님의 권능에 이끌려서 자연히 그의 영원성을 생각하게 된다. 왜냐하면 다른 모든 만물들을 있게 하신 그분은 반드시 스스로 존재하며 영원하셔야만 하기 때문이다. 더 나아가서, 그가 어느 시점에서 이 모든 만물들을 창조하게 되셨고 또한 지금도 그것들을 보존하고 계시는 원인을 찾는다면, 우리는 그것이 오직 그의 선하심에 있다는 것을 깨닫게 될 것이다. 그러나 이것이 유일한 원인이기는 하지만, 동시에 우리는 하나님의 사랑에로 이끌림을 받지 않을 수가 없다. 왜냐하면 시편 기자가 선포하듯이, 하나님께서 "그 지으신 모든 것에 긍휼을 베푸시"기 때문이다(시 145:9).

7. 사람을 향한 섭리에서 나타나는 하나님의 역사하심

두 번째 부류의 하나님의 역사하심은 일상적인 자연의 경로에서 벗어나 있기는 하나, 이것 역시 하나님의 권능을 똑같이 분명하게 드러내 준다. 인간 사회를 이끌어 가시는 가운데, 하나님께서는 그의 섭리로써 모든 사람들에게 온갖 방식으로 자비롭고 은혜롭게 역사하심으로 보여주시면서도 동시에 경건한 자들에게 특별한 사랑을 베푸시며 악인과 범죄자들에게 엄하게 대하신다는 것을 분명한 증거들을 통해서 날마다 선포하시기 때문이다. 악한 행동들에 대한 그의 형벌에 대해서는 의심이 있을 수가 없다. 하나님은 선한 사람들의 삶을 복으로 번성하게 하시며, 그들의 고통을 가라앉히시며, 그들의 재난을 가볍게 하시고, 모든 일에서 그들에게 구원을 베푸심으로, 자신이 친히 무죄(無罪)한 자를 보호하시고 갚으시는 분이심을 분명히 보여주신다.

물론 악인들과 범죄자들이 한동안 벌을 받지 않은 채 의기양양해 있도록 허용하시는가 하면, 동시에 의로운 자들에게 갖가지 환난을 허락하셔서 이리저리 흔들리도록 하시고, 심지어 불경건한 자들의 악행과 불의로 인하여 괴로움을 당하게 하기도 하시지만, 그렇다 할지라도 하나님의 변함없는 의로우심은 결코 흐려지지 않는 것이다. 우리로서는 오히려 그것과는 전연 다른 생각을 가져야 마땅할 것이다. 곧, 그가 한 가지 죄를 벌하심으로써 그것에 대한 진노를 분명하게 보여주신다면 그것은 그가 모든 죄를 미워하신다는 것이요, 또한 수많은 죄들을 벌하지 않고 내버려 두신다면 그것은 곧 아직 벌하지 않으신 그 죄들에 대하여 또다른 심판이 기다리고 있다는 뜻이라는 식으로 생각해야 한다는 말이다. 뿐만 아니라, 비참한 죄인들을 향하여 끊임없이 자비를 베푸셔서 결국 그들로 하여금 부성애보다 더한 사랑을 깨우치게 하셔서 그들의 사악함을 깨뜨리시는 경우가 많으니, 이 얼마나 풍성하신 하나님의 긍휼하심인가!

8. 인간의 삶을 주관하시는 하나님의 역사하심

이를 위하여 시편 기자는 구원의 소망이 없이 거의 잃어버린 바 된 상태에 있는 불쌍한 자들을 그 절박한 처지에서 갑자기 놀랍게 구원하시는 하나님의 역사하심을 거론하고 있다. 하나님께서는 사막을 헤매는 자들을 맹수들에게서 보호하시고 결국 그들을 바른 길로 인도하시며(시 107:4-7), 핍절하여 굶주리는 사람들에게 양식을 공급하시며(9절), 감옥에 갇힌 자들을 그 처참한 감옥과 쇠사슬에서 자유롭게 하시며(10-16절), 바다에서 파선을 당한 자들을 구원하셔서 포구로 안전하게 돌아오도록 하시며(23-30절), 거의 죽은 자들을 질병에서 고쳐 주시고(17-20절), 열기와 메마름으로 땅을 태우시고, 혹은 은밀한 가운데 은혜로 물을 주셔서 땅을 비옥하게 하시며(33-38절), 비천한 자들을 높이시고 높은 자들을 그 높은 위엄의 자리에서 내어 던지신다(39-41절)는 사실을 말씀한다. 시편 기자는 이런 식으로 실례를 들어서, 사람의 생각에는 우연히 일어나는 것으로 여겨지는 그런 갖가지 일들이 하늘의 섭리의 증거들이요 아버지 하나님의 자비하심의 증거들임을 보여주고 있다. 그러므로 경건한 자들로서는 마땅히 기뻐하고 즐거워해야 하며, 사악한 자들과 버림받은 자들로서는 입을 봉할 수밖에 없는 것이다(42절). 그러나 대부분의 사람들이 자기들의 오류 속에 파묻혀서 이 찬란한 광경에 대해 눈먼 상태에 있으므로, 시편 기자는 이러한 하나님의 역사하심을 지혜롭게 간파하는 것이야말로 아주 드문 특별한 지혜임을 외치고 있는 것이다(43절). 과연 수많은 사람들이 다른 면에서는 아주 예리한 시각을 갖고 있으면서도, 그것을 깨닫는 시각이 없기 때문에 그것을 보면서도 전혀 유익을 얻지 못하는 것이 현실이다. 하나님의 영광이 그토록 찬란하게 비치고 있건만, 그것을 진정으로 바라보는 사람은 백 사람 중 하나도 되지 못하는 것이다.

그러나, 하나님의 권능이나 그의 지혜는 결코 어둠 속에 감추어져 있는 것이 아니다. 도저히 어찌할 수 없을 것처럼 보이는 악인의 격렬한 분노가 한순간에 무너져 내리고, 그들의 오만함이 사라지고, 강력하기 그지없던 그들의 요새들이 파괴되어 버리고, 그들의 병기들이 산산조각 나고, 그들의 힘이 꺾이고, 그들의 책략이 수포로 돌아가 버리고, 하늘을 찌를 것처럼 날뛰던 그들의 오만함이 땅바닥에 떨어지는 데에서 하나님의 권능이 여실히 드러난다. 그리고 반대로, 가난한 자들이 먼지더미에서 일어나며, 궁핍한 자들이 거름더미에서 일어서는 데에서도(시 113:7), 눌리고 억압당하는 자들이 그 극한 환난에서 구원함을 받는 데에서도, 절망 가운데 있는 자들이 선한 소망을 회복하는 데에서도, 힘없이 연약한 자들이 막강한 힘을 자랑하는 자들에게서 승리를 탈취하는 데에서도 똑같이 하나님의 권능이 드러나는 것이다.

뿐만 아니라, 모든 것을 가장 적절한 시기에 공급하셔서 간교한 세상의 지혜자들을 혼란스럽게 하시는 데에서도(참조. 고전 1:20), 또한 "지혜 있는 자들로 하여금 자기 꾀에 빠지게 하시는"(고전 3:19; 참조. 욥 5:13) 데에서도, 하나님의 지혜의 탁월함이 나타난다. 요컨대, 하나님께서는 가장 좋은 방식으로 처리하지 않으시는 것이 하나도 없는 것이다.

9. 하나님을 아는 지식에 이르는 올바른 길

하나님의 위엄을 밝히고 입증해 주는 증거들을 제시하기 위하여 구태여 길게 수고스럽게 논지를 전개할 필요가 없다. 하나님의 위엄이 눈으로 관찰하고 손가락으로 만져볼 수 있을 만큼 분명하게 드러나 있다는 것을, 우리가 앞에서 임의로 제시한 몇 가지 실례들을 통해서 확실하게 알 수 있기 때문이다. 여기서 또다시 우리가 명심해야 할 것은, 우리가 가져야 할 하나님을 아는 지식은 그저 헛된 사색을 만족시켜주며 머리에만 합당한 그런 지식이 아니라, 정당하게 받아 마음에 뿌리를 내려서 열매를 맺게 되는 그런 지식이라는 점이다. 주께서는 그의 권능으로 자신을 드러내시며, 우리는 우리들 속에서 그 힘을 느끼며 그 은혜를 누리고 있다. 그러므로 하나님을 아는 참된 지식이 있는 경우에는, 혹시 아무런 지각도 오지 않는 그런 하나님을 상상하는 경우보다도 그 지식에 의해서 훨씬 더 깊은 영향을 받기 마련인 것이다.

따라서, 하나님을 찾아가는 가장 온전한 방법이요 또한 가장 적절한 순서는, 대담한 호기심으로 하나님의 본질에까지 뚫고 들어가 조사하기를 시도하는 것이 아니라 — 하나님의 본질은 세심하게 탐구할 대상이 아니라 찬송하여야 할 대상이다 — 그가 친히 우리에게 가까이 친근하게 다가오시고 또한 어떤 점에서 자기를 전하시는 바 그의 역사하심 속에서 그를 바라보는 것이다. 하나님께서 그의 임재하심의 능력으로 우리들 각자의 속에 거하시므로 우리가 그를 멀리서 찾을 필요가 없다는 사도의 말씀이 바로 이를 두고 하는 말씀인 것이다(행 17:27-28). 그렇기 때문에 다윗은 먼저 하나님의 말할 수 없는 위대하심을 고백한 다음(시 145:3), 그의 역사하시는 일들을 계속해서 언급하면서 하나님의 위대하심을 자기가 선포할 것임을 말하고 있는 것이다(시 145:5-6; 참조. 시 40:5).

그러므로, 우리로서는 이와 같은 방향으로 하나님을 찾기를 계속하는 것이 합당한 일이다. 이렇게 하나님을 찾아갈 때에 우리의 영혼이 경이(驚異) 속에 잠기게 되고, 또한 동시에 우리의 깊은 곳에서부터 감동이 일어나게 될 것이다. 아우구스티누스(Augustine)가 다른 곳에서 가르치듯이,[8] 우리로서는 하나님을 파악할 수가 없고, 말하자면 그의 위대하심에 완전히 압도당할 수밖에 없으므로, 하나님의 역사하시는 일들을 바라보며 그의 선하심으로 우리 자신들을 새롭게 하는 것이 우리가 취해야 할 길인 것이다.

10. 하나님을 아는 지식의 목적

또한 우리는 이렇게 해서 얻어지는 지식을 통해서 자극을 받아 하나님을 예배하도록 되어야 하며, 동시에 그 지식으로 말미암아 일깨움을 받고 격려를 받아 미래의 생명에 대하여 소망을 갖게 되어야 마땅할 것이다. 그러나 동시에, 하나님께서 우리에게 보여주시는 그의 너그러우심과 그의 지엄하심에 대한 실례들이 아직 미숙하고 불완전한 것들이기 때문에 우리로서는 이것들이 더 큰 것들의 서막(序幕)에 불과하며 내세에 가서 비로소 그것들이 완전히 드러나게 된다는 사실을 생각해야 한다. 경건한 자들이 불경건한 자들에게서 온갖 환난을 당하며, 부당한 행위로 해를 입고, 갖은 중상 모략에 시달리고, 모욕과 멸시로 상처를 입는 것을 보는가 하면, 그 반대로, 악인들이 번영을 구가하고 번창하며 형벌을 받지도 않고 위세를 떨치는 것을 보게 되는데, 이로써 우리는 불법이 그에 합당한 형벌을 받게 되고, 의가 그 상급을 받게 될 내세가 반드시 있을 것이라고 결론을 내리지 않을 수가 없다.

그리고 더 나아가서, 신자들이 주의 막대기로 채찍을 맞는 경우가 많은 것을 보므로, 언젠가는 악인들이 그보다 더한 채찍을 맞게 될 것임을 확신하게 되는 것이다. 아우구스티누스는 다음과 같은 유명한 진술을 남기고 있다. "현세에서 모든 죄가 다 공개적으로 형벌을 받는다면, 최후의 심판을 위해서는 아무것도 남지 않을 것이며, 또한 현세에서 공개적으로 형벌을 받는 죄가 하나도 없다면, 하나님의 섭리가 없다고 믿게 될 것이다."[9]

그러므로 우리는 마치 그림으로 표현되듯이 하나님의 능력이 그의 개별적인 역사하심 속에 — 그러나 특별히 그의 역사하심 전체 속에도 — 표현되어 있고, 이로써 온 인류가 하나님을 아는 지식을 갖도록 초청을 받고 있으며 또한 이 지식의 결과로 참되고 완전한 행복을 누리도록 이끌림을 받고 있다는 것을 인정해야 한다. 그러나 이처럼 그 능력들이 그의 역사하심 속에 지극히 분명하게 나타나고 있으나, 그 능력들의 실질적인 목적과 가치를 깨달을 수 있는 유일한 수단은 바로 우리 자신 속으로 내려가서 주께서 과연 어떻게 그의 생명과 지혜와 능력을 드러내시며, 또한 그의 의와 선하심과 자비를 행하시는가를 깊이 생각하는 것밖에는 없는 것이다. 다윗은 인류를 다스리시는 데에서 나타나는 하나님의 깊으신 경륜을 생각하지 못하는 불신자들의 어리석음을 올바로 탄식하고 있다(시 92:5-6). 그러나 다윗은 다른 곳에서, 하나님의 놀라운 지혜가 여기서 우리의 머리털보다 더 풍성하다고 말하는데(참조. 시 40:12), 이 말씀도 지극히 참된 것이다. 그러나 이 문제에 대해서는 다음에 좀더 상세히 다룰 것이므로,[10] 여기서는 그냥 지나가기로 한다.

11. 세상에 나타나 있는 하나님에 대한 증거가 사람에게 유익이 없음

주께서 자기 자신과 자기의 영구한 나라를 그의 역사하심의 거울 속에 그렇게도 명확하게 표현하고 계신데도 불구하고, 우리는 너무나도 우둔하여 그 분명한 증거들에 대해서 갈수록 무디어지고, 그리하여 그 증거들이 아무런 유익도 주지 못하고 그냥 흘러가고 있는 것이다. 우주의 아름답기 그지없는 구조와 질서만 하더라도, 눈을 들어 하늘을 바라보거나 땅의 곳곳을 바라보면서 창조주를 기억하는 데에로 마음을 돌리는 사람이 대체 우리 중에 몇 명이나 되겠는가? 모두들 오히려 그것들을 지으신 주인을 무시하며 그가 해 놓으신 일들을 그저 나태하게 바라보고 있지 않은가? 또한 일상적인 자연의 과정 바깥에서 날마다 일어나는 사건들의 경우에도, 대부분 그저 맹목적이고 분별없는 운명에 사람들이 휘몰리고 있다는 식으로만 생각하지, 하나님의 섭리로 다스림을 받고 있다고 생각하는 사람이 과연 몇 명이나 되는가? 때로는 이런 일들에게 이끌림을 받아 하나님을 바라보게 되는 일도 있다. 사실 모든 사람들이 다 이따금씩 그런 일을 체험한다. 그러나 신격에 대한 어렴풋한 생각을 급하게 갖고 나서는 곧바로 우리 육체의 경솔하고 악한 상상에 빠져 들어가서, 우리의 허망함으로 하나님의 순전한 진리를 부패시키고 마는 것이다. 이 점에 있어서는 사람들마다 양상이 다르다. 사람마다 각기 자기만 특별히 지니고 있는 오류가 있기 때문이다. 그러나 유일하신 참 하나님을 괴상한 가공물과 바꾸어 놓는다는 점에서는 우리 모두가 다 똑같다. 비단 무식하고 야만적인 사람들뿐만 아니라 여러 가지 면에서 지극히 탁월하며 예리한 분별력을 갖춘 사람들까지도 똑같이 이 질병에 감염되어 있는 것이다.

철학자들의 집단 전체가 이런 점에서 자기들의 어리석음과 지각없음을 얼마나 잘 드러내는지 모른다! 철저하게 바보처럼 행동하는 다른 철학자들에 대해서는 굳이 이야기하지 않더라도, 철학자들 가운데 가장 종교적이고 사려 깊은 플라톤까지도 자신이 고안해낸 둥근 공(球) 속에 완전히 빠져서 헤매었던 것이다. 사람들에게 바른 길을 제시해야 할 지도자들부터 이처럼 방황하고 넘어지고 있으니, 그들에게서 지도를 받는 나머지 사람들은 과연 어떻겠는가! 이와 마찬가지로, 인간사가 경영되어 가는 것을 보면 하나님의 섭리가 있다는 것을 도저히 의심할 수가 없는데도 불구하고, 그저 변덕스런 운명의 장난으로 여기저기서 일들이 일어나고 있다고 믿는 것보다 실질적으로 전혀 나을 게 없는 것이 현실이다. 우리 모두가 허망함과 오류에 이끌리는 경향이 그렇게도 심한 것이다. 철학자들 중에 가장 뛰어나다는 사람들의 형편이 이와 같으니, 하나님의 진리를 미친 듯이 욕되게 하는 무식한 일반 대중의 상태는 도저히 가늠할 수가 없을 정도인 것이다.

12. 하나님을 아는 지식을 가로막는 인간의 미신과 철학

그렇기 때문에, 끝없이 더러운 오류의 진흙창이 온 땅을 가득 덮고 있는 것이다. 각 개인의 마음이 이처럼 일종의 미로(迷路)와도 같은 상태에 있기 때문에, 각 민족마다 갖가지 거짓 것을 취하였을 뿐 아니라 거의 모든 사람들이 제각기 자기의 신을 갖게 된 것이 전혀 이상할 것이 없다. 무지와 몽매함에 경솔함과 얄팍함이 합쳐져서, 하나님 대신 우상이나 환영을 스스로 만들어 섬기지 않은 사람이 거의 없을 정도가 되어 버린 것이다. 마치 거대하고 풍성한 샘에서 물이 솟아 나오듯이 무수한 신들이 사람의 마음에서 만들어져 나왔는데, 각 사람마다 방종이 극에 달하여 제각기 자기 마음에 맞는 대로 하나님에 대해 이런저런 그릇된 것들을 만들어낸 것이다. 그러나 그렇다고 해서 세계가 얽혀 들어간 미신들의 목록을 여기서 제시할 필요까지는 없다. 그런 목록이 끝이 없을 뿐더러, 그것들이 없어도 사람의 마음의 몽매함이 얼마나 끔찍스러운가 하는 것이 온갖 부패한 것들을 통하여 충분히 드러나기 때문이다. 미개하고 무지한 사람들에 대해서는 그냥 넘어가기로 한다.

하지만, 이성과 학식을 통해서 하늘에까지 꿰뚫고 들어가려고 애를 써온 철학자들을 보아도, 그 생각들이 그렇게도 각양각색이니 이 얼마나 수치스러운 일인가! 철학자들마다 고상한 재치가 있고, 예술과 지식을 갖추고 있어서 자기의 발언을 멋지게 꾸며 위장해오고 있다. 그러나 그들의 모든 발언들을 면밀히 살펴보면, 그 모든 것들이 덧없는 허구임을 알게 되는 것이다. 스토아 철학자들은, 자연의 모든 부분에서 신의 여러 가지 명칭을 끌어낼 수 있으나, 그렇게 해도 그 때문에 신의 단일성이 파괴되는 것은 아니라고 하며 자기들의 생각을 아주 분명하게 드러내었다. 그러나 이것은 마치 그들이 그렇게 온갖 신들을 무수하게 제시해도 우리가 더 격렬하게 오류 속에 휩쓸려 들어가지도 않고, 헛된 것에 더 이끌리지도 않는다는 식의 생각과도 같은 것이다. 심지어 애굽 사람들의 신비적인 신학조차도 이 문제에 대해서 이성적으로 사고하기 위하여 그들이 얼마나 열심히 수고했는가를 잘 보여주고 있다. 그리고 언뜻 보면 거기에 무언가 그럴 듯한 면이 보이므로, 단순하고 경솔한 사람들은 거기에 쉽게 속아넘어간다. 그러나 죽을 수밖에 없는 인간이 고안해낸 방법 중에서 신앙을 더럽게 부패시키지 않은 것이 하나도 없는 것이다.

에피쿠로스 철학자들과 기타 경건을 멸시하는 어리석은 자들은 이처럼 혼란스럽도록 각양각색인 신관으로 인하여 대담해져서 하나님에 대한 모든 생각을 완전히 버리고 말았다. 그들은 지극히 지혜 있다는 사람들이 서로 모순된 견해들을 갖고 싸우는 것을 보고서 — 그리고 심지어 그들의 천박하고 어리석은 가르침을 보고서 — 사람들이 존재하지도 않는 신을 찾으려 하면서 어리석게도 자기들 스스로 쓸데없이 괴로움을 자초하고 있다고 주저 없이 결론을 내렸다. 그리고 이런 생각이 지극히 안전하다고 여겼다. 확실하지도 않은 신들을 만들어내서 끝없는 논쟁을 불러일으키느니보다는 차라리 신의 존재를 완전히 부인해 버리는 것이 더 낫기 때문이라는 것이었다. 그러나 이 사람들은 순전히 어리석은 판단을 내린 것이다. 아니, 차라리 자기들의 불경건함을 감추기 위하여 사람들의 무지를 핑곗거리로 삼은 것이라고 하는 것이 더 나을 것이다. 그러나 그러한 무지 가운데 있다 할지라도 그것이 하나님에게서 이탈하는 것을 정당화시켜 주지 못하는 것이다. 그러나 유식한 자나 무식한 자나 신의 문제만큼 의견이 각양각색인 것이 없다는 것을 모두가 인정하고 있는 것을 볼 때에, 신을 찾기 위하여 이리저리 방황하고 있는 사람의 마음이야말로 하늘의 신비들에 대해서 정말로 어리석고 몽매하다는 결론을 내리지 않을 수 없을 것이다.

어떤 사람들은 시모니데스(Simonides)의 답변을 높이 칭송하기도 한다. 그는 폭군 히에로(Hiero)에게 "신은 어떤 존재인가?"라는 질문을 받고서, 하루만 생각할 시간을 달라고 청했다. 이튿날 왕이 똑같은 질문을 하자 그는 다시 이틀만 시간을 더 달라고 하였고, 그리고는 여러 번 날짜를 연기한 끝에 이렇게 대답하였다고 한다. "오래 생각하면 할수록, 제게는 이 문제가 더 희미해지는 것 같습니다." 그는 자기 자신에게 그렇게 희미한 그 문제에 대해서 지혜롭게 판단을 유보한 것이다. 이로 보건대, 사람이 오로지 자연을 통해서만 가르침을 받게 되면, 분명하고 견고하며 확실한 것을 절대로 붙들지 못하고, 모순된 원리들에 얽매여서 알지 못하는 신(참조. 행 17:23)을 예배하는 현상에 빠지고 만다는 것이 확실해지는 것이다.

(오류 가운데 있기를 고집하므로, 도저히 핑계할 수 없음. 13-15)

13. 인간이 만들어낸 그릇된 종교는 오류 가운데서 하나님을 거역함

그러므로 우리로서는, 순전한 신앙을 부패시키는 사람들은 — 사람마다 각자 자신의 견해를 따르게 되면 반드시 이런 일이 일어난다 — 반드시 유일하신 한 분 하나님께로부터 스스로 이탈하기 마련이라는 것을 주장하지 않을 수 없다. 그들은 분명 자기들의 의도는 그런 것이 아니라고 주장할 것이다. 그러나 그들의 의도가 어떤 것이든, 그들 스스로 확신한 것이 어떤 것이든, 그것은 별 문제가 되지 않는다. 왜냐하면 마음의 눈이 먼 상태에서 하나님 대신 그 자리에 귀신을 앉히는 자는 누구든지 버림받은 자라고 성령께서 선언하시기 때문이다. 그렇기 때문에 바울은, 참되신 하나님을 예배한다는 것이 무엇인지를 복음에서 배우기 전에는 에베소 사람들이 "하나님도 없는 자"였다고 말하는 것이다(엡 2:12-13). 이것은 비단 에베소 사람들에게만 해당되는 것이 아니다. 다른 곳에서 바울은 우주를 지으신 데에서 창조주의 위엄이 모든 사람들에게 분명히 보여 알려졌는데도 모든 사람들의 "생각이 허망하여졌다"(롬 1:21)고 일반적인 의미로 진술하고 있다.

그렇기 때문에 성경은 참되고 유일하신 하나님을 위하여 길을 마련하기 위하여, 과거에 이교도들이 신으로 떠받들던 모든 존재들을 거짓된 것으로 정죄하며, 또한 시온 산 이외에는 그 어디에도 하나님의 임재가 없고 오직 시온 산에서만 하나님을 아는 지식이 계속해서 번성할 것임을 말씀하고 있는 것이다(합 2:18, 20). 그리스도 당시의 이방인들 중에서는 사마리아 사람들이 참된 경건에 가장 근접해 있었던 것으로 보인다. 그러나 그리스도께서는 그들이 알지 못하는 것을 예배하고 있다고 말씀하신다(요 4:22). 그러니 그들 역시 헛된 오류에 속고 있는 상태였던 것이다.

요컨대, 비록 모든 사람이 다 심각한 악행들을 범하거나 노골적인 우상숭배에 빠진 것은 아니라 할지라도, 그저 사람들의 공통적인 믿음에만 근거하여 세워진 종교는 결코 순전하고 온전할 수가 없는 것이다. 물론 일반 대중의 그 미친 짓에 완전히는 휩쓸리지 않은 소수의 사람들이 있을 수도 있겠지만, 이 세상의 관원들이 하나님의 지혜를 깨닫지 못했다는 바울의 선언(고전 2:8)이 여전히 사실로 남아 있기 때문이다. 가장 탁월하다는 사람들이 어둠 속에서 방황하고 있다면, 나머지 미천한 사람들은 과연 어떻겠는가? 그러므로 성령께서 사람이 만들어낸 모든 예배를 타락한 것으로 여겨 거부하시는 것은 전혀 놀랄 일이 아닌 것이다.

하늘의 신비에 대하여 사람이 갖는 생각은, 물론 항상 크나큰 오류를 낳는 것은 아니겠지만, 그럼에도 불구하고 여전히 오류의 모체가 되는 것이다. 그리고 더 해로운 결과가 생기지는 않는다 해도, 그저 닥치는 대로 알지 못하는 신을 예배한다는 것은(참조. 행 17:23) 그 자체가 결코 가볍지 않은 죄인 것이다. 우리 주님 자신의 말씀(요 4:22)을 볼 때에, 예배를 드려야 마땅할 하나님이 과연 누구이신지를 율법에서 가르침 받지 않은 모든 자들이 죄책을 지고 있는 것이다. 그리고 가장 탁월하다는 입법자들도 종교가 일반 대중의 합의에 기초하여 세워졌다는 사고에서 한 발자국도 더 나아가지 못한 것이 분명하다.

크세노폰(Xenophon)에 의하면, 소크라테스(Socrates)조차도 각 사람이 자기 조상들의 방식을 따라서 또한 자기가 속한 도시의 관습에 따라서 신들을 예배할 것을 명령한 아폴로(Apollo)의 신탁(神託)을 찬양하고 있는 것이다.[11] 그러나 죽을 수밖에 없는 유한한 인간이 세상을 훨씬 뛰어넘는 문제에 대하여 자기들의 권위로 규정할 수 있는 권리가 어디에 있단 말인가? 조상들의 뜻이나 사람들의 관습을 그대로 묵인하고서, 사람에게서 전해 받은 신을 전혀 주저 없이 그대로 받아들일 사람이 어디 있겠는가? 누구든지 다른 사람의 판단에 굴복하기보다는 자기 자신의 판단을 따르려 하는 법이다. 그러므로 하나님을 예배하는 문제를 규정하는 데 있어서는 도시의 관습이나 전통의 가르침은 경건의 끈으로서 너무도 허약하기 때문에, 하나님께서 친히 하늘로부터 자기 자신을 증거하셔야만 하는 것이다.

14. 하나님의 영광이 자연에 밝히 나타나 있으나 사람은 자기의 길을 고집함

그러므로, 피조 세계가 그 지으신 분의 영광을 드러내기 위하여 그렇게도 많은 등불을 밝히고 있지만 우리에게는 그 모든 것이 그저 헛될 뿐이다. 그 등불들이 그 밝은 빛으로 우리를 온통 적셔주고 있지만, 그것들 자체로서는 결코 우리를 올바른 길로 인도할 수가 없는 것이다. 때때로 섬광을 발하는 것은 분명하지만, 더 완전한 빛이 비치기 전에 사라지고 마는 것이다. 그렇기 때문에 사도는 세상을 가리켜 보이지 않는 것들의 형상이라 칭하면서, 거기에 덧붙여서 "믿음으로 모든 세계가 하나님의 말씀으로 지어진 줄을 우리가 아나니"라고 말하는 것이다(히 11:3). 그의 말씀은 곧 눈에 보이지 않는 신적인 사실이 그런 광경들을 통해서 분명히 드러나기는 하지만, 믿음으로 하나님의 내적 계시의 조명을 받지 않고서는 이것을 볼 수 있는 눈을 가질 수가 없다는 뜻이다.

또한 바울은 하나님을 알 만한 것이 창조 세계에 분명히 드러나 있다고 가르치지만(롬 1:19), 사람의 분별력으로 그런 것을 깨달을 수 있다는 의미는 아니다. 오히려 그 사실로 인하여 사람이 핑계할 수 없는 상태에 있다는 것을 보여주는 것일 뿐 그 이상의 의미가 없다는 것이다. 바울은 또한 하나님이 우리 속에 거하시므로 그를 멀리서 찾을 이유가 없다고 말하면서도(행 17:27), 다른 곳에서는 하나님이 그렇게 가까이 계시다는 것이 우리에게 어떤 효과가 있는가를 다음과 같이 말하고 있다. "하나님이 지나간 세대에는 모든 민족으로 자기들의 길들을 가게 방임하셨으나 그러나 자기를 증언하지 아니하신 것이 아니니 곧 여러분에게 하늘로부터 비를 내리시며 결실기를 주시는 선한 일을 하사 음식과 기쁨으로 여러분의 마음에 만족하게 하셨느니라"(행 14:16-17). 하나님께서는 구태여 증거가 필요 없으시면서도 친히 갖가지 자비하신 역사하심으로 사람들을 그를 아는 지식으로 이끄시지만, 사람들은 오히려 자기들 마음대로 나아가기를, 즉 치명적인 오류를 범하기를 그치지 않는 것이다.

15. 하나님을 인정하지 않는 사람의 처신은 변명의 여지가 없음

하나님을 아는 순전하고도 명백한 지식에까지 이를 수 있는 능력이 본성적으로 우리에게 결핍되어 있기는 하지만, 그 우둔함의 허물이 우리 속에 있기 때문에 도저히 핑계를 댈 수가 없다. 무지를 핑계로 변명한다 해도, 그 순간 우리의 양심이 언제나 우리의 나태함과 배은망덕함을 책망하는 것이다. 말없는 피조물들조차도 목소리를 높여 진리를 선포하고 있는데 사람이 그 진리를 들을 귀가 없다고 변명한다면 이 얼마나 엉뚱한 변명이겠는가? 생각이 없는 모든 피조물들이 진리를 가르칠 수가 있는데 사람이 정신이 약하다는 것을 핑곗거리로 삼는다면, 그것이 과연 합당한 변명이 될 수 있겠는가? 그러므로, 모든 것이 바른 길을 지시해 주는 상황에서 우리가 이리저리 헤매고 방황하고 있다면, 그것은 결코 변명의 여지가 없는 것이다.

그러나, 사람이 자기 마음에 놀랍게 심겨져 있는 바 하나님을 아는 지식의 씨앗을 부패시키고 그리하여 그 씨앗이 선하고 순전한 열매를 맺지 못하게 만든 책임이 있지만, 동시에 피조물들이 하나님께 영광을 돌리며 찬란하게 드러내는 그런 단순한 증언만으로는 우리가 절대로 충족한 교훈을 얻을 수 없다는 것도 지극히 사실인 것이다. 왜냐하면 사람은 우주를 바라보면서 신적인 것을 조금 맛본 후에, 곧바로 참되신 하나님을 무시해 버리고, 그 하나님 대신 우리 머리에 떠오르는 꿈과 환영(幻靈)들을 높이 올려 세우고, 전혀 참된 근원이 아닌 것들에게 의와 지혜와 선하심과 능력을 찬송하기 때문이다. 더 나아가서, 하나님께서 날마다 행하시는 역사를 악의로 판단함으로써 그 역사하심을 흐리게 하고 뒤집어엎어서 그 영광을 탈취하며, 또한 그 역사하심의 주인이신 하나님이 마땅히 받으셔야 할 찬송을 그에게서 빼앗고 있는 것이다.

주

1. Claudius Galenus of Pergamos(131-200년). 철학자요 의사로서 고대 헬라의 의학의
   대가였다.

2. Aratus of Soli는 헬라의 시인으로, 바울은 행 17:28에서 그의 시 "Phaenomena"를 인
   용하고 있다.

3. 그리스 신화에 나오는 외눈박이 거인.

4. 고대 로마의 시인인 Publius Vergilius Maro(B.C. 70-19)이다.

5. Vergil, *Aeneid*, VI. 724-230.

6. Vergil, *Georgics*, IV. 219-227.

7. 참조. 14장 1-2절, 20-22절.

8. Augustine, *Psalms*, Ps. 144. 6.

9. Augustine, *City of God*, I. viii.

10. 참조. 16장 6-9절.

11. Xenophon, *Memorabilia*, IV. iii. 16.

제 6 장

창조주 하나님께 나아가는 데에는
성경이라는 안내자와 교사가 필요함

1. 성경이 하나님을 깨닫는 확실한 수단임

하늘에서나 땅 위에서나 모든 사람들의 눈에 밝은 광채가 비치므로, 사람들의 배은망덕에 대해서 변명의 여지가 없는 것이 분명한 사실이다. 하나님께서 한 사람의 예외도 없이 모두에게 자신의 임재를 그의 피조물들 속에서 보여주셔서 온 인류를 동일한 정죄 아래 두시기 때문이다. 그러나 그렇다 할지라도, 사람이 우주의 창조주이신 하나님께로 올바로 이끌림을 받기 위해서는 그보다 더 나은 또다른 도움이 필요한 것이다. 그러므로 하나님께서 그의 말씀이라는 빛을 덧붙여 주셔서 사람에게 그 자신을 알게 하여 구원에 이르도록 하시고, 또한 그로 말미암아 하나님께로 더 가까이 더 친근하게 나아오는 자들에게 특권을 베푸신 것이 전혀 헛된 일이 아닌 것이다. 하나님은 모든 사람의 마음이 이리저리 방황하는 것을 보시고서, 유대인들을 자기의 친 백성으로 삼으신 후에 그들도 다른 사람들처럼 망각 속에 빠져 들어가지 않도록 하기 위하여 그들 주위에 울타리를 쳐주셨다.

또한 하나님은 우리에게도 그와 똑같은 방법으로 하나님을 아는 순전한 지식 속에 붙들어 두셨는데, 여기에도 그만한 이유가 있다. 그렇게 하지 않으면, 다른 모든 사람들 앞에서 든든히 서 있는 것 같은 사람도 곧바로 넘어지고 말 것이기 때문이다. 가령 노인이나 눈이 흐린 사람, 혹은 시력이 좋지 못한 사람에게 아무리 훌륭한 책을 내어놓는다 해도, 그 사람들은 그것이 좋은 책이라는 것을 인정하면서도 눈이 흐리기 때문에 두 단어도 연달아 읽지를 못할 것이다. 그러나 안경의 도움을 받으면 아주 또렷하게 그 책을 읽어 내려갈 수가 있을 것이다. 이와 마찬가지로, 하나님에 관한 갖가지 혼란스런 지식을 우리 마음에 제대로 모아주며, 우리의 우둔함을 몰아내고, 참되신 하나님을 분명하게 보여주는 것이 바로 성경인 것이다. 하나님께서는 교회를 가르치시기 위하여 그저 우둔한 교사들만을 사용하시는 것이 아니라 친히 자기의 거룩하신 입술을 여시니, 이는 과연 특별한 선물이 아닐 수 없다. 하나님께서는 택한 자들을 가르치사, 그저 어느 한 신(神)을 어렴풋이 바라보게 하시는 것이 아니라, 그들이 바라보아야 할 참 하나님이 바로 자기 자신이심을 분명히 보여주시는 것이다. 하나님은 태초부터 자기 교회를 위하여 이를 계획하셨고, 그리하여 갖가지 일상적인 증거들 이외에 자신의 말씀을 주셨으니, 이 말씀이야말로 하나님을 깨닫는 데 필요한 더 직접적이고도 더 확실한 수단인 것이다.

아담과 노아, 아브라함 등 족장들이 이러한 도움을 받아서 불신자들과는 달리 하나님을 아는 친밀한 지식을 갖게 되었다는 것은 의심의 여지가 없는 사실이다. 그러나 아직은 그들로 하여금 영생의 소망에 이르게 한 그 특수한 믿음의 교리들을 염두에 두는 것이 아니다. 물론 그들이 죽음에서 벗어나 생명에 이르기 위해서는 하나님을 창조주로서만이 아니라 구속주(救贖主)로서도 깨닫는 것이 반드시 필요했고, 그들은 분명 말씀을 통해서 그 두 가지 지식에 이르렀을 것이 분명하다. 순서적으로 볼 때에, 세상을 지으시고 다스리시는 하나님을 깨닫는 그런 유의 지식이 먼저 주어졌고, 그 다음에 죽은 영혼을 살리는 유일한 지식, 곧 하나님을 우주의 창조주요 모든 만물의 주인이시요 통치자로만이 아니라 중보자 안에 계신 구속주로 아는 그러한 좀 더 친밀한 내적인 지식이 뒤따라 주어진 것이다. 그러나 아직은 세상의 타락과 자연의 부패에 대해서 논의하지 못한 상태이기 때문에, 그러한 타락과 부패의 치유에 대한 논의는 후에 진행하도록 할 것이다.

그러므로 독자들은 하나님이 아브라함의 자손들과 맺으신 그 언약이나 또는 신자들을 불신자들과 항상 구별지어온 그 교리는 그리스도 안에서 세워지는 것이므로 그것에 대해서는 아직 논의하지 않을 것임을 기억해야 할 것이다. 여기서 말하고자 하는 것은 다만, 우주의 창조주이신 하나님을 다른 온갖 거짓 신들과 구별해 주는 확실한 증표들을 배우기 위해서는 반드시 성경으로 돌아가야 한다는 것이다. 그리고 정상적인 순서를 따라 논의해 가다 보면 후에 구속의 문제에 대한 논의로 이어지게 될 것이다. 또한 이렇게 논의를 진행해 가는 동안, 신약 성경이나 혹은 율법서와 선지서에서 그리스도를 명확하게 언급하는 여러 가지 증거들을 다루게 될 것이다. 그러나 이러한 모든 논의의 목적은, 우주를 지으신 하나님이 성경 속에서 우리에게 분명히 계시되어 있고 우리가 그분에 대해서 생각해야 할 것이 거기에 명시되어 있으므로 우리가 마치 미로(迷路) 속을 방황하듯이 어떤 불확실한 신을 찾느라 헤매고 다닐 필요가 없다는 사실을 보여주는 데 있는 것이다.

2. 기록된 하나님의 말씀

하나님께서 말씀과 환상을 통해서 족장들에게 자신을 알리셨든, 아니면 사람들의 일과 사역을 통해서 알리셨든 간에, 그는 족장들이 그 후손들에게 전수해야 할 것을 그들의 마음에 새겨 주셨다. 여하튼 분명한 사실은, 하나님께서 그들에게 가르치신 내용에 대한 확신이 그들의 마음에 든든하게 새겨져 있었고, 그리하여 그들은 자기들이 배운 것들이 하나님께로부터 온 것임을 확실히 깨닫고 있었다는 것이다. 하나님은 그의 말씀을 통하여 그들의 믿음을 명확하게 하셨고, 따라서 그들이 인간의 모든 견해들을 무한히 능가하는 확고한 믿음을 갖게 되었기 때문이다. 그리고 마침내, 그 가르침이 계속 이어지고 진리가 온 시대를 넘어 세상에 영원토록 그대로 남아 있도록 하시고자, 하나님께서는 족장들에게 주셨던 동일한 말씀을 공적인 기록으로 남기시기를 기뻐하셨다. 이를 위하여 율법이 반포되었고, 후에 선지자들이 율법의 해석자들로서 추가되었다.

적절한 곳에 가서 상세히 보게 되겠지만,[1] 율법의 용도는 여러 가지로 다양하다. 그러나 모세를 비롯하여 모든 선지자들에게 율법이 주어진 것은 특별히 하나님과 사람 사이의 화목의 길을 가르치기 위함이며, 그리하여 바울도 그리스도께서 "율법의 마침"이라고 말하는 것이다(롬 10:4). 여기서 다시 한 번 반복하여 말하거니와, 그리스도를 중보자로 제시하는 구체적인 믿음과 회개의 교리 이외에도, 성경은 참되고 유일하신 하나님, 곧 우주를 창조하시고 다스리시는 그 하나님을 온갖 다른 거짓 신들과 혼동할 수 없도록 그분에 대한 분명한 증표들과 표지들로 가득 차 있는 것이다. 그러므로, 자연이라는 이 지극히 영광스러운 극장에 관객으로 앉아서 하나님의 역사하심을 두 눈으로 진지하게 바라보는 것도 좋겠지만, 하나님의 말씀에 귀를 기울이는 것이 더 큰 유익을 얻게 해주는 것이다. 그러므로 어둠 속에서 출생하는 사람들이 그들의 무감각 속에서 더욱 더 완악해지는 것이 이상한 일이 아니다. 스스로 자기들에게 주어진 정당한 한계를 지켜서 말씀을 귀담아 듣는 사람은 별로 없고, 대부분의 사람들이 그들의 허망함 속에서 날뛰기 때문이다.

자, 참된 신앙이 우리에게 빛을 발하도록 하기 위해서는, 반드시 하늘의 가르침에서 시작해야 한다는 것과 또한 성경의 제자가 되지 않고서는 어느 누구도 올바르고 건전한 교리를 조금도 맛볼 수 없다는 것을 유념해야 할 것이다. 그러므로 하나님께서 성경에서 친히 자기를 증거해 놓으신 것을 경건한 자세로 받아들일 때에 비로소 참 깨달음이 시작되는 것이다. 완전하며 모든 면에서 충족한 믿음은 물론, 하나님에 대한 모든 올바른 지식도 순종에서 나오기 때문이다. 그리고 이런 점에서 볼 때에, 하나님께서 그의 특별하신 섭리를 통하여 시대를 초월하여 모든 인간들을 돌아보신 것이 분명한 것이다.

3. 성경이 없이는 오류에 빠질 수밖에 없음

인간의 마음이 하나님을 잊어버리는 데로 빠지기가 얼마나 쉬우며, 온갖 종류의 오류에 이끌리는 경향이 얼마나 심하며, 새로운 인위적인 종교들을 끊임없이 만들어내고픈 욕망이 얼마나 큰가를 생각해 보면, 하늘의 교리가 잊혀지거나, 오류를 통해서 사라지거나, 혹은 사람의 오만함 때문에 왜곡되고 부패하게 되지 않도록 그것들을 기록하여 증거로 남겨두는 일이 얼마나 절실했는지를 잘 알 수 있을 것이다. 이리하여 하나님께서 우주의 지극히 아름다운 조화 속에 새겨진 자신의 형상이 효과를 충분히 내지 못할 것을 미리 아시고서, 자신이 유익한 교훈을 주시기를 기뻐하신 모든 사람들을 위하여 말씀으로 도움을 주셨다는 것이 분명히 드러나는 것이다. 그러므로 하나님을 순전하게 바라보기를 진심으로 바란다면, 이 똑바른 길을 따라 전진해야 할 것이다. 곧, 하나님의 말씀에게로 나아와야 한다는 말이다.

하나님께서 그가 행하시는 역사들을 통해서 자기 자신을 진정으로 생생하게 묘사하시는데, 그 역사들을 가늠하는 기준은 우리의 부패한 판단이 아니라 영원한 진리의 규범인 것이다. 바로 앞에서 말한 대로, 만일 그 말씀에서 벗어나게 되면, 우리가 아무리 열심히 달려간다 할지라도, 우리가 이미 정도(正道)에서 벗어나 있기 때문에 결코 목표에 이를 수가 없는 것이다. 말씀이라는 실(絲)의 인도를 받지 않으면, 하나님의 찬란한 모습이 ─ 사도는 이를 "가까이 가지 못할" 것이라고 칭하기까지 한다(딤전 6:16) ─ 우리에게 마치 도저히 설명이 불가능한 미로(迷路)와도 같아지기 때문에, 그 말씀의 길을 따라 절뚝거리며 걷는 것이 차라리 그 길 바깥에서 온 힘을 다해 달리는 것보다 나은 것이다. 그러므로 다윗은 순전한 신앙이 번성하게 하기 위해서 미신이 세상에서 제거되어야 한다고 거듭거듭 선언한 다음, 하나님을 통치하시는 분으로 소개한다(시 93:1; 96:10; 97:1; 99:1). 여기서 "통치"라는 단어는 하나님께서 소유하고 계시는 권능이나, 혹은 그가 온 자연 세계를 다스리시는 데에 사용하시는 권능을 뜻하는 것이 아니다. 그것은 하나님의 정당한 주권을 유지하는 근간이 되는 "교리"를 의미하는 것이다. 하나님을 아는 참된 지식이 마음에 심겨지기 전에는 절대로 오류가 그 마음에서 제거될 수가 없기 때문이다.

4. 하나님의 말씀의 도움이 있어야 하나님께 이를 수 있음

그리하여 동일한 그 선지자는 "하늘이 하나님의 영광을 선포하고 궁창이 그의 손으로 하신 일을 나타내는도다. 날은 날에게 말하고 밤은 밤에게 지식을 전하니"(시 19:1-2)라고 진술한 다음, 계속해서 하나님의 말씀을 언급하고 있다. "여호와의 율법은 완전하여 영혼을 소성시키며 여호와의 증거는 확실하여 우둔한 자를 지혜롭게 하며 여호와의 교훈은 정직하여 마음을 기쁘게 하고 여호와의 계명은 순결하여 눈을 밝게 하시도다"(시 19:7-8). 율법의 다른 용도들도 포함시키기는 하지만, 그의 말씀의 전반적인 의미는, 사람들로 하여금 하늘과 땅을 바라봄으로써 하나님을 찾도록 하는 일이 전혀 소용이 없기 때문에 말씀이 하나님의 자녀들의 학교가 된다는 뜻이다.

시편 29편도 이와 똑같은 목적을 바라보고 있다. 선지자는 우렛소리로 땅을 뒤흔들며(3절), 바람과 비와 회리 바람과 폭풍우로 산들을 떨게 만들며(6절), 백향목을 꺾는(5절) 하나님의 무서운 음성에 대해서 말씀한 다음, 마지막 부분에 가서 "성전에서 그의 모든 것들이 말하기를 영광이라 하도다"(9절)라는 말씀을 덧붙이는데, 이는 불신자들은 공중에서 울려 퍼지는 하나님의 모든 음성들을 전혀 듣지 못하기 때문이다.

이와 비슷하게 또다른 시편에서도, 무섭게 밀어닥치는 바다의 높은 파도를 묘사한 다음, "여호와여 주의 증거들이 매우 확실하고 거룩함이 주의 집에 합당하니 여호와는 영원무궁하시리이다"(시 93:5)라고 결론을 맺고 있다. 또한 우리 구주께서 사마리아 여인에게 하신 말씀, 즉 사마리아 사람들은 알지 못하는 것을 예배하며 오직 유대인들만이 참되신 하나님께 예배한다는 말씀(요 4:22)도 이와 일맥상통한다. 인간의 마음이 그 연약하고 무기력함 때문에 하나님의 거룩하신 말씀의 도움이 없이는 절대로 하나님께 이를 수가 없는데, 유대인을 제외한 그 당시의 모든 사람들이 그 말씀이 없이 하나님을 찾고 있었고, 따라서 필연적으로 허무와 오류 속에서 이리저리 방황할 수밖에 없었던 것이다.

주 ____

1. 참조. 제2권 7장, 8장.

제 7 장

성령의 증거가 성경의 권위의 확립에 필수적임, 성경의 신빙성이 교회의 판단에 달려 있다는 논리는 사악한 거짓임

1. 성경의 권위는 교회가 아니라 하나님께로부터 온 것임

논의를 계속 전개해 나가기에 앞서서, 먼저 성경의 권위에 대해 몇 가지를 말하고 지나가는 것이 성경을 높이도록 우리 마음을 준비시키는 데에나 모든 의심을 제거하는 데에 좋을 것이라 생각된다. 하나님의 말씀으로 제시되는 것이 과연 하나님의 말씀으로 인정을 받는다면, 상식이 없거나 인간성이 없는 사람이 아닌 이상 어느 누구도 감히 말씀하시는 그분의 신빙성을 비난할 만큼 처절한 오만에 빠지지는 않는다. 그러나 날마다 말씀이 하늘로부터 주어지는 것이 아니고, 또한 하나님께서는 그의 진리를 오직 성경의 기록 속에 보존하사 영구히 기억하게 하기를 기뻐하셨으므로(참조. 요 5:39), 성경을 하늘로부터 온 것으로 여길 때에야 — 마치 하나님의 살아 있는 말씀이 직접 들리는 것처럼 여길 때에야 — 비로소 신자들이 성경의 완전한 권위를 인정하게 될 것이다. 이 문제는 충실하게 다루고 또한 무게를 두어 조심스럽게 다룰 만한 충분한 가치가 있는 것이다. 이 문제가 그렇게 중요하지만 여기서는 일일이 상세하게 다 다룰 수가 없고 본서의 계획상 허용되는 정도만을 다루고 지나갈 것이지만, 독자들은 이를 너그러이 양해하리라 믿는다.

오늘날 지극히 해로운 한 가지 오류가 전반적으로 퍼져 있다. 곧, 오로지 교회의 동의가 있어야만 성경이 무게를 지니게 된다는 것인데, 하나님의 영원하고 침범할 수 없는 진리가 어떻게 사람들의 결정에 따라 좌우될 수 있단 말인가! 그들은 성령을 조롱하며 이런 질문들을 늘어놓는다. 이 글들이 하나님께로부터 왔다는 것을 과연 누가 우리에게 납득시킬 수 있는가? 성경이 오늘날까지 전혀 손상되지 않고 완전하게 전수되어왔다는 것을 과연 누가 보장하겠는가? 교회가 모든 문제를 명확하게 규정하지 않았다면, 과연 어느 책은 받아들여 높이 기리고 또 어느 책은 제외시켜야 할지를 누가 알려줄 수 있겠는가?

그들은 성경을 어떻게 높이 받들어야 하며 어느 책들을 정경에 속한 것으로 인정해야 하는가 하는 문제들이 교회의 결정에 달려 있다고 주장하는 것이다. 그리하여 이 불경스런 사람들은 교회를 등에 업고 자기들 마음대로 횡포를 부리고 싶어서, 무지한 일반 백성들에게 "교회가 모든 일에 권위를 지닌다"는 이 한 가지 사상만 강요할 수 있다면 자기들이나 다른 사람들이 무슨 어리석은 논리에 얽혀 들어가든 전혀 개의치 않는 것이다.

그러나 이런 그들의 논리가 사실이라면, 그래서 영생에 대한 모든 약속들이 순전히 사람들의 판단에 달려 있는 것이 되어 버린다면, 영생에 대한 든든한 확신을 찾는 불쌍한 양심들은 대체 어떻게 되겠는가? 그런 답변을 듣고서 과연 이리저리 의심하고 떠는 불안한 상태가 그쳐지겠는가? 순전히 사람들의 선한 결정에 따라 영생이 좌우되는 그런 불확실한 권위밖에 존재하지 않는다면, 우리의 믿음이 불경건한 자들에게 얼마나 조롱을 받겠으며, 또 모든 사람이 얼마나 큰 의혹에 빠지겠는가!

2. 오히려 교회가 성경에 근거함

그러나 이런 허황한 논리들은 사도의 말씀 한 마디로 깨끗하게 반박할 수 있다. 그는 교회가 "사도들과 선지자들의 터 위에 세우심을 입"었음을 증언하고 있는 것이다(엡 2:20). 선지자들과 사도들의 가르침이 교회의 "터"라면, 교회가 존재하기 이전에 이미 그 가르침이 권위를 지니고 있었던 것이 된다. 그들은 교회가 거기서 시작되고는 있으나 과연 어떤 글들을 선지자들과 사도들의 것으로 인정해야 하는지는 여전히 교회가 결정하기까지는 의혹 가운데 있을 수밖에 없다는 식으로 교묘한 반론을 제기하지만, 이 역시 근거가 없는 것이다. 왜냐하면, 기독교 교회가 그 시초부터 선지자들의 글과 사도들의 가르침에 터를 두었다면, 그 가르침이 어디서 발견되든 간에 그것을 받아들인 일이 ― 그것을 받아들

인 일이 없었다면 교회 자체가 존재하지 않았을 것이므로 — 교회보다도 시기
상으로 앞서는 것이 분명할 것이기 때문이다. 그렇다면, 성경을 판단하는 권세
가 교회에게 있어서 성경의 확실성 여부가 교회의 동의에 달려 있다는 식의 논
리는 전혀 허구가 되어 버리는 것이다. 그러므로, 물론 교회가 성경을 받아들이
고 성경에 대하여 인준의 인(印)을 치기는 하지만, 그렇다고 해서 의심스럽고 논
란이 이는 것을 교회가 인을 침으로써 그것을 순전한 것으로 만든 것은 아니다.
교회는 다만 성경이 하나님의 진리임을 인정하며 또한 주저 없이 성경을 높임
으로써 그 경건한 의무를 다한 것뿐인 것이다. 그들이 제기하는 질문 — 교회의
결정에 의지하지 않는다면 성경이 하나님께로부터 왔다는 것을 어떻게 확신할
수 있는가? — 은 마치 이런 질문과도 같다. 빛을 어둠과 구별하고, 흰색을 검은
색과 구별하며, 단맛을 쓴맛과 구별하는 법을 어떻게 배울 수 있는가? 마치 흰
물건과 검은 물건이 그 색깔을 명확하게 드러내듯이, 또한 단 것과 쓴 것이 각기
그 맛을 확실히 드러내듯이, 성경도 과연 그것이 진리라는 명확한 증거를 충만
히 드러내는 것이다.

3. 아우구스티누스의 진술은 반론의 근거가 될 수 없음

교회의 권위에 감동을 받지 않았다면 자기는 복음을 믿지 않았을 것이라는
아우구스티누스의 진술[1]이 흔히 근거로 인용되고 있는 것으로 안다. 그러나 사
람들이 이 구절을 얼마나 그릇되게 해석하는가 하는 것이 문맥에서 금방 드러
난다. 아우구스티누스는 거기서 마니교도들(Manichees)을 상대로 논지를 전개
하고 있는데, 그들은 자기들의 주장이 아무런 반대 없이 받아들여지기를 바랐
으나 자기들이 과연 진리를 소유하고 있다는 것을 증명하지 못했다. 사실 그들
이 마니(Mani)에 대한 신앙을 전하기 위해서 복음을 이용하고 있었기 때문에, 아
우구스티누스는 "복음조차도 믿지 않는 사람에게 빛을 비추어 주고자 할 때에
는 어떻게 하겠는가? 어떤 논리를 사용하여 그 사람을 납득시키겠는가?"라고
묻는다. 그리고 이어서, "사실, 나라면 복음을 믿지 않겠다"고 덧붙인다. 곧, 자
신이 믿음이 없는 사람이라면 교회의 권위로 억지로 떠밀리지 않는 한 복음을
하나님의 분명한 진리로 받아들이게 되지 않을 것이라는 의미이다. 그리스도를
아직 모르는 사람이 사람들의 뜻을 존중한다고 해서 그것이 뭐 그리 이상하다
하겠는가?

　그러므로 여기의 아우구스티누스의 진술은 경건한 사람의 믿음이 교회의 권위에 근거를 두고 있다는 뜻이 아니다. 복음의 확실성이 교회의 권위에 달려 있다는 견해를 피력한 것이 아니라는 말이다. 그는 그저 교회의 일치된 견해로 밀어붙이지 않으면 복음이 아무리 확실하다 할지라도 불신자를 이끌어 그리스도께로 오게 할 수가 없다는 점을 가르치는 것뿐이다.

　그리고 조금 뒤에 가서 이 점을 다음과 같은 진술로 분명히 확증해 준다. "가령 내가 나 자신의 믿는 바를 높이 찬양하면서 여러분이 믿는 바를 비웃는다고 하자. 그러면 이때 과연 우리들 중 누가 옳은지를 어떻게 판단하겠는가? 확실한 지식을 갖도록 인도하고 나서 그 다음에는 불확실한 것을 믿으라고 명령하는 사람들을 떠나야 하지 않겠는가? 처음에는 아직 능력이 없어서 깨달을 수 없는 그런 것을 믿도록 독려하지만 나중에는 그 믿음이 강건해져서 그 믿는 바를 분명하게 깨닫도록 만들어 주는 그런 자들을 따르는 것 이외에 달리 또 무슨 방법이 있겠는가?(골 1:11, 23) 사람을 따르지 말고, 우리를 내적으로 강건하게 하시며 우리 마음을 조명하시는 하나님을 따라야 하지 않겠는가?"[2]

　이것들은 분명 아우구스티누스의 말이다. 그러므로, 이 거룩한 선생의 의도가 성경에 대한 우리의 믿음을 교회의 동의나 판단에 의존하는 것으로 만들려는 것이 아니었다는 것을 누구든지 이 말에서 쉽게 미루어 생각할 수 있다. 그의 의도는 우리 역시 사실로 고백하고 있는 것을 표명하고자 한 것뿐이었다. 곧, 아직 하나님의 성령의 조명하심을 받지 않은 자들이라도 교회에 대한 존경심으로 말미암아 가르침을 받을 자세를 갖게 되며, 그리하여 복음으로부터 그리스도를 믿는 믿음을 배우게 될 수도 있다는 것이다. 결국, 교회의 권위를 통해서 우리가 인도함을 받아 복음을 믿는 믿음을 갖도록 준비를 갖추게 된다는 것이다.

　그러나 그는 경건한 자들의 경우에는 그것과는 전혀 다른 근거 위에 확신을 세우기를 바라고 있는 것이 분명하다. 물론 그가 다른 곳에서 성경을 거부하는 마니교도들을 상대로 성경을 변호하면서, 교회 전체의 일치된 견해를 자주 강조하는 것이 사실이다. 그리하여, 파우스투스(Faustus)가 복음의 진리에 승복하지 않는 것을 보고 그를 책망하면서, 그 진리야말로 너무도 근거가 확실하며, 든든하게 세워진 것이고, 너무도 영광스럽게 높임을 받아왔고, 또한 사도 시대부터 확실한 계승을 통하여 완전하게 전수되어 온 것임을 강조하는 것이다.[3]

　그러나 그는 우리가 성경에 부여하는 그 권위가 사람들의 판단이나 결정에 의존한다고 가르칠 것은 생각조차 하지 않았다. 그가 교회의 보편적인 판단을 거론한 것은 다만 그것이 자신의 논지 전개에 도움이 된다고 여겨서 그리한 것이며, 또한 자신이 그의 상대자들보다 그 점에서 더 유리한 위치에 있었기 때문이었던 것이다. 이 문제에 대해서 좀 더 충실한 증거를 원하는 사람은 아우구스티누스의 소책자인 「믿음의 유익」(*De Utilitate Credendi*)을 살펴보기를 바란다. 그러면 그가 진리를 향하여 접근하도록 해주고 또한 탐구의 적절한 시발점을 제공해 주는 것 말고는 그 어떠한 것도 믿음을 갖도록 유도하는 방도로 제시하지 않는다는 것을 알게 될 것이다. 오히려 그는 우리가 사람의 생각에 불과한 것으로 만족해서는 안 되고, 확실하고도 견고한 진리에 의지하여야 할 것을 선언하고 있는 것이다.

4. 성령의 내적 조명이 필수적임

여기서 우리는 조금 전에 말한 내용[4] — 곧, 교리의 근원이 하나님께 있다는 것을 의심 없이 확신하기 전에는 교리에 대한 믿음이 생겨나지 않는다는 것 — 을 반드시 기억해야 할 것이다. 성경에 대한 최고의 증거는 일반적으로 하나님께서 친히 그 속에서 말씀하신다는 사실에서 비롯된다. 선지자들과 사도들은 자기들의 예리함을 자랑하지도 않고, 사람들에게서 신뢰를 얻을 만한 요인을 자랑하지도 않고, 그렇다고 해서 이성적인 증거에 연연하지도 않는다. 오히려 그들은 하나님의 거룩하신 이름을 제시하여 그 이름으로 온 세상을 하나님께 복종하게 하고자 했다.

우리로서는 그들이 별 생각도 없이 혹은 거짓으로 하나님의 이름을 부르는 것이 아니라는 것이, 설득력 있는 견해로는 물론 분명한 진리를 통해서도 확실하게 드러난다는 사실을 알아야 할 것이다. 그렇다면, 의심에 싸이거나 동요하지 않고 또한 지극히 사소한 장애물에 넘어지는 일도 없이 양심을 위하여 최선의 것을 예비해 두기를 바란다면, 성경이 진리라는 확신의 근거를 인간의 추리나 판단, 혹은 이성보다도 더 높은 것에, 즉 성령의 은밀하신 증언에 두어야 할 것이다. 혹 논리를 사용하여 추론해 가기를 원한다 해도, 예컨대, 하늘에 하나님이 계시다면 율법서와 선지서와 복음서가 그에게서 비롯되었을 것이라는 등, 쉽게 증명할 수 있는 것들이 여러 가지가 있다는 것은 분명 사실이다.

사실, 지식인이나 최고의 재능을 지닌 사람들이 반대편에 서서 자기들의 온갖 사고력을 이리저리 드러내며 반대한다 할지라도, 도저히 어쩔 수 없을 정도로 파렴치해지지 않은 사람이라면 하나님이 성경 속에서 말씀하신다는 명백한 증거가 성경 자체에 나타나 있으며, 따라서 성경의 가르침이 하늘로부터 온 것이라는 것을 고백하지 않을 수가 없을 것이다. 잠시 후에 성경의 각 책들이 다른 모든 저작들을 훨씬 능가한다는 점을 보게 될 것이다. 과연 깨끗한 눈과 편견 없는 판단을 갖고서 성경을 바라보면, 그 즉시 하나님의 위엄이 시야에 들어오게 될 것이요 그리하여 우리의 교만한 반대가 무너지고 결국 그 앞에 경배하게 될 것이다.

그러나, 논쟁을 통해서 성경에 대한 확고한 믿음을 세우려고 애쓰는 사람들이 있다면, 그것은 정말 어처구니없는 일을 행하는 것이다. 나 자신은 사실 큰 재주도 없고 언변에 뛰어난 것도 아니지만, 그래도 혹 하나님을 멸시하는 지극히 교활한 자들과 논쟁을 해야 할 경우가 생긴다면 그들의 시끄러운 소리들을 별로 어렵지 않게 잠잠케 할 수 있다고 믿는다. 그리고 그들의 간교한 이론들을 반박하는 것이 과연 쓸모 있는 수고라면, 나는 기꺼이 나아가 여기저기서 교묘하게 나오는 그들의 교만한 이론들을 완전히 잠재워 버릴 것이다. 그러나, 사람의 악한 말들을 잠재우고 하나님의 거룩한 말씀의 권위를 높인다고 해서, 하나님께서 즉시 사람들의 마음에 경건이 요구하는 그런 확신을 심어 주시는 것은 아닌 것이다.

물론, 믿지 않는 자들로서는 신앙이란 오로지 논리에 근거하여 세워지는 것처럼 보이기 때문에, 그 사람들이 무엇이든 어리석게 혹은 경솔하게 믿지 않으려고 모세와 선지자들이 하나님의 영감을 받아 말씀했다는 합리적인 증거를 요구하는 것은 사실이다. 그러나 이에 대한 나의 대답은, 모든 이론을 다 합친 것보다도 성령의 증언이 훨씬 더 훌륭하다는 것이다. 오직 하나님만이 그의 말씀에 대해서 적절히 증언하실 수 있으므로, 그 말씀이 사람들의 마음에 받아들여지기 위해서는 반드시 먼저 성령의 내적인 증거에 의하여 확증되어야만 하기 때문이다. 선지자들의 입을 통하여 말씀하신 바로 그 성령께서 우리 마음을 꿰뚫고 들어오셔서, 그 선지자들이 하나님께 명령받은 대로 신실하게 선포하였음을 납득하게 하셔야만 된다는 것이다. 이와 관련하여 이사야 선지자는 아주 적절하게 말씀해 주고 있다. "네 위에 있는 나의 영과 네 입에 둔 나의 말이 이제부터 영원하도록 네 입에서와 네 후손의 입에서와 네 후손의 후손의 입에서 떠나지 아니하리라"(사 59:21).

불경스런 자들이 하나님의 말씀을 대적하여 투덜거리는 데도 형벌이 임하지 않는 것을 보면서, 그들을 잠재울 명확한 증거가 즉시 나타나지 않는다는 것 때문에 선한 사람들이 괴로워하는 경우가 더러 있다. 그러나 이는 성령께서 경건한 자들의 믿음을 확증하시는 보증이시며 인(印)이시고(고후 1:22), 따라서 성령께서 마음에 빛을 조명하여 주시기까지는 그들이 언제나 의심의 바다 속에서 이리저리 떠다닐 수밖에 없다는 사실을 망각하는 데에서 나오는 자세인 것이다.

5. 성령의 내적 증거의 효과

그러므로, 여기서 한 가지 분명히 해두어야 할 것이 있다. 곧, 성령께서 내적으로 가르침을 주신 사람들은 진정으로 성경을 신뢰한다는 것과, 또한 성경이 과연 스스로를 확증하므로 성경을 감히 증거와 이론에 예속시켜서는 안 되며, 우리가 가져야 마땅한 완전한 확신은 성령의 증거(증언)를 통해서 얻어진다는 것이 그것이다. 성경이 그 자체의 위엄으로 인하여 사람들에게 높임을 받는 것은 사실이지만, 오직 성령을 통하여 우리 마음에 그것이 인쳐질 때에야 비로소 성경이 우리에게 진지한 영향을 주게 되는 것이다. 이렇듯 성령의 능력으로 말미암아 조명을 받기 때문에, 성경이 하나님께로부터 온 것임을 우리 자신의 판단이나 혹은 다른 사람의 판단에 의해서 믿는 것이 아니다. 인간의 판단을 뛰어넘어서, 성경이 사람들의 사역을 통하여 하나님의 입 그 자체로부터 우리에게 흘러나온 것임을 완전한 확신으로 — 마치 하나님의 위엄 그 자체를 눈으로 바라보는 것처럼 — 받아들이는 것이다.

그렇게 되면, 증거를 찾지도 않고, 우리의 판단을 기댈 어떤 순전한 증표 같은 것을 찾지도 않는다. 오히려 마치 인간의 모든 추측을 훨씬 뛰어넘는 것에 대해 하듯이, 우리의 판단과 지성을 성령의 증거에 예속시키는 것이다. 그리고 그렇게 성령의 증거에 굴복하는 것도, 무언가 알지 못하는 것에 습관적으로 사로잡혔다가 후에 면밀히 조사하고는 곧바로 싫증을 내는 그런 사람들처럼 그렇게 하는 것이 아니라, 도저히 부인할 수 없는 진리를 대하고 있다는 것을 완전히 의식하고서 그렇게 하는 것이다. 또한 습관적으로 마음을 미신의 노예로 만들어 버리는 저 비참한 사람들의 태도를 따라서 그렇게 하는 것이 아니라, 하나님의 신적 위엄이 확실한 능력으로 성경 속에서 살아 숨쉬고 있다는 것을 실질적으로 느끼면서 그렇게 하는 것이다.

우리는 바로 이러한 능력에 이끌려, 의식적으로 기꺼이 하나님을 순종하고자 하는 마음이 생기게 되는데, 이는 그저 인간적인 의지나 지식을 통해서 얻어지는 것보다 훨씬 더 생명력이 있고 더 효과적인 것이다! 그리하여 하나님은 이사야의 입을 통해서 다음과 같이 지극히 올바른 사실을 선포하시는 것이다. "나 여호와가 말하노라 너희는 나의 증인, 나의 종으로 택함을 입었나니 이는 너희가 나를 알고 믿으며 내가 그인 줄 깨닫게 하려 함이라"(사 43:10).

그러므로, 그것은 이론을 따지지 않는 확신이요, 최고의 이성이 동의하는 그런 지식이다. 어떠한 이론을 가질 때보다 더 안정되고 더 든든하게 마음이 안식을 누리는 그런 지식이요, 또한 끝으로 오직 하늘의 계시에서만 나오는 그런 느낌인 것이다. 물론 나의 표현으로는 사실을 그저 설명하는 데에도 훨씬 미치지 못하지만, 지금 내가 말하고 있는 이것은 신자들이 각기 자기 속에서 체험하는 현상인 것이다.

자, 다른 곳에서도 이 문제를 논의할 기회가 있을 것이니,[5] 여기서는 이 정도로 말을 그치기로 하자. 다만, 참된 믿음은 오직 하나님의 성령께서 우리 마음에 인쳐 주시는 것이라는 사실은 분명히 깨달아야 할 것이다. 겸손히 가르침을 받을 자세를 갖춘 독자라면 한 가지 이유만으로도 ─ 곧, 이사야 선지자가 회복된 교회에 속한 모든 자녀들에게 "여호와의 교훈을 받을 것"(사 54:13)이라고 약속하였다는 것만으로도 ─ 그것이 그렇다는 것을 납득할 것이다. 하나님께서는 오직 인류 전체에서 구별하여 세우신 그의 택하신 백성에게만 이러한 특별한 특권을 베푸시는 것이다. 하나님의 음성을 듣고자 하는 즉각적인 열심이 바로 참된 교리의 시작이 아니고 무엇이겠는가? 그러나 하나님은 모세의 입을 통하여 그의 말씀을 들으라고 요구하시는 것이다. "누가 우리를 위하여 하늘에 올라갈까, 바다 속으로 내려갈까 마음에 말하지 말라. 보라 그 말씀이 네 입에 있느니라"(신 30:12-14과 시 107:26이 함께 묶여져 있음).

만일 하나님께서 이러한 깨달음의 보화를 자기 자녀들을 위해서만 보존하시기를 기뻐하셨다면, 무수한 사람들이 그렇게도 무지하고 어리석다는 것이 결코 놀랍거나 불합리한 일이 아닐 것이다. 그 "무수한 사람들" 속에는 뛰어난 재능이 있는 사람들까지도 포함된다. 교회라는 몸에 접붙임을 받기 전에는, 아무리 뛰어난 사람이라도 무지 속에 있을 수밖에 없는 것이다. 뿐만 아니라, 이사야는 선지자의 가르침이 이방인에게는 물론, 여호와의 권속으로 인정받기를 원했던 유대인들에게까지도 믿지 못할 것이 될 것임을 경고하면서, "여호와의 팔이 누구에게 나타났느냐?"(사 53:1)라고 질문함으로써 그 이유를 덧붙이고 있다. 그러므로, 신자들의 숫자가 적다는 것 때문에 마음에 혼란이 생길 때마다, 우리는 하나님께서 허락하신 자 외에는 아무도 하나님의 비밀을 깨달을 수 없다는 사실을(참조. 마 13:11) 명심하여야 할 것이다.

주

1. Augustine, *Contra epistolam Manichaei quam vocant fundamenti*, v.

2. Augustine, *Contra epistolam Manichaei quam vocant fundamenti*, xiv.

3. Augustine, *De ordine*, II. ix. 27 — x. 28; *Against Faustus the Manichee*, xxxii. 19.

4. 참조. 7장 1절.

5. 참조. 제3권 1장 1절 이하.

제 8 장

성경의 신빙성은 인간의 이성의
범주 내에서도 충분히 입증됨

(성경의 독특한 위엄과 감동, 그리고 그 고대성. 1-4)

1. 인간의 지혜를 뛰어넘는 성경의 위엄

이처럼 인간의 모든 판단보다 더 높고 더 강력한 확실성이 없다면, 아무리 논증을 통해서 성경의 권위를 수호하며, 교회의 동의로 그 권위를 세우고, 혹은 다른 도움을 받아 그것을 확증하려 해도 소용이 없을 것이다. 이렇게 근본이 되는 터가 세워져 있지 않으면, 성경의 권위가 언제나 의혹으로 남아 있을 것이기 때문이다. 그러나 이와 반대로, 일단 우리가 성경의 위엄에 합당한 대로 그 권위를 열렬히 받아들이고 또한 그것이 그저 일상적인 것들을 초월한다는 것을 깨닫고 나면, 그 전에는 성경의 확실성을 우리 마음에 심어 줄 만큼 그렇게 강력하지 못하던 여러 가지 논증들이 이제는 아주 쓸모 있는 도움을 주게 될 것이다.

성경의 권위를 받아들인 후에 면밀히 성경을 공부해 나가면서, 신적 지혜의 경륜이 성경 속에 그렇게도 잘 정렬되고 배열되어 있는 것이나, 그 가르침에 속된 것이 하나도 없고 완전히 하늘의 성격으로 가득한 것이나, 각 부분이 모두 다른 부분들과 아름답게 조화를 이루는 것이나, 그 밖에 그 책들에 대해 위엄을 느끼게 하는 갖가지 다른 특성들을 생각해 보면, 성경에 대한 우리의 믿음이 과연 참이라는 것이 정말로 놀랍게 확증되는 것이다. 그리고 우리가 성경을 그렇게 높이 기리는 것이 그 언어의 아름다움보다는 그 주제의 장엄함 때문이라는 점을 생각해 보면, 우리의 마음에 더욱더 든든한 확신이 생기게 된다. 천국의 그 숭고한 비밀들이 대부분 비천하고 초라한 말들로 표현되었다는 사실에는 하나님의 비범한 섭리가 없지 않았다. 만일 성경이 온통 찬란한 미사여구(美辭麗句)로 치장되었더라면, 불경스런 자들은 성경이 힘 있는 것은 오로지 미사여구 때문이라는 식으로 비웃었을 것이 아니겠는가! 그런데 성경이 그토록 세련되지 못하고 거의 조잡하기까지 한 단순한 언어로써 그 어떠한 미사여구보다도 더 큰 기림과 높임을 불러일으키고 있으니, 성경의 진리 그 자체가 너무도 강력하여 언어의 기교는 필요 없다는 것 이외에 달리 무슨 결론을 내릴 수 있겠는가?

그리하여 사도는 고린도 사람들의 믿음이 "사람의 지혜에 있지 아니하고 다만 하나님의 능력에 있다"(고전 2:5)고 올바르게 선언하며, 또한 그가 그들 가운데서 전한 설교도 "설득력 있는 지혜의 말로 하지 아니하고 다만 성령의 나타나심과 능력으로"(고전 2:4) 된 것이라고 말하고 있는 것이다. 외부의 도움을 받지 않고 그 자체로서 충족하게 스스로를 드러낼 때에 비로소 진리가 모든 의혹을 물리치고 진리로서 든든히 서게 되는 것이다.

성경만이 지니고 있는 이 강력한 힘은, 인간의 저작들이 아무리 예술적으로 뛰어나다 할지라도 성경처럼 우리에게 영향을 줄 수 있는 능력이 없다는 사실에서 분명히 드러난다. 데모스테네스(Demosthenes)[1]나 키케로(Cicero)의 저작들을 읽어 보라. 플라톤이나 아리스토텔레스 같은 이들의 글을 읽어 보라. 아마도 그 책들에게 상당히 매료되고, 거기서 즐거움과 감동을 얻으며, 거기에 마음이 사로잡힐 것이다. 그러나 그것들을 읽은 다음 성경으로 눈을 돌려 그것을 읽어 보라. 그러면, 싫든 좋든 그것에서 큰 감동을 받고, 마음에 찔림을 받고, 골수에까지 박히게 되어, 그 깊은 영향과 비교할 때에 다른 웅변가들이나 철학자들의 글에서 받은 감동은 거의 없는 것이나 마찬가지가 되어 버릴 것이다. 결국, 이 성경에는 인간이 도달할 수 있는 모든 재능과 품위를 완전히 뛰어넘는 무엇이 있으며, 무언가 신적인 것이 거기서 숨쉬고 있다는 사실이 분명히 드러나게 되는 것이다.

2. 언어가 아니라 사상이 중요함

그러나, 선지자들 가운데 어떤 이들은 그 어느 세속 저자들에 못지 않을 만큼 아주 세련되고 명료하며 화려하기까지 한 언어를 구사하고 있는 것이 사실이다. 이런 것들을 통해서 성령께서는 — 물론 다른 곳에서는 소박하고 세련되지 못한 언어를 사용하시지만 — 결코 자신에게 언변에 결함이 있는 것이 아님을 보여주고자 하신 것이다. 그러므로 유려하고 명쾌한 언어를 사용하는 다윗이나 이사야 같은 이들의 글을 읽든지, 다소 거칠지만 소박한 맛을 풍기는 목자 아모스, 예레미야, 스가랴 등의 글들을 읽든지 간에, 앞에서 언급한 성령의 위엄이 어디서나 분명하게 나타날 것이다. 또한 사탄이 여러 가지로 하나님을 모방하여 자신을 가장하고서 무지한 일반 사람들의 마음을 교묘히 사로잡아온 현실도 모르는 바가 아니다. 사탄은 교양이 없고 심지어 야만적이기까지 한 언어를 사용하여 교활하게 불경스런 오류들을 심어 놓고, 그것들로 비참한 사람들을 속여왔고, 또한 케케묵은 구식(舊式)의 표현 방식을 이용하여 이것으로 자신의 사기성을 위장하는 예도 많은 것이다. 그러나 어느 정도라도 지각이 있는 사람이라면 누구나 그런 사기 행위가 얼마나 허망하며 혐오스러운 것인가를 잘 알 수가 있다. 성경에 관한 한, 고집 센 사람들이 아무리 헐뜯으려 애쓴다 해도, 거기에는 사람으로서는 도저히 품을 수 없었을 그런 사상들이 가득 들어차 있다는 것이 분명한 것이다. 선지자들 하나하나를 살펴 보라. 그러면 인간의 한계를 훨씬 능가하지 않는 사람이 하나도 없다는 것을 알게 될 것이다. 그런데도 선지자들의 글들이 무미건조하다고 느끼는 사람이 있다면, 그야말로 맛에 대한 감각을 완전히 상실한 사람일 것이다.

3. 성경의 고대성(古代性)

다른 사람들이 이미 이 문제를 길게 다루었으므로, 여기서는 그저 문제 전체를 정리해 주는 몇 가지 요점만을 제시하는 것으로 족할 것이다. 위에서 간단히 다룬 요점들과 아울러, 성경이 지극히 오래된 책이라는 점도 결코 가볍게 다룰 문제가 아니다. 희랍의 저자들이 애굽의 신화에 대해서 아무리 이야기한다 해도, 현존하는 종교적 문서들 가운데서 모세의 시대보다 훨씬 후대에 속하지 않는 것이 하나도 없다. 그런데 모세도 새로운 신을 소개한 것이 아니다. 그는 다만 이미 오래 전부터 시대시대마다 족장들을 통해서 전수되어 내려와 이스라엘 백성들이 받아들인 영원하신 하나님에 관한 교의를 명확히 제시한 것에 지나지 않는다. 그는 이스라엘 백성들을 아브라함과 더불어 시작된 그 언약에게로 다시 인도한 것 외에 아무것도 한 일이 없다. 그가 만일 과거에 전혀 들어보지 못한 내용을 제시했다면, 이스라엘 백성들에게 인정을 받지 못했을 것이다. 그러나, 그들이 애굽의 노예 상태에서 해방된 사실을 직접 경험했고, 따라서 익히 잘 알고 있는 사실이었으므로, 그 사실을 언급하는 것만으로도 모든 사람들의 주목을 끌었을 것이다. 그리고 사백 년이라는 기간에 대해서도 그들이 이미 가르침을 받았었을 가능성이 높다(창 15:13; 출 12:40; 갈 3:17). 그러니, 모세 자신도 다른 모든 저술가들보다 시기상 훨씬 고대에 속하는데, 게다가 모세 자신의 교의가 그렇게 머나먼 근원에서부터 전수되어 내려온 것이라면, 고대성(古代性: antiquity)에 있어서도 성경이 여타 다른 저작들을 완전히 능가한다는 것이 분명해지는 것이다.

4. 모세의 예에서 나타나는 성경의 신빙성

어쩌면, 자기들의 역사가 세계 창조 이전 육천 년까지 거슬러 올라간다는 애굽 사람들의 말을 그대로 인정할 사람들이 있을지도 모르겠다. 그러나 그들의 수다스러움에 대해서는 모든 세속 저자들이 조롱하고 있으므로, 구태여 여기서 그것을 반박하느라 애쓸 필요는 없을 것이다. 더욱이, 요세푸스(Josephus)는 그의 「아피온을 반박함」(*Contra Apionem*)에서 기억할 만한 고대의 저자들의 증언들을 인용하고 있는데, 그것들을 보면 율법 속에 제시된 가르침이 아득히 먼 옛날부터 모든 민족들 사이에서 높이 칭송을 받았음을 — 물론 그들이 그것을 읽거나 올바로 안 것은 아니지만 — 알 수 있다.[2]

그리고 하나님께서는 악한 자들이 계속해서 의혹을 고집하지 않도록 막고 또한 이리저리 비방하지 못하도록 하기 위하여, 가장 효과적인 방법으로 그런 위험을 막으셨다. 야곱이 근 삼백 년 전에 신적인 영감으로 그의 후손들에 관하여 선언한 내용을 모세가 기록하고 있는데, 과연 모세가 자기가 속한 지파를 아주 고귀한 표현으로 높이고 있는가? 아니다! 그는 오히려 레위에게 영원한 오명을 씌우고 있다. 그는 이렇게 쓰고 있다. "시므온과 레위는 형제요 그들의 칼은 폭력의 도구로다. 내 혼아, 그들의 모의에 상관하지 말지어다. 내 영광아, 그들의 집회에 참여하지 말지어다"(창 49:5, 6). 그는 그런 수치스런 사실에 대해서 침묵함으로써 자기 조상은 물론 자기 자신과 자기의 온 가문을 그런 치욕에서 구할 수도 있었을 것이다.

그러나 그는 스스로 자기 가문의 시조(始祖)가 완전히 혐오스런 존재임을 성령의 말씀으로 선언하였으며, 자기 개인의 유익을 돌아보지 않았고, 또한 그런 선언으로 자기 지파의 사람들에게 극심한 반발을 살 수 있었는데도 그것을 개의치 않았다. 그러니 어떻게 모세를 의심할 수 있겠는가? 뿐만 아니라 자기의 형 아론과 누이 미리암이 악하게 비방한 사실을 기록하기도 하는데(민 12:1), 그렇다면 이것을 모세 개인의 육신적인 느낌에서 나온 것으로 보아야 하겠는가, 아니면 성령의 명령에 순종한 데서 나온 것으로 보아야 하겠는가? 더 나아가서, 모세가 최고의 권위를 지니고 있었으니, 얼마든지 자기의 아들들에게 대제사장의 권리를 넘겨줄 수 있었는데도, 그렇게 하지 않고 그들을 가장 낮은 자리에 둔 것은 어찌된 일인가? 이것은 여러 가지 실례들 가운데서 그저 몇 가지만 취한 것에 불과하다. 이처럼 율법서의 이곳저곳에서 우리는 모세가 과연 하늘로부터 온 하나님의 사자였다는 분명한 확증들을 접하게 되는 것이다.

(이적과 예언에 관한 반론들에 대한 반박. 5-10)

5. 이적들이 모세의 신빙성을 강화시켜줌

모세는 무수한 놀라운 이적들을 기록하고 있는데, 이것들이 그가 받은 율법과 그가 공포한 교의를 확증해 준다. 그는 구름으로 둘러싸인 산 위로 올라가서 사람들에게서 격리되어 사십 일을 거기서 지냈고(출 24:18), 그가 율법을 공포할 때에 그의 얼굴에서 밝은 광채가 났으며(출 34:29), 사방에서 번갯불이 번쩍이고 우렛소리가 하늘에서 들리고 나팔 소리가 들려와서 백성들이 다 떨었으며(출 19:16), 장막의 입구를 구름이 가려서 사람들이 볼 수가 없게 되었고(출 40:34), 고라, 다단, 아비람 등 악한 무리가 처참하게 죽임을 당하여 모세의 권위가 놀랍게 입증되었으며(민 16:24). 그가 지팡이로 바위를 치자 곧바로 물이 강같이 흘러내렸고(민 20:10-11; 출 17:6; 참조. 고전 10:4), 그가 기도하자 만나가 하늘에서 비처럼 내렸다(민 11:9; 출 16:13; 참조. 고전 10:3).

이 모든 일들은 모세가 과연 하나님의 참된 선지자임을 보여주기 위하여 하나님께서 보내신 증거들이 아니고 무엇이겠는가? 여기서 혹시 내가 논란의 여지가 많은 문제를 사실로 받아들인다고 이의를 제기한다면, 이런 교묘한 반론은 쉽게 반박할 수가 있다. 모세가 이 모든 일들을 온 회중들 앞에서 공포하였는데, 그 사건들을 직접 목격한 사람들 앞에서 어떻게 거짓을 이야기할 수 있었겠는가? 모세가 백성들 앞에 나아와 그들의 불신앙과 완악함과 배은망덕 등을 책망하고 난 다음, 백성들이 전혀 보지도 못한 이적들을 이야기하며 그것들을 근거로 자신의 가르침이 순전한 것임을 자랑하려 했다는 식의 논리가 과연 가능하겠는가!

6. 모세의 이적들은 타의 추종을 불허함

또 한 가지 주목해야 할 것은, 모세가 이야기하는 이적들마다 언제나 그것에 저항하는 상황과 연결되어 있었기 때문에, 조금이라도 틈이 있었다면 얼마든지 백성들 전체가 반대하고 일어날 수 있었다는 점이다. 그러므로 그들이 이적들을 인정하게 된 것은 순전히 그들이 자기들의 체험을 통해서 그것들을 충분히 납득했기 때문이었던 것이다. 그 이적의 사실들이 너무도 명백했기 때문에, 세속의 저자들로서도 모세가 이적을 행한 사실을 인정하지 않을 수 없었고, 그렇게 되자, 거짓말의 아비인 마귀는 그 이적들을 가리켜 마술이라고 비방했던 것이다(출 7:11; 9:11). 그러나 접신한 자와 박수무당을 따르는 자들을 돌로 치라고 명령할 정도로 미신을 증오한 모세가(레 20:6) 자기 스스로 마술을 행했다는 것이 과연 가당한 일인가? 사기꾼들은 대중들의 마음을 압도하기 위하여 갖은 거짓말을 하고 속임수를 쓰는 법이다.

그러나 모세는 어떠했는가? 그는 자기와 자기의 형 아론이 아무것도 아니요 다만 하나님이 명하신 일을 행하는 것뿐이라고 선언하여(출 16:7), 비난을 받을 만한 모든 혐의점들을 깨끗이 없애버렸다. 그리고 이적의 사건들 그 자체만을 보아도, 날마다 하늘에서 만나를 내려 백성들에게 충분한 식량을 공급해준 일이 대체 어떻게 마술일 수가 있었으며, 게다가 누구든지 욕심을 부려서 필요한 양 이상을 모아놓으면 만나를 상하게 만들어서 그런 불신앙에 대하여 하나님이 벌하신다는 것을 가르친 일이(출 16:19-20) 대체 어떻게 마술일 수가 있었겠는가?

게다가 하나님께서는 그의 종으로 하여금 온갖 극심한 증거들로써 시험을 통과하도록 하셨기 때문에, 오늘날의 악한 자들이 그에 대하여 아무리 떠들어댄다 해도 아무 소용이 없는 것이다. 때로는 온 백성 전체가 오만불손하게 그를 대적하기도 했고, 때로는 백성 가운데 몇몇 사람들이 그 거룩한 하나님의 종을 넘어뜨리려고 음모를 꾸미기도 했다. 그렇다면, 모세가 아무리 속임수를 부린다 한들 과연 그들의 격렬한 소란을 어떻게 피할 수 있었겠는가? 그러므로 그의 가르침이 항상 이적들을 통해서 참된 것으로 인정되었음을 그 결과가 분명하게 보여주는 것이다.

7. 모세의 예언의 확실성

뿐만 아니라, 족장 야곱이 유다 지파에게 최고의 위치를 부여한 것이 예언의 영으로 된 것이라는 것을 부인할 수가 없다(창 49:10). 특히 그 사실 자체를 그 결과가 입증해 준다는 점을 볼 때에 더욱 그러하다. 가령 모세가 이 예언을 지어낸 장본인이라고 생각해 보자. 그런데, 이 예언이 기록된 후 사백 년이 지난 때까지도 유다 지파에 왕권이 주어진 예가 전혀 없었다. 사울이 왕이 된 이후로는(삼상 11:15) 왕권이 베냐민 지파에 머물 것처럼 보이기도 했다. 그리고 다윗이 사무엘에게서 기름부음을 받을 때에도(삼상 16:13), 왕권이 그에게로 옮겨질 무슨 가시적인 이유가 전혀 없었다. 양을 치는 비천한 가문에서 왕이 나올 것을 과연 누가 예상할 수 있었겠는가? 더구나 그 집에는 일곱 형제가 있었는데 그 중의 맨 막내가 왕권을 차지하게 될 것을 과연 누가 생각할 수 있었겠는가? 또한 다윗 자신도 자기에게 왕권이 주어질 것이라는 소망을 어떻게 가질 수 있었겠는가? 과연 누가 감히 다윗을 기름부은 일이 하늘의 예언의 성취가 아니라 인간의 조작이나 노력, 혹은 기지에 의해서 결정된 일이라고 말할 수 있겠는가?

또한 이와 비슷하게 모세는 이방인들이 택함 받아 하나님의 언약 속에 들어올 것을 — 물론 희미하기는 하지만 — 예언하고 있는데(창 49:10), 그 일이 근 이천 년이 지난 후에 실제로 일어난 것이다. 이것이 과연 그가 하나님의 영감을 받아 말씀했다는 확실한 증거가 아니고 무엇인가? 그 이외에도 정신이 온전한 사람이라면 누구나 하나님께서 친히 말씀하시는 것임을 납득할 수 있는 분명한 신적 계시의 성격을 지닌 예언들이 많이 있으나, 여기서는 생략하기로 한다. 한마디로 말해서, 모세의 찬양(신 32장)만 해도, 하나님을 확실히 드러내 주는 밝은 거울인 것이다.

8. 선지자들의 예언의 확실성

다른 선지자들의 경우에는 증거가 이보다 더 분명하게 나타난다. 그러나 모든 예를 다 들자면 너무 수고스럽기 때문에, 그저 몇 가지 실례만을 택하여 거론하기로 한다. 이사야 선지자의 시대에는 유다 왕국이 평화를 유지하고 있었고,

갈대아 사람들의 보호 아래 비교적 안전을 누리고 있는 상태였으나, 이사야는 성이 무너지고 백성이 포로로 잡혀갈 것을 공적으로 선포하였다(사 39:6-7). 당시에는 도저히 믿겨지지 않던 일을 오래 전에 예언하였는데 그것이 마침내 그대로 이루어졌다는 것이 놀라운 일이지만, 그것만으로는 신적 영감을 입증하는 충족한 증거가 못 된다고 치자. 그러나 이사야는 동시에 그들이 해방을 얻을 것에 대해서도 예언을 하고 있으니, 이 예언들이 하나님께로부터 온 것이 아니면 대체 어디서 온 것이겠는가? 그는 갈대아 사람들을 정복하고 유다 백성을 해방시킬 인물의 이름까지 고레스로 거명하고 있다(사 45:1). 이사야의 그런 예언이 있은 후 고레스가 출생하기까지는 일백 년 이상의 세월이 흘렀다. 고레스는 이사야가 사망한지 거의 일백 년 후에 출생했던 것이다. 장차 고레스라는 이름을 가진 사람이 나타나 그 강력한 왕국 바벨론을 무너뜨리고 이스라엘 백성의 포로 생활을 종식시킬 것이라는 것은 그 당시로서는 전혀 상상조차 할 수 없는 일이었다. 그러니 이처럼 꾸밈이 없는 순전한 역사 이야기만으로도, 이사야가 인간의 추측이 아니라 분명 하나님의 말씀을 전했다는 것이 확실히 드러나지 않는가?

또한 예레미야는 그 백성들이 포로로 끌려가기 얼마 전에 포로 생활의 기간을 칠십 년으로 말씀하면서 그때가 되면 다시 해방되어 귀환할 것을 예언했는데(렘 25:11-12; 29:10), 이것이야말로 그의 혀가 하나님의 영의 이끌림을 받았다는 확증이 아니고 무엇이겠는가? 혹시 선지자들의 권위가 그런 증거들을 통해서 확증되었으며 또한 그들이 자기들의 말의 신빙성을 입증하기 위해서 선포한 내용들이 결국 성취되었다는 것을 부인한다면, 이 얼마나 수치스러운 일이겠는가! "보라 전에 예언한 일이 이미 이루어졌느니라 이제 내가 새 일을 알리노라 그 일이 시작되기 전에라도 너희에게 이르노라"(사 42:9).

예레미야와 에스겔이 같은 시대에 서로 완전히 떨어져서 예언 활동을 했는데도, 그들의 예언이 마치 서로 말을 불러 준 것처럼 그 진술들이 전반적으로 일치하고 있는데, 이에 대해서는 구체적인 논의를 생략하겠다. 그러면 다니엘은 어떤가? 그는 향후 육백 년 동안 일어날 일들에 대해서 예언하였는데, 마치 모두들 알고 있는 과거의 사건들을 기술하듯이 그렇게 기술하고 있지 않는가? 이런 사실들을 마음에 새긴다면, 경건한 사람들이 불경건한 자들의 아우성을 가라앉힐 충분한 능력을 갖추게 될 것이다. 어떠한 교묘한 반론에도 전혀 요동이 없을 만큼 증거가 너무나도 확실하기 때문이다.

9. 율법의 전수 과정의 신빙성

사악한 자들이 하나님의 진리를 공격하는 자기들의 영민한 재치를 과시하기 위하여 여기저기서 떠들고 있다는 것을 잘 알고 있다. 그들은 이렇게 묻고 있다. 곧, 모세와 선지자들의 이름으로 되어 있는 책들이 정말 그들이 기록했다는 것을 과연 어떻게 알겠느냐는 것이다. 심지어 그들은 감히 모세라는 사람이 정말 실존 인물이기는 하냐는 식으로 묻기까지 한다. 그러나, 만일 플라톤이나 아리스토텔레스, 혹은 키케로 같은 사람들이 과연 실존 인물들이라는 것을 의심하는 사람이 있다면, 모두들 그런 어리석은 사람은 주먹으로 맞든지 채찍을 맞아야 할 것이라고 입을 모으지 않겠는가?

모세의 율법은 인간의 노력보다는 하늘의 섭리로 놀랍게 보존되었다. 물론 제사장들이 소홀히 여긴 때문에 한동안 파묻혀 있기는 했으나, 경건한 왕 요시야가 이를 다시 발견한 후부터는(왕하 22:8; 대하 34:15) 계속해서 시대 시대마다 계속해서 읽혀져왔다. 그리고 요시야 왕은 그 율법서를 전혀 아는 바 없는 새로운 어떤 책으로 공포한 것이 아니라 언제나 그 이름을 항상 들어와서 기억 속에 그대로 남아 있는 책으로 공포한 것이다. 그는 그 원본은 성전에 보관하고, 필사본을 만들어 왕궁의 서고에 보관하였다(참조. 신 17:18-19).

어째서 이런 일이 일어났는가 하는 것은 이렇다. 곧, 제사장들이 엄숙한 관례에 따라서 율법을 공포해야 하는데도 불구하고 그 일을 중단했었고, 그리하여 백성들도 그것을 읽는 습관을 소홀히 하였던 것이다. 덧붙여 말하자면, 율법의 권위를 확증하고 갱신하지 않은 시대가 거의 없었다는 사실이다. 다윗의 시편을 손에 갖고 있던 사람들이 모세의 글들을 전혀 알지 못했던가? 성경 저자들의 책들을 전체적으로 볼 때에, 그것들이 손에서 손으로 후손들에게 전수되었다는 것이 의심의 여지 없는 사실이라는 것이다. 어떤 이들은 그들의 말씀을 실제로 귀로 들었고, 또 어떤 이들은 그 말씀을 들은 사람들이 아직 기억이 확실한 상태에서 말하는 것을 직접 듣고 배우기도 했던 것이다.

10. 구약 성경을 보존하신 하나님의 이적적인 역사

사악한 자들은 또한 성경의 신빙성을 망가뜨리기 위해서 마카베오 시대의 역사의 한 구절을 들어서 반론을 제기하기도 하지만, 이 역시 오히려 성경의 신빙성을 확증해 주는 가장 적절한 증거로 밝혀진다. 그러나 먼저 그들의 거짓된 주장부터 정리하고, 그 다음에 그들이 우리를 향하여 세우는 그 무기를 가지고 역습을 시도하기로 하자. 그들은 안티오쿠스[3]가 모든 책들을 다 불태우라고 명령했으니(마카베오 1서 1:56-57) 우리가 지금 가지고 있는 이 필사본들은 대체 어디서 온 것들이냐고 묻는다. 그러나 나는 반문하고 싶다. 그것들이 도대체 어느 작업장에서 만들어졌기에 그렇게도 빠른 시일에 시중에 나왔단 말인가? 박해가 중단되자마자 곧바로 그 책들이 다시 나왔고, 또한 성경의 교리를 근거로 양육 받아서 그것들을 면밀하게 잘 알고 있던 모든 경건한 사람들이 아무런 논란도 없이 그 책들을 인정했다는 것이 너무나도 잘 알려진 사실이기 때문이다. 또한 모든 악인들이 마치 서로 모의를 꾸미기라도 한 것처럼 부끄러움도 모르고 유대인들을 극심하게 모욕했으나, 감히 유대인들이 가짜 책들을 가져다 진짜 성경처럼 꾸몄다고 비난한 사람은 하나도 없었다. 유대인의 종교를 무엇으로 생각했든 간에, 모세가 그 교조(教祖)라는 것만큼은 그들도 인정했던 것이다.

그런데, 이 논쟁꾼들은 모든 역사들을 통해서 그 고대성(古代性)이 확실하게 입증되고 있는 이 책들을 가짜라고 하며 거짓말을 늘어놓고 있으니, 이것이 자기 자신들의 파렴치함을 그대로 드러내는 것이 아니고 무엇이겠는가? 그러나 그런 추잡한 비방을 반박하느라 괜스레 애쓰지 말고, 여기서 주께서 그의 말씀을 얼마나 면밀하게 보존해오셨는가를 살펴보기로 하자. 모든 사람들의 기대와는 전연 달리, 주님은 마치 맹렬한 불길 속에서 건져내듯 가장 악독하고 야만적인 폭군에게서 그것을 빼앗아 놓으신 것이다. 주께서는 또한 경건한 제사장들을 비롯하여 여러 사람들을 위대한 신앙의 정절로 무장시키셔서 필요할 경우 자기들의 목숨을 버려서까지 이 보배를 후손들에게 전수하기를 주저하지 않도록 하셨고, 그리하여 그 책들을 찾아 없애려 애쓴 그 통치자들과 그 졸개들의 집요한 노력들이 모두 수포로 돌아가고 말았던 것이다. 악한 자들이 스스로 완전히 없애버렸다고 믿었던 그 성스러운 유물들이 곧 다시 돌아와 다시 한 번 그 이전의 자리를 취하게 되었고 오히려 그 전보다 그 위엄이 더 높아졌으니, 이 어찌 하나님의 놀랍고도 특별하신 역사가 아니라고 할 수 있겠는가? 게다가 헬라어 번역 성경이 뒤따라 나와서, 그것이 온 세계에 널리 퍼졌으니 말이다.

놀라운 이적은 비단 하나님께서 안티오쿠스의 그 피비린내 나는 칙령에서 그의 언약의 돌비들을 건져내셨다는 데에서만 나타난 것이 아니다. 유대인들이 거듭되는 불행을 통해서 짓밟히고 황폐해져서 거의 전멸되다시피 했는데도 그 책들은 여전히 전혀 손상되지 않은 상태 그대로 안전하게 보존되어오고 있다는 사실도 놀라운 이적이 아닐 수 없다. 또한 히브리어 자체도 전혀 높임을 받지 못했을 뿐 아니라 거의 알려져 있지 않았다. 그러므로 만일 하나님께서 유대인들의 종교를 돌아보지 않으셨다면, 히브리어는 완전히 사라져 버렸을 것이다. 유대인들이 바벨론 포로에서 귀환한 후 모국어를 얼마나 제대로 사용하지 못했는가 하는 것이 그 당시의 선지서들에게서 나타나고 있다. 이 사실은 의미심장하다. 왜냐하면 이 사실을 잘 비교해보아도 율법서와 선지서들의 고대성이 더 한층 명백하게 드러나기 때문이다. 그리고 율법서와 선지서에 포함되어 있는 구원의 도리, 즉 정하신 때에 그리스도께서 오셔서 분명히 드러내실 그 도리를(마 22:37-40) 하나님께서는 과연 누구를 통해서 우리를 위해 보존하셨는가? 그것은 바로 그리스도의 가장 격렬한 원수인 유대인들이었다. 곧, 아우구스티누스가 기독교 교회의 "서인들(書人: librarius)"⁴⁾이라 올바로 칭한 바로 그 사람들을 사용하셨던 것이다. 그들이 자기 자신들은 전혀 사용하지 않는 책들을 우리에게 제공해 준 셈이기 때문이다.

11. 신약 성경의 신빙성

신약 성경으로 넘어오면, 그 진리를 뒷받침하는 기둥들이 얼마나 견고한지 모른다! 세 복음서 기자들은 미천하고 평범한 문체로 역사를 서술하고 있어서, 여러 교만한 자들은 이러한 단순함을 경멸의 눈초리로 바라보기도 한다. 그러나 이것은 그들이 그 중심 교리에 주의를 기울이지 않기 때문이다. 그 중심 교리들에 주의를 기울인다면, 이 복음서 기자들이 인간의 한계를 넘어서는 하늘의 신비들을 다루고 있음을 쉽게 알아차릴 수 있을 텐데 말이다. 조금이라도 정직함을 지닌 사람이라면 누구나 누가복음의 첫 장을 읽으면서 자기들의 까다로운 성미에 대해 부끄러움을 느끼게 될 것이다. 우리 주님의 강화들이 세 복음서에 짧게 요약되어 있는데, 이것들을 보면 그 복음서들을 멸시하던 자세가 곧바로 사라지게 된다.

그러나 요한은 위엄 속에서 우레를 발하며, 믿음으로 순종하기를 거부하는 자들의 그 완고함에 대하여 그 어떠한 것보다도 강력한 벼락으로 내리친다. 자기들은 물론 다른 사람들의 마음에서까지 성경을 높이 기리는 자세를 완전히 몰아내는 것을 최대의 소원으로 삼는 저 콧대 높은 자들이여, 모두 앞으로 나오라. 그리고 요한복음을 읽어라. 그러면 싫든 좋든 저 무딘 마음을 일깨워 줄 말씀들을, 아니 그 양심들을 달군 쇠로 태워서 그들의 조소를 사라지게 해 줄 말씀들을 일천 개나 발견하게 될 것이다. 바울과 베드로 역시 마찬가지다. 대부분의 사람들이 그들의 글에 대해 무지한 것이 사실이지만, 그러나 하늘의 위엄이 그 속에 있어서 모든 사람들을 끌리게 하고, 말하자면 거기에 스스로 매이도록 하는 것이다.

그러나 다음과 같은 한 가지 정황만으로도 그들의 가르침을 온 세상 위에 드높이 올리고도 남을 것이다. 곧, 마태는 백성들의 돈을 취하던 세리였고, 베드로와 요한은 함께 배를 타던 어부들이었으므로 모두 교양도 없고 무식한 자들로서 사람의 학교에서 배운 일이 없어 다른 사람들에게 전해줄 것이 전혀 없었던 사람들이었다는 사실이 그것이다. 뿐만 아니라 철천지 원수로서 살기가 등등하던 바울이 회심하여 새 사람이 되었다는 사실로써, 그가 이처럼 전혀 예기치 않던 갑작스런 변화를 통해서 하늘의 능력에 압도되어 과거에 자신이 파괴하려 했던 바로 그 교리를 전파하게 되었다는 것을 보여준다. 이 개들이 성령께서 사도들에게 임하신 사실을 부인한다 해도, 또한 역사까지 무시한다 해도 그냥 내버려 두라. 아무리 그들이 떠든다 할지라도, 과거에는 일반 대중 가운데서도 비천한 자들이던 그 사람들이 갑자기 일어나 하늘의 신비들을 그렇게 영광스럽게 강론하기 시작했으니 이것이야말로 성령께서 그들을 가르치신 것이 틀림없다는 사실을 진리가 소리 높여 외칠 것이다.

(교회의 동의와 순교자들의 충성. 12-13)

12. 성경의 신빙성에 대한 교회의 동의

그 이외에, 교회의 동의에 대해서도 그 나름대로 의의를 인정해야 하는 매우 타당한 이유들이 있다. 성경이 공포된 이후 시대시대마다 한결같이 성경에 순종하여왔다. 사탄은 온 세상과 더불어 놀라운 수단들을 통해서 무수하게 성경을 억압하고 파괴시키고 혹은 사람들의 기억에서 완전히 지워버리려고 애썼으나, 성경은 여전히 마치 종려나무처럼 번성하여왔고, 전혀 요동이 없는 상태로 남아 있다. 비범한 능력을 지닌 궤변가나 웅변가들 치고 성경을 대적하는 데에 힘을 기울이지 않는 사람이 거의 없었으나, 그들의 모든 수고가 다 허사였다. 그리고 이 땅의 모든 권력들이 성경을 파괴하기 위하여 무장하여 일어났으나, 그들의 모든 시도들이 다 연기 속으로 사라져 버렸다. 이토록 사방에서 강력하게 공격을 받았으니, 만일 인간의 보호에만 의존했다면 성경이 과연 어떻게 그렇게 견뎌낼 수가 있었겠는가? 아니, 오히려 인간이 모든 노력을 기울여 대적하는 데도 불구하고, 성경이 그 자체의 능력으로 지금까지 그대로 전해지고 있다는 사실이야말로 성경의 기원이 하나님께 있음을 입증해 주는 것이다.

게다가 성경을 받아들이고 믿기로 동의한 것이 비단 한 도시나 한 국가의 일만이 아니었다. 오히려 온 세계 끝까지 이르러, 다른 면에서는 서로 전혀 공통점이 없는 각양각색의 사람들이 성경의 권위를 인정하는 데에 서로 거룩하게 합의해온 것이다. 그렇게도 서로 다르고 모든 점에서 의견이 각각인 그 사람들이 성경의 권위에 대해서 그렇게도 생각이 일치한다는 사실을 접하면서 우리는 크게 감동을 받지 않을 수가 없다. 이러한 생각의 일치는 하나님의 섭리 이외에 그 어떠한 것으로도 설명이 불가능하다는 것이 자명하기 때문이다. 더욱이 그렇게 생각이 일치하는 사람들의 경건함을 볼 때에 ― 물론 모든 사람들이 다 그렇다는 것은 아니다 ― 곧 주께서 그의 교회 내에서 등불들로서 빛을 발하도록 하신 그런 사람들의 경건함을 볼 때에, 그 사실에 적지 않은 무게가 실려 있음을 깨닫게 되는 것이다.

13. 순교자들은 성경의 교리를 위하여 죽었다

그리고, 그렇게 많은 거룩한 사람들이 피를 흘려서 확증하고 증언하고 있으니 과연 얼마나 큰 확신을 갖고서 그 교리를 받아들여야 하겠는가? 그들은 일단 그 교리를 받아들인 후에는 용감하고도 대담하게, 심지어 큰 열정을 가지고, 그것을 위해 죽기를 주저하지 않았다. 그런 확고한 보증과 더불어 우리에게 전수된 것이니 만큼 확실하고 흔들림 없는 확신으로 받아들여야 하지 않겠는가? 그렇게도 많은 증인들의 피로써 인쳐졌다는 사실은 성경의 권위를 입증하는 것으로 결코 작은 것이 아니다. 특히 그들이 광신적인 과도한 처신(그릇된 정신을 소유한 자들에게서 흔히 볼 수 있는 그런 처신)이 아니라 하나님을 향한 확고하고도 견실하며 진지한 열심을 갖고서, 죽음을 무릅쓰고 믿음을 증언했다는 사실을 생각하면 더더욱 그러하다.

그 밖에도, 성경의 위엄과 권위가 경건한 사람들의 마음에서 인정을 받을 뿐 아니라, 또한 그것을 무시하고 비방하는 자들의 간계들을 이기고 완전히 입증된다는 것을 보여주는, 결코 작지도 미약하지도 않은 여러 가지 사실들이 있다. 하늘에 계신 아버지께서 성경 속에서 그의 위엄을 드러내시고 그리하여 성경을 높이는 확고한 마음을 주시기 전에는, 이 사람들 스스로는 성경에 대해서 그렇게 확고한 믿음을 가질 수가 없는 것이다. 그러므로 오직 성령께서 주시는 내적인 확신에 기초하여 성경의 확실성을 받아들일 때에야 비로소 성경이 하나님을 아는 구원 얻는 지식을 주기에 충족하게 되는 것이다. 물론 그렇다 할지라도 성경을 확증하기 위한 인간의 증언들도 전혀 효과가 없다고 할 수는 없을 것이다. 성령께서 주시는 내적 확신이라는 최고의 증거를 따라 보조적인 역할을 하는 제이차적인 증거로서 우리의 연약함을 돕는 데에 사용될 수는 있는 것이다. 그러나 불신자에게 성경이 하나님의 말씀임을 입증해 주려고 하는 행위는 실로 어리석은 짓이다. 믿음이 아니고서는 성경이 그렇다는 것을 알 수가 없기 때문이다. 그러므로 아우구스티누스는, 사람이 그렇게 중대한 문제들에 대해 깨닫기 위해서는 먼저 경건과 마음의 평안이 있어야 한다고 적절히 경계하고 있는 것이다.[5]

주

1. 고대 그리스의 웅변가 (B.C. 384?–322년).

2. Josephus, *Contra Apionem*, I. xxii; II. xxxvi, xxxix.

3. 수리아의 안티오쿠스 4세 에피파네스(Antiochus IV Epiphanes: B.C. 176–164년 재위)로서 유대인들을 탄압한 폭군으로서 그의 폭정으로 인하여 마카베오의 봉기가 일어났다.

4. Augustine, *Psalms*, Ps 56. 9: "Liberarii nostri facti sunt".

5. Augustine, *The Usefulness of Belief*, xviii. 36.

제 9 장

성경을 버리고 계시들을 따르는 광신자들은
경건의 모든 원리를 파괴시킴

1. 성령께 그릇되게 호소하는 광신자들의 오류

성경을 버리고서, 이런저런 다른 길을 통해서 하나님께 도달할 수 있다고 상상하는 자들이 있으나, 이들은 오류에 사로잡혀 있는 것이 아니고 광란의 상태에 있는 것으로 보아야 할 것이다. 최근 아주 경솔한 사람들이 일어나서, 성령의 우월성을 굉장히 과시하면서 성경을 읽는 행위 자체를 완전히 거부하고, 또한 여전히 성경을 따르는 자들 — 그들의 표현대로 하면, 스스로도 죽어 있고 또한 영혼을 죽이는 율법 조문을 따르는 자들 — 의 단순함을 조롱하고 있다. 그러나 나는, 그들을 감동시켜 그렇게도 높이 끌어올려서 감히 성경의 교리를 유치하고 조잡한 것으로 경멸하게까지 만드는 그 영이란 게 무엇인지를 그들에게서 알고 싶다. 만일 그것이 그리스도의 영이라고 대답한다면, 그런 그들의 확신은 그야말로 우스꽝스러운 것이다.

그리스도의 사도들과 초대 교회의 다른 신자들이 다른 영에게서 조명하심을 받은 것이 아니라는 것은 그들도 인정할 것이라 생각된다. 그러나 그들 중에서 그렇게 조명하심을 받아 하나님의 말씀을 멸시하게 된 사람은 단 한 사람도 없었다. 그들의 글들이 훌륭하게 입증해 주듯이 오히려 각 사람마다 모두 그 말씀을 더욱 높이 받들었던 것이다. 이사야 선지자가 이미 이 사실을 예언한 바 있다. 그는 "네 위에 있는 나의 영과 네 입에 둔 나의 말이 이제부터 영원하도록 네 입에서와 네 후손의 입에서와 네 후손의 후손의 입에서 떠나지 아니하리라"(사 59:21)고 말씀했는데, 그는 여기서 고대의 백성들을 마치 이제 겨우 초보를 배우는 것처럼 외형적인 교리에만 묶어놓지 않고, 오히려 그리스도의 통치를 받는 새 교회가 성령으로 말미암아 다스림을 받는 것은 물론 동시에 하나님의 말씀으로 다스림을 받는 데에서 참되고 완전한 복을 누리게 될 것임을 가르치고 있는 것이다. 그러므로 선지자가 절대로 끊을 수 없는 끈으로 함께 묶어 놓은 것들을 서로 갈라놓는 이 사악한 자들의 행위야말로 정말 악하고 참람한 것이 아닐 수 없는 것이다.

뿐만 아니라, 바울은 삼층천에까지 이끌려 올라갔었는데도(고후 12:2) 율법과 선지자들의 가르침에서 교훈을 받기를 그치지 않았을 뿐 아니라, 탁월한 교사인 디모데에게 성경을 읽는 일에 전념하라고 권면하고 있는 것이다(딤전 4:13). 또한 그가 성경을 높이 찬양하고 있다는 사실도 기억할 만한 가치가 있다. "모든 성경은 … 교훈과 책망과 바르게 함과 의로 교육하기에 유익하니 이는 하나님의 사람으로 온전하게 하며"(딤후 3:16-17). 그러니, 하나님의 자녀들을 그 궁극적인 목적지에까지 인도해 주는 이 성경을 가리켜서 그저 일시적으로만 효용 가치가 있다는 식으로 꾸며댄다면, 그것이야말로 마귀의 장난에 사로잡힌 것이 아니고 무엇이겠는가?

주님이 제자들에게 약속하신 성령 이외에 전혀 다른 영에 취한 것이 아닌지 이 사람들이 내게 대답해 주었으면 좋겠다. 그들이 완전히 미쳐 있지만, 그래도 그들이 이것을 자랑할 정도로 광신에 완전히 빠져 있지는 않을 것이라 생각된다. 주께서 성령을 약속하시면서 그 영이 어떤 분이라고 말씀하셨는가? 스스로 말하지 않고 말씀으로 전해 받은 것을 제자들의 마음에 알리시는 분이라고 하시지 않는가(요 16:13)! 그러므로, 우리에게 약속된 성령은 전혀 들어보지도 못한 새로운 계시를 만들어 내거나 어떤 새로운 종류의 교의를 조작해 내어서 우리로 하여금 이미 인정된 복음의 교의에서 떠나게 만드는 그런 분이 아니시고, 오히려 복음으로 말미암아 제시되는 바로 그 교의를 우리 마음에 인쳐 주시는 그런 분이신 것이다.

2. 성령은 반드시 성경과 일치하심

이로써 우리는, 하나님의 영으로부터 유익을 얻기를 진정 바란다면 우리가 성경을 읽고 그 말씀을 경청하는 일에 힘써야 한다는 것을 곧바로 깨닫게 된다. 또한 복음의 빛이 비쳐졌으므로 이제는 선지자들의 가르침이 복음으로 대체되었다고 볼 수도 있는 상황에서, 선지자들의 가르침에 주의를 기울이는 사람들의 열심을 베드로가 칭찬하는 데서도 이 점을 잘 볼 수 있다(참조. 벧후 1:19). 그러나 반대로, 그 어떠한 영이라도 하나님의 말씀의 지혜를 지나쳐버리고 다른 교리를 우리에게 제시한다면, 그 영은 헛되고 거짓된 영이라 의심을 받아 마땅한 것이다(갈 1:6-9). 그렇다면 무엇인가? "사탄이 자기를 광명의 천사로 가장하고" 있으니(고후 11:14), 지극히 명확한 증표로써 성령을 분별하지 않는다면, 대체 어떻게 성령께서 우리 가운데서 권위를 시행하실 수 있겠는가? 그러므로 우리 주님은 친히 그의 음성으로 가장 명확하게 성령을 우리에게 지시해 주신 것이다. 그런데도 이 비참한 사람들은 성령을 주님에게서 찾지 않고 자기 자신들에게서 찾고 있으니, 자기들 스스로 멸망을 자초하고 있는 것이다. 그러면서도 그들은, 만물이 성령께 복종해야 하는데 하나님의 성령 자신이 성경에 예속된다는 것은 있을 수 없는 일이라고 주장한다. 마치 성령이 언제나 완전히 동일하시고 모든 점에서 변화가 없이 언제나 시종여일하신 것이 그에게 치욕이 되기라도 하는 것처럼 말이다.

그러나 분명히 말하건대, 혹시 성령을 사람이나 천사나 기타 다른 무엇의 규범대로 판단한다면 그것을 성령을 비하하는 처사라고 ─ 혹은, 그를 속박하는 처사라고 ─ 말할 수 있겠지만, 성령을 그 자신과 비교한다면, 그를 그 자신 속에서 바라본다면, 과연 누가 그것이 성령을 부당하게 대하는 것이라고 말할 수 있겠는가? 물론 성령을 테스트하는 일이기는 하다. 그렇지만 그 테스트를 통해서 성령께서는 자신의 위엄을 우리 가운데 세우시기를 기뻐하시는 것이다. 성령께서 우리 속에 들어와 임재하시는 것으로 우리는 만족해야 마땅하다. 그러나 사탄의 영이 성령을 빙자하여 숨어 들어오지 못하도록, 성령께서는 우리로 하여금 성경 속에 새겨 놓으신 그 자신의 모습을 통해서 그 자신을 알아보도록 하신 것이다. 그분은 성경의 저자이시며, 동시에 그는 자기 자신과 다르게 변하실 수가 없다. 그러므로 그는 자신이 성경에 자기 자신을 계시해 놓으신 그대로 언제나 계시는 것이다. 성령께서 자기 자신에게서 물러서시거나 혹은 타락하시는 것이 그에게 존귀한 일이라고 생각하지 않는 한, 이러한 사실은 결코 그를 모욕하는 것이 아닌 것이다.

3. 성령과 말씀은 함께 역사함

그들은 우리가 죽이는 문자에 집착한다며 우리를 비방하지만, 자기들 자신은 이 문제에서 성경을 멸시하는 것에 대한 대가를 톡톡히 치르고 있다. 바울은 거기서(고후 3:6) 거짓 사도들과 싸우고 있는 것이 분명하다. 그 거짓 사도들은 그리스도 없이 율법을 강조하여 사람들에게서 새 언약 — 이 새 언약에 의하여 주님은 "그의 법을 신자들의 속에 두며 그들의 마음에 기록하"시는 것인데(렘 31:33) — 의 혜택을 빼앗아가고 있었던 것이다. 그러므로, 그리스도의 은혜에서 끊어진 상태로 마음은 그냥 내버려 두고 그저 귀에서만 소리를 울리게 되면, 율법 조문은 죽은 것이요 주님의 율법은 그 독자들을 죽이는 것이 된다(고후 3:6). 그러나 성령을 통하여 그 문자가 마음에 효과적으로 새겨지게 되고, 그것이 그리스도를 드러내면, 그것이야말로 "영혼을 소성시키고 … 우둔한 자를 지혜롭게 하는" 생명의 말씀인 것이다(시 19:7). 뿐만 아니라 사도 바울은 바로 그곳에서 자신의 설교를 가리켜 "영의 직분"(고후 3:8)이라고 부르고 있다. 곧, 성령께서 성경에서 표현하시는 그의 진리 속에 내재하고 계시므로 그 말씀에게 정당한 존경과 위엄을 돌릴 때에 비로소 성령께서 그의 능력을 드러내신다는 뜻인 것이다.

조금 앞에서 말한 내용[1] — 성령의 내적 증거를 통해서 확증되지 않는 이상 말씀 그 자체가 우리에게 확신을 주지 못한다는 것 — 도 이 사실들과 조금도 모순을 일으키지 않는다. 주님은 상호간의 일종의 결속을 통해서 그의 말씀의 확실성과 그의 성령의 확실성을 하나로 묶어 놓으셨으므로, 성령께서 빛을 비추셔서 우리로 하여금 하나님의 얼굴을 바라보게 하실 때에 말씀에 대한 완전한 신앙이 우리 마음속에 자리를 잡게 되며, 또한 우리가 성령을 그 자신의 형상, 즉 말씀 속에서 인식할 때에, 우리가 혹 속임을 당하는 것이 아닐까 하는 두려움이 없이 성령을 받아들일 수 있는 것이다. 과연 그렇다! 하나님께서 그의 말씀을 사람들 가운데 세우신 것은, 그저 일시적으로 그것을 내어 보이시고 그의 성령이 오시면 그것을 폐지하도록 하시기 위함이 아니었다. 오히려 하나님께서는 성령의 능력으로 말씀을 기록하셨고, 그 동일하신 성령을 보내사 그 말씀을 효력 있게 확증케 하심으로써 그의 일을 완성하고자 하신 것이다.

그리스도께서는 이렇게 하여 두 제자들의 마음을 열어 주셨는데(눅 24:27, 45), 이는 그들이 성경을 던져버리고 자기들 스스로 지혜로워지도록 하기 위함이 아니었고, 그들로 하여금 성경을 알게 하시기 위함이었던 것이다. 이와 비슷하게 바울도 데살로니가 사람들에게 "성령을 소멸하지 말라"고 명령하면서도 말씀이 없는 공허한 사색에 빠지도록 그들을 이끄는 것이 아니라, 곧바로 "예언을 멸시하지 말라"는 말씀을 덧붙이고 있는 것이다(살전 5:19-20). 그는 분명 이 말씀을 통해서, 예언이 멸시를 당하면 그 순간 성령의 빛이 소멸된다는 것을 암시하고 있는 것이다. 그러니 저 광신자들은 교만에 부푼 나머지 하나님의 말씀을 경솔하게 저버리고서 코를 골며 잠자는 중에 품게 된 것이라도 무조건 담대하게 믿으면서 그것을 훌륭한 성령의 조명하심이라고 여기고 있으니, 그들은 대체 이에 대해서 뭐라고 대답하겠는가?

하나님의 자녀들로서는 이런 것과는 전혀 다른 진지함이 있어야 한다. 하나님의 성령이 없이는 진리의 모든 빛을 다 잃어버리는 것으로 아는 것처럼, 또한 말씀이 바로 주께서 그의 성령의 조명하심을 신자들에게 베푸시는 도구라는 것도 잘 알아야 마땅한 것이다. 신자들이 아는 성령은 다른 분이 아니라 바로 사도들 안에 거하셨고 그들 속에서 말씀하신 그 성령이시며, 또한 그 성령께서는 그의 말씀을 통해서 신자들을 독려하셔서 날마다 말씀을 듣게 하시는 것이다.

주 ____

1. 참조. 7장 4-5절.

제 10 장

성경은 유일하고 참되신 하나님을 제시하여
모든 이방 신들을 물리치고 모든 미신을 교정함

1. 창조주 하나님에 대한 성경의 가르침

우리는 앞에서, 하나님을 아는 지식이 세계의 온 구조와 모든 만물들 속에 분명히 드러나 있지만 그의 말씀에서 더욱 분명하고도 친숙하게 계시되어 있음을 배운 바 있다. 그러면 여기서 주께서 성경에서 계시하시는 자기 자신의 모습이 과연, 앞에서 살펴본 대로, 자연 만물에서 나타내시는 자신의 모습과 동일한가 하는 것을 살펴보는 것이 합당할 것이다. 이 문제를 충실하게 논의하려면 많은 지면이 할애되어야 할 것이다. 그러나 여기서는 경건한 독자들이 하나님에 관하여 성경에서 특별히 찾아야 할 것이 무엇인가를 보여주는 일종의 목록만을 제공하여, 그들로 하여금 목표를 확실히 찾아가도록 인도해 주는 정도로 만족할 것이다. 여기서는 아브라함의 자손들을 나머지 민족들과 구별지어 주는 그 특별한 언약에 대해서는(참조. 창 17:4) 아직 다루지 않을 것이다. 원수였던 자들을 아들들로 값없이 양자로 받으시는 데에서 이미 하나님께서 그들의 구속주이심을 스스로 보여주시기 때문이다. 그러나 여기서는 아직 세계의 창조에서 머무는 그런 지식을 거론하고 있을 뿐 중보자 그리스도에게까지는 올라가지 않을 것이다.

잠시 후에 창조주 하나님의 권능과 자연을 보존하는 데에서 나타나는 하나님의 섭리를 증명하기 위해서 신약 성경의 몇몇 구절들을 인용하기는 하겠지만, 여기서 독자들에게 나의 의도를 미리 확실히 밝혀두고 싶다. 혹시 여기서 독자들에게 제시하는 한계를 뛰어넘어서 억측하는 일이 있어서는 안 되겠으니 말이다. 그러므로 여기서는 천지를 지으신 하나님께서 그가 창조하신 우주를 어떻게 다스리시는지를 깨닫는 것으로 만족해야 하겠다. 성경의 각 부분에서 우리는 하나님의 아버지다우신 선하심과 또한 은혜로우신 그의 뜻에 대한 묘사들을 계속해서 만나게 된다. 그리고 반대로 하나님이 악인들을 공의로 벌하시는 분이심을 — 특히 그의 오래 참으심에도 불구하고 그들이 계속해서 악을 행하는 경우에 — 보여주는 엄격한 실례들도 만나게 된다.

2 성경이 묘사하는 하나님의 속성들이 피조물 속에서 나타나는 것과 일치함

어떤 구절들에서는 마치 하나님의 순전하신 모습을 형상으로 보는 것처럼 하나님을 매우 생생하고도 분명하게 묘사하기도 한다. 모세는 마치 사람이 하나님에 대해서 알 수 있는 모든 것을 간결하게 다 포괄하여 진술하려는 의도를 가졌던 것처럼, 이렇게 말하고 있다. "여호와라 여호와라 자비롭고 은혜롭고 노하기를 더디하고 인자와 진실이 많은 하나님이라 인자를 천대까지 베풀며 악과 과실과 죄를 용서하리라 그러나 벌을 면제하지는 아니하고 아버지의 악행을 자손 삼사 대까지 보응하리라"(출 34:6-7). 여기서 우리는 하나님의 영원성과 자존성(自存性)이 그의 놀라운 이름을 통해서 두 번씩 선언되고 있는 것을 보게 된다. 또한 그 다음에는 그의 능력들이 언급되는데, 이로써 우리는 하나님 자신의 본연의 모습이 아니라 우리와 관계하시는 그의 모습이 드러나는 것이다. 그러므로 하나님에 대한 이런 인식은 그저 허망한 과장된 사색에서 나온 것이 아니고 살아 있는 체험에서 나온 것이다. 그리고 여기서 열거되고 있는 능력들은 우리가 이미 본 하늘과 땅에서 빛나는 능력들과 동일한 것이니, 곧 인자하심, 선하심, 자비하심, 공의, 심판, 그리고 진리가 그것이다. 그리고 능력과 권세는 엘로힘이라는 칭호에 포함되어 있다.

선지자들은 하나님의 거룩하신 이름을 충실하게 드러내고자 할 때에도 이 동일한 개념들로 하나님을 지칭하고 있다. 구태여 여러 가지 실례들을 모으느라 애쓸 필요가 없고, 여기서는 그저 한 편의 시편(시 145편)만으로도 족할 것이다. 거기에는 하나님의 모든 능력들이 총체적으로 매우 정확하게 제시되어 있어서 아무것도 빠진 것이 없는 것처럼 보이면서도(특히 시 145:5) 동시에 그의 피조물들(자연) 속에서 볼 수 없는 것은 하나도 제시되어 있지 않은 것이다. 이처럼 체험을 우리의 교사로 삼아도 하나님께서 그의 말씀 속에서 친히 선포하시는 대로의 하나님을 찾게 되는 것이다. 예레미야서에서도 하나님께서는 우리가 그를 어떤 성격을 지니신 분으로 알기를 원하시는지 선포하시는데, 물론 묘사가 다소 충분하지 못한 면이 있기는 하지만, 그래도 결국 동일한 내용을 말씀하는 것이다. "자랑하는 자는 이것으로 자랑할지니 곧 … 나 여호와는 사랑과 정의와 공의를 땅에 행하는 자인 줄 깨닫는 것이라"(렘 9:24; 참조. 고전 1:31). 이 세 가지는 분명 우리가 특별히 알아야 할 것들이다. 사랑은 우리 모두의 구원이 오로지 그것에 달려 있으며, 정의는 행악자들에게 날마다 시행되며 또한 그보다 훨씬 더 가혹하게 그들에게 영원한 멸망이 기다리고 있으며, 공의는 바로 신자들을 보존시키며 그들을 극진히 양육하는 것이다. 이런 점들을 깨닫게 되면, 이 예언은 하나님을 자랑해야 할 풍성한 이유가 여러분에게 있음을 증거해 줄 것이다. 그러나 동시에 하나님의 진리와 능력, 거룩하심, 선하심도 간과해서는 안 된다. 변함없는 하나님의 진리에 근거를 두지 않고서야 어떻게 하나님의 공의와 사랑과 심판에 대한 필수적인 지식을 얻을 수 있겠는가? 그리고 하나님의 능력에 대한 이해가 없이 어떻게 그가 심판과 공의로 이 땅을 다스리신다는 것을 믿을 수 있겠는가? 그리고 하나님의 선하심이 아니라면 대체 그의 사랑이 어디에서 오겠는가? 마지막으로, 여호와의 모든 길이 사랑과 심판과 정의에 있다면(시 25:8-10), 이것들 속에 또한 그의 거룩하심이 드러나고 있는 것이다.

더욱이, 우리를 위하여 성경에 제시되어 있는 하나님에 관한 지식은 먼저 하나님을 두려워하게 하고, 그 다음에 그를 신뢰하기 위한 것이라는 점에서, 피조물 속에서 빛나는 하나님에 관한 지식과 지극히 동일한 목적을 지향하는 것이다. 이 지식을 통해서 우리는 온전히 순결한 마음과 거짓 없는 순종으로 하나님을 예배하기를 배울 수 있고, 또한 전적으로 그의 선하심에 의지하는 법을 배울 수 있는 것이다.

3. 성경은 이교도들의 모든 신들을 배격함

여기서 일반적인 가르침을 정리하는 것이 적절할 것이라 여겨진다. 우선, 독자들은 성경이 우리를 참되신 하나님께로 이끌기 위하여 이교도들의 모든 신들을 명확하게 제외시키고 거부한다는 점을 유념하기를 바란다. 거의 모든 시대를 통틀어서 종교가 한결같이 타락한 상태에 있기 때문이다. 물론 하나님이라는 이름이 어느 곳에서나 알려졌고 또한 칭송을 받은 것은 사실이다. 무수한 신들을 숭배하는 자들도 순전한 본연의 느낌에서 우러나와서 말할 때에는 마치 단일 신으로 만족하기라도 하듯이 그저 "하나님"이라는 이름을 사용하기도 했던 것이다. 그래서 순교자 유스티누스(Justin Martyr)[1]는 지혜롭게도 이를 간파하고 「하나님의 단독 통치」(*De monarchia Dei*)라는 논고를 통해서, 갖가지 다양한 증거를 제시하여 하나님의 단일성이 모든 사람의 마음속에 새겨져 있음을 입증한 바 있다. 테르툴리아누스(Tertullian) 역시 일상적인 언어로 같은 사실을 증명해 주고 있다.[2] 그러나 이교도들은 한 사람의 예외도 없이 그들의 허망함으로 인하여 자기들이 만들어낸 거짓 신에게 이끌려 하나님을 깨닫는 참된 지각들이 완전히 사라져 버렸으므로, 혹시 유일하신 하나님에 대해서 그들이 본성적으로 무언가를 느꼈더라도 그 모든 것들은 그저 그들로 하여금 변명하지 못하도록 해주는 것 이외에 아무 가치도 없는 것이다.

그들 중 지극히 지혜 있다는 사람들마저도 이런저런 신들이 자기들에게 임하기를 원하여 잘 알지도 못하는 희미한 신들에게 기도하며 축복을 구함으로써 그 마음이 이리저리 방황하고 있음을 여실히 드러내 보이고 있는 것이다. 그 이외에도, 여러 가지 속성들을 지닌 신을 상상하기도 하나 — 물론 제우스, 헤르메스, 아프로디테, 아테나 등에 관한 그들의 생각들은 무지한 일반 대중의 생각들만큼 어리석지는 않으나 — 이것들 역시 사탄의 속임수에서 전혀 벗어나 있지 못한 것이다. 이미 어디에선가 살펴보았듯이,[3] 철학자들이 아주 기술적으로 고안해낸 온갖 논리들이 아무리 교묘하다 할지라도, 그 모든 것들이 하나님의 진리를 부패하게 만들었다는 점에서 결코 반역의 혐의를 피할 수가 없는 것이다. 그렇기 때문에 하박국 선지자는 모든 우상들을 정죄한 다음, 말씀 속에서 자기를 계시하신 그 하나님 이외에 다른 어떠한 존재도 인정하는 일이 없도록 하기 위하여, "그의 성전에서" 하나님을 찾으라고 명령하고 있는 것이다(합 2:20).

주

1. 2세기의 기독교 변증가의 한 사람(100?-165년).

2. 2세기 아프리카의 기독교 신학자요 변증가. Tertullian, *The Testimony of the Soul*, ii.

3. 참조. 5장 11절.

하나님께 눈에 보이는 형상을 부여하는 것은 불경스러운 행위이며, 우상을 세우는 것은 참되신 하나님을 배반하는 행위임

(형상들을 배격하는 성경적 논증. 1-4)

1. 성경은 하나님을 형상과 결부시키는 행위를 금지함

성경은 사람의 조잡하고 둔한 지성에 맞추어서 보통 일반 사람들이 흔히 쓰는 언어로 말씀하므로, 참되신 하나님을 거짓된 신들과 구별하고자 할 때에 언제나 하나님을 구체적으로 우상들과 대립시키는 방식을 사용한다. 그렇다고 해서 철학자들이 좀 더 세련된 방식으로 교묘하게 가르치는 바를 인정하는 것이 아니고, 사람이 하나님을 탐구함에 있어서 자기 자신의 사색에 집착할 때에 반드시 빠지게 되는 어리석음을, 아니 정신 나간 상태를 더 확실히 드러내기 위해서 그렇게 하는 것이다. 하나님에 대한 그런 배타적인 확고한 정의(定義)를 성경 도처에서 접하게 되는데, 바로 그 정의가 사람들이 자기들의 생각을 근거로 자기들을 위해서 만들어내는 모든 신 관념을 완전히 제거시켜 주는 것이다. 하나님에 대한 유일하고도 참된 증거자는 바로 하나님 자신이시기 때문이다.

그러나 한편, 이러한 야만적인 어리석음이 ― 곧, 눈에 보이는 신의 형상을 탐하여 나무나 돌, 금이나 은 등, 죽어 있는 물질 혹은 썩어질 물질로 신들을 만들어내는 어리석음 ― 온 세상을 사로잡고 있기 때문에, 우리는 다음과 같은 원리를 든든히 붙들어야 한다. 곧, 여하한 경우라도 하나님을 어떤 형상과 결부시키게 되면 반드시 불경스러운 거짓으로 인하여 하나님의 영광이 부패되고 만다는 사실이다. 그러므로 하나님은 율법에서, 오직 자기 자신에게만 신적 영광이 있음을 말씀하신 후, 그가 인정하시는 예배, 혹은 배격하시는 예배가 어떤 것인지를 가르치시면서, 즉시 "너를 위하여 새긴 우상을 만들지 말고 또 위로 하늘에 있는 것이나 아래로 땅에 있는 것이나 땅 아래 물 속에 있는 것의 어떤 형상도 만들지 말라"(출 20:4)고 말씀하시는 것이다.

이 말씀을 통해서 하나님은 그를 눈에 보이는 형상으로 표현하고자 하는 우리의 완악함을 미연에 막으시는 것이며, 그리하여 이미 오래 전에 미신이 도입하여 하나님의 진리를 거짓 것으로 바꾸기 시작한 모든 형상들을 간략하게 열거하시는 것이다. 우리가 잘 알다시피 페르시아 사람들은 태양을 숭배하였고, 어리석은 이교도들은 하늘에 보이는 모든 별들을 신으로 삼아 형상화하였다. 애굽 사람들의 경우는 신의 형상으로 여기지 않은 동물이 거의 없었다. 사실 희랍 사람들은 다른 모든 사람들보다 지혜로웠던 것 같다. 그들은 인간의 형상을 갖고서 신을 경배했으니 말이다. 그러나 하나님은 절대로 이런 형상들 가운데 어떤 것이 더 적절하고 어떤 것이 더 악한가 하는 식으로 서로를 비교하지 않으셨다. 형상이나 그림, 그리고 기타 상징물 등, 미신을 믿는 자들이 하나님께서 가까이 하실 것이라 여겨온 모든 것들을 단 하나의 예외도 없이 다 배격하시는 것이다.

2. 하나님을 형상과 결부시키는 것은 그의 위엄을 욕되게 하는 것임

그 이유가 무엇인지는 그러한 금지 명령 뒤에 덧붙이는 말씀에서 금방 알 수 있다. 우선 모세의 말씀을 보면, "여호와께서 호렙 산 불길 중에서 너희에게 말씀하시던 날에 너희가 어떤 형상도 보지 못하였은즉 너희는 깊이 삼가라. 그리하여 스스로 부패하여 자기를 위해 어떤 형상대로든지 우상을 새겨 … 만들지 말라"(신 4:15-18)고 한다. 하나님께서는 모든 형상들을 배격하여 말씀하셔서 하나님을 눈에 보이는 형상을 통해서 찾고자 하는 것이 곧 하나님을 배반하는 것임을 우리로 분명히 알게 하시는 것이다. 선지자들 중에서는 이 문제에 대해서 가장 강조하고 있는 이사야 한 사람만을 언급하는 것으로도 충분할 것이다. 그는 형체가 없으신 분을 형체를 지닌 물질과 비슷한 것으로 만들고, 눈에 보이지 않는 분을 눈에 보이는 모양으로 만들며, 영이신 분을 생명이 없는 물체로 만들고, 측량할 수 없는 분을 나무나 돌이나 금 등 하찮은 것으로 만드는 행위는 곧 터무니없이 어리석은 허구(虛構)로 하나님의 위엄을 더럽히는 것임을 가르치고 있는 것이다(사 40:18-20; 41:7, 29; 45:9; 46:5-7). 바울 역시 동일한 방식으로 말씀하고 있다. "이와 같이 하나님의 소생이 되었은즉 하나님을 금이나 은이나 돌에다 사람의 기술과 고안으로 새긴 것들과 같이 여길 것이 아니니라"(행 17:29).

이로써 우리는, 사람이 하나님을 표현하기 위하여 어떠한 주상을 세우고 어떠한 형상을 그리든 간에 그것은 모두 그의 위엄을 욕되게 하는 것으로 하나님을 노하시게 하는 것이라는 것을 분명히 알게 된다. 성령께서 이 땅의 가련하고 무지몽매한 우상 숭배자들에게 역사하셔서 이와 비슷한 고백을 하도록 하신다면, 과연 그가 하늘에서 그런 말씀을 우레처럼 발하신다고 해서 이상스러울 것이 무엇이겠는가? 아우구스티누스의 글에 나타나 있는 다음과 같은 세네카의 탄식은 익히 잘 알려진 것이다. "그들은 거룩하고 불멸하며 감히 침범할 수 없는 신들을 가장 천하고 추한 물질로 표현하며, 사람들과 짐승들의 모양으로 만들어 놓는다. 어떤 이들은 전혀 어울리지 않는 몸을 지닌 혼성(混性)의 형태로 만들어 놓고 그것들을 신이라 부르기도 한다. 만일 이것들이 생기를 얻어 우리 앞에 나타난다면, 영락없이 괴물들로 여길 수밖에 없을 것이다."[1] 여기서 우리는 다시 한 번, 형상 지지론자들이 유대인들에게 형상이 금지된 것은 그들이 미신에 빠질 성향이 있었기 때문이라고 주장하나 그것은 일고(一考)의 가치도 없는 값싼 속임수에 지나지 않는다는 것을 분명히 보게 된다. 그것은 곧, 하나님께서 그의 영원하신 본질과 영속적 자연의 질서를 통해서 제시하시는 것이 오로지 한 민족에게만 해당되었다는 식의 논리가 아닌가! 그러나 바울은 유대인을 상대로 하지 않고, 아덴 사람들을 상대로 하여 하나님을 형상과 결부시키는 오류를 반박하고 있는 것이다(참조. 행 17:29).

3. 하나님의 임재의 표징들도 형상의 구실이 되지 못함

물론 하나님을 대면하였다고 말할 정도로(참조. 출 33:11), 하나님께서는 때때로 구체적인 표징을 통해서 그의 신적 위엄이 임재하심을 보여주신 것은 사실이다. 그러나 하나님이 보여주신 그 모든 표징들은 그의 가르침의 계획의 일환이었으며 동시에 그의 본질이 인간으로서는 절대로 측량할 수 없는 것임을 분명하게 알려주기 위한 것이었다. 구름과 연기와 화염(신 4:11)은 물론 하늘의 영광을 나타내는 상징물들이었으나, 그것들은 마치 굴레로 씌워놓듯이 사람들의 마음을 가로막아서 하나님에 대해서 더 깊이 파고 들어가지 못하게 하는 역할을 했다. 모세에게는 하나님께서 다른 사람보다 더 친밀하게 자신을 드러내셨다(참조. 출 33:11). 그런데도 모세는 하나님의 얼굴을 보기를 기도하였으나 응답을 받지 못했고, 그 대신 그 광채가 너무나도 밝아 사람이 도저히 그것을 견뎌낼수가 없다는 대답을 들었을 뿐이다(출 33:20).

성령께서는 또한 비둘기 모양으로 나타나기도 하셨다(마 3:16). 그러나 그가그 즉시 사라지셨으니, 그 한순간의 상징물을 통해서 신실한 자들을 가르치셔서 성령께서 눈에 보이지 않는 분이심을 믿게 하고, 그리하여 그의 권능과 은혜로 만족하고 자기들 스스로 외형적인 상징물을 찾지 않도록 하고자 하신 것이라는 것을 모를 사람이 어디 있겠는가? 또한 하나님께서 때때로 사람의 모습으로 나타나기도 하셨으나, 그것은 장차 그리스도 안에서 자신을 계시하실 것을 미리 보여주신 것이었다. 그러므로, 하나님께서는 이러한 사실을 구실 삼아 인간 모양의 상징물로 하나님을 표현하는 일이 없도록 유대인들을 철저하게 금하신 것이다.

하나님께서는 율법 시대에 속죄소(贖罪所)를 통해서 자신의 권능의 임재를나타내셨는데, 이 속죄소는 사람의 마음이 자기 자신을 넘어서서 위로 향할 때에 하나님을 가장 잘 바라볼 수 있음을 시사해 주는 것이다. 그리고 속죄소 위에그룹들이 날개를 펴고 있었고, 휘장이 그 위를 가리고 있었으니, 속죄소는 이처럼 은밀한 곳에 깊숙이 감추어져 있었던 것이다(출 25:17-21). 그러므로 이 그룹들을 핑계 삼아서 하나님과 성인(聖人)들의 형상들을 변호하려 애쓰는 자들의 논리는 그야말로 미친 짓이라는 것이 너무나도 분명한 것이다. 도대체 그 하찮은작은 형상들(즉, 그룹들)의 의미가 무엇이었던가? 그것들이 날개로 속죄소를 덮도록 만들어져 있어서 사람의 눈뿐만 아니라 모든 감각들로도 하나님을 바라보지 못하도록 가로막고 그리하여 사람들의 억측들을 교정시켜 주고자 했으니,그 형상들이 하나님의 신비들을 표현하기에 합당하지 못하다는 의미가 아니고무엇이란 말인가? 뿐만 아니라 선지자들은 환상 가운데서 스랍들이 얼굴을 가리고 있는 것을 본 것으로 진술하여(사 6:2), 하나님의 영광의 광채가 너무도 찬란하여 천사들조차도 그것을 똑바로 쳐다보지 못하며, 천사들의 얼굴에서 번쩍이는 그 희미한 광채도 우리 눈에 가려져 있다는 것을 시사해 주는 것이다. 또한우리가 지금 논하고 있는 그 그룹들이 율법의 초등교사 아래에 있던 옛 시대(참조. 갈 3:24-25)에 속한 것이라는 사실을 올바른 판단이 있는 사람이라면 누구나 인정할 것이다. 그러므로 그것들을 하나의 예로 이끌어내어 우리의 시대에 적용시킨다는 것은 어리석은 일인 것이다. 이런 식의 초등 학문에 속하는 것들이 적용되던 그 어린아이 같던 시대(갈 4:3)는 이미 지나갔기 때문이다.

그리고 참 수치스럽기 그지없는 사실은 이교도의 저자들이 교황주의자들보다 오히려 하나님의 율법을 더 능숙하게 해석하고 있다는 것이다. 유베날리스(Juvenal)은 유대인들이 그저 구름과 하늘 따위를 경배한다고 비난하였다. 물론 그의 말은 구름과 하늘에 있는 하나님의 임재의 가시적인 표징을 완전히 부인하는 것으로 사악하고 불경스럽기 그지없지만, 그럼에도 불구하고, 거기에 무언가 눈에 보이는 하나님의 형상이 있었다고 떠들어대는 교황주의자들보다는 더 정확한 발언인 것이다. 유대인들은 마치 거대한 샘에서 물이 맹렬한 힘으로 솟아 나오듯이 계속해서 열정적으로 우상들을 추구하였다. 여기서 우리는 유대인들도 다른 사람들이나 똑같이 죄를 범하고 있다고 비난하면서 우리 스스로 헛되이 죄에 이끌리고 죽음의 잠을 자는 일이 있어서는 안 되겠고, 오히려 인간이 본성적으로 우상숭배에 이끌리는 경향이 얼마나 심한가를 이 사실에서 배워 마음에 새기도록 하여야 할 것이다.

4. 성경은 어떠한 형식으로든 하나님을 형상화하는 것을 일체 금지함

"열국의 우상은 은금이요 사람의 손으로 만든 것이라"(시 135:15; 참조. 115:4)는 말씀도 동일한 목적을 지닌다. 시편 기자는 이를 통해서, 금이나 은으로 된 우상들은 신들이 아니라는 것을 말하며, 또한 우리가 우리 마음으로 하나님에 대하여 생각하는 모든 것들은 그저 어리석은 허구일 뿐임을 당연시하고 있는 것이다. 그가 진흙이나 돌이 아니라 은과 금을 언급하는 것은, 그것들이 아무리 찬란하고 값어치가 있다 할지라도 그것으로 우상에게 드리는 존경심을 얻을 수 없다는 것을 보여주기 위함이다. 그리고 이어서 그는 전반적인 결론으로서, 생명이 없는 물질을 본따서 신들을 만드는 행위처럼 어리석은 것이 없음을 말씀하고 있다. 그러나 그는 이에 못지않게 다른 문제도 강조한다. 즉, 순간순간 덧없이 숨쉬며 살아가는 유한한 인간들이 너무도 어리석고 무분별한 나머지 하나님께 드려야 할 존귀를 감히 우상들에게 돌리고 있다는 것이다. 사람은 자신이 덧없는 존재임을 고백하지 않을 수 없는 상태에 있으면서도, 자기가 신격화(神格

化)시켜 놓은 물질 조각이 신(神)으로 인정받기를 원하고 있는 것이다. 우상이 사람의 생각에서 나오지 않으면 대체 그 기원이 어디에 있단 말인가? 다음과 같은 이교도 시인의 조롱이 지극히 정당하다 아니할 수 없다. "본래 나는 작은 무화과나무 줄기요 쓸모없는 나뭇조각에 불과했었네. 그런데 장인(匠人)이 나타나 나로 걸상을 만들까 망설이다가 나를 신(神)으로 만들었다네."2) 그렇다면 매순간마다 자기 목숨을 소모하고 있는 흙으로 지어진 보잘것없는 인간이, 자기의 재능으로 하나님의 이름과 그의 존귀를 이 죽어 있는 나무 줄기에다 옮겨 놓고 있다는 것이 아닌가!

그러나 그 에피쿠로스 학파의 시인은 신앙에 대해서는 관심이 없고 그저 자기의 재담에 빠져 있으므로, 이 사람이나 그 부류에 속한 사람들의 풍자들에 대해서는 그냥 지나가기로 하자. 그보다는, 똑같은 나무를 갖고 몸을 덥게 하고 빵을 굽고 고기를 굽기 위해 불을 지피는 데 쓰고 또한 그것으로 신을 만들어 그 앞에 엎드려 빌기도 하는 자들은 정말로 어리석은 자들이라는 선지자의 말씀에 (사 44:12-17) 찔림을 받고 깨우침을 받아야 할 것이다. 다른 곳에서 그는 또한 그들이 율법 앞에서 죄를 범한 자들로 규정할 뿐 아니라, 땅의 기초가 창조될 때부터 전혀 깨닫지 못한 자들로 책망하기도 한다(사 40:21). 절대로 측량할 수 없고 또한 깨달을 수도 없으신 하나님을 다섯 척밖에 안 되는 물건으로 만들어 놓는 것처럼 참람한 일이 어디 있겠는가! 그런데 자연의 질서를 노골적으로 파괴하는 이런 해괴한 일이 사람들에게 지극히 자연스러운 것이라는 것이 사람의 관습에서 잘 드러나는 것이다.

여기서 우리는 성경이 계속해서 미신들을 다음과 같은 언어로 묘사하고 있다는 것을 염두에 두어야 한다. 곧, 우상은 사람의 손으로 만들어진 것이요 하나님의 권위가 전혀 없는 것이라는 것이다(사 2:8; 31:7; 37:19; 호 14:3; 미 5:13). 그러므로 우리는 사람이 고안해낸 예배의 양식은 모두 가증스러운 것이라는 것을 확고한 원리로 세워두어야 할 것이다. 시편 기자는 이러한 사실을 더욱 강력히 말씀한다. 모든 것들이 오직 하나님의 능력으로만 움직인다는 것을 알 수 있도록 지성을 부여받았음에도 불구하고 사람들이 오히려 죽어 있고 감각이 없는 것들에게서 도움을 구하기 때문이다. 그런데 인간의 본성적인 부패로 인하여 모든 사람들이 ― 그리고 각 사람 하나하나가 다 ― 그런 엄청난 광란에 이끌려 가기 때문에, 성령께서는 다음과 같이 처절한 말씀으로 경고하시는 것이다. "우상들을 만드는 자들과 그것을 의지하는 자들이 다 그와 같으리로다"(시 115:8). 또한 유념해야 할 것은 "새긴 형상"은 물론 "모양"을 그리는 것도 똑같이 금지된다는 사실이다. 이러한 사실은 희랍 그리스도인들[3]의 어리석은 생각도 잘못된 것임을 알게 해 준다. 그들은 하나님을 묘사하는 형상을 조각물로 만들지만 않으면 그 이외에는 아무 상관이 없다고 생각하여, 다른 어떠한 사람들보다 그림들에 마구 빠져 있는 것이다. 그러나 하나님은 조각가가 형상을 세워서 하나님을 표현하는 것은 물론, 누구를 막론하고 어떠한 형태로든 하나님을 형상화하는 것은 전부 다 금하고 계신 것이다. 그렇게 함으로써 하나님을 거짓되게 표현하며 그리하여 그의 위엄을 욕되게 하는 것이 되기 때문이다.

(그레고리우스 교황의 오류에 대한 성경과 교부들의 반론. 5-7)

5. 성경은 어떠한 형상도 배격함

지금은 케케묵은 말이 되었지만, 옛날 그레고리우스가 한 "우상(형상)들은 무지한 자들에게는 책과도 같다"[4]라는 말이 있다는 것을 알고 있다. 그러나 하나님의 성령은 이와는 전연 달리 말씀하신다. 그레고리우스가 정녕 성령의 학교에서 가르침을 받았다면, 결코 이런 말을 하지 않았을 것이다. 오히려 예레미야는 "우상의 가르침은 나무뿐이라"(렘 10:8)고 선언하며, 하박국은 "부어만든 우상은 거짓 스승이라"(합 2:18)고 말씀하는데, 이런 선지자들의 진술에서 우리는 우상에게서 하나님에 관하여 배우는 것은 무엇이든 다 헛된 것이며 거짓된 것이라는 일반적인 가르침을 분명하게 얻게 되는 것이다. 선지자들에게서 책망을 받은 자들은 불경스러운 미신을 위하여 형상들을 잘못 사용하고 있던 자들이었다고 하며, 이 진술들을 예외의 사실을 말씀하는 것으로 보는 사람들이 있다면, 그것은 그렇다고 인정할 수 있다. 그러나 모든 사람들에게 분명한 사실은, 바로 교황주의자들이 자명한 원리로 받아들이고 있는 바 형상이 책들을 대신한다는 생각을 선지자들이 전적으로 정죄하고 있다는 것이다. 선지자들은 참되신 하나님 앞에 우상을 대립시키되, 하나님과는 절대로 일치할 수 없는 완전히 모순된 것으로 대립시키고 있기 때문이다. 이러한 대비가 바로 앞에서 인용한 구절들에서 분명히 나타나고 있는 것이다. 유대인들이 예배한 유일한 참 하나님 이외에는 신이 없기 때문에, 하나님을 표현하기 위하여 눈에 보이도록 만든 온갖 형상들은 사악하고 거짓된 일이다. 그리고 그런 것들을 통해서 하나님을 알고자 하는 자들은 정말 비참하게 속고 있는 것이다. 요컨대, 형상들을 통해서 얻어지는 하나님에 대한 지식이 무조건 다 그릇된 가짜의 지식이라는 것이 사실이 아니었다면, 선지자들이 그렇게 전면적으로 형상을 정죄하지는 않았을 것이다. 나로서는 최소한 한 가지만은 분명히 주장하고자 한다. 곧, 사람들이 형상들로 하나님을 만들려고 수고하는 것이 헛된 것이며 거짓된 것이라는 우리의 가르침이, 사실상 선지자들이 가르친 바를 단어 하나하나까지 그대로 반복하는 것에 지나지 않는다는 사실이다.

6. 형상에 대한 교부들의 가르침

그 이외에 이 문제에 대해서 락탄티우스(Lactantius)와 유세비우스(Eusebius)의 진술[5]을 읽어보라. 이들은, 만들어진 모든 형상들이 본래 사람들을 묘사하기 위한 것이었다는 것을 진정한 사실로 주장한다. 이와 마찬가지로 아우구스티누스도 형상에게 예배하는 것은 물론 그것들을 하나님께 봉헌하는 것도 잘못이라고 분명히 단언하고 있다.[6] 그러나 그의 이 발언은 그보다 여러 해 전 엘비라 공의회(the Council of Elvira)에서 결정한 사실과 조금도 다른 점이 없다. 그 공의회의 교령 제36항은, "교회 내에 그림들이 있어서는 안 되며, 높이 기리고 찬양하는 것을 벽에 묘사해서도 안 된다"고 진술하고 있다. 그러나 특별히 기억에 남는 진술은 아우구스티누스가 바로(Varro)의 글을 인용하면서 거기에 동의를 표함으로 그 글을 확증한 것인데, 곧 신들의 형상들을 최초로 도입한 사람들은 "하나님에 대한 경외를 제거하고 오류를 첨가시켰다"는 것이 그것이다.[7] 만일 바로 혼자서만 이 말을 했다면, 어쩌면 이 말이 별로 권위가 없었을 것이다. 그러나 한 이교도가 어둠 속에서 더듬어서 빛에 이르러서, 형체를 지닌 형상들은 사람들에게서 신에 대한 경외를 감소시키고 오류를 증가시키기 때문에 신의 위엄에 전혀 무가치하다는 이러한 발언을 했다는 사실은 우리를 부끄럽게 하고도 남음이 있다. 이 말이 지혜로우며 동시에 참이라는 것은 사실 그 자체가 입증해 준다.

아우구스티누스는 바로의 이 말을 인용하여, 말하자면 자기 자신의 사상을 담아서 제시하고 있는 것이다. 우선, 그는 하나님에 관하여 사람이 얽혀 들어간 오류들이 처음부터 형상에서 시작된 것은 아니었으나, 형상의 요소가 새로이 첨가되면서 오류들이 더욱 늘어났음을 지적하고 있다. 그 다음, 그는 하나님에 대한 경외가 감소되었고, 혹은 심지어 완전히 사라지기까지 했음을 설명한다. 형상들의 어리석음과 만들어 놓은 조각상들의 우스꽝스러움과 유치함 때문에 하나님의 신성이 쉽게 멸시를 받을 수 있었기 때문이라는 것이다. 이 후자의 진실성에 대해서는 우리 스스로 제발 체험하지 말았으면 좋겠다! 그러므로, 누구든지 올바로 가르침을 받기를 바라는 사람은 반드시 형상들 이외에 다른 것에서부터 하나님을 알기를 배워야 할 것이다.

7. 교황주의자들의 형상 지지론은 전적으로 부당함

그러므로, 교황주의자들이 조금이라도 부끄러움을 아는 사람들이라면, 형상들이 무지한 자들에게 책이 된다는 식의 교묘한 이야기를 사용해서는 안 될 것이다. 성경의 무수한 증언들에 의해서 그것이 명백하게 반박되고 있기 때문이다. 그러나 혹시 그들의 그런 주장을 내가 인정한다손 치더라도, 우상들에 대한 그들의 변명에 별 이득이 되지 못할 것이다. 그들이 하나님 자리에 이런 해괴한 것들을 세워 놓는다는 것은 잘 알려진 사실이다. 그들이 성인들을 위하여 만들어 놓은 그림들이나 조각들이 있는데, 그것들이야말로 지극히 뻔뻔스러운 사치나 외설의 실례가 아니고 무엇이겠는가? 혹시 그것들을 본따서 자기 자신을 그리거나 조각하기를 바라는 사람이 있다면, 모든 사람 앞에 조롱거리가 되고 말 것이다. 정말이지, 교회들이 동정녀들을 표현하기 위해 만든 형상들보다도 오히려 창녀들이 더 정숙하고 순전한 복장을 하고 있다고 해야 옳을 것이다. 또한 순교자들에게 바친 형상들의 경우도 그보다 조금도 더 정숙하지 못하다. 그러니 형상들이 일종의 거룩을 위한 책들이라는 식의 거짓 주장을 최소한 그럴 듯하게라도 제시하고 싶으면, 교황주의자들은 자기들의 우상들을 만들 때에 좀 더 정숙하게 만들도록 신경을 쓰는 일부터 해야 할 것이다!

그러나 그들이 그렇게 한다 할지라도, 우리는 이것이 성스러운 곳에서 그리스도인들이 가르침을 받아야 할 합당한 방법이 아니라고 답변할 것이다. 하나님께서 그런 곳에서 가르치기를 바라시는 것은 이런 쓰레기와는 전연 다른 가르침인 것이다. 하나님께서는 오히려 그의 말씀을 전하는 일과 성례의 시행을 통하여 모든 사람들을 위한 공통적인 가르침을 세울 것을 명령하신 것이다. 그러나 이 가르침은 우상에 온통 사로잡혀서 이리저리 두리번거리는 자들은 거의 주의를 기울일 수가 없는 것이다.

그렇다면, 교황주의자들은 과연 누구를 가리켜, 무식하여 오로지 우상들로 써만 가르침을 받을 수 있는 무지한 자들이라 부르는가? 바로, 주께서 그의 제자들로 인정하시는 자들이요, 주께서 하늘의 계시로써 존귀하게 하시는 자들이요, 주께서 그의 나라의 구원의 비밀들을 가르침 받기를 원하시는 자들이 아닌가! 사실 오늘날의 현실에서 볼 때에 그런 "책들"이 없이는 가르침을 받지 못하는 사람들이 적지 않다는 것은 나도 인정한다. 그러나, 과연 그들이 이렇게 어리석게 된 것이 그들을 교훈하기에 합당한 그 유일한 가르침을 빼앗긴 데서 온 것이 아니면 대체 그 원인이 어디에 있겠는가?

사실 교회를 다스리는 자들이 가르침의 직분을 우상에게 떠넘긴 것은 다른 이유 때문이 아니라 곧 자기들 자신이 가르칠 능력이 없는 벙어리들이었기 때문이었다. 바울은 복음을 진정으로 전파할 때에 "예수 그리스도께서 십자가에 못 박히신 것이 우리 눈 앞에 밝히 보이게" 된다는 것을 증거하고 있다(갈 3:1). 각 교회들마다 여기저기에 십자가들을 — 나무나 돌이나 은이나 금으로 — 그렇게도 많이 세워 놓은 것은 대체 무엇을 위한 것이었는가? 그리스도께서 우리의 저주를 대신 지시고 십자가에서 죽으셨다는 것(갈 3:13), 그의 몸을 제물로 드려서 우리의 죄를 속하셨다는 것(히 10:10), 그의 피로써 우리의 죄악들을 씻으셨다는 것(계 1:5), 요컨대 우리를 성부 하나님과 화목시키기 위하여 자기를 드리셨다는 것(롬 5:10)을 정상적으로 신실하게 가르치기 위한 것이 아니고 무엇이었단 말인가? 수천 개의 나무나 돌로 만든 십자가 형상보다도 오히려 이 한 가지 사실에서 그들이 더 많은 것을 배울 수 있었을 것이다. 그러나 탐욕스러운 자들은 하나님의 말씀 자체보다는 금과 은에 더 마음과 눈을 집착하기 마련일 것이다.

8. 우상의 기원은 형체를 지닌 신을 찾는 인간의 부패한 욕심에 있음

우상의 기원에 대해서는 지혜서에 포함되어 있는 진술이 거의 보편적인 동의를 얻어오고 있다. 곧, 죽은 자들에게 존귀를 부여하기 위하여 처음 우상이 만들어졌고, 그리하여 미신적으로 그들을 기억하여 우상에게 예배하게 되었다는 것이다.[8] 물론 이런 악습이 매우 오래된 것이라는 것은 나도 인정한다. 그리고 그것이 하나의 도화선이 되어 사람들로 하여금 더욱더 우상숭배에 빠지도록 불을 질렀다는 점도 부인하지 않는다. 그러나 이것이 우상숭배라는 악습의 기원이라고는 보지 않는다. 세속의 저자들이 언급하고 있는 바 죽은 자들의 형상들을 구별하여 높이 기리는 관습이 나타나기 이전인 모세의 글에서도 벌써 우상들이 사용되고 있는 것이 나타나기 때문이다. 라헬이 그 아버지의 우상들을 훔친 사실을 기록하면서(창 31:19), 모세는 그런 악행이 아주 흔하게 일어나고 있는 것으로 언급하고 있다. 여기서 우리는 인간의 본성 자체가 말하자면 영구한 우상의 제조 공장이라는 것을 알 수 있다. 홍수로 인하여 세상이 새롭게 탄생했는데, 그로부터 몇 년이 지나지 않아서 사람들이 자기들이 좋아하는 대로 신들을 만들어내는 것을 보게 된다. 그러므로 그 거룩한 족장(노아)이 아직 살아 있는 동안에도 그 후손들이 우상숭배에 빠졌고, 그리하여 얼마 전에 끔찍한 심판을 통해서 하나님께서 깨끗이 씻어 놓으신 온 땅이 다시 우상들로 더럽혀지는 것을 그 눈으로 똑똑히 보았을 것 — 물론 쓰라린 마음의 고통이 있었을 것이다 — 이라는 추리가 얼마든지 설득력이 있는 것이다. 여호수아가 증거하듯이, 아브라함이 탄생하기 이전에 데라와 나홀이 이미 거짓 신들을 섬기던 자들이었던 것이다(수 24:2). 셈의 자손이 이렇게 급속히 부패해졌다면, 과연 이미 아버지에게서 저주를 받은 함의 자손들의 형편은 어떠했겠는가? 과연 예상하는 그대로다. 사람의 마음이 교만과 대담함으로 가득 차 있어서 감히 자기들의 역량대로 신을 상상해 내는 것이다. 그리고 아둔함 속에서 애쓰며 지극히 어리석은 무지에 점점 빠져 들어가서 거짓되고 허망한 허깨비를 하나님의 자리에 대신 가져다 놓는 것이다.

그리고 이러한 악에 새로운 악이 합쳐져서, 사람은 자기가 속으로 생각해온 그런 유의 신을 겉으로 구체화시키려 하게 된다. 그러므로 마음이 우상을 잉태하고, 손이 그것을 낳는 것이다. 이스라엘 백성들의 실례가 우상의 기원을 잘 보여준다. 곧, 하나님께서 친히 형체로 임재하여 계시다는 것을 보여주시지 않으면 사람들은 하나님이 자기들과 함께 계시다는 것을 믿지 않는다는 것이다. 그들은 "우리를 위하여 우리를 인도할 신을 만들라. 이 모세 곧 우리를 애굽 땅에서 인도하여 낸 사람은 어찌 되었는지 알지 못함이니라"(출 32:1)고 말했다. 그들은 분명 하나님이 그들과 함께 계셔서 그들이 그의 능력으로 그렇게 많은 이적들을 체험했다는 것을 잘 알고 있었다. 그러나 그들은 하나님이 실제로 다스리신다는 것을 입증해 주는 하나님의 모습의 상징물을 두 눈으로 똑똑히 보지 못하면 하나님께서 그들과 함께 계시다는 것을 신뢰하지 않았다. 그러므로 그들은 어떤 형상이 자기들 앞서서 행진하는 것을 보고서야 하나님께서 자기들의 행진을 인도하시는 인도자이심을 인정하려 한 것이다. 인간의 육체는 자기를 닮은 어떤 허상을 확보하여 그것을 하나님의 형상으로 알고 거기서 위안을 찾기 전에는 언제나 불안 가운데 있다는 것을 일상적인 체험에서 잘 배우게 되는 것이다. 세상이 시작된 이래 거의 모든 시대마다 사람들은 자기들의 어두운 욕심에 복종하기 위하여, 상징물들을 세워놓고 그것을 보면서 하나님이 자기들의 눈 앞에 나타나셨다고 믿어온 것이다.

9. 형상의 사용은 우상숭배로 이어짐

이처럼 헛된 것이 형성되면, 곧바로 숭배가 뒤따르게 된다. 형상들 속에서 하나님을 바라본다고 생각하자, 사람들은 그것들 속에서 그를 예배하게 된 것이다. 그리고 마침내 모든 사람들은 생각과 눈을 그 형상들에 고정시키고 더욱 야만적으로 바뀌게 되고, 마치 무언가 신적인 것이 거기에 존재하는 것처럼 그것들을 숭배하는 일에 완전히 압도되어 버리기 시작하였다. 그리하여 이제 사람들은 그야말로 아둔한 생각에 물들어서 우상들을 섬기는 의식 속으로 돌진해 들어가고 있는 것이다. 그것들을 신들로 여기지는 않지만, 그러면서도 거기에 무언가 신적인 능력이 있다고 상상하는 것이다. 그러므로, 신이든 어떤 피조물이든 형상으로 만들어 놓고, 숭배하는 마음으로 그 앞에 엎드리는 순간, 벌써 미신에 사로잡혀 있는 상태가 되는 것이다. 그렇기 때문에 주께서는 자기 자신을 위하여 형상을 세우는 것을 금하셨고, 뿐만 아니라 숭배를 조장할 만한 그 어떠한 비문이나 돌비를 만드는 것도 금하신 것이다(출 20:25).

또한 같은 이유로, 제2계명이 예배에 대한 내용을 다루고 있는 것이다. 하나님을 위하여 눈에 보이는 형상을 만들어 놓고 나면, 바로 그 순간부터 하나님의 권능 역시 그 형상에 속해 있다고 생각하게 되기 때문이다. 사람들은 너무도 아둔하여 하나님을 형상으로 지어 놓는 곳마다 그곳에 하나님이 계시다고 생각하며, 그러니 숭배를 하지 않을 수가 없는 것이다. 그저 단순히 우상을 경배하든, 그 우상 속에 하나님이 계시다고 생각하여 그를 경배하든 전혀 다를 것이 없다. 우상에게 신적인 존귀를 부여하게 되면, 어떠한 핑계를 대든 그것은 언제나 우상숭배가 되는 것이다. 그리고 하나님께서는 미신적인 예배를 받기를 기뻐하지 않으시기 때문에, 무엇을 우상에게 부여하든 그것은 바로 하나님께로부터 탈취하는 것이 되는 것이다.

　과거 시대시대마다 참된 신앙을 압도하여왔고 또한 뒤집어 엎어온 그 몹쓸 우상숭배를 변호하기 위해서 구차한 변명거리를 찾고 있는 사람들은 이 점을 생각하기 바란다. 그들은 형상들을 신들로 간주하는 것이 아니라고 주장한다. 유대인들 역시 아무리 생각이 없었다고는 하나, 금송아지를 만들기 전(출 32:4) 자기들을 애굽에서 인도하여 내신 것이 바로 하나님이었음을 잊어버릴 정도까지는 가지 않았다(레 26:13). 그러나 아론이 나서서 그 금송아지들이 그들을 애굽 땅에서 해방시켜 주신 그 신이라고 하자, 그들은 대담하게 동의하였다(출 32:4, 8). 이것은 바로 그들이 그들을 해방시키신 그 하나님께서 금송아지 속에서 그들에 앞서서 가시는 것을 볼 수만 있다면, 그 하나님을 그대로 따르기를 원했다는 것을 뜻한다. 그러니 이교도들에 대해서도 그들이 신이 나무나 돌과 다른 존재라는 것을 이해하지 못할 정도로 우둔했다고 생각해서는 안 될 것이다. 자기들 기분에 따라서 마음대로 형상을 바꾸기는 했으나, 그들은 언제나 동일한 신들을 마음에 두고 있었던 것이다. 한 신에게 여러 가지 형상들이 있었다. 그러나 그들은 형상들의 숫자만큼 신들을 스스로 만들어 내지는 않았다. 뿐만 아니라 그들은 날마다 새로운 형상들을 만들어 세우면서도, 자기들이 새로운 신을 만들고 있다고는 생각하지 않았다.

　아우구스티누스가 그 시대의 우상숭배자들이 제시한 변명거리들로 인용하는 것을 읽어 보라. 우상숭배에 대해서 비난을 받으면, 일반 대중들은 자기들은 눈에 보이는 물건을 경배하는 것이 아니라 거기에 눈에 보이지 않게 거하는 어떤 신적인 임재를 경배하는 것이라 대답했다고 한다. 그리고 아우구스티누스의 표현대로 "좀 더 순전한 종교"에 속한 사람들은 자기들은 모양이나 영(靈)을 예배하는 것이 아니라 그 물질적인 형상을 통하여 자기들이 마땅히 예배하여야 할 그것의 표징을 바라보는 것이라고 대답하였다고 한다.[9] 그렇다면 무슨 뜻인가? 유대인이든 이교도든 모든 우상숭배자들은 앞에서 이미 말한 그런 동기로 그렇게 한 것이다. 그들은 영적인 이해로 만족하지 않고, 그 형상들을 통해서 무언가 더 확실하고 더 친근한 이해를 얻게 될 것이라고 생각하였던 것이다. 그리고 이렇게 하나님을 악하게 모방하는 일에 즐거움을 갖게 되면 계속해서 중지하지 못하고, 새로운 술수들에 속아넘어가 결국 하나님이 형상들 속에서 그의 능력을 드러내시는 것으로 생각하게 되었다. 그리고 그러면서도 유대인들은 자기들이 영원하신 하나님을 ― 천지의 주재가 되시는 유일하신 참 하나님을 ―
예배하고 있다고 믿고 있었고, 이교도들 역시 거짓이기는 하지만 하늘에 거하
는 것으로 상상되는 자기들의 신들을 예배하고 있었던 것이다.

10. 교회에서 행해지는 형상을 통한 예배

혹시 과거에는 그런 일이 행해졌을지 모르나 지금에 와서는 그런 일이 전혀
행해지지 않고 있다는 식으로 주장한다면, 그것은 정말 뻔뻔스러운 거짓말이다.
그러면 어째서 사람들이 형상들 앞에서 몸을 굽히고 있단 말인가? 어째서 기도
할 때마다 마치 하나님의 귀(耳) 가까이 나아가는 것처럼 그 형상들 앞에 나아간
단 말인가? 아우구스티누스는 말하기를, 그렇게 형상을 바라보며 기도하거나
경배하는 사람치고 자기의 기도를 그 형상이 듣지 않는다고 생각하거나, 혹은
자기의 소원이 이루어질 것이라고 희망을 품지 않는 사람이 없다고 했는데, 그
말이 과연 사실이다.[10] 어떤 형상은 그냥 지나치거나 그저 보통으로 경배를 드
리고, 또 어떤 형상에게는 엄숙한 자세로 존귀를 다 드리고 있으니, 과연 동일한
하나님께 속한 형상들인데 어떻게 그렇게 서로 차이가 있단 말인가? 비슷한 형
상들이 집에도 있는데, 그 형상들을 보려고 구태여 의도적으로 순례길을 떠나
스스로를 곤하게 만드는 이유는 또 무엇인가? 오늘날 이런 형상들을 보호하기
위하여 칼을 들고 싸우며, 마치 제단과 화로를 지키듯 살육을 무릅쓰기까지 하
며, 또한 하나님은 빼앗겨도 쉽게 견디면서 우상을 빼앗기는 것은 그렇게 참지
를 못하는 이유는 어디에 있는가?

그러나 여기서 일반 대중들의 극심한 오류들에 대해서는 ― 그것들을 열거
하자면 그 숫자도 거의 끝이 없고, 또한 그것들이 거의 모든 사람들의 마음을 사
로잡고 있기는 하지만 ― 상세히 열거하지 않겠다. 다만 그들이 특별히 우상숭
배의 혐의를 벗어나기를 바랄 때에 그들이 무어라고 고백하는지에 대해서만 간
단히 이야기하고 지나가기로 하자. 그들은 말하기를, "우리는 그 형상들을 '우리
의 신'이라 부르지 않습니다"라고 한다. 유대인들도, 그 옛날 이교도들도 그것들
을 신이라 부르지 않았다. 그러나 선지자들은 주저하지 않고 거듭거듭 그들이
나무와 돌들과 더불어 간음한다고 책망하였다(렘 2:27; 겔 6:4 이하; 참조. 사 40:19-
20; 합 2:18-19; 신 32:37). 그런데 오늘날 스스로 그리스도인이라 인정받기를 원하
면서도 날마다 나무와 돌을 세워놓고 그것으로 하나님을 경배하는 자들이 많이

있는데, 바로 그런 행위들을 과거에 유대인들이 행하였던 것이다.

11. 교황주의자들의 어리석은 변명

그러나, 그들은 아주 교묘하게 구별하여 문제를 피하려고 하는데 — 이에 대해서는 잠시 후에 더 충실하게 다룰 것이다[11] — 이것을 내가 모르는 것도 아니고, 그 사실을 감추어서도 안 될 것이라 여겨진다. 그들은 자기들이 형상들에게 드리는 존귀는 어디까지나 우상에게 드리는 봉사[12]이지, 결코 우상에게 드리는 예배[13]가 아니라고 주장한다. 그들은 이렇게 해서, 형상들이나 그림들에게 그들이 말하는 "둘리아"라는 존귀를 돌려도 하나님께 잘못을 저지르는 것이 아니라고 가르치며, 그리하여 우상들을 예배하는 것이 아니고 그저 봉사하는 것뿐이라면, 그것은 죄가 되지 않는다고 스스로 생각한다. 마치 봉사하는 것이 예배하는 것보다 더 가벼운 일이라도 되는 것처럼 말이다! 헬라어 "라트류에인"(λατρεύειν)은 희랍 사람들 사이에서 바로 "예배하다"라는 의미로 쓰이고 있으니, 그들의 말은 결국 자기들이 "형상을 예배하지만 예배하는 것은 아니다"고 고백하는 것이나 같은 것이 되는 것이다.

그러므로 그들로서는 내가 말로 책잡으려 하는 것에 대해서 반박할 하등의 이유가 없다. 그들은 순진한 사람들의 눈을 어둠으로 덮으려 하고 있으나, 결국 자기들의 무식을 스스로 폭로하고 있는 셈이다. 그들이 아무리 언변이 뛰어나다 해도, 서로 동일한 두 가지가 서로 전연 다르다는 것을 입증할 수는 없을 것이다. 그들은 과연 자기들이 그 옛날의 우상숭배자들과 전연 다르다는 것을 한번 증명해 보기를 바란다.

간음한 자나 살인한 자가 자기의 범죄를 다른 이름으로 부른다 해서 죄책이 면제될 수가 없듯이, 자기들이 정죄하지 않을 수 없는 그 우상숭배자들과 자기들이 전혀 다르지 않으면서 이름만 교묘하게 달리 꾸며댄다면 그것은 정말 어리석은 수작인 것이다. 그러나 그들은 자기들의 경우가 그 옛날 우상숭배자들의 경우와 다르다는 것을 전혀 입증하지 못하고 있다. 결국 그들의 이런 모든 악행은 과거 우상숭배자들과의 터무니없는 경쟁심에서 나오는 것으로, 결국 이런 경쟁심으로 그들은 머리로는 하나님을 표현하는 상징적인 형상들을 짜내고, 손으로 그것들을 실제로 만든 것이다.

12. 형상이 허용되는 한계

그렇다고 해서 절대로 어떠한 형상도 용납되지 않는다고 생각할 만큼 내가 미신에 사로잡혀 있는 것은 아니다. 그러나 조각이나 그림은 하나님이 주신 재능들이므로, 이것들은 각기 순전하고 정당하게 사용되어야 할 것이다. 주께서 그의 영광과 우리의 유익을 위하여 베풀어주신 이 재능들을 잘못 사용하여 우리를 멸망에 빠뜨리도록 해서는 안 될 것이기 때문이다. 우리는 하나님을 눈에 보이는 모양으로 표현하는 것은 잘못된 것이라 믿는다. 하나님이 친히 그런 행위를 금지하셨기 때문이기도 하거니와(출 20:4), 또한 그런 행위를 통해서 반드시 하나님의 영광이 더럽혀지기 때문이다. 그러나 이런 생각을 갖고 있는 것이 비단 우리만은 아니다. 건전한 사고를 가진 저자들은 언제나 그것을 부당하게 여겨왔다는 것을 그들의 저작에 관심이 있는 사람들은 다 알게 될 것이다.

하나님을 형체를 지닌 모습으로 표현하는 것이 옳지 않다면, 형상을 하나님으로 여기거나, 혹은 그 속에 하나님이 계신 것으로 여겨 경배하는 것은 그보다 더 옳지 않은 일일 것이다. 그러므로 오로지 눈으로 볼 수 있는 것들만을 그림으로 그리든가 조각으로 표현하여야 하며, 인간의 눈에서 무한히 초월하는 하나님의 위엄을 전혀 꼴사나운 표현을 통해서 더럽히는 일이 있어서는 안 되는 것이다. 이렇게 표현할 수 있는 부류에는 두 가지가 있는데, 역사 및 사건들과, 또한 과거 사건들과는 관계없는 형상이나 형태 등이 그것이다. 전자는 교육이나 교훈에 어느 정도 도움을 주나, 후자의 경우는 그저 즐거움을 주는 것 이외에 별다른 도움을 찾을 수가 없다. 그런데 지금까지 교회들 내에 장식되어 있는 형상들 중 거의 전부가 후자에 속한다는 것이 분명하다. 그러니 그렇게 장식해 놓은 것들이 사려 깊은 판단이나 선택의 결과가 아니라 어리석고 무분별한 갈망의 결과임을 얼마든지 추리해 낼 수 있는 것이다. 나는 지금 그것들 대부분이 얼마나 악하게 또한 정숙하지 못한 형태로 만들어졌으며, 화가들과 조각가들이 여기서 얼마나 자기들 마음껏 방탕을 저질렀는지를 이야기하는 것이 아니다. 이 문제는 조금 전에 이미 다룬 바 있다.[14] 내 말은 다만, 설사 형상들을 이용하는 것이 전혀 해악이 없다손 치더라도, 교육을 위해서 조금도 가치가 없다는 것이다.

13. 형상은 순전한 신앙을 타락시킴

그러나 이런 식으로 구별하는 문제는 덮어두고, 잠시 기독교 교회들 내에 형상들을 — 과거의 사건들을 묘사하는 것이든 사람의 몸을 묘사하는 것이든 — 장식하는 일이 과연 적절한지를 살펴보기로 하자. 우선 우리가 고대 교회의 권위에 조금이라도 무게를 둔다면, 참된 신앙이 번성하고 교리의 순전함을 갈구했던 오백여 년 동안에는 기독교 교회들에 형상물이 전혀 없는 것이 일반화되어 있었다는 사실을 기억해야 할 것이다.[15] 그러므로 교회의 사역의 순수성이 다소 퇴화되면서 교회들을 장식하는 예가 처음 도입된 것이다. 이런 것들을 처음 도입한 사람들이 어떤 이유로 그렇게 했는지에 대해서는 논하지 않겠다. 그러나 시대시대를 비교해 보면, 형상물이 없이 지냈던 시대의 사람들의 순전함에 비해서 새롭게 형상물들을 도입한 시대의 사람들이 훨씬 타락한 상태라는 것을 알게 된다. 그렇다면 무엇인가? 그 고대의 교부들이 과연 그것들이 쓸모 있고 유익이 된다고 판단했으면서도 교회에 그것들이 없이 그렇게 오랜 세월 동안 그냥 있도록 내버려 두었을 것이라고 생각할 수 있겠는가? 물론 그들이 무식하거나 무관심하여 그것들을 간과해버린 것이 아니고, 그것들이 전혀 또는 거의 쓸모가 없을 뿐 아니라 매우 위험스러운 것이라고 판단했기 때문에 그것들을 의도적으로 배격한 것이다.

아우구스티누스는 이 점에 대해서 아주 분명한 언어로 진술하고 있다. "기도하는 사람들이나 제사를 드리는 사람들이 다 볼 수 있도록 형상들을 높고 존귀한 자리에 설치하게 되면, 그것들이 감각도 생명도 없는데도 마치 감각과 생명이 있는 것처럼 보이게 되고, 그리하여 연약한 심령들이 동요되어 마치 그것들이 살아서 숨쉬는 것처럼 여기게 된다."[16]

그리고 다른 곳에서는 이렇게 진술하고 있다. "사람의 정신이 육체 속에 거하고 있으므로, 사람이 우상의 형체의 생김새를 보면 우상도 역시 느낌이 있다고 생각하게 되고 또 어떤 의미에서는 강제로 그렇게 생각하도록 만든다. 그것이 자기의 육체와 매우 흡사하기 때문이다." 조금 뒤에 가서 그는 다시 이렇게 말한다. "형상들이 입과 귀와 눈과 발이 있기 때문에 불행한 영혼을 어그러지게 만드는 힘이 있다. 그러나 말하지도, 보지도, 듣지도, 걷지도 못하기 때문에 그 영혼을 올바로 잡아줄 능력은 전혀 없다."[17]

사도 요한이 우상숭배는 물론 우상들 자체에 대해서 우리를 경계시키는 이유가 바로 이것 때문일 것이다(요일 5:21). 경건을 거의 완전히 말살시켜 버릴 정도로 지금까지 온 세상을 점령해 온 저 끔찍스러운 광란을 통해서, 우리는 교회들 내에 형상들이 세워지는 그 순간, 말하자면 우상숭배의 깃발이 높이 올라갔다는 것을 너무나 처절하게 경험해 왔다. 사람들이 우매하여 자신을 절제하지 못하고 곧바로 미신적인 온갖 의식들 속에 빠져 들어갔기 때문이다. 설사 그 위험성이 그렇게 위협적인 것이 못되었다 할지라도, 교회당들이 세워진 합당한 목적을 생각할 때에, 교회당들이 주께서 그의 말씀으로 거룩하게 구별해 놓으신 그 살아 있는 상징적인 것들 이외에 다른 형상들을 취한다는 것은 이렇든저렇든 교회의 거룩성에 전혀 합당하지 않은 것 같다. 내가 말하는 것은 곧 세례와 주의 성찬 등의 예식들이다. 이 예식들이 우리의 눈을 더욱더 강렬하게 사로잡고 또한 더 생생한 감동을 주어서, 사람들의 재주로 날조된 다른 형상들의 도움을 구하지 않도록 되어야 마땅할 것이다. 보라! 교황주의자들을 믿을 때 다른 어떠한 것으로도 바꿀 수 없다고 여기게 되는 바 형상들의 더할 나위 없는 축복이라는 것의 실체가 바로 이러한 것이다.

14. 형상에 관한 니케아 공의회(787년)의 어리석은 결정

이 문제에 대해서 이 정도면 충분히 논의했다고 믿지만, 니케아 공의회(the Nicene Council, 787년) ― 콘스탄티누스 대제가 소집한 그 탁월한 공의회가 아니라, 8백년 전에 이레네 황후(Empress Irene)의 명령과 그 후원 하에 열린 공의회를 가리킨다 ― 의 일을 주목하지 않을 수가 없다. 그 공의회에서는 교회당 내에 형상들이 있어야 할 뿐 아니라 그것들을 예배해야 한다고 결정하였다. 내가 무슨 말을 하든, 그 공의회의 권위가 오히려 반대쪽을 편들어 줄 것이다. 그러나 사실을 말하자면, 나는 이런 것에 전혀 개의치 않는다. 오히려, 그리스도인이 되는 일보다는 형상에 더 집착하였던 자들의 그 정신 나간 상태가 어느 정도까지 이어질지를 독자들에게 알려 주고픈 마음이 일어날 뿐이다. 그러나 먼저 이 문제를 다루기로 하자.

오늘날 형상의 사용을 변호하는 자들은 그 니케아 공의회의 지지를 주장한다. 그러나 샤를마뉴(Charlemagne) 대제의 이름으로 된 반박 문서가 존재하는데, 그 문체로 볼 때에 그 당시에 작성된 것으로 결론지을 수 있다. 그 문서에는 그 공의회에 참석한 감독들의 견해들과 그들이 제시한 증거들이 담겨 있다. 동방 교회의 대표인 요한은, 하나님이 사람을 그의 형상대로 창조하셨으니(창 1:27)이로 보건대 우리가 형상들을 지녀야 한다고 결론지었다. 그는 "내가 네 얼굴을 보게 하라 … 네 얼굴은 아름답구나"(아 2:14)라는 말씀이 형상들을 지녀야 할 것을 명령하고 있다고 생각하였다. 어떤 대표는 형상들을 제단 위에 세워야 한다고 주장하면서 "사람이 등불을 켜서 말 아래에 두지 아니하고 등경 위에 두나니"(마 5:15)라는 말씀을 증거로 인용하기도 했다. 또 어떤 대표는 형상들을 바라보는 것이 우리에게 유익하다는 것을 입증하기 위해서 시편의 한 구절을 증거로 제시하기도 했다. "여호와여 주의 얼굴을 들어 우리에게 비추소서"(시 4:6).

또 어떤 사람은 다음과 같이 엉뚱하게 비교하여 주장하기도 했다. 곧, 족장들이 이교도들의 제물들을 사용했던 것처럼, 그리스도인에게는 성인들의 형상들이 이교도들의 우상들을 대신한다는 것이었다. 이런 목적을 위하여 그들은 "여호와여 내가 주께서 계신 집과 주의 영광이 머무는 곳을 사랑하오니"(시 26:8)라는 말씀을 곡해하였다. 그러나 무엇보다도 교묘한 것은 "우리가 들은 바요 눈으로 본 바요"(요일 1:1)라는 말씀에 대한 해석이다. 이 말씀은 사람들이 하나님을 아는 것이 그의 말씀을 들음으로써만이 아니요 동시에 형상들을 바라봄으로써 되는 것임을 뜻한다고 해석하는 것이다. 테오도루스 감독도 비슷한 통찰력으로 주장하기를, "하나님이 그의 성도들 가운데서 찬송을 받으시도다"(시 68:35)라고 말씀했고, 또한 다른 곳에서도 "땅에 있는 성도들"(시 16:3)이라고 말씀하고 있으니, 이것은 바로 형상들을 지칭하는 것이라고 한다. 한 마디로 말해서, 이들의 어리석은 주장들은 너무나도 역겨워서 그것들을 언급하는 것조차 수치스럽게 여겨진다.

15. 성경 본문을 어리석게 왜곡시킴

그들은 경배에 대해 논의하면서, 바로 왕을 축복한 것(창 47:10), 야곱의 지팡이(창 47:31; 히 11:21), 그리고 야곱이 세운 돌비(창 28:18)를 거론한다. 그러나 그 마지막 주장의 경우, 그들은 성경의 의미를 왜곡시킬 뿐 아니라, 성경 어디에도 없는 것에 사로잡혀 있다. 그리고 이어서, "그 발등상 앞에서 경배할지어다"(시 99:5), "그 성산에서 예배할지어다"(시 99:9), "백성 중 부한 자도 네 얼굴 보기를 원하리로다"(시 45:12) 등의 본문들을 인용한다. 그들이 볼 때에는 이 본문들이야말로 절대적으로 확실하며 결정적인 증거들이었던 것이다. 누가 혹시 형상을 지지하는 자들을 조롱할 생각으로 그들의 주장이라고 하며 무엇을 제시한다 해도, 과연 이보다 더 어리석고 유치한 것을 제시할 수 있을까? 미라(Mira)의 감독

테오도시우스(Theodosius)는 그의 부제(副祭)의 꿈에 나타난 것을 마치 하늘로 부터 임한 말씀처럼 귀중하게 여겨서 그것을 근거로 형상들에게 경배하는 것을 확증하고 있다.

자 그러니, 형상을 지지하는 자들이 얼마든지 니케아 공의회의 결정을 우리에게 강변하도록 내버려 두라. 그 지체 높은 교부들이 성경을 그렇게 유치하게 다루고, 혹은 그렇게 불경스럽고도 어리석게 성경을 찢어놓고 있으니, 그런 결정 때문에 오히려 그들의 신빙성이 완전히 무너지지 않겠는가!

16. 형상에 대한 경배를 결의한 공의회의 참람함

이제 나는 저 끔찍스럽게 참람한 것들을 말해야겠다. 그들이 감히 그런 참람한 발언들을 입으로 내뱉었다는 것도 정말 이상스럽지만, 그렇게 역겹기 그지없는 것들에 대해서 아무도 저항한 사람이 없었으니 그것이야말로 더더욱 이상스러운 일이다. 사정이 그와 같으므로, 이런 사악한 추태를 공적으로 드러내고, 그리하여 교황주의자들이 형상을 예배하는 행위의 근거로 주장하는 그 고대성(古代性)이라는 허울좋은 핑계를 제거해 내는 것이 지극히 합당한 일일 것이다. 아모리움(Amorium)의 감독 테오도시우스(Theodosius)는 형상들에게 경배하는 행위를 반대하는 모든 사람들에게 파문을 선언하고 있다. 또 어떤 사람은 희랍과 동방 제국이 당한 모든 불행들이 형상들에게 경배하지 않은 탓이라고 말하기도 한다. 그렇다면, 선지자들과 사도들과 순교자들 당시에는 형상들이 존재하지도 않았으니, 이들은 과연 어떤 형벌을 받아야 하겠는가? 그들은 이어서 덧붙이기를, 황제의 조상(彫像)을 분향해야 한다면, 성인들의 형상들이야 그보다 더 존귀를 돌려야 되지 않겠느냐고 한다.

키프로스(Cyprus)의 콘스탄스(Constance)의 감독 콘스탄티우스(Constantius)는 스스로 형상들을 높이 공경한다고 공언하고, 자기는 그것들을 복되신 삼위 하나님께 합당한 그런 예로 형상들에게 경배할 것이라고 선언하였고, 자기와 똑같이 그렇게 하기를 거부하는 사람은 누구든지 파문하며 마르키온파(Marcionites)와 마니교도와 같은 부류로 여기겠다고 하였다. 이것은 결코 한 개인의 사사로운 견해가 아니었다. 모든 사람들이 거기에 동의하였던 것이다. 동방 교회의 대표인 요한은 한술 더 떠서 형상에게 드리는 경배를 부인하느니 차라리 그 도시에 온갖 매음굴을 허용하는 편이 더 나을 것이라고 경고하기까지

했다. 결국, 그 공의회에서는 사마리아 사람들이 모든 이교도들보다 더 나쁜데, 이 사마리아인들보다도 형상을 반대하는 자들이 더 나쁘다고 만장일치로 결의하였다. 게다가, 그 연극이 기립 박수가 없이 그냥 끝나지 않도록 하기 위해서, 한 가지 문구를 마지막에 첨가하였다. 곧, "그리스도의 형상을 지니고 그것에 제물을 드리는 자들이여, 기뻐하고 즐거워할지어다"가 그것이다. 하나님과 인간을 동시에 속이려고 라트리아(예배)와 둘리아(봉사)를 구분하던 논리는 대체 어디로 갔단 말인가? 그 공의회는 형상들을 살아 계신 하나님과 아무런 구별도 없이 동일하게 대하고 있으니 말이다.

주

1. Augustine, *City of God*, VI. x.

2. Horace, *Satires*, I. viii. 1–3.

3. 곧, 동방 정교회(Eastern Orthdox Church)에 속한 사람들을 지칭한다.

4. Gregory the Great, *Letters*, IX. 105; XI. 13.

5. Lactantius, *Divine Institutes*, I. viii, xv, xviii; Eusebius, *Preparatio evangelica*, II. iv; III. ii.

6. Augustine, *Faith and the Creed*, vii. 14.

7. Augustine, *City of God*, IV. ix, xxxi.

8. 솔로몬의 지혜서 14:15–16.

9. Augustine, *Psalms*, Ps. 113. ii. 4–6.

10. Augustine, *Psalms*, Ps. 113. ii. 4–6.

11. 참조. 16절; 12장 2절.

12. "에이돌로둘레이아"(εισδωλοδουλεία).

13. "에이돌로라트레이아"(εισδωλολατρεία).

14. 참조. 7절.

15. 참조. 제 4권 9장 9절.

16. Augustine, *Letters*, xlix.

17. Augustine, *Psalms*, Ps. 113. ii. 5f.

하나님은 우상과 전적으로 구별되시므로
오직 그에게만 완전한 존귀를 드려야 함

1. 유일하신 하나님께만 존귀를 돌려야 함

우리는 첫머리에서 하나님을 아는 지식은 냉랭한 사색에만 있는 것이 아니고, 하나님을 존귀하게 여기는 것을 함께 수반한다는 것을 말한 바 있다.[1] 그리고 어떻게 하는 것이 하나님을 올바로 예배하는 것인가에 대해서 잠시 다루기도 했고, 또한 앞으로 다른 곳에서 더 충실하게 그 문제에 대해서 다루게 될 것이다.[2] 그러므로 여기서는 잠시 같은 내용을 반복하고만 지나가기로 한다. 성경이 유일하신 하나님이 계심을 거듭거듭 단언하고 있는데, 그때마다 언제나 그저 이름만을 거론하지 않고, 하나님의 신성에 속한 것은 절대로 다른 것에게 적용시켜서는 안 된다는 것을 규정하고 있다. 이로써 참된 신앙이 미신과 다른 점이 무엇인가 하는 것도 분명히 드러난다.

희랍인들은 "종교"를 의미하는 헬라어 유세베이아(εὐσέβεια)를 합당한 예배라는 뜻으로 사용하기도 한다. 그들 스스로 캄캄한 어둠 속을 헤매고 있지만, 하나님을 그릇 공경하는 것을 피하기 위하여 명확한 규범에 의지할 필요성을 느끼고 있었던 것이다. 키케로는 relegere라는 라틴어 단어에서 religion(종교)이라는 단어를 끌어냈는데, 이는 진실하고도 학식 있는 것이었다. 그러나 그가 거기에 붙이는 이유는 억지요 타당성이 없는 것이다. 곧, 올바른 예배자는 참된 것을 읽고 또 읽고 부지런히 생각해야 하기 때문이라는 것이다. 나는 오히려 이 단어가 방종과 반대되는 것이라고 믿는다. 이 세상의 수많은 사람들이 그저 손에 잡히는 것에 무작정 생각 없이 사로잡히고, 심지어 이리저리 방황하기 때문이다. 그러나 경건은 든든한 기반 위에 서서 정당한 한계 내에서 자기 자신을 지켜가는 것이다. 이와 마찬가지로, 미신을 미신으로 부르는 것도 정해진 자세와 질서에 만족하지 않고 쓸데없이 온갖 헛된 것들을 쌓아가기 때문인 것 같다.

그러나 단어들에 대해서는 더 이상 이야기하지 않더라도, 거짓과 오류로 인해서 종교가 부패하고 왜곡된다는 것은 모든 시대마다 동일하게 인정되어온 사실이다. 이로써 우리는 우리 스스로도 생각 없는 열심이 무엇이든 허용하기도 하지만, 미신을 믿는 자들이 꾸며대는 변명은 어리석기 그지없는 것이라고 결론짓게 된다. 그러나 이런 고백이 모든 사람들의 입에서 나온다 할지라도, 수치스러운 무지가 단번에 드러난다. 왜냐하면, 이미 앞에서 지적한 바 있거니와,[3] 사람들은 한 분 하나님을 붙잡지도 않고 그에게 경배하는 데에서 기쁨을 누리지도 않기 때문이다. 그러나 하나님은 자신의 위엄을 드러내시고자 자신이 질투하는 하나님이시며, 또한 다른 거짓 신들과 그를 혼동할 때에는 엄하게 갚으시는 분이심을 선언하신다(참조. 출 20:5).

그리고 인류를 순종 가운데 두시기 위하여 합당한 예배를 규정하신다. 하나님은 그의 율법 아래에 이 두 가지를 포괄하시니, 첫째는 그 자신을 율법을 베푸신 분으로 제시하셔서 신자들을 자기 자신에게 복종하도록 하시며, 그 다음에는 그 자신의 뜻에 따라 그를 예배하는 규범을 제정하시는 것이다. 율법에 대해서는 그 용도와 목적이 다양하므로 적절한 곳에서 충실하게 다루게 될 것이고,[4] 여기서는 다만 한 가지, 율법이 사람들에게 굴레를 씌워서 악한 의식들에 빠져 들어가지 않도록 미연에 방지하는 역할을 한다는 점만을 지적하기로 한다. 그러나 앞 부분에서 이미 말한 대로, 신성에 속한 모든 것을 오직 하나님께만 한정시키지 않으면, 하나님의 존귀가 박탈당하고, 그에게 드리는 예배가 더럽혀진다는 것을 유념해야 할 것이다.

여기서 미신이 사용하는 교묘한 것들에 대해서 좀 더 면밀히 살펴보아야 하겠다. 사실, 미신은 다른 신들에게로 기울면서도, 겉모양으로는 최고의 하나님을 저버린다거나, 그를 다른 신들과 동급으로 격하시키는 표시를 내지 않는다. 물론 하나님께 최고의 자리를 부여하지만, 그러면서도 그 주위에 그보다 낮은 다른 신들을 가득 세우고, 그 신들에게 하나님의 기능들을 분배하도록 만드는 것이다. 그리하여 하나님의 영광이 여러 갈래로 찢어지고(이런 일은 물론 아주 은밀하고 교묘하게 벌어진다), 결국 그의 온전한 영광이 그에게만 홀로 남아 있는 상태가 사라지게 되는 것이다. 그리하여 과거의 예를 보면, 유대인이나 이방인이나 가릴 것 없이 사람들은 신들의 아버지요 통치자 밑에 여러 무수한 신들을 두었고, 또한 그 신들은 제각기 자기의 서열에 따라서 최고의 신과 천지의 다스림을 공유하게 되었던 것이다. 그리하여 몇 세기 전부터는, 이 세상을 떠난 성인들이 하나님의 협력자의 위치로 격상되어, 하나님을 대신하여 경배를 받고, 기도와 찬송을 받는 일이 생겨나게 되었다. 그런데 이런 가증스러운 일로 하나님의 위엄이 그 빛을 잃었다고는 생각하지 않는다. 그러나 그 위엄이 대부분 짓눌리고 말살되었기 때문에 우리는 그저 하나님의 최고의 권능에 대하여 그저 빈곤한 생각만을 조금 갖고 있을 뿐이다. 한편 우리는 이런 헛된 것들에 속아넘어가 온갖 잡다한 신들에게로 이끌리고 있는 것이다.

2. 예배와 봉사의 구분은 허구임

사실, 그들이 주장하는 소위 라트리아(예배)와 둘리아(봉사)의 구분은 하나님께 합당한 존귀를 천사들과 죽은 자들에게 전가시켜도 아무런 죄가 없는 것처럼 보이게 하기 위해서 고안된 것이다. 교황주의자들이 성인들에게 드리는 존귀가 하나님께 드리는 것과 전혀 차이가 없는 것이 명백히 드러나기 때문이다. 사실 그들은 하나님과 성인들을 전혀 구별하지 않고 똑같이 경배를 드린다. 다만 남다른 점이 있다면, 그것에 대해서 비판이 제기될 때에, 자기들은 라트리아는 하나님을 위해서 남겨두기 때문에 하나님께 마땅히 드려야 할 바를 온전히 드리고 있다는 식으로 궁색한 변명을 늘어놓는다는 것이다. 그러나 문제는 그 단어가 아니라 그것이 의미하는 실체 자체에 있으니, 모든 문제들 중에 가장 중요한 이 문제를 가볍게 여기는 그들의 처사를 과연 누가 용납할 수 있겠는가?

그러나 — 이것은 더 이상 문제 삼지 않더라도 — 그들의 구분은 결국 여기에 귀착된다. 곧, 예배(cultus)는 하나님께만 드리고, 봉사(servitium)는 다른 것들을 위해 행한다는 것이다. 희랍인들이 이해하는 라트레이아(λατρεία)나 라틴 사람들이 이해하는 쿨투스(cultus)는 동일한 의미이고, 또한 둘레이아(δουλεία)는 세르비투스(servitus)와 같은 의미이기 때문이다. 그러나 성경에서는 이런 구분이 흐려지는 경우도 있다. 그러나 가령 이런 구분이 변함없는 법칙이라고 인정해 보자. 그렇다면, 그 단어들의 의미가 무엇인지를 물어야 한다. 둘레이아는 종으로서의 봉사(servitude)요, 라트레이아는 예배다. 그런데 종이 된다는 것이 예배를 드린다는 것보다 더 큰 개념이라는 것은 누구도 의심할 수 없는 사실이다. 그래서 존귀(예배)를 돌리기를 원치 않는 것이 아닌데도 막상 종이 된다는 것은 매우 어려운 경우가 자주 있는 것이다. 그러므로, 결국 성인(聖人)에게 더 큰 것을 돌리고, 하나님께 더 작은 것을 돌리는 것이 되는데, 이는 지극히 부당한 일인 것이다. 그러나 여러 과거의 저자들은 이 구분법을 그대로 사용하였다. 그렇다면, 그 저자들은 그것을 사용하였는데, 오늘날 모든 사람들이 그런 구분법이 부당할 뿐 아니라 전적으로 무가치한 것이라고 생각한다면, 그들은 어떻게 할 것인가?

3. 형상에게 경배하는 것은 하나님을 욕되게 함

그런 교묘한 구분에 대해서는 그만 제쳐두고, 그 실체 자체를 살펴보도록 하자. 바울은 갈라디아 사람들에게 그들이 하나님을 알기 전에 어떤 상태였던가를 상기시키면서, 그들이 "하나님을 알지 못하여 본질상 하나님이 아닌 자들에게 종노릇(둘레이아)하였다"(갈 4:8)고 말하고 있다. 바울이 여기서 그것을 라트레이아로 부르지 않는다고 해서, 그가 그 갈라디아 사람들의 과거의 미신을 용납한다고 생각할 수 있겠는가? 분명히 단언하건대, 그 미신을 둘레이아라 부르는 것도 라트레이아를 사용하는 것 못지않게 그것을 정죄하는 것이다. 주께서도 사탄의 공격을 물리치실 때에 "기록되었으되 주 너의 하나님께 경배하고 다만 그를 섬기라 하였느니라"(마 4:10)고 말씀하셨는데, 거기서는 라트레이아라는 단어를 쓰느냐 하는 것은 문제도 되지 않았다. 사탄이 주님께 요구한 것은 다만 경배하는 뜻으로 엎드리는 것(프로스퀴네시스)뿐이었기 때문이다.

뿐만 아니라, 사도 요한이 천사에게 무릎을 꿇었다가 그에게 책망을 받았는데(계 19:10; 22:8-9), 우리는 여기서 요한이 지각이 없어서 하나님께만 드려야 할 존귀를 천사에게 넘기고자 한 것이라고 생각해서는 안 될 것이다. 그러나 그렇게 높이 받드는 행위가 신앙과 결부되어 행해질 경우에는, 거기에 반드시 무언가 하나님에 대한 예배의 요소가 개입되지 않을 수 없기 때문에, 천사에게 꿇어 경배하게 되면(프로스퀴네인) 하나님의 영광이 가려지게 되어 있었던 것이다. 사실 우리는 사람들이 존경의 뜻으로 절을 받는 경우를 자주 보게 되는데, 그것은 말하자면, 사람끼리의 경의(civil honor)의 표시인 것이다. 그러나 종교적인 경의는 경우가 다르다. 그것이 경배의 행위와 결부되면 그 순간 하나님의 존귀하심이 더럽혀지게 되는 것이다.

고넬료의 경우에서도 동일한 것을 볼 수 있다(행 10:25). 그는 경건에 있어서 어느 정도 진전된 상태에 있었기 때문에 하나님께만 최고의 예배를 드려야 한다는 것을 모르고 있었을 리가 없다. 그러므로, 그가 베드로 앞에 엎드려 절한 것은 하나님 대신 베드로에게 예배하고자 하는 의도로 그렇게 한 것이 아니었다는 것이 분명하다. 그런데도 베드로는 그렇게 하지 못하도록 했다. 왜 그렇게 말렸을까? 그것은 다름이 아니라, 전적으로 하나님께만 속한 것을 피조물에게 무분별하게 전가시키지 않도록 그렇게 하나님께 경배하는 것과 피조물들을 경배하는 것을 완벽하게 구별하는 일이 사람들에게 불가능하기 때문이었던 것이다.

그러니, 유일하신 하나님을 하나님으로 모시기를 바란다면, 그의 영광을 티끌만큼이라도 우리가 취해서는 안 된다는 것과 또한 하나님께 속한 것은 완전히 그가 지니셔야 한다는 사실을 기억해야 할 것이다. 따라서 스가랴 선지자는 교회의 회복에 대해 말씀하면서, 그날에는 "여호와께서 홀로 한 분이실 것"을 말하고, 동시에 또한 "그 이름이 홀로 하나이실 것"을 말하고 있는 것이다(슥 14:9). 이는 분명 하나님께서 우상들과 아무것도 공유하시는 것이 없도록 하기 위함이었을 것이다. 하나님이 요구하시는 예배의 본질에 대해서는 후에 적절한 곳에서 살펴보게 될 것이다.[5]

하나님께서는 과연 무엇이 선하고 무엇이 옳은지를 그의 율법을 통하여 규정하시고, 그리하여 어느 누구도 자기가 좋아하는 대로 예배를 고안해 낼 빌미를 찾지 못하도록 확실한 표준을 제시하시기를 기뻐하신 것이다. 그러나 여러 가지 문제들을 잡다하게 거론하여 독자들에게 짐을 지우는 것은 정당하지 못하므로, 그 문제에 대해서는 여기서 거론하지 않겠다. 여기서는 다만, 유일하신 하나님 이외의 다른 어떤 존재에게로 경배의 행위를 전가시키게 되면 바로 그 순간 신성모독이 일어난다는 사실을 인식한다면 그것으로 족할 것이다.

미신은 처음에 태양과 별들에게, 혹은 우상들에게 신적인 존귀를 전가시켰다. 그러자 그 다음에 야심이 생겨났다. 곧, 하나님에게서 빼앗아온 것들로 죽을 인생들을 치장함으로써 감히 신성한 모든 것을 다 더럽히고자 하는 야심 말이다. 그렇게 되자, 최고의 신에게 예배를 드린다는 원리는 그대로 유지되었으나,

수호신들이나, 하급 신들, 혹은 죽은 영웅들에게 무차별하게 제사를 드리는 풍습이 성행하게 되었다. 그러니, 하나님이 오직 자신의 고유한 권한으로 여기시는 것을 그 무수한 다른 존재들에게 분배하는 이런 오류에 빠져 들어가기가 얼마나 쉬운지 모르는 것이다!

주

1. 참조. 2장 2절; 5장 6, 9, 10절.

2. 참조. 제2권 8장 17-19절; 제4권 10장 8-31절.

3. 참조. 4장 1절; 5장 8절.

4. 참조. 2권 8장.

5. 참조. 제2권 7, 8장.

제 13 장

성경은 태초부터 하나님이 한 본질이시며
그 안에 삼위(三位)가 계심을 가르침

(삼위일체 교리의 해명을 위하여 사용된 용어들의 문제. 1-6)

1. 하나님은 본질이 무한하시고 영적임

하나님의 무한하시고 영적인 본질에 관한 성경의 가르침은 일반 사람들의 헛된 망상들을 물리치는 데에는 물론 세속 철학의 교묘한 이론들을 반박하는 데에도 충분하다. 그 옛날 어떤 사람은 "우리가 보는 것이든, 보지 못하는 것이든 모든 것이 다 하나님이다"라고 매우 그럴듯해 보이는 발언을 하기도 했다. 그는 신성이 세계의 모든 개체에 주입되어 있다는 식으로 상상했던 것이다. 하나님은 우리를 건전한 상태로 지키시기 위하여 그의 본질에 대해서는 별로 말씀하지 않으시지만, 앞에서 언급한 두 가지 속성들로써 인간의 어리석은 상상을 모두 제거하시고 또한 인간의 마음의 대담무쌍함을 억제하시는 것이다. 하나님의 무한하심은 우리로 하여금 우리 자신의 잣대로 그를 재지 못하도록 우리에게 두려움을 주며, 또한 그가 영이시라는 사실은 그에 관한 어떤 세속적이며 육신적인 상상에 빠지지 못하도록 만드는 것이다.

그리고 이와 똑같은 목적으로, 하나님은 하늘을 자신의 거처(居處)로 자주 말씀하신다. 물론 하나님은 사람으로는 도저히 파악할 수 없는 분이셔서, 동시에 땅 위에도 충만히 거하신다. 그러나 우리의 더딘 마음들이 땅 위에 가라앉아 있기 때문에, 하나님은 우리의 게으름과 무기력함을 흔들어 깨우시기 위하여, 우리를 세상 저 너머로 높이 올리시는 것이다. 그리하여, 두 가지 원리를 상정하여 마귀를 하나님과 거의 동등한 것으로 여기는 마니교도들의 오류는 땅에 떨어지고 만다. 이것은 분명 하나님의 유일성을 무너뜨리고 그의 무한하심을 제한하는 것이었다. 그들은 성경의 몇몇 증언들을 왜곡시키려 하나, 이는 그들의 수치스러운 무지를 드러낼 뿐이다. 본질이 그릇되어 있으므로 그런 몹쓸 미친 짓이 자연히 따라오기 마련인 것이다. 뿐만 아니라, 신(神)의 의인화(擬人化)를 주장하는 자들(Anthropomorphites)도 성경이 마치 하나님께 입과 귀와 눈과 손과 발이 있는 것처럼 자주 묘사한다는 사실을 근거로 형체를 지닌 하나님(corporeal God)을 꿈꾸는 오류를 범하는데, 이들의 그릇된 사고도 쉽게 반박할 수 있다. 유모가 어린 아기들을 대할 때에 흔히 하는 것처럼, 하나님께서도 우리에게 말씀하실 때에 그렇게 우리에게 맞추어서 말씀하신다는 것을 이해하지 못할 만큼 그렇게 지능이 모자라는 사람이 어디 있겠는가? 그러므로 그런 형식의 말씀들은 우리의 연약한 역량에 맞추어서 하나님에 관한 지식들을 전달하는 것이므로, 하나님이 과연 어떤 분이신가를 명확하게 표현해 주는 것이 아닌 것이다. 우리에게 맞추시기 위해서, 그렇게 높이 계신 하나님께서 무한히 낮게 내려오셔서 말씀하신 것이다.

2. 삼위로 계신 하나님

그러나 하나님은 자신을 또다른 특별한 표지로써 지칭하셔서 자신을 우상들과 더 분명하게 구별하신다. 그는 자신을 유일하신 하나님으로 선언하시는 한편, 동시에 분명히 삼위(三位: three persons)로 바라보도록 그렇게 자신을 제시하시는 것이다. 이를 깨닫지 못하면 하나님의 이름만 그저 헛되이 우리 머리에 맴돌 뿐, 하나님에 대한 참된 지식은 얻을 수가 없다. 더욱이, 하나님이 삼중적 존재시라거나 하나님의 단일 본질이 삼위로 분할되었다는 식으로 상상하면 안될 것이므로, 여기서 모든 오류에서 지켜 줄 수 있는 간단하고도 손쉬운 정의를 찾아야 할 것이다.

그러나 어떤 이들은 위(位: person)라는 용어는 인간이 만들어 낸 것 이외에 아무것도 아니라고 하며 그 용어를 사용하는 것을 강하게 비난하므로, 먼저 그런 비난이 정당한가 하는 것부터 살펴보아야 하겠다. 사도는 하나님의 아들을 가리켜 "그 본체(휘포스타시스)의 형상"(히 1:3)이라 부르고 있는데, 이는 성자(聖

子)와는 다른 어떤 특질이 성부(聖父)에게 있음을 의미하는 것이다. 어떤 이들은 이를 마치 그리스도께서 밀초 위에 찍혀진 인(印)처럼 그 자신이 성부의 본체를 자기 속에 나타내셨다는 식으로 해석했는데, 이를 따라서 본체(휘포스타시스)를 본질(essence)과 동등한 의미로 생각한다는 것은 그야말로 조잡스럽고 어리석은 해석일 것이다. 하나님의 실체는 하나요 나뉘어지지 않으며, 또한 하나님은 그 자신 속에 전체를 — 어떤 분할이나 축소가 없이 완전한 상태로 — 포괄하고 계시므로, 성자를 그런 의미에서 성부의 "인"(印: stamp)으로 본다는 것은 부당하며 어리석은 것이다.

그러나 성부께서는 그의 정당한 본성 속에서 구별되어 계시면서도 성자 안에서 자신을 온전히 표현하시기 때문에, 그가 자신의 본체(휘포스타시스)를 성자 안에서 나타내신다고 말해도 충분히 일리가 있는 것이다. 또한 바로 그 앞에 있는 말씀 — 곧, 아들이 "하나님의 영광의 광채"시라는 것(히 1:3) — 도 이와 일치한다. 사도의 말씀에서 우리는 성자에게서 비쳐 나오는 그 본체(휘포스타시스)가 성부 안에 있다고 추론하게 된다. 또한 이 사실에서 성자의 본체가 그를 성부와 구별지어 준다는 것도 쉽게 확인하게 된다.

성령의 경우도 동일한 논리가 적용된다. 우리는 이제 곧 그가 하나님이심을 증명할 것이다. 그러나 그럼에도 불구하고 그가 성부와 다른 분이신 것으로 생각할 필요가 있는 것이다. 그러나 이것은 본질을 구별하는 것이 아니다. 본질이란 여러 가지로 분할되지 않기 때문이다. 그러므로, 사도의 증거를 신빙성 있는 것으로 받아들인다면, 하나님 안에 세 본체(휘포스타시스)가 계신 것이 되는 것이다. 라틴 교부들도 persona(위[位]: person)라는 단어를 사용하여 동일한 개념을 표현하고 있으므로, 이처럼 분명한 사안에 대해서 이리저리 문제를 삼는다면 그것은 부당한 결벽증이요 심지어 완고한 일이라 하지 않을 수 없을 것이다. 이를 문자적으로 번역하자면 "subsistence"(실재)라 할 수 있을 것인데, 많은 이들은 "substance"(본질)를 이것과 동일한 의미로 사용해 왔다. 뿐만 아니라 "persona"도 라틴 교부들 사이에만 사용된 것이 아니고, 희랍의 교부들도 하나님 안에 세 프로소파[1]가 계시다고 가르침으로써 그들도 동일한 의견임을 입증하고 있다. 라틴 교부든 희랍의 교부들이든, 단어 사용에 있어서는 다소간 서로 차이가 있지만, 근본적인 문제에 있어서는 완전히 일치하고 있는 것이다.

3. "삼위일체"나 "위" 등의 용어 사용의 정당성

이단적인 사람들이 "위"(位)라는 단어에 대해 아우성치고, 또 쓸데없이 트집을 잡는 사람들이 그 용어가 사람의 생각에서 나온 것이라 하여 반대하며 떠들고 있지만, 그러나 삼위가 거명되며 또한 그 각 위가 완전하신 하나님이시며 그러면서도 오직 한 분 하나님밖에는 안 계시다는 우리의 확신은 결코 흔들리지 않는다. 그러니, 성경이 선언하고 확증해 주는 것을 그저 설명해 주기밖에 달리 하는 것이 없는 이 단어들을 공격한다는 것이 얼마나 사악한 일인지 모르는 것이다.

그들은 말하기를, 성경과 이질적인 용어들을 이리저리 사용하여 분란과 논쟁의 온상이 되게 하느니보다는 오히려 우리의 사고와 우리의 용어까지도 완전히 성경의 테두리 안에 제한시키는 것이 합당할 것이라고 한다. 말싸움에 지쳐서 진리를 잃어버리게 되고, 서로를 혐오하여 언쟁하느라 사랑이 깨어져버릴 것이라는 것이다.

그러나, 그 음절 하나하나가 성경에 기록되어 있지 않다고 해서 그 용어들을 가리켜 "이질적"(異質的)이라 칭한다면, 분명 그것은 성경에 나타나 있는 단어들로 표현되어 있지 않는 모든 성경 해석들을 다 정죄하는 그런 부당한 법칙을 부과하는 것이다. 만일, 한가롭게 고안되어 미신적으로 변호되며, 그리하여 덕을 세우기보다는 분쟁을 조장하고, 사리에 맞지도 않고 아무런 유익도 없이 사용되며, 경건한 사람들의 귀에 거슬리며 또한 하나님의 말씀의 단순함을 오히려 흐리게 만드는 그런 것을 "이질적"이라 부른다면, 나도 전심으로 그것을 건전한 판단으로 받아들일 것이다. 하나님에 대해서 생각하는 것 못지않게 하나님에 대하여 말하는 것도 경건하게 해야 한다고 여기기 때문이다. 우리 스스로 하나님에 대해 생각하는 것들이란 한결같이 아둔하며, 따라서 하나님에 대해서 쓰는 우리의 언어 역시 어리석기 그지없는 것이다.

그러나 아무리 그렇더라도 무언가 기준이 있어야 할 것이다. 곧, 생각과 말에 대한 확실한 규범을 성경에서 찾아서 그것에 준하여 생각하고 말해야 한다는 것이다. 그러나 성경에 우리가 이해하기 곤란한 난해한 내용이 있을 경우에 그것들을 좀 더 명확한 언어로 설명하지 — 성경의 진리를 높이고 그것을 신실하게 전달할 수 있는 언어를, 그것도 지극히 삼가는 자세로, 필요한 경우에 조심스럽게, 사용하지 — 못할 이유가 어디 있겠는가? 이에 대해서는 여러 가지 실례들이 있다. 더욱이 "삼위일체"나 "위" 등의 용어들을 교회가 불가피하게 사용할 수밖에 없게 되어 있다는 것이 입증된 마당에, 무슨 말을 할 수 있겠는가? 누구라도 그 용어들의 색다른 점을 책잡는다면 그것은 진리를 쉽고 명확하게 해 주는 것을 책잡는 것 이외에 아무것도 아닐 것이니, 그런 사람이야말로 진리의 빛을 거스르는 자로 판단을 받아야 마땅하지 않겠는가?

4. "삼위일체"나 "위" 등의 용어 사용의 필연성

그러나 진리를 거슬러 거짓된 비난을 늘어놓는 자들을 대적하여 진리를 바로 세울 때에는, 이런 색다른 용어들(이를 색다르다고 해야 할지 모르겠지만)이 매우 유용하다. 오늘날 우리는 순결하고 건전한 교리를 대적하는 자들을 공격하는 일에 끊임없이 노력을 기울여야 하는 경험을 너무나도 많이 하고 있다. 이 교활한 뱀들은 담대하게 추적하여 붙잡아 분쇄하지 않으면, 민첩하게 요리조리 빠져 도망쳐 버리는 것이다. 그리하여 옛 사람들은 이단들이 만들어 내는 논쟁들로 괴로움을 겪을 때에, 불경스러운 자들에게 조금도 빌미를 주지 않기 위해서 ― 그들은 표현상의 애매함을 일종의 은신처로 삼기 때문에 ― 조금도 이론(異論)의 여지가 없이 완벽한 용어들로써 자기들의 입장을 선언하지 않을 수 없었던 것이다.

아리우스(Arius)는 성경의 증거가 너무도 명백하여 대항할 수가 없어서, 그리스도가 하나님이시며 하나님의 아들이시라고 고백하였고, 자기의 처신이 올바른 것처럼 보이기 위하여 다른 사람들의 견해에 동의하는 척하였다. 그러나 한편, 그는 그리스도께서 다른 피조물들처럼 창조되셨고 그가 존재하게 된 시발점이 있다고 주장하기를 그치지 않았다. 그리하여 옛 사람들은 그의 다재다능한 간교함을 그 은신처에서 끌어내기 위하여 한 걸음 더 나아가서, 그리스도께서 성부의 영원한 아들이시요 성부와 본질이 동일하시다(consubstantial)고 선언하였다. 그러자 아리우스파 사람들은 호모우시오스(동일 본질)[2]라는 단어를 지극히 사악하게 미워하고 저주하기 시작하였고, 그리하여 그들의 불경스러움이 만천하에 드러난 것이다. 그러나 만일 처음부터 그리스도께서 하나님이시라고 진정으로 전심으로 고백했더라면, 그가 성부와 본질이 동일하시다는 것을 부인하는 일은 없었을 것이다. 과연 누가 감히 이 옛 사람들을 향하여 지극히 하찮은 한 단어 때문에 뜨겁게 논쟁을 불러일으키고 교회의 평화를 어지럽혔다고 하며 그들을 분쟁과 싸움을 조장하는 사람들로 매도할 수 있단 말인가? 그 하찮게 보이는 작은 단어 하나가 순전한 신앙을 지닌 그리스도인들과 불경스러운 아리우스주의자들을 구별짓는 것이었으니 말이다.

그 후에는 사벨리우스(Sabellius)가 일어나[3] 성부, 성자, 성령이라는 이름들을 거의 존재하지 않는 것으로 간주하면서, 이 이름들은 어떤 구별이 있음을 나타내기 위해 사용되는 것이 아니고 그것들은 하나님의 다른 속성들이며, 그 비슷한 경우들을 다른 것에서도 많이 볼 수 있다고 주장하였다. 그는 그 문제에 대한 논쟁이 일어나자, 자신이 성부가 하나님이시고 성자가 하나님이시며 성령이 하나님이심을 믿는다고 시인하였다. 그러나 그 후 다시 말을 바꾸어, 자신은 하나님이 권능이 있으시고 의로우시고 지혜로우시다는 뜻으로 말한 것 이외에는 전혀 말한 바가 없었다고 주장하였다. 이렇게 해서 그는 성부가 성자요, 성령이 성부이시니 계급도 구별도 없다고 하여, 옛 노래를 다시 부른 셈이다. 그 당시 마음에 경건을 지닌 의로운 학자들은 그 사람의 사악함을 깨뜨리기 위하여, 한 분 하나님 안에 세 특성의 존재들이 있음을 진실로 인정해야 한다고 천명하였다. 분명하고도 단순한 진리로써 그 교활한 간계를 대적하여 자신들을 보호하기 위하여, 그들은 한 분 하나님 안에 ― 혹은, 결국 같은 의미이지만, 하나님의 단일성 안에 ― 삼위가 일체로 계심을 분명하게 선언한 것이다.

5. 신학적 용어들의 필요성과 그 한계

그러므로 이 용어들이 경솔하게 만들어진 것이 아니므로, 그것들을 거부하여 경솔하며 교만하다는 비난을 받지 않도록 해야 할 것이다. 사실 나는 모든 사람들이, 성부·성자·성령이 한 하나님이시지만 동시에 성자는 성부가 아니시고, 성령도 성자가 아니시며, 그들이 각기 고유한 특성을 지니신다는 이 믿음에 동의한다면, 위의 용어들이 차라리 묻혀지는 것이 좋겠다고 생각한다.

나는 정말이지 하찮은 단어 따위에 문제를 삼고 격렬하게 싸울 만큼 그렇게 까다로운 사람이 아니다. 살펴보건대, 고대 교회의 저자들도 이 문제들에 대해서 지극한 경건으로 통일성 있게 논하면서도, 자기들끼리 견해가 다르고, 그들 개인으로도 항상 일관성 있게 진술한 것만은 아니었다. 공의회들이 채택하고 힐라리우스(Hilary)가 변호한 문구들을 보라.[4] 그 얼마나 이상스러운가? 아우구스티누스는 또한 때때로 이에 대해서 얼마나 자유분방하게 의견을 토로하고 있는가?[5] 희랍의 교부들과 라틴 교부들의 견해가 서로 얼마나 다른가? 여기서 그런 차이를 보여주는 실례를 한 가지만 들어보자.

라틴 교부들은 호모우시오스를 번역하는 과정에서 consubstantialis(영어로는 consubstantial, "본질이 동일한")라는 단어를 사용하여 성부와 성자가 한 본질이심을 나타냈고, 그리하여 "essence" 대신 "substance"라는 단어를 사용하였다. 그리하여 히에로니무스(제롬)는 다마수스(Damasus)에게 보내는 편지에서 말하기를, 하나님 안에 세 본질(substances)이 계시다고 하는 말은 신성모독이라고 하였다. 그런데 힐라리우스의 글에는 하나님 안에 세 본질이 계시다는 말이 백 번 이상이나 나타나는 것이다. 그러니 히에로니무스가 "휘포스타시스"라는 단어에 대해 얼마나 혼동하고 있었는가 하는 것이 너무나도 잘 드러나는 것이다. 그는 하나님 안에 세 휘포스타시스가 있다는 진술에 무언가 독(毒)이 숨겨져 있다는 의혹을 갖고 있었던 것이다. 그는 혹시 경건한 의미로 사용한다 할지라도 그런 표현은 부적절하다고 믿었고 또한 그런 신념을 감추지 않았다. 그가 자신이 혐오하던 동방의 감독들을 상대로 순전하게 자신의 주장을 개진하였다면 ─ 고의적으로 부당하게 비난한 것이 아니라 ─ 그것은 사실일 것이다. 그는 모든 세속 학파들이 우시아를 휘포스타시스와 동등한 의미로 사용한다는 것을 주장했는데[6] ─ 이 주장은 일상적인 단어의 용례를 통해서 사실이 아님이 완전히 드러난다 ─ 여기서 그는 분명 거의 공정성을 잃어버리고 있는 것이다.

이에 비해서 아우구스티누스는 더 신중하고 정중한 자세를 보였다. 그는 휘포스타시스가 이런 의미를 지닌다는 것이 라틴 교부들에게는 전연 새로운 것이라고 말하면서도, 희랍 교부들이 그 용어를 일상적으로 사용하는 것을 반대하지도 않았고 라틴 교부들이 그 헬라어 용어를 모방했던 것에 대해서도 관용을 베풀고 있는 것이다.[7] 그런데, 소크라테스(Socrates)가 「삼부사」(三部史, *Tripartite History*) 제6권에서 휘포스타시스에 관하여 기록하고 있는 것을 보면, 무식한 사람들이 그 단어를 이 문제에 잘못 적용시키고 있었음을 알 수가 있다.[8]

그러나 앞에서 언급한 그 힐라리우스는 이단들이 큰 범죄를 저질렀다고 비난하고 있다. 곧, 그들이 잘못 처신하여 마음속에 경건하게 담고 있었어야 옳을 것들을 위험을 무릅쓰고 인간의 말로 표현하지 않으면 안 되게 만들었다는 것이다. 그러면서 그는 그렇게 처신하는 자들은 부당한 일을 행하는 것이요, 말로 표현할 수 없는 것을 말하는 자들이요, 또한 금지된 것들을 파고드는 것이라는 자신의 생각을 숨기지 않는다. 그리고 조금 뒤에 가서 그는 감히 새로운 용어들을 도입하는 것에 대하여 길게 변명하고 있다. 그는 성부, 성자, 성령이라는 자연스러운 이름들을 열거한 다음, 이 이름들 이외에 다른 어떤 것을 찾는다면 그것은 언어의 의미를 뛰어넘는 것이요, 인간의 지각의 범주와 이해의 한계를 뛰어넘는 것이라고 덧붙이는 것이다.[9] 그리고 다른 곳에서는, 갈리아(Gaul)의 감독들의 경우에 사도 시대로부터 모든 교회들이 받아들였던 고대의 매우 간결한 신앙고백 이외에 다른 어떠한 신앙고백도 작성하거나 받아들이거나 알지 않았다고 하면서 그들을 칭송하기도 했다.[10]

아우구스티누스의 변명도 이와 비슷하다. 그는 인간의 언어가 이처럼 중대한 문제를 다루기에는 너무나 빈약하므로, 어쩔 수 없이 휘포스타시스라는 단어를 사용하게 되기는 했지만 그 본질을 표현하기 위한 것이 아니고, 성부·성자·성령의 세 분이 계신다는 것에 대해서 침묵을 지키지 않기 위한 것뿐이라고 하였던 것이다.[11]

이 거룩한 사람들이 보여준 이런 신중한 자세에서 우리는 교훈을 받아야 할 것이다. 곧, 혹시 우리가 고안해 낸 용어들에 대해서 인정하기를 원치 않는 자들이 있다 할지라도, 그들이 교만과 완악함과 어울리지 않는 혈기로 그렇게 반대하는 것이 아니라면, 그들의 그런 반대의 태도에 대해서 즉각적으로 마구 독필(毒筆)을 휘두른다든지 가혹하게 비난하는 일은 자제해야 한다는 것이다. 그리고, 그들로 하여금 우리가 그런 용어들을 쓸 수밖에 없었던 그 사정을 깊이 생각하도록 하며, 점점 그런 표현 형식의 유용성에 익숙해지기를 기꺼이 인정하도록 만들어야 할 것이다. 또한 한 편으로는 아리우스파를, 또다른 한 편으로는 사벨리우스파를 대항해야 할 경우가 생길 때에 그 문제를 피해 갈 기회가 없어지는 것에 격분한 나머지 경솔히 처신하여 아리우스나 혹 사벨리우스의 제자들로 오인받는 일이 없도록 조심하도록 해야 할 것이다.

아리우스는 그리스도가 하나님이시라고 말하면서도, 동시에 그리스도께서 지으심을 받았고 따라서 그가 존재하기 시작한 시점이 있다고 주장하였다. 그는 그리스도께서 성부와 하나라고 말하고는 자기 파 사람들의 귀에는 그리스도께서 다른 신자들과 똑같이 — 물론 특별한 특권에 의해서이긴 하지만 — 성부와 연합되어 계시다고 은밀하게 속삭이기도 하는 것이다. 그리스도께서 성부와 본질이 동일하시다(consubstantial)고 말하라. 그러면 성경에 아무것도 첨가시키지 않으면서, 이 변절자가 쓰고 있는 가면(假面)을 완전히 벗기게 될 것이다.

사벨리우스는 성부, 성자, 성령이 하나님 안에 어떤 구별이 있음을 의미하는 것이 아니라고 말한다. 이에 대해서는 삼위가 계시다고 말하라. 그러면 그는 여러분이 삼신(三神)을 거론하고 있다고 소리를 지를 것이다. 그러면 하나님의 한 본질 안에 삼위가 일체로 계신다고 말하라. 그러면 그것이야말로 성경이 진술하는 바를 한 마디로 표현하는 것이요, 그것으로 그의 공허한 장광설이 그쳐질 것이다. 혹시 미신적인 염려에 빠져 있어서 이런 용어들을 도저히 용납하지 못하는 사람이 있다 하더라도, 그 사람이 "한 분"을 이야기할 때에는 그것이 "본질의 단일성"을 의미하는 것으로 이해해야 하고, 또한 그 사람이 "한 본질 안의 세 분"을 말할 때에는 이 삼위일체의 각 위들을 의미하는 것으로 이해해야 한다는 것을 아무도 부인할 수 없을 것이다. 이것을 꾸밈이 없이 순전하게 고백한다면, 구태여 단어에 대해서는 문제삼을 필요가 없을 것이다. 그러나 오래 전부터 나는 단어들에 대해서 문제를 삼으며 고집스럽게 논쟁을 벌이는 사람들은 모두가 은밀하게 독(毒)을 조장한다는 것을 계속해서 경험해 왔다. 그러므로, 희미하게 진술하여 그들을 기분 좋게 해 주기보다는 의도적으로라도 그들에게 도전을 하는 것이 더 정당할 것이다.

6. 위격의 구별성

그러나, 단어에 대해서는 이 정도로 그치기로 하고, 이제는 그 단어들이 의미하는 그 실체에 대해서 말하기로 하겠다. "위"라는 것은 하나님의 본질에 속하는 하나의 "실재"(subsistence)를 의미하는 것으로서, 다른 위격들과 관계하는 동시에, 비공유적(非共有的) 특성에 의하여 구별되는 것이다. 우리는 "실재"(subsistence)라는 용어를 "본질"(essence)과는 무언가 다른 것으로 이해한다. 만일 말씀이 그저 하나님이시고, 그러면서 그 외에 다른 특징적인 표지가 전혀 없었다면, 말씀이 항상 하나님과 함께 계셨다는 요한의 말(요 1:1)은 잘못된 것이었을 것이다. 그러나 요한은 곧바로 그 말씀이 하나님 자신이시라고 덧붙임으로써 우리에게 하나님이 하나의 단일한 본질이심을 상기시켜 주고 있다. 그러나 성부 안에 거하지 않으면 그가 하나님과 함께 계실 수가 없으므로, 실재의 개념이 제기된다. 그런데 그 실재는 본질과 분리할 수 없도록 연결되어 있으면서도, 특별한 표지가 있어서 그것을 통해서 본질과 구별되는 것이다. 자, 내 말의 뜻은, 세 실재들이 각기 다른 실재와 연관되어 있으면서도, 그 자체의 특성을 통해서 다른 실재와 구별된다는 것이다. 그 "관계"가 여기서 분명하게 표현되고 있다. 왜냐하면 그저 하나님이라고만 언급되고 그 외에 다른 구체적인 내용이 없을 때에는, 그 이름이 성부에게는 물론 성자나 성령에게도 적용되기 때문이다. 그러나 성부를 성자와 비교하게 될 때에는 각자의 특성이 서로 구별되는 것이다.

뿐만 아니라, 각 위에게 개별적으로만 해당되는 것은 상대방과 공유할 수 없다고 본다. 왜냐하면 성부를 구별하는 하나의 표지로서 그에게 속하는 것은 그것이 무엇이든 성자에게 적용될 수도 없고 또한 성자에게 전이될 수도 없기 때문이다. 또한 올바로 취하기만 한다면 다음과 같은 테르툴리아누스의 정의에 대해서도 반론을 제기하지 않을 것이다. "하나님의 본질의 단일성에 영향을 미치지 않는 일종의 분배 혹은 경륜이 하나님 안에 있다."[12]

(성자의 영원한 신성. 7-13)

7. 말씀의 신성

더 논의를 진행하기 전에, 여기서 먼저 성자와 성령의 신성을 입증해야겠다. 그리고 그 다음에 그들이 어떻게 서로 다른지 살펴보기로 하자.

하나님의 말씀이 성경 속에서 우리 앞에 제시될 때, 그 말씀을 마치 족장들에게 전달된 신탁(神託)들과 모든 예언들의 경우처럼 그저 하나님께로부터 발설되어 공중에 퍼져 나가는 그저 잠깐 있다가 사라지는 그런 소리로만 상상한다면 그것은 그야말로 어리석음의 극치라 할 것이다. 오히려 여기서 "말씀"이라 할 때에는 하나님과 더불어 거하는 영원하신 지혜를 의미하는 것으로, 모든 신탁들과 예언들이 거기서부터 비롯되는 것이다. 베드로가 증언하듯이, 옛날의 선지자들도, 사도들의 경우(벧전 1:10-11; 참조. 벧후 1:21)나 또한 그 이후 하늘의 도리를 섬긴 모든 사람들의 경우와 똑같이 그리스도의 영으로 말미암아 말했던 것이다. 물론 그리스도께서 아직 나타나지 않으셨으므로, 우리는 그 말씀이 영원 전에 성부에게서 나신 것으로 이해해야 할 것이다. 또한 선지자들은 성령의 도구들이었는데, 그 성령께서 말씀의 영이셨다면, 우리는 그가 진실로 하나님이셨다는 것을 의심 없는 사실로 받아들이게 된다.

뿐만 아니라 모세는 세상 창조의 기사에서 이 말씀을 중개자(intermediary)로 제시하여 이 사실을 분명하게 가르쳐 주고 있다. 모세는 하나님께서 개개의 창조 활동에서, 이런저런 것이 이루어져라(창 1장)고 말씀하셨음을 구체적으로 보도하고 있는데, 그렇게 하여 측량할 길 없는 하나님의 영광이 그의 형상 속에서 찬란하게 비치도록 하기 위함이 아니었다면 대체 왜 그렇게 했겠는가? 트집을 잡기 좋아하는 수다쟁이들은 그 말씀은 계명이나 명령으로 이해해야 한다고 하면서 이를 쉽게 회피해 버릴 것이다. 그러나 사도들이 더 훌륭한 해석자들인데, 그들은 세상이 성자로 말미암아 창조되었고 또한 그가 능력의 말씀으로 만물을 붙드신다고 말하는 것이다(히 1:2-3). 여기서 우리는 말씀이 성자의 명령 또는 지령의 뜻으로 사용되는 것을 보게 되는데, 그 성자 자신이 성부의 영원하시고 본질적인 말씀이신 것이다.

또한 건전한 사고가 있는 사람이라면 다음과 같은 솔로몬의 진술의 의미에 대해서 조금도 의심할 수가 없을 것이다. 즉, 그는 지혜가 영원 전에 성부에게서 나셨고, 또한 세상 창조와 및 기타 모든 하나님의 활동을 주관하셨다고 소개하고 있는 것이다(잠 8:22). 여기서 하나님은 그의 확정된 영원한 경륜과 또한 무언가 좀 더 은밀한 일을 제시하고자 하신 것이므로, 이를 그저 하나님의 특정한 일시적인 의지로 보는 것은 어리석고 바보 같은 생각일 것이다. "내 아버지께서 이제까지 일하시니 나도 일한다"(요 5:17)라는 그리스도의 말씀도 이를 가리킨다. 그는 세상의 창조 때부터 자신이 성부와 더불어 끊임없이 일해 오셨음을 천명하심으로써, 모세가 간단하게 언급한 바를 더 확실하게 설명하시는 것이다.

그러므로 우리는 하나님께서 말씀이 그 사역에서 자신의 고유한 몫을 하시도록, 또한 그리하여 그 사역이 두 분의 공동 사역이 되도록 그렇게 말씀하신 것이라고 결론지을 수 있을 것이다. 그러나 무엇보다 가장 분명한 설명은 요한의 다음과 같은 진술에서 나타난다. "말씀이 하나님과 함께 계셨으니 이 말씀은 곧 하나님이시니라 그가 태초에 하나님과 함께 계셨고 만물이 그로 말미암아 지은 바 되었으니 지은 것이 하나도 그가 없이는 된 것이 없느니라"(요 1:1-3). 요한은 곧바로 그 말씀에 견고하고도 영원한 본질을 부여하며, 또한 무언가 고유한 것이 그에게 있음을 드러내며, 또한 하나님께서 어떻게 말씀으로 세상을 창조하셨는지를 확실히 보여주는 것이다. 그러므로, 하나님이 발설하신 모든 계시들을 가리켜 "하나님의 말씀"이라는 용어로 칭하는 것이 마땅하듯이, 실체를 지니신 이 말씀이야말로 모든 영감의 근원으로서 최고의 위치에 계신 것으로 보는 것이 합당할 것이다. 그 말씀은 불변하시며 영원토록 하나님과 동일하시고, 친히 하나님 자신이신 것이다.

8. 말씀의 영원성

여기서 몇몇 개 같은 자들이 짖어대고 있으니, 이들은 말씀의 신성(神性)은 노골적으로 부인하지 않으면서도 은밀하게 그의 영원성을 제거하려 하는 자들이다. 그들은 말하기를, 말씀은 하나님이 세상을 창조하시면서 그의 거룩한 입을 여신 바로 그때에 비로소 처음 존재하기 시작하였다고 한다. 그러나 그것은 결국 하나님의 본체에 무언가 변화가 생긴 것으로 상상하는 것인데, 이는 그야말로 무모한 짓이 아닐 수 없다. 하나님의 외적인 활동과 관련되는 하나님의 이름들이 — 천지의 창조주라는 이름처럼 — 그의 활동이 있은 이후에 비로소 그에게 붙여지기 시작하므로, 경건한 자는 어떠한 경우라도 하나님 자신에게 새로운 어떤 일이 발생했음을 시사하는 이름은 결코 인정하거나 용납할 수가 없는 것이다. 만일 하나님께 어떤 우발적인 일이 일어났었다면, 다음과 같은 야고보서의 말씀은 땅에 떨어지고 말 것이기 때문이다. "온갖 좋은 은사와 온전한 선물이 다 위로부터 빛들의 아버지께로부터 내려오나니 그는 변함도 없으시고 회전하는 그림자도 없으시니라"(약 1:17).

그러므로 언제나 하나님이셨고 또한 후에 세상의 창조자이셨던 그 말씀에게 그의 존재가 시작된 시발점이 있다는 식으로 상상하는 것만큼 용납할 수 없는 것은 없는 것이다. 그러나 그들은 모세가 하나님께서 그때에 처음으로 말씀하신 것으로 기록한다는 것은 곧, 그 이전에는 하나님 안에 말씀이 없었음을 시사하는 것이라고 주장하면서, 자기들이 예리하게 추리하고 있다고 생각한다. 그러나 이처럼 경박스러운 추리가 또 어디 있으랴! 무언가가 어느 특정한 시기에 드러나기 시작한다고 해서, 그것이 그 이전에는 전혀 존재하지 않았다는 식으로 추리한다는 것은 그야말로 어불성설이기 때문이다.

사실, 나는 그것과는 완전히 달리 결론짓는다. 곧, 하나님께서 "빛이 있으라"(창 1:3)고 말씀하셔서 그 말씀의 능력이 드러나기 이전에 이미 그 말씀이 존재하고 계셨다는 것이다. 그리고 대체 얼마나 오래 전부터 존재하고 계셨느냐는 의문을 제기한다면, 그에게는 시작이 없다는 것을 알게 될 것이다. "아버지여 창세 전에 내가 아버지와 함께 가졌던 영화로써 지금도 아버지와 함께 나를 영화롭게 하옵소서"(요 17:5)라는 말씀에서 나타나듯이, 그는 시간의 한계를 규정하지 않으시는 것이다. 요한도 이 점을 간과하지 않는다. 왜냐하면, 세상 창조의 문제를 거론하기 전에(요 1:3), 먼저 "태초에 말씀이 … 하나님과 함께 계셨으니"(요 1:1)라고 말씀하기 때문이다. 그러므로 다시 진술하거니와, 말씀은 하나님께로부터 영원히 나신 바 되셨고, 영원 전부터 그와 함께 거하신 것이다. 그 말씀의 영원성, 그의 참된 본질, 그리고 그의 신성이 이로써 입증되는 것이다.

9. 구약 성경에 나타난 성자의 신성

중보자의 직분에 대해서는 아직 다루지 않고, 구속의 문제를 다룰 때까지 미뤄두기로 한다.[13) 그러나 그리스도께서 육체를 입으신 말씀이시라는 것이야말로 모두가 받아들여야 할 사실이므로, 그리스도의 신성을 입증하는 증언들을 여기서 다루는 것은 매우 적절한 일일 것이다. 시편 45편에서 "하나님이여 주의 보좌는 영원하니이다"(6절)라고 말씀하는데도 불구하고, 유대인들은 이를 무시하고 "엘로힘"(하나님)이라는 이름을 천사들과 최고의 권세들에게까지 적용시키고 있다. 그러나 피조물을 위하여 영원한 보좌가 베풀어지는 것으로 묘사하는 구절은 성경 어디에도 없고, 성경은 그를 그냥 하나님이라고만 부르는 것이 아니라 영원하신 통치자로도 부르는 것이다. 그리고 그 이름을 사람에게 적용시킬 때에는 반드시 거기에 수식어가 첨가되는 것을 본다. 예를 들어서, 모세를 가리켜 "바로에게 하나님 같이" 되게 하셨다고 말씀하는 데에서(출 7:1) 보듯이 말이다. 어떤 이들은 "바로의 하나님"이라고 소유격의 의미로 이해하지만, 이것은 정말로 어리석기 그지없는 해석이다. 물론 유일무이한 탁월성을 지니는 것을 가리켜 "신적(神的)이다"라고 부르는 경우가 자주 있지만, 전후의 문맥으로 볼 때에 여기서는 그런 해석이 무리일 뿐 아니라 타당성이 없으며, 전혀 의미가 통하지 않는다는 것이 분명해지는 것이다.

그러나 그들이 고집을 부리고 이를 인정하지 않는다면, 이사야서의 진술 또한 결코 모호하지 않다는 점을 지적할 수 있을 것이다. 그는 그리스도를 하나님으로, 또한 하나님의 고유한 속성 가운데 하나인 최고의 권능을 지니신 분으로 제시하고 있는 것이다. "그의 이름은 기묘자라, 모사라, 전능하신 하나님이라, 영존하시는 아버지라, 평강의 왕이라 할 것임이라"(사 9:6). 그런데 여기서도 유대인들은 본문을 "전능하신 하나님이요 영존하시는 아버지께서 그를 불러 이르시되"라는 식으로 본문을 고쳐 읽고는, 오로지 "평강의 왕"이라는 칭호만 성자에게 해당된다는 식으로 반론을 제기한다. 그러나, 선지자의 의도가 그리스도를 분명한 표지들로 묘사하여 그를 향한 믿음을 굳게 세우고자 함이라는 것이 분명한데, 대체 무슨 목적으로 여기서 성부 하나님에 대한 칭호들을 그렇게 많이 열거한단 말인가? 그러므로 조금 앞에서 그를 "임마누엘"이라 칭했을 때(사 7:14)와 동일한 목적으로 지금 그를 가리켜 여기서 "전능하신 하나님"이라 칭하고 있다는 것이 의심의 여지가 없는 사실인 것이다.

그러나 그 이상 분명할 수 없는 그런 완벽한 증거가 예레미야서에 나타나 있다. "내가 다윗에게 한 의로운 가지를 일으킬 것이라 … 그의 이름은 '여호와 우리의 공의'라 일컬음을 받으리라"(렘 23:5-6). 유대인들은 하나님의 다른 이름들은 그저 칭호에 불과하다고 가르치면서도 이 "여호와"라는 이름만은 너무도 고귀하여 입으로 발설할 수도 없는 것으로 그것이 하나님의 본질을 사실적으로 표현하는 것이라고 가르치고 있으니, 그리고 그 여호와께서도 "나는 내 영광을 다른 자에게 주지 아니하리라"(사 42:8)고 선언하고 있으니, 독생하신 성자께서 영원한 하나님이시라는 것을 본문에서 알 수 있는 것이다.

여기서 유대인들은, 모세는 자신이 세운 제단에다 이 이름을 붙였고, 에스겔도 새 예루살렘 성에다 그 이름을 붙였다고 지적하여 궁색한 입장을 피하려 한다. 그러나 제단은 하나님이 모세를 높이시는 분이심을 보여주는 기념물로서 세워진 것이며 또한 하나님의 이름이 예루살렘 성에 붙여진 것은 하나님의 임재를 증거하기 위한 것이었다는 것을 모를 사람이 누가 있겠는가? 에스겔 선지자는 "그 날 후로는 그 성읍의 이름을 여호와삼마('여호와께서 거기 계심')라 하리라"(겔 48:35)고 말씀하고 있는 것이다. 그리고 모세는 자기 자신의 행동을 이렇게 표현하고 있다. "모세가 제단을 쌓고 그 이름을 여호와닛시('나를 높이신 여호와')라 하고"(출 17:15).

그러나 예레미야서의 또다른 구절의 의미에 대해서는 여전히 첨예한 논쟁이 있다. "그 날에 유다가 구원을 받겠고 예루살렘이 안전히 살 것이며 이 성은 '여호와는 우리의 의'라는 이름을 얻으리라"(렘 33:16). 앞에서 그리스도께 붙여진 그 이름이 여기서는 예루살렘 성에게 붙여지고 있기 때문이다. 그러나 이 본문의 증거는 우리가 변호하고 있는 그 진리를 흐리게 하기는커녕 오히려 그것을 뒷받침해 주는 것이다. 왜냐하면 앞에서는 그리스도께서 참된 여호와시며 그로부터 의가 나온다는 것을 증거한 반면에, 여기서는 하나님의 교회가 이 사실을 명확하게 인식하게 되어 바로 그 이름을 취하여 영광을 돌릴 수 있게 될 것임을 선언하고 있는 것이기 때문이다. 그러므로, 앞의 본문에서는 의의 근원과 원인을 제시하며, 뒤의 본문에서는 그 효과를 묘사하고 있는 것이라 하겠다.

10. 여호와의 사자

그러나 만일 이런 증거로도 유대인들이 만족하지 못한다면, 여호와께서 천사의 모습으로 자주 나타나신다는 사실을 과연 그들이 어떤 교묘한 논리로 피할 수 있을지 모르겠다. 거룩한 족장들에게 천사가 나타나서, 자신을 영원하신 하나님의 이름으로 불렀다는 말씀들이 나타난다(삿 6:11, 12, 20, 21, 22; 7:5, 9). 혹 이것은 천사가 담당한 임무 때문에 예외적으로 그렇게 말한 것이라며 이의를 제기하는 사람이 있다면, 나는 그런 논리로는 난제가 전혀 해결되지 않는다고 대답할 것이다. 종이라면, 자기 스스로 희생 제물을 받아서 하나님의 영광을 탈취하는 일은 하지 않을 것이다. 그런데 그 천사는 오히려 음식을 먹기를 거부하고, 여호와께 드릴 번제를 자기에게 드리라고 명령한다(삿 13:16). 이 사실부터가 그가 결국 여호와 자신임을 입증해 주는 것이다(삿 13:20).

그리하여 마노아와 그의 아내는 이 경험을 통해서 자기들이 그저 천사가 아니라 하나님 자신을 보았다고 여겼다. 그리하여 마노아는 "우리가 하나님을 보았으니 반드시 죽으리로다"(삿 13:22)라고 외쳤다. 그 아내는 "여호와께서 우리를 죽이려 하셨더라면 우리 손에서 번제와 소제를 받지 아니하셨을 것이라"(삿 13:23)고 대답했는데, 이는 앞에서 천사로 불리던 그분이 진정 하나님이심을 그대로 인정하는 것이다. 게다가, 천사의 대답이 모든 의심을 제거해 준다. "어찌하여 내 이름을 묻느냐? 내 이름은 기묘자라"(삿 13:18).

세르베투스(Servetus)[14]의 불경스러움은 이보다 한층 더 가증스럽다. 그는 하나님은 아브라함이나 기타 족장들에게 나타나신 일이 절대로 없고 천사가 하나님 대신 경배를 받은 것이라고 주장한 것이다. 그러나 하나님의 말씀이 최고의 천사이셨고 그가 그때에 이미 — 말하자면 일종의 예비 단계로서 — 중보자의 직분을 수행하기 시작하셨다는 교회의 정통 신학자들의 해석이 올바르고 지혜로운 것이다. 그 말씀이 아직 육체를 입지는 않으셨으나, 말하자면 중재자로서 강림하셔서 신자들에게 더욱 친밀하게 접근하셨고, 이처럼 더욱 친밀한 교류 때문에 그가 천사라는 이름으로 불려지셨다는 것이다. 그러나 한 편, 그 자신의 고유한 속성, 즉 하나님으로서 지니신 말할 수 없는 영광은 그대로 유지하고 계셨다.

호세아도 동일한 사실을 전해 주고 있다. 그는 야곱이 천사와 함께 씨름한 사실을 서술한 다음, "여호와는 만군의 하나님이시라 여호와는 그를 기억하게 하는 이름이니라"(호 12:5)고 말씀하는 것이다. 세르베투스는 이에 대해서도 똑같이 하나님께서 천사의 모습을 취하신 것이라고 소리친다. 그러나 이것은 "어찌하여 내 이름을 묻느냐?"(창 32:29)라고 기록한 모세의 보도를 호세아 선지자가 전혀 인정하지 않았다는 뜻이 아닌가? 또한 야곱은 "내가 하나님과 대면하여 보았다"(창 32:30)고 말씀하는데, 그 거룩한 족장의 그런 고백은 그가 만난 분이 창조함을 받은 천사가 아니라, 충만한 신성을 지니신 하나님이셨음을 충족하게 밝혀주는 것이다. 그리하여 바울도, 그리스도께서 광야에서 백성들의 지도자이 셨음을 말씀하는 것이다(고전 10:4). 그가 자기를 낮추실 때가 아직 이르지 않았으나, 그 영원하신 말씀은 그럼에도 불구하고 자신이 담당하기로 이미 정하여진 그 직분의 모형을 미리 취하신 것이다.

이제 스가랴서 2장을 객관적으로 살펴보면, 다른 천사를 보내시는 천사(슥 2:3)를 가리켜 곧바로 만군의 여호와라 선포하며, 그에게 최고의 권능을 부여하는 것을 보게 된다(9절). 우리의 믿음이 안전하게 동의할 증거들이 무수히 많으나 그것들은 그냥 지나가기로 한다. 이것들을 제시해도 유대인들이 별로 감동을 받지 않을 것이니 말이다. 이사야는 "이는 우리의 하나님이시라 우리가 그를 기다렸으니 그가 우리를 구원하시리로다 이는 여호와시라"(사 25:9)라고 말씀하는데, 눈이 있는 사람이라면 누구나 이것이 하나님을 지칭하며, 그가 그의 백성을 구원하시기 위하여 새로이 일어나실 것을 말씀하는 것임을 볼 수 있을 것이다. 여기서 이렇게 두 번씩 거듭 강조하여 나타나는 이분은 어느 누구도 아니고 오직 그리스도이실 수밖에 없는 것이다.

말라기에는 이보다 더 분명하고 더 충실한 구절이 있다. 곧, "너희의 구하는 바 주가 갑자기 그의 성전에 임하시리라"(말 3:1)는 말씀이 그것이다. 성전은 분명 오직 전능하신 하나님께만 봉헌된 것이다. 그런데 선지자는 여기서 그것이 그리스도를 위한 것임을 말씀하는 것이다. 이로 볼 때에, 그가 바로 유대인들 가운데서 언제나 경배를 받으신 그 동일하신 하나님이시라는 것을 알게 되는 것이다.

11. 신약 성경에 나타난 성자의 신성

신약 성경으로 옮아가면, 거기에는 무수한 증거들이 즐비하다. 그러므로 여기서는 그 모든 증거들을 다 쌓아놓기보다는 몇 가지를 선택하여 제시하고자 한다. 물론 사도들은 이미 중보자로서 육신을 입고 강림하신 그리스도에 대해서 말하지만, 여기서 내가 제시하는 증거들은 모두 그의 영원하신 신성을 보여 주는 것들이다.

우선 특별히 주목할 것은 영원하신 하나님에 관하여 과거에 이미 예언되었던 사실이 이미 그리스도 안에서 나타났거나 아니면 언젠가 그 안에서 완성될 것이라고 한 사도들의 가르침이다. 바울은 만군의 여호와께서 "이스라엘의 두 집에는 걸림돌과 걸려 넘어지는 반석이 되실 것이라"(사 8:14)는 이사야의 예언이 그리스도에게서 성취되었다고 선언하고 있다(롬 9:32-33). 그러므로 결국 그는 그리스도께서 만군의 여호와이심을 천명하고 있는 셈이다. 이와 비슷하게, 그는 다른 곳에서 말씀하기를, "우리가 다 하나님의 심판대 앞에 서리라 기록되었으되, 주께서 이르시되 내가 살았노니 모든 무릎이 내게 꿇을 것이요 모든 혀가 하나님께 자백하리라 하였느니라"(롬 14:10-11; 사 45:23의 인용)고 한다. 이사야서에서는 하나님께서 자기 자신에 대하여 이 말씀을 예언하셨고 그리스도께서 이를 자기 스스로 드러내 보이셨으니, 결국 그리스도께서 바로 하나님 자신이 — 그는 자기의 영광을 절대로 다른 존재에게 넘기지 않으시는 분이다 — 되는 것이다.

또한 바울이 에베소 사람들에게 시편을 인용하여 말한 내용 — "그가 위로 올라가실 때에 사로잡혔던 자들을 사로잡으시고 그 사람들에게 선물을 주셨다"(엡 4:8; 시 68:18) — 은 분명 오로지 하나님께만 적용되는 것이다. 그런데 바울은 이런 승천(昇天)이 하나님께서 열방들을 향하여 그의 권능을 발하셔서 큰 승리를 거두셨을 때에 미리 그림자로서 나타난 것으로 이해하고서, 그렇게 그림자로 나타난 승천이 그리스도 안에서 충만하게 이루어진 것으로 말하는 것이다. 이와 마찬가지로, 요한도 이사야의 이상을 통해서 계시된 것이 성자의 영광이었음을 증언하고 있다(요 12:41; 참조. 사 6:1). 이사야 선지자는 자신이 하나님의 위엄을 보았노라고 기록하고 있는데 말이다.

그러나 히브리서에서 사도는 성자에게 무엇보다도 영광스러운 하나님의 칭호들을 부여하고 있다. "주여, 태초에 주께서 땅의 기초를 두셨으며 하늘도 주의 손으로 지으신 바라"(히 1:10; 시 102:25의 인용). 또한 이와 비슷하게 "하나님의 모든 천사들은 그에게 경배할지어다"(히 1:6; 시 97:7의 인용)라고도 말씀한다. 그러나 사도가 이것들을 그리스도께 적용시키는 것은 결코 말씀을 왜곡시키는 것이 아니다. 왜냐하면 그 시편의 본문들에서 칭송하는 내용이 오직 그리스도께서 성취하신 것이기 때문이다. 일어나사 시온을 긍휼히 여기시는 분이 바로 그리스도시요(시 102:13), 온 땅과 모든 섬들을 다스리시는 것으로 말씀하는 분이 바로 그리스도이신 것이다(시 97:1).

요한은 이미 말씀이 하나님이심을 선포한 바 있으니(요 1:1, 14), 그가 하나님의 위엄을 그리스도께 돌리는 데에 무엇을 주저했겠는가? 바울은 그리스도를 "세세에 찬양을 받으실 하나님"(롬 9:5)이라고 말씀하여 그리스도의 신성을 그렇게 노골적으로 선포한 바 있으니, 그가 그리스도께서 하나님의 심판대에 앉으실 것을 말씀하지 못할 이유가 어디 있겠는가(고후 5:10)? 또한 그는 이 점에서 일관성을 분명하게 드러내 보이기 위하여, 다른 구절에서는 하나님이 "육신으로 나타난 바 되시고"(딤전 3:16)라고 기록하기도 하는 것이다.

하나님이 영원토록 찬양을 받으실 분이시라면, 바울이 다른 곳에서 단언하듯이, 오직 그만이 모든 영광과 존귀를 받으셔야 마땅한 분이시다(딤전 1:17). 바울도 이 사실을 감추지 않는다. 그러나 동시에 그는 이렇게 공개적으로 선언하고 있다. "그는 근본 하나님의 본체시나 하나님과 동등됨을 취할 것으로 여기지 아니하시고 오히려 자기를 비워 종의 형체를 가지셨다"(빌 2:6-7). 그리고 요한은 불경스러운 자들이 그리스도를 가짜 신이라고 비방하지 못하도록 하기 위하여, 한 걸음 더 나아가 그를 가리켜 "참 하나님이시요 영생이시라"(요일 5:20)고 말씀하는 것이다. 그러나 우리로서는 그리스도께서 하나님으로 불리시는 것으로 만족하고도 남는다. 특히 하나님은 오직 한 분이심을 우리에게 적절히 선포해 주는 증인이 있기 때문에 더욱더 그렇다(참조. 신 6:4). 더욱이 바울은 "비록 하늘에나 땅에나 신이라 불리는 자가 있어 많은 신과 많은 주가 있으나 그러나 우리에게는 한 하나님 곧 아버지가 계시니 만물이 그에게서 났고"(고전 8:5-6)라고 말하고 있다. 이렇게 말하는 바울이 "하나님이 육신으로 나타난 바 되셨다"(딤전 3:16)고도 하고, 또한 "하나님이 자기 피로 사신 교회"(행 20:28)라는 표현을 쓰고 있으니, 바울이 전혀 인정하지도 않는 제2등급의 신을 상상할 이유가 어디 있는가? 모든 경건한 분들의 견해가 동일하다는 것이 의심 없는 사실이다. 도마도 이와 같이 그리스도를 가리켜 "나의 주님이시요 나의 하나님이시니이다"(요 20:28)라고 공개적으로 선언하였고, 그리하여 그분이야말로 자신이 항상 경배를 드린 그 유일하신 하나님이심을 고백하고 있는 것이다.

12. 그리스도의 신성이 그의 사역에서 드러남

성경이 그리스도의 것으로 보도하는 사역들을 통해서 그리스도의 신성을 가늠해 보더라도, 그 신성은 더욱더 분명하게 빛을 드러낸다. 유대인들은 그리스도의 가르침에 대해서 지극히 둔감했었으나, 그리스도께서 "내 아버지께서 이제까지 일하시니 나도 일한다"(요 5:17)고 말씀하시자, 그가 신적인 권능을 스스로 가로채고 있다고 직감하였고, 그리하여 요한이 진술하는 대로, "유대인들이 이로 말미암아 더욱 예수를 죽이고자 하니 이는 안식일을 범할 뿐만 아니라 하나님을 자기의 친아버지라 하여 자기를 하나님과 동등으로 삼으심이러라"(요 5:18). 여기서 그의 신성이 명백하게 드러나고 있다는 것을 느끼지 못한다면, 그 얼마나 어리석은 일이겠는가? 섭리와 권능으로 온 우주를 다스리시며 그의 능력의 명령으로 만물을 붙드신다는 것은 ― 이는 사도가 그리스도의 사역으로 말씀하는 것인데(히 1:3) ― 오직 창조주만이 행하는 일인 것이다.

그리스도께서는 성부와 더불어 세상을 다스리는 일에 참여하실 뿐 아니라, 피조물들에게는 절대로 전해지지 않는 다른 개별적인 직무들도 수행하신다. 여호와께서는 선지자를 통하여 "나 곧 나는 나를 위하여 네 허물을 도말하는 자니"(사 43:25)라고 선언하신다. 유대인들은 이 말씀에 근거하여 그리스도께서 죄를 용서하시는 것이 하나님을 모독하는 것이라고 생각하였으나, 그리스도께서는 이러한 권세가 자신에게 있음을 말씀으로 단언하셨고 또한 이적을 통해서 입증하신 것이다(마 9:6). 그러므로 우리는 그리스도께서 죄를 용서하는 일을 시행하시는 것만이 아니라, 주께서 결코 다른 이에게 넘겨주지 않으시겠다고 말씀하신 그 실질적인 권세까지도 친히 지니고 계시다고 결론을 짓게 된다. 사람의 마음의 은밀한 생각을 살피고 꿰뚫어 보는 일이 오직 하나님께만 속하는 것이 아니던가? 그런데 그리스도께서도 이런 권능을 지니셨던 것이다(마 9:4; 참조. 요 2:25). 이로써 그리스도의 신성이 입증되는 것이다.

13. 그리스도의 신성이 그의 이적에서 드러남

그리스도의 신성은 또한 그가 베푸신 이적들에서 얼마나 분명하고도 확실하게 드러나는지 모른다. 물론 선지자들과 사도들도 그리스도와 똑같이, 혹은 아주 비슷하게 이적을 행하였다는 것은 나도 인정한다. 그러나 거기에는 근본적인 차이가 있다. 사도들과 선지자들은 그들의 사역을 통해서 하나님의 선물들을 나누어 주었는데 반하여, 그리스도께서는 자기 자신의 능력을 드러내 보이신 것이다. 사실 그도 때로는 이적을 행하기에 앞서서 기도함으로써 성부께 영광을 돌리기도 하셨다(요 11:41). 그러나 대개의 경우에는 그리스도 자신의 능력이 나타나는 것을 보게 되는 것이다. 친히 자신의 권위로 다른 이들에게 이적을 행하도록 위임하신 분이, 과연 이적의 진정한 주인이 아니실 리가 있겠는가?

복음서 기자는 그가 사도들에게 죽은 자를 살리며, 나병환자를 낫게 하고, 귀신을 내어쫓는 권능을 주셨음을 보도하고 있다(마 10:8; 참조. 막 3:15; 6:7). 뿐만 아니라 그들은 그러한 권능이 다른 분이 아니라 오직 그리스도께로부터 왔음을 명확히 드러내는 그런 방식으로 이적을 행하였다. 베드로는 "나사렛 예수 그리스도의 이름으로 일어나 걸으라"고 말하고 있는 것이다(행 3:6). 그리스도께서 유대인들의 불신앙을 물리치기 위하여 이적에 호소하셨다 해도 전혀 놀랄 일이 아니다. 왜냐하면 이 이적들은 그 자신의 권능으로 행해진 것이며, 따라서 그리스도의 신성을 입증해 주는 완전한 증거가 되기 때문이다(요 5:36; 10:37; 14:11).

또한, 하나님을 떠나서는 구원도, 의도, 생명도 없는데 그리스도께서 이 모든 것들을 친히 지니고 계시다면, 그리스도께서 하나님이신 것이다. 하나님께서 생명과 구원을 그리스도께 주입시키신 것이라는 반론도 설득력이 없다. 왜냐하면 그리스도께서 구원을 받으신 것이 아니라 그 자신이 구원이시기 때문이다. 하나님 한 분 이외에 선한 자가 없다면(마 19:17), 그저 사람에 불과한 자가 어떻게 선하고 의로울 수 있겠는가? 내 말은, 그저 선하고 의로운 것이 아니라, 어떻게 선과 의로움 그 자체일 수가 있겠느냐는 것이다. 또한 태초부터 "그의 안에 생명이 있었으니 이 생명은 사람들의 빛이라"(요 1:4)는 복음서 기자의 증거에 대해서는 무어라 하겠는가? 이런 증거를 바탕으로 하여, 우리는 그에 대한 소망과 믿음을 담대하게 세울 수 있는 것이다. 피조물들에 신뢰를 두는 것은 불경스러운 짓이라는 것을 잘 알고 있으면서도 말이다.

그리스도께서는, "하나님을 믿느냐? 또 나를 믿으라"고 말씀하신다(요 14:1).

사도 바울도 이사야서의 두 구절들을 이렇게 해석하고 있다. "누구든지 그를 믿는 자는 부끄러움을 당하지 아니하리라"(롬 10:11; 사 28:16의 인용); "이새의 뿌리 곧 열방을 다스리기 위하여 일어나시는 이가 있으리니 열방이 그에게 소망을 두리라"(롬 15:12; 사 11:10의 인용). 또한 "나를 믿는 자는 영생을 가졌나니"(요 6:47)라는 말씀이 그렇게도 자주 나타나고 있으니, 이 문제에 대해서 성경의 다른 증언들을 더 찾아 헤맬 이유가 어디 있겠는가?

그리고 믿음에서 비롯되는 기도도 그리스도께 드려지고 있다. 하나님께 무언가 드려야 할 것이 있다면 기도야말로 특별히 하나님의 위엄에 속하는 것이다. 선지자는 "누구든지 여호와의 이름을 부르는 자는 구원을 얻으리니"(욜 2:32)라고 말씀하며, 또한 "여호와의 이름은 견고한 망대라 의인은 그리로 달려가서 안전함을 얻느니라"(잠 18:10)고 말씀하고 있는 것이다. 그런데 구원을 얻기 위해서는 그리스도의 이름을 부르고 있으니, 결국 그가 여호와이신 것이 되는 것이다.

더 나아가서, 스데반의 기도에서 그런 간구의 실례를 보게 된다. 그는 "주 예수여 내 영혼을 받으시옵소서"(행 7:59)라고 간구하는 것이다. 그리고 후에 아나니아는 같은 사도행전에서 다음과 같이 교회 앞에서 증언하고 있다. "주여, 이 사람에 대하여 내가 여러 사람에게 듣사온즉 그가 예루살렘에서 주의 성도에게 적지 않은 해를 끼쳤다 하더니"(행 9:13). 그리스도 안에 "신성의 모든 충만이 육체로 거하신다"(골 2:9)는 것을 좀 더 분명하게 깨닫도록 하기 위해서, 사도는 고린도 사람들에게 그리스도를 아는 것 이외에 다른 교리를 전혀 소개하지 않았고 또한 자신이 오직 그것만을 전하였다고 고백하고 있는 것이다(고전 2:2).

하나님은 오직 그를 아는 것만을 자랑하라고 명하셨고(렘 9:24) 그리하여 오직 아들의 이름만이 우리에게 전해지고 있다는 것은 과연 얼마나 놀랍고 귀한 일인지 모른다. 그리스도를 아는 지식이 우리가 자랑을 삼는 유일한 이유인데, 감히 누가 그를 가리켜 그저 피조물에 불과하다고 이야기한단 말인가? 게다가, 바울의 여러 서신들의 서두에 붙여진 인사말들에서도 성부는 물론 성자에게서도 동일한 은혜가 있기를 기도하고 있는 것을 보게 된다(롬 1:7; 고전 1:3; 고후 1:2; 갈 1:3 등). 이로써 우리는 하늘 아버지께서 베푸시는 축복들이 성자의 간구를 통해서 우리에게 임한다는 것은 물론, 함께 권능에 참여하심으로써 성자 자신이 그 축복들을 베푸시는 주체가 되신다는 것도 배우게 되는 것이다. 이처럼 실질적인 지식이야말로 한가로운 그 어떠한 사색보다도 더 확실하고 견고한 것이다. 경건한 심령이 스스로 살리심을 받았고, 빛을 비추임을 받았고, 보존하심을 받았고, 의롭다 하심과 거룩하게 하심을 받았다는 것을 느낄 때에, 거기서 하나님의 임재하심을 지각하게 되고, 그리하여 거의 그를 만지게까지 되는 것이다.

(성령의 영원한 신성. 14-15)

14. 성령의 신성에 대한 성경의 증거

성령의 신성에 대한 증거 역시 이와 동일한 근거에서 찾아야 할 것이다. 창조의 역사에서 나타나는 모세의 증거는 매우 분명하다. 그는 "하나님의 영은 수면 위에(혹은 형체가 없는 물질 위에) 운행하시니라"(창 1:2)고 보도하고 있는 것이다. 이러한 보도는 우리가 지금 지각하고 있는 우주의 아름다움이 성령의 능력 덕분에 힘있게 보존되고 있다는 것뿐만 아니라, 우주가 그런 아름다움으로 장식되기 전부터 성령께서 그 혼돈 덩어리에 관여하셨음을 보여주는 것이다.

또한 "이제는 주 여호와께서 나와 그의 영을 보내셨느니라"(사 48:16)라는 이사야 선지자의 말씀도 마음대로 해석할 수가 없다. 여기서는 선지자들을 보내는 문제에서 성령께서 주권적인 권세를 함께 공유하시는 것으로 말씀하고 있으며, 이로써 성령의 신적 위엄이 환하게 드러나는 것이다. 그러나 최고의 확증은 우리의 일상적인 체험에서 얻어지는 것이다. 성경이 성령께 속한 임무로 가르치고 또한 경건한 자들이 실제로 성령께서 행하시는 것으로 느끼는 일들 — 세상에 가득하여 만물을 지탱시키고, 자라게 하고, 하늘과 땅에서 만물을 살리는 등의 일들 — 은 피조물들이 행하는 일과는 전연 거리가 먼 것이다. 또한 성령께는 한계로 정해진 것이 없기 때문에 그는 피조물들의 범주에 속하지 않으시며, 만물에게 생기를 주입시키시고 본질과 생명과 움직임을 불어넣어 주시는 데에서 그의 신적인 위엄이 분명히 드러나는 것이다.

그리고, 썩지 않을 생명으로 중생하는 일이 현세적인 그 어떠한 성장보다 더 고귀하고 훌륭한 것이라면, 과연 그 중생을 능력으로 주도하시는 그분에 대해서는 어떻게 생각해야 하겠는가? 그런데 성경은 곳곳에서 성령께서 중생을 일으키시는 분으로, 그것도 빌려온 능력이 아니라 자기 자신의 능력으로 중생을 이루시는 분으로 말하고 있고, 또한 중생뿐만 아니라 미래의 영생을 베푸시는 주체로 말하고 있는 것이다. 한 마디로, 성자의 경우에도 그렇듯이, 오직 하나님께만 속한 기능들이 그에게 있는 것으로 나타나는 것이다.

피조물 중에서는 하나님의 모사(謀士)가 될 자가 없으나(롬 11:34), "성령은 모든 것 곧 하나님의 깊은 것까지도 통달하신다"(고전 2:10). 성령께서 지혜와 말하는 능력을 베푸시는데(고전 12:10), 여호와께서는 모세에게 그 일이 오직 그 자신이 하시는 일임을 선언하신다(출 4:11). 이렇게 하여 성령을 통하여 하나님과 교통하게 되고, 그리하여 성령께서 우리에게 베푸시는 생명의 능력을 느끼게 되는 것이다. 우리를 의롭다 하시는 것도 그의 역사다. 능력과 성화(참조. 고전 6:11), 진리와 은혜, 또한 그 이외에 생각할 수 있는 모든 선한 것이 그에게서 나온다. 온갖 선한 은사가 오직 한 분 성령께로부터 오는 것이기 때문이다(고전 12:11). 여기서 특히, "은사는 여러 가지요"(고전 12:4) 또한 각양 각색으로 분배되지만(참조. 히 2:4) "성령은 같다"(고전 12:4)는 사도 바울의 진술을 주목할 필요가 있다. 이로써 성령께서 각종 은사들의 시초요 근원이실 뿐 아니라 그것을 베푸시는 장본인이시라는 것이 분명히 드러나기 때문이다.

바울은 조금 후에 다음과 같은 말씀으로 이 점을 좀 더 분명하게 표현해 주고 있다. "이 모든 일은 같은 한 성령이 행하사 그의 뜻대로 각 사람에게 나누어 주시는 것이니라"(고전 12:11). 만일 성령께서 하나님 안에 계신 실체가 아니시라면, 선택과 의지(意志)가 그에게 있다는 식으로는 결코 말하지 않았을 것이다. 그러므로 바울은 성령께 신적 권능이 있음을 매우 분명하게 가르치며, 또한 그가 본체로(hypostatically) 하나님 안에 거하신다는 것을 보여주고 있는 것이다.

15. 성령의 신성에 대한 성경의 후속적인 증거들

뿐만 아니라 성경은 성령에 대해 말씀하면서 "하나님"이라는 호칭을 삼가지 않는다. 바울은 하나님의 성령이 우리 속에 거하신다는 사실을 근거로 우리가 하나님의 성전이라고 결론짓고 있다(고전 3:16-17; 6:19; 고후 6:16). 이 사실은 가볍게 지나칠 성질의 것이 아니다. 하나님께서는 그가 우리를 택하셔서 그를 위한 성전으로 삼으시겠다고 자주 약속하시는데, 이 약속이 바로 그의 성령께서 우리 속에 거하심으로 성취되는 것이다. 아우구스티누스가 매우 분명하게 진술하는 바와 같이, "나무나 돌로 성령을 위한 전을 지으라는 명령을 받는다 하더라도, 이런 존귀는 오직 하나님께만 해당되는 것이기 때문에, 그런 명령의 사실이 성령의 신성을 입증하는 분명한 증거가 될 것이다. 그런데 우리더러 성령을 위하여 전을 지으라고 말씀하지 않고 우리 자신이 성령의 전이라고 말씀하시니 이보다 더 분명한 증거가 어디 있겠는가?"[15]

사도 바울 자신은 때로는 우리를 "하나님의 성전"(고전 3:16-17; 고후 6:16)이라 하고, 때로는 같은 의미로 우리를 "성령의 전"(고전 6:19)이라고 쓰고 있다. 그리고 베드로는 아나니아가 성령을 속인 사실을 책망하면서, 그가 사람이 아니라 하나님께 거짓말을 했다고 말한다(행 5:3-4). 그리고 이사야가 만군의 여호와께서 말씀하시는 것으로 소개한 것을 가리켜, 바울은 성령이 말씀하시는 것으로 가르치고 있다(사 6:9; 행 28:25-26). 사실, 선지자들은 자기들이 발설하는 말씀들이 만군의 여호와의 말씀이라고 하는데, 그리스도와 사도들은 그 말씀들이 성령께서 하신 것으로 가르치는 것을 볼 수 있다(참조. 벧후 1:21). 그러므로 예언들을 베푸시는 주체이신 성령께서는 과연 진정으로 여호와이신 것이다. 뿐만 아니라 하나님께서 그 백성들의 완악함을 인하여 진노하셨다고 말씀하시는 것을 기록하면서, 이사야는 "그의 성령을 근심하게 하였으므로"(사 63:10)라고 기록하고 있는 것이다.

마지막으로, "사람에 대한 모든 죄와 모독은 사하심을 얻되 성령을 모독하는 것은 사하심을 얻지 못하겠고"(마 12:31; 막 3:29; 눅 12:10)라는 말씀은, 성령을 해치거나 범하는 일은 용서받지 못할 범죄라는 뜻으로서, 성령의 신적 위엄을 명확하게 선언하는 것이다. 교부들이 여러 가지 증언들을 사용하였으나 그것들은 의도적으로 언급하지 않을 것이다. 그들은 세상의 창조가 성자의 사역임은 물론 성령의 사역이기도 하다는 것을 입증하기 위하여 다음과 같은 다윗의 말씀을 인용하는 것이 정당하다고 보았다. "여호와의 말씀으로 하늘이 지음이 되었으며 그 만상을 그의 입 기운으로 이루었도다"(시 33:6). 그러나 시편에서는 같은 내용을 두 번씩 반복하는 것이 일상적으로 나타나고, 또한 이사야서에서는 "입술의 기운"(사 11:4)이 곧 "말씀"과 의미가 같으므로, 그들의 주장은 근거가 빈약할 수밖에 없다. 그리하여 나는 경건한 자들이 안전하게 의지할 수 있는 몇 가지 증거들만을 택하여 다룬 것이다.

(삼위 하나님의 구별성과 일체성. 16-20)

16. 한 분이신 하나님

그리스도의 강림하심으로 하나님께서 더 명확하게 자신을 드러내셨으므로,

그는 또한 삼위(三位) 안에서 더 친숙하게 자신을 알게 하셨다. 이에 대해서는 여러 가지 증거들이 많으나, 한 가지만 언급해도 충분할 것이다. 바울은 하나님과 믿음과 세례의 세 가지(엡 4:5)를 서로 원인과 결과의 관계로 연관짓고 있다. 즉, 믿음이 하나이므로 하나님도 당연히 한 분이시며, 세례가 하나이므로, 당연히 믿음도 하나일 수밖에 없다는 식으로 추리해 나가는 것이다. 그렇다면, 만일 세례를 통해서 우리가 한 분이신 하나님을 믿는 믿음과 종교 속에 입문하게 된다면, 우리가 그의 이름으로 세례를 받는 그분을 마땅히 참되신 하나님으로 여겨야 할 것이다. 사실 그리스도께서는 "모든 민족으로 제자를 삼아 아버지와 아들과 성령의 이름으로 세례를 베풀라"(마 28:19)라는 그의 엄숙한 선언을 통해서 완전한 믿음의 빛이 드러났음을 증거하기를 원하셨던 것이 분명하다. 왜냐하면 이 말씀은 바로, 세례가 성부와 성자와 성령 안에서 자기 자신을 완전히 명확하게 보여주신 한 분 하나님의 이름으로 베풀어질 것이라는 뜻이기 때문이다. 이렇게 해서 하나님의 본질 안에 삼위 — 한 분 하나님이 오직 이분들 안에서 알려지신다 — 가 거하신다는 것이 너무나도 분명해지는 것이다.

믿음이란 모름지기 여기저기 두리번거리거나, 온갖 잡다한 문제들에 대해 강론하는 데 있는 것이 아니고, 오직 한 분 하나님을 바라보고, 그와 연합하고 그에게 매어 달리는 것이다. 그렇다면, 만일 믿음이 여러 종류라면, 신들도 여러 종류가 있어야 한다는 것이 쉽게 성립될 것이다. 그런데 세례가 믿음의 성례이므로, 세례가 하나라는 사실은 바로 하나님이 한 분이시라는 사실을 확증해 주는 것이다. 그러므로 한 분 하나님을 떠나서는 결코 세례가 용납되지 않는다는 사실이 이로써 확증된다. 왜냐하면 우리가 세례를 받는 이름의 소유자가 되시는 그분에 대한 믿음을 갖는 것이기 때문이다. 그렇다면, 그리스도께서 성부와 성자와 성령의 이름으로 세례를 베풀라고 명령하신 의도는 바로 우리가 한 믿음으로 성부와 성자와 성령을 믿어야 한다는 데 있는 것이 아니고 무엇이란 말인가? 그러므로, 하나님이 오직 한 분이시라는 것이 이미 확실하게 세워진 원리이므로, 우리는 말씀과 성령이 다름이 아니라 하나님의 본질이시라고 결론짓게 되는 것이다.

아리우스파는 성자의 신성을 고백하면서도 그에게서 하나님의 본질을 빼내어버렸는데, 이보다 어리석은 짓은 없는 것이다. 또한 "성령"을 그저 사람들에게 부어지는 은혜의 선물들로만 이해하려고 한 마케도니우스파(Macedonians)[16]

의 행위도 똑같이 우스꽝스러운 것이다. 지혜와 총명과 진리와 용기와 여호와를 경외함이 성령에게서 나오므로, 그분이야말로 지혜와 총명과 진리와 경건의 한 성령이신 것이다(참조. 사 11:2). 은사들이 아무리 다양하게 분배된다 할지라도, 그렇다고 해서 성령이 나뉘어지는 것은 아니다. 사도의 말씀대로, 그는 "같은 한 성령"으로 여전히 남아 계시는 것이다(고전 12:11).

17. 삼위이신 하나님

그러나 반면에, 성경은 성부를 말씀과, 또한 말씀을 성령과 구별짓는다. 그러나 이 신비가 너무나 크기 때문에, 우리로서는 이를 살핌에 있어서 최고의 공경과 신중함을 기울이지 않을 수 없는 것이다. 이 점과 관련하여 나지안주스의 그레고리우스(Gregory of Nazianzus)의 진술은 참 칭송할 만하다고 여겨진다. "한 분 하나님을 생각하자마자 즉시 삼위의 광채에 싸이게 되고, 삼위를 구별하여 보자마자 곧바로 다시 한 분 하나님으로 되돌아가게 된다."[17] 그러므로, 다시 하나님의 단일성을 생각하게 만들지 않고 우리의 생각을 산만하게 하는 그런 식의 삼위일체론을 상상해서는 안 될 것이다. "성부"와 "성자"와 "성령"이라는 단어들 자체가 진정한 구별을 시사하며, 따라서 하나님께서 그의 사역들에 따라서 이 이름들로 다양하게 불리는 그 명칭이 무의미하다고 생각해서는 안 된다. 그러나 어디까지나 구별(distinction)이지 분리(division)는 아니다.

앞에서 이미 인용한 구절들(예컨대, 슥 13:7 등)은 성자가 성부와는 구별된 성격을 지니고 계심을 보여주고 있다. 말씀이 성부와 구별되지 않으셨다면, 그가 하나님과 함께 계시지 못했을 것이요, 또한 성부와 구별되지 않으셨다면, 그가 성부와 함께 영광을 나누실 수도 없었을 것이기 때문이다. 이와 비슷하게, 성자께서는 자기를 증거하시는 이가 따로 계시다고 말씀하셔서(요 5:32; 8:16 등) 자기 자신을 성부와 구별지으시는 것을 보게 된다. 또한 이러한 사실은 아버지께서 만물을 말씀으로 창조하셨다는 다른 곳의 진술과도 일치한다(요 1:3; 히 11:3). 성부께서 어떤 식으로든 말씀과 구별되어 계시지 않고서는 그렇게 할 수가 없으셨을 것이다.

더 나아가서, 이 땅에 강림하신 것도 성부가 아니셨고 오직 성부께로부터 보내심을 받은 성자이셨으며, 또한 성부께서 죽으시지도 다시 사시지도 않으셨고, 오직 성부께로부터 보내심을 받은 성자께서 죽으시고 다시 살아나신 것이다.

뿐만 아니라, 이런 구별이 성자께서 육신을 입으신 그때에 시작된 것이 아니고, 그 이전에도 성자께서 "아버지의 품 속에 있는" 독생하신 하나님이셨던 것이 분명히 드러나는 것이다(요 1:18). 그 누가 감히 성자께서 하늘로부터 강림하셔서 인성(人性)을 취하시기까지는 아버지의 품 속에 들어가지 않으셨다고 주장하겠는가? 그러므로, 그는 그 이전에도 아버지의 품 속에 계셨고, 또한 아버지의 영광을 친히 함께 누리셨던 것이다(요 17:5). 그리스도께서는 성령을 가리켜 "아버지께로부터 나오시는 진리의 성령"(요 15:26; 참조. 14:26)이라고 말씀하셔서, 성령이 성부와 구별되신다는 것을 시사하신 바 있다. 그는 또한 성령을 가리켜 "다른" 보혜사라고 칭하시는 등(요 14:16), 자주 성령을 "다른 분"으로 부르셔서, 성령이 그리스도 자신과도 구별되신다는 것을 시사하시는 것이다.

18. 성부, 성자, 성령이 서로 구별되심

이러한 구별의 의미를 표현하기 위해서 사람들의 일에서 비유를 빌려오는 것이 정당한지는 확실히 잘 모르겠다. 옛 사람들은 때때로 그런 일에 익숙해 있었다. 그러나 동시에 그들은 그들이 제시한 비유들이 결코 적절하지 못하다는 것을 고백하였다. 그리하여 나는 이 문제에서 절대로 경솔해서는 안 된다는 생각이다. 만일 무언가 부적절한 사실을 표현했다가 악한 자들에게서 비방을 자초하거나, 무지한 자들을 망상에 빠지게 해서는 안 될 것이기 때문이다. 그러나 그렇다 할지라도, 성경에 표현되어 있는 것이 분명한 그 구별에 대해서 아무 말도 하지 않는 것 역시 합당한 일이 아닐 것이다.

성경에 나타나 있는 사실은 이것이다. 곧, 모든 활동의 시작과 모든 일의 근원과 원천은 성부께 있고, 또한 지혜와 경륜과 모든 일의 질서 있는 시행은 성자께 있으며, 또한 그 활동의 능력과 효력은 성령께 있다는 것이다. 사실, 성부의 영원하심이 곧 성자와 성령의 영원하심이지만, 하나님께서는 그의 지혜와 능력이 없이는 절대로 존재하실 수가 없다. 그리고 영원 속에서는 전과 후를 찾을 수가 없지만, 그럼에도 불구하고 삼위 하나님의 순서를 살피는 것이 전혀 무의미하다거나 쓸데없는 것이 아니므로, 성부를 먼저 생각하고, 그 다음에 그에게서 성자가 나신 것으로 생각하며, 그리고 마지막으로 그 두 분에게서 성령이 나오시는 것으로 생각하는 것이다. 사람은 누구나 자연히 하나님을 먼저 바라보고, 그 다음에 그에게서 나오시는 지혜를 보며, 그리고 마지막으로 하나님이 그의 계획의 작정들을 시행하시는 능력을 바라보는 데에로 마음이 기울어져 있기 때문이다. 그렇기 때문에, 성자께서는 오직 성부로부터 오시고, 성령은 성부와 성자로부터 동시에 나오신다고 말하는 것이다.

이 사실은 여러 곳에 나타나 있지만, 로마서 8장보다 더 분명한 곳은 없다. 거기서는 동일한 성령을 가리켜 구별 없이 때로는 "그리스도의 영"으로(9절), 때로는 "예수를 죽은 자 가운데서 살리신 이의 영"으로(11절) 부르는데, 이는 전혀 부당한 것이 아닌 것이다. 성경이 선지자들이 성부 하나님의 영으로 말미암아 예언한 사실을 자주 가르치고 있는데도, 베드로는 그들이 예언한 것이 바로 "그리스도의 영"으로 말미암은 것임을 증언하고 있는 것이다(벧전 1:11; 참조. 벧후 1:21).

19. 성부, 성자, 성령의 상호 관계

더 나아가서 이렇게 구별되어 있다는 사실은 하나님의 지극히 완전한 단일성과 모순을 일으키는 것이 아니다. 그러므로 성자는 동일한 성령을 성부와 함께 공유하시므로, 성부와 한 하나님이시며, 성령은 성부와 성자의 영이시므로 성부나 성자와 전혀 상관 없는 다른 존재가 아니신 것이다. 단 한 가지, 각기 자기 자신의 고유한 특성을 보유하신다는 조건이 붙어 있기는 하지만, 각 본체(위격) 안에 온전한 신적 본성이 거하시는 것이다. 성부께서는 온전히 성자 안에 계시고, 성자는 온전히 성부 안에 계시다. 그는 친히 "나는 아버지 안에 있고 아버지는 내 안에 계시다"(요 14:10)고 선언하시는 것이다. 교회의 저술가들은 삼위 하나님의 각 위가 서로 본질이 달라서 다른 위로부터 분리되어 계시다는 논리는 인정하지 않는다.

아우구스티누스는 말하기를, "삼위 간의 구별을 나타내는 이 이름들은 삼위들이 서로 간에 갖는 관계를 의미하는 것이지, 그들이 하나를 이루고 있는 본질 그 자체를 의미하는 것이 아니다"라고 한다. 교부들의 견해들이 때때로 서로 상충되는 것처럼 보이는 경우가 있는데, 이렇게 해서 그들의 견해들을 서로 조화시켜야 할 것이다. 그들은 때로는 성부가 성자의 시작이라고 가르치기도 하고, 때로는 성자가 자기 스스로 신성과 본질을 지니고 계셔서 성부와 동일한 시작을 갖고 계신다고 가르치기도 하는 것이다. 아우구스티누스는 다른 곳에서 이러한 상이한 가르침의 원인에 대해서 아주 명확하게 표현해 주고 있다. "그리스도는 자기 자신에 대해서는 하나님이라 불리며, 성부와 관계해서는 성자로 불리신다. 또한 성부께서도 자기 자신에 대해서는 하나님이라 불리며, 성자와 관계해서는 성부로 불리신다. 성자와 관계하여 성부로 불리시는 한 그는 성자가 아니시고, 또한 성부와 관계하여 성자로 불리시는 한 성자는 성부가 아니시다. 그가 자기 자신과 관계하여 성부로 불리시고, 또한 자기 자신과 관계하여 성자로 불리시는 한, 그는 동일하신 하나님이시다."[18]

그러므로, 성부와 관계해서가 아니고 그냥 성자에 대해서 말할 때에는, 그가 자기 스스로 계시다고 선언한다 해도 지극히 합당하며, 또한 그를 유일하신 시작이라고 말해도 지극히 합당한 것이다. 그러나 성자께서 성부와 함께 갖는 관계를 상정할 때에는, 성부께서 성자의 시작이시라고 말하는 것이 올바르다 할 것이다. 아우구스티누스의 「삼위일체론」 제5권 전체가 이 문제에 대한 해명을 다루고 있다. 그 장엄한 신비 속을 지나치게 교묘하게 꿰뚫고 들어가려 하다가 온갖 허망한 사색으로 인하여 이리저리 방황하기보다는 차라리 아우구스티누스가 제시하는 관계에서 논의를 멈추는 것이 훨씬 더 안전할 것이다.

20. 삼위일체 하나님

그러므로, 알아서 유익이 되는 내용을 간단히 제시할 것이니, 진지함을 정말로 사랑하며 또한 주어진 믿음의 분량으로 만족하는 이들은 이를 받아들이기를 바란다. 그것은 곧, 우리가 한 분 하나님을 믿는다고 고백할 때에, 이 하나님이라는 이름으로써 단일하고 유일하신 본질(essence)을 생각하며, 또한 그 안에 삼위(persons) 혹은 세 본체(hypostases)가 계시는 것으로 이해하게 된다는 것이다. 그러므로, 구체적인 언급이 없이 그냥 하나님의 이름이 언급되는 경우는 언제나 성부는 물론 성자와 성령도 지칭할 수 있는 것이다. 그러나 성자가 성부와 더불어 언급될 때에는 두 분 사이의 관계를 상정하는 것이 되고, 그리하여 두 위(位)들이 서로 구분되는 것이다. 그러나 각 위마다 고유한 특성들이 있으므로, 그들 내에서 하나의 순서가 있게 된다. 예를 들면, 성부에게 시작과 근원이 있어서, 성부와 성자를, 혹은 성부와 성령을 함께 언급할 때마다, 하나님이라는 이름이 특별히 성부에게 적용된다는 것이다.

이렇게 해서, 본질의 단일성이 유지되고, 또한 정당한 순서가 지켜지며, 그러면서도 성자와 성령의 신성이 전혀 손상을 입지 않는 것이다. 모세와 선지자들이 여호와라고 증거한 그분을 가리켜 사도들이 하나님의 아들이라 선언한 사실을 이미 보았으니, 언제나 그 본질의 단일성에 도달하기 마련인 것이다. 그러니, 성자를 가리켜 성부와는 다른 또 한 분의 하나님이라 부르는 일은 정말로 가증스러운 모독이라 아니할 수 없는 것이다. 하나님이라는 이름은 단일성을 지니므로 관계를 용납하지 않으며, 하나님은 자기 자신에 관하여 이 하나님, 저 하나님이라는 식으로 불리실 수가 없기 때문이다.

자, 아무런 구체적인 단서가 없이 그냥 여호와라는 이름만 나타날 경우, 그 이름이 그리스도를 지칭하기도 한다는 것이 바울의 말에서 분명히 드러난다. "이것이 내게서 떠나가게 하기 위하여 내가 세 번 주께 간구하였더니"(고후 12:8). 그리고 그는 조금 뒤에 "내 은혜가 네게 족하도다"라는 그리스도의 응답을 받은 후에는 "이는 그리스도의 능력이 내게 머물게 하려 함이라"고 덧붙이고 있다(고후 12:9). 여기서 "주"라는 단어가 "여호와"를 대신하는 명칭이라는 것이 분명하므로, 이 명칭을 중보자의 위격만을 지칭하는 것으로 제한시키는 것은 어리석고 유치한 처사일 것이다. 더욱이 바울이 이 기도에서 성부와 성자의 관계에 대해서는 전혀 언급이 없이 하나의 절대적인 표현을 사용하고 있기 때문에 더욱 그렇다. 또한 희랍인들의 일상적인 용례에 따라서 사도들이 대개의 경우 여호와라는 이름을 큐리오스(주[主])로 대치하여 사용하고 있다는 것도 우리는 잘 알고 있다.

아주 손쉬운 실례를 들자면, 바울이 주께 기도할 때에 그 "주"란 바로 베드로가 요엘서의 한 구절 — "누구든지 주의 이름을 부르는 자는 구원을 얻으리라"(행 2:21; 욜 2:32의 인용) — 을 인용할 때에 그가 이해한 "주"와 동일한 의미였던 것이다. 이 이름이 명확하게 성자에게 적용되는 경우는 남다른 이유가 있는데, 이에 대해서는 적절한 곳에서 살펴보기로 하겠다. 지금으로서는, 바울이 절대적으로 하나님께 기도한 후, 곧바로 그리스도의 이름을 덧붙이고 있다는 것을 기억하는 것으로 족할 것이다. 뿐만 아니라 그리스도께서도 친히 하나님을 가리켜 절대적인 의미로 영이라 부르시는 것이다(요 4:24). 하나님의 본질 전체가 영이시며, 그 속에 성부와 성자와 성령이 포괄되신다는 견해를 막을 것이 아무것도 없기 때문이다. 이는 성경에서 명백히 드러나는 사실이다. 하나님께서 영으로 불리시기도 하며, 또한 성령께서 하나님의 전(全) 본질의 한 실재(본체:위격)이시므로 그가 하나님의 영으로, 하나님께로부터 온 영으로 불리시기도 하는 것이다.

21. 하나님의 본질에 관한 논의는 오직 성경만을 근거로 하여야 함

사탄은 우리의 믿음을 그 뿌리부터 잘라내고자, 성자와 성령의 신성에 대하여나, 혹은 각 위(位)들의 구별에 대하여 항상 싸움을 조장해 왔다. 그는 거의 모든 시대마다 언제나 불경건한 심령들을 부추겨 이 문제로 정통 교사들을 항상 괴롭혀 왔고, 오늘날도 타다 남은 재로 새로운 불을 지피려 하고 있는 것이다. 그렇기 때문에, 여기서 그런 사람들의 사악한 행위들을 저지하는 것이 매우 중요하다. 지금까지 나의 의도는 가르침을 받을 자세가 되어 있는 이들을 손으로 이끌어주고자 하는 데 있었지, 고집스럽고 분쟁을 일으키려는 자들과 맞붙어 싸우고자 하는 것이 아니었다. 그러나 이제는 지금까지 평화로운 자세로 제시한 진리를 사악한 자들의 모든 비방에서 보호하여야 할 처지가 된 것이다. 그러나 그렇더라도, 하나님의 말씀에 기꺼이 귀를 기울이는 사람들이 든든한 토대를 마련할 수 있도록 끝까지 특별한 노력을 기울일 것이다.

여기서 성경의 감추어진 신비들을 논하는 일에 있어서 우리는 진지하고도 각별히 삼가는 자세를 견지하여, 우리의 생각과 언어가 하나님의 말씀 자체가 허용하는 한계를 넘어서는 일이 없도록 지극히 조심하여야 할 것이다. 측량할 수 없는 하나님의 본체를 인간의 작은 척도로 어떻게 잴 수 있단 말인가? 날마다 태양을 바라보면서도 그 태양의 본질을 파악조차 하지 못하고 있는 것이 사람이 아닌가? 자기 자신에 대해서도 잘 알지 못하는 인간의 마음이 어떻게 자기 힘으로 하나님의 본체를 탐구하려 한단 말인가? 그러므로 하나님에 대한 지식은 하나님 자신께 맡겨두도록 하자.

힐라리우스의 말처럼, 하나님 자신이 자기 자신에 대한 유일한 정당한 증인이시며, 또한 하나님 자신을 통하지 않고서는 그를 알 수가 없는 분이시기 때문이다.[19] 그러나 하나님께서 친히 우리에게 계시하시는 대로 그를 생각하며, 오직 그의 말씀만을 근거로 해서 그에 대하여 탐구한다면, 그것이 바로 그 지식을 하나님 자신께 맡기는 것이 될 것이다. 이 문제에 대해서는 크리소스톰 (Chrysostom)의 「아노모이오스파에 대한 반론」(*Against the Anomoeans*)에 다섯 편의 교훈들이 현존하고 있다. 이 교훈들을 통해서 그는 교만한 궤변가들의 횡설수설을 막으려 했으나 결국 허사가 되고 말았다. 다른 문제들에서처럼 이 문제에서도 그들은 전혀 점잖게 행동하지를 않았기 때문이다. 그들이 헛된 주장들을 계속 늘어놓는 불상사가 생긴 사실에서 우리는 경계를 받아야 할 것이다.

곧, 이 문제에 대해서 논의할 때에 교묘하게 논리를 제시하기보다는 좀 더 부드러운 자세를 가져야 한다는 것이다. 그리고, 오직 하나님의 거룩하신 말씀을 근거로 해서만 하나님을 찾으며, 오직 그 말씀만을 인도자로 삼아서 말하고 생각하며, 그 이상을 벗어나지 않도록 해야 할 것이다. 그러나, 성부, 성자, 성령의 한 신성 안에 무언가 구별이 있어서 ― 이는 파악하기가 힘든 것이다 ― 특정한 사람들이 이것 때문에 정당한 한계 이상으로 어려움과 곤란을 일으킨다면, 사람들의 마음이란 그 본래의 호기심대로 내버려 두면 결국 미궁(迷宮) 속에 빠져버린다는 것을 기억하게 해주고, 그리하여 그들로 하여금 하늘의 말씀을 규범으로 삼도록 만들어 주어야 할 것이다. 혹 그 신비를 완전히 깨닫지 못하는 한이 있더라도 말이다.

22. 삼위일체를 공격하는 세르베투스의 이단적 사설

이 부문의 교리와 관련하여 순전한 믿음을 공격해온 오류들의 목록을 만들려면 너무 길기도 하고 또한 쓸데없이 지루한 작업이 될 것이다. 미친 듯이 날뛰는 수많은 이단들이 하나님의 영광을 전면적으로 공격하면서, 그들은 무지한 자들을 뒤흔들어 혼란을 조장하기에 충분하다고 생각하였다. 사실 그 무수한 분파들은 몇몇 개인들에게서 우후죽순처럼 생겨 나왔는데, 그 중에 어떤 파들은 하나님의 본질을 몇 갈래로 완전히 분리시켜 버리며, 또 어떤 파는 위(位)의 구별을 완전히 혼합시켜 버리기도 하는 것이다. 그러나 성경을 근거로 하여 위에서 충분히 입증한 사실들을 ― 한 분 하나님의 본질은 단일하며 분리되지 않는다는 것, 그 본질이 성부와 성자와 성령께 속한다는 것, 그러나 반면에 성부의 고유한 특성이 성자와 다르며, 성자의 고유한 특성이 성령과 다르다는 것을 ― 든든히 붙잡는다면, 아리우스와 사벨리우스는 물론 기타 고대의 모든 그릇된 저자들의 논리에 대해서도 문이 굳게 닫혀질 것이다. 그런데 오늘날 세르베투스를 비롯해서 몇몇 사람들이 일어나 새로운 속임수로 모든 것을 혼란 속에 빠뜨리고 있기 때문에, 그들의 오류들에 대해서 몇 마디 논의하는 것이 매우 중요할 것이다.

세르베투스는 "삼위일체"라는 용어 자체를 너무도 혐오스럽고 끔찍하게 여겨서, 그는 삼위일체를 주장하는 자들 ― 그는 이들을 삼위일체론자들

(Trinitarians)이라 불렀다 — 모두를 통상적으로 무신론자로 취급할 정도였다. 그가 그들을 비난하며 사용하는 모욕적인 용어들에 대해서는 그냥 지나가기로 한다. 그의 사변의 요점은 바로 이것이었다. 곧, 하나님의 본질 안에 삼위가 존재하신다고 이야기하면 결국 하나님이 셋으로 분리되신다는 것이 되는데, 이는 하나님의 단일성과 모순되므로 이것은 그저 상상에 불과한 것이라는 것이다. 한편 그는, 위(位)들은 하나님의 본질 속에 진정으로 존재하는 것이 아니요 우리에게 이런저런 형식으로 하나님을 나타내 주는 특정한 외형적인 관념들이라고 주장하였다. 태초에는 말씀과 성령이 본래 동일했기 때문에 하나님 안에 구별이 없었는데, 그리스도께서 하나님으로부터 하나님으로서 나오시고 성령이 하나님으로부터 또다른 하나님으로 나오신 후부터 구별이 생겨났다는 것이다. 그는 때때로 자기의 어리석은 주장들을 알레고리를 써서 착색하기도 했지만 — 예컨대, 하나님의 영원한 말씀은 하나님과 함께 계신 그리스도의 영이었고, 그의 관념의 반영이었으며, 또한 성령은 그의 신성의 그림자였다는 식으로 설명하기도 했으나 — 결국 그는 마치 우리 속에도 실체로 있고, 또한 나무와 돌 속에도 있는 그 동일한 영이 하나님의 일부분인 것처럼, 분배의 양식에 따라서 보면, 하나님의 일부분이 성자에게나 성령에게 있는 것이라고 선언하여, 그리스도와 성령의 신성을 무(無)로 돌려버리는 것이다.

그는 중보자의 위격에 대해서도 헛소리로 떠들지만, 그 점에 대해서는 적절한 곳에서 살펴보게 될 것이다. 사실 "위"란 하나님의 영광의 가시적인 현현(顯現) 이외에 아무것도 아니라는 그 끔찍한 사설(邪說)에 대해서는 구태여 길게 반박할 필요가 없다. 세상이 아직 창조되기 이전에 이미 말씀이 하나님이셨다는 것을 요한이 확증해 주고 있으며, 또한 말씀을 관념과는 완전히 구별되는 분으로 제시하기 때문이다(요 1:1). 영원 전부터 하나님이셨던 그 말씀이 성부와 함께 계셨고 또한 성부와 함께 자신의 영광을 지니고 계셨다는 것이 사실이라면(요 17:5), 그는 결코 외형적인 혹은 상징적인 광채이셨을 수가 없고 오히려 필연적으로 하나님 자신 속에 거하신 하나의 위격(휘포스타시스)이신 것이 분명한 것이다.

창조 이전의 성령의 상태에 대해서는 언급이 없지만, 창조 시에 성령은 하나의 그림자로서가 아니라 하나님의 본질적인 능력으로 소개되고 있다. 모세는 아직 혼돈 가운데 있는 덩어리가 성령 안에서 유지되었음을 말하고 있는 것이다(창 1:2). 그러므로, 영원하신 성령께서 언제나 하나님 안에 계셨고, 부드러운 보살피심으로 혼돈 중에 있는 천지의 물질이 아름다움과 질서를 덧입기까지 그 것을 지탱시키셨다는 것이 분명해지는 것이다. 그렇다면 세르베투스가 꿈꾸듯이 성령은 결코 하나님의 모양 혹은 하나의 표현이실 수가 없는 것이다. 그는 또한 다른 곳에서 자기의 불경스러움을 노골적으로 드러내게 된다. 곧, 하나님께서는 그의 영원한 이성을 통하여 한 아들을 자기에게 작정하셨고, 그리하여 그 아들이 눈에 보이도록 나타나게 되었다고 주장하는 것이다. 이것이 사실이라면, 아들이 하나님의 영원하신 작정에 의해서 정해지셨다는 의미 이외에 아무것도 아니므로 결국 그리스도께는 신성이 남아 있지 않는 것이 된다. 게다가 그는 위격들을 환영들로 대치시키고 또한 그것들을 완전히 변형시켜서, 결국 하나님께 새로운 우연한 특질들을 거짓으로 갖다 붙이기를 주저하지 않는 것이다. 그러나 무엇보다도 가장 저주스러운 것은 성자와 성령을 다른 피조물들과 구별하지 않고 완전히 뒤섞어 놓고 있다는 사실이다. 그는 하나님의 본질 속에는 여러 부분들과 구분이 있는데, 그 각 부분이 하나님이시라고 공공연히 선언하고 있다. 그리고 특히 신자들의 영들이 하나님과 똑같이 영원하며 본질이 동일하다고 진술하며, 다른 곳에서는 사람의 영혼뿐만 아니라 다른 피조물들에게까지도 본질적인 신성을 부여하는 것이다.

23. 성자도 성부와 동등한 하나님이심

이러한 늪에서 그와 비슷한 또다른 괴물이 출현하였다. 어떤 악당들이 세르베투스의 불경스러움의 혐오와 수치를 피하기 위해서 삼위가 계시다는 것을 고백하지만, 거기에 단서를 붙이기를, 홀로 참되고 정당한 하나님이신 성부께서 성자와 성령을 지으시고 그들에게 자기 자신의 신성을 주입시키셨다고 하는 것이다. 그들은 이런 끔찍한 언어를 삼가지 않고, 한 걸음 더 나아가서, 성부가 유일하게 "본질 수여자"(essentiator)이시라는 점에서 성자 및 성령과는 구별된다고 이야기한다. 우선 그들은 그리스도께서 흔히 하나님의 아들이라 불리신다는 사실을 논지로 삼고, 이를 근거로 하여 오직 성부만이 정당한 의미에서 하나님이시라고 주장하는 것이다. 그러나 그들은 "하나님"이라는 이름이 아들에게도 똑같이 적용되며 때때로 가장 탁월한 의미에서 성부께 적용되며 ― 그가 신성의 근원이시요 시작이시기 때문에 ― 그리하여 이것이 본질의 단일성을 의미한다는 것을 보지 못했던 것이다.

그들은, 그가 진정 하나님의 아들이시라면 그를 한 위(位)의 아들로 생각한다는 것은 어리석다고 하며 반론을 제기한다. 그러나 나의 답변은 두 가지 모두 사실이라는 것이다. 즉, 말씀이 만세 전에 성부에게서 나셨기 때문에, 그는 하나님의 아들이시며(참조 고전 2:7) ― 아직은 중보자의 위격에 대해 언급할 상황이 아니므로 ― 또한 그러면서도 여기서 하나님이라는 이름이 단서가 없이 그냥 쓰이는 것이 아니고 성부를 지칭하는 것으로 사용되기 때문에, 좀 더 명확한 이해를 위해서는 위(位)를 상정할 수밖에 없다는 것이다. 오직 성부만이 하나님이시라고 생각하게 되면, 성자는 결국 하나님의 지위에서 내던져지고 말 것이기 때문이다. 그러므로, 신성을 언급할 때에는 언제나 성자와 성부 사이에 그 어떠한 대립도 용인해서는 안 되는 것이다. 마치 참 하나님의 이름이 오로지 성부에게만 적용되기라도 하는 것처럼 말이다.

물론 이사야에게 친히 자신을 드러내셨던 그 하나님(사 6:1)은 참되고 유일하신 하나님이셨다. 그러나 요한은 그 하나님이 그리스도이셨던 것으로 단정하고 있는 것이다(요 12:41). 이사야의 입을 통해서 자신이 유대인들에게 걸림돌이 되시겠다고 하신 그분은 바로 바울이 그리스도이셨다고 선언한 바로 그 하나님이셨던 것이다(롬 9:33). 이사야를 통하여 "내가 나의 삶으로 맹세하노니"(사 49:18), "내게 모든 무릎이 꿇리라"(롬 14:11; 참조. 사 45:23)고 선포하신 그 하나님은 유일하신 하나님이시다. 그러나 바울은 이 하나님을 그리스도시라고 해석하고 있는 것이다(롬 14:11). 또한 여기에 사도가 제시한 증언들을 덧붙일 수 있을 것이다. "주여, 태초에 주께서 땅의 기초를 두셨으며 하늘도 주의 손으로 지으신 바라"(히 1:10; 시 102:25-26); "하나님의 모든 천사들은 그에게 경배할지어다"(히 1:6; 시 97:7). 이 말씀들은 오직 유일하신 하나님께만 합당한 말씀들이다. 그런데, 사도는 그것들이 그리스도께 합당한 호칭임을 주장하는 것이다.

또한 그리스도는 하나님의 영광의 광채시므로(히 1:3), 하나님께만 해당되는 것이 그리스도께로 전이되고 있다는 식의 교묘한 주장은 전혀 가치가 없는 것이다. 여호와라는 이름이 이처럼 도처에서 그리스도께 적용되고 있으니, 이는 곧 신성에 관한 한 그리스도께서는 홀로 자존하시는 분이시라는 뜻이 된다. 만일 그가 여호와시라면, 그는 이사야를 통해서 다른 곳에서 "나는 처음이요 나는 마지막이라 나 외에 다른 신이 없느니라"(사 44:6)고 선포하시는 바로 그 하나님이시라는 것을 부인할 수가 없는 것이다. 예레미야의 말씀도 주목할 만하다. "천지를 짓지 아니한 신들은 땅 위에서, 이 하늘 아래에서 망하리라"(렘 10:11).

　반면에, 이사야서에서 천지 창조를 통해서 거듭거듭 신성이 입증되고 있는 분이 다름 아닌 바로 하나님의 아들이시라는 점도 인정해야 할 것이다. 모든 만물을 존재하게 하시는 창조주께서 홀로 자존하시지 않고, 자기의 본질을 다른 데에서 빌려온다는 것이 어떻게 가능하겠는가? 누구든지 성자가 성부에게서 그의 본질을 부여받았다고 말하면, 그것은 성자의 자존(自存)을 부인하는 것이다. 그러나 성령께서는 이를 반대하며, 오히려 그를 여호와라 부르신다. 만일 본질 전체가 성부께만 있다는 것을 인정하게 되면, 그 본질이 분리될 수 있는 것이든가, 아니면 성자께서 그 신적 본질을 빼앗기게 되고, 그리하여 그가 그저 이름뿐인 하나님이 되고 말 것이다. 이 수다쟁이들의 말을 그대로 믿으면, 오직 성부만이 하나님이시요 오직 그만이 성자의 본질 수여자이시기 때문에, 오직 그만 하나님의 본질을 소유하시는 것이 되며, 그리하여 성자의 신성이란 결국 하나님의 본질에서 추출된 것이 되거나, 아니면 전체에서 파생된 한 부분이 되어버릴 것이다.

　그런데 그들은 자기들의 전제로 인해서, 성령은 오직 성부만의 영임을 인정하지 않을 수 없다. 만일 성령이 근원적인 본질에서 파생된 분이라면, 그 본질은 오로지 성부에게만 해당되는 것이므로, 결국 성자의 영으로 간주될 수가 없기 때문이다. 그러나 사도 바울의 증언이 이런 논리가 부당함을 입증해 준다. 그는 성령을 그리스도의 영으로도, 또한 성부의 영으로도 말씀하는 것이다(롬 8:9). 더욱이, 만일 성부의 위격이 삼위일체로부터 제거된다면, 오직 그만 하나님이시라는 것 외에 그가 과연 성자와 성령과 다른 점들이 무엇이겠는가? 그들은 그리스도를 하나님으로 고백하면서도, 그가 성부와는 다르다고 한다. 그러나 성부가 성자가 아니기 위해서는 반드시 무언가 성자와는 다른 특성이 있어야만 하는 것이다. 그런 특성을 신성의 본질에 두는 자들은 그리스도의 참된 신성을 말살시키는 것이 너무도 분명하다. 신적 본질이 없이는 — 과연 그 본질 전체가 없이는 — 신성이 존재할 수가 없기 때문이다. 성부가 스스로 무언가 독특한 것을 — 성자와 공유하지 않는 어떤 것을 — 지니고 있지 않는 한, 그는 성자와 다를 수가 없다.

　그렇다면 이 사람들은 성부가 성자와 다르다는 증거로 과연 무엇을 보여주는가? 그 차이가 본질의 차이라면, 그들은 성부께서 과연 성자와 함께 그 본질을 공유하시는지 아닌지를 대답해야 할 것이다. 그리고 본질을 공유하는 일은 부분적으로는 될 수 없는 것이다. 왜냐하면 본질을 부분적으로 공유한다고 본다면 그것은 결국 반신(半神)을 만들어내는 사악한 행위이기 때문이기도 하고, 게다가 그렇게 하여 기본적으로 하나님의 본질을 찢어 놓는 처사이기 때문이다. 성부와 성자는 모두 신적 본질을 전체로서 완전하게 공유하시는 것이다. 그리고 그렇다면, 본질에 관해서는 성부와 성자 사이에 구별이 없는 것이다.

혹시 그들이 이런 반론에 대하여, 성부가 본질을 성자에게 주시면서도 여전히 유일한 하나님으로 남아 계시고, 그에게 신적 본질이 그대로 있는 것이라는 식으로 답변을 한다면, 결국 그리스도는 상징적인 하나님, 곧 겉모양과 이름은 하나님이지만 실제로는 하나님이 아닌 존재가 되어 버릴 것이다. "스스로 있는 자가 나를 너희에게 보내셨다"(출 3:14)는 말씀처럼, 하나님께는 "있다", 혹은 "존재한다"는 것보다 더 고유한 특성이 없기 때문이다.

24. "하나님"이란 이름은 성부만을 지칭하는 것이 아님

그들은 성경에서 아무 단서가 없이 하나님을 언급하는 경우는 오직 성부만을 지칭하는 것이라고 거짓된 주장을 늘어놓지만, 여러 구절들의 증거를 통해서 그 주장을 쉽게 반박할 수가 있다. 그들이 자기들의 주장을 뒷받침하기 위하여 인용하는 구절들에서도 그들의 일관성 없는 처사가 수치스럽게 드러나고 있다. 성자의 이름이 하나님이라는 이름과 나란히 대비되어 나타나고 있어서, 그 하나님이라는 이름이 상대적인 의미로, 즉 성부의 위격을 지칭하는 한정적인 의미로 사용된다는 것을 보여주고 있기 때문이다. 그들은 "성부만이 홀로 참되신 하나님이 아니시라면, 성자는 자기 자신의 아버지가 되실 것이라"라고 반론을 제기하지만, 이는 한 마디로 물리칠 수가 있다. 친히 자기 자신에게서 자기의 지혜를 낳으셨을 뿐 아니라 또한 중보자 하나님 — 이에 대해서는 차후 적절한 곳에서 충실하게 다룰 것이다[20] — 이신 그분이 그 질서와 순서와 관련하여 특별히 하나님이라 불리신다는 것은 전혀 불합리한 것이 아니다. 그리스도께서 육체로 나타나신 때부터 그는 하나님의 아들이라 불리셨는데, 그것은 그가 만세 전부터 성부께로부터 나신 영원한 말씀이기 때문이기도 하거니와 또한 우리를 하나님과 연합시키기 위하여 그가 친히 중보자의 위격과 직분을 담당하셨기 때문이기도 한 것이다.

그런데 그들이 그렇게도 뻔뻔스럽게 성자를 하나님의 존귀에서 제외시키고 있으니, 그들에게 꼭 물어보아야겠다. 성자께서 선한 이는 오직 하나님 한 분뿐이라고 선언하셨는데(마 19:17), 그렇다면 성자께서 자기 자신에게는 선이 없다는 뜻으로 그 말씀을 하신 것인가? 나는 지금 성자의 인성을 말하고 있는 것이 아니다. 인성을 말한다면, 그들이 성자의 인성에 선이 있다면 그 모든 것이 다 값없는 선물로 주어진 것이라는 식으로 반론을 제기할 테니까 말이다. 나는 지금 하나님의 영원한 말씀이 선한지 선하지 않은지를 묻고 있는 것이다. 이를 부인하면, 그들의 불경스러움이 정죄를 받고도 남는다. 그리고 이를 인정하면, 그들 스스로 자멸하고 마는 것이다. 그러나 얼핏 그리스도께서 스스로 "선하다"라는 호칭을 멀리하시는 것 같아 보이는 사실이 우리의 주장을 더욱더 확증해 주는 것이다. 선하다는 말은 유일하신 하나님의 고유한 칭호이므로, 그리스도께서는 통상적인 뜻으로 "선하다"는 인사말을 건네 받으셨을 때에 그런 그릇된 존귀를 받기를 거부하셨고, 그리하여 자신에게 있는 선은 바로 신적인 선이라는 것을 그들에게 교훈하셨던 것이다.

또 한 가지 묻고 싶은 것이 있다. 바울은 오직 하나님만이 썩지 아니하시고 (딤전 1:17), 지혜로우시며(롬 16:27), 참되시다(롬 3:4)고 단언하였는데, 그렇다면 결국 그리스도께서는 어리석고 거짓된 죽을 인생들의 수준에 불과하다는 뜻인가? 태초로부터 생명을 지니고 계셔서 천사들에게 불멸성을 부여하신 그가 불멸하시지 않단 말인가? 하나님의 영원하신 지혜이신 그분이 지혜롭지 못하단 말인가? 진리 그 자체이신 그분이 참되지 않단 말인가?

더 나아가서, 그리스도께 예배를 드려야 한다고 생각하는지 드리지 말아야 한다고 생각하는지를 그들에게 묻고 싶다. 그리스도께 모두가 무릎을 꿇고 그에게 경배를 드리는 것이 정당하다면(빌 2:10), 결국 그가 하나님이신 것이다. 왜냐하면 하나님 이외에는 아무에게도 예배하지 말라고 율법이 금지하고 있기 때문이다(출 20:3). 그들은 "나 외에 다른 신이 없느니라"(사 44:6)라는 이사야의 말씀이 오로지 성부만을 말씀하는 것이라고 이해하는데, 그렇다면 나는 다음과 같은 증거를 그들에게 되돌려 제시하겠다. 곧, 하나님께 속하는 것은 모두 그리스도께 속한다는 것이 성경에 나타난다는 것이다. 그들은 또한 그리스도께서는 스스로 낮추셔서 육체를 입으셨고 바로 그 육체로 높임을 받으신 것이며, 또한 그에게 하늘과 땅의 모든 권세가 주어진 것도 어디까지나 육체를 입은 상태에 관한 것이라며 교묘하게 주장하지만, 이것도 전혀 근거가 없는 것이다. 왕과 심판주의 위엄이 중보자의 위격 전체에 미치지만, 그가 과연 육체로 나타나신 하나님이 아니셨다면, 하나님과 충돌하지 않고서는 그렇게까지 높임을 받으실 수가 없었을 것이기 때문이다.

그러나 바울이 이 문제를 말끔하게 해결해 주고 있다. 그는 그리스도께서 자기를 낮추사 종의 형체를 취하시기 이전에, 그가 하나님과 동등하신 분이셨다고 가르치고 있는 것이다(빌 2:6-7). 만일 그분이, 그룹을 타시며(참조. 시 18:10; 80:1; 99:1) 온 땅의 왕이시며(시 47:2) 만세의 왕이시며 그 이름이 "야"와 "여호와"이신 그 하나님이 아니셨다면, 과연 이러한 동등하심이 어떻게 성립될 수 있겠는가? 아무리 투덜댄다 할지라도, 그들로서는 이사야가 다른 곳에서 한 "이는 우리의 하나님이시라. 우리가 그를 기다렸으니"(사 25:9)라는 말씀을 그리스도에게서 제거할 수가 없는 것이다. 이 말씀으로 이사야는 그 백성을 바벨론으로부터 귀환시키실 뿐 아니라 교회를 회복시키시고 온전하게 하실 구속자 하나님의 오심을 묘사하고 있는 것이다.

그들은 그리스도께서 성부 안에서 하나님이셨다는 식으로 또다른 이론을 제기하지만, 이 역시 아무런 소용이 없다. 질서와 순서상 신성의 시초가 성부께 있음은 우리도 인정하는 바이지만, 신성의 본질이 성부께만 해당된다는 식의 논리는 성부를 마치 성자를 신격화시키는 분처럼 만드는 것으로서 정말 끔찍스러운 허구라 아니할 수 없는 것이다. 그렇게 되면, 신적 본질이 여러 가지로 분리되든지, 아니면 그리스도를 그저 이름과 상상으로만 "하나님"으로 부르는 것이 되어 버리기 때문이다. 그들의 주장대로 성자께서 하나님이시지만 성부 다음가는 하나님이시라면, 성부에게서는 낳은 바 되지 않고 지은 바 되지 않은 신적 본질이 성자에게서는 낳은 바 되고 지은 바 된 것이 될 것이다.

모세는 하나님께서 "우리의 형상을 따라 우리의 모양대로 우리가 사람을 만들고"(창 1:26)라고 말씀하시는 것으로 보도하는데, 비판하기 좋아하는 여러 사람들이 우리가 그 말씀에서 위격의 구별을 이끌어내는 것에 대해서 비웃는다는 것을 나는 잘 알고 있다. 그러나, 만일 한 하나님 안에 여러 위(位)가 존재하지 않으신다면 이러한 모세의 화법이 얼마나 쓸데없고 어리석은 것이 되어버리는지를 경건한 독자들은 다 알 것이다. 여기서 하나님께서 대화를 나누시는 분들이 창조되지 않으신 분들이라는 것은 분명하다. 그러나 한 분 하나님 자신 이외에는 창조되지 않은 자가 하나도 없다. 그러므로, 창조의 능력과 명령할 수 있는 권세가 성부와 성자와 성령께 공통되는 것이었다는 것을 인정하지 않는다면, 곧 하나님이 자기 안에서 말씀하신 것이 아니고, 자기 이외의 다른 조성자(造成者)들에게 말씀하신 것이 되어버리는 것이다.

마지막으로, 그들의 두 가지 반론을 한 구절로 동시에 물리칠 수가 있다. 그리스도께서는 친히 "하나님은 영이시니"(요 4:24)라고 선언하셨는데, 이 선언은 성부에게만 해당되는 것일 수가 없다. 말씀 자신도 영적인 본질을 지니시기 때문이다. 그러나 만일 "영"이라는 명칭이 성부에게와 성자에게 동등하게 적용된다면, 아무런 단서가 붙지 않은 그저 "하나님"이라는 이름에 성자도 해당되는 것으로 보아야 한다고 결론짓게 되는 것이다. 그러나 그리스도께서는 곧바로 덧붙이시기를, 영과 진리로 예배하는 자들이라야 성부께 참되게 예배하는 자들이라고 하신다(요 4:23). 그러므로, 그리스도께서 머리이신 성부 아래에서 교사의 직분을 수행하고 계시므로, 그가 하나님이라는 이름을 성부께 돌리시는 것은 그 자신의 신성을 파괴시키기 위함이 아니라 우리를 조금씩 단계적으로 가르치셔서 그것을 깨닫게 하시기 위함이었던 것이다.

25. 삼위 모두 신적 본질을 지니심

그러나 그들은 이 점에서 속고 있는 것이 분명하다. 각 위가 신적 본질 가운데 자기 자신의 분리된 몫을 지니고 있는 것으로 상상하고 있으니 말이다. 그러나 우리는 성경에 근거하여 다음과 같이 가르친다. 즉, 하나님의 본질이 하나이며, 따라서 성자와 성령의 본질이 낳은 바 된 것이 아니지만, 성부께서 순서상 첫째가 되시고 또한 바로 앞에서 논의한 바대로 그가 친히 그의 지혜를 낳으셨으므로, 성부를 가리켜 신성 전체의 시초요 근원이라고 생각하는 것이 옳다는 것이다. 그리하여 단서가 없는 그냥 하나님은 나신 바 되지 않으신 분이요, 또한 성부 역시 그의 위격에 관한 한 나신 바 되지 않으신 것이다. 그들은 또한 어리석게도, 우리의 진술은 결국 사위일체(四位一體)를 상정하는 것으로 결론지을 수 있다고 생각한다. 그들의 머리로 생각해 낸 허구를 우리에게 거짓으로 씌워서, 마치 우리가 삼위가 한 본질로부터 파생되어 나온 것으로 이야기하는 것처럼 주장하는 것이다. 그러나 우리의 글들에서 분명히 나타나는 대로, 우리는 위격을 본질과 분리시키는 것이 아니고, 각 위들이 그 본질 내에 머물러 있는 상태에서 서로 구별된다는 것을 주장하는 것이다. 만일 위격이 본질과 분리되었더라면, 이 사람들의 추리가 설득력을 지닐 수도 있었을 것이다. 그러나 그렇게 추리를 이어가면, 결국 한 하나님 안에 삼위가 계신 것이 아니고, 삼신(三神)이 하나로 결합해 있는 것이 되고 마는 것이다.

그들은 우리가 마치 삼위일체에서 삼신이 파생된다고 생각하기라도 하는 것처럼, 삼위일체를 구성하는 데에 본질이 협력하였는가 하지 않았는가를 묻지만, 그런 쓸데없는 질문이 이로써 답변된 셈이다. 그들은 또한 만일 본질이 협력하지 않았다면, 삼위일체는 결국 하나님이 없는 허구가 되고 말 것이라고 반론을 제기하지만, 이 역시 동일한 어리석음의 소치인 것이다. 본질이 삼위일체의 일부 또는 구성원으로서의 구별에는 기여하는 바가 없지만, 그럼에도 불구하고 각 위들은 본질이 없는 것도, 본질 바깥에 있는 것도 아니다. 성부께서 하나님이 아니시라면 그는 성부이실 수가 없었고, 성자께서도 하나님이 아니시라면 그 역시 성자이실 수가 없었기 때문이다. 그러므로 우리는 하나님은 절대적으로 스스로 존재하신다고 고백한다. 또한 그렇기 때문에 성자는 하나님이시며, 따라서 스스로 존재하신다고 고백한다. 그러나 동시에 그의 위격으로 보면 그는 성자이시므로, 그가 성부로부터 존재하신다고 고백하는 것이다. 이렇게 볼 때에, 그의 본질은 시작이 없다. 그러나 그의 위격의 시작은 하나님 자신이신 것이다.

과거에 삼위일체에 대해서 말한 정통적인 저술가들은 삼위일체라는 용어를 오직 위격에 대해서만 사용하였다. 이 구별 속에 본질까지도 포함시켰다면, 아마도 어리석은 오류가 되었을 것은 물론 크나큰 불경이 되었을 것이다. 삼위일체를 이 세 가지 — 본질, 성자, 성령 — 로 구성된 것으로 만들고 싶어하는 자들은 성자와 성령의 본질을 완전히 말살하는 것이다. 그렇지 않다면, 서로 하나로 묶여진 부분들이 서로 혼합되는 것이 되는데, 이렇게 되면 그 어떠한 구별도 망가지게 되어버리는 것이다. 성부와 하나님이 서로 동의어(同義語)라면, 그리고 성부가 다른 두 위(位)를 신격화하는 주체가 된다면, 성자에게는 그림자밖에는 아무것도 남지 않게 될 것이요, 결국 삼위일체는 한 하나님과 두 피조물의 결합 이외에 아무것도 아닌 것이 되고 말 것이다.

26. 성자가 성부께 복종한다는 것도 핑곗거리가 되지 않음

그들은 반론을 제기하기를, 그리스도께서 진정 하나님이시라면, 그를 아들이라 부르는 것은 잘못이라고 한다. 이에 대해서 나는 앞에서[21] 이미 답변한 바 있다. 곧, 한 위를 다른 위와 비교할 때에는 하나님이라는 이름을 성부를 지칭하는 것으로 보아야 한다고 했다. 성부께서 신격의 시초이시기 ― 광신자들의 어리석은 주장처럼 그가 신적 본질을 수여하신다는 의미에서가 아니라, 순서상으로 볼 때에 그가 신격의 시초이시다 ― 때문이다. "영생은 곧 유일하신 참 하나님과 그가 보내신 자 예수 그리스도를 아는 것이니이다"(요 17:3)라는 그리스도의 말씀은 이런 의미로 이해해야 할 것이다. 그는 여기서 중보자의 위격으로 말씀하시면서, 하나님과 사람 사이의 중간의 위치를 취하고 계신 것이다. 그러나 그러면서도 그의 위엄은 감소되지 않는 것이다. 그가 자기를 비우시긴 했으나(빌 2:7), 성부와 함께 소유하시는 그의 영광이 그로 인하여 사라진 것이 아니기 ― 물론 세상으로부터 감추어지긴 했으나 ― 때문이다. 그리하여 사도는 히브리서에서 그리스도께서 잠시 동안 천사보다 못하게 되셨다는 것을 인정하면서도(2:7, 9), 동시에 그가 땅의 기초를 두신 영원하신 하나님이심을 주저하지 않고 선언하고 있는 것이다(히 1:10).

그러므로 우리는, 그리스도께서 이처럼 중보자의 위격으로 하나님을 부르실 때에는 언제나 이 하나님이라는 이름 아래 자기 자신의 신격도 포함된다는 것을 주장해야 할 것이다. 그러므로, 그리스도께서는 사도들에게 "내가 [아버지께로] 떠나가는 것이 너희에게 유익이라"(요 16:7; 참조. 요 14:28), "아버지는 나보다 크심이니라"(요 14:28)고 말씀하셨는데, 그렇다고 해서 그가 자기 자신을 등급이 한 단계 낮은 신으로 간주하셔서 자신이 영원한 본질 면에서 성부보다 열등하다는 것을 자인하시는 것이 아니라, 그가 하늘의 영광을 부여받으셨기 때문에 신자들을 함께 모아 그 영광을 함께 나누게 하시겠다는 의도를 나타내신 것뿐이었던 것이다. 그는 성부께 더 높은 지위를 부여하시는데, 이는 하늘에서 나타나는 그 밝은 완전한 영광의 광채가 그가 육신을 입고 계실 때에 그에게서 나타나는 영광의 분량과는 다른 것을 보셨기 때문이다. 바울은 이와 동일한 의도로 다른 곳에서 말씀하기를, 그리스도께서 "나라를 아버지 하나님께 바치셔서 하나님이 만유의 주로서 만유 안에 계시게 하실 것이라"(고전 15:24, 28)고 한다.

그리스도의 신성이 영원하다는 것을 부인하는 것처럼 어리석은 것이 없는 것이다. 그러나 그리스도께서 영원토록 하나님의 아들로서 처음부터 존재해오신 그대로 동일하게 머물러 계신다면, "성부"께서 지니는 신적 본질과 성자께서 지니는 신적 본질이 하나인 것이 되는 것이다. 그리고 그리스도께서 우리에게 강림하신 것도 우리를 성부께로 올리시며 그리하여 동시에 우리를 자기 자신에게로 올리시기 ― 그는 성부와 하나이시므로 ― 위함이었던 것이다. 그러므로 "하나님"이라는 이름을 성부께만 제한시키고, 성자를 거기서 배제시킨다는 것은 합당한 것도, 옳은 것도 아닌 처사인 것이다. 그렇기 때문에 요한도 그리스도를 가리켜 참 하나님이시라고 선언하여(요 1:1; 요일 5:20), 그 어느 누구도 성자를 성부보다 열등한 제2등급의 신으로 여기지 못하도록 하고 있는 것이다.

더욱이, 새로운 신들을 날조하는 자들은 그리스도께서 참 하나님이심을 고백하고는 곧바로 그를 성부의 신격에서 제외시키는데, 그 저의가 무엇인지 심히 의심스럽다. 이는 마치 그리스도께서 참 하나님이시면서도 한 하나님이 아니실 수도 있는 것처럼 생각하는 것인데, 그들은 신성을 주입 받은 존재의 개념이 새로이 날조된 허구가 전혀 아닌 것처럼 포장하고 있는 것이다.

27. 이레나이우스의 진술들을 이용한 그릇된 논리

그들은 또한 그리스도의 아버지께서 유일하고 영원하신 이스라엘의 하나님이시라고 선언하는 이레나이우스(Irenaeus)의 진술들을 여러 곳에서 인용하여 증거로 제시하지만,[22] 이는 그들의 수치스러운 무지를 드러내는 것이거나 아니면 그들의 부정직함을 보여주는 것이다. 그들은 그 거룩한 사람이, 그리스도의 아버지께서 그 옛날 모세와 선지자들을 통해서 말씀하신 그 동일하신 하나님이심을 부인하면서 세상의 부패 때문에 만들어진 일종의 유령처럼 상상하는 광신자들을 대항하여 싸우고 있다는 사실을 마땅히 생각했어야 옳았을 것이다. 그렇기 때문에 이레나이우스의 진술의 요점은 바로 이것이다.

곧, 그리스도의 아버지 이외에는 성경에서 다른 하나님을 제시하지 않는다는 것이 분명하며, 따라서 다른 신을 상상하는 것은 그릇된 것이라는 것이다. 그렇기 때문에 그가 그리스도와 사도들이 높이시는 그 이스라엘의 하나님 이외에는 다른 하나님이 없다는 사실을 그렇게도 자주 강조하는 것이 전혀 놀랄 일이 아닌 것이다. 그러므로 다른 유의 오류와 싸워야 하는 지금의 상황에서도 우리는 이렇게 말할 것이다. 곧, 그 옛날 족장들에게 나타나셨던 그 하나님은 다른 분이 아니라 바로 그리스도이셨다고 말이다. 혹시 사실은 성부가 나타나신 것이라고 하며 반론을 제기한다면, 우리는 즉시 이렇게 답변할 것이다. 우리가 성자의 신성을 위하여 싸우지만, 그렇다고 해서 성부를 제외시키는 것이 아니라고 말이다.

이레나이우스의 의도가 무엇이었는지에 대해 주의를 기울이면, 모든 논란이 바로 사라질 것이다. 그가 제3권 6장에서 진술하는 내용으로도 모든 분쟁이 해결될 것이다. 거기서 그는 "성경에서 절대적인 의미로 아무런 단서 없이 하나님으로 불려지시는 분은 진실로 유일하신 하나님이시며, 또한 그리스도께서 절대적인 의미에서 하나님으로 불려지신다"는 이 한 가지 사실을 강조하고 있는 것이다. 특히 제2권 46장에서 분명히 드러나는 대로 바로 이것이 — 즉, 성부라는 이름이 참되신 하나님이 아니셨던 자에게 수수께끼처럼 우화적인 의미로 붙여진 것이 아니라는 것 — 그의 논지의 기반이었다는 사실을 기억하도록 하자.

그 이외에도, 그는 다른 곳에서 선지자들과 사도들이 성자와 성부를 함께 하나님으로 부른다는 사실을 주장하고 있다(제3권 9장). 후에 그는 만유의 주시며 왕이시요 심판자이신 그리스도께서 어떻게 만유의 하나님이신 분에게서 권세를 받으셨는지를 규명한다. 즉, 그가 십자가에서 죽으시기까지 자기를 낮추셔서 그 하나님께 복종하심으로 말미암아 권세를 받으셨다는 것이다(제3권 12장). 더 나아가서 그는 잠시 후에 단언하기를, 성자께서 천지를 지으신 자시요, 모세의 손에 율법을 주신 자시요, 또한 족장들에게 나타나신 자시라고 한다.

여기서 혹시 이레나이우스에게는 오직 성부만이 이스라엘의 하나님이셨다는 식으로 주장하는 자가 있다면, 나는 그 자신이 분명하게 가르치는 사실을 그 사람에게 들이댈 것이다. 이레나이우스는, 그리스도는 언제나 한 분이시요 동일하시며, 또한 "하나님이 남방에서부터 오시며"(합 3:3)라는 하박국서의 예언이 그를 지칭하는 것이라고 가르치는 것이다(제3권 18, 23장). 제4권 9장에 나타나는 "그리스도 자신이 성부와 더불어 산 자들의 하나님이시다"라는 진술 역시 동일한 의미를 지닌다. 그리고 제4권 12장에서는, 아브라함이 하나님을 믿은 것은 그리스도께서 천지를 지으신 자요 또한 유일하신 하나님이시기 때문이라고 설명하고 있는 것이다.

28. 테르툴리아누스의 진술들을 사칭한 그릇된 평계

그들은 테르툴리아누스(Tertullian)가 자기들의 지지자라고 주장하는데, 이 역시 터무니없는 것이다. 물론 때때로 그의 언사가 때때로 거칠기도 하지만, 그러나 그는 우리가 변호하는 그 교리의 총체를 모호하지 않게 확실하게 전하고 있기 때문이다. 그의 견해를 약술하자면, 하나님은 한 분이시지만, 경륜에 의하여 그의 말씀이 존재하며, 또한 하나님은 본질의 단일성에 있어서 하나이시요 그럼에도 불구하고 그 단일성이 경륜의 신비로 말미암아 삼위일체로 정리되신다는 것이다. 이렇게 해서 세 분이 계시지만, 이것은 지위의 문제가 아니라 정도의 문제이며, 본질의 문제가 아니라 형식의 문제이며, 권능의 문제가 아니라 순서의 문제라는 것이다. 그는 사실 성자를 성부에 이어서 두 번째로 보지만, 그러면서도 성자께서는 위격이 구별된다는 것 이외에는 전혀 성부와 다르지 않다고 이해하고 있다. 그리고 다른 곳에서는 성자를 눈에 보이는 분으로 말하고는, 그 문제에 대한 양쪽의 논지를 다 논한 후에, 성자께서 말씀이신 한에는 눈에 보이지 않으신다고 선언하는 것이다.

또한 테르툴리아누스는 성부께서 그 자신의 위(位)를 통해서 자신의 특성을 드러내신다고 단언하는데, 이는 결국 그가 우리가 반박하고 있는 그런 거짓된 주장과는 거리가 멀다는 것을 분명히 드러내 주는 것이다. 그가 성부 이외에 다른 하나님을 인정하지 않는 것은 사실이다. 그러나 곧바로 이어지는 문맥에서 자신의 입장을 설명하면서, 자신은 성자에 대해서만 예외적으로 이야기하는 것이 아니며 — 성자께서 성부와는 다른 하나님이시라는 것을 그가 부인하므로 — 또한 그리하여 성부의 수위성(首位性)이 위격의 구별로 인하여 깨어지지 않는다는 것을 보여주고 있는 것이다. 그의 강론의 전체적인 기조에서 그의 발언이 어떤 의미인지를 쉽게 알 수가 있다.

그는 프락세아스(Praxeas)에 대항하여, 하나님이 삼위로 구별되시지만, 그렇다고 해서 하나님이 한 분 이상이 되는 것이 아니며, 하나님의 단일성이 깨어지는 것도 아니라고 주장한다. 프락세아스가 그리스도께서 성부와 동일하지 않고서는 하나님이실 수가 없다고 거짓된 주장을 늘어놓기 때문에, 그는 이 구별에 대해서 상당히 강력하게 논지를 전개하고 있는 것이다. 테르툴리아누스는 말씀과 성령을 전체의 일부분이라고 부르는데, 이는 물론 아주 거친 발언이지만, 그럼에도 불구하고 용납할 수가 있다. 테르툴리아누스 자신이 증언하듯이, 그것이 본질을 가리키는 것이 아니고 단지 위격에만 관계되는 배치와 경륜을 드러내는 것뿐이기 때문이다. 이에 대해서 그는 또 진술하기를, "오오, 지극히 악한 프락세아스여, 삼위의 이름의 숫자만큼 위가 계신 것이 아니면 대체 얼마나 많은 위가 계시단 말인가?"라고 한다. 그리고 조금 뒤에 가서는, "그들이 각기 그 이름과 위격을 지니신 성부와 성자를 믿기를 바란다"고도 하였다.[23] 테르툴리아누스의 권위를 사칭하여 순진한 자들을 속이려는 이 사람들의 파렴치한 수작이 이로써 충분히 반박되고도 남는다고 나는 생각한다.

29. 교부들이 한결같이 삼위일체를 확증함

고대 교부들의 저술들을 부지런히 비교하는 사람이면 누구든지 알게 되겠지만, 이레나이우스의 가르침은 그 이후의 사람들이 가르치는 바와 조금도 차이가 없다. 유스티누스(Justin)는 가장 초기의 교부 중의 한 사람이지만, 그 역시 모든 점에서 우리와 사상이 일치한다.[24] 우리를 반대하는 자들은 유스티누스와 나머지 교부들이 그리스도의 아버지를 유일하신 하나님으로 부른다고 하며 반론을 제기할 것이다.

힐라리우스 역시 같은 것을 가르치며, 더 예리한 어조로 "영원성은 성부께 있다"고 이야기한다.[25] 그러나 이것이 성자의 신적 본질을 빼앗는 것인가? 아니다. 그는 오히려 우리가 고수하는 바로 그 믿음을 전적으로 변론하고 있는 것이다. 그런데 우리의 대적들은 부끄러움도 없이 이런저런 발언들을 거두절미(去頭截尾)하고 마구 빼어내어, 힐라리우스가 자기들의 오류를 지지하는 것으로 믿게끔 만들려 하고 있는 것이다!

그들은 이그나티우스(Ignatius)도 인용하는데, 그것이 조금이라도 무게가 있는 것이 되려면, 사순절 등의 부패한 제도들에 관한 법을 사도들이 만들어냈다는 것을 증명하기부터 해야 옳을 것이다. 이그나티우스의 이름 아래 제시되어 온 그 어처구니없는 제도들처럼 역겨운 것은 없을 것이다. 그러나, 남을 속이기 위해 그런 가면으로 자신을 위장한 자들의 파렴치함은 그보다도 더 참을 수가 없다. 고대 교부들의 일치된 의견은 다음과 같은 사실에서 잘 드러난다. 니케아 공의회에서 아리우스는 자기의 주장을 제시하면서 고대의 인정된 저술가 중 자기의 주장을 뒷받침해 줄 수 있는 사람을 하나도 인용하지 못하였고, 희랍의 교부나 라틴의 교부 중 어느 한 사람도 자신이 과거의 교부들과 견해를 달리한다고 발언한 예가 없다는 사실이다.

이 악당들이 가장 경원시하는 아우구스티누스의 경우, 모든 사람들의 저작들을 살핀 후에 그것들을 존경하는 자세로 받아들이고 있는 사실에 대해서는 구태여 거론할 필요조차 없다. 물론 아주 사소한 세부적인 내용들에 있어서는 그들과 의견을 달리하기도 하며, 그럴 경우는 그 정황을 구체적으로 제시하고 있다. 그리고 이 문제에 있어서도, 다른 저술가들에게 무언가 모호하거나 희미한 진술이 발견되면, 그는 그 사실을 숨기지 않는다. 그러나 그러면서도 그는 아리우스주의자들이 공격한 그 교리를 당연한 것으로 받아들이며, 가장 초기부터 논쟁의 여지 없이 받아들여진 것으로 인정하고 있다.[26] 동시에 그는 과거의 다른 사람들이 가르친 내용에 대해서도 무지하지 않았다. 이는 단 한 가지 진술에서 분명히 드러난다. 그는 「기독교 교양」(*On Christian Doctrine*) 제1권에서 말하기를, 단일성이 성부 안에 있다고 하는데, 그들은 여기서 그가 자신을 잊고 있다고 떠들 것인가? 그러나 다른 곳에서 그는 그런 비난을 깨끗이 해결하고 있다. 곧, 성부께서 아무에게서도 비롯되지 않으셨기 때문에 그를 가리켜 신격의 시초라 부르며, 또한 하나님의 이름이 특히 성부를 지칭한다고 지혜롭게 진술하고 있다. 시초가 성부에게 있지 않다면, 하나님의 단일성이란 생각조차 할 수가 없기 때문이다.

자 이제 경건한 독자들은, 지금까지 교리에 대한 순전한 믿음을 왜곡시키고 어둡게 만들기 위하여 사탄이 사용해온 온갖 비난들이 지금까지의 논의를 통해서 반박된 것을 인식하리라 믿는다. 마지막으로, 나는 이 교리의 총체에 대해서 이로써 신실하게 설명하였다고 믿는다. 단, 독자들이 스스로 호기심을 절제시키고 필요 이상으로 복잡하고 혼란스러운 논쟁을 계속하려들지만 않는다면 말이다. 무절제하게 사변을 즐기는 자들에게는 전혀 만족스럽지 못할 것이라 여겨지기 때문이다. 나는 내게 불리할 것이라 생각되는 내용을 고의로 빼 놓은 일이 없다. 그러나 동시에 교회의 덕을 세우는 일이 지극히 중요하다 생각하기 때문에, 별로 유익이 없고 독자들에게 쓸데없이 괴로움만 안겨 줄 그런 여러 가지 문제들에 대해서는 언급하지 않는 것이 더 좋다고 여겼다. 성부께서 항상 낳으시는가 아닌가에 대한 논란 따위가 대체 무슨 의미가 있겠는가? 삼위께서 영원 전부터 하나님 안에 존재하고 계신 것이 분명하니, 계속해서 낳으시는 것을 상상한다는 것은 그야말로 어리석은 일인 것이다.

1. "πρόσωπα(프로소파)"은 라틴어 persona와 동일한 의미로서, "얼굴," "모습," 혹은 "인격" 등의 뜻으로 쓰인다.

2. "ὁμοούσιος(호모우시오스)." 이는 본질이 동일함을 나타내는 용어로, 325년 니케아 신조에서 강조하였다.

3. 여기 나타난 연대상의 순서는 뒤바뀐 것이다. 아리우스는 337년에 사망하였고, 사벨리우스는 그보다 훨씬 전인 250년 경에 활동하였다.

4. Hilary of Poitiers, *On the Councils*, xii 이하.

5. Augustine, *On the Trinity*, VII. vi. 11.

6. Jerome, *Letters*, xv. 3, 4.

7. Augustine, *On the Trinity*, V. viii-x.

8. Cassiodorus, *Historia tripartita*, VI. 21; Socrates, *Ecclesiastical History*, iii. 7.

9. Hilary, *On the Trinity*, II. ii.

10. Hilary, *On the Councils*, xxvii. 63.

11. Augustine, *On the Trinity*, VII. iv. 7, 9.

12. Tertullian, *Against Praxeas*, ii, ix.

13. 참조. 제2권, 12-17장.

14. Michael Servetus(1511-1553). 스페인 출신의 의사요, 삼위일체를 격렬하게 반대한 신학자로서, 칼빈이 제네바에서 목회할 당시, 그곳에서 정죄를 받아 화형을 당하였다.

15. Augustine, *Letters*, clxx. 2.

16. Macedonius(360년경 사망)를 추종한 자들로 성령의 신성을 부인하였다.

17. Gregory of Nazianzus, *On Holy Baptism*, xl. 41.

18. Augustine, *Psalms*, Ps. 109. 13.

19. Hilary, *On the Trinity*, I. xviii.

20. 제2권, 12장 이하.

21. 참조. 20, 23절.

22. *Irenaeus, Against Heresies, III. vi. 4.*

23. Tertullian, *Against Praxeas*, ii. vii, ix, xiv, xviii, xx, iii, i, ii, xi, ix, xxvi.

24. Justin, *Apology*, I. vi, xiii.

25. Hilary, *On the Trinity*, I. v; II. vi.

26. Augustine, *On the Trinity*, I. iv. 7; VI.; *On Nature and Grace*, lxi. 71 — lxvi. 79; *Against Julian*, II. i. 1 — ix. 32.

우주와 만물의 창조에 있어서까지 성경은
명확한 표지들로써 참되신 하나님을 거짓 신들과 구별지음

(세상과 인간의 창조. 1-2)

1. 하나님의 창조에 대한 인간의 자유로운 사색은 잘못된 것임

이사야 선지자는 거짓 신들을 예배하는 어리석은 자들을 올바르게 책망하고 있다. 땅의 기초와 하늘의 운행하는 것을 보면서도 참 하나님이 누구신지를 배우지 못했기 때문이다(사 40:21). 그러나 우리의 생각이 더디고 아둔하므로, 신자들이 이교도들이 헛되이 꾸며놓은 것들에 빠지지 않게 하기 위해서는 참되신 하나님을 더욱더 확실하게 묘사해야 할 것이다. 하나님을 우주의 정신으로 보는 사상은 철학자들이 보기에는 가장 설득력 있는 묘사이지만, 어리석기 그지없는 것이다. 우리로서 중요한 일은 하나님을 좀 더 친밀하게 알아서, 항상 의심 속에서 이리저리 흔들리는 일이 없도록 하는 일일 것이다. 그러므로 하나님은 창조의 역사를 명확히 드러내셔서, 교회로 하여금 그것에 근거하여 믿음을 갖게 하여 모세가 세상의 창조자요 조성자로 제시한 바로 그 하나님 이외에 다른 신을 찾지 않도록 하시기를 기뻐하신 것이다.

창조의 역사에는 시간이 똑똑히 드러나 있어서, 끊어지지 않고 계속되는 시간의 흐름을 거꾸로 거슬러 올라가면 신자들로서도 얼마든지 인류와 만물의 최초의 기원에까지 도달할 수 있도록 되어 있는 것이다. 이러한 지식은 과거 애굽 등 여러 지역에서 성행하던 괴상망측한 설화들을 대항하는 데에도 유익이 되

며, 뿐만 아니라 우주의 기원을 알고 나면 하나님의 영원하심이 더욱더 분명하
게 비쳐져서 우리가 그것을 보고 말할 수 없는 경이에 싸이게 되는 큰 유익이 있
는 것이다. 불경스러운 자들은 하나님이 천지를 수천 년 이상 일찍 지으셨을 수
도 있었을 텐데 무수한 시간을 그냥 한가하게 흘려보내시고 천지를 지으시려는
생각을 일찍 갖지 않으셨고, 그래서 천지가 창조된지 아직 육천 년도 채 되지 않
았는데 그 궁극적인 종말이 가까워오고 있으니 참 이상한 일이라는 식으로 조
롱하고 있으나, 우리는 이런 조롱에 흔들려서는 안 될 것이다. 우리로서는 하나
님이 어째서 그렇게 오랫동안 그 일을 미루셨는지를 묻는다는 것은 정당한 것
도 아니요 사리에 맞지도 않는다. 인간이 아무리 그렇게 깊이 그 문제를 꿰뚫고
들어가려 해도 언제나 실패할 뿐이기 때문이다. 더욱이, 하나님께서 친히 우리
의 믿음의 절제를 시험하시기 위하여 의도적으로 감추어 두고자 하신 것을 알
려고 하는 것은 우리에게 결코 유익이 되지 못하는 것이다.

어느 부끄러움 없는 사람이 한 경건한 노인에게 조롱하며, 하나님이 천지를
창조하시기 전에 하나님은 무엇을 하셨느냐고 물었다고 한다. 이때에 그 노인
은, 하나님은 호기심 많은 자들을 위해 지옥을 만들고 계셨다고 아주 적절하게
대답하였다고 한다. 많은 이들이 경망스러움에 빠져 해를 끼치는 사악한 사색
에 탐닉하게 되는데, 엄중하면서도 무게 있는 이 노인의 책망어린 교훈을 귀담
아 들어서 그런 데에 빠지지 않도록 해야 할 것이다.

우리는 지혜와 권능과 의가 도무지 헤아릴 길 없으시며 눈으로 볼 수도 없으
신 하나님께서 모세의 역사를 우리 눈 앞에 하나의 거울로 제시하셔서 그 속에
서 자신의 살아 있는 형상을 비추어 주셨다는 사실을 기억하도록 하자. 나이가
들어 시력이 약화되었든지 혹은 다른 결함으로 인하여 눈이 어두워졌을 때에는
안경의 도움이 없이는 사물을 명확히 볼 수 없는 것처럼, 우리가 그처럼 연약하
므로, 하나님을 찾는 일에 대해서 성경이 우리를 도와주지 않으면 우리는 곧바
로 혼란 가운데 빠지고 마는 것이다. 스스로 방종에 빠져 있는 자들은 지금 아무
리 경고를 해도 전혀 듣지 않을 것이고, 나중에 끔찍스러운 파멸에 빠지고 난 후
에야 비로소, 경건한 마음으로 하나님의 은밀한 목적들을 받아들이는 것이 경
망스러운 언사로 하나님을 모독하여 하늘을 흐리게 만드는 것보다 얼마나 더
나은 일이었는가를 뒤늦게 느끼게 될 것이다.

이런 점에서, 하나님의 뜻보다 더 높은 원인을 찾는 것은 하나님을 모욕하는

것이라는 아우구스티누스의 지적은 정말 올바른 것이라 하겠다.[1] 그는 다른 곳에서도, 시간적인 무한에 대해서나 공간적인 무한에 대해서 의문을 제기하는 것은 똑같이 부당한 것이라고 지혜롭게 경고하고 있다.[2] 하늘이 아무리 넓게 확장된다 해도, 역시 거기에는 한계가 있는 법이다. 혹시 누군가가 하나님께 허공이 현재의 하늘보다 백 배쯤 더 커지게 하시기를 구한다면, 경건한 사람으로서는 당연히 이런 오만함을 끔찍스러워하지 않겠는가? 하나님께서 실제로 세상을 창조하신 때보다도 아득히 먼 그 옛날에 창조하실 수도 있었는데, 그렇게 하지 않고 한가하게 세월을 보내셨다는 식으로 비난하는 자들이 있지만, 그들 역시 똑같이 오만과 방종에 빠져 있는 것이다. 그들은 자기들의 호기심을 만족시키기 위하여, 세계 바깥으로까지 나아가려 한다. 마치 하늘과 땅의 그 광활한 경계 속에 있는 그 무수하고 찬란한 것들로도 우리의 감각을 다 만족시켜 줄 수 없는 것처럼 말이다! 마치 육천 년이라는 긴 세월 동안 하나님께서 보여주신 무수한 증거로도 우리의 마음으로 진지하게 묵상하기에 충분하지 못한 것처럼 말이다! 그러므로 우리는 하나님께서 우리를 제한하시고자 하신 그 경계 내에 기꺼이 머물러 있어야 할 것이다. 말하자면, 우리의 생각이 자유로이 방황하다가 곁길로 빠지는 일이 없도록 하시기 위하여 정해 놓으신 그 경계를 지켜야 할 것이다.

2. 엿새 동안의 창조는 인류를 향한 하나님의 선하심을 보여줌

이와 동일한 의도를 갖고서 모세는 하나님의 창조 사역이 한순간에 완성된 것이 아니라 엿새 동안이 소요되었음을 보도하고 있다(창 2:2). 이러한 사정에 의해서 우리는 모든 허구를 버리고, 창조의 역사를 여섯 날로 나누어 진행하신 유일하신 하나님께로 이끌려서, 우리의 전 생애를 통하여 이에 대해 묵상하기를 꺼리지 않게 되는 것이다. 우리의 눈이 어느 방향으로 향하든 하나님이 지으신 것들을 바라보지 않을 수가 없으며, 그러면서도 다른 한편으로는 우리의 주의 (注意)가 얼마나 산만하며, 경건한 생각들이 ― 하나님의 지으신 것들을 바라보며 혹시 그런 생각들이 일어난다 해도 ― 얼마나 덧없이 사라지는가를 또한 절감하는 것이다. 그러나 인간의 이성은 ― 믿음의 순종에 굴복하여, 제칠일을 거룩하게 구별함으로써 제시된 그 안식의 자세를 배양하기를 배우기 전에는 ― 이에 대해서도 그런 엿새 동안의 창조 과정이 하나님의 권능과 모순이 된다는 식으로 투덜대는 것이다.

그러나 우리는 창조의 순서 자체에서부터 인류를 향하신 하나님의 아버지 다우신 사랑을 부지런히 묵상해야 옳을 것이다. 하나님은 모든 좋은 것들을 먼저 우주에 마련하신 후에 아담을 창조하신 것이다. 만일 하나님께서 아담을 아직 아무것도 없이 황폐한 땅 위에 두셨더라면, 빛이 있기 전에 그에게 생명을 주셨더라면, 그것은 아담에게 별로 관심을 두지 않으신 처사로 보였을 것이다. 그런데, 하나님께서는 인류를 위하여 해와 별들이 운행하도록 하셨고, 땅과 물과 공중에 온갖 생물들로 가득 채우셨고, 풍성한 실과들을 나게 하셔서 식물로 삼기에 충족하게 하심으로써, 모든 것을 베풀기 위해 부지런히 일하는 한 가족의 가장의 역할을 수행하사, 우리를 향하신 그의 놀라운 선하심을 보여주시는 것이다.

여기서는 이렇게 간단히 언급하고 지나가지만, 이에 대해서 좀 더 주의를 기울여 생각해 보면 누구나 모세야말로 창조주이신 유일한 하나님의 확실한 증인이요 사자(使者)였다는 것을 확실히 알게 될 것이다. 앞에서 이미 설명한 한 가지 사실에 대해서는 그냥 지나가기로 한다. 즉, 모세는 창조 기사에서 하나님의 본질에 대해서 말씀할 뿐 아니라 그의 영원하신 지혜와 영에 대해서도 제시하고 있으며, 따라서 그처럼 분명한 형상을 통해서 자기 자신을 깨닫도록 해 주신 그 하나님 이외에 다른 신을 꿈꾸는 일이 있어서는 안 될 것이라는 것이 그것이다.

3. 하나님만이 만유의 주재이심

인간의 본성을 충실하게 다루기 전에, 먼저 천사들에 관한 것을 잠시 다루는 것이 적절할 것이다. 사실 모세는 창조의 역사를 기술하면서 일반 사람들의 무지함에 맞추어 하나님의 지으신 것들 가운데 오직 사람들이 육안으로 볼 수 있는 것들만을 언급하고 있다. 그러나 뒤에 가서 그가 천사들을 하나님의 시종(侍從)들로 소개하고 있으니, 그 천사들이 수고하고 기능을 다하여 섬기는 바로 그분이 그들의 창조주이시라는 것을 쉽게 추리해낼 수 있다. 물론 모세는 일반 사람들의 어법을 따라서 이야기하면서, 곧바로 천사들을 하나님의 피조물들 가운데 열거하지는 않는다. 그러나 성경의 다른 여러 곳에서 그들에 관하여 분명하고도 확실하게 전해 주는 사실들이 있으므로 이를 다루지 못할 것이 없는 것이다. 하나님을 그의 지으신 것들을 통해서 알기를 바란다고 할 때에, 천사들처럼 훌륭하고 고귀한 예를 그냥 지나쳐버릴 수는 없는 것이다. 게다가, 이 부분은 여러 가지 오류들을 대응하는 데에도 매우 필요한 것이다. 많은 사람들이 천사들의 그 탁월한 특징들에 압도된 나머지, 천사들을 한 분 하나님의 권위에 복속시키게 되면 그것은 천사들을 억지로 그런 지위에 두는 것으로 천사들을 모욕하는 것이라고 생각한다. 그리하여 그들은 천사들에게 신성이 있다는 그릇된 사고를 갖는 것이다.

또한 마니(Mani)도 그 추종자들과 함께 일어나, 스스로 두 가지 원리를 세웠으니, 곧 하나님과 마귀가 그것이다. 그러면서 그는 하나님은 선한 것들의 기원이시요, 악한 본질들은 마귀에게 기원이 있다고 하였다. 이런 미친 사상이 우리 마음을 사로잡게 되면, 우주를 창조하신 데에서 나타난 하나님의 영광을 부인하고 말게 될 것이다. 그렇게 되면 하나님께는 영원성과 자존성 — 즉, 스스로 존재하신다는 것 — 이외에 별다른 특성이 없는 것이 되어 버리므로, 마귀도 이런 성격을 지니고 있다고 보는 자들은 마귀에게도 신성을 부여하지 않겠는가? 마귀가 하나님의 뜻을 거슬러 자기 마음대로 아무 일이나 다 행할 수 있는 그런 주권을 지니고 있다면, 과연 하나님의 전능하심은 어디 있단 말인가?

마니교도들의 사상적 기초는 단 한 가지, 곧 악한 것들의 창조를 선하신 하나님께 돌린다는 것은 그릇된 것이라는 것이다. 그런데 이것은 정통 신앙을 조금도 해치지 못한다. 정통 신앙은 온 우주 내에 본성적인 악이 존재한다는 것을 인정하지 않기 때문이다. 사람과 마귀의 부패와 악의(惡意), 혹은 그것들로부터 나오는 갖가지 죄악들은 본성에서 비롯되는 것이 아니고, 본성의 부패에서 비롯되는 것이기 때문이다. 그리고 태초로부터 존재하는 모든 만물 가운데서 하나님께서 자신의 지혜와 의의 모범을 드러내시지 않은 것이 하나도 없는 것이다. 그러므로, 이런 사악한 거짓 사설들에 대응하기 위해서는, 우리의 눈이 닿는 범위 이상으로 우리의 마음을 높이 올릴 필요가 있는 것이다. 니케아 신경(the Nicene Creed)에서는 하나님을 가리켜 만물의 창조주라 부르면서 눈에 보이지 않는 것들을 분명하게 언급하고 있는데, 이것이 바로 이런 목적을 위한 것이 아닌가 생각된다.

그러나 동시에 우리는 경건의 규범이 지정하는 분량을 지키도록 신중을 기할 것이며, 그리하여 독자들이 적절한 정도 이상으로 깊이 사색해 들어가서 단순한 믿음에서 벗어나 방황하는 일이 없도록 노력할 것이다. 그리고 성령께서 언제나 우리를 가르쳐서 유익을 주고 계시지만, 그는 덕을 끼치는 데에 별 가치가 없는 것들에 대해서는 완전히 침묵으로 일관하기도 하시고, 혹은 간혹 가볍게 다루시는 정도로 그치시는 것이다. 그러므로 유익이 없는 것들에 대해서는 기꺼이 관심을 제거시키는 것이 또한 우리의 의무인 것이다.

4. 천사들에 관한 헛된 사색에 빠지지 말고 성경의 가르침에 귀를 기울여야 함

천사들은 하나님의 시종들로서 하나님의 명령을 수행하도록 정해진 존재들이므로, 그들이 하나님의 피조물들이라는 것은 의심의 여지가 없는 사실이다(시 103:20-21). 천사들이 창조된 시간이나 순서에 대해서 논란을 제기한다는 것은 부지런함보다는 오히려 완악함의 증거일 것이다. 모세는 "천지와 만물이 다 이루어지니라"(창 2:1)라고 말하고 있는데, 과연 별들과 유성들보다 더 가려져 있는 다른 하늘의 존재들이 어느 시기에 존재하기 시작했는지에 대해서 그렇게 열심히 묻는 것이 무슨 의미가 있는가? 이에 대해서 길게 논의할 필요는 없고, 이 문제에 대해서 우리가 기억해야 할 것은, 모든 신앙적 교리에 있어서도 마찬가지지만, 겸손과 진지함의 한 가지 규범을 지켜야 한다는 것이다. 곧, 모호한 문제에 대해서는 하나님의 말씀으로 우리에게 제시된 것 이외에는 그 어떠한 것도 말하거나 추측하거나 심지어 알려고 하지도 말아야 한다는 것이다.

더 나아가서, 성경을 읽을 때에도, 우리는 덕을 위하여 주어진 것들을 찾고 묵상하기를 끊임없이 힘써야 하며, 호기심에 빠지거나 무익한 것들을 탐구하는 데에 마음을 빼앗겨서는 안 될 것이다. 그리고 주께서는 열매 없는 질문들에 관하여서가 아니라, 건전한 경건과 그의 이름을 경외하는 것과 참된 신뢰와 거룩한 의무들에 관하여 우리를 가르치기를 원하시므로, 우리는 그런 것들에 대한 지식으로 만족해야 할 것이다. 그러므로, 우리가 진정 지혜를 얻으려면, 그 한가한 자들이 하나님의 말씀을 벗어나서 가르치는 바 천사들의 본질과 질서와 숫자 등에 관한 공허한 사변들을 벗어나야 하는 것이다. 많은 이들이 일상 생활에 적용되는 것들보다는 그런 것들에 더 집착하고 그런 것들에서 더 많은 즐거움을 얻고 있다. 그러나 우리가 그리스도의 제자들이기를 부끄러워하지 않는다면, 그리스도께서 제시하신 방법을 따르기를 부끄러워해서는 안 될 것이다. 그렇게 하면, 우리 주님의 가르침으로 만족하게 되고, 또한 주님이 경계하시는 그 완전히 헛된 사변들을 버리며 또한 지극히 혐오하게 될 것이다.

디오니시우스(Dionysius)가 어떤 사람인지는 잘 모르지만, 그가 「천상의 위계 질서」(*Celestial Hierarchy*)에서 여러 가지 문제들을 아주 세밀하게 기술적으로 논의했다는 것은 누구도 부인하지 못할 것이다. 그러나 그 논의한 내용들을 좀 더 면밀히 살펴보면, 대부분이 그저 한가한 이야기에 지나지 않는다는 것을 알게 될 것이다. 그러나 신학자의 임무는 사람들의 귀를 긁어주는 것이 아니라, 참되고 확실하며 유익이 되는 것들을 가르침으로써 양심을 강건하게 해 주는 데 있는 것이다. 그 책을 읽어보면, 하늘에서 떨어진 사람이 자기가 배운 내용이 아니라 자기가 직접 눈으로 본 내용을 이야기하고 있다는 생각을 하게 될 것이다. 그러나 바울은 셋째 하늘에 이끌려 갔었으면서도(고후 12:2) 그 일에 대해서 아무 말도 하지 않을 뿐더러, 자기가 본 은밀한 것들에 대해 이야기하는 것이 합당치 않다고 증언하기까지 하는 것이다(고후 12:4). 그러므로, 그런 어리석은 지혜와는 작별을 고하고, 주께서 그의 천사들에 관하여 우리가 알기를 바라시는 바를 성경의 단순한 가르침에서 살펴보기로 하자.

5. 성경에 나타나는 천사들의 호칭

성경 여기저기에서 나타나는 대로, 천사들은 하늘의 영으로서 하나님을 수종하며 섬기며, 하나님께서 명하신 모든 일들을 수행하는 자들이며(예컨대, 시 103:20-21), 따라서 하나님께서 자기 자신을 사람들에게 나타내시기 위하여 중개적인 사자(使者)들로 그들을 사용하시기 때문에 그들에게 천사라는 이름이 붙여진 것이다. 또한 그 비슷한 이유로 그들에게 다른 이름들이 붙여지기도 한다. 그들을 가리켜 "천군"(눅 2:13)이라고도 하는데, 이는 마치 근위병들이 왕 주변을 에워싸듯이, 그들이 하나님의 위엄을 장식하며 그것을 더욱 돋보이게 하기 때문이다. 그들은 마치 군사들처럼 언제나 그 지휘관의 신호에 항상 주의를 집중하며 그의 명령을 수행할 준비를 항상 갖추고 있다. 그리하여 신호가 떨어지기 무섭게 일을 착수하며, 진행시키는 것이다.

물론 다른 선지자들도 하나님의 보좌의 형상을 묘사하여 그의 위엄을 선포하고 있으나, 다니엘은 특히 이 점을 아주 특징적으로 말씀하고 있다. 그는 하나님이 왕좌에 좌정하실 때에 그를 섬기는 자가 천천이요 그 앞에 모셔 선 자들이 만만이라고 말하는 것이다(단 7:10). 뿐만 아니라, 여호와께서 그들을 통하여 그의 손의 권능과 힘을 놀랍게 드러내시고 선포하시므로, 이 때문에 그들을 가리켜 권세라 부르기도 한다(엡 1:21; 고전 15:24). 하나님께서 그들을 통하여 이 세상에서 그의 권위를 시행하시기 때문에, 그들을 가리켜 때로는 통치자라, 때로는 능력이라, 때로는 주권이라 부르기도 한다(골 1:16; 엡 1:21; 고전 15:24). 그리고 마지막으로, 어떤 의미에서 하나님의 영광이 그들 속에 거하고 있기 때문에, 그들을 가리켜 왕권들이라 부르기도 한다(골 1:16). 그러나 이 마지막의 호칭에 대해서는 더 이상 언급하지 않겠다. 다른 해석이 똑같이 잘 어울리고, 어쩌면 더 낫기까지 하기 때문이다.

이 마지막의 호칭은 그냥 두더라도, 성령께서는 이 앞의 호칭들을 사용하셔서 천사들의 사역의 위엄을 높이 드러내시는 것이다. 하나님께서 그의 신적 위엄의 임재를 그들을 통하여 구체적으로 드러내시니, 성령께서 그 도구들을 높이지 않으시고 그냥 지나치신다는 것이 과연 합당하겠는가? 더군다나, 이 때문에 천사들을 가리켜 "신(神)들"이라 칭하는 경우가 여러 번 나타나고 있으니(예컨대, 시 138:1), 이는 그들의 사역이 마치 거울과도 같은 역할을 하여 어떤 점에서 하나님의 신성을 우리에게 나타내 보이기 때문인 것이다. 고대의 저자들은 성경이 하나님의 천사가 아브라함에게(창 18:1), 야곱에게(창 32:3, 28), 모세와 기타 사람들에게(수 5:14; 삿 6:14; 13:10, 22) 나타난 사실을 보도할 때에, 그 천사가 바로 그리스도이셨다고 해석하는데, 나는 이 해석에 대해서 반대하지 않는다. 그러나 모든 천사들을 다 가리키는 경우가 더 많고, 그럴 경우에 "신들"이라는 호칭이 그들에게 적용되는 것도 사실인 것이다(창 22:11-12). 이것을 이상스럽게 여길 필요는 없다. 왕들과 통치자들이 최고의 왕이시요 심판주이신 하나님의 대리자라는 의미에서 그들에게 "신"이라는 존귀한 호칭이 주어지고 있다면(시 82:6), 하나님의 영광의 광채를 찬란하게 밝혀 주는 천사들에게야 더욱더 그런 호칭이 주어질 만한 것이다.

6. 천사들의 주요 임무

그러나 성경은 우리의 믿음을 강건하게 해 주는 데 가장 효과적인 것들을 우리에게 가르치는 데에 강조점을 두고 있다. 곧, 천사들은 하나님의 자비를 우리에게 나누어주고 처리하는 자들이라는 것이다. 그러므로 성경은 그들이 우리의 안전을 위하여 밤새 지키며, 우리를 보호하며, 우리의 길을 인도하고, 우리에게 해가 없도록 지킨다는 사실을 상기시켜 주는 것이다. 먼저 교회의 머리이신 그리스도에게, 그리고 이어서 모든 신자들에게 적용되는 진술들이 성경 도처에서 나타나고 있다. 곧, "그가 너를 위하여 그의 천사들을 명령하사 네 모든 길에서 너를 지키게 하심이라. 그들이 그들의 손으로 너를 붙들어 발이 돌에 부딪히지 아니하게 하리로다"(시 91:11-12), "여호와의 천사가 주를 경외하는 자를 둘러 진 치고 그들을 건지시는도다"(시 34:7) 등의 말씀이 그것이다. 하나님은 이 말씀들을 통해서, 그가 지키시기로 하신 자들을 보호하는 임무를 천사들에게 맡기셨음을 보여주신다. 그리하여, 여호와의 사자가 도망하는 하갈을 위로하고, 여주인과 화목하라고 명령하였다(창 16:9). 또한 아브라함은 그의 종에게, 천사가 여정을 인도할 것을 약속하고 있다(창 24:7). 야곱은 에브라임과 므낫세를 축복하면서, 자기를 모든 악에서 건져 준 여호와의 사자가 그들을 번성하게 해 주기를 기원하고 있다(창 48:16). 또한 이스라엘 백성의 진들을 보호하기 위하여 천사가 지정되었으며(출 14:19; 23:20), 하나님께서 이스라엘을 원수의 손에서 구원해내고자 하실 때마다 천사들을 통하여 그 일을 시행하셨다(삿 2:1; 6:11; 13:3-20).

더 이상 실례를 들 필요가 없고, 간단히 말하자면, 천사들이 그리스도를 수종들었고(마 4:11), 그의 모든 고난 중에 그와 함께 있었다(눅 22:43). 천사들이 그리스도의 부활을 여자들에게 선언했고(마 28:5, 7; 눅 24:5), 그의 영광스러운 재림을 제자들에게 선언하였다(행 1:10). 이와 같이, 천사들은 우리를 보호하는 임무를 수행하기 위하여, 마귀와 모든 우리의 원수들을 대항하여 싸우며, 우리를 해치는 자들을 향하여 하나님의 보응을 시행하는 것이다. 성경에 나타나는 바와 같이, 하나님의 사자는 예루살렘을 포위된 상태에서 구하기 위하여, 하룻밤 사이에 앗수르 왕의 진에서 185,000명을 죽이기도 했던 것이다(왕하 19:35; 사 37:36).

7. 신자 개개인을 위한 수호 천사의 문제

그러나 과연 개개의 천사들이 신자 하나하나마다 배정되어 그들 개개인을 지키는지의 여부에 대해서는, 나로서는 감히 그렇다고 단언하고 싶지 않다. 물론 다니엘은 바사(페르시아)의 천사와 헬라의 천사에 대해서 언급하여(단 10:13, 20; 12:1) 특정한 천사들이 나라와 지방을 지키는 수호자들로 지정되었음을 시사해 주는 것은 사실이다. 그리고 그리스도께서도 어린아이들의 천사들이 언제나 성부의 얼굴을 항상 뵈옵는다고 말씀하셔서(마 18:10) 그들의 안전을 맡은 특정한 천사들이 있음을 암시하시기도 한다. 그러나 이를 근거로 하여 각 개개인마다 자기에게 지정된 천사에게 보호를 받는다고 보아야 할지는 나로서는 잘 모르겠다. 그러나 나로서 확실한 사실은, 우리 한 사람 한 사람을 보살피는 일이 한 천사만의 임무가 아니라 모든 천사들이 함께 우리의 안전을 위하여 보살피고 있다는 것이다. "죄인 한 사람이 회개하면 하늘에서는 회개할 것 없는 의인 아흔 아홉으로 말미암아 기뻐하는 것보다 더하리라"(눅 15:7)고 말씀했는데, 이는 모든 천사들이 함께 기뻐할 것을 말씀하는 것이다. 또한 거지 나사로를 아브라함의 품에 들어가게 한 천사들이 여럿임을 말씀하고 있다(눅 16:22). 그리고 엘리사는 그의 사환에게 특별히 자기를 위하여 지정된 수많은 불말과 불병거를 보여주었는데, 이 역시 아무 의미도 없는 것이 아니었다(왕하 6:17).

개개인에게 별도의 천사가 배정되어 있다는 것을 좀 더 명확하게 확증해 주는 것 같은 구절이 하나 있기는 하다. 곧, 베드로가 감옥에서 나와서 형제들이 모여 있는 집 문을 두드리자, 형제들은 베드로가 문을 두드린다는 것을 전혀 상상하지 못하고, "그의 천사라"고 하였다는 것이다(행 12:15). 각 신자마다 자기의 수호 천사가 별도로 지정되어 있다는 통상적인 관념 때문에, 그런 생각이 그들에게 생긴 것으로 보인다. 그러나, 여기서 말하는 "그의 천사"란 그 특정한 시기에 베드로를 보호하기 위해 주께서 보내셨을 여러 천사들 중 어느 하나를 지칭하며, 따라서 그 천사가 베드로의 영구한 보호자였다고 볼 필요가 없다는 식으로 이해하지 못할 이유가 없다고도 얼마든지 주장할 수가 있는 것이다.

이와 비슷하게 일반 대중은 각 사람에게 서로 다른 임무를 띤 두 천사 ─ 선한 천사와 악한 천사 ─ 가 있다는 식으로도 상상한다. 그러나 그것은 우리에게 별 관심이 없는 문제로서, 열심히 논의할 가치가 없는 것이다. 모든 천군이 자기의 안전을 지키고 있다는 사실에 만족하지 못하면, 한 천사가 자기를 위하여 특별한 수호자로 지정되었다 한들 무슨 유익이 있겠는가? 사실 우리들 각자에게 베푸시는 하나님의 보살피심을 오로지 한 천사에게만 제한시키는 자들은 그들 자신은 물론 모든 그리스도인들에게 큰 해악을 끼치는 것이다. 우리들 주위에서 우리를 후원하고 보호하여 우리로 하여금 더욱더 용맹스럽게 싸우도록 해주는 천군들에 대한 약속들을 전혀 쓸데없는 것으로 만들어 버리니 말이다.

8. 천사들의 체제와 숫자와 형체

천사들의 숫자와 체제에 대해 감히 단정짓는 자들은 자기들의 근거가 무엇인지를 살피는 것이 좋을 것이다. 다니엘서에서는 미가엘을 가리켜 "큰 군주"(12:1)라 부르며, 또한 유다서에서는 "천사장"(9절)이라 부른다는 것은 주지의 사실이다. 그리고 나팔 소리로 사람들을 불러 심판대 앞에 서게 할 자를 가리켜 천사장이라고 부르고 있다(살전 4:16; 참조. 겔 10:5). 그러나, 누가 감히 이를 근거로 천사들 사이의 존귀의 차등을 결정하고, 각 천사들에게 칭호를 부여하며, 또한 위치와 지위로 구별할 수 있단 말인가? 성경에 나타나는 두 이름, 곧 미가엘(단 10:21; 유 9)과 가브리엘(단 8:16; 눅 1:19, 26)과 또한 세 번째로 라파엘 ― 토비트 이야기에 나타나는 이름을 추가하고 싶다면(토비트 12:15) ― 이 있는데, 이 이름들은 그 의미로 보아서, 우리의 역량이 미약하여 거기에 맞추어 천사들에게 붙여진 것들인 것 같다. 그러나 이에 대해서는 적극적으로 의견을 개진하지 않는 것이 좋겠다는 생각이다.

천사들의 숫자에 대해서는, 그리스도께서는 "열두 군단 더 된다"고 말씀하셨고(마 26:53), 다니엘은 "천천이요 … 만만이라"(단 7:10)고 하였으며, 엘리사의 사환은 산에 가득한 불병거를 보았으며(왕하 6:17), 또한 천사들이 "주를 경외하는 자를 둘러 진 치고" 있다고 하는 말씀(시 34:7)은 천사가 무수히 많다는 것을 시사해 준다.

영들에게는 형체가 없는 것이 분명하나, 성경은 우리의 이해력의 분량에 맞추어서 그룹들과 스랍들의 이름을 빌려 천사들을 날개 달린 모양으로 묘사하고 있으니, 우리로서는 필요한 상황이 생길 경우 천사들이 마치 하늘에서 번개가 치듯이 믿을 수 없을 만큼 신속하게 임하여 우리를 도울 준비를 갖추고 있다는 것을 의심해서는 안 될 것이다. 천사들의 숫자와 체제에 대해서 이 이상으로 어떠한 논리를 제기하든 간에, 우리는 이를 마지막 날에 가서야 비로소 완전한 계시를 접하게 될 신비로운 문제에 속하는 것으로 보아야 할 것이다. 그러므로 이에 대해서 지나치게 호기심을 가져서도 안 되며, 지나치게 단정적으로 말해서도 안 된다는 점을 기억하도록 하자.

9. 천사는 실제로 존재하는 영임

그러나, 몇몇 침착하지 못한 자들이 의문을 제기하지만 우리가 확실히 붙들어야 할 한 가지 사실이 있다. 곧, 천사들은 "섬기는 영(靈)"이며(히 1:14), 하나님께서는 그들의 사역을 통하여 그의 백성을 보호하시고, 그를 통하여 그의 은혜들을 사람들에게 베푸시고 또한 그의 남은 일들을 처리케 하신다는 것이다. 사실 그 옛날 사두개인들은 천사들이란 하나님께서 사람들 가운데 일으키시는 마음의 움직임이나 그가 나타내시는 권능의 실례들 이외에 아무것도 아니라고 보았다(참조. 행 23:8). 그러나 성경의 무수한 증거들이 이런 넌센스의 허구성을 밝히 입증해 주므로, 어떻게 그런 터무니없는 무식(無識)이 그 사람들에게서 생겨났는지 의아스러울 정도다. 천사들의 수가 "만만이요 천천"이며(계 5:11) "열두 군단" 이상(마 26:53)이라고 하며, 천사들이 기뻐한다고 말씀하며(눅 15:10), 그들이 손으로 신자들을 붙든다고 하며(시 91:12; 마 4:6; 눅 4:10-11), 그들의 영혼을 안식으로 이끌며(눅 16:22), 아버지의 얼굴을 뵈옵는다고 말씀하는 등(마 18:10), 이미 많은 성경의 증거들을 제시한 바 있으나, 그 이외에도 많은 구절들에서 천사들이 진정으로 존재하는 영들이라는 것이 분명하게 입증되고 있는 것이다.

스데반과 바울은 천사들이 율법을 전하였음을 말하고 있는데(행 7:53; 갈 3:19), 이것에 대해서 아무리 왜곡된 해석이 있다 할지라도 우리는 액면 그대로 이해해야 할 것이다. 또한 그리스도께서는 택한 자들이 부활 이후에 천사들과 같아질 것이라고도 말씀하셨고(마 22:30), 심판 날은 천사들도 모른다고 하셨고(마 24:36), 또한 그가 거룩한 천사들과 함께 올 것이라고 하셨는데(마 25:31; 눅 9:26), 이 말씀들 역시 그대로 이해해야 한다. 이와 마찬가지로, 바울은 그리스도와 그의 택하신 천사들 앞에서 디모데에게 엄히 명령하였는데(딤전 5:21), 여기서 그는 실체가 없는 어떤 영감이나 성질이 아니라 실제로 존재하는 영들을 염두에 두고 있는 것이다.

그리고, 히브리서에는 천사들에 관하여 여러 가지 진술들이 나타나는데 — 그리스도께서 천사들보다 훨씬 뛰어나다거나(히 1:4), 세상이 천사들에게 복종하는 것이 아니라거나(히 2:5), 그리스도께서 천사들의 본질이 아니라 인간의 본질을 취하셨다거나(히 2:16) 하는 등등의 진술들 — 이 진술들은 천사들이 그렇게 그리스도와 비교될 수 있을 만큼 복된 영들이라는 전제가 없이는 도저히 의미가 통하지 않는 것이다. 더 나아가서, 히브리서 저자는 신자들의 영과 거룩한 천사들이 하나님 나라에 동시에 모여 있는 것으로 묘사하여 이 사실을 더욱 분명하게 밝혀 주고 있다(히 12:22).

이미 앞에서 언급한 구절들에서 우리는, 어린아이들의 천사들이 항상 하나님의 얼굴을 뵈옵는다는 것(마 18:10)이나, 우리가 천사들의 보호하심을 받는다는 것(눅 4:10-11)이나, 천사들이 우리의 구원을 기뻐한다는 것(눅 15:10)이나, 교회에 베푸신 풍성한 하나님의 은혜에 대해 천사들이 놀라워한다는 것이나, 천사들이 머리이신 그리스도 아래에 있다는 것을 지적한 바 있다. 또한 천사들이 거룩한 족장들에게 사람의 모양으로 나타나서 이야기하고 대접을 받은 무수한 실례들에서도 그들이 실제로 존재하는 영이라는 사실이 밝히 드러나는 것이다(창 18:2). 그리고 그리스도 자신도 그가 지니신 중보자의 직분의 탁월함 때문에 여호와의 사자라 불려지고 있다(말 3:1). 그 어리석고 어처구니없는 사상이 이미 오래 전에 사탄이 제기하였으나 그 이후 이따금씩 새로이 제기되곤 하므로, 단순한 사람들이 거기에 현혹되지 않도록 그들의 믿음을 강건하게 하기 위해서, 이 문제에 대해서 잠시 다루고 지나가는 것이 좋다고 생각하였다.

10. 신적 존귀는 천사들에게 합당하지 않음

이제 남은 일은, 천사들이야말로 우리에게 모든 좋은 것들을 베풀며 공급해 주는 자들이라는 말에서 슬그머니 끼어드는 한 가지 미신에 대해서 경계하는 일일 것이다. 그렇게 말하게 되면 곧바로, 그 어떠한 존귀도 천사들에게 금해서는 안 된다는 식의 생각에 빠지게 되고, 그리하여 오직 하나님과 그리스도께만 속한 것들을 천사들에게 전이시키는 일이 너무도 쉽게 일어나기 때문이다. 그리하여 우리는 과거 여러 시대에 걸쳐서 갖가지 방식으로 하나님의 말씀에 어긋나게 천사들에게 무한정의 존귀를 마구 쏟아 부음으로써 그리스도의 영광이 흐려진 사실을 보게 된다. 아마 오늘날 우리가 싸우고 있는 그런 악한 사상 가운데 이보다 더 역사가 오랜 것은 없을 것이다.

바울은 천사들을 지극히 높여서 결국 그리스도를 그들과 동등한 수준에까지 끌어내리는 자들과 큰 싸움을 했던 것으로 보인다. 그리하여 그는 골로새서에서 단호하게 주장하기를, 그리스도께서는 모든 천사들보다 뛰어나실 뿐 아니라 천사들이 소유한 모든 축복들이 바로 그에게서 나온 것임을 말씀하였고(골 1:16, 20), 또한 그렇게 함으로써, 우리가 그리스도를 떠나서, 스스로 충족하지도 못하고 우리들과 똑같이 샘에서 물을 긷는 자들에게로 빠지는 일이 없도록 경계하고 있는 것이다. 하나님의 영광의 광채가 천사들에게서 나타나기 때문에, 우리 스스로 어리석게도 그들을 추앙하여 그들에게 엎드려 경배하고, 그리하여 오직 하나님께만 드려야 할 찬양을 그들에게 드리는 것처럼 쉬운 일이 없는 것이다. 심지어 사도 요한도 요한 계시록에서, 자기도 그런 잘못을 범할 지경에 있었으나 그때에 천사에게서 다음과 같은 대답을 들었다고 고백하고 있다. "나는 너와 및 예수의 증언을 받은 네 형제들과 같이 된 종이니 삼가 그리하지 말고 오직 하나님께 경배하라"(계 19:10; 22:8-9).

11. 주께서 천사들을 사용하시는 은혜로우신 의도

그러나 이런 위험을 잘 피할 수 있는 길이 있다. 곧, 하나님께서 그의 권능을 선포하시고 신자들의 안전을 지키시며 그의 자비의 선물들을 그들에게 전해 주고자 하실 때에, 천사들의 도움이 없이 직접 그 일을 하실 수 있는데도, 그렇게 하지 않으시고 천사들을 통해서 하시는 이유가 무엇인지를 생각하는 것이다. 하나님께서는 마치 천사들이 없이는 아무 일도 하지 못하시기라도 하는 것처럼 어쩔 수 없어서 그렇게 하시는 것이 아니다. 원하시면 하나님은 언제라도 그들을 물리시고 그의 뜻만으로 역사를 이루시기 때문이다. 그러므로 천사들을 써서 어려움을 덜고자 하시는 것이 결코 아닌 것이다. 하나님께서 천사들을 사용하시는 것은 우리의 연약함을 위로하사 우리 마음을 일으켜 선한 소망을 갖게 하고 마음에 안전에 대한 확증을 갖는 데에 아무것도 부족한 것이 없도록 하시기 위함인 것이다.

사실, 우리는 한 가지 사실만으로 만족해야 할 것이다. 곧, 여호와께서 친히 우리의 보호자이심을 선포하신다는 사실 말이다. 그러나 온갖 위험에 둘러싸여 있고, 온갖 해로운 것들과 온갖 종류의 원수들에게 에워싸여 있을 때에는 — 그런 것이 우리의 연약함이지만 — 주께서 우리의 분량에 맞추어서 그의 은혜로운 임재하심을 깨닫게 해 주시지 않으면, 우리는 때때로 공포가 가득하게 되어 절망 가운데 빠지고 만다. 그렇기 때문에, 하나님은 우리를 보살피시겠다고 약속만 하시는 것이 아니라, 우리의 안전을 돌보도록 임무를 부여해 놓으신 무수한 천사들이 있으므로, 그들의 보호와 보살핌의 울타리 안에 있는 한 그 어떠한 위험이 닥친다 할지라도 우리는 이미 모든 해악이 틈타지 못하는 자리에 있는 것이라는 확신을 갖게 하시는 것이다.

유일하신 하나님이 보호하시겠다는 단순한 약속이 있는데도 우리가 도움이 과연 어디서 올까 하며(참조. 시 121:1) 이리저리 두리번거린다면, 그것은 잘못된 처사임을 고백하지 않을 수가 없다. 그런데 주께서는 그의 측량할 길 없는 자비하심과 너그러우심으로 우리의 이러한 허물을 고쳐 주시기를 바라고 계시므로, 하나님의 이러한 크나큰 은택을 무시할 하등의 이유가 없는 것이다. 우리는 엘리사의 사환에게서 이에 대한 한 가지 실례를 보게 된다. 그는 아람 군대가 산을 포위하고 있고 전혀 도피의 희망이 없는 것을 보고 공포에 질려 있었다. 이제 자기 자신과 자기의 주인에게는 모든 것이 끝장이라고 여긴 것이다. 이때에 엘리사가 하나님께서 그 사환의 눈을 열어 주시기를 기도하였고, 그 사환은 곧바로 불말과 불병거가, 즉 그들을 보호할 천군 천사들이 온 산에 가득한 것을 보았다(왕하 6:17). 그것을 보고서 그 사환은 힘을 얻었고, 다시 사기를 되찾았으며, 조금 전에는 보기만 해도 거의 까무러칠 것 같았던 그 원수들을 담대히 대적할 용기를 얻게 되었던 것이다.

12. 천사들은 하나님의 도구에 불과함

그러므로 천사의 사역에 대하여 무슨 말들이 있든, 우리로서는 모든 불신을 제거하여 하나님을 향한 우리의 소망을 더욱더 견고하게 하는 것을 목표로 삼아야 할 것이다. 주께서 이렇듯 우리를 보호하고 계시니, 우리는 원수들이 아무리 많다 할지라도 그것이 하나님의 도우시는 손길을 이길 것처럼 여겨서 두려워 떠는 일이 없도록 하고, "우리와 함께 한 자가 그들과 함께 한 자보다 많으니라"(왕하 6:16)라고 한 엘리사의 말씀에 의지하여야 할 것이다. 그러니, 하나님이 천사들을 세우신 것이 그의 도우심이 언제나 우리 가까이에 있음을 증거하시기 위함이었는데 오히려 우리가 천사들 때문에 하나님께로부터 멀어진다면, 이 얼마나 터무니없는 일이겠는가! 그러나, 우리가 천사들의 손에 이끌려 곧바로 하나님께 나아가서 그를 바라보고 그에게 간구하며 그를 우리를 도우시는 유일한 분으로 선포하지 않으면, 또한 천사들을 하나님의 지시가 없이는 아무 일도 하지 않는 하나님의 도구들로 바라보지 않으면, 또한 천사들이 우리를 유일하신 중보자 그리스도 안에 있게 하여 우리가 전적으로 그에게 의지하고 기대며 그에게로 나아가며 그 안에서 안식을 누리게 되지 않으면, 결국 우리가 천사들로 인해서 실족하게 되는 것이다.

그러므로 우리는 야곱의 환상 가운데 묘사되어 있는 내용을 마음에 깊이 새겨야 할 것이다. 곧, 천사들이 땅으로 내려오고, 사닥다리를 타고 사람들에게서 하늘로 올라가는데, 그 꼭대기에 만군의 여호와께서 계셨다는 것 말이다(창

28:12). 이는 그리스도께서 친히 "하늘이 열리고 하나님의 사자들이 인자 위에 오르락 내리락 하는 것을 보리라"(요 1:51)고 말씀하신 것처럼, 천사들의 활동이 오로지 그리스도의 간구를 통해서만 우리에게 미친다는 것을 시사하는 것이다. 그러므로, 아브라함의 종은 천사의 도우심이 있으리라는 말씀을 들었으면서도(창 24:7), 천사에게 도움을 청하지 않았고, 그 말씀에 의지하여 오히려 여호와께 기도를 드리면서 주께서 아브라함에게 은혜를 베풀어주시기를 간구하였던 것이다(창 24:12).

하나님께서 천사들을 그의 권능과 선하심의 사역자들로 삼으시는 것은 그의 영광을 천사들과 나누기 위함이 아니며, 이와 마찬가지로 그가 천사들의 사역을 통하여 우리를 도우시겠다고 약속하시는 것 역시 우리로 하여금 천사들과 하나님 자신을 동등하게 신뢰하도록 하기 위함이 아닌 것이다. 그러므로, 천사들을 통하여 하나님께 나아갈 길을 찾으며 하나님을 더욱 가까이하기 쉽게 하기 위하여 천사들을 경배한다고 하는 저 플라톤의 철학은 완전히 물리쳐야 할 것이다.[3] 미신적이고 호기심 많은 자들이 애초부터 이 철학을 우리의 신앙에 끌어들이려 했고, 오늘날까지도 계속 그 일을 시도하고 있는 것이다.

13. 마귀에 대한 성경의 경고

성경이 마귀들에 관하여 가르치는 모든 사실들은, 우리를 각성하게 하여 그들의 술수와 교묘한 책략을 미리 경계하도록 하고, 또한 그 지극히 강력한 원수들을 무찌를 만큼 강력하고도 힘있는 무기들로 든든히 무장하도록 하기 위한 것이다. 사탄을 가리켜 "이 세상의 신"(고후 4:4), "이 세상의 임금"(요 12:31) 등으로 부르고, 또한 "강한 자"(눅 11:21; 참조. 마 12:29), "공중의 권세 잡은 자"(엡 2:2), "우는 사자"(벧전 5:8) 등으로 말하는 것은, 오로지 우리로 하여금 더욱 경계하여 싸움에 단단히 대비하도록 하기 위함인 것이다. 때로는 이러한 사실을 더욱 선명하게 표현하기도 한다. 베드로는 "너희 대적 마귀가 우는 사자 같이 두루 다니며 삼킬 자를 찾나니"(벧전 5:8)라고 말한 후에 곧바로 "너희는 믿음을 굳건하게 하여 그를 대적하라"(벧전 5:9)고 권고하고 있다. 그리고 바울은 우리의 싸움이 혈과 육으로 하는 것이 아니며 "통치자들과 권세들과 이 어둠의 세상 주관자들과 하늘에 있는 악의 영들을 상대함"(엡 6:12)이라고 경고한 다음, 곧바로 그런 크고 위험한 싸움에 대비하여 전신 갑주를 취하라고 명령하고 있다(엡 6:13 이하).

우리는 진작부터 원수가 혹독하게 우리를 위협하고 있다는 경고를 받아오고 있는데, 그 원수는 그야말로 대담무쌍, 무용(武勇), 교활한 간계, 지칠 줄 모르는 열심과 기민함, 상상할 수 있는 모든 전쟁의 무기와 기술의 화신(化身)인 것이다. 그러므로 우리는 태만함이나 비겁함에 사로잡혀서는 안 되고 오히려 각성하여 언제나 경계를 게을리 하지 말고 든든히 서서 싸우기에 온 노력을 기울여야 할 것이다. 더욱이 이 싸움은 죽을 때에야 비로소 끝이 나는 것이므로, 서로서로 격려하여 끝까지 인내하여야 할 것이다. 동시에, 우리의 연약함과 무지를 깨닫고, 특별히 하나님의 도우심을 구하며, 무엇을 시도하든 오직 그만을 의지하여야 할 것이다. 우리에게 지혜와 힘과 용기와 무기를 베풀어주실 수 있는 분은 오직 그분밖에 없기 때문이다.

14. 마귀의 규모

더 나아가서, 성경은 우리를 각성하게 하고 싸움을 더욱 힘있게 싸우도록 권고하기 위하여, 우리를 대적하여 싸움을 벌이고 있는 원수가 하나나 둘이 아니라 큰 군대임을 말씀하고 있다. 막달라 마리아는 일곱 귀신에게 붙잡혔다가 놓임을 받았다고 하며(막 16:9; 눅 8:2), 또한 그리스도께서도 증거하시기를, 일단 귀신이 내어쫓긴 다음에 그에게 틈을 주면 그 귀신이 자기보다 더 악한 귀신 일곱을 데리고 와서 그 빈곳을 차지하게 된다고 하셨다(마 12:43-45). 또한 한 사람을 공략하기 위해 온 "군대"가 가담한 사실이 나타나기도 한다(눅 8:30). 그러므로 우리는 이런 실례들을 통해서 우리가 싸워야 할 상대의 숫자가 무한하다는 사실을 깨달아야 하며, 그리하여 그 숫자를 멸시하고서 싸움에 임하기를 게을리 하거나 혹은 가끔씩 휴전 상태에 들어갈 때도 있다는 식으로 생각하여 나태함에 빠지는 일이 결코 없어야 할 것이다.

사탄이나 마귀를 단수형으로 언급하는 경우가 많은데, 이는 의(義)의 나라를 대적하여 싸우는 악의 권세를 뜻하는 것이다. 교회와 성도들의 교제가 그리스도를 머리로 모시듯이, 그 불경스러운 자들의 무리들과 불경(不敬) 그 자체에게도 군주가 있어서 그들에게 통치권을 행사하는 것으로 묘사되고 있는 것이다. 그리하여, "저주를 받은 자들아 … 마귀와 그 사자들을 위하여 예비된 영원한 불에 들어가라"(마 25:41)는 표현이 있는 것이다.

15. 마귀와는 타협이나 평화가 용납되지 않음

성경 어느 곳에서나 마귀가 하나님과 우리의 대적으로 불려지고 있다는 사실에서도, 그를 대적하는 끊임없는 싸움을 향한 불 같은 열심이 우리에게서 일어나야 마땅할 것이다. 만일 우리가 하나님의 영광을 마음에 품고 있다면 — 반드시 그래야 마땅하겠지만 — 그것을 꺼뜨리려고 애쓰는 그 대적과 온 힘을 다하여 싸워야 하는 것이다. 또한 우리가 그리스도의 나라를 이루는 일을 목적으로 삼고 있다면 — 성도라면 당연히 그래야 하겠지만 — 그것을 망쳐버리려고 일을 꾸미고 있는 그 원수와 타협 없이 전쟁을 벌여야 하는 것이다. 뿐만 아니라, 우리가 우리의 구원을 과연 중요하게 여긴다면, 계속해서 군대를 보내어 그것을 파괴하려고 애쓰는 그 원수와는 평화도 휴전도 없어야 하는 것이다. 그러므로 창세기 3장에서도 그를 그렇게 묘사하고 있다. 그 원수는 사람을 미혹하여 하나님께 드려야 할 순종을 드리지 않도록 만들었고, 동시에 하나님께서 받으셔야 마땅한 존귀를 그에게서 빼앗고 사람을 멸망 가운데 집어던지려 하고 있는 것이다(1-5절).

또한 복음서에서도 마찬가지다. 그를 가리켜 "원수"라 부르며(마 13:28, 39), 영생의 씨를 썩게 하기 위하여 가라지를 뿌리는 자로 말씀하는 것이다(마 13:25). 한 마디로, 우리는 그리스도께서 그에 관하여 증언하시는 대로 "그는 처음부터 살인한 자요 … 거짓말쟁이"(요 8:44)임을 사탄의 모든 활동에서 몸소 체험하고 있는 것이다. 그는 거짓으로 하나님의 진리를 반대하고, 어둠으로 빛을 흐리게 만들며, 오류들로 사람의 마음을 얽어매며, 미움을 불러일으키고, 분쟁과 싸움을 조장하는데, 이 모든 일이 하나님의 나라를 전복시키며 사람들을 자기와 함께 영원한 죽음 속에 빠뜨리고자 하는 목적을 위한 것이다.

여기서 그가 본성적으로 부패해 있으며, 악하며, 악독이 가득한 존재라는 사실이 드러난다. 하나님의 영광과 사람의 구원을 공격하는 일에 온통 자신을 쏟아 붓는 그런 기질이야말로 부패성의 극치임에 틀림없기 때문이다. 요한이 그의 서신서에서 "마귀는 처음부터 범죄함이라"(요일 3:8)고 쓰고 있는 것도 바로 이런 의미인 것이다. 요한은 마귀를 모든 악의와 범죄의 본산이요 우두머리요 장본인으로 보고 있는 것이다.

16. 마귀는 타락한 천사임

그러나, 마귀가 하나님께서 창조하신 존재이므로, 우리는 그의 본성에 속하는 그의 악독함은 창조에서 비롯된 것이 아니라, 그의 부패에서 비롯된 것임을 기억해야 할 것이다. 그에게 있는 정죄받을 것들이 무엇이든 그것은 모두 그의 반역과 타락에서 비롯된 것이라는 말이다. 그렇기 때문에 성경은, 마귀의 현재의 상태가 하나님께 기인하는 것으로 믿고서 실상 하나님과는 전혀 관계가 없는 것을 하나님의 탓으로 돌리는 일이 없도록 우리를 경계해 주고 있는 것이다. 그리스도께서는, 마귀가 "거짓을 말할 때마다 제 것으로 말하나니"라고 선언하시고, 이어서 그 이유는 "진리가 그 속에 없으므로 진리에 서지 못하"기 때문이라고 말씀하신다(요 8:44). 사실 마귀가 "진리에 서지 못한다"는 그리스도의 말씀은 그가 과거에 진리 안에 있은 적이 있다는 것을 암시해 주며, 또한 그리스도께서는 "거짓의 아비가 되었음이라"는 말씀을 통하여 마귀의 그런 사악함은 자기 스스로 자초한 것이지 결코 그것이 하나님의 책임이 아님을 암시하시는 것이다.

물론 이런 말씀들이 매우 간결하고 또한 명확한 진술들이 아닌 것은 사실이나, 하나님의 위엄을 모든 비방에서 깨끗이 지켜주기에는 충족하고도 남는다. 마귀에 대해서 이 이상 더 아는 것이 무슨 의미가 있으며, 또 달리 또 무슨 목적이 있겠는가? 어떤 이들은 성경이 마귀들의 타락과 그 원인, 방식, 시기, 그리고 그 성격에 대해서 체계적으로 명확하게 여러 구절들로 제시하지 않는다는 것에 투덜대기도 한다. 그러나 그것은 우리와는 아무 관계가 없는 내용이므로, 그것에 대해서 아무 말도 하지 않거나 아주 간략하게 최소한의 내용만 다루고 지나가는 것이 더 낫기 때문에 그렇게 한 것이다. 아무 유익도 없는 공허한 역사로 우리의 호기심을 채워주시는 것이 성령께 합당한 일이 아니었기 때문이다.

또한 우리가 잘 아는 대로, 우리의 믿음을 강건하게 하기 위하여 배워야 할 것 이외에는 아무것도 그의 거룩한 말씀 속에서 가르치지 않으시는 것이 주님의 목적이었던 것이다. 그러므로 공연히 쓸데없는 문제에 붙잡히지 말고, 마귀들의 본성에 대하여 다음과 같이 간략하게 내용을 정리하는 것으로 만족하도록 하자: 그들은 처음에는 하나님의 천사들로 창조되었으나, 스스로 타락하여 자기를 부패시켰고, 그리하여 다른 이들의 멸망을 위하여 쓰임받는 도구들이 되었다는 것이다. 이 사실을 아는 것이 유익하기 때문에, 베드로서와 유다서에서 이를 명확히 가르치고 있는 것이다. 하나님은 범죄한 천사들을 용서하지 아니하셨고(벧후 2:4), 또한 자기 지위를 지키지 아니하고 자기 처소를 떠난 천사들을(유 6) 그대로 두지 않으신 것이다. 그리고 바울은 "택하심을 받은 천사들"(딤전 5:21)이라는 표현을 사용함으로써, 그 천사들을 택하심을 받지 못하고 버림받은 천사들과 무언으로 대비시키고 있는 것이 분명하다.

17. 마귀는 하나님의 권능 아래서 활동함

사탄과 하나님 사이에 존재한다고 하는 불화와 반목에 대해서는, 하나님이 뜻하시고 허락하시지 않는 한 사탄으로서는 아무것도 할 수 없다는 사실을 지극히 분명한 사실로 받아들여야 할 것이다. 욥기에서 읽는 대로, 사탄은 하나님의 명령을 받기 위하여 하나님 앞에 모습을 드러내며(욥 1:6; 2:1), 먼저 허락을 받기 전에는 그 어떠한 악행도 감히 시행하지 않았다(1:12; 2:6). 아합이 속임을 당했을 때에도, 사탄이 스스로 거짓의 영이 되어 모든 선지자들의 입에서 역사하였으며, 그때에 하나님의 허락을 받아서 자기의 일을 수행한 것이다(왕상 22:20-22). 사울을 괴롭게 한 여호와의 영을 가리켜 "악령"이라 부르는데, 이는 그가 불경스러운 왕의 죄들을 벌하는 채찍으로 사용되었기 때문이다(삼상 16:14; 18:10). 또한 다른 곳에서는 애굽 사람들에게 내려진 재앙들이 하나님께서 "악한 천사들"(시 78:49, 한글 개역개정판은 "재앙의 천사들"로 번역하고 있음: 역자주)을 통하여 베푸신 것이라고 기록하고 있다. 이러한 구체적인 실례들에 따라서, 바울은 불신자들의 눈을 어둡게 하는 일을 가리켜 사탄의 활동이라 부른 다음(살후 2:9; 참조. 고후 4:4; 엡 2:2), 이어서 그것이 하나님의 역사임을 증언하고 있다(살후 2:11).

그러므로 사탄은 하나님의 권능 아래 있는 것이 분명하며, 하나님의 권위 아래 통치를 받고 있어서 그에게 복종하지 않을 수 없는 것이다. 사실, 우리가 사탄이 하나님을 거역하며, 사탄의 일이 하나님의 일과 어긋난다고 말하지만, 동시에 우리는 이런 거역과 어긋남이 하나님의 허락에 의존하는 것임을 주장하는 것이다. 물론 사탄의 뜻이나 노력이 그렇다는 것이 아니고, 다만 그 결과가 그렇다는 것이다. 마귀는 본성적으로 사악하여 하나님의 뜻에 순종할 의향이 조금도 없고, 오로지 불순종과 반역만을 의도할 뿐이다. 자기 자신과 그 사악함으로 인하여 열정적으로 고의적으로 하나님께 거역하는 것이다. 또한 이런 사악함으로 말미암아, 그는 하나님을 가장 거역한다고 믿는 바대로 행동하는 것이다. 그러나 하나님께서 권능의 고삐를 잡으셔서 그를 묶어두시고 제지하시기 때문에,

그는 오로지 하나님께서 허락하시는 일만을 수행하게 되며, 따라서 그가 원하든 원치 않든 간에, 그의 창조주께 복종하게 되어 있는 것이다. 언제든 하나님께서 요구하실 때마다 억지로라도 하나님을 섬기지 않을 수가 없기 때문이다.

18. 신자들에게는 사탄과의 싸움에서 승리가 보장되어 있음

자, 이렇듯 하나님께서 더러운 영들을 그의 뜻대로 이리저리 돌리시고 그들의 활동을 완전히 장악하고 계시기 때문에, 그들이 아무리 신자들을 대적하고, 기습하며, 평안을 깨뜨리고, 싸움에 몰아넣고, 그리하여 때때로 지치게 만들고, 두렵게 만들고, 때로는 상처를 입히기도 하여 그들을 훈련시키지만, 결코 신자들을 정복하지 못하고 무너뜨리지 못한다. 그러나 악인들은 얼마든지 정복하고 끌어가서, 그들의 정신과 육체를 장악하고 마치 노예처럼 온갖 부끄러운 행위를 하게 만든다. 그러나 신자들도 이런 원수들 때문에 불안해지기 때문에, 그들에게 다음과 같은 권고들이 있다. "마귀로 틈을 타지 못하게 하라"(엡 4:27), "근신하라 깨어라 너희 대적 마귀가 우는 사자같이 두루 다니며 삼킬 자를 찾나니"(벧전 5:8-9). 바울은 자기가 교만하지 않도록 하기 위하여 자기에게 "사탄의 사자"가 역사한다고 말하고 있는데(고후 12:7), 이로써 그는 자기 자신도 이런 유의 싸움을 면제받은 것이 아님을 시인하고 있다. 그러므로, 하나님의 자녀들 모두에게 이런 싸움이 있는 것이다.

그러나 사탄의 머리를 상하게 하리라는 약속(창 3:15)이 그리스도와 그의 모든 지체들에게 똑같이 적용되기 때문에, 나로서는 신자들이 사탄에게 정복당하거나 완전히 패할 수 있다는 것은 부인한다. 신자들이 괴로움을 당하는 일이 자주 있지만, 그러나 회복될 수 없을 정도로 완전히 무너지는 일은 없다. 격한 공격을 받아 넘어지기도 하지만, 후에 다시 일으킴을 받는다. 상처를 받기도 하지만 치명적인 상처는 받지 않는다. 요컨대, 신자들은 평생토록 싸움에 열심을 다하여 마침내 승리를 거둔다는 것이다.

다윗은 하나님의 정의로운 보응으로 한동안 사탄에게 넘겨준 바 되어, 사탄의 부추김을 받아 인구 조사를 시행하였다는 것을 우리가 알고 있다(삼하 24:1). 또한 바울은 사람들이 현재 마귀의 올무에 걸려 있다 할지라도 그들에게 죄 사함의 소망이 전혀 불가능하다고 보지는 않는다(딤후 2:25-26). 또다른 구절에서 바울은 위에 언급한 그 약속이 우리가 아직 싸움 중에 있는 이 땅의 삶 속에서 효과를 내기 시작하여 그 싸움이 끝난 후에 성취된다는 것을 보여주고 있다. 그의 말씀 그대로 인용하면, "평강의 하나님께서 속히 사탄을 너희 발 아래에서 상하게 하시리라"(롬 16:20)는 것이다. 우리의 머리이신 그리스도께는 이러한 승리가 언제나 완전했다. 이 세상의 임금은 그에게 관계할 것이 없기 때문이다(요 14:30). 그런데, 이러한 승리가 부분적으로나마 우리에게서도 나타난다. 우리는 그리스도의 지체들이기 때문이다. 지금은 육체를 지니고 있어서 아직 연약함에 속하여 있으나 우리가 육체를 벗게 될 때에 그 승리가 완성될 것이며, 또한 성령의 권능으로 충만해질 것이다.

그리스도께서 친히 "사탄이 하늘에서 번개같이 떨어지는 것을 내가 보았노라"(눅 10:18)고 말씀하셨듯이, 그리스도의 나라가 세워지면, 사탄과 그의 권세는 무너지는 것이다. 사도들이 그들의 복음 선포의 효과에 대하여 보고했을 때에 주께서 이 말씀을 하셔서 그 사실을 확증해 주시기 때문이다. 또한 주님은 "강한 자가 무장을 하고 자기 집을 지킬 때에는 그 소유가 안전하되 더 강한 자가 와서 그를 굴복시킬 때에는 그가 믿던 무장을 빼앗고 그의 재물을 나누느니라"(눅 11:21-22)라고도 말씀하신다. 또한 그리스도께서는 친히 죽으심으로써 "죽음의 세력을 잡은 자 곧 마귀"를 정복하셨고(히 2:14) 그의 모든 세력들에게 승리를 거두셔서 그들이 교회를 해치지 못하게 하셨다. 그렇지 않았다면, 마귀들이 매순간마다 공격하여 수백 번도 더 교회를 망하게 했을 것이다. 우리가 그렇게 연약하고 또한 마귀의 공격이 그렇게도 맹렬하니, 우리의 대장 되시는 그리스도의 승리에 의지하지 않는다면, 대체 어떻게 끊임없이 다가오는 그의 온갖 공격에 대항할 수가 있겠는가?

그러므로 하나님은 사탄이 신자들의 영혼을 다스리지 못하게 하시며, 오로지 하나님의 양 떼의 일원으로 인정받지 못하는 불경스러운 자들과 불신자들만 내어 주셔서 사탄의 지배를 받게 하시는 것이다. 성경은 마귀가 그리스도로 말미암아 내어 쫓기기 전에는 어느 누구의 도전도 받지 않고 이 세상을 차지하였다고 말씀한다(참조. 눅 11:21). 뿐만 아니라, 그는 복음을 믿지 않는 모든 자들의 마음을 혼미하게 한다고도 말씀하고(고후 4:4), 또한 그가 "불순종의 아들들 가운데서 역사"한다고도 말씀하는데(엡 2:2), 이는 지극히 합당한 말씀이다. 왜냐하면 불경스러운 자들은 모두 진노의 그릇들이기 때문이다. 그러니, 하나님의 보응을 시행하는 사자들에게가 아니라면, 과연 그들이 누구에게 속하겠는가?

마지막으로, 그들을 가리켜 그들의 아비 마귀에게서 났다고 말씀한다(요 8:44). 신자들이 하나님의 형상을 지니고 있어서 그 때문에 하나님의 자녀로 인정받는 것처럼, 불신자들도 부패하여 사탄의 형상을 지닌 상태가 되어 있기 때문에 사탄의 자녀들로 인정받는 것이다(요일 3:8-10).

19. 마귀는 실질적인 존재임

앞에서 천사란 하나님께서 사람의 마음에 일으키시는 선한 영감이나 충동 같은 것 이외에 아무것도 아니라고 가르치는 헛된 철학에 대해서 반박한 바 있으니,[4] 여기서도 마귀를 가리켜 그저 우리 육체 때문에 생겨나는 악한 감정이나 불안 같은 것 이외에 아무것도 아니라는 식으로 떠들어대는 자들에 대해서 반박해야 마땅할 것이다. 이 문제에 대해서는 성경의 증거가 적지 않으므로, 간단히 마무리할 수 있을 것이다.

우선, 본래의 처소를 떠나 타락한 자들을 가리켜 더러운 귀신, 혹은 반역한 천사들이라 부르는데(참조. 마 12:43), 그 명칭들부터가 그들이 단순한 충동이나 마음의 감정이 아니라 감각과 지성을 지닌 정신 혹은 영들임을 충분히 보여준다. 또한, 그리스도와 사도 요한은 하나님의 자녀들을 마귀의 자녀들과 비교하는데(요 8:44; 요일 3:10), "마귀"라는 명칭이 아무것도 아니고 그저 악한 영감에 불과하다면 이런 비교가 무의미해지고 말지 않겠는가? 게다가 요한은 이보다 좀 더 명확한 표현을 하고 있다. "마귀는 처음부터 범죄함이라"(요일 3:8). 또한 유다는 "천사장 미가엘이 … 마귀와 다투어 변론"하였음을 말하는데(유 9), 여기서 그는 분명 선한 천사와 반역한 악한 천사를 서로 대비시키고 있는 것이다. 욥기에서 읽는 내용도 마찬가지다. 사탄이 거룩한 천사들과 더불어 하나님 앞에 나와서는 것이다(욥 1:6; 2:1). 뿐만 아니라 무엇보다도 가장 명백한 구절들은 바로 마귀들이 하나님의 심판에서부터 형벌을 느끼기 시작하여 특히 부활 시에 더욱 느끼게 될 것을 보여주는 것들이다. "하나님의 아들이여 우리가 당신과 무슨 상관이 있나이까? 때가 이르기 전에 우리를 괴롭게 하려고 여기 오셨나이까?"(마 8:29), "저주를 받은 자들아 나를 떠나 마귀와 그 사자들을 위하여 예비된 영원한 불에 들어가라"(마 25:41), "하나님이 범죄한 천사들을 용서하지 아니하시고 지옥에 던져 어두운 구덩이에 두어 심판 때까지 지키게 하셨으며"(벧후 2:4), 등등.

만일, 마귀들이 실제로 존재하지 않는다면, 마귀들이 영원한 심판을 받게 되어 있다는 것이나, 영원한 불이 그들을 위하여 예비되어 있다는 것이나, 그들이 그리스도의 영광으로 말미암아 지금 고통을 받고 있다는 등등의 표현들이 얼마나 어리석고 우스꽝스럽게 되어버리겠는가! 그러나 이런 문제는 주의 말씀을 믿는 자들 가운데서는 논할 필요가 없는 것이요, 또한 그 어떠한 것에도 만족하지 못하는 헛된 사변을 늘어놓는 자들에게는 성경의 이러한 증언들도 별로 유익이 되지 않을 것이다. 그러므로, 이제 경건한 자들을 바로 세워서, 불안한 마음을 지닌 자들이 스스로 혼란에 빠지고 또한 자기보다 더 무지한 자들을 혼돈 속에 빠뜨리게 만드는 그런 헛된 망상에 빠지지 않도록 했으니, 나로서는 해야 할 임무를 다한 것 같다는 느낌이다. 그러나, 어느 누구도 그런 오류에 얽혀 들어가서 원수가 없다고 생각하여 마귀를 대적하는 일에 게을러지고 분별이 없이 되는 일이 있어서는 안 되기 때문에, 이 문제에 대해서 언급하고 지나가는 것도 나름대로 가치가 있다고 여겨진다.

(창조에서 얻는 영적 교훈들. 20-22)

20. 놀라운 하나님의 솜씨

한편, 이처럼 지극히 아름다운 극장 속에 있으니, 그 분명하고도 확실하게 드러나는 하나님의 솜씨에 대해 경건한 즐거움을 누리기를 부끄럽게 여기지 말자. 다른 곳에서 말한 바와 같이,[5] 그것이 믿음을 위한 가장 주된 증거는 아니지만, 그럼에도 불구하고 그것은 자연 질서 가운데 첫째가는 증거이므로, 어디로 눈을 돌리든 눈에 띄는 모든 것들이 다 하나님의 지으신 것들임을 생각하며, 또한 동시에 하나님이 그것들을 창조하신 목적에 대해 경건하게 묵상하여야 할 것이다. 그러므로, 하나님을 아는 일에 필요한 것을 참된 믿음으로 깨닫기 위해서는, 모세가 기록한 창조의 역사(참조. 창 1-2장)를 잘 살피는 일이 중요할 것이다. 그리고 후에 특히 바실리우스(Basil)과 암브로시우스(Ambrose)[6] 같은 거룩한 사람들이 좀 더 상세하게 예를 들어서 이 역사에 대해서 설명해 주고 있기도 하다.

이 역사를 통해서 우리는 하나님께서 그의 말씀과 영의 능력으로 무에서 천지를 창조하셨으며, 그 이후에 온갖 종류의 생물과 무생물을 지으셨고, 무수한 각종 사물들을 질서정연하게 정리하셨으며, 각 종류마다 자체의 본질을 부여하시고 기능을 부여하시고 장소와 위치를 지정하셨으며, 또한 모든 만물들이 부패할 소질을 지니고 있었으나 하나님께서 마지막 날까지 각 종류들을 보존하게 하셨다는 사실 등을 배우게 된다. 뿐만 아니라 우리는 이 창조의 역사에서, 하나님께서는 무언가 은밀한 방식으로 만물들을 양육하시되, 말하자면 이따금씩 그것들에게 새로운 활력을 불어넣으시기도 하고, 또 어떤 것들에게는 번식력을 베풀어 주셔서 한 개체가 죽어도 그 종(種) 전체가 말살되지 않도록 하셨고, 또한 풍성함과 다양함과 아름다움이 무제한으로 드러나도록 천지를 놀랍게 장식하셔서 마치 웅대하고 찬란한 저택처럼 만드셨고 거기에 지극히 정교하고 또한 풍부한 장식물들로 채우셨다는 사실도 배우게 된다. 그리고 마지막으로, 우리는 하나님께서 인간을 지으시되 그에게 그렇게 놀라운 아름다움으로 장식하셨고, 또한 위대한 무수한 재능들을 부여하셔서 그의 지으신 만물 가운데 가장 탁월한 모범으로 세우셨다는 사실을 배우게 된다.

그러나 우주 창조 기사를 상세히 열거하는 것이 나의 목적이 아니므로, 이에 대해서는 그저 이런 몇 가지 문제들을 간단히 언급하고 지나가는 정도면 족할 것이다. 이미 독자들에게 말한 바와 같이, 이에 대한 상세한 내용에 대해서는 창조 기사에 대한 모세의 기록(창 1-2장)과 또한 그 기사에 대해서 성실하고도 면밀하게 다루고 있는 다른 사람들의 글들을 참고하는 것이 더 나을 것이다.

21. 하나님의 창조 세계에 대한 묵상

하나님의 지으신 만물들에 대해서 어느 방향으로 생각하고 묵상하며 또한 그 결과를 어떠한 목표에 적용시켜야 하는지에 대해서는 더 이상 길게 논의할 필요가 없을 것이다. 이미 다른 곳에서 이 문제에 대해서 상당 부분 다룬 바 있으므로[7] 현재의 목적에 합당한 내용이라면 그저 몇 마디로 다룰 수가 있을 것이기 때문이다. 사실, 하나님의 그 측량할 길 없는 지혜와 권능과 공의와 선하심이 우주를 지으시는 데에서 어떻게 드러나는지를 제대로 설명하려 했다 하더라도, 아무리 찬란하고 아무리 아름다운 말을 쓴다 해도 그 위대한 위엄의 역사를 올바로 드러내기에는 턱없이 부족했을 것이다. 여호와께서는 우리가 끊임없이 이 위대한 일을 거룩하게 묵상하기를 바라실 것이 분명하다. 그러니, 우리는 모든 피조물들 속에서 마치 거울을 보듯이 그의 지혜와 공의와 선하심과 권능의 그 광대한 풍성한 것들을 바라볼 때에, 그것들을 그저 호기심으로, 혹은 말하자면, 그저 한 번 슬쩍 보고 지나치는 그런 식이 되어서는 안 되며, 그것들을 상세히 바라보며, 마음속으로 진지하고도 신실하게 생각하며, 그것들을 거듭거듭 기억해야 할 것이다.

그러나 여기서는 우리의 목적이 가르치는 데 있기 때문에, 긴 설명을 요하는 문제들은 생략하는 것이 적절할 것이다. 그러므로 간단히 정리하자면, 독자들이 과연 자신이 천지를 지으신 창조주로서의 하나님의 성품을 순전히 깨달은 것임을 알기 위해서는, 첫째, 하나님께서 그의 피조물들 가운데서 드러내 보이시는 그 훌륭한 권능의 역사들을 감사하지도 않고 생각 없이 그냥 잊고 지나쳐서는 안 되며, 둘째, 그 역사들을 자기 자신에게 적용시켜서 마음에 감동이 생겨나게 하기를 배워야 하는 것이다.

이 첫 번째 법칙을 실례로 들자면, 저 하늘의 무수한 별들을 그렇게 아름답게 위치시키고 정리 정돈하셔서 그보다 아름다운 것을 도저히 상상할 수 없을 정도로 만들어 놓으신 — 그 중에 어떤 별들은 그 위치에 고정시키셔서 움직이지 않도록 해 놓으셨고, 또다른 별들은 자유로이 움직이게 하셨으나 그 지정된 경로를 떠나 이리저리 방황하지 않도록 하셨으며, 낮과 밤, 달과 해와 계절들의 모든 움직임들을 지정하셔서 일정하게 하셨고, 항상 보는 바와 같이 낮의 길이가 균등하게 차이가 나도록 하셔서 혼란이 없도록 해 놓으신 — 그 조물주의 위대하심을 깊이 생각하는 것을 들 수 있을 것이다. 또한 그렇게 광대한 덩어리를 유지하시며 천체들의 신속한 운행을 지도하시는 데에서 나타나는 하나님의 권능을 바라보는 것도 한 방법일 것이다.

이런 몇 가지 실례만으로도 이 창조 세계에서 하나님의 권능을 깨닫는 것이 무엇인지를 선명하게 알게 될 것이다. 그렇지 않고 앞에서 말한 것처럼 모든 문제를 강론으로 다루고자 한다면, 정말 끝이 없을 것이다. 우주에 있는 모든 사물의 종류만큼이나, 아니 크고 작은 사물들의 숫자만큼이나 많은 하나님의 능력의 이적들이 있고, 그만큼 많은 선하심의 증표들이 있고, 또한 지혜의 증거들 역시 그만큼 많이 있기 때문이다.

22. 창조에 나타난 하나님의 선하심은 감사와 신뢰로 이끈다

그리고 두 번째 법칙이 남아 있는데, 이는 믿음과 좀 더 밀접하게 관련되어 있는 것이다. 그것은 곧, 하나님께서 모든 일을 우리의 유익과 구원을 위하여 정해 놓으셨음을 깨닫는 것이요, 동시에 우리 자신에게서는 물론 그가 우리에게 베푸신 큰 자비하신 일들에게서 그의 권능과 은혜를 느끼고, 그리하여 스스로 각성하여 하나님을 신뢰하고, 그에게 간구하고, 그를 찬송하며 사랑하는 것이다. 조금 앞에서 지적한 바와 같이, 하나님께서는 친히 창조의 질서를 통해서 그가 만물을 사람을 위하여 창조하셨음을 보여주셨다. 하나님께서는 창조에 속한 그 모든 세세한 일들을 그렇게 점차적으로 이루시지 않고 그 모든 일을 단 한 순간에 완성하실 수도 있으셨지만, 그는 그 일을 엿새로 나누어 진행하셨는데, 이는 결코 의미가 없는 것이 아닌 것이다. 그가 그렇게 하신 것은 사람을 지으시기 전에 먼저 사람에게 필요하고 유익한 모든 것들을 미리 아시고 예비해 놓으심으로써, 우리를 향하신 하나님의 섭리와 아버지다우신 배려를 드러내 보이시기 위함이었던 것이다.

이렇게 우리가 나기 전부터 우리를 위해 모든 것을 배려해 주신 것을 보고도 이 은혜로우신 아버지께서 우리를 보살피시는지를 의심한다면, 얼마나 큰 배은 망덕이겠는가? 우리가 아직 나지도 않았을 때에 모든 좋은 것들을 그렇게도 풍성하게 베푸신 것을 보면서도 과연 하나님의 자비하심이 우리의 필요를 채워주지 못할까 하여 두려워 떤다면, 얼마나 불경스러운 처사이겠는가? 게다가 우리는 모세를 통해서, 하나님께서 자비하심으로 이 땅의 만물들을 우리에게 맡겨 주셨다는 사실을 듣고 있다(창 1:28; 9:2). 하나님은 그저 이름뿐인 선물로 우리를 조롱하시려고 그렇게 하신 것이 아니라는 것이 분명한 것이다. 그러므로 우리의 행복을 위하여 필요한 것은 무엇이든 우리에게 부족함이 없을 것이다.

한 마디로 결론을 짓자면, 우리는 천지의 창조주이신 하나님을 부를 때마다 항상 그가 지으신 모든 만물을 운영하는 일이 그의 손과 권능에 있다는 사실을 마음에 새기고, 또한 우리가 과연 하나님께서 그의 신실하신 보호하심 속으로 받아들이사 양육하시고 가르치시는 그의 자녀라는 사실을 명심하도록 하여야 할 것이다. 그러므로 우리는 모든 좋은 것들의 충만함을 오직 하나님에게서만 기대하고, 우리의 구원에 필요한 것을 그가 결코 부족하도록 내버려 두지 않으실 것임을 완전하게 신뢰하며, 그리하여 다른 어느 누구도 아니고 오직 하나님께만 우리의 소망을 두어야 할 것이다! 뿐만 아니라, 우리는 무엇을 바라든 하나님께 간구하여야 하며, 또한 우리의 몫으로 주어지는 유익한 것들을 모두 하나님께로부터 오는 축복으로 인식하고 감사함으로 받아들여야 할 것이다. 그러므로, 하나님의 그 크신 자비하심과 선하심에 이끌려서, 온 마음으로 그를 사랑하고 섬기기를 힘써야 할 것이다.

주

1. Augustine, *On Genesis*, *Against the Manichees*, I. ii. 4.

2. Augustine, *City of God*, XI. v.

3. Plato, *Epinomis*, E. 984.

4. 참조. 9절.

5. 참조. 5장 1–5절.

6. Basil, *Hexaemeron*; Ambrose, *Hexameron*, 등

7. 참조. 5장 1–4절.

사람의 창조된 본성, 영혼의 기능,
하나님의 형상, 자유 의지, 원시의(原始義)

(사람의 창조된 본성과 하나님의 형상. 1-5)

1. 사람은 흠이 없는 상태로 창조되었으므로, 사람의 부패에 대한 책임을 창조주께 돌릴 수 없음

이제는 사람의 창조에 대해서 말해야겠는데, 이는 사람은 하나님의 지으신 만물 가운데서 그의 공의와 지혜와 선하심을 드러내는 가장 고귀하고도 탁월한 모범이기 때문만이 아니라, 맨 처음에 말했듯이,[1] 우리 자신을 아는 지식이 함께 따르지 않고서는 하나님을 아는 명확하고도 완전한 지식을 얻을 수가 없기 때문이기도 하다. 우리 자신을 아는 이 지식은 두 가지이다. 곧, 우리가 처음 창조되었을 때에 우리가 과연 어떤 모습이었는지에 대한 지식과, 또한 아담의 타락 이후 우리의 상태가 어떻게 되었는가에 대한 지식이 그것이다. 물론 이렇게 가슴아픈 멸망 가운데서 우리의 본성이 부패와 타락 속에서 과연 어떤 모습을 하고 있는가를 인식하지 않고서는 우리의 창조를 이해한다 한들 별 유익이 없을 것은 분명한 일이다. 그러나 여기서는 그런 문제는 뒤로 미루어 두고, 잠시 원시의(原始義)의 상태에 있는 우리의 본성에 대해서만 살펴보기로 하자. 사실 분명히 말하지만, 사람이 현재 속하여 있는 그 비참한 처지를 살펴보기에 앞서서 먼저 처음 창조되었을 때의 사람의 모습을 아는 것이 매우 가치 있는 일인 것이다.

자 여기서 조심해야 할 것이 있다. 곧, 사람의 본성적인 악행들에 대해서만 관심을 갖고서 결국 사람의 본성을 지으신 하나님을 탓하는 일이 있어서는 안 되겠다는 것이다. 불경스러운 자들은 사람에게 본성적으로 있는 모든 결함들이 어찌해서든 하나님께로부터 비롯되었음을 주장할 수 있다면 그것으로 이미 충족한 증명이 되었다고 생각하기 때문이다. 그런 사람은 잘못에 대해서 질책을 받을 때에 하나님과 더불어 싸우며, 마땅히 정죄받아야 할 자기 자신의 과오의 책임을 하나님께 전가시키기를 주저하지 않는 것이다. 뿐만 아니라 하나님을 향하여 좀 더 경건하게 대하는 것처럼 보이고 싶어하는 사람들도 자기들의 부패의 탓을 본성에게 돌리고, 그리하여 자기도 모르는 사이에 ― 물론 잘 드러나지 않기는 하지만 ― 하나님을 모욕하기도 한다. 왜냐하면 만일 본성 그 자체에 어떤 결함이 내재하고 있었다는 것이 입증되면, 결국 사람의 본성을 그렇게 만드신 하나님께 욕이 돌아가는 것이기 때문이다.

사실, 우리는 육체가 온갖 구실을 찾아서 자기 자신의 악들에 대한 책임을 스스로 지지 않고 다른 존재에게로 전가시키려는 성향이 있다는 것을 잘 알고 있으므로, 이러한 악한 의도를 우리는 부지런히 대적해야 할 것이다. 그러므로 인류의 재난을 다룰 때에도 모든 술책을 다 끊어내고 그리하여 모든 혐의를 제거하고 하나님의 공의로우심을 드러내도록 그렇게 다루어야 할 것이다. 아담에게 베풀어진 그 순결에서 사람들이 얼마나 멀어져 있는가 하는 것은 후에 적절한 곳에서 살펴보게 될 것이다.[2] 여기서는 먼저 사람이 흙으로 지음 받았으므로(창 2:7; 18:27) 교만할 거리가 없다는 것을 알아야 할 것이다. "흙집에 살" 뿐 아니라(욥 4:19) 자기 스스로가 흙에 지나지 않는 자들이 자기들의 고귀함을 자랑한다면, 그보다 어리석은 짓이 어디 있겠는가? 그러나 하나님께서 황송하게도 질그릇에 불과한 아담에게 생명을 주셨고, 뿐만 아니라 불멸의 영혼을 거처하게 하셨으니, 아담으로서는 그의 창조주의 크나큰 자비하심에 영광을 돌려야 마땅할 것이다.

2. 영혼의 불멸성

더 나아가서, 사람이 영혼과 육체로 구성되어 있다는 것에 대해서는 논란이 있을 수가 없다. "영혼"(soul)이라는 것은 불멸하나 창조된 본질로서 사람의 구성 요소 중 더 고상한 부분이다. 때로는 이것을 가리켜 "영"(spirit)이라 부르기도 한다. 이 용어들이 이렇게 한 의미로 엮어지기는 하지만, 사실은 서로 그 의미가 다르다. 그러나 "영"이라는 단어가 홀로 쓰일 때에는 "영혼"과 같은 것을 의미한다. 솔로몬은 죽음에 대해 말하면서, 그때에 "영은 그것을 주신 하나님께로 돌아간다"고 말씀한다(전 12:7). 그리스도께서는 자신의 영을 성부께 맡기셨고(눅 23:46) 또한 스데반은 그리스도께 맡겼는데(행 7:59), 이는 단지 영혼이 육체라는 감옥에서 해방될 때에는 하나님이 그 영원한 보호자가 되신다는 의미일 뿐이다. 그런데 어떤 이들은 영혼을 가리켜 "영"이라 부르는 것은 그것이 하나님께서 육체들에게 주입시키신 숨결(breath), 혹은 하나의 기운(force)이어서 실체가 없기 때문이라고 상상하기도 하지만, 모든 성경은 물론 드러나는 사실 자체도 이런 상상이 어리석은 것임을 잘 보여준다.

사람이 지나치게 땅에 집착하면 지각이 무뎌지고, 빛들의 아버지(약 1:17)께로부터 소외되며, 어둠 가운데 잠겨서 사람이 죽음 이후에는 생존할 수 없을 것으로 생각하게 되는 것은 사실이다. 그러나 동시에, 자기 자신의 불멸에 대한 지각이 사람에게 완전히 사라져 버릴 정도로 빛이 완전히 꺼져 있는 것은 아니다. 선과 악을 분간하여 하나님의 심판에 응답하는 양심이야말로 불멸하는 영혼에 대한 의심할 수 없는 증거가 된다. 실체가 없이 움직임만 있다면 그것이 어떻게 하나님의 심판대 앞에 나아가 자신의 죄책에 대해서 스스로 공포를 느낄 수 있단 말인가? 형벌은 오직 영혼에게만 주어지며 따라서 육체는 영혼이 당하는 형벌에 대한 두려움에 영향을 받지 않지 않으므로, 여기서 영혼이 실체가 있다는 것이 드러나는 것이다. 하나님을 아는 지식만으로도 세상을 초월하는 영혼이 불멸하다는 것을 입증하고도 남음이 있다. 결국 없어지고 말 어떤 기운 정도로는 절대로 생명의 근원에까지 꿰뚫고 들어갈 수가 없기 때문이다.

무엇보다도, 인간의 정신에게 부여된 그 많은 고귀한 재능들이 인간의 정신에 무언가 신적인 것이 새겨져 있다는 것을 선포하는 것이다. 그 모든 재능들이야말로 불멸하는 실체가 존재한다는 증언들인 것이다. 짐승들이 소유하고 있는 지각은 그 육체를 넘어서지 못한다. 그러나 천지와 자연의 비밀들을 탐구하며 그 이해력과 기억력으로 온 시대를 조감하고, 모든 사물을 각기 적절한 순서대로 정리하고, 과거에 근거하여 미래를 예측하는 데에서 나타나는 인간 정신의 그 영민함은 사람에게 무언가 육체와 분리된 것이 감추어져 있다는 것을 분명히 보여주는 것이다. 우리는 우리의 지성(知性)으로 눈에 보이지 않으시는 하나님과 천사들을 생각하는데, 이런 일은 육체로서는 절대로 할 수 없는 것이다. 우리는 또한 옳고, 정의로우며, 존귀한 것들을 파악하는데, 이런 것들은 육체의 감각에게는 감추어진 것들이다. 그러므로, 이러한 지성의 좌소(坐所)가 바로 영혼인 것이 틀림없는 것이다. 사실 사람이 몽롱한 상태가 되고 심지어 생명을 빼앗긴 상태처럼 보이기까지 하는 수면(睡眠)도, 영혼이 불멸하다는 것을 보여주는 희미하지 않은 증거다. 잠을 자는 동안, 전혀 일어나지 않은 일들을 생각하는 것은 물론, 미래의 사건들을 예측하기까지 하니 말이다. 세속 작가들은 이 일들에 대해서 아주 화려한 언어로 칭송하며 훌륭하게 묘사하고 있지만, 나는 그저 간단히 언급하였다. 그러나 경건한 독자들로서는 이 정도의 간단한 언급만으로도 충분할 것이라 믿는다.

자, 영혼이 육체와는 구별되는 것으로 무언가 실체를 지닌 것이 아니라면, 성경은 우리가 흙집에 거하며(욥 4:19) 죽을 때에 육체의 장막을 떠나고 썩을 것을 벗어버리고서(참조. 고후 5:4; 벧후 1:13-14), 육체에 있을 때에 우리 각자가 행한 바대로 마지막 날에 상급을 받게 될 것(참조. 고후 5:10)이라고 가르치지는 않았을 것이다. 이 구절들을 비롯하여 여러 비슷한 구절들은 영혼을 육체와 분명히 구별지을 뿐 아니라 영혼을 가리켜 "사람"이라고 부름으로써 영혼이 사람의 주된 부분임을 시사해 주는 것이다. 바울은 "육과 영의 온갖 더러운 것"에서 자신을 깨끗하게 하라고 권면하는데(고후 7:1), 여기서 그는 육과 영의 두 부분에 죄의 더러움이 거한다는 것을 지적하고 있다. 베드로 역시 그리스도를 "너희 영혼의 목자와 감독 되신 이"라고 부르는데(벧전 2:25), 만일 영혼이 없었더라면 이는 잘못된 진술이 되고 말 것이다. 만일 영혼이 실체가 없는 것이었다면, "영혼의 구원"에 대한 베드로의 진술이나(벧전 1:9), "영혼을 거슬러 싸우는 육체의 정욕을 제어하라"는 베드로의 교훈(벧전 2:11)은 모두 무의미한 것이 되고 말 것이다.

또한 목회자들이 "영혼을 위하여 경성하기를 자신들이 청산할 자인 것 같이 한다"(히 13:17)는 히브리서 기자의 진술 역시 마찬가지다. 바울이 자기의 영혼에 대하여 하나님을 증인으로 부르는 사실(고후 1:23)도 결국 동일한 결론을 지향한다. 왜냐하면 영혼이 형벌을 받는 일이 없다면 하나님 앞에서 죄책이 있을 수도 없기 때문이다. 뿐만 아니라 그리스도께서 친히 하신 말씀에서 이 사실이 더욱 분명하게 나타난다. "몸은 죽여도 영혼은 능히 죽이지 못하는 자들을 두려워하지 말고 오직 몸과 영혼을 능히 지옥에 멸하실 수 있는 이를 두려워하라"(마

10:28; 눅 12:5). 히브리서 기자는 우리 육신의 아버지를 하나님과 구별하면서, 하나님을 "영의 아버지"라고 말하는데(히 12:9), 영혼의 실체를 이 이상 더 명확하게 증거하는 것이 어디 있겠는가? 또한, 육체의 감옥에서 해방된 후에 영혼이 살아 있지 못한다면, 나사로의 영혼이 아브라함의 품에서 복락을 누리고 또한 부자의 영혼이 무시무시한 고통 속에 있다고 하신 그리스도의 말씀은 어리석은 것이 되고 말 것이다(눅 16:22-23). 바울도, 우리가 몸으로 있을 때에는 하나님과 따로 있는 것이요 몸을 떠난 후에는 하나님과 함께 있는 것이라고 가르침으로써(고후 5:6, 8) 동일한 사실을 확증해 주고 있다. 별로 어려움이 없는 이런 주제에 대해 더 이상 길게 끌 필요가 없으므로, 누가의 한 가지 보도만 더 첨부하고 마치고자 한다. 곧, 천사도 영도 없다고 믿은 것이 사두개인들의 오류 가운데 하나라는 것이다(행 23:8).

3. 하나님의 형상과 모양

또한 이 문제에 대한 신빙성 있는 한 가지 증거를 사람이 하나님의 형상대로 창조함 받았다는 사실에서도 얻을 수 있을 것이다(창 1:27). 물론 하나님의 영광이 사람의 외모에서도 드러나지만, 하나님의 형상의 합당한 좌소는 역시 영혼에 있는 것이 틀림없기 때문이다. 사실 우리의 겉모양이 짐승들과 분명히 구별하고 분리시켜서 우리를 하나님과 더 가까운 존재로 보게 만든다는 점을 나는 부인하지 않는다. 또한 "다른 모든 생물들은 땅을 바라보도록 되어 있으나, 사람에게는 위로 향한 얼굴이 주어져 있어서 위로 향하고 하늘을 바라보며, 눈을 떠서 별들을 바라보게 되어 있다"[3]는 사실을 "하나님의 형상"에 속하는 것으로 이해하기를 원하는 사람이 있다 할지라도, 나는 지나치게 반대하지는 않을 것이다. 단, 하나님의 형상이 — 물론 이런 외형적인 표지들에서 드러나기는 하지만 — 어디까지나 영적인 것이라는 점을 확정된 원리로 인정하기만 한다면 말이다.

오지안더(Osiander)는 — 그가 헛된 것들을 고안해내는 아주 사악한 재능을 지닌 자라는 것이 그의 저작들에서 잘 드러나는데 — 하나님의 형상을 무분별하게 육체와 영혼 모두에까지 확대시켜서 하늘과 땅을 뒤섞어 놓고 있다. 그는 성부, 성자, 성령께서 그들의 형상을 사람 속에 두신 것은, 혹시 아담이 의로운 상태 그대로 있게 되더라도 그리스도께서 여전히 사람이 되셔야 할 것이기 때문이었다고 말한다. 그에 따르면, 장차 그리스도께서 취하시게 될 육체가 처음 창조 때에 지음 받은 유형적인 몸의 전형이요 표본이었다는 것이다. 그러나 그는 과연 그리스도께서 성령의 형상이시라는 근거를 어디서 찾아낼 것인가? 물론 중보자의 위격 속에서 신성 전체의 영광이 빛나고 있다는 것은 나도 인정하지만, 영원한 말씀이 성령보다 순서상 우선하는데 어떻게 그 말씀이 성령의 형상이라 말할 수가 있겠는가? 한 마디로, 성령이 성자를 가리켜 자기의 형상이라 부른다면, 성자와 성령 사이의 구별이 없어지고 마는 것이다. 더 나아가서 그에게 묻고 싶은 것이 있다. 과연 그리스도께서 취하신 육체가 어떻게 성령을 닮았으며, 과연 어떤 표지나 생김새로 성령과 비슷하다는 것을 표현하신단 말인가? "우리가 사람을 만들자"(창 1:26)는 말씀은 성자의 위격에도 그대로 해당되므로, 구태여 말을 하자면 결국 성자께서 자기 자신의 형상이신 것이 된다. 따라서 그것은 그야말로 어리석은 논리인 것이다.

뿐만 아니라, 오지안더의 헛된 논리를 그대로 따르게 되면, 사람은 오로지 사람이신 그리스도의 전형과 표본을 따라서만 지으심을 받은 것이 되고, 따라서 아담을 지어낸 원형이 바로 육체를 입게 되실 그리스도였다는 결론이 나온다. 그러나 사람이 하나님의 형상대로 창조함 받았다는 성경의 가르침은 그와는 전연 다른 의미인 것이다. 어떤 이들은 아담이 하나님의 형상대로 창조된 것은 그것이 하나님의 유일한 형상이신 그리스도와 일치하기 때문이라는 좀 더 그럴듯해 보이는 설명을 제시하기도 하지만, 이 역시 확실한 근거가 없는 것이다.

또한 해석자들 사이에서 "형상"과 "모양"에 대해서도 적지 않은 논란이 있다. 그들은 두 단어가 사실 서로 차이가 없는데도 불구하고, 있지도 않은 차이를 찾느라 애를 쓰고 있는 것이다. 사실, "모양"이란 단어는 설명을 위하여 첨가된 것 외에 다른 뜻이 없는 것이다. 우선, 우리는 히브리인들에게는 한 가지 사실을 두 번씩 반복하여 표현하는 예가 매우 흔하다는 것을 잘 알고 있다. 그리고 이 문제 자체를 보아도 거기에 전혀 모호한 점이 없다. 사람이 하나님을 닮았기 때문에 하나님의 형상이라 부르는 것일 뿐 다른 뜻이 없는 것이다. 그러므로, 이런 용어들에 대해서 좀 더 교묘하게 철학적인 논리를 늘어놓는 자들이야말로 어리석은 자들이다. 그들은 첼렘, 즉 형상을 영혼의 본질을 가리키는 것으로 보고, 데무트, 즉 모양을 그 본질의 성질들을 가리키는 것으로 보기도 하고, 아니면 좀 더 색다른 해석을 찾기도 한다. 그러나 하나님께서 그의 형상대로 사람을 창조하기로 작정하셨는데, 그것이 다소 설명이 희미하기 때문에, 좀 더 분명한 설명을 위하여 "그의 모양대로"라는 표현을 반복하신 것이다. 마치 하나님께서 자기의 모양을 닮은 표지들을 새겨 놓으셔서 하나의 형상으로서 하나님 자신을 잘 반영해 줄 그런 사람을 지으시겠다고 말씀하신 것과도 같은 것이다. 그러므로 모세도 바로 뒤에서 동일한 사실을 다시 반복하여 기술하면서 "하나님의 형상"을 두 번 반복하면서도 "모양"이라는 단어는 전혀 언급하지 않는 것이다(창 1:27).

또한 오지안더는 하나님의 형상이란 사람의 일부분 — 말하자면, 영혼과 그 모든 기능들 — 을 가리키는 것이 아니고, 흙에서 취하여졌을 때에 그 흙에서 그 이름을 받은 아담 전체를 가리키는 것이라고 반론을 제기하지만, 이는 하찮은 것에 불과하다. 내가 이를 하찮은 것이라고 말했지만, 건전한 정신을 가진 독자라면 모두가 그렇게 생각할 것이다. 사람 전체를 가리켜 죽을 인생이라고 부르지만, 그럼에도 불구하고 영혼은 죽음 아래 있는 것이 아니다. 또한 사람을 가리켜 "이성적 동물"이라 부른다 해도, 사람의 이성이나 지성이 육체에만 속하는 것도 아닌 것이다. 그러므로, 물론 영혼이 사람인 것은 아니지만, 그러나 사람의 영혼을 염두에 두고서 사람을 가리켜 하나님의 형상이라 부른다 해도 그것은 모순이 아니다.

그러나 동시에 나는 하나님의 형상이 사람의 본성을 모든 생물들보다 뛰어나게 만드는 그의 탁월함 전체에까지 확대된다는 원리를 그대로 고수한다. 그러므로, 아담이 올바른 이해를 충만히 소유했고, 그의 감성을 이성의 경계 내에 유지하였고, 그의 모든 감각들을 올바른 질서대로 통제하고 있었고, 자신의 탁월함을 진실로 창조주 하나님께서 베풀어주신 특별하신 은사에서 비롯되는 것으로 여기고 있을 당시에 아담에게 부여되어 있던 순전함을 하나님의 형상이라는 단어로 표현하고 있는 것이다. 그리고 하나님의 형상의 주된 좌소는 물론 아담의 정신과 마음, 혹은 영혼과 그 기능들에 있었지만, 사람의 모든 부분 가운데 — 심지어 육체조차도 — 그 형상이 어느 정도라도 미치지 않는 것이 없는 것이다. 세상의 다른 여러 부분들에서도 하나님의 영광의 흔적이 어느 정도 비치는 것이 사실이다. 이로 보건대, 하나님의 형상이 사람에게 주어져 있다는 사실은, 사람이 다른 모든 피조물들보다 뛰어나며 그가 다른 모든 것과 구별된다는 것을 드러내는 일종의 말없는 선언인 셈이다.

그러나 한편, 천사들이 하나님의 모양대로 창조되었다는 사실도 부인해서는 안 된다. 그리스도께서 증거하시듯이, 우리가 취하게 될 최고의 완전함이 바로 천사들과 같이 되는 데에 있기 때문이다(마 22:30). 그러나 모세는 이런 구체적인 호칭을 사람에게 적용시킴으로써 우리를 향하신 하나님의 은혜를 올바르게 높이 기리고 있는 것이다. 그리고 그가 사람을 오로지 눈에 보이는 피조물들하고만 비교하고 있는 것을 볼 때에 더욱 그러하다.

4. 하나님의 형상의 참된 본질

그러나, 사람이 지니고 있는 그 뛰어난 기능들을, 그리고 사람을 가리켜 하나님의 영광의 거울이라 여기게 만드는 그 재능들을 좀 더 분명하게 보지 못하면, "형상"이라는 것에 대해 충실한 정의를 지니고 있다고 말할 수 없을 것이라 생각된다. 그런데 그 점은 바로 사람의 부패한 본성의 회복에서 가장 선명하게 볼 수 있다. 아담이 그의 원 상태에서 타락하였을 때에, 이 반역으로 인하여 하나님께로부터 소외되었다는 데에는 의심이 있을 수 없다. 그러므로, 그때에 아담에게서 하나님의 형상이 전적으로 소멸되었거나 파괴된 것은 아니라 할지라도 그 형상이 너무나도 부패하여져서 남아 있는 것도 모두 끔찍한 기형(畸形)이 되어 버린 것이다. 따라서, 그리스도를 통하여 얻는 그 회복에서 우리의 구원이 시작되는 것이다. 그리스도께서는 우리를 참되고 완전한 순전함으로 회복시켜 주시며, 그 때문에 둘째 아담이라 불려지시는 것이다.

바울은 신자들이 그리스도께로부터 받는 "살려 주는 영"과 아담이 창조함을 받아 지니게 된 "생령(生靈)"을 대조하면서(고전 15:45) 중생에 더 풍성한 분량의 은혜가 있음을 찬양하면서도, 다른 중요한 사실, 즉 중생의 목적이 그리스도께서 우리를 하나님의 형상으로 변화시키시는 데 있다는 사실을 간과하지 않는다. 그리하여 그는 다른 곳에서 "새 사람을 입었으니 이는 자기를 창조하신 이의 형상을 따라 지식에까지 새롭게 하심을 입은 자니라"(골 3:10)고 가르치는 것이다. 또한 "하나님을 따라 의와 진리의 거룩함으로 지으심을 받은 새 사람을 입으라"(엡 4:24)는 말씀 역시 이와 일치한다.

자, 이제는 바울이 말하는 이런 새롭게 하는 역사가 주로 무슨 내용인지를 살펴보아야겠다. 그는 첫째로 지식을 언급하고, 둘째로 참된 의와 거룩함을 언급하고 있다. 여기에서 우리는 우선 하나님의 형상이 정신의 빛에서, 마음의 의로움에서, 그리고 모든 부분들의 건전함에서 드러난다고 추리할 수 있을 것이다. 물론 이런 화법이 제유법(提喩法)의 형식을 빌리고 있음을 인정하지만, 그러나 다음과 같은 원리는 뒤집어지지 않는다. 곧, 창조 시에 최고의 자리를 차지했던 것이 하나님의 형상을 새롭게 하는 일에도 주가 된다는 것이 그것이다. 바울은 다른 곳에서 "우리가 다 수건을 벗은 얼굴로 거울을 보는 것 같이 주의 영광을 보매 그와 같은 형상으로 변화하여 영광에서 영광에 이르니"(고후 3:18)라고 가르치는데, 이 역시 동일한 의미인 것이다. 이제 우리는 그리스도께서 하나님의 지극히 완전하신 형상이심을 보게 된다. 우리가 그리스도의 형상과 일치하도록 새롭게 될 때에, 지식과 순전함과 의와 참된 거룩함으로 하나님의 형상을 드러내게 되는 것이다.

이 사실이 확실해지면, 육체의 모양에 대한 오지안더의 헛된 주장이 스스로 사라지고 말 것이다. 그러나 바울은 남자만을 가리켜 "하나님의 형상과 영광"이라 부르고 여자는 이 존귀한 위치에서 제외하고 있는데(고전 11:7), 이것은 문맥에서 드러나듯이 시민적인 질서를 뜻하는 제한적인 의미인 것이 분명하다. 자, 하나님의 형상이 영적인 영원한 생명과 관계가 있는 모든 것을 다 포괄한다는 것에 대해서는 이미 충분히 입증되었다고 믿는다.

요한은 다른 표현으로 동일한 내용을 확증해 주고 있다. 그는 태초에 하나님의 영원하신 말씀 안에 있었던 "생명"이 "사람들의 빛"이라고 선언하고 있는 것이다(요 1:4). 요한의 의도는 하나님의 특별하신 은혜를 찬송하는 데 있었다. 사람이 그 은혜로 말미암아 다른 생물들보다 월등하게 뛰어나게 되었고, 지성의 빛과 결합된 특별한 생명을 얻었으므로 무수한 다른 모든 것들과 구별되는 존재가 된 것이다. 그러므로 요한은 결국 이 말씀에서 사람이 하나님의 형상으로 창조된 사실을 보여주고 있는 셈이다. 자, 하나님의 형상은 바로 타락하기 이전 아담에게서 드러난 인간 본성의 완전한 탁월함이다. 그런데 아담이 타락한 이후 그 형상이 더럽혀졌고 거의 제거되다시피 하여, 혼란스럽고, 불구가 되었고, 오염된 것밖에는 남은 것이 없게 되어 버린 것이다. 그러므로, 성령으로 거듭난 택한 자들에게서 지금 그 형상의 일부가 드러나지만, 그 완전한 광채는 장차 하늘에서 비로소 빛나게 될 것이다.

이 형상이 어떤 부분들로 되어 있는지를 알기 위해서는 영혼의 기능들을 논하는 것이 합당할 것이다. 아우구스티누스는 이에 대해서, 영혼은 지성과 의지와 기억을 포괄하므로 삼위일체를 보여주는 하나의 거울이라고 사색하지만,[4] 이것은 결코 건전한 것이라 할 수 없다. 뿐만 아니라, 하나님의 형상을 사람에게 주어진 통치권에 있는 것으로 주장하는 것도 별로 개연성이 없다. 이는 사람이 오로지 만물의 소유자요 다스리는 자로 지명되었다는 점에서만 하나님을 닮았다고 보는 것이기 때문이다. 그러나 하나님의 형상은 사람의 외부에서 찾을 것이 아니다. 그것은 영혼의 내적인 선함에서 찾아야 마땅한 것이다.

5. 영혼에 관한 마니교도들의 오류

더 나아가기 전에, 세르베투스가 오늘날 다시 한 번 되살리려고 시도해 온 마니교도들의 망상을 다루지 않을 수가 없다. 하나님께서 사람의 얼굴에 생기를 불어넣으셨다고 말씀하기 때문에(창 2:7), 그들은 마치 측량할 길 없는 신성의 어느 부분이 사람 속에 전해지기라도 한 것처럼, 영혼은 하나님의 본질이 전해진 것이라고 생각하였다. 그러나 이런 마귀 같은 오류가 얼마나 아둔하고 어리석은 것들을 끌고 오는가 하는 것은 곧바로 지적할 수가 있다. 만일 사람의 영혼이 하나님의 본질에서 전해진 것이라면, 하나님의 본성이 변화와 격동뿐 아니라, 무지와 악한 욕망과 연약함과 온갖 유의 악한 것들에 종속되어 있는 것이 되어 버릴 것이다. 사람처럼 일관성이 없는 것이 없기 때문이다. 정반대되는 움직임들이 일어나고, 온갖 방식으로 그의 영혼이 산만해진다. 또한 무지로 인하여 계속해서 곁길로 빠지기도 한다. 지극히 작은 유혹에도 굴복하고, 넘어진다. 또한 사람의 마음이야말로 온갖 더러운 것이 가라앉아 있는 곳이라는 것을 우리는 잘 알고 있다. 그런데 만일 영혼이 하나님의 본질에서 온 것이거나 아니면 신성이 은밀하게 유입되는 것이라는 식으로 이해하게 되면, 이런 모든 것들이 하나님의 본성의 탓으로 돌려지게 되는 것이다.

그러나 이런 끔찍스러운 결과에 몸서리치지 않을 사람이 어디 있겠는가? 바울은 아라투스(Aratus)를 인용하여 우리가 하나님의 소생이라고 말하지만(행 17:28), 그것은 본질이 그렇다는 뜻이 아니고, 하나님께서 신적인 재능들을 베풀어 주셨다는 점에서 그 특성이 그러하다는 뜻인 것이다. 동시에, 창조주의 본질을 이리저리 찢어서 모든 사람이 그 일부를 소유할 수 있다는 것은 정말 우매한 생각이 아닐 수 없다. 그러므로, 사람의 영혼이 하나님의 형상이 거기에 새겨져 있기는 하지만, 천사들과 똑같이 창조함을 받은 존재라는 것을 사실로 취해야 할 것이다. 여기서 창조함을 받았다는 것은 본질이 유입되었다는 것이 아니고, 본질이 무(無)로부터 생겨나 존재하기 시작한다는 것을 의미하는 것이다. 영혼이 하나님께서 주신 것이고 또한 육체를 떠날 때에 다시 하나님께로 돌아간다면(참조. 전 12:7), 그것이 하나님의 본질에서 뽑아낸 것이라는 식으로 이야기해서는 안 되는 것이다.

오지안더는 이 문제에서도 자기 자신의 망상에 빠져서 스스로 불경스러운 오류에 얽혀들었다. 그는 본질적인 의와 결부시키지 않고서는 사람 속에 있는 하나님의 형상을 인정하지 않는 것이다. 그리스도께서 자기 자신의 본질을 우리에게 부어주시는 일이 없어도, 하나님께서는 얼마든지 그의 성령의 한량없는 권능으로 우리를 자기와 화합하게 만드실 수 있는데, 마치 이런 것이 불가능하기라도 한 것처럼 그렇게 떠드는 것이다. 어떤 사람들은 교묘하게 이런 속임수를 감추려고 하지만 아무리 그렇게 한다 할지라도, 건전한 독자들이라면 마니교도들의 그런 오류의 냄새가 나는 것을 보지 못할 수가 없을 것이다.

그리고 바울이 형상의 회복을 논하는 데에서도, 신적인 본질의 유입을 통해서가 아니라 성령의 은혜와 권능을 통해서 사람이 하나님과 화합하도록 만들어진다는 것을 그의 말씀에서 유추해내야 한다는 것이 분명히 드러나는 것이다. 그는 "우리가 … 주의 영광을 보매 그와 같은 형상으로 변화하여 영광에서 영광에 이르니 곧 주의 영으로 말미암음이니라"(고후 3:18)고 말씀하는데, 성령께서는 과연 우리를 하나님과 동일 본질로 만들지 않고서도 얼마든지 우리 안에서 일하시는 것이다.

(영혼에 관한 철학자들의 견해들에 대한 비판. 6-8)

6. 영혼과 그 기능들

"영혼"에 대한 정의를 철학자들에게서 구한다는 것은 어리석은 일일 것이다. 철학자들 중에서는 플라톤을 제외하고는 거의 아무도 영혼의 불멸하는 실체를 인정하지 않았다. 사실 소크라테스의 다른 제자들도 영혼에 대해서 다루기는 했으나, 그들의 가르침을 보면 누구든지 올바로 깨닫지 않고서는 분명히 가르칠 수가 없다는 것을 입증해 주는 것밖에는 유익이 없다. 그러므로 플라톤의 견해가 좀 더 정확한데, 이는 그가 영혼 속에 신의 형상이 있다고 생각하기 때문이다.[5] 다른 이들은 영혼의 능력과 기능들을 현세의 삶과 완전히 밀착시켜서, 육체 이외의 것에 대해서는 전혀 여지를 남기지 않는다.

사실 성경에서 우리는 영혼이 형체가 없는 실체임을 배웠으니, 이제는 거기에다 한 가지를 덧붙여야 하겠다. 곧, 영혼이 공간적인 제한은 받지 않지만, 그 럼에도 불구하고 마치 집에 거하듯 육체 속에 거하면서, 육체의 각 부분들에 활기를 불어넣고 그 기관들을 강건하게 하여 적절히 활동하게 하는 것은 물론, 사람의 삶을 다스리는 데에서 첫째가는 위치를 차지하되, 일상적인 삶의 의무들을 감당하는 면에서도 그렇고 동시에 사람을 각성하게 하여 하나님을 존귀하게 하는 데에서도 그렇다는 사실이다. 물론 사람을 각성하게 하여 하나님을 존귀하게 하는 면은 사람의 부패함 속에서 분명하게 나타나지 않는 것이 사실이다. 그러나 사람의 악행들 자체 속에 그런 면의 흔적이 각인되어 있는 것이다. 자기들의 명예에 대해 걱정하는 것이 수치를 두려워하는 데에서 오는 것이 아니고 무엇이겠는가? 그리고 수치심은 대체 어디서 오는가? 존귀한 것을 높이 여기는 데에서 오는 것이 아닌가? 이 모든 것의 시작과 원인은 그들 스스로 의를 계발하도록 출생하였음을 깨닫는 데 있는 것이고, 바로 거기에 종교의 씨앗이 들어 있는 것이다.

그러나 사람이 하늘의 생명을 묵상하도록 지으심을 받았다는 것이 논란의 여지가 없는 사실이듯이, 그 하늘의 생명에 대한 지식이 그의 영혼에 새겨져 있다는 것도 분명한 사실이다. 그러므로 하나님과 연합되는 데에서 완전히 이루어지는 행복을 모른다면, 사람은 사실상 자신의 지성의 가장 주된 용도를 잃어버리고 있는 것이다. 이처럼 영혼의 가장 주된 활동은 바로 하늘의 생명을 사모하는 데 있다. 그러므로 누구든 하나님께 가까이 나아가려고 애쓰면 애쓸수록 그에게 이성이 있음을 스스로 입증하는 것이 되는 것이다.

사람에게 하나 이상의 영혼이 있다고 — 감각적인 영혼과 이성적인 영혼이 있다고 — 주장하는 자들은 반드시 배척해야 마땅하다. 왜냐하면 그들의 추리에 무언가 그럴듯한 점이 있는 것 같아도 사실상 그들의 논리에는 확고한 근거가 없기 때문에, 그런 아무 데도 쓸데없는 하찮은 문제로 골치를 썩일 이유가 없기 때문이다. 그들은 말하기를, 모든 기관들의 움직임과 영혼의 이성적 부분 사이에는 큰 괴리가 있다고 한다. 전쟁에 나가 싸우는 군대들처럼, 이성 그 자체부터가 이미 자기 스스로 갈등을 일으키고 서로 어긋나는 일이 다반사인데 말이다. 이러한 혼란과 소요는 본성의 부패에 기인하는 것이므로, 각 기능들이 서로 적절히 균형을 맞추어 활동하지 못한다는 사실을 근거로 영혼이 둘이라는 식으로 결론짓는다는 것은 잘못된 것이다.

그러나 이런 기능들에 대해서 정교하게 논의하는 일은 철학자들에게 맡겨 두기로 하자. 경건을 세우기 위해서는 그저 단순한 정의만으로도 족할 것이니 말이다. 사실, 철학자들이 가르치는 것들이 사실이고, 즐겁기도 하고 또한 유익하기도 하며, 그들이 아주 기술적으로 모아 놓은 것이라는 것도 인정한다. 그들의 논리를 연구하고자 하는 사람들이 있다 해도, 그들을 금하고 싶지 않다. 그러므로, 나는 우선 오관(五官)이 있다는 것을 인정한다. 플라톤은 이를 기관들이라 부르기를 선호하였다. 오관에는 우선, 일종의 그릇처럼 모든 대상물들을 받아들이는 공통적인 감각 기관이 있고, 그 다음에는 상상(phantasia)이 있는데, 이는 감각 기관 속에 전달된 대상물들을 서로 분별하는 것이며, 그 다음에는 보편적인 판단력을 포함하는 이성(理性)이 있고, 마지막으로 오성(悟性)이 있는데, 이는 이성이 산만하게 이리저리 생각한 것을 집중적으로 고요하게 관조하며 바라보는 것이다. 또한 이와 비슷하게, 오성과 이성, 그리고 상상 등 영혼의 세 가지 인식 기능들은 세 가지 욕구 기능과 서로 상응하는데, 첫째로, 오성과 이성이 제시하는 것을 향하여 나아가는 기능인 의지(意志)가 있고, 둘째로, 이성과 상상이 제시하는 바를 사로잡는 분노가 있고, 마지막으로, 정욕이 있는데, 이는 상상과 감각 기관이 제시하는 바를 붙잡는 것이다.

이런 것들이 사실이고, 아니면 최소한 개연성은 있는 것들이겠지만, 나로서는 이것들이 우리를 돕기는커녕 오히려 그 애매함 속으로 우리가 끌려 들어갈까 염려되므로, 이런 문제들은 그냥 지나쳐야 할 것이라 생각된다. 혹 다른 방식으로 영혼의 기능들을 분류하기를 바란다 할지라도 나는 크게 반대하지 않을 것이다. 영혼의 한 기능을 욕구의 성격을 띤 것으로 보고(이것이 이성이 없이도 활동하지만 이성에 복종한다고 말한다 해도), 그리고 다른 한 기능을 (이성에 참여한다고 하여) 지성적 성격을 띤 것으로 본다 해도 나는 별로 개의치 않을 것이다. 또한 감각, 오성, 욕망 등, 영혼의 활동에는 세 가지 원리가 있다는 견해에 대해서도 나는 굳이 반박하고 싶지 않다.

오히려 우리는 모든 기능들에 다 적절히 들어맞는 그런 구분법을 택하도록 하자. 그러나 철학자들에게서는 그런 구분법을 찾을 수가 없다. 그들은 지극히 단순하게 진술하고 싶어서 영혼을 욕구와 오성(지성)으로 구분하지만, 결국 이중적인 것이 되게 만들 뿐이다. 그들은 말하기를, 오성은 때때로 관조적(觀照的) 성격을 띤다고 하며 — 지식으로만 만족하고 능동적인 움직임이 없을 때에는 그렇게 되기 때문이다(키케로는 이를 지력[知力: ingenii]이라는 용어로 지칭하여야 한다고 생각하였다) — 때때로 선이나 악을 파악하여 다양하게 의지를 발동시키는 경우에는 실천적 성격을 띤다고 한다. 여기에는 어떻게 올바로 정의롭게 사는가에 대한 지식도 포함된다. 앞 부분(즉, 욕구)을 그들은 다시 의지와 정욕으로 구분하고서, 욕구가 — 그들은 이를 불레시스(βούλησις)라 부른다 — 이성에 복종할 경우는 그것을 호르메(ὁρμή, 의지)라 하고, 반대로 욕구가 이성의 멍에를 던져버리고 무절제하게 요동치는 경우에는 이를 파토스(πάθος, 격정)라 한다. 이리하여 그들은 언제나, 자기 자신을 올바로 제어할 수 있는 이성이 사람에게 있다고 상상하고 있는 것이다.

7. 영혼의 두 가지 기능

그러나 우리는 이런 식의 가르침에 대해서 다소간 이의를 제기하지 않을 수 없다. 철학자들은 인간의 타락에 대한 형벌에서 비롯된 본성의 부패에 대해서 무지하여 서로 상이한 인간의 두 가지 상태를 잘못 혼동하고 있기 때문이다. 그러니 우리로서는 인간의 영혼이 오성(지성)과 의지라는 두 가지 기능으로 되어 있다는 것을 붙잡도록 하자. 이것이 현재 우리의 목적과도 부합되는 것이다. 그리고 오성(지성)이 하는 일은 인정할 만한 것과 인정하지 못할 것으로 사물을 구별하는 데에 있으며, 의지가 하는 일은 오성이 선하다고 인정한 것을 택하고 따르며 또한 오성이 인정하지 않는 것을 거부하고 그것을 피하는 것에 있다고 보기로 하자.

아리스토텔레스는 이와 관련하여 마음 그 자체에는 움직임이 없고 단지 선택에 의해서만 움직일 뿐이라는 식으로 세밀한 논의를 전개하나, 이것에 괘념할 필요는 없다.[6] 그는 이 선택을 욕구적 오성이라 부른다. 쓸데없는 의문점들에 얽힐 필요가 없으니, 우리로서는 그저 오성이, 말하자면 영혼의 지도자요 지배자이며, 의지는 언제나 오성의 명령을 받으며 또한 그 나름대로 욕망을 갖고 오성의 판단을 기다린다는 정도의 논의만으로도 족할 것이다. 사실 아리스토텔레스 자신도 똑같은 것을 가르치고 있다. 곧, 욕구를 자제하거나 추구하는 일은 마음에서 긍정하거나 부정하는 것과 그대로 상응한다는 것이다. 오성이 의지의 방향을 얼마나 확고하게 지배하는지에 대해서는 다른 곳에서 논의하기로 하고,[7] 여기서는 다만, 이 두 가지 기능과 정상적으로 관계되지 않는 활동이 영혼 속에는 없다는 것을 말하고 싶을 뿐이다. 이렇게 하면, 감각을 오성에 포함시키게 된다. 그러나 철학자들은 이를 다음과 같이 구분하여 논의한다. 곧, 감각은 쾌락으로 기울어지고 오성은 선한 것을 따르며, 그리하여 감각적 욕구가 방종한 정욕과 욕심이 되며, 오성이 기울어지는 것이 의지라는 것이다. 나는 여기서 그들이 선호하는 "욕구"라는 용어 대신, 그보다 더 일상적으로 쓰이는 "의지"라는 단어를 쓰는 것이 더 합당하다고 본다.

8. 자유 선택권과 아담의 책임

그러므로 하나님은 사람의 영혼에 지성을 주셔서 그것으로 선과 악을, 옳고 그름을 분별하게 하셨고, 또한 이성의 빛을 안내자로 주셔서 우리가 피해야 할 것과 좋아야 할 것을 구별하게 하셨다. 철학자들이 이 주도적인 부분을 일컬어 토 헤게모니콘(τὸ ἡγεμονικόν, 지도력)이라 부른 것은 바로 이 때문이다. 또한 하나님은 여기에 의지를 결합시키셔서 선택을 좌우하게 하셨다. 최초의 상태에서는 사람에게서 이 탁월한 기능들이 뛰어나게 능력을 발휘하였고, 그리하여 그의 이성, 지성, 분별, 판단 등이 이 땅의 삶의 방향을 위해 충족했음은 물론 그것들을 통해서 하나님과 영원한 복락에까지 올라가기까지 했던 것이다. 그리고 거기에 선택이 덧붙여져서, 욕구를 제어하고 모든 기관의 활동을 통제하게 되었고, 그리하여 의지가 이성의 지도를 전적으로 따르도록 되어 있었던 것이다.

이러한 순전한 상태에서 사람은 원하기만 하면 자유 의지로써 영생에 도달할 능력이 있었다. 여기서 하나님의 은밀하신 예정의 문제를 제기한다는 것은 적절하지 못할 것이다. 왜냐하면 우리는 지금 일어날 수 있는 일과 일어날 수 없는 일의 문제를 다루는 것이 아니고, 사람의 본성의 상태가 어떠했느냐 하는 것을 다루고 있기 때문이다. 그러므로 아담은 자기가 원하면 얼마든지 설 수가 있었는데, 전적으로 자신의 의지로 타락한 것이다. 그가 그렇게 쉽게 타락한 것은 그의 의지가 이쪽 저쪽으로 기울어지는 성향이 있었고 또한 끝까지 변치 않고 인내하는 능력이 부여되지 않았기 때문이었다. 그러나 그럼에도 불구하고 선과 악을 선택하는 일은 전적으로 그의 자유였다. 그리고 그 뿐만 아니라 그의 정신과 의지가 최고의 상태를 유지하고 있었고, 또한 모든 기관들이 복종할 수 있도록 올바로 정비되어 있었다. 그런데 그가 스스로 자기 자신을 파괴시키고 자신의 이러한 축복들을 부패시켜 버린 것이다.

그리하여 철학자들은 크나큰 혼란을 당할 수밖에 없게 되었다. 폐허밖에 남아 있지 않는 곳에서 제대로 서 있는 건물을 찾았고, 어지러이 흩어져 있는 파편들 속에서 잘 엮어져 있는 구조물을 찾고 있었기 때문이다. 그들은 사람이 선악에 대한 자유 선택권을 소유하지 않았다면 이성적인 동물이 아닐 것이라는 원칙을 고수하고 있었고, 또한 사람이 자기 스스로 계획하여 삶을 이끌어나가지 않는다면 덕과 악행 사이의 구별이 사라지고 말 것이라고도 생각한 것이다. 사람에게서 변화가 일어나지만 않았더라면, 이 얼마나 좋은 생각이겠는가! 그런데 그런 인간의 근본적인 변화에 대해서 그렇게 무지하니, 철학자들이 하늘과 땅을 뒤섞어 놓은 것도 무리는 아니다. 또한 입으로는 그리스도의 제자들이라 칭하면서 철학자들의 견해들과 하늘의 교리 사이에서 타협을 시도하는 자들은 어리석은 장난을 하고 있는 것이며, 결국 하늘도 땅도 접할 수가 없다. 그들은 사람이 잃어버린 바 되어 영적 멸망 상태 속에 빠져 있는데도 불구하고 여전히 그에게서 자유 선택권을 찾고 있는 것이다. 그러나 이 문제들은 적절한 곳에서 더 충실하게 다루는 것이 좋을 것이다.[8]

여기서는 다만 한 가지만 마음에 새기면 좋겠다. 곧, 처음 창조 때의 사람의 상태는 그 이후의 후손 전체와는 너무나도 다르다는 것이다. 첫 사람 아담의 후손들은 그에게서 부패한 상태를 이어받았고, 그로부터 유전적인 오염을 물려받은 것이다. 처음에는 영혼의 각 부분이 의를 형성하고 있었고, 아담의 정신이 견고하게 서 있었으며, 그의 의지가 선을 택할 자유를 누리고 있었다. 아담의 의지력이 연약하여 불안정한 상태에 있었다고 주장하는 사람이 있다면, 나는 아담에게 주어진 그 정도의 상태로도 전혀 변명할 수가 없었다고 대답할 것이다. 그러므로 하나님께서는 사람을 전혀 죄를 지을 수도 없고 또한 죄를 짓기를 바라지도 않을 그런 상태로 만드셨어야 했다고 주장하는 것은 합당치 않은 것이다. 물론 그런 본성을 지녔더라면 훨씬 더 나았을 것이다. 그러나 마치 하나님께서 사람을 그런 본성을 갖도록 지으실 의무가 있기라도 한 것처럼 이에 대해서 하나님과 쟁론한다는 것은 지극히 악한 것이다. 하나님께서 기뻐하시는 바에 따라서 그가 택하셔서 그렇게 주신 것이기 때문이다.

그러나 하나님께서 얼마든지 사람에게 인내를 주셔서 본래의 상태대로 유지되게 하실 수 있었는데도 왜 그렇게 하지 않으셨는가 하는 것은 하나님의 계획 속에 감추어져 있다. 우리로서는 이 문제에 대해서 탐구하기를 절제하는 것이 지혜로운 처사일 것이다. 사실 사람이 의지를 발휘하면 이룰 수 있는 능력이 사람에게 있었다. 그러나 그는 능력을 행사하고자 하는 의지를 발휘하지 않았다. 만일 의지를 발휘했더라면 인내가 뒤따라왔을 것인데 말이다. 그러나 아담은 너무도 많은 것을 받았는데도 자발적으로 자기 자신을 죽음에 몰아넣었으니, 그로서는 변명의 여지가 없는 것이다. 참으로, 하나님께서 어쩔 수 없이 사람에게 그저 평범하고 심지어 금방 사라지고 말 의지를 주셔서 사람을 타락하게 만들고, 그리하여 인간의 타락을 하나님 자신의 영광을 취할 기회로 삼으실 수밖에 없었던 어떤 필연성이 있었던 것이 전혀 아니었던 것이다.

주

1. 참조. 1장 1절, 5장 2-3절.

2. 참조. 2권 1장 3절.

3. Ovid, *Metamorphoses*, I. 84ff.; 참조. Cicero, *Natures of the Gods*, II. lvi. 140.

4. Augustine, *On the Trinity*, X. xi, xii; XIV. iv, vi, viii; XV. xxi.

5. Plato, *Phaedo*, 105-107.

6. Aristotle, *Nichomachean Ethics*, VI. 2.

7. 참조. 제2권 2장 12-26절.

8. 참조. 제2권 2장 2-4절.

제 16 장

하나님은 그가 창조하신 세계를 그의 권능으로
양육하시고 유지하시며, 그의 섭리로 그 모든 부분을 다스리심

(철학자들의 견해들에 반대하여 하나님의 섭리를 제시함. 1-4)

1. 창조와 섭리의 밀접한 연관성

더 나아가서, 하나님을 단번에 그의 모든 일을 다 이루신 순간적인 창조주로 만들어 버린다면, 그것은 참 냉랭하고 메마른 사고일 것이다. 우리는 특히 이 점에서 세속의 사람들과 다를 수밖에 없다. 왜냐하면 하나님의 능력이 처음 세상의 창조 때에 못지않게 그 이후 계속 이어지는 우주의 상태에서도 그대로 빛나고 있기 때문이다. 불경스러운 자들 역시 천지를 바라보기만 해도 어쩔 수 없이 창조주에게로 생각이 미치게 되지만, 그러나 믿는 자에게는 창조의 역사의 모든 은공을 하나님께 돌리는 그 나름대로의 독특한 방법이 있는 것이다. 앞에서 인용하였거니와, "믿음으로 모든 세계가 하나님의 말씀으로 지어진 줄을 우리가 아나니"(히 11:3)라는 사도의 말씀이 이를 가리키는 것이다. 하나님의 섭리에게로 이어지지 않으면, 우리가 아무리 마음으로 파악하고 입으로 고백한다 할지라도 우리는 아직 "하나님이 창조주시다"라는 말의 의미를 제대로 깨닫는 것이 아닐 것이다.

육적인 감각으로는 창조에 나타난 하나님의 권능을 접하고 나면 거기서 멈추어 버린다. 그리고 잘해야 그저 그런 일을 이루신 그분의 지혜와 권능과 선하심만을 겨우 가늠하고 생각하는 것으로 그쳐버리는 것이다. 이런 현상은 자명한 것으로 심지어 원하지 않는 자까지도 억지로라도 인정할 수밖에 없는 것이다. 그리고 거기서 조금 더 나아간다면, 운동하는 힘을 일으키는 그저 어떤 일반적인 보존과 지배의 활동이 있을 것이라는 정도만 생각한다. 요컨대, 육적인 감각은 태초에 하나님께서 부여하신 어떤 에너지가 있어서 그것이 만물을 지탱시킨다는 식으로 생각하는 것이다.

그러나 믿음은 이보다 더 깊이 파고 들어가야만 한다. 즉, 하나님이 만물의 창조주이심을 발견한 다음에는 곧바로 그가 또한 영원하신 통치자시요 보존자시라고 결론을 내리는 것이다. 천체의 틀과 그 각 부분들을 보편적인 운동을 통해서 운행하실 뿐 아니라, 심지어 작은 참새 한 마리에 이르기까지(참조. 마 10:29) 그가 지으신 모든 것들을 지탱시키시고, 양육하시고 보살피시는 분이심을 인정하는 것이다. 그리하여 다윗은 온 세상이 하나님께 창조함을 받았음을 간략히 진술한 후에, 끊임없이 이어지는 그의 섭리의 과정에게로 내려가고 있다. 그는 먼저, "여호와의 말씀으로 하늘이 지음이 되었으며 그 만상을 그의 입 기운으로 이루었도다"(시 33:6)라고 말한 다음, 이어서 "여호와께서 하늘에서 굽어보사 모든 인생을 살피심이여"(시 33:13)라고 하며, 또한 같은 뜻의 진술이 계속 이어지는 것이다.

물론 모든 사람들이 다 그렇게 분명하게 사고를 하지는 않지만, 하나님께서 우주의 창조주이시라는 것을 믿지 못하면 그가 인간사를 돌보신다는 것도 믿을 수가 없기 때문에, 또한 하나님이 그 지으신 바를 돌보신다는 것을 납득하지 못하면 우주가 하나님께서 창조하셨다는 것을 아무도 진지하게 믿지 않을 것이기 때문에, 다윗은 여기서 이 두 가지 사실을 서로 연관짓는 최상의 방도를 아주 적절하게 제시하고 있는 것이다. 우주의 모든 부분들이 신의 은밀한 영감에 의해서 생기를 얻는다는 것이 철학자들의 일반적인 가르침이고, 또한 사람들의 사고다. 그러나 그들은 다윗이 모든 경건한 자들과 더불어 나아간 경지까지는 나아가지 않는다.

다윗은 이렇게 말하고 있다. "이것들은 다 주께서 때를 따라 먹을 것을 주시기를 바라나이다. 주께서 주신즉 그들이 받으며 주께서 손을 펴신즉 그들이 좋은 것으로 만족하다가 주께서 낯을 숨기신즉 그들이 떨고 주께서 그들의 호흡을 거두신즉 그들은 죽어 먼지로 돌아가나이다. 주의 영을 보내어 그들을 창조하사 지면을 새롭게 하시나이다"(시 104:27-30). 그들 역시, 우리가 하나님을 힘입어 기동하며 산다는 바울의 진술에(행 17:28) 동의하는 것은 사실이다. 그러나 바울이 칭송하는 그 은혜에 대한 진지한 느낌과는 거리가 먼 것이다. 왜냐하면 하나님의 특별하신 보살피심을 맛보아야만 그의 아버지다우신 사랑을 아는데, 그 보살피심을 전혀 맛보지 못하기 때문이다.

2. 운명이나 우연은 없음

이런 차이를 더 분명하게 하기 위해서는 성경이 가르치는 하나님의 섭리가 운명과 우연히 발생하는 일들과는 정반대되는 것임을 알아야 한다. 모든 일이 우연에 의해서 일어난다는 것은 시대마다 항상 공통적으로 받아들여온 신념이었고, 오늘날 거의 모든 사람들이 그런 견해를 갖고 있다. 그리하여 이런 부패한 사상으로 인하여, 섭리에 대하여 우리가 믿어야 할 내용들이 흐려졌고 거의 파묻히다시피 되어버렸다. 가령 사람이 도둑을 만났거나 맹수를 만났다고 하자. 망망대해에서 갑작스러운 풍랑을 만나 배가 좌초되었다고 하자. 집이나 나무가 무너져내려 죽임을 당했다고 하자. 그리고 또다른 사람은 사막을 헤매다가 굶주림에서 구원받았다고 하자. 파도에 휩쓸리다가 마침내 항구로 귀환하여 아슬아슬하게 기적적으로 죽음을 피했다고 하자. 육적인 생각으로는 좋은 일이든 나쁜 일이든 간에 이 모든 일들을 운명의 탓으로 돌릴 것이다.

그러나 "너희에게는 머리털까지 다 세신 바 되었나니"(마 10:30)라고 말씀하신 그리스도의 말씀으로 가르침을 받은 자라면 누구나 더 멀리 벗어나서 어떤 원인을 찾을 것이고, 그리하여 모든 사건들이 하나님의 은밀하신 계획에 따라 되어진다는 것을 생각할 것이다. 그리고 생명이 없는 물체들에 대해서도 우리는, 물론 각기 본성적으로 자신의 특성을 부여받았지만 언제나 역사하시는 하나님의 손길의 인도하심이 없이는 그 힘을 발휘하지 않는다는 것을 생각해야 할 것이다. 따라서 그것들은 그저 도구들에 불과하며, 하나님께서는 계속해서 그것들을 그의 뜻하시는 만큼 효력을 발휘하게 하시고, 그 자신의 목적에 따라서 그것들을 이런저런 식으로 힘을 발휘하게 하시는 것이다.

창조물 가운데 태양보다 더 놀랍고 영광스러운 힘을 지닌 것은 없다. 온 땅을 그 광채로 비추는 것 이외에도 그 열기로 모든 생물들에게 양분과 생기를 주고 있으니 이 얼마나 굉장한 것인가! 그 광선으로 땅에 결실을 불어넣지 않는가! 땅 속에 묻힌 씨앗을 덥게 하여 파랗게 싹이 나게 하고, 그것들을 자라게 하고 강하게 만들며, 새롭게 영양분을 주어 마침내 줄기로 자라나도록 하지 않는가! 계속해서 식물에게 열기를 불어넣어 꽃이 피게 하고 열매를 맺게 하지 않는가! 또한 열기를 강하게 쪼여 열매를 완전히 익게 만들지 않는가! 또한 비슷하게 온갖 수목(樹木)들과 포도나무에게 빛을 쪼여서 처음에는 싹을 내게 하고 잎사귀를 내게 하며, 그 다음에는 꽃을 피우고, 그리고 꽃에서 다시 열매를 맺게 하지 않는가! 그러나 하나님은 이 모든 것들의 은공을 자신에게 돌리시고자, 태양을 창조하시기 전에 빛을 먼저 생기게 하시고 또한 땅에 온갖 종류의 풀과 과실들로 가득 채우신 것이다(창 1:3, 11, 14). 그러므로 경건한 사람은 태양을 이것들의 주요 원인 혹은 필연적인 원인으로 만들지 않을 것이고 ― 태양이 창조되기 이전에 그것들이 먼저 존재했으니 ― 그저 하나님께서 그렇게 뜻하셔서 사용하시는 도구로 여길 것이다. 사실 하나님께서는 태양 없이도 얼마든지 어렵지 않게 활동하실 수 있으신 것이다.

여호수아가 기도할 때에 태양이 머물러 있었던 사실과(수 10:13) 또한 히스기야 왕을 위하여 태양의 그림자가 십도 가량 거꾸로 물러갔다는 사실(왕하 20:11; 사 38:8)을 읽을 때에, 우리는 하나님께서 이 몇몇 이적들을 통해서 태양이 그저 맹목적인 자연의 본능에 의해서 날마다 뜨고 지는 것이 아니라 하나님께서 친히 우리를 향하신 그의 아버지다우신 사랑에 대한 기억을 새롭게 하시기 위하여 그 경로를 지배하신다는 것을 깨닫게 되는 것이다. 겨울이 지나고 봄이 오며, 그 다음에 여름이 이어지고, 여름 다음에 가을이 순서대로 이어지는 것보다 더 자연스러운 일은 없다. 그러나 이런 이어짐 속에서 우리는 해마다, 달마다, 매일같이 크나큰, 그리고 언제나 똑같지 않은 다양함이 나타난다는 것을 보게 되는데, 이것은 바로 새롭고도 특별하신 하나님의 섭리의 지배를 받아서 일어나는 것이다.

3. 만물을 지배하는 하나님의 섭리

하나님께서는 스스로 전능하심을 말씀하시며, 동시에 우리가 그의 전능하심을 인정하기를 원하신다. 그러나 하나님의 전능하심은 그저 궤변가들이 상상하는 그런 공허하고 알맹이 없고 거의 무의식적인 그런 전능이 아니라, 끊임없이 활동하며 주의 깊고 효력 있고 능동적인 그런 전능이다. 또한 이미 정해져 있는 수로(水路)를 따라 강이 흐르도록 명령하시듯이 그런 혼란스런 운동의 일반적인 원리에 불과한 그런 전능이 아니라, 개별적이고 구체적인 움직임들을 주관하시는 그런 전능하심이다. 하나님이 전능하신 분으로 여겨지는 것은 그가 행동하실 수 있지만 때때로 행동을 중지하시고 한가하게 앉아 계시거나, 아니면 미리 정해 놓으신 자연의 질서를 그저 일반적인 충동을 통해서만 지속시키시기 때문이 아니라, 하늘과 땅을 그의 섭리로 다스리시며, 자신의 뜻이 아니고서는 아무 일도 발생하지 않도록 그렇게 모든 일을 운행하시기 때문인 것이다. 시편은 "오직 우리 하나님은 하늘에 계셔서 원하시는 모든 것을 행하셨나이다"(시 115:3)라고 말씀하는데, 이는 분명하고도 계획적인 의지를 의미하는 것이다. 그러므로 이러한 선지자의 말씀을 철학자들의 방식을 따라서 해석하여, 하나님은 모든 운동의 시작이시요 원인이시므로 그가 최초의 동인(動因)이시라는 식으로 이해하는 것은 정말 지각없는 짓이다. 역경에 처할 때에 신자들은 자기들이 하나님의 손길 아래 있으므로 하나님의 명령과 허락이 없이는 자기들에게 아무 일도 일어나지 않는다는 사실에서 큰 위로를 얻는 것이다.

그러나 하나님의 다스리심이 그의 모든 만물에까지 확대되는 것이라면, 그 다스림을 자연의 흐름 내에만 한정시킨다는 것은 유치한 발상일 수밖에 없다. 사실 하나님의 섭리를 그렇게 좁은 한계 내에 국한시키고서 마치 하나님께서 모든 일들이 영구한 자연의 법칙에 따라서 자유로이 발생하도록 허용하신 것처럼 여기는 행위는, 하나님에게서 그의 영광을 빼앗는 것이요 뿐만 아니라 지극히 유익한 섭리의 교리를 스스로 내던져버리는 처사인 것이다. 만일 하늘, 공기, 땅, 물 등의 모든 움직임에 그대로 내어 맡겨진 상태라면, 이 세상에서 사람처럼 불쌍한 존재는 없을 것이기 때문이다.

뿐만 아니라, 그런 식으로 생각하면, 각 사람을 향한 하나님의 구체적인 선하심이 너무나도 하찮은 것으로 전락해버리고 마는 것이다. 다윗은 어머니의 젖을 먹는 갓난아기들조차 하나님의 영광을 찬양한다고 외치고 있는데(시 8:2), 이는 세상에 출생하자마자 하나님의 보살피심으로 말미암아 그들을 위하여 예비된 젖을 먹기 때문이다. 사실, 어떤 어머니의 젖은 풍성하나 또 어떤 어머니의 젖은 거의 말라 있는 것이 현실이라는 사실을 우리가 경험으로 똑똑히 알고 또한 눈으로도 보고 있으나, 하나님께서는 그의 뜻에 따라서 어떤 아기는 더욱 풍성하게 먹이시고, 또 어떤 아기는 더 빈약하게 먹이신다는 것이 전반적인 사실로 드러나는 것이다.

하나님의 전능하심을 올바로 찬양하는 자들은 이로써 두 가지 유익을 얻게 된다. 첫째로, 천지를 소유하시며 또한 모든 피조물들이 그 명령에 스스로 완전히 복종하는 그 하나님께 선을 행하시기에 충족한 능력이 있다는 것을 확신하게 되며, 둘째로, 하나님의 보호하심 가운데서 안전하게 안식을 누리게 된다는 것이다. 우리가 두려워하는 온갖 해로운 일들이 하나님의 뜻에 달려 있고, 사탄과 그 졸개들의 모든 맹렬한 공격들이 하나님의 권위 아래 있으며, 우리의 복지를 해치는 모든 일이 하나님의 허락에 달려 있으니 말이다. 그리고 위험이 닥칠 때마다 우리는 계속해서 무절제하고도 미신적인 두려움을 품게 되는데, 이런 것들을 교정시키고 없앨 수 있는 방도가 이것 말고는 없는 것이다. 만일 피조물들이 우리를 위협하거나 강제로 우리를 해칠 때마다 마치 그것들이 우리를 해칠 수 있는 독자적인 능력이 그것들에게 있기라도 한 것처럼, 혹은 우리에게 우연히 해를 끼칠 수 있기라도 한 것처럼, 혹은 우리를 도와서 그런 해로운 일을 당하지 않게 할 하나님의 능력이 모자라기라도 하는 것처럼 두려워 떤다면, 그것은 정말 미신적으로 심약한 상태가 아닐 수 없다.

예를 들어서, 선지자는 하나님의 자녀들에게 "이방 사람들은 하늘의 징조를 두려워하거니와 너희는 그것을 두려워하지 말라"(렘 10:2)고 경고하고 있다. 선지자가 모든 종류의 두려움을 다 정죄하는 것은 분명 아니다. 그러나 불신자들은 우주의 통치가 하나님께 있는 것이 아니라 별들에게 있다고 생각하여, 자기들의 행복과 불행이 하나님의 뜻이 아니라 별들의 작정과 징조에 달려 있다고 상상하며, 그리하여 오직 하나님을 두려워하여야 마땅한데도 불구하고 하나님을 두려워하지 않고 별들이나 혜성 따위를 두려워하는 것이다. 그러므로 이러한 불신앙을 경계하는 자는, 하나님의 은밀하신 계획에 지배를 받지 않는 그런 피조물의 비정상적인 힘이나 활동이나 움직임은 결코 존재하지 않으며, 따라서 하나님께서 스스로 아시고 뜻을 정하신 일 이외에는 어떠한 일도 일어나지 않는다는 것을 항상 기억해야 할 것이다.

4. 하나님의 섭리의 본질

그러면 우선, 독자들은 섭리란 땅에서 벌어지는 일을 하나님께서 하늘에서 한가하게 구경하시는 것이 아니라 하나님께서 친히 열쇠를 쥐고 계신 분으로서 모든 사건들을 지배하신다는 뜻이라는 것을 알아야 할 것이다. 그러므로 섭리란 하나님의 눈 못지않게 그의 손길에도 관계되는 것이다. 그러므로 "하나님이 자기를 위하여 친히 준비하시리라"(창 22:8)는 아브라함의 말은 하나님께서 미래의 일을 미리 알고 계신다는 의미일 뿐 아니라, 언제나 혼란스럽고 의아스러운 일들을 해결해주시는 하나님의 뜻의 보살피심에 아브라함 자신이 알지 못하는 그 문제를 맡긴다는 의미인 것이다. 그러므로, 섭리에는 반드시 행동이 수반되는 것이다. 그런데 많은 사람들은 그저 예지(像知: 미리 아는 것)에 대해서만 무식하게 떠들고 있다. 개념이 혼란스럽고 혼합된 것이기는 하나 하나님께서 통치하심을 인정하는 자들도 있는데 — 이미 말했듯이 이들은 우주와 그 각 부분들의 운행을 전반적으로 지도하는 것은 믿으나 개별적인 피조물들의 움직임 하나하나에는 관여하지 않는다고 본다 — 이런 사람들의 오류는 그래도 덜 무식한 것이라 하겠다.

그러나 이것도 용납할 수 없는 오류다. 그들은 섭리가 보편적이긴 하지만, 그래도 피조물들이 우발적으로 움직이는 것을 막을 것이 없고, 사람이 자기 의지의 자유로운 선택에 따라서 이리저리 움직이는 것을 막을 것이 아무것도 없다는 식으로 가르치기 때문이다. 그리고 이렇게 해서 그들은 하나님과 사람의 역할을 뚜렷하게 구별짓는다. 곧, 하나님께서는 그의 권능으로 사람에게 운동을 불러일으키셔서 사람으로 하여금 자신이 심어놓으신 본성에 따라 활동하게 하시며, 한편 사람은 자기의 의지의 계획에 따라서 자기의 행동을 스스로 주관하는 것이라는 것이다. 간단히 말해서, 우주와 인간사와 사람 그 자체는 하나님의 권능에 의해서 지배를 받으나 하나님의 결정에는 지배를 받지 않는다는 것이다. 신은 게을러서 활동하지 않는다는 식으로 상상하는 에피쿠로스 철학자들(세상에는 언제나 이런 몹쓸 사상이 가득하다)에 대해서나, 또한 신이 공중의 윗 부분을 다스렸고 아랫 부분은 운명에 맡겨두었다고 예로부터 상상해온 자들에 대해서는 구태여 거론하지 않겠다. 말 못하는 피조물들까지도 그런 명백한 미친 사상을 대적하여 외치고 있지 않은가!

이제 거의 보편적으로 받아들여지고 있는 사상을 반박할 차례가 되었다. 곧, 하나님에게 일종의 맹목적이고 애매한 활동이 있다는 것은 인정하되, 하나님의 가장 주된 활동 — 즉, 측량할 길 없는 지혜로 모든 일을 주관하시고 그의 목적에 따라 그 일을 이루어 가시는 것 — 은 빼앗아버리는 것이 그것이다. 그렇게 하나님의 통치권을 빼앗아버림으로써 하나님께서 우주의 통치자이시라는 사실을 그저 이름뿐인 것으로 만들어 버리는 것이다. 통치한다는 것이 과연 무엇인가? 정해진 질서 안에서 사물들을 다스리는 실질적인 권위를 갖고 있다는 것이 아닌가? 그러나 보편적인 섭리에 대해서 이러쿵저러쿵 견해를 제시하는 자들에 대해서, 나는 그들이 하나님께서는 그가 친히 제정하신 자연의 질서를 감독하실 뿐 아니라 그의 지으신 만물들 하나하나를 특별히 보살피심으로써 우주를 다스리신다는 것을 인정하기만 한다면, 그들의 논지를 완전히 거부하지는 않을 것이다. 여러 종류의 사물들을 보면 그것들이 마치 하나님의 영원하신 명령에 순종하는 것처럼, 또한 하나님께서 한 번 정해 놓으신 것이 그대로 운행되는 것처럼, 은밀한 자연의 충동에 의하여 움직이는 것이 사실인 것이다.

여기서 우리는 "내 아버지께서 이제까지 일하시니 나도 일한다"(요 5:17)고 하신 그리스도의 말씀과, 또한 "우리가 그를 힘입어 살며 기동하며 존재하느니라"(행 17:28)는 바울의 가르침과, 또한 히브리서 기자가 그리스도의 신성을 증명하려는 의도로 기술한 "그의 능력의 말씀으로 만물을 붙드시며"(히 1:3)라는 진술 등을 참고할 수 있을 것이다. 특별 섭리에 대한 증언들이 이렇게 확실하고도 분명하게 선포되고 있어서 누구라도 도저히 의심할 수가 없을 정도인데도, 그들은 이를 구실로 하여 그 특별 섭리를 그릇되게 감추고 모호하게 만들어 버리는 것이다. 그러므로 이처럼 베일로 특별 섭리를 가리는 자들은 어쩔 수 없이 견해를 수정하여, 하나님의 특별한 보살피심 아래서 일어나는 일들이 많다는 것을 인정할 수밖에 없을 것이다. 그러나 그들은 이러한 섭리를 특수한 몇몇 활동에만 국한시킨다. 그렇기 때문에 우리로서는, 하나님께서 개개의 사건들을 주장하시며 따라서 모든 사건들이 하나님의 정하신 계획에서 비롯되므로 어떠한 일도 우연히 일어나지 않는다는 것을 입증해야 하는 것이다.

(특별 섭리에 대한 성경의 가르침. 5-7)

5. 세상의 모든 일을 실질적으로 지배하는 하나님의 섭리

가령, 운동의 시작이 하나님께 있다는 것을 인정하고, 또한 동시에 만물이 그 본성이 이끄는 대로 자발적으로 혹은 우연에 의해서 이리저리 움직인다는 것을 인정한다 해보자. 그러면 낮과 밤이 변하는 것이나 겨울과 여름이 오는 것은 결국 하나님이 하시는 일이 될 것이다. 왜냐하면 그것들 각각에게 관여하시면서 하나님께서 그것들 앞에 일정한 법칙을, 즉 날이면 날마다, 달이면 달마다, 그리고 해마다 동일한 과정을 따라서 운행되도록 하는 법칙을 세워 놓으셨기 때문이다. 그러나 때때로 굉장한 열기가 밀려와 곡식들을 메마르게 하고, 또 어떤 때에는 때아닌 비가 내려서 곡식들을 해치기도 하고, 갑작스럽게 우박과 폭풍우로 재난이 닥치기도 하는데, 이런 일들은 하나님이 하시는 일이 아닌 것이 되어 버릴 것이다. 왜냐하면 흐린 날씨나 개인 날씨, 추위와 더위 등은 별들의 근접과 다른 자연적 원인들에게서 비롯되는 것으로 보기 때문이다. 이런 식의 견해를 따르게 되면, 하나님의 아버지다우신 자비하심이나 혹은 그의 심판이 개입할 여지가 전혀 남지 않게 되어버린다. 만일, 하나님께서 하늘과 땅에 일상적인 능력을 발휘하셔서 그것으로 사람이 양식을 공급받는다는 이유 때문에, 하나님을 가리켜 인류에게 자비로우신 분이시라고 말한다면, 이것은 너무나도 빈약하고 속된 헛된 사고에 지나지 않을 것이다. 이는 마치 어느 해에 특별히 풍성한 수확을 거두더라도 그것이 결코 특별한 하나님의 축복이라 할 수 없고, 반면에 기근으로 인하여 수확이 핍절한 상태가 되더라도 그것이 결코 하나님의 징벌이요 저주라 말할 수 없다는 식의 논리인 것이다.

그러나 모든 근거들을 다 모아서 열거하자면 한이 없을 것이므로, 하나님 자신의 권위만으로 만족해야 할 것이다. 율법서와 선지서에서 하나님께서는 자신이 친히 이슬과 비로 땅을 적실 때마다 자신의 자비하심을 증거하신다고 자주 선언하시며(레 26:3-4; 신 11:13-14; 28:12), 반면에 그의 명령에 따라 하늘이 철과 같이 굳어지며(레 26:19) 곡식이 병충해로 해를 입으며(신 28:22), 우박과 폭풍우로 밭이 해를 당할 때마다(참조. 사 28:2; 학 2:17) 그런 것들이 하나님의 분명하고도 특별하신 보응의 표증들임을 선언하시는 것이다. 이런 사실을 그대로 받아들인다면, 하나님의 확실한 명령이 없이는 단 한 방울의 비도 떨어지지 않는다는 것이 분명한 것이다.

사실 다윗은 하나님께서 "우는 까마귀 새끼에 먹을 것을 주시는도다"(시 147:9)라고 하며 하나님의 일반 섭리를 찬양하고 있다. 그러나 하나님께서 친히 짐승들을 기근으로 위협하기도 하시는데, 이는 그가 그의 뜻에 따라서 모든 생물들을 때로는 충족하지 못하게 먹이고 때로는 더 충만하게 먹이기도 하신다는 것을 선포하는 것이 아니고 무엇이겠는가? 앞에서 이미 말했듯이, 이것을 특정한 몇몇 행위에만 국한시킨다는 것은 유치한 생각이다. 왜냐하면 그리스도께서는 성부의 뜻이 아니고서는 아무리 작고 미미한 참새 한 마리조차도 땅에 떨어지지 않는다고 말씀하시기 때문이다(마 10:29). 새가 공중을 날아다니는 일이 하나님의 명확한 계획에 따라 지배를 받는다면, 우리는 마땅히 선지자의 말씀처럼 하나님께서 높은 곳에 거하시면서도 자기를 낮추사 천지에 일어나는 일을 모두 살피신다고 고백하지 않을 수 없을 것이다(시 113:5-6).

6. 인간사에 관계하는 하나님의 섭리

그러나 우주가 특별히 인류를 위하여 지어졌음을 알고 있으므로, 우리는 하나님의 다스리심에서 이 목적을 살펴보아야 할 것이다. 선지자 예레미야는 이렇게 외치고 있다. "여호와여 내가 알거니와 사람의 길이 자신에게 있지 아니하니 걸음을 지도함이 걷는 자에게 있지 아니하니이다"(렘 10:23). 더 나아가서, 솔로몬은 "사람의 걸음은 여호와로 말미암나니 사람이 어찌 자기의 길을 알 수 있으랴?"(잠 20:24; 참조. 잠 16:9)라고 말한다. 그런데 사람들은, 사람이 하나님께서 지으신 본성의 성향에 따라 하나님으로 말미암아 영향을 받지만, 사람 자신이 자기가 바라는 곳으로 움직여 가는 것이라고들 이야기한다. 그러나 이런 말이 옳다면, 길을 선택하는 자유로운 선택권이 사람의 손에 있게 되는 것이다. 어쩌면 그들은 이를 부인할지도 모른다. 하나님의 능력이 없이는 사람이 아무것도 할 수가 없다고 말하면서 말이다.

그러나 그들의 그러한 변명은 통할 수가 없다. 왜냐하면 선지자와 솔로몬이 권능만이 아니라 선택권과 결정권까지도 하나님께 돌리고 있는 것이 분명하기 때문이다. 솔로몬은 다른 곳에서, 마치 모든 일이 자기 뜻에 달려 있는 것처럼 하나님을 전혀 염두에 두지 않고 스스로 목표를 세우는 자들의 오만함에 대하여 아주 세련되게 책망하고 있다. "마음의 경영은 사람에게 있어도 말의 응답은 여호와께로부터 나오느니라"(잠 16:1). 말조차도 자기 마음대로 하지 못하는 것이 인생인데, 감히 하나님이 없이 스스로 행동을 취하려 한다는 것은 그야말로 어리석은 우매함 이외에 아무것도 아닌 것이다!

사실, 성경은 하나님의 결정 없이는 세상의 그 어떠한 일도 일어나지 않는다는 사실을 더 분명하게 표현하기 위하여, 지극히 우연한 것처럼 보이는 일들도 하나님께 속하는 것임을 보여주고 있다. 가령 길가의 나무에서 한 가지가 부러져서 지나가던 행인이 맞아 죽는 일이 일어났다고 하자. 이보다 더 우연한 일이 어디 있겠는가? 그러나 주께서는 전연 달리 말씀하신다. 곧, 하나님께서 친히 그 사람을 살해자의 손에 넘기셨음을 말씀하시는 것이다(출 21:13). 이와 비슷하게, 제비를 뽑을 때에 맹목적으로 운명에 맡기지 않는 사람이 어디 있겠는가? 그러나 주께서는 이런 사고를 허용하지 않으시고, 제비를 결정하는 일이 하나님 자신에게 있음을 말씀하시는 것이다. 조약돌을 무릎 사이에 던져 넣고 거기서 하나를 집어드는 일은 사람들의 능력에 있는 것이 아니며, 그야말로 우연의 탓으로 볼 수밖에 없는 것까지도 하나님 자신에게서 비롯되는 것임을 가르치는 것이다(잠 16:33).

솔로몬의 다음과 같은 말도 같은 의미이다. "가난한 자와 포학한 자가 섞여 살거니와 여호와께서는 그 모두의 눈에 빛을 주시느니라"(잠 29:13). 이 말씀은 세상에서 부자와 가난한 자가 서로 섞여 있지만, 그들 각자의 형편은 하나님께서 지정해 주시는 것이며, 모든 이들에게 빛을 비추어 주시는 하나님께서는 결코 맹목적이지 않으시다는 의미이다. 그리하여 솔로몬은 가난한 자들에게 인내할 것을 권고한다. 자기들의 몫에 대해 만족하지 않는 자들은 하나님께서 지워 주신 짐을 벗어버리려 하기 때문이다. 그리하여 또다른 선지자는, 어떤 사람은 비천한 처지에 있고 또 어떤 이들은 존귀한 위치에 올라가는 일을 사람의 노력의 덕분으로나 혹은 운명의 탓으로 돌리는 불경스러운 자들을 다음과 같이 책망하는 것이다. "무릇 높이는 일이 동쪽에서나 서쪽에서 말미암지 아니하며 남쪽에서도 말미암지 아니하고 오직 재판장이신 하나님이 이를 낮추시고 저를 높이시느니라"(시 75:6-7). 하나님께서 재판장의 직분을 벗으실 수가 없기 때문에, 선지자는 여기서 어떤 자들이 높아지고 또다른 자들이 낮은 처지에 있는 것이 하나님의 은밀하신 계획으로 말미암는 것임을 증거하고 있는 것이다.

7. 자연의 현상들까지 주관하시는 하나님의 섭리

뿐만 아니라, 나는 구체적인 개개의 사건들도 하나님의 특별하신 섭리의 성격을 전반적으로 증거해 준다고 본다. 하나님께서는 광야에서 남풍이 불게 하셔서 그 백성들에게 풍성한 새들을 보내 주셨다(출 16:13; 민 11:31). 또한 요나를 바다에 빠지게 하실 때에도, 하나님은 강한 풍랑을 일으키셨다(욘 1:4). 하나님께서 우주의 운행을 주관하신다는 것을 인정하지 않는 자들은 이런 일이 일상적인 과정 바깥에 속한 것이라고 말할 것이다. 그러나 나는 이 사실들을 근거로, 하나님의 명확한 명령이 없이는 결코 바람이 불거나 강해지는 일이 없다고 추리한다. 만일 하나님께서 그의 결정에 의하여 구름과 바람을 일으키시고 그 속에서 자신의 권능의 임재를 특별히 보여주시지 않았다면, 하나님께서 "구름으로 자기 수레를 삼으시고 바람 날개로 다니시며 바람을 자기 사신으로 삼으시고 불꽃으로 자기 사역자를 삼으셨나이다"(시 104:3-4)라는 말씀은 사실이 아닌 것이 되고 말 것이다.

또한 다른 곳에서도 우리는 바다에 풍랑이 일어 물결이 솟구칠 때마다 그런 일들이 하나님의 특별하신 임재를 증거해 준다는 것을 배우게 된다. "여호와께서 명령하신즉 광풍이 일어나 바다 물결을 일으키는도다"(시 107:25), "광풍을 고요하게 하사 물결도 잔잔하게 하시는도다"(시 107:29). 이와 마찬가지로 다른 곳에서도, 하나님께서 "곡식을 마르게 하는 재앙과 깜부기 재앙으로 너희를 쳤도다"(암 4:9)라고 선포하는 것이다.

뿐만 아니라, 사람에게 생식력이 본성적으로 부여되어 있지만, 하나님께서는 어떤 이들에게는 자손이 없게 하시고 어떤 이들에게는 자손을 많이 주셔서(참조. 시 113:9), 그것이 자신의 특별하신 은총의 표시임을 드러내신다. "태의 열매는 그의 상급이로다"(시 127:3). 그렇기 때문에 야곱은 그의 아내에게, "그대를 임신하지 못하게 하시는 이는 하나님이시니 내가 하나님을 대신하겠느냐?"(창 30:2)라고 하였다.

이 문제를 즉시 종결짓기 위해서 한 가지 실례만 더 들자면, 우리가 떡을 먹음으로써 양육받는다는 것보다 일상적인 일은 없을 것이다. 그러나 성경은 땅의 소산이 하나님의 특별한 선물임은 물론 "사람이 떡으로만 사는 것이 아님"(신 8:3; 마 4:4)을 말씀하고 있다. 사람을 양육시키는 것이 풍성한 떡 그 자체가 아니고 하나님의 은밀하신 축복에 있기 때문이다. 그러나 반대로, 하나님께서는 "그 의뢰하는 모든 양식"을 제하여 버리겠다고도 말씀하신다(사 3:1). 사실 일용할 양식을 위하여 드리는 진지한 기도(마 6:11)는 오로지 하나님께서 그의 아버지다우신 손길로 우리에게 양식을 베풀어주신다는 의미로만 이해할 수 있는 것이다. 그렇기 때문에 선지자는 신자들에게 하나님께서 그들을 먹이심으로써 가장들의 직무를 최고로 이행하신다는 것을 납득시키기 위하여, 그가 모든 육체에 먹을 것을 주신다고 진술하고 있는 것이다(시 136:25). 마지막으로, 한편에서는 "여호와의 눈은 의인을 향하시고 그의 귀는 그들의 부르짖음에 기울이시는도다"(시 34:15)라는 말씀을 듣고, 또 한편으로는 "여호와의 얼굴은 악을 행하는 자를 향하사 그들의 자취를 땅에서 끊으려 하시는도다"(시 34:16)라는 말씀을 듣는데, 여기서 우리는 천상천하의 모든 피조물들이 하나님께서 친히 자기의 기뻐하시는 뜻대로 그들을 사용하시도록 그에게 복종할 준비를 갖추고 있다는 사실을 알아야 할 것이다. 이로써 우리는 하나님의 일반 섭리가 피조물들 가운데 왕성하게 역사하여, 자연의 질서를 지속시킬 뿐만 아니라, 그의 놀라운 계획에 의하여 확실한 목적을 이루도록 하신다는 것을 깨닫게 되는 것이다.

(운명, 우연, 우발적 사건들과 섭리. 8-9)

8. 섭리의 교리는 스토아 철학의 운명론과는 전연 다름

이 섭리의 교리를 혐오하는 자들은 이것이 스토아 철학자들의 운명론이라고 비방한다. 아우구스티누스도 한때 이런 비방을 받은 적이 있다. 단어들에 대해서는 논쟁하고 싶지 않지만, 우리는 "운명"(fate)이란 단어를 받아들이지 않는다. 바울이 피하라고 가르치는 망령되고 허탄한 단어들 가운데 하나이기 때문이기도 하거니와(딤전 6:20), 또한 사람들이 그런 단어를 비방하고자 하는 의도로 사용하여 하나님의 진리를 억압하려 하기 때문이다. 그러나 사실 우리가 스토아 철학의 운명론을 주장한다는 악의에 가득 찬 거짓된 혐의를 받고 있다. 스토아 철학자들은 자연에 나타나 있는 끊임없는 연관과 서로 밀접하게 연결되는 인과 관계의 필연성을 상정하지만 우리는 그렇게 하지 않는다. 우리는 하나님께서 만물의 통치자요 주관자이심을 믿는다. 하나님이야말로 그의 지혜로 머나먼 영원 전부터 그가 행하실 바를 작정하셨고 또한 그의 권능으로 그 작정하신 바를 시행하시는 분이신 것이다. 이를 근거로 우리는 하늘과 땅, 그리고 생명이 없는 피조물들은 물론 사람들의 계획과 의도들까지도 하나님의 섭리의 다스림을 받아 그 정해진 목적을 곧바로 이루게 된다는 것을 선포하는 것이다.

그렇다면 어찌 되느냐고 물을 것이다. 우연에 의해서나 운명에 의해서 일어나는 일이 전혀 없다는 뜻인가? 이에 대한 나의 답변은 다음과 같다. 곧, 대(大)바실리우스(Basil)는 진실로 말하기를, "운명"이나 "우연"이란 이교도들이 쓰는 용어로서 경건한 사람들이 마음에 그 뜻을 새겨서는 안 되는 것이라고 하였다.[1] 만일 모든 성공이 다 하나님의 축복이고, 모든 재난과 역경이 하나님의 징벌이라면, 인간사에 운명이나 우연이 끼어들 여지가 조금도 남지 않기 때문이다.

아우구스티누스의 다음과 같은 진술에서도 우리는 감동을 받아야 마땅할 것이다. “「아카데미 학파에 대한 반론」(*Against the Academics*)에서 내가 ‘fortuna’(운명)란 단어를 너무 자주 거론했다는 것이 아무래도 마음에 걸린다. 물론 무슨 여신 따위를 생각하고 그런 단어를 쓴 것이 아니고, 다만 선한 일이 든 악한 일이든 일어나는 일들에서 겉으로 보기에 운명적인 것처럼 보이는 결과들이 일어나곤 한다는 점을 말하고자 한 것일 뿐이긴 했지만 말이다. 그리고 ‘fortuna’에서 여러 단어들이 파생되는데, 이 단어들은 우리가 신적인 섭리를 상정하는 뜻으로 얼마든지 거리낌이 없이 사용할 수 있는 것들이다. ‘forte’(우연히), ‘forsan’(아마도), ‘forsitan’(혹시), ‘fortasse’(어쩌면), ‘fortuito’(뜻밖에). 내가 이에 대해서 침묵하고 지나치지 않고 거론한 이유는, 보통 ‘운명’이라고들 부르는 것은 어떤 은밀한 질서에 의해 다스림을 받는 것이며, 또한 우리가 ‘우연히 일어났다’고 말하지만 실상은 그 이유나 원인이 비밀에 싸여 있다는 것 이외에 아무것도 아니기 때문이다. 사실 내가 그렇게 말했지만, 거기서 ‘운명’이란 단어를 언급한 것에 대해서는 아쉬운 마음이다. 사람들은 ‘이것은 하나님의 뜻이다’라고 해야 옳을 일에 대해서 ‘이것은 운명이다’라고 이야기하는 매우 악한 관습을 지니고 있으니 말이다.”[2]

한 마디로, 아우구스티누스는 늘 가르치기를, 만일 무엇이든 운명에 맡겨진다면, 세상은 목표를 잃고 소용돌이칠 것이라고 하였다. 그리고 다른 곳에서는, 모든 일이 일부는 사람의 자유로운 선택으로, 일부는 하나님의 섭리로 이루어진다고 말하나, 조금 뒤에 가서 사람들이 섭리 아래 있고 섭리의 지배를 받는다는 점을 충분하게 입증해 보이면서, 하나님께서 계획하심이 없이 어떤 일이 일어난다는 것보다 더 불합리한 것은 없을 것이라는 것을 자신의 원칙으로 취하고 있다. 왜냐하면 그렇게 되면 아무런 이유도 없이 일들이 제멋대로 일어나는 것이 되기 때문이었다.[3] 그렇기 때문에 그는 또한 사람들의 의지에 따라 좌우되는 우연도 일체 용납하지 않았고, 조금 뒤에 가서는 우리가 하나님의 뜻의 원인이 무엇인지를 찾으려 해서는 안 된다고 가르침으로써 이를 더 분명하게 하고 있다. 그는 “허락”이라는 용어를 자주 언급하는데, 그 용어를 어떻게 이해해야 하는가 하는 것이 그의 한 구절에서 잘 드러난다. 곧, 하나님의 명령이나 허락이 없이는 아무 일도 일어나지 않으므로 하나님의 뜻이 모든 일의 첫째가는 최고의 원인이라는 것이 그것이다.[4] 분명 그는, 한가하게 망대에 앉아 쉬면서 이런저런 일을 허락하시는 그런 하나님을 상정하지 않는다. 그가 현실에 개입하는 것으로 말하는 의지란, 말하자면 실효성 있는 의지요, 이것이 없이는 그 의지를 원인으로 간주할 수가 없는 것이다.

9. 모든 사건의 진정한 원인은 사람에게 감추어져 있음

그러나 우리의 우둔한 마음이 너무나 낮아서 하나님의 섭리의 그 높은 곳까지 도저히 미칠 수가 없으므로, 그 마음을 들어올리기 위해서는 한 가지 구분을 도입할 필요가 있다. 자, 이렇게 말해보기로 하자. 모든 일이 하나님의 확실한 경륜에 따라서 그의 계획으로 지정되어 있으나, 우리에게는 그 일들이 우연적인 것으로 보인다는 것이다. 그러나 운명이 세상과 사람을 지배하여 모든 일을 되는대로 마구 일으킨다는 뜻은 아니다. 이런 어리석은 생각은 그리스도인의 마음속에 없어야 합당한 것이다. 다만, 일어나는 일들의 질서, 이유, 목적, 필연성 등이 대부분 하나님의 목적 속에 감추어져 있어서 인간의 생각으로는 파악할 수가 없으므로, 그런 일들이 모두 하나님의 뜻에 의해서 일어나는 것이 분명하지만, 어떤 의미에서는 우발적이라 할 수 있는 것이다. 그 일들의 성격 자체를 생각하든, 우리의 지식과 판단에 따라서 가늠하든, 표면적으로는 그 일들에 별다른 표시가 전혀 나타나지 않기 때문이다.

예를 들어서, 한 상인이 성실한 사람들과 더불어 수풀 속으로 들어갔다가 실수하여 일행을 놓치고 방황하다가 강도들의 소굴로 잘못 들어가서 거기서 죽임을 당했다고 상상해 보자. 그 사람의 죽음은 분명 하나님께서 친히 미리 보신 것이요 또한 하나님께서 미리 작정해 놓으신 것이다. 왜냐하면 성경은 하나님께서 각 사람이 얼마나 오래 살지를 미리 보셨다고 말씀하지 않고, 그가 사람들이 넘어가지 못하도록 경계를 정하셔서 고정시켜 놓으셨다고 말씀하기 때문이다 (욥 14:5). 그러나 우리 인간의 능력으로는 그 모든 일들이 우연인 것처럼 보이는 것이다.

이 점에 대해서 그리스도인은 어떻게 생각하겠는가? 한 마디로, 그런 죽음의 모든 정황을 보고는 성격상 우발적인 것이라 생각할 것이다. 그러나 동시에 그는 하나님의 섭리가 권위를 발휘하여 그 목적으로 향하게 하였음을 의심치 않을 것이다. 그리고 미래의 사건들의 우발성에 대해서도 동일한 생각으로 대할 것이다. 우리가 보기에는 미래의 사건들 모두가 불확실하여, 마치 그 일들이 아직 정해져 있지 않아서 이쪽으로든 저쪽으로든 얼마든지 기울 수 있을 것처럼 보인다. 그러나 그럼에도 불구하고 우리 마음에는 이 세상에서 일어나는 일 가운데 주께서 미리 정해놓지 않으신 것이 없다는 것이 변함없는 진리로 남아 있는 것이다.

전도서에서는 "일"(사건)이라는 용어를 이런 의미로(우발성을 지닌다는 뜻으로: 역자주) 자주 반복하여 언급하고 있다(전 2:14-15; 3:19; 9:2-3, 11). 왜냐하면 모든 일들의 제 1 원인은 깊이 감추어져 있어서 사람으로서는 알 수가 없기 때문이다. 그러나 동시에 하나님의 은밀한 섭리에 관하여 성경에 제시되어 있는 내용은, 마치 어둠 속에서 희미한 섬광이 비치듯이 사람들의 마음에 무언가 일말의 희미한 빛이 남아 있다는 것을 가르쳐 준다. 블레셋의 점쟁이들은, 물론 혼란스러워하면서도, 자기들이 당하고 있는 그 재앙이 일부는 하나님의 탓이요, 일부는 우연의 탓이라고 보았다. 그들은 말하기를, "(우리가) 보고 있다가 만일 궤가 그 본 지역 길로 올라가서 벧세메스로 가면 이 큰 재앙은 그가 우리에게 내린 것이요, 그렇지 아니하면 우리를 친 것이 그의 손이 아니요 우연히 당한 것인 줄 알리라"(삼상 6:9)고 하였다. 그 결과 어리석게도 그들은 자기들의 점(占)에 속아넘어가서 그 일을 우연의 탓으로 돌렸다. 그러나 우리는 여기서 그들이 자기들에게 일어난 재앙을 무턱대고 우연의 탓으로만 생각하지 않으려고 애를 쓴 것을 보게 된다.

그러나 하나님께서 그의 섭리로써 모든 사건 하나하나를 자기의 원하시는 방향으로 돌리신다는 사실을 다음의 한 가지 놀라운 실례에서 잘 볼 수 있다. 다윗이 마온 황무지에 갇혀 있던 때에 블레셋 사람들이 그 땅을 침공하였고, 그리하여 사울은 그곳을 떠나지 않을 수가 없게 되었다(삼상 23:26-27). 하나님께서 그의 종의 안전을 지키시기 위하여 사울의 길을 그런 식으로 방해하셨다면, 인간적으로 전혀 예기치 않게 블레셋 사람들이 갑자기 군대를 일으켰더라도, 우리는 그 일이 우연히 일어났다고 생각하지는 않을 것이다. 그러나 우리에게는 우연한 것처럼 보이더라도, 믿음은 그것이 하나님의 은밀한 섭리였음을 인정하는 것이다.

이유가 항상 똑같이 명확하게 나타나는 것은 아니지만, 우리는 세상에서 일어나는 모든 변화들이 하나님의 은밀하신 손길에 의해서 이루어지는 것으로 의심 없이 받아들여야 할 것이다. 하나님께서 정하신 일은, 전혀 일어날 조건이 없고 또한 성격상 필연적인 것도 아니라 할지라도, 반드시 그대로 일어나는 법이다. 그리스도의 뼈에서 그 실례를 잘 볼 수 있다. 그리스도께서는 우리와 동일한 육체를 지니고 계셨으므로, 온전한 사람이라면 그의 뼈가 약했다는 것을 부인하지 않을 것이다. 그러나 그 뼈를 부러뜨릴 수가 없었던 것이다(요 19:33, 36). 여기서 우리는 다시 한 번, 상대적 필연성과 절대적 필연성, 그리고 결과적 필연성과 결과의 필연성을 학자들이 서로 구분하는 것이 전혀 무모한 것은 아니라는 것을 알게 된다. 하나님께서는 성자의 뼈를 부러질 수 있도록 연약하게 만드시고도 부러지지 않도록 하셨고, 그리하여 얼마든지 자연스럽게 일어날 수 있었을 일을 자신의 계획의 필연성에 따라 일어나지 않도록 만드셨던 것이다.

주

1. Basil, *Homilies on the Psalms*, Ps. 32:4.

2. Augustine, *Retractations*, I. i. 2; Against the Academics, I. i; III. ii. 2-4.

3. Augustine, *De diversis quaestionibus*, 제24, 27, 28문.

4. Augustine, *On the Trinity*, III. iv. 9.

제 17 장

섭리 교리의 올바른 적용

(하나님의 섭리와 인간사. 1-5)

1. 하나님의 섭리의 은밀한 역사하심

더 나아가서, 사람이 헛된 교묘한 것들에게로 쏠리는 경향이 있으므로, 이 교리를 선하고 올바르게 사용하는 일을 든든히 붙들지 않으면 누구든지 도저히 해결할 수 없는 어려움 속에 스스로 얽히는 일을 피하기가 거의 불가능할 것이다. 그러므로 여기서 하나님께서 무슨 목적으로 모든 일을 정하시는지에 대해서 성경의 가르침을 간단히 논하는 것이 유익하리라 믿는다.

여기서 세 가지를 주목해야 할 것이다. 첫째로, 하나님의 섭리는 과거에 관한 것임은 물론 미래에 관한 것이기도 하다는 것을 생각해야 한다. 둘째로, 하나님의 섭리는 모든 일을 결정짓는 원리로서, 때로는 매개체를 통해서 역사하고, 때로는 매개체가 없이 역사하고, 때로는 모든 매개체에 반(反)하여 역사한다는 것이다. 마지막으로, 하나님의 섭리는 온 인류를 향하신 그의 보살피심을, 그러나 특히 그가 더 면밀히 주시하시는 그의 교회를 다스리시면서 기울이시는 그의 경성하심을 드러내고자 하는 목적을 위해 역사한다는 것이다.

그리고 여기에 또 한 가지 추가해야 할 것이 있다. 곧, 하나님의 아버지다우신 자비하심과 사랑 혹은 엄격한 정의가 섭리의 전 과정에서 밝히 빛을 발하지만, 때때로 사건들의 원인들이 감추어져 있다는 것이다. 그리하여 인간사가 운명의 맹목적인 충동에 의해서 이리저리 휘몰린다는 식의 생각이 슬그머니 끼어들며, 마치 공(球)을 이리저리 던지듯이 하나님께서 사람들을 데리고 장난하시기라도 하는 것처럼 육신적인 반발심이 일어나기도 하는 것이다. 그러나 우리가 고요한 마음을 지니고 평정을 유지하여 배울 준비를 갖추고 있으면, 하나님께서 언제나 그의 계획에 대해서 최상의 목적을 ─ 그의 백성들에게 인내를 가르치기 위한 것이든, 그들의 악한 생각을 교정시키시고 그들의 정욕을 억제하기 위한 것이든, 혹은 그들로 하여금 자기를 부인하도록 하기 위한 것이든, 게으름에서 그들을 일깨우시기 위한 것이든, 혹은 교만한 자를 낮추고 불경스러운 자들의 간계를 깨뜨리고, 그들의 책략을 뒤집어엎기 위한 것이든 간에 ─ 갖고 계시다는 것이 밝히 드러날 것이다. 그러나 아무리 그 원인들이 우리의 시각에서 감추어져 있고 오리무중이라 할지라도, 우리는 그것들이 분명 하나님께 달려 있음을 확실히 믿어야 할 것이고, 그리하여 다윗과 더불어 이렇게 외쳐야 할 것이다. "여호와 나의 하나님이여, 주께서 행하신 기적이 많고 우리를 향하신 주의 생각도 많아 누구도 주와 견줄 수가 없나이다. 내가 널리 알려 말하고자 하나 너무 많아 그 수를 셀 수도 없나이다"(시 40:5).

우리가 비참한 중에 처할 때마다 언제나 우리의 죄악들이 마음에 떠올라야 하며, 그런 처지를 징벌로 여겨서 회개가 나와야 할 것이다. 그러나 동시에 우리는 그리스도께서 성부의 은밀하신 계획이 단순히 각자에게 정당한 징벌을 베푸시는 것보다 더 폭이 넓은 정의를 위한 것임을 말씀하신다는 사실을 생각하게 된다. 나면서부터 맹인이 된 사람에 대해서 주님은 "이 사람이나 그 부모의 죄로 인한 것이 아니라 그에게서 하나님이 하시는 일을 나타내고자 하심이라"(요 9:3)고 말씀하시는 것이다. 나기 전부터 재난이 임하는 경우 우리는 본성적으로 외치게 된다. 무죄한 사람을 그렇게 징벌하시는 하나님의 처사가 너무나 가혹하다고 말이다. 그러나 그리스도께서는 우리가 눈이 밝아서 사물을 제대로 볼 수 있다면, 이 사건에서 성부 하나님의 영광이 밝히 드러나는 것을 깨달아야 마땅할 것이라고 증거하고 계신 것이다.

그러므로 우리는 조심스럽게 삼가는 자세를 기림으로써, 이런저런 일이 있을 때마다 하나님께 해명을 들으려 하지 말고, 하나님의 은밀하신 판단들을 높이 바라보고 그의 뜻을 모든 일의 참된 정당한 원인으로 여겨야 할 것이다. 두터운 구름이 하늘에 가득 끼어있고, 격렬한 폭풍이 밀어닥칠 때에는, 음울한 분위

기에 눈이 자극을 받고 우렛소리에 귀가 자극을 받으며 우리의 모든 감각들이
공포에 질려버려서, 모든 것이 혼란스럽고 뒤엉켜 버린 것 같은 느낌이 들지만,
그러나 잠시 후에는 언제 그랬느냐는 듯이 고요함과 평안이 하늘을 가득 채우
는 것이다. 그러므로 우리는 생각해야 할 것이다. 곧, 세상의 온갖 소요로 인해
서 우리가 판단을 잃어버린다 해도, 하나님께서는 그의 공의와 지혜의 순결한
빛으로 모든 움직임 하나하나를 통제하시고 주관하셔서 올바른 목적을 향하여
질서 있게 나아가도록 하신다는 사실을 말이다. 이 문제와 관련해서 많은 사람
들은 감히 함부로 하나님께 따지려 들고, 그의 은밀하신 계획을 조사하려 하고,
죽을 인생의 행실에 대해서는 물론 미지의 문제들에까지도 경솔하게 판단을 내
리려 하고 있으나, 이는 정말로 어리석은 짓이라 아니할 수 없다. 우리와 동등한
사람들을 향해서는 조심스럽게 삼가면서 경솔하다고 책잡히지 않으려고 판단
을 유보하기를 잘하면서, 오히려 우리가 아무리 높이 받들어도 오히려 부족한
하나님의 감추어진 판단들에 대해서는 경솔하게 욕을 해대고 있으니, 이보다
어처구니없는 일이 어디 있단 말인가?

2. 하나님의 섭리의 다스림에 대한 우리의 자세

그러므로, 자기가 대하고 있는 분이 바로 자기의 창조주시요, 우주의 조성자
시라는 것을 명심하여 겸손히 자기를 낮추어 두려움과 경외의 자세를 갖게 되
는 그런 사람이 아니고서는, 그 어느 누구도 결코 하나님의 섭리를 올바로 가늠
하고 거기에서 유익을 얻을 수가 없는 법이다. 그리하여 오늘날 그렇게도 많은
개(犬)들이 그 표독스러운 이빨로 이 교리를 물어뜯거나 혹은 격렬하게 짖어대
는 일이 벌어지고 있는 것이다. 그들은 하나님께서는 오로지 자기들이 친히 이
성으로 정해 놓은 범위 내에서만 활동하셔야 하고, 그 이상을 넘어서는 절대로
안 된다는 식으로 생각하는 것이다. 그들은 또한 우리들에 대해서도 할 수 있는
만큼 마구 떠들어댄다. 우리가 하나님의 뜻을 포괄하는 율법의 계명으로만 만
족하지 않고, 우주가 하나님의 은밀한 계획에 다스림을 받는다고 이야기하기
때문이다. 성령께서 도처에서 그런 사실을 선포하며 무수한 표현 방식을 써서
반복해서 가르치고 있는데도 불구하고, 그것이 마치 우리 머리로 짜낸 것인 것
처럼 생각하는 것이다. 그러나 그들에게도 어느 정도 수치심이 있어서 하늘을
향해서 노골적으로 모독스런 발언들을 토해내지는 못하기 때문에, 그들은 자기

들이 마음놓고 떠들기 위해서 자기들이 반대하고 싸우는 것이 하늘이 아니라 우리들인 것처럼 가장하는 것이다.

그러나 우주에서 일어나는 모든 일들이 다 하나님의 측량할 길 없는 계획에 의하여 지배를 받는다는 것을 인정하지 않는다면, 그들로서는 대체 성경이 무슨 목적으로 "주의 심판은 큰 바다와 같으니이다"(시 36:6)라고 말씀하는지를 답변해야 할 것이다. 모세는 하나님의 뜻이 율법에 친숙하게 제시되어 있으므로 구태여 멀리 구름 위에서나 바다 속 깊은 곳에까지 가서 찾을 필요가 없다고 선포하고 있다(신 30:11-14). 그러므로, 하나님께는 바다 속 깊은 곳에 비견될 만한 그런 또다른 감추어진 뜻이 있다는 뜻이 된다. 이에 대해서 바울도 이렇게 말씀하고 있다. "깊도다 하나님의 지혜와 지식의 풍성함이여! 그의 판단은 헤아리지 못할 것이며 그의 길은 찾지 못할 것이로다. 누가 주의 마음을 알았느냐? 누가 그의 모사가 되었느냐?"(롬 11:33-34; 참조. 사 40:13-14).

그러므로 우리의 감각을 무한히 초월하는 그런 신비들이 율법과 복음에 있는 것이 사실이다. 그러나 하나님께서는 자기 백성의 마음을 "총명의 영"(사 11:2; 참조. 욥 20:3)으로 조명하사, 그의 말씀을 통해서 계시하시기로 작정하신 그 신비들을 깨닫게 하시기 때문에, 이제는 바다 속 깊은 곳과 같은 것은 없다. 오히려 우리가 안전하게 걸어야 마땅할 길과 우리의 발을 인도하는 등불(시 119:105)과, 생명의 빛(참조. 요 1:4; 8:12)과, 또한 확실하고 분명한 진리의 학교가 있을 따름인 것이다. 그러나 한편 우주의 운행을 주관하시는 하나님의 놀라운 방법은 바다 속 깊은 곳이라 불러 마땅할 것이다. 왜냐하면 그것이 우리에게 감추어져 있으므로, 우리로서는 하나님을 경외하는 마음으로 그것을 높이 우러러보아야 하기 때문이다.

모세는 이 두 가지 사상을 몇 마디 말로 멋지게 표현한 바 있다. "감추어진 일은 우리 하나님 여호와께 속하였거니와 나타난 일은 영원히 우리와 우리 자손에게 속하였나니 이는 우리에게 이 율법의 모든 말씀을 행하게 하심이니라"(신 29:29). 여기서 모세는 율법을 부지런히 묵상하기를 배울 것을 명하면서도, 동시에 하나님의 은밀하신 섭리를 경이감(驚異感)으로 높이 우러러 볼 것을 명하고 있는 것이다. 또한 욥기에도 이러한 장엄한 선언이 있어서 우리의 마음을 낮추게 만들어 준다. 저자는 우주 전체를 위와 아래로 살펴본 후에 하나님의 역사하심에 대하여 위엄 있게 강론하고 나서, 마지막으로 이렇게 덧붙이고 있다. "보라! 이런 것들은 그의 행사의 단편들일 뿐이요, 우리가 그에게서 들은 것도 속삭이는 소리일 뿐이니, 그의 큰 능력의 우렛소리를 누가 능히 헤아리랴!"(욥 26:14). 이렇게 해서 그는 다른 곳에서 하나님께 거하는 지혜와 사람들을 위하여 제시하신 지혜의 부분을 구별짓고 있는 것이다. 그는 자연의 비밀들에 대해서 말할 때에는, 지혜는 오직 하나님만이 아시며 "모든 생물의 눈에 숨겨졌다"(욥 28:21)고 말한다. 그러나 잠시 후에 그는 하나님의 지혜가 사람에게 발설되었으므로 사람이 찾을 것이라고 말하고 있다. "보라, 주를 경외함이 지혜요"(욥 28:28).

아우구스티누스의 다음과 같은 발언이 여기에 해당된다. "하나님께서 가능한 최상의 질서 가운데서 우리를 위해 행하시는 모든 일들을 알지 못하기 때문에, 우리는 오로지 율법에 따라서 선한 뜻을 갖고 행동해야 마땅하다. 그러나 다른 일들에 있어서는 우리에게 법에 따라서 일이 일어나는 것이다. 왜냐하면 그의 섭리야말로 불변하는 법이기 때문이다."[1]

그러므로, 하나님께서는 우주를 다스리실 권리를(우리는 모르지만) 친히 쥐고 계시므로, 우리는 삼가고 조심하여 그의 최고의 권위에 복종하여야 하며, 그리하여 그의 뜻이 유일한 의의 규범이요 모든 일의 참되고 정의로운 원인이 되게 해야 할 것이다. 이는 궤변가들이 불경스럽게도 하나님의 정의와 그의 권능을 구별하며 지껄이는 그 절대적인 의지가 아니라, 모든 일을 결정짓는 원리가 되는 하나님의 섭리이며, 물론 우리로서는 그 이유들을 알 수 없지만, 거기서는 올바른 것 이외에는 아무것도 나오지 않는 것이다.

3. 하나님의 섭리에 대한 그릇된 적용

이처럼 삼가는 마음을 가지는 사람들은 과거에 겪은 불행들에 대해서 하나님께 불평하지 않을 것이고, 호메로스의 작품에 나오는 아가멤논(Agamemnon)이 "내 탓이 아니고 제우스와 운명 탓이다"[2]라고 말하듯이, 자기들의 악함을 하나님의 탓으로 돌리지도 않을 것이다. 그들은 또한, 플라우투스(Plautus)의 작품에 나오는 한 청년의 다음과 같은 말에서 나타나듯이, 스스로 자포자기하여 파멸로 자신을 내어 던지지도 않을 것이다. "모든 일들이 불안정하니, 사람들은 그저 운명이 이끄는 대로 끌려가는 것이로다. 이제 절벽에 몸을 던지리니, 내 운명도 내 생명도 거기서 끝나리라."[3] 또한 또다른 사람의 예를 따라서 "하나님"이라는 이름을 구실로 삼아 자기들의 악행을 정당화하려 하지도 않을 것이다. 플라우투스의 다른 희극에 나오는 리코니데스(Lyconides)는 이렇게 이야기하고 있다. "하나님이 조장한 것이오. 신들이 그 일을 원했다고 나는 믿소. 신들이 그렇게 되기를 원하지 않았다면 그런 일이 일어나지 않았을 것이니 말이오."4) 그런 사람들은 오히려 하나님께서 기뻐하시는 것이 무엇인지를 탐구하고 성경에서 배워서 성령의 인도하심을 받아 그 일을 위하여 힘쓸 것이다. 동시에, 어디든 하나님께서 부르시는 대로 따라갈 준비를 갖추고 있어서, 이 교리에 대한 지식보다 더 유익한 것이 없다는 것을 진리 가운데서 보여 줄 것이다.

그러나 속된 사람들은 그 우매함으로 어리석은 소동을 일으켜서, 흔히 하는 말대로, 하늘과 땅을 거의 뒤섞어 놓을 정도가 되어 버린다. 그들은 말하기를, 주께서 우리의 죽을 때를 정해 놓으셨다면 우리로서는 그것을 피할 수가 없으니, 사람이 미리 예방하려고 아무리 애를 써도 소용이 없다고 한다. 어떤 사람은 강도들에게 죽임을 당할까 두려워 위험하다는 길로는 감히 가지를 못하며, 또 어떤 사람은 생명을 보존하기 위해서 의사를 부르고 온갖 약을 다 복용하기도 하며, 또 어떤 이는 약한 건강을 해칠까 두려워 좋지 않은 음식을 삼가기도 하며, 또 어떤 이는 황폐한 집에 살기를 꺼리기도 한다.

요컨대, 모두가 자기들이 바라는 바를 이루기 위해서 갖가지 방법들을 찾으며 또한 힘써서 그 길을 간다는 것이다. 그런데, 그들은 말하기를, 하나님의 뜻을 바꾸어 놓으려 하는 이런 온갖 방법들이 모두 헛된 것이든가, 아니면 생과 사, 건강과 질병, 평화와 전쟁 등, 사람들이 좋아해서 얻으려고 무진 애를 쓰는 것들이나 싫어서 피하려고 애를 쓰는 것들이 하나님의 작정에 의해서 미리 고정되어 있는 것이 아니든가, 둘 중의 하나라고 한다. 또한 그들은 심지어 신자들이 하는 기도에 대해서까지도, 주께서 이미 영원 전부터 모든 일을 작정해 놓으셨는데 그런 것들을 달라고 새삼스럽게 주님께 구한다는 것은 쓸데없는 것이라고는 하지 않더라도 잘못된 것이라고 떠벌리는 것이다.

정리하자면, 그들은 미래와 관계되는 모든 계획들을 하나님의 섭리를 거스르는 것이라 하여 전혀 인정하지 않는다. 어떠한 계획을 세우더라도 그것과는 관계 없이 하나님께서 정하신 대로 일이 이루어질 것이라는 것이다. 그리하여 지금 어떠한 일이 일어나더라도, 그들은 모든 것을 하나님의 섭리의 탓으로 돌리기 때문에, 그 일을 행한 당사자에 대해서는 눈을 감아 버린다. 살인자가 한 선량한 시민을 죽이는 사건에 대해서도 그들은 말하기를, 그는 하나님의 계획을 실행에 옮긴 것이라고 한다. 누군가가 도둑질을 했거나, 간음을 범했다 할지라도, 그들은 말하기를, 주께서 미리 보시고 정해 놓으신 일을 행한 것이니 그 사람은 하나님의 섭리의 시행자라고 한다. 부모가 병들어 있는데도 아들이 치료도 하지 않고 돌보지도 않고 그저 부모가 죽기만을 기다리고 있다면 어떨까? 하나님이 영원 전부터 그렇게 정해 놓으셨으니 그 아들도 그것을 그저 따를 뿐이라고 그들은 말할 것이다. 이렇게 해서 그들은, 하나님의 정해 놓으신 뜻에 복종한다는 것을 구실로 모든 범죄를 덕(德)으로 간주하여 정당화시키는 것이다.

4. 하나님의 섭리와 인간의 의무

그러나 미래의 사건들에 대해서는, 솔로몬이 하나님의 섭리를 인간의 도모와 쉽게 조화시켜 주고 있다. 그는 하나님의 다스림이 전혀 미치지 않는 것처럼 하나님을 배제하고 이런저런 일들을 감행하는 자들의 우매함에 대해서 비웃기도 하고, 또한 다른 곳에서는 "사람이 마음으로 자기의 길을 계획할지라도 그의 걸음을 인도하시는 이는 여호와시니라"(잠 16:9)라고 말씀하고 있다. 이는 곧 우리가 우리 스스로 계획하고 모든 일들을 차근차근 진행해 나가는 것이 하나님의 영원하신 작정을 거스르는 것이 아니라, 언제나 그의 뜻에 굴복하는 것이라는 뜻이다. 그 이유는 분명하다. 우리 삶의 한계를 정해 놓으신 하나님께서는 동시에 그 삶을 우리에게 맡겨서 행하게 하셨고, 그가 그 삶을 보존하도록 수단과 도움을 베푸셨으며, 또한 우리로 하여금 위험을 미리 예견할 수 있도록 만드셔서 모르는 사이에 위험을 당하지 않도록 하셨고, 또한 예방법과 대비책을 주신 것이다. 그러므로 우리의 의무가 무엇인가 하는 것이 매우 분명해진다. 주께서 우리의 생명을 보호하는 일을 우리에게 맡겨 주셨다면, 그것을 보호하는 것이 우리의 의무이며, 그가 도우심을 베푸시면 그것을 사용하는 것이 우리의 의무이며, 위험을 우리에게 미리 경계해 주시면 무모하게 위험 속으로 뛰어들지 않는 것이 우리의 의무이며, 유용한 치유책을 주시면 그것을 무시하지 않고 사용하는 것이 우리의 의무인 것이다.

그러나 그들은 말하기를, 운명적인 것이 아니라면 그 어떠한 위험도 우리를 상하게 하지 않을 것이고, 운명적인 위험일 경우에는 아무리 애를 써도 치료가 불가능할 것이라고 한다. 그러나 주께서 그것들을 물리치고 극복할 수 있는 대비책을 미리 마련해 주셨으니 그 위험들이 결코 운명적인 것이 아니라면 어떻게 하겠는가? 자, 그러니 사람의 도모가 하나님의 경륜의 질서와 이렇게 잘 들어맞는 것이다. 여러분은 위험이 운명적인 것이 아닐 경우는 대비하지 않아도 얼마든지 피할 수 있으니 두려워하고 경계할 필요가 없다고 말한다. 그러나 주께서는 그 위험이 운명적인 것이 되지 않도록 하시기 위하여, 우리더러 경계하라고 명령하시는 것이다. 주께서 사람들에게 지혜를 발휘하고 경계하는 능력을 불어넣으셨고, 그런 능력으로 생명 그 자체를 보존하고자 하시는 그의 섭리를 따르도록 하셨다는 것이 눈에 분명히 보이는데도, 이 바보들은 그것을 생각하지를 않는 것이다.

그러나 반대로, 그것을 무시하고 게으름을 피우면, 하나님께서 그들에게 정해 놓으신 재난을 그들 스스로 자초하게 되는 것이다. 조심성 있는 사람은 자기 스스로 삼가며 위협적인 악들에 연루되지 않도록 자신을 지키지만, 어리석은 사람은 스스로 분별없이 무모한 짓을 자행하여 망하고 만다. 그러니, 이 두 경우에서 조심성 있는 자세와 분별없는 자세가 각기 하나님의 경륜을 이루는 도구들이 아니라면, 대체 그런 일이 어떻게 일어나겠는가? 그렇기 때문에, 하나님께서는 우리로 하여금 미래사들을 의심스러운 것으로 여겨 대비하게 하며, 또한 그것들을 극복할 때까지, 혹은 그것들이 우리의 힘으로는 되지 않는다는 것이 밝혀질 때까지, 우리에게 주어진 대비책들을 끊임없이 강구하게 하시기 위하여, 모든 미래사를 우리에게서 감추시기를 기뻐하신 것이다. 그러므로 이미 말한 바와 같이, 하나님의 섭리는 언제나 벌거벗은 모습으로 우리에게 다가오는 것은 아니고, 어떤 의미에서 하나님께서는 거기에 사용되는 수단(手段)들로 옷을 입힌 상태로 우리에게 다가오게 하시는 것이다.

5. 하나님의 섭리와 사람의 악한 행동들

그 사람들은 또한 과거에 일어난 일들을 경솔하고도 무분별하게 무조건 하나님의 섭리의 탓으로만 돌린다. 그리하여 그들은 말하기를, 일어나는 모든 일이 다 하나님의 섭리에 따라 좌우되기 때문에, 도둑질이나 간음이나 살인 같은 것도 하나님의 뜻이 개입되지 않고서는 일어나지 않는다고 한다. 그리하여 그들은, "도둑은 그저 주께서 궁핍함으로 벌하고자 하신 사람을 약탈한 것뿐인데 왜 그 사람이 형벌을 받아야 하는가, 생명을 거두어가고자 하신 것이 주님이신

데 어째서 그 사람을 죽인 살인자가 벌을 받아야 하는가, 그들 모두가 하나님의 뜻을 섬긴 것뿐인데 어째서 그들이 형벌을 받아야 하는가"라는 식으로 묻는 것이다. 그러나 이와는 반대로, 나는 그들이 하나님의 뜻을 섬기는 것으로 보지 않는다. 자기의 악한 성향에 이끌려서, 그저 자기 자신의 악한 욕망에만 복종하여 그런 짓들을 저지른 사람을, 하나님의 명령을 받아 그의 뜻을 섬겼다고 말할 수는 없는 것이다. 하나님의 뜻에 대해서 배운 사람은 모름지기, 그 동일한 뜻에 의하여 부르심을 받은 바 자신의 목표를 향하여 힘써 나아감으로써 하나님을 순종하는 법이다. 그렇다면, 하나님의 말씀이 아니라면 어떻게 그 뜻을 배울 수 있겠는가? 그러므로 우리는 이리저리 처신할 때마다, 하나님께서 그의 말씀을 통해서 선포하시는 하나님의 뜻을 찾고 새겨야 하는 것이다. 하나님께서는 오로지 그가 명령하시는 것만을 우리에게 요구하신다. 그러므로 만일 우리가 그의 명령을 거스르는 어떤 일을 계획한다면, 그것은 순종이 아니라 완악함이요 범죄인 것이다.

그러나 하나님이 뜻하지 않으시면, 우리가 그런 일을 하지 않을 것이 아닌가? 물론 나도 동의한다. 그러나 하나님을 섬기려는 목적으로 악한 일을 하겠는가? 하나님은 결코 우리더러 그런 일을 하라고 명령하시지 않는다. 오히려 우리가 하나님이 요구하시는 것은 생각하지도 않고 무턱대고 달려나가며, 우리의 방종한 정욕에 휩싸여서 고의적으로 하나님을 거스르는 것이다. 그리고 이렇게 해서 우리는 악을 행함으로써 하나님의 공의로우신 작정하심을 섬기는 것이다. 하나님의 지혜가 크고 한이 없으므로 그는 악한 도구를 사용하셔서 선을 행하시는 법을 잘 알고 계시기 때문이다. 그러니 그 사람들의 논리가 얼마나 어리석은가 하는 것이 드러나는 것이다. 그들은 범죄자들의 악행들이 오로지 하나님의 경륜에 의해서만 범한 것이므로 그들에게 형벌을 내리지 말아야 한다고 주장하고 있으니 말이다.

더 나아가서, 나는 도둑들과 살인자들을 비롯하여 악을 행하는 자들이 하나님의 섭리의 도구들이며 하나님께서 친히 정하신 심판들을 수행하시기 위하여 이들을 사용하신다는 것을 인정한다. 그러나 그렇다고 해서 그들의 악행이 책임을 면할 수 있는 것은 아니다. 왜 그런가? 하나님께서 그들과 함께 그 동일한 불의에 가담하셨다고 말하겠는가? 아니면 하나님의 공의를 빌미로 그들 자신의 부패한 행위를 가리겠는가? 그 어느 쪽도 불가능하다. 그들은 양심의 가책으로 인하여, 도저히 자기 스스로 깨끗하다고 생각할 수가 없을 것이다. 그들 자신에게서는 악한 것밖에는 발견하지 못하지만 하나님으로서는 그들의 악한 의도를 정당하게 사용하신 것밖에 없으므로, 하나님께 무슨 책임을 물을 수가 없는 것이다. 하나님께는 모든 것이 선한 것이다. 그들을 통하여 일하시기 때문이다. 그러므로 묻고 싶다. 썩어 있는 시체가 태양 빛 아래 그대로 놓여져 있을 경우, 그 시체의 악취는 대체 어디서 오는 것인가? 태양 광선 때문에 악취가 생겨난다는 것은 모든 사람이 다 아는 것이다. 그러나 그렇다고 해서 그 광선이 악취를 풍긴다고 말하는 사람은 아무도 없다. 이와 마찬가지로, 악의 문제와 그것에 대한 죄책은 분명 악한 사람에게 있는 것이다. 그러니 하나님께서 그 자신의 목적을 위하여 악인의 행동을 사용하신다고 해서, 그가 부정한 일을 행하셨다고 생각할 이유가 어디 있겠는가? 그러므로 이런 개 같은 뻔뻔스러움은 사라져야 마땅하다. 그런 뻔뻔스러움으로 아무리 멀리서 하나님의 공의를 대적하여 짖더라도, 결코 하나님의 공의를 어쩌지는 못하는 것이다.

(하나님의 섭리에 대한 실제적인 묵상. 6-11)

6. 하나님의 섭리에 대한 묵상으로 얻는 유익

이런 비방들이나 미친 헛소리들은 섭리에 대한 경건하고 거룩한 묵상을 통해서 쉽게 물리칠 수 있을 것이다. 경건의 원리가 그런 묵상을 우리에게 명하는 것이요, 또한 그런 묵상을 통해서 가장 좋고 아름다운 열매를 얻는 것이다. 그러므로 그리스도인은 모든 일이 하나님의 계획에 의하여 일어나며, 어떠한 일도 우연히 일어나는 것이 없다는 것을 철저하게 납득하고 있으므로, 언제나 하나님을 모든 일의 첫째가는 원인으로 바라보게 되며, 그러면서도 동시에 부차적인 원인들에 대해서도 그 적절한 위치를 지켜서 주의를 기울이게 된다. 그리고 그렇게 되면 하나님의 특별하신 섭리가 계속 살펴서 자기를 보존하시므로 자기에게 유익이 되고 자기의 구원을 이루는 일 이외에는 그 어떠한 일도 일어나지 않을 것이라는 사실에 대해서 추호도 의심하지 않게 된다. 그런데 하나님이 먼저 사람을 다루시고, 그 다음에 또한 나머지 피조물들도 다루시므로, 신자는 하나님의 섭리가 양쪽 모두를 다스리신다는 것을 마음으로 확신하게 된다. 그리스도인들은, 선인이든 악인이든 사람에 관한 한, 그들의 계획과 뜻과 수고와 능력들이 모두 하나님의 손 아래 있으며, 또한 그것들이 하나님의 선택에 달려 있어서, 그가 기뻐하시는 대로 그것들을 기울게도 하시고, 그가 원하시는 대로 그 것들을 억제하기도 하신다는 것을 마음으로 잘 알고 있는 것이다.

하나님의 특별하신 섭리가 신자들의 복지를 돌보신다는 사실을 입증하는 분명한 약속들이 성경 도처에서 나타나고 있다. "네 짐을 여호와께 맡기라 그 가 너를 붙드시고 의인의 요동함을 영원히 허락하지 아니하시리로다"(시 55:22), "너희 염려를 다 주께 맡기라 이는 그가 너희를 돌보심이라"(벧전 5:7), "지존자의 은밀한 곳에 거하는 자는 전능자의 그늘 아래 거하리로다"(시 91:1), "너희를 범 하는 자는 그의 눈동자를 범하는 것이라"(슥 2:8), "나는 너의 방패요"(창 15:1), "보 라, 내가 오늘 너를 … 놋성벽이 되게 하였은즉"(렘 1:18; 15:20), "내가 너를 대적하 는 자를 대적 … 할 것임이라"(사 49:25), "여인이 어찌 그 젖 먹는 자식을 잊겠으 며 자기 태에서 난 아들을 긍휼히 여기지 않겠느냐? 그들은 혹시 잊을지라도 나 는 너를 잊지 아니할 것이라"(사 49:15). 과연, 성경 역사의 가장 주된 목적은 주 께서 성도들의 길을 부지런히 보살펴셔서 그들이 돌에 걸려 넘어지는 일조차도 없도록 하신다는 것을(참조. 시 91:12) 가르치기 위한 것이다.

그러므로, 방금 위에서, 하나님의 보편적인 섭리만을 인정하고 특정한 피조 물들에 대한 특별한 보살핌은 부인하는 그런 자들의 견해를 올바로 반박하였거 니와, 우리들로서 가장 중요한 것은 우리를 향하여 베푸시는 하나님의 이러한 특별하신 보살피심을 깨닫는 일이라 하겠다. 그리하여 그리스도께서는 아버지 의 뜻이 아니고서는 작은 참새 한 마리도 땅에 떨어지지 않는다고 선언하시면서 (마 10:29), 곧바로 이어서, 우리는 참새들보다 훨씬 더 귀하므로, 하나님께서 모든 면밀한 보살피심으로 우리를 돌보신다는 것을 깨달아야 한다고 가르치시며(마 10:31), 또한 이를 더 확대시키셔서 하나님께서 우리의 머리카락까지도 다 세고 계 신다는 것을 신뢰하도록 하시는 것이다(마 10:30). 하나님의 뜻이 아니고서는 우 리의 머리카락 하나까지도 떨어질 수가 없다면, 그 이상 더 무엇을 바라겠는가? 이는 비단 인류 전반에만 해당되는 말이 아니다. 하나님께서 교회를 택하사 그의 거처(居處)가 되게 하셨으니, 하나님께서 교회를 다스리시는 데에서 자신의 아버 지다우신 보살피심을 특별히 드러내신다는 것은 의심 없는 사실인 것이다.

7. 순경(順境) 중에 역사하는 하나님의 섭리

하나님의 종은 이런 약속들과 또한 실례들을 통해서 강건해져서, 그 권세에 마음으로 굴복하든 아니면 그 악의가 억제를 받아서 해를 끼치지 못하게 되든 모든 사람이 하나님의 권세 아래 있음을 가르치는 여러 증거들에 합세하여 자기 스스로도 증거를 내어놓게 될 것이다. 하나님은 과연 우리를 환대하는 사람들 앞에서는 물론 심지어 애굽 사람 앞에서도 우리에게 은혜를 베푸시는 분이시며(출 3:21), 그는 정말이지 우리의 원수들의 사악함을 분쇄하는 모든 방법들을 다 아는 분이시기 때문이다. 때때로 하나님께서는 그들에게서 분별력을 빼앗으셔서 건전하고 진정한 것을 전혀 깨닫지 못하도록 만들기도 하신다. 아합 왕 때에도 하나님께서는 아합을 속이시기 위하여 사탄을 보내셔서 모든 선지자들의 입을 거짓으로 가득 채우게 하셨다(왕상 22:22). 하나님께서는 르호보암으로 하여금 젊은 신하들의 간언에 홀리게 하셨고, 결국 그 자신의 어리석음으로 왕국을 망치게 하셨다(왕상 12:10, 15).

그리고 때로는 그들에게 분별을 허락하셔서, 그들이 두려움에 질려서 본래 마음에 품었던 소원이나 계획을 시행하지 못하도록 만들기도 하신다. 뿐만 아니라 때로는 사람들이 육신의 정욕에 미쳐서 이런저런 일들을 충동적으로 저지르도록 허락하시면서도, 정확한 순간에 그들의 포악함을 깨뜨리셔서 그들의 목적을 이루지 못하도록 만들기도 하신다. 그리하여, 아히도벨의 모략이 다윗에게 치명적인 해를 끼칠 뻔했으나, 하나님께서는 그때가 오기 전에 미리 그것을 깨뜨려 버리신 것이다(삼하 17:7, 14). 이처럼 하나님께서는 자기 백성의 유익과 안전을 위하여 모든 피조물들을 다스리시며, 그리하여 심지어 마귀조차도 하나님의 허락하심과 명령이 없이는 감히 욥을 겨냥하여 아무 일도 행할 수가 없었던 것을 보게 되는 것이다(욥 1:12).

이러한 지식을 갖게 되면, 그 다음에 반드시 바람직한 결과들에 대한 마음의 감사와, 역경 중의 인내와, 또한 미래에 대한 염려로부터의 놀라운 해방이 뒤따라오게 되는 법이다. 그러므로, 하나님의 종은 모든 일이 마음에 바라는 대로 잘 이루어질 때에, 사람의 도움을 통해서 하나님의 은혜로우심을 느꼈든, 생명이 없는 피조물들에게서 도움을 받았든, 그 모든 일을 전적으로 하나님의 덕분으로 돌리게 된다. '그들의 마음을 내게로 향하게 하시고 그들을 내게로 엮어 주사, 그들을 도구로 사용하셔서 내게 은혜를 베푸신 것이 모두 하나님이시로구나'라고 그 마음으로 생각하는 것이다. 풍성한 열매들을 누리면서 그는 이렇게 생각할 것이다. "하늘에 '응답'하셔서 하늘로 다시 땅에 '응답'하게 하시고, 또한 그 땅이 다시 그 소산물에게 '응답'하게 하시는 분이 바로 여호와시로다"(참조. 호 2:21-22). 그는 다른 일들에 있어서도, 모든 일이 번창한다는 것이 오직 하나님의 축복으로 되는 것임을 의심하지 않을 것이다. 그렇게도 많은 증거들로 교훈을 받으니, 계속해서 감사하지 않을 수가 없을 것이다.

8. 역경 중에 역사하는 하나님의 섭리

또한 무언가 어려움이 닥친다 할지라도, 그는 곧바로 마음을 높이 들어 하나님께로 향할 것이며, 하나님의 손길에서 인내와 마음의 평안을 풍성하게 얻게 될 것이다. 요셉이 형들의 배신을 계속해서 마음에 두었더라면, 절대로 그들을 향하여 형제다운 애정을 보여줄 수 없었을 것이다. 그러나 생각을 하나님께로 돌리고 그 불의를 잊어버렸기 때문에, 그 형들을 부드럽고 친절하게 대할 수 있었고, 심지어 그들을 위로하기까지 할 수 있었던 것이다. "당신들이 나를 이곳에 팔았다고 해서 근심하지 마소서 … 하나님이 생명을 구원하시려고 나를 당신들보다 먼저 보내셨나이다"(창 45:5, 7-8), "당신들은 나를 해하려 하였으나 하나님은 그것을 선으로 바꾸사 오늘과 같이 많은 백성의 생명을 구원하게 하시려 하셨나니"(창 50:20).

욥의 경우도 만일 갈대아 사람들의 잔악한 행위를 계속 마음에 두었더라면 즉시 보복하려 했을 것이다. 그러나 그는 즉시 그 일이 하나님이 하신 일임을 인정하였으므로 그는 다음과 같은 지극히 아름다운 생각으로 위로를 얻을 수 있었던 것이다. "주신 이도 여호와시요 거두신 이도 여호와시오니 여호와의 이름이 찬송을 받으실지니이다"(욥 1:21).

다윗의 경우도 마찬가지다. 그가 시므이에게서 협박과 모욕을 당하였을 때에 그 사람에게 시선을 돌렸더라면, 곧바로 부하들을 시켜 보복하였을 것이다. 그러나 그는 주께서 개입하지 않으셨다면 시므이의 그런 행위가 일어나지 않았을 것임을 잘 알고 있었으므로, 오히려 부하들을 진정시켰다. "여호와께서 그에게 명령하신 것이니 그가 저주하게 버려두라"(삼하 16:11). 그는 다른 곳에서도 바로 이런 사상으로 자신의 깊은 슬픔을 가라앉혔다. "내가 잠잠하고 입을 열지 아니함은 주께서 이를 행하신 까닭이니이다"(시 39:9).

끓어오르는 분노와 조급한 마음을 치료하는 것으로 과연 이보다 더 효과적인 것이 없다면, 하나님의 섭리를 묵상하기를 배운 사람은 분명 굉장한 유익을 얻을 것이고, 언제나 마음에 다음과 같은 생각을 떠올릴 수 있을 것이다. 곧, '주께서 그렇게 뜻하셨으니 반드시 견뎌야 마땅하다. 비단 그것을 대적하여 싸울 수가 없기 때문이기도 하거니와, 주께서는 정의로우며 유익한 일 이외에는 어떠한 일도 뜻하시지 않기 때문이다.'

정리하자면, 혹시 사람들에게 억울하게 상처를 당할 때에라도, 그들의 악함에 대해서는 생각하지 말고 — 그렇게 하면 우리의 고통만 더 악화되고 우리의 마음에 복수할 생각만 날카롭게 일어날 뿐이니 — 하나님께로 올라가서, 어떠한 원수가 악의로 우리를 대적한다 할지라도 그 모든 일이 하나님의 공의로우신 경륜에 따라 허락된 일이라는 사실을 확실히 믿기를 배우도록 명심해야 한다는 것이다.

바울은 상처를 받은 것에 대해 보복할 마음을 갖지 않도록 절제시키기 위하여, 우리의 싸움은 "혈과 육에 대한 것이 아니요"(엡 6:12) 우리의 영적 원수 마귀에 대한 것임을(엡 6:11) 지혜롭게 지적하여 우리로 하여금 그 싸움을 잘 대비하게 해 주고 있다. 그러나 분노를 일으킬 모든 충동을 물리칠 수 있는 가장 유용한 교훈은, 바로 하나님께서 마귀와 모든 악인들을 무장시켜 싸우게 하시며, 친히 그 싸움의 재판장으로 앉아 계셔서 우리의 인내를 시험하신다는 것이다.

그러나 우리를 짓누르는 파괴와 비참한 상황들이 사람을 통하지 않고 일어날 경우에도, 우리는 모든 일이 잘 되는 것은 하나님의 축복에서 비롯되며, 모든 환난은 그의 저주라는 율법의 가르침을 상기해야 할 것이다(신 28:2 이하, 15 이하). 다음과 같은 무서운 경고를 두려움으로 기억해야 할 것이다. "너희가 내게 대항할진대, 나 곧 나도 너희에게 대항하여 너희 죄로 말미암아 너희를 칠 배나 더 치리라"(레 26:23-24). 이 말씀들은 사실 우리의 아둔함을 범죄로 여겨 책망하고 있는 것이다. 우리는 모든 사람에게 다 있는 육신적인 생각으로, 좋은 일이든 나쁜 일이든 어떤 일이 일어나든 간에, 그저 우연히 일어나는 일로 치부해 버리며, 그리하여 하나님께서 베푸시는 은혜에 감격하여 그를 경배할 줄도 모르고, 그것에 자극을 받아 재를 무릅쓰고 회개할 줄도 모르니 말이다. 이와 똑같은 이유로, 예레미야와 아모스는 유대인들을 가혹하게 책망한다. 그들이 선한 일이든 악한 일이든 하나님의 명령이 없이 일어난다고 생각하고 있었기 때문이었다(애 3:38; 암 3:6). 이사야 선지자의 다음과 같은 선언도 동일한 의미를 지닌다. "나는 빛도 짓고 어둠도 창조하며 나는 평안도 짓고 환난도 창조하나니 나는 여호와라 이 모든 일들을 행하는 자니라"(사 45:7).

9. 부차적인 원인들도 무시하지 않음

뿐만 아니라 경건한 사람은 부차적인 원인들도 간과하지 않을 것이다. 그는 자신에게 유익을 베풀어준 사람들을 하나님의 선하심을 섬기는 자들로 생각하기 때문에, 그들이 베푼 인간적인 친절에 대해서 무시하지 않고, 마음 깊은 곳으로부터 그들에게 신세를 졌다고 느끼며, 자신이 무언가 보답해야 한다는 것을 진정으로 고백하며, 기회가 닿는 대로 최선을 다하여 감사의 뜻을 전하려 할 것이다. 간단히 말해서, 자신이 받은 은혜에 대해서 주님을 근원으로 여겨 그에게 찬양과 공경을 돌리며, 동시에 사람들을 하나님의 사역자들로서 존귀하게 여길 것이고, 또한 하나님께서 그들을 사용하셔서 은혜를 베풀고자 하는 뜻을 가지셔서 그들에게 신세를 지게 되었다는 것을 인정하게 될 것이다. 그리고 혹시 부주의나 태만으로 인하여 고통을 당하게 될 경우라도, 이 경건한 사람은 그런 일이 하나님의 뜻에 따라서 일어났다고 결론을 내리면서도, 동시에 그 책임을 자기 자신에게 돌릴 것이다.

가령 그가 환자를 돌보는 책임을 맡았는데 그만 자신의 부주의로 그 환자가 사망했다고 하자. 이 경우 그 경건한 사람은 그 환자가 어쩔 수 없는 상황에 이르렀다는 것을 알고 있으면서도, 그렇다고 해서 자신의 실수를 가볍게 여기지는 않을 것이다. 오히려, 자신이 의무를 성실하게 수행하지 않은 것이 분명하기 때문에, 그 환자가 사망한 일을 자신의 과실 때문으로 받아들일 것이다. 그리고 사기나 미리 계획된 악의에 의해서 살인이나 도둑질이 일어날 경우, 그는 그런 범죄를 하나님의 섭리를 구실로 삼아 비호하지 않을 것이고, 이런 악행에서 그는 하나님의 의로우심과 사람의 사악함을 — 이 둘 모두 스스로 분명히 나타나므로 — 분명하게 바라볼 것이다.

그러나 미래의 사건들에 대해서는 특히 이런 유의 부차적인 원인들을 생각할 것이다. 사람의 도움을 받아서 자신의 안전을 지킬 수 있을 경우는 그것을 하나님의 축복으로 간주할 것이다. 그리고, 그렇게 도울 수 있는 사람이 있을 때에는, 그런 사람의 도움을 구하는 일이나 그들의 조언을 청하는 일을 꺼리지 않을 것이고, 또한 무엇이든 자기에게 도움을 줄 수 있는 것들이 있으면 그것은 모두 주께서 베푸신 것이라고 생각하여 그것들을 하나님의 섭리의 정당한 도구들로 기꺼이 사용할 것이다. 또한 자신이 지금 취하고 있는 조치들의 결과가 어떻게 될지를 확실히 알 수 없기 때문에 ― 물론 하나님께서 그의 유익을 위하여 모든 것들을 베푸신다는 것은 알고 있지만 ― 자기에게 최상이라고 여겨지는 일을 최선을 다하여 열심히 추구할 것이다. 그러나 동시에 이런저런 조치들을 취할 때에, 자기 자신의 생각을 따르지 않고 자기 자신을 하나님의 지혜에 맡겨서 하나님께서 올바른 목표로 나아가게 하시는 하나님의 인도하심을 따를 것이다.

그러나 겉으로 드러난 후원이 있다고 해서 거기에 온통 기대고 확신 가운데서 안심하거나, 혹은 그런 것이 없을 때에는 그로 인하여 불안해하고 떨 정도로 그런 것을 신뢰하지는 않을 것이다. 그는 언제나 오직 하나님의 섭리에만 생각을 고정시킬 것이고, 그리하여 현재의 상황에 대한 이런저런 궁리로 그 섭리에 대한 확고한 의지에서 벗어나지를 않을 것이다. 그리하여 요압은 전쟁의 결과가 전적으로 하나님의 손에 달려 있다는 것을 인정하면서도, 게으름에 빠지지 않고 자신이 부르심을 받은 의무를 부지런히 수행했던 것이다. 그는 전쟁의 결과에 대한 결정을 여호와께 의탁하면서 이렇게 말하고 있다. "우리가 우리 백성과 우리 하나님의 성읍들을 위하여 담대히 하자. 여호와께서 선히 여기시는 대로 행하시기를 원하노라"(삼하 10:12).

바로 이러한 지식이야말로 우리를 움직여 교만과 지나친 자신감을 제거해 버리고, 계속해서 하나님께 나아가 그를 의지하도록 우리를 이끌어 줄 것이다. 그리고 하나님께서는 우리의 생각 속에 선한 소망을 든든하게 갖게 하실 것이고, 그리하여 우리는 확신과 용기를 갖고서 우리를 둘러싸고 있는 주위의 모든 위험 요소들을 조금도 주저하지 않고 대적할 것이다.

10. 하나님의 섭리가 없는 인생의 비참함

그렇기 때문에, 경건한 사람의 마음에는 측량할 수 없는 행복이 있는 것이다. 인간의 삶을 위협하는 악들이 무수하고, 죽음의 위협도 무수하다. 굳이 우리 자신 바깥을 바라볼 필요도 없이, 우리의 몸은 수천 가지의 질병을 담는 그릇이므로 ― 사실 몸 속에 질병의 원인들을 보유하며 조장하고 있다 ― 사람은 자신이 온갖 방식으로 파멸할 수 있다는 것 때문에 부담을 갖지 않을 수가 없으며, 말하자면 죽음으로 포장되지 않은 삶을 이끌어나갈 수가 없는 것이 사실이다. 추워도 위험하고 더워도 위험한 것이 인생이니, 그것을 달리 무어라 부르겠는가? 자, 어디를 바라보든, 주위의 모든 것들이 신뢰할 수 없는 것들인 것은 물론, 거의 노골적으로 위협하고, 절박한 죽음으로 협박하는 것들뿐이다. 배를 타면, 그 순간부터 죽음과 한 발자국의 거리에 있는 처지가 된다. 말을 탔다가 실족하면, 생명이 위험해진다. 도시의 거리를 돌아다니면, 지붕 위의 기왓조각의 숫자만큼 많은 위험이 도사리고 있다. 여러분의 손에나 친구의 손에 무기가 들려 있으면, 상처를 받을 일이 기다린다. 눈에 보이는 모든 맹수들이 우리를 파멸시키기 위해 무장하고 있다. 벽으로 두른 아름답게 보이는 정원에 들어가 모든 위험을 피하려 할지라도, 거기에도 때때로 뱀이 숨어 있는 것이다. 우리가 사는 집도 항상 화재의 위험을 안고 있어서, 낮에는 집이 없어지지 않을까 걱정하게 만들고, 밤에는 우리 위에 덮치지 않을까 걱정하게 만든다. 우리의 전답(田畓) 역시 우박과 서리와 가뭄 등의 재난에 노출되어 있어서, 소출이 없어질 위험이 상존하고 있고, 기근이 또한 우리를 위협하고 있다. 그 외에도 독이나 매복, 강도질, 폭력 등이 있어서, 때로는 우리를 집에 가두기도 하고, 때로는 끈질기게 우리를 따라다니기도 한다. 이런 온갖 괴로움 가운데 있으니, 사람이야말로 지극히 비참한 존재가 아닐 수 없다. 마치 목에 항상 칼이 드리워져 있는 상태로 사는 것처럼, 절반은 살아 있지만, 힘겹게 불안한 숨을 쉬고 있을 뿐인 것이다.

그렇지만 이런 사건들은 잘 일어나지 않으며, 언제나 일어나는 것도, 모든 사람에게 다 일어나는 것도 아니고, 절대로 모두에게 동시에 일어나지는 않는다고 말할 수도 있을 것이다. 물론 나도 인정한다. 그러나 다른 사람들의 실례들을 접하면서, 이런 일들이 우리에게도 얼마든지 일어날 수 있고 또한 우리의 생명이나 그 사람들의 생명이나 똑같이 예외가 없다는 것에 대해서 경고를 받으니, 마치 그런 사건들이 우리에게 곧 일어나기라도 할 것처럼 두려움과 공포에 싸이지 않을 수가 없는 것이다. 그러니, 이런 공포보다 더 끔찍한 재난을 상상할 수 있겠는가? 게다가, 하나님께서 만물의 영장인 사람을 맹목적인 온갖 운명의 공격을 받도록 하셨다고 말하면, 하나님을 모독하는 죄를 범하는 것이 되고 말 것이다. 그러나 여기서는 그저 사람이 운명의 지배를 받을 경우에 느끼게 될 비참함에 대해서만 말하는 것뿐이다.

11. 하나님의 섭리가 주는 위로와 평안

그러나, 하나님의 섭리의 빛이 일단 경건한 사람에게 비치게 되면, 그는 그 이전에 그를 짓눌러오던 극심한 불안과 두려움에서는 물론 모든 염려에서 벗어나게 된다. 운명이라는 관념을 끔찍스럽게 여기는 것처럼, 두려움 없이 담대히 하나님께 자신을 맡기기 때문이다. 경건한 자에게는, 하늘에 계신 아버지께서 모든 일을 그의 권세로 붙잡고 계시고, 그의 권위와 뜻으로 다스리시며, 그의 지혜로 주관하시므로 그의 결정이 없이는 아무 일도 일어날 수 없다는 것이야말로 위로가 되는 것이다. 더 나아가서, 그는 자기 자신이 하나님의 안전한 보호하심 속에 있고 또한 천사들의 보살피심에 맡겨져 있으므로 만물의 주관자이신 하나님께서 기회를 주지 아니하시면 물도 불도 칼도 그를 해칠 수가 없다는 것을 아는 데에서 큰 위로를 얻는다. 그리하여 시편은 이렇게 노래하고 있다. "그가 너를 새 사냥꾼의 올무에서와 심한 전염병에서 건지실 것임이로다. 그가 너를 그의 깃으로 덮으시리니 네가 그의 날개 아래에 피하리로다. 그의 진실함은 방패와 손방패가 되시나니 너는 밤에 찾아오는 공포와 낮에 날아드는 화살과 어두울 때 퍼지는 전염병과 밝을 때 닥쳐오는 재앙을 두려워하지 아니하리로다"(시 91:3-6).

또한 이로부터 성도의 기쁨에 벅찬 확신이 생겨나는 것이다. "여호와는 내 편이시라 내가 두려워하지 아니하리니 사람이 내게 어찌할까?"(시 118:6), "내가 … 두려워하지 아니하리니 혈육을 가진 사람이 내게 어찌하리이까?"(시 56:4), "여호와는 나의 빛이요 구원이시니 내가 누구를 두려워하리요?"(시 27:1), "군대가 나를 대적하여 진 칠지라도 내 마음이 두렵지 아니하며"(시 27:3), "내가 사망의 음침한 골짜기로 다닐지라도 해를 두려워하지 않으리라"(시 23:4), "나는 항상 소망을 품고 주를 더욱더욱 찬송하리이다"(시 71:14).

그들이 이처럼 절대로 넘어지지 않는 확신을 가지는 것이, 세상은 목적 없이 이리저리 뒹구는 것 같지만 주께서 어디서나 일하고 계신다는 것을 알고 또한 하나님의 역사하심이 그들의 안전을 위한 것임을 신뢰하는 데에서 나오는 것이 아니고 무엇이겠는가? 만일 그들의 안전이 마귀나 악인들의 공격을 받아 무너지고 만다면, 하나님의 섭리를 기억하고 그것을 묵상하여 마음을 든든히 하기 전에는 곧바로 마음이 무너져 내리고 말 것이다. 그러나 마귀와 그 모든 졸개들이 하나님의 손에 완전히 붙잡혀 있으므로, 하나님의 허락이나 명령이 없이는 절대로 그들을 대적할 계획도 꾸밀 수가 없고, 그런 계획을 꾸미고 나서도 절대로 그것을 실행에 옮길 수가 없다는 사실을 기억해야 할 것이다. 또한 그들로서는 마귀와 그의 졸개들이 사슬에 매여 있을 뿐 아니라 하나님의 뜻을 섬기도록 붙잡혀 있다는 사실도 기억해야 할 것이다. 이런 생각들을 하면, 그들에게 풍성한 위로가 생겨날 것이다. 마귀와 그 졸개들로 하여금 분노를 일으키게 하고 원하시는 방향으로 그것을 터뜨리도록 하시는 것이 모두 하나님께 속한 일이듯이, 또한 그 일에 분량과 한계를 정하셔서 그들이 마구 자기들 마음대로 날뛰지 않도록 하시는 것도 역시 하나님께서 하시는 일이기 때문이다.

바울은 이러한 확신에 힘입어서, 한 구절에서는 자신의 여행 계획이 사탄에게 방해를 받았음을 말하고(살전 2:18), 그러면서도 다른 곳에서는 하나님의 허락하심으로 그 여행을 실행에 옮길 것을 말하고 있다(고전 16:7). 만일 그가 사탄이 방해를 해서 여행을 하지 못했다고만 말했다면, 사탄이 마치 하나님의 계획까지도 뒤집을 수 있기라도 한 것처럼 그에게 지나치게 큰 권세를 부여하는 것처럼 보였을 것이다. 그런데 그는 우주의 통치자이신 하나님의 허락 여부에 그의 모든 여행이 달려 있다고 선언함으로써, 동시에 하나님의 허락이 없이는 사탄이 아무것도 일을 꾸밀 수가 없다는 것을 보여주고 있는 것이다.

똑같은 이유로, 다윗은 인생이 갖가지 변화들로 인해서 끊임없이 우여곡절을 겪고, 말하자면 이리저리 소용돌이치는 현상을 보면서, 그 자신의 "앞날이 주의 손에 있다"(시 31:15)는 사실을 피난처로 삼는다. 다윗은 여기서 "삶의 여정"(course of life) 혹은 "때"(time)라고 단수를 써서 표현할 수도 있었으나, 복수형을 써서 "앞날"(times)로 표현함으로써, 사람의 형편이 아무리 불안정하다 할지라도, 때때로 어떠한 변화들이 생긴다 할지라도, 그 모든 것을 하나님께서 주관하신다는 사실을 표현하고 있는 것이다. 그렇기 때문에, 르신과 이스라엘의 왕이 유다를 치려고 연합군을 형성하여 마치 온 땅을 불로 태울 것처럼 기세가 등등했지만, 선지자는 그들을 가리켜 그저 연기만 조금 풍기는 것 이외에는 아무것도 하지 못하는 "연기 나는 두 부지깽이 그루터기"에 불과하다고 말하고 있는 것이다(사 7:4). 또한 바로는 부귀와 막강한 군사력 때문에 모든 사람들이 두려워하는 존재였지만, 하나님께서는 선지자를 통하여 그를 바다의 악어에 비유하고 그의 군대들은 물고기에 비유하면서, 하나님이 바로와 그 군대를 갈고리에 꿰어 그 원하는 곳으로 끌고 가시겠다고 선언하시는 것이다(겔 29:3, 4). 이 문제에 대해서는 더 이상 길게 논하지 않겠다. 주의를 기울여 살펴보면, 하나님의 섭리에 대해 무지한 것이 가장 큰 비참함이요, 또한 최고의 행복은 바로 그 섭리를 아는 데 있다는 것을 여러분 스스로 지각하게 될 것이다.

(반론들에 대한 답변. 12-14)

12. 하나님의 "후회하심"?

신자들이 온전한 교훈과 위로를 얻을 수 있도록 하나님의 섭리에 대해서는 이제 충분히 다루었다고 여겨진다(헛된 사람들의 호기심을 만족시키려면 아무리 설명해도 충분하지 못할 것이지만, 우리로서는 그런 호기심을 만족시키고자 해서는 안 될 것이다). 다만 몇몇 구절들이 우리의 설명과는 반대로, 하나님의 계획이 확실하고 든든하게 서 있는 것이 아니라 형편에 따라서 얼마든지 변화될 수 있는 것처럼 말씀하는 것으로 보이기 때문에, 이에 대해서 설명할 필요가 있다고 여겨진다.

우선, 하나님의 후회하심이 몇 차례 언급되고 있다. 사람을 창조하신 것을 한탄하신 것으로 묘사되며(창 6:6), 사울을 왕으로 삼으신 것을 후회하셨고(삼상 15:11), 또한 자기 백성들이 마음을 바꾸면 즉시 그들에게 재앙을 내리기로 하셨던 뜻을 돌이키겠다고도 하셨다(렘 18:8). 그 다음으로는, 하나님의 작정들 가운데 얼마가 폐기된 사실도 언급되고 있다. 하나님께서는 요나를 통해서 니느웨 사람들에게 사십 일이 지나면 니느웨가 무너질 것임을 알리셨으나, 즉시 그들이 회개하자 재앙을 내리지 않으셨다(욘 3:4, 10). 하나님은 이사야를 통해서 히스기야의 죽음을 선포하셨으나, 히스기야가 생명을 연장해 주시기를 눈물로 간구하자, 생명을 연장시켜 주셨다(사 38:1, 5; 왕하 20:1, 5; 참조. 대하 32:24). 그리하여 많은 사람들은 하나님께서 인간사를 영원한 작정으로 미리 정해 놓으신 것이 아니라, 각 사람의 공과(功過)에 따라서 또한 그가 보시기에 공평하고 정의로우신 대로, 이런저런 일을 매년마다, 매일같이, 매시간마다 작정하신다고 주장하는 것이다.

하나님의 후회하심에 대해서는 우선, 하나님께 무지나 오류나 무능력을 돌릴 수 없는 것처럼, 하나님께 후회하심이 있다고 보아서는 절대로 안 된다는 점을 확실히 해 두어야 할 것이다. 하나님의 후회하심이 필연적이라고 생각하는 사람들이 많으나 ― 아무도 의도적으로, 혹은 그것을 원해서 그렇게 생각하는 것이 아닌 이상 ― 하나님이 후회하신다고 생각하게 되면, 당연히 하나님이 앞으로 일어날 일에 대해서 무지하시거나, 아니면 그 일을 피하실 수가 없으시거나, 아니면 성급하고 경솔하게 결정을 내리셔서 곧바로 후회하게 되시는 것이라는 식으로 생각하지 않을 수가 없을 것이다.

그러나 그런 것은 결코 성령의 의도가 아니다. 성령께서는 하나님의 후회하심을 말씀하는 그 자리에서 하나님은 "거짓이나 변개함이 없으시니 그는 사람이 아니시므로 결코 변개하지 않으심이라"(삼상 15:29)고 말씀하시는 것이다. 또한 같은 장에서 그 두 가지 사실이 너무나도 밀접하게 연결되어 있으므로, 이를 비교하면 겉으로 보이는 모순을 얼마든지 조화시킬 수가 있다는 점도 주의해야 할 것이다.

사울을 왕으로 삼으신 것에 대해서 하나님께서 후회하셨다는 말씀의 경우는 마음을 바꾸셨다는 것을 비유적인 의미로 보아야 한다. 조금 뒤에 가서 "이스라엘의 지존자는 거짓이나 변개함이 없으시니 그는 사람이 아니시므로 결코 변개하지 않으심이니이다"(삼상 15:29)라고 덧붙이고 있기 때문이다. 이 말씀을 통해서 하나님이 불변하시다는 사실이 공개적으로 직설적으로 선포되고 있는 것이다. 그러므로, 인간사를 운영하시는 데에서 나타나는 하나님의 작정하심은 영원한 것이요 동시에 후회가 없으신 것임이 분명해지는 것이다. 하나님의 시종여일(始終如一)하심에 대하여 의심이 없도록 하기 위해서, 심지어 그를 대적하는 자들조차 그 점을 증거하지 않을 수 없게 된다. 발람은 자기의 뜻과 다른데도 불구하고, 이런 말씀을 터뜨리고 있다. "하나님은 사람이 아니시니 거짓말을 하지 않으시고 인생이 아니시니 후회가 없으시도다. 어찌 그 말씀하신 바를 행하지 않으시며 하신 말씀을 실행하지 않으시랴"(민 23:19).

13. 하나님의 "후회하심"이란 인간의 이해를 돕기 위한 화법임

그렇다면, "후회하심"이란 말은 대체 무슨 뜻인가? 그 의미는 우리를 위하여 하나님을, 인간을 서술하는 방식으로 묘사하는 그런 모든 다른 화법(話法)의 경우와 비슷하다. 우리가 연약하여 하나님의 그 높으신 상태에까지 도저히 미치지 못하기 때문에, 우리에게 하나님을 묘사할 때에는 우리의 역량에 맞추어 묘사함으로써 우리로 하여금 이해할 수 있도록 할 수밖에 없기 때문이다. 그런데 그렇게 우리에게 맞추어 표현할 때에, 하나님께서는 그 자신의 본연의 모습 그대로가 아니라 우리에게 비쳐지는 모습대로 자신을 표현하는 방법을 사용하시는 것이다. 하나님은 마음의 동요가 일체 없으신 분이신데도, 그는 자신이 죄인들을 향하여 화를 발하신다고 증언하시는 것이다. 그러므로 하나님이 화를 발하신다는 말씀을 접할 때마다, 하나님께 무슨 감정이 있다는 식으로 상상해서는 안 되고, 오히려 이 표현이 우리의 인간적인 경험에서 취한 표현이라는 것을 생각해야 하는 것이다. 하나님께서는 심판을 시행하실 때마다, 화를 발하는 사람의 모습으로 자신을 표현하시기 때문이다.

그러므로 우리는 "후회하심"이란 말을 행동의 변화 이외에 다른 뜻으로 이해해서는 안 된다. 사람들은 행동을 변화시킴으로써 자기 스스로에 대해서 불만이 있다는 것을 드러내는 경향이 있기 때문이다. 그러므로 사람들에게 있어서는 변화는 모두가 불만스러운 것을 정정(訂正)하고자 하는 의도로 나타나며, 또한 그런 정정이 후회에서 비롯되는 것이다. 그러나 "후회"란 단어를 하나님께 적용시킬 때에는 단순히 그의 절차가 바뀐다는 의미일 뿐인 것이다. 그러나 한편, 하나님의 계획이나 그의 뜻은 번복되지 않으며, 그의 의지도 바뀌지 않는다. 아무리 사람의 눈에 갑자기 변화가 생긴 것처럼 보일지라도, 하나님께서는 영원 전부터 미리 보시고, 승인하시고 작정하셨던 바를 전혀 변함 없이 일관성 있게 이루어나가시는 것이다.

14. 의심쩍은 구절들에 대한 해명

성경의 역사는 니느웨 성에 멸망을 선포했었다가 다시 돌이킨 것으로(욘 3:10), 또한 히스기야에게 죽음을 알렸다가 다시 생명이 연장된 것으로 보도하고 있지만(사 38:5), 그것이 하나님의 작정이 폐기되었음을 시사하는 것은 아니다. 하나님의 작정이 폐기되었다고 생각하는 사람들은 멸망과 죽음을 선포한 사실 때문에 그렇게 잘못 이해하고 있는 것이다. 물론 멸망과 죽음을 선포하고 있지만, 그 나타난 결과에 비추어볼 때에 거기에 무언(無言)의 조건이 있었던 것으로 이해해야 옳은 것이다. 여호와께서 무엇 때문에 요나를 니느웨로 보내셔서 그 성의 멸망을 예언하게 하셨는가? 그는 어째서 이사야를 통하여 히스기야에게 죽음을 알려 주셨는가? 여호와께서는 니느웨와 히스기야에게 구태여 사자를 보내어 멸망과 죽음을 미리 알리지 않고도 얼마든지 그들을 멸하실 수 있었다. 그러므로 주께서는 그들에게 멸망과 죽음을 미리 경계하셔서 그것이 멀리서 오고 있다는 것을 알도록 하신 것 이외에 무언가 다른 목적을 갖고 계셨던 것이다. 사실, 주님은 그들이 멸망하기를 원치 않으셨고, 변화를 받아 멸망치 않기를 바라신 것이다. 그러므로 사십 일 후에 니느웨가 멸망하리라는 요나의 예언은 그

성이 멸망하지 않도록 하기 위한 것이었다. 히스기야의 경우에도 오래 살 것에 대한 소망이 끊어지게 한 것은 그로 하여금 더 오래 사는 일이 실현되도록 하기 위함이었던 것이다.

그렇다면, 여호와께서 그러한 위협을 통해서 사람들에게 공포를 주셔서 회개하도록 각성시키시며, 그리하여 그들이 자기들의 죄로 인하여 받아 마땅한 심판을 피할 수 있게 하시기를 기뻐하신 것이라는 것을 깨닫지 못할 사람이 어디 있겠는가? 이것이 과연 사실이라면, 일어난 정황으로 보아서, 그런 위협이 단순한 고지(告知)가 아니라 거기에 무언의 조건이 포함된 것이었음을 알 수 있는 것이다.

이러한 사실은 비슷한 다른 실례들을 통해서도 확증된다. 여호와께서는 아비멜렉 왕이 아브라함의 아내를 빼앗자 그를 책망하면서 이렇게 말씀하신다. "네가 데려간 이 여인으로 말미암아 네가 죽으리니 그는 남편이 있는 여자임이라"(창 20:3). 그러나 아비멜렉이 변명하자, 하나님은 또 이렇게 말씀하셨다. "이제 그 사람의 아내를 돌려보내라. 그는 선지자라. 그가 너를 위하여 기도하리니 네가 살려니와 네가 돌려보내지 아니하면 너와 네게 속한 자가 다 반드시 죽을 줄 알지니라"(창 20:7). 첫 번째 선언에서는 하나님께서 그의 마음에 심한 충격을 주셔서 하나님을 만족케 하도록 만드시고, 그 다음 두 번째 선언에서 자신의 뜻을 명확히 설명하시는 것이 분명히 나타나고 있지 않은가?

다른 구절들도 이와 비슷하게 설명할 수 있으므로, 주께서 일단 무엇을 고지하시고 난 이후에 그것을 철회하셨다고 해서 그의 본래의 목적이 폐기되었다는 식으로 추리해서는 안 되는 것이다. 주께서는 자신이 남겨두기를 바라시는 자들에게 미리 형벌을 경고하셔서 그들로 하여금 회개하도록 만드시는데, 이것은 그의 뜻이나 그의 말씀이 조금이라도 변한 것이 아니라, 오히려 그의 영원하신 작정을 이루는 것이기 때문이다. 한 가지 차이가 있다면, 쉽게 이해될 수 있는 것을 많은 말로 표현하지 않으신다는 것뿐이다. 이사야 선지자의 다음과 같은 말씀이 과연 진리로 남아 있어야 마땅할 것이다. "만군의 여호와께서 경영하셨은즉 누가 능히 그것을 폐하며 그의 손을 펴셨은즉 누가 능히 그것을 돌이키랴?"(사 14:27).

주

1. Augustine, *De diversis quaestionibus*, 제27문.

2. Homer, *Iliad*, xix. 86.

3. Plautus의 작품 *Bacchides*에 나오는 Pistoclerus의 말임.

4. Plautus, *Aulularia*, 737, 742.

제 18 장

하나님은 불경한 자들을 도구로 사용하셔서서 심판을 시행하시며, 동시에 스스로 부정함이 없이 순결을 유지하심

1. 하나님의 섭리는 단순히 "허용하심"만이 아님

하나님께서 사탄과 모든 악인들을 굴복시키고 이끄셔서 자기의 뜻에 복종시키시는 것을 말씀하는 구절들이 있는데, 여기서 좀 더 어려운 문제가 제기된다. 육신적인 생각으로는, 하나님께서 사탄과 악인들을 통해서 역사하시면서도 그들의 불법에 오염되지 않으시며, 그들과 더불어 일상적인 활동을 하시면서도 그가 죄책을 지지 않으시며, 따라서 그가 자신이 쓰시는 그 사탄과 악인들을 올바르게 정죄하실 수 있다는 것을 도저히 납득할 수가 없기 때문이다. 그리하여 "행하심"과 "허용하심"을 서로 구별하는 방법이 고안되었다. 왜냐하면, 사탄과 모든 불경스러운 자들이 하나님의 권능 아래 있고, 그리하여 하나님께서 그들의 악의를 주도하셔서서 무엇이든 하나님께 선하게 보이는 목적을 이루시며 그들의 악행을 사용하셔서서 그의 심판을 시행하신다는 것이 많은 사람들에게는 납득할 수 없는 문제인 것처럼 보이기 때문이다.

여기서 모순처럼 보이는 현상에 경계를 받아 조심스럽게 삼가는 자세를 보이는 사람들은 어쩌면 용납할 수 있을 것이다. 모든 것을 입증하여 하나님의 공의를 모든 오명(汚名)에서 깨끗하게 하려는 노력이 지나쳐서, 진리가 아닌 것을 변호하려 애를 쓰지만 않는다면 말이다. 그들로서는, 사람이 하나님의 의지와 명령으로 말미암아 눈이 어두워졌는데도 그렇게 눈이 어두워졌다는 사실 때문에 사람이 곧 형벌을 받게 된다는 것이 아주 부당하게 보인다. 그러므로 그들은 그 일이 하나님의 의지가 아니라 다만 하나님의 허용하심으로 되어지는 것이라는 식으로 말을 바꾸어서 난제를 피해 가는 것이다. 그러나 하나님은 자신이 그 일을 행하는 장본인이심을 노골적으로 선언하셔서 그런 회피 방법이 헛된 것임을 보여주신다. 그러나 하나님의 은밀한 명령이 없이는 사람들이 아무것도 이룰 수가 없고, 사람이 아무리 일을 도모하여도 하나님께서 이미 작정하시고 그의 은밀한 의도에 따라 결정하시는 것 이외에는 그 어떠한 일도 이룰 수가 없다는 것이 무수한 증거들에 의해서 확실히 입증되고 있는 것이다.

앞에서 "오직 우리 하나님은 하늘에 계셔서 원하시는 모든 것을 행하셨나이다"(시 115:3)라는 시편의 말씀을 인용했거니와, 이는 분명 사람들의 모든 행동들을 두고 하는 말씀이다. 여기서 말씀하는 대로 만일 하나님이 전쟁과 평화의 진정한 주관자시라면, 그것도 어떠한 예외도 없이 모든 전쟁과 평화를 그가 주관하신다면, 과연 누가 사람이 하나님께서 모르시는 상태에서 혹은 하나님께서 묵인하시는 상태에서 맹목적인 충동에 따라서 마음대로 행동한다고 감히 말할 수 있겠는가?

구체적인 실례들을 들어보면 좀 더 밝히 알 수 있을 것이다. 욥기 1장에서 우리는 기꺼이 하나님께 순종하는 천사들에 못지않게 사탄도 하나님 앞에 서서 그의 명령들을 받는다는 것을 알게 된다(욥 1:6; 2:1). 물론 사탄의 도모는 그 방법도 목적도 다르지만, 어쨌든 하나님께서 그렇게 뜻하지 않으시면 그는 아무 일도 할 수 없는 것이다. 그러나, 거룩한 사람 욥에게 고난을 주도록 하나님께서 그저 허용하시기만 한 것 같은 내용이 첨가되어 있지만, 우리는 하나님께서 그 시련을 일으키신 장본인이시고, 사탄과 그의 악한 도둑들은 그저 도구들에 지나지 않았다는 사실을 알게 된다. 왜냐하면 "주신 이도 여호와시요 거두신 이도 여호와시오니 여호와의 이름이 찬송을 받으실지니이다"(욥 1:21)라는 진술이 참이기 때문이다. 사탄은 그 거룩한 사람을 미치게 하려고 필사의 노력을 다한다. 스바 사람들이 잔인하고 악하게 침입하여 다른 사람의 재산을 마구 약탈하였다. 그러나 욥은 자신이 모든 재산을 약탈당하고 가련한 처지가 된 것이 하나님이 기뻐하셔서서 하신 일이라고 여겼다.

그러므로, 사람들이나 사탄 자신이 일을 일으킨다 하더라도, 하나님께서 열쇠를 쥐고 계시며, 하나님께서 그들의 노력을 돌려서 자신의 심판을 시행하시는 것이다. 하나님께서는 그릇된 왕 아합이 속임을 당하기를 원하셨다. 그리고 마귀가 이 목적을 이루겠다고 했고, 결국 그가 구체적인 명령을 받고 보내심을 받아 모든 선지자들의 입에서 거짓말하는 영이 된 것이다(왕상 22:20, 22). 여기서 아합이 몽매(蒙昧)하여 분별없이 처신한 것이 하나님의 심판이라면, 하나님께서 그저 허락하기만 하셨다는 환상은 사라지고 만다. 왜냐하면 심판하시는 분이 자신의 뜻을 작정하시고 그 사역자들을 통해서 실행하도록 명령하시지도 않고, 그저 자신의 뜻이 이루어지기를 허락하는 것으로만 그친다는 것은 우스꽝스러운 일이기 때문이다.

또한 유대인들은 그리스도를 제거할 의도를 갖고 있었고, 빌라도와 그의 군졸들이 그들의 미친 생각에 합세하였다. 그러나 모든 불경자들이 행한 일은 그저 "하나님의 권능과 뜻대로 이루려고 예정하신 그것" 이외에 아무것도 아니었음을 제자들이 엄숙하게 기도하는 중에 고백하고 있는 것이다(행 4:28). 그 일에 앞서서 베드로도 그렇게 설교한 바 있다. "그가 하나님께서 정하신 뜻과 미리 아신 대로 내준 바 되었거늘"(행 2:23). 이는 마치 하나님께서 애초에 모든 것을 아시고, 유대인들이 시행하게 될 그 일을 친히 의도적으로 기꺼이 결정하셨다는 뜻과도 같은 것이다. 다른 곳에서도 이렇게 진술하고 있다. "하나님이 모든 선지자의 입을 통하여 자기의 그리스도께서 고난 받으실 일을 미리 알게 하신 것을 이와 같이 이루셨느니라"(행 3:18).

압살롬이 아버지 다윗의 후궁들을 범하여 아버지의 침상을 더럽혀 가증스러운 범죄를 저질렀으나(삼하 16:22), 그 일은 하나님께서 자신이 친히 주도하실 것임을 미리 선언하신 일이었다. "너는 은밀히 행하였으나 나는 온 이스라엘 앞에서 백주에 이 일을 행하리라"(삼하 12:12). 예레미야는 갈대아인들이 유다를 대적하여 자행한 모든 참혹한 일들이 모두 하나님이 하신 일이라고 선포하였다(렘 1:15; 7:14; 50:25 등). 그리고 그렇기 때문에 느부갓네살을 가리켜 하나님의 종이라 부르고 있다(렘 27:6; 참조. 25:9). 또한 여러 곳에서 하나님께서는 자신이 직접 불경한 자들을 부르시고(사 7:18; 5:26), 나팔소리와(호 8:1) 자신의 권위와 명령으로 그들로 하여금 전쟁을 일으키도록 하신다는 사실을 선언하고 있다(참조. 습 2:1). 또한 앗수르 사람들을 가리켜 하나님은 자신의 진노의 막대기요(사 10:5) 또한 손으로 휘두르는 도끼라 부르신다(참조. 마 3:10). 또한 거룩한 성 예루살렘의 패망과 성전이 훼파되는 것을 가리켜 하나님은 자기의 일이라고 하신다(사

28:21). 다윗은 시므이에게 모욕을 당할 때에 하나님을 향하여 불평하지 않고, 그를 공의로우신 심판자로 인정하면서, 시므이의 저주들이 하나님의 명령에서 비롯된 것임을 다음과 같이 진술하고 있다. "여호와께서 그에게 명령하신 것이니 그가 저주하게 버려두라"(삼하 16:11).

성경 역사에서 우리는, 일어나는 모든 일이 전부 여호와께로부터 비롯되는 것임을 자주 접하게 된다. 열 지파가 배반한 일이나(왕상 11:31), 엘리의 아들들의 죽음(삼상 2:34) 등 그 실례가 수없이 많이 나타나는 것이다. 성경을 읽어서 어느 정도라도 아는 사람들이라면, 내가 여기서 간단히 제시한 것이 수많은 예 중에 그저 몇 가지에 불과하다는 것을 잘 알 것이다. 그러나 이런 몇 가지의 예만으로도, 하나님의 섭리를 그저 단순한 허용하심으로 바꾸어 버리는 — 마치 하나님께서 높은 망대에 앉으셔서 우연히 일들이 일어나기를 기다리시며, 그리하여 자신의 심판이 인간의 뜻에 따라 좌우되도록 만드시는 것처럼 떠드는 — 자들의 논지가 얼마나 어리석은 것인가 하는 것이 충분히 드러나고도 남는 것이다.

2. 하나님이 실질적으로 모든 일을 주관하심

지금 우리가 논의하고 있는 그 은밀한 충동에 관한 한, "왕의 마음이 여호와의 손에 있음이 마치 봇물과 같아서 그가 임의로 인도하시느니라"(잠 21:1)라는 솔로몬의 진술이 모든 인류 전체에게 미치며, 또한 "우리가 마음에 품는 모든 것이 하나님의 은밀한 감동으로 된 것으로 그 자신의 목적을 이루는 것이다"라는 말만큼이나 무게를 지닌다 하겠다. 만일 하나님께서 사람의 마음에 내적으로 역사하지 않으신다면, 그가 제사장에게서 율법을 제거하며, 장로에게서 책략을 없애신다는 말씀(겔 7:26)이나, "만민의 우두머리들의 총명을 빼앗으시고 그들을 길 없는 거친 들에서 방황하게 하신다"(욥 12:24)는 말씀은 올바른 말씀이라 할 수 없을 것이다. 또한 다음과 같은 자주 접하는 말씀들도 여기에 해당될 것이다. 곧, 하나님께서 마음에 두려움을 주셔서 사람이 두려움에 휩싸인다고 하며(레 26:36), 다윗도 여호와께서 사람들을 깊이 잠들게 하셔서 아무도 모르는 사이에 사울의 진영에서 도망하였다고도 말씀하는 것이다(삼상 26:12). 그러나 무엇보다도 가장 분명한 증거들은, 하나님께서 사람의 마음을 어둡게 하시며(사 29:14), 그들을 정신병으로 치시며(참조. 신 28:28; 슥 12:4), 깊이 잠들게 하는 영으로 눈을 감기시며(사 29:10), 그들을 미치게 하시고(롬 1:28), 그들의 마음을 완악하게 하신다(출 14:17)는 선언들에서 나타난다.

이러한 실례들을 하나님의 허용하심을 가리키는 것들로 보기도 한다. 마치 악인들이 사탄에 의해서 눈이 어두워지도록 하나님께서 허용하심으로써 그들을 버리신 것처럼 말이다. 그러나 성령께서는 그들의 눈이 어두워지고 정신이 나간 것이 하나님의 공의로우신 심판으로 말미암아 가해진 것임을 분명하게 말씀하시기 때문에(롬 1:20-24), 그런 해석은 너무나도 어리석은 것이다. 성경은 하나님께서 친히 바로의 마음을 완악하게 하셨고(출 9:12), 또한 그 마음을 더욱 고집스럽게 만드셨고(출 10:1), 굳어지게 하셨음을(출 10:20, 27; 11:10; 14:8) 말씀하고 있는 것이다. 어떤 이들은 이런 어리석은 트집을 잡으면서 이런 표현들을 회피하려 한다. 다른 곳에서 바로(파라오) 자신이 자기 마음을 그렇게 완악하게 했다고 말씀하는데도 불구하고(출 8:15, 32; 9:34), 하나님의 뜻이 그 완악함의 원인으로 제시되고 있기 때문이다. 말하자면, 하나님께서 사람에게 역사하시지만 동시에 그 사람 자신이 행동하는 것이라는 두 사실이 ― 경우마다 방식은 매우 다양하지만 ― 서로 완전히 일치한다는 것을 부인하는 것이다.

더 나아가서, 나는 그들의 반론을 다시 그들에게 던지고 싶다. 곧, 만일 "완악하게 하다"라는 것이 단순한 허용을 의미한다면, 그를 완악하도록 부추긴 일은 바로에게 있는 것이 아닌 것이 된다는 것이다. 사실, 마치 바로가 그저 수동적으로 완악해짐을 당했을 뿐인 것처럼 이를 해석한다면, 이 얼마나 빈약하고 어리석은 해석이겠는가! 게다가 성경은 그런 잘못된 트집에게 전혀 빌미를 주지 않는다. 하나님께서는 분명 "내가 그의 마음을 완악하게 한즉"(출 4:21)이라고 말씀하시는 것이다. 또한 가나안 땅의 거류민들에 관하여 모세는 말하기를, "그들의 마음이 완악하여 이스라엘을 대적하여 싸우러 온 것은 여호와께서 그리하게 하신 것이라"(수 11:20; 참조. 신 2:30)고 말씀하는 것이다.

또다른 선지자도 똑같은 사실을 반복하여 말씀하고 있다. "그 대적들의 마음이 변하게 하여 그의 백성들을 미워하게 하시며"(시 105:25). 이와 비슷하게 이사야서에서도, 하나님께서는 앗수르 사람들을 그 거짓된 나라에게로 보내실 것이며 또한 그들에게 명령하여 그들을 "쳐서 탈취하며 노략하게 할 것"임을 선포하시는데(사 10:6), 이는 그가 악인들과 불경건한 자들을 가르쳐서 자발적으로 하나님의 뜻에 순종하게 하시겠다는 뜻이 아니고, 하나님께서 그들을 굽히셔서 마치 그들이 하나님의 명령들을 마음에 새기기라도 한 것처럼 그의 심판을 시행하도록 하시겠다는 뜻인 것이다. 이로써 그들이 하나님의 확고하신 결정에 의해서 강제로 움직였다는 것이 드러나는 것이다.

나는 사실, 하나님께서 악인들에게 역사하실 때에 사탄의 개입을 수단으로 하시는 경우가 많으나 이때에 사탄은 하나님의 충동에 의해서 자기에게 주어진 부분을 감당하며 또한 자기에게 허락된 한계 내에서만 활동한다고 본다. 악령이 사울을 괴롭게 했으나, 성경은 그것이 하나님께로부터 온 것임을 말씀하므로(삼상 16:14), 우리는 사탄이 저지르는 미친 짓들이 하나님의 공의로우신 보응(報應)에서 비롯된 것임을 알 수 있는 것이다. 또한 그 동일한 사탄이 "믿지 아니하는 자들의 마음을 혼미하게" 한다고도 말씀한다(고후 4:4). 그러나 "미혹의 역사를 그들에게 보내사 거짓 것을 믿게 하"시는 하나님(살후 2:11)에게서 오는 것이 아니라면, 대체 이런 일이 어디서 오는 것이란 말인가?

전자의 이유에 의하면, "만일 선지자가 유혹을 받고 말을 하면 나 여호와가 그 선지자를 유혹을 받게 하였음이거니와"(겔 14:9)라고 말씀하며, 후자의 이유에 의하면, 하나님께서 그들을 "그 상실한 마음대로 내어 버려 두사"(롬 1:28) 더러운 정욕에 던지신다고 말씀하는데, 이는 사탄은 하나님의 보응을 시행하는 사역자에 불과하고 하나님께서 그 자신의 공의로운 보응을 주도하시는 최고의 책임자이시기 때문인 것이다.

그러나 이 문제는 제2권에서 인간의 자유로운 선택의 문제에 관하여 다룰 때에 다시 논의해야 할 것이므로,[1] 여기서는 사정상 필요한 만큼만 간단히 다루었다고 생각한다. 이를 정리해서 말하자면, 하나님의 뜻(의지)이 모든 일의 원인이라고 말하기 때문에, 나는 하나님의 섭리가 ― 성령의 다스림을 받는 택한 자들 속에서 그 힘을 드러낼 뿐 아니라, 버림받은 자들을 강제로 복종하게 함으로써 ― 모든 인간의 계획과 도모하는 바를 결정짓는 원리임을 제시한 것이다.

3. 하나님의 뜻은 단일함

지금까지 성경이 분명하고도 모호함 없이 진술하는 문제들만을 논의해 왔으니, 하늘의 말씀에 악의로 오명을 씌우기를 주저하지 않는 자들은 자기들이 늘어놓는 비난들이 대체 어떤 것들인지를 직시하여야 할 것이다. 만일 그들이 무식을 핑계삼아 겸손하다는 칭찬을 받으려고, "내가 보기에는 그렇지 않은 것 같다"느니 "이에 대해서는 말하고 싶지 않다"느니 하면서 하나님의 권위에 대적하는 태도를 취한다면, 그런 태도보다 교만한 것을 과연 상상이나 할 수 있겠는 가? 혹은 드러내놓고 저주를 일삼는다면, 하늘에 대고 침을 뱉는 것이니 그들에 게 무슨 유익이 있겠는가? 사실, 이런 경솔한 처신은 새삼스러운 것이 아니다. 시대마다 불경스럽고 가증스러운 자들이 있어서 이 교리를 대적하여 입에 거품 을 물고 떠들어왔기 때문이다.

그러나 그런 사람들이라도 성령께서 오래 전에 다윗의 입을 통하여 "주께서 심판하실 때에 순전하시다"(시 51:4)라고 선포하신 말씀이 진리라는 것은 분명 느낄 것이다. 다윗은 여기서, 자기 마음대로 마구 떠들며 그 더러운 마음으로 하 나님을 대적하여 논리를 펼 뿐 아니라 자기들 스스로 하나님을 정죄할 권세가 있다고 주장하기까지 하는 인간의 미친 상태를 간접적으로 책망하고 있는 것이 다. 또한 그는, 그들이 하늘을 향하여 토해내는 참람한 말들이 하나님에게까지 도달하지 못하며 하나님께서는 그들의 온갖 비방의 구름을 깨끗이 씻어내시고 그 자신의 의를 밝히 드러내신다는 것을 간결하게 경고하고 있는 것이다. 심지 어 우리의 믿음조차도 ― 하나님의 거룩하신 말씀에 근거하여 온 세상을 이기 므로(요일 5:4) ― 그 높은 곳에 서서 이 구름들을 조롱하는 것이다.

그들의 첫 번째 반론 ― 즉, 하나님의 뜻이 아니고서는 그 어떠한 일도 일어 나지 않는다면, 하나님께는 두 가지 상반되는 뜻이 있는 것이요, 결국 그의 율법 으로 자신이 분명하게 금지해 놓으신 바를 그의 은밀한 계획을 통해서 작정하 시는 것이 된다는 주장 ― 은 쉽게 물리칠 수가 있다. 그러나 이에 대해 답변하 기 전에, 먼저 독자들에게 한 가지를 경고하고 싶다. 이런 비방은 나에게 하는 것이 아니고 거룩한 사람 욥의 입으로 "주신 이도 여호와시요 거두신 이도 여호 와시오니 여호와의 이름이 찬송을 받으실지니이다"(욥 1:21)라고 고백하게 하신 성령을 향하여 하는 것이라는 사실이다. 욥은 도둑들에게 약탈당하고서, 그들의 부당한 행위와 악행들을 보면서 그것을 하나님의 의로우신 채찍으로 받아들였 던 것이다.

다른 성경에서는 무어라고 말씀하는가? 엘리의 아들들이 그 아버지의 말을 듣지 않은 것이 "여호와께서 그들을 죽이기로 뜻하셨음이더라"(삼상 2:25)고 말 씀한다. 또한 다른 선지자도 마찬가지로 "오직 우리 하나님은 하늘에 계셔서 원 하시는 모든 것을 행하셨나이다"(시 115:3)라고 선포하고 있다. 이 트집잡는 자들 은 하나님의 나태한 허용하심에 따라서만 모든 일이 일어난다고 말하지만, 나는 이미 하나님께서 모든 일을 이루시는 주관자이심을 충분히 명확하게 제시하였다. 그는 자신이 빛과 어둠을 창조하시며 평안도 짓고 환난도 창조하신다고 친히 선언하시며(사 45:7), 자신이 행하지 않으시는 재앙이 없다고 말씀하시는 것이다(암 3:6). 그들에게 묻고 싶다. 하나님께서 과연 마지못해서 억지로 심판을 시행하시는가, 아니면 기꺼이 자의(自意)로 심판을 시행하시는가? 그러나 모세가 가르치듯이, 우연히 도끼가 자루에서 빠져 그것에 맞아 죽은 사람도 하나님께서 그렇게 그 사람을 죽음에 내어 주신 것이다(신 19:5; 참조. 출 21:13).

그리하여 누가는, 헤롯과 빌라도가 "하나님의 권능과 뜻대로 이루려고 예정하신 그것"을 행하려고 서로 모의하였다고 보도한다(행 4:28). 정말이지 그리스도께서 하나님의 뜻에 따라서 십자가에 못 박히신 것이 아니라면, 우리는 어디서 구속을 얻겠는가? 그러나 하나님의 뜻이 그 자체와 모순을 일으키는 것도, 변하는 것도 아니요, 그가 뜻하시는 바를 뜻하지 않으시는 체하는 것도 아닌 것이다. 그런데, 하나님의 뜻이 하나님께는 하나요 단일한 것인데 우리에게 여러 가지로 보이는 것은, 우리의 정신적인 역량이 부족하여 하나님께서 얼마나 다양한 방식으로 어떤 일을 뜻하기도 하시고 뜻하지 않기도 하시는가를 깨닫지 못하기 때문인 것이다.

바울은 이방인들을 부르신 일을 가리켜 "감추어졌던 비밀"이라고 말씀하고(엡 3:9) 곧 이어서 거기서 "각종 지혜"가 드러난다고 덧붙이고 있다(엡 3:10). 그렇다면, 하나님의 지혜가 이렇게 여러 가지로 나타난다고 해서, 우리에게 깨달음이 부족하다는 것을 탓하며, 마치 하나님께 무슨 변이(變異)가 있는 것처럼 — 마치 그가 계획을 바꾸시거나 아니면 스스로 모순을 일으키시거나 하는 것처럼 — 상상해야 하겠는가? 오히려, 우리가 하나님께서 행하기를 금하신 일이 일어나도록 뜻하신다는 것을 이해하지 못할 때에는, 우리의 정신적인 역량이 부족한 것을 깨닫고, 또한 동시에 하나님께서 가까이하지 못할 빛에 거하신다는 말씀(딤전 6:16)이 이유가 없는 것이 아니라는 것을, 곧 그 빛이 어둠으로 가득 둘러싸여 있다는 것을 생각해야 할 것이다.

그러므로 경건하고 겸손한 모든 사람들은 아우구스티누스의 다음과 같은 발언에 기꺼이 동의하는 것이다. "때로는 사람이 선의(善意)로 무언가를 뜻하지만, 그것이 하나님의 뜻이 아닐 경우도 있다. … 예를 들어서, 착한 아들은 그의 아버지가 살아 있기를 바라지만, 하나님께서는 그가 죽기를 뜻하신다. 또한 하나님께서 선의로 뜻하시는 바를 그 사람이 악의(惡意)로 뜻하기도 한다. 예를 들어서, 악한 아들은 그의 아버지가 죽기를 바라고, 하나님께서도 그것을 뜻하시는 경우가 있는 것이다. 즉, 앞의 사람은 하나님이 뜻하지 않으시는 것을 뜻하며, 뒤의 사람은 하나님이 뜻하시는 것을 함께 뜻하는 것이다. 그러나 앞의 사람이 비록 하나님의 뜻이 아닌 것을 뜻하기는 하지만, 그 사람의 효성스런 마음이 하나님과 같은 것을 뜻하는 뒤의 사람의 악한 마음보다도 오히려 하나님의 선의에 더 일치하는 것이다. 사람이 뜻하기에 합당한 것과 하나님께 합당한 것 사이에는 서로 엄청난 차이가 있다. 그리고 그 뜻들이 과연 어떠한 목적을 지향하는가 하는 것도 서로 엄청난 차이가 있다. 그렇기 때문에 사람의 뜻이 인정되기도 하고 인정되지 못하기도 하는 것이다. 악인의 악의를 통해서도 하나님께서는 그의 의로우신 뜻을 실행하시는 것이기 때문이다.”[2]

그는 또한 그보다 조금 앞에서 말하기를, 타락한 천사들과 모든 악인들은 하나님을 배반함으로써 자기들이 보기에는 하나님이 뜻하지 않으시는 바를 행하였으나, 하나님의 전능하심의 시각에서는 결코 그의 뜻을 벗어난 것이 아니었다고 하였다. 왜냐하면 그들은 하나님의 뜻을 거슬러 행동하지만 하나님의 뜻이 그들에게 행해지기 때문이라는 것이다.[3] 그리하여 아우구스티누스는 이렇게 외치고 있다. “하나님의 행하시는 일들이 위대하고, 그 모든 뜻하시는 바가 고귀하도다(참조. 시 111:2)! 이렇듯 하나님의 뜻이 아닌 것은 아무것도 이루어지지 않으니, 과연 놀랍고 말로 형언키 어려운 일이 아닐 수 없다. 그가 허락하지 않으시면 아무 일도 이루어지지 않는다. 그러나 하나님은 어쩔 수 없이 억지로 허락하시는 것이 아니라, 기꺼이 자의(自意)로 허락하시는 것이다. 또한 하나님께서 전능자로서 악에서 선을 이루실 수 없다면, 선하신 하나님께서는 결코 악이 행해지도록 허락하지 않으실 것이다.”[4]

4. 불경건한 자들을 사용하여 목적을 이루실 때에도 하나님은 언제나 공의로우심

이렇게 해서 다음과 같은 다른 반론도 해결되고, 스스로 사라지고 만다. 곧, 하나님이 불경건한 자들의 일을 사용하실 뿐 아니라 그들의 계획들과 의도들까지도 주도하신다면, 하나님이야말로 모든 악의 주범(主犯)이시며, 따라서 사람들로서는 그저 하나님의 뜻에 따르는 것뿐이니 하나님께서 작정하신 바를 수행하는 것 때문에 정죄를 받는 것이 억울하다는 것이 그것이다. 이것은 하나님의 뜻을 그의 계명(precept)과 잘못 혼동하는 것이다. 이 두 가지가 서로 얼마나 다른가 하는 것이 무수한 실례들에서 분명히 나타난다.

압살롬이 그 아버지의 후궁들과 간음을 범한 일은(삼하 16:22) 하나님께서 다윗의 간음을 이러한 치욕스런 일로 벌하고자 뜻하셨기 때문에 발생한 것이지만, 그렇다고 해서 그 사악한 아들에게 그 치욕스런 짓을 하라고 명령하신 것은 아니다. 그러나 다윗으로서는 시므이의 저주에 대해서 말한 것처럼 그것이 하나님의 명령이었다고 여겼을 것이다. 다윗은 시므이가 하나님의 명령으로 자신을 저주한다고 고백했으나(삼하 16:10-11), 마치 그 뻔뻔스런 개 같은 자가 하나님의 권위에 복종하기라도 한 것처럼 그의 처신을 칭찬한 것은 아니다. 그저 그의 입에서 나오는 말을 하나님의 채찍으로 알아서, 잠잠히 그 징계를 참고 견딘 것뿐이다. 우리는 다음과 같은 점을 든든히 붙들어야 할 것이다. 곧, 하나님께서 악인을 통하여 그의 은밀하신 판단으로 작정하신 바를 이루시지만, 그 사람들이 용납되는 것이 아니라는 것이다. 그들은 육신적인 정욕으로 하나님의 계명을 의도적으로 깨뜨린 것이지, 결코 그것에 순종한 것이 아니기 때문이다.

자, 여로보암 왕의 선택(왕상 12:20)은 사람들이 악의로 행하는 바도 하나님께 속한 것이며, 그의 은밀한 섭리에 의해서 주도되는 것임을 분명하게 보여준다. 하나님께서는 그 백성들로 하여금 그를 선택하게 하심으로써, 그가 정하신 질서를 그들이 경솔하고도 광적으로 흐트러뜨리고, 다윗의 가문에서 벗어나 불신앙으로 타락한 일에 대하여 정죄하신 것이다. 그리하여 하나님은 여로보암이 기름 부음을 받도록 하신 것이다. 그러므로, 호세아 선지자의 진술 가운데 얼핏 모순처럼 보이는 것이 있다. 한 곳에서는 "그들이 왕들을 세웠으나 내게서 난 것이 아니며 그들이 지도자들을 세웠으나 내가 모르는 바이며"(호 8:4)라고 탄식하시며, 또다른 곳에서는 "내가 분노하므로 네게 왕(여로보암)을 주고 진노함으로 폐하였노라"고 말씀하는 것이다(호 13:11).

이 두 가지 진술이 어떻게 일치하겠는가? 여로보암이 하나님의 뜻으로 통치한 것이 아니며, 그러면서도 그 동일하신 하나님께서 그를 왕으로 지명하셨다니 말이다. 이에 대한 답변은, 그 백성들이 다윗의 집을 배반한 것은 바로 하나님께서 부과하신 멍에를 뒤흔든 것이며, 하나님께서는 또한 그렇게 하셔서 솔로몬의 배은망덕함을 벌하신 것이라는 것이다. 그러므로 우리는 하나님께서 믿음의 변절을 뜻하지 않으시지만, 동시에 다른 목적을 염두에 두시고서 공의로 배반을 뜻하기도 하신다는 것을 알게 되는 것이다. 그리하여, 기대와는 달리 하나님께서는 억지로 여로보암을 이끄사 기름 부음을 받아 왕이 되게 하셨다. 이렇게 해서 성경의 역사는 하나님께서 원수를 일으키사 솔로몬의 아들에게서 나라의 일부를 빼앗게 하셨다고 말씀하고 있는 것이다(왕상 11:23).

독자들은 이 두 가지 사실을 주의 깊게 살펴야 할 것이다. 하나님께서는 그의 백성이 한 왕의 손으로 다스림 받기를 기뻐하셨으므로, 나라가 두 부분으로 나뉘어지는 것은 하나님의 뜻에 반(反)하는 것이다. 그러나 그럼에도 불구하고 그러한 분리의 시작은 그 동일하신 하나님의 뜻에서 비롯된 것이다. 선지자가 입의 말과 기름 부음의 증표로 아직 아무런 생각도 없던 여로보암에게 왕위에 대한 기대감을 불어넣었는데, 이 일이 하나님이 알지 못하시는 상태에서나 혹은 그의 뜻에 반하여 이루어진 것이 결코 아니고, 사실 하나님께서 일을 그렇게 되도록 역사하신 것이다. 그러나 동시에 그 백성들이 하나님의 뜻을 대적하여 다윗의 자손에게서 배반하였기 때문에, 이 일로써 그들이 올바로 정죄를 받는 것이다. 그렇기 때문에, 그 다음에 성경은 르호보암이 백성들의 간언을 교만하게 거부한 일이 "여호와께로 말미암아 난 것이라"고 덧붙이고 있는 것이다(왕상 12:15). 여기서 국가의 거룩한 통일이 깨어지는 것이 하나님의 뜻에 반하는 것이며, 그러면서도 하나님의 뜻에 의하여 열 지파가 솔로몬의 아들에게서 떨어져나갔다는 사실을 주목하기 바란다.

그 이외에도 비슷한 실례가 또 하나 있다. 곧, 아합 왕의 아들들이 백성들의 동의로 ― 사실 그들의 손을 빌려서 ― 죽임을 당하였고, 그 모든 후손이 멸절된 사건이 그것이다(왕하 10:7). 사실, 예후는 올바로 다음과 같이 보고하고 있다. "여호와께서 아합의 집에 대하여 하신 말씀은 하나도 땅에 떨어지지 아니하리라 여호와께서 그의 종 엘리야를 통하여 하신 말씀을 이제 이루셨도다"(왕하 10:10). 그러나 그러면서도 예후는 사마리아 사람들이 그 일을 도운 일에 대해서 아무 이유도 없이 그들을 질책하고 있다. "너희는 의롭도다 나는 내 주를 배반하여 죽였거니와 이 여러 사람을 죽인 자는 누구냐?"(왕하 10:9). 내가 잘못된 것이 아니라면, 동일한 사건에서 사람의 악행이 분명히 드러나며 동시에 하나님의 공의가 빛난다는 사실에 대해서는 이미 분명하게 해명이 되었다고 믿는다.

온전한 사람들로서는 아우구스티누스의 다음과 같은 답변으로 언제나 충분할 것이다. "성부께서 성자를 내어 주셨고, 그리스도께서는 그의 몸을 내어 주셨으며, 또한 유다는 그의 주님을 내어 주었으니, 이렇게 내어 주는 일에 있어서 하나님은 공의로우시고 사람은 죄악된 이유가 어디에 있는가? 그것은 모두 똑같이 내어 주었으나, 그 내어 줌의 동기와 목적이 동일하지 않다는 데 있는 것이 아닌가?"[5]

그러나 우리가 지금 논하고 있는 내용 — 즉, 사람이 하나님의 공의로운 충동에 의하여 그가 해서는 안 되는 일을 행할 때에 하나님과 사람이 서로 일치하지 않는다는 것 — 에 대하여 곤란을 느끼는 사람들이 있다면, 그 아우구스티누스가 다른 구절에서 지적한 다음의 발언을 기억하기를 바란다. "하나님은 심지어 악인의 마음속에서도 자신이 원하시는 모든 일을 이루시고, 그러면서도 그들에게 그들의 악행에 대하여 책임을 물으시니, 이런 판단에 대해서 누가 감히 떨지 않겠는가?"[6]

유다가 배반한 일의 경우에도, 하나님께서 성자를 죽음에 내어 주기를 뜻하셨는데, 그 범죄의 책임을 하나님께 돌린다는 것은 구속 사역의 공로를 유다에게 돌리는 것만큼이나 잘못된 것이다. 그러므로 아우구스티누스는 다른 곳에서 올바로 지적하기를, 하나님께서 친히 살피실 때에는 사람들이 어떤 일을 할 수 있었는가, 혹은 그들이 실제로 어떤 일을 했는가 하는 것을 보시는 것이 아니라, 그들이 행하고자 하는 뜻이 무엇이었는가를 보시며, 그리하여 목적과 뜻을 염두에 두신다고 하였다.[7]

이것이 가혹한 것 같다고 여기는 자들이 있다면, 성경이 분명하게 증거하는 것을 자기들의 정신적인 역량으로 이해하지 못한다 하여 공적으로 제시된 것들을 책잡는 그들의 까다로운 자세가 얼마나 역겨운가를 잠시 동안이라도 생각해 보아야 할 것이다. 사람들이 아는 것이 유익하다고 판단하지 않으셨다면, 하나님께서는 절대로 그의 선지자들과 사도들을 명하여 가르치게 하지 않으셨을 것이다. 우리로서는 겸손하게 배우고자 하는 자세로 모든 것을 받아들이고, 성경에서 무엇을 가르치든 최소한 그것들을 책잡지 않는 것만큼 지혜로운 처사는 없는 것이다. 지나치게 오만하게 조롱하며 떠드는 자들에 대해서는, 그들이 하나님을 대적하여 떠들고 있는 것이 너무나도 분명하지만, 길게 반박할 가치조차 없는 것이다.

주 ____

1. 참조. 제2권 4장 1-4절.

2. Augustine, *Enchiridion*, xxvi. 101.

3. Augustine, *Enchiridion*, xxvi. 100.

4. Augustine, *Psalms*, Ps. 111:2.

5. Augustine, *Letters*, xciii. 2.

6. Augustine, *On Grace and Free Will*, xxi. 42.

7. Augustine, *Psalms*, Ps. 61:22.

INSTITUTES OF THE CHRISTIAN RELIGION

제 2 권

◆

율법 아래에서 조상들에게 나타나셨고,
복음 안에서 우리에게 나타나신
구속주 하나님, 곧 그리스도를 아는 지식

제 1 장

아담의 타락과 반역으로 온 인류가 저주를 받았고 원시 상태에서 부패하였음, 원죄론(原罪論)

(자기를 아는 그릇된 지식과 바른 지식. 1-3)

1. 자기를 아는 바른 지식

사람이 자기 자신을 알아야 한다는 것을 옛 격언이 역설하는데, 이는 참 일리 있는 가르침이다. 인생사에 관련된 모든 일들을 알지 못하는 것을 수치로 안다면, 우리 자신에 대해 무지하다는 것이야말로 더욱더 치욕스러운 일이 아닐수 없을 것이다. 우리 자신을 알아야 중요한 문제들에 대해서 결단을 내릴 텐데, 우리가 처절하게 스스로를 속이는 눈먼 상태에 있다면 과연 어떻게 되겠는가!

이런 격언의 가르침이 참으로 소중한 것이므로, 우리는 삼가 조심하여 이를 그릇 적용하는 일이 없도록 해야 할 것이다. 특정한 철학자들이 그런 우를 범한 것을 보게 된다. 그들은 사람이 자기 자신을 알아야 한다고 역설하면서도 그 목표를 자기 자신의 가치와 탁월함을 아는 데에다 두었고, 따라서 자기 자신에 대해서 생각하면서도 그저 헛된 자신감에 부풀려지고 교만으로 우쭐해지는 것밖에는 가르치지 않았던 것이다.

그러나 우리 자신을 아는 지식은 첫째로, 창조 시에 우리에게 주어진 바를 생각하고 또한 하나님께서 얼마나 자비롭게 우리를 계속해서 보살피시는가를 생각하는 데 있다. 그런 것들을 생각함으로써 우리는 우리가 본래 부여받은 상태대로 흠 없이 남아 있었더라면 우리의 탁월함이 얼마나 위대하겠는가를 알고, 동시에 우리가 지니고 있는 것 가운데 우리 자신의 것은 하나도 없고 모든 것이 하나님께서 베풀어주신 것이요, 우리는 그것을 누리는 것뿐이며, 따라서 우리는 언제나 하나님께 의존하고 있는 것이라는 점을 명심하여야 할 것이다. 둘째로, 아담의 타락 이후의 우리의 비참한 처지를 생각하는 데 있다. 이것을 깨달으면, 우리의 모든 자랑이나 자신감이 사라져서 우리가 정말로 낮아지고 수치로 가득하게 될 것이다. 태초에 하나님께서는 우리의 마음을 높이 올려서 덕을 향하여 열심을 갖게 하고 영원한 생명에 대하여 묵상하게 하실 수 있도록, 우리를 그의 형상대로 지으셨다(창 1:27). 그러므로, 우리 인간의 위대한 고귀함 ― 이것이 우리를 짐승들과 구별지어준다 ― 이 우리의 미련함 밑에 파묻히지 않도록 하기 위해서는, 우리가 이성과 지성을 부여받았으므로 거룩하고 의로운 삶을 삶으로써 우리를 위하여 지정된 그 복된 불멸의 목표를 향하여 나아갈 수 있다는 것을 인식하는 것이 필요한 것이다.

그러나 최초에 부여받은 그 고귀함을 생각할 때에 우리는 그것과 너무도 대조적인 우리의 현재의 더러움과 치욕의 상태를 떠올리지 않을 수가 없다. 첫 사람 안에서 우리가 우리의 원 상태로부터 타락했기 때문이다. 이리하여 우리는 우리 자신들을 혐오하며 정말로 낮아지고, 또한 그런 상태에서 하나님을 찾고자 하는 새로운 열심이 생겨나고, 우리들 각자가 지금 철저하게 완전히 잃어버린 상태에 있는 그 선한 것들을 하나님 안에서 다시 회복할 소망을 갖게 되는 것이다.

2. 사람의 본성적인 자기 도취

그러므로, 우리가 우리 자신을 살필 때에 추구해야 할 지식으로 하나님의 진리가 요구하는 것은 바로, 우리 자신의 능력에 대한 모든 신뢰를 제거하고, 우리로 자랑할 모든 기회를 없애며, 우리로 굴복하도록 이끄는 그런 지식인 것이다. 지혜와 올바른 처신이라는 참된 목표에 진정 도달하기를 바란다면, 반드시 이것을 지켜야 하는 것이다. 우리의 선한 특징들을 따져보도록 만드는 원리가 있다면, 우리 자신의 비참한 결핍과 치욕의 상태를 바라보면서 수치로 완전히 압도되는 것보다도 오히려 그것이 훨씬 더 즐거울 것이라는 것을 나도 잘 알고 있다. 사실 사람이 본성적으로 바라는 것 가운데 스스로 우쭐해지는 것보다 더한 것은 없다. 그러므로, 자신의 재능이 참으로 고귀하다는 것을 인식하게 되면 곧바로 그것들을 과신(過信)하여 속아넘어가는 경향이 있는 것이 바로 사람의 본성이며, 그렇기 때문에 대다수의 사람들이 이 점에서 그렇게도 터무니없이 오류를 범하고 있는 것도 전혀 무리가 아니다. 모든 사람들이 본성적으로 자기 자신에 대한 맹목적인 사랑을 갖고 있으므로, 사람들은 누구나 자기에게는 혐오스러운 것이 전혀 없다는 것을 아무런 거리낌 없이 받아들이는 것이다. 그리하여, 외적인 지지가 전혀 없는데도 불구하고, 사람이 스스로 충분히 선하고 복된 삶을 스스로 이어갈 수 있다는 정말 허망하기 그지없는 사고가 사람들에게 전반적으로 지지를 얻고 있는 것이다. 좀 더 겸손한 자세를 취하여 어느 정도 하나님의 공을 인정하며, 그리하여 모든 것이 자기 자신의 덕분이라는 식으로 주장하지는 않는 것 같은 사람이 있다 할지라도, 그들 역시 공로를 그렇게 분산시킴으로써 여전히 자기 자신을 자랑하고 자기 자신에게 신뢰를 두는 처지에서 벗어나지 못하는 것이다.

사람의 골수에 박혀 있는 교만을 부추겨 주는 간사한 이야기만큼 사람을 기쁘게 해 주는 것이 없다. 그리하여, 거의 어느 시대를 막론하고 인간의 본성에 대해서 가장 치켜세우는 발언을 하는 사람이 가장 환영을 받고 박수를 받아온 것이다. 그러나 아무리 인간의 탁월함을 높이 치켜세우고 그리하여 사람으로 하여금 스스로 만족하도록 가르친다 할지라도, 그것은 그저 자기 홀로 도취되도록 만드는 것 이외에 아무것도 아니며, 사실 그 가르침에 동의하는 자들을 철저히 속여 처절한 파멸로 몰아가는 것이다.

그런 헛된 확신에 의지하여 우리가 합당하다고 생각하는 바를 계획하고 시도하고 시행한다면, 과연 우리가 이루는 것이 무엇이겠는가? 그렇게 되면, 최초의 노력부터가 사실상 건전한 지성과 참된 덕이 결핍된 것인데도 불구하고 무턱대고 계속 밀고 나아가서 마침내 멸망에 빠지고 버림을 받고 마는 것밖에 없지 않겠는가? 자기 힘으로 무엇이든 할 수 있다고 확신하는 자들은 그렇게 될 수밖에 다른 도리가 없는 것이다. 그러므로 누구든지, 우리의 선한 특징들만을 생각하도록 우리를 붙잡아 두는 그런 선생들의 가르침을 귀담아 듣는 사람은 자기를 아는 지식에서 발전하는 것이 아니라 오히려 최악의 무지(無知) 속에 빠져들 뿐인 것이다.

3. 자기를 아는 지식의 두 가지 면

결국, 지혜의 두 번째 부분이 우리 자신을 아는 데 있다는 것에 대해서는 하나님의 진리나 모든 사람들의 공통적인 판단이 일치한다 하겠다. 그러나 그 지식을 어떻게 얻느냐 하는 문제에 대해서는 서로 굉장한 차이가 있다. 육신적인 판단에 따르면, 사람은 자기 자신을 잘 아는 것처럼 보인다. 자기의 지성과 정의로움을 확신하고서, 덕의 의무들을 담대히 시행하고, 악을 상대로 전쟁을 선포하고, 스스로 모든 힘을 기울여 탁월한 것과 존귀한 것들을 위해 수고를 다하는 것처럼 여기는 것이다. 그러나 하나님의 판단의 표준에 따라서 자기 자신을 바라보고 살피는 사람은 자기 자신을 신뢰할 만한 것을 자기에게서 전혀 발견하지 못한다. 그리고 자기 자신을 더 깊이 살필수록, 더 낙담하게 되고, 마침내 그런 자신감을 완전히 잃어버리게 되고, 자신의 삶을 올바로 이끌어갈 수 있는 것이 자기에게 전혀 없다는 것을 깨닫게 되는 것이다.

그러나 하나님께서는 동시에 우리 조상 아담에게 베푸셨던 그 본래의 고귀함을 잊지 않기를 바라신다. 그러한 우리의 고귀함을 생각할 때에, 우리 속에서 의와 선을 향한 열심이 솟아나게 되는 것이다. 우리의 최초의 원시 상태에 대해서나 우리가 지으심을 받은 목적에 대해서 생각하게 되면, 반드시 불멸성에 대해서 묵상하지 않을 수가 없고, 그리하여 하나님의 나라를 흠모하지 않을 수가 없기 때문이다. 그러나 그러한 생각은 우리 속에 교만을 일으키기는커녕, 오히려 그러한 교만을 꺾고 우리를 한없이 낮아지게 만든다.

그 원시 상태가 무엇인가? 우리가 타락하기 이전의 상태가 아닌가? 우리를 창조하신 목적이란 무엇인가? 지금 우리의 상태가 그 목적에서 완전히 괴리된 상태가 아닌가? 그래서 우리의 비참한 현실을 혐오하며 탄식하고, 또한 우리의 그 잃어버린 고귀함에 대하여 한숨을 쉬고 있는 것이 지금 우리의 상태가 아닌가? 사람이 자기 자신을 우쭐해지도록 만드는 것은 보아서는 안 된다는 우리의 말은 곧, 사람에게는 자기 자신을 믿고 자랑할 만한 것이 하나도 없다는 의미인 것이다.

그러므로, 사람이 자기 자신에 대해서 가져야 마땅한 지식을 생각할 때에, 그 지식을 다음과 같이 구분하는 것이 합당한 것 같다. 첫째로, 사람은 자기가 어떠한 목적으로 창조함을 받았으며 또한 어떠한 목적으로 고귀한 은사들을 부여받았는지를 생각해야 한다. 이러한 지식을 통해서 사람은 마땅히 스스로 각성하여 하나님을 향한 경배와 또한 미래의 생명에 대해서 묵상하게 되어야 할 것이다. 둘째로, 사람은 자기 자신의 능력들을 — 아니 오히려 능력의 결핍을 — 가늠해야 한다. 이러한 결핍을 깨닫게 되면, 그는 극도의 혼란 속에 엎드러질 것이고, 말하자면 아무것도 아닌 존재로 전락하게 된다. 첫 번째 지식을 갖게 되면, 사람이 자기의 의무의 본질을 깨닫게 되고, 두 번째 지식을 갖게 되면, 그 의무를 시행할 자기 자신의 능력의 한계를 깨닫게 된다. 자, 이제 그 하나하나를 순서대로 살펴보기로 하자.

(아담의 죄로 말미암아 인류가 저주 아래 있게 되었음. 4-7)

4. 아담의 타락의 역사가 보여주는 죄의 본질

하나님께서 그렇게 가혹하게 벌하셨다면 그것은 결코 가벼운 죄였을 수가 없고 정말 끔찍스러운 범죄였을 것이 틀림없으므로, 우리는 하나님께서 온 인류를 대적하여 그토록 무서운 형벌을 내리시게 만든 아담의 반역에 과연 어떠한 죄가 있었는지를 생각해 보아야 할 것이다. 대개 아담의 죄를 무절제한 식욕(食慾)으로 이해하지만 이것은 그야말로 유치한 해석이다. 이는, 어느 곳에나 먹고 즐길 만한 좋은 것들이 가득했고, 또한 땅이 기름져서 온갖 고귀한 것들이 다양하게 널려 있는 상태에서, 겨우 한 가지 과일을 먹지 않는 것이 모든 덕의 총체요 머리였다고 말하는 것이나 마찬가지인 것이다!

그러므로 우리는 좀 더 깊이 보아야 한다. 아담에게 선악을 알게 하는 나무의 실과를 먹지 말라 하신 것은 그의 순종을 시험하며 그가 과연 기꺼이 하나님의 명령 아래 있다는 것을 입증하도록 하기 위함이었다. 그 나무의 이름부터가 그 계명의 유일한 목적이 그로 하여금 자기에게 주어진 몫으로 만족하게 하고 그리하여 악한 욕망으로 우쭐해지지 않도록 막는 데 있었다는 것을 잘 보여준다.

하나님께서는 생명 나무의 실과를 먹는 한 영생에 대한 소망을 가질 수 있다는 약속을 주셨고, 또한 반대로, 선악을 알게 하는 나무의 실과를 먹으면 즉시 죽으리라는 끔찍한 경고를 주셨는데, 이것이 아담의 믿음을 입증하고 실행하게 한 것이었다. 그러므로, 아담이 대체 무엇을 수단으로 하여 하나님의 진노를 스스로 자초했는지를 어렵지 않게 추리할 수가 있다. 사실, 교만이 모든 악의 시작이라고 한 아우구스티누스의 선언은 지극히 올바르다 하겠다.[1] 사람이 야망으로 인하여 정당하고 올바른 정도 이상 높이 올라가는 일이 없었더라면, 그는 본래 지으심을 받은 그 상태대로 남아 있을 수 있었을 것이다.

그러나 우리는 모세가 묘사하는 유혹의 본질을 근거로 좀 더 충실한 정의를 취해야 할 것이다. 여자가 신실하지 못하게 뱀의 간계에 이끌려 하나님의 말씀으로부터 떠났기 때문에, 불순종이 타락의 시작이었다는 것이 이미 분명히 드러난다. 바울도 역시, 한 사람의 불순종으로 인하여 모든 사람이 잃어버린 바 되었다고 가르침으로써 이를 확인해 주고 있다(롬 5:19). 그러나 이와 동시에 유념해야 할 것은, 첫 사람 아담이 하나님의 권위에서 반역한 것은 그가 사탄의 유혹에 사로잡혔기 때문이기도 했지만, 또한 그가 진리를 멸시하여 거짓에게로 돌아섰기 때문이기도 했다는 것이다. 일단 하나님의 말씀을 멸시하게 되면, 하나님을 향한 모든 경건한 자세가 다 흔들리는 법이다. 하나님의 말씀을 주의 깊게 듣지 않으면, 하나님의 위엄이 우리 가운데 거하지 않게 되고, 하나님을 향한 경배도 온전히 남아 있을 수가 없기 때문이다. 그러므로 불신앙(infidelity)이 타락의 뿌리였던 것이다. 그런데 그 이후로 야망과 교만이 감사치 않음과 더불어 일어났으니, 이는 아담이 자기에게 허락된 것만 해도 풍족하고도 남는데 부끄럽게도 그 이상의 것을 탐하여 하나님의 그 크신 자비를 제쳐버렸기 때문이다. 흙으로 지어진 자가 하나님의 형상으로 지음 받은 것도 모자라서 하나님과 동등하게 되기를 탐하였으니, 이 얼마나 몹쓸 악행인가! 사람이 자기를 지으신 분을 배반하여 그의 권위를 벗어나는 것이 ― 그리고 그의 멍에를 오만하게 벗어 던지는 것이 ― 과연 추하고 끔찍스러운 범죄라면, 아담의 죄를 가볍게 보려 하는 것은 아주 헛된 일일 것이다.

그런데 아담의 반역은 그저 단순한 배반이 아니었고, 거기에 하나님을 대적하는 비열한 모욕이 결합되어 있었다. 이 첫 사람 아담 내외는, 하나님께 거짓과 시기와 악의가 있다고 떠드는 사탄의 비방에 그대로 동의한 것이다. 마지막으로, 불신앙으로 인하여 야망이 생겨났는데, 이 야망이 완악한 불순종의 어머니가 되었다. 그 결과 사람은 하나님을 향한 두려움과 경외를 내동댕이치고 정욕이 이끄는 대로 아무렇게나 자기 자신을 던져버린 것이다. 그러므로, 베르나르(Bernard of Clairvaux: 1090-1153)는 진정으로 말하기를, 그때에 첫 사람 아담 내외가 사탄을 향하여 창문을 열고 그 말을 들어서 죽음이 임한 것처럼(참조. 렘 9:21) 오늘 우리가 복음을 받아들이면 우리에게 구원의 문이 활짝 열리는 것이라고 하였다.[2] 하나님의 말씀을 불신하지 않았더라면, 아담이 절대로 감히 하나님의 권위에 대적하지 않았을 것이기 때문이다. 사실 모든 정욕들을 통제하는 최고의 장치가 바로 여기서 나타난다. 곧, 하나님의 계명들을 순종함으로써 의를 실천하는 것보다 더 좋은 것이 없으며, 또한 행복한 삶의 궁극적인 목표는 바로 하나님께 사랑받는 것에 있다는 생각이 바로 그것이다. 그러므로 아담은 마귀의 참람한 말에 휩쓸려서, 스스로 하나님의 영광을 온통 소멸시키기 위하여 최고의 노력을 기울이는 데까지 나아간 것이다.

5. 죄의 오염

아담이 그 지으신 분과 연합하여 있고 또한 그에게 매여 있는 것이 그의 영적 생명이었던 것처럼, 하나님께로부터 멀어지는 것은 곧 그의 영혼의 죽음이었다. 그가 하늘과 땅의 자연 질서 전체를 부패시켰으니, 자신의 반역으로 자기의 모든 후손을 멸망에 몰아 넣었다는 것이 전혀 이상한 일이 아닌 것이다. 바울은 말씀하기를, "피조물이 다 … 탄식하며"(롬 8:22), 썩어짐에 굴복하는 것이 자기의 뜻이 아니라(롬 8:20)고 한다. 이렇게 된 원인을 찾자면, 피조물들은 사람이 사용하도록 창조되었으므로, 사람이 받을 형벌의 일부를 피조물들이 마땅히 지게 되어 있었던 것이다. 그러므로, 온 세상에 퍼져나간 그 저주가 아담의 죄책에서 흘러나온 것이므로, 그 저주가 아담의 모든 후손에게로 퍼져나간다 해도 그것을 부당하다고 말할 수가 없는 것이다.

그러므로, 그에게서 하늘의 형상이 말소된 후에, 아담 혼자만 이 형벌 ― 처음 그에게 주어졌던 지혜와 덕과 거룩함과 진리와 정의가 사라지고, 그 대신 지극히 추한 더러움과 몽매함과 무능력과 불결함과 허망함과 불의가 생겨나게 된 사실 ― 을 당한 것이 아니었고, 그의 후손들 역시 동일한 비참 속에 얽혀 들어가 거기에 잠기게 된 것이다.

이것이 바로 물려받은 부패성인데, 교부들은 이를 "원죄"라는 용어를 써서 표현하였다. 여기서 "죄"란 그 이전에 지녔던 선하고 순결한 본성을 잃어버린 것을 의미하는 것이다. 이 문제를 둘러싸고 많은 논란이 있었는데, 한 사람의 범죄로 말미암아 모든 사람이 죄책을 지게 되고 죄가 공통적인 것이 된다는 것보다 일반 상식과 거리가 먼 것이 없기 때문이다. 옛 교부들이 이 주제에 대해서 그렇게 희미하게 다룬 이유가 바로 이 때문이 아닌가 싶다. 이 문제에 대한 그들의 설명은 최소한 올바른 이해에 필요한 만큼 명확하지를 못한 것이다. 이처럼 설명에 모호한 점이 있었기 때문에, 펠라기우스(Pelagius: 354-420)가 일어나, 아담이 죄를 지어서 자기 자신만 잃어버린 바 되었을 뿐 그 후손들에게는 전혀 해가 미치지 않았다는 불경스러운 허구를 주장하는 것을 미리 방지하지를 못한 것이다. 사탄은 이런 교묘한 주장으로 그 질병을 은폐하여 그것을 기정사실화하려 하였다. 그러나 죄가 첫 사람에게서 그의 모든 후손들에게 전달되었다는 것이 성경의 분명한 증언(롬 5:12)을 통해서 드러나자, 펠라기우스는 그것이 모방을 통한 것이었지 번식을 통한 것이 아니었다고 구차하게 변명하였다. 그러므로, 선한 사람들은 (그리고 특히 아우구스티누스는), 우리가 사악함을 본받았기 때문에 부패한 것이 아니고 모태로부터 결함 있는 상태를 타고난다는 것을 힘써 입증하였다.[3] 이를 부인한다는 것은 그야말로 수치의 극치였다. 그러나 거룩한 사람들의 경고들을 통해서 펠라기우스와 코엘레스티우스(Coelestius)를 추종하는 자들이 다른 모든 면에서도 얼마나 뻔뻔스러운 짐승들이었는가를 안 사람들이라면, 누구도 그들의 그러한 무모한 행위에 대해서 의아하게 생각하지 않을 것이다.

다윗이 친히 자신이 "죄악 중에 출생하였음이여 어머니가 죄 중에서 나를 잉태하였나이다"(시 51:5)라고 고백하고 있다는 것에 대해서는 의심의 여지가 없을 것이다. 거기서 그는 아버지와 어머니가 죄를 지었다고 그들을 질책하지 않는다. 오히려 자기 자신을 향한 하나님의 선하심을 더욱 찬양하려고, 그 자신이 잉태될 때부터 죄악성을 지니고 있었음을 고백하고 있는 것이다. 유독 다윗만 그러했던 것이 아니라는 것이 분명하므로, 결국 인류의 공통적인 현실이 그에게서 예시되고 있다고 결론짓게 되는 것이다.

그러므로 불순한 씨에서 내려온 우리들 모두가 출생할 때부터 죄에 감염되어 있는 것이다. 사실상, 우리가 이 세상의 빛을 보기 전부터 하나님께서는 우리에게서 더러움과 흠을 보고 계셨던 것이다. 욥기의 말씀처럼, "누가 깨끗한 것을 더러운 것 가운데에서 낼 수 있으리이까? 하나도 없나이다"(욥 14:4).

6. 죄의 오염은 모방으로 말미암는 것이 아님

이렇게 해서 우리는 부모의 불순함이 자녀에게 전달되어, 한 사람의 예외도 없이 모두가 날 때부터 이미 부패한 상태에 있다는 것을 알게 된다. 그리고 이러한 부패성의 시작을 알기 위해서는 그 부패성의 근원인 인류의 첫 조상에게까지 거슬러 올라가야 할 것이다. 그러므로 우리는 인간의 본성과 관련하여 아담은 그저 인류의 시조(始祖)만이 아니라, 말하자면 인류의 뿌리였고, 그리하여 그의 부패로 말미암아 온 인류가 부패한 상태 속에 있게 되었다는 것을 분명히 알아야 할 것이다. 이 점은 사도가 아담과 그리스도를 비교하는 데에서 분명히 드러난다. "한 사람으로 말미암아 죄가 세상에 들어오고 죄로 말미암아 사망이 들어왔나니 이와 같이 모든 사람이 죄를 지었으므로 사망이 모든 사람에게" 이른 것처럼(롬 5:12), 그리스도의 은혜를 통하여 의와 생명이 우리에게 회복되느니라(롬 5:17).

이에 대해서 펠라기우스주의자들은 무어라 엉뚱한 논리를 지껄이는가? 아담의 죄가 모방에 의해서 전파되었다고 하는가? 그렇다면, 그리스도의 의(義)도 우리에게 그냥 모범으로만 제시되었다는 것인가? 도대체 그런 모독적인 논지를 누가 참을 수 있단 말인가? 만일 그리스도의 의가 ― 그리고 의로 말미암아 생명이 ― 전달에 의해서 우리의 것이 된다는 것이 논란의 여지가 없는 사실이라면, 곧 그 두 가지가 ― 의와 생명이 ― 아담 안에서 잃어버린 바 되었었는데 오직 그리스도 안에서 회복된 것이라는 논리가 성립되며, 또한 아담을 통해서 끼어들었던 죄와 사망이 오로지 그리스도를 통해서 제거된다는 논리가 성립되는 것이다. "한 사람(아담)이 순종하지 아니함으로 많은 사람이 죄인 된 것 같이 한 사람(그리스도)이 순종하심으로 많은 사람이 의인이 되리라"(롬 5:19)는 말씀은 결코 애매한 진술이 아니다. 그렇다면 여기에 양자(兩者) 사이의 관계가 있는 것이다. 곧, 아담은 자신의 멸망 속에 우리를 끌어넣어서 우리를 멸망 속에 있게 만들었고, 그리스도는 그의 은혜로 우리를 회복시켜 구원으로 이끄셨다는 것이다.

진리의 빛이 이렇게 밝히 비치고 있으므로, 이에 대해서 더 길게 증거를 제시할 필요가 없다고 생각된다. 고린도전서에서 바울은 부활에 대하여 신자들의 믿음을 강건하게 하고자, 아담 안에서 잃어버린 생명이 그리스도 안에서 회복된다는 것을 말하고 있다(고전 15:22). 우리 모두가 아담 안에서 죽었다고 선언함으로써, 바울은 동시에 우리가 죄의 질병에 감염되어 있음을 명확하게 증거하고 있는 것이다. 왜냐하면 불의의 죄책에 저촉되지 않은 자들에게 정죄가 미칠 수는 없었기 때문이다. 그의 발언의 의미가 무엇인지에 대한 가장 명확한 설명은 그 진술의 후반부에 있다. 곧, 생명을 얻을 소망이 그리스도 안에서 회복된다는 진술이 그것이다. 그런데 이 일은 다른 방식으로가 아니라 오직 그리스도께서 그 놀라운 전달을 통해서 그의 의의 능력을 우리 속에 부어 주시는 방식으로만 된다는 것을 누구나 다 알고 있다. 다른 곳에서 말씀하듯이, "성령은 의로 인하여 우리에게 생명이니라"(롬 8:10, 한글 개역 개정판은 "영은 의로 말미암아 살아 있는 것이니라"로 번역하고 있다. 역자주). 그러므로 "아담 안에서 모든 사람이 죽었다"는 진술을 해석하는 길은 오로지 하나밖에는 없다. 곧, 아담이 죄를 지음으로써 자기 스스로 불행과 멸망을 자초했을 뿐 아니라, 우리의 본성을 똑같은 파멸 속에 빠뜨렸다는 것이다. 이것은 아담 자신의 죄책에 기인하는 것이 아니고 — 그의 죄책은 우리와는 전혀 관계가 없다 — 그가 그의 모든 후손을 그가 빠져 들어간 그 부패로 더럽혔기 때문인 것이다.

모든 사람이 모태에서부터 이미 저주받은 상태가 아니라면, 모든 사람이 다 "본질상 진노의 자녀"라는 바울의 진술(엡 2:3)은 성립할 수가 없다. 여기서 바울이 말하는 "본질"이란 하나님께서 부여하신 본질이 아니라, 아담 안에서 더럽혀진 상태의 본질을 뜻하는 것이다. 하나님을 죽음을 가져온 장본인으로 만든다는 것은 지극히 부당할 것이기 때문이다. 그러므로 아담이 스스로 부패시켰고, 그리하여 그로부터 그의 모든 후손들에게로 그 부패성이 오염되어 전파된 것이다. 하늘의 재판장이신 그리스도께서도, "육으로 난 것은 육이요"(요 3:6) 따라서 사람이 거듭나기까지는 생명으로 들어가는 문이 모두에게 닫혀 있는 것임을(요 3:5) 말씀하심으로써, 모든 사람들이 악하고 부패한 상태로 출생한다는 사실을 친히 명확하게 선포하신 바 있다.

7. 죄의 전달

옛 교부들은 아들의 영혼이 부모의 영혼으로부터 전달받는 것인가를 놓고 적지 않게 혼란을 겪었으나, 이 문제를 이해하기 위해서 굳이 고심할 필요가 전혀 없다. 우리로서는 다음과 같은 사실을 아는 것으로 만족해야 할 것이다. 곧, 하나님께서는 인간 본성에 부여하고자 하신 은사들(gifts)을 아담에게 맡기셨고, 따라서 아담은 자신이 받은 그 은사들을 잃어버리면서 자기 혼자만 잃어버린 것이 아니라 우리들 모두도 똑같이 그것들을 잃어버리도록 만들었다는 사실이 그것이다. 아담이 잃어버린 그 은사들이 그 자신만이 아니라 우리를 위해서 받았었던 것이고 따라서 그 재능들이 한 사람에게 주어진 것이 아니라 온 인류 전체에게 주어졌던 것이었다면, 과연 영혼이 부모로부터 전달받느냐 하는 따위의 문제로 염려할 필요가 어디 있겠는가? 그렇다면, 아담이 그것들을 상실했을 때에 인간 본성이 벌거숭이요 핍절한 상태가 되었고, 혹은 그가 죄에 감염되었을 때에 그것이 인간 본성 속으로 감염되어 들어갔다고 생각하는 것이 전혀 불합리한 것이 아닌 것이다. 그러므로 썩은 뿌리에서 썩은 가지들이 나온 것이요, 그것들이 그 썩은 상태를 거기에서 나온 다른 작은 가지들에게로 전달시킨 것이다. 그렇게 해서 자녀들이 부모 안에서 부패하였고, 그리하여 그들이 그런 질병의 상태를 자기 자녀들에게 다시 옮긴 것이다. 다시 말해서, 아담에게서 시작된 부패가 조상들에게서 그 후손들에게로 영속적으로 흘러내려가는 방식으로 전달되었다는 것이다. 전염의 기원이 육체나 영혼의 본질에 있는 것이 아니다. 전염의 기원은 바로, 첫 사람이 하나님께서 그에게 베풀어주신 은사들을 지니고 있거나 잃어버리는 것이 자기 자신만을 위한 것이 아니라 동시에 그의 후손 모두를 위한 것이 되도록 그렇게 하나님께서 정해 놓으셨다는 사실에 있는 것이다.

펠라기우스주의자들은 자녀들이 경건한 부모들에게서 부패성을 물려받는다는 것이 설득력이 없다고 주장한다. 부모들의 순결함으로 인하여 자녀들이 오히려 거룩하게 되기 때문이라는 것이다(참조. 고전 7:14). 그러나 이러한 궤변은 쉽게 반박할 수가 있다. 자녀들은 부모의 영적 중생을 물려받는 것이 아니라 그들의 육적인 혈통을 물려받는 것이기 때문이다. 그러므로 아우구스티누스의 말처럼, 죄 있는 불신자든, 죄 없는 신자든 상관없이, 사람은 죄 없는 자녀가 아니라 죄 있는 자녀를 낳는 것이다. 왜냐하면 부패한 본성으로부터 자녀를 낳기 때문이다.[4] 물론, 하나님의 백성이 그 부모의 거룩함에 어느 정도 참여한다는 것은 그야말로 특별한 축복이 아닐 수 없다. 그러나 그렇다고 해서 인류의 보편적인 저주가 그보다 선행한다는 사실이 뒤집어지는 것은 아니다. 죄책은 본성에 속하며, 거룩하게 되는 것은 초자연적인 은혜에 속하기 때문이다.

(원죄는 본성의 부패이며, 창조된 본성의 모습이 아님. 8-11)

8. 원죄의 본질과 정의

우리가 논의하는 것이 불확실하고 애매한 것이 되지 않도록, 여기서 원죄(原罪)를 정의하는 것이 합당할 것이다. 그러나 여러 사람들이 제시한 갖가지 정의들을 살펴볼 뜻은 없고, 다만 내가 보기에 가장 진리와 부합된다고 여겨지는 것 한 가지만을 제시하고자 한다. 원죄란, 영혼의 모든 부분들에 퍼져 있어서 우리를 하나님의 진노 아래 있게 만들고 또한 성경이 말씀하는 "육체의 일"(갈 5:19)을 우리 속에 일으키는 바 우리 본성의 유전적 타락성과 부패성이라 정의할 수 있을 것 같다. 그리고 이것을 가리켜 바울은 자주 죄라 부르고 있다. 그리하여 그는 거기서 나오는 것들 ― 음행, 더러운 것, 호색, 우상 숭배, 주술, 원수 맺는 것, 분쟁, 시기, 분냄, 당 짓는 것, 분열함과 이단 등(갈 5:19-21) ― 을 가리켜 "죄의 열매"라고 부르는데, 성경은 흔히 이것들을 "죄들"이라 부르고 바울 자신도 그렇게 부르기도 한다.

그러므로 우리는 다음 두 가지를 분명히 명심해야 할 것이다.

첫째로, 우리의 본성의 각 부분이 다 타락하고 부패하여 있으므로, 이런 크나큰 부패로 말미암아 우리가 하나님 앞에서 당연히 정죄를 받고 유죄를 선고받은 상태에 있으니, 이는 그 하나님에게는 오직 의와 무죄와 순결 이외에는 그 어떠한 것도 용납되지 않기 때문이라는 사실이다. 그리고 이것은 다른 사람의 범죄 때문에 지게 된 것이 아니라는 것이다. 우리가 아담의 죄로 인하여 하나님의 심판 아래 있게 되었다고 말하기 때문에, 우리는 이것을 마치 우리는 죄가 없는데 억울하게 아담의 죄책을 떠맡아 지게 된 것처럼 이해해서는 안 되고, 우리가 그의 범죄로 말미암아 저주 속에 얽혀들어 갔기 때문에 아담이 우리를 죄책이 있게 만들었다고 이해해야 하는 것이다.

그러나 아담에게서 우리에게 떨어진 것이 형벌만은 아니다. 그가 우리에게 부여한 오염이 우리 속에 거하며, 그렇기 때문에 우리가 형벌을 받아 마땅한 처지에 있는 것이다. 그러므로 아우구스티누스는, 자주 죄를 가리켜 "다른 사람의 것"이라 부르면서도, 동시에 죄가 각 사람에게 고유한 것이라고 선언하고 있는 것이다.[5] 그리고 사도께서도 친히 지극히 웅변적으로 이를 증거해 주고 있다. "모든 사람이 죄를 지었으므로 사망이 모든 사람에게 이르렀느니라"(롬 5:12). 즉, 모든 사람이 원죄 속에 둘러싸여 있고, 또한 그 얼룩들로 더러워져 있다는 것이다. 그렇기 때문에 심지어 갓난아기들이라도 모태로부터 정죄를 지고 출생하며, 다른 사람의 죄책이 아니라 자기 자신의 죄책을 지는 것이다. 그 아기들의 불의의 열매들이 아직 나타나지 않았지만, 그럼에도 불구하고 그 씨가 그들 속에 감추어져 있기 때문인 것이다. 사실 그들의 본성 전체가 죄의 씨앗이다. 그러므로 하나님께는 오로지 혐오스럽고 가증스러울 뿐인 것이다. 그러므로, 결국 그것이 하나님 보시기에 당연히 죄로 여겨지는 것이다. 죄책이 없다면 정죄도 없을 것이니 말이다.

그 다음 두 번째로, 이러한 부패성은 절대로 우리 속에서 사라지지 않고, 마치 불타는 용광로에서 불꽃과 화염이 계속 튀어나오며 샘에서 물이 끊임없이 솟아나오듯이, 계속해서 새로운 열매들을 — 앞에서 언급한 그런 육체의 일들을 — 맺는다는 사실이다. 이 점을 생각할 때에, 원죄를 가리켜 "우리 속에 거하여야 할 원시의가 결핍된 상태"로 정의한 자들은, 물론 이 정의에서 그 용어의 의미를 잘 포괄하고는 있지만, 그 위력과 힘에 대해서는 효과적으로 표현하지를 못했다고 할 수밖에 없다. 왜냐하면 우리의 본성은 선이 결핍되어 있는 것만이 아니라, 가만히 있지를 못하고 계속해서 온갖 악을 풍부하게 산출해 내기 때문이다. 원죄를 가리켜 "정욕"(concupiscence)이라고 말한 자들은 아주 적절한 용어를 사용했다 하겠다. 물론 대부분의 사람들이 이를 인정하지는 않겠지만, 여기에다 한 가지를 덧붙인다면, 사람 안에 있는 모든 것이 — 지성에서부터 의지에 이르기까지, 영혼에서부터 육체에 이르기까지 — 이 정욕으로 가득 채워져 있고 그것으로 더러워져 있다는 것이다. 그렇지 않고 좀 더 간단히 표현하자면, 전인(全人)이 정욕 이외에 아무것도 아니라는 것이다.

9. 죄는 전인(全人)을 부패시킴

그렇기 때문에, 나는 아담이 의(義)의 근원을 저버린 후에 죄가 그 영혼의 모든 부분들을 장악하였다고 말한 것이다. 그저 천박한 욕망이 그를 유혹했을 뿐만 아니라, 말로 다할 수 없는 불신앙이 그의 정신의 최고 보루를 점령하였고, 교만이 그의 마음의 가장 깊은 곳까지 뚫고 들어갔기 때문이다. 그러므로, 거기서 발생하는 부패성을 소위 감각적 충동이라 부르는 것에만 국한시킨다는 것은, 혹은 그 부패성을 "불쏘시개"라 부르면서, 그것이 소위 "감성"(sensuality) 부분만을 매혹시키고 선동하여 죄로 이끈다고 주장하는 것은 그야말로 무의미하고 어리석은 것이다.

여기서 페테르 롬바르드(Peter Lombard: 1095-1169)는 스스로 완전한 무지를 드러냈다. 그는 부패의 좌소(坐所)를 이리저리 찾으면서 말하기를, 바울이 증거하듯이 그것이 육체에 있으나, 본성적으로 육체에 있다는 뜻은 아니고 그저 육체에서 더 현저하게 보일 뿐이라고 한 것이다.[6] 이는 마치 바울이 영혼의 본질 전체가 아니고 그 일부만이 초자연적인 은혜를 대적하는 것으로 말한 것처럼 만들어버리는 것이 아닌가! 그러나 바울은 부패가 한 부분에만 있는 것이 아니고, 영혼의 어느 부분도 그 치명적인 질병에 저촉되지 않은 채 순결하게 남아 있는 것이 없음을 가르침으로써 모든 의심을 제거하고 있는 것이다. 바울은 부패한 본성에 대해 논의하면서, 눈에 보이는 감각들의 제멋대로인 충동들을 정죄하는 것은 물론 특히 정신이 몽매함에 넘겨졌고, 마음이 부패에 넘겨졌음을 가르치고 있는 것이다(엡 4:18).

로마서 3장 전체가 원죄를 설명하는 데 할애되고 있다(1-20절). 그런데 "새롭게 됨"에 대한 묘사에서 그것이 한층 더 분명하게 드러나고 있다. 옛 사람과 육체와 대조를 이루는 영은 영혼의 저급한 감성적인 부분을 교정시키는 은혜를 뜻하는 것뿐 아니라, 영혼의 모든 부분의 충만한 개혁을 포괄하는 것이다. 그리하여 바울은 유혹의 욕심을 버리라고 말씀할 뿐 아니라, 우리더러 "오직 너희의 심령이 새롭게 되라"고 명하며(엡 4:23), 또한 다른 구절에서는 "오직 마음을 새롭게 함으로 변화를 받으라"고 강력히 권고하고 있다(롬 12:2). 이로 볼 때에, 영혼의 탁월함과 고귀함이 특별히 빛을 발하는 그 부분이 손상을 입었을 뿐 아니라 너무나도 부패하여서, 그것이 고침을 받고 새로운 본성을 입어야 할 형편이 된 것이라는 결론이 나오는 것이다.

죄가 정신과 마음을 어느 정도나 차지하느냐 하는 문제는 잠시 후에 살펴보게 될 것이다. 여기서는 다만 사람의 전부가 머리부터 발끝까지 — 마치 홍수를 만난 것처럼 — 완전히 죄에 압도되어서 죄에서 벗어나 있는 부분이 하나도 없으며, 사람에게서 나오는 모든 것이 다 죄로 물들어 있다는 점만을 간단히 제시하는 것으로 족할 것이다. 바울의 말처럼, 육신의 모든 생각이 다 하나님과 원수가 되므로(롬 8:7), 육신의 생각이 곧 사망인 것이다(롬 8:6).

10. 죄악된 상태는 하나님의 탓이 아님

우리가 사람들이 본성적으로 악하다고 선언하는 것을 빌미로, 감히 하나님의 이름을 자기들의 허물과 연관짓는 자들이 있으니, 이들을 물리치도록 하자. 그들은 사악하게도 자기들의 죄악된 상태 속에서 하나님의 역사하심을 찾으려 하지만, 그것은 오히려 아담의 손상되지 않고 부패하지 않은 본성에서 찾아야 하는 것이다. 그러므로 우리의 파멸은 하나님께로부터 온 것이 아니라, 우리의 육체의 죄책에서 비롯된 것이다. 우리가 우리의 원시 상태로부터 타락하였기 때문에 멸망하게 된 것이다.

여기서 하나님께서 아담의 타락을 미리 막으셨더라면, 우리의 구원을 위해서 형편이 더 나았을 것이 아니냐고 투덜거려서는 안 될 것이다. 경건한 사람은 마땅히 이런 투덜거림을 혐오해야 할 것이다. 무절제한 호기심이 거기서 드러나기 때문이다. 뿐만 아니라, 이 문제는 예정의 비밀과도 연관된 것인데, 이에 대해서는 후에 적절한 곳에서 논의하게 될 것이다.[7]

그러므로 우리는 우리의 멸망의 상태를 본성의 부패의 탓으로 돌려야 하고, 그 본성을 지으신 하나님 자신을 비난해서는 안 된다는 것을 기억해야 할 것이다. 이 치명적인 상처가 본성과 연루된 것은 분명 사실이다. 그러나 그 상처가 외부에서 가해진 것인가 아니면 애초부터 있던 것인가 하는 것은 매우 중요한 문제다. 그런데 그 상처가 죄로 인하여 가해진 것이라는 것이 분명히 드러나고 있다. 그러므로 우리는 우리들 자신 이외에 아무도 탓할 이유가 없는 것이다. 전도서 기자는 이렇게 말씀하고 있다. "내가 깨달은 것은 오직 이것이라. 곧, 하나님은 사람을 정직하게 지으셨으나 사람이 많은 꾀들을 낸 것이니라"(전 7:29). 사람이 멸망 상태에 있는 것은 오직 사람의 탓인 것이 분명하다. 하나님의 자비하심으로 의를 얻었음에도 불구하고, 그 자신의 어리석음으로 인하여 허망함 속에 빠져 버렸기 때문이다.

11. "본성적"이라는 용어의 의미

그러므로 우리는, 사람이 본성적 오염으로 말미암아 부패하였으나 그렇게 된 것이 본성에서 비롯된 것이 아니라는 것을 분명히 하고자 한다. 우리는 그 부패성이 인간의 본성에서 비롯된 것임을 부인하며, 그리하여 그것이 처음부터 심겨져 있던 고유한 속성이 아니라 외부로부터 사람에게 가해진 어떤 본질임을 지적하고자 하는 것이다. 그러면서도 우리가 그것을 "본성적"이라 부르는 것은, 아무도 그것이 악한 행실을 통해서 얻어진다고 생각하지 못하도록 하기 위함이다. 그것은 모든 사람이 유전의 법칙을 통해서 얻는 것이기 때문이다. 이런 의미로 그 용어를 사용하는 데에는 합당한 근거가 있다. 사도는 이렇게 진술하고 있다. "우리는 다 본질상 진노의 자녀이었다"(엡 2:3).

지극히 작은 것이라도 자신이 지으신 것을 기뻐하시는 하나님께서 어떻게 그의 피조물 가운데 가장 고귀한 사람에게 그렇게 적의를 품으셨겠는가? 하나님은 그의 지으신 것 자체를 대적하시는 것이 아니라, 그 지으신 것의 부패한 상태를 대적하시는 것이다. 그러므로, 사람이 그 손상된 본성 때문에 하나님께 본질적으로 가증스러운 존재가 되었다고 선언하는 것이 과연 옳다면, 사람이 본성적으로 부패하였고 타락하였다고 말하는 것도 지극히 옳은 것이다. 그렇기 때문에 아우구스티누스는, 사람의 부패한 본성을 염두에 두고서, 하나님의 은혜가 없는 곳마다 우리의 육체 속에서 필연적으로 군림하게 되는 그 죄들을 가리켜 "본성적"인 죄들이라 부르기를 주저하지 않는다.[8] 이렇게 해서 마니교도들의 어리석고 경박한 주장들이 사라지고 만다. 그들은 사람의 본질이 악하다고 상상하면서, 인간을 그렇게 지은 창조주가 따로 있다는 식의 주장을 늘어놓는 것이다. 악의 원인과 시초를 의로우신 하나님께 돌린다는 인상을 주지 않기 위해서 말이다.

주

1. Augustine, *Psalms*, Ps. 18. ii. 15.

2. Bernard, *Sermons on the Song of Songs*, xxviii.

3. 예컨대, Augustine, *City of God*, XVI. xxvii.

4. Augustine, *On the Grace of Christ and on Original Sin*, II. xl. 45.

5. Augustine, *On the Grace of Christ and on Original Sin*, II. xl. 45.

6. Peter Lombard, *Sentences*, II. xxx. 7; xxxi. 2-4.

7. 참조. 제3권 21-24장.

8. Augustine, *On Genesis in the Literal Sense*, I. i. 3.

제 2 장

사람의 비참한 현 상태:
의지의 자유를 빼앗긴 채 종의 상태에 매여 있음

1. 서언: 논의의 위험성과 바람직한 전개 과정

이제 우리는, 첫 사람이 죄의 권세 아래 있게 된 때로부터 그 죄의 권세가 모든 인류에게 퍼져 있을 뿐 아니라 각 개개인의 영혼을 완전히 지배하고 있음을 보았다. 그러므로 이제 남은 일은 과연 우리가 이런 종의 상태로 전락한 이후로 과연 모든 자유를 다 빼앗겼는지를, 그리고 혹시 한 티끌이라도 아직 자유가 남아 있다면 그 힘이 어느 정도나 미치는지를 좀 더 면밀하게 살펴보는 일일 것이다. 그러나 이 문제의 진상이 좀 더 쉽게 드러나도록 하기 위해서, 여기서 논지 전체가 지향해야 할 한 가지 목표를 설정하고자 한다. 오류를 피하는 최선의 방법은 양쪽에서 우리를 위협하는 두 가지 위험 요소를 염두에 두는 일일 것이다.

첫째로, 사람은 자신에게 올바른 것이 있다는 것이 완전히 부인되면 곧바로 그 사실을 안일에 빠질 기회로 삼는다는 것이다. 그리고 스스로 의를 추구할 능력이 전혀 없다고 말하기 때문에, 그는 자신이 그것을 아무리 추구해도 전혀 소득이 없다고 생각하여, 마치 그 일이 자기와는 전혀 관계없는 일인 것처럼 여기는 것이다. 둘째로, 아무리 사소한 것이라도 사람에게 공로를 돌리면, 그것은 곧바로 하나님의 존귀를 빼앗는 것이 되며 결국 그로 인하여 사람이 자기에 대한 뻔뻔스러운 과신(過信)으로 말미암아 스스로 멸망에 빠지고 만다는 것이다. 아우구스티누스가 이 두 가지 위험 요소들을 잘 지적해 주고 있다.[1]

그러므로, 이러한 바윗돌들에 부딪혀 깨어지지 않기 위해서 우리가 따라야 할 과정은, 첫째로, 사람에게 선한 것이 하나도 남아 있지 않으며 또한 지극히 비참한 빈곤이 사방으로 에워싸고 있음을 가르치는 것이요, 둘째로, 그에게 결핍된 그 선(善)과 그가 빼앗긴 자유를 사모하도록 가르쳐서, 사람 자신이 최고의 덕을 소유했다고 상상할 경우보다도 그 일에 더 힘쓸 수 있도록 강력한 자극을 주는 것이다. 두 번째 과정이 필요하다는 것은 누구나 다 인정한다. 그러나 첫 번째 과정에 대해서는 너무도 많은 사람들이 의심을 품고 있는 것을 본다. 그러나, 진정 사람에게 있는 것을 없다고 부인해서는 안 된다는 것이 논란의 여지 없는 사실로 인정되고 있으니, 또한 거짓된 자랑 같은 것을 사람에게서 말끔히 제거해야 한다는 것도 인정되어야 마땅할 것이다.

창조주 하나님의 자비하심으로 사람이 가장 고귀한 존귀의 표지들을 지니고 있었을 당시에도 사람이 자기 자신을 자랑하는 일이 허용되지 않았다면, 하물며 사람이 배은망덕하여 자신을 최고의 영광의 자리에서 극한 치욕의 자리로 떨어뜨린 지금에야 얼마나 더 낮아져 있어야 하겠는가? 사람이 존귀의 최고 정상에 올라 있을 당시에도, 성경이 사람에게 돌리는 것은 그가 하나님의 형상으로 창조되었다는 것이 전부였고(창 1:27), 그리하여 성경은 사람이 누리고 있는 그 축복들이 자기 자신의 것이 아니요 하나님께로부터 온 것임을 시사하고 있는 것이다. 그런데 이제 그 모든 영광이 사라진 상태에 있으니, 이제 사람에게 남은 일이 무엇이겠는가? 하나님의 풍성한 은혜를 가득 누리고 있을 때에 감사를 돌리지 못했으니 이제 그 하나님을 인정하고, 하나님의 축복들을 시인하여 그에게 영광을 돌리지 않았으니 이제 최소한 자신의 빈곤을 고백하여 그 하나님께 영광을 돌려야 하지 않겠는가?

사실, 우리의 지혜와 덕성에 대한 모든 공치사를 단념하는 것이 하나님께 영광이 될 뿐 아니라 우리에게도 유익하다. 우리가 갖고 있는 것 이상으로 우리를 치켜세우는 자들은 우리의 파멸에다 신성모독을 덧붙이는 것뿐이다. 우리 자신의 힘으로 싸워야 한다고 가르치고는, 막상 싸움이 시작되면 우리를 갈대 막대기에 의지하도록 만들어서 곧바로 무너지게 만드는 것이다. 그러나 사실 우리의 힘을 갈대 막대기에 비유하는 것조차도 우리의 힘을 지나치게 과장시키는 것이다! 어리석은 자들이 이에 대하여 온갖 것을 꾸며내고 이리저리 떠들고 있으나, 그 모든 것들은 그저 연기(煙氣)에 지나지 않는다. 그러므로 "자유 의지가 그 수호자(守護者)들에 의해서 강화되기보다는 오히려 짓밟힌다"는 아우구스티누스가 자주 인용한 명언이 매우 일리 있는 것이다.[2] 이렇게 서언 격으로 몇 가지 점을 제시하지 않을 수 없었던 것은, 사람의 능력을 그 근원부터 뿌리뽑아야만 하나님의 능력이 사람 안에서 세워진다는 우리의 논지를 들으면서, 이런 논의 전체를 아주 위험스러운 것으로 — 물론 불필요한 것은 아니라 하더라도 — 여겨 매우 혐오하는 사람들이 있기 때문이다. 그러나 사실 이 논의는 신앙에 있어서 가장 절실한 것이요 또한 우리에게 지극히 유익한 것이기도 하다.

(자유 의지에 대한 철학자들과 신학자들의 사고에 대한 비판적 논의. 2-9)

2. 이성에 관한 철학자들의 사고

바로 앞에서 영혼의 기능이 지성과 의지에 있음을 살펴본 바 있으므로,[3] 이제는 그 두 부분이 어느 정도나 역할을 하는지를 살펴보기로 하자. 철학자들은 대개 이성이 지성 속에 있어서, 그것이 마치 등불처럼 모든 판단들에게 빛을 비추어 주며, 마치 여왕처럼 뜻을 지배한다고 상상한다. 이성이야말로 신적인 빛으로 가득 차 있어서 가장 효과적으로 판단을 지도할 수 있으며 또한 그 능력이 뛰어나 가장 효과적으로 지배할 수 있다고 생각하는 것이다. 이와 반대로, 그들은 감각적인 지각은 무디고 근시안적이어서 언제나 땅을 기어다니며, 저급한 대상들에게 얽매이고, 결코 진정한 분별에 이르지 못한다고 상상한다. 그들은 또한 욕구가 이성에게 복종하고 또한 감각적인 지각에 굴복하기를 허용하지 않을 때에는 덕을 지향하며 올바른 길을 유지하고 의지를 형성하게 되지만, 그것이 감각적 지각에 굴복하여 그것에 사로잡히면, 그것에 의해서 부패하고 타락하여 정욕으로 전락해 버린다고 주장한다.

그들의 견해로는 내가 앞에서 다룬 바 있는 그 기능들[4] — 이해, 감각, 욕구, 혹은 의지(의지는 좀 더 일반적인 의미로 사용된다) — 이 영혼에 자리를 잡고 있다는 것이다. 결국 철학자들은, 지성에 이성이 있는데 이성이야말로 선하고 복된 삶을 살아가는 데 최상의 주도적인 원리가 된다고 — 단, 그것이 그 자신의 탁월함을 유지하며 본성적으로 부여받은 힘을 드러내기만 한다면 — 선언하고 있는 셈이다. 그러나 동시에 그들은 소위 "감각"이라 불리는 저급한 충동이 사람을 이끌어 오류와 망상에 빠뜨리지만, 그것 역시 이성이라는 채찍으로 길들일 수 있고 점차 극복해 나갈 수 있다고 이야기한다. 그리고 더 나아가서, 그들은 의지를 이성과 감각의 중간에 위치시킨다. 즉, 의지는 스스로 권리와 자유를 지니고 있어서 자기가 좋아하는 대로 이성을 따르기도 하고, 스스로 감각에 탐닉하여 더럽혀지기도 한다는 것이다.

3. 철학자들은 의지의 자유를 주장함

때때로 그들은, 사람이 자기 속에서 이성이 온전히 통치하도록 하기가 심히 어렵다는 것을 경험을 통해서 납득하여, 그것을 부인하지 않는다. 때로는 사람이 쾌락의 유혹에 이끌리기도 하고, 또다른 때에는 선한 모습을 한 거짓 것에 휩쓸리기도 하고, 또한 무절제한 성향에 격렬하게 끌려가기도 하며, 플라톤의 말처럼 마치 끈으로 묶인 것처럼 이리저리 끌려 다니는 것이다.[5]

그리하여 키케로는 말하기를, 자연이 희미하게나마 불꽃을 베풀어주었는데, 그것마저도 우리의 악한 생각과 관습 때문에 곧 꺼져버린다고 하였다.[6] 그런 질병들이 일단 사람의 지성에 자리를 잡게 되면, 너무도 격렬하게 요동을 치기 때문에 어느 누구도 쉽게 그것들을 제어할 수가 없다는 것을 철학자들도 인정하고 있는 것이다. 그들은 그 질병들을 거친 말(馬)에 비유하기를 주저하지 않는다. 마치 마부(馬夫)가 마차에서 굴러 떨어지듯 이성이 그 질병들에게 굴복하게 되면, 그것이 무절제하게 마구 날뛴다는 것을 다 인정하는 것이다.

그러나 철학자들은 덕과 악이 우리의 능력에 달려 있다는 것을 확고한 사실로 받아들인다. 그들은 이런 식으로 말한다. "이것이나 혹 저것을 하는 것이 우리의 선택 여부에 달려 있다면, 그 일을 하지 않는 것도 마찬가지다. 그리고 그 일을 하지 않는 것이 우리의 선택에 달려 있다면, 그 일을 하는 것도 마찬가지다. 그런데 우리는 우리가 하는 일을 자유로이 선택하여 행하는 것 같고, 삼가는 일을 또한 자유로이 선택하여 삼가는 것 같아 보인다. 그러니, 우리가 원하는 때에 얼마든지 선한 일을 행한다면, 또한 그 일을 행하지 않을 수도 있다. 그리고 우리가 원하는 때에 얼마든지 악한 일을 행한다면, 또한 그 일을 얼마든지 삼갈 수도 있는 것이다."[7] 사실, 철학자들 가운데 어떤 이들은 이미 방종에 빠져서, 우리가 산다는 사실이 신들의 선물이지만 우리가 잘 살고 거룩하게 산다면 그것은 우리 자신의 공이라고 자랑하기까지 하는 것이다. 그리하여 키케로는 코타(Cotta)라는 사람의 입을 빌려 말하기를, "각 사람마다 스스로 덕을 쌓으니, 지혜자는 그것에 대해서 신들에게 감사한 일이 없다. 우리의 덕은 바로 우리의 자랑이요 우리의 영광이니 말이다. 그것이 만일 신의 선물이고 우리가 이룬 것이 아니라면 그런 일은 없을 것이다"라고 하였다. 그리고 조금 뒤에 가서 그는 다시 이렇게 덧붙이고 있다. "운명은 신에게서 찾아야 하되, 지혜는 우리 자신에게서 찾아야 한다는 것이 온 인류의 생각이다."[8] 결국 모든 철학자들의 사고는 이렇게 정리할 수 있다. 곧, 인간의 지성에 거하는 이성이 올바른 행실을 위한 충족한 안내자이며, 의지는 이성에 복종하는 것으로서 감각을 통하여 악한 일들을 저지를 수도 있고, 동시에 그 의지가 자유로운 선택권을 지니고 있으니 아무런 방해도 받지 않고 모든 일의 지도 격인 이성을 따를 수가 있다는 것이다.

4. 교부들의 애매한 가르침들, 그리고 "자유 의지"라는 용어의 문제

교회의 모든 저술가들은, 사람에게 있는 이성의 건전함이 죄로 말미암아 심각하게 손상되었으며 또한 의지가 악한 욕심들에게 종노릇하는 상태에 있다는 것을 인식해오고 있다. 물론 그들 중에 철학자들의 견해에 지나치게 가까이 나아간 사람들이 많은 것도 사실이다. 내가 보기에 이들 가운데 초기의 인물들은 두 가지 이유 때문에 인간의 능력을 치켜세웠던 것 같다. 첫째로, 사람의 무능력을 솔직하게 고백했더라면 그들의 싸움의 상대였던 철학자들에게서 조소를 받았을 것이다. 둘째로, 이미 선에 대하여 무관심한 상태에 있는 육체에게 또다시 게으름을 피울 빌미를 제공하는 것을 방지하고자 그렇게 한 것이다. 그리하여, 그들은 사람의 일반적인 판단에 거스르는 것을 그대로 가르치는 일을 피하기 위하여, 성경의 가르침과 철학자들의 신념을 중간에서 조화시키려고 애를 쓴 것이다. 그러나 그 과정에서 그들은 특별히 두 번째 문제, 곧 게으름을 피울 빌미를 제공하지 않는다는 것에 주안점을 두었다. 이 점은 그들의 진술에서 잘 나타난다.

크리소스톰(Chrysostom: 354-407)은 어디에선가 그것을 다음과 같이 표현하고 있다. "하나님께서 선과 악을 우리의 능력에 맡기셨으니, 이는 선택에 대한 자유로운 결정권을 우리에게 주신 것이요, 또한 원치 않는 자는 억제하시지 않으시고, 원하는 자는 받아 주신다." 또한 이렇게도 진술한다. "악한 자도, 그가 원하면, 선한 사람으로 변화되는 경우가 자주 있다. 그리고 선한 사람이 게으름을 피워서 타락하여 악한 사람이 되기도 하는데, 이는 주께서 우리의 본성으로 하여금 자유로이 선택하도록 지으셨기 때문이다. 뿐만 아니라 하나님은 우리에게 필연을 강요하지 않으시고, 적절한 치유책들을 제공해 주시고 모든 것이 병든 자 자신의 판단에 따라서 되도록 허용하시는 것이다." 또한 이렇게도 표현한다. "우리가 하나님의 은혜의 도움을 받지 않고서는 아무것도 올바르게 행할 수 없는 것처럼, 우리가 우리의 몫을 가져가지 않고서는 하늘의 자비를 얻을 수가 없다." 그러나 앞에서는 다음과 같이 말하기도 했다. "모든 것이 다 하나님의 도우심에 의존되지 않기 위해서는, 동시에 우리가 무언가 우리 자신의 것을 내어놓아야 하는 것이다." 그리고 그가 늘 쓰는 표현 중에는 "우리의 것을 내어놓자. 그리하면 하나님께서 나머지를 베풀어주시리라"라는 말이 있다.[9]

히에로니무스(Jerome: 345-419)의 진술도 이와 일치한다. "우리의 일은 시작하는 것이요, 하나님의 일은 완성하는 것이다. 우리의 일은 우리가 할 수 있는 만큼 드리는 것이요, 하나님의 일은 우리가 할 수 없는 것을 베풀어주시는 것이다."[10]

자, 이런 진술들에서 우리는 그들이 덕을 향한 사람의 열심을 정도 이상으로 과장하여 표현하고 있다는 것을 분명히 볼 수 있는데, 그들이 그렇게 한 이유는, 사람이 오로지 나태함 때문에 죄를 짓는 것이라고 주장하지 않으면 사람의 타고난 나태함을 흔들어 없앨 수가 없다고 생각했기 때문이다. 그런데 그들이 얼마나 기술적으로 그렇게 주장했는지는 뒤에서 살펴보게 될 것이다. 그러나 동시에 우리가 인용한 이 견해들이 철저하게 그릇된 것이라는 것이 조금 뒤에 분명히 드러나게 될 것이다.

뿐만 아니라, 다른 교부들보다 헬라의 교부들이 ― 그 중에서도 특히 크리소스톰이 ― 인간의 의지의 능력을 높이 치켜세우지만, 아우구스티누스를 제외한 고대의 모든 교부들은 사실 이 문제에 대해서 견해가 혼란스럽고, 이리저리 흔들리고, 혹은 모순된 발언들을 하고 있기 때문에, 그들의 저작들에게서 아무것도 확실한 논지를 얻을 수가 없다. 그러므로 각 교부들의 개별적인 견해들을 구체적으로 열거할 필요는 없고, 다만 논지를 해명해 가면서 필요한 대로 선별적으로 다루는 것으로 족할 것이다.

그들 이후의 다른 저술가들도, 각기 인간 본성을 변호하는 자기들의 기발한 능력에 대해 사람들에게서 칭찬받기를 추구하면서 점점 더 사정이 악화하여, 결국 그들 대부분이, 사람은 감성적인 부분에서만 부패하였고 이성은 완전히 무흠한 상태로 지니고 있으며, 의지도 대부분 손상되지 않은 채로 남아 있다고 생각하기에 이르렀다. 그리고 그러는 동안, "사람의 자연적 은사들은 부패되었으나 초자연적 은사들은 빼앗기고 없다"는 유명한 진술이 사람들의 입에 오르내리게 되었다. 그러나 거기에 담긴 의미를 올바로 해명하는 사람은 백 명 가운데 한 사람도 없었다. 나의 경우를 말하자면, 본성의 부패의 모습이 어떠한가를 분명히 가르치고자 할 때에 이 진술로 기꺼이 만족할 것이다. 그러나 더 중요한 것은, 사람의 본성의 각 부분이 그렇게 타락하였고 초본성적인 재능들이 다 빼앗긴 상태에서 과연 사람이 무엇을 할 수 있겠는가를 조심스럽게 따져보는 일일 것이다.

그런데, 그들은 스스로 그리스도의 제자들이라고 자랑하면서도 이 문제에 대해서 말할 때에는 지나치게 철학자들처럼 이야기한 것이다. 라틴 교부들은 항상 "자유 의지"라는 용어를 사용했다. 마치 사람이 여전히 올바른 상태에 있기라도 한 것처럼 말이다. 그리고 헬라 교부들은 부끄러움도 모르고 그보다 훨씬 더 뻔뻔스런 용어를 사용하였다. 그들은 그것을 "자기 능력"(αὐτεξούσιος)이라 부른 것이다. 마치 각 사람이 자기 손에 능력을 쥐고 있기라도 한 것처럼 말이다. 모든 사람이 — 일반 백성들까지도 — 사람에게 자유 의지가 부여되어 있다는 이 원리에 완전히 젖어 있었던 것이다. 다른 사람들과 좀 달리 보이고 싶어하는 사람들도 있기는 하나, 그들 역시 그 원리의 파장이 어디까지 미치는지를 모르고 있다. 그러므로, 이 용어의 의미를 먼저 살펴보고, 이어서 성경의 단순한 증언을 통해서 사람에게 과연 그 자신의 본성에 대해서 — 선이든 악이든 — 어떠한 것이 약속되어 있는지를 살펴보기로 하자.

자유 의지라는 용어가 모든 사람들의 저작에서 계속해서 나타나는데도, 그것을 정의한 사람은 별로 많지 않다. 오리겐(Origen: 185-254)이 제시한 정의가 일반적으로 교부들의 저작들 가운데서 동의를 받고 있는 것 같다. 그는 말하기를, 자유 의지란 선과 악을 서로 분간하는 이성의 한 기능이요, 둘 중의 하나를 선택하는 의지의 한 기능이라고 하였다.[11) 아우구스티누스 역시, "자유 의지란 은혜의 도움을 받을 때에는 선을 선택하며, 은혜가 없을 때에는 악을 선택하는 이성과 의지의 한 기능"이라고 가르침으로써, 오리겐의 정의에 원칙적으로 동의하고 있다.[12) 베르나르는 좀 더 정교하게 진술하고 싶어서, "불멸하는 의지의 자유와 또한 틀림없는 이성의 판단에 대한 찬동"(consent)이라고 말하여 오히려 의미를 더 모호하게 만들고 말았다.[13) 안셀무스(Anselm: 1033-1109)의 유명한 정의 역시 분명하지 못하다. "자유 의지란 공명정대함(公明正大: rectitude) 그 자체를 위하여 공명정대함을 유지하는 능력이다."[14] 그리하여 페테르 롬바르드를 비롯하여 스콜라 신학자들은 아우구스티누스의 정의를 선호하여 그것을 취하였다. 그것이 더 분명하고 또한 하나님의 은혜를 배제하지 않기 때문이었다. 그들은 은혜가 없이는 의지 자체만으로는 충족할 수가 없다는 것을 인식했던 것이다. 그러나 그러면서도 그들은 좀 더 설명을 낮게 하고 더 충실하게 하고자 자기들의 생각을 거기에 덧붙였다. 우선, 그들은 "arbitrium"(의지)이라는 명사는 오히려 선과 악을 서로 구별하는 임무를 띤 이성을 지칭하는 뜻으로 사용되어야 하며, 형용사 "liberum"(자유로운)은 그 의지가 선과 악 중 어느 쪽으로도 기울어질 수 있다는 점을 뜻하는 것으로 보아야 한다는 데 의견의 일치를 보았다. 그리하여 토마스 아퀴나스(Thomas Aquinas: 1224-1274)는 말하기를, 자유가 의지에 속하는 것으로 보는 것이 합당하므로, 자유 의지를 오히려 "선택의 능력"(power of selection)이라 부르는 것이 지극히 적절할 것이라고 하였다. 그리고 그 선택의 능력은 지성과 욕구의 혼합에서 나오는 것이지만 욕구 쪽으로 더 기운다고 하였다.[15]

이제 그들이 과연 자유로운 결정의 능력이 어디에 있는 것으로 가르치는지를 잘 알 수 있다. 그것은 바로 이성과 의지에 있다는 것이다. 그러면 이제 그들이 과연 이성과 의지에 대해서 각기 어느 정도나 생각하고 있는지를 간단히 살펴보아야 할 것이다.

5. "자유"와 "의지"를 각각 여러 가지로 구분한 교부들의 견해들

대체로 그들은 오직 중립적인 것들 ─ 즉, 하나님 나라에 관계되지 않는 것들 ─ 만을 인간의 자유 의지에 속한 것으로 분류하였고, 참된 의는 하나님의 특별 은혜와 영적 중생을 지칭하는 것으로 보았다. 이를 입증하기 위해서, 「이방인의 부르심」(*De Vocatione Gentium*)이라는 책의 저자는 세 가지 종류의 의지를 열거하고 있다. 곧, 감각적 의지와 정신적 의지, 그리고 영적 의지가 그것이다. 그는 앞의 두 가지에 대해서는 사람이 자유로이 부여받았다고 가르치며, 맨 마지막의 의지는 사람 안에서 활동하는 성령의 역사라고 가르치고 있다. 이것이 과연 참인지에 대해서는 적절한 곳에서 논의할 것이다. 여기서 우리에게 당면한 과제는 다른 이들의 진술들을 반박하는 것이 아니고 그저 간단히 기술하는 것이기 때문이다. 그리하여 교부들이 자유 의지를 논할 때에, 먼저 그것이 사회 생활과 외부적 활동을 위하여 얼마나 중요한가를 탐구한 것이 아니라, 그것이 하나님의 법에 대한 순종에 얼마나 기여하는가를 탐구한 것으로 보인다. 물론 후자의 문제가 주된 것이지만, 전자의 문제도 완전히 무시할 수는 없다고 본다. 이에 대한 나 자신의 견해를 잘 표명하게 될 것이라 믿는다.

스콜라 신학자들은 세 종류의 자유를 구분하여 제시하고 있다. 첫째는 필연으로부터의 자유요, 둘째는 죄로부터의 자유요, 셋째는 비참으로부터의 자유다. 첫째 자유는 사람에게 본성적으로 고유한 것이므로 사라질 수가 없다. 그러나 나머지 두 가지 자유는 죄로 말미암아 잃어버린 바 되었다고 한다. 나는 이런 구분을 기꺼이 수용한다. 단, 필연을 강제와 혼동하지 않는 한 말이다. 이 둘이 서로 어느 정도나 다르며 또한 어느 정도나 이를 염두에 두어야 하는지에 대해서는 다른 곳에서 다루게 될 것이다.[16]

6. 두 종류의 은혜에 대한 논의

이러한 논지를 인정하게 되면, 은혜의 도움이 없이 — 오직 택한 자만이 중생을 통하여 받는 특별 은혜의 도움이 없이 — 자유 의지만으로는 사람으로 하여금 선행을 할 수 있게 만드는 데 불충분하다는 것이 논란의 여지 없는 사실이 될 것이다. 은혜가 모든 사람에게 동등하게 무차별하게 분배된다고 떠드는 광신자들의 주장에 대해서는 괜히 시간을 지체하고 싶지 않다. 그러나 사람이 선을 행할 수 있는 모든 능력을 완전히 빼앗겨 버렸는지, 아니면 비록 미미하고 연약하기는 하지만, 그래도 조금은 그 능력이 — 비록 혼자서는 아무것도 할 수 없지만, 은혜의 도움을 받으면 제 몫을 할 수 있을 정도로는 — 남아 있는지에 대해서는 아직 해명된 것이 없다.

「명제집」의 대가(大家)인 페테르 롬바르드는 다음과 같이 가르쳐서 이 문제를 해결하려 하였다. "우리가 선행을 할 수 있게 되려면, 두 종류의 은혜가 필요하다." 그리고 그 첫째는, "역사하는"(operating) 은혜로서, 선을 행하고자 하는 의지를 우리에게 가져다주어 효력을 발생하게 하는 것이며, 둘째는 "협력하는"(co-operating) 은혜로서 선한 의지를 돕는 것이라고 하였다.[17] 이러한 논지에서 바람직하지 못한 점은, 그가 선을 행하고자 하는 효력 있는 열심을 하나님의 은혜의 덕분으로 돌리고 있기는 하나, 그러면서도 사람이 자기의 본성으로 무언가 선을 추구한다 — 물론 효과가 없기는 하지만 — 는 것을 암시하고 있다는 점이다. 베르나르도 역시, 선한 의지는 하나님의 역사하심이라고 선언하면서도, 사람이 자신을 충동시켜 이런 유의 선한 의지를 추구하게 만든다는 것을 인정하고 있다.[18] 페테르 롬바르드는 이런 구분을 아우구스티누스에게서 취했다고 진술하지만, 사실상 아우구스티누스의 사상은 이런 것들과는 전혀 다르다.[19]

둘째 부분도 의미가 불분명하여 사악한 해석을 불러일으키므로, 나는 반대한다. 그들은 하나님의 도우시는 은혜에 우리가 협력하는 것으로 생각하는 것이다. 하나님의 은혜를 무시해 버림으로써 그것을 전혀 효과가 없게 만들어 버리는 일도, 아니면 그 은혜에 순종하여 따름으로써 그것을 효과 있게 만드는 일도, 모두 우리에게 달려 있다는 식으로 생각하기 때문인 것이다. 「이방인의 부르심」의 저자는 이를 다음과 같이 표현하고 있다. "이성의 판단을 도입하는 사람들은 은혜를 버릴 자유가 있으므로, 그것을 버리지 않았다는 것이 바로 공로 있는 행위가 되며, 그리하여 성령의 협력이 없이는 이룰 수 없는 그 일이, 자신의 의지로 그것을 이루지 못했던 자들에게 공로가 되는 것이다."[20]

지나가면서 이 두 가지 점을 간단히 언급한 것은, 내가 다소 건전한 스콜라 신학자들과 얼마나 의견을 달리하는지를 독자 여러분이 알도록 하기 위함이다. 좀 더 최근의 궤변가들은 이런 고대의 사상에서 더 멀리 벗어나 있으므로, 나와의 차이가 더욱 심하다. 그러나 이런 구분을 통해서, 최소한 그들이 어떤 방식으로 자유 의지를 사람에게 부여하는지를 이해할 수는 있을 것이다. 롬바르드는 우리에게 자유 의지가 있다고 결론을 짓는다. 그러나 우리가 선과 악을 똑같이 행하고 생각할 능력이 있다는 의미가 아니고, 그저 우리가 강제로 어떤 일을 행하지 않는 자유로운 상태라는 뜻이다. 롬바르드에 의하면, 혹시 우리가 악하여 죄의 종이 되어 있고 또한 죄를 짓는 일 외에는 아무것도 할 수 없는 상태라 할지라도, 이 자유는 결코 방해를 받지 않는다는 것이다.[21]

7. "자유 의지"라는 용어의 부적절성

그렇다면, 사람이 이런 유의 자유 결정권을 지니고 있다고 말하는 것은, 그가 자유로운 선택권을 선과 악에 대해서 동등하게 행사하기 때문이 아니라, 그가 강제에 의해서가 아니라 자기의 의지로 악하게 행동하기 때문일 것이다. 과연 좋은 표현이다. 그러나 그렇게 하찮은 것에다 그렇게 교만스럽게 이름을 붙여서 대체 얻는 것이 무엇인가? 사람이 죄를 섬기도록 강요받지는 않으나 자기의 의지가 죄의 사슬에 매여 있는 그런 자원(自願)하는 종이 되는 것이라니, 이 얼마나 고귀한 자유란 말인가! 사실 나는 말싸움은 정말 하고 싶지 않다. 그것 때문에 교회가 쓸데없이 괴로움을 당하기 때문이다. 그러나 나는 무언가 엉뚱한 것을 의미하는 용어들은 — 특히 사악한 오류가 거기에 개입되어 있는 경우는 더욱더 — 피하기로 철저하게 마음먹었다.

자, 그러면 한 번 물어보자. 사람에게 자유 의지가 있다는 말을 들을 때에, 곧바로 사람이 자기의 지성과 의지의 주인이요 자기의 힘으로 선을 향해서든 악을 향해서든 나아갈 수 있다는 식으로 생각하게 되지 않는 사람이 과연 몇이나 되겠는가? 물론, 일반 대중에게 부지런히 그 말의 의미를 경고하면 이런 식의 위험은 피할 수 있을 것이라고 말하는 사람도 있을 것이다. 그러나 사람은 그 기질이 자발적으로 거짓에 너무 기울어 있기 때문에, 여러 마디의 긴 강론에서 진리를 얻기보다는 한 마디 말에서 오류를 얻기가 더 쉬운 법이다. 자유 의지라는 이 말에서 우리는 정도 이상으로 이 점을 확실히 경험하고 있다. 거의 대부분의 사람들이 옛 저술가들의 해석을 간과해버리고, 그 용어의 어원적인 의미에만 집착하여 치명적인 자기 확신에 빠져버린 것이다.

8. "자유 의지"에 관한 아우구스티누스의 가르침

교부들의 경우는 — 그들의 권위가 우리에게 비중을 차지한다면 — 끊임없이 그 말을 쓰면서도 동시에 그것이 무슨 의미인지를 분명하게 밝히고 있다. 우선, 아우구스티누스는 주저하지 않고 의지를 가리켜 "노예"라고 부른다. 물론 다른 곳에서 그는 의지가 자유롭다는 것을 부인하는 자들을 향하여 분노를 표시하기도 하지만, 그는 다음과 같은 말로 그 주요 이유를 밝히고 있다. "다만 아무도 의지의 결정을 감히 부인하여 죄에 대해서 변명하지 못하도록 하기 위함이다."[22] 그러나 그는 다른 곳에서는, "성령이 함께 계시지 않으면 사람의 의지는 자유롭지 못하다. 이는 그 의지가 정욕에게 사로잡히고 정복당한 상태에 있기 때문이다"라고 분명히 고백하기도 한다.[23] 또한 이와 비슷하게, 의지가 타락하여 악에게 정복당했을 때에, 인간 본성이 그 자유를 잃기 시작했다고도 한다.[24] 또한, 사람이 자유 의지를 악하게 사용하여 자기 자신은 물론 자기의 의지까지도 잃어버렸다고도 한다. 또한, 자유 의지가 노예가 되어 버렸으므로 의를 행할 능력이 전혀 없다고도 한다. 또한, 하나님의 은혜가 해방시키지 않은 것은 자유로울 수가 없다고도 한다. 또한, 율법이 명하는 바를 사람이 마치 자기 힘으로 하듯 행할 때에는 하나님의 공의가 실현되지 않으나, 성령께서 도우셔서 사람의 의지가 ― 비록 자유롭지는 않으나 하나님으로 말미암아 자유를 얻어서 ― 순종할 때에는 하나님의 공의가 실현되는 것이라고도 한다. 그리고 그는 다른 곳에서 다음과 같이 진술함으로써 이 모든 문제를 간략하게 정리해 주고 있다. "사람은 창조함 받을 때에 자유 의지라는 위대한 능력을 부여받았으나, 죄를 지음으로써 그것들을 잃고 말았다."[25]

그리하여 그는 다른 곳에서, 자유 의지가 은혜를 통하여 이루어진다는 것을 보여준 다음, 은혜가 없이도 스스로 자유 의지를 지니고 있다고 주장하는 자들을 향하여 통렬하게 꾸짖는다. "그렇다면 어째서 저 가련한 사람들은 자유를 얻기도 전에 자유 의지를 자랑하거나, 자유를 얻은 다음에는 자기의 힘을 자랑한단 말인가? 그리고 '자유 의지'라는 용어 속에 자유로움이 암시되어 있다는 사실은 어째서 생각하지 않는단 말인가? '주의 영이 계신 곳에는 자유가 있느니라'(고후 3:17). 그러므로, 그들이 죄의 종들이라면, 어째서 자유 의지를 자랑한단 말인가? 사람은 자기를 정복한 자의 종이 되는 법이니 말이다. 그리고 만일 그들이 자유를 얻었다면, 어째서 그것이 마치 자기들의 노력으로 된 것처럼 자랑한단 말인가? '나를 떠나서는 너희가 아무것도 할 수 없음이라'(요 15:5)고 말씀하신 그분의 종들이 되고 싶지 않을 만큼, 그 정도로 그들이 자유롭단 말인가?"[26]

다른 곳에서 그는 심지어 그 용어의 사용을 조롱하는 것처럼 보이기도 한다. 그는, 의지는 과연 자유로우나 자유함을 받은 것은 아니다, 곧, 의(義)에 대하여 자유로우나 죄에게 종이 되어 있다고 하는 것이다.[27] 다른 곳에서는 또한 이 진술을 되풀이하고 설명을 붙이기도 하는데, 거기서 그는, 사람은 의지의 결정이 아니고서는 의에서 자유로워지지 않으며, 주님의 은혜가 아니고서는 죄에서 자유로워질 수가 없다고 가르친다.[28] 그는 사람의 자유란 의로부터의 해방 또는 석방 이외에 아무것도 아니라고 주장하는데, 여기서 그는 "자유"라는 말의 허망함을 꼬집어 조롱하는 것 같다. 그러므로, 혹시 누구라도 이 용어에다 악한 의미를 붙이지 않고 그것을 순전하게 사용할 수 있다면, 나는 굳이 그것을 문제삼고 싶지는 않다. 그러나 이 용어를 계속 사용하게 되면 크나큰 위험이 따르게 되므로, 오히려 그것을 폐기하는 것이 교회를 위하여 큰 유익이 되리라고 본다. 나 자신은 이 용어를 쓰지 않을 것이고, 혹 다른 사람들이 나의 조언을 구한다면,

그들에게도 역시 쓰지 말라고 하고 싶다.

9. 교부들에게서 듣는 진리의 목소리

아우구스티누스를 제외한 모든 교부들이 이 문제에 대해서 너무 애매하고도 혼란스럽게 말하고 있어서 그들의 저작에서는 아무것도 확실한 것을 얻을 수가 없다는 말을 앞에서 했는데,[29] 이 발언 때문에 나에 대하여 큰 오해가 생길 소지가 있다고 여겨진다. 마치 그들 모두가 나와 반대의 입장이기 때문에 내가 그들의 목소리를 완전히 무시해버리려 한 것처럼 오해할 사람이 있을 것이다. 그러나 나의 의도는 단지 경건한 사람들에게 진실하게 조언을 해주고자 하는 것뿐이었다. 이 문제에 대해서 그들의 의견들에 의존하게 되면, 항상 확신이 없이 헤매게 될 것이기 때문이다. 어느 때에는 이들이 사람이 자유 의지를 박탈당하였으므로 오직 은혜에만 안식처가 있다고 가르치고, 또 어느 때에는 사람에게 무언가 능력이 있는 것처럼 가르치는 것이다.

그러나 그럼에도 불구하고, 그들의 가르침이 비록 모호하기는 하지만, 그들이 인간의 덕성(德性)을 전혀 높게 여기지 않고 모든 공로를 성령께 돌리고 있다는 것을 어렵지 않게 입증할 수가 있다. 이를 위해서, 이 사실을 분명하게 가르치는 표현들을 몇 가지 소개하고자 한다. 아우구스티누스는 "아무것도 우리의 것이 아니니 아무것도 자랑해서는 안 된다"는 키프리아누스(Cyprian: 200-258)의 진술을 자주 인용하는데,[30] 사람이 그 모든 권리가 철저하게 사라진 상태가 되었으므로 전적으로 하나님께 의지하기를 배워야 한다는 뜻이 아니면 이것이 무슨 뜻이겠는가?

아우구스티누스와 유케리우스(Eucherius: 리용의 감독, 450년 사망)는 생명 나무를 그리스도로 해석하면서, 누구든지 손을 뻗어 그 나무를 잡으면 살 것이라고 했고, 또한 선악을 알게 하는 나무를 의지의 결정으로 해석하면서, 하나님의 은혜를 잃은 사람이 그 열매를 먹으면 죽을 것이라고 했는데, 이런 말들은 과연 무슨 의미이겠는가?[31] 또한 사람은 누구든지 본성적으로 죄인일 뿐 아니라 전적으로 죄라는 크리소스톰의 말은 무슨 뜻인가? 우리 속에 선한 것이 하나도 없다면, 사람이 머리부터 발끝까지 전적으로 죄라면, 의지의 능력이 어느 정도나 발휘될 수 있는지를 시험해보는 일조차 사람에게 허용되지 않는다면, 대체 어떻게 선행에 대한 공로를 하나님과 사람이 서로 나눌 수가 있단 말인가? 다른 저자들에게서도 이런 유의 진술들을 얼마든지 많이 인용할 수 있다.

그러나 내 목적에 맞는 것만을 취하고 나와 의견이 다른 것들은 간교하게 무시해 버린다는 비난이 있을 수도 있으므로, 그런 증언들은 굳이 인용하지 않겠다. 그러나 이것만은 감히 단언하고 싶다. 곧, 때때로 자유 의지를 지나치게 치켜세우는 점이 나타나기는 하지만, 사람이 자기의 덕성에 대한 신뢰를 철저히 버려야 한다는 것을 가르치고, 또한 사람의 모든 힘이 오직 하나님께 달려 있음을 주장하는 것이 그들의 목적이라는 사실 말이다. 자, 그러면, 이제 사람의 본성에 관한 진리에 대하여 단순하게 해명하기로 하자.

(자기를 부추기는 모든 사고를 버려야 함. 10-11)

10. 사람의 능력을 추켜세우는 사고를 경계함

여기서 본 장 서두에서 언급한 말을 다시 한 번 반복하지 않을 수 없다. 곧, 자기 자신의 재난과 빈곤과 벌거벗음과 치욕을 깨달아 철저히 무너져 내리는 사람이야말로 자기 자신을 아는 지식에서 가장 진보한 것이라는 말이 그것이다.[32] 자기 자신에게 결핍된 것을 하나님 안에서 반드시 되찾는다는 것을 배우는 한, 사람이 아무리 자기 자신을 아무것도 없는 존재로 본다 해도 전혀 위험이 없다. 그러나 자기가 정당하게 소유하고 있는 것 이상으로 조금이라도 더 많은 것을 주장하게 되면, 곧바로 헛된 자신감으로 하나님의 존귀를 탈취하는 것이 되고 또한 자기 자신을 잃어버리게 되며, 그리하여 끔찍스러운 신성모독의 죄를 범하는 것이 되는 법이다. 언제든 이러한 욕심이 우리의 마음에 침입하여, 우리의 것을 하나님에게서가 아니라 우리 자신에게서 찾도록 강요할 때마다, 우리는 이런 생각이 다른 어느 누구도 아니라 바로 우리의 첫 조상에게 "선악을 알아 하나님과 같이 되기를"(참조. 창 3:5) 바라도록 부추긴 바로 그 사기꾼에게서 온 것임을 알아야 할 것이다. 사람 자신을 치켜세우는 것이 마귀의 말이라면, 원수에게서 자문을 구할 생각이 없는 이상 그 말에 귀를 기울여서는 안 될 것이다. 여러분이 여러분 자신을 의지할 수 있을 만큼 그렇게 큰 힘을 여러분이 갖고 있다는 말이 얼마나 기분 좋겠는가!

그러나, 이런 헛된 신념에 속지 않기 위해서는, 우리를 철저하게 낮추는 수많은 무게 있는 성경 말씀들의 권고를 귀담아 들어야 할 것이다. 예를 들면 이런 말씀들이다. "무릇 사람을 믿으며 육신으로 그의 힘을 삼고 마음이 여호와에게서 떠난 그 사람은 저주를 받을 것이라"(렘 17:5), "여호와는 말의 힘이 세다 하여 기뻐하지 아니하시며 사람의 다리가 억세다 하여 기뻐하지 아니하시고 여호와는 자기를 경외하는 자들과 그의 인자하심을 바라는 자들을 기뻐하시는도다"(시 147:10-11), "영원하신 하나님 여호와, 땅끝까지 창조하신 이는 … 피곤한 자에게는 능력을 주시며 무능한 자에게는 힘을 더하시나니, 소년이라도 피곤하며 곤비하며 장정이라도 넘어지며 쓰러지되, 오직 여호와를 앙망하는 자는 새 힘을 얻으리니"(사 40:28-31).

이 모든 말씀들의 목적은 바로, 우리 자신의 힘을 주장하는 의견에 조금이라도 의지하지 말고 오직 "교만한 자를 물리치고 겸손한 자에게 은혜를 주시는"(약 4:6; 벧전 5:5; 참조. 잠 3:34) 하나님만을 의지하고 그에게 은혜를 구하도록 하는데 있는 것이다. 그 다음에는 다음의 약속들을 마음에 새겨야 할 것이다. "나는 목마른 자에게 물을 주며 마른 땅에 시내가 흐르게 하리니"(사 44:3), "너희 모든 목마른 자들아, 물로 나아오라"(사 55:1). 이 약속들은 사람이 자기 자신의 빈곤을 절실히 깨닫지 않고서는 어느 누구도 하나님의 축복들을 받을 허락을 얻지 못한다는 사실을 증거해 주는 것이다.

또한 다음과 같은 이사야의 말씀 같은 진술들도 간과해서는 안 될 것이다. "다시는 낮에 해가 네 빛이 되지 아니하며 달도 네게 빛을 비추지 않을 것이요 오직 여호와가 네게 영원한 빛이 되며 네 하나님이 네 영광이 되리니"(사 60:19). 분명 여호와께서는 그의 종들에게서 밝은 해와 달을 취해가지 않으신다. 여호와께서는 오직 자기만이 그들 가운데서 영광을 지니시기를 원하시므로, 그들이 가장 귀하다고 생각하는 그런 것들까지도 전혀 신뢰하지 말 것을 촉구하시는 것이다.

11. 참된 겸손은 오직 하나님만을 높임

크리소스톰은 우리 철학의 근본이 겸손이라고 말했는데,[33] 이 말은 내게 언제나 큰 기쁨이 되었다. 그러나 아우구스티누스의 다음과 같은 말은 그보다 더 기쁨을 준다. "어느 수사학자는 언변(言辯)에 있어서 가장 중요한 원칙이 무엇이냐는 질문을 받고서 '전달'(delivery)이라고 대답했고, 두 번째 원칙은 무엇이냐고 묻자 똑같이 '전달'이라고 했고, 세 번째 원칙은 무엇이냐는 질문에 대해서도 마찬가지로 '전달'이라고 대답했다고 한다. 이와 마찬가지로 만일 내게 기독교 신앙의 강령이 무엇이냐고 묻는다면, 나는 첫째도, 둘째도, 셋째도, 그리고 항상 '겸손'이라고 대답할 것이다."[34]

그러나 다른 곳에서 진술하듯이 아우구스티누스는, 사람이 자기에게 무언가 덕이 있다고 생각하면서 교만과 자랑을 삼가는 것은 겸손으로 여기지 않는다. 사람이 완전히 낮아지는 것 이외에는 피할 곳이 없다고 진정으로 느낄 때에, 그것을 가리켜 겸손이라 여기는 것이다. 그는 이렇게 말하고 있다. "아무도 자신을 부풀리지 말라. 사람은 스스로만 보면 사탄이다. 그의 축복은 오로지 하나님께로부터 오는 것이다. 죄 이외에 네 스스로 가진 것이 과연 무엇인가? 네 자신에게서 네 것인 죄를 제거하라. 의가 하나님께 속한 것이니 말이다."[35] 그는 또한 이렇게도 말한다. "우리는 어째서 인간 본성의 능력에 대해서 그렇게도 큰 기대를 갖고 있는가? 그것은 상했고, 부서졌고, 혼란을 당했고, 잃어버린 것뿐인데 말이다. 우리에게 필요한 것은 거짓된 자기 변호가 아니라 진정한 고백이다."[36]

그는 다시 또 이렇게 말하고 있다. "누구든지 자기 스스로 아무것도 아니요 또한 자기로부터는 아무 도움도 얻을 수 없다는 것을 깨달으면, 자기 속에 있는 무기들이 다 부서지고, 전쟁은 끝이 난다. 그러나 모든 불경스런 무기들은 반드시 깨뜨려지고 산산조각나야 하고, 불에 태워져야 한다. 여러분이 무기가 없는 상태가 되어야 하고, 여러분 스스로 도움을 구하지 못하는 상태여야 한다. 여러분 자신이 스스로 연약할수록, 주께서 더욱 기꺼이 여러분을 받아주실 것이다."[37]

그리하여 시편 70편을 해석하는 가운데, 그는 하나님의 의를 알려면 우리 자신의 의를 기억하지 말라고 금하면서, 하나님께서 자신의 은혜를 우리에게 주시는 것은 우리로 하여금 우리가 아무것도 아닌 것을 알게 하시기 위함이라는 것을 밝힌다. 우리는 우리 자신으로서는 악 이외에 아무것도 아니기 때문에, 우리가 서 있다면 그것은 오직 하나님의 긍휼로 말미암는 것이라는 것이다.[38]

그러므로, 여기서 우리는 마치 우리의 소유인 것을 빼내어 그것을 하나님의 소유로 돌리기라도 하는 것처럼 우리의 권리를 놓고서 하나님을 상대로 싸움을 벌여서는 안 될 것이다. 우리의 낮아짐이 하나님의 높으심이 되는 것처럼, 우리의 낮음을 고백하는 것은 그의 긍휼하심을 입을 준비를 갖추는 것이다. 그러나 내 말은, 사람이 납득이 되지 않더라도 무조건 자발적으로 자신을 내어놓으라는 것도 아니고, 사람이 능력이 있더라도 진정한 겸손에 이르기 위해서는 그 능력을 바라보지 말아야 한다는 것도 아니다. 내 말은 다만, 자기 사랑과 야망(野望)이라는 질병을 버리라는 것뿐이다. 그것 때문에 사람이 눈이 멀어서 정도 이상으로 자기 자신을 추켜세우는 것이다(참조. 갈 6:3). 사람은 성경이라는 신실한 거울에 비쳐보아야만 올바로 자신의 모습을 알 수 있는 것이다(참조. 약 1:22-25).

12. 초자연적 은사들과 자연적 은사들의 현 상태

아우구스티누스에게서 취하여 널리 쓰이고 있는 다음과 같은 유명한 말이 나를 매우 기쁘게 만든다. "자연적 은사들은 죄로 말미암아 사람에게서 부패하였으나, 초자연적 은사들은 사람에게서 빼앗긴 바 되었다."[39] 후반부의 표현을 사람들은 하늘의 생명과 영원한 복락에 이르는 데 충족한 믿음의 빛과 의를 뜻하는 것으로 이해한다. 그러므로, 하나님의 나라에서 멀어지면, 동시에 사람이 영원한 구원의 소망을 갖게 해 주는 영적인 은사들을 빼앗기는 것이다. 그렇다면, 중생의 은혜로 말미암아 회복되기까지, 사람은 하나님 나라로부터 완전히 쫓겨나 있어서 영혼의 복된 생명에 속한 모든 성질들이 그에게서 사라진 상태에 있다는 뜻이 된다. 그 성질들 가운데는 믿음, 하나님을 향한 사랑, 이웃을 향한 사랑, 거룩과 의를 향한 열심 등이 있다.

이 모든 것들은 그리스도께서 우리 속에서 회복시켜 주시는 것들로서 우리의 본성의 한계를 넘어서는 것들이요 외부로부터 주어지는 것들이다. 그렇기 때문에 이것들을 과거에 빼앗겼던 것들로 보는 것이다. 그러나 이와 동시에, 건전한 지성과 올바른 마음도 빼앗긴 상태였었는데, 이것이 바로 자연적 은사들의 부패인 것이다. 이해와 판단 가운데 의지와 함께 다소 남아 있기는 하지만, 지성이 너무도 허약하고 깊은 어둠 속에 빠져 있기 때문에 우리로서는 지성을 온전하고 건전하다 말할 수가 없다. 게다가 의지가 부패하여 있다는 것은 너무나도 잘 알려져 있는 사실이다.

이성은 선과 악을 분간하며, 이해하고 판단하는 역할을 하는 자연적인 은사이므로, 그것은 완전히 제거될 수가 없었고, 다만 일부는 약화되고 일부는 부패하여 형체 없이 황폐한 상태로 남아 있다. "빛이 어둠에 비취되 어둠이 깨닫지 못하더라"(요 1:5)는 요한의 말씀은 이런 상태를 의미한다. 이 말씀에서 두 가지 사실이 분명히 표현되고 있다. 첫째로, 사람의 타락하고 부패한 본성에서도 어느 정도 희미한 불빛이 보인다는 것이다. 이 불빛들은 사람이 짐승과는 달리 이해력을 부여받은 이성적 존재임을 보여준다. 그러나 둘째로, 이 말씀은 빛이 짙은 무지로 덮여 질식 상태에 있어서 효과적으로 역할을 할 수 없다는 것을 보여주는 것이다.

또한 의지 역시 이와 비슷하게 사람의 본성과 분리할 수가 없으므로 사라지지는 않았으나, 악한 정욕에 완전히 사로잡혀 있어서 올바른 것을 향하여 힘을 발휘할 수가 없다. 사실, 이 정도면 완전한 정의를 내린 것이라 하겠으나, 좀 더 충실한 설명이 필요할 것이다.

우리가 본래 사람의 영혼을 지성과 의지로 구분했으니,[40] 그것에 따라서 논의를 진행하기 위해서 먼저 지성의 능력부터 살펴보기로 하자.

인간의 지성이 영구히 눈이 멀었다는 사실을 정죄하는 것이 지나쳐서 그 어떠한 대상도 지각할 능력이 없다고까지 주장한다면, 그것은 하나님의 말씀을 거스르는 것임은 물론, 일반 상식의 경험과도 역행하는 것이 될 것이다. 이미 맛본 일이 없었다면 사람이 결코 사모하지 않을 그런 진리를 찾고자 하는 일종의 열정이 인간의 본성에 심어져 있는 것을 보기 때문이다. 그렇다면 인간의 지성은 지각의 능력을 어느 정도 소유하고 있는 것이다. 왜냐하면 지성이 진리에 대한 사랑에 본성적으로 사로잡히기 때문이다. 짐승들에게 이런 능력이 결핍된 것을 보면, 그 본성이 천하고 비이성적이라는 것을 알 수 있다. 그런데 진리에 대한 이런 갈구 그 자체만으로는 허무에 빠져버리기 때문에, 경주(競走)에 들어서기도 전에 시들어버리고 만다. 사실 사람의 지성은 그 아둔함 때문에 정도를 지킬 수가 없고, 마치 어둠 속을 더듬거리듯이 계속해서 온갖 오류들을 따라 방황하고 넘어지며, 마침내 곁길로 빠져서 결국 사라지고 마는 것이다. 그러므로 그것이 진리를 찾고 발견하기에 얼마나 무능력한가 하는 것이 여실히 드러나는 것이다.

뿐만 아니라, 지성은 또다른 종류의 허망함에 빠져 애처롭게 수고하기도 하는데, 바로 마땅히 지성으로 힘써서 알아야 할 것들을 분별하지 못하는 경우가 많다는 것이다. 그렇기 때문에, 지성이 허망하고 무가치한 것들을 탐구하느라 어리석은 호기심으로 자신을 괴롭히면서, 정작 반드시 이해해야 할 문제들에 대해서는 거의 또는 전혀 주의를 기울이지 않는 경우가 허다한 것이다. 사실, 그 문제들을 진지하게 면밀히 살펴보는 일이 거의 없는 것이다. 세속의 저술가도 습관적으로 이런 타락상에 대해서 비판하고 있지만, 그들 역시 거의 대부분이 그 속에 빠져서 헤어나오지 못하고 있는 것이다. 그렇기 때문에, 솔로몬은 전도서 전체를 통해서, 사람들이 스스로 지혜롭다고 생각하는 그런 모든 열심들을 열거한 다음, 그것들이 헛되고 하찮은 것들이라고 선포하는 것이다(전 1:2, 14; 2:11 등).

13. 이 땅의 것들을 이해하는 지성

그러나 지성(오성)의 노력이 언제나 전혀 효과가 없을 정도로 그렇게 무가치하게 되는 것만은 아니다. 특히 이 땅의 것들에 관해서는 더욱 그렇다. 오히려 그 반대로, 지성은 위의 것들을 어느 정도 맛보기에 충분할 만큼 지적인 능력을 갖추고 있다. 물론 그것들을 탐구하는 일에 별로 주의를 기울이지 않기는 하지만 말이다. 또한 위의 것들을 탐구하는 데 있어서 지성이 동등한 기능을 발휘하는 것도 아니다. 지성이 현재의 삶의 수준 이상의 것을 향하여 올라갈 때에는 특히 자신의 연약함을 납득하게 되는 것이다. 그러므로, 어떤 문제에 대해서든 지성이 그 능력의 정도에 따라서 어느 정도까지나 전진해갈 수 있는가를 더 분명히 알기 위해서, 여기서 한 가지 구분을 제시하여야겠다. 그것은 바로, 이 땅의 것들을 이해하는 지성과, 또한 하늘의 것들을 이해하는 지성으로 구분하는 것이다. 여기서 "이 땅의 것들"이란 하나님이나 그의 나라, 참된 공의, 혹은 미래의 삶의 복락과는 관계없는 것들을 지칭하는 것으로, 그 의미와 관계가 현재의 삶과 연관되며 어떤 의미에서 현재의 삶의 경계 내에로 한정되어 있는 것들이다. "하늘의 것들"이란 하나님, 참된 의의 본질, 그리고 하늘 나라의 신비에 대한 순전한 지식을 가리킨다. 그러므로, 이 땅의 것들에는 정치, 경제, 모든 기계적인 기술들, 그리고 예술 등이 포함되며, 하늘의 것들에는 하나님과 그의 뜻에 대한 지식, 그리고 하나님의 뜻에 우리 삶을 일치시키는 법칙에 대한 지식 등이 포함된다.

이 땅의 것들을 이해하는 지성에 대해서 다음과 같은 사실을 지적해야 할 것이다. 곧, 사람은 본성적으로 사회적 동물이므로, 본능에 의하여 사회를 이루고 보존하는 성향을 지니고 있다는 것이다. 따라서, 우리는 모든 사람의 마음에 특정한 시민의 공평한 관계와 질서에 대한 보편적인 생각들이 존재하고 있음을 보게 된다. 그렇기 때문에, 인간의 조직들이라면 그 종류를 막론하고 반드시 법에 의하여 규정되어야 한다는 것을 이해하지 못하거나, 혹은 그런 법들의 원리를 납득하지 못하는 사람이 하나도 없는 것이다. 그리하여, 모든 나라들과 모든 개개인들이 법에 대해서 한결같이 동의하고 있는 것이다. 그 씨앗들이 모든 사람들에게 심겨져 있기 때문에, 선생이나 법을 제정하는 자들이 굳이 없어도 그것들을 다 아는 것이다.

물론 분쟁과 갈등들이 곧바로 일어나지만 그 점에 대해서는 길게 다루지 않겠다. 도둑들과 강도 같은 자들은 모든 법과 권리를 뒤집어엎고, 모든 법적인 제재(制裁)를 깨뜨리고, 오로지 자기들의 욕심만이 법으로 행세하기를 바란다. 또 어떤 이들은 다른 사람들이 정의로운 것으로 인정한 것을 부당하다고 생각하기도 하고 ― 이런 경우는 더 흔하게 볼 수 있다 ― 다른 사람들이 금지한 것을 칭찬할 만한 일이라고 억지 주장을 펴기도 한다. 그런 사람들은 법을 미워한다. 그러나 그 법이 선하고 신성하다는 것을 모르기 때문에 미워하는 것이 아니다. 오히려 무모한 욕심으로 날뛰면서 명확한 이성을 대적하여 싸우는 것이다. 지성으로는 인정하지만, 그들의 욕심 때문에 그것을 미워하는 것이다.

그러나 이런 유의 분쟁들이 있다고 해서, 공정에 대한 본래의 관념이 사라지는 것은 아니다. 왜냐하면 법의 세부적인 부분들에 대해서는 각기 논란이 있으나, 공정성이라는 일반적인 관념에 대해서는 모두들 일치하기 때문이다. 이런 점에서, 인간의 지성의 연약함이 확실히 입증된다. 그것이 제대로 길을 따르고 있는 것 같을 때조차도 이렇게 절뚝거리고 비틀거리니 말이다. 그러나 시민적 질서라는 원리가 모든 사람들에게 심겨져 있다는 사실은 변함이 없는 것이다. 그리고 이 사실이야말로, 현재의 삶의 근본 상태와 관련하여, 이성의 빛을 받지 않은 사람이 없다는 것을 충실히 입증해 주는 것이다.

14. 학예와 공예에 나타나는 자연적 은사

그 다음에는 학예(學藝: liberal arts)와 공예(工藝: manual arts)가 이어진다. 우리 모두가 어느 정도 적성을 지니고 있기 때문에 이를 배우는 데에서도 인간의 명민(明敏)한 능력이 드러난다. 모든 사람들이 각기 모든 학예를 배우기에 적합한 것은 아니지만, 어느 한 방면에 재능을 드러내 보이지 않는 사람을 찾아보기가 거의 어렵다는 것이야말로 어떤 공통적인 능력이 사람에게 있다는 것을 시사해 주기에 충분한 것이다. 사람에게는 정열과 능력이 있어서 무언가를 배울 뿐 아니라 각 방면에서 무언가 새로운 것을 고안해 내기도 하고, 혹은 선배에게서 배운 바를 더 세련되게 하고 완성시키기도 하는 것이다. 이에 대하여 플라톤은, 그런 이해력은 회상에 지나지 않는다고 잘못 가르쳤다. 그러므로 우리는 충분한 근거를 바탕으로 하여, 그런 이해력의 시초가 인간 본성에 내재하고 있다고 고백하지 않을 수 없다. 이러한 증거는 이성과 지성에 속한 보편적인 이해력이 본성적으로 사람들 속에 심겨져 있음을 분명히 입증해 주는 것이다.

한편, 이러한 선한 능력이 모든 사람에게 보편적으로 있으므로 각 사람은 마땅히 거기서 특별하신 하나님의 은혜를 깨달아야 할 것이다. 창조주께서는 저 능아들을 통해서 친히 우리로 하여금 이에 대한 감사를 풍성하게 불러일으키신다. 그가 주시는 빛이 비치지 않으면 영혼의 재능들이 어떠한 모습이 되는가를 그들을 통해서 보여주시는 것이다. 모든 사람들이 본성적으로 그 빛을 누리지만, 우리는 그것이 각 사람을 향하신 하나님의 자비하신 선물(혹은, 은사)임을 깨달아야 하는 것이다. 더욱이, 학예의 창안이나 체계적인 정리, 혹은 그것들에 대한 더 철저하고 더 탁월한 지식은 소수의 사람들에게만 있는 특징이므로, 이것들이 인류의 공통적인 명민함을 입증하는 확실한 증거일 수는 없을 것이다. 그러나 그럼에도 불구하고, 그런 능력이 경건한 자들에게나 불경건한 자들에게나 차별 없이 베풀어져 있으니, 이 역시 자연적인 은사에 포함되는 것으로 보는 것이 옳을 것이다.

15. 타락 이후에도 인간 본성 속에 남아 있는 탁월한 은사들

우리는 세속 저술가들에게서 이런 문제들을 접할 때마다, 그들 속에서 비치는 진리의 환한 빛을 보면서, 비록 타락하여 그 온전함에서 부패해 있는 상태이긴 하지만 그래도 사람의 지성이 과연 하나님의 탁월한 은사들로 아름답게 장식되어 있다는 것을 배워야 할 것이다. 하나님의 성령을 진리의 유일한 근원으로 여긴다면, 하나님의 성령을 모욕할 생각이 아닌 이상, 진리 그 자체를 거부해서도, 혹은 그 진리가 어디에서 나타나든 그것을 멸시해서도 안 될 것이다. 성령께서 베푸신 은사들을 가볍게 여긴다는 것은 곧, 성령 자신을 가볍게 여기며 비난하는 것이기 때문이다.

그렇다면, 고대의 입법자들에게 그 진리의 빛이 비쳐서 그들이 그렇게 공정하게 시민의 질서와 규율을 수립해 놓을 수 있었다는 것을 과연 어떻게 부인하겠는가? 철학자들이 자연의 이치를 그렇게 세밀하게 관찰하고 그렇게 예술적으로 묘사하고 있는데, 그들을 가리켜 눈먼 사람들이라고 말하겠는가? 수사학(修辭學)을 세우고 합리적으로 말할 수 있도록 가르치는 자들이 지능을 지니고 있다는 것을 부인하겠는가? 의학(醫學)을 발전시키고 우리의 유익을 위해서 수고하는 자들을 가리켜 정신 나간 자들이라고 말하겠는가? 수학(數學)과 관련한 학문들에 대해서는 무어라 말하겠는가? 그것들을 가리켜 미친 자들의 허튼 소리라 하겠는가?

아니다! 이런 주제들에 대한 옛 사람들의 저작들을 읽을 때마다 우리는 깊은 감탄을 금할 수가 없다. 그것들이 얼마나 고귀한가를 인정하지 않을 수 없기 때문에 그것들에 대해서 경탄해 마지않는 것이다. 칭찬할 만하고 고귀한 것들을 바라보며 경탄해 마지않는데, 그것들이 과연 하나님께로부터 온다는 것을 인정하지 않을 수 있겠는가? 우리는 그런 배은망덕을 부끄러워해야 한다. 심지어 이교도 시인들도 그런 우는 범하지 않았다. 그들은 철학과 법과 모든 유용한 학예들이 신들이 만든 것임을 고백했던 것이다. 성경이 "육에 속한 사람"(고전 2:14)이라 칭하는 그 사람들은 저급한 일들을 탐구하는 데 있어서는 그야말로 예리하고 통찰력이 있는 것이다. 그러므로, 그들의 실례들을 통해서 배우도록 하자. 인간 본성이 그 참된 선을 빼앗긴 이후에도 주께서는 정말로 많은 은사들을 그 본성 속에 남겨두셨다는 것을 말이다.

16. 인간의 재능은 성령의 은사임

그러나 한편, 우리는 인류의 공통적인 유익을 위하여 하나님께서 원하시는 자들에게 베풀어주시는 성령의 지극히 탁월한 은사들을 잊어서는 안 된다. 성막을 짓는 데에 필요했던 브살렐과 오홀리압의 총명과 지식은 하나님의 성령께서 그들에게 부어주신 것이었다(출 31:2-11; 35:30-35). 그렇다면, 인간 생활에서 가장 탁월한 모든 것들에 대한 지식이 하나님의 영을 통해서 우리에게 전달된다고 말하는 것도 전혀 무리가 아니다. 그렇다면, 하나님께로부터 완전히 떨어져 있는 불경건한 자들이 대체 하나님의 영과 무슨 관계가 있느냐는 식으로 질문하는 것이 과연 타당하겠는가? 하나님의 영이 오직 신자들 속에만 거한다는 진술(롬 8:9)은, 우리를 하나님의 성전으로 거룩하게 구별하여 세우시는 거룩의 영(고전 3:16)을 지칭하는 것으로 이해해야 할 것이다. 그러나 동시에 하나님께서는 그 동일하신 성령의 능력으로 만물을 채우시고, 움직이시고, 또한 생기를 불어넣으시며, 또한 자신이 친히 창조의 법칙을 따라 각 종류에게 부여하신 그 성격에 따라서 그렇게 유지하시는 것이다. 그러나 만일 우리가 물리학, 변증학, 수학 등의 학문들에서 불경건한 자들의 업적과 활동의 도움을 받기를 원하셨다면, 마땅히 그런 도움을 받아들여 사용해야 할 것이다. 이런 학문들에서 하나님께서 값없이 베푸신 선물을 소홀히 한다면, 우리의 나태함에 대하여 공의의 형벌을 받아야 마땅할 것이다.

그러나 어떤 사람이 이 세상의 초등 학문(참조. 골 2:8) 아래에서 진리를 이해하는 큰 능력을 소유하고 있다고 해서 그것 때문에 그 사람을 정말 복 받은 사람으로 생각해서는 안 되기 때문에, 우리는 즉시, 이런 모든 이해력과 거기에 따르는 지식은 진리의 견고한 근원에 바탕을 두고 있지 않기 때문에 하나님 보시기에는 불안정하고 덧없는 것에 불과하다는 말을 덧붙이지 않을 수가 없는 것이다. 그러므로, 타락 이후로 값없이 주어진 모든 은사들이 사람에게서 사라졌고, 남아 있는 자연적 은사들도 부패한 상태에 있다는 아우구스티누스의 가르침은 정말로 옳은 것이라 하겠다.[41]

이런 아우구스티누스의 가르침에 대해 롬바르드를 비롯한 스콜라 신학자들도 동의하지 않을 수가 없었다. 곧, 은사들은 하나님께로부터 온 것이므로 그 자체로서는 더러워질 수가 없으나, 부패한 사람에게는 이 은사들이 더 이상 순결하지 못하게 되었고, 그리하여 그 은사들을 통하여 전혀 찬양을 받을 수 없게 되었다고 한 것이다.[42]

17. 자연적 은사에 관한 소결론

이제 지금까지의 내용을 정리하기로 하자. 우리의 본성에 이성이 고유한 특질로 존재한다는 것을 인류 전체에게서 볼 수 있다. 짐승들이 무생물과는 달리 감각을 지니는 것처럼, 인간은 짐승과는 달리 이성을 지니는 것이다. 나면서부터 바보나 저능아인 자들이 있기는 하나, 그렇다고 해서 하나님의 보편적인 은혜가 가려지는 것이 아니다. 오히려, 우리는 그들을 보면서 경계를 받아 우리에게 남아 있는 재능들이 모두 하나님의 자비하심 덕분임을 알아야 마땅할 것이다. 하나님께서 우리를 남겨두지 않으셨다면, 타락하자마자 우리의 모든 본성이 다 파괴되고 말았을 것이다. 어떤 사람들은 예리함이 뛰어나고, 어떤 이들은 판단력이 탁월하며, 또 어떤 이들은 재치가 있어서 이런저런 학예를 쉽게 터득하기도 한다. 이런 다양함 속에서 하나님께서는 우리에게 자신의 은혜로 말미암은 사실을 깨우쳐 주시며, 그리하여 어느 누구도 순전히 하나님의 풍성하신 자비에서 흘러나온 것을 자기 자신의 것처럼 주장하지 못하도록 하시는 것이다. 어째서 이 사람이 저 사람보다 더 우수한가? 그것은, 인류의 공통적인 본성 가운데 하나님의 특별하신 은혜 — 이 은혜는 여러 사람들을 그냥 지나치고 특정한 사람들에게만 주어지므로, 그 자체가 어느 누구의 것도 아니라는 사실이 밝히 드러난다 — 가 있음을 드러내기 위함이 아니겠는가?

뿐만 아니라 하나님은 각 사람의 소명에 따라 특별한 활동들을 불러일으키신다. 사사기에 이런 실례가 많이 나타난다. 거기서는 하나님께서 부르셔서 백성을 다스리게 하신 자들에게 "여호와의 영이 임하였다"고 말씀하는 것이다(참조. 6:34). 요컨대, 범상치 않은 사건들 속에는 언제나 무언가 그 사건을 추진시키는 특별한 역사가 있다는 것이다. 그리하여, "마음이 하나님께 감동된" 유력한 자들이 사울의 뒤를 따랐다고 말씀하는 것이다(삼상 10:26). 그리고 사울이 왕으로 세움받을 것을 예언하면서 사무엘은 이렇게 말씀하였다. "네게는 여호와의 영이 크게 임하리니 너도 … 변하여 새 사람이 되리라"(삼상 10:6). 그리고 후에 다윗에 대해서 다음과 같이 말씀하듯이, 이런 사실은 정치의 전 과정에까지 영향을 미쳤다. "이날 이후로 다윗이 여호와의 영에게 크게 감동되니라"(삼상 16:13).

다른 곳에서도 특수한 활동과 관련하여 동일한 사실을 가르치고 있다. 심지어 호메로스(Homer)도, 사람들이 우수한 능력을 타고 나는 것은 제우스 신(神)이 각자에게 그런 능력을 베풀어주시고 또한 "날마다 그들을 인도하시기" 때문이라고 말하고 있는 것이다.[43] 한때 특별한 재능과 기술을 지녔던 사람들이 갑자기 우둔하게 되는 경우를 보게 되는데, 이런 경험을 통해서 우리는, 사람의 마음이 하나님의 손과 그의 뜻에 달려 있으며 하나님께서 순간마다 그들을 다스리신다는 것을 분명히 알게 되는 것이다. 그렇기 때문에 성경은, "우두머리들의 총명을 빼앗으시고 그들을 길 없는 거친 들에서 방황하게 하신다"(욥 12:24; 참조. 시 107:40)고 말씀하는 것이다. 그러나 우리는 이렇게 다양한 가운데서도 하나님의 형상의 흔적이 남아 있어서 인류 전체를 다른 피조물들과 구별되게 해준다는 것을 아는 것이다.

18. 인간의 이성의 한계

그러면 하나님의 나라와 영적인 분별에 대해서는 인간의 이성이 무엇을 분별할 수 있는지를 살펴보기로 하자. 영적인 분별은 주로 세 가지로 되어 있다. (1) 하나님을 아는 지식, (2) 하나님께서 우리에게 베푸시는 아버지다우신 사랑을 아는 지식 — 우리의 구원이 여기에 있다, (3) 하나님의 법에 근거하여 우리의 처신을 규정하는 법을 아는 지식. 처음 두 가지에 대해서는 — 특히 두 번째에 대해서는 — 가장 위대하다는 천재들도 두더지보다도 더 무지몽매하다. 철학자들에게도 여기저기서 하나님에 대한 훌륭하고도 적절한 진술들을 읽을 수 있다는 것은 부인할 수 없는 사실이다. 그러나 그런 진술들 속에서는 언제나 현기증 나는 온갖 상상들이 드러나는 것이다.

위에서 이미 말한 바와 같이,[44] 주께서는 과연 그들에게 자신의 신성을 조금이나마 맛보게 하셨고, 그리하여 그들이 자신들의 불경스러운 자세를 무지의 소치로 돌리지 못하도록 하셨다. 그리고 때로는 하나님께서 그들에게 강제력을 발동하셔서 이런저런 발언을 하게 하시고, 그것을 인정하여 스스로 교정받게 하기도 하셨다. 그러나 그들은 사물들을 보면서 때때로 진리를 보기도 하지만, 그 진리를 향하여 나아가지도 않고, 또한 거기에 도달하는 일도 없는 것이다. 그들은 마치 한밤중에 들판을 지나가는 여행객과도 같아서, 한순간 번갯불이 번쩍하면 광활한 대지를 환하게 보는 것 같지만, 한 발자국도 채 내딛기 전에 곧바로 모든 것이 사라지고 다시금 캄캄한 어둠 속으로 빠져 들어가고 마니, 그 빛의 도움을 받아 방향을 잡는다는 것은 불가능한 일인 것이다. 뿐만 아니라, 혹시 그들의 책들에 진리가 몇 방울 뿌려진다 할지라도, 온갖 해괴한 거짓말들이 그것들을 더럽혀 놓고 마는 것이다!

요컨대, 그들은 우리를 향하신 하나님의 자비하심에 대한 확신을 느껴본 적도 전혀 없다. 그런 확신이 없으니 사람의 지성이 끝없는 혼란으로 가득할 수밖에 없는 것이다. 그러므로, 참 하나님이 누구시며 그가 우리에게 어떤 하나님이기를 원하시는지를 깨닫는 것이 진리인데, 인간의 이성은 그 진리에 접근하지도 않고, 그 진리를 향하여 힘써 나아기지도 않으며, 심지어 그 진리를 확고한 목표로 삼지도 않는 것이다.

19. 영적 눈먼 상태에 대한 요한복음의 가르침

그러나 우리는 우리 자신의 통찰에 대해서 그릇된 견해에 완전히 취하여 있어서, 하나님의 일에 대하여 철저하게 눈이 멀어있고 어리석다는 것을 인정하기를 극도로 꺼린다. 그러므로 이성을 통해서보다 성경의 증언들을 통해서 이 사실을 입증하는 것이 더 효과적일 것이라 생각된다. 사도 요한은 앞에서 인용한 한 구절에서 그 사실을 정말 멋지게 가르치고 있다. "그 안에 생명이 있었으니 이 생명은 사람들의 빛이라. 빛이 어둠에 비치되 어둠이 깨닫지 못하더라"(요 1:4-5). 그는, 하나님의 그 찬란한 빛이 비치므로 사람의 영혼에는 미세한 불꽃이나 불똥 정도라도 항상 있기 마련이지만, 이것으로도 하나님을 깨닫지 못한다는 것을 말씀하고 있는 것이다. 이것은 무슨 까닭인가? 사람의 지성이 아무리 예리하다 해도, 하나님을 아는 지식에 관한 한 그저 눈먼 상태에 지나지 않기 때문이다. 성령께서 사람을 "어둠"이라 부르고 있으니, 이는 곧 그들에게 영적인 분별력이 전혀 없다는 뜻이다. 그러므로 그는 그리스도를 영접하는 신자들이 "혈통으로나 육정으로나 사람의 뜻으로 나지 아니하고 오직 하나님께로부터 난 자들"이라고 선포하고 있다(요 1:13). 이는 곧, 하나님의 영의 조명하심이 없이는 육체로는 하나님을 생각하고 하나님의 것을 생각하는 그런 고상한 지혜는 가질 수 없다는 것을 의미하는 것이다. 그리스도께서 친히 말씀하시는 바와 같이, 베드로가 그리스도를 알아보게 된 것은 바로 성부 하나님의 특별한 계시로 말미암은 것이었다(마 16:17).

20. 영적인 분별에는 성령의 조명하심이 필수임

우리의 본성이 우리의 천부께서 중생의 영(참조. 딛 3:5)을 통하여 그의 택하신 자들에게 베푸시는 모든 것이 결핍되어 있다는 것을 — 이는 논란의 여지가 없는 분명한 사실이다 — 납득했다면, 그것에 대해 의심하거나 주저할 이유가 전혀 없다. 선지자에 의하면, 신실한 사람들이 다음과 같이 말하기 때문이다. "진실로 생명의 원천이 주께 있사오니 주의 빛 안에서 우리가 빛을 보리이다"(시 36:9). 또한 "성령으로 아니하고는 누구든지 예수를 주시라 할 수 없느니라"(고전 12:3)는 사도의 말씀 역시 동일한 사실을 증거해 준다. 그리고 세례 요한도 그 제자들이 의아해하는 것을 보고서 이렇게 외치고 있다. "만일 하늘에서 주신 바 아니면 사람이 아무것도 받을 수 없느니라"(요 3:27). 세례 요한의 이 말씀이 일상적인 자연적 재능들이 아니라 영적인 조명(照明)을 가리키는 말씀이라는 것은, 자신이 그의 제자들에게 그리스도를 천거하며 이야기해 준 모든 말들이 그들에게 아무런 유익이 되지 못했다며 안타까워하는 그의 자세에서 분명히 드러난다. 그는 결국 이런 뜻으로 말하고 있는 것이다. "주께서 그의 영으로 깨달음을 주지 않으시면, 내가 아무리 말해도 그것으로는 사람들의 마음에 하나님의 일들을 불어넣을 능력이 전혀 없다는 것을 알았다."

심지어 모세도, 백성들의 망각을 책망하면서도 동시에 하나님께서 주시지 않으면 하나님의 신비에 대해서 지혜를 가질 수가 없다는 점을 주목하고 있다. "그 큰 시험과 이적과 큰 기사를 네 눈으로 보았느니라. 그러나 깨닫는 마음과 보는 눈과 듣는 귀는 오늘 여호와께서 너희에게 주지 아니하셨느니라"(신 29:3-4). 그가 하나님의 일을 바라보는 면에서 우리가 "나무 막대기"와 같다고 했다면, 그보다 더한 표현이 어디 있겠는가? 그렇기 때문에 여호와께서는 선지자를 통해서 그가 이스라엘 사람들에게 하나님을 아는 마음을 주시겠다고 특별한 은혜로 약속하신 것이다(렘 24:7). 이는 의심할 나위도 없이, 하나님께서 사람의 마음을 조명해 주셔야만 비로소 그 마음이 영적 지혜를 얻을 수 있다는 사실을 의미하는 것이다.

그리스도께서도 "아버지께서 이끌지 아니하시면 아무도 내게 올 수 없다"(요 6:44)고 말씀하셔서 친히 이 사실을 너무도 분명하게 확증하셨다. 어째서 그런가? 그 자신이 친히 아버지의 살아 계신 형상이 아니신가(참조. 골 1:15)? 그리고 그 속에서 아버지의 영광의 광채가 계시되는 그런 분이 아니신가(참조. 히 1:3)? 그렇다면, 하나님의 형상이 우리 앞에 공공연히 나타나 계신데도 불구하고 우리가 그 형상을 보는 눈이 없다는 말씀보다도 하나님을 아는 문제에 대한 우리의 능력의 현주소를 더 잘 표현해 주는 말은 없을 것이다. 왜 그런가? 그리스도께서는 아버지의 뜻을 사람들에게 나타내시기 위하여 이 땅에 강림하시지 않았는가(참조. 요 1:18)? 그리고 그는 이러한 그의 사명을 신실하게 수행하시지 않았는가? 과연 그렇게 하셨다.

그러나 우리의 속에 계시는 스승이신 성령께서 우리의 마음에게 길을 보여주시지 않으면, 그리스도를 전한다 한들 아무것도 이루어지지 않는 것이다. 그러므로, 오로지 아버지께 듣고 배운 자들만이 그에게로 나아오는 것이다(요 6:45). 여기서 듣고 배운다는 것은 대체 무엇을 말하는가? 두말할 것도 없이, 성령께서 그 놀랍고 특별한 능력으로 우리에게 들을 귀를 주시고 우리의 마음으로 깨닫게 하시는 것을 가리키는 것이다. 또한 그리스도께서는 이사야의 예언을 인용하셔서 이것이 전혀 새로운 것이 아님을 보여주셨다. 그리스도께서는 교회가 새롭게 될 것을 약속하시면서, 주께서 구원을 위하여 모으실 사람들이(사 54:7) "다 하나님의 가르치심을 받으리라"(요 6:45; 사 54:13)고 가르치시는 것이다. 하나님께서 거기서 그의 택하신 자들에 관하여 무언가 구체적인 일들을 예언하고 계시다면, 그것은 불경건한 자들과 속된 자들이 함께 나눌 수 있는 그런 교훈을 말씀하는 것이 아닌 것이 분명할 것이다.

그러므로 우리로서는 하나님 나라에 들어가는 길이 오직 성령의 조명하심으로 말미암아 그 마음이 새로워진 사람에게만 열려 있다는 것을 깨달아야 할 것이다. 그런데 바울이 이 문제를 분명하게 거론한 다음, 다른 누구보다도 더 분명하게 이에 대해서 말하고 있다(고전 1:18 이하). 모든 인간의 지혜의 어리석음과 허망함을 지적하고 그것을 완전히 무력화시킨 다음(참조. 고전 1:13이하), 그는 이렇게 결론짓고 있는 것이다. "육에 속한 사람은 하나님의 성령의 일들을 받지 아니하나니 이는 그것들이 그에게는 어리석게 보임이요, 또 그는 그것들을 알 수도 없나니 그러한 일은 영적으로 분별되기 때문이다"(고전 2:14). 여기서 "육에 속한" 것으로 말하는 자들은 과연 누구를 가리키는가? 본성의 빛에 의존하는 사람을 가리킨다. 분명히 말하지만, 그 사람은 하나님의 영적 신비들에 관해서는 아무것도 깨닫지 못한다. 어째서 그런가? 그가 게을러서 그것들을 소홀히 하기 때문인가? 아니다. 아무리 애를 쓸지라도, 그로서는 아무것도 할 수가 없다. 왜냐하면 "그러한 일은 영적으로 분별되기 때문이다."

이것은 무슨 의미인가? 이 신비들이 인간의 분별력에서 깊이 감추어져 있기 때문에, 그것들은 오로지 성령의 계시를 통해서만 드러난다는 의미이다. 그러므로, 하나님의 영께서 그 신비들을 빛으로 비추어주지 않으시면, 그것들을 어리석은 것들로 간주해버리고 마는 것이다. 그러나, 그 앞에서 바울은 "하나님이 자기를 사랑하는 자들을 위하여 예비하신 모든 것"은 눈과 귀와 마음의 능력을 초월하는 것으로 찬양한 바 있다(고전 2:9). 사실, 그는 인간의 지혜를 마음으로 하나님을 보지 못하도록 가로막는 수건에 비유하기도 했다. 그러면 무엇인가? 사도는 "하나님께서 이 세상의 지혜를 미련하게 하신 것이 아니냐"(고전 1:20)라고 선언하는 것이다. 그렇다면, 우리는 과연 인간의 지혜가 하나님과 그 은밀한 천국의 처소에까지 꿰뚫고 들어갈 수 있는 예리한 분별력이 있다고 말할 수 있겠는가? 그런 미친 생각일랑 던져버려라!

21. 성령의 조명하심과 말씀

그리하여 바울은 여기서 사람에게 없다고 말하는 그 지혜를, 다른 곳에서는 기도 중에서 오직 하나님께서 주시는 것으로 말한다. "우리 주 예수 그리스도의 하나님, 영광의 아버지께서 지혜와 계시의 영을 너희에게 주사 하나님을 알게 하시고"(엡 1:17). 여기서 그 모든 지혜와 계시가 하나님의 선물이라는 것이 밝히 드러난다. 그는 또 무어라고 말씀하는가? "너희 마음의 눈을 밝히사"(엡 1:18)라고 한다. 곧, 그들에게 새로운 계시가 필요하다면, 그것은 그들 자신이 눈먼 상태에 있는 것이 분명할 것이다. 그리고 "그의 부르심의 소망이 무엇 … 임을 너희로 알게 하시기를 구하노라"(엡 1:18 이하). 그는 사람이 그 지성으로는 자기 자신의 부르심조차 깨닫지를 못한다는 사실을 인정하고 있는 것이다.

여기서 펠라기우스주의자들은 하나님께서 이러한 어리석음과 무지를 치료하신다고 한다. 곧, 그의 말씀의 가르침을 통해서 인도하사, 안내자 없이는 갈 수 없었을 그 길을 가도록 해 주신다는 것이다. 그러나 이는 어불성설이다. 다윗은 모든 지혜를 담고 있는 율법을 지니고 있었으면서도 그것에 만족하지 못하고 "내 눈을 열어서 주의 율법에서 놀라운 것을 보게 하소서"(시 119:18)라고 간구하는 것이다. 이 표현은 분명, 하나님의 말씀이 사람들에게 비치는 것은 과연 태양이 땅 위로 솟아오르는 것과도 같으나 "빛들의 아버지"(약 1:17)이신 하나님께서 그들에게 그것을 볼 수 있는 눈을 주지 않으시면 그들에게는 아무런 유익이 없다는 뜻이다. 성령께서 그의 빛을 비추지 않으시는 곳은 어디든지 모두가 어둠일 수밖에 없는 것이다.

사도들은 최고의 스승에게서 올바르게 충실하게 가르침을 받았다. 그러나 진리의 성령께서 그들이 전에 들은 바 그 가르침을 마음에 교훈하셔야 할 필요가 있었기 때문에(요 14:26), 그 스승께서는 사도들에게 성령을 기다리라고 명하셨던 것이다(행 1:4). 우리가 하나님께 구하는 것이 우리에게 없음을 고백하고 있고, 또한 하나님께서도 그것을 약속해 주심으로써 그것이 우리에게 없다는 것을 입증하고 계신다면, 하나님의 은혜로 말미암아 조명하심을 받아야만 비로소 하나님의 신비들을 깨달을 수 있다는 것을 누구나 주저하지 말고 고백해야 할 것이다. 스스로 그 이상으로 깨달을 능력이 있다고 여기는 사람은 누구보다도 더 눈이 먼 사람이다. 자기 자신의 눈먼 상태를 알지 못하고 있으니 말이다.

22. 본성적으로 심겨진 법이 유죄를 증거함

이제 영적인 것들에 대한 지식 가운데 세 번째 면을 살펴보기로 하자.[45] 곧, 올바른 삶의 처신을 적절히 규정하는 법을 아는 것이 그것이다. 이것을 가리켜 "의로운 행위에 대한 지식"이라 부르는 것이 옳을 것이다. 이 면에 대해서는 앞의 두 가지 면보다 인간의 지성이 좀 더 분별이 있는 것처럼 보이는 것이 사실이다. 사도 바울은 이에 대해서 이렇게 증거하고 있다. "율법 없는 이방인이 본성으로 율법의 일을 행할 때에는 … 자기가 자기에게 율법이 되나니 이런 이들은 그 양심이 증거가 되어 그 생각들이 서로 혹은 고발하며 혹은 변명하여 그 마음에 새긴 율법의 행위를 나타내느니라"(롬 2:14-15). 이방인들이 그 마음에 본성적으로 율법의 의가 새겨져 있다면, 그들이 삶의 처신에 관해서 전혀 눈이 멀어 있다고 말할 수는 없는 것이다.

사도가 여기서 말하고 있는 그 본성에 새겨진 법에 따라서 사람이 삶의 처신에 관한 올바른 표준을 충분히 가르침을 받는다는 사고만큼 일반화되어 있는 것이 없을 것이다. 그러나, 사람들에게 이러한 법에 관한 지식이 부여된 목적이 무엇인가를 생각해 보자. 그러면 그 지식이 이성과 진리의 목표를 향하여 어느 정도나 사람을 이끌 수 있을지가 곧바로 드러나게 될 것이다. 또한 전후 문맥을 살펴보면 바울의 말에서도 그것이 분명히 드러난다. 그는 바로 앞에서 "율법 없이 범죄한 자는 율법 없이 망하고, 율법이 있고 범죄한 자는 율법으로 말미암아 심판을 받는다"(롬 2:12)고 말했다. 그리고, 이방인들이 심판도 받지 않고 그냥 망한다는 것이 불합리하게 보일 수도 있으므로, 바울은 즉시, 이방인들에게는 양심이 율법을 대신하며, 따라서 그들에 대한 정죄가 정당하다는 것이 충분히 입증된다는 사실을 덧붙이고 있는 것이다. 그러므로, 본성에 부여받은 법의 목적은 사람으로 하여금 핑계하지 못하도록 하는 데 있는 것이다. 그렇다면 다음과 같은 정의가 부적절하다 할 수 없을 것이다. 본성의 법이란 정의와 부정의 (不正義)를 충분히 구별하게 해 주며, 따라서 무지를 핑계로 삼지 못하도록 만들며, 동시에 사람들 스스로 자기들의 유죄를 깨닫게 해 주는 바 양심의 판단이다.

사람은 자기 자신에 대해서 매우 관대하기 때문에 악을 범하게 되면 그 즉시 할 수 있는 만큼 그 마음에서 죄의식을 물리치려 하는 법이다. 그렇기 때문에 플라톤은 그의 「프로타고라스」(*Protagoras*)에서 우리가 죄를 짓는 것은 오로지 무지(無知) 때문이라고 말하지 않을 수 없었던 것으로 보인다.[46] 만일 인간의 외식이 악행을 기술적으로 감추어서 사람의 마음으로 하여금 하나님 앞에서 악을 범한 것으로 인정하지 않도록 막을 수만 있었다면, 이런 플라톤의 진술이 적절한 것이었다고 할 수도 있을 것이다. 그러나 죄인은 자기 속에 심겨져 있는 선악을 판단하는 능력을 회피하려 하면서도, 계속해서 그것에 끌려 다니며, 때로는 시키지 않아도 그 능력의 활동을 묵인하기도 하고, 싫든 좋든 그 능력에 대해 눈을 뜨기도 하는 것이다. 그러므로, 사람이 오로지 무지 때문에만 죄를 짓는다는 말은 그릇된 것이다.

23. 테미스티우스와 아리스토텔레스의 가르침

테미스티우스(Themistius)는 좀 더 정확한 가르침을 주고 있다. 그는, 사물의 일반적인 정의나 본질 문제에 있어서는 지성이 속는 경우가 거의 없으나, 그 이상 더 넘어설 때에는, 즉 그 원리를 구체적인 개개의 경우들에 적용시킬 때에는, 속기 시작한다고 하였다.[47] 살인이 악이라는 일반적인 원리는 누구나 다 인정할 것이다. 그러나 원수를 죽일 음모를 꾸미는 사람은 살인을 마치 선한 것처럼 생각하는 것이다. 간음하는 자도 간음이라는 일반적인 처신을 악하다고 여길 것이다. 그러나 정작 자기 자신의 간음에 대해서는 은밀하게 자기 자신을 정당화시키는 것이다. 스스로 그런 입장에 처하게 되면 자신이 세워 놓은 일반적인 원리를 잊어버리고 마는 것, 바로 여기에 사람의 무지가 있는 것이다. 이 점에 대해서 아우구스티누스는 시편 57편 1절을 주해하는 가운데 멋지게 지적해 주고 있다.

그러나, 테미스티우스의 법칙도 예외가 없는 것은 아니다. 때로는 악을 행하는 것에 대한 수치가 양심을 억눌러서, 사람이 스스로 억지로 그런 행위를 선한 것으로 정당화시키는 것이 아니라, 그것이 악한 것임을 알면서도 고의적으로 악을 행하는 경우도 있기 때문이다. 다음과 같은 말이 바로 그런 심리를 잘 드러내 준다 하겠다. "더 좋은 것이 보이고 또 그것이 더 좋다는 것도 알지만, 그래도 나는 더 나쁜 쪽을 택하리라." 내가 보기에 아리스토텔레스가 무절제

(incontinence)와 방종(intemperance)을 구별한 것은 참으로 예리한 것이었다는 생각이 든다. 그는 이렇게 말하고 있다. "무절제가 지배할 때에는 혼란스런 정신 상태나 감정이 마음의 구체적인 지식을 빼앗음으로써, 다른 비슷한 경우들에서는 악행을 잘 분간하면서도 자기 자신의 악행에서는 악을 구별할 수 없게 되고 만다. 그러다가 정신의 혼란스러움이 가라앉으면 곧바로 후회가 생겨난다. 그러나 반대로 방종은 죄를 깨달더라도 사라지거나 소멸되지 않고 오히려 끈질기게 습관적인 악을 택하기를 고집하는 것이다."[48]

24. 인간의 이성과 십계명

선과 악을 구별하는 보편적인 판단에 관한 이야기를 들을 때에, 그것이 반드시 건전하고 모든 면에서 온전하다고 여겨서는 안 된다. 사람의 마음에 의와 불의를 분간하는 능력이 주어져 있다 하더라도, 그것은 사람이 무지를 핑계로 삼지 못하게 하기 위한 것일 뿐이므로, 그런 능력이 있다고 해서 개별적인 경우들마다 반드시 사실을 분간할 수 있는 것은 아니기 때문이다. 그들의 깨달음이 확대되어 도저히 회피할 수가 없을 정도까지 되어, 자기들 자신의 양심의 증거에 의하여 정죄를 받아, 지금부터라도 하나님의 심판대 앞에서 떨게 된다면, 그것으로 족하고도 남을 것이다. 완전한 의의 표준인 하나님의 율법으로 우리의 이성을 가늠해 보면, 그것이 얼마나 많은 점에서 눈이 멀어 있는가를 알게 될 것이다.

우리의 믿음을 하나님께 두고, 그의 높으심과 의로우심을 찬송하며, 그의 이름을 부르며, 안식일을 진실로 지키는 것 등, 십계명의 첫째 돌판의 주요 내용(출 20:3-17)과도 전혀 일치하지 않는 것이다. 사람이 과연 본성적인 지각에만 의지하여, 이런 것들이 바로 하나님께 드려야 할 합당한 예배라는 것들을 조금이라도 생각해 본 일이 있는가? 속된 사람들이 하나님께 예배하고자 할 때에, 헛되고 하찮은 행위들을 버리라고 수없이 말을 들어도, 그들은 언제나 다시 그런 것들 속으로 빠져 들어가고 마는 것이다. 물론 하나님께서는 순전한 의도가 담기지 않은 제사를 기뻐하지 않으신다는 것은 인정한다. 그리고 이로써 그들이 하나님께 드리는 영적 예배에 대해서 무언가 생각을 갖고 있다는 것을 스스로 증거한다. 그러나 즉시 거짓된 방법들을 고안해 내어 순전한 생각을 더럽혀 버리는 것이다. 그들로서는 예배에 관하여 율법이 규정하는 것이 진리라는 것은 결코 납득할 수가 없기 때문이다. 이렇게 스스로 지혜롭지도 못하고, 경고를 제대로 받아들이지도 못하니, 어떻게 이성이 분별력이 뛰어나다고 말할 수가 있겠는가?

십계명의 둘째 돌판의 강령들(출 20:12 이하)에 대해서는 사람들이 다소 이해를 하는 편이다. 이 강령들은 그들이 속한 시민 사회를 유지하는 문제와 더 밀접하게 관련을 갖고 있기 때문이다. 그러나 여기서도 무언가 결점이 눈에 띈다. 불의하고 포악한 지배가 있을 경우에 그것을 제거할 방법이 있는데도 불구하고 그것을 그냥 견딘다는 것은, 지극히 훌륭한 성품을 지닌 사람도 전혀 지각없는 처신으로 여긴다. 그런 지배를 인내로 견딘다는 것은 노예 근성을 지닌 비열한 사람이라는 증표이며, 명예를 아는 자유인은 마땅히 그런 지배를 떨쳐버린다는 것이 인간의 이성의 일반적인 판단일 것이다. 철학자들도 억울하게 받은 상해(傷害)에 대해서 보복하는 것은 악행이라고 생각하지 않는다. 그러나 주께서는 이러한 지나친 교만을 정죄하시며, 오히려 사람들이 수치스럽게 여기는 인내를 자기 백성들에게 명하시는 것이다. 율법을 지키려고 노력하는 중에도 정욕에 대해서는 전혀 관심을 두지 않는 경우가 허다한데, 이는 육에 속한 자연인으로서는 자기의 정욕을 질병으로 인정하는 것을 견딜 수가 없기 때문이다. 이처럼, 깊은 심연을 향하여 발걸음을 내딛기도 전에 그 본성의 빛이 꺼져버리는 것이다. 철학자들이 무절제한 마음의 움직임을 "악행"으로 분류하기는 하지만, 이것은 더 심하게 겉으로 표시가 드러나는 그런 악행들을 뜻하는 것이다. 그들은 조용히 마음속에만 있는 부패한 정욕은 아무것도 아닌 것으로 여기는 것이다.

25. 언제나 성령의 조명하심이 필요함

앞에서 모든 죄를 무지의 탓으로 돌리는 플라톤의 오류를 지적했거니와, 여기서도 모든 죄에는 계획적인 악의와 부패함이 있다고 주장하는 자들의 견해를 배격하지 않을 수 없다. 선한 의도를 갖고 있으면서도 넘어지는 경우가 얼마나 많은가를 우리 자신의 경험을 통해서 너무나도 잘 알고 있기 때문이다. 우리의 이성은 온갖 형태의 속임수에 넘어가며, 그렇게도 많은 오류에 빠지고, 무수한 장애에 부딪히며, 온갖 난관에 휩싸이기 때문에, 도저히 우리를 올바로 인도할 수가 없는 것이다. 바울은 "우리가 무슨 일이든지 우리에게서 난 것 같이 스스로 만족할 것이 아니니"(고후 3:5)라고 말하여, 삶의 각 부문에서 우리의 이성이 하나님 보시기에 얼마나 허망한 것인가를 잘 보여주고 있다. 그는 의지나 감정에 대해서 말하는 것이 아니다. 그는 심지어 우리가 마음에 떠오르는 바를 정당하게 행하는 법을 올바로 생각할 능력조차 없다는 것을 말하는 것이다. 우리의 근면함과 분별력과 이해력과 조심성이 그렇게도 부패되어 있어서, 우리로서는 도대체 하나님 보시기에 올바른 것을 전혀 계획하거나 마련할 수가 없다는 말인가? 가장 고귀한 은사로 자부하는 이성의 예리함을 부인하는 것을 못마땅해하는 우리로서는 이런 말을 받아들이기가 너무나 어려울 것이 분명하다. 그러나 "지혜 있는 자들의 생각을 헛것으로 아시며"(고전 3:20; 참조. 시 94:11) 또한 "그 마음으로 생각하는 모든 계획이 항상 악할 뿐"(창 6:5)이라고 선언하시는 성령께서는 그 말을 지극히 적절한 것으로 여기시는 것이다. 우리가 본성으로 무엇을 품고, 부추기고, 행하고, 시도하든지 항상 악하기만 하다면, 오직 거룩과 의(義)만을 용납하시는 하나님을 기쁘시게 할 만한 것이 어떻게 우리의 마음에 들어올 수가 있겠는가?

그리하여 우리는 우리 마음의 이성이 어디로 향하든 언제나 허망함에 굴복하는 비참한 상태라는 것을 알 수 있다. 다윗은 자신이 이처럼 연약한 상태임을 알고, 여호와의 계명을 올바로 배울 수 있는 깨달음을 달라고 기도하였다(시 119:34). 새로이 깨달음을 얻기를 소원한다는 것은 곧 자기 자신의 깨달음이 턱없이 부족하다는 것을 암시해 주는 것이다. 그는 그 동일한 시편에서 같은 간구를 거의 열 번이나 반복하고 있는데(참조. 시 119:12, 18, 19, 26, 33, 64, 68, 73, 124, 125, 135, 169), 이는 그런 간구를 간절하게 드리지 않을 수 없는 그의 절박한 사정을 잘 보여주는 것이다. 다윗은 이처럼 자기 자신을 위해 간구하지만, 바울은 교회 전체를 위하여 간구하고 있다. "너희로 하여금 모든 신령한 지혜와 총명에 하나님의 뜻을 아는 것으로 채우게 하시고 주께 합당하게 행하여 범사에 기쁘시게 하고 모든 선한 일에 열매를 맺게 하시며 하나님을 아는 것에 자라게 하시 … 기를 원하노라"(골 1:9-12; 참조. 빌 1:9). 여기서 우리는, 그가 이것을 하나님께서 베푸시는 은혜로 말할 때마다 동시에 그것이 사람의 능력에 있는 것이 아님을 증거하는 것이라는 것을 기억해야 할 것이다.

아우구스티누스도 이성으로는 하나님의 일들을 깨달을 능력이 없다는 것을 인식하고서, 햇빛이 있어야 눈으로 사물을 볼 수 있는 것처럼 우리의 마음에도 조명하심의 은혜가 있어야 한다고 생각하였다. 그리고 이것으로 만족하지 않고,

그는 육체의 눈은 우리 스스로 떠서 빛을 바라보지만, 마음의 눈은 주께서 뜨게 해 주지 않으시면 감겨진 상태 그대로 있다고 덧붙였다.[49] 또한 성경도, 우리 마음이 어느 날 한 번만 조명을 받으면 그 다음부터는 스스로 볼 수 있다는 식으로 가르치지 않는다. 바로 앞에서 바울의 간구를 인용했거니와, 그것은 계속되는 과정이요 성장을 뜻하는 것이다.

다윗도 다음과 같은 말씀으로 이 점을 적절히 표현한 바 있다. "내가 전심으로 주를 찾았사오니 주의 계명에서 떠나지 말게 하소서"(시 119:10). 이미 거듭나서 참된 경건에서 적지 않게 성장해 있는 그였으나, 자기에게 주어진 그 지식에서 떨어지지 않기 위해서는 매순간마다 계속적인 인도하심이 필요하다고 고백하고 있는 것이다. 그리하여 그는 다른 곳에서, 자신의 허물로 인하여 잃어버린 정직한 영을 회복시켜 주시기를 기도하고 있다(시 51:10). 처음에 우리에게 주셨으나 우리가 잠시 잃어버렸던 것을 다시 회복시키시는 일도 하나님이 하시는 일이기 때문이다.

(사람은 선한 것에 대한 의지를 가질 수가 없음. 26-27)

26. 좋은 것을 향한 본능적인 이끌림은 의지의 자유와는 관계없음

이제는 자유의 문제와 근본적으로 결부되는 의지에 대해서 살펴보기로 하자. 선택하는 능력이 지성보다는 의지의 영역에 속한다는 것을 이미 살펴보았으니 말이다.[50] 우선, 철학자들은 모든 만물이 본능적으로 선을 추구한다고 가르치는데, 이 견해가 일반적으로 받아들여지고 있다. 그러나 이런 가르침이 인간의 의지가 올바르다는 것을 보여주는 증거는 결코 아니다. 그러므로 우리는 자유로이 선택하는 능력을 그런 욕구에서 찾아서는 안 된다는 것을 알아야 할 것이다. 그런 욕구는 정신적인 판단에 의해서가 아니라 본성의 이끌림에서 나오는 것이기 때문이다. 심지어 스콜라 신학자들까지도, 자유 의지는 이성이 대체적인 가능성들을 고려할 때에만 활동한다는 것을 인정하고 있다. 그들이 의도하는 뜻은 욕구의 대상이 선택이 될 만한 것이어야 하고, 또한 선택이 되기 위해서는 먼저 신중한 고려가 반드시 있어야 한다는 것이다.

사실, 사람 안에 있는 이런 선에 대한 본성적인 욕구의 성격을 살펴보면, 그것이 짐승들과 공통된 것이라는 것을 알게 된다. 짐승들 역시 자기들이 잘 되는 것을 바라므로, 감각을 자극하는 어떤 좋은 것이 나타나면 그것을 따라가는 것이다. 그러나 사람은 자기 자신의 불멸의 본성의 탁월함에 맞게 그 자신에게 진정으로 선한 것을 이성으로 선택하지도 않고, 열심히 추구하지도 않으며, 그의 이성을 사용하여 깊이 생각하거나 거기에 마음을 두지도 않는다. 오히려 짐승처럼, 이성도, 깊은 판단도 없이 그저 그의 본성의 이끌림에 따라가는 것이다. 그러므로, 사람이 본능에 이끌려 선을 바라든 바라지 않든 그 사실은 의지의 자유와는 전혀 관계가 없는 것이다. 오히려 문제는, 사람이 올바른 이성으로 무엇이 선한 것인지를 결정한 후에, 과연 그 결정한 바를 선택하며, 또한 그 선택한 바를 추구하느냐 하는 데 있는 것이다.

이에 대해서 의심을 갖는 사람이 없도록 하기 위해서, 여기서 두 가지 용어에 대한 오해에 대해서 지적해야겠다. "욕구"란 여기서 의지의 충동이 아니라 본능적인 이끌림을 뜻하며, 또한 "선"이란 덕이나 정의를 가리키는 것이 아니라 그저 사람에게 좋은 그런 상태를 가리키는 것이다. 요컨대, 좋은 것을 따르고자 하는 바람이 있어도 사람은 그것을 좇지 않는다는 것이다. 영원한 복락에 대해서 기뻐하지 않을 사람은 아무도 없다. 그러나 성령의 역사하심이 없이는 아무도 그것을 사모하지 않는 것이다. 그러므로, 사람 속에 본성적으로 평화와 안정을 바라는 마음이 있다고 해서 그것이 의지의 자유가 있다는 것을 입증하는 것은 아닌 것이다. 이는 금속과 돌에 그 완전한 본질을 향하는 성향이 있다는 것이 그것들에게 의지의 자유가 있다는 것을 증명해 주는 것이 아니라는 것과 같은 이치인 것이다. 그러므로, 이제는 다른 면에서 의지가 과연 악한 것 이외에는 그 어떠한 것도 낼 수가 없을 만큼 그 각 부분이 깊이 더러워졌고 부패하였는가, 아니면 의지의 어느 부분이 손상되지 않은 채로 남아 있어서 그것에서 선한 열망이 나올 수 있는가를 점검해 보아야 하겠다.

27. 성령의 역사하심이 없이는 선한 것을 사모할 수 없음

우리가 효력이 있게 의지를 갖는다는 사실을 처음에 임하는 하나님의 은혜의 덕분이라고 보는 자들은, 다른 한편으로, 사람의 영혼 속에 자발적으로 선을 사모하는 기능이 있으나, 다만 그 기능이 너무 미약하여 확고한 의도로 나오거나 혹은 노력을 일으키지 못하는 것뿐이라는 것을 암시하는 것 같다. 스콜라 신학자들이 대개 오리겐 등 기타 고대의 교부들에게서 빌려와서 이런 견해를 취하고 있다. 그들은 대개 사도의 다음과 같은 묘사를 그들의 표현대로, "본성적 상태에 있는"(in puris naturalibus) 사람에게 적용시킨다. "내가 원하는 바 선은 행하지 아니하고 도리어 원하지 아니하는 바 악을 행하는도다"(롬 7:18). 그러나 그들은 바울이 여기서 추구하고 있는 논지 전체를 그릇 왜곡시키고 있다. 그는 그리스도인의 갈등 — 갈라디아서에서도 좀 더 간략하게 다룬 바 있는(갈 5:17) — 즉, 신자가 언제나 자기 속에서 느끼는 바 육체와 영 사이의 갈등에 대해서 말하고 있는 것이기 때문이다. 그러나 영은 본성이 아니라 중생으로부터 비롯되는 것이다.

더욱이, 여기서 사도가 중생한 자들에 대하여 말하고 있다는 것이 분명히 드러난다. 왜냐하면 자기 자신에게 선한 것이 거하지 않는다고 말한 다음, 그것이 그의 육신을 지칭하는 것이라는 설명을 덧붙이고 있기 때문이다(롬 7:18). 따라서, 그는 악을 행하는 것이 그가 아니요 자기 속에 거하는 죄라고 선언하는 것이다(롬 7:20). "내 속, 곧 내 육신에"라고 부연 설명을 하는 것은 무슨 뜻인가(롬 7:18)? 그는 이런 뜻으로 말하고 있는 것이다. "내 육신에서 선한 것을 발견할 수 없으니, 나 자신만 보면 선한 것이 내 속에 거하지 않는다." 그리하여, 악을 "행하는 자는 내가 아니요 내 속에 거하는 죄니라"(롬 7:20)라는 변명이 뒤따르는 것이다. 이러한 변명은 오로지, 영혼의 주도적인 힘을 선에다 쏟는 중생한 자들에게만 있는 것이다. 그 다음에 이어지는 결론이 이 문제 전체를 명확하게 해명해 주고 있다. "내 속사람으로는 하나님의 법을 즐거워하되 내 지체 속에서 한 다른 법이 내 마음의 법과 싸우 … 는 것을 보는도다"(롬 7:22-23).

하나님의 성령으로 말미암아 중생하였으되 아직 육신의 잔재를 지니고 있는 사람이 아니라면, 마음속으로 이런 갈등을 경험하는 사람이 과연 누구이겠는가? 그러므로 아우구스티누스는 한때 이 구절이 사람의 본성에 관한 것이라고 생각했었으나, 후에 자신의 그런 해석이 그릇된 것이요 부적절한 것이었다고 하여 철회하였다.[51] 만일 우리가, 은혜가 없이도 스스로 선을 지향하는 모종의 충동들(아무리 미약하다 할지라도)이 사람에게 있다는 견해를 취한다면, 우리가 선한 생각을 품을 수조차 없다고 말하는 사도의 가르침(고후 3:5)에 대해 뭐라고 답변할 것인가? 또한 사람의 마음이 계획하는 바가 악할 뿐이라고 모세를 통하여 선언하시는(창 8:21) 여호와께는 뭐라고 대답할 것인가?

그들(스콜라 신학자들)의 잘못된 사고는 이 한 구절을 그릇 해석한 데에서 기인하는 것이니, 우리로서는 그들의 견해를 길게 다루며 시간을 끌 이유가 없다.

오히려 우리는 "죄를 범하는 자마다 죄의 종이라"(요 8:34)고 하신 그리스도의 말씀을 귀담아 들어야 할 것이다. 우리는 모두가 본성적으로 죄인들이며, 그렇기 때문에 우리가 죄의 멍에를 지고 있다. 그런데 전인(全人)이 죄의 권세에 굴복해 있다면, 최고의 자리를 차지하는 의지(意志)도 가장 든든한 족쇄에 매여 있는 것이 분명할 것이다. 만일 성령의 은혜가 있기 전에 무언가 의지의 작용이 있다면, "너희 안에서 행하시는 이는 하나님이시니"(빌 2:13)라는 바울의 말은 전혀 무의미한 것이 되고 말 것이다. 그러니, 사람이 먼저 준비를 갖추어야 한다는 식으로 떠드는 여러 사람들의 온갖 허튼 이야기는 다 던져버려라!

다윗이 여러 구절들에서 그렇게 하듯이, 신자들의 경우 때로는 마음속에서 하나님의 율법에 순종하게 되도록 간구하는데, 여기서 우리는 또한 이런 간구하고자 하는 열심이 하나님께로부터 오는 것이라는 사실을 유념해야 할 것이다. 다윗의 말들에서 이 사실을 추론할 수 있을 것이다. 그는, "하나님이여 내 속에 정한 마음을 창조하소서"(시 51:10)라고 간구하는데, 이는 결코 정한 마음을 창조하는 일의 시작이 자기에게 달려 있다는 뜻이 아닌 것이다.

그렇기 때문에 우리는 아우구스티누스의 다음과 같은 발언에 귀를 기울여야 할 것이다. "하나님께서는 모든 일에서 여러분을 막아 주셨습니다. 그러니 이제 여러분이 ― 그렇게 할 수 있는 동안에 ― 하나님의 진노를 막아야 합니다. 어떻게요? 이 모든 것들이 하나님께로부터 왔음을 고백하는 것입니다. 여러분이 가진 선한 것은 무엇이든 다 하나님께로부터 온 것이고, 악한 것은 무엇이든 여러분 자신에게서 비롯되는 것입니다." 그리고 그는 조금 뒤에 가서, "우리에게는 죄 이외에는 아무것도 없습니다"라고 진술하고 있다.[52]

주 ________________

1. Augustine, *Letters*, ccxv.

2. Augustine, *John's Gospel*, lxxxi. 2.

3. 참조. 제1권 15장 7절.

4. 참조. 제1권 15장 6절.

5. Plato, *Laws*, I. 644E.

6. Cicero, *Tusculan Disputations*, III. i. 2.

7. Aristotle, *Nicomachean Ethics*, III. 5. 1113b.

8. Cicero, *Nature of the Gods*, III. xxxvi. 86f.

9. Chrysostom, *De proditione Judaeorum*, hom. i; *Homilies on Genesis*, hom. xix.
1; hom. liii. 2; hom. xxv. 7.

10. Jerome, *Dialogus contra Pelagianos*, III. 1.

11. Origen, *De principiis*, III. i. 3.

12. 참조. Augustine, *Sermons*, clvi. 9–13.

13. Bernard, *De gratia et libero arbitrio*, ii. 4.

14. Anselm, *Dialogus de libero arbitrio*, iii.

15. Thomas Aquinas, *Summa Theologia*, I. lxxxiii. 3.

16. 참조. 3장 5절.

17. Peter Lombard, *Sentences*, II. xxvi. 1.

18. Bernard, *De gratia et libero arbitrio*, xiv. 46.

19. Augustine, *On Grace and Free Will*, xvii. 33.

20. Prosper of Aquitaine, *The Call of All Nations*, II. iv.

21. Lombard, *Sentences*, II. xxv. 8.

22. Augustine, *John's Gospel*, liii. 8.

23. Augustine, *Letters*, cxlv. 2.

24. Augustine, *On Man's Perfection in Righteousness*, iv. 9.

25. Augustine, *Sermons*, cxxxi. 6.

26. Augustine, *On the Spirit and the Letter*, xxx. 52.

27. Augustine, *On Rebuke and Grace*, xiii. 42.

28. Augustine, *Against Two Letters of the Pelagians*, I. ii. 5.

29. 참조. 4절.

30. Augustine, *On the Predestination of the Saints*, iii. 7; iv. 8; 이는 Cyprian,
Testimonies against the Jews, to Quirinus, III. iv을 인용한 것임.

31. Augustine, *On the Genesis in the Literal Sense*, VIII. iv–vi; Eucherius,
Commentarii in Genesim, I. 창 2:9의 주해.

32. 참조. 1절.

33. Chrysostom, *De profectu evangelii*, 2.

34. Augustine, *Letters*, cxiii. 3.

35. Augustine, *John's Gospel*, xlix. 8.

36. Augustine, *On Nature and Grace*, liii. 62.

37. Augustine, *Psalms*, Ps. 45: 13.

38. Augustine, *Psalms*, Ps. 70: 1, 2.

39. Augustine, *On Nature and Grace*, iii. 3; xix. 21; xx. 22.

40. 참조. 제1권 15장 7, 8절.

41. 참조. 12절; 위의 각주 39.

42. Lombard, *Sentences*, II. xxv. 8.

43. Homer, *Odyssey*, xviii. 137.

44. 참조. 제1권 3장 1, 3절.

45. 참조. 18절.

46. Plato, *Protagoras*, 357.

47. Themistius, *In libros Aristotelis de anima paraphrasis*, VI.

48. Aristotle, *Nichomachean Ethics*, VII. 1–3. 1145–1147.

49. Augustine, *On the Merits and Remission of Sins*, II. v. 5.

50. 참조. 4절.

51. Augustine, *Against Two Letters of the Pelagians*, I. x. 22.

52. Augustine, *Sermons*, clxxvi. 5–6.

제 3 장

사람의 부패한 본성에서 나오는 모든 것은
다 저주받을 것뿐임

(사람의 본성은 부패하였으므로 지성과 의지가 전적으로 새로워져야 함. 1-5)

1. "육신"이란 전인(全人)을 지칭함

영혼의 두 가지 기능을 지닌 사람을 가장 잘 파악할 수 있는 방법은 성경에 나타나는 사람을 지칭하는 여러 가지 호칭들에 비추어서 그 모습을 살펴보는 것이다. 그리스도께서는 "육(肉)으로 난 것은 육이요"(요 3:6)라고 말씀하시는데, 이 말씀이 전인(全人)을 지칭하는 것이라면 ― 이는 쉽게 증명할 수 있다 ― 사람은 분명 비참한 피조물임에 틀림없다. 사도께서 증거하듯이, "육신의 생각은 사망이요 … 육신의 생각은 하나님과 원수가 되나니 이는 하나님의 법에 굴복하지 아니할 뿐 아니라 할 수도 없음이라"(롬 8:6-7). 그렇다면, 육신이 하나님을 대적하여 원망하는 일에만 관심을 기울이며, 하나님의 법의 공의에 찬동할 수도 없고, 한 마디로 사망으로 이어지는 것 이외에는 아무것도 낼 수 없을 만큼, 육신이 과연 그렇게 악하다는 말인가?

자, 사람의 본성 속에는 오로지 육신밖에 없다는 것을 인정하고, 할 수 있으면 거기서 선한 것을 추출해 보라. 그러나, "육신"이라는 단어는 영혼의 감각적인 부분만을 일컫는 것이지, 그보다 높은 부분은 거기에 해당되지 않는다고 말할 것이다. 그러나 이런 말은 그리스도와 사도의 말씀으로 철저하게 반박되고도 남는다. 주님의 논지는, 사람이 "육"이므로(요 3:6) 반드시 거듭나야 한다(요

3:3)는 것이다. 그는 육체적인 의미로 거듭나야 한다고 가르치시는 것이 아니다. 그저 영혼의 일부만 새롭게 변화되었다면, 그 영혼은 거듭난 것이 아니다. 영혼 전체가 완전히 새로워질 때에만 비로소 그 영혼이 거듭난 것이다. 두 구절에 나타나 있는 대조법이 이 사실을 확증해 준다. 영이 육신과 완전히 대비되고 있어서, 그 중간에 무엇이 있을 여지가 전혀 없는 것이다. 그러므로, 사람에게 있어서 영적인 것이 아닌 것은 모두가 "육신적인 것"이다. 그런데, 중생을 통하지 않고서는 성령에 속한 것을 전혀 가질 수가 없다. 그러므로, 우리가 본성적으로 가지고 있는 것은 모두가 육신인 것이다.

그러나 바울은 이 문제에 대하여 가질 수 있는 모든 의문을 완전히 제거해 주고 있다. "유혹의 욕심을 따라 썩어져 가는"(엡 4:22) 옛 사람의 모습을 묘사한 다음, 그는 "너희 심령이 새롭게 되라"고 명하는 것이다(엡 4:23). 그는 불법하고 사악한 욕심을 영혼의 감각적인 부분만이 아니라 마음 그 자체 속에 있는 것으로 말하며, 마음이 그렇기 때문에 마음을 새롭게 할 것을 명하고 있는 것이다. 그는 바로 앞에서, 각 부분이 부패하고 타락한 상태에 있는 인간 본성의 모습을 그린 바 있다. 그는 "모든 이방인이 … 그들의 총명이 어두워지고 그들 가운데 있는 무지함과 그들의 마음이 굳어짐으로 말미암아 하나님의 생명에서 떠나 있도다"(엡 4:17-18)라고 쓰고 있다. 이 진술이 주께서 아직 그의 지혜와 의를 지향하도록 새로이 이루시지 않은 모든 사람들에게 다 적용된다는 것은 추호도 의심의 여지가 없는 사실이다.

바울은 곧바로 신자들에게 "너희는 그리스도를 그같이 배우지 아니하였느니라"(엡 4:20)라고 말하는데, 이 말씀과 비교해 보면 그러한 사실이 더욱 확연히 드러난다. 과연 그리스도의 은혜야말로 인간의 눈먼 상태와 또한 그런 상태의 결과로 나오는 모든 악한 것들에서 우리를 자유하게 해 주는 유일한 길이라는 사실을 이 말씀들에서 알 수 있는 것이다. 이사야도, "어둠이 땅을 덮을 것이며 캄캄함이 만민을 가리려니와"(사 60:2)라고 말씀한 후에 다시 여호와께서 그의 교회를 위하여 영영한 빛이 되실 것이라고 약속함으로써(사 60:19) 그리스도의 나라에 대해 예언하고 있다. 거기서 그는 하나님의 빛이 교회 안에서만 일어날 것이며, 교회 밖에는 오직 어둠과 캄캄함만이 있을 것임을 증거하고 있는 것이다. 사람들의 허망함에 대한 진술들이 성경 도처에, 특히 시편과 예언서에 나타나고 있지만 그것들을 일일이 열거하지는 않을 것이다. 다음과 같은 다윗의 말씀은 참으로 귀하다 아니할 수 없다. "사람은 헛되니 저울에 달면 그들은 헛됨 그 자체보다 가벼우리로다"(시 62:9, 칼빈의 의역). 이렇듯 사람에게서 나오는 모든 생각들이 어리석고, 경박스러우며, 미쳤고, 사악하다고 조롱을 받고 있으니, 사람의 지성이 그야말로 무거운 창으로 찔리는 격이다.

2. 인간의 부패에 대한 로마서 3장의 증언

또한 "만물보다 거짓되고 심히 부패한 것은 마음이라"(렘 17:9)라는 말씀 또한 이에 못지않게 마음을 심하게 정죄하고 있다. 그러나 간단히 문제를 다루기 위해서, 한 구절만을 살펴보는 것으로 만족해야 하겠다. 그 구절은 우리의 본성의 전모(全貌)를 들여다볼 수 있는 분명한 거울과도 같은 것이다. 사도 바울은 인류의 교만함을 내리치면서 이렇게 증언하고 있다. "'의인은 없나니 하나도 없으며, 깨닫는 자도 없고 하나님을 찾는 자도 없고, 다 치우쳐 함께 무익하게 되고 선을 행하는 자는 없나니 하나도 없도다'(참조. 시 14:1-3; 53:1-3). '그들의 목구멍은 열린 무덤이요 그 혀로는 속임을 일삼으며'(참조. 시 5:9), '그 입술에는 독사의 독이 있고'(참조. 시 140:3), '그 입에는 저주와 악독이 가득하고'(참조. 시 10:7), '그 발은 피 흘리는데 빠른지라. 파멸과 고생이 그 길에 있어 평강의 길을 알지 못하였고'(참조. 사 59:7) 그들의 눈 앞에 하나님을 두려워함이 없느니라"(롬 3:10-18).

이러한 벽력 같은 말씀으로 그는 특정한 사람들이 아니라 아담의 후손인 인류 전체를 내리치고 있는 것이다. 또한 어느 한 시대의 타락한 도덕성을 질타하는 것이 아니라, 우리의 본성의 한결같은 부패성을 탄핵하는 것이다. 이 구절에서 사도가 의도하는 바는 그저 사람들을 책망하여 회개하도록 하는 것이 아니라, 모든 사람이 피할 수 없는 재난에 휩싸여 있으므로 하나님의 긍휼하심 이외에는 그들을 구해낼 수 있는 것이 아무것도 없음을 그들에게 가르치고자 하는 것이다. 그런데 이를 증명하기 위해서는 그보다 먼저 우리의 본성이 멸망과 파멸 속에 있다는 것을 입증해야 하기 때문에, 그는 우리의 본성이 철저히 버린 바 된 상태에 있음을 입증해 주는 이런 증언들을 제시하는 것이다.

그러므로, 다음과 같은 점을 확실한 사실로 받아들이도록 하자. 곧, 여기 묘사되고 있는 사람들의 모습이 타락한 관습의 오점 때문만이 아니라 본성의 부패함 때문에 그렇게 되었다는 사실 말이다. 이를 사실로 받아들이지 않으면, '사람이 스스로 잃어버린 바 되었으므로 주님의 긍휼하심이 아니고서는 사람에게 구원이 있을 수 없다'는 사도의 논지(참조. 롬 3:23 이하)는 성립될 수가 없는 것이다. 여기서 나는 바울이 이 구절들을 임의로 부적절하게 인용하고 있다고 생각하지 못하도록 의심을 제거할 목적으로, 굳이 이 구절들의 적절성을 증명하려고 수고할 생각은 없다. 나는 이 진술들을 바울이 선지서에서 인용한 것이 아니라 그 자신이 처음 말한 것들로 가정하고 논의를 전개할 것이다. 우선 그는 사람에게서 의를, 즉 성실성과 순결을 제거해 내고, 그 다음에는 건전한 지성을 제거해 낸다(롬 3:10-11). 과연 하나님께로부터 배도(背道)하였다는 것이야말로 지성이 결핍되어 있음을 입증해 준다. 왜냐하면 하나님을 구하는 것이 지혜의 근본이기 때문이다. 그러므로, 하나님을 저버린 모든 사람들에게서 반드시 이런 결점이 나타나기 마련인 것이다. 그리고 그는 모든 사람이 타락하여, 말하자면 부패하였으므로 선을 행하는 자가 하나도 없다고 덧붙인다. 그리고 그 다음에는 그들이 — 그들이 이미 사악함 속에 내던져진 상태에서 — 자기들의 지체들을 더럽히는 부끄러운 행위들을 덧붙인다. 그리고 마지막으로, 우리가 하나님의 다스림을 받아 인생의 발걸음을 옮겨야 하는데도 불구하고 사람들에게 하나님을 두려워하는 것이 없다고 선언하고 있다.

만일 이러한 상태들이 인류가 처음부터 물려받은 것이라면, 우리의 본성에서 선한 것을 찾으려 하는 것 자체가 헛된 일일 것이다. 사실, 나는 이 모든 사악한 특질들이 각 사람에게서 다 나타난다고 보지는 않는다. 그러나, 이 히드라(hydra: 희랍 신화에 나오는 머리가 아홉 달린 뱀. 머리 하나를 자르면 머리 둘이 돋아남. 근절이 불가능한 고질[痼疾]을 나타내는 비유적인 표현: 역자주)가 각 사람의 가슴속에 잠복해 있다는 것은 결코 부인할 수가 없는 것이다. 몸 속에 질병의 원인이 잠복해 있어서 키워지고 있을 경우(물론 고통은 아직 나타나지 않지만) 그 몸을 건강하다고 할 수 없듯이, 영혼도 그 속에 악의 열병들이 가득 차 있다면 그 영혼을 일컬어 건강하다고 할 수 없을 것이다. 그러나 이런 비유가 세세한 모든 사실에까지 맞는 것은 아니다. 왜냐하면 질병에 걸린 몸에서는 그래도 아직 생명력이 남아 있으나, 이처럼 사망의 깊은 골짜기에 던져져 있는 영혼의 경우는, 악의 짐을 지고 있을 뿐 아니라 모든 선한 것이 철저하게 결핍되어 있는 법이기 때문이다.

3. 사람의 본성적인 악의 발동을 억제하시는 하나님의 은혜

이미 앞에서 답변한 것과 거의 동일한 한 가지 문제를 여기서 새롭게 맞게 된다. 곧, 각 시대마다 본성의 인도를 받아 평생토록 덕을 향하여 진력하는 사람들이 있었다는 사실이다. 그 사람들의 도덕적인 처신에 여러 가지 실수들이 있다 해도, 그들을 폄하할 생각은 조금도 없다. 그들이 정직을 지키기 위하여 그렇게 열심을 가졌다는 사실 자체가 그들의 본성에 무언가 순결함이 있었다는 증거가 되기 때문이다. 그런 덕행들이 하나님 보시기에 어떤 가치가 있는가에 대해서는 행위의 공로를 논하면서 좀 더 충실히 다루게 되겠지만, 여기서도 그것에 대해서 잠시 논의하고자 한다. 현재 우리의 논지를 전개해 나가는 데에 그것이 필요하기 때문이다.

이 사람들의 예를 보면, 사람의 본성을 전적으로 부패한 것으로 보는 우리의 논지가 잘못된 것처럼 보인다. 스스로 품행에 있어서도 탁월할 뿐 아니라, 평생토록 지극히 존귀한 삶을 사는 사람들이 있기 때문이다. 그러나 여기서 우리는 인간 본성의 부패한 상태 속에 하나님의 은혜가 개입하고 있다는 점을 생각해야 할 것이다. 부패한 본성을 깨끗이 씻는 은혜가 아니라 내적으로 그 부패성을 억제시키는 은혜 말이다. 만일 주께서 각 사람의 심령이 그 욕심에 따라 마구 행하도록 그냥 내버려 두셨다면, 바울이 사람의 본성을 정죄하며 지적하는 악한 것들이 모두 자기 속에 정말로 있다는 것을 스스로 드러내 보이지 않을 사람이 하나도 없을 것이다(시 14:3; 롬 3:12).

그렇다면 무엇인가? 여러분은 여러분 자신이, "그 발은 피 흘리는데 빠르고"(롬 3:15), "그들의 목구멍은 열린 무덤이요 그 혀로는 속임을 일삼으며 그 입술에는 독사의 독이 있고"(롬 3:13), 그들의 일은 쓸데없고, 사악하며, 썩었고, 죽은 것이며, 그 마음에는 하나님이 없고, 그의 가장 은밀한 내면에 타락이 있고, 그 눈이 모략에만 가 있고, 그 심령으로 욕하기를 즐겨하며, 한 마디로, 각 부분마다 무한한 악을 범할 준비를 갖추고 있는 사람(참조. 롬 3:10-18)의 부류에 속하지 않는다고 보는가? 사도께서 담대히 선포하는 그런 가증한 것들에게 각 심령이 모두 굴복해 있다면, 주께서 만일 인간의 욕심이 이끌리는 대로 마구 방황하도록 허락하실 경우에 과연 어떤 일이 일어나겠는지를 확실히 보게 되는 것이다. 아무리 미친 짐승도 그처럼 마구 날뛰지는 않을 것이고, 아무리 거세게 흘러내려가는 강물도 그처럼 미친 듯이 홍수로 돌변하지는 않을 것이다.

주께서는 그의 택하신 자들의 경우 이런 질병들을 고쳐 주시는데, 이에 대해서는 잠시 후에 설명하기로 하겠다. 그러나 그 이외의 사람들에 대해서는, 그들이 마구 날뛰지 못하도록 그들에게 족쇄를 채워서 억제하기만 하시는 것이다. 그들을 그렇게 억제시키는 것이 모든 것을 보존시키는 데 유익하다는 것을 미리 보시기 때문이다. 그리하여 어떤 이들은 부끄러움 때문에 파렴치한 짓을 하지 못하게 억제를 받기도 하고, 어떤 이들은 법에 대한 두려움 때문에 억제를 받기도 한다. 그러면서도 대개 자기들의 부정함을 감추지 않는 것은 물론이다. 또 어떤 이들은, 정직한 삶의 자세가 유익하다는 것을 알고서, 어느 정도 그것을 사모하기도 한다. 그리고 또 어떤 이들은 일반적인 수준을 뛰어넘어서, 자기들의 탁월함으로 나머지 사람들에게 복종을 받으려 하기도 하는 것이다. 결국, 하나님께서는 그의 섭리로써 본성의 사악함을 억제하셔서 그것이 행동으로 터져 나오지 않도록 하시되, 그 본성을 속에서 정결하게 씻지는 않으시는 것이다.

4. 사람에게 나타나는 덕성은 하나님의 은혜의 선물임

그러나 아직 문제가 완전히 해결된 것은 아니다. 카밀루스(Camillus)나 카틸리나(Catilina)[1]나 서로 다를 것이 없는 것으로 간주하든가, 아니면 인간의 본성도 조심스럽게 배양하면 전혀 선이 결핍되는 것만은 아니라는 것을 카밀루스의 예가 입증해 주는 것으로 간주하든가 둘 중의 하나를 택해야 할 것이기 때문이다. 사실 카밀루스에게서 나타나는 그 고귀한 것들이 하나님의 선물이요 또한 그것들 자체로 판단하면 정말 칭찬할 만하다는 것은 나도 인정한다. 그러나, 과연 어떻게 그런 것들이 그가 본성적으로 선했다는 증거가 될 수 있겠는가?

우리는 그의 마음에게로 다시 돌아가서 그것을 근거로 하여 다음과 같이 생각해야 마땅하지 않겠는가? 곧, 육에 속한 자연인이 그토록 도덕적 성실함이 탁월했다면, 인간 본성이 덕을 배양할 능력이 결핍된 것이 아니었다고 말이다. 그러나, 만일 그 마음이 사악하고 뒤틀려 있어서 오로지 불의만을 따랐었다면 어떻게 되는가? 그런데, 카밀루스가 자연인이었다는 것을 인정하게 되면, 그 사람이 그랬다는 것이 틀림없는 사실일 수밖에 없다. 만일 그렇게 고귀한 성실의 모습 속에서도 언제나 부패를 재촉하는 면이 드러난다면, 과연 어떻게 인간 본성에 선을 행할 능력이 있다고 주장하겠는가?

그러므로 덕의 모습을 취하고 있지만 그 밑에 그 사람의 악이 도사리고 있을 경우 그 사람의 덕성을 칭찬할 수 없는 것처럼, 의지가 그 자신의 타락성 속에 그대로 있는 한, 인간의 의지에 올바른 것을 추구할 능력이 있다고 인정할 수가 없는 것이다.

그러나 이 문제에 대한 가장 확실하고도 손쉬운 해결책이 바로 여기에 있으니, 곧 이런 덕성의 모습들이 인간 본성에 공통적으로 주어진 은사가 아니라, 본래 악한 상태에 있는 사람들에게 하나님께서 다양한 방식으로 정도가 다르게 베풀어주시는 하나님의 특별한 은혜들이라는 것이 그것이다. 그렇기 때문에 우리가 일상적인 대화에서, 이 사람은 선한 성품을 지녔고 저 사람은 악한 성품을 지녔다는 식으로 흔히 이야기하며, 그러면서도 그 두 종류의 사람을 보편적인 인간의 부패성 아래 포함시키기를 주저하지 않으며, 그저 한 사람에게는 주께서 특별한 은혜를 베푸셨고, 다른 사람에게는 그 은혜를 베푸시지 않은 것뿐이라고 보는 것이다.

하나님께서는 사울을 왕으로 세우고자 하실 때에 그를 변화시켜 새 사람이 되게 하셨다(삼상 10:6). 그렇기 때문에, 플라톤은 호메로스의 전설을 지칭하면서 왕들의 아들들이 무언가 유별난 증표들을 갖고 태어난다고 말하는 것이다.[2] 하나님께서는 인류를 위하여, 통치를 담당하게 될 사람들에게 영웅적인 기상을 베푸시는 경우가 많으므로, 역사상 칭송 받는 위대한 지도자들의 덕목들이 바로 거기서 나오는 것이다. 일반적인 개개인들의 경우도 똑같은 방식으로 보아야 한다. 그러나 사람이 아무리 뛰어났다 할지라도, 그 자신의 야망이 언제나 그 사람을 그렇게 밀어붙인 것이므로 — 이 때문에 모든 덕성들이 더럽혀져서 하나님 앞에서 모든 호의를 잃어버리고 만다 — 속된 사람들에게서 아무리 칭찬 받을 만한 점들이 나타난다 할지라도 그 모든 것들이 다 무가치한 것일 수밖에 없는 것이다.

더욱이, 하나님을 영화롭게 하고자 하는 열심이 없으면 그것은 올바름의 가장 주된 부분이 없는 것이다. 그런데 하나님께서 그의 성령으로 말미암아 중생하게 하시지 않은 사람들에게는 이 열심이 있을 수가 없는 것이다. 이사야는 "여호와를 경외하는 영"이 그리스도에게 강림하심을 말씀하는데(사 11:2), 이는 참으로 당연한 말씀이다. 이로써 우리는 그리스도에게서 떠나 있는 모든 사람들에게는, 지혜의 근본인 "여호와를 경외함"(참조. 시 111:10)이 없다는 사실을 가르침 받는 것이다. 헛된 겉모양으로 우리를 속이는 덕행들은 정치 집회에서는 칭찬을 받고 사람들 사이에서는 유명해지겠지만, 하늘의 심판대 앞에서는 의를 얻는 데에 아무런 가치도 없는 것이다.

5. "필연"과 "강제"의 구분

인간의 의지는 죄의 굴레에 완전히 묶여 있기 때문에, 선을 향하여 움직일 수도 없고, 꾸준하게 선을 추구한다는 것은 더더욱 불가능하다. 왜냐하면 그런 움직임은 바로 하나님께로 향하는 회심의 시초인데, 성경은 그것이 전적으로 하나님의 은혜에 달려 있다고 말씀하기 때문이다. 그리하여 예레미야는, 자기를 돌이키시는 것이 하나님의 뜻일진대 자신을 돌이켜 달라고 기도하였다(렘 31:18). 그러므로 그는 또한 같은 장에서, 신자들의 영적 구속(救贖)을 묘사하면서, 여호와께서 "그들보다 강한 자의 손에서 구속하셨다"고 말씀한다(렘 31:11). 이는 분명 여호와께 버림받아 마귀의 멍에 아래서 행하는 동안 죄인이 얼마나 단단한 족쇄에 묶여 있는가를 시사해 주는 것이다. 그러나 여전히 의지는 그대로 남아 있어서, 죄를 향하여 강력한 애착을 갖고 그 쪽으로 향하는 것이다. 그러니 사람이 이런 처지에 있다고 해서 의지를 빼앗기는 것은 아니고, 다만 의지의 건전성(健全性)을 빼앗기는 것이다. 베르나르는, 의지를 발휘하는 것이 우리 모두에게 있으나, 선을 향하여 의지를 발휘하는 것은 이익이고, 악을 향하여 의지를 발휘하는 것은 손해가 되며, 따라서 단순히 의지를 발휘하는 것은 사람에게 속한 것이요, 악을 향하여 의지를 발휘하는 것은 부패한 본성에서 비롯되는 것이며, 선을 향하여 의지를 발휘하는 것은 은혜에서 비롯되는 것이라고 가르치는데, 충분히 일리 있는 가르침이라 할 것이다.[3]

자, 자유를 빼앗긴 의지는 필연적으로 악으로 이끌릴 수밖에 없다는 내 말을 납득하기 어려운 것으로 생각하는 사람이 있다면, 참 의아스러운 일이다. 나의 말은 경건한 사람들의 말과 어긋나거나 이질적인 점도 전혀 없는 것이기 때문이다. 그 말이 사람들에게 거슬리는 것은, 그들이 필연(necessity)과 강제(compulsion)를 서로 구분하는 것을 모르기 때문인 것이다. 가령 누군가가 그들에게, 하나님은 필연적으로 선하지 않으신가? 마귀는 필연적으로 악하지 않은가? 라고 묻는다면, 무어라 대답하겠는가? 하나님의 선하심이 그의 신성과 너무나도 밀착되어 있어서, 그가 하나님이신 것이나 그가 선하신 것이나 똑같이 그럴 수밖에는 없는 것이다. 마귀 역시 타락으로 말미암아 선에 참여하는 것에서 완전히 끊어져 버렸으므로, 그는 악 이외에는 할 수 있는 일이 없는 것이다. 그러나 가령, 어떤 사람이 하나님을 모욕하려고, 하나님께서는 강제로라도 자신의 선하심을 보존하지 않으실 수 없으니 그가 선하다는 것에 대해서 굳이 칭찬을 받으실 이유가 없다는 식으로 빈정거린다고 하자. 그럴 경우에는 곧바로 답변할 수가 있다. 곧, 하나님께서 악을 행하지 못하시는 것은 그렇게 못하시도록 어떤 강제적인 압력을 받기 때문이 아니라, 그가 한량없이 선하시기 때문이라는 것이다. 그러므로, 하나님께서 마땅히 선을 행하실 수밖에 없다 할지라도 그것 때문에 선을 행하는 하나님의 자유 의지가 전혀 방해를 받지 않는다면, 또한 마귀가 오직 악 이외에는 아무것도 행하지 못하지만, 그럼에도 불구하고 자기의 의지로 악을 행하는 것이라면, 사람이 죄를 지을 수밖에 없는 필연성 아래 있다고 해서, 그 사람이 의지와는 별 상관없이 죄를 짓는 것이라고 말할 사람이 어디 있겠는가? 아우구스티누스는 여러 곳에서 이러한 필연성에 대해서 말하고 있다. 코엘레스티우스(Coelestius)가 이에 대해 트집을 잡으며 그를 비난했지만, 그는 주저하지 않고 이렇게 단언하였다. "자유를 통해서 사람이 죄 가운데 있게 되었지만, 그에 대한 형벌로 나타난 부패성이 자유를 필연으로 바꾸어 놓은 것이다."[4] 그는 이 문제에 대해서 언급할 때마다, 주저하지 않고 이를 필연적인 죄의 속박으로 말하고 있는 것이다.[5]

그렇다면, 이러한 구분에서 가장 중요한 사실은, 사람이 타락에 의하여 부패하였을 때에 강제에 의해서 억지로 죄를 지은 것이 아니라 자신의 의지로 죄를 지은 것이며, 강압에 의해서가 아니라 자기 마음의 강력한 이끌림에 의해서 죄를 지은 것이요, 외부로부터 어떤 억압에 의해서가 아니라 자기 자신의 욕심에 이끌려 죄를 지은 것이라는 것이다. 그의 본성이 너무나 부패해 있어서 그는 오직 악을 향해서만 움직일 수가 있다. 그러나 이것이 사실이라면, 이는 사람이 분명 죄를 지을 수밖에 없는 필연성에 매여 있다는 것이 분명히 드러나는 것이다.

베르나르도 아우구스티누스의 견해에 동의하여 이렇게 쓰고 있다. "모든 생물들 가운데 오직 사람만이 자유롭다. 그런데 죄가 개입함으로 인하여 사람 역시 일종의 폭력을 당하는 처지가 되었는데, 이것으로 그의 본성이 아니라 그의 의지가 해를 입은 것이다. 그럼에도 그가 본래 부여받은 자유는 빼앗기지 않고 그대로 있는 것이다." 그리고 조금 뒤에 가서는 이렇게 쓰고 있다. "무언가 비열하고도 이상한 방식으로, 그 의지 자체가 죄로 말미암아 더 악하게 변하여 그 자체가 필연이 되어 버린다. 그렇기 때문에, 필연이 — 그것이 의지에 속하면서도 — 의지에게 변명할 기회를 주지도 않고, 반대로 의지도 — 그것이 이끌림을 받아 그릇된 상태로 나아가지만 — 필연을 배제할 기회를 갖지 못하는 것이다. 이 필연이 말하자면 자의적인 것이기 때문이다.”

그리고 더 뒤에 가서는, 우리를 압박하는 멍에는 다른 것이 아니라 일종의 자의적인 종노릇의 멍에이며, 따라서 의지가 자유로울 때에 스스로 죄의 종이 되었으니 종노릇의 상태를 보면 비참하기 이를 데 없고, 의지를 보면 변명의 여지가 없는 것이라고 말한다. 그러면서 그는 다음과 같이 결론을 짓는다. “이렇듯 영혼은, 무언가 이상스럽고도 악한 방식으로, 자의적이면서도 그릇 자유로운 필연성 아래에 있어서, 종노릇하면서도 동시에 자유로운 것이다. 필연 때문에 종 노릇하는 것이요, 의지가 있으니 자유로운 것이다. 그리고 더 이상스럽고 더 한 심스러운 일은, 영혼이 자유롭기 때문에 죄책이 있으며, 죄책이 있기 때문에 종 노릇의 상태에 있는 것이요, 결국 자유롭기 때문에 종노릇하는 상태에 있다는 것이다.”[6]

독자들은 분명 내가 무언가 새로운 논리를 제시하는 것이 아님을 알 것이다. 이것은 그 옛날 아우구스티누스가 가르쳤고 또한 모든 경건한 자들이 동의하였으며, 거의 천여 년이 지난 지금에 와서도 수도원들에서 유지되고 있는 가르침이기 때문이다. 그런데 롬바르드가 필연과 강제를 서로 구분하는 법을 알지 못하여, 치명적인 오류가 끼어들도록 빌미를 제공한 것이다.

(인간의 의지는 내적으로 주어지는 하나님의 은혜의 결과임. 6-14)

6. 전면적인 회심이 있어야 하며, 이는 전적으로 하나님의 역사임

반면에, 하나님의 은혜가 본성적인 부패의 교정과 치료를 위하여 제공하는 치유책이 무엇인지를 살펴볼 필요가 있을 것이다. 주께서는 우리에게 결핍된 것을 베풀어주심으로써 우리를 도우시므로, 그 도우심의 본질이 우리 속에서 드러날 때에 우리의 결핍된 사정도 곧바로 드러나게 된다. 사도는 빌립보의 교인들에게 “너희 안에서 착한 일을 시작하신 이가 그리스도 예수의 날까지 이루실 줄을 우리는 확신하노라”(빌 1:6)고 말씀하고 있는데, 여기서 “착한 일의 시작”이란 곧, 의지 속에서 이루어지는 회심(回心: conversion) 그 자체의 시작을 뜻한다는 것이 의심의 여지 없는 사실이다. 하나님께서는 우리 마음속에서 의를 향한 사랑과 욕망과 열정을 불러일으키심으로써, 아니 좀 더 정확히 말하자면, 우리의 마음을 돌이키시고, 훈련시키고, 인도하셔서 의를 향하도록 하심으로써, 우리 속에서 착한 일을 시작하시며, 더 나아가서, 우리를 끝까지 인내하도록 확정지으심으로써 그의 일을 완성시키시는 것이다. 아무도, 인간의 의지 그 자체는 연약한데 주께서 그 의지를 도우셔서 그 착한 일이 시작되는 것이라는 식으로 둘러대지 못하도록 하기 위하여, 성령께서는 다른 곳에서 인간의 의지 그 자체가 홀로 할 수 있는 일이 무엇인지를 선포하신다. "새 영을 너희 속에 두고 새 마음을 너희에게 주되 너희 육신에서 돌 같은 마음(한글 개역 개정판은 '굳은 마음'으로 번역하고 있다. 역자주)을 제거하고 살 같은 마음(한글 개역 개정판은 '부드러운 마음'으로 번역하고 있다. 역자주)을 줄 것이며 또 내 신을 너희 속에 두어 너희로 내 율례를 행하게 하리니 너희가 내 규례를 지켜 행할지라"(겔 36:26-27).

누가 감히 인간의 의지의 연약함이 하나님의 도우심으로 강건하게 되어 선한 것을 선택하기를 효과적으로 사모하게 된다고 말하겠는가? 인간의 의지가 완전히 변화되고 새로워져야 할 것을 본문이 말하고 있지 않은가?

만일 돌에 신축성이 있어서 어떤 수단을 가하여 그것을 부드럽게 하여 다소나마 휘도록 만들 수 있다면, 사람의 마음도 그 불완전한 것을 하나님의 은혜로 보충 받아서 올바른 것에 순종하도록 만들 수 있다는 것을 부인하지 않겠다. 그러나, 만일 성령께서 위의 비유적인 말씀을 통해서, 사람의 마음이 완전히 새로운 것이 되지 않고서는 아무리 해도 거기서 선한 것이 나올 수 없다는 사실을 보여주기를 바라신 것이라면, 오직 하나님 자신의 역사하심으로 되는 일을 하나님과 우리가 협력하여 이루는 것처럼 생각해서는 안 될 것이다. 만일 하나님께서 우리를 회심하게 하사 올바른 것을 향하여 열심을 갖게 하시는 일이 마치 돌이 변하여 살(肉)이 되는 것과도 같다면, 우리 자신의 의지에 속하는 모든 것이 다 지워지고, 전적으로 하나님께로부터 오는 것이 그것을 대신하는 것이다. 단언하거니와, 그 의지가 지워지는 것이다. 의지 자체가 사라지는 것은 아니다. 사람이 회심한다 해도, 그의 본래 부여받은 본성의 본질적인 요소는 모두 그대로 남아 있기 때문이다. 다시 말하거니와, 의지가 새로이 창조되는 것이다. 의지가 비로소 존재하기 시작한다는 뜻이 아니라, 악한 의지가 선한 의지로 완전히 탈바꿈한다는 뜻이다. 분명히 단언하거니와, 이 일은 전적으로 하나님께서 행하시는 일이다. 왜냐하면 동일한 사도의 증언에 따르면, 우리로서는 생각할 수 있는 능력조차도 없기 때문이다(고후 3:5).

그리하여 그는 다른 곳에서, 하나님께서는 연약한 의지를 도우시고 부패한 의지를 교정시키실 뿐 아니라, 우리 속에서 의지를 갖도록 역사하기도 하신다고 말한다(빌 2:13). 이로 보건대, 이미 말한 바와 같이, 의지 속에 있는 모든 선한 것이 다 오직 은혜의 역사라는 것을 쉽게 알 수 있는 것이다. "모든 것을 모든 사람 가운데서 이루시는 하나님"(고전 12:6)이라는 사도의 표현도 이와 같은 의미다. 여기서 그는 하나님의 우주적인 통치를 말하는 것이 아니고, 신자들에게서 뛰어나게 나타나는 바 모든 선한 것들에 대해서 한 분 하나님을 찬송하고 있는 것이다. 그리고 "모든"이라는 말로써 사도는 하나님이야말로 처음부터 마지막까지 영적 생명을 이루시는 장본인이심을 선포하고 있는 것이다.

또한 그 전에는 같은 사실을 다른 말로써 가르친 적이 있다. "한 주 예수 그리스도께서 계시니 만물이 그로 말미암고 우리도 그로 말미암아 있느니라"(고전 8:6). 여기서 분명 그는 우리의 공통적인 본성에 속한 모든 것을 쓸어버리는 새 창조를 높이 기려 말하고 있는 것이다. 여기서 우리는 아담과 그리스도가 서로 대비되는 것을 이해해야 한다. 사도는 이를 다른 곳에서 더 분명하게 설명하고 있다. 곧, "우리는 그가 만드신 바라. 그리스도 예수 안에서 선한 일을 위하여 지으심을 받은 자니, 이 일은 하나님이 전에 예비하사 우리로 그 가운데서 행하게 하려 하심이니라"(엡 2:10)라고 가르치는 것이다. 그는 우리의 구원이 값없는 선물임을 입증하고자 한다(참조. 엡 2:5). 모든 선한 것의 시작이 우리가 그리스도 안에서 이르는 바 새로운 제2의 창조로 말미암는 것이기 때문이다. 만일 털끝만큼이라도 우리 자신에게서 오는 것이 있다면, 우리에게도 약간의 공로가 있게 될 것이다. 그러나 바울은 우리에게서 공로를 완전히 벗겨버리고자, 우리는 하나님이 전에 예비하신 선한 일을 위하여 그리스도 안에서 창조함을 받은 존재이므로(엡 2:10) 우리는 아무것도 받을 자격이 없음을 가르치며, 더 나아가, 우리에게 있는 모든 선한 행실들이 다 본래 시초부터 하나님께로부터 온 것임을 가르치고 있는 것이다.

이와 같이 선지자도 시편에서, "하나님이 우리를 지으신 이요", 따라서 우리가 하나님과 공로를 공유할 수가 없음을 말씀한 다음, 곧바로 "우리가 (지은 것이) 아니니"라고 덧붙인다(시 100:3, 한글 개역 개정판은 "우리는 그의 것이니"로 번역하고 있다. 역자주). 전후 문맥으로 보아서, 그는 영적 생명의 시작이 되는 중생을 말하고 있는 것이 분명하다. 왜냐하면 계속해서 "그의 백성이요 그의 기르시는 양이로다"라고 말씀하기 때문이다. 그는 여기서 우리의 구원에 대해서 하나님께 드려야 할 찬송을 그에게 드리는 것에 만족하지 않고, 더 나아가서 우리가 그 구원의 역사에 결코 참여하지 않았음을 분명하게 밝히고 있는 것이다. 이는 마치, 구원의 전부가 하나님께로부터 오는 것이므로 사람에게는 자랑할 것이 조금도 없다고 말하는 것과도 같은 것이다.

7. 인간이 의지로 은혜에 "협력"하는 것이 아님

그러나 개중에는, 의지가 그 본성에 있어서는 선을 대적하며 오직 하나님의 능력으로만 회심한다는 것을 인정하면서도, 일단 그렇게 준비를 갖춘 다음에는 의지가 활동하는 데에서 자기 몫을 한다고 생각하는 사람도 있을 것이다. 아우구스티누스가 가르치듯이, 은혜가 모든 선행에 먼저 작용하는 것이며, 의지는 은혜의 인도자로서 앞서 가는 것이 아니라 그 추종자로서 은혜의 뒤를 따라가는 것이다.[7] 이 거룩한 분은 전혀 악의가 없이 그렇게 가르쳤는데, 롬바르드가 이를 터무니없이 왜곡시켜서 그런 뜻으로 만들어 버린 것이다.[8]

그러나 나는 앞에서 인용한 선지자의 말씀과 기타 여러 구절의 말씀에서 두 가지를 분명히 하고 있다는 것을 주장하고자 한다. (1) 주께서 우리의 악한 의지를 교정시키신다, 아니 그것을 소멸시키신다. (2) 그가 그것을 자기 자신에게서 나오는 선한 의지로 대체시키신다. 은혜가 의지보다 선행한다는 뜻이라면, 의지를 가리켜 은혜의 "추종자"라고 부른다 해도 무방할 것이다. 그러나 변화된 의지 자체가 하나님께서 행하신 것이므로, 사람이 자기의 의지로 그 선행하는 은혜에 순종한다고 보는 것은 그릇된 논리인 것이다. 그러므로, "의지가 없는 은혜도, 은혜가 없는 의지도, 모두 아무것도 할 수가 없다"는 크리소스톰의 진술은 그릇된 것이다.[9] 바로 앞에서 바울의 말에서 보았듯이(참조. 빌 2:13), 은혜가 의지 그 자체까지도 만들어 내는 것인데, 이것을 결국 부인하는 것이기 때문이다. 아우구스티누스가 인간의 의지를 은혜의 추종자라 부르지만, 그는 선행에서 의지가 은혜 다음으로 기능을 발휘한다는 뜻으로 그런 말을 한 것이 아니다. 그의 목적은 다만, 구원의 첫째가는 원인을 사람의 공로에다 두는 펠라기우스의 악한 가르침을 반박하고자 하는 것뿐이었던 것이다.

아우구스티누스가 은혜가 모든 공로보다 앞선다고 주장한 것은, 그 당시 그의 목적에는 그 정도의 주장으로 충분했기 때문이다. 그 과정에서 그는 다른 문제, 즉 은혜의 영구한 효과의 문제는 그냥 지나치고 있는데, 이에 대해서는 다른 곳에서 훌륭하게 논의하고 있다. 그는 여러 곳에서 말하기를, 주께서는 의지가 없는 사람이 의지를 갖게 되도록 역사하시며 또한 의지를 가진 사람이 헛되이 의지를 갖지 않도록 그 뒤를 따르신다고 하면서, 하나님 자신이 전적으로 선행을 하게 하시는 것으로 가르치고 있는 것이다. 이 문제에 대한 그의 진술들이 너무나도 분명하므로 길게 논평할 필요가 없다. 그는 말하기를, "사람들은 우리의 의지 속에서 무언가 하나님의 것이 아닌 우리 자신의 것을 찾으려고 애쓰지만, 그것을 어떻게 찾을는지 나는 모르겠다"고 하였다.[10]

「펠라기우스와 코엘레스티우스에 대한 반론」(*Against Pelagius and Coelestius*) 제1권에서 그는 "아버지께 듣고 배운 사람마다 내게로 오느니라"(요 6:45)라는 그리스도의 말씀을 해석하면서 다음과 같이 말하고 있다. "사람의 의지는 그 행하여야 할 바가 무엇인지를 알도록 도움을 받을 뿐 아니라, 그 아는 바를 행하도록 도움을 받는다. 그리하여 하나님께서는 율법의 문자를 통해서가 아니라 성령의 은혜를 통하여 가르치시며, 이때에 그는 그에게 무엇을 배우든지 그 배운 사람이 아는 바를 깨닫도록 하시고, 또한 의지를 갖고 행하게 하시고, 또한 그 행함으로써 이루도록 그렇게 가르치시는 것이다."[11]

8. 성경의 증거

자, 그러면, 우리가 가장 중요한 문제를 다루고 있으니 만큼, 독자들을 위하여 성경의 몇 가지 아주 선명한 증언들을 들어서 정리하기로 하겠다. 또한 그리고 나서, 우리가 성경을 왜곡시킨다고 비난하지 못하도록 하기 위해서, 이 거룩한 사람 아우구스티누스 역시 우리가 성경에 근거하여 제시하는 그 진리를 증거해 준다는 사실을 입증하기로 하겠다. 우리의 견해를 뒷받침해 주는 성경의 근거들을 일일이 다 제시할 필요는 없고, 나머지 여기저기서 나타나는 모든 증거들을 이해할 수 있도록 해 주는 몇 가지 본문들만을 제시하고자 한다. 또한 여기서, 경건한 사람들이 이구동성으로 가장 큰 권위로 인정하는 그 사람과 나의 견해가 상당히 일치한다는 점을 밝히는 것도 아주 부적절한 것만은 아니라 생각된다.

선(善)의 근원이 오직 하나님께만 있다고 믿을 만한 충족한 이유가 있는 것이 분명하다. 그리고 오직 택하심을 받은 자들에게서만 선을 지향하는 의지를 찾을 수 있다. 그러나 그 택하심의 원인은 사람 바깥에서 찾아야 할 것이다. 그렇다면, 사람이 바른 의지를 갖는 것이 그 자신에게서 비롯되는 것이 아니라, 창세 전에 우리를 택하신 그 동일한 기쁘신 뜻(엡 1:4-5)에서 비롯되는 것이라고 보아야 할 것이다. 또한 이와 유사한 또다른 논지를 여기에 덧붙일 수 있을 것이다. 곧, 바른 의지와 행동의 기원이 믿음에 있으므로, 믿음 그 자체의 근원이 무엇인가를 살펴보아야 한다는 것이 그것이다.

그런데, 성경 전체가 믿음이 하나님의 값없는 선물이라는 것을 선포하고 있으므로, 본성적으로 온 마음으로 악을 지향하는 우리가 선을 향하여 의지를 갖기 시작한다면, 그것은 순전히 은혜로 되는 일이라는 결론이 나오게 된다. 그러므로 여호와께서는 자기 백성을 회심하게 하는 이 두 가지 원리 ― 그들에게서 "돌 같은 마음"을 제거하시고 또한 그들에게 "살 같은 마음"을 주신다는 것(겔 36:26) ― 를 세우시면서, 우리가 의를 향하여 회심하기 위해서는 우리 자신의 것들이 모두 제거되어야 하고, 하나님께로부터 오는 것으로 그것을 대신하여야 한다는 사실을 명명백백하게 천명하시는 것이다.

이런 선언은 한 군데에서만 나오는 것이 아니다. 예레미야서에서도 이렇게 말씀하고 있다. "내가 그들에게 한 마음과 한 길을 주어 … 항상 나를 경외하게 하고"(렘 32:39). 그리고 바로 뒤이어서 "내가 … 나를 경외함을 그들의 마음에 두어 나를 떠나지 않게 하고"(렘 32:40)라고 말씀한다. 또한 에스겔서에서는 이렇게도 말씀한다. "내가 그들에게 한 마음을 주고 그 속에 새 영을 주며 그 몸에서 돌 같은 마음을 제거하고 살처럼 부드러운 마음을 주리니"(겔 11:19). 곧, 우리의 회심이 새 영과 새 마음의 창조임을 증거하고 있는 것이다. 우리의 의지 속에 있는 선과 의로움의 모든 흔적을 우리에게서 취하여 온전히 하나님께만 돌려야 한다는 사실을 이보다 더 선명하게 보여주는 사실이 어디 있겠는가? 완전히 개조되기 전에는 우리의 의지로부터 아무것도 선한 것이 나올 수 없으며, 또한 의지가 개조된 이후에도, 우리의 의지가 선한 것은 우리 자신이 아니라 하나님께 그 원인이 있다는 결론이 언제나 똑같이 성립되는 것이다.

9. 선행은 처음부터 끝까지 하나님의 역사하심으로 말미암음

거룩한 사람들의 기도에서도 동일한 뜻을 읽어낼 수 있다. 솔로몬은 이렇게 기도한다. "우리의 마음을 주께로 향하여 그의 모든 길로 행하게 하시오며 우리 조상들에게 명령하신 계명과 법도와 율례를 지키게 하시기를 원하오며"(왕상 8:58). 그는 여기서 우리 마음의 완악함을 지적하고 있다. 그 마음이 본성적으로 하나님의 율법을 대적하는 일을 자랑으로 삼는다는 것이다. 시편에서도 동일한 견해가 나타난다. "내 마음을 주의 증거들에게 향하게 하시고 탐욕으로 향하지 말게 하소서"(시 119:36). 우리는 완악한 불순종으로 이끌림을 받는 사악한 마음의 움직임과, 또한 순종하도록 바꾸어지는 이런 교정이 서로 대립되는 것임을 항상 주목하여야 할 것이다. 다윗은 자신이 한동안 하나님의 은혜에서 떠나 있음을 느끼고서 "하나님이여 내 속에 정한 마음을 창조하시고 내 안에 정직한 영을 새롭게 하소서"(시 51:10)라고 기도하고 있으니, 그는 과연 자기 마음의 모든 부분들이 불결함으로 가득 차 있고 그의 영이 부패한 상태에서 왜곡되어 있음을 스스로 인정하는 것이 아니고 무엇인가?

더욱이, 그는 자신이 바라고 있는 그 정결한 상태를 "하나님의 창조"라 칭하고 있으니, 그는 그것을 받은 다음 그것을 전적으로 하나님의 역사로 돌리지 않겠는가? 만일 누구라도 바로 이 기도야말로 경건하고도 거룩한 기질의 증표라고 하며 이의를 제기한다면, 그것은 곧바로 반박되고도 남는다. 다윗은 이미 부분적으로 회개하였으나, 그는 자신의 과거의 상태를 자신이 경험했던 그 처참한 황폐의 상태와 비교하고 있는 것이다. 그러므로, 하나님께로부터 멀어진 사람의 입장에서 그는 하나님께서 그의 택한 자들에게 중생 시에 베풀어주시는 바를 자기에게도 베풀어달라고 기도하는 것이다. 그러므로, 그는 자신이 새로이 창조함을 받기를 구하였다. 마치 죽은 자 같은 자기가 사탄의 소유권에서 해방을 받아 성령의 도구가 되기를 구한 것이다.

우리의 교만의 방자함은 정말 이상스럽고도 망측하기 그지없다! 여호와께서는 우리에게 노동에서 쉼으로써 그의 안식일을 거룩하게 지키라(출 20:8 이하; 신 5:12 이하)는 명령 이상 철저한 것이 없는데도, 우리는 우리의 노동을 중지하고 하나님의 일을 그 정당한 자리에 올려놓기를 다른 무엇보다도 싫어하는 것이다. 우리의 몰지각함이 중간에 가로막지 않았다면, 우리는 그리스도께서 그의 은혜의 효용성에 대하여 제시하신 분명한 증언을 간과할 수가 없었을 것이다. 그는 이렇게 말씀하신다. "나는 참 포도나무요 내 아버지는 농부라"(요 15:1), "가지가 포도나무에 붙어 있지 아니하면 스스로 열매를 맺을 수 없음 같이 너희도 내 안에 있지 아니하면 그러하리라"(요 15:4), "나를 떠나서는 너희가 아무것도 할 수 없음이라"(요 15:5). 가지를 흙에서 뽑아내어 수분을 끊어버리면 그 가지가 싹을 내지 못하듯이, 우리 스스로 열매를 맺을 수 없는 것이라면, 우리 본성에서 선을 행할 수 있는 가능성을 더 이상 구해서는 안 될 것이다. 그러니, "나를 떠나서는 너희가 아무것도 할 수 없음이라"(요 15:5)는 결론이 의심의 여지 없는 사실이다. 그리스도께서는 우리 자신이 너무나 연약하여 스스로 설 수가 없다고 말씀하지 않으시고, 오히려 우리를 아무것도 아닌 존재로 돌리심으로써 털끝만큼의 능력도 우리에게서 완전히 배제시키시는 것이다.

그리스도께 접붙임을 받으면 우리는 마치 포도나무처럼 열매를 맺는다. 곧, 흙에서 수분을 섭취하고, 하늘의 이슬과 생기를 주는 태양의 열기를 받아 거기서 에너지를 받아 자라나는 것이다. 그러니, 우리가 하나님께 속한 일을 전혀 흠 없이 지킨다 할지라도, 그런 선행에 대한 공로는 조금도 우리의 몫이 아닌 것이다. 다음과 같은 교묘한 주장이 제기되지만 그것도 헛된 것이다. 어떤 이들은, 가지에 이미 수액이 들어 있고, 열매를 맺는 능력이 들어 있으니, 모든 것을 다 흙이나 그 근원적인 뿌리에서 취하는 것은 아니고, 적어도 어느 정도 자기 스스로 충당하는 것이 있다는 식으로 교묘한 주장을 늘어놓으나, 이는 헛된 것에 지나지 않는다. 여기서 그리스도께서 말씀하시는 뜻은 다만 우리가 그에게서 떨어져 있을 때에 우리는 메마르고 무가치한 나뭇조각에 불과하며, 따라서 그를 떠나서는 우리는 선을 행할 능력이 도무지 없다는 것이다. 그는 다른 곳에서도 이 사실을 말씀하신다. "심은 것마다 내 하늘 아버지께서 심으시지 않은 것은 뽑힐 것이니"(마 15:13). 그렇기 때문에, 사도는 이미 앞에서 인용한 구절에서 모든 것을 하나님께 돌리는 것이다. "너희 안에서 행하시는 이는 하나님이시니 자기의 기쁘신 뜻을 위하여 너희에게 소원을 두고 행하게 하시나니"(빌 2:13).

선행의 첫 부분은 의지이며, 나머지 부분은 그것을 행하고자 하는 강한 노력인데, 이 두 가지 모두 하나님으로부터 비롯되는 것이다. 그러므로, 의지에 대해서나 그것을 이루려는 노력에 대해서 조금이라도 우리 것으로 주장하게 되면, 그것은 여호와의 것을 빼앗는 것이 된다. 하나님께서 우리의 연약한 의지를 도우신다고 말하면, 결국 무언가가 우리에게 남아 있는 것이 되고 만다. 그러나 하나님께서 의지를 만드신다고 말하면, 우리의 의지 속에 있는 모든 선한 것들이 다 우리 바깥에서 비롯된 것이 되는 것이다. 그러나 선한 의지라 할지라도 우리 육체의 짐 때문에 눌려서 일어설 수가 없으므로, 사도는 그런 어려움을 이길 수 있도록 우리에게 끊임없는 열심이 충족하게 베풀어진다는 사실을 덧붙이고 있는 것이다(참조. "너희에게 소원을 두고 행하게 하시나니": 역자주). 만일 그렇지 않다면, 그가 다른 곳에서 가르치는 말씀 — "모든 것을 모든 사람 가운데서 이루시는 하나님"(고전 12:6) — 도 사실이라 할 수 없을 것이다. 이미 지적한 바와 같이, 이 진술은 영적 생명의 전 과정을 다 포괄하는 것이다. 그리하여 다윗은 "주의 도를 내게 가르치소서 내가 주의 진리에 행하오리니"라고 간구한 다음, 곧바로 "일심으로 주의 이름을 경외하게 하소서"(시 86:11; 참조. 시 119:33)라고 덧붙이고 있다.

이 말씀은 곧, 아무리 좋은 기질을 지닌 사람이라도 수많은 요인들로 인하여 산란해져 있기 때문에, 끝까지 인내하도록 힘을 얻지 못하면 곧바로 무너지고 타락하고 만다는 뜻을 내포하고 있다. 또한 다른 곳에서 그는, 하나님의 말씀을 지키도록 발걸음을 주장해 달라고 기도한 후에, 싸울 수 있는 힘을 주시기를 간구하고 있다. "어떤 죄악도 나를 주관하지 못하게 하소서"(시 119:133). 그러므로 주께서는 이렇게 하여 우리 속에서 선한 일을 시작하시고 또한 완성하시는 것이다. 의지가 올바른 것에 대한 사랑을 품고, 그것을 향하여 열심을 기울이며, 그것을 이루기 위하여 움직이는 것이 모두 하나님의 행하심인 것이다. 선택과 열심과 노력이 흔들리지 않고 그것을 이루도록 끝까지 나아가는 것이 바로 주님의 행하심이요, 또한 사람이 이런 일들에서 끊임없이 전진하며, 끝까지 인내하는 것도 주님의 행하심인 것이다.

10. 택한 자들에게 주어지는 전적인 하나님의 은혜

하나님께서 의지를 움직이시는 방식은 지나간 여러 시대에 걸쳐서 가르치고 믿어온 바 — 하나님께서는 의지를 움직이신 다음 의지에 순종하는가, 거부하는가를 선택하는 일을 우리에게 맡기셨다는 것 — 와는 달리, 그 의지를 효과적으로 지도하시는 것이다. 그러므로, 우리는 자주 인용되는 크리소스톰의 다음과 같은 진술을 인정해서는 안 될 것이다. "그가 이끄시는 자들은 이끌리기를 바라는 자들이다." 그는 마치 주께서 도움의 손길을 내미신 채로, 우리가 그의 도우심을 기쁘게 받아들이기를 기다리고 계시는 것처럼 말하고 있는 것이다. 사람이 아직 올바른 상태에 있을 동안에는 사람이 어느 쪽으로도 다 기울 수 있는 처지에 있었다는 것은 우리도 인정한다. 그러나, 하나님께서 우리 속에 의지를 주시고 역사하시지 않는 한 인간의 자유 의지가 얼마나 비참한 처지에 있는가를 인간 자신의 모범을 통해서 분명히 보여주셨으니, 하나님의 은혜가 그처럼 적은 분량으로만 우리에게 베풀어진다면, 과연 우리는 어떻게 되겠는가? 그런데도 우리는 우리의 감사할 줄 모르는 자세로 그 은혜를 가리고 보잘것없는 것으로 만드는 것이다. 사도는 우리가 받아들일 경우에 우리에게 선한 의지의 은혜가 베풀어지는 것이 아니라, 하나님께서 그 은혜가 우리 속에서 역사하기를 원하신다고 가르치는 것이다. 곧, 주께서 그의 성령으로 말미암아 우리 마음을 지도하시며, 기울게 하시며, 다스리시고, 또한 그 마음을 자신의 소유로 여기사 그 속에서 통치하신다는 것이다. 사실, 여호와께서는 에스겔을 통하여 그가 자기의 택하신 자들에게 새 영을 주셔서 그의 계명을 따라 행할 수 있도록 하실 것이며, 또한 그들이 실제로 그렇게 행하도록 하시겠다고 약속하시는 것이다(겔 11:19-20; 36:27).

여기서, "아버지께 듣고 배운 사람마다 내게로 오느니라"(요 6:45)라는 그리스도의 말씀도 다른 의미가 아니라, 하나님의 은혜 그 자체가 효력을 지니고 있다는 뜻으로 이해할 수 있다. 아우구스티누스도 이를 주장한다.[12] 오컴(Ockham)은(내가 잘못 알고 있는 것이 아니라면), 자기에게 있는 바를 행하는 사람에게는 반드시 은혜가 임한다고 공공연히 주장하지만, 주께서는 모든 사람이 차별 없이 다 이 은혜를 받을 자격이 있다고 여기지 않으신다. 분명 하나님의 자비하심은 그것을 구하는 모든 자들에게 예외 없이 제시된다는 것을 사람들에게 가르쳐야 할 것이다. 그러나 하늘의 은혜의 감동을 받은 자들만이 그의 자비하심을 구하기 시작하는 법이므로, 하나님께서 받으셔야 할 찬양을 티끌만큼이라도 그 사람들이 받아야 할 것으로 주장해서는 안 되는 것이다. 하나님의 성령으로 말미암아 중생하여 하나님의 인도하심을 받아 움직이며 다스림을 받는 것이야말로 분명 택하심을 받은 자들의 특권인 것이다. 이 때문에, 아우구스티누스는 의지의 움직임의 어느 부분이 자기들이 한 일이라고 주장하는 자들을 향하여 조롱하며, 또한 값없는 선택에 대한 특별한 증거가 모든 사람들에게 차별 없이 주어진다고 생각하는 자들을 질책하고 있다. 그는 "본성은 우리 모두에게 똑같이 있으나, 은혜는 그렇지 않다"고 한다. 아우구스티누스는, 하나님께서 친히 원하시는 자들에게 베푸시는 것이 전반적으로 모든 사람에게 다 주어진다는 견해를 가리켜, 그저 허망함만으로 번쩍이는 유리처럼 깨어지기 쉬운 교묘한 재치라고 부르고 있다.

그리고 다른 곳에서는 이렇게 말한다. "여러분은 과연 어떻게 나아왔습니까? 믿음으로 왔지요. 여러분 스스로 올바른 길을 찾았다고 생각하는 동안에 그 올바른 길에서 벗어나 망하지 않을까 두려워하십시오. 여러분은 말하기를, 내가 나 자신의 자유로운 선택으로, 나 자신의 자유 의지로 나아온 것이라고 합니다. 여러분, 어째서 그렇게 우쭐해져 있습니까? 그것 또한 여러분에게 베풀어진 것임을 알고 싶습니까? 주께서 하시는 말씀을 들으세요. '아버지께서 이끌지 아니하시면 아무도 내게 올 수 없으니'(요 6:44)라고 말씀하십니다."[13]

또한 다음의 요한의 말씀에서 우리는, 경건한 자들의 마음이 하나님께 효과적으로 지배를 받아 그들이 흔들리지 않는 의지로 그를 따르게 된다는 사실을 확고한 결론으로 삼을 수 있을 것이다. "하나님께로부터 난 자마다 죄를 짓지 아니하나니 이는 하나님의 씨가 그의 속에 거함이요"(요일 3:9). 궤변가들은 사람들이 자유로이 순종할 수도 있고, 거부할 수도 있는 소위 중간적인 움직임을 상상하지만, 그것은 결코 가당치 않은 것이다. 끝까지 변치 않는 유효적인 견인(堅忍)의 가르침이 그것을 배제하기 때문이다.

11. 견인도 하나님의 은혜임

사람에게 베풀어지는 최초의 은혜에 대하여 개개인이 얼마나 그것을 받아들이는가에 따라 인간의 공로에 비례하여 견인(堅忍)이 주어진다는 식의 사악하기 그지없는 오류가 만연되어 있지 않다면, 아무런 의심 없이 견인을 하나님의 값없는 선물로 인정할 것이다. 그런 오류는 하나님의 은혜를 무시하거나 받아들이는 것이 사람의 능력에 달려 있다고 생각하는 데에서 생겨난 것이니, 그런 생각이 쓸려나가면, 그 오류 역시 무너지고 마는 것이다. 그러나, 이 오류는 사실 이중적인 것이다. 최초의 은혜에 대하여 감사하며 그것을 정당하게 사용하면 그 이후에 상급으로 선물들이 주어진다고 가르치며, 또한 그 은혜가 단독으로 우리 속에서 역사하는 것이 아니라, 우리와 함께 협력하는 것일 뿐이라고도 가르치는 것이다.

전자의 가르침에 대해서, 우리는 당연히 다음과 같이 믿어야 마땅하다. 곧, 주께서 그의 종들을 날마다 풍성하게 하시며 그들에게 그의 은혜의 새로운 선물들을 쌓아 주시지만, 자신이 그들 속에서 시작하신 그 일을 기쁘게 받으시므로, 그들에게 더 큰 은혜를 부어 주사 그 일을 계속하게 하신다는 것이다. "무릇 있는 자는 받아 풍족하게 되고"(마 25:29; 눅 19:26)라는 말씀이나, "잘 하였도다

착하고 충성된 종아, 네가 적은 일에 충성하였으매 내가 많은 것을 네게 맡기리니"(마 25:21, 23; 눅 19:17)라는 말씀이 바로 이를 의미하는 것이다. 그러나 여기서 우리는 두 가지를 경계해야 할 것이다. ⑴ 최초에 주어지는 은혜를 정당하게 사용할 때에 그 뒤에 이어지는 은혜들로 상급을 받는다고 말해서는 안 된다는 것. 이는 마치 사람이 자기의 노력으로 하나님의 은혜를 효력 있게 만드는 것처럼 여기는 것이다. ⑵ 상급이 하나님의 값없는 은혜에 속한 것이 아니라고 생각해서는 안 된다는 것. 먼저 받은 은혜를 잘 사용할 때에 그 후에 더 많은 은혜들이 주어지는 그런 하나님의 축복을 신자들이 얼마든지 기대할 만하다는 것은 나도 인정한다. 그러나 단언하건대, 은혜를 그렇게 사용하는 것 역시 주께로부터 오는 것이며, 따라서 이에 대한 상급 역시 하나님의 값없는 자비하심에서 나오는 것이다. 그런데 그들은, 역사하는 은혜와 협력하는 은혜를 서로 구분하는 낡아 빠진 사고[14]를 악하고도 부적절하게 이용하는 것이다.

아우구스티누스도 그런 구분법을 사용하지만, 그러나 적절한 정의를 내림으로써 그것을 완화시키고 있다. 곧, 하나님께서는 자신이 역사하심으로써 시작하신 바를 협력하심으로써 완전하게 하신다고 하는 것이다. 동일한 은혜지만 그 효과의 양상이 달라지는 것에 맞추기 위하여 그 이름을 바꾸어 부르는 것이다.[15] 결국 아우구스티누스는, 하나님과 사람의 역할을 각기 할당하여 각자가 자기의 부분을 적절히 담당함으로써 상호 간에 일치점이 생기게 된다는 식으로 본 것이 아니다. 그는 다만 은혜가 다양하게 늘어난다는 점을 주목하는 것뿐이다. 다른 곳에 나타나는 그의 진술 역시 이런 사실을 보여준다. 그는, 사람이 선한 의지를 갖기 이전에 하나님의 수많은 은사들이 선행하므로, 선한 의지 그 자체도 하나님의 은사들 가운데 속한 것이라고 하였다.[16]

결국 의지가 사람의 것이라고 주장할 만한 것이 하나도 없는 것이다. 바울도 이 점을 분명히 선언한 바 있다. 그는 "너희 안에 행하시는 이는 하나님이시니 … 너희로 소원을 두고 행하게 하시나니"라고 말하면서, 동시에 하나님께서 그 일을 "자기의 기쁘신 뜻을 위하여" 행하신다고 말하는 것이다(빌 2:13). 이 표현은 곧, 하나님의 자비하심이 값없이 주어진다는 뜻이다. 이에 대하여 우리를 대적하는 자들은 대개, 일단 최초의 은혜를 받은 다음에는 우리 자신의 노력이 그 이후에 오는 은혜와 협력한다는 식으로 이야기한다. 그러나 곧 만일 그들의 말이, 우리가 주님의 능력으로 단번에 의를 순종하도록 된 이후에, 우리가 우리 자

신의 능력으로 계속 전진하고 또한 은혜의 역사하심을 따르는 데로 기울어진다
는 뜻이라면, 나는 구태여 이의를 제기하지 않겠다. 왜냐하면 하나님의 은혜가
다스리는 곳에는 반드시 거기에 순종하고자 하는 기꺼운 마음이 있는 것이 너
무나도 분명하기 때문이다. 그러나, 이런 순종하고자 하는 기꺼운 마음이 대체
어디서 오는가? 어디서나 늘 변함이 없으신 하나님의 성령께서 먼저 순종하고
자 하는 마음이 생겨나게 하시고, 또한 그러한 마음을 배양시키시며, 끝까지 변
함없이 나아가도록 강건하게 하시는 것이 아닌가? 그러나 그들의 주장이, 사람
이 스스로 하나님의 은혜와 합작하여 일할 수 있는 능력이 있다는 의미라면, 그
들은 정말 비참하게도 자기들 스스로를 속이고 있는 것이다.

12. 바울의 진술에 대한 곡해

그들은 무지하여, "내가 모든 사도보다 더 많이 수고하였으나 내가 한 것이
아니요 오직 나와 함께 하신 하나님의 은혜로라"(고전 15:10)라는 바울의 말씀을
왜곡시켜서, 자기들의 의도에 맞추어 다음과 같이 이해한다. 곧, 바울로서는 다
른 모든 사도들보다 자기를 더 낮게 말한다는 것이 너무 교만하게 보일 수 있었
으므로, 그는 그것을 하나님의 은혜의 공으로 돌림으로써 자신의 진술을 교정
시키려 하며, 이 과정에서 그는 자기 자신을 은혜에 협력하여 수고하는 자로 보
았다는 것이다. 그렇게 많은 사람들이 다른 점에서는 건전하면서도 이런 하찮
은 지푸라기 같은 문제에 걸려 넘어졌다는 것이 참 놀랍기 그지없다. 사도의 말
씀은 결코, 주님의 은혜가 자기와 더불어 수고하여 자기를 그 수고의 협력자로
만들었다는 뜻이 아니기 때문이다. 오히려 이렇게 수종함으로써 그는 모든 수
고의 공을 오직 은혜에게로 돌리고 있는 것이다. 그는 "내가 한 것이 아니요 오
직 나와 함께 하신 하나님의 은혜로라"(고전 15:10)라고 말씀하는 것이다.

물론, 표현의 애매함 때문에 그들이 속기도 했지만, 그보다는 오히려 라틴어
번역이 어리석게도 헬라어 원문의 정관사의 의미를 놓쳐버린 때문이다. 단어
하나하나를 제대로 번역하게 되면, 그의 말씀은 은혜가 사도와 동역자였다는
뜻이 아니라, 그에게 임하여 있는 은혜가 모든 것의 원인이라는 뜻임이 분명히
드러나는 것이다. 아우구스티누스는 간결하게 이 점을 분명하게 가르치고 있다.
"사람의 선한 의지가 여러 가지 하나님의 은사들보다 선행하지만, 모든 은사들
보다 선행하는 것은 아니다. 그 선행하는 의지 그 자체가 바로 그 은사들에 속하

는 것이다. 성경이 '그의 인자하심으로 나를 앞지르시며'(시 59:10의 의역) 또한 '그의 인자하심이 나를 따르리니'(시 23:6)라고 말씀하기 때문이다. 의지가 없는 사람으로 하여금 의지를 갖도록 은혜가 앞서서 역사하며, 의지를 갖는 사람으로 하여금 헛되이 의지를 발휘하지 않도록 은혜가 뒤따르는 것이다." 베르나르도 이에 동의하여, 교회가 다음과 같이 간구하는 것으로 소개하고 있다. "저에게 의지가 없사오나 저를 이끄사 의지를 갖게 하옵시며, 제가 걸음이 더디오나 저를 이끄사 달리게 하옵소서."[17]

13. 사람의 의지에 작용하는 하나님의 전적인 은혜에 대한 아우구스티누스의 증거

오늘날의 펠라기우스주의자들, 즉 소르본의 궤변가들이 자기들이 늘 해오는 대로, 고대의 모든 교부들이 우리의 견해를 반대한다며 비난하고 있는데, 그것이 사실무근이라는 것을 밝히기 위해서, 아우구스티누스 자신의 진술을 직접 들어보기로 하자. 그들은 사실상 자기들의 조상 격인 펠라기우스를 그대로 모방하고 있는 것이다. 펠라기우스 때문에 아우구스티누스도 같은 상황에 놓이게 되었던 것이다. 아우구스티누스는 발렌티누스(Valentinus)에게 보내는 「책망과 관용」(De Correptione et Gratia)이라는 논고에서 이 문제를 충실하게 다루고 있는데, 여기서는 간결하게 그의 진술을 그대로 인용하여 제시하고자 한다. "만일 아담에게 그럴 의지가 있었다면, 선한 상태로 끝까지 인내하는 은혜가 그에게 주어졌을 것이다. 그런데 우리에게 그 은혜가 주어져서 우리가 의지를 가지게 되며, 그 의지로써 정욕을 극복하게 되는 것이다. 그러므로, 아담이 의지가 있었다면 그럴 수 있는 능력을 받았을 것이다. 그러나 그는 그런 능력을 얻기를 원하지 않았다. 우리에게는 의지와 능력 모두가 주어져 있다. 본래의 자유는 죄를 짓지 않을 수 있는 자유였으나, 우리의 자유는 그보다 더 커서 죄를 지을 수가 없는 자유다."[18]

롬바르드는 이 진술을 그릇 해석하여, 이것이 불멸(不滅) 이후에 오는 완전의 상태를 가리키는 것으로 이해하였으나, 아우구스티누스는 이런 오해를 불식시키기 위하여 조금 뒤에 가서 다시 분명하게 진술하고 있다. "성도들의 의지가 성령으로 말미암아 감동을 받으므로 그들이 간절히 원하게 되어 그 일을 이룰 수 있게 되는 것이요, 그들이 그렇게 원하게 되도록 하나님께서 역사하시기 때문에 그들이 그렇게 원하게 되는 것이다. 가령, 하나님께서 그토록 연약한 상태에 — 물론 사람이 우쭐해지는 것을 막기 위해서 하나님의 능력이 그런 연약한 상태에서 온전하여지지만(참조. 고후 12:9) — 있는 사람들에게 그들 자신의 의지를 그대로 맡겨두셔서, 그들이 의지를 발휘할 경우에 그들이 하나님의 도우심을 받아 끝까지 인내할 능력을 갖게 되도록 해 놓으셨으나, 한편 그들이 의지를 발휘하도록 하나님께서 그들에게 역사해 주지 않으신다고 가정해 보자. 그러면, 온갖 유혹과 연약함 속에서 의지 그 자체가 소멸되어 버릴 것이고, 결국 사람이 끝까지 인내할 수 없게 되어 버리고 말 것이다. 그러므로, 인간의 의지가 아무리 연약할지라도 하나님의 은혜가 거기에 끊임없이 든든히 임하여 도우셔서 그 의지가 소멸되지 않도록 하시는 것이다."[19]

그리고 나서 그는 하나님께서 우리 마음에 역사하실 때에 우리 마음이 필연적으로 거기에 응답한다는 것에 대해서 좀 더 충실하게 논의하고 있다. 그는 말하기를, 주께서는 사람들 자신의 의지를 통해서 그들을 이끄시지만, 그 의지는 바로 하나님께서 친히 이루신 것이라고 한다.[20] 자, 이렇게 해서 우리는 우리가 얻고자 하는 증거를 아우구스티누스의 직접적인 진술에서 얻었다. 이를 정리하자면, 주께서 은혜를 베풀어주셔서 누구나 그것을 받아들이든 거절하든 자유로이 선택할 수 있지만, 그러나 동시에 마음의 선택과 의지를 형성하는 것 자체가 바로 은혜이므로, 그 이후에 이어지는 모든 선행들이 바로 은혜의 열매요 효과이며, 은혜로 말미암아 형성되는 의지 이외에는 복종할 다른 의지가 없다는 것이다. 다른 곳에서 그는 또한, "오직 은혜만이 우리 속에서 모든 선행을 이루어낸다"고 진술하고 있다.[21]

14. 전적으로 은혜에 의지하는 인간의 의지에 대한 아우구스티누스의 가르침

다른 곳에서 그는, 의지가 은혜로 말미암아 제거되는 것이 아니라, 악한 상태에서 선한 상태로 바뀌며 또한 선한 상태로 된 다음에는 은혜의 도움을 받는 것이라고 말한다.[22] 이 말은 곧, 사람이 마치 외부의 힘에 의해서 강제적으로 움직이듯이, 마음의 움직임이 전혀 없이 그렇게 된다는 뜻이 아니라, 내적으로 영향을 받아 마음으로부터 순종하게 된다는 뜻이다. 아우구스티누스는 보니파키우스(Boniface: 422년 사망)에게 보내는 편지에서, 택한 자들에게는 은혜가 다음과 같은 식으로 특별하게 값없이 주어진다고 말하고 있다. "하나님의 은혜가 모

든 사람들에게 다 주어지는 것이 아니라는 것을 우리는 잘 알고 있습니다. 은혜
가 특정한 사람들에게 주어질 때에, 행위의 공로에 따라서나 의지의 공로에 따
라서 주어지는 것이 아니고, 오직 값없는 은혜로서 주어지는 것입니다. 은혜가
주어지지 않는 자들의 경우에도, 하나님의 의로우신 판단 때문에 주어지지 않
는 것이라는 것을 우리는 잘 알고 있습니다."[23]

그는 같은 서신에서, 사람이 최초의 은혜를 거부하지 않음으로써 공로를 세
운 것이고, 그 공로에 따라서 은혜가 계속 주어진다는 견해를 강력하게 반박하
고 있다. 그는, 우리의 행동 하나하나마다 은혜가 필요한데, 그 은혜는 우리의
행위에 대한 보상이 아니며, 그래야만 은혜가 진정 은혜가 된다는 것을 펠라기
우스가 인정하도록 만들고자 한 것이다. 그러나 「책망과 관용」 제8장의 진술만
큼 이 문제를 간결하게 정리해 주는 것은 없다. 거기서 아우구스티누스는 다음
과 같이 가르치고 있다. 첫째로, 인간의 의지는 자유에 의하여 은혜를 얻는 것이
아니라, 은혜에 의하여 자유를 얻는 것이라는 것; 둘째로, 그 동일한 은혜를 통
하여 마음이 감동을 받아 기쁨이 일어나고, 의지가 생겨나 인내하며, 절대로 무
너지지 않는 강건함을 얻게 된다는 것; 셋째로, 은혜가 의지를 지배하는 동안에
는 의지가 절대로 무너지지 않으나, 은혜가 떠나면, 의지는 곧바로 무너지고 만
다는 것; 넷째로, 하나님의 값없는 긍휼하심으로 말미암아 인간의 의지가 선하
게 변화되며, 한 번 변화되면 끝까지 그 상태로 인내한다는 것; 다섯째로, 인간
의 의지를 선하게 변화시키며 또한 변화된 이후 그 상태로 끝까지 인내하는 일
은 전적으로 하나님의 뜻에 달려 있으며, 절대로 인간의 공로에 달려 있는 것이
아니라는 것이다.[24]

이와 같이, 사람에게 남겨져 있는 의지 — 원한다면 이것을 자유 의지라고
불러도 무방할 것이다 — 는, 그가 다른 곳에서 설명하는 바와 같이, 은혜가 없
이는 하나님께로 돌아설 수도 없고 하나님 안에서 계속 인내할 수도 없는 그런
의지요, 그 능력이 어떻든지 간에 그 모든 능력을 은혜로부터 받는 그런 의지인
것이다.[25]

주

1. Camillus는 고귀한 덕성을 지닌 애국자로서 호라티우스, 베르길리우스, 유베날리스 등의
고대의 작가들에게 칭송받는 자요, Catilina는 키케로 등에서 그 사악함을 책망 받은 인

물이다.

2. Plato, *Cratylus*, 393f.

3. Bernard, *Concerning Grace and Free Will*, vi. 16.

4. Augustine, *On Man's Perfection in Righteousness*, iv. 9.

5. Augustine, *On Nature and Grace*, lxvi. 79.

6. Bernard, *Sermons on the Song of Songs*, lxxxi. 7, 9.

7. Augustine, *Letters*, clxxxvi. 3. 10.

8. Lombard, *Sentences*, II. xxvi. 3.

9. Chrysostom, *Homilies on Matthew*, hom. lxxxiv. 4.

10. Augustine, *On the Merits and Remission of Sins*, II. xviii. 28.

11. Augustine, *On the Grace of Christ and on Original Sin*, I. xiv. 15.

12. Augustine, *On the Predestination of the Saints*, viii. 13.

13. Augustine, *Sermons*, xxvi. 3, 12, 4, 7.

14. 참조. 2장 6절.

15. Augustine, *On Grace and Free Will*, xvii. 33.

16. Augustine, *Enchiridion ad Laurent*, ix. 32.

17. Bernard, *Sermons on the Song of Songs*, xxi. 9.

18. Augustine, *De Correptione et Gratia*, xi. 31.

19. Augustine, *De Correptione et Gratia*, xii. 33, 38.

20. Augustine, *De Correptione et Gratia*, xiv. 45.

21. Augustine, *Letters*, cxciv. 5.

22. Augustine, *On Grace and Free Will*, xx. 41.

23. Augustine, *Letters*, ccxvii. 5, 16.

24. Augustine, *De Correptione et Gratia*, viii. 17.

25. Augustine, *Letters*, ccxiv. 7.

제 4 장

사람의 마음속에서 역사하시는 하나님

(하나님의 역사하심과, 사탄과 버림받은 자들의 활동의 상호 관계. 1-5)

1. 자연인의 의지는 마귀의 권세에 사로잡혀 있음

내가 잘못 생각하는 것이 아니라면, 사람이 죄의 멍에 아래 사로잡혀 있어서 자기 본성으로는 선을 사모하고 바랄 수도 없고, 실제로 그것을 이루기 위하여 수고하며 힘쓸 수도 없다는 것을 이미 충분히 입증했다고 본다. 게다가 우리는 강제와 필연을 서로 구분하였는데, 이를 근거로 볼 때에, 사람은 필연에 의하여 죄를 범하지만 그에 못지않게 자발적으로 죄를 범한다는 것이 드러난다. 그러나, 마귀에게 종노릇하는 상태에 매여 있는 동안 사람은 자기 자신의 의지보다는 마귀의 의지에 의해서 움직이는 것 같다. 그러므로 우리로서는 사람의 행동에서 마귀가 행하는 부분과 사람이 행하는 부분을 결정하여야 할 것이다. 그리고 그 다음에는, 악한 행위들 가운데 어느 정도까지를 하나님이 행하시는 것으로 돌려야 할지를 결정해야 한다. 왜냐하면 성경이 하나님께서 악한 행위에 개입하시는 것으로 말씀하기 때문이다.

어디선가 아우구스티누스는 사람의 의지를 마부(馬夫)의 명령을 기다리는 말(馬)에 비유하며, 하나님과 마귀를 그 마부에 비유하고 있다. 그는 이렇게 말하고 있다. "하나님께서 그 말에 올라타시면, 그는 온유하시고 숙련된 마부이시니, 말을 적절히 인도하시고, 너무 천천히 가지 않도록 박차를 가하시고, 너무

빠르지 않도록 고삐를 당기시며, 너무 거칠게 달리지 않도록 제어하시고, 갑자기 멈추어 서면 재촉하셔서 달리게 하시고, 그리하여 올바른 길로 인도하신다. 그러나 마귀가 안장 위에 오르면, 어리석고 방자한 기수처럼 바른 길에서 멀리 벗어나도록 난폭하게 마구 달리게 하고, 도랑에 빠뜨리기도 하고, 벼랑에서 뒹굴게 하고, 때리고 괴롭혀 고집을 부리게 하고 난폭하게 만드는 것이다.”[1]

이보다 더 나은 비유가 떠오르지 않으니, 여기서는 그것으로 만족해야 할 것 같다. 육신에 속한 자연인의 의지는 마귀의 권세에 사로잡혀 있고, 그 권세에 의해서 움직인다고들 말하는데, 이는 마치 종이 원하지 않으면서도 주인의 명령을 받아 억지로 복종하는 것처럼, 우리의 의지가 싫으면서도 어쩔 수 없이 강요를 받아 마귀의 명령을 받는다는 뜻이 아니다. 오히려, 그 의지가 사탄의 간계에 사로잡혀 있어서 반드시 그가 이끄는 대로 복종하여 움직인다는 뜻이다. 주께서는 그의 성령으로 말미암아 인도함 받을 가치가 있게 하신 사람들 이외의 모든 자들을 공의로운 심판으로 사탄의 행동에 내던져 버리시기 때문이다.

그렇기 때문에 사도는, 멸망에 이르게 될 불신자들의 마음을 “이 세상의 신이 … 혼미하게 하여” 복음의 빛을 보지 못하도록 한다고 말하며(고후 4:4), 또한 다른 곳에서는 그가 “불순종의 아들들 가운데서 역사”한다고도 말한다(엡 2:2). 또한 불경스러운 자들의 눈먼 상태와 그로 인하여 나타나는 모든 불법한 일들을 가리켜 “사탄의 역사(役事)”라고 부르기도 한다. 그러나 그 역사의 원인을 사람의 의지 바깥에서 찾아서는 안 된다. 악의 뿌리가 사람의 의지에서 돋아나며, 사탄의 왕국의 근본이, 즉 죄가 사람의 의지에 있는 것이다.

2. 동일한 사건에서 하나님, 사탄, 사람이 함께 역사함

그러나 하나님의 역사하심은 양상이 전혀 다르다. 갈대아 사람들이 저 거룩한 사람 욥에게 저지른 재난을 예로 들어보면, 이를 더 분명히 알 수 있다. 그들은 욥의 목자들을 죽이고 양 떼를 약탈한 것이다(욥 1:17). 자, 여기서 그 사람들의 악한 행동이 분명히 드러나며, 사탄도 이 일에 개입해 있었다. 왜냐하면 이 모든 일이 사탄에게서 나온 것임을 성경이 진술하고 있기 때문이다(욥 1:12).

그러나 욥 자신은 이 일에서 하나님의 역사하심을 깨달았다. 갈대아 사람들이 약탈해 간 것을 하나님께서 취하여 가신 것이라고 말하는 것이다(욥 1:21). 어떻게 이해해야, 사탄을 하나님의 동역자로 만들거나 하나님을 악을 조장하시는 분으로 만들지 않으면서, 이 일이 하나님이, 사탄이, 그리고 사람이 동시에 한 일이라고 볼 수 있을까? 우선 그 행동의 목적을 생각해 보고, 그 다음에는 그 방식을 생각해 보면, 이 문제는 쉽게 해결된다. 하나님의 목적은 재난을 통해서 그의 종의 인내를 연단시키는 데 있었고, 사탄은 그를 절망의 상태로 몰아넣으려 했고, 갈대아 사람들은 법과 정의를 무시하고 남의 재산을 가로채어 이득을 얻으려 했다. 이처럼 목적이 서로 확연히 다르니, 행위의 성격이 거기서 이미 강하게 드러나는 것이다. 방법도 이에 못지않게 서로 다르다. 주께서는 사탄이 그의 종에게 환난을 가져다주도록 허락하셨고, 또한 갈대아 사람들을 이 임무를 위한 그의 사역자들로 택하셔서 그들을 사탄의 지배를 받도록 내어 주셨다. 사탄은 독창(毒槍)으로 갈대아 사람들의 사악한 마음을 부추겨 그 악행을 시행하도록 하였다. 갈대아 사람들은 미친 듯이 불의를 향하여 달려갔고, 그들의 모든 지체들로 죄를 범하였고 또한 그 범죄로 인하여 스스로를 더럽혔다. 그러므로, 사탄이 자기의 통치 아래, 즉 악의 통치 아래 있는 버림받은 자들 속에서 역사한다고 말할 수 있다.

또한 하나님께서도 그 자신의 방식으로 역사하신다고 말할 수 있다. 사탄 자신이 하나님의 진노의 도구이므로, 그는 하나님의 명령에 따라 이리저리 다니며 하나님의 공의로운 심판들을 수행하기 때문이다. 물론, 모든 만물들을 유지시키시고 기동(起動)하도록 힘을 공급하시는 하나님의 보편적인 활동은 여기에 포함되지 않는다. 여기서는 다만 개개의 특수한 행위에 나타나는 특별한 활동만을 논하는 것이다. 그러므로 동일한 행위를 하나님, 사탄, 그리고 사람이 행하는 것으로 본다 해도 아무런 모순이 없는 것이다. 그러나 목적과 방법이 구별되므로, 여기서 하나님의 의로우심이 흠 없이 빛을 발하는 동시에, 사탄과 사람의 추악함이 그 치욕스러운 모습을 스스로 드러내는 것이다.

3. 사람의 일에 개입하시는 하나님의 역사하심

교부들은 때때로 지나치게 움츠러들어서, 혹시 불경스러운 자들이 하나님의 역사하심에 대하여 불경한 말을 하도록 빌미를 제공하지나 않을까 하여, 진리를 단순하게 고백하는 일을 꺼리기도 했다. 이처럼 진지한 자세를 나는 기꺼이 존중한다. 그러나 동시에 우리가 성경이 가르치는 바를 단순하게 붙잡는다면 아무것도 위험스러울 것이 없다고 본다. 아우구스티누스마저도 때때로 이런 미신에서 벗어나지 못했던 것을 보게 된다. 예를 들면, 마음을 완악하고 눈먼 상태로 만드는 것은 하나님의 역사하심이 아니고 그의 예지(豫知)일 뿐이라고 말한다.[2] 그러나 성경의 수많은 표현들을 볼 때에 이런 교묘한 논리는 타당성이 없다. 그저 예지만이 아니라 그 이상의 하나님의 역사하심이 개입되어 있다는 것이 분명히 드러나기 때문이다. 그리고 아우구스티누스 자신도 「율리아누스에 대한 반론」(*Against Julian*) 제5권에서, 죄들은 하나님의 허용과 참으심으로만 죄가 발생하는 것이 아니라, 이전에 지은 죄들에 대한 일종의 형벌로서 하나님의 권능으로 죄가 발생하기도 한다는 사실을 길게 논증하고 있다. 뿐만 아니라 허용에 대하여 교부들이 보도하는 내용 역시 너무나 허약하기 그지없다.

다른 곳에서 좀 더 충실하게 다룬 바와 같이,[3] 하나님께서 버림받은 자들의 눈을 멀게 하시고 완악하게 하시며, 그들의 마음을 돌리시고, 기울게 하시고, 움직이신다는 말씀이 너무나도 많이 나타나고 있다(예컨대, 사 6:10). 우리가 하나님의 예지나 허용을 피난처로 삼게 되면, 이런 활동의 본질에 대해서 결코 설명할 수가 없다. 그러므로 우리는, 그 일이 두 가지 방식으로 일어난다고 대답해야 할 것이다.

첫째로, 하나님의 빛이 사라지면, 어둠과 눈먼 상태 이외에는 아무것도 없게 된다. 하나님의 영이 사라지면, 우리 마음은 돌처럼 굳어진다. 하나님의 인도하심이 사라지면, 마음이 뒤틀려 악에 빠질 수밖에 없다. 그러므로, 하나님께서는 사람에게서 보고, 순종하고, 올바로 따르는 능력을 빼앗으심으로써 그들을 눈이 멀게 하시고, 완악하게 하시며, 마음이 뒤틀리도록 하신다고 말할 수 있는 것이다.

두 번째 방식은 이 말들의 본래의 의미에 더욱 가까운데, 하나님께서는 사탄을 그의 진노의 사역자로 삼으셔서 심판을 수행하게 하시기 위하여, 사람들이 그가 기뻐하시는 대로 목적을 갖도록 하시며, 그들의 의지를 불러일으키시고, 그들의 노력을 강화시키신다는 것이다. 그리하여 모세는, 시혼 왕이 이스라엘 백성들로 하여금 통과하지 못하도록 막은 것은 하나님께서 그의 성품을 완강하게 하셨고 그의 마음을 완고하게 하신 때문이라고 말씀하면서, 하나님의 뜻하시는 바가 바로 "그를 네 손에 넘기시려"는 데 있었음이라고 하였다(신 2:30). 그러므로, 하나님께서 시혼 왕이 궤멸되기를 뜻하셨기 때문에, 그의 마음을 완악하게 하셔서 그의 패망을 준비하신 것이다.

4. 버림받은 자들에 대한 하나님의 역사하심

다음과 같은 말씀들은 첫 번째 방식을 보여주는 것 같다. "충성된 사람들의 말을 물리치시며 늙은 자들의 판단을 빼앗으시며"(욥 12:20; 참조. 겔 7:26), "만민의 우두머리들의 총명을 빼앗으시고 그들을 길 없는 거친 들에서 방황하게 하시며"(욥 12:24; 참조. 시 107:40), "여호와여, 어찌하여 우리로 주의 길에서 떠나게 하시며 우리의 마음을 완고하게 하사 주를 경외하지 않게 하시나이까?"(사 63:17). 이 구절들은, 하나님께서 사람들 속에서 어떻게 역사하시는가 하는 것보다는, 그가 사람들을 버리실 때에 그들이 어떤 사람들이 되는가 하는 것을 보여준다.

그러나, 이보다 한 걸음 더 나아가는 증언들도 많다. 예를 들면, 바로를 완악하게 하신 사실을 말하는 구절들이 거기에 속한다. "내가 바로의 마음을 완악하게 하고 … 바로가 너희의 말을 듣지 아니하고"(출 7:3-4) "그가 백성을 보내 주지 아니하리니"(출 4:21). 그리고 나중에 가서는 하나님께서 바로의 마음을 "완강하게" 하셨고(출 10:1), "완악하게" 하셨다고 말씀한다(출 10:20, 27; 11:10; 14:8). 하나님께서 그의 마음을 완악하게 하셨다는 것은 곧, 그가 그 마음을 부드럽게 만들지 않으셨다는 의미인가? 물론 그렇다. 그러나 그보다 더한 것을 의미한다. 곧, 하나님께서는 바로를 사탄에게 넘겨주셔서 그 마음의 완악함이 확정되도록 하신 것이다. 그렇기 때문에 그는 앞에서 "내가 그의 마음을 완악하게 한즉"(출 4:21)이라고 말씀하셨던 것이다. 그 백성이 애굽에서 나온 다음에도, 가는 곳마다 그 지역의 주민들이 원수가 되어 그들을 대적하였다. 그들이 대체 무엇 때문에 그렇게 되었을까? 모세는, 그 주민들의 마음을 완강하게 만드신 것이 바로 여호와이셨다고 백성들에게 선포하고 있다(신 2:30). 또한 선지자는 그 역사를 다시 언급하면서 다음과 같이 말씀한다. "여호와께서 … 그 대적들의 마음이 변하게 하여 그의 백성을 미워하게 … 하셨도다"(시 105:24-25).

자, 여기서 그들이 그렇게 된 것이 그저 하나님께서 주시는 지혜가 사라졌기 때문이라고 만은 말할 수가 없다. 그들의 마음이 변했고, 완강하게 되었다면, 이것은 바로 하나님께서 의도적으로 그들의 마음의 상태를 그렇게 바꾸어 놓으셨다는 뜻이다. 더 나아가서, 자기 백성의 범죄에 대해서 벌하고자 하실 때마다 주께서는 버림받은 자들을 통하여 구체적으로 어떻게 그 일을 진행시키셨는가? 그 사람들은 그저 도구로 사용되었을 뿐이고, 실제로 그 일을 진행하는 모든 권세가 하나님께 있다는 것을 누구라도 분명히 볼 수 있도록 그렇게 일을 진행시키신 것이다. 그리하여 그는 휘파람 소리로 그들을 불러모으시고(사 5:26; 7:18), 그들을 이스라엘을 잡는 덫으로 사용하시고(겔 12:13; 17:20), 이스라엘을 부수는 방망이로 사용하시겠다(렘 50:23)고 경고하시는 것이다. 하나님은 산헤립을 이스라엘을 찍어내기 위하여 그가 친히 사용하시는 도끼로 말씀하시면서(사 10:15), 자신이 그냥 가만히 보고만 계시지 않는다는 것을 분명히 선언하신 것이다. 아우구스티누스는 또다른 곳에서 하는 다음과 같은 진술도 이 문제의 핵심에서 그리 멀지 않은 것 같다. "사람들이 죄를 짓는다는 사실은 그들 자신이 하는 일이다. 그러나 그들이 죄를 지음으로써 이런저런 일을 행하는 것은 하나님의 권능에서 비롯되는 것이다. 하나님은 그가 기뻐하시는 대로 어둠을 나누시기 때문이다."[4]

5. 사탄은 하나님의 뜻에 복종하여 활동함

여호와께서 버림받은 자들을 그의 섭리로 그들에게서 어떠한 목적을 이루고자 하시든 간에, 사탄이 개입하여 그들을 부추긴다는 사실은 한 구절만으로도 충분히 입증되고도 남을 것이다. 사무엘서를 보면, "여호와께서 부리시는 악령", "하나님께서 부리시는 악령"(문자적으로는, "하나님의 악령": 역자주)이 사울에게 접하기도 하고, 사울을 떠나기도 하는 것으로 말씀한다(삼상 16:14, 15; 18:10; 19:9). 이것이 성령을 지칭하는 것으로 보는 것은 합당치 않다. 여기서 더러운 영을 가리켜 "하나님의 영"이라 부르는 것은, 그 영이 독자적으로 행동하는 것이 아니라 하나님의 뜻과 권능에 복종하여 그의 도구로 행동하기 때문이다. 동시에 우리는 바울의 가르침을 여기에 덧붙여야 할 것이다. 그는, 모든 오류와 미혹의 역사는 진리를 따르지 않는 자들로 하여금 거짓 것을 믿도록 하기 위하여 하나님께서 보내시는 것이라고 가르치는 것이다(살후 2:10-12).

그러나 그 동일한 역사에서도, 주께서 하시는 일과 사탄과 악한 자들이 행하려 하는 일들은 언제나 서로 완전히 다른 법이다. 하나님께서는 이 악한 도구들을 그의 손으로 붙잡으시고 그가 기뻐하시는 대로 행하게 하셔서 그의 공의를 이루게 하신다. 그러나 그들은 악하므로, 그들의 행동을 통해서는 그들의 부패한 본성에서 품은 사악함밖에는 나올 것이 없는 것이다. 하나님의 위엄을 비난하지 못하도록 하는 문제나, 악인들의 변명들을 물리치는 문제 등에 대한 논의는 섭리를 다루면서 이미 논의한 바 있다.[5] 여기서는 다만 사탄이 버림받은 자들에게서 어떻게 활동하며, 또한 주께서는 사탄과 버림받은 자들에게서 어떻게 역사하시는가를 간단히 지적하는 것으로 족할 것이다.

6. 중립적인 문제에 대해서도 하나님께서 관여하심

앞에서 이미 언급하기는 했으나,[6] 그 자체로서는 선하지도 악하지도 않고 영적인 생활보다는 육신 생활에 관계된 일들에 있어서는 사람이 어느 정도나 자유를 지닐 수 있는가 하는 문제에 대해서는 아직 설명하지 않았다. 어떤 이들은 그런 일에 있어서는 사람에게 자유로운 선택권이 있다고 인정하기도 했는데, 그것이 그 문제에 대한 그들의 입장이기 때문에 그것을 적극적으로 개진한 것이라기보다는 오히려 별로 중요하지 않다 싶은 문제에 대해 논란을 벌이고 싶지 않아서 그렇게 말한 것이라 여겨진다. 그런 문제에 대해서 자신의 입장을 분명히 개진할 능력이 없다고 스스로 생각하는 자들은 구원을 위하여 알아야 할 가장 필수적인 문제에만 관심을 집중시킨다는 사실은 충분히 인정한다.

그러나 동시에 다음과 같은 사실도 간과해서는 안 된다고 생각한다. 곧, 우리가 충동을 받아 우리에게 유익이 되는 것을 선택하고 의지가 그 쪽으로 기울어지든, 혹은 반대로, 우리에게 해가 될 일을 우리의 지성과 마음이 삼가든, 그때마다 언제나 하나님의 특별하신 은혜가 거기에 개입되어 있다는 것을 깨달아야 한다는 것이다.

하나님의 섭리가 어디까지 개입하는가 하면, 하나님께서 미리 보시기에 유익한 쪽으로 일들이 일어나도록 하실 뿐 아니라, 사람들의 의지도 역시 같은 쪽으로 기울어지게 하시는 것이다. 사실 인간사가 되어지는 것을 그저 인간의 눈으로 보면, 그것들이 사람의 처분에 맡겨져 있다는 것을 의심할 수가 없다. 그러나 이 문제에 있어서도 사람들의 마음이 하나님의 다스림을 받고 있음을 선포하는 성경의 여러 구절들에 귀를 기울이면, 인간의 선택이 하나님의 특별하신 영향력에 굴복하여 있다는 것을 인정하지 않을 수가 없는 것이다. 애굽 사람들이 이스라엘 백성에게 자기들이 가장 아끼는 소중한 패물들을 내어 주었는데(출 11:2-3), 과연 누가 그들의 의지를 그렇게 움직였겠는가? 결코 그들 스스로 그렇게 되지는 않았을 것이다. 결국, 그들의 마음은 자기들 자신에게가 아니라 여호와께 굴복하여 있었던 것이다.

만일 하나님께서 그의 기뻐하심을 따라 사람들의 마음을 이리저리 움직이신다는 것을 믿지 않았더라면, 야곱은 자기 아들 요셉을 두고서 ― 그 당시 그는 그를 애굽 사람으로 알고 있었다 ― "전능하신 하나님께서 그 사람 앞에서 너희에게 은혜를 베푸 … 시기를 원하노라"(창 43:14)라고 말하지 않았을 것이다. 또한 온 교회가 시편에서 고백하는 것처럼, 하나님께서는 그의 백성들을 긍휼히 여기시사 완악한 이방 백성들의 마음을 움직이셔서 온유하게 하셨다(참조. 시 106:46). 그러나 반면에, 사울이 노를 발하여 전쟁을 일으켰을 때, 그 원인이 분명히 진술되고 있다. 곧, 하나님의 영이 그를 그렇게 감동시켰다고 하는 것이다(삼상 11:6). 압살롬은 아히도벨의 말을 보통 하나님의 말씀으로 신뢰하고 있었는데, 그의 마음을 바꾸어서 아히도벨의 모략을 물리치게 한 것이 과연 누구였는가(삼하 17:14)? 르호보암으로 하여금 젊은 사람들의 간언을 받아들이는 쪽으로 마음이 기울게 한 것은 과연 누구였는가(왕상 12:10, 14)? 과거에는 매우 담대하던 민족들로 하여금 이스라엘 백성 앞에서 두려워 떨게 만든 것은 과연 누구였는가? 기생 라합까지도 이 일이 여호와께서 행한 일임을 고백하였다(수 2:9 이하). 또한 이스라엘 백성의 마음을 두려움으로 가득 차게 만든 것은 과연 누구였는가? 율법에서 그 백성의 "마음을 떨게 하리라"고 선포하신 바로 그분이 아니셨던가(신 28:65)?

7. 하나님이 인간의 자유로운 선택을 다스리심

이것들은 특수한 실례들이므로 이것들을 하나의 일반적인 법칙으로 삼아서 모든 경우에 다 적용시킬 수는 없다고 반론을 제기할 수도 있을 것이다. 그러나 단언하건대, 나의 주장은 충분히 입증되고도 남는다. 곧, 하나님께서는 원하실 때마다 언제라도 그의 섭리로 역사하셔서 심지어 외부적인 일에서조차 사람들의 의지를 이리저리 기울게 하시며, 그들이 자유로이 선택한다 할지라도 그것이 하나님의 뜻의 다스림을 받는다는 것 말이다. 싫든 좋든, 우리가 우리 자신의 자유로 선택하는 것이 아니라, 우리의 마음이 하나님의 감동하심에 인도함을 받는다는 것을 매일매일의 경험이 확증해 주는 것이다. 즉, 지극히 단순한 문제들에 대해서도 우리의 판단과 이해가 잘못되는 경우가 많고, 아주 손쉬운 일들에 대해서도 용기가 나지 않는 때가 많다. 그런가 하면, 아주 애매한 문제들에 대해서도, 즉시 지혜가 생기기도 하고, 크고도 결정적인 문제들을 대할 때에 모든 어려움을 극복할 수 있는 용기가 생기기도 하는 것이다.

"듣는 귀와 보는 눈은 다 여호와께서 지으신 것이니라"(잠 20:12)는 솔로몬의 말씀이 바로 이런 의미라고 나는 이해한다. 그는 여기서 귀와 눈을 창조하신 것을 말하는 것이 아니라, 귀와 눈에게 부여된 특수한 기능에 대해서 말하는 것이다. "왕의 마음이 여호와의 손에 있음이 마치 봇물과 같아서 그가 임의로 인도하시느니라"(잠 21:1)라고 말하면서, 솔로몬은 사실상 모든 사람의 경우를 말하고 있는 것이다. 모든 사람의 의지가 모든 굴레에서 벗어나 있다면, 무엇보다도 다른 사람들의 의지를 어느 정도 다스린다 할 수 있는 왕의 의지 또한 그러할 것이다. 그러나 만일 왕의 의지가 하나님의 지배를 받는다면, 우리의 의지도 그런 상태를 면치 못할 것이다.

이에 대해서 아우구스티누스는 다음과 같은 유명한 말을 남겼다. "성경을 부지런히 살피면 다음과 같은 사실을 알게 된다. 즉, 하나님께서 악한 것을 선하게 만드시고, 그렇게 만드신 다음 선한 행동으로 이끄시고, 또한 영생에 이르기까지 이끄시는 바 사람의 의지가 하나님의 능력 가운데 있으며, 또한 이 세상의 피조물을 보존하는 의지들도 역시 하나님의 능력 가운데 있다는 사실이요, 또한 그 의지들이 온전히 하나님의 능력 가운데 있으므로, 하나님께서 그가 원하실 때에 원하시는 방향으로 그것들을 움직이시며, 그리하여 은혜를 주시거나, 아니면 지극히 은밀하면서도 지극히 의로운 심판으로 말미암아 벌을 내리거나 하신다는 것이다."[7]

8. 자유 의지는 자유로이 선택할 수 있는 내적인 자유를 의미함

여기서 독자들이 기억해야 할 것은, 몇몇 어리석은 자들이 하듯이, 사람이 자유로이 선택할 수 있는 능력을 일의 결과로 판단해서는 안 된다는 사실이다. 그들은 인간의 의지가 속박을 받고 있다는 것을, 최고의 자리에 있는 군주들조차도 만사를 자기들이 원하는 대로 행하지 못한다는 사실을 들어서 깨끗하고도 확실하게 증명할 수 있는 것처럼 생각하는 것이다. 여하튼, 우리가 논하고 있는 이 능력을 외형적인 성공 여부로 판가름해서는 안 되고, 사람의 속에서 이루어지는 것으로 생각해야 한다는 것이다. 자유 의지를 논할 때에, 우리는 과연 사람이 외부의 방해에도 불구하고 자기가 행하기로 결심한 바를 실행에 옮겨서 완수하는 것이 허락되어 있느냐를 묻는 것이 아니다. 오히려, 그 사람이 어떠한 일에서든 판단의 선택과 의지의 끌림(경향)이 과연 자유로우냐를 묻는 것이다. 만일 사람이 이 두 가지 점에서 자유롭다면, 못이 박힌 포도주 통 속에 갇힌 아틸리우스 레굴루스(Atilius Regulus)도, 세계의 광대한 지역을 자기 땅으로 만들고 그곳을 통치한 아우구스투스 카이사르(눅 2:1의 "가이사 아구스도")에 못지않게 자유 의지를 지녔다 할 것이다.

주

1. Pseudo-Augustine, *Hypomnesticon*, II. xi. 20.

2. Augustine, *De Praedestinatione et Gratia*, vi, vii. 칼빈은 이를 아우구스티누스의 저작으로 보았으나, 이 작품은 사실 아우구스티누스의 것이 아닌 것으로 보인다. 반(半) 펠라기우스주의의 색채들을 드러내고 있기 때문이다.

3. 참조. 제1권 18장.

4. Augustine, *On the Predestination of the Saints*, xvi. 33.

5. 참조. 제1권 16-18장.

6. 참조. 2장 13-17절.

7. Augustine, *On Grace and Free Will*, xx. 41.

제 5 장

자유 의지를 변호하여 제기되는
흔한 반론들을 반박함

(상식에 근거하여 제기하는 반론들에 대한 답변. 1-5)

1. 첫 번째 반론에 대한 반박

사람들이 자유에 대한 그릇된 개념을 갖고서, 사람의 의지가 속박된 상태에 있다는 것을 부인하고 그것을 공격하기 위하여 자기들의 논지를 개진하지 않았다면, 이 문제에 대해서는 이 정도의 논의로 충분했을 것이다. 우선 그들은 우리의 주장에 상식에 맞지 않는 모순이 있다고 하며 온갖 어리석은 비난들을 늘어놓은 다음, 성경의 증언들을 들어서 그것을 공격한다. 우리는 이들의 공격을 차례로 받아칠 것이다. 그들은 말하기를, 만일 죄가 필연의 문제라면, 그것은 죄가 될 수 없고, 죄가 자발적인 것이라면, 얼마든지 피할 수가 있다고 한다. 이런 논리는 펠라기우스가 아우구스티누스를 공격할 때 사용한 것이기도 하다. 그러나 아우구스티누스의 권위를 빌려서 이 논리를 물리치고 싶지는 않고, 먼저 문제 그 자체를 만족스럽게 다루는 일에 관심을 집중시키고자 한다.

나는, 죄가 필연적인 것이라고 해서 그것을 죄로 인정할 수 없다는 논리는 받아들일 수가 없다. 또한, 죄가 자발적인 것이라면, 그것을 얼마든지 피할 수 있다는 그들의 논리도 인정할 수 없다. 누구라도 혹시 하나님과 맞서서, 자기로서는 달리 할 수가 없었다는 식으로 이야기하여 심판을 피하고자 한다면, 그 사람에게는 이미 다른 곳에서 제시한 대로 답변이 주어질 것이다.[1] 곧, 사람이 죄에 매여 있어서 악 이외에는 아무것도 할 수 없는 것이 창조에서 비롯된 것이 아니라 본성의 부패에서 비롯된 것이라는 것이다. 악한 자들이 서슴지 않고 변명거리로 삼는 그 무능력이라는 것이 대체 어디서 비롯된 것인가? 아담이 기꺼이 자기 자신을 마귀의 폭정(暴政) 아래 매어 놓은 데서 비롯된 것이 아니고 무엇인가? 첫 사람 아담이 그를 지으신 하나님에게서 벗어남으로 인하여 부패가 우리를 얽어매게 된 것이다. 모든 사람이 이 반역의 죄책을 지고 있다는 것이 지당하다면, 죄를 지을 수밖에 없는 필연적인 처지를 핑곗거리로 삼을 수는 없는 것이다. 그 필연적인 처지야말로 그들이 정죄를 받아 마땅한 가장 확실한 원인이기 때문이다. 이 점을 앞에서 이미 분명히 설명했고 마귀 자신을 예로 들기도 했으니, 필연에 의해서 죄를 짓는다고 해도 그에 못지않게 자발적으로 죄를 짓는 것임이 분명하게 드러나는 것이다. 반대로, 택함 받은 천사들에 대해서도 똑같은 원리가 적용된다. 그 천사들의 의지가 선에서 벗어날 수가 없지만, 그럼에도 불구하고 그것은 천사들 자신의 자발적인 의지인 것이다. 베르나르도 동일한 사실을 적절히 가르치고 있다. 즉, 앞에서 언급한 것처럼, 필연이 우리를 꽁꽁 묶어서 죄의 종들이 되도록 만드는데, 바로 그 필연이 동시에 자발적인 것이기도 하기 때문에 우리의 처지가 더욱 비참하다는 것이다.[2] 그들이 주장하는 삼단논법의 두 번째 항(즉, 죄가 자발적인 것이라면 그것을 자유로이 피할 수 있다는 것)도 오류가 있는 것이다. 왜냐하면 거기서는 "자발적인" 것에서 갑자기 "자유로운" 상태로 비약시키기 때문이다. 앞에서 이미 증명했듯이, 자유로운 선택에 속하지 않으면서도 얼마든지 자발적으로 행해질 수가 있기 때문인 것이다.

2. 두 번째 반론에 대한 반박

그들은, 덕행과 악행들이 의지의 자유로운 선택에서 비롯되는 것이 아니라면, 사람이 그로 인하여 벌을 받고 상을 받는 것이 모순이라고 주장한다. 이 논리는 본래 아리스토텔레스가 주장한 것이지만, 크리소스톰과 히에로니무스 역시 어디선가 이를 사용하였다는 것은 나도 인정한다. 그러나 히에로니무스 자신은 그것이 펠라기우스주의자들이 공통적으로 제기하는 논리라는 사실을 숨기지 않으며, 심지어 그들 자신의 말을 인용하기까지 한다. "만일 우리 속에서 역사하는 것이 하나님의 은혜라면, 수고하지 않는 우리가 아니라 은혜가 상을 받을 것이다."[3]

　　형벌에 대해서는, 그것들이 우리에게 베풀어지는 것이 지극히 공정하다고 본다. 죄책의 근원이 우리 자신에게 있기 때문이다. 우리가 자발적인 욕심으로 말미암아 죄를 짓는 것이라면, 우리가 자유로운 판단에 의해서 죄를 짓든, 속박을 받는 상태의 판단에 의해서 죄를 짓든, 그것이 무슨 차이가 있겠는가? 사람이 죄의 속박 아래 있다면, 그것이 바로 사람이 죄인임을 입증해 주는 것이 아닌가? 의에 대한 상급에 관해서도, 그 상급이 우리 자신의 공로가 아니라 하나님의 자비하심에 달려 있다는 것을 인정한다면 그것이야말로 큰 모순일 것이다.

　　아우구스티누스에게서 이런 표현들이 얼마나 자주 나타나는지 모른다. "하나님은 우리의 공로에 대해서 상을 주시는 것이 아니라, 그 자신의 은사들에 대해서 상을 주시는 것이다", "'상'이라는 것은 우리의 공로에 대하여 마땅히 주어져야 할 것이 아니라, 이미 그가 베푸신 것들에 대하여 은혜로 주시는 것이다."[4] 그들의 주장은 바로, 자유 의지가 근원인데 그것이 없다면, 공로 역시 있을 수가 없다는 것이다. 그러나, 이것이 모순이라고 생각하는 것은 그야말로 잘못인 것이다. 그들이 불경스럽다고 하여 인정하지 않는 바로 그것을 아우구스티누스는 전혀 주저함 없이 불가피한 사실로 가르치고 있다. 예를 들면, 그는 이렇게 말하고 있다. "인간의 공로가 과연 무엇인가? 마땅한 보상이 아니라 값없는 은혜를 베푸시기 위해 오신 그분께서는, 홀로 죄가 없으시며 또한 죄에서 해방시키시는 분으로서, 모든 사람들이 죄인들임을 아시는 것이다."

　　또한 이렇게도 말한다. "우리가 마땅히 받아야 할 것을 받는다면, 형벌을 받을 것밖에는 없다. 그런데 어떻게 되는가? 하나님께서는 우리가 받아야 마땅할 형벌을 주시지 않고, 오히려 받을 자격도 없는 우리에게 은혜를 베푸신다. 은혜에서 멀어지고 싶으면, 여러분의 공로를 자랑하라." 또한 이렇게도 말한다. "우리 자신만 보면, 우리는 아무것도 아니다. 죄가 우리 자신의 것이요, 공로는 하나님의 것이다. 우리는 형벌을 받아 마땅한데, 상급이 임한다면, 그것은 우리의 공로가 아니라 그 자신이 주신 은사들에 대해서 주시는 것이다."

　　같은 맥락에서 그는 다른 곳에서, 은혜가 공로에서 비롯되는 것이 아니라, 공로가 은혜에서 비롯되는 것이라고 가르치기도 한다. 그리고 잠시 후에 그는, "하나님께서는 모든 공로에 앞서서 은사들을 주심으로, 그 은사들로부터 그 자신의 공로들을 드러내고자 하시며, 절대적으로 값없는 것을 주려 하시는데, 이는 구원의 근거가 될 수 있는 것을 사람에게서 하나도 찾지 못하시기 때문이다."[5]

아우구스티누스의 글에서 그런 문장들이 계속해서 나타나고 있으니, 더 많은 증거들을 열거할 필요가 어디 있겠는가? 그러나 사도께서 무슨 원리에서 성도들의 영광을 이끌어내는지를 듣는다면, 우리의 반대자들로서도 그들의 주장이 오류임을 더욱 분명하게 깨닫게 될 것이라 믿는다. 사도는 이렇게 말하고 있다. "미리 정하신 그들을 또한 부르시고 부르신 그들을 또한 의롭다 하시고 의롭다 하신 그들을 또한 영화롭게 하셨느니라"(롬 8:30). 그렇다면, 사도의 이 가르침에 의하면, 과연 신자들은 무엇을 근거로 면류관을 상으로 받는가(딤후 4:8)? 하나님의 긍휼하심으로 말미암아 택하심을 받았고, 부르심을 받았으며, 의롭다 하심을 받았기 때문이지, 결코 그들 자신의 노력 때문이 아닌 것이다. 그러므로, 자유 의지가 성립되지 않으면 공로도 없어질 것이라는 이 헛된 두려움일랑 던져 버려라! 성경이 우리에게 주어질 것으로 말씀하며 우리를 부르고 있는 바로 그것이 두려워서 그것에게서 도망을 친다면, 그것이야말로 어리석음의 극치일 것이다. 사도는 이렇게 말하고 있다. "네게 있는 것 중에 받지 아니한 것이 무엇이냐? 네가 받았은즉 어찌하여 받지 아니한 것 같이 자랑하느냐?"(고전 4:7).

자, 바울은 공로에 대한 여지를 전혀 남기지 않기 위해서 자유 의지에게서 모든 것을 다 빼앗고 있지 않은가! 그럼에도 불구하고, 하나님의 자비하심과 너그러우심이 끝이 없어서, 그는 우리에게 은혜들을 베풀어주시고서 그것들을 우리의 것으로 만드시며, 마치 그것들이 우리 자신이 쌓은 덕(德)이기라도 한 것처럼 그것들에 대해서 상을 베풀어주시는 것이다.

3. 세 번째 반론에 대한 반박

반대자들은 또한, 만일 선이나 악을 택하는 것이 우리의 의지의 기능이 아니라면, 동일한 본성을 지닌 자들은 모두가 악하거나 아니면 모두가 선할 수밖에 없다는 반론을 제기하는데, 이는 크리소스톰에게서 취한 것인 듯하다.[6] 암브로시우스의 이름으로 배포된 「이방인의 부르심」의 저자도 이와 흡사한 견해를 피력하고 있다. 그는, 만일 하나님의 은혜가 우리를 변할 수 있는 처지에 그냥 버려두지 않았더라면, 아무도 믿음에서 떠나는 사람이 없었을 것이라고 진술한다.[7] 그렇게 위대한 사람들이 그런 실수를 범하다니 참으로 이상스럽다. 사람들을 구별짓는 것이 바로 하나님의 택하심이라는 것을 크리소스톰이 생각을 하지 못했다니, 이것이 어찌된 일인지 모르겠다. 우리는 바울이 참으로 진지하게 단언하고 있는 바를 인정하기를 조금도 두려워하지 않는다. 곧, 모든 사람이 부패하였고, 사악함에 넘겨진 바 되었다는 사실 말이다(참조. 롬 3:10). 그러나 우리는 바울과 더불어 여기에 한 가지를 덧붙인다. 곧, 모든 사람이 사악함 속에 남아 있지 않다는 것은 바로 하나님의 긍휼하심으로 말미암은 것이라는 사실이다. 그러므로, 우리 모두가 본성적으로 동일한 질병을 앓고 있지만, 주께서 그의 치료의 손길로 붙잡으시기를 기뻐하시는 자들만이 그 질병에서 놓임을 받게 되는 것이다. 그 이외에 하나님께서 그의 의로우신 판단으로 그냥 내버려 두시는 다른 사람들은 그 부패한 상태 속에서 그냥 허비하고 있다가 결국 태워지고 말 것이다. 어떤 사람은 끝까지 인내하고, 어떤 사람들은 경주 시작부터 넘어지고 마는 이유가 다른 데 있는 것이 아니다. 끝까지 인내하는 것 자체도 하나님의 선물이다. 하나님께서는 그것을 아무에게나 다 주시는 것이 아니라 그가 기뻐하시는 자들에게만 주시는 것이다.

그런 차이 ─ 어떤 사람은 꿋꿋하게 인내하고, 어떤 사람은 불안정하여 넘어지는 것 ─ 가 생기는 이유가 무엇인지를 찾는다면, 우리로서는, 주께서 전자의 사람들은 친히 능력으로 강건하게 하셔서 멸망하지 않게 하시며, 후자의 사람들은 그런 능력으로 붙드시지 않으시므로, 그들이 처음과 나중이 다른 본보기들이 되고 만다는 것 이외에 다른 이유를 찾을 수가 없는 것이다.

4. 네 번째 반론에 대한 반박

더 나아가서, 그들은 죄인에게 순종할 능력이 없다면, 교훈도 필요 없고, 권면도 무의미하고, 책망하는 일도 어리석은 것이 되고 말 것이라고 주장한다. 아우구스티누스도 오래 전에 이 비슷한 반론들을 접하고서, 이를 다루기 위하여 「책망과 관용」이라는 논고를 썼다. 그는 그런 반론들을 충실하게 반박하면서, 그 반대자들에게 다음과 같은 중요한 사실을 주지시키고 있다. "오 사람아, 네가 행하여야 할 바를 계명을 통해서 배우라. 네게 계명이 없다는 것이 네 자신의 과실이라는 것을 책망을 통해서 배우라. 네가 갖기를 소원하는 바를 어디서 받을 수 있는지를 기도를 통해서 배우라."[8] 또한 「영과 문자」(*De Spiritu et Litera*)에서도 거의 동일한 논지를 사용한다. 곧, 하나님께서는 그의 율법의 계명들을 인간의 능력에 따라서 재지 않으시고, 올바른 것을 명령해 놓으시고서 또한 그의 택하신 자들에게 그것을 지킬 수 있는 능력을 값없이 주신다고 하는 것이다. 이 문제는 길게 논의할 필요가 없다.

우선, 우리만 이런 입장을 취하는 것이 아니라, 그리스도와 모든 사도들이 우리와 함께하고 있다. 그러나 우리의 반대자들은 그렇게도 강력한 원수들과의 싸움에서 스스로 어떻게 해야 승리를 거둘지를 생각해 보아야 할 것이다. 그리스도께서는, "나를 떠나서는 너희가 아무것도 할 수 없음이라"(요 15:5)고 선포하신다. 그러나 그렇다고 해서 과연 그리스도께서, 자기를 떠나서 악을 행하고 있는 자들을 책망하거나 징계하지 않으시며, 모든 사람에게 선행에 힘쓰라고 명령하지 않으시는가? 바울은 고린도 사람들이 사랑을 가볍게 여기는 것에 대해 얼마나 엄중하게 책망하는가(고전 3:3; 16:14)? 그러나 그러면서도 그는 주께서 그들에게 사랑을 주시기를 기도하고 있다. 바울은 로마서에서, "그런즉 원하는 자로 말미암음도 아니요 달음박질하는 자로 말미암음도 아니요 오직 긍휼히 여기시는 하나님으로 말미암음이니라"(롬 9:16)고 말하면서도, 여전히 권면하고, 경고하고 책망하기를 그치지 않는 것이다. 그렇다면 그들로서는, 오직 주께서만 주실 수 있는 것을 사람에게서 요구하시고, 주의 은혜가 없어서 저지른 잘못에 대해서 징계하시는 우를 범하지 마시라고 주께 간언하는 것이 정상일 텐데, 어째서 그렇게 하지 않는 것일까? 또한 하나님의 긍휼하심이 먼저 있어야 하는데, 그 긍휼하심이 없어서 의지를 갖고 달려갈 능력이 없는 사람들을 그냥 내버려 두는 것이 옳다고 바울에게 경고하는 것이 마땅할 텐데, 그렇게 하지 않는 까닭은 대체 무엇인가?

그러나 그 가르침은 가장 강력한 근거 위에 세워진 것이다. 그리고 그 근거는 진지하게 탐구하는 자라면 누구라도 깨닫지 못할 사람이 없는 것이다. 바울은, "심는 이나 물 주는 이는 아무것도 아니로되 오직 자라게 하시는 이는 하나님뿐이시니라"(고전 3:7)라고 말씀함으로써, 가르침과 권면과 책망이 사람의 마음을 변화시키는 데에 어느 정도나 역할을 할 수 있는가를 시사해 주고 있다. 그리하여 모세도 율법의 계명을 지켜야 할 것을 엄중히 경고하며(신 30:19), 또한 선지자들도 범죄자들을 통렬하게 꾸짖고 경고하는 것을 보게 된다. 그러나 그러면서도 선지자들은 마음에 깨달음이 주어져야만 비로소 사람이 지혜를 얻게 된다는 것을 고백하며(예컨대, 사 5:24; 24:5; 렘 9:13 이하; 16:11 이하; 44:10 이하; 단 9:11; 암 2:4), 또한 마음에 할례를 베푸시는 것이나(참조. 신 10:16; 렘 4:4), 돌 같은 마음 대신 부드러운 마음을 주시는 것이나(참조. 겔 11:19), 그의 율법을 우리 속에 새기시는 것이나(참조. 렘 31:33), 한 마디로, 우리의 영혼을 새롭게 하사 그의 가르침이 효력을 발휘하게 만드시는 일이(참조. 겔 36:26) 하나님께서 친히 하시는 일임을 고백하고 있는 것이다.

5. 권면이 지니는 가치

그렇다면 권면들은 무슨 목적을 위한 것인가? 불경건한 자들이 완악한 마음으로 그 권면들을 거부하면, 그들이 주의 심판대 앞에 설 때에 그 권면들이 그들을 대적하는 증언이 될 것이다. 그리고 지금에도 그 권면들이 그들의 양심을 때리고 내리치고 있는 것이다. 사람이 제아무리 방자하다 할지라도, 그 권면들을 조롱할 수는 있을지언정 그것들을 정죄할 수는 없기 때문이다. 그러나, 순종하기 위해서는 부드러운 마음이 반드시 필요한데, 그런 마음이 없다면 사람이 어떻게 하겠느냐고 반문하는 사람들이 있다. 그러나, 자신의 마음이 완악한 탓이 다른 누구도 아닌 바로 자기 자신에게 있을 수밖에 없으니, 과연 무슨 변명을 할 수 있겠는가? 그러므로, 불경건한 자들이 얼마든지 하나님의 권면들을 조롱하고 장난친다 할지라도, 그들은 싫든 좋든 그 권면들의 강력한 힘을 느끼지 않을 수 없는 것이다.

그러나 신자들에게는 그 권면들이 특별한 가치를 지닌다. 주께서 그의 성령을 통하여 모든 일을 행하시며, 그리하여 그의 말씀의 도구가 그들에게 효과를 내도록 만드시는 것이다. 그러므로 경건한 자들의 모든 의로움은 온전히 하나님의 은혜에서 비롯되는 것이라는 점을 분명히 받아들여야 할 것이다. 이는 선지자의 다음과 같은 말씀에서 분명히 드러난다. "내가 그들에게 한 마음을 주고 그 속에 새 영을 주어 … 내 율례를 따르며 내 규례를 지켜 행하게 하리니"(겔 11:19-20). 그러나, 우리의 반대자들은 다음과 같이 반론을 제기할 것이다. 신자들을 그냥 성령의 인도하심에 맡겨두지 않고 어째서 그들에게 그들의 의무에 대해 권면하는가? 성령께서 감동을 주시는 만큼만 움직일 수 있는데, 어째서 그들에게 권면을 하여 괴롭게 만드는가? 육신이 연약하여 어쩔 수 없이 넘어지는데, 어째서 곁길로 빠질 때마다 그들을 징계하는가?

오, 사람아! 그대가 누구인데 하나님께 감히 이래라저래라 강요한단 말인가? 하나님께서 권면을 통해서 그의 은혜를 받도록 우리를 준비시키시고, 또한 그 권면에 순종하도록 만드시기를 원하신다면, 대체 여기에 그대들이 비난하고 조롱할 거리가 어디 있는가? 만일 권면과 책망이 경건한 자들에게 죄를 깨닫게 하는 것 이외에 다른 유익이 전혀 없다 할지라도, 그 사실 때문에 그것들을 전혀 무익한 것으로 여길 수는 없는 것이다. 그런데 성령께서 속에서 활동하시므로 권면들이 우리 속에 선을 사모하는 마음을 불러일으키고, 게으름을 흔들어 없애며, 불의와 또한 그 독(毒) 묻은 달콤한 사탕발림에 대한 욕심을 제거하며, 오히려 불의에 대한 미움과 혐오를 불러일으킬 수 있다면, 누가 감히 이 권면들을 쓸데없는 것이라고 조롱하겠는가?

이보다 좀 더 분명한 해답을 원한다면, 여기에 그것이 있다. 하나님은 그의 택하신 자들 속에서 두 가지 방식으로 일하신다. 내적으로는 성령을 통해서 일하시고, 외적으로는 그의 말씀을 통해서 일하시는 것이다. 그의 성령을 통해서는, 택한 자들의 마음에 빛을 비추시고 의를 사랑하고 배양하는 마음을 일으키시고 그들을 새로운 피조물로 만드신다. 그리고 그의 말씀을 통해서는, 그 동일한 새로운 피조물의 상태를 사모하게 하고, 구하게 하며, 거기에 이르도록 그들을 일깨우신다. 하나님은 이 두 가지 방식으로 경륜에 따라서 일하시는 그의 역사하심을 드러내시는 것이다. 버림받은 자들에게 동일한 말씀을 주실 때에는, 그들을 교정시키시는 것이 아니라 다른 목적을 이루신다. 곧, 그때에 그 양심의 증거로 그들을 찌르시고, 그리하여 심판 날에 변명의 여지가 없도록 만드시는 것이다. 그리스도께서는 물론 "아버지께서 이끌지 아니하시면 아무도 내게 올 수 없으니"라고 선포하시고, 동시에 택하심을 받은 사람들이 "아버지께 듣고 배운" 다음에 그에게 나아온다고도 말씀하시지만(요 6:44-45), 그럼에도 불구하고 그는 교사의 임무를 소홀히 다루지 않으신다. 택한 자들이 성령으로 말미암아 내적으로 가르침을 받아야만 조금이라도 전진할 수 있다는 사실을 친히 계속해서 말씀하고 계시는 것이다. 바울은 버림받은 자들에게도 가르침이 전혀 무용한 것이 아님을 지적하고 있다. 왜냐하면 그들에게는 그것이 "사망으로부터 사망에 이르는 냄새"(고후 2:16)이지만, 그러나 여전히 "하나님 앞에서 아름다운 향기"이기 때문인 것이다(고후 2:15).

(성경의 해석에 근거한 반론들에 대한 답변. 6-11)

6. 율법이 인간의 능력에 맞게 주어졌다는 논지에 대한 반박

우리의 반대자들은 성경 구절들을 증거로 열거하느라 굉장히 애를 쓴다. 자기들의 논지를 납득시키지는 못하더라도 최소한 숫자적으로라도 우리를 압도하고자 하여 그렇게 끊임없이 노력을 하는 것이다. 그러나 싸움에서는 아무리 많은 오합지졸들이 겉치레와 화려한 장식을 뽐낸다 할지라도, 일단 일 대 일로 맞붙게 되어 일격을 맞으면 모두 뿔뿔이 도망하게 되고 마는 것처럼, 우리로서도 이들의 모든 논지들을 얼마든지 쉽게 무너뜨릴 수가 있는 것이다. 그들이 온갖 구절들을 다 들이대며 우리를 공격하지만, 그것들을 종류별로 분류하면 크게 몇 가지로 나눌 수가 있다. 그러므로, 구태여 일일이 개별적으로 다 답변할 필요는 없고, 그 여러 구절들에 대해서 한 가지 답변으로 충분할 것이다.

그들은 계명들을 자기들의 강력한 보루(堡壘)로 여기는 것 같다. 그들은 그 계명들이 우리의 역량에 알맞게 조정되어 있기 때문에 우리는 반드시 그 요구 사항들을 이행할 능력이 있다고 생각한다. 그리하여, 그들은 개별적인 계명들을 일일이 다루면서, 그것들을 근거로 우리의 강건함이 어느 정도인지를 재는 것이다. 하나님께서 우리에게 거룩함과 경건과 순종과 순결과 사랑과 온유함을 명령하시고, 또한 부정과 우상숭배와 부도덕과 화(禍)와 강도짓과 교만 같은 것을 금하시는데, 이것이 우리를 조롱하는 것이든지(그들이 그렇게 말한다), 아니면 그런 것들이 우리의 능력의 한계 속에 있기 때문에 하나님께서 그런 것들을 우리에게 요구하시든지 둘 중의 하나라는 것이다.

그런데 그들이 열거하는 모든 계명들은 세 가지 부류로 나눌 수가 있다. 첫째로, 사람에게 먼저 하나님께로 향할 것을 요구하는 계명들과, 둘째로, 율법을 지키는 일에 관한 계명들과, 셋째로, 일단 하나님의 은혜를 받은 후에 그 은혜 안에서 끝까지 인내할 것을 요구하는 계명들이 그것이다. 그러면 먼저 이 계명들을 전반적으로 논의하고, 그 다음 이 세 가지 부류들을 하나씩 논의하기로 하자.

사람의 능력을 하나님의 율법의 계명들로써 재는 습관이 오래 전에 일반화되었고, 사람들은 이것을 마치 진리인 것처럼 여기게 되었다. 그러나 그런 습관은 율법에 대한 지독한 무지에서 생겨난 것이다. 율법을 지키는 것이 불가능하다고 이야기하는 것을 끔찍한 범죄인 것처럼 여기는 자들은, 그렇지 않다면 율법이 아무런 목적도 없이 주어진 것이 될 것이라는 논리를 그들의 가장 강력한 근거로 제시하며 우리를 압박한다. 사실 그들은 마치 바울이 어디에서도 율법에 대해서 말한 적이 없는 것처럼 말하는 것이다. 그러나, 그렇다면 바울이 제기하는 다음의 주장들은 대체 무슨 의미인가? "율법은 무엇이냐? 범법하므로 더

하여진 것이라"(갈 3:19), "율법으로는 죄를 깨달음이니라"(롬 3:20), "율법이 없으면 죄가 죽은 것임이라"(롬 7:8), "율법이 들어온 것은 범죄를 더하게 하려 함이라"(롬 5:20). 율법이 과연 우리의 능력에 맞도록 제한되어야만 했고, 그렇지 않으면 헛되이 주어진 것이란 말인가? 아니다! 오히려 율법은, 우리 자신의 연약함을 분명히 드러내기 위하여 우리의 능력보다 훨씬 높은 상태로 주어진 것이다! 율법에 대한 바울의 정의에 따르면, 율법의 목적과 성취는 사랑에 있다(참조. 딤전 1:5). 그러나 바울은 데살로니가 사람들에게 사랑이 넘치게 해 주시기를 기도하고 있는데(살전 3:12), 여기서 그는 하나님께서 우리 마음속에 율법의 대요(大要)를 철저하게 심어 놓지 않으시면 율법이 우리 귀에 들려도 아무런 유익이 없다는 것을 전적으로 인정하고 있는 것이다(참조. 마 22:37-40).

7. 율법을 지키도록 하나님께서 은혜로 도우심

물론 만일 성경이, 율법이 우리가 노력을 기울여 지켜야 할 삶의 규범이라는 것 이외에 아무것도 가르치지 않는다면, 나는 조금도 주저하지 않고 그들의 견해에 승복할 것이다. 그러나 성경이 율법의 여러 가지 다양한 용도를 우리에게 신실하고도 분명하게 설명해주고 있기 때문에, 우리로서는 율법이 사람에게서 무엇을 행할 수 있는지를 그 해석에 근거하여 살피는 것이 합당한 것이다. 지금 우리가 다루고 있는 이 문제에 대해서 말하자면, 율법은 우리가 행하여야 할 바를 규정한 다음, 곧바로 그것에 복종할 능력이 하나님의 선하심으로부터 나온다는 것을 가르쳐주고 있다. 그리하여 율법은 우리더러 이 능력을 받도록 기도하라고 촉구한다. 만일 명령만 있고 약속이 전혀 없다면, 우리의 능력이 과연 그 명령에 부응할 만한 힘이 있는지를 시험해 보아야 할 것이다.

그러나 명령과 더불어, 하나님의 은혜의 도우심이 우리를 뒷받침하며 또한 우리의 덕성 전체가 거기에 걸려 있음을 선언해 주는 약속들이 함께 주어지고 있으므로, 우리 자신으로서는 절대로 율법을 준수할 수 없다는 사실을 그것들이 충분히 입증해 주고도 남는 것이다. 그러니, 우리는 더 이상 우리의 능력과 율법의 계명들을 상대적으로 저울질하는 행위를 계속해서는 안 된다. 하나님께서는 우리의 연약함의 정도에 따라서 율법을 주시고 그것을 지키는가의 여부에 따라서 우리를 의로 여기시는 그런 법칙을 적용시키신 것이 아니기 때문이다. 우리는 모든 점에서 하나님의 크신 은혜를 필요로 하는 존재들이므로, 하나님의 약속들을 보면서 과연 우리가 얼마나 준비되어 있지 못한지를 더욱더 깨달아야 마땅할 것이다.

그런데 그들은, 주께서 목석(木石) 같은 존재들을 위하여 율법을 주셨다는 것을 과연 누가 믿겠느냐고 말한다. 그러나 아무도 그런 논리를 제기하지는 않는다. 악인들은 율법을 통해서 자기들의 정욕이 하나님을 대적하는 것임을 가르침 받아 그들 스스로 죄인임을 인정하게 되니, 그들은 결코 목석이 아니다. 또한 신자들도 자기들의 연약함을 경고 받고 하나님의 은혜를 피난처로 삼으니, 그들 역시 목석이라 할 수 없는 것이다.

이 점에 대해서는, 아우구스티누스의 다음과 같은 심오한 발언들이 매우 적절하다 하겠다. "하나님께서 우리가 할 수 없는 일을 명하시는 것은, 우리가 하나님께 무엇을 구하여야 할지를 알게 하시기 위함이다." "하나님의 은혜가 더욱 존귀하게 되도록 그렇게 자유 의지를 존중한다면, 계명은 그야말로 크게 유익한 것이다." "율법이 명령하는 바를 믿음이 성취한다." "율법이 명령하는 것은, 과연 율법을 통해서 명령된 바를 믿음이 성취하도록 하기 위함이다. 하나님께서는 우리에게서 믿음 자체를 요구하시지만, 자신이 찾으실 것을 미리 주시지 않고서는 결코 그것을 찾지 않으시는 것이다." "하나님께서는 그가 명령하시는 바를 주시며, 그가 주고자 하시는 것을 명령하신다."[9]

8. 세 가지 부류의 계명들에서 나타나는 증거

위에서 열거한 세 가지 부류의 계명들을 살펴보면 이 점이 더욱 분명해진다.

⑴ 율법서에서와 선지서에서 여호와께서는 그에게 돌아오라고 명령하시는 경우가 많다(욜 2:12; 겔 18:30-32; 호 14:2 이하). 그런가 하면 선지자는 이렇게 대답하기도 한다. "주는 나의 하나님 여호와이시니 나를 이끌어 돌이키소서 그리하시면 내가 돌아오겠나이다. … 내가 돌이킨 후에 뉘우쳤고"(렘 31:18-19). 하나님께서는 우리 마음에 할례를 행하라고 명하신다(신 10:16; 참조. 렘 4:4). 그러나 모세를 통해서 하나님은 또한 자신이 친히 할례를 베푸시는 것으로 말씀하신다(신 30:6). 어느 곳에서는 하나님께서 마음을 새롭게 하라고 명하시고(겔 18:31), 또 다른 곳에서는 그 일을 하나님께서 친히 행하시는 것으로 말씀하기도 한다(겔 11:19; 36:26). 아우구스티누스는 이렇게 말하고 있다. "하나님께서 약속하시는 것들을 우리가 선택이나 본성에 의해서 스스로 행하는 것이 아니고, 하나님께서

친히 은혜를 통해서 행하시는 것이다." 그는 또한 성경 이해를 위한 티코니우스 (Tychonius)의 법칙들을 열거하면서 그 중 다섯 번째 법칙에서 이 점을 지적하고 있다. 곧, 율법과 약속들을, 혹은 계명들과 은혜를 서로 조심스럽게 구분해야 한 다는 것이다.[10] 자, 그러니, 계명들을 근거로 사람이 그것에 복종할 능력이 있다 는 식으로 주장하여, 계명들 자체를 성취시키는 하나님의 은혜를 말살하려 하 는 자들은 썩 물러가라!

(2) 두 번째 부류의 계명들은 단순한 것들이다. 하나님을 공경하라, 그의 뜻 을 섬기고 그것을 붙잡으라, 그의 명령들을 준행하라, 그의 가르침을 따르라는 등의 계명들이 그것이다. 그러나 우리가 얻을 수 있는 의로움, 거룩함, 경건함, 순결함은 모두가 하나님의 선물들임을 증거하는 구절들이 무수하게 많다.

(3) 바울과 바나바가 신자들에게 준 권면 ― 누가가 보도하는 바 "항상 하나 님의 은혜 가운데 있으라"는 권면(행 13:43) ― 이 세 번째 부류의 계명에 속한다. 그러나 바울은 다른 곳에서 그런 시종 변함없는 덕의 근원이 어디에 있는가를 가르쳐 준다. 곧, "너희가 주 안에서 … 강건하여지라"(엡 6:10)고 말하는 것이다. 다른 곳에서 그는 "하나님의 성령을 근심하게 하지 말라 그 안에서 너희가 구원 의 날까지 인치심을 받았느니라"(엡 4:30)고 명령한다. 그런데 사람들이 거기에 요구하는 바를 지킬 수가 없기 때문에, 바울은 데살로니가 사람들을 위하여 하 나님께 이렇게 기도한다. "너희를 그 부르심에 합당한 자로 여기시고 모든 선을 기뻐함과 믿음의 역사를 능력으로 이루게 하시고 …"(살후 1:11). 이와 마찬가지로 바울은, 고린도후서에서 구제를 위한 헌금의 문제를 다루는 가운데, 그들의 선 하고 경건한 뜻을 높이 칭송하기도 한다(참조. 고후 8:11). 그러나 잠시 후에 가서 는, 하나님께서 "너희를 위하여 같은 간절함을 디도의 마음에도 주셨음"을 감사 하고 있다(고후 8:16). 하나님의 감동하심이 없었다면 심지어 디도가 입을 열어 다른 사람들을 권면할 수조차 없었다면, 하물며 다른 사람들이야 어떠했겠는 가? 하나님께서 그들의 마음을 움직이지 않으셨다면, 그들 역시 그렇게 행동하 지 않았을 것이 아닌가?

9. 회심의 일은 하나님과 사람의 합작이 아님

우리의 반대자들 가운데 좀 더 예리한 자들은 이 모든 증언들에 대해서 트집 을 잡는다. 하나님께서 우리의 부족한 점들을 채우신다 하더라도, 우리가 우리

몫을 하는 데 방해받을 것이 하나도 없다고 주장하는 것이다. 그들은 또한 선지자들의 글들을 ― 예컨대, "너희는 내게로 돌아오라 … 그리하면 내가 너희에게로 돌아가리라"(슥 1:3) 등 ― 인용하면서, 마치 우리의 회심이 하나님과 사람의 합작(合作)으로 이루어지는 것처럼 떠든다. 주께서 우리에게 베푸시는 도우심이 어떤 것인지에 대해서는 이미 논의하였으므로, 다시 이를 반복할 필요가 없다. 나로서는 최소한 한 가지만이라도 인정하기를 바라는 마음이다. 그것은 곧, 하나님께서 우리에게 율법에 복종할 것을 요구하신다고 해서, 그 때문에 율법을 지킬 능력이 우리에게 있는 것처럼 여기는 것은 전적으로 어리석은 생각이라는 것이다. 하나님의 모든 계명들을 지키기 위해서는 그 율법을 주신 하나님의 은혜가 반드시 있어야 하며, 또한 그 은혜가 우리에게 약속되어 있다는 것이 분명하기 때문이다.

그러므로, 최소한 우리가 행할 수 있는 한계를 훨씬 뛰어넘는 것을 율법이 요구한다는 것이 분명하다. 또한 예레미야의 말씀도 트집을 잡아서 무너뜨릴 수 있는 것이 아니다. 곧, 하나님께서 옛 백성과 맺으신 언약은 문자에만 속한 것이기 때문에 효력이 없고, 더 나아가서, 하나님의 영이 개입하셔서 순종하고자 하는 마음을 불러일으키실 때에 비로소 언약이 성립된다는 말씀 말이다(렘 31:32-33). 또한 "너희는 내게로 돌아오라 … 그리하면 내가 너희에게로 돌아가리라"(슥 1:3)라는 말씀도 그들의 오류를 뒷받침해 주는 것이 결코 아니다. 여기서 하나님께서 우리에게로 돌아가신다는 것은, 그가 우리의 마음을 새롭게 하사 회개하게 하신다는 뜻이 아니라, 우리에게 물질적인 번영을 주셔서 그가 우리를 향하여 자비와 은혜를 베푸신다는 것을 입증하시겠다는 뜻이다. 마치 그가 우리를 기쁘게 여기지 않으신다는 것을, 힘들고 괴로운 상황들을 통해서 표현하시는 경우가 종종 있듯이 말이다.

그러므로, 사람들이 온갖 재난과 비참한 상황에서 괴로움을 당하면서, 하나님께서 자기들에게서 돌이키셨다고 탄식할 때에, 하나님께서는 의의 정형(正形)이신 하나님 자신에게로 돌아오고 올바른 삶을 회복하면 긍휼하심을 베푸실 것이라고 그들에게 응답하시는 것이다. 그러므로 이 구절이, 회심의 일을 하나님과 사람의 합작으로 이루어지는 것으로 말씀한다는 식으로 보는 것은 그 본래의 의미를 왜곡시키는 것이라 할 수밖에 없다. 여기서는 이 문제에 대해서 간단히 논하는 것으로 그쳤다. 율법에 대한 논의에서 이 문제를 충실하게 다루는 것

이 합당하기 때문이다.[11]

10. 성경의 약속들을 근거로 한 그릇된 반론에 대한 반박

두 번째 부류의 반론은 첫 번째 것과 밀접하게 관련되어 있다. 그들은 여호와께서 우리의 의지와 언약을 맺으시겠다고 하신 약속들을 인용한다. 예를 들면 이런 말씀들이다. "너희는 살려면 선을 구하고 악을 구하지 말지어다"(암 5:14), "너희가 즐겨 순종하면 땅의 아름다운 소산을 먹을 것이요 너희가 거절하여 배반하면 칼에 삼켜지리라 여호와의 입의 말씀이니라"(사 1:19-20), "네가 만일 나의 목전에서 가증한 것을 버리면 네가 흔들리지 아니하리라"(렘 4:1, 의역), "네가 네 하나님 여호와의 말씀을 삼가 듣고 … 그의 모든 명령을 지켜 행하면 네 하나님 여호와께서 너를 세계 모든 민족 위에 뛰어나게 하실 것이라"(신 28:1). 그리고 그 이외에도 여러 구절들을 인용한다(레 26:3 이하).

그들은, 만일 그 약속들 속에 제시된 축복들을 얻거나 혹은 거부하는 것이 우리의 능력으로 되는 것이 아니라면, 주께서 우리의 의지를 향하여 제시하신 그 약속들은 모순이요 우리를 조롱하는 것이 된다고 생각한다. 그러니 다음과 같은 식으로 불평의 말을 줄줄 쏟아내기가 너무나도 쉬운 일이다. "우리의 의지 자체를 우리가 마음대로 하지 못한다면, 주의 자비하심이 우리의 의지에 달려 있다고 하시는 주의 말씀은 우리를 잔인하게 속이는 것일 수밖에 없다. 하나님께서 우리에게 그의 축복들을 드러내 보이시는 데도 그것들을 누릴 능력이 우리에게 없다면, 그런 하나님의 자비야말로 정말 이상한 것이 아니겠는가! 스스로 성취되지 않도록 막기 위해서 불가능한 것들을 조건으로 삼으니, 그 약속들의 확실함이란 얼마나 괴이한가!"

조건이 붙어 있는 약속들에 대해서는 후에 상세하게 논의할 것인데, 그 조건들을 지키기가 불가능하다는 것이 결코 모순이 아니라는 사실이 거기서 분명해질 것이다.[12] 이 점에 대해서는, 하나님께서 우리가 철저히 무능력하다는 것을 아시면서도 우리더러 그의 축복들을 받을 만한 공로를 세우라고 초청하신다 할지라도 그것이 결코 우리를 잔인하게 속이는 것이 아니라는 점을 분명히 밝혀 둔다. 약속들은 신자들과 불신자들에게 똑같이 제시되는 것이므로, 그 두 부류의 사람들에게 각기 특별한 용도가 있는 것이다.

하나님께서는 계명들을 통해서 불경건한 자들의 양심을 찌르셔서 그들로 하여금 하나님의 심판을 망각한 채 죄 가운데서 마음대로 편안하게 지내지 못하도록 하시듯이, 그는 또한 약속들을 통해서 그들이 하나님의 자비하심을 받기에 얼마나 무가치한 존재들인가를 스스로 알도록 그들을 부르시는 것이다. 주께서 그를 존귀히 여기는 자들을 복 주시고, 그의 위엄을 업신여기는 자들을 엄중히 처벌하시는 것이 지극히 공평하며 적절한 처사라는 것을 과연 누가 부인하겠는가? 그러므로, 하나님께서 죄에 매여 있는 불경건한 자들을 위하여 그의 약속들 속에 한 가지 법을 — 곧, 그들이 악에서 떠나야만 비로소 그가 주시는 복을 받으리라는 법을 — 제시해 놓으신 것은 지극히 합당하고 당연한 처사인 것이다. 사실 그들이, 하나님을 참되게 예배하는 자들이 받을 그 복들이 자기들에게 해당되지 않는 것이 정당하다는 사실을 이로써 이해하게만 되어도, 이 법의 목적은 충분히 달성되고도 남는 것이다.

그러나 신자들의 경우에는, 하나님께서 그들로 하여금 하나님의 은혜를 사모하도록 온갖 방법으로 그들을 감동시키시므로, 그가 그의 계명들을 통해서 이미 그들을 위하여 이루신 그 일을 또한 그의 약속들을 통해서도 이루시려 하신다는 것이 결코 모순된 것이 아닐 것이다. 하나님께서 그의 계명들을 통해서 그의 뜻에 관하여 우리를 가르치실 때에, 우리는 우리의 비참함을 알게 되고 우리가 얼마나 철저하게 하나님의 뜻과 이반된 상태에 있는지를 깨닫게 된다. 그러나 그때에 하나님께서는 우리를 감동시키사 그의 성령께서 우리를 올바른 길로 인도해주시기를 간구하도록 만드시는 것이다. 그러나 우리가 게을러서 계명들만으로는 충분히 각성하지 못하므로, 약속들을 더하셔서 우리로 하여금 그 아름다운 것들을 사모하여 계명들을 사랑하도록 이끄시는 것이다. 의를 향한 사모함이 클수록 하나님의 은혜를 더욱더 열심히 구하게 되는 것이다. 그렇기 때문에, 비록 주께서 "네가 원한다면" 혹은 "네가 내 말을 듣는다면"이라는 식의 호소를 하신다 할지라도, 주께서 결코 우리에게 의지가 있다거나 말씀을 들을 능력이 있는 것으로 보시는 것도 아니고, 그렇다고 해서 우리의 무기력함을 조롱하시는 것도 아닌 것이다.

11. 성경의 책망들을 근거로 한 반론에 대한 반박

그들이 제시하는 세 번째 부류의 반론은 앞의 두 가지들과 매우 흡사하다. 곧, 하나님께서 배은망덕한 그의 백성들을 책망하시면서, 그들이 하나님의 긍휼하심에서 나오는 모든 선한 것들을 받지 못하는 것이 그들 자신의 잘못이라고 말씀하시는 구절들을 제시하는 것이다. 그들은 다음과 같은 구절들을 인용하고 있다. "아말렉인과 가나안인이 너희 앞에 있으니 너희가 그 칼에 망하리라 너희가 여호와를 배반하였으니 여호와께서 너희와 함께 하지 아니하시리라"(민 14:43), "내가 … 너희를 불러도 대답하지 아니하였느니라 그러므로 내가 실로에 행함 같이 … 이 곳에 행하겠고"(렘 7:13-14), "너희는 너희 하나님 여호와의 목소리를 순종하지 아니하고 교훈을 받지 아니하는 민족이라 … 여호와께서 그 노하신 바 이 세대를 끊어버리셨음이라"(렘 7:28-29), "보라, 내가 … 모든 재앙을 … 내리리니 이는 그들의 목을 곧게 하여 내 말을 듣지 아니함이라"(렘 19:15).

그들의 반론은, 다음과 같이 대답할 사람들에게 어떻게 그런 책망들을 할 수 있겠느냐는 것이다. "우리는 번영을 바랐고, 역경을 두려워했다. 우리가 주님께 순종하지 못했고, 주의 목소리를 듣지 않았다면, 그것은 번영을 얻고 환난을 피하기 위한 것이었다. 이런 일이 일어난 것은 우리가 죄의 권세에 사로잡힌 상태에서 해방되지 못했기 때문이다. 그러니 우리의 능력으로 도저히 어찌할 수 없어서 악을 행한 것이니 그것에 대해서 우리를 책망하시는 것은 합당치 않은 처사다."

어쩔 수 없었다는 것을 구실로 대는 무익하고 헛된 변명에 대해서는 굳이 거론하지 않더라도, 나는 과연 그들이 자기들의 과오에 대해서 변명을 할 수 있는가를 묻고 싶다. 그들에게 조금이라도 잘못이 있는 것이 확실하다면, 그들이 부패하여 그의 자비로우신 은혜를 느끼지 못하는 것에 대해서 주께서 그들을 책망하시는 것은 당연한 일이다. 그러니, 그들의 완악함의 원인이 바로 그들 자신의 사악한 의지에 있다는 것을 과연 부인할 수 있는지 대답해 보라. 악의 근원이 그들 자신에게 있다면 그들을 멸망의 상태에 빠뜨린 장본인이 바로 자기들 자신인데, 어째서 그 멸망의 원인을 바깥에서 찾으려 애를 쓴단 말인가? 만일 죄인들이 자기들의 과오로 인하여 하나님의 축복을 빼앗기고 형벌을 받는 상태에 있다는 것이 사실이라면, 그들로서는 하나님의 입에서 나오는 이런 책망들을 받아야 마땅한 충분한 이유가 있는 것이다. 그들이 만일 완악하게도 악을 계속 행한다면, 재난을 당할 때에 하나님께서 부당하게 잔인하게 대하신다고 비난할 것이 아니라, 자기 자신들의 무가치함을 정죄하고 혐오하기를 배워야 할 것이며, 만일 그들이 가르침을 받을 수 있는 상태를 완전히 버리지 않았다면, 그리고 자기들의 죄들에 대해서 진저리가 난다면(자기들 자신이 비참하고 버림받은 상태에 있다는 것을 깨달아서), 올바른 길로 돌아와서, 여호와께서 그들을 책망하시는 바로 그것들이 자기들에게 있음을 진지하게 고백하고 인정해야 마땅할 것이다.

선지자들의 책망들이 경건한 자들에게서 어떤 용도로 사용되는가 하는 것은, 다니엘서 9장에 나타나 있는 다니엘의 위대한 기도에서 분명히 나타난다(단 9:4-19). 그 첫 번째 용도의 한 가지 실례를 유대인들에게서 보게 되는데, 하나님께서는 그들의 비참한 처지의 원인을 설명해 주라고 예레미야에게 명령하셨다. 그러나 여호와께서 미리 예고하신 것과 동일한 결과가 일어났다. "네가 그들에게 이 모든 말을 할지라도 그들이 너에게 순종하지 아니할 것이요 네가 그들을 불러도 그들이 네게 대답하지 아니하리니"(렘 7:27). 그렇다면, 선지자들은 대체 무슨 목적으로 귀머거리들에게 노래를 불렀단 말인가? 그것은 비록 그들의 뜻에는 거슬린다 할지라도 그들이 듣는 그 말씀이 참이라는 것을 그들로 하여금 깨닫도록 하기 위함이었다. 자기들의 불행한 처지가 자기들의 탓인데도 불구하고 그것을 하나님의 탓으로 돌리는 것은 사악한 신성모독이라는 것을 그들로 하여금 깨닫게 하기 위함이었던 것이다.

하나님의 은혜를 부인하는 대적들은 습관적으로, 하나님의 계명들과, 또한 율법을 범한 자들에게 주어지는 하나님의 경고와 책망들에서 무수한 증거들을 찾아내어 열거하고, 그리하여 자유 의지의 망상을 불러일으키려 한다. 그러나 다음과 같은 단 몇 가지의 설명만으로도 이를 충분히 배격할 수가 있다. 어느 시편에서는 유대인들을 향하여 "마음이 정직하지 못하며 그 심령이 하나님께 충성하지 아니하는 세대"라고 책망한다(시 78:8). 또다른 시편에서는, 선지자가 당시의 사람들에게 "너희 마음을 완악하게 하지 말라"고 강력히 권고하기도 한다(시 95:8). 이것은 모든 완악한 마음의 원인이 사람의 악함에 있기 때문이다.

그러나 이 사실을 근거로, 마음이란 주께서 예비하신 것으로서(참조. 잠 16:1), 어느 쪽으로도 다 기울 수가 있다는 식으로 생각을 전개한다면 그것은 어리석은 것이다. 선지자는 이렇게 말씀하고 있다. "내가 주의 율례들을 영원히 행하려고 내 마음을 기울였나이다"(시 119:112). 즉, 스스로 자원하여 기꺼이 하나님께 자기 자신을 헌신했다는 뜻이다. 그러나 그는 그렇게 마음을 기울인 장본인이 자기 자신이라는 식으로 자랑하지 않고, 오히려 그것이 하나님께서 주시는 것임을 같은 시편에서 고백하고 있는 것이다(시 119:36). 그러므로 우리는 신자들에게 주는 바울의 경고를 귀담아 들어야 할 것이다. "너희가 … 항상 복종하여 두렵고 떨림으로 너희 구원을 이루라 너희 안에서 행하시는 이는 하나님이시니 … 너희에게 소원을 두고 행하게 하시나니"(빌 2:12-13). 사실 바울은 그들이 육체의 게으름에 빠지지 않도록 하기 위하여 그들에게 그렇게 할 것을 명하고 있다. 그러나 그는 두려움과 조심스러움으로 그렇게 하라고 명함으로써, 그들이 행하도록 명령받고 있는 일이 하나님 자신의 일이라는 것을 기억하도록 그들을 낮추고 있는 것이다. 이로써 그는 능력이 하늘로부터 주어지는 것을 볼 때에, 말하자면 신자들로서는 수동적으로 움직이는 것뿐이요 절대로 자기들이 하는 것으로 주장해서는 안 된다는 뜻을 분명히 전하고 있는 것이다.

뿐만 아니라, 베드로 역시 "너희가 더욱 힘써 너희 믿음에 덕을, 덕에 지식을 … 더하라"고 권면하면서도(벧후 1:5-7), 마치 우리가 독자적으로 무엇을 할 수 있는 것처럼 부차적인 임무들을 부여하지 않고, 다만 육체의 나태함이 믿음을 질식시키지 않도록 할 것에 대해서만 경계하고 있다. "성령을 소멸하지 말라"(살전 5:19)는 바울의 말도 같은 뜻이다. 나태함을 교정시키지 않고 그냥 두면 그것이 계속해서 신자들에게 끼어들기 때문이다. 그러나 이런 말씀에 근거하여, 자기들에게 주어진 빛을 받아 자기 자신을 갈고 닦는 것이 사람의 선택에 달려 있다는 식으로 결론을 짓는 사람이 있다면, 그것은 정말 어리석은 짓일 뿐이다. 바울이 명하고 있는 그런 진지한 열심 자체가 오직 하나님께로부터 오는 것이기 때문이다(고후 7:1).

성령께서 친히 홀로 거룩하게 하시는 임무를 담당하시는데도, 사실 우리는 우리 스스로 모든 더러운 것들을 씻으라는 명령을 자주 받는다. 요컨대, 하나님께 속한 일이 우리에게 전가된다는 것이 요한의 말씀에서 분명히 드러난다. "하나님께로부터 나신 자가 그를 지키시매"(요일 5:18). 자유 의지를 주장하는 자들은 이 구절이 마치, 우리가 보존되는 것이 절반은 하나님의 능력으로, 절반은 우리 자신의 능력으로 되는 것처럼 말씀하는 것으로 오해한다. 사도께서 상기시키는 그것을 보존하는 것 자체가 하늘로부터 오는 것인데 말이다! 그러므로 그리스도께서도 우리를 악에서 지켜주시기를 성부께 구하신다(요 17:15).

그리고 우리 역시 경건한 자들이 사탄을 대적하여 싸우는 동안 오직 하나님의 무기를 통해서 승리를 얻는다는 것을 알고 있다(참조. 엡 6:13 이하). 그렇기 때문에 베드로는, 진리를 순종함으로 우리의 영혼을 깨끗하게 할 것을 말씀하면서, 곧바로 "성령으로"라는 말을 첨부하고 있다(벧전 1:22). 또한 요한은 "하나님께로서 난 자마다 죄를 짓지 아니하나니 이는 하나님의 씨가 그의 속에 거함이요"(요일 3:9)라고 가르침으로써, 모든 인간적인 힘은 영적 싸움에는 아무런 소용이 없다는 것을 간략하게 보여주고 있다. 그리고 다른 구절에서 그 이유를 제시하고 있다. "세상을 이기는 승리는 이것이니 우리의 믿음이니라"(요일 5:4).

12. 신명기 30:11 이하를 근거로 한 그릇된 반론

그러나 우리의 반대자들은 우리의 이런 설명과 강력하게 모순이 되는 것처럼 보이는 한 구절을 모세의 율법에서 인용한다. 모세는 율법을 공포한 후, 백성들 앞에서 이렇게 증거하고 있다. "내가 오늘 네게 명령한 이 명령은 네게 어려운 것도 아니요 먼 것도 아니라 하늘에 있는 것이 아니니 … 오직 그 말씀이 네게 매우 가까워서 네 입에 있으며 네 마음에 있은즉 네가 이를 행할 수 있느니라"(신 30:11-12, 14).

이 말씀들을 순전히 계명에 대해서만 하는 말씀으로 이해하게 되면, 이 말씀들이 현재 우리가 논하고 있는 문제에 적지 않게 중요한 것이 된다는 것을 나도 인정한다. 이것은 계명들을 이해하는 사람의 역량과 기질에 관한 것이요 계명들을 지키는 능력에 관한 것이 아니라는 식으로 주장하여 문제의 본질을 얼마든지 회피할 수도 있지만, 그러나 그렇게 하더라도 얼마간 께름칙한 것이 남을 것이기 때문이다. 그러나 우리의 확실한 해석자인 사도께서 모든 의심을 말끔히 제거해주고 있다. 그는 모세가 여기서 복음의 가르침에 대해서 말씀하고 있는 것이라고 선언하는 것이다(롬 10:8). 그러나 가령 어떤 완고한 사람이, 바울이 이 말씀들을 격렬하게 왜곡시켜서 복음을 지칭하는 것으로 만들어 버렸다고 주장한다고 생각해 보자. 그런 사람의 대담한 태도는 불경건함에서 나오는 것이지만, 굳이 사도의 권위를 거론하지 않더라도 그런 주장은 얼마든지 반박할 수가 있다.

만일 모세가 오로지 계명에 대해서만 말씀하는 것이라면, 그는 사람들에게 지극히 허황된 자신감을 불어넣은 것이 되기 때문이다. 그들이 만일 그 일을 아주 쉽게 여겨서 자기들 자신의 힘으로 율법을 지키려 했다면, 멸망 속으로 달려 들어가기밖에 더했겠는가? 율법을 행하는 길이 죽음의 벼랑 끝에 매어 달려 있는데, 율법을 쉽게 지킬 수 있다는 그 힘이 대체 어디 있단 말인가? 그러므로, 모세는 이 말씀을 통해서 그가 율법의 요구 사항들과 더불어 공포한 바 있는 은혜의 언약을 지칭하였다는 것이 더할 나위 없이 분명한 것이다. 몇 절 앞에서 그는 우리가 하나님을 사랑하기 위해서는 우리 마음이 하나님의 손으로 말미암아 할례를 받아야 한다고 가르쳤었다(신 30:6). 그러므로 그는 바로 그 다음에 말씀하는 그 능력(즉, 율법을 지키는 능력: 역자주)을 사람의 힘에 두지 않고, 우리의 연약함 속에서 힘있게 자신의 일을 이루시는 성령의 도우심과 보호하심에 둔 것이다. 우리는 이 구절을 단순히 계명들을 지칭하는 것이 아니라 복음의 약속을 지칭하는 것으로 해석해야 한다. 그러므로, 이 구절은 우리 스스로 의를 얻을 능력이 우리에게 있음을 보여주기는커녕 오히려 그런 능력을 완전히 파괴시키는 것이다.

이러한 모세의 증언을 바울이 확증해 주고 있다. 곧, 복음에서는 구원이 율법으로 말미암아 제시된 그 힘들고 어렵고 불가능한 조건 ― 모든 계명들을 다 지킨 자들만이 구원에 이르게 된다는 ― 아래서 주어지는 것이 아니라, 쉽고도 언제든지 접근할 수 있는 조건 아래서 주어진다는 것을 가르치는 것이다. 그러므로 이 성경 말씀(롬 10장)은 인간의 의지의 자유를 세우는 데에는 아무런 가치도 없는 것이다.

13. 호세아서 5:15을 근거로 한 그릇된 반론

반대를 위하여 그들은 흔히, 하나님께서 때때로 그의 은혜의 도우심을 거두신 다음 사람들을 시험하시고 그들이 어떤 목적을 갖고 노력을 기울이는지를 기다려 보기도 하신다는 것을 보여주는 다른 구절들을 인용한다. 예컨대, 호세아는 이렇게 말씀한다. "그들이 그 죄를 뉘우치고 내 얼굴을 구하기까지 내가 내 곳으로 돌아가리라"(호 5:15). 그들은 주장하기를, 만일 사람들의 지성이 자기들의 본성적인 능력으로 어느 쪽으로 기울지를 결정할 능력이 없다면, 주께서 이스라엘이 과연 그의 얼굴을 구할지를 살펴보신다는 것이 우스꽝스러운 것이 되어버릴 것이라고 한다. 선지자들을 통하여, 하나님께서 그의 백성들이 삶을 변화시킬 때까지 그들을 멸시하시고 거부하시는 분으로 자신을 나타내 보이시는 것이 지극히 흔한 일인 데도 말이다.

우리의 반대자들은 과연 그런 하나님의 위협들로부터 결국 어떤 결론을 이끌어내겠는가? 하나님께 버림받은 이 사람들이 자기들 스스로 마음을 정하여 회심할 수 있다는 식의 결론을 이끌어낸다면, 그것은 성경 전체를 거스르는 것이 될 것이다. 그리고 회심을 하는 데에 하나님의 은혜가 반드시 있어야 한다는 것을 인정한다면, 그들이 우리와 논쟁할 까닭이 없어질 것이다. 그러나 그들은 은혜가 필요하기는 하나, 그럼에도 불구하고 사람이 능력을 그대로 보존하는 것으로 보는 것이다. 그렇다면, 그들은 과연 무엇을 근거로 그것을 입증하겠는가? 그 구절이나 혹은 그 비슷한 구절을 근거로 하는 것은 분명 아니다. 사람에게서 물러서시고, 그리하여 그들을 홀로 내버려 두실 때에 과연 그들이 어떻게 행하는지를 살펴보시는 것과, 사람의 능력을 그 연약함에 따라서 도우신다는 것은 전연 다른 것이기 때문이다.

그렇다면 이 표현들은 과연 무슨 의미일까 하고 궁금해하는 사람들이 있을 것이다. 나는 그 의미가 하나님께서 마치 이렇게 말씀하시는 것과도 같다고 대답하겠다. "이 완악한 백성에게 경계와 권고와 책망이 아무런 소용이 없으니, 내가 잠시 동안 물러서서 그들이 환난을 당하도록 조용히 허락할 것이다. 오랜 재난 후에 그들이 나를 기억하고서 나의 얼굴을 찾게 될지를 볼 것이다." 여호와께서 멀리 떠나신다는 것은 그들에게서 예언을 거두신다는 것을 의미한다. 사람들이 어떻게 할지를 살펴보시겠다는 것은 잠시 동안 조용하게, 말하자면 은밀하게 그들을 갖가지 환난으로 시험하시겠다는 것을 의미한다. 그가 그렇게 하시는 것은 우리를 더욱더 낮추시기 위함이다. 만일 하나님께서 그의 성령을 통해서 우리를 온유하게 만들지 않으시면, 우리가 교정되기도 전에 먼저 환난의 채찍에 맞아 넘어지고 말 것이기 때문이다.

여호와께서는 우리의 완악함으로 인하여 진노하시고 심지어 지치기까지 하셔서 잠시 동안 우리를 그냥 버려두시고 — 즉, 늘 자신의 임재를 그의 말씀을 통해서 습관적으로 드러내시던 주께서 그 말씀을 거두어 가시고 — 그가 계시지 않은 상태에서 과연 우리가 어떻게 행할지를 시험하시는데, 우리는 이것을 그릇 이해하여, 우리가 마치 무언가 자유 의지의 능력이 있어서 하나님께서 그것을 보시고 시험하시는 줄로 잘못 생각하는 것이다. 그러나 하나님이 이렇게 행하시는 것은 오로지 우리로 하여금 우리 자신이 아무것도 아님을 인식하게 하시기 위함인 것이다.

14. "우리의 것"이라는 관용적인 어법을 근거로 한 그릇된 반론

그들은 또한 성경과 사람들의 말 속에서 흔히 습관적으로 나타나는 어법(語法)을 근거로 반론을 제기하기도 한다. 곧, 선행들을 가리켜 "우리의 것"이라 부른다는 것이 그것이다. 죄를 행하는 것이 우리가 행하는 것이듯이, 거룩하며 주를 기쁘시게 하는 일들을 행하는 것도 우리가 하는 것이라는 것이다. 만일 죄들이 우리 자신에게서 비롯되는 것으로서 우리가 짓는 것이 과연 옳다면, 똑같은 이유로 의로운 행위들도 어느 정도는 우리가 행하는 것이 되어야 한다는 것이다. 우리가 우리 자신의 노력으로 행할 수 없는 일들을 행하며 마치 하나님께서 던지시는 돌들처럼 행한다고 말한다면, 그것은 이치에 맞지 않는 것이며, 따라서, 물론 하나님의 은혜를 최고의 자리에 놓지만, 그럼에도 불구하고 그런 표현들은 우리의 노력이 두 번째 자리 정도는 차지한다는 것을 시사해 준다는 것이다.

우리의 반대자들이 그냥 선행들이 "우리의 것"이라고만 주장한다면, 나는 우리가 하나님께 달라고 구하는 양식도 "우리의 것"이라 부른다는 사실을 들어 반대할 것이다(참조. 마 6:11). "우리의 것"이라는 소유 대명사는, 본래는 결코 우리의 것이 아니지만 하나님께서 자비하심으로 값없이 선물로 주셔서 우리의 것이 되는 것이란 뜻인데, 그들은 대체 그것을 어떤 뜻으로 생각한단 말인가? 그러니 그들로서는 주님이 가르치신 기도에도 똑같이 어리석은 점이 나타난다고 조롱하든가, 아니면 선행이 하나님이 너그러이 우리에게 베푸셔서 우리의 것으로 삼아 주신 것일 뿐이지만 우리가 그것을 "우리의 것"이라 부르는 것을 어리석은 것으로 보기를 중지하든지 둘 중의 하나를 택하여야 할 것이다.

그런데 이보다 좀 더 강력한 두 번째 반론이 제기된다. 곧, 성경은 우리 자신이 하나님을 예배하며, 의를 보존하며, 율법을 지키며, 열심히 선행을 하는 것으로 인정하는 경우가 많다는 것이다. 이런 행위들은 지성과 의지의 고유한 기능들이니, 우리의 열성이 무언가 신적인 능력에 속한 것을 함께 나누어 받는 것이 아니라면, 그런 일들을 어떻게 성령의 역사하심으로 돌리고 또한 동시에 우리들 자신에게도 돌릴 수가 있겠는가 하는 것이다. 그러나 주의 성령께서 성도들에게 역사하시는 방식을 잘 생각해 보면, 이런 하찮은 반론들은 쉽게 물리칠 수가 있다.

그들이 악의를 갖고 우리에게 던지는 비유는 합당하지 않다. 마치 우리가 돌을 던지듯이 하나님께서 그렇게 사람을 움직이신다고 말할 만큼 어리석은 자가 어디 있는가? 뿐만 아니라 우리의 가르침도 그런 것을 상정하는 것이 아니다. 우리는 인정하고 거부하는 행위, 원하고 원치 않는 행위, 노력하고 거부하는 행위 등이 모두 사람의 본성적인 기능들이라고 본다. 즉, 헛된 것을 인정하고 완전한 선을 거부하며, 악을 원하고 선을 원치 않으며, 악한 것을 위하여 노력하고 의를 거부하는 것 말이다. 주께서는 이에 대해서 어떻게 행하시는가? 주께서 그런 부패함을 자신의 진노의 도구로 사용하고자 하실 때에는, 그가 기뻐하시는 대로 사람의 부패한 손을 통하여 자신의 선한 역사를 이루시도록 그렇게 움직이시고 그렇게 역사하신다. 그럴 경우에, 자신의 정욕에 복종하여 열심히 애를 쓰는 동안 하나님의 권능을 섬기는 그 악인이, 과연 자신의 운동이나 감각이나 의지가 전혀 없이 그저 외부에서 가해지는 힘에 의해서만 움직이는 돌과 같다고 말할 수 있겠는가? 그 둘 사이의 차이가 얼마나 큰지를 우리는 잘 알고 있다.

그러나, 그들이 특별히 거론하고 있는 선한 사람들의 경우는 어떠한가? 주께서는 그들 속에 그의 나라를 세우실 때에, 그의 성령으로 말미암아 그들의 의지를 제어하셔서 그 본성적인 성향에 따라서 정욕에 이끌려 이리저리 방황하지 않도록 하신다. 의지가 거룩함과 의를 향하여 나아가도록, 그 의지를 그의 의로 우신 규범에로 기울게 하시고, 그렇게 형성시키시고 인도하시는 것이다. 그리고 그 의지가 비틀거리고 넘어지지 않도록, 그의 성령의 능력으로 보존시키시고 강건하게 하시는 것이다. 이와 관련하여 아우구스티누스도 이렇게 말하고 있다. "아마 여러분은 '그렇다면 우리에게 행동이 가해지는 것이고 우리 스스로 행동하는 것이 아니지 않은가?'라고 궁금해할 것입니다. 그러나 그렇지 않습니다. 여러분 스스로도 행동하는 것이요, 동시에 여러분에게 행동이 가해지는 것입니다. 그리고 선하신 분께서 여러분에게 행동을 가하시면, 여러분이 선하게 행동할 것입니다. 여러분에게 역사하시는 하나님의 성령은 행동하는 자들을 도우시는 분이십니다. '도우시는 분'이라는 말 자체가 여러분도 무언가를 행한다는 것을 암시하는 것입니다."[13]

이 진술의 첫 부분에서 그는 성령께서 역사하신다 해도 사람의 행동이 없어지는 것이 아님을 시사하고 있다. 왜냐하면 선을 갈망하도록 인도함을 받는 의지는 본성에 속한 것이기 때문이다. 그러나 그는 곧바로 "도우시는 분"이라는 말에서 우리도 역시 무언가를 행한다는 것이 암시되고 있다고 덧붙이는데, 우리는 이것을 무언가를 우리들 각자의 공으로 돌리는 뜻으로 이해해서는 안 된다. 오히려 그는 우리 속에 안일한 자세를 조장하지 않기 위하여, 다음과 같은 말로써 하나님의 역사하심을 우리 자신의 노력과 연관짓고 있는 것이다. "의지를 발휘하는 것은 본성에 속한 일이나, 그 의지를 올바로 발휘하는 것은 은혜에 속한 일입니다." 그렇기 때문에 그는 조금 앞에서, "하나님이 도우시지 않으면, 정복할 수도 없고 싸울 수조차 없습니다"라고 하였다.[14]

15. 성령의 역사와 인간의 의지적 행위

그러므로, 하나님의 은혜 — 곧, 중생을 논의할 때에 뜻하는 그런 의미에서의 하나님의 은혜 — 야말로 성령께서 사람의 의지를 지도하고 다스리는 규범이라는 것이 드러난다. 성령께서 다스리실 때에는 반드시 교정하시고, 변화시키시고, 새롭게 하시는 역사가 나타나는 것이다. 그렇기 때문에 우리는 우리의 중생의 시작이 바로 우리의 것을 쓸어내는 데에 있다고 말하는 것이다. 또한 성령께서는 움직이시고, 행하시고, 촉구하시고, 참으시고, 지키심으로 그의 역사를 수행하신다. 그러므로 은혜에서 비롯되는 모든 행위들이 전적으로 성령의 역사라고 말하는 것이 옳은 것이다.

그러나 한편, "은혜가 의지를 파괴시키는 것이 아니라 오히려 의지를 회복시킨다"[15]는 아우구스티누스의 가르침이 지극히 사실이라는 것도 부인하지 않는다. 이 두 가지 사상은 본질적으로 서로 완전히 일치하는 것이다. 의지의 부패성과 타락성이 교정되어 그것이 의의 참된 규범으로 인도함 받는 것을 가리켜 그 의지가 회복된다고 말한다. 그러나 동시에, 사람에게 새로운 의지가 창조된다고도 말하는 것이다. 본성적인 의지가 너무나도 타락하고 부패한 상태에 있으므로 그 의지의 본성 자체가 완전히 변화되어야 하기 때문이다.

이제 우리는, 하나님의 성령께서 우리 속에서 행하시는 일을 우리 자신이 적절하게 행하고 있다고 말하지 못할 이유가 없다. 물론 하나님의 은혜를 떠나서 우리의 의지가 스스로 기여하는 것이 아무것도 없지만 말이다. 그러므로 우리는 앞의 다른 곳에서 인용한 바 있는 아우구스티누스의 진술을 염두에 두어야 할 것이다. 곧, 사람들이 그 자신의 의지에서 선한 것을 찾으려고 애를 쓰지만 전혀 소용이 없다는 것 말이다.[16] 사람들이 그렇게 애를 쓰고 있는 것처럼 자유 의지의 능력을 하나님의 은혜와 뒤섞어 놓으면, 그것은 마치 포도주를 쓴 흙탕물에 섞는 것과도 같아서, 은혜를 부패시키는 것 이외에 아무것도 아닌 것이다.

혹시 사람의 의지에 무언가 선한 것이 있다손 치더라도, 그것은 순전히 성령의 감동하심에서 나오는 것이다.

그러나 본성적으로 의지가 우리에게 있기 때문에, 하나님께서 친히 행하시므로 그가 찬양을 받으셔야 마땅한 일들을 우리가 행하는 것으로 말할 수가 있는 것이다. 첫째로, 하나님께서 그의 자비하심으로 우리 속에서 어떤 일을 행하시든 그것은 우리의 것이 되기 때문이다. 다만, 여기서 그것이 우리가 행하는 것이 아니라는 것을 이해해야 하는 것은 물론이다. 둘째로, 성령께서 선을 향하여 이끄시는 그 지성과 의지와 노력이 모두 우리의 것이기 때문이다.

16. 창세기 4:7을 근거로 한 그릇된 반론

그들은 또한 여기저기서 다른 증거를 긁어모으지만, 방금 앞에서 제시한 반박들을 정상적으로 살펴본 사람이라면 이해력이 별로 뛰어나지 않다 할지라도 그것들에 대해서 별로 개의치 않을 것이다. 우리의 반대자들은 창세기의 다음과 같은 진술을 증거로 인용한다. "죄가 너를 원하나 너는 죄를 다스릴지니라"(창 4:7). 그들은 이 말씀을 죄에다 적용시켜서, 마치 여호와께서 가인에게 만일 그가 죄를 정복하려고 노력하기만 하면 절대로 죄의 권세가 그의 지성을 지배하지 못할 것이라고 약속하시는 것처럼 이해한다.

그러나 우리는 이 구절을 아벨에게 적용시키는 것이 전후 문맥에 더 어울린다고 주장한다. 거기서 하나님의 의도는 가인이 그의 동생을 향하여 품은 사악한 시기심을 책망하고자 하는데 있기 때문이다. 하나님께서는 두 가지로 그를 책망하신다. 첫째로, 하나님 앞에서는 의로움보다 더 고귀한 것이 없는데도 가인은 하나님 앞에서 동생보다 더 귀하게 보이기 위하여 헛되이 범죄를 저질렀다는 것이다. 그리고 둘째로, 가인은 하나님께로부터 받은 바 축복에 대해서 감사할 줄을 몰랐고, 자기 동생이 자기의 권세 아래 있는데도 불구하고 그 동생의 존재를 용납하지 못했다는 것이다.

그러나, 그들의 해석이 우리의 견해와 다르기 때문에 우리가 이런 해석을 지지하는 것이라고 생각할지도 모르니, 그들의 해석을 따라서 여기서 하나님께서 죄에 대하여 말씀하신다고 가정해 보기로 하자. 그렇게 보면, 여호와께서는 그가 여기서 선포하시는 바를 약속하시는 것이든지, 아니면 명령하시는 것이든지, 둘 중의 하나일 것이다. 만일 명령을 하시는 것이라면, 우리는 이미 그것이 결코 인간에게 능력이 있다는 증거가 될 수 없다는 것을 충분히 입증한 바 있다. 만일 약속을 하시는 것이라면, 가인이 자기가 죄를 다스려야 하는데도 불구하고 오히려 죄에 굴복하고 말았으니 그 약속은 성취되지 않은 것이 되고 말 것이다. 그 약속 가운데는 "네가 싸우면, 반드시 승리를 거두리라"는 식의 무언(無言)의 조건이 내포되어 있다는 식으로 말할 것인가?

그러나 그런 둘러대는 말을 과연 누가 받아들이겠는가? 만일 여기서 다스린다는 것이 죄를 다스리는 것을 뜻한다면, 이 말이 명령의 의미라는 것을 아무도 부인할 수가 없을 것이다. 곧, 우리가 할 수 있는 일을 규정하는 것이 아니라, 비록 우리의 능력 밖이라 할지라도 우리가 반드시 해야 할 일을 규정하는 것이다. 그러나, 이 문제 자체를 보든, 문법의 원칙을 보든, 여기서 가인과 아벨을 비교하고 있는 것으로 보아야 한다. 형이 스스로 범죄하여 악하여져서 자기 동생보다 못한 처지가 되고 만 것이다.

17. 로마서 9:16과 고린도전서 3:9을 근거로 한 그릇된 반론

그들은 또한 사도의 증언을 증거로 이용한다. "그런즉 원하는 자로 말미암음도 아니요 달음박질하는 자로 말미암음도 아니요 오직 긍휼히 여기시는 하나님으로 말미암음이니라"(롬 9:16). 그들은 이를 근거로, 사람의 의지와 수고에 무언가가 있으므로 ― 물론 그 자체로서는 미약하기 그지없지만 ― 그것이 하나님의 긍휼하심의 도우심을 받으면 바람직한 결과가 반드시 나온다는 식의 논지를 전개한다.

그런데, 바울이 여기서 논의하는 문제가 무엇인지를 조금이라도 신중하게 따져보았다면, 그들이 이 말씀을 그렇게까지 경솔하게 잘못 해석하지는 않았을 것이다. 그들이 자기들의 해석을 뒷받침하기 위해서 오리겐과 히에로니무스를 인용할 수도 있다는 것은 나도 잘 알고 있다. 나 역시도 거기에 맞서서 아우구스티누스를 인용할 수가 있다. 그러나 우리가 바울이 의미하는 바를 잘 이해하기만 한다면, 그들의 견해는 전혀 문제가 되지 않을 것이다. 거기서 그는 주께서 긍휼히 여기실 가치가 있다고 여기시는 자들에게는 구원이 예비되어 있으며, 주께서 택하지 않으신 모든 자들에게는 멸망과 죽음이 예비되어 있음을 가르친다. 바울은 바로의 실례를 들어서 악인이 당할 운명을 지적한 바 있다(롬 9:17). 그는 또한 모세의 증언을 들어서 값없는 선택의 확실성을 확증하기도 했다. "내가 긍휼히 여길 자를 긍휼히 여기고 불쌍히 여길 자를 불쌍히 여기리라"(롬 9:15; 출 33:19). 그리고 나서 "원하는 자로 말미암음도 아니요 달음박질하는 자로 말미암음도 아니요 오직 긍휼히 여기시는 하나님으로 말미암음이니라"라고 결론짓고 있는 것이다(롬 9:16).

그런데 이 말씀을, 의지와 수고로는 그런 무거운 짐을 감당할 수 없으므로 그것으로는 부족하다는 뜻으로 이해한다면, 바울이 한 말씀은 부적절한 것이 되고 말 것이다. 그러니, 원하는 자나 달음박질하는 자에게 달려 있는 것이 아니라고 했으니, 거기에 무언가 원하는 것이 있고 무언가 달음박질하는 것이 있는 것이 아니겠느냐는 식의 이런 교묘한 논리는 당장 던져버려라!

바울이 뜻하는 바는 훨씬 더 간단하다. 곧, 우리에게 구원의 길을 예비해 주는 것은 사람의 의지도 아니고, 노력도 아니요, 오직 하나님의 긍휼하심뿐이라는 것이다. 바울은 디도에게 보낸 편지에서도 바로 이렇게 말하고 있다. "우리 구주 하나님의 자비와 사람 사랑하심이 나타날 때에 … 우리가 행한 바 의로운 행위로 말미암지 아니하고 오직 그의 긍휼하심을 따라 … 하셨나니"(딛 3:4-5). 어떤 사람들은, 바울이 "원하는 자로 말미암음도 아니요 달음박질하는 자로 말미암음도 아니"라고 말하여, 무언가 원하는 것이 있고 달음박질하는 것이 있다는 것을 암시한다고 떠든다. 그러나 만일 내가 그들과 똑같은 식으로 추론하여, 바울이 우리가 하나님의 자비하심을 얻는 것이 우리가 행한 행위의 덕으로 말미암는 것이 아니라고 말씀하니 그것은 곧 우리에게 무언가 선한 행위가 있다는 뜻이라고 주장한다면, 그들은 결코 인정하지 않을 것이다.

만일 이런 식의 논지에서 오류를 찾아낸다면, 그들은 눈을 밝히 떠서 자기들 자신도 그와 똑같은 오류에 빠져 있다는 것을 깨달아야 할 것이다. 아우구스티누스는 확고한 근거에 의지하여 이렇게 진술하고 있다. "그러므로 만일 원하는 것이나 달음박질하는 것으로는 충분하지 못하기 때문에 '원하는 자로 말미암음도 아니요 달음박질하는 자로 말미암음도 아니라'(롬 9:16)고 말씀했다면, 그것을 뒤집어서, 하나님의 긍휼하심으로 말미암음도 아니라고 말할 수도 있을 것이다. 왜냐하면 그 긍휼하심 홀로 역사하는 것이 아닐 것이기 때문이다." 그러나 이 후자의 논지가 어리석은 것이므로, 아우구스티누스는 다음과 같이 올바로 결론짓는다. "그러므로, 이 말씀을 하는 것은 주께서 예비해 주지 않으시면 사람에게 선한 의지가 없기 때문이다. 우리가 원하지도, 달음박질하지도 말아야 한다는 뜻이 아니라, 하나님께서 우리 속에서 그 두 가지 일을 친히 행하시기 때문인 것이다."[17]

또 어떤 이들은 이와 똑같이 무식하게, "우리는 하나님의 동역자들이요"(고전 3:9)라는 바울의 말씀을 왜곡시켜 이해한다. 이것이 사역자들에게만 해당되는 말이라는 것은 의심의 여지 없는 사실이다. 그러나, 그들이 "동역자들"이라 불리는 것은 그들 스스로 무언가 기여하는 것이 있기 때문이 아니라, 하나님께서 그들을 변화시키사 능력을 부여하시고 필요한 은사들을 베푸신 후에 그들의 사역을 사용하시기 때문인 것이다.

18. 집회서 15:14-17을 근거로 한 그릇된 반론

그들은 또한 집회서를 거론하는데, 그 권위가 의심스럽다는 것은 잘 알려져 있는 사실이다. 물론 집회서 저자의 권위를 의심할 만한 완전한 권리가 우리에게 있지만, 가령 그 권위를 인정한다고 할 때에는, 과연 집회서가 자유 의지에 대해서 무엇을 입증해 주겠는가? 집회서 저자는 이렇게 말하고 있다. "사람이 창조된 직후에 하나님은 그를 자기 자신의 지혜의 능력 속에 두셨고, 그에게 계명들을 주셨다. 사람이 그 계명들을 지키면, 그 계명들이 사람을 지킬 것이었다. 하나님께서는 생명과 사망, 선과 악을 … 사람 앞에 두셨다. 그리고 어느 것이든 그가 택하는 것을 그에게 주실 것이다"(집회서 15:14-17).

자, 사람이 창조될 때에 생명이나 사망을 얻을 능력을 부여받았다고 가정하기로 하자. 그러나 동시에 다른 쪽에서, 그 사람이 그 능력을 잃어버렸다고 대답한다면 어떻게 되겠는가? 물론 여기서 다음과 같은 솔로몬의 진술과 모순을 불러일으킬 의도는 없다. "하나님은 사람을 정직하게 지으셨으나 사람이 많은 꾀들을 낸 것이니라"(전 7:29). 하지만, 사람이 부패하여 자기 자신은 물론 자기가 소유하던 모든 것까지도 다 잃어버리게 되었으므로, 그 부패하고 타락한 상태에 있는 사람은 본래 창조 때에 지니고 있던 것을 무조건 다 지니고 있는 것이 아니다.

그러므로, 나의 반대자들에게는 물론, 집회서 저자 자신에게도 ― 그가 누구였든지 간에 ― 이렇게 답변하고자 한다. "그대가, 구원을 얻을 능력을 자기 자신에게서 찾으라고 사람들에게 가르치기를 원한다면, 우리는 그대의 권위를 존중하지 않을 것이요, 분명한 하나님의 말씀에 조금이라도 거스르는 어떤 편견을 조장할 빌미를 절대로 주지 않을 것이다. 그러나 가령 그대의 의도가 그저, 자신의 악행들을 하나님께로 돌려서 헛되이 자신을 방어하려 하는 육체의 악한 성향을 누르고자 하는 데 있고, 사람에게 본래 정직함이 심겨져 있었다고 하여 사람의 파멸 상태의 원인이 사람 자신에게 있다는 것을 분명히 드러내려 했다면, 나는 기꺼이 그대의 진술에 동의할 것이다. 단, 사람이 최초에 주께서 베풀어주신 그 고귀한 것들을 그 자신의 잘못으로 다 빼앗겨 버린 처지에 있다는 것을 그대와 내가 동의한다면 말이다. 그러니 사람에게 지금 필요한 것은 변호인이 아니라 의사(醫師)라는 것을 우리 함께 고백하도록 하자.”

19. 누가복음 10:30을 근거로 한 그릇된 반론

그들은 다른 무엇보다도 길을 가다 강도를 만나 거의 죽게 된 사람에 대한 그리스도의 비유(눅 10:30)를 계속해서 거론한다. 거의 모든 저술가들이 공통적으로, 인류 전체의 재난이 바로 이 여행객으로 대표되고 있다고 가르치고 있다는 것을 나도 알고 있다. 이를 근거로 우리의 반대자들은 여기서, 그 사람이 “절반쯤 살아 있는 것”(한글 개역 개정판은 “거의 죽은 것”으로 번역하고 있다. 역자주)이라고 말하고 있으니, 죄와 마귀가 아무리 사람의 모습을 일그러지게 만들고 약탈해 갔다 해도 그 이전의 선의 흔적들이 어느 정도는 남아 있는 것이라는 식으로 주장한다. 올바른 이성과 의지가 어느 정도라도 남아 있지 않다면, 어떻게 “절반쯤 살아 있는 것”이라 할 수 있겠느냐는 것이다.

첫째로, 가령 내가 그들의 알레고리를 받아들이지 않는다면, 그들은 어떻게 하겠는가? 교부들은 주의 말씀의 참된 의미를 고려하지 않고 이런 해석을 고안해 낸 것이 분명하다. 알레고리는 성경의 규범으로 정해진 한계를 넘어서서는 안 되며, 더구나 그것을 어떤 교리를 세우는 근거로 삼는 것은 더더욱 안 된다. 이런 그릇된 해석을 뿌리째 뽑아 버리려면, 얼마든지 근거를 갖고 그렇게 할 수가 있다. 하나님의 말씀은 사람을 “절반쯤 살아 있는” 상태에 있는 것으로 가르치지 않는다. 오히려 사람이 복된 생명에 관한 한 완전히 죽어 있는 것으로 가르친다. 바울은 우리의 구속에 대해서 말씀하면서 성도들이 “절반쯤 살아 있다”고 말하지 않고, 오히려 “허물로 죽은 우리를 … 살리셨고”(엡 2:5) 라고 말씀하고 있다. 그는 절반쯤 살아 있는 자들이 아니라, 잠자는 자들과 죽은 자들에게 그리스도의 빛을 받으라고 촉구하는 것이다(엡 5:14). 똑같은 의미로, 주님께서도 친히 이렇게 말씀하신다. "죽은 자들이 하나님의 아들의 음성을 들을 때가 오나니 곧 이때라"(요 5:25). 그러니, 이렇게 희미한 암시를 근거로 그렇게도 분명한 수많은 진술들을 대적하다니, 그들은 정말 부끄러운 줄을 알아야 한다!

그러나, 가령 그들의 이런 알레고리가 확고한 증언의 역할을 한다고 가정한다 해도, 그들은 우리에게서 얻어낼 수 있는 것이 아무것도 없다. 그들은 사람이 절반쯤 살아 있으니 무언가 안전한 부분이 있다고 말한다. 물론 사람에게는 비록 하늘의 영적 지혜는 꿰뚫을 수가 없지만, 그래도 사물을 이해할 수 있는 지성이 있다. 정직성에 대한 판단도 어느 정도는 지니고 있다. 하나님을 아는 참된 지식에는 이를 수 없지만, 신적인 것에 대한 지각도 어느 정도는 있다. 그러나 이것들이 다 무슨 소용이 있는가? 이것들이 있다 해도, 여러 학파들이 공통적으로 동의하며 승인하고 있는 다음과 같은 아우구스티누스의 견해를 저버려야 할 만한 근거는 없는 것이다. 곧, 사람이 타락한 이후, 구원의 근거를 이루는 바 값없이 주어진 선한 것들이 그에게서 없어졌고, 본성적인 기능들은 부패되고 더러워졌다는 것이 그것이다.[18]

그러므로 우리가 절대로 흔들림 없고 의심의 여지 없는 진리로 취해야 할 것은 바로 이것이다. 곧, 사람의 지성은 하나님의 의로부터 완전히 이반(離反)되었기 때문에, 오로지 불경하고 사악하며 추하고 불순하고 부끄러운 것들만을 생각하고 바라고 행한다는 것이다. 마음이 죄의 독 속에 너무나 찌들어 있기 때문에, 거기에서 나오는 것은 지독한 악취 이외에는 없는 것이다. 그러나 몇몇 사람들이 이따금 선한 모습을 보이는 예도 있지만, 그들의 지성은 언제나 외식과 간교한 속임수에 둘러싸여 있으며, 그들의 마음은 내적인 사악함에 매여 있는 것이다.

주

1. 참조. 3장 5절.

2. Bernard, *Sermons on the Song of Songs*, lxxxi. 7, 9.

3. Jerome, *Dialogue against the Pelagians*, I. 6.

4. Augustine, *Letters*, cxciv. 5. 19; *On Grace and Free Will*, vi. 15.

5. Augustine, *Psalms*, Ps. 70. ii. 5; *Sermons*, clxix. 2.

6. Chrysostom, *Homilies* on Genesis, hom. xxiii. 5.

7. Prosper of Aquitaine, *De vocatione Gentium*, II. iv.

8. Augustine, *De Correptione et Gratia*, iii. 5.

9. Augustine, *On Grace and Free Will*, xvi. 32; *Letters*, clxvii. 4. 15; Enchiridion, xxxi. 117; Confessions, X. xxix. 40; xxxi. 45; *Psalms*, Ps. 118. xvi. 2; *On the Gift of Perseverance*, xx. 53.

10. Augustine, *On the Grace of Christ and on Original Sin*, I. xxx이하; *On Christian Doctrine*, III. xxxiii. 그는 여기서 390년 도나투스파의 한 사람이었던 티코니우스가 성경 이해를 돕기 위해 제시한 일곱 가지의 법칙 중 세 번째 법칙을 거론하고 있다.

11. 참조. 7장 8, 9절.

12. 참조. 7장 4절; 8장 4절; 17장 1-3, 6, 7절.

13. Augustine, *Sermons*, clvi. 11. 11.

14. Augustine, *Sermons*, clvi. 9. 9; 11. 11-12.

15. Augustine, *On Grace and Free Will*, xx. 41.

16. 참조. 2장 11절.

17. Augustine, *Letters*, ccxvii. 4. 12.

18. 참조. 2장 4, 12절.

타락한 인간은 마땅히 그리스도 안에서 구속을 구해야 함

(타락한 인간과 중보자의 필연성. 1-2)

1. 타락한 인간과 그리스도로 말미암는 구원

인류 전체가 아담 안에서 망하였고, 그리하여 앞에서 이미 살핀 대로,[1] 우리가 최초에 부여받은 그 탁월함과 고귀함이 우리에게 아무런 유익이 되지 못하고 오히려 우리에게 크나큰 수치가 되어 버렸다. 그러나 하나님께서는 죄로 말미암아 타락하고 부패한 사람들을 자기의 지으신 것으로 인정하시지 않고, 그의 독생자를 통하여 구속주(救贖主)로 나타나셨다. 우리가 생명에서 사망 속으로 타락하였으므로, 믿음이 뒤따라 와서 그리스도 안에서 성부 하나님을 우리에게 제시해 주기 전에는, 우리가 앞에서 논의한 바 있는 창조주 하나님을 아는 지식 전체가 쓸모 없게 되어 버렸다. 우주의 체계가 우리에게 학교가 되어 거기서 경건을 배우고, 거기서부터 영생과 완전한 복락으로 옮아가는 것이 본래의 정상적인 과정이었다. 그러나 사람이 반역한 이후, 우리의 눈이 어디를 바라보든, 하나님의 저주를 접하게 되고 말았다. 이러한 저주는 우리의 잘못으로 인하여 무죄한 다른 피조물들에게도 임하게 되었고, 우리의 영혼은 이로 말미암아 절망에 빠지게 되었다.

하나님께서 여러 가지 방식으로 우리에게 자신의 아버지다우신 사랑을 드러내고자 하시더라도, 우주를 바라보는 것으로는 그가 아버지이시라는 것조차도 생각할 수가 없게 된 것이다. 오히려 양심이 속에서 우리를 압박하고, 하나님께서 우리를 버리시고 그의 자녀로 인정하지 않으시는 데 대한 정당한 원인을 우리의 죄 속에서 보게 하는 것이다. 또한 우리의 지성이 눈이 멀어서 무엇이 참인지를 지각하지 못하므로, 무디어지고 은혜를 감사할 줄 모르는 처지가 되어 버렸다. 그리고 우리의 모든 감각이 악해져서, 사악하게도 하나님의 영광을 가로채기까지 하는 상태가 되어 버린 것이다.

그렇기 때문에 우리는 다음과 같은 바울의 진술에 귀를 기울이지 않을 수가 없다. "하나님의 지혜에 있어서는 이 세상이 자기 지혜로 하나님을 알지 못하므로 하나님께서 전도의 미련한 것으로 믿는 자들을 구원하시기를 기뻐하셨도다"(고전 1:21). 무수한 이적들로 가득 차 있는 하늘과 땅이라는 이 장엄한 극장을, 바울은 "하나님의 지혜"라 부르고 있다. 우리는 그것을 잘 바라보아서 지혜를 얻어 하나님을 알게 되었어야 마땅했다. 그러나 그것을 통해서 별로 유익을 얻지 못하게 되었기 때문에, 하나님께서는 그리스도를 믿는 믿음으로 우리를 부르시는데, 그것이 어리석어 보이기 때문에 불신자들은 이를 멸시하는 것이다.

그러므로 십자가의 도(道)가 우리의 인간적인 성향에는 맞지 않지만, 우리의 주인이시요 지으신 분이신 하나님께로 돌아가기를 바란다면 ― 우리가 지금까지 멀어진 상태에 있던 그분께로 다시 돌아가 그가 다시 우리의 아버지가 되시는 상태를 회복하기를 바란다면 ― 그 도를 겸손하게 받아들여야만 하는 것이다. 첫 사람 아담의 타락 이후로는 중보자를 떠나서는 하나님에 대한 그 어떠한 지식도 구원에 이르게 하는 능력이 되지 못했다(참조. 롬 1:16; 고전 1:24). 그리스도께서는 그의 시대뿐 아니라 모든 시대의 사람들에 대하여 이렇게 말씀하시는 것이다. "영생은 곧 유일하신 참 하나님과 그가 보내신 자 예수 그리스도를 아는 것이니이다"(요 17:3). 그러므로, 성경이 한결같이 구원으로 들어가는 유일한 문이라고 가르치는 그분(요 10:9)의 은혜가 없이, 불경건한 자들과 믿지 않는 자들에게 무작정 하늘을 개방시키는 자들의 우매함이란 얼마나 악한지 모르는 것이다. 그러나 혹시 이러한 그리스도의 진술을 복음 전파에만 국한시키고자 하는 사람들이 있다면, 그런 사고는 곧바로 반박되고도 남는다. 사람이 하나님께로부터 멀리 떠나 있으며(참조. 엡 4:18), 저주받은 것으로 선포되었고(참조. 갈 3:10), 진노의 자식들로서(참조. 엡 2:3), 화목이 없이는 하나님을 기쁘시게 할 수 없다는 것은 모든 시대와 모든 민족들이 똑같이 알고 있는 사실이기 때문이다.

뿐만 아니라, 그리스도께서는 사마리아 여인에게 이렇게 답변하셨다. "너희는 알지 못하는 것을 예배하고 우리는 아는 것을 예배하노니 이는 구원이 유대인에게서 남이라"(요 4:22). 이 말씀을 통해서 그리스도는 모든 이방의 종교들을 거짓된 것으로 정죄하시는 동시에, 율법 아래에서 구속주께서 그 택하신 백성들에게만 약속되신 이유를 제시하시는 것이다. 그렇다면, 그리스도를 바라보는 것을 제외하고는 그 어떠한 예배도 하나님을 기쁘시게 한 일이 없는 것이 된다. 그리고 바울 역시 이를 기반으로 하여, 모든 이방인들이 "세상에서 소망이 없고 하나님도 없는 자"임을 선언하고 있다(엡 2:12). 요한이, 생명이 태초부터 그리스도 안에 있었으며(요 1:4) 또한 온 세상이 그 생명으로부터 벗어났다고 가르치므로(참조. 요 1:10), 그 본래의 근원으로 다시 돌아가는 것이 필수적이다. 그리하여 그리스도께서도, 자신이 화목 제물이시므로, 친히 자신이 "생명"임을 선언하시는 것이다(요 11:25; 14:6).

분명히 단언하건대, 하늘의 유업은 오직 하나님의 자녀들에게만 주어지는 것이다(참조. 마 5:9-10). 뿐만 아니라, 독생자의 몸에 접붙임을 받지 않은 자들이 자녀의 지위를 지닌다고 보는 것은 전혀 합당치 않은 것이다. 요한은 분명히 선언하고 있다. "그 이름을 믿는 자들에게는 하나님의 자녀가 되는 권세를 주셨으니"(요 1:12). 그러나 아직 그리스도를 믿는 믿음에 대해서 충실하게 논의할 차례가 되지 않았으므로, 우선 이 정도로 간단히 언급하고 지나가는 것으로 족할 것이다.

2. 구약 시대에도 중보자께서 제시되셨음

그러므로, 하나님께서는 중보자를 떠나서는 결코 옛 백성들에게 자비를 보이신 일도 없고, 그들에게 은혜에 대한 소망을 주신 일도 없다. 율법에 나타나 있는 희생 제사는, 오직 그리스도께서 시행하시는 속죄 이외에는 다른 어디에서도 구원을 찾지 말아야 할 것을 신자들에게 명백하게 공공연하게 가르쳐 주는 것이지만, 그것에 대한 논의는 그냥 지나가고, 다만 교회의 복되고 기쁜 상태는 언제나 그리스도를 기반으로 한다는 사실만을 지적하기로 한다. 하나님께서 그의 언약에 아브라함의 모든 자손들을 다 포함시키셨지만(참조. 창 17:4), 그럼에도 불구하고 바울은 지혜롭게도 그리스도께서 모든 민족들을 복받게 하시는 그 씨이셨다고 추론하고 있다(갈 3:14). 우리가 아는 바대로, 아브라함의 육체적인 후손들 모두가 그의 자손들로 인정받은 것이 아니기 때문이다(갈 3:16). 이스마엘 같은 사람은 접어두더라도, 이삭의 쌍둥이 두 아들인 에서와 야곱만 해도 아직 어머니의 배 속에 있을 때에 이미 하나는 택함 받았고 하나는 버린 바 되었으니, 대체 어떻게 이런 일이 있단 말인가(롬 9:11)? 맏아들은 옆으로 밀려나고 둘째 아들만 자기 지위를 지켰으니, 대체 어찌된 일인가? 또한 대다수가 상속권을 빼앗겼다니, 대체 어찌된 일인가? 그러므로, 아브라함의 씨란 주로 머리이신 한 분 안에서 인정된다는 것이 분명하며, 또한 그리스도께서 임하셔서 흩어진 자들을 모으셔야만 비로소 약속된 구원이 실현된다는 것이 확실한 것이다. 그러므로, 본래 택하신 백성을 취하신 것도 중보자의 은혜에 근거한 일이었다.

모세의 글에서는 이것이 아직 분명한 말로써 표현되지 않기는 하지만, 그럼에도 불구하고 이 사실이 모든 경건한 자들에게 다 알려져 있었다는 것이 충분히 드러나고 있다. 이스라엘에 왕 제도가 세워지기 전, 사무엘의 모친 한나는 경건한 자의 행복을 묘사하면서, 이미 이렇게 말한 바 있다. "여호와께서 … 자기 왕에게 힘을 주시며 자기의 기름 부음을 받은 자의 뿔을 높이시리로다"(삼상 2:10). 곧, 하나님께서 그의 교회를 복 주시리라는 뜻이다. 그리고 조금 뒤에 첨가된 예언도 이와 일맥상통한다. "내가 나를 위하여 충실한 제사장을 일으키리니 그 사람은 내 마음, 내 뜻대로 행할 것이라 … 그가 나의 기름 부음을 받은 자 앞에서 영구히 행하리라"(삼상 2:35).

그리고 우리의 천부께서는 우리가 다윗과 그의 후손들에게서 그리스도의 살아 있는 형상을 깨닫기를 원하신 것이 분명하다. 그리하여 다윗은, 경건한 자들에게 하나님을 경외할 것을 권고하면서, 그들에게 "그의 아들에게 입맞추라"고 명령한다(시 2:12). 이는 다음과 같은 복음서의 말씀과 일치하는 것이다. "아들을 공경하지 아니하는 자는 그를 보내신 아버지도 공경하지 아니하느니라"(요 5:23). 그러므로, 비록 열 지파의 모반으로 왕국이 무너졌으나, 하나님께서 다윗과 및 그의 후계자들과 세우신 언약은 그가 선지자들을 통해서 말씀하신 대로 그대로 존속하여야 했던 것이다. "내가 이 나라를 다 빼앗지 아니하고 내 종 다윗과 내가 택한 예루살렘을 위하여 한 지파를 네 아들에게 주리라"(왕상 11:13, 32).

이 약속이 두세 차례 되풀이되고 있다. "내가 이로 말미암아 다윗의 자손을 괴롭게 할 것이나 영원히 하지는 아니하리라"(왕상 11:39)고 분명히 말씀하셨고, 또한 조금 후에는 이렇게 말씀한다. "그의 하나님 여호와께서 다윗을 위하여 예루살렘에서 그에게 등불을 주시되 그의 아들을 세워 뒤를 잇게 하사 예루살렘을 견고하게 하셨으니"(왕상 15:4). 그 후에 나라가 거의 파멸 상태에 있었으나, 다음과 같은 말씀이 다시 주어지고 있다. "여호와께서 그의 종 다윗을 위하여 유다 멸하기를 즐겨하지 아니하셨으니 이는 그와 그의 자손에게 항상 등불을 주겠다고 말씀하셨음이더라"(왕하 8:19).

정리하자면, 다른 모든 사람들을 지나쳐두고, 다윗만 택함을 받아 하나님의 선하신 기뻐하심이 거하는 자가 되었으니, 다른 곳에 나타나는 말씀과 같다. "하나님이 … 실로의 성막을 떠나시고 … 요셉의 장막을 버리시며 에브라임 지파를 택하지 아니하시고 오직 유다 지파와 그가 사랑하시는 시온 산을 택하시며 … 그의 종 다윗을 택하시되 양의 우리에서 취하시며 … 그의 백성이 야곱, 그의 소유인 이스라엘을 기르게 하셨더니"(시 78:60, 67, 68, 70, 71). 결론으로 말하자면, 하나님께서는 그의 교회의 건전함과 안전이 그 머리에 의존하도록 그렇게 보존하기를 바라신 것이다. 그러므로 다윗은 이렇게 선언한다. "여호와는 그 백성의 힘이시요 그의 기름 부음 받은 자의 구원의 요새이시로다"(시 28:8). 그리고 곧바로 "주의 백성을 구원하시며 주의 산업에 복을 주 … 소서"(시 28:9)라고 간구하는데, 이는 곧 교회의 상태가 그리스도의 권위와 불가분리의 끈으로 연결되어 있음을 의미한다.

또다른 구절 역시 동일한 사상을 표현해 주고 있다. "여호와여 왕을 구원하소서 우리가 부를 때에 우리에게 응답하소서"(시 20:9). 이 말씀을 통해서 그는 신자들이 왕의 보호하심 아래 숨어 있다는 확신을 갖고서 하나님의 도우심을 피난처로 삼아왔음을 가르치고 있는 것이다. 다른 시편에서도 이 점이 암시되고 있다. "여호와여 … 이제 구원하소서! … 여호와의 이름으로 오는 자가 복이 있음이여"(시 118:25-26). 신자들이 하나님의 손으로 구원받을 소망을 갖도록 하기 위하여 그들을 그리스도께로 다시 부르고 있다는 것이 여기서 분명히 드러나고 있는 것이다.

온 교회 전체가 하나님의 긍휼을 구하는 또다른 간구에서도 동일한 사상이 나타나고 있다. "주의 오른쪽에 있는 자 곧 주를 위하여 힘있게 하신 인자에게 주의 손을 얹으소서"(시 80:17). 시편 기자는 온 백성이 흩어진 것을 슬퍼하면서도, 그 머리 안에서 그들이 회복되기를 간구하는 것이다. 그러나, 그 백성이 포로로 끌려간 후 땅이 황폐해지고 모든 것이 파괴된 것처럼 보일 때에, 예레미야는 교회에 임한 재난에 대해 슬퍼한다. 그리고 특별히 그 나라의 패망 때문에 신자들에게 소망이 끊어진 것에 대해 슬퍼한다. 그는 이렇게 말씀하고 있다. "우리의 콧김 곧 여호와께서 기름 부으신 자가 그들의 함정에 빠졌음이여 우리가 그를 가리키며 전에 이르기를, '우리가 그의 그늘 아래에서 이방인들 중에 살겠다' 하던 자로다"(애 4:20). 이로 보건대, 중보자 없이는 하나님께서 인류와 화목하실 수가 없으므로, 그리스도께서 율법 아래에서 언제나 거룩한 조상들 앞에 그들의 믿음의 대상으로 제시되셨다는 사실이 분명히 드러나는 것이다.

3. 구약의 믿음과 소망은 약속에 근거함

그런데, 환난 중에 위로가 있을 것을 약속하는 곳에서, 특히 교회의 구원이 묘사되는 곳에서, 그리스도 자신에 대한 신뢰와 소망의 깃발이 펄럭이고 있다. 하박국은 "주께서 주의 백성을 구원하시려고" 기름 부음 받은 자와 더불어 나오셨다고 말씀한다(합 3:13). 그리고 선지자들은 교회의 회복을 언급할 때마다, 다윗에게 하신 바 그의 나라가 영원할 것이라는 약속을 백성들에게 상기시킨다(참조. 왕하 8:19). 그렇지 않으면 그 언약이 전혀 안정성이 없는 것이 되었을 것이니, 어찌 아니 그렇겠는가!

이에 대해서, 이사야의 대답이 특별히 의미심장하다. 아하스 왕이 믿지 못하여 예루살렘의 포위망이 걷혀지고 곧바로 안전을 회복할 것이라는 자신의 증언을 받아들이지 않는 것을 보고서, 이사야는 갑자기 화제를 메시야에게로 돌리는 것이다. "보라, 처녀가 잉태하여 아들을 낳을 것이요 그의 이름을 임마누엘이라 하리라"(사 7:14). 이로써 이사야는, 비록 왕과 백성들이 사악하게도 그들에게 베풀어진 약속을 거부하였고, 마치 하나님의 맹세를 고의적으로 무시하려하는 것처럼 처신하였으나, 구속주께서 그의 정하신 때에 오실 것이므로 결코 그 언약이 무효화되지 않을 것임을 간접적으로 시사하고 있는 것이다.

요컨대, 하나님이 긍휼이 많으신 분이심을 보여주기 위하여, 모든 선지자들은 끊임없이 다윗의 나라를 선포하며, 그 나라에 구속과 영원한 구원이 달려 있음을 드러내고 있다. 그리하여 이사야는 이렇게 말씀한다. "내가 너희를 위하여 영원한 언약을 맺으리니 곧 다윗에게 허락한 확실한 은혜이니라 보라 내가 그를 만민에게 증인으로 세웠고 만민의 인도자와 명령자로 삼았나니"(사 55:3-4).

즉, 그처럼 열악한 처지에서는, 하나님께서 신자들에게 자비를 베푸신다는 것이 이 증인을 통해서 제시되어야만 비로소 신자들이 소망을 가질 수 있다는 것이다. 예레미야도 이렇게 말씀한다. "보라 때가 이르리니 내가 다윗에게 한 의로운 가지를 일으킬 것이라 … 그의 날에 유다는 구원을 받겠고 이스라엘은 평안히 살 것이며"(렘 23:5-6). 더 나아가서 에스겔은 이렇게 말씀한다. "내가 한 목자를 그들 위에 세워 먹이게 하리니 그는 내 종 다윗이라 … 나 여호와는 그들의 하나님이 되고 내 종 다윗은 그들 중에 왕이 되리라 … 내가 또 그들과 화평의 언약을 맺고"(겔 34:23-25). 또한 다른 곳에서도 새롭게 하시는 놀라운 역사를 말씀한 다음, 이와 비슷하게 말씀한다. "내 종 다윗이 그들의 왕이 되리니 그들 모두에게 한 목자가 있을 것이라 … 내가 그들과 화평의 언약을 세워서 영원한 언약이 되게 하고"(겔 37:24, 26).

그 이외에도 많은 구절들을 거론할 수 있으나, 여기서는 그저 독자들에게 모든 경건한 자들의 소망이 언제나 오직 그리스도께만 있었다는 사실을 상기하고자 하는 것뿐이므로, 그저 몇 구절만을 언급하였다. 다른 모든 선지자들도 이것과 일치하고 있다. 예를 들면, 호세아는 "이에 유다 자손과 이스라엘 자손이 함께 모여 한 우두머리를 세우고 그 땅에서부터 올라오리니"(호 1:11)라고 말씀한다. 그리고 후에 이를 좀 더 분명하게 설명하고 있다. "그 후에 이스라엘 자손이 돌아와서 그들의 하나님 여호와와 그들의 왕 다윗을 찾고"(호 3:5). 미가 역시 이스라엘 자손의 귀환을 가리켜 말씀하며 이렇게 표현하고 있다. "그들의 왕이 앞서 가며 여호와께서는 선두로 가시리라"(미 2:13).

또한 아모스도 그 백성이 새로워질 것을 예언하면서 이렇게 말씀한다. "그 날에 내가 다윗의 무너진 장막을 일으키고 그것들의 틈을 막으며 그 허물어진 것을 일으켜서 옛적과 같이 세우고"(암 9:11). 이는 곧, "내가 다시 한 번 다윗의 가문에서 왕의 영광을, 구원의 유일한 깃발을 높이 세우리니, 이것이 그리스도 안에서 성취되리라"라는 의미이다. 그리하여 스가랴는 그의 시대가 그리스도의 나타나심과 근접한 상태에 있었으므로, 더욱 노골적으로 선언하고 있다. "시온의 딸아 크게 기뻐할지어다! 예루살렘의 딸아 즐거이 부를지어다! 보라 네 왕이 네게 임하시나니 그는 공의로우시며 구원을 베푸시 … 나니"(슥 9:9). 이는 이미 인용한 바 있는 시편의 구절과 일치한다. "여호와는 … 그의 기름 부음 받은 자의 구원의 요새이시로다 주의 백성을 구원하 … 소서"(시 28:8-9). 여기서 구원이 그 머리로부터 온 몸에까지 흘러내리는 것을 보게 되는 것이다.

4. 그리스도를 믿는 믿음이 하나님을 믿는 믿음에 필수적임

하나님께서는 유대인들이 이런 예언들로 교훈을 받아 그들이 그리스도께로 직접 시선을 돌려서 구원을 찾게 되기를 바라셨다. 비록 그들이 부끄럽게도 부패한 상태에 빠졌으나, 다음과 같은 일반적인 원리에 대한 기억은 아직 지워지지 않고 있었던 것이다. 곧, 다윗에게 약속하신 바와 같이 하나님께서는 그리스도의 손을 통하여 교회의 구원자가 되실 것이라는 것과, 또한 그가 그의 택하신 자들을 취하셔서 그들에게 값없이 주신 언약이 든든히 서리라는 것이 바로 그것이다. 그렇기 때문에, 그리스도께서 죽으시기 직전 예루살렘에 입성하실 때에 어린아이들의 입에서 "호산나 다윗의 자손이여!"라는 찬송이 울려 퍼진 것이다(마 21:9). 어린아이들이 부른 이 찬송은 분명 모두들 널리 알고 있던 것이었고, 또한 하나님께서 긍휼을 베푸시리라는 유일한 보장이 바로 구속주의 오심에 있다는 일반적인 사상과 일치하는 것이었다. 그렇기 때문에 그리스도께서는 친히 제자들에게, 하나님을 분명하고도 온전하게 믿기 위해서는 그리스도 자신을 믿으라고 명령하신 것이다. "하나님을 믿으니 또 나를 믿으라"(요 14:1).

엄밀하게 말해서, 믿음이 그리스도께로부터 성부 하나님께로 올라가는 것이지만, 그러나 그리스도의 말씀은 이런 의미를 내포하고 있다. 곧, 하나님을 믿는 믿음이 있다 할지라도, 완전하며 견고함 가운데 그 믿음을 견지하는 분이 중보자로서 역할을 하시지 않으면 그 믿음은 서서히 사라지고 말며, 또한 중보자가 없이는, 하나님의 위엄이 너무나도 높으므로, 땅에 기어다니는 구더기와도 같은 죽을 인생들로서는 결코 거기에 도달할 수가 없다는 것이다.

그렇기 때문에 나는 하나님이 믿음의 대상이라는 일반적인 말에 동의를 하면서도, 거기에 단서가 있어야 한다고 본다. 그리스도를 가리켜 "보이지 아니하는 하나님의 형상"(골 1:15)이라 부르는 데에는 그만한 이유가 있기 때문이다. 이러한 칭호는 곧, 하나님께서 그리스도 안에서 우리를 대면하지 않으시면, 우리는 과연 우리가 구원받은 사실을 알게 될 수가 없다는 것을 경계시켜 주는 것이다. 유대인들 가운데서는, 선지자들이 구속주에 관하여 가르친 사실들을 서기관들이 그릇된 해석들로 희미하게 만들어 버렸다. 그러나 그럼에도 불구하고, 그리스도께서는 소망이 없는 상태를 바꾸는 데에는, 교회를 해방시키는 데에는,

중보자의 나타나심 이외에는 다른 방도가 없다는 것을, 전반적인 동의를 통해서 받아들여져서 일반적으로 알려져 있는 사실로 취하신 것이다. 사실, "그리스도는 … 율법의 마침이 되시니라"(롬 10:4)라는 바울의 가르침은 일반적으로 잘 알려져 있었어야 마땅했는데도 그렇게 알려져 있지 못했다. 그러나 그 가르침은 율법 그 자체와 선지자들의 글에서 완전하게 드러나는 대로, 과연 참되고 확실한 것이다.

믿음에 대해서는 다른 곳에서 다루는 것이 더 적절하므로,[2] 아직 상세히 다루지는 않겠다. 독자들은 다만 다음과 같은 한 가지 점에 대해서 동의하기를 바란다. 곧, 경건으로 향하는 첫 걸음은 바로 하나님이 우리의 아버지가 되셔서, 그의 나라의 영원한 기업에 이르도록 우리를 모아들이시기까지 우리를 돌아보시고 다스리시고 양육하신다는 것을 인식하는 데 있다는 것이 그것이다. 그러므로, 조금 앞에서 논의한 사실이[3] 분명해진다. 곧, 그리스도가 없이는 하나님을 아는 구원 얻는 지식이 제대로 서지를 못한다는 것 말이다. 만세 전부터 하나님께서는 그리스도를 모든 택한 자들 앞에 세우셔서 그들로 하여금 그를 바라보며 그에게 신뢰를 두도록 하신 것이다.

이런 의미에서 이레나이우스는 말하기를, 스스로 무한하신 성부께서 성자 안에서 유한하게 되시는데, 이는 우리의 지성이 그의 영광의 광대함에 짓눌리지 않도록 자기 자신을 우리의 미천한 분량에 맞추셨기 때문이라고 하였다.[4] 그런데 광신자들은 이 점을 깊이 생각하지 못하고, 유익한 진술을 불경스러운 망상으로 왜곡시켜서, 마치 하나님의 완전하심 전체에서 흘러나와서 신성의 일부분만이 그리스도 안에 있는 것처럼 이야기하고 있는 것이다. 그러나 사실, 그 진술은 하나님은 오직 그리스도 안에서만 깨달을 수 있다는 뜻 이외에 아무것도 아니다. 요한의 말씀이 언제나 참이었다. "아들을 부인하는 자에게는 또한 아버지가 없으되 아들을 시인하는 자에게는 아버지도 있느니라"(요일 2:23).

수많은 사람들이 한때, 자기들이 천지를 지으신 지극히 높으신 하나님을 경배한다고 자랑했으나, 그들에게 중보자가 없었기 때문에, 결국 하나님의 긍휼하심을 참으로 맛보지도 못하고, 그리하여 그가 과연 자기들의 아버지이심을 납득하지도 못하고 말았던 것이다. 결국 그들은 그리스도를 자기들의 머리로 붙잡지 않았기 때문에, 그저 덧없이 사라져 가는 하나님 지식을 소유하는 것으로 그치고 만 것이다. 또한 그리하여, 그들은 결국 유치하고 더러운 미신에 빠져서 자기들의 무지를 스스로 드러내고 말았다. 오늘날 이슬람교도들 역시, 천지의 창조주가 바로 하나님이라고 힘차게 외치면서도, 여전히 그리스도를 배척하며 결국 참되신 하나님의 자리에 우상을 대신 올려놓고 그를 섬기고 있는 것이다.

주

1. 참조. 제1권 15장 1-3, 8절

2. 참조. 제3권 2장.

3. 참조. 1절.

4. Irenaeus, *Adversus haereses*, IV. iv. 2.

제 7 장

율법이 주어졌으나, 이는 구약 백성을 그 아래 가두어두기 위함이 아니라, 그리스도 안에 있는 구원에 대한 소망을 그가 오시기까지 견고히 하기 위함이었음

(의식법과 도덕법 모두가 그리스도를 지향함. 1-2)

1. 의식법은 그리스도를 지향함

아브라함이 죽은지 약 사백 년 후에 율법이 주어졌다(참조. 갈 3:17). 지금까지 살펴본 바와 같이 끊임없이 이어지는 증언들을 근거로 볼 때에, 율법이 주어진 것은 택한 백성을 그리스도께로부터 멀어지게 하기 위함이 아니라, 오히려 그리스도께서 오시기까지 그들의 마음이 준비를 갖추도록 하고 그에 대한 간절한 열심을 불러일으키며 그들의 소망을 강건하게 하여, 그의 강림이 오래 지체되는 동안 낙망하지 않게 하기 위한 것이었음을 알 수 있다. 나는 "율법"이라는 단어를, 비단 경건하고도 의로운 삶의 규범으로 제시된 십계명을 의미한 것만이 아니라, 모세를 통하여 하나님께서 전수하신 신앙의 형식을 의미한 것으로도 이해한다. 그리고 모세가 율법 제정자로 세움 받은 것도, 아브라함의 자손들에게 약속된 축복을 제거하기 위한 것이 아니었다. 오히려 그는 조상들에게 값없이 주어진 언약을 유대인들에게 거듭거듭 언급하면서, 그들이 바로 그 언약의 상속자들임을 상기시키는 것을 보게 된다. 마치 모세가 그 언약을 새롭게 갱신하기 위해서 보내심을 받은 것처럼 보이기까지 하는 것이다. 이러한 사실은 의식(儀式)들 속에서 매우 분명하게 드러났다. 사람들이 하나님과 화목하기 위하여 (짐승의 기름에서 나는) 그 끔찍한 악취 나는 것을 드리는 것보다, 아니면 자기들의 더러움을 씻어버리고자 물과 피를 뿌리는 것보다, 더 헛되고 어리석어 보이는 것이 어디 있겠는가? 요컨대, 율법의 의식 전체를, 진리를 드러내는 그림자와 상징들로 이해하지 않고 그냥 문자 그대로만 보면, 그것처럼 우스꽝스러운 것이 없을 것이다. 그러므로, 하나님께서 모세를 명하여 성막에 관한 모든 것을 산에서 보여주신 양식대로 만들게 하신 사실을(출 25:40), 스데반의 설교에서도(행 7:44) 히브리서에서도(히 8:5) 매우 조심스럽게 살피고 있는 것은 그만한 이유가 있는 것이다.

만일 그런 의식들 속에 유대인들이 목표로 삼고 나아가야 할 어떤 영적인 것이 제시되지 않았다면, 이방인들이 하찮은 짓에 쓸데없이 모든 정성과 노력을 소비하는 것처럼 그들 역시 쓸데없이 그런 일에 모든 것을 허비한 것이 되고 말았을 것이다. 경건을 위하여 열심을 내어본 일이 없는 불신앙적인 자들은 그런 복잡한 의식들에 대한 이야기를 들으면 영락없이 반감을 갖게 된다. 하나님이 어째서 그런 온갖 복잡한 의식들로 옛 사람들을 괴롭히셨는지 의아해할 뿐 아니라, 그 의식들을 어린애 장난으로 멸시하고 조롱하게 되는 것이다. 다시 말해서, 그들은 율법의 목적에 대해서 주의를 기울이지 않는 것이다. 그러므로 만일 율법의 형식들을 그 목적과 분리시키게 되면, 그것을 헛된 것으로 무시해버릴 수밖에 없는 것이다.

그러나 하나님께서 희생 제사들을 명하신 것이 그에게 예배하는 자들을 이 땅에 속한 복잡한 행위들로 바쁘게 만드시기 위한 것이 아니라, 오히려 그들의 마음을 더 높이 들어올리시기 위함이었음을 바로 그 예표(豫表) 자체가 보여주고 있다. 이는 또한 하나님 자신의 본성에서도 분명하게 깨달아 알 수 있다. 그는 영이시므로, 오직 영적인 예배만이 그에게 기쁨이 되는 것이다. 선지자들의 여러 진술들이 이 사실을 확증하는 한편, 유대인들의 어리석음을 책망하고 있다. 유대인들은 이런저런 희생 제사들 자체가 하나님 보시기에 무언가 가치가 있는 것으로 여겼던 것이다. 그러면, 선지자들이 율법의 가치를 떨어뜨리려고 그런 말을 했는가? 결코 그렇지 않다! 그들이야말로 율법의 참된 해석자들로서, 율법의 본래의 목표에서 벗어나고 있는 일반 백성들의 눈을 그 목표로 향하게 하고자 하여 그렇게 한 것이다.

자, 유대인들에게 베풀어진 은혜를 볼 때에, 율법에 그리스도를 지칭하는 점이 없지 않다는 것이 확실히 드러난다. 모세는 유대인들을 양자 삼으신 목적이 그들로 하여금 하나님께 제사장 나라가 되게 하는 데 있음을 말씀하였다(출 19:6). 그러나 짐승의 피로써 얻어지는 것보다 훨씬 더 위대하고 더 탁월한 화목이 일어나지 않고서는 그들이 그렇게 될 수가 없었다(참조. 히 9:12 이하). 아담의 모든 자손들은 부패성을 물려받았으므로 죄의 굴레 속에 있는 상태로 출생하기 때문이다. 그렇다면, 외부로부터 어떤 고귀한 역사가 베풀어지지 않은 이상, 그렇게 부패한 그들이 자기들 스스로 왕의 위엄에까지 올라가고 그리하여 하나님의 영광에 참여하는 자가 된다는 것처럼 모순된 일이 어디 있겠는가? 또한, 더러운 악행으로 얼룩져서 하나님께 가증스러운 상태에 있는 그들이, 그들의 거룩하신 머리 안에서 거룩하게 구별되지 않고서야 어떻게 제사장의 권리가 그들에게서 시행될 수가 있었겠는가? 그렇기 때문에, 베드로는 모세의 이 말씀을 멋지게 바꾸어서, 유대인들이 율법 아래에서 맛보았던 그 은혜의 충만한 것이 그리스도 안에서 드러났음을 가르치고 있는 것이다. "너희는 택하신 족속이요 왕 같은 제사장들이요"(벧전 2:9). 모세의 말씀을 이렇게 바꿈으로써, 복음 안에서 나타나신 그리스도를 만난 사람들은 그 조상들이 얻은 것보다 훨씬 더한 것을 얻었음을 말씀하는 것이다. 모든 사람이 제사장과 왕의 존귀를 부여받았으므로, 그들은 이제 그 중보자를 신뢰하는 가운데 감히 하나님의 임재 앞에 자유로이 나아갈 수 있게 되었기 때문이다.

2. 율법에 그리스도에 대한 약속이 제시되어 있음

여기서 잠시 지나가면서 주목할 것이 있는데, 곧, 다윗의 가문을 통해서 세워진 왕국이 율법의 일부이며, 모세의 경륜 아래 포괄된다는 것이 그것이다. 그렇다면, 이것은 곧 레위 지파 전체 가운데서와 다윗의 후손 가운데서, 그리스도께서 옛 사람들의 눈 앞에 마치 이중(二重)의 거울 속에 비치듯 그렇게 제시되셨다는 뜻이 된다. 왜냐하면 바로 앞에서 언급한 대로, 죄와 사망의 노예가 되어 있고 스스로 부패하여 오염된 상태에 있는 인간으로서는 하나님 앞에서 왕과 제사장으로 설 수 있는 길이 그 이외에는 없었기 때문이다. 그러므로, 약속되신 바 그 씨가 오시기까지 유대인들이 "초등교사"의 감독을 받는 상태에 있었다는 바울의 진술이(갈 3:24-25) 참으로 옳다 하겠다. 그들은 아직 그리스도를 친밀하게 알지 못하는 상태에 있어서, 마치 어린아이들처럼 연약하여 하늘의 일들에 대한 충실한 지식을 아직 감당할 수 없는 처지였던 것이다. 의식들이 어떻게 그들을 그리스도께로 향하게 했는지는 위에서 설명한 바 있다. 이는 선지자들의 여러 증언들에서 더 잘 이해할 수 있을 것이다.

유대인들이 날마다 하나님의 진노를 누그러뜨리기 위하여 새로운 제사로 그에게 나아가야 했는데도, 이사야는 그들의 모든 악행들이 한 번의 희생 제사로써 속죄될 것임을 약속하고 있다(사 53:5-6). 또한 다니엘도 이에 그대로 동의한다(단 9:26-27). 계속해서 성소에 들어가서 섬기도록 레위 지파 중에서 제사장들이 지명되었다. 그러나 동시에, 하나님께서 엄숙한 맹세로 택하셔서 "멜기세덱의 서열을 따라 영원한 제사장"이 되게 하신 유일한 한 제사장에 대해서 말씀하고 있는 것이다(시 110:4; 참조. 히 5:6; 7:21). 그때에는 눈에 보이는 기름 부음이 있었는데, 다니엘은 환상 가운데서, 또다른 분이 기름 부음을 받을 것임을 선언하고 있다(단 9:24). 여러 가지 실례들이 있으나 다 생략하고, 히브리서 기자의 예를 들면, 그는 4장부터 11장까지의 내용에서, 율법의 의식들이 우리를 그리스도께로 이끄는 것이 아니라면, 그것들은 모두가 헛되며 아무 가치도 없다는 사실을 분명히 입증해 주는 것이다.

또한 십계명에 관해서도 우리는 다음과 같은 바울의 말씀들을 귀담아 들어야 한다. 그는, "그리스도는 모든 믿는 자에게 의를 이루기 위하여 율법의 마침이 되시니라"(롬 10:4)라고 말씀하며, 또한 새 언약의 사역자들이 "율법 조문으로 하지 아니하고 오직 영으로 함이니 율법 조문은 죽이는 것이요 영은 살리는 것이니라"(고후 3:6)라고도 말씀하는 것이다. 앞의 진술로써, 그는 그리스도께서 값없으신 전가(轉嫁)를 통해서와 중생의 영으로 말미암아 의를 베풀어주시기까지는 계명들이 아무리 의를 가르친다 해도 소용이 없음을 가르치고 있다. 그렇기 때문에 바울은 그리스도를 율법의 성취 혹은 마침이라고 부르는 것이다. 도저히 감당할 수 없는 멍에와 짐에 눌려 수고하는 우리들을 그리스도께서 구원해 주시지 않는다면, 하나님께서 우리에게 무엇을 요구하시는지를 안다 해도 아무런 소용이 없을 것이다.

다른 곳에서 바울은 이렇게 가르치고 있다. "율법은 … 범법하므로 더하여진 것이라"(갈 3:19). 즉, 사람들로 하여금 자기들의 정죄받은 처지를 납득하게 하여 그들 자신을 완전히 낮추기 위하여 율법이 더하여졌다는 것이다. 이것이야말로 그리스도를 찾기 위한 참되고도 유일한 준비이기 때문에, 바울의 모든 진술들은 비록 표현은 다르지만 서로 정확하게 일치한다. 그는 우리가 율법의 행위로써 의를 얻을 수 있다고 가르치는 악한 교사들과 논쟁을 하는 중에 있었고, 그리하여 그들의 오류를 반박하기 위하여 때때로 율법을 좁은 의미로 취할 수밖에 없는 경우도 있었던 것이다. 그러나 그 이외에는 값없이 양자 삼으시는 언약이 그 속에 포괄되는 것이다.

3. 율법은 우리를 절망에 빠지게 함

그러나, 우리 자신의 죄를 깨닫고 죄사함을 구하게 되도록 하기 위해서, 우리가 도덕법으로 교훈받고 있다는 사실이 우리를 얼마나 더 변명의 여지가 없도록 만드는지를 아는 것이 중요하다. 율법에서 우리가 의의 완전함을 배우는 것이 사실이라면, 곧 율법을 완전히 준수하면 하나님 앞에서 완전한 의가 된다는 것도 사실일 것이다. 사람이 율법을 완전히 준수함으로써 하늘의 심판대 앞에서 의로운 자로 인정 받을 것이 분명하다. 그리하여 모세는 율법을 공포한 후에 주저하지 않고 하늘과 땅을 불러서, 자신이 생명과 사망과 복과 저주를 이스라엘 앞에 둔 사실에 대해서 증거로 삼은 것이다(신 30:19). 주께서 그렇게 약속하셨으니, 율법을 완전히 지키면 영원한 구원의 상급이 주어진다는 것은 부인할 수 없는 사실이다.

그러나 반대로, 우리는 과연 우리가 그렇게 완전히 순종하여 그 공로로 그 상급을 받을 확신이 있는지를 점검해 보아야 할 것이다. 우리가 그 길을 따름으로써 과연 영생을 얻을 것인가 하는 것이 분명하지 않다면, 영생의 상급을 위하여 아무리 율법을 지킨다 한들 무슨 의미가 있겠는가?

여기서 율법의 연약함이 여실히 드러난다. 율법을 완전히 지키는 것이 우리에게 없으니, 우리는 생명의 약속에서 제외되고, 저주의 나락으로 다시 떨어지고 말기 때문이다. 지금 우리의 현실이 그러하며, 또한 어느 누구라도 다 그럴 수밖에 없다. 율법의 가르침이 인간의 능력보다 훨씬 초월한 것이니, 사람으로서는 그것이 제시하는 약속들을 그저 멀리서 바라볼 뿐 거기서 실질적인 유익을 전혀 얻을 수가 없기 때문이다. 그러므로 결국 한 가지 현실밖에는 남는 것이 없다. 곧, 그 약속들의 아름다움에서 자기 자신의 비참한 처지를 더 잘 알게 되고, 구원의 소망이 끊어져버린 상태에서 스스로 확실한 죽음의 위협을 받게 되는 것이다. 뿐만 아니라, 무시무시한 위협들이 우리에게 가해지며, 비단 우리들

몇 사람뿐만 아니라 한 사람의 예외도 없이 모든 사람들을 압박하고 얽어매는 것이다. 그것들이 우리에게 가해지고, 또한 가혹하고 무자비하게 우리를 뒤따르므로, 율법에서는 오로지 절박한 죽음만을 깨닫게 되는 것이다.

4. 율법의 약속의 의의

그러므로 율법만을 바라보면 우리는 실망과 혼동과 절망이 마음에 가득할 수밖에 없다. 거기서 우리에게 주어지는 것은 정죄와 저주뿐이기 때문이다(갈 3:10). 그리고 율법을 지키는 자들에게 약속하는 그 복락의 상태에서 우리를 멀리 붙잡아 놓는 것이다. 그렇다면 주께서 우리를 조롱하시는 것인가? 라는 의문이 들 수도 있을 것이다. 우리가 행복과는 거리가 멀고 절대로 얻을 수 없는데도 불구하고, 우리에게 행복에 대한 소망을 제시하고, 그 행복에 우리를 초청하고 거기에 매료되도록 하고, 그것이 주어질 것이라고 확신을 갖게 한다면, 그것이 우리를 조롱하는 것이 아니고 무엇이란 말인가?

나는 이에 대해 이렇게 대답하고자 한다. 곧, 율법의 약속들에 조건이 붙어 있어서 우리가 율법에 완전히 순종하는지의 여부에 따라 — 그 누구도 이 조건을 이행할 수가 없다 — 그 약속들이 좌우되기는 하지만, 그러나 그것들이 결코 헛되이 주어진 것이 아니라는 것이다. 하나님께서 그의 값없는 선하심으로 말미암아 우리의 행위를 보지 않으시고 우리를 받아주시며 또한 복음으로 말미암아 우리에게 제시되는 그 동일한 선하심을 우리가 믿음으로 받아들이지 않는 한, 그 약속들이 우리에게 아무런 소득도 없고 효과도 없다는 것을 배우게 된다면, 비록 그 약속들에 그런 조건이 붙어 있다 할지라도 그 약속들은 그 나름대로 효력이 있는 것이다. 왜냐하면 그때 주께서는 친히 우리에게 모든 것을 베풀어주시고 그의 풍성하신 자비하심에다 다음과 같은 것을 선물로 덧붙여주시기 때문이다. 곧, 우리의 불완전한 순종을 거부하지 않으시고 오히려 모자란 것을 채우셔서 그 순종을 완전하게 해주셔서, 마치 우리가 그 조건을 이루기라도 한 것처럼 우리로 하여금 율법의 약속들을 받아 누리게 하신다는 것이다. 그러나 이 문제는 나중에 믿음으로 말미암는 칭의를 다루는 곳에서 더 충실하게 논의할 것이므로[1] 여기서는 이 정도로 그치기로 하자.

5. 육체를 지닌 인간으로서는 율법을 완전히 지킬 수 없음

우리는 율법을 지키는 일이 불가능하다고 말했다. 그런데 이것을 매우 불합리한 견해로 취급하는 일이 다반사이므로 ― 히에로니무스도 이를 반대하여 저주하기를 서슴지 않았다[2] ― 여기서 간단하게나마 이를 설명하고 확증하지 않을 수가 없다. 히에로니무스의 사상을 길게 논하고 싶지는 않고, 차라리 바른 사상을 논의하는 것이 좋을 것이다. 또한 여기서 온갖 가능성에 대해서 이리저리 장황하게 따지고 싶지도 않다. 내가 "불가능하다"고 부른 것은, 전혀 일어나지도 않았고 또한 절대로 생기지 못하도록 하나님의 작정이 막으신 것을 뜻하는 것이다. 아무리 먼 과거에까지 거슬러 올라가 보아도, 사망의 몸을 지닌 성도들 가운데서 "마음을 다하고 목숨을 다하고 뜻을 다하고 힘을 다하여" 하나님을 사랑하라(막 12:30과 기타 병행 구절들)는 사랑의 목표에 도달한 사람은 단 한 사람도 없었다고 단언한다. 더 나아가서, 육체의 정욕이라는 질병에 걸리지 않은 사람이 하나도 없었다는 것도 단언할 수 있다. 과연 누가 이를 반박할 수 있단 말인가? 우리가 어리석은 미신으로 상상하는 성자(聖者)들의 모습이 어떤 것인가를 나는 잘 알고 있다. 하늘의 천사들이라도 순결함에는 그들에 미치지 못할 것이다! 그러나 이것은 성경에도 어긋나고 경험에서 얻는 증거와도 모순된 것이다. 뿐만 아니라, 육체의 짐을 벗어버리기 전에는, 참된 완전의 목표에 도달할 사람은 앞으로도 없을 것이라고 단언할 수 있다.

이 점에 대해서는 성경의 명백한 증언들이 얼마든지 있다. 솔로몬은, "전혀 죄를 범하지 아니하는 의인은 세상에 없기 때문이로다"(전 7:20; 참조. 왕상 8:46)라고 말씀하며, 다윗은, "주의 눈 앞에는 의로운 인생이 하나도 없나이다"(시 143:2)라고 말씀한다. 욥도 여러 구절에서 동일한 사실을 확증하고 있다(참조. 욥 9:2; 25:4). 바울은 다음과 같이 그 사실을 지극히 명확하게 표현하고 있다. "육체의 소욕은 성령을 거스르고 성령은 육체를 거스르나니"(갈 5:17). 율법 아래 있는 모든 사람들이 다 저주를 받는 상태에 있다는 것을 그는 이렇게 입증하고 있다. "기록된 바 누구든지 율법 책에 기록된 대로 모든 일을 항상 행하지 아니하는 자는 저주 아래에 있는 자라 하였음이라"(갈 3:10; 참조. 신 27:26). 여기서 그는 아무도 그렇게 살 수 없다는 것을 암시하고 있고, 사실상 사실로 전제하고 있다. 성경에 선언되어 있는 것은 무엇이든 다 영구한 것으로, 필연적인 것으로 보는 것이 합당하기 때문이다.

펠라기우스주의자들은 다음과 같은 교묘한 궤변으로 아우구스티누스를 괴롭혔다. 그들은, 신자들이 하나님의 은혜로 이행할 수 있는 것 이상을 하나님께서 요구한다고 가정한다는 것은 하나님을 모욕하는 것이라고 주장한 것이다. 아우구스티누스는 그들의 비방을 피하기 위하여, 주께서는 자신이 원하시면 죽을 인간을 얼마든지 천사와도 같은 순결함에까지 올라가게 하실 수 있었으나, 그가 성경에서 선언해 놓으신 것과 모순되는 일은 결코 행하지 않으셨고, 또한 결코 행하지도 않으실 것이라고 대답하였다.[3] 나 역시 이를 부인하지 않는다. 다만 거기에다 하나님의 권능을 그의 신실하심과 서로 대립시키는 것은 어리석은 일이라는 것을 덧붙이고 싶다. 그러므로, 성경이 절대로 없을 것이라고 선언하는 어떤 일에 대해서, 그 일이 절대로 일어날 수 없다고 말한다면, 그것에 대해서는 비방할 근거가 없는 것이다. 그러나, 혹시 말씀 그 자체에 대해서 반론을 제기한다면, 나는, 제자들이 "누가 구원을 얻을 수 있으리이까?"라고 물었을 때에(마 19:25), 주께서 "사람으로서는 할 수 없으나 하나님으로서는 다 하실 수 있느니라"(마 19:26)라고 대답하신 사실을 답변으로 제시할 것이다.

또한 아우구스티누스는, 육체 가운데 있을 동안에는 우리는 결코 마땅히 사랑해야 할 만큼 하나님을 사랑할 수 없다는 것을 매우 설득력 있게 주장하고 있다. 그는 이렇게 말한다. "사랑은 지식에 뒤따르는 것이므로, 먼저 하나님의 선하심을 완전하게 알지 않고서는 하나님을 완전하게 사랑할 수가 없다. 그런데 이 땅 위에서 방황하는 동안 우리는 거울로 보는 것 같이 희미하게밖에는 알지 못하므로(고전 13:12), 우리의 사랑도 불완전할 수밖에 없다."[4] 그러므로, 우리의 본성의 연약함을 볼 때에 ― 더욱이 바울의 다른 구절에서도 나타나듯이(롬 8:3) ― 이 육체의 삶 속에서는 율법을 성취할 수가 없다는 것에 우리 모두 동의하여야 할 것이다.

(율법의 첫 번째 기능: 하나님의 의를 밝히 드러내어 인간의 죄성을 밝히고 온전히 하나님의 긍휼하심을 바라도록 만듦. 6-9)

6. 도덕법의 첫 번째 기능

그러나 문제 전체를 명확히 하기 위해서, 보통 "도덕법"이라 불리는 것의 기능과 용도를 간략하게 살펴보기로 하자. 내가 이해하는 바로는, 도덕법은 세 부분으로 구성되어 있다.

그 첫 번째 부분은 하나님의 의(義) — 오직 하나님께서 받으실 만한 의 — 를 드러냄으로써 각 사람에게 그 자신의 불의(不義)에 대하여 경계하고 알리고 깨우치고 정죄하는 부분이다. 자기 사랑으로 눈이 멀었고 거기에 취해 있는 사람으로서는 반드시 자기 자신의 무력함과 부정함을 알고 고백하도록 되어야만 하기 때문이다. 사람이 자기 자신의 헛됨을 분명히 직시하지 못하면, 그는 자기 자신의 정신력에 대한 어리석은 자부심이 생겨 우쭐해지며, 또한 사람이 자기 스스로 택한 척도로 자기 자신을 재는 한, 자기의 정신력이 얼마나 빈약한가를 올바로 가늠하게 될 수가 없는 법이다. 그러나 자기의 능력들을 율법의 어려운 것들에다 비교하기 시작하면, 그 순간부터 자기의 허세가 꺾이게 되는 것이다. 과거에 자기의 능력들에 대해서 얼마나 높게 생각했든 간에, 그렇게 무거운 짐을 지고 지쳐서 비틀거리며, 결국 넘어지고 기진맥진하여 쓰러져버리는 것을 느끼게 되기 때문이다. 그리하여 율법 아래에서 배움의 과정을 겪는 사람은 과거에 자신의 눈을 어둡게 만들었던 그 교만을 벗어버리는 것이다.

뿐만 아니라, 그 사람은 또다른 질병, 곧 교만이라는 질병도 고침을 받아야 한다. 자기 자신의 판단에 근거하여 서 있는 동안 그 사람은 외식(外飾)을 의(義)로 치부하여 그것을 기뻐하며, 의를 가장하는 거짓된 행위로써 하나님의 은혜를 대적한다. 그러나 그 거짓된 의의 뻔뻔스러운 모든 것들을 다 제쳐두고 자기의 삶 전체를 율법이라는 저울에 올려놓고 달아보지 않을 수 없는 상황에 접하게 되면, 곧바로 자기 자신이 거룩과는 너무나도 거리가 멀며, 과거에는 더럽혀지지 않은 순결한 상태에 있다고 생각되던 자기 자신이 사실은 무수한 악행들로 가득 차 있다는 것을 발견하게 된다. 탐욕이라는 악들이 얼마나 마음속 깊이 교묘하게 숨어있는지, 사람의 눈이 속아넘어가기가 너무나도 쉬운 것이다. 사도는 "율법이 탐내지 말라 하지 아니하였더라면 내가 탐심을 알지 못하였으리라"(롬 7:7)고 말씀하는데, 정말 그만한 이유가 있다. 굴 속에 숨어 있는 탐심이 율법에 끌려서 바깥으로 나오지 않으면, 탐심은 사람이 느끼지도 못할 만큼 지극히 은밀하게 찔러서 멸망에 빠뜨리고 마는 것이다.

7. 율법이 정죄의 기능이 있으나, 그 고유한 가치는 사라지지 않음

율법은 마치 거울과 같다. 마치 거울에서 얼굴에 묻은 얼룩을 보듯이, 그 속에서 우리의 연약함을 보고, 또한 그 연약함에서 나오는 불법을 보며, 또한 그 두 가지 모두의 결과인 저주를 보는 것이다. 의를 따를 수 있는 능력이 없으면, 사람이 불법의 수렁에 빠질 수밖에 없으며, 결국 저주가 곧바로 뒤따라오기 때문이다. 따라서, 율법이 우리의 책임으로 규정하는 그 범죄가 크면 클수록 우리에게 가해지는 심판도 그만큼 엄중해지는 법이다. 여기서 사도의 진술이 아주 적절하다. "율법으로는 죄를 깨달음이니라"(롬 3:20). 여기서 사도는 아직 중생하지 못한 죄인들이 체험하는 바 율법의 첫 번째 기능을 말씀하고 있다. 또한 사도는 이렇게도 말씀하고 있다. 곧, "율법이 들어온 것은 범죄를 더하게 하려 함"(롬 5:20)이며, 그리하여 율법은 "진노를 이루게 하고"(롬 4:15) 죽이는 사망의 직분(참조. 고후 3:7)이라는 것이다. 양심으로 자기의 죄를 분명하게 깨달을수록, 그 죄악이 더욱 커진다는 것은 의심의 여지가 없는 사실이다. 율법을 제정하신 하나님을 대적하는 완악한 불순종이 범죄에 첨가되기 때문이다. 그렇게 되면 율법으로서는 죄인을 멸망시키기 위하여 하나님의 진노를 무장시킬 수밖에 없다. 율법 그 자체로서는 고소하고 정죄하며 파괴시키는 일밖에는 할 수 없기 때문이다. 아우구스티누스의 말처럼, "은혜의 성령이 없으면, 율법은 그저 우리를 고소하여 죽이기 위해서만 존재할 뿐이다."[5]

이렇게 말하기는 하지만, 그렇다고 해서 우리가 율법을 무시하거나 그 훌륭함을 깎아 내리는 것은 절대로 아니다. 우리의 의지가 율법에 복종하고자 하는 자세를 완전히 갖춘다면, 율법을 아는 것만으로도 구원을 얻기에 충족할 것이다. 그러나, 우리의 육신적인 부패한 본성이 하나님의 신령한 법을 대적하여 격렬하게 반항하며 그 율법의 징계로도 교정받지 않으려 하기 때문에, 본래 구원을 위하여 주어진 율법이 죄와 사망을 이루는 것으로 바뀌어지고 마는 것이다. 우리 모두가 범법자들로 드러나므로 율법은 하나님의 의를 더 분명하게 드러내며, 또한 그 반대로 우리의 죄가 그로 말미암아 더 확실하게 드러나기 때문인 것이다. 율법이 의로운 복종에 대하여 생명과 구원을 상급으로 주실 것임을 확실하게 증거하면 할수록, 악인의 멸망도 그만큼 확실하게 드러나는 것이다.

그러므로 이런 말들은 율법을 깎아 내리기는커녕, 오히려 하나님의 자비하심을 더욱 분명히 드러내는 데에 정말로 큰 가치가 있다. 하나님께서 율법으로 말미암아 복된 삶을 우리 앞에 확실하게 제시해 놓으셨으나, 우리의 사악함과 부패함 때문에 그 복된 삶을 누리지 못하고 있다는 것이 분명한 것이다. 그러므로, 율법의 뒷받침이 없이 우리를 양육시키시는 하나님의 은혜가 더욱 아름답게 드러나고, 또한 그 은혜를 우리에게 베푸시는 그의 긍휼하심이 더욱 사랑스러워지는 것이다. 이로써 우리는 하나님께서 지치지도 않으시고 계속해서 우리에게 유익을 주시고 새로운 선물들을 계속 베풀어주신다는 것을 배우는 것이다.

8. 율법의 정죄의 기능이 신자와 불신자에게 미치는 효과

율법의 증언으로 말미암아 우리 모두의 사악함과 정죄의 상태가 분명히 드러나지만, 그렇다고 해서 우리가 곧바로 모든 소망을 포기하고 절망 속으로 돌진해 들어가게 되는 것은 아니다. 율법의 증언에서 정당한 유익을 얻기만 한다면 그렇게 되지 않을 수도 있는 것이다. 물론 버림받은 자들은 율법으로 말미암아 공포에 빠지는 것이 확실하지만, 그러나 그것은 그들의 마음의 완악함 때문이다. 그러나 하나님의 자녀들에게는 율법을 아는 지식에 또다른 목적이 있다. 사도는, 율법의 심판으로 말미암아 우리가 정죄를 받는 것은 "모든 입을 막고 온 세상으로 하나님의 심판 아래에 있게 하려 함이라"(롬 3:19)고 증거하고 있다. 그는 다른 곳에서도 동일한 사상을 가르치고 있다. "하나님이 모든 사람을 순종하지 아니하는 가운데 가두어 두심은" 모든 사람을 멸망시키기 위함이 아니요 "모든 사람에게 긍휼을 베풀려 하심이로다"(롬 11:32).

이는 곧 그들로 하여금 자기 자신의 힘을 믿는 어리석은 생각을 다 버리고, 자기들이 오직 하나님의 손길에 의해서만 지탱되고 서 있다는 것을 깨닫게 하기 위함이라는 뜻이다. 그들로 하여금 벌거벗은 상태로 빈손으로 하나님의 긍휼하심으로 피하여 그 안에서 온전한 안식을 누리며, 그 속에 깊이 숨고 오직 거기에 사로잡혀서 거기에서만 의와 공로를 찾게 하기 위함이라는 뜻이다. 참된 믿음으로 하나님의 긍휼하심을 구하고 기다리는 사람들에게, 그 긍휼하심이 그리스도 안에서 베풀어지는 것이다.

율법의 계명들 속에서 하나님은 완전한 의 — 우리에게는 그것이 완전히 결핍되어 있다 — 에 대하여 상급을 베푸시는 분으로 나타나시며, 반대로 모든 악행들에 대하여 엄중히 심판하시는 분으로 나타나신다. 그러나, 그리스도 안에서는 심지어 가련하고 무가치한 죄인들인 우리에게까지도 그의 얼굴이 환히 빛나며, 은혜와 온유하심이 충만하게 드러나는 것이다.

9. 율법의 정죄의 기능에 대한 아우구스티누스의 진술

아우구스티누스는 하나님의 도우시는 은혜를 구하는 일이 얼마나 가치 있는가에 대해서 자주 언급하고 있다. 예를 들어서, 그는 힐라리우스(Hilary)에게 보낸 편지에서 이렇게 말한다. "우리가 율법의 요구 조건들을 이행하려고 애쓰다 우리의 연약함으로 인하여 지칠 때에, 율법은 우리더러 은혜의 도우심을 구하는 법을 알라고 명령하지요." 또한 아셀리우스(Asellius)에게 보낸 편지에서는 이렇게 말한다. "율법이 유익한 것은 사람으로 하여금 자신의 연약함을 깨닫게 하고 그를 움직여 그리스도 안에 있는 은혜의 치유를 구하도록 만든다는 데 있습니다." 또한 로마의 인노켄티우스(Innocentius: 교황 인노켄티우스 1세[402-417년 재위]를 지칭함: 역자주)에게 보낸 편지에서는 "율법은 명령하고, 은혜가 그것을 행할 힘을 공급해 줍니다"라고 하였고, 발렌티누스(Valentinus)에게 보낸 편지에서는, "하나님께서 우리가 행할 수 없는 것을 명령하시는 것은 우리가 그에게서 구해야 할 바를 알게 하시기 위함입니다"라고 하였다.

또한 "율법이 주어진 것은 그대를 고소하고, 그리하여 그대로 하여금 두려움을 갖게 하며, 또한 두려움으로 인하여 그대로 하여금 용서를 구하게 하며, 그리하여 그대 자신의 힘으로 할 수 있다는 생각을 갖지 않도록 하기 위함이라오"라고 말하였고, 또한 이렇게도 말하고 있다. "율법이 주어진 것은 바로 이런 목적 때문이라오. 즉, 스스로 위대한 그대를 작게 만들고, 그대 자신의 힘으로는 의에 이를 수 없다는 것을 보여주며, 또한 무력하고 무가치하며 핍절한 상태에 있는 그대로 하여금 은혜에게로 피하도록 하기 위함이라오."

그리고 나서 그는 하나님께 이렇게 아뢰고 있다. "그러니, 오 주여, 역사하시옵소서. 오 긍휼하신 주여, 역사하시옵소서. 성취할 수 없는 것을 명령하소서. 아니, 오직 주의 은혜로만 성취할 수 있는 것을 명령하옵소서. 그래서 사람들이 자기의 힘으로 그것을 이루지 못하여, 그 입을 다물게 하시고, 아무도 스스로 자기를 크다고 여기지 않게 하소서. 모두가 작은 자들이 되게 하시고, 온 세상이 하나님 앞에서 죄 지은 상태가 되게 하소서."

그러나 이에 대해서 그렇게 많은 증언들을 줄줄이 늘어놓는다는 것은 어리석은 짓이 될 것이다. 그 거룩한 사람은 이 문제를 구체적으로 다루기 위하여 「영과 문자에 대하여」(*De Spiritu et Litera*)라는 책을 써 놓았기 때문이다. 그는 율법의 두 번째 용도에 대해서는 명확히 묘사하지 않고 있는데, 이는 그것이 첫 번째 용도에 의존한다고 보았기 때문이거나, 그가 그것을 완전히 깨닫지 못했기 때문이거나, 그 용도의 정확한 의미를 분명하고도 확실하게 표현할 수 없었기 때문일 것이다.

율법의 이 첫 번째 기능은 버림받은 자들에게도 작용한다. 하나님의 자녀들처럼 육체의 굴욕을 당한 후에 속사람이 다시 새로워지고 꽃이 피는 일은 없으나, 그들은 율법을 접하고 두려움에 질려서 할 말을 잊어버리며 절망 가운데 있게 된다. 그러나 그들의 양심이 그렇게 때려눕힘을 당함으로써 오히려 하나님의 심판의 공명정대함이 드러나게 된다. 그들은 언제나 하나님의 심판을 피하기를 바라며 전전긍긍하기 때문이다. 하나님의 심판이 아직 드러나지 않았음에도 불구하고, 그들은 율법과 양심의 증거에 의하여 너무도 공격을 받는 나머지, 자기들이 심판을 받아 마땅한 존재라는 사실을 자기들 스스로 드러내는 것이다.

(율법의 두 번째 기능: 악인과 불신자들을 억제시킴. 10-11)

10. 율법의 두 번째 기능

율법의 두 번째 기능은 이것이니, 곧 옳고 바른 것에 대한 관심에도 전혀 아랑곳하지 않는 특정한 사람들에게 율법에 주어져 있는 무서운 위협을 접하게 하여 형벌에 대한 두려움을 갖게 함으로써 그들을 억제시키는 것이다. 그러나 그들이 억제되는 것은 그들의 속마음이 감동을 받기 때문이 아니라, 말하자면 굴레가 씌워져서 손을 움직여 함부로 행동하지 못하게 되고, 제멋대로 방자하게 활개를 치는 그들의 부패성이 속으로 가두어지기 때문이다. 그렇기 때문에, 그들은 하나님 앞에서 더 나아진 것도, 더 의로워진 것도 아니다. 다만 공포심이나 수치심이 방해하기 때문에, 그 마음에 품은 생각들을 감히 실행하지 못하고, 그들의 정욕의 불길을 노골적으로 뿜어내지 못할 뿐이지, 하나님을 두려워하는 마음을 가진 것도 아니고, 그에게 복종하고자 하는 마음이 있는 것도 아니다. 사실, 그들이 그렇게 억제될수록, 속에서 그만큼 더 강하게 불길이 치솟는 법이다.

그래서 율법의 이 끔찍한 위협이 방해하지만 않는다면, 무슨 일도 할 수 있고 어디서든 그 속에서 끓어오르는 정욕의 불길을 터뜨릴 수 있는 상태에 있는 것이다. 그 뿐 아니라, 그들은 율법 자체를 지극히 미워하고 그 율법을 주신 하나님을 사악하게 저주하므로, 할 수만 있다면 그를 제거해 버리려는 마음이 가득한 것이다. 올바로 행하라는 하나님의 명령도 견딜 수 없고, 자신의 위엄을 멸시하는 자들에게 보응하시는 것도 참을 수가 없기 때문이다. 아직 중생하지 못한 자들은 모두가 ― 어떤 사람은 희미하게, 또 어떤 사람은 좀 더 노골적으로 이를 표현하지만 ― 자기들이 자발적으로 율법에 복종하도록 인도함을 받는 것이 아니라, 자기들의 의지와는 상관없이, 자기들이 반대하는데도 불구하고 끔찍한 두려움 때문에 억지로 율법에 복종하는 것임을 느끼는 것이다.

그러나 비록 강제적인 억압을 통하여 이루어진다 할지라도, 그러한 의(義)는 사람의 공공사회를 위하여 필수적인 것이다. 주께서는 모든 일이 소동과 혼란 속에 있지 않도록 보살피셔서 공공사회의 안녕 질서를 유지하게 하시는 것이다. 모든 사람들에게 모든 것이 다 허용된다면 사회는 소동과 혼란 속에 있게 될 것이다. 아니, 하나님의 자녀들조차도, 아직 부르심을 받기 전 거룩의 영이 계시지 않는 동안에는(참조. 롬 1:4), 육체의 어리석음 가운데서 마음대로 행하게 되므로, 이처럼 율법의 초등교사 아래에 있는 것이 그들에게 유익할 것이다. 하나님의 보응에 대한 두려움으로 말미암아 최소한 겉으로는 방자한 짓을 삼가게 되며, 물론 마음은 아직 길들여지지 않아서 당분간 진전이 별로 없겠지만, 그럼에도 불구하고 의의 멍에를 짐으로써 그 일부분이라도 깨어지게 되는 것이다. 그리하여, 그들은 부르심을 받을 때에, 마치 전혀 무지하고 전혀 교육도 되어 있지 않고, 전혀 질서가 잡혀 있지 않은 것 같은 상태는 아닌 것이다.

사도는 다음과 같은 말씀에서 율법의 이러한 기능을 특별히 지칭하는 것으로 보인다. "율법은 옳은 사람을 위하여 세운 것이 아니요 오직 불법한 자와 복종하지 아니하는 자와 경건하지 아니한 자와 죄인과 거룩하지 아니한 자와 망령된 자와 아버지를 죽이는 자와 어머니를 죽이는 자와 살인하는 자며 음행하는 자와 남색하는 자와 인신 매매를 하는 자와 거짓말하는 자와 거짓 맹세하는 자와 기타 바른 교훈을 거스르는 자를 위함이니"(딤전 1:9-10). 그는 이 말씀에서 율법이, 그냥 내버려 두면 한정 없이 날뛰는 육체의 정욕을 억제시키는 고삐와도 같은 것임을 보여주고 있는 것이다.

11. 율법이 초등교사의 역할을 함

다른 곳에 나타나는 바울의 말 ― "율법이 우리를 그리스도께로 인도하는 초등교사가 되어"(갈 3:24) ― 도 율법의 이 두 가지 기능들을 지칭하는 것이라 할 수 있을 것이다. 율법이 초등교사가 되어 그리스도께로 인도하는 사람들에는 두 종류가 있다.

첫 번째 종류의 사람들에 대해서는 이미 말한 바 있다. 그들은 자기들의 덕과 자기들의 의에 대한 확신으로 가득 차 있어서, 먼저 그것들을 다 비우지 않으면 그리스도의 은혜를 받기에 합당한 상태가 되지를 못한다. 그러므로, 율법이 그들 자신의 비참한 처지를 깨닫게 하여 그들을 겸손으로 지극히 낮추어서, 과거에는 부족한 줄을 몰랐던 그것들을 구할 마음의 자세를 갖게 하는 것이다.

두 번째 종류의 사람들에게는 굴레가 필요하다. 육체의 정욕이 마음대로 날뛰어 의를 추구하는 데에서 완전히 멀어지지 않도록 굴레로써 그들을 제어하는 것이 필요한 것이다. 아직 하나님의 영이 다스리지 않는 자들에게서는 때때로 정욕이 끓어올라 영혼을 묶어버리고, 하나님을 잊고 멸시하는 데에로 마구 빠져 들어갈 소지가 있기 때문이다. 하나님께서 이런 치유책으로 그것을 제어하지 않으면, 그렇게 될 수밖에 없는 것이다. 그러므로 그의 나라를 유업으로 받도록 미리 정해진 자들을 곧바로 중생하게 하시지 않고 그가 임하시기까지 그냥 두시지만, 하나님께서는 그들을 율법의 행위를 통하여 두려움 속에 두셔서 그들을 안전하게 지키시는 것이다(참조. 벧전 2:12). 물론 이러한 두려움은 하나님의 자녀들에게 마땅히 있어야 할 정결하고도 순결한 두려움은 아니지만, 그럼에도 불구하고 그 두려움은 그들의 능력에 따라서 참된 경건을 가르치기에 유익한 것이다. 이 문제에 대한 증거가 너무나도 많기 때문에 구태여 예를 들 필요조차 없다. 하나님을 모르는 가운데서 이리저리 더듬거려 본 경험이 있는 사람이라면 누구나, 율법의 굴레로 인하여 제재를 받고 하나님을 향하여 모종의 두려움과 존경심을 갖고 있다가, 성령으로 말미암아 중생하면서부터 전심으로 그를 사랑하기 시작하였다는 것을 인정할 것이다.

(율법의 세 번째 기능: 신자들을 가르치며 권고함. 12-13)

12. 신자들에게도 율법이 필요함

율법의 세 번째 기능은 — 이는 율법의 가장 주된 기능이요 또한 율법의 고유한 목적에도 더 가까운 것이다 — 이미 하나님의 성령께서 그 마음에 거하시고 다스리시는 신자들과 관련된 것이다. 이미 율법이 하나님의 손가락으로 그들의 마음에 기록되고 새겨져 있지만(렘 31:33; 히 10:16), 즉 성령의 인도하심을 통하여 감동을 받고 새로워져서 하나님께 순종하기를 사모하는 상태에 있지만,

율법은 그들에게 두 가지 방식으로 유익이 된다.

율법은, 그들이 사모하는 바 주의 뜻의 본질을 날마다 더 철저하게 배우게 해주며 또한 그 뜻을 깨닫고 있음을 확증하게 해주는 최고의 도구가 된다. 이는 마치 마음을 다하여 주인을 섬길 자세를 갖춘 종이 주인의 뜻에 자기 자신을 온전히 맞추기 위해서 주인의 이모저모를 살피고 관찰하는 것과도 같다. 우리 가운데 그렇게 해야 할 필요가 없는 사람은 하나도 없다. 날마다 율법의 교훈을 받아서 하나님의 뜻을 더 순전하게 아는 일에 새롭게 전진해 나갈 필요가 없을 만큼 지혜가 많았던 사람은 지금까지 하나도 없었기 때문이다.

또한 우리에게는 가르침만이 아니라 권고도 필요한데, 하나님의 종은 이 점에 있어서도 율법에게서 유익을 얻는다. 곧, 자주 율법을 묵상하여 순종하고자 하는 마음이 일깨움을 받으며, 그 안에서 강건해지며, 미끄러운 범죄의 길에서 다시 돌이킴을 받는 것이다. 성도들은 이렇게 율법을 통해서 전진을 계속해야 한다. 아무리 성령에 따라서 하나님의 의를 이루기 위해서 애쓰고 노력해도, 냉담한 육체가 언제나 그들을 짓누르기 때문에 정상적인 열의를 갖고 전진하지를 못하기 때문이다. 율법은 육체에게 마치 게으른 나귀를 때리는 채찍과도 같아서, 육체를 일깨워서 행하게 한다. 신령한 사람이라도 아직 육체의 무게에서 완전히 해방되어 있지 않으므로, 율법이 그 사람을 끊임없이 찔러서 그냥 나태하게 있지 못하도록 만드는 것이다.

다윗은 다음과 같이 율법을 찬양하고 있는데, 이는 분명 율법의 이러한 기능을 지칭하는 것일 것이다. "여호와의 율법은 완전하여 영혼을 소성시키며 여호와의 증거는 확실하여 우둔한 자를 지혜롭게 하며 여호와의 교훈은 정직하여 마음을 기쁘게 하고 여호와의 계명은 순결하여 눈을 밝게 하시도다"(시 19:7-8). 또한 "주의 말씀은 내 발에 등이요 내 길에 빛이니이다"(시 119:105)를 비롯하여 같은 시편의 여러 말씀들도 마찬가지다(예컨대, 시 119:5). 이 말씀들은 바울의 진술들과 모순되는 것이 아니다. 바울의 진술들은 중생한 사람들에게 율법이 행하는 기능을 거론하는 것이 아니고, 율법 그 자체가 사람에게 제시할 수 있는 바를 거론한다. 그러나 여기서는 선지자가 율법의 위대한 기능들을 선포하는 것이다. 곧, 주께서는 율법을 읽는 자들을 권고하심으로써 신자들 속에서 순종하고자 하는 기꺼운 마음을 불러일으키신다는 것이다. 선지자는 율법의 계명들뿐만 아니라 거기에 수반되는 은혜의 약속을 붙잡는데, 그 은혜의 약속만이 쓴 것을 달게 만들어 주는 것이다. 만일 재촉하고 위협하는 것만 있어서 영혼을 공포에 몰아넣어 괴로움을 주기만 한다면, 율법처럼 끔찍스러운 것이 어디 있겠는가? 다윗은 특별히 율법에서 자신이 중보자를 감지했음을 보여주고 있다. 그가 없이는 즐거움도 기쁨도 없는 것이다.

13. 율법을 폐지하는 것은 그릇된 처사임

그런데 일부 무지한 사람들은 이 점을 이해하지 못하고, 경솔하게도 모세의 글 전체를 내어던지며, 율법의 두 돌판을 없애버린다. 그들은 그리스도인들이 "죽게 하는 직분"(참조. 고후 3:7)을 포함하고 있는 가르침을 붙든다는 것은 분명 도리에 어긋나는 것이라 생각하는 것이다. 그러나 이런 사악한 생각은 머리에서 제거해야 한다! 모세는, 율법이 죄인들 가운데서는 죽음 이외에 아무것도 이루어낼 수 없지만, 성도들 가운데서는 더 낫고 훨씬 탁월한 용도가 있다는 것을 훌륭하게 가르치고 있는 것이다. 그는 세상을 떠나기 얼마 전, 백성들에게 다음과 같이 명했다. "내가 오늘 너희에게 증언한 모든 말을 너희의 마음에 두고 너희의 자녀에게 명령하여 이 율법의 모든 말씀을 지켜 행하게 하라. 이는 너희에게 헛된 일이 아니라 너희 생명이니"(신 32:46-47).

만일 의의 완전한 모범이 율법에 제시되어 있다는 것이 아무도 부인할 수 없는 사실이라면, 올바르고 정의로운 삶에 대한 규범이 우리에게 필요가 없든지, 아니면 율법에서 떠나서는 안 되든지 둘 중의 하나일 것이다. 우리의 삶을 규정하는 규범은 여러 가지가 아니고, 오직 한 가지 영구하고 불변한 것뿐이다. 그렇기 때문에 우리는 의인의 삶이 끊임없이 율법을 묵상하는 삶이라는 다윗의 진술(시 1:2)이 어느 한 시대에만 국한되는 것이 아니라 세상 끝날까지 모든 시대마다 적용되는 것으로 보는 것이다.

우리가 이 육체라는 감옥에 갇혀 있는 한에는 율법이 요구하는 도덕적 순결에 결코 이를 수 없는 것이 사실이지만, 그렇다고 해서 율법을 끔찍하게 여겨 멀리하거나 그 교훈을 피해서는 안 될 것이다. 율법은 지금 우리를 향해서 마치 모든 요구 사항이 이행되지 않으면 결코 만족하지 않는 엄격한 사법 시행관처럼 행하는 것이 아니기 때문이다. 율법은 우리에게 완전한 삶을 권고함으로써 평생토록 우리가 열심히 지향하여야 할 목표를 제시해 주는 것이다. 이 점에 있어서 율법은 우리의 의무와도 일관성이 있으며, 또한 유익하기도 한 것이다. 그렇게 잘 나아간다면 그것이야말로 좋은 일이다. 사실 우리의 인생 전체가 하나의 경주(競走)다(참조. 고전 9:24-26). 달려갈 길을 다 달린 후에, 지금 우리가 멀리서부터 바라보며 애를 쓰며 나아가고 있는 그 목표에 마침내 도달하게 되도록 주께서 역사해 주실 것이다.

14. 율법의 폐지된 면과 유효한 면

자, 율법은 신자들을 권고하는 힘이 있다. 그들의 양심을 저주로 묶어두는 힘이 아니라, 그들을 계속해서 강권하여 그들의 게으름을 흔들어 깨우는 힘이요, 또한 그들을 일깨워 자기들의 불완전함을 채찍질하는 힘이다. 그러므로, 많은 이들이 그 저주에서 해방되고 싶어서, 신자들에게는 율법이 ― 여전히 도덕법을 일컫는 것이다 ― 폐지되었다고 말하고 있지만, 그것은 율법이 신자들에게 무엇이 올바른가를 명령하지 않는다는 뜻이 아니라, 다만 과거에 그들에게 해당되었던 것이 이제는 사라졌다는 뜻이다. 곧, 율법이 그들을 위협하고 공포를 주어 그들의 양심을 정죄하고 파괴하지 않는다는 뜻인 것이다.

바울은 그런 의미의 율법의 폐지에 대해서 분명하게 가르쳐 주고 있다(참조. 롬 7:6). 또한 주께서도 이를 가르치셨다는 것이 드러나기도 한다. 곧, 유대인들 가운데 율법이 폐하여졌다는 사고가 만연되어 있지 않았다면, 주께서 율법을 폐하러 오셨다는 것을 구태여 부정하지 않으셨을 것이라는 것이다(마 5:17). 그러나 아무런 구실이 없이 그런 생각이 우연히 일어났을 리가 없으므로, 그런 생각이 그리스도의 가르침에 대한 그릇된 해석에서 비롯되었으리라고 추정할 수 있을 것이다. 거의 모든 경우 오류들이 진리가 계기가 되어 생겨나듯이 말이다.

그러나, 똑같은 오류에 걸려 넘어지지 않도록, 우리는 율법 가운데서 폐하여진 것과 여전히 구속력을 발휘하고 있는 것을 서로 정확하게 구별해야 할 것이다. 주께서는 "내가 율법이나 선지자를 … 폐하러 온 것이 아니요 완전하게 하려 함이라 … 천지가 없어지기 전에는 율법의 일점 일획도 결코 없어지지 아니하고 다 이루리라"(마 5:17-18)고 증거하셨는데, 여기서 그는 자신이 오셨다고 해서 율법을 지키는 일이 조금도 없어지지 않을 것임을 명확하게 확증하고 계신다. 그리고 그것은 정당하다. 왜냐하면 그는 오히려 율법을 범하는 것들을 치유하기 위해 오셨기 때문이다. 그러므로 율법의 가르침이 그리스도로 말미암아 폐지된 것이 아니다. 율법은 여전히 가르치고 권면하고 책망하고 교정함으로써 모든 선행을 위하여 우리를 준비시키는 것이다(참조. 딤후 3:16-17).

15. 율법이 폐지되었다는 말의 의미

바울이 율법의 폐지를 말씀하지만, 그것은 율법 자체가 폐지되었다는 뜻이 아니라, 양심을 속박하는 그 힘이 폐지되었다는 뜻이다. 율법은 가르칠 뿐 아니라 그 명령하는 바를 곧바로 강행한다. 그것에 복종하지 않으면 ― 어느 한 가지 점에서라도 그 의무를 이행하지 못하면 ― 율법은 그 저주를 퍼붓는다. 그렇기 때문에 사도가 다음과 같이 말씀하는 것이다. "무릇 율법 행위에 속한 자들은 저주 아래 있나니, 기록된 바 '누구든지 율법 책에 기록된 대로 모든 일을 항상 행하지 아니하는 자는 저주 아래에 있는 자라' 하였음이라"(갈 3:10; 참조. 신 27:26). 사도가 여기서 "율법 행위에 속한 자들"이라고 묘사하는 자들은 바로 자기들의 의의 근거를 죄 용서에 두지 않는 자들을 가리키는 것이다. 죄 용서를 통해서 우리가 율법의 엄격한 집행에서 해방되는 것인데 말이다. 그리하여 그는 율법 아래에서 비참하게 멸망하고 싶지 않거든 반드시 그 율법의 속박에서 해방되어야 한다고 가르치는 것이다.

그런데 어떤 속박에서 해방되어야 한다는 것인가? 곧, 가혹하고도 위험스럽기 그지없는 요구 조건들의 속박에서 해방되어야 한다는 것이다. 위반할 경우 그 극심한 형벌을 일점 일획이라도 가볍게 해 주지 않으며, 범법 행위를 절대로 처벌하지 않은 채로 내버려 두지 않는 것이다. 바로 이러한 저주로부터 우리를 속량하기 위해서, 그리스도께서 우리를 대신하여 저주를 받으신 것이다. "기록된 바, '나무에 달린 자마다 저주 아래에 있는 자라' 하였음이라"(갈 3:13; 참조. 신 21:23). 그리고 그 다음 장에서 바울은, 그리스도께서 율법 아래에 나신 것은(갈 4:4) "율법 아래에 있는 자들을 속량하 … 려 하심이라"(갈 4:5)고 가르친다. 그러나 그 의미는 동일하다. 곧바로 이어서 "우리로 아들의 명분을 얻게 하려 하심이라"(갈 4:5)고 말씀하기 때문이다.

이것은 과연 무슨 뜻인가? 율법의 끝없는 속박을 받아서 우리의 양심이 죽음에 대한 두려움으로 짓눌려 있는 일이 없게 된다는 뜻이다. 그러나 동시에 언제나 변함없는 사실로 남아 있는 것이 있다. 곧, 율법이 그 권위를 조금도 잃어버리지 않으므로 우리는 여전히 동일한 존경과 복종으로 율법을 대하여야 한다는 사실이 바로 그것이다.

16. 의식법

그러나 의식(儀式)들에 대해서는 문제가 다르다. 그 효과는 폐하여지지 않았으나 그 사용이 폐지되었다. 그리스도께서 오셔서 그것들을 종결지으셨으나, 그것들의 신성함은 손상시키지 않으셨고 오히려 그것을 인정하시고 존귀하게 여기셨다. 그리스도의 죽으심과 부활의 능력이 속에 나타나 있지 않았다면 그 의식들이 구약 백성들에게 허망한 겉모양 이외에 아무런 의미가 없었을 것인데, 이와 마찬가지로 그 의식들이 종결되지 않았다면 오늘날의 우리로서는 그것들이 무슨 목적으로 세워졌는지를 알 수가 없을 것이다.

그리하여 바울은 의식들을 지키는 것이 쓸데없는 일이요 또한 해로운 일임을 입증하기 위하여, 그것들은 그림자들에 불과하며 그 실체는 그리스도 안에 있다고 가르친다(골 2:17). 그러므로 우리는, 그리스도께서 친히 자신을 분명하게 드러내신 지금, 그 의식들이 멀리서 마치 수건으로 가려진 것처럼 그리스도를 그림자로 드러내는 것보다도, 오히려 그 의식들이 폐지됨으로써 진리가 더 환하게 빛을 발한다는 것을 깨닫게 되는 것이다. 그리스도께서 죽으실 때에, 성소의 휘장이 둘로 찢어졌는데(마 27:51), 이는 히브리서 기자가 진술하듯이(히 10:1) 과거에는 희미하게 윤곽만 보이던 하늘의 축복이 이제 살아 있는 분명한 형상으로 나타났기 때문이다. 그리스도의 다음과 같은 말씀도 이를 가르치고 있다. "율법과 선지자는 요한의 때까지요 그 후부터는 하나님 나라의 복음이 전파되어 사람마다 그리로 침입하느니라"(눅 16:16).

거룩한 족장들은 구원의 소망과 영생의 소망을 담은 가르침을 받지 못했다는 뜻이 아니라, 그들이 멀리서 그림자처럼 윤곽만 희미하게 보던 것을 이제 우리는 대낮의 밝은 빛 속에서 충만하게 본다는 뜻이다. 사도 요한은 하나님의 교회가 어째서 이런 초보를 뛰어넘어야 하는지를 이렇게 설명하고 있다. "율법은 모세로 말미암아 주어진 것이요 은혜와 진리는 예수 그리스도로 말미암아 온 것이라"(요 1:17). 물론 그 옛날의 희생 제사들 속에 속죄의 사실이 진정으로 약속되어 있었고, 또한 언약궤 역시 하나님의 아버지다우신 사랑에 대한 확실한 보장이었지만, 그리스도의 은혜 속에 근거를 두지 않았다면 이 모든 것들은 그저 그림자에 지나지 않았을 것이다. 오직 그리스도 안에서만 완전하고도 영구한

안정을 찾을 수 있는 것이다. 자, 우리는 다음과 같은 사실을 그대로 받아들여야 할 것이다. 곧, 율법의 의식들이 종결되어 지켜지지 않게 되었으나, 그것들이 그리스도께서 오시기 이전에 얼마나 유익했는가를 그것들이 종결된 사실을 통해서 더 잘 깨닫게 된다는 것이다. 그리스도께서는 그 의식들의 사용을 폐지하셨고 그의 죽으심으로 그 의식들의 효력을 확증하신 것이다.

17. 골로새서의 진술에 나타나는 문제

이보다 다소 난해한 내용이 바울의 진술에서 나타난다. "범죄와 육체의 무할례로 죽었던 너희를 하나님이 그와 함께 살리시고 우리의 모든 죄를 사하시고 우리를 거스르고 불리하게 하는 법조문으로 쓴 증서를 지우시고 제하여 버리사 십자가에 못 박으시고 통치자들과 권세들을 무력화하여 드러내어 구경거리로 삼으시고 십자가로 그들을 이기셨느니라"(골 2:13-15).

이 진술은 마치 율법이 명령하는 것이 우리와 전혀 관계가 없을 정도까지 율법의 폐기의 의미를 확대시키는 것처럼 보인다. 이 말씀을 오로지 도덕법에 관한 것으로 이해하여, 도덕법의 가르침이 폐지된 것이 아니라 그 가차없는 엄중함이 폐지된 것이라고 해석하는 사람들이 있으나, 그것은 잘못된 것이다.

또 어떤 이들은 바울의 말씀 자체를 좀 더 조심스럽게 고려하여, 이 말씀은 의식법을 지칭하는 것이라고 생각한다. 그러면서 그들은 "조문"이라는 말이 바울에게서 여러 번 사용된다는 점을 지적한다. 사실 그는 에베소서에서도 이렇게 말하고 있다. "그는 우리의 화평이신지라 둘로 하나를 만드사 원수 된 것 … 을 자기 육체로 허시고 법조문으로 된 계명의 율법을 폐하셨으니 이는 이 둘로 자기 안에서 한 새 사람을 지어 화평하게 하시고"(엡 2:14-15). 이 진술이 의식들을 지칭한다는 것은 의심의 여지가 없는 사실이다. 그는 그것들을 유대인과 이방인들 사이에 막힌 담으로 말하고 있기 때문이다(엡 2:14). 그러므로, 이 두 번째 부류의 해석자들이 첫 번째의 해석자들을 정당하게 비판하고 있다는 것은 얼마든지 인정할 수 있다.

그러나 이 두 번째 해석자들 역시 사도의 말씀의 진의를 명확하게 설명하지 못하는 것 같다. 두 구절을 자세한 내용에 이르기까지 서로 비교하는 것이 마음에 걸리기 때문이다. 그는 에베소 교인들에게 그들이 이스라엘의 교제 속으로 받아들여진 사실을 확신시키고자 하여, 한때 그들의 발목을 잡았던 장애물이 이제 제거되었음을 가르치고 있다. 그것은 의식의 문제였다. 유대인들이 주 앞에서 행하여 온 의식적인 정결 예법과 희생 제사들이 그들과 이방인들을 서로 갈라놓았었다는 것이다. 그런데, 골로새서에서는 그보다 더 고귀한 신비에 대해 논의한다는 것이 너무나도 분명하게 나타난다. 거기서는 모세의 규례들에 관한 문제를 다루고 있다. 거짓 사도들이 그리스도인들에게 모세의 규례들을 지켜야 한다는 식으로 가르치고 있었던 것이다. 그런데 그는 갈라디아서에서 그 논의를 더 깊이 진행시키는 것처럼 ─ 말하자면 문제의 근원에까지 거슬러 올라가는 등 ─ 이 구절에서도 그렇게 하고 있는 것이다. 의식들에 대해서 오로지 그것들을 반드시 준수해야 한다는 것만을 생각하는 것이라면, 그 의식들을 가리켜 "우리를 거스르고 불리하게 하는 법조문으로 쓴 증서"(골 2:14)라고 부르는 것이 과연 무슨 의미가 있겠는가? 뿐만 아니라, 우리의 구속의 근거를 거의 전적으로, 그것들이 제하여졌다는 사실에다 두는 이유는 무엇인가? 그러므로, 그것을 무언가 좀 더 내면적인 것으로 이해하여야 한다는 것을 본문의 문제 자체가 외치고 있는 것이다.

그러나 나는 이 문제에 대하여 참된 이해에 이르렀다고 확신한다. 아우구스티누스가 어디선가 지극히 참되게 기록하고 있고, 또한 사도의 명확한 말씀에서 드러나는 바를 ─ 즉, 유대인들의 의식들 속에는 죄에 대한 대속(代贖)이 아니라 죄에 대한 고백이 있었다는 사실을(참조. 히 10:1 이하; 레 16:21) ─ 참된 것으로 받아들인다면 말이다. 자기 자신들을 대신하여 결례로 대치시킨 자들이 드린 희생 제사였으니, 그들 스스로 죽을 죄를 지었음을 고백하는 것 이외에 무슨 효과가 더 있었겠는가? 또한 그들이 행한 결례들은 그들 자신이 부정하다는 고백 이외에 무슨 의미가 있었겠는가? 그리하여 그들은 자기들의 죄와 부정을 기록한 "증서"를 계속해서 갱신해온 셈이다. 그 사실들을 계속 증명하기만 했을 뿐, 그 상태에서 해방되지를 못했던 것이다. 그렇기 때문에 사도는, 그리스도께서 "새 언약의 중보자시니 이는 첫 언약 때에 범한 죄에서 속량하려고 죽으셨다"고 기록하고 있는 것이다(히 9:15). 그러므로, 사도가 의식들을 가리켜, 그것들을 지키는 자들을 "거스르고 불리하게 하는 증서"라고 부르는 것은 매우 적절한 표현이다. 그런 의식들을 통해서 그들 자신의 정죄와 부정의 상태를 공개적으로 확증하는 것이기 때문이다(참조. 히 10:3).

그러나 그들도 우리와 똑같은 은혜에 참여하였다는 사실에는 모순이 없다.

그들이 의식들 — 사도는 그 구절에서 그 의식들을 그리스도와 구별짓고 있는데, 이는 당시 사용되던 그 의식들이 그리스도의 영광을 희미하게 만들었기 때문이다 — 안에서가 아니라, 그리스도 안에서 그 은혜에 참여하였기 때문이다. 의식들 그 자체로서 생각하면, 그것들은 사람들의 구원을 거스르는 증서라 부르는 것이 지극히 합당하다고 본다. 그것들은, 말하자면, 사람들의 의무를 증명해 주는 법적 효력을 지닌 문서와도 같기 때문이다. 거짓 사도들이 기독교 교회를 다시금 그 의식들을 지키는 일에 얽어매려 할 때에, 바울은 그 의식들의 궁극적인 목적을 더욱 깊이 있게 재천명함으로써, 골로새 사람들에게 의식법에 자신을 복속시키면 그들에게 어떠한 위험이 닥치는지를 경고한 것이다(골 2:16 이하). 그렇게 되면, 그들로서는 그리스도의 은혜를 빼앗기고 말기 때문이었다. 그리스도께서 이미 영원한 속죄를 이루심으로써, 날마다 지켜온 그 의식들을 — 그것들은 죄를 없애지는 못하고 그저 죄가 있다는 것을 확증하는 것밖에는 아무것도 하지 못했다 — 폐하신 것이다.

주 ____

1. 참조. 제 3권 11장 1-7절.

2. Jerome, *Dialogue Against the Pelagians*, I. 10; III. 3.

3. Augustine, *On Man's Perfection in Righteousness*, iii. 8; *On the Spirit and the Letter*, xxxvi. 66.

4. Augustine, *On the Spirit and the Letter*, xxxvi. 64.

5. Augustine, *On Rebuke and Grace*, I. 2.

제 8 장

도덕법(십계명)의 해설

(자연법의 진술로서의 도덕법. 1-2)

1. 십계명을 소개함

여기서 율법에 제시되어 있는 십계명을 간략한 해설과 함께 소개하는 것이 적절하리라 여겨진다. 그렇게 하면, 앞에서 언급한 바 있는 논지[1] — 즉, 하나님께서 본래 제정하신 공(公) 예배가 여전히 유효하다는 것 — 가 더욱 분명해질 것이요, 또한 다음과 같은 나의 두 번째 논지도 확증할 수 있게 될 것이다. 곧, 유대인들이 율법으로부터 참된 경건의 성격을 배운 것은 물론, 그들 스스로는 율법을 지킬 수 없음을 깨닫고서 심판에 대한 두려움 때문에 어쩔 수 없이 중보자를 바라보게 되었다는 것이 그것이다.

자, 하나님을 아는 참된 지식의 요건이 무엇인가를 정리하면서, 우리는 하나님의 위대하심을 생각하면 곧바로 그의 위엄을 접하고서 하나님께 경배를 드리지 않을 수가 없다는 사실을 가르친 바 있다.[2] 또한 우리 자신을 아는 지식을 논의하면서는, 우리 자신의 덕스러움에 대한 모든 생각들을 버리고, 우리 자신의 의로움에 대한 확신도 모두 버리고서 — 사실상 우리 자신의 처절한 빈곤함을 인식하여 완전히 깨어지고 무너진 상태로 — 순전한 겸손과 자기 비하를 배우게 된다는 사실을 중요하게 제시한 바 있다.[3] 주께서는 그의 율법에서 다음과 같은 두 가지 일을 이루신다. 첫째로, 명령을 내릴 수 있는 정당한 권세가 자신에게 있음을 말씀하시는 동시에, 자신의 신성을 높이 우러러 받들 것을 축구하시며 그런 경건의 자세가 어떤 것인지를 구체적으로 명시하신다. 둘째로, 자신의 의의 규범을 공포하신 다음, 우리의 무능력과 우리의 불의함을 책망하신다. 우리의 본성이 사악하고 비뚤어져 있어서 항상 하나님의 공명정대하심을 대적할 뿐 아니라, 우리의 역량이 선을 행하기에 너무도 희미하여, 하나님의 완전하심과는 완전히 동떨어진 상태에 있기 때문이다.

앞에서 우리는 내적인 법이 모든 사람의 마음에 기록되고 새겨져 있다고 묘사한 바 있는데, 어떤 의미에서 그 법이 십계명의 두 돌판에서 배우는 것과 동일한 것을 가르친다 하겠다. 우리의 양심이, 무작정 계속해서 무감각한 잠에 빠져 있도록 그냥 내버려 두지 않고, 우리가 하나님께 드려야 할 것이 무엇인지에 대해서 속에서 증거하고 감찰하며, 또한 우리 앞에 선과 악의 차이를 제시하여 우리가 의무를 이행하지 않을 때에 우리를 비난하는 역할을 하기 때문이다. 그러나 사람은 오류의 캄캄한 어둠 속에 싸여 있어서 이 본성적인 법을 통해서는 어떠한 예배가 하나님께 합당한지를 파악하기를 시작할 수조차 없는 것이다. 그것을 참되게 가늠하는 데에서 너무나도 동떨어져 있는 것이다. 게다가, 사람은 온갖 교만과 야망으로 우쭐해져 있고, 자기 사랑으로 눈이 멀어 있어서, 아직 자기 자신을 제대로 바라볼 수도 없고, 말하자면 밑바닥에까지 내려가 자기 자신의 진면목을 보고 자신의 비참한 처지를 고백하며 스스로 낮추고 자신을 혐오하게 될 수가 없는 것이다. 그리하여, 주께서는 기록된 율법을 우리에게 주셔서(아둔하고 교만한 우리에게 그것이 필요하므로), 자연법에서 희미하던 것을 더욱 분명하게 볼 수 있게 하시고, 우리의 무관심을 흔들어 깨우시고, 우리의 지성과 기억을 더욱 세차게 찌르시는 것이다.

2. 율법으로부터 배워야 할 것

율법으로부터 배워야 할 것이 무엇인지는 곧바로 이해할 수 있다. 하나님께서는 우리의 창조주이시므로 우리를 향하여 아버지와 주(主)의 위치에 계시며, 그렇기 때문에 우리는 그에게 영광과 존경과 사랑과 경외를 드려야 한다는 것을 배워야 하고, 우리로서는 정말이지 우리 마음의 변덕에 따라 이리저리 끌려 다닐 권리가 없으며, 하나님의 뜻에 의지하여 오직 하나님께서 기뻐하시는 것에만 든든히 서 있어야 한다는 것을 배워야 한다. 또한 하나님께서는 의와 정직을 기뻐하시고 악을 미워하신다는 것을 배워야 하며, 그렇기 때문에 불경한 배은망덕으로 창조주 하나님께로부터 돌아서려 하지 않는 한, 반드시 우리의 모든 삶 속에서 의를 기려야 한다는 것을 배워야 하는 것이다. 우리의 뜻보다 하나님의 뜻을 따를 때에 비로소 하나님께 합당한 존경을 드리는 것이 된다면, 하나님께 드릴 정당한 예배는 오직 의와 거룩함과 순결을 지키는 것이라는 결론이 나온다. 그리고 마치 갚을 능력이 없는 채무자처럼 우리에게 아무런 능력이 없다는 식으로 핑계를 댈 수도 없다. 하나님의 영광을 우리의 능력의 잣대로 재는 것은 합당치 않은 일이다. 우리가 어떠하든, 하나님은 언제나 하나님답게, 의의 친구요 불의의 원수로 계시기 때문이다. 그가 우리에게 무엇을 요구하시든(그는 오직 의로운 것만을 요구하실 수 있으므로) 본성적인 의무로 알아 복종해야 하는 것이다. 그러나 우리가 행하지 못한다면 그것은 우리 자신의 과실이 된다. 우리의 정욕을 죄가 지배하여(참조. 롬 6:12) 그것이 우리를 붙잡아 두어서 우리가 아버지께 마음껏 복종하지 못한다면, 우리로서는 어쩔 수 없다는 것을 핑계로 삼을 이유가 없다. 왜냐하면 어쩔 수 없는 그 악이 우리 속에 있고 또한 우리의 책임이기 때문이다.

(율법을 통하여 하나님의 의와 우리의 죄악성, 그리고 순종의 필요성을 배움. 3-5)

3. 율법의 인도를 받음으로써 얻는 두 가지 결과

율법의 인도를 받아 여기까지 이른 다음에는, 그 동일한 인도를 받아 우리 자신 속으로 계속 내려가야 한다. 이렇게 하면 우리는 결국 두 가지 결과를 얻게 된다. 첫째로, 우리의 행실을 율법의 의와 비교하여, 우리 자신이 하나님의 뜻과 일치하는 것과 얼마나 거리가 먼가를 알게 되고, 그리하여 우리가 하나님의 자녀로 인정되는 것은커녕 그의 피조물의 자리를 차지하기에도 무가치하다는 것을 알게 된다.

둘째로, 우리의 능력을 생각하고서, 그것들이 율법을 이행하기에 너무나 연약한 것은 물론, 그런 능력 자체가 없다는 것을 알게 되며, 이로써 반드시 우리 자신의 덕성을 불신하게 되고 마음의 불안과 동요가 생긴다. 양심이 그 불의에 대한 중압감을 느껴 하나님의 심판 앞으로 나아가지 않을 수가 없고, 하나님의 심판을 바라보면서 죽음에 대한 처절한 두려움이 생기지 않을 수가 없다. 또한 그리하여 자신이 무기력하다는 증거들에 짓눌려 양심이 그 자신의 능력에 대한 깊은 절망 속에 빠져 들어가지 않을 수가 없으며, 그리하여 이 두 가지 감정으로 인하여 겸손과 자기 비하(卑下)가 생겨난다. 그리하여 사람은 자기 자신의 불의 때문에 영원한 죽음이 자기를 위협하는 것을 바라보며 두려움에 싸여서, 오로지 하나님의 긍휼하심에게로 돌아가며 그것만을 유일한 피난처로 삼게 된다. 그리하여, 자기 자신의 능력으로는 율법에게 진 빚을 갚을 수가 없다는 것을 깨달고서, 자기 자신에 대해서 절망하게 되는 동시에, 무언가 다른 데로부터 도움을 구하고 바라게 되는 것이다.

4. 약속과 위협

그러나 주께서는 자신의 의에 대한 존경을 불러일으키는 것으로 만족하지 않으시고, 의에 대한 사랑과 악에 대한 혐오가 우리 마음에 젖어들게 하시기 위하여, 약속과 위협을 덧붙이셨다. 우리의 지성의 눈이 너무나 어두워서 선한 것의 아름다움만으로는 감동을 받지 못하기 때문에, 긍휼이 풍성하신 아버지께서는 그의 크신 자비하심으로, 그를 사랑하고 그를 구하는 자들에게 주어질 아름다운 상급들을 통하여 우리를 매혹시키기를 기뻐하셨다. 그리하여 그는 덕행에 대한 상급들이 그에게 쌓여 있으므로 그의 계명들을 순종하는 사람은 결코 헛되지 않을 것이라고 선언하시는 것이다. 또한 반대로, 불의가 주님께 혐오스러울 뿐 아니라, 그 자신이 그의 위엄에 대한 멸시를 반드시 보응하실 것이므로 불의가 형벌을 면치 못한다는 사실도 선언하신다. 그리고 우리를 모든 면에서 강권하시고자, 그는 그의 계명들을 순종하며 지키는 자들에게 현재의 삶 속에서의 축복과 영원한 복락을 약속하시며, 동시에 계명들을 범하는 자들에게는 현재의 삶 속에서도 재난이 있을 것임은 물론 영원한 죽음의 형벌이 있을 것이라고 위협하시는 것이다. "사람이 이를 행하면 그로 말미암아 살리라"(레 18:5)는 약속과, 또한 거기에 대응하는 "범죄하는 그 영혼은 죽으리라"(겔 18:4, 20)라는 위협은 분명 미래의 끝없는 생명이나 죽음을 지칭하는 것이다. 하나님의 자비나 진노가 언급될 때마다, 자비에는 영원한 생명이 포함되어 있고, 진노에는 영원한 멸망이 포함되어 있는 것이다. 뿐만 아니라, 현재의 삶 속에서 얻을 축복과 저주들도 율법 속에 길게 열거되어 있다(참조. 레 26:3-39; 신 28장). 그리고 그 형벌들 속에는 악을 견딜 수 없는 하나님의 지고하신 순결하심이 드러나 있다. 그러나 약속들 속에는, 의를 향한 하나님의 지고하신 사랑(이 때문에 그는 의에 대하여 상급을 베풀지 않고 내버려 두실 수가 없다) 이외에도, 그의 놀라우신 너그러우심이 함께 드러나는 것이다.

우리는 ― 우리에게 속한 모든 것들도 마찬가지이지만 ― 하나님의 위엄에 무한히 빚을 지고 있으므로, 그가 우리에게 무엇을 요구하시든 간에 그것은 우리가 하나님께 지고 있는 빚이요, 따라서 하나님은 그것을 요구하실 완전한 권리를 갖고 계시다. 그러나 빚을 갚는 것은 상급을 받을 만한 일이 아니다. 그러므로, 우리가 자발적으로 드리는 것도 아니고 당연히 드려야 할 바를 드리는 것인데도, 하나님께서 우리의 순종에 대하여 상급을 베푸신다는 것은 곧, 그가 자신의 권리를 포기하신다는 뜻이다. 그러나 그 약속들 자체가 우리에게 무엇을 가져다주는지에 대해서는 일부는 앞에서 말한 바 있고, 일부는 적절한 곳에 가서 좀 더 분명하게 다루어질 것이다.[4] 여기서는, 율법의 약속들은 하나님께서 그것들을 지키는 것을 얼마나 기뻐하시는지를 보여주는 것으로서 그저 의에 대한 범상한 칭찬이 아니라는 것을 기억하고, 동시에 형벌에 대한 위협들은 불의를 더욱 미워하게 하여, 죄인이 악의 유혹에 깊이 빠져서 율법을 제정하신 하나님의 심판이 자기를 기다리고 있다는 것을 잊어버리는 일이 없도록 하기 위함이라는 것을 기억하는 것으로 족할 것이다.

5. 율법만이 완전한 의의 규범임

한편, 주께서는 완전한 의의 규범을 제시하시면서 그 각 부분들을 모두 그의 뜻과 연관지으심으로써, 순종보다 그를 더 기쁘시게 하는 것이 없다는 것을 보여주셨다. 사람이 방자한 생각에 빠져서 언제나 어떻게 하면 하나님의 자비를 이끌어낼까 하여 온갖 다양한 예배 의식들을 만들어내고 있으므로, 우리로서는 더욱더 이 사실을 유념해야 할 것이다. 신앙의 모습을 빙자하는 불신앙적인 자세는 인간의 본성에 뿌리를 둔 것으로서 각 시대마다 그 자태를 드러내어왔고 여전히 그 자태를 드러내고 있다. 사람들은 언제나 하나님의 말씀과는 상관없이 의를 이루는 방법을 만들어내기를 좋아하기 때문이다. 그리하여, 대개 선행이라 여겨지는 것들 가운데서도 율법의 계명들은 지극히 좁은 한 구석만을 차지할 뿐이고, 인간이 만들어낸 무수한 강령들이 거의 모든 자리를 차지하는 것이다. 그러나 모세가 율법을 공포한 후 백성들에게 다음과 같이 말씀한 것은 바로 그러한 방자한 행위를 억제하기 위함이었던 것이다. "내가 네게 명령하는 이 모든 말을 너는 듣고 지키라 네 하나님 여호와의 목전에 선과 의를 행하면 너와 네 후손에게 영구히 복이 있으리라 … 내가 너희에게 명령하는 이 모든 말을 너희는 지켜 행하고 그것에 가감하지 말지니라"(신 12:28, 32). 그 전에 모세는 이스라엘이 여호와께로부터 판단과 계명들과 의식들을 받아서 그들이 모든 다른 민족들 앞에서 지혜와 명철이 있게 되었다고 증언한 바 있다. 그리고 나서 그는 다음과 같이 덧붙였었다. "오직 너는 스스로 삼가며 네 마음을 힘써 지키라 그리하여 네가 눈으로 본 그 일을 잊어버리지 말라 네가 생존하는 날 동안에 그 일들이 네 마음에서 떠나지 않도록 조심하라"(신 4:9).

하나님께서는, 엄중하게 제재를 가하지 않으면 이스라엘이 율법을 받은 다음 그것으로 만족하지 않고 거기에 새로운 강령들을 계속 만들어낼 것임을 미리 아시고서, 여기서 율법이 완전한 의를 포괄하고 있음을 선언하시는 것이다. 이것이 마땅히 가장 강력한 제재가 되었어야 했다. 그러나 그들은 그렇게도 강하게 금지된 뻔뻔스러움을 중지하지 않은 것이다.

그러면 우리는 어떠한가? 우리 역시 동일한 말씀의 제재를 받고 있다. 주께서 의의 완전한 가르침이라고 하신 그의 율법이 영구한 타당성을 지닌다는 것은 의심의 여지가 없는 사실이다. 그런데도 우리는 그것으로 만족하지 않고 선행 위에 선행을 고안해내고 꾸며내느라 열심히 수고하고 있다. 이러한 과오를 치유하는 최선의 방책은 다음과 같은 생각을 마음속에 확고히 간직하는 것이다. 곧, 하나님께서 율법을 우리에게 전수하신 것은 완전한 의를 가르치기 위함이라는 것이며, 하나님의 뜻이 요구하는 바와 일치하는 것 이외에 다른 의를 가르친 바가 없다는 것이며, 그러므로 하나님의 사랑을 얻어보려고 아무리 새로운 행위를 시도해도 전혀 소용이 없고, 하나님께서 받으시는 예배는 오직 순종에 있다는 것이며, 선행에 대한 열심을 갖되 하나님의 율법 바깥에서 헤매는 것은 하나님의 참된 의를 욕되게 하는 것으로 도저히 용납될 수 없는 것이라는 것 등이다. 아우구스티누스 역시 하나님께 드리는 순종을 가리켜 때로는 모든 덕행의 어머니요 수호자로, 때로는 그 근원으로 부르는데, 이는 매우 지당한 가르침이라 하겠다.[5]

(도덕법은 하나님의 목적과 의도를 염두에 두고서 영적으로 이해하여야 함. 6-10)

6. 율법은 영혼에 관한 것임

주의 율법을 더욱 충실하게 해명하고 나면, 앞에서 율법의 기능과 용도에 대해서 말한 내용이 더욱 적절하게 확인될 것이다. 그러나 개별적인 계명들을 다루기 전에, 율법에 대한 일반적인 지식을 이루는 내용에 대해서 먼저 살펴볼 필요가 있을 것이다. 첫째로, 율법을 통해서 사람의 삶이 외형적인 정직의 모습을 갖추게 될 뿐 아니라 내적이며 영적인 의를 이루게 된다는 사실에 모두 동의해야 할 것이다. 아무도 이 사실을 부인할 수 없는데도 불구하고, 이를 유념하는 사람은 극히 적다. 이런 현상이 생기는 것은 사람들이 율법을 제정하신 하나님을 바라보지 않으며, 그의 성품을 근거로 하여 율법의 본질을 인식하지도 않기 때문이다.

만일 어느 왕이 포고령을 내려 음행과 살인, 도둑질 등을 금한다면, 음행이나 살인, 혹은 도둑질을 하고픈 마음이 있다 할지라도 실제로 행동으로 옮기지만 않으면 형벌을 받지 않을 것이다. 유한한 인간이 제정한 법은 오로지 외형적인 정치 질서의 범위를 벗어나지 못하기 때문에, 실제로 범행을 저지르지 않는 한 그 법령을 위반하는 것이 아닌 것이다. 그러나 하나님은 모든 것을 하나도 빠짐없이 다 보시며, 또한 겉으로 드러나는 모습이 아니라 마음의 순결함을 보시므로, 그가 음행이나 살인, 도둑질을 금하신다는 것은 곧 정욕과 분노, 미움, 이웃의 재물에 대한 탐심, 사기(詐欺)를 금하시는 것이 되는 것이다. 또한 율법을 제정하신 하나님은 영이시므로, 육체에게는 물론 영혼에게 말씀하시는 것이다. 영혼과의 관계에서 볼 때에 분노와 미움이 곧 살인이며, 악한 투기와 탐욕이 곧 도둑질이며, 정욕이 곧 음행이 되는 것이다.

어떤 이들은, 인간의 법도 그저 우발적인 사건 자체보다도 그 목적과 의도를 중요시한다고 말할 것이다. 물론 나도 동의한다. 그러나 인간의 법은 겉으로 드러나는 목적과 의도를 따지는 것이다. 각 범죄에 어떠한 의도가 개입되었는지는 찾지만, 은밀한 생각들은 파헤치지 못한다. 그러므로, 인간의 법은 사람이 그릇된 처신에 손을 대지 않기만 하면 그것으로 만족하는 것이다. 그러나, 하늘의 법은 우리의 영혼을 위하여 주어진 것이므로, 애초부터 그 법을 바르게 지키기 위해서는 영혼이 제재를 받아야 하는 것이다.

그러나 보통 사람들은, 율법을 멸시하는 생각이 있을 때에도 그것을 깊이 감추고서 눈, 발, 손 등 신체의 모든 부분을 움직여 그것을 지키는 모습을 보인다. 그리고 그러면서도, 마음으로는 모든 순종과 완전히 동떨어진 상태를 유지하며, 하나님 보시기에 어떻든 간에 사람들에게서 그것들을 덕스럽게 감추기만 하면

죄 없는 것으로 인정받을 것으로 생각하는 것이다.

"살인하지 말라, 간음하지 말라, 도둑질하지 말라"라는 명령을 들은 다음에는, 칼을 뽑아 사람을 죽이는 일도 없고, 창녀들에게 몸을 맡기지도 않고, 다른 사람의 물건에 손을 대지도 않는다. 여기까지는 좋다. 그러나 그들의 마음으로는 살기(殺氣)를 내뿜으며, 정욕으로 불타며, 다른 사람들의 물건들을 탐욕의 눈으로 바라보며 삼키고자 하는 것이다. 자, 율법이 요구하는 가장 주된 것들이 이 사람들에게서는 찾아볼 수 없다. 그러니, 사람들이 율법을 제정하신 하나님을 완전히 무시해 버리고 자기들의 비위에 맞도록 의를 변형시킨 데서 온 것이 아니라면, 대체 이런 한심스러운 어리석음이 어디에서 생겼겠는가? 바울은 이들에 대하여 강력하게 반대를 제기하면서, 율법은 신령한 것이라고 단언하고 있다(롬 7:14). 이는 곧, 율법이 영혼과 지성과 의지의 순종을 요구할 뿐 아니라, 육체의 모든 부패한 것을 깨끗이 씻어내고 영적인 것 외에는 아무런 냄새도 풍기지 않는 그런 천사와도 같은 순결을 요구한다는 의미인 것이다.

7. 그리스도께서 율법의 바른 의미를 회복하심

우리가 율법의 의미가 이렇다고 말하는 것은 우리 스스로 어떤 새로운 해석을 꾸며낸 것이 아니라, 최고의 율법 해석자이신 그리스도를 따르는 것이다. 바리새인들이 사악한 사상으로 그 백성들을 오염시켜 놓은 상태였다. 곧, 율법을 거스르는 행위를 겉으로 저지르지 않으면 그것이 율법을 이루는 것이라고 가르쳐 놓은 것이다. 그런데 그리스도께서는 이런 사상을 가장 위험한 오류로 책망하시고, 부정한 눈으로 여자를 바라보기만 해도 간음을 범하는 것이라고 선포하시며(마 5:28), "그 형제를 미워하는 자마다 살인하는 자"라고 증거하시며(요일 3:15), 마음으로 화를 품기만 해도 심판을 받게 되며, 투덜거리며 불평하여 마음이 상한 표시를 내기만 해도 "공회에 잡혀가게 되고", 욕설과 저주로 분노를 겉으로 드러내기만 해도 "지옥 불에 들어가게 되리라"고 말씀하시는 것이다(마 5:21-22).

이런 가르침들을 올바로 깨닫지 못한 자들은 그리스도를 모세와 같은 새로운 율법 제정자로 상상하며, 그가 모세의 율법에서 결핍된 부분을 복음의 율법으로 보충하신 것으로 생각하였다. 복음의 율법이 완전하여 옛 율법을 훨씬 능가한다는 식의 이야기가 일반적으로 퍼져 있는데, 이런 이야기가 대체 어디서 나왔는가? 여러 가지 점에서 그런 사상은 정말로 해롭기 그지없는 것이다. 모세의 계명들의 총체를 보게 되면, 그런 사상이 하나님의 율법을 얼마나 깎아 내리는 것인가 하는 것이 모세 자신을 통해서 분명히 드러나게 될 것이다. 그런 사상은 결국 옛 조상들의 경건을 외식과 별 차이 없는 것으로 보는 것이며, 우리를 미혹시켜 그 유일하고도 영원한 의의 규범을 버리게 만드는 것과 다를 바 없는 것이다. 이러한 오류는 아주 손쉽게 반박할 수 있다. 그리스도께서는 율법을 그 순전한 상태로 회복시키신 것뿐인데, 그들은 그가 율법에 새로운 것을 덧붙이신 것으로 생각한 것이다. 그러나 그리스도께서는, 거짓으로 흐려진 상태에 있고 또한 바리새인들의 누룩으로 더럽혀진 상태에 있는 율법을 깨끗하게 하사 회복시키신 것이다(참조. 마 16:6, 11).

8. 율법의 올바른 해석을 위한 지침

두 번째로 살펴볼 것은,[6] 명령과 금지에는 언제나 말로 표현된 것 이상의 내용이 포함되어 있다는 것이다. 그러나 그렇다고 해서 이를 일종의 레스보스의 잣대[7]처럼 사용하여 성경을 우리가 좋아하는 대로 아무렇게나 왜곡시키는 일이 없도록 해야 할 것이다. 이처럼 성경을 마구 제멋대로 다룸으로써, 어떤 이들은 성경의 권위가 훼손되며, 또 어떤 이들은 성경을 이해할 모든 소망이 사라져 버리기도 하는 것이다. 그러므로 우리는 가능한 한, 하나님의 뜻을 향하여 곧바로 견고하게 나아갈 수 있는 길을 찾아야 할 것이다. 해석이 본문의 언어의 한계를 어느 정도나 넘어서야, 하나님의 율법에 사람의 해석을 부록처럼 붙여놓은 것으로 보이지 않고, 율법을 제정하신 하나님의 순결하고도 순전한 의미를 신실하게 드러내는 것이 될 수 있겠느냐 하는 것을 탐구해야 한다는 것이다. 거의 모든 계명들에서 제유법(提喩法: synecdoches)이 사용되고 있는 것이 분명하므로, 거기에 쓰여지고 있는 언어의 좁은 범위 안에서만 그 의미를 이해하려 한다면 그것은 웃음거리가 되고 말 것이다. 그러므로, 건전한 율법 해석은 언어의 한계를 넘어서기 마련이다. 다만 어느 정도나 넘어서야 하는지에 대해서는 무언가 척도가 있어야만 모호한 점이 없을 것이다.

자, 내 생각에는, 계명을 주신 이유에 관심을 집중시키게 되면 그것이 최상의 법칙이 될 것이라 여겨진다. 즉, 각 계명을 대할 때마다 그것이 무엇 때문에 우리에게 주어졌는지를 살펴보는 것이다. 예를 들어서, 모든 계명은 명령하든지 금지하든지 둘 중의 하나다. 여기서 그 이유나 목적을 깨닫게 되면, 각 계명들에 담긴 진리가 즉시 깨달아질 것이다. 제오 계명의 목적은 하나님께서 존귀하게 하신 자들에게 존귀를 돌리게 하는 데 있다. 그러면, 그 계명의 골자는 바로 이 것이다. 즉, 하나님께서 어느 정도 존귀를 베풀어주신 자들을 존귀하게 여기는 것이 옳은 것이요 또한 하나님을 기쁘시게 하는 것이며, 반대로 그들을 멸시하고 고집스럽게 대하는 것은 하나님께서 혐오하신다는 것이 그것이다. 제일 계명의 의도는 오직 하나님만이 경배를 받으실 분이시라는 것이다(참조. 출 20:2-3; 신 6:4-5). 그러므로 이 계명의 핵심은 참된 경건 — 즉, 하나님의 신성을 경배하는 것 — 이 하나님께 기쁨이 되며, 또한 불경건은 하나님께서 가증스럽게 여기신다는 데 있다. 이런 식으로 각 계명마다 그 관심사가 무엇인지를 조사하고 그 목적을 탐구하여, 율법을 제정하신 하나님께서 기뻐하시고 혐오하시는 바가 무엇인지를 찾아내는 것이다.

그리고 마지막으로, 그렇게 찾아낸 사실을 근거로 하여 다음과 같은 방식으로 반대쪽의 논지를 이끌어내는 것이다. 곧, 이것이 하나님을 기쁘시게 하는 것이라면 그 반대는 그가 미워하시는 것이며, 이것이 하나님이 미워하시는 것이라면 그 반대는 그를 기쁘시게 하는 것이며, 이것을 그가 명하신다면 그 반대는 금하시는 것이며, 그가 이것을 금하신다면, 그 반대는 명하시는 것이 된다는 식으로 말이다.

9. 명령과 금지의 바른 의미

지금은 의미가 다소 희미하겠지만, 각 계명들을 해설해 가는 동안 분명해질 것이다. 그러니, 여기서는 그저 그 문제를 언급한 것만으로 족할 것이다. 다만, 마지막의 논지에 대해서는 별도의 증거를 제시하여 간략하게 확증하고자 한다. 그렇지 않으면 그것을 이해하지 못할 것이고, 이해한다 해도 처음에는 어리석게 여길 수도 있을 것이다. 선한 것을 명령할 때에 그것과 상충되는 악한 것도 금지하는 것이라는 것은 굳이 증명할 필요가 없는 사실이다. 이 사실을 인정하지 않는 사람은 하나도 없을 것이다. 악한 것을 금지한다는 것은 또한 그것과 반대되는 의무들을 명령하는 것이기도 하다는 점 역시 대개 기꺼이 인정할 것이다. 사실, 덕행을 칭송할 때에 그것과 반대되는 악행들을 정죄하는 의미가 거기에 포함되어 있다는 것이 일반적인 상식이다. 그러나 우리는 이런 어구들이 흔히 의미하는 것보다 그 이상의 것을 요구한다. 악행과 반대되는 덕행을 논할 때에, 사람들은 그 악행을 저지르지 않는 것을 가리켜서 덕행이라고 하는 것이 보통이다.

그러나 우리는 이 정도를 넘어서서, 악행과 반대되는 의무와 행실을 구체적으로 행하는 것을 덕행이라 부르는 것이다. 예를 들어서, "살인하지 말라"는 계명의 경우, 사람들은 대개 누구에게 그릇된 처신을 하거나 그런 것을 마음에 품지 말아야 한다는 의미로만 이해할 것이다. 그러나 이 계명 속에는 이 정도의 의미를 넘어서서, 우리가 할 수 있는 만큼 우리 이웃의 생명을 위하여 모든 도움을 주어야 할 의무가 있다는 뜻이 담겨 있는 것이다. 이런 나의 말이 불합리한 것이 아니라는 것을 굳이 입증하자면, 하나님께서 형제를 부당하게 해치거나 상처를 주지 말도록 금지시키시는 것은, 우리가 형제의 생명을 아끼고 귀하게 여기기를 그가 바라시기 때문이며, 따라서 이 계명은, 형제의 생명을 보존시키기 위하여 우리가 쏟아야 할 사랑의 의무들을 요구하는 것이기도 한 것이다. 이렇듯 계명을 주신 목적을 생각할 때에, 거기에 제시되어 있는 명령과 금지의 의미가 항상 밝히 드러난다는 것을 알게 되는 것이다.

10. 계명들에서 제유법을 사용하신 이유

그러나, 하나님께서는 말하자면, 반쪽 짜리 계명들을 주시듯이 제유법을 사용하셔서 암시하시기만 하고, 어째서 자신의 뜻을 분명히 표현하지 않으시는가 하는 의문이 생길 것이다. 보통 다른 이유들도 제시되지만, 특별히 다음과 같은 이유가 합당하다고 여겨진다. 곧, 죄의 더러움이 명백하게 드러나지 않으면 육체가 언제나 그 더러움을 씻어버리고 그 위에 그럴듯한 변명거리들로 덮어두려 하기 때문이라는 것이다. 그 때문에 하나님께서는 각종 범죄 중에서 가장 끔찍하고 악한 요소를 예로 제시하셔서 우리가 그것을 접하고서 떨게 만드시고, 그리하여 우리 마음에 각종 죄에 대한 혐오를 더 크게 각인시키고자 하신 것이다. 우리의 악행들을 평가할 때에, 우리는 바로 이 점 때문에 속아서, 언급되지 않은 악행들에 대해서는 가볍게 여기게 되는 경우가 많은 것이다. 주께서는 그 악행들이 얼마나 사악한가를 가장 잘 보여줄 수 있는 몇 가지 범주를 언급하시고 그것들을 통해서 그 악행들 전체를 다 포괄시켜 제시하심으로써, 이런 그릇된 오해를 불식시키시는 것이다.

예를 들어서, 분노와 미움을 그대로 분노와 미움으로 부를 때에는 그것들이 그렇게 악하다는 것을 잘 생각하지 못한다. 그러나 그것들을 "살인"이라는 범주 속에 포함시켜서 금지하게 되면, 하나님의 말씀이 그것들을 끔찍스러운 범죄의 수준으로 떨어뜨리므로, 그것들이 하나님 보시기에 얼마나 가증스러운가를 더 잘 이해하게 되는 것이다. 과거에는 그런 과실들을 사소한 것들로 보았으나, 이렇듯 하나님의 판단에 영향을 받아, 그것들이 얼마나 사악한 범죄들인지를 더 정확하게 판단하게 되는 것이다.

11. 율법의 두 돌판

세 번째로 우리가 살펴야 할 것은, 하나님의 율법을 두 개의 돌판으로 구분한 것이 어떤 의미가 있는가 하는 것이다. 온전한 사람이라면 다 동의하겠지만, 이 문제에 대해서는 여러 시대에 걸쳐서 설득력 있는 이유들이 인상적으로 제시되어 있다. 그리고 이 문제에 대해 의혹이 없어야 할 분명한 이유가 있는 것도 사실이다. 곧, 하나님께서 의(義) 전체를 포괄하는 그의 율법을 두 부분으로 나누신 것은, 첫 번째 부분에서는 특별히 하나님의 위엄을 예배하는 일에 관계되는 신앙의 의무들을 다루시며, 두 번째 부분에서는 사람들과 관계되는 사랑의 의무들을 다루시기 위함이라는 것이다.

의(義)의 첫째가는 기초는 분명 하나님을 예배하는 데 있다. 이것이 허물어지면, 의의 다른 모든 부분들이 마치 무너져 내린 건물의 잔해처럼 산산이 흩어지고 만다. 만일 불경스러운 모독으로 하나님의 위엄과 영광을 빼앗아버리지만, 동시에 도둑질이나 노략질로 사람들에게 해를 끼치지는 않는다고 할 때에, 과연 그 사람을 의롭다고 말할 수 있겠는가? 음행으로 육체를 더럽히지는 않으나, 하나님의 지극하신 이름을 망령되이 일컫는다면 어떻겠는가? 아니면, 사람을 죽이지는 않으나, 하나님에 대한 기억을 말살하고 소멸시키려고 애를 쓰고 있다면 어떻겠는가? 신앙이 없이는 아무리 의롭다고 떠들어도 다 헛된 것이다. 그것은 마치 사지(四肢)가 잘려나가고 목이 잘린 시체를 아름답다고 전시하는 것만큼이나 어리석은 짓인 것이다. 신앙은 핵심 부분일 뿐 아니라, 동시에 몸 전체에 호흡과 생기를 주는 영혼과도 같은 것이다. 하나님을 경외하는 것을 떠나서는, 사람들 스스로 평등과 사랑을 보존하지 못한다. 그렇기 때문에 우리는 하나님을 예배하는 것이야말로 의의 시작이요 기초라고 부르는 것이다. 그것이 사라지면, 사람들끼리 아무리 평등과 절제와 중용을 지킨다 할지라도 하나님 보시기에는 모두 헛되고 무가치할 수밖에 없는 것이다. 또한 우리는 하나님을 예배하는 것을 가리켜 의의 근원이요 정신이라 부른다. 왜냐하면, 하나님을 옳고 그름의 심판자로 높일 때에, 하나님을 예배함으로써 사람들이 중용을 지켜서 서로 간에 해를 주지 않고 함께 살기를 배우게 되기 때문이다. 그리하여 첫 번째 돌판에서는, 하나님께서 경건과 신앙의 정당한 의무들로써 우리들을 교훈하시고, 그로 말미암아 하나님의 위엄을 예배하게 하신다. 그리고 두 번째 돌판에서는 하나님의 이름을 경외하는 것에 걸맞게 인간 사회에서 어떻게 우리 스스로 처신해야 할지를 가르치신다. 이렇게 해서, 우리 주님은 복음서 기자들이 다음과 같이 보도하듯이, 율법 전체를 두 개의 강령으로 정리하신다. "네 마음을 다하며 목숨을 다하며 힘을 다하며 뜻을 다하여 주 너의 하나님을 사랑하고 또한 네 이웃을 네 자신 같이 사랑하라"(눅 10:27; 마 22:37, 39). 율법을 구성하는 두 부분 가운데서 하나는 하나님을 향하는 것으로, 또 하나는 사람에게 적용되는 것으로 제시하시는 것이다.

12. 십계명의 구분법

율법 전체가 두 부분에 포함되어 있다. 그러나 우리 하나님은 모든 변명할 구실을 제거하기 위하여, 하나님을 존귀하게 여기며 경외하고 사랑하는 일과 관련된 모든 것과, 또한 하나님 자신을 위하여 우리더러 베풀라고 명하시는 바 이웃에 대한 사랑과 관련된 모든 것을 십계명으로 충실하고 분명하게 제시하기를 기뻐하셨다. 이 계명들을 이렇게 구분해 놓은 것에 대하여 친숙하게 알고자 하는 노력은 결코 무익한 것이 아니다. 다만 여기서 명심해야 할 것은, 이 문제는 모든 사람이 스스로 판단하도록 완전한 자유가 주어져 있다는 것과, 또한 그렇기 때문에 견해가 다르다는 것 때문에 분쟁으로 이어져서는 안 된다는 것이다. 독자들이 우리가 제시할 이 구분법이 마치 최근에 새로이 고안된 것이기라도 한 것처럼 이를 비웃거나 의아하게 생각하는 일이 없도록 이 점에 대해서 부득불 언급하지 않을 수가 없다.

율법이 열 가지로 구분되고 있다는 것에 대해서는 의심의 여지가 없다. 하나님의 권위로 이것이 거듭거듭 확증되고 있기 때문이다. 그러므로 계명의 숫자는 분명하나, 십계명을 구분하는 방식에 대해서는 불확실한 점이 있다. 첫 번째 돌판에 세 계명을 집어넣고, 나머지 일곱 계명을 두 번째 돌판에 집어넣는 방식을 취하는 자들은 형상에 관한 계명을 숫자에서 삭제하거나 아니면 최소한 그 계명을 제일 계명에 속하는 것으로 본다. 주께서는 그 계명을 별도의 계명으로 주셨다는 것이 분명한 사실인데도, 그들은 그 계명을 그런 식으로 숫자에서 빼고, 그 대신 이웃의 재물을 탐내는 일에 관한 제십 계명을 어리석게도 둘로 쪼개는 것이다. 그러나 금방 보게 되겠지만, 계명들을 이렇게 구분하는 예는 좀 더 순결했던 시대에는 전혀 모르던 것이다.

또 어떤 이들은 우리와 마찬가지로 처음 네 계명을 첫 번째 돌판에 속하는 것으로 보지만, 제일 계명 대신 계명이 없는 약속을 거기에 집어넣는다. 그러나 나는 지극히 분명한 반대 증거가 나타나지 않는 한, 모세가 언급한 열 가지 말씀들을 십계명으로 간주한다. 그리고 내가 보기에는 그 계명들이 지극히 아름답고도 질서 있게 정리되어 있는 것 같다. 그러나 그들의 의견을 존중하되, 나는 좀 더 개연성이 있다고 보여지는 방식을 따를 것이다. 즉, 그들이 제일 계명으로 취하는 것을 율법 전체의 머리말에 해당하는 것으로 보는 것이다. 그 다음에 계명들이 이어지는데, 첫 번째 돌판에 네 계명이 들어 있고, 두 번째 돌판에 여섯 계명이 들어 있다. 우리는 그 계명들을 이러한 순서로 취할 것이다.

오리겐은 이러한 구분법을 아무런 논란이 없이 그대로 제시하고 있어서, 그의 시대에 이것이 통상적으로 받아들여졌음을 시사해 준다.[8] 아우구스티누스 역시 보니파키우스에게 보내는 편지에서 이를 지지하며, 계명들을 한 분 하나님을 경건한 순종으로 섬기라, 우상에게 예배하지 말라, 여호와의 이름을 망령되이 일컫지 말라는 순서대로 열거하고 있다. 안식일 계명에 대해서는 이미 별도로 영적 실체를 미리 예표하는 것으로 말씀한 바 있다.[9] 사실 다른 곳에서는 첫 번째 구분법이 좋다고 하고 있으나, 그 이유는 별로 합당치 못하다. 그는 셋이라는 숫자(첫 번째 돌판이 세 계명으로 되어 있다고 볼 경우)에서 삼위일체의 신비가 더욱 분명하게 드러난다는 것을 이유로 삼고 있는 것이다. 그러나 같은 곳에서 그는 다른 점에서는 우리의 구분법이 더 합당하다는 것을 인정하고 있기도 하다.[10] 게다가 마태복음의 미완성 주석의 저자도 우리의 견해를 취하고 있다. 요세푸스(Josephus)는 그 당시의 일상적인 견해를 그대로 따라서, 각 돌판에 다섯 계명씩을 배당하고 있다.[11] 그러나 이 구분법은 신앙과 사랑을 혼동시킨다는 점에서 사리에 맞지 않을 뿐 아니라, 더 나아가서 우리 주님의 권위에 의해서 반박되는 것이다. 주님은 마태복음에 의하면 부모를 공경하라는 계명을 두 번째 돌판에 속한 것으로 말씀하시는 것이다(마 19:19). 자, 그러면 하나님께서 친히 자신의 말씀으로 하시는 계명의 말씀들을 듣기로 하자.

(개별적인 계명들에 대한 상세한 해설. 13-50)

제일 계명

"나는 너를 애굽 땅, 종 되었던 집에서 인도하여 낸 네 하나님 여호와니라. 너는 나 외에는 다른 신들을 네게 두지 말라"(출 20:2-3).

13. 율법의 머리말

첫 문장을 제일 계명의 일부로 취하든, 아니면 그것을 제일 계명과 구별하여 읽든, 그 첫 문장이 율법 전체에 대한 일종의 머리말이라는 것을 부인하지만 않는다면, 내게는 별 차이가 없다. 우선, 율법을 제정하는 데 있어서는 그것이 멸시를 받아 폐기되는 일이 없도록 경계하는 것이 가장 급선무다. 그러므로 하나님께서는 자신이 제시하고자 하시는 율법의 위엄이 멸시를 당하는 일이 없도록 특별히 조치를 취하시는 것이다. 곧, 이를 위해서 삼중(三重)의 증거를 사용하시는 것이다. 첫째로, 자기에게 권위의 능력과 권한이 있음을 말씀하셔서 택한 백성들로 하여금 그를 순종해야 할 당위성을 제시하신다. 둘째로, 은혜의 약속을 제시하셔서 그 감미로움으로 그들을 이끄사 거룩을 향하여 열심을 갖게 하신다. 셋째로, 유대인들에게 베푸신 은혜들을 상기시키시며, 아울러 그들이 하나님의 자비하심에 제대로 응답하지 않을 경우 그들의 배은망덕을 책하실 것임을 상기시키신다.

"여호와"라는 이름은 하나님의 권위와 그의 합법적인 통치를 지칭하는 것이다. 그러므로 만일 "만물이 주에게서 나오고 주로 말미암"는다면, 바울의 말처럼, 만물이 주에게로 돌아가는 것이 당연할 것이다(롬 11:36). 그러므로 이 말씀만으로도 우리를 하나님의 위엄의 멍에 아래 놓기에 충분한 것이다. 왜냐하면 하나님을 떠나서는 우리가 한시도 존재할 수조차 없는데 감히 우리가 그의 통치를 벗어나고자 한다면, 그것이야말로 괴이한 일일 것이기 때문이다.

14. "나는 … 네 하나님 여호와니라"

하나님께서는 먼저 자기 자신이야말로 명령할 권한이 있고 또한 순종을 받아 마땅한 분이심을 보여주신다. 그리고, 사람을 필연성으로만 억지로 끌고가는 것처럼 보이지 않도록, 자신이 교회의 하나님이심을 선포하심으로써 감미로움으로 그들을 이끄시는 것이다. 이런 표현은, "나는 그들의 하나님이 되고 그들은 내 백성이 될 것이라"(렘 31:33)는 약속에서 나타나듯이, 거기에 상호간의 관계가 포함되어 있다는 것을 시사한다. 그리하여, 그리스도께서는 아브라함과 이삭과 야곱의 영생을, 여호와께서 자기 자신을 그들의 하나님으로 선포하셨다는 사실을 근거로 하여 확증하시는 것이다(마 22:32). 이는 마치 하나님께서 이런 의미로 말씀하신 것과도 같다. "내가 너희를 내 백성으로 택한 것은 비단 현재의 삶에서만 너희에게 은혜를 베풀고자 함이 아니요, 장차 올 내세의 삶에서 누릴 복락을 너희에게 베풀고자 함이라."

여기 나타나는 이러한 목적은 율법의 여러 군데에서도 나타나고 있다. 여호와께서 긍휼하심 가운데서 우리를 자기 백성의 일원이 될 만큼 귀한 존재들로 인정하셨으니, 모세의 말처럼, 하나님 여호와께서 지상 만민 중에서 우리를 자기 기업의 백성으로 택하신 것이요 우리는 "그의 모든 명령을 지켜야 하는 것이다"(신 7:6; 14:2; 26:18-19). 그래서 다음과 같은 권고가 주어진다. "내가 거룩하니 너희도 거룩할지어다"(레 11:45). 또한 이 두 가지를 근거로 하여 다음과 같은 책망이 선지자에게서 나오는 것이다. "아들은 그 아버지를, 종은 그 주인을 공경하나니 내가 아버지일진대 나를 공경함이 어디 있느냐 내가 주인일진대 나를 두려워함이 어디 있느냐?"(말 1:6).

15. "나는 너를 애굽 땅, 종 되었던 집에서 인도하여 낸 네 하나님 여호와니라"

그 다음에는 그가 베푸신 은혜에 대한 묘사가 이어진다. 사람들 사이에서도 배은망덕이 지극히 혐오스러운 것이라면, 하나님의 은혜를 통해서는 더욱더 크게 감동을 받아야 마땅할 것이다. 사실 하나님은 여기서 그가 최근에 베푸신 은혜를 이스라엘에게 상기시키시는데, 그 은혜는 그야말로 놀랍고도 위대한 것으로 자손 대대로 영원토록 기억에 남을 만한 것이었다. 더 나아가서, 그 은혜는 현재 당면한 문제에도 지극히 합당한 것이다. 여호와께서는, 그 백성들이 비참한 노예 상태에서 해방된 것은 그들이 순종하는 마음과 섬기고자 하는 기꺼운 자세로 그들을 해방시키신 그 자신을 예배하도록 하기 위함이라는 것을 시사하고 계시기 때문이다. 그는 또한 우리로 하여금 그를 참되게 예배하는 데에서 벗어나지 않도록 하시기 위하여, 습관적으로 자기 자신을 특정한 칭호(稱號)들을 통해서 알리시고, 그리하여 자신의 거룩한 임재가 모든 우상들이나 조작된 잡신(雜神)들과는 완전히 구별되신다는 것을 드러내시는 것이다. 이미 말한 바와 같이,[12] 사람은 언제나 헛된 것에 이끌리고 게다가 경솔한 오만함까지 거기에 덧붙여지는 성향이 있으므로, 하나님의 이름이 언급되면 우리의 마음은 오류를 분별하지 못하고 곧바로 그만 사람이 만들어낸 온갖 어리석은 것에 휩쓸려 들어가고 만다. 그러므로 하나님께서는 이러한 악습을 치유하시기 위하여, 그의 신성을 확실한 칭호들로 장식하시고, 이를테면 우리 주위에 울타리를 치셔서 우리로 하여금 이리저리 방황하며 경솔하게 무언가 새로운 신(神)을 조작해 내지 못하도록 — 살아 계신 하나님을 저버리고 우상을 세우는 따위의 일을 하지 못하도록 — 하시는 것이다. 그렇기 때문에 선지자들은 하나님을 적절히 호칭하고자 할 때마다 항상 하나님께서 이스라엘 백성에게 알려주셨던 그 칭호들로 하나님을 부르며, 말하자면 그를 그 칭호들로 한정하여 부르는 것이다. 하나님을 가리켜 "아브라함의 하나님," 혹은 "이스라엘의 하나님"이라 부르고(출 3:6), 그가 예루살렘 성전에 계신 것으로(암 1:2; 합 2:20), 혹은 "그룹 사이에" 계신 것으로 말씀하는데(시 80:1; 99:1; 사 37:16), 이런 표현들은 하나님을 한 장소나 한 백성에게 한정시키는 것이 아니다. 이런 표현들을 사용하는 것은 다만, 경건한 자들의 생각을 언제나 하나님께로 향하게 하고, 그리하여 그가 이스라엘과 맺으신 언약을 통해서 자신을 나타내신 그러한 모범에 어긋나는 것이 결코 합당한 일이 아니라는 것을 언제나 명심하게 하기 위함이었던 것이다.

그러나 이것은 이해해야 할 것이다. 곧, 여기서 이스라엘을 구하여 내신 일을 언급하는 것은, 그들이 자신의 소유임을 주장할 권리를 갖고 계신 하나님께 그들이 더 기꺼이 자기들을 복종시키게 하기 위함이라는 사실이다. 그러나 이것이 우리와는 아무런 관계가 없다는 식으로 생각해서는 안 된다. 이스라엘이 애굽에서 노예의 상태로 있었던 사실은 우리 모두의 영적 노예 상태를 예표(豫表)하는 것으로 보아야 하기 때문이다. 하늘의 하나님께서 그의 권능으로 우리를 해방시키시고 자유의 나라로 우리를 인도하시기까지 우리는 그러한 영적 노예의 상태에 있었던 것이다. 그 옛날, 하나님께서 흩어진 이스라엘 백성들을 모으사 그의 이름을 경배하도록 하시고자, 그들을 바로의 무자비한 권세에서 해방시키셨듯이, 지금도 하나님께서는 자기의 소유된 모든 자들을 마귀의 죽음의 권세 ― 이것이 그 육체적인 노예 상태로 예표되었다 ― 에서 해방시키시는 것이다. 그렇기 때문에, 누구든지 그 지극히 높으신 왕께서 반포하시는 율법에 귀를 기울이도록 마음에 열의가 생겨야 마땅한 것이다. 만물의 시작이 그에게서 비롯되므로, 만물이 그 목적을 오직 하나님께 두고 그에게로 향하는 것이 합당한 일이다. 단언하건대, 율법의 제정자이신 하나님을 받아들이는데 마음을 쓰지 말아야 할 사람은 하나도 없다. 우리 모두가 그가 주신 명령들을 특별한 기쁨으로 지켜야 하며, 그의 자비하심에 의지하여 모든 풍성한 선한 것들과 영생의 영광을 기대하여야 하며, 그의 놀라우신 권능과 긍휼하심으로 자신이 사지에서 구원을 얻었음을 알아야 하는 것이다.

16. 제일 계명

이렇게 율법의 권위를 세우시고 그 근거를 마련하신 후에, 하나님께서는 제일 계명을 제시하신다. "너는 나 외에는 다른 신들을 네게 두지 말라"(출 20:2-3). 이 계명의 목적은 오직 여호와의 뜻만이 그의 백성 가운데서 최고의 자리를 차지하고 그들에게 완전한 권위를 행사하도록 하는 데 있다. 이를 이루기 위하여, 그는 모든 불경건과 미신을 멀리하라고 명령하고 있다. 그것들이 하나님의 신성의 영광을 훼손하거나 흐리게 만들기 때문이다. 또한 같은 이유로, 그는 우리에게 참되고 열심 있는 경건으로 자신을 예배하고 높이 기릴 것을 명령하신다. 여기 사용되는 아주 단순한 표현이 이것을 나타내고 있다. 하나님의 것들을 받아들이지 않고서는 하나님을 받아들일 수가 없다. 그러므로, 하나님께서는 다른 신들을 두지 말라고 금지하시면서, 자기에게 속한 것을 다른 존재에게로 전가시켜서는 안 된다는 것을 말씀하시는 것이다. 우리가 하나님께 드려야 할 것들이 무수하게 많지만, 그것들을 편의상 다음과 같이 네 가지로 구분할 수 있을 것이다. (1) 앙모(仰慕: adoration)(여기에 양심에서 우러나오는 영적 순종이 부록으로 덧붙여진다), (2) 신뢰, (3) 기원(祈願: invocation), (4) 감사.

(1) "앙모"란 우리들 각자가 하나님의 위대하심 앞에 굴복하여 그에게 드리는 바 존경과 예배를 가리킨다. 그렇기 때문에 나는 우리가 우리의 양심을 하나님의 율법에 굴복시킨다는 사실도 앙모의 일부라고 본다. (2) "신뢰"란 하나님의 속성들을 인식하고서 ― 그에게 모든 지혜와 의와 권능과 진리와 선하심이 있음을 깨닫고서 오직 그와의 교제를 통해서만 복을 받을 수 있다고 판단하여 ―

하나님을 안연히 의지하는 것이다. (3) "기원"이란 필요할 때마다 하나님의 신실하심과 도우심을 유일한 의지로 삼아 거기에 기대는 우리 마음의 습관이다. (4) "감사"란 모든 선한 일들에 대하여 하나님께 찬양과 함께 올려드리는 보은(報恩)의 자세다. 여호와께서 이것들 가운데 어느 것도 다른 존재에게 넘기지 않으시므로, 모든 것을 온전하게 그에게만 드릴 것을 명령하시는 것이다.

그러나 다른 신을 섬기지 않는 것만으로는 안 된다. 신앙 자체를 경멸하며 조롱하는 특정한 악인들이 일상적으로 행하는 일들을 행하지 말아야 한다. 참된 신앙을 최고로 놓고, 우리의 정신을 살아 계신 하나님께로 향하게 해야 한다. 그리하여 하나님을 아는 일에 깊이 젖어서, 그의 위엄을 생각하고, 두려워하며, 경배하고, 그의 축복에 참여하고, 어느 때에나 그의 도우심을 구하며, 그의 역사하심의 위대함을 인정하고 찬양으로 높이 기리기를 사모하며, 그것을 이 세상의 삶의 모든 활동들의 유일한 목표로 삼는 것이다. 그리고 그 다음으로는 사악한 미신(迷信)을 경계하여, 우리의 생각이 참되신 하나님께로부터 돌아서서 온갖 잡신들을 좇아 이리저리 방황하는 일이 없도록 해야 한다. 그러므로, 만일 우리가 한 분 하나님으로 만족한다면, 앞에서 이미 말했거니와, 온갖 조작된 신들을 몰아내어야 하며 그리하여 한 분 하나님께서 친히 요구하시는 예배를 찢어 놓는 일이 없도록 해야 하는 것이다. 하나님의 영광을 티끌만큼이라도 취하여 없애는 것이 부당한 일이요, 하나님께 속한 모든 것들은 모두 하나님에게로 돌리는 것이 마땅하기 때문이다.

그 다음에 "내 앞에"(한글 개역 개정판은 "나 외에는"으로 번역함: 역자주)라는 문구가 이어지는데, 이로써 이 계명을 범하는 일이 더욱 가증스러운 것이 된다. 우리가 그의 앞에 우리 자신이 조작한 것들을 가져다 놓을 때마다 하나님의 진노가 발동하기 때문이다. 이는 마치 뻔뻔스러운 여자가 자기와 간음한 남자를 자기 남편 앞에 데려다 놓아서 남편의 마음을 더욱 괴롭게 만드는 것과도 같은 것이다. 그러므로, 하나님께서 그의 권능과 은혜로써 자신이 택한 백성을 친히 계속 돌보아주셨음을 증거하시면서, 동시에 만일 그들이 새로운 신들을 그 앞에 데려오면 그가 반드시 그 백성들의 그런 모독 행위를 지켜보실 것이라고 경고하심으로써 그들이 반역의 범죄에 빠지지 않도록 막고자 하신 것이다. 그러한 대담함에는 불경스러운 자세가 많이 첨가되기 마련이다. 곧, 하나님을 저버려도 하나님의 눈을 속일 수 있다고 생각하는 것이다. 그러나 하나님은 우리가 무슨 일을 하든, 무슨 일을 계획하든, 무엇을 만들든, 모두가 자신이 친히 보신다고 선언하신다. 그러므로, 우리의 신앙이 여호와께 인정받기를 바라면, 심지어 지극히 은밀한 배도(背道)의 생각들에게서조차도 우리의 양심이 깨끗해야 하는 것이다. 여호와께서는 겉으로 나오는 고백에서 뿐 아니라, 우리 마음의 가장 은밀한 곳까지 꿰뚫어보시는 그 자신의 눈으로 보시기에도, 하나님의 신성의 영광이 순전하고 깨끗하게 보존되어야 할 것을 요구하시기 때문이다.

제이 계명

"너를 위하여 새긴 우상을 만들지 말고 또 위로 하늘에 있는 것이나 아래로 땅에 있는 것이나 땅 아래 물 속에 있는 것의 어떤 형상도 만들지 말며 그것들에게 절하지 말며 그것들을 섬기지 말라"(출 20:4-5).

17. 하나님을 형상으로 묘사하는 행위의 그릇됨

앞의 계명에서 하나님께서는 자신이 한 분이신 하나님이시요 또한 자기 이외에는 다른 신들을 상상하거나 지녀서도 안 된다는 것을 선언하셨다. 그런데 이제는, 우리가 감히 육신적인 것을 그에게 드리는 일이 없도록 하시기 위하여, 그가 어떠한 하나님이시며, 과연 그에게 어떠한 예배를 드려야 하는가를 좀 더 확실하게 선언하신다. 그렇다면, 이 계명의 목적은 바로 그에게 드릴 정당한 예배가 미신적인 예식들로 더럽혀지는 것을 하나님께서 원하지 않으신다는 것을 가르치는 데에 있는 것이다. 정리하자면, 우리가 어리석은 마음으로 하나님에 대하여 유치한 것들을 생각하여 하찮은 육신적인 행위들을 조작해 내기가 쉬우나, 하나님께서는 그런 것들을 철저하게 삼가기를 촉구하시는 것이다. 그리고 그 다음 우리로 하여금 하나님께 드려야 할 정당한 예배, 즉 하나님 자신이 세우신 신령한 예배를 따르도록 만드신다. 그리고 더 나아가서, 겉으로 행하는 우상 숭배야말로 범죄 중에서도 가장 심각한 범죄임을 지적하고 계신 것이다.

이 계명은 두 부분으로 이루어져있다. 그 첫째 부분은, 사람이 파악할 수조차 없으신 하나님을 감히 우리의 지각에 속하는 것으로 만들거나, 혹은 그를 어떠한 형상으로 묘사하는 무엄한 짓을 제재하는 것이다. 그리고 둘째 부분은 어떠한 형상들이든 간에 신앙이라는 이름으로 그것들을 예배하는 행위를 금지하는 것이다. 하나님은 여기서 불경스럽고 미신적인 사람들이 습관적으로 그를 묘사하는 데 쓰는 형상들을 모두 간략하게 열거하고 있다. 하늘에 있는 것들이란 곧 해와 달과 별 등의 광명체들과 새들을 ― 신명기 4장에서는 이와 관련하여 그가 새와 별들을 언급하신다(17, 19절) ― 가리킨다. 일부 분별없는 사람들이 이 표현을 천사들에게 적용시키는 것을 보지 못했다면, 나도 굳이 이 사실을 언급하지 않았을 것이다. 그러므로 나머지 부분들에 대해서는 그냥 지나가기로 한다. 그것들이 너무도 자명하기 때문이다. 제1권에서 이미 충분히 분명하게 지적한 바와 같이,[13] 사람이 꾸며내는 하나님에 대한 눈에 보이는 형상들은 모두가 하나님의 본성과 정반대되는 것이다. 그러므로 우상이 나타나는 순간, 참된 신앙은 부패하여 타락하고 마는 것이다.

18. 제이 계명에 덧붙여진 경고의 말씀

이 계명에 덧붙여져 있는 경고의 말씀은 우리의 나태함을 흔들어 깨우는 데에 적지 않은 도움이 된다. 하나님은 다음과 같이 위협하신다.

"네 하나님 여호와는 질투하는(혹은, '권능의'. 하나님을 지칭하는 이 이름은 '권능'을 뜻하는 단어에서 파생되었기 때문이다) 하나님인즉 나를 미워하는 자의 죄를 갚되 아버지로부터 아들에게로 삼사 대까지 이르게 하거니와 나를 사랑하고 내 계명을 지키는 자에게는 천 대까지 은혜를 베푸느니라"(출 20:5-6).

하나님께서는 우리가 굳게 붙들어야 할 분이 오직 하나님 한 분뿐이시라는 뜻으로 이 말씀을 하신다. 그 점을 분명히 하기 위하여, 그는 그의 권능을 말씀하신다. 그 권능은 결코 멸시당하거나 훼방당하는 것을 허용하지 않는다는 것이다. 여기서 우리는 "엘", 즉 "하나님"이라는 이름을 접하게 되는데, 이는 "권능"이라는 뜻에서 파생된 것이므로, 그 의미를 더 잘 드러내기 위하여, 나는 그것을 본문의 번역에 반영시켰다. 둘째로, 하나님은 자신을 가리켜 "질투하는 하나님"으로 부르시는데, 이는 그 어떠한 동역자도 용납하실 수 없는 분이심을 나타낸다. 셋째로, 하나님은 자신의 위엄과 영광을 다른 피조물이나 새긴 우상들에게 전가시키는 자들에게 반드시 보응하여 그 위엄과 영광을 회복시키실 것이라고 선포하신다. 그리고 그것은 간결하고도 간단한 복수가 아니라, 자자손손에까지 이르는 것이라고 말씀하신다. 그들 역시 조상의 불경스러움을 그대로 모방할 것이니 말이다. 뿐만 아니라 이와 비슷하게 그를 사랑하고 그의 계명을 지키는 자들에게는 지극히 먼 후손에 이르기까지 긍휼과 자비를 베푸실 것을 약속하신다.

하나님은 우리를 대하실 때에 남편의 처지에 서시는 경우가 많다. 사실, 우리를 교회의 품 속으로 받아들이셔서 자신과 하나로 엮으시는 바 그 연합은 마치 신성한 혼인 관계와도 같아서, 반드시 상호 간의 신실함에 기초해야 하는 것이다(엡 5:29-32). 하나님께서는 친히 참되고 신실한 남편의 모든 의무들을 다하며, 또한 우리에게는 사랑과 혼인의 순결을 요구하신다. 즉, 우리의 영혼을 사탄이나 정욕에, 그리고 육체의 더러운 욕심에 내어 맡겨서 그것들로 인해서 우리 자신을 더럽혀서는 안 된다는 것이다. 그러므로 하나님은 유대인들의 배도를 책망하시면서, 그들이 부끄러움을 저버리고 간음으로 자신을 더럽혔다고 탄식하신다(렘 3장; 호 2:4 이하; 참조. 사 62:4-5).

남편이 거룩하고 순결할수록, 그의 아내가 다른 남자에게 마음을 기울이는 것을 보면 그만큼 더 진노가 일어나기 마련이다. 이와 마찬가지로, 여호와께서는 친히 우리와 혼인을 맺으셨으므로(참조. 호 2:19-20), 우리가 그와의 거룩한 혼인의 순결을 무시하고 사악한 정욕으로 우리 자신을 더럽힐 때마다 지극한 질투를 드러내신다. 그러나 하나님의 위엄을 예배하는 일을 ― 이는 온전히 순결하게 이루어져야 한다 ― 우리가 다른 존재에게로 돌리거나 혹은 미신으로 얼룩지게 만들면, 그때에 하나님께서 특별히 더 큰 질투를 느끼시는 것이다. 그렇게 되면 우리는 혼인 서약을 어기는 것일 뿐 아니라, 간부(姦夫)들을 끌어들임으로써 혼인의 침소를 더럽히는 것이 되고 마는 것이기 때문이다.

19. "죄를 갚되 아버지로부터 아들에게로 삼사 대까지 이르게 하거니와"

여기서 우리는 하나님께서 "죄를 갚되 아버지로부터 아들에게로 삼사 대까지 이르게 하거니와"라는 말씀의 의미를 깨달아야 할 것이다. 무죄한 자들에게 다른 사람들의 과실에 대해서 벌을 내린다는 것은 하나님의 공의와 공평성에도 어긋나는 일이라는 사실은 제쳐 두더라도, 하나님께서는 아버지의 죄를 아들에게 강제로 지게 하지 않으실 것임을 친히 선언하고 계신다(겔 18:20). 그러나 조상들의 죄에 대한 형벌이 후대에까지 미친다는 선언을 거듭 접하게 되는 것이 사실이다. 모세는 하나님을 향하여 자주 다음과 같이 말씀한다. "여호와는 … 아버지의 죄악을 자식에게 갚아 삼사 대까지 이르게 하리라 하셨나이다"(민 14:18; 출 34:6-7). 이와 비슷하게 예레미야도, "주는 은혜를 천만인에게 베푸시며 아버지의 죄악을 그 후손의 품에 갚으시오니"(렘 32:18)라고 말씀하고 있다. 어떤 이들은 이러한 난제를 해결하려고 궁리한 끝에, 이것은 오로지 이 땅에서 받는 형벌로만 이해해야 한다고 생각한다. 그들은 주장하기를, 자녀들이 부모의 범죄에 대한 책임을 지는 것이 부당하지 않다고 한다. 왜냐하면 그런 형벌들이 가해지는 것이 그들의 구원을 이루기 위한 것일 때가 많기 때문이라는 것이다. 이것은 과연 사실이다. 이사야는 히스기야에게, 그가 저지른 범죄로 인하여 그의 자손들이 나라를 빼앗기고 포로로 끌려갈 것이라고 선포하고 있다(사 39:6-7). 아브라함에게 해를 입힌 것 때문에 바로와 아비멜렉의 가문이 재앙을 받기도 했다(창 12:17; 20:3, 18 등).

그러나 문제의 해결을 위해 이런 논지를 제시한다는 것은 참된 해석을 제시하는 것이 아니고 오히려 문제를 회피하는 것이다. 여기서는 물론 기타 유사한 본문들에서도 하나님께서는 현세의 삶에 국한된 것보다 더 무거운 형벌을 선언하고 계시기 때문이다. 그러므로 우리는 여호와의 의로우신 저주가 너무 위중하여 악인의 머리뿐 아니라 그의 가문 전체에 임하는 것으로 해석해야 할 것이다. 저주가 임하는 곳에서는, 그 아버지가 하나님의 영을 빼앗겨 지극히 부끄러운 생활을 하는 것이나, 아니면 그 아들이 그 아버지의 죄로 인하여 주께로부터 버림을 받아 그와 똑같이 멸망의 길을 걷는 것 이외에 무엇을 기대할 수 있겠는가? 그리고 그 가증스러운 사람들의 저주받은 자식들인 손자와 증손자도 똑같은 길을 걷지 않겠는가?

20. 후손에게 형벌이 미친다는 위협의 참된 의미

우선, 그런 보응이 과연 하나님의 공의에 부합되지 않는 것인지를 살펴보자. 하나님께서 그의 은혜 속에 있을 가치가 없다고 여기시는 사람들의 본성 전체가 정죄 가운데 있다면, 그들에게는 멸망이 예비되어 있는 것이 분명하다. 그러나 그들은 자기들의 불의 때문에 멸망하는 것이지, 하나님 편에서의 부당한 미움 때문에 멸망하는 것이 아닌 것이다. 그 사람들이 어째서 다른 사람들처럼 하나님의 은혜로 말미암아 도움을 받아 구원에 이르게 되지 않느냐는 식으로 따지는 것은 전혀 근거가 없다. 악인과 불경스러운 자들이 자기들의 범죄 때문에 형벌을 받아 여러 세대 동안 그 가문이 하나님의 은혜를 받지 못한 것이므로, 이처럼 완전히 공의로운 보응에 대해서 과연 누가 하나님을 비난할 수 있단 말인가? 그러나 반면에 여호와께서는 아버지의 죄에 대한 형벌이 자식에게 전가되지 않을 것임을 선포하신다(겔 18:20). 여기서 논의되고 있는 것이 과연 무엇인지를 보아야 한다.

이스라엘 자손들은 오랜 동안 끈질기게 온갖 불행을 당하는 동안 "아버지가 신 포도를 먹었으므로 그의 아들의 이가 시다"(겔 18:2)는 속담을 둘러대기 시작했다. 이는 곧, 자기들은 의롭고 무죄한데 조상들이 죄를 범하여 그 때문에 자기들이 억울하게 형벌을 — 그것도 정당하게 절제된 형벌보다는 오히려 무자비하게 쏟아지는 하나님의 진노를 — 당하게 되었다는 것이다. 그러나 선지자는 그런 것이 아니라고 선언한다. 그들이 자기 자신들의 잘못에 대해서 징벌을 받기 때문이라는 것이다. 사악한 아버지가 받을 형벌을 의로운 아들에게 지우는 것은 하나님의 공의에도 어긋나며, 여기 나타나 있는 위협도 그런 것을 시사하는 것이 아니다. 본문이 말씀하는 형벌이, 하나님께서 그의 은혜를, 그의 진리의 빛과 기타 구원에 이르게 하는 도움을, 사악한 자들의 자손에게서 물리시는 데에서 — 그 자손들이 하나님께 버림받아 어두운 상태에서 그 조상들의 발자취를 그대로 따라가는 데에서 — 이루어지는 것이라면, 그들이 그 조상들의 악행들 때문에 하나님의 저주를 받은 것이다. 그러나 그들이 또한 세상의 온갖 비참한 일들을 당하고 결국 마지막에 영원한 멸망에 빠지게 된다는 사실은, 다른 사람의 죄가 아니라 자기들 자신의 사악함에 대한 하나님의 의로우신 심판으로 말미암아 가해지는 형벌인 것이다.

21. "천 대까지 은혜를 베푸느니라"

반대로 하나님께서 긍휼을 천 대까지 베푸시겠다는 약속도 주신다. 이러한 약속은 성경에 자주 나타나며(신 5:10; 렘 32:18), "내가 너와 네 후손의 하나님이 되리라"(창 17:7)고 하신 교회에게 주신 엄숙한 언약 속에도 포함되었다. 이에 대해서 솔로몬은, "온전하게 행하는 자가 의인이라 그의 후손에게 복이 있느니라"(잠 20:7)고 말씀하고 있다. 이것은 그들이 거룩하게 양육받았기 때문이기도 하지만 — 물론 이것도 적지 않게 중요한 것이다 — 하나님의 은혜가 경건한 자들의 가문에 영원토록 거하리라는 언약에 약속된 축복 때문인 것이다. 이것은 신자들에게는 특별한 위로요, 악한 자들에게는 크나큰 두려움이 되는 것이다. 의인과 악인이 죽은 후에도 그 후손들에게 복과 저주가 계속 미칠 만큼 그들에 대한 기억이 하나님 보시기에 값어치가 있는 것이라면, 그 의인과 악인 당사자들에게는 얼마나 더하겠는가?

그러나, 악인의 자손 중에 때때로 돌이키는 자들이 있고, 의인들의 후손 중에서 타락하는 자들이 있는 것이 사실이지만, 그것은 문제가 되지 않는다. 왜냐하면 율법을 제정하신 하나님께서는 여기서 자신의 선택을 저해할 수도 있는 영구한 규범을 만들고자 하신 것이 아니기 때문이다.

이 말씀이 언제나 효력을 발생하는 것이 아니라 할지라도, 의인을 위로하고 죄인을 위협하는 데에는 이것이 결코 헛되거나 효력이 없는 경고가 아니라는 것만으로도 족한 것이다. 많은 악인들이 세상의 삶이 끝나기까지 형벌을 받지 않고 지낸다 할지라도, 몇몇 악인들에게 이 세상의 형벌이 가해지는 것만으로도, 하나님께서 죄에 대하여 진노하시며 따라서 언젠가는 모든 죄인들에게 심판이 임할 것이라는 증언이 되는 것이다. 마찬가지로, 아버지를 위하여 아들에게 하나님의 긍휼하심과 자비의 축복이 임하는 한 가지 실례를 제시하시는 것만으로도, 그가 자기를 경배하는 자들에게 끊임없이 영구한 은혜를 베푸신다는 것이 증명되고도 남는 것이다. 반면에, 아버지의 죄를 아들에게서 물으시는 실례가 단 하나만 있다 할지라도, 그것을 통해서 하나님은 모든 악인들의 범죄들에 대하여 어떠한 심판이 기다리고 있는지를 가르치시는 것이다. 이 구절에서는 바로 이 점을 확실하게 가르치고 있는 것이다. 또한 하나님께서는 범죄에 대한 보응은 사 대에 이르고, 그의 자비하심은 천 대에 이른다고 하심으로써, 그의 자비가 얼마나 큰가를 잘 보여주시기도 하는 것이다.

제삼 계명

"너는 네 하나님 여호와의 이름을 망령되게 부르지 말라"(출 20:7).

22. 제삼 계명의 바른 이해

이 계명의 목적은, 하나님께서는 우리가 그의 이름의 위엄을 높이 받들기를 바라신다는 것을 가르치는 데에 있다. 그러므로, 이 계명은 간단히 말해서 우리가 하나님의 이름을 함부로 불경한 태도로 취급하여 그 이름을 욕되게 해서는 안 된다는 뜻이다. 이러한 금지 명령에는 당연히 우리가 열심히 또한 조심스럽게 하나님의 이름을 경건함으로 높여야 한다는 명령이 따르는 것이다. 그러므로 우리는 하나님에 대해서와 그의 신비한 일들에 대해서 생각하거나 말할 때에 언제나 경건함과 진지함으로 하도록 해야 하며, 하나님의 역사를 다룰 때에도 그를 존귀하게 하는 것 이외에는 아무것도 생각하지 말아야 하는 것이다.

내 생각에는, 우리는 다음 세 가지를 부지런히 지켜야 한다고 본다. 첫째로, 우리의 마음으로 하나님에 대해서 무엇을 생각하든, 우리의 입으로 무엇을 말하든, 하나님의 위대하심을 나타내야 하고, 그의 거룩하신 이름의 높으심에 걸맞아야 하고, 그의 위대하심을 영화롭게 하여야 한다. 둘째로, 하나님의 거룩한 말씀과 존귀한 신비들을 우리 자신의 야망이나 탐욕, 혹은 오락을 위하여 경솔하게 혹은 악의로 남용해서는 안 되며, 그것들에 하나님의 이름의 위엄이 새겨져 있는 만큼, 그것들을 존귀하게 여기고 높이 기려야 한다. 마지막으로, 패역한 자들이 하나님을 대적하여 소리를 지르기를 잘하나, 우리는 하나님의 역사를 훼방하거나 폄하해서는 안 되며, 무슨 일이든 하나님께서 행하시는 것으로 인정되는 것에 대해서는 그의 지혜와 의와 선하심을 찬양하는 말을 해야 한다. 하나님의 이름을 거룩히 여긴다는 것은 바로 이런 것을 뜻하는 것이다.

이와 달리 행하게 되면, 하나님의 이름이 헛되고 사악한 남용으로 더럽혀진다. 하나님의 이름은 언제나 정당하게 사용해야 하는데 그렇게 사용하지 못하면, 다른 일이 일어나지 않는다 하더라도, 그 위엄이 상실되어 조금씩 멸시를 받게 되어 있는 것이다. 이처럼 하나님의 이름을 경솔하게 그릇 사용하는 일도 매우 악한 것이라면, 하물며 접신술(接神術)이나 끔찍한 저주, 부당한 제마(除魔) 행위나 사악한 주문 등, 가증스러운 일에 하나님의 이름을 사용한다면 그 죄가 얼마나 더 크겠는가? 그러나 이 계명은 특별히 맹세에 관한 것이다. 곧, 여호와의 이름으로 맹세하여 그 이름을 악용하는 것이야말로 지극히 가증스러운 행위이므로 우리는 그런 일을 일체 금하는 편이 나을 것이다(참조. 신 5:11). 이 계명은 사람들 사이에서 지켜야 할 공정성에 관하여가 아니라, 하나님을 경배하고 그 이름을 높이 기리는 문제에 관하여 명령하고 있는 것이다. 만일 이 계명이 사람들 사이에서의 사랑의 의무에 관하여 다루는 것이라면, 쓸데없는 반복이 생기게 될 것이다. 왜냐하면 인간 사회를 해치는 거짓 맹세와 거짓 증거를 정죄하는 계명이 둘째 돌판에 들어 있기 때문이다. 율법의 구분법으로 볼 때에도 이것이 당연하다. 이미 말했듯이, 하나님께서 율법을 두 돌판으로 정리해 놓으신 것이 아무런 이유도 없이 그렇게 하신 것이 아니기 때문이다. 이로써 우리는 하나님께서는 이 계명에서 자신의 권한을 주장하시며, 자기의 이름의 거룩함을 보호하시고 계신 것이요, 사람들이 사람에게 해야 할 바를 가르치시는 것이 아니라고 결론지을 수 있는 것이다.

23. 정당한 맹세

우선, 맹세가 무엇인지를 진술해야 할 것이다. 맹세란 우리말의 진실성을 확증하기 위해 하나님을 증인으로 요청하는 것이다. 하나님을 향한 분명한 욕이 담겨 있는 저주들은 맹세라고 하기에는 적절하지 않다. 성경의 여러 구절들은, 그런 확증을 정상적으로 시행할 경우에는 그것이 하나님께 드리는 일종의 예배가 된다는 것을 보여준다. 예를 들어서, 이사야가 앗수르 사람들과 애굽 사람들을 이스라엘과의 언약 관계 속으로 불러 모으는 일에 관하여 예언할 때에, 그는 이렇게 말씀하고 있다. "그 날에 애굽 땅에 가나안 방언을 말하며 만군의 여호와를 가리켜 맹세하는 다섯 성읍이 있을 것이며"(사 19:18). 즉, 여호와의 이름으로 맹세함으로써 그들이 자기들의 신앙을 표명할 것이라는 뜻이다. 이와 마찬가지로, 그는 자기 나라의 확장에 대해서 예언하면서 이렇게 말씀한다. "땅에서 자기를 위하여 복을 구하는 자는 진리의 하나님을 향하여 복을 구할 것이요 땅에서 맹세하는 자는 진리의 하나님으로 맹세하리니"(사 65:16). 또한 예레미야는 이렇게 말씀하고 있다. "그들이 내 백성의 도를 부지런히 배우며 살아 있는 여호와라는 내 이름으로 맹세하기를 … 같이 하면 그들이 내 백성 가운데에 세움을 입으려니와"(렘 12:16). 그러므로 여호와의 이름을 우리의 증인으로 삼아서 우리의 신앙을 증거하는 일이 정당하다 할 것이다. 그렇게 함으로써 하나님께서 영원하시고 불변하시는 진리이심을 고백하는 것은 물론, 또한 하나님을 다른 모든 존재들 위에 진리를 증거하시는 분이시요 그 진리를 확증하시는 분으로 인정하며, 하나님이야말로 마음을 살피시는 분으로서 감추어진 것들을 밝히 드러내시는 분이심(고전 4:5)을 알아서 그를 초청하는 것이기 때문이다. 사람들의 증언들이 무력해질 때에, 우리는 하나님께서 우리의 증인이 되어주시기를 구한다. 특히 양심에 감추어져 있는 어떤 사실을 선포할 때에는 특히 더 하나님을 증인으로 구하는 것이다.

그렇기 때문에, 여호와께서는 다른 신들로 맹세하는 자들을 향하여 크게 진노하시며, 그런 식의 맹세를 노골적인 반역의 증거로 삼으시는 것이다. "네 자녀가 나를 버리고 신이 아닌 것들로 맹세하였으며"(렘 5:7). 또한 하나님은 다음과 같은 형벌의 위협을 통해서 이런 범죄의 위중함을 분명히 드러내시는 것이다.

"내가 유다와 예루살렘의 모든 주민들 위에 손을 펴서 … 여호와께 맹세하면서 말감을 가리켜 맹세하는 자들 … 을 멸절하리라"(습 1:4-6).

24. 거짓 맹세는 하나님의 이름을 더럽히는 것임

여호와께서 우리의 맹세가 일종의 예배가 되기를 바라신다는 것을 생각할 때에, 우리는 그것들이 예배의 자세 대신 모욕이나 멸시, 혹은 비방의 요소가 끼어들지 않도록 더욱 조심해야 할 것이다. 하나님의 이름으로 거짓 맹세를 한다는 것은 결코 작은 문제가 아니다. 율법에서는 그것을 가리켜 "욕되게 하는 것"으로 규정하고 있다(레 19:12). 하나님께서 그의 진실성을 빼앗기고 만다면, 과연 그에게 무엇이 남겠는가? 그렇게 되면 하나님이 아닌 것이 되고 말 것이다. 그런데 하나님을 거짓을 지지하며 확증하시는 분으로 만들게 되면, 결국 하나님의 진실성이 사라지고 마는 것이다. 그러므로 여호수아는 아간에게 사실을 고백하라고 하면서, "내 아들아 청하노니 이스라엘의 하나님 여호와께 영광을 돌려 그 앞에 자복하라"고 말하는데(수 7:19), 이는 만일 여호와의 이름을 빌려 거짓 증거를 하게 되면 여호와께서 극심하게 모독을 당하시게 된다는 것을 암시하는 것이다. 그것이 전혀 무리가 아니다! 하나님의 거룩한 이름이 그 어떠한 거짓과도 함께 엮어져서는 안 된다는 것이 우리 때문에 그런 것이 아니다.

유대인들 가운데서는 사람이 맹세를 할 때마다 늘 이런 식으로 하나님을 증인으로 삼는 표현을 썼다는 사실이, 요한복음에 나타난 바리새인들의 행위에서 분명히 드러난다(요 9:24). 성경은 다음과 같은 표현들을 사용하여야 할 경우에 매우 조심할 것을 가르쳐 주고 있다. "여호와께서 살아 계심을 두고 맹세하노니"(삼상 14:39), "그렇지 않으면 하나님이 내게 벌을 내리시고 또 내리시기를 원하노라"(삼상 14:44; 참조. 삼하 3:9; 왕하 6:31), "내 목숨을 걸고 하나님을 불러 증언하시게 하노니"(고후 1:23; 참조. 롬 1:9). 이 말씀들은, 우리의 말에 대해서 하나님을 증인으로 부를 때에는 반드시 우리가 혹 거짓으로 증거할 경우에는 그것에 대해서 마땅한 보응을 내려주시기를 구한다는 의미가 거기에 함께 포함되어 있음을 시사해 주는 것이다.

25. 쓸데없는 맹세

사실이기는 하지만 쓸데없는 맹세에 하나님의 이름을 사용한다면, 그것은 하나님의 이름을 값싸고 흔하게 만드는 것이다. 그런 경우에도 하나님의 이름을 헛되이 사용하는 것이 되는 것이다. 그러므로 거짓 증거를 하지 않는 것만으로는 안 되고, 동시에 결코 우리의 정욕이나 욕심을 위해서는 맹세를 하는 일이 허용되지 않고 다만 꼭 필요할 경우에만 맹세가 허용된다는 사실을 기억하는 것이 필요하다. 그러므로, 불필요한 일에 대해서 경솔하게 맹세한다면 그것은 정당한 행위에서 벗어난 것이다. 그리고, 꼭 필요할 경우란 신앙이나 사랑을 위한 경우에만 해당되며, 그 이외의 경우를 꼭 필요한 경우로 가장해서는 안 된다. 오늘날 사람들이 특히 이 문제에서 전혀 거리낌없이 죄를 범하며, 이미 오랜 관습으로 굳어져서 그것을 과실로 여기지조차 않는 것을 보는데, 이는 결코 묵과할 수가 없는 것이다. 하나님의 심판대 앞에서 이것은 결코 가벼운 과실이 아닌 것이다! 하찮은 이야기들 속에서 흔히 닥치는 대로 아무렇게나 하나님의 이름을 욕되게 하고 있는데도 이것을 악행으로 여기지를 않는다. 오랜 세월 동안 처벌받지 않은 상태에서 사람들이 대담하게 이 크나큰 부패의 행위를 계속 저질러왔기 때문이다. 그러나 여호와의 계명은 결코 변함 없이 그대로 남아 있고, 그것에 대한 경고도 확실하게 서 있으니, 언젠가는 그것이 효력을 발휘하게 될 것이다. 이 계명을 통해서, 하나님의 이름을 헛되이 사용하는 자들을 향하여 특별한 보응이 선포되고 있는 것이다.

또다른 점에서도 이 계명을 어기는 현상이 있다. 그것은 곧 맹세에서 하나님 대신 하나님의 거룩한 종들을 거론하여 결국 하나님의 신성의 영광을 그 종들에게 넘기는 것인데, 이는 사악하기 그지없는 것이다. 그러므로 여호와께서는 특별한 계명으로 그의 이름으로 맹세할 것을 명령하셨고(신 6:13; 10:20), 또한 다른 신들의 이름으로 맹세하는 것이 들리지 말도록 하라고 특별한 금령으로 금지하셨는데(출 23:13), 거기에는 그만한 이유가 있는 것이다. 사도도 이와 비슷하게 이 사실을 분명히 증거하고 있다. "사람들은 자기보다 더 큰 자를 가리켜 맹세하나니"(히 6:16), 이와 같이 "하나님이 … 가리켜 맹세할 자가 자기보다 더 큰 이가 없으므로 자기를 가리켜 명세하셨다"(히 6:13).

26. 맹세를 금지하는 그리스도의 교훈에 대한 이해

재세례파 사람들은 맹세하는 문제에서 이러한 신중한 자세를 취해야 한다는 것으로 만족하지 않고, 맹세는 무조건 예외 없이 다 정죄한다. 그리스도께서 맹세를 전면적으로 금지시키셨다는 것이 그 이유다. "나는 너희에게 이르노니 도무지 맹세하지 말지니 … 오직 너희 말은 옳다 옳다, 아니라 아니라 하라. 이에서 지나는 것은 악으로부터 나느니라"(마 5:34, 37). 그러나 그들은 이런 식으로 하여 생각 없이 그리스도를 밀어붙여서 성부 하나님의 원수로 만들어버린다. 마치 그리스도께서 성부 하나님의 명령들을 폐지하기 위하여 이 땅에 오시기라도 한 것처럼 말이다. 영원하신 하나님께서는 율법 아래에서 맹세를 정당한 것으로 허용하셨을 뿐만 아니라, 필요할 경우 맹세를 할 것을 명령하고 계시니 말이다(출 22:10-11). 그런데 그리스도께서는 자신이 아버지와 하나이시며(요 10:30), 아버지께서 명하신 것 이외에는 아무것도 전하지 않으시며(요 10:18), 그의 가르침이 그 자신에게서 난 것이 아니라고 말씀하시니(요 7:16), 그러면 어찌 되겠는가? 하나님께서 스스로 모순을 일으키시는 것으로 만들 작정인가? 한때 사람들에게 행하라고 승인하신 일을 나중에 가서 금하고 정죄하시는 그런 분으로 만들 작정인가?

그러나 그리스도의 말씀에는 약간의 난제가 있으므로, 잠시 그 말씀을 살펴보기로 하자. 그러나 여기서 그리스도의 의도에 시선을 고정시키고 그 구절에서 그가 하시는 말씀이 결국 무슨 뜻인가를 잘 살피지 않으면, 결코 그 말씀의 참된 의미에 이를 수 없을 것이다. 그의 목적은 율법을 느슨하게 만들거나 아니면 더욱 조이는 것이 아니라, 서기관들과 바리새인들이 고안해낸 갖가지 그릇된 것들로 인하여 매우 부패해져버린 율법의 참되고 진정한 이해를 다시 회복시키는 데 있었다. 이 점을 이해한다면, 그리스도께서 모든 맹세를 완전히 정죄하신 것이 아니고 오로지 율법의 규범을 어기는 그런 맹세들만을 정죄하신 것임을 알게 될 것이다. 그 당시 사람들이 흔히 거짓 증거(위증)만을 금하였다는 것이 이 말씀을 통해서 분명히 드러난다. 그러나 율법은 거짓 증거만이 아니라 헛되고 쓸데없는 맹세도 금하고 있다. 그러므로 가장 분명한 율법 해석자이신 주께서는 거짓 맹세하는 것만이 아니라 맹세하는 것까지도 악한 일이라고 경고하신 것이다(마 5:34). 어째서 맹세하는 것을 악하다고 하셨을까?

주님은 분명 "헛되이 맹세하는 일"을 의미하시는 것이요, 율법이 장려하는 맹세는 전혀 다치지 않으시고 그대로 두시는 것이다. 우리의 반대자들은 "도무지"라는 표현에 사로잡혀서 그것을 주장하면서, 자기들의 논지가 더 강력하다고 생각한다. 그러나 "도무지"라는 표현은 "맹세하다"라는 단어를 꾸미는 것이

아니라, 그 다음에 이어지는 맹세의 형식을 꾸미는 것이다. 하늘과 땅으로 맹세
하면 하나님의 이름에는 전혀 저촉되지 않는 것으로 여긴 당시 사람들의 생각
은 잘못된 것이었다. 그러므로, 주께서는 그릇된 오류의 가장 주된 실례를 제시
하신 다음, 실질적으로 하나님의 이름을 욕되게 하면서도 하늘과 땅을 불러들
여서 맹세하면 전혀 문제가 없다는 식으로 생각하지 못하도록 하시기 위하여,
그들에게서 모든 핑계를 다 제거시키시는 것이다.

여기서 지나가면서 다음과 같은 사실도 생각해야 할 것이다. 곧, 실제로 하
나님의 이름을 표현하지 않는다 할지라도, 사람들은 생명의 빛으로, 그들이 먹
는 빵으로, 그들의 세례로, 혹은 하나님께서 베푸신 자비를 보증하는 다른 것들
로 맹세하는 등, 얼마든지 간접적인 형식을 빌려서 하나님으로 맹세한다는 사
실이다. 어떤 사람들은, 하늘로도 땅으로도 예루살렘으로도 맹세하지 말라고 사
람들에게 명하시는 바로 그 구절에서(마 5:34-35) 그리스도께서 미신(迷信)을 교
정시키시는 것이라고 생각하지만, 사실은 그렇지 않다. 오히려 그는 간접적인
맹세에 대해서 가볍게 함부로 생각하는 것이 전혀 문제가 없다고 여기는 ― 하
나님의 신성한 이름이 그가 베푸신 모든 은혜들에 실제로 각인되어 있는데도,
그렇게 하면 하나님의 이름을 욕되게 하는 것이 아니라고 여기는 ― 자들의 간
교한 궤변을 공박하시는 것이다. 유한한 사람이나 이미 죽은 사람이나 천사를
하나님 대신 거명하는 것은 전혀 다른 문제다. 이교도 민족들이 왕에게 아첨하
기 위하여 왕의 생명이나 왕의 수호신으로 맹세하는 가증스러운 관습을 고안해
낸 것처럼 말이다. 그렇게 거짓으로 신격화시키는 행위가 한 분이신 하나님의
영광을 흐리게 하고 가리게 되는 것이다.

그러나 우리의 의도가 그저 하나님의 거룩한 이름을 빌려 우리의 진술들을
확증하고자 하는 것뿐이라 할지라도, 간접적으로 하나님을 빌려 맹세하게 되면,
하찮은 맹세로 하나님의 위엄에 해를 끼치는 것이 되는 것이다. 그리스도께서
는 이런 방자한 행위에 대한 헛된 구실을 제거시키기 위하여, "도무지 맹세하지
말라"고 금하시는 것이다. 야고보는 앞에서 인용한 그리스도의 말씀을 반복하
면서 이와 동일한 의도로 말씀하고 있다(약 5:12). 하나님의 이름을 더럽히는 그
런 경솔한 행위들이 언제나 세상에 널리 퍼져 있었기 때문이다. 만일 "도무지"
라는 말이 맹세 자체를 예외없이 다 금하는 뜻이라면, 바로 그 다음에 이어지는
"하늘로도 말라 … 땅으로도 말라"는 말씀을 어떻게 설명하겠는가? 그리스도께

서 유대인들이 자기들의 허물을 감추기 위해서 꾸며대는 핑계들을 반박하고 계시다는 것이 이 표현들에서 충분히 분명하게 드러나는 것이다.

27. 공적인 맹세뿐 아니라 사사로운 맹세도 허용됨

건전한 판단을 지닌 사람이라면, 주께서 그 구절에서 정죄하신 것이 오로지 율법에서 금하는 맹세들뿐이었다는 것을 의심 없이 받아들일 것이다. 자신이 가르치신 완전함의 모범을 자신의 삶에서 친히 보여주신 주께서는 필요할 경우마다 맹세하기를 주저하지 않으셨다. 또한 그의 제자들도 모든 일에서 스승을 따랐을 것이 분명한데, 그들 역시 맹세를 주저하지 않았다. 만일 맹세 자체가 전면 금지되었었다면, 바울이 맹세를 했다고 감히 누가 말하겠는가? 그러나 불가피한 상황이 생기자 그는 주저하지 않고 맹세하였고, 때로는 거기에 저주까지 덧붙이기도 했다(롬 1:9; 고후 1:23).

그러나 아직 문제가 완전히 해결된 것은 아니다. 오로지 공적인 맹세만 이러한 금지에서 제외된다고 보는 사람들이 있기 때문이다. 예컨대, 국가의 관리가 요구하고 시행하는 맹세라든가, 군주들이 조약을 체결할 때에 흔히 사용하는 맹세라든가, 혹은 백성들이 군주의 이름으로 맹세한다든가, 군인이 국가를 위한 봉사의 의무를 이행하겠다고 맹세하는 등의 경우가 그것이다. 그들은 또한 복음의 위엄을 단언하는 바울의 진술도 이 범주에 넣는다. 사도들은 그저 사사로운 시민이 아니라 공적인 하나님의 사역자들로서 임무를 수행하기 때문이라는 것이다. 물론 이것들이 지극히 안전한 맹세들이라는 것은 부인하지 않는다. 성경의 확고한 증언들이 그것들을 뒷받침하기 때문이다. 의심쩍은 문제들에 대해서 관원들은 증인에게 맹세를 강요할 의무가 있으며, 증인은 맹세로 답변해야 할 의무가 있다. 사도는 인간사의 문제들이 이런 수단으로 해결되는 것으로 말씀하고 있다(히 6:16). 이 계명에서는 양쪽의 행위를 모두 인정하고 있는 것이다.

또한, 고대의 이교도 세계에서는 엄숙한 공적인 선서를 매우 신성시하였던 것을 볼 수 있다. 그러나 아무렇게나 행하는 사사로운 맹세들은 별로, 혹은 전혀 가치가 없는 것으로 여겼다. 하나님의 위엄이 그런 것과는 전혀 관계없다는 식으로 생각한 것이다.

그러나, 거룩한 의도를 갖고서 경건한 자세로 진지하게, 그리고 절실한 사정 때문에 행하는 맹세를 사사로운 것이라 하여 정죄한다는 것은 너무 위험한 처사일 것이다. 적절한 근거와 실례가 이것들을 뒷받침하기 때문이다. 사사로운 사람들이 매우 절박하고 심각한 문제와 관련하여 하나님께서 심판자가 되어주 시기를 요청하는 것이 정당하다면(삼상 24:12), 하나님을 증인으로 요청하는 일 은 그보다 훨씬 더 정당할 것이다. 가령 형제가 여러분을 향하여 신의를 저버렸 다고 비난한다고 할 때에, 사랑의 의무를 진 여러분은 자신이 그렇지 않다는 것 을 증명하려고 애쓸 것이다. 그런데 그 형제는 아무리 해도 여러분의 말에 만족 하지 않는다고 하자. 이때에 그 형제의 고집스런 자세 때문에 여러분의 명예가 더럽혀질 위기에 있게 된다면, 하나님께서 판단하사 정하신 때에 여러분의 결 백을 드러내 주시기를 요청한다 해도 잘못이 아닐 것이다.

"심판"과 "증인"이라는 용어들의 무게를 서로 비교해보면, 하나님을 증인으 로 요청하는 것이 훨씬 더 작은 문제가 된다. 그러므로, 이런 경우에 하나님을 증인으로 요청하는 일이 정당하지 못하다고 보는 이유를 납득할 수가 없다. 이 에 대한 실례가 얼마나 많은지 모른다. 아브라함과 이삭이 아비멜렉과 한 맹세 를 가리켜 공적인 맹세라고 주장한다면(창 21:24; 26:31), 야곱과 라반은 서로 맹세 로써 결속 관계를 공고히 했는데, 그들은 분명 사사로운 개인들로서 그렇게 한 것이다(창 31:53-54). 보아스도 사사로운 개인이었으나 똑같은 방식으로 룻에게 결혼에 대한 약속을 확증하였다(룻 3:13). 오바댜 역시 사사로운 개인으로서, 하 나님을 경외하는 의로운 사람이었으나, 엘리야로 하여금 자기의 말을 믿게 하 기 위하여 맹세를 사용했던 것이다(왕상 18:10).

이렇듯, 우리로서 맹세를 통제하는 규범으로서 다음과 같은 것보다 나은 것 은 없다고 본다. 즉, 맹세는 경솔해서도, 함부로 아무렇게나 하찮게 행해서는 안 되며, 정당한 필요를 위하여 — 주의 영광을 드러내거나 혹은 형제들에게 덕을 세우기 위한 일에 — 행하는 것이어야 한다는 것이다. 바로 이것이야말로 이 계 명을 주신 목적인 것이다.

제사 계명

"안식일을 기억하여 거룩하게 지키라 엿새 동안은 힘써 네 모든 일을 행할 것이나 일 곱째 날은 네 하나님 여호와의 안식일인즉 너나 네 아들이나 네 딸이나 네 남종이나 네 여종이나 네 가축이나 네 문안에 머무는 객이라도 아무 일도 하지 말라"(출 20:8- 10).

28. 전체적인 이해

이 계명의 의도는, 우리 자신의 성향과 행위에 대해서 죽은 상태로, 하나님 나라에 대하여 묵상하여야 하며, 또한 하나님께서 세우신 방식으로 그 묵상을 실천해야 한다는 것이다. 그러나, 이 계명은 다른 계명들과는 좀 달리 특별히 생각해야 할 점들이 있으므로, 해설의 순서 또한 약간 달라질 수밖에 없다. 초기의 교부들은 습관적으로 이 계명을 하나의 예표(像表)라고 불렀다. 왜냐하면 이 계명에는 한 날을 외형적으로 지키는 것이 포함되어 있는데, 그리스도께서 오심으로써 그날은 다른 예표들과 더불어 폐지되었기 때문이다. 이것은 분명 사실이다. 그러나 그들은 문제를 절반밖에는 다루지 않았다. 그러므로 우리는 이를 해명하면서 더 깊이 들어가서 세 가지 조건들을 생각해야 할 것이다. 내가 보기에는 이 세 가지가 이 계명을 지키는 문제와 결부되어 있다고 여겨진다.

첫째로, 하늘의 율법 제정자께서는 일곱째 날에 안식하라고 하심으로써, 이스라엘 백성에게 영적인 안식을 제시하셨다는 것이다. 신자들은 그렇게 영적으로 안식하는 가운데, 자기들의 일을 다 제쳐두고서 하나님께서 그들 속에서 일하시도록 해야 한다는 것이다. 둘째로, 하나님께서는 이스라엘 백성들을 위하여 한 날을 정하여, 그들로 하여금 함께 모여서 율법을 듣고 의례들을 행하게 하여 ― 혹은, 최소한 하나님의 역사하심에 대해 묵상하는 일에 구체적으로 바쳐서 ― 그로 말미암아 경건의 훈련을 받도록 하고자 하신 것이다. 셋째로, 하나님은 종들과 또한 다른 사람들의 권세 아래 있는 자들에게 휴식의 날을 주심으로써, 그들이 힘든 수고에서 벗어나 어느 정도 쉴 수 있도록 해주고자 하셨다는 것이다.

29. 안식일 계명의 중요성

그러나 우리는 이렇게 영적 안식을 예표한다는 점이 안식일에 있어서 가장 주된 위치를 차지했다는 사실을 여러 구절들에서 배우게 된다. 여호와께서는 이 계명에 대해서는 거의 다른 어떠한 계명에서도 볼 수 없을 만큼 아주 엄격하게 명령하셨다(민 15:32-36; 참조. 출 31:13 이하; 35:2). 또한 선지자들을 통해서 신앙이 전적으로 무너져버렸다는 사실을 말씀할 때에도, 하나님께서는 그의 안식일을 더럽혔고, 지키지 않았으며, 범했고, 거룩하게 여기지 않았음을 책망하신다. 마치 안식일을 정당하게 지키지 않으면 하나님을 존귀하게 할 다른 것이 전혀 남지 않기라도 하는 것처럼 말이다(겔 20:12-13; 22:8; 23:38; 렘 17:21, 22, 27; 사 56:2). 그리고 안식일을 준수하는 것에 대하여 최고의 칭찬을 아끼지 않으신다. 그리하여 신자들은 다른 말씀 가운데서도 안식일에 대한 계시를 크게 높이 받들었다. 느헤미야서에서 레위인들이 공적인 집회에서 다음과 같이 말씀하였다. "[주께서] 거룩한 안식일을 그들에게 알리시며 주의 종 모세를 통하여 계명과 율례와 율법을 그들에게 명령하시고"(느 9:14). 율법의 모든 계명들 가운데서 안식일 계명이 얼마나 특별하게 높이 기림을 받고 있는지를 여기서 잘 볼 수 있는 것이다.

이 모든 계명들은 모세와 에스겔이 지극히 아름답게 표현하고 있는 이 신비의 위엄을 높이는 역할을 하는 것이다. 출애굽기에서는 이렇게 말씀한다. "너희는 나의 안식일을 지키라 이는 나와 너희 사이에 너희 대대의 표징이니 나는 너희를 거룩하게 하는 여호와인 줄 너희가 알게 함이라. 너희는 안식일을 지킬지니 이는 너희에게 거룩한 날이 됨이니라"(출 31:13-14), "이같이 이스라엘 자손이 안식일을 지켜서 그것으로 대대로 영원한 언약을 삼을 것이니 이는 나와 이스라엘 자손 사이에 영원한 표징이며"(출 31:16-17). 에스겔은 이를 좀 더 충실하게 표현하고 있는데, 그의 진술의 골자는 이것이니, 곧 안식일은 하나님께서 이스라엘을 거룩하게 하시는 분이심을 이스라엘이 인식하도록 하기 위해서 주신 하나의 표징이라는 것이다(겔 20:12). 우리를 거룩하게 하는 것이 우리 자신의 의지를 죽이는 데에 있다면, 겉으로 드러나는 표징과 속에 감추어져 있는 실체가 서로 매우 일치한다는 것이 드러난다. 우리가 전적으로 안식 가운데 있어서 하나님께서 우리 속에서 일하시도록 해야 한다. 우리의 의지를 전적으로 하나님께 드려야 하고, 우리의 마음을 다스려야 하고, 우리의 육신적인 정욕들을 모두 포기해야 하는 것이다. 요컨대, 사도께서 가르치듯이, 우리가 마음에서 생각해 내는 온갖 활동들을 다 쉬고, 그리하여 하나님께서 우리 속에서 일하시도록 함으로써(히 13:21) 하나님 안에서 안식을 누리게 되어야 한다는 것이다(히 4:9).

30. 일곱째 날

유대인들은 이렇게 완전히 일을 중단하는 것이 일곱 날 가운데 한 날을 지키는 것으로 이행된다고 보았다. 주께서도 친히 모범을 보이심으로써 그들이 더욱 경건하게 그날을 지키도록 하셨다. 주님 자신이 창조주께서 보이신 모범을 따른다는 것을 알게 되면, 사람이 더욱더 열심히 그날을 지키게 되기 때문이다.

일곱이라는 숫자 — 성경에서는 완전을 뜻하는 숫자인데 — 에 담긴 은밀한
의미가 무엇인지를 알고자 하는 사람이 있다면, 영원성을 나타내기 위해서 그 숫
자를 의도적으로 택하였다고 말할 수 있을 것이다. 모세의 진술이 이 점을 뒷받
침해 준다. 그는 낮과 밤이 차례로 이어지는 것을 묘사하면서 마지막으로, "하나
님이 … 모든 일을 마치시고 그 날에 안식하셨음이니라"(창 2:3)고 결론을 맺는다.

또한 일곱이라는 숫자를 다른 방식으로 해석할 수도 있다. 곧, 하나님께서는
일곱이라는 숫자를 통해서, 마지막 날이 오기까지는 그 안식이 절대로 완성되
지 않을 것임을 시사하셨다는 식으로 보는 것이다. 이 땅에서 우리는 하나님 안
에서 누리는 복된 안식을 시작하며, 날마다 그 안식 안에서 새롭게 전진해 나간
다. 그러나 여전히 육체와의 싸움이 계속되기 때문에, "매월 초하루와 매 안식
일"에 관한 이사야의 예언(사 66:23)이 성취되기까지는 — 즉, 하나님께서 "만유
의 주로서 만유 안에 계시"기까지는(고전 15:28) — 안식이 완성되지 않을 것이라
는 것이다. 그러므로, 여호와께서는 일곱째 날을 통해서, 그 백성들을 위하여 그
마지막 날에 있을 그의 안식의 완성을 대략 그려주신 것이요, 그리하여 그들로
하여금 평생토록 그 안식에 대하여 끊임없이 묵상함으로써 그 안식의 완성을
사모하도록 만드신 것이라 할 것이다.

31. 안식의 약속은 그리스도 안에서 성취됨

혹시 일곱이라는 숫자에 대한 이런 해석이 너무나 미묘하다고 하여 이를 받
아들이지 않는 사람이 있다면, 이를 좀 더 단순화시켜서 다음과 같이 이해한다
해도 나는 반대하지 않겠다. 곧, 하나님께서는 특정한 날을 지정하셔서 그날에
그의 백성으로 하여금 율법이라는 초등교사의 지도 아래서 영적인 안식에 대하
여 끊임없이 묵상할 수 있도록 하셨다고 이해하는 것이다. 일곱째 날을 지정하
신 이유에 대해서도, 그날로서 족할 것임을 미리 아셨기 때문이라거나, 그 백성
들에게 더 열심을 불어넣으시기 위함이었다거나, 혹은 안식일이 창조주의 모범
을 따르도록 하고자 하는 것 이외에 다른 목적이 없다는 것을 지적하기 위함이
었다는 식으로 다양하게 해석할 수 있다. 그러나 어떻게 해석하든 별 차이가 없
다. 거기에 중요하게 제시되어 있는 신비를 그대로 보존하면 되는 것이다. 그 신
비란 바로 우리가 모든 수고를 벗어버리고 영원토록 안식하게 되리라는 것이
다. 선지자들은 유대인들이 그저 육체적인 노동을 중지하고서는 그것으로 모

든 의무를 다 시행했다고 생각하지 못하도록 하기 위해서, 이 신비를 생각할 것을 거듭거듭 외쳤던 것이다. 이미 인용한 구절 이외에도, 이사야서에는 다음과 같은 말씀이 있다. "만일 안식일에 네 발을 금하여 내 성일(聖日)에 오락을 행하지 아니하고 안식일을 일컬어 즐거운 날이라, 여호와의 성일을 존귀한 날이라 하여 이를 존귀하게 여기고 네 길로 행하지 아니하며 네 오락을 구하지 아니하며 사사로운 말을 하지 아니하면 네가 여호와 안에서 즐거움을 얻을 것이라"(사 58:13-14).

그러나 주 그리스도께서 오심으로써 이 계명의 의식적인 부분이 폐지되었다는 것이 의심의 여지 없는 사실이다. 그리스도 자신이 진리이시므로, 그가 계심으로써 모든 예표들이 사라지는 것이며, 그가 실체(實體)이시므로, 그가 나타나심으로써 모든 그림자들이 뒤로 숨는 것이다. 단언하건대, 그리스도야말로 안식의 참된 성취이시다. "우리가 그의 죽으심과 합하여 세례를 받음으로 그와 함께 장사되었나니 … 만일 우리가 그의 죽으심과 같은 모양으로 연합한 자가 되었으면 또한 그의 부활과 같은 모양으로 연합한 자도 되리라"(롬 6:4-5). 그렇기 때문에 사도는 다른 곳에서 안식일이 "장래 일의 그림자이나 몸은 그리스도의 것이니라"고 말씀하고 있다(골 2:16-17). 즉, 그리스도께서, 바울이 그 구절에서 잘 설명하고 있는 바 그 진리의 실체이시라는 것이다. 이러한 사실은 어느 하루 동안에만 한정되는 것이 아니고, 결국 우리 자신에 대하여 완전히 죽고 하나님의 생명으로 충만해지기까지 우리의 삶의 전 과정을 다 포괄하는 것이다. 그러므로 그리스도인들은 날짜를 지키는 미신적인 행위를 철저하게 삼가야 마땅한 것이다.

32. 안식일 계명에서 아직 적용되는 두 가지 면

안식일에 대한 나머지 두 가지 이유들은[14] 고대의 그림자에 속하는 것으로 볼 것이 아니라, 매 시대마다 똑같이 적용되는 것으로 보아야 한다. 안식일이 물론 폐지되었으나, 우리는 여전히 ⑴ 정해진 날들마다 모여서 하나님의 말씀을 들으며, 신비한 떡을 떼며, 공적으로 기도해야 하며(참조. 행 2:42), ⑵ 종들과 일꾼들을 노동에서 쉬게 해 주어야 한다. 안식일을 지키라고 명하실 때에, 주께서는 이 두 가지 점들에 대해 관심을 기울이신 것이 분명하다. 첫 번째 사실에 대해서는, 물론 유대인들 사이에서만 사용되는 것이긴 하나, 분명한 증거가 있다.

모세는 신명기에서 다음과 같은 말씀으로 두 번째 이유를 지적하고 있다. "네 남종이나 네 여종에게 너 같이 안식하게 할지니라 너는 기억하라 네가 애굽 땅에서 종이 되었더니"(신 5:14-15). 또한 출애굽기에서는 이렇게 말씀한다. "네 소와 나귀가 쉴 것이며 네 여종의 자식과 나그네가 숨을 돌리리라"(출 23:12). 이 두 가지가 유대인들에게만이 아니라 우리들에게도 그대로 적용된다는 것을 누가 부인할 수 있겠는가?

하나님의 말씀이 교회의 모임들을 우리에게 명하고 있다. 또한 그 모임들이 우리에게 얼마나 절실한지를 우리가 매일의 경험을 통해서도 잘 알고 있다. 그런데 그 모임들을 위하여 날을 지정해 놓지 않으면 어떻게 그런 모임을 가질 수 있겠는가? 사도가 말씀하는 대로, 우리는 "모든 것을 품위 있게 하고 질서 있게" 해야 한다(고전 14:40). 그러나 이렇게 조정하여 규정으로 만들어 놓지 않고서는 도저히 품위와 질서를 유지하기가 불가능하며, 또한 품위와 질서가 없어지면 곧바로 혼란과 파멸이 교회를 위협하게 될 것이다. 주께서 유대인에게 안식일을 지정하신 이유가 우리들에게도 똑같이 적용된다면, 아무도 이것이 우리와 하등 관계없는 문제라는 식으로 주장할 수는 없을 것이다. 지극히 사려 깊으시고 긍휼이 풍성하신 아버지께서는 유대인들의 필요는 물론, 그에 못지않게 우리의 필요를 채워주시기를 기뻐하신 것이다.

날을 구별하는 예를 제거하기 위해서 날마다 모이면 어떻겠느냐고 물을 수도 있을 것이다. 그렇게 할 수만 있다면 얼마나 좋겠는가! 날마다 일정 시간을 영적인 지혜를 위하여 별도로 구분하는 것이 정말로 가치 있는 일일 것이다. 그러나 여러 사람들이 연약하여 날마다 모이는 일을 지속한다는 것이 불가능하고, 또한 사랑의 원칙으로 볼 때에 그 이상을 그들에게 요구할 수도 없다면, 하나님의 뜻으로 우리에게 제시된 질서를 그대로 따라야 하지 않겠는가?

33. 안식일 계명 준수의 올바른 자세

오늘날 일부 들떠있는 사람들이 주일에 대하여 이리저리 시끄러운 소동을 일으키고 있기 때문에, 나로서는 이 문제에 대해서 좀 더 길게 다루지 않을 수가 없다. 그들은 그리스도인들이 날들을 지킴으로써 유대교에서 양육을 받고 있다고 비난한다. 그러나 이에 대해서 나는, 우리가 날을 지키는 것은 유대인들과는 전연 의미가 다르며, 따라서 유대교를 훨씬 뛰어넘는 것이라고 대답하고자 한다. 우리는 지극히 엄격하고도 꼼꼼한 자세로 ― 마치 무언가 영적인 신비를 그림자로서 나타내기라도 하는 것처럼 ― 하나의 의식으로서 날을 지키는 것이 아니다. 오히려 우리는 교회에서 질서를 유지하는 데 필요한 하나의 방도로서 그날을 사용하고 있는 것이다.

바울은 그리스도인들이 이 날을 지키는 것에 대해서 아무도 판단하지 말 것을 가르치고 있다. 그날은 그저 "장래 일의 그림자"에 불과하기 때문이다(골 2:17). 그렇기 때문에, 사도는 갈라디아 사람들이 여전히 "날과 달과 절기와 해"를 지키는 것을 보고서 그가 그들 가운데서 "수고한 것이 헛될까" 두려워하고 있는 것이다(갈 4:10-11). 그리고 그는 로마 사람들에게, 날을 구별하는 것이 미신적인 행위임을 선언하고 있다(롬 14:5). 미친 사람이 아니라면, 사도가 과연 무엇을 염두에 두고서 날을 구별하는 일을 거론하는지를 모를 사람이 어디 있겠는가? 로마 사람들은 정치적이며 교회적인 질서를 유지하고자 하는 의도를 갖고 있었던 것이 아니었고, 영적인 것들을 예표하는 것으로서의 안식일을 그대로 존속시킴으로써 그만큼 그리스도의 영광과 복음의 빛을 어둡게 만들고 있었다. 그들이 그날에 육체 노동을 금한 것도, 그런 노동이 거룩한 연구와 묵상을 저해하기 때문이 아니라, 그날을 지키는 것이 그 옛날 장려된 대로 신비한 것들을 존귀하게 하는 것이라고 상상하여 그렇게 한 것일 뿐이었던 것이다.

단언하건대, 사도가 통렬하게 책망하는 것은 바로 이처럼 어리석은 생각으로 날을 구분하는 행위이지, 결코 그리스도인의 교제와 평화를 돕기 위해서 날을 정당하게 선택하여 지정하는 행위가 아닌 것이다. 사실, 사도가 세운 교회들에서는 안식일이 이런 목적으로 계속 유지되었다. 그는 고린도 사람들에게 예루살렘의 형제들을 돕는 연보를 모으는 일을 그날에 하도록 지정하고 있기 때문이다(고전 16:2). 그래도 미신을 염려하는 사람이 있다면, 지금 그리스도인들이 지키는 주일(主日)보다는 유대인의 성일(聖日)이 더 위험스러운 것이었다는 점을 지적하고 싶다. 미신을 제거할 필요가 있었기 때문에 유대인들의 성일이 뒤로 제쳐진 것이요, 교회의 품위와 질서와 평화를 유지할 필요가 있었기 때문에, 그 목적을 위하여 다른 날이 지정된 것이다.

34. 주일의 영적 준수

그러나 옛 사람들이 우리가 말하는 주일로 날을 대치시킨 데에는, 매우 신중한 분별이 없지 않았다. 고대의 안식일이 나타내었던 바 그 참된 안식은 바로 우리 주님의 부활로 말미암아 그 목적이 성취되었다. 그러므로, 주님이 부활하신 그날이 그 그림자를 종결지은 것이요, 따라서 그리스도인들에게 그 그림자와 같은 의식을 고집하지 말도록 경계하고 있는 것이다. 그렇다고 내가 "일곱"이라는 숫자에 집착하여 교회를 그것으로 묶어두고자 하는 것도 아니다. 나로서는, 미신이 개입되지 않는다면, 교회들이 다른 날을 엄숙히 지정하여 모임을 갖는다 할지라도 그것을 정죄하지 않을 것이다. 그 교회들이 권징과 선한 질서의 유지를 고려하여 그렇게 정했다면, 나는 얼마든지 용인할 것이다.

정리하자면, 유대인들에게 그림자 아래에서 진리가 전해졌듯이, 우리 앞에는 그림자가 없이 진리가 제시되어 있다. 첫째로, 우리는 우리의 모든 일에서 벗어나 영원히 누리게 될 그 안식을 평생토록 묵상하여, 주께서 그의 영을 통해서 우리 속에서 일하시도록 해야 할 것이다. 둘째로, 틈이 있을 때마다 우리들 각자 하나님의 일들에 대한 경건한 묵상을 부지런히 시행하여야 할 것이다. 또한 말씀을 듣는 일과 성례의 시행과 공적인 기도를 위하여 교회가 세운 정당한 질서를 모두 함께 지켜야 할 것이다. 셋째로, 우리의 밑에 있는 사람들을 가혹하게 억압해서는 안 될 것이다.

이렇게 해서, 그 옛날 유대인의 사고로 사람들을 감염시켜 놓은 거짓 선지자들의 하찮은 이야기들이 사라진다. 그들은 이 계명에서 의식적인 부분만 ― 그들이 쓰는 말로는 일곱째 날을 "지정한 것"만 ― 폐지되었고, 도덕적인 부분은, 즉 일곱 날 중 하루를 정하는 부분은 그대로 존속된다고 주장하였다. 그러나 이것은 유대인들을 책망하는 의미로 날짜만 바꿀 뿐, 그날을 신성한 날로 보는 것은 그대로 지키는 것이다. 유대인들이 생각하는 것과 똑같이 그날에 신비한 의미를 붙여서 생각하는 것이다.

그러나 사실상 그런 가르침을 통해서 그들이 얼마나 이득을 얻었는지를 잘 볼 수 있다. 자기들의 규정을 고집하는 그런 자들은 안식일에 관하여 유치하고 더러운 미신을 조장하는 면에서 유대인들보다 세 배는 더한 것이다. 그리하여 이사야서에 나타나는 책망들이, 선지자 당시의 사람들에게와 똑같이 오늘날 그런 사람들에게도 그대로 적용되는 것이다(사 1:13-15; 58:13). 그러나 우리는 다음과 같은 일반적인 가르침을 특별히 견지해야 할 것이다. 곧, 우리들 가운데서 신앙이 쇠퇴하거나 무너지지 않도록 미연에 방지하기 위해서, 우리는 거룩한 모임들을 자주 부지런히 가져야 하고, 또한 하나님께 드리는 예배를 돕는 외형적인 보조 수단들을 사용해야 한다는 것이 그것이다.

제오 계명

"네 부모를 공경하라 그리하면 네 하나님 여호와가 네게 준 땅에서 네 생명이 길리라"(출 20:12).

35. 제오 계명이 포괄하는 범위

이 계명의 목적은, 여호와 하나님께서는 그의 경륜이 유지되는 것을 기뻐하시므로, 그가 세우신 위엄의 정도를 침범하지 말고 지켜야 한다는 것이다. 그러므로 이 계명의 요지는, 하나님께서 우리 위에 세우신 자들을 우러러보며, 그들을 공경과 순종과 감사함으로 대하여야 한다는 것이다. 그렇다면 이는 곧 우리가 그들을 멸시하거나 고집을 부리거나 배은망덕함으로 그들의 위엄을 깎아내려서는 안 된다는 뜻이기도 하다. "공경"이란 단어는 성경에서 넓은 의미를 갖고 있다. 그러므로 "잘 다스리는 장로들은 배나 존경할 자로 알라"(딤전 5:17)는 사도의 말씀은 그들에게 정당한 존경을 드리라는 뜻인 동시에, 그들의 사역에 대한 정당한 보수가 있어야 한다는 뜻이기도 하다. 이처럼 공경하라는 명령에 대해서 타락한 인간의 본성은 강하게 반대한다. 높은 위치를 갈망하여 마음이 부풀어 있어서 남의 밑에 속하는 것을 못마땅하게 받아들이는 것이다. 그러므로, 하나님께서는 본질적으로 지극히 부드럽고 거리낌이 가장 적은 그런 종류의 굴복을 실례로 제시하심으로써, 우리의 마음으로 굴복의 습관을 더 쉽게 받아들이도록 만드신 것이다. 그리하여, 주께서는 누구나 인정할 수 있는 가장 쉬운 굴복을 사용하셔서, 점차로 우리를 모든 정당한 굴복에 익숙해지도록 만드시는 것이다. 그 모든 굴복이 동일한 원리를 지니기 때문이다.

사실, 하나님께서는 높은 위치를 부여하신 자들에게 그 위치를 유지하기에 필요한 대로 자기의 이름을 나누어주신다. "아버지", "하나님", "주"라는 칭호는 오직 그에게만 속한 것으로, 이 칭호들이 언급될 때마다 우리는 그의 위엄에 대한 존경심이 생겨나지 않을 수가 없다. 그러므로 하나님께서는 이 칭호들을 나누어 받는 사람들을 그의 광채의 작은 섬광으로 구별지으셔서, 자기의 위치에 합당한 존귀를 받도록 하시는 것이다. 그러므로, 우리는 우리의 땅의 아버지께서 무언가 신적인 본질에 속하는 것을 소유하고 있다는 것을 생각해야 한다. 땅의 아버지께서 신적인 칭호를 지니는 것이나, 우리의 군주요 통치자가 하나님의 존귀를 조금이나마 나누어 받는 것에는 그만한 이유가 있기 때문이다.

36. 이 계명의 세 가지 부분

그렇기 때문에, 우리는 여호와께서 여기서 하나의 보편적인 규범을 세우셨다는 것을 의심해서는 안 된다. 즉, 여호와께서 정하신 대로 누군가가 우리의 윗자리에 있게 되었다는 것을 인정하고, 그 사람에게 경의와 복종과 감사를 돌려야 하며, 또한 그를 위하여 할 수 있는 만큼 다른 의무들도 감당해야 한다는 것이다. 우리의 윗사람들이 과연 이런 존귀를 받을 가치가 있느냐 없느냐 하는 것은 전혀 문제가 되지 않는다. 왜냐하면 그들의 상태가 어떻든 간에, 그들은 하나님의 섭리를 통해서 그 지위에 오른 것이며, 이것이야말로 율법을 제정하신 하나님께서 친히 우리가 그 사람들을 존귀로 받들기를 바라신다는 증거이기 때문이다. 그러나, 우리를 이 세상에 있게 해 준 우리의 부모에 대해서는, 하나님께서 공경하라고 분명하게 명령하셨다. 자연의 이치도 어떤 점에서 이를 우리에게 가르쳐 준다. 부모의 권위를 반항하며 어기며 고집을 부리는 자들은 괴물이지 사람이 아니다. 그렇기 때문에 여호와께서는 부모에게 불순종하는 자들은 모두 죽이라고 명령하시는 것이다. 자기들을 세상에 있게 해 준 부모들의 수고를 인정하지 않으니, 그들은 삶의 혜택을 받을 자격이 없는 자들이기 때문이다.

여기서 말하는 공경에 경의, 복종, 감사의 세 부분이 있다는 것을 앞에서 언급한 바 있는데, 율법에 첨가된 여러 가지 말씀들을 볼 때에 이것이 사실이라는 것이 분명하다. 부모를 저주하는 자를 죽이라고 명령하시는 데에서(출 21:17; 레 20:9; 잠 20:20) 여호와께서는 첫째 부분 — 즉, 경의 — 을 확증하신다. 부모를 멸시하고 학대하는 것에 대해서 그렇게 벌하시는 것이다. 그리고 불순종하며 반역하는 자녀를 죽이라고 명령하시는 데에서는(신 21:18-21) 둘째 부분 — 즉, 복종 — 을 확증하신다. 그리고 그리스도께서 마태복음 15장에서 부모에게 선히 행하는 것이 하나님의 계명이라고 하신 말씀은 공경의 셋째 부분, 즉 감사를 지칭하는 것이다(4-6절). 그리고 바울은 이 계명을 언급할 때마다, 그 계명이 복종을 요하는 것으로 해석하고 있다(엡 6:1-3; 골 3:20).

37. 이 계명에 덧붙여진 약속

또한 이를 장려하고자 하는 의도로 약속이 덧붙여지고 있다. 이것은 여기서 우리에게 명령하시는 복종을 하나님께서 얼마나 기뻐하시는지를 더 잘 보여주고자 함이다. 바울은 "이것은 약속이 있는 첫 계명이니"(엡 6:2)라고 말하여, 이 약속이라는 바늘로 자극을 주어서 우리의 무정함을 일깨우고 있다. 이미 첫째 돌판에 주어져 있는 약속은 어느 한 계명만이 아니라 율법 전체에 해당되는 것이다. 자, 우리로서는 그 약속을 다음과 같이 이해해야 한다. 곧, 여호와께서는 과거에 이미 기업으로 주시겠다고 이스라엘 자손들에게 약속하셨던 그 땅을 여기서 말씀하신다는 것이다. 그리하여, 그 땅을 소유하는 것이 곧 하나님의 은혜를 보증하는 것이 되었다면, 여호와께서 그의 은혜를 오랫동안 누릴 수 있도록 장수(長壽)를 약속하셔서 그의 사랑을 확증하고자 하셨다 할지라도 우리로서는 놀랄 이유가 없는 것이다. 그러므로 이 계명의 의미는 이런 것이다. "네 부모를 공경하라. 그리하면 내가 나의 사랑의 보증물로서 네게 줄 그 땅을 네가 소유하고 거기서 장수하며 그 소유를 누리리라."

더 나아가서, 신자들에게는 온 땅이 복된 것이므로, 우리는 현재의 삶을 하나님의 축복들 속에 포함시키는 것이 옳고, 따라서 이 약속은 비슷한 의미로 우리에게도 해당되는 것이다. 단, 현 세상에서의 장수가 과연 우리를 향하신 하나님의 자비하심의 증거가 되는 한에서는 그렇다는 말이다. 왜냐하면 유대인에게나 우리에게나 장수의 약속 그 자체가 축복을 의미하는 것이 아니기 때문이다. 그러나 경건한 자들에게는 장수가 대개의 경우 하나님의 자비하심의 상징이 되는 것은 사실이다. 그러므로, 만일 부모를 공경하던 아들이 성년이 되기도 전에 생명을 빼앗기는 일이 일어난다 해도 — 사실 그런 일이 비일비재하다 — 여호와께서는 변함없이 그의 약속을 끝까지 성취해 가시는 것이다. 한 평의 땅을 약속하신 자에게 백 평의 땅을 주시듯이 말이다. 여기서 우리가 생각하여야 할 요점은 이것이다. 곧, 우리에게 장수가 약속되어 있는 것은 그것이 하나님의 축복이 될 경우에만 해당된다는 점이다. 장수가 하나님의 축복이 되는 것은 오로지 그것이 하나님의 자비하심의 증거일 경우에만 그러한데, 하나님께서는 그의 종들에게 [장수보다는 오히려] 죽음을 통해서 훨씬 더 풍성하고도 확실하게 그 자비하심을 증거하시고 드러내시는 것이다.

38. 이 계명에 암시되어 있는 위협

그 이외에도, 여호와께서는 정당하게 부모를 공경하는 자녀들에게는 현세의 삶의 축복을 약속하시는 동시에, 완악하고 불순종하는 자녀들은 저주를 면치 못하리라는 위협을 여기서 암시하고 계시는 것이다. 이 계명이 확실히 시행되도록 하시기 위해서, 그는 그의 율법을 통해서 그런 자들을 사형에 처하도록 선언하셨고, 그들을 벌할 것을 명령하셨다. 그리고 그들이 그러한 율법의 심판을 교묘하게 피할 경우에는 하나님께서 친히 어떻게 해서든 그들에게 벌을 주신다. 그런 사람들이 전쟁에서나 싸움에서 목숨을 잃는 경우가 얼마나 많으며, 또한 그 이외에 흔치 않은 다른 식으로 목숨을 잃는 경우가 얼마나 많은가를 잘 알고 있다. 그런 사람들 중 거의 모두가 이 위협이 결코 헛된 것이 아님을 증명해 주는 것이다. 물론 아주 늙은 나이가 되도록 형벌이 가해지지 않는 사람도 있을 것이다. 그러나 그들은 이생에서 하나님의 축복을 빼앗긴 채로 비참하게 겨우 목숨을 부지하는 것뿐이고, 장차 올 더 큰 형벌이 그들을 기다리고 있는 것이다. 그러므로 그런 사람들은 경건한 자녀들에게 약속된 축복과는 지극히 거리가 먼 것이다.

그러나 또 한 가지 여기서 주목해야 할 것은, 우리의 부모를 오직 "주 안에서" 공경하라고 말씀하고 있다는 사실이다(엡 6:1). 이 사실은 앞에서 제시한 원리에서 이미 드러나 있는 것이다. 부모들을 그 존귀를 받는 자리에 세우신 것이 바로 여호와시며, 그들에게 자신의 존귀의 일부를 나누어 주신 것도 바로 그분이시다. 그러므로 부모에게 굴복하는 것이 반드시 지극히 높으신 아버지를 공경하는 방향으로 나아가는 발걸음이 되어야 하는 것이다. 그러므로, 부모가 만일 율법을 범하도록 우리를 부추긴다면, 그들을 부모로서가 아니라, 우리의 참되신 아버지를 공경하지 못하도록 우리를 유혹하는 외인(外人)으로 간주할 완전한 권리가 우리에게 있는 것이다. 뿐만 아니라 군주(君主)들이나 영주(領主)들을 비롯한 모든 종류의 윗사람들에게도 이런 원리로 대해야 할 것이다. 그렇게 윗자리에 있는 사람들이 하나님의 그 높으신 권세를 끌어내리는 역할을 한다면, 그것이야말로 무가치하고도 어리석은 짓인 것이다. 그들이 높은 권세를 누리고 있다면 그것은 하나님의 높으심에서 비롯된 것이고, 따라서 그들의 높은 권세가 하나님의 높으심을 인정하는 데에로 우리를 이끌어가야 마땅한 것이다.

제육 계명

"살인하지 말라"(출 20:13).

39. 이 계명의 의도

이 계명의 목적은, 여호와께서는 인류를 일정한 통일성으로 함께 묶어두셨으므로 각 사람마다 모든 사람의 안전에 유념해야 한다는 것에 있다. 요컨대, 우리 이웃의 몸을 해치는 모든 폭력과 상해(傷害)와 해로운 일들 모두가 우리에게 금지되어 있다는 것이다. 그러므로 이 계명에는 또한, 우리 이웃의 생명을 구하는 데 소용이 되는 것이 발견되면 그것을 신실하게 사용하며, 이웃의 평화를 위하여 도움이 되는 것이 있으면 그것을 행하며, 해로운 것이 있으면 그것을 제거하며, 이웃이 위험에 처하여 있을 때에는 기꺼이 도움의 손길을 펼치라는 명령이 포함되어 있는 것이다.

하나님께서 율법 제정자로서 그렇게 말씀하신다는 점을 기억한다면, 이 규범을 통해서 그가 여러분의 영혼을 인도하기를 바라신다는 사실도 함께 생각해야 할 것이다. 사람의 마음의 생각을 바라보시며 특별히 그것들을 주시하시는 하나님께서 참된 의를 가르치시면서 오로지 육체에 대해서만 관심을 두신다면, 그것은 참으로 우스꽝스러운 일일 것이니 말이다. 그러므로 이 계명은 또한 마음으로 죽이는 일도 금하는 것이며, 동시에 형제의 생명을 구원하고자 하는 마음의 의도를 가질 것을 명령하는 것이다. 살인을 실제로 낳은 것은 손이지만, 마음이 화(禍)와 분(忿)에 휩싸일 때에 거기서 살인이 잉태되는 것이다.

형제에 대해 화가 날 때에 그를 해치고 싶은 욕망이 끓어오르지 않는 경우가 있는지 생각해 보라. 형제에 대해서 화를 낼 수 없다면, 그를 미워할 수도 없을 것이다. 미움이란 화가 지속되는 것 이외에 아무것도 아니기 때문이다. 그것을 인정하지 않고 헛된 방법으로 이리저리 피하려고 하겠지만, 화나 미움이 있으면 반드시 해치고자 하는 마음의 의도가 거기에 있는 법이다. 그래도 이 문제를 계속해서 회피하려고 한다면, 성령께서 이미 "그 형제를 미워하는 자마다 살인하는 자니"(요일 3:15)라고 선포하셨으며, 또한 주 그리스도께서도 "형제에게 노하는 자마다 심판을 받게 되고 형제에 대하여 '라가'라 하는 자는 공회에 잡혀가게 되고 미련한 놈이라 하는 자는 지옥 불에 들어가게 되리라"(마 5:22)고 선언하셨다는 사실을 생각해야 할 것이다.

40. 이 계명의 두 가지 근거

성경은 이 계명이 두 가지 근거에 기초한다는 사실을 가르치고 있다. 곧, 사람은 하나님의 형상이요 또한 우리의 혈육이라는 것이 그것이다. 그러니, 만일 하나님의 형상을 해치기를 바라지 않는다면, 우리는 마땅히 우리의 이웃을 신성하게 대하여야 할 것이다. 또한 인류 전체를 버리고 싶지 않다면, 우리 자신의 혈육으로 알아 존중해야 마땅할 것이다. 이러한 권면이 그리스도의 구속과 은혜에서 비롯된다는 사실은 다른 곳에서 논의하게 될 것이다.[15] 여호와께서는 우리가, 사람 속에 본성적으로 있으며 또한 우리로 하여금 그의 보존하심을 구하도록 이끌어 줄 수 있는 두 가지 사실을 생각하기를 바라신 것이다. 그것은 곧, 사람 속에 새겨져 있는 하나님의 형상을 존중하는 것과, 또한 사람 속에 있는 우리 자신의 혈육을 포용하는 것이다. 그러므로 피를 흘리기를 삼간다고 해서 그것이 곧 살인의 범죄를 피하는 것이 되는 것은 아니다. 이웃의 안전을 해치는 어떤 일을 행하거나, 그런 일을 고의로 시도하거나, 그런 것을 바라거나 계획하는 경우에도, 살인의 범죄를 저지른 것이 되는 것이다. 뿐만 아니라, 여러분에게 능력도 있고 기회도 있는데 이웃의 안전을 보살피는 노력을 하지 않는다면, 이 역시 마찬가지로 사악하게 율법을 범하는 것이 되는 것이다. 한편, 이웃의 육체의 안전에 대해서 이렇듯 많은 관심을 기울인다면, 하물며 영혼의 안전에 대해서야 얼마나 더 열심과 수고를 기울여야 하는지를 충분히 생각할 수 있는 것이다. 하나님 보시기에는 육체보다도 영혼이 훨씬 더 소중하니 말이다.

제칠 계명

"간음하지 말라"(출 20:14).

41. 이 계명의 목적

이 계명의 목적은, 하나님께서 정숙(貞淑)함과 순결을 사랑하시므로 모든 부정함을 멀리해야 한다는 데에 있다. 요컨대, 불결하고 추한 육체의 무절제한 정욕으로 더럽혀져서는 안 된다는 것이다. 이는 또한 적극적으로, 우리가 우리의 삶의 모든 부분들을 정결하고도 절제 있게 이끌어가야 한다는 명령이기도 하다. 여기서 음행(淫行)을 구체적으로 금하시는 것은, 음행의 더러움을 드러내셔서 우리로 하여금 모든 정욕을 혐오하여 그것을 버리도록 이끄시기 위함인 것이다. 모든 정욕이 다 음행을 향하여 나아가는데, 그 음행이란 심지어 몸에도 자국을 남기는 것으로 그 더러움의 정도가 가장 극심하고 현저한 것이다.

사람은 혼자 살지 않고 돕는 배필과 더불어 연합을 누리며 살도록 그렇게 창조되었는데(참조. 창 2:18), 죄의 저주로 말미암아 이러한 필연성에 더욱더 얽매이게 되었다. 그러므로 하나님께서는 결혼을 제정하셔서 이 문제에 대해서 우리를 위해 필요한 방도를 충족히 마련해 주셨고, 그의 권위 아래에서 시작된 이 결혼의 교제를 축복으로써 거룩하게 하신 것이다. 그러므로, 결혼 이외의 다른 모든 결합은 하나님 보시기에 저주받은 것이라는 것이 분명해지며, 또한 결혼의 동반 관계가 우리를 무절제한 정욕에 빠지지 않도록 지켜 주는 하나의 필연적인 치유책으로서 제정되었다는 사실이 분명해지는 것이다. 이렇듯 결혼 관계 외에는 남자가 여자와 동거하는 것을 하나님께서 저주하신다는 말씀을 듣고 있으니, 우리는 절대로 스스로를 속이는 일이 없어야 할 것이다.

42. 독신은 특별한 은사임

자, 우리의 본성의 처지가 그렇기 때문에, 또한 타락 이후에 일어난 정욕으로 인하여, 하나님께서 특별하신 은혜로 놓임을 주신 사람들을 제외하고는, 결혼 생활이 두 배나 더 필수적인 것이 되었다. 그러므로 각 사람은 자기가 어느 경우에 속하는지를 잘 생각해야 한다. 처녀성(혹은, 동정[童貞])이 멸시해서는 안 될 덕이라는 것을 나는 인정한다. 그러나 어떤 사람은 그것을 부인하며, 또 어떤 사람은 일시적으로 인정하기도 한다. 그러므로, 절제하지 못하여 괴로움을 당하며 그것과의 싸움에서 이길 수 없는 사람들은 결혼을 통하여 문제를 해결해야 하며, 자기의 부르심의 정도에 맞추어서 정절을 보존하도록 도움을 받아야 할 것이다. 이 계명을 받아들이지 않고, 여기 제시된 치유책에 의지하지 않고 자기들의 무절제함에 내어 맡기는 자들은 하나님을 대적하는 것이요 그의 규례를 거부하는 것이다. 하나님의 도우심을 받아 사람이 모든 일을 감당할 수 있다는 나의 주장에 대해 오늘날 반대하여 소리를 높이는 사람들이 많으나, 아무도 그렇게 해서는 안 된다. 하나님께서는 그의 길로 행하는 자들, 즉 하나님의 부르심에 따라 행하는 자들을 도우시기 때문이다(참조. 시 91:1).

하나님의 도우심을 무시하고, 어리석고도 경솔하게 자기들의 필연적인 상태를 극복하고 이기고자 애쓰는 자들은 모두 자기들의 부르심에서 벗어나 있는 것이다. 주께서는 [성적인] 절제가 하나님의 특별한 은사임을 인정하신다. 교회의 몸 전체에 속한 모든 지체들에게 다 베푸시는 것이 아니라, 그 몇몇 지체들에게만 베푸시는 은사라는 것이다. 우선 주께서는 천국을 위하여 스스로 고자가 된 사람들이 있음을 말씀하신다(마 19:12). 즉, 천국의 일들을 위하여 남김 없이 자유로이 자신을 헌신하도록 자신을 허락한 자들을 말한다. 그러나 그렇게 고자가 되는 것이 사람의 능력에 속한 일이라는 식으로 생각하지 못하도록, 주께서는 바로 그 앞에서, 모든 사람이 그렇게 되는 것이 아니라 오로지 특별히 하늘로부터 그렇게 "주어진"(한글 개역 개정판은 "타고난"으로 번역하고 있다. 역자주) 자들만이 그렇게 될 수 있음을 지적하신다(마 19:11). 이 사실을 근거로 주님은 "이 말을 받을 만한 자는 받을지어다"라고 결론을 지으시는 것이다(마 19:12). 바울은 다음과 같이 좀 더 명확하게 이 사실을 선언하고 있다. "각각 하나님께 받은 자기의 은사가 있으니 이 사람은 이러하고 저 사람은 저러하니라"(고전 7:7).

43. 결혼의 필요성

아무리 사람이 큰 열정과 노력으로 사모하고 애쓴다 할지라도 결국 누구나 다 독신(獨身)으로 정절을 지키게 되어 있는 것이 아니라는 것과, 또한 그런 것은 하나님의 일을 위하여 좀 더 매진할 수 있도록 특정한 사람들에게만 주시는 하나님의 은사라는 것을 명확한 선언을 통해서 우리가 배운 바 있다. 그렇다면, 만일 우리가 우리의 능력의 정도에 따라서 우리의 생활 방식을 맞추지 않는다면, 그것은 하나님을 거스르며 그가 지정하신 본성을 거스르는 것이 아니겠는가? 여기서 주께서는 음행을 금지하시는데, 이는 곧 주께서 우리에게 순결과 정숙함을 요구하시는 것이 된다. 그리고 순결과 정숙함을 유지하는 길은 오직 하나밖에는 없다. 곧, 각 사람이 자기 자신의 표준에 따라서 자기 자신을 가늠하는 것이다.

어느 누구도 결혼을 자기에게 무익하거나 쓸데없는 것으로 경솔하게 판단해서도 안 되며, 아내 없이도 살 수 있는 경우가 아니면 어느 누구도 독신을 동경해서도 안 될 것이다. 또한 육체의 안정과 편의를 위하여 독신 생활을 해서는 안 되며, 오직 이 결혼 생활의 속박에서 해방되어 있으니 만큼 경건의 모든 의무들을 더욱 신속하게 감당하며 그 일을 위하여 준비를 갖추어야 할 것이다. 그리고 이런 독신의 축복이 잠정적으로만 주어지는 경우가 태반이므로, 각 사람마다 오로지 자신이 독신을 유지하기에 적합한 한도 내에서만 결혼을 금하여야 할 것이다. 정욕을 제어할 힘이 없을 경우에는, 주께서 결혼이라는 필연적인 사실을 자신에게 부과하셨음을 인정하여야 할 것이다. 사도는 음행을 피하기 위하여 "남자마다 자기 아내를 두고 여자마다 자기 남편을 두라"(고전 7:2)고 명령하며, 또한 "만일 절제할 수 없거든 [주 안에서] 결혼하라"(고전 7:9)고 명령하는데, 여기서 그러한 사실이 입증되고 있는 것이다.

여기서 우리가 알 수 있는 것은, 첫째로, 사람들의 대다수가 무절제의 악행을 지을 소지가 있다는 것이며, 둘째로, 그럴 소지가 있는 자들에 대해서 사도는 한 사람의 예외도 없이 모두 부정(不貞)함을 저항할 그 유일한 치유책을 피난처로 삼으라고 명령하고 있다는 것이다. 그러므로 무절제한 자들이 이런 치유책으로 자기들의 연약함을 치유하기를 소홀히 한다면, 심지어 사도의 이러한 명령에 복종하지 않는다는 것부터가 이미 죄를 범하고 있는 것이다. 뿐만 아니라, 여자를 접하지 않은 사람이라 할지라도, 마치 자기에게는 부정함으로 비난받을 요인이 전혀 없는 것처럼 그것으로 우쭐해져서는 안 될 것이다. 그런 가운데도 마음속으로 정욕이 불 일듯 하는 경우도 얼마든지 있기 때문이다. 바울은 정숙함을 "몸의 정절과 마음의 순결이 함께 연합되어 있는 상태"로 정의하는 것이다. 그는 이렇게 말한다. "시집가지 않은 자와 처녀는 주의 일을 염려하여 몸과 영을 다 거룩하게 하려 한다"(고전 7:34). 그리하여 사도는 위에서 언급한 명령을 확인하면서도, 창녀와 합하여 자기 자신을 더럽히는 것보다는(참조. 고전 6:15 이하) 차라리 아내를 취하는 것이 더 낫다고도 말하며, 또한 "정욕이 불 같이 타는 것보다 결혼하는 것이 나으니라"(고전 7:9)라고도 말씀하는 것이다.

44. 정숙함과 순결

자, 결혼한 부부가 자기들의 결합에 주께서 복을 주신다는 것을 깨닫는다면, 동시에 무절제하고 방탕한 정욕으로 그 결합을 더럽혀서는 안 된다는 점도 알아야 할 것이다. 결혼의 존귀함이 무절제의 추잡함을 덮어준다 할지라도, 그렇다고 해서 결혼이 무절제를 유발시키는 것이 되어서는 안 되는 것이다. 그러므로, 결혼한 부부들은 자기들에게 모든 것이 다 허용된다는 식으로 생각해서는 안 되며, 남편은 자기 아내를, 또한 아내는 자기 남편을 각각 진지하게 대하여야 할 것이며, 따라서 결혼의 존귀함과 절제를 무가치하게 만드는 것은 그 어떠한 것도 용인해서는 안 될 것이다. 주 안에서 맺어진 결혼 생활이 극도의 음탕함에 빠지는 일이 없도록 정숙함과 절도를 지키는 것이 합당하기 때문이다. 암브로시우스는 이런 방탕함에 대해서 아주 가혹하게 정죄하고 있는데, 일리 있는 판단이라 여겨진다. 그는, 사람이 자기의 결혼 생활에서 부끄러움에 대한 생각이나 존귀함이 없이 행한다면, 그것은 자기 아내와 간음을 행하는 것이라고까지 하였다.[16]

마지막으로, 여기서 음행을 금하고 계시는 율법 제정자가 과연 누구신가를 생각하여야 할 것이다. 그분은 바로 우리를 완전히 자기의 소유로 취하고 계시는 분으로서, 영혼과 정신과 육체의 순전함을 요구하시는 분이시다. 그러므로, 그는 음행을 범하지 말라고 명령하시는 동시에, 문란한 복장과 방탕한 몸짓과 추잡한 말로써 다른 사람의 정숙함을 유혹하는 행위도 결코 용납하지 않으시는 것이다. 아켈라우스(Archelaus)는 한 젊은이가 유난스럽게 사치스럽고 방자한 옷차림을 한 것을 보고, 그 사람의 몸의 어느 부분이 부정한가를 따질 상황이 아니라고 말했는데,[17] 이는 일리 있는 말이라 하겠다. 우리는 하나님을 높이 바라보는 사람들인데, 그분은 우리의 영혼이나 육체의 그 어떠한 부분에서 부정한 것이 나타나더라도 그 모든 것을 다 혐오하시는 분이시기 때문이다. 이에 대해서 의심이 없도록, 여기서 하나님은 정숙함을 권장하고 계신다는 점을 기억하도록 하자. 만일 주께서 우리에게 정숙함을 요구하신다면, 그것과 반대되는 것은 무엇이든 다 정죄하시는 것이 된다. 그러므로, 만일 여러분이 순종하기를 진정 바라고 애쓴다면, 여러분의 마음이 속에서 악한 정욕으로 불타오르게 하거나, 여러분의 눈이 부패한 욕심들을 따라 방자하게 움직이거나, 여러분의 몸을 음란한 장식들로 치장하거나, 여러분의 혀를 놀려 더러운 말들로 여러분의 정신을 유혹하여 그런 생각들을 갖도록 하거나, 여러분의 욕망을 무절제로 불타오르도록 만들어서는 안 되는 것이다. 이런 유의 모든 악행들은 모두가 정절의 순결을 더럽혀 흠집을 내는 것들이기 때문이다.

제팔 계명

"도둑질하지 말라"(출 20:15).

45. 이 계명에 대한 전반적인 이해

이 계명의 목적은, 불의(不義)가 하나님께 가증스럽기 때문에, 우리는 각 사람이 소유한 것을 그 사람에게 돌려야 한다는 것에 있다(롬 13:7). 정리하자면, 다른 사람의 소유물들을 탐하는 것을 금하고 있으므로, 이 계명은 동시에 각 사람이 자기의 소유들을 지니도록 그들을 신실하게 돕는 일에 힘써야 한다는 명령이기도 한 것이다.

우리는 각 사람이 소유한 것이 그저 우연히 그 사람에게 주어진 것이 아니라 지극히 높으신 만유의 주께서 분배해 주신 것이라는 점을 생각해야 한다. 그렇기 때문에, 다른 사람의 소유를 악한 방법으로 빼앗게 되면 그것은 하나님의 분배하심을 사기로써 무시하는 것이 되는 것이다. 도둑질에도 많은 종류가 있다. 강제로 완력을 사용하여 다른 사람의 물건을 강탈하는 폭력이 수반되는 도둑질이 있고, 또한 악한 간계를 써서 다른 사람의 재산을 가로채는 사기 행위가 있고, 겉으로는 합법적인 수단을 쓰는 것처럼 하여 다른 사람의 재물을 탈취하는 더 흉악하고도 교묘한 도둑질이 있고, 또한 사람에게 아첨을 늘어놓아서 선물을 위장하여 다른 사람의 재물을 속여 빼앗는 행위도 있는 것이다.

도둑질의 종류에 대해 길게 장광설을 늘어놓을 필요는 없을 것이다. 다만 여기서 기억할 것은, 이웃들의 소유와 돈을 취득하는 이런 모든 수법들은 — 그런 수법들은 순전한 애정에서 벗어나, 모두 속여 빼앗거나 어떤 식으로든 해를 주고자 하는 욕심에서 나온 것들이므로 — 모두가 도둑질로 간주해야 할 것들이라는 사실이다. 법정의 판결을 통하여 그런 재물을 얻는 경우라도, 하나님께서는 달리 판단하지 않으신다. 하나님께서는 간교한 사람이 단순한 사람에게 올가미를 씌워서 자기의 그물에 걸리게 만들기 위하여 사용하는 교묘한 간계들을 다 보고 계시기 때문이다. 하나님께서는 힘 있는 자들이 연약한 자들을 냉혹하고도 비인간적인 법으로 압제하고 무너뜨리는 것을 친히 보고 계신다. 그는 간악한 자들이 미끼를 던져서 가련한 자들을 낚싯바늘에 꿰어서 호리는 것을 다 보고 계시는 것이다. 이런 모든 것들은 사람의 심판을 피해가며, 사람의 눈에 띄지도 않는다.

그리고 그런 불의는 비단 돈이나 상품이나 땅과 관련한 문제에서 뿐 아니라 각 사람의 권리의 문제에서도 발생한다. 우리가 당연히 이웃에게 이행해야 할 의무들을 이행하지 않으면, 그것은 결국 이웃의 재산을 횡령하는 것이 되기 때문이다. 무능한 청지기나 관리인이 주인의 재물을 함부로 소비하며 그 주인의 살림을 제대로 돌보지 않을 경우나, 자기에게 맡겨진 재산을 부당하게 쓰거나 탕진할 경우나, 그 하인이 자기의 주인을 조롱할 경우나, 그가 자기 주인의 비밀들을 누설할 경우나, 주인의 생명이나 재산에 대해서 배신할 경우나, 혹은 반대로, 주인이 자기의 가솔들을 잔악하게 괴롭히는 경우 — 이 모든 경우는 하나님이 보시기에 도둑질로 간주되는 것이다. 자기의 부름에 수반되는 책임에 따라서 다른 사람들에게 마땅히 해야 할 바를 행하지 않는 사람은, 결국 다른 사람의 것을 자기의 것으로 취하는 것이기 때문이다.

46. 이 계명의 올바른 적용

우리에게 주어진 것으로 만족하고, 정직하고도 합법적인 이익만을 얻는데 힘쓴다면, 이는 이 계명을 합당하게 복종하는 것이 될 것이다. 그리고, 불의를 통해서 재물을 얻기를 추구하거나, 이웃의 재물을 빼앗아 우리의 재물을 늘리려 하지 않는다면, 잔인하게 다른 사람의 고혈(膏血)을 뽑아 부(富)를 축적하려 애쓰지 않는다면, 수단 방법을 가리지 않고 어디서든 미친 듯이 재물을 긁어모아 우리의 탐욕을 채우거나 방탕함을 만족시키려 하지 않는다면, 이 계명을 합당하게 복종하는 것이 될 것이다. 그러나 반대로, 다음과 같은 것을 항상 우리의 목표로 삼아야 할 것이다. 곧, 할 수 있는 만큼 우리의 권고와 협력으로 모든 사람들을 도와서 그 사람들이 자기 것을 유지하도록 신실하게 도와야 하지만, 신실하지 못하고 부정직한 사람들을 대해야 할 경우에는 그들과 맞서서 싸우기보다는 차라리 우리의 것을 포기할 준비를 갖추도록 하자. 그러나 이것으로 그치는 것이 아니라, 우리의 풍성한 것들로 어려운 사정으로 압박 받는 자들과 필요한 것을 함께 나누도록 하자.

마지막으로, 우리들 각자 다른 사람에게 이행해야 할 의무가 어느 정도인가를 살펴야 하고, 또한 자기의 빚이 있으면 성실하게 갚아야 할 것이다. 그렇기 때문에, 백성들은 그 모든 통치자들을 존경으로 받들며, 그들의 통치를 인내로 견디며, 그들의 법과 명령들을 복종하며, 하나님의 사랑을 잃어버리는 것이 아니면 무엇이든 거부하지 말아야 할 것이다(롬 13:1 이하; 벧전 2:13 이하; 딛 3:1). 또한 통치자들은 자기들의 일반 백성들을 보살펴야 하고, 공공의 안녕 질서를 유지하며, 선한 자들을 보호하고 악한 자들을 벌해야 할 것이다. 그리하여 최고의 재판장이신 하나님 앞에서 자기들의 일에 대하여 정산(精算)을 한다는 자세로 모든 일들을 도모하여야 할 것이다(참조. 신 17:19; 대하 19:6-7). 교회의 목사들은 신실하게 말씀을 위해 사역해야 하며, 구원의 도리를 더럽히지 않고(참조. 고후 2:17), 하나님의 백성들에게 그것을 순결하고도 더럽히지 않은 상태로 전해야 할 것이다. 그리고 비단 가르침을 통해서 뿐 아니라 삶의 모범을 통해서도 사람들을 가르쳐야 할 것이다. 요컨대, 양 떼들을 보살피는 선한 목자들로서 권위를 시행하여야 할 것이다(참조. 딤전 3장; 딤후 2, 4장; 딛 1:6 이하; 벧전 5장). 또한 신자들은 그들을 하나님의 사자와 사도들로 영접하며, 최고의 선생(주님)이 허락하신 명예를 드리고, 생활에 필요한 것을 제공해야 한다(참조. 마 10:10 이하; 롬 10:15; 15:15 이하; 고전 9장; 갈 6:6; 살전 5:12; 딤전 5:17-18). 그리고 부모들은 하나님께서 맡기신 자녀들을 양육하고, 다스리고 가르치며, 가혹하게 다루어 그들의 마음에 분을 일으켜서 부모에게 등을 돌리게 만들지 말고(엡 6:4; 골 3:21), 부모로서의 성격에 어울리게 온유함과 자비함으로 자녀들을 포용하고 소중히 여겨야 할 것이다. 이미 말한 바와 같이, 자녀들은 부모들에게 순종의 빚을 지고 있다. 주께서 노인을 존귀하게 대하기를 바라시므로, 젊은이들은 노인들을 공경해야 할 것이다. 또한 노인들은 젊은이들의 부족한 점들을 지혜와 경험으로 지도하되, 거칠고 시끄럽게 그들을 나무라지 말고 온유함과 부드러움으로 잘 타일러야 할 것이다. 종들은 부지런히 주인들에게 복종하되, 눈 앞에서만 그렇게 하지 말고, 마치 하나님을 섬기듯이 마음에서부터 우러나와서 복종해야 할 것이다. 또한 주인들은 종들을 향하여 까다롭게 굴거나 쓸데없이 억압하거나 그들을 학대해서는 안 될 것이다. 오히려 그들을 형제로서 인정하고, 하늘의 주님 아래 있는 동일한 종으로 인정하여, 서로 사랑하고 인정으로 대하여야 할 것이다(참조. 엡 6:5-9; 골 3:22-25; 딛 2:9-10; 벧전 2:18-20; 골 4:1; 몬 16).

다시 말하거니와, 이렇게 해서 각 사람이 자기의 처지와 위치에서 이웃에게 빚진 것이 무엇인가를 생각하고, 그것을 갚아야 할 것이다. 더 나아가서, 언제나 생각을 율법 제정자이신 하나님께로 돌려서, 그가 이 규범을 제시하신 것이 우리의 손만이 아니라 마음을 위한 것이며, 또한 사람들로 하여금 다른 사람들의 복지와 이익을 보호하고 장려하도록 힘쓰게 하기 위한 것임을 알아야 할 것이다.

제구 계명

"네 이웃에 대하여 거짓 증거하지 말라"(출 20:16).

47. 이 계명에 대한 전반적인 이해

이 계명의 목적은, 진리이신 하나님께서는 거짓을 미워하시므로 우리가 서로 속임이 없이 진실을 행해야 한다는 것이다. 정리해서 말하자면, 우리는 남을 거짓된 혐의를 씌워 비방하거나 거짓으로 그 사람을 해치지 말아야 한다는 것이다. 요컨대, 함부로 뻔뻔스러운 험담을 하여 남을 해치는 일이 없어야 한다는 것이다. 이러한 금지 명령에는, 할 수 있는 대로 누구에게든지 진실을 증언하여 그 사람의 명예와 소유를 순전하게 보호하도록 도와야 한다는 적극적인 명령이 포함되어 있는 것이다. 여호와께서는 출애굽기 23장의 다음과 같은 말씀들로써 이 계명의 의미를 표현하고자 하신 것 같아 보인다. "너는 거짓된 풍설을 퍼뜨리지 말며 악인과 연합하여 위증하는 증인이 되지 말며"(출 23:1), "거짓 일을 멀리하며"(출 23:7). 또한 다른 구절에서는, 사람들 가운데 돌아다니면서 비방하고 중상하는 말을 퍼뜨리지 말라고 경고하시며(레 19:16), 또한 형제를 속이지 말라고도 경고하신다(레 19:11).

하나님은 두 가지 모두를 구체적인 명령으로 금지하시는 것이다. 하나님께서는 앞의 계명들에서 잔인함과 음란과 탐욕을 금지하셨듯이, 여기서는 거짓을 금하시는 것이 분명하다. 바로 앞에서 언급했듯이, 이 거짓에는 두 가지 부분이 있다. 우리가 악한 의도와 험한 비방으로 이웃의 명예를 해치는 경우도 있고, 또는 거짓말과 심지어 훼방으로 이웃의 재물을 빼앗는 경우도 있는 것이다. 그러나 이 계명을 엄숙한 법적 증언에 관한 것으로 이해하든, 아니면 사사로운 대화에서 저지르는 일상적인 거짓말로 이해하든, 별 차이는 없다. 왜냐하면 우리는 언제나 이 계명이 여러 가지 악행 중에서 특별히 추악한 한 가지 악행을 구체적인 사례로 꼬집어 언급하고, 그 나머지 악행들을 그것과 동일한 범주 속에 집어넣고 있다는 점을 고려해야 하기 때문이다. 그러나, 이를 좀 더 확대시켜서 이웃을 부당하게 해치는 비방과 중상도 여기에 포함시키는 것이 적절한 것 같다. 법정에서의 거짓 증언에는 언제나 거짓 맹세가 포함되기 때문이다. 거짓 맹세가 하나님의 이름을 욕되게 하고 더럽힌다는 사실은 제삼 계명에서 충분히 다루어지고 있다. 그러므로, 우리의 입으로 진실을 선포하며, 이웃의 명예와 이익을 섬기는 것이 이 계명을 정당하게 지키는 길인 것이다. 이것이 공정하다는 것은 너무나도 명백하다. 많은 재물보다 명예가 더 소중하다면(참조. 잠 22:1), 사람의 재물을 탈취하는 것보다도 그 사람의 명예를 훼손하는 것이 더 큰 해가 될 것이기 때문이다. 그러나 재물을 탈취하는 경우에도, 때로는 손으로 강탈하는 것 못지않게 거짓 증언이 사용되는 것이다.

48. 이 계명의 적용

그런데 우리가 생각 없이 안일한 가운데서 이와 관련하여 죄를 짓는 경우가 얼마나 비일비재한지 도무지 이상스럽기까지 하다. 이런 질병으로 인해 뚜렷하게 악을 범하지 않는 사람이 극히 드문 현실이니 말이다. 우리는 다른 사람들의 악행을 찾아내어 폭로하는 데에서 마치 독약이 묻은 쾌감 같은 것을 느낀다. 우리의 진술들이 거짓이 아닌 경우가 많다는 말로 핑계를 댈 생각일랑 하지 말자. 이웃의 명예를 거짓으로 훼손하지 말라고 금하시는 하나님께서는 진리가 허용하는 한 우리가 이웃의 명예를 깨끗하게 지켜주기를 원하시는 것이다. 이 계명이 그저 거짓을 막기 위한 것이긴 하지만, 거기에는 우리 이웃의 명예를 보존하기를 힘쓸 것을 장려하는 의미가 포함되어 있는 것이다. 하나님께서 이처럼 이 일에 관심을 갖고 계신다는 사실만으로도 우리는 분발하여 이웃의 명예를 안전하게 지키려고 힘써야 할 것이다.

그러므로 험담은 이유여하를 막론하고 정죄를 받는 것이다. 그런데, 여기서 말하는 "험담"이란, 징계하고자 하는 의도로 행하는 책망도 아니요, 악을 시정하기 위한 고소나 법적인 탄핵도 아니요, 다른 죄인들을 두려움으로 자극하기 위하여 행하는 공적인 교정도 아니요, 무지로 인하여 위험에 빠지지 않도록 미리 경고를 받아야 할 필요가 있는 사람들에게 사실을 알리는 것도 아니다. "험담"이란, 남의 명예를 훼손시키고자 하는 악의와 방자한 욕심에서 일어나는 미움이 담긴 비난인 것이다.

사실, 이 계명은 심지어 쓰라린 조롱을 농담처럼 가장하여 행하여 정중하게 대하는 척하는 것까지도 금하는 것이다. 어떤 사람들은 말재주에 대하여 칭찬을 받고 싶어서 이런 일을 행하기도 하지만 그 상대방은 이로 인하여 수치와 비탄에 빠지는데, 이런 식의 뻔뻔스러운 짓으로 형제에게 심한 상처를 주는 경우가 허다한 것이다. 여기서 율법 제정자이신 하나님께로 ― 그는 우리의 입에 못지않게 우리의 귀와 마음을 주관하시는 분이시다 ― 시선을 돌리면, 험담을 듣고 싶어하는 것이나 좋지 않은 판단을 경솔하게 표명해 버리는 것이나 모두 그가 금지하시는 것이라는 것을 분명히 깨닫게 될 것이다. 하나님께서 입으로 험담을 내뱉는 병은 미워하시면서, 마음속에 있는 악한 의도는 정죄하지 않으신다는 식의 생각은 어리석기 그지없는 것이기 때문이다. 그러므로, 과연 하나님을 향한 진정한 두려움과 사랑이 우리 속에 있다면, 할 수 있는 만큼, 또한 사랑이 요구하는 만큼, 우리의 입이나 귀를 험담이나 빈정대는 말장난에 이끌리게 하지 말아야 하고, 동시에 교활하게 제기되는 의혹에 아무 이유 없이 마음을 쓰는 일이 없도록 해야 할 것이다. 동시에 모든 사람의 말과 행동을 공정하게 해석하는 자로서, 우리의 판단과 우리의 귀와 우리의 입으로 그들의 명예를 안전하게 지켜주는 데에 성실하여야 할 것이다.

제십 계명
"네 이웃의 집을 탐내지 말라 네 이웃의 아내나 그의 남종이나 그의 여종이나 그의 소나 그의 나귀나 무릇 네 이웃의 소유를 탐내지 말라"(출 20:17).

49. 이 계명의 전반적인 이해

이 계명의 목적은, 하나님께서는 우리의 영혼 전체가 사랑으로 가득하기를 원하시므로 사랑과 반(反)하는 모든 욕망을 우리 마음에서 제거하여야 한다는 것이다. 정리하여 말하자면, 이웃에게 손실을 초래하게 만드는 해로운 탐욕이 생겨나도록 마음을 움직이는 그런 생각이 우리에게 스며들도록 해서는 안 된다는 것이다. 여기에는 동시에 정반대의 계명도 포함되어 있다. 곧, 우리가 무엇을 생각하고, 계획하고, 바라고, 시도하든, 그것이 이웃에게 선을 끼치고 유익이 되는 것이어야 한다는 것이다. 그런데 여기서 아주 곤란한 큰 어려움이 우리에게 닥치는 것처럼 보인다. 우리는 앞에서 "간음"과 "도둑질"이라는 용어들이 음행을 범하고자 하는 욕망과 해를 끼치고 속이고자 하는 의도를 포함하는 것이라고 말한 바 있다. 이것이 사실이라면, 여기서 구태여 다른 사람의 물건을 탐내는 것을 별도로 금지하는 것이 쓸데없는 일인 것처럼 보이게 되는 것이다. 그러나 의도와 탐욕의 차이를 깨달으면 이런 어려움은 곧 사라질 것이다. 앞의 계명들을 다루면서 말한 바와 같이, 의도란 정욕이 마음을 지배할 때에 의지가 거기에 고의적으로 동의하는 것을 가리킨다. 그러나 탐욕은 그런 의도적인 의지의 동의가 없이도 얼마든지 존재할 수 있다. 헛되고 악한 대상들에게 마음이 자극을 받거나 유혹을 받기만 해도 저절로 탐욕이 생겨나는 것이다. 여호와께서는 앞에서 이미 사랑이라는 원리가 우리의 의지와 우리의 행위와 수고를 지배해야 한다는 것을 명령하셨는데, 여기서는 우리의 마음의 생각들이 사랑이라는 목적에 완전히 통제를 받아야 하고, 그리하여 그 생각들이 부패해지고 왜곡되어 그 반대의 방향으로 정신을 몰아가는 일이 없도록 해야 할 것을 명령하고 계시는 것이다. 앞에서는 우리의 마음이 화, 미움, 음행, 도둑질, 거짓말에 기울어, 끌려 들지 않도록 할 것을 명령하셨듯이, 여기서는 그런 방향으로 생각이 자극을 받아 끌려가는 것을 금하고 계신 것이다.

50. 이 계명의 적용

하나님께서 이렇게 올바름을 요구하시는 데에는 그만한 이유가 있다. 영혼의 모든 힘이 사랑에 사로잡힌 바 되는 것이 옳다는 것을 과연 누가 부인할 수 있겠는가? 반대로, 영혼이 사랑의 목표에서 벗어나 방황하고 있다면, 그 영혼이 질병에 걸려 있다는 것을 누가 인정하지 않겠는가? 여러분이 형제를 무시하고 여러분 자신만을 추구하지 않는 이상, 형제를 해롭게 하는 욕심이 마음에 들어오는 일이 어떻게 일어나겠는가? 여러분의 온 마음이 사랑에 완전히 배어 있다면, 그런 상상이 끼어들 틈이 조금도 없어지는 것이다. 그러므로, 마음에 탐욕이 생긴다는 것은 곧, 그 마음에 사랑이 텅 비어 있다는 것이 되는 것이다.

여기서, 탐욕은 마음에 자리를 잡는 것이니 이리저리 생각 속에서 헤매다가 사라져버리는 공상들을 탐욕의 일부로 여겨 정죄할 수는 없다고 반박할 사람도 있을 것이다. 그러나 이에 대한 나의 대답은, 여기서 문제를 삼는 공상이란 우리의 마음을 사로잡으면서도 동시에 탐욕으로 마음을 자극하고 찌르는 그런 공상을 가리킨다는 것이다. 바람직한 것이 생각에 들어오면, 언제나 마음이 흥분하여 뛰어오르는 법인 것이다. 그러므로 하나님께서는 사랑의 놀라운 열정을 명령하시며, 또한 탐욕이 티끌만큼이라도 그 사랑을 가로막지 못하도록 하라고 명하시는 것이다. 그는 놀라울 만큼 절제된 마음을 요구하시며, 사랑의 법을 거스르는 마음의 움직임을 조금이라도 용납하지 않으시는 것이다. 나의 이런 견해가 아무런 권위의 뒷받침이 없다고 생각하는가? 이 계명을 이해하도록 처음 내게 길을 열어준 것이 바로 아우구스티누스였다.[18]

여호와의 계획은 모든 악한 욕망을 금하는 것이었다. 그러나, 그는 일반적으로 가장 우리의 마음을 매혹시키는 것으로 여겨지는 것들을 우리 앞에 실례로 제시하셨고, 그리하여 우리의 욕망을 특별히 자극하여 그것을 발동시키는 요인들을 제거시킴으로써 탐욕이 고개를 들 여지를 조금도 남겨두지 않으시는 것이다.

자, 지금까지 율법의 둘째 돌판의 내용을 다루었다. 이는, 하나님을 위하여 우리가 사람들에게 하여야 할 바가 무엇인지를 충실하게 가르쳐 주는 것이다.

사랑의 체계 전체가 바로 하나님을 생각하는 데에 근거를 두는 것이다. 그러므로, 하나님을 향한 두려움과 존경이 그 기초가 되도록 가르치지 않으면, 이 돌판에 제시된 모든 의무들을 아무리 가르친다 해도 전혀 열매가 없을 것이다. 지혜로운 독자라면 구태여 나의 도움이 없어도, 본래 한 계명인 것을 분리하여, 탐심을 금지하는 이 마지막 계명을 두 개로 보는 사람들을 잘 판단할 것이라 믿는다. "탐내지 말라"라는 표현이 뒤에 다시 반복된다고 해서 이것이 두 개의 계명이 되는 것은 아니다. 앞에서 "집"을 언급한 다음, "아내"부터 시작하여 그 집에 속한 여러 부분들을 열거하는 것이기 때문이다. 그러므로 히브리 사람들이 올바로 하듯이 이 전체를 한 계명으로 보아야 한다는 것이 분명히 드러나는 것이다. 요컨대, 하나님께서는 다른 사람들의 소유물들을 전혀 침해받지 않고 안전한 상태로 있도록 지켜 주며, 그것들을 해치거나 빼앗고자 하는 마음을 갖지 않을 뿐 아니라 심지어 우리의 마음에서 혹시 일어날 수도 있는 지극히 사소한 탐심까지도 제거할 것을 명령하시는 것이다.

(십계명에 대한 그리스도인들의 올바른 이해와 실천. 51-59)

51. 율법의 요체

이제는 율법 전체의 목적을 정리하는 것이 별로 어렵지 않을 것이다. 곧, 의를 실현시켜서 하나님의 순결하심을 본받아 그것에 합당하도록 인간의 삶을 형성하게 하는 것이 바로 그것이다. 하나님께서 율법에서 자신의 성품을 묘사해 놓으셨으므로, 누구든지 거기서 명령하는 바를 행동으로 실천하게 되면, 말하자면 자기의 삶 속에서 하나님의 형상을 표현하는 것이 되는 것이다. 그렇기 때문에 모세는 이스라엘 백성들에게 율법의 핵심을 상기시켜 주기 위하여 이렇게 말씀하였다. "이스라엘아 네 하나님 여호와께서 요구하시는 것이 무엇이냐? 곧 네 하나님 여호와를 경외하여 그의 모든 도를 행하고 그를 사랑하며 마음을 다하고 뜻을 다하여 네 하나님 여호와를 섬기고 … 여호와의 명령과 규례를 지킬 것이 아니냐?"(신 10:12-13). 또한 모세는 율법의 목표를 지적해야 할 때면 언제든지 이러한 생각을 끊임없이 그들에게 심어주었다. 율법의 가르침의 목표는 바로 이것이다. 곧, 거룩한 삶을 통하여 사람을 그의 하나님과 연결시키며, 다른 곳에 나타나는 모세의 말씀처럼, 사람을 하나님께 밀착되도록 만드는 데 있는 것이다(참조. 신 11:22; 30:20).

더 나아가서, 이러한 거룩한 삶은 위에서 언급한 두 가지로 압축된다. 곧, "너는 마음을 다하고 뜻을 다하고 힘을 다하여 네 하나님 여호와를 사랑하라"(신 6:5; 참조. 11:13) 하는 것과, "네 이웃 사랑하기를 네 자신과 같이 사랑하라"(레 19:18; 참조. 마 22:37, 39)는 것이 바로 그것이다. 먼저, 우리의 영혼이 하나님을 향한 사랑으로 가득 차 있어야 한다. 그래야 거기서 이웃에 대한 사랑이 직접 흘러나오는 것이다. 사도는 "계명의 목적은 청결한 마음과 선한 양심과 거짓이 없는 믿음에서 나오는 사랑이라"(딤전 1:5, 한글 개역 개정판은 여기의 "계명"을 "교훈"으로 번역하고 있음: 역자주)고 말씀하는데, 이는 바로 이 점을 보여주는 것이다. 선한 양심과 거짓이 없는 믿음이 여기서 먼저 언급되고 있는데, 이것이 바로 참된 경건이며, 또한 그것으로부터 사랑이 나오는 것이다.

그러므로, 혹시 율법이 가르치는 것은 그저 처음 걸음마를 시작하는 데 필요한 의의 초보와 예비적인 단계에 지나지 않고, 진정한 목표인 선행으로 인도해 주지는 않는다는 식으로 믿는다면, 그것은 잘못된 것이다. 모세와 바울의 진술에 표현되어 있는 것이야말로 그 이상 더 바랄 것이 없는 완전한 것이기 때문이다. 하나님을 경외하고, 영적으로 예배하며, 계명들을 복종하고, 주의 올바른 도를 따르며, 또한 마지막으로, 순전한 양심과 거짓 없는 믿음과 사랑을 지니라는 가르침으로 만족하지 않는다면, 도대체 무엇을 더 바라며 어디로 가겠다는 것인가? 이로 보건대, 율법의 계명들에서 경건과 사랑의 모든 의무들을 구하고 찾는 그런 율법 해석이 올바른 것이라는 사실이 분명히 드러나는 것이다. 마치 율법이 하나님의 뜻을 절반밖에는 가르치지 않기라도 하는 것처럼, 그저 무미건조한 초보적인 내용들만을 따르는 자들은, 사도께서 증거하는 바 율법의 목적을 전혀 이해하지 못하고 있는 것이다.

52. 둘째 돌판만을 언급하는 이유

그러나 그리스도와 사도들께서 율법을 정리하시면서 간혹 첫째 돌판은 언급하지 않으시는 때가 있기 때문에, 많은 사람들이 어리석게도 그들의 말씀을 두 돌판 모두에게 다 적용시키려 하는 것을 본다. 마태복음에서 그리스도께서는 "정의와 긍휼과 믿음"이 "율법의 더 중한 바"라고 말씀하신다(마 23:23). 여기서 나는 "믿음"이라는 용어가 사람들을 향한 진실함을 의미하는 것이 분명하다고 본다. 그런데 어떤 이들은 이 표현을 하나님을 향한 경건으로 해석하여, 이것이 율법 전체에까지 확대되어 적용되는 것처럼 이해한다.

이것은 분명 어리석은 해석이다. 그리스도께서는 여기서, 사람이 자신이 의롭다는 것을 입증하기 위해 드러내 보여야 할 행위들에 대해서 말씀하고 계시기 때문이다. 이 점을 생각하면, 다른 구절에서 한 젊은 사람이 어떠한 계명들을 지켜야 생명에 들어갈 수 있겠느냐고 물을 때에 주께서 다음과 같은 말씀으로만 대답하신 것에 대해서 의아하게 생각하지 않게 될 것이다. 주님은 그 젊은이에게 "살인하지 말라, 간음하지 말라, 도둑질하지 말라, 거짓 증언하지 말라, 네 부모를 공경하라, 네 이웃을 네 자신과 같이 사랑하라 하신 것이니라"(마 19:18-19)고 대답하신 것이다. 첫째 돌판에 대한 복종은 보통 마음의 의도 가운데 있거나, 의식(儀式)들 가운데 있거나 둘 중의 하나다. 마음의 의도는 겉으로 드러나지 않는데, 외식하는 자들은 계속해서 의식을 행하는 데에만 분주하다. 그러나 진정한 의로움을 눈으로 보도록 드러내 주는 것은 바로 사랑에서 나오는 행위들인 것이다.

이 점이 선지자들의 글에서 매우 자주 나타나고 있으므로, 지식이 부족한 독자라 할지라도 그것을 친숙하게 알 것이라 믿는다. 선지자들이 사람들에게 회개를 촉구할 때마다 거의 언제나 첫째 돌판의 내용은 생략되어 있고, 항상 믿음, 판단, 긍휼, 공평 같은 것만 강조되고 있는 것이다. 그들이 하나님을 향한 경외를 무시한 것은 결코 아니다. 그들은 겉으로 드러난 모습들을 통해서 그 경외의 진정한 증거를 보이라고 요구한 것이다. 선지자들이 율법을 지킬 것을 말씀할 때에 대개 둘째 돌판에 치중한다는 것은 매우 잘 알려져 있는 사실인데, 그 이유는 의와 순전함에 대한 열심이 특별히 바로 그 둘째 돌판에서 드러나기 때문인 것이다. 누구나 내가 하는 말을 쉽게 확인할 수 있을 것이니(예컨대, 사 1:17 등) 일일이 구절들을 열거할 필요는 없을 것이다.

53. 믿음과 사랑

그러나 이렇게 질문할 사람도 있을 것이다. "의의 본질이 경건으로 하나님을 존귀하게 하는 것보다 사람들과 정직하게 살아가는 데에 있다는 말인가?" 결코 그렇지 않다! 하나님을 진정으로 경외하지 않고서는 모든 면에서 사랑을 유지하기가 쉽지 않기 때문에, 사랑이 그 사람의 경건의 증거가 된다 할 것이다. 뿐만 아니라, 우리가 하나님께 유익을 끼칠 수가 없다는 것을 하나님께서 친히 잘 알고 계시며 또한 선지자들을 통해서 이를 확증하고 계시므로, 그는 우리의 의무를 그 자신에게로 제한시키지 않으시고 이웃에게 선을 행하도록 우리를 훈련시키시는 것이다(참조. 시 15:2). 결국 사도가 성도의 온전함을 사랑에 두는 데에는 합당한 이유가 있다 할 것이다(엡 3:19; 1:5; 골 3:14). 다른 곳에서 그는 "남을 사랑하는 자는 율법을 다 이루었느니라"라고 함으로써(롬 13:8), 사랑을 율법을 이루는 것으로 말씀하는 것이다. 그는 또한 "온 율법은 네 이웃 사랑하기를 네 자신 같이 하라 하신 한 말씀에서 이루어졌나니" 라고도 말씀한다(갈 5:14).

이러한 바울의 가르침은 사실 그리스도 자신의 다음과 같은 가르침을 그대로 반복하는 것뿐이다. "무엇이든지 남에게 대접을 받고자 하는 대로 너희도 남을 대접하라 이것이 율법이요 선지자니라"(마 7:12). 율법과 선지자들의 글에서는 믿음과 또한 하나님을 정당하게 예배하는 것과 관련되는 모든 내용을 첫째로 두며, 사랑을 그 아래에 두고 있는 것이 분명히 드러난다. 그러나 주님의 말씀의 뜻은, 율법이 사람들을 향하여 정의와 공평을 지키라고 명령하는 것은 그것을 실천함으로 말미암아 하나님을 향한 경건한 두려움을 — 우리에게 그런 것이 조금이라도 있다면 — 증거하게 하고자 함이라는 것이다.

54. 이웃에 대한 사랑

그러므로, 우리가 굳게 붙들어야 할 것은 바로 이것이다. 곧, 우리의 삶이 모든 면에서 우리 형제들을 위하여 가장 결실이 많을 때에, 우리의 삶이 하나님의 뜻과 율법의 명령에 가장 일치하게 된다는 것이다. 자기 자신의 육체의 이익을 위하여 이런 일을 하고 저런 일을 하지 말라는 식의 규범은 율법 전체에서 단 하나도 찾을 수가 없다. 모든 사람이 날 때부터 자기 사랑(self-love)에 지나치게 기울어 있는 것이 현실이므로 — 아무리 진리에서 벗어난다 할지라도 여전히 자기 사랑은 그대로 유지하므로 — 이미 그렇게 지나친 상태에 있는 사랑을 율법으로 새삼 불러일으킬 필요가 없다. 그러므로, 우리 자신을 사랑하는 것이 아니라 하나님과 이웃을 사랑함으로써 계명을 지키는 것이라는 것이 매우 분명해지는 것이다. 할 수 있는 만큼 자기 자신을 위해서는 덜 힘쓰며 사는 사람이 가장 선하고 거룩한 삶을 사는 것이요, 또한 오로지 자기 자신만을 위해서 살고 애쓰며, 오로지 자기의 이익만을 생각하고 그것만을 추구하는 사람만큼 악하고 추하게 사는 사람이 없는 것이다.

정말이지 주께서는 우리가 이웃을 사랑하는 일에 얼마나 깊이 기울어져 있어야 하는가를 표현하기 위하여, 그것을 우리 자신을 사랑하는 것과 비교하고 계신다(레 19:18). 우리 자신을 사랑하는 것만큼 격렬하고 강렬한 것이 없기 때문이다. 그러므로 우리는 이 표현의 강렬한 의미를 부지런히 새겨야 할 것이다. 주님은 일부 궤변가들의 어리석은 상상처럼 자기 사랑을 최고의 자리에 두시고 이웃 사랑을 그 다음 자리에 두시는 것이 아니다. 오히려, 그는 우리가 본성적으로 우리 자신에 대하여 느끼는 그런 사랑의 정서를 다른 사람들에게로 돌리라고 가르치시는 것이다. 그러므로 사도는, 사랑은 "자기의 유익을 구하지 아니하며"(고전 13:5)라고 선언하고 있다. 규정되는 것은 언제나 규정 그 자체보다 열등하다는 이런 궤변가들의 논리는 터럭만큼도 고려할 가치가 없는 것들이다. 사실, 주께서는 우리 자신에 대한 사랑과 관련한 규범을 세우시고, 그것을 근거로 다른 사람에 대한 사랑을 명령하신 것이 아니다. 오히려 인간 본성의 부패로 인하여 우리 속에 언제나 자리잡고 있는 자기 사랑의 정서를 이제 다른 사람에게로 확대시켜서, 우리 자신을 대하는 것에 못지않게 열심히 부지런히 우리 이웃에게 유익을 끼쳐야 할 것을 보여주신 것이다.

55. 이웃에 대한 사랑의 범위

자, 그리스도께서 선한 사마리아 사람의 비유에서 "이웃"이라는 용어가 지극히 먼 사람까지도 포함하는 것임을 보여주셨으므로(눅 10:36), 우리는 사랑의 계명을 친밀한 관계가 있는 자들에게만 한정시켜서는 안 될 것이다. 물론, 우리와 가까운 사람일수록 우리가 더 친밀한 의무감을 갖고 그 사람을 도와야 한다는 것은 나도 부인하지 않는다. 혈연 관계나 친분 관계나 이웃 관계를 통해서 긴밀하게 연관을 맺고 있는 사람들일수록 더 큰 책임을 서로 공유한다는 것은 인류에게 공통으로 있는 습관이다. 이것이 하나님의 뜻을 거스르는 것이 아니다. 오히려 말하자면, 하나님의 섭리가 그런 방향으로 이끈다고 할 수 있다. 그러나 내가 말하고 싶은 것은, 사랑의 감정에 있어서 예외 없이 온 인류 전체를 포용해야 한다는 것이다. 여기에는 야만인이나 헬라인, 귀한 자나 천한 자, 친구나 원수 등의 구별이 있을 수 없다. 왜냐하면 모든 사람을 그들 자신으로가 아니라 하나님 안에서 바라보아야 하기 때문이다. 이러한 시각을 잃어버리면, 온갖 오류에 얽히는 것이 오히려 당연한 일일 것이다. 그러므로, 우리의 사랑의 방향을 올바로 이끌려면, 먼저 우리의 시선을 사람이 아니라 ― 이들을 바라보면 사랑보다는 오히려 미움이 앞서게 되는 경우가 더 많을 것이다 ― 하나님께로 돌려야 하며 ― 그는 우리가 그를 향하여 지닌 사랑을 모든 사람에게로 확대시키라고 명령하고 계신다 ― 그렇게 하기 위해서는 다음과 같은 것을 불변의 원리로 삼아야 할 것이다. 곧, 사람의 성품이 어떻든지 간에, 우리가 하나님을 사랑하므로 그 사람도 사랑해야 한다는 것이다.

56. 스콜라 신학자들의 그릇된 논리

"원수를 갚지 말라, 원수를 사랑하라"는 이 명령들은 모든 유대인들과 또한 모든 그리스도인들에게 공통으로 주어진 것인데, 스콜라 신학자들은 이를 지켜도 좋고 지키지 않아도 무방한 "권고들"로 바꾸어 놓았으니, 이 얼마나 흉악한 무지요 악행이란 말인가! 더 나아가서 그들은 이 "권고들"을 복종할 의무를 수도사들에게 지워 놓고서, 그들이 이런 "권고들"을 지키도록 자발적으로 스스로를 묶어 놓았으므로 그들이야말로 보통 그리스도인들보다 이 점에서는 더 의롭다고 간주한다. 그리고 그들은 이 명령들이 ― 특히 은혜의 법 아래 있는 그리스도인들에게는 ― 너무 무겁고 부담스러운 것처럼 보인다는 것을 그것들을 율법으로 받아들이지 않는 이유로 든다.

그러면 이웃을 사랑해야 한다는 하나님의 영원한 율법을 그렇게 해서 감히 폐하겠다는 것인가? 그런 구분이 율법의 내용에 나타나고 있는가? 오히려, 원수를 사랑하는 것을 요구할 만큼 매우 엄격한 명령들이 아주 흔하게 나타나고 있지 않은가? 그러면 다음과 같은 명령들은 대체 어디에 속하는가? 원수가 배고플 때에 먹을 것을 주라(잠 25:21), 원수의 소나 나귀가 길을 잃었을 때에 그것들을 데려다 주고, 그것들이 짐을 지고 곤할 때에는 그것들을 도우라(출 23:4-5)는 등의 명령들 말이다. 원수의 짐승들에게는 선을 행하면서, 정작 원수 자신에게는 선한 뜻을 보이지 말아야 한단 말인가? "원수 갚는 것이 내게 있으니 내가 갚으리라"(히 10:30; 참조. 신 32:35)라는 주님의 말씀이 영원한 것이 아니란 말인가? 이 말씀은 다른 곳에서 더 명확하게 표현되고 있다. "원수를 갚지 말며 동포를 원망하지 말며 네 이웃 사랑하기를 네 자신과 같이 사랑하라"(레 19:18). 그들은 율법에서 이런 것들을 제거해 버리든가, 아니면 여호와께서 율법 제정자이심을 인정하고, 그를 그저 권고를 하시는 분 정도로 그릇되게 나타내는 행위를 버려야 할 것이다.

57. 원수를 사랑하라는 계명은 권고가 아니라 계명임

그들은 온갖 어리석은 설명으로 다음의 말씀을 조롱해왔다. "너희 원수를 사랑하며 너희를 미워하는 자를 선대하며 너희를 저주하는 자를 위하여 축복하며 너희를 모욕하는 자를 위하여 기도하라"(눅 6:27-28), "이같이 한즉 하늘에 계신 너희 아버지의 아들이 되리니"(마 5:45). 그런데 이 말씀은 대체 무슨 의미인가? 크리소스톰은, 이 말씀에 의무적인 성격이 나타나는 것을 볼 때에 이를 권고가 아니라 명령으로 보아야 한다고 가르쳤는데,[19] 여기서 그러한 결론을 얻지 않을 사람이 어디 있겠는가? 우리가 하나님의 자녀들의 반열에서 지워진다면, 과연 우리에게 무엇이 남겠는가? 그런데도 그들은 수도사들만이 하늘 아버지의 아들들이며, 오로지 그들만이 감히 하나님을 아버지라 부를 수 있다고 하는 것이다.

그렇게 되면 교회는 또 어떻게 되겠는가? 이런 논리로 따지면, 교회는 이방인과 세리의 무리로 전락해버릴 것이다. 왜냐하면 그리스도께서 이렇게 말씀하시기 때문이다. "너희가 너희를 사랑하는 자를 사랑하면 무슨 상이 있으리요? 세리도 이같이 아니하느냐? 또 너희가 너희 형제에게만 문안하면 남보다 더하는 것이 무엇이냐? 이방인들도 이같이 아니하느냐?"(마 5:46-47; 참조. 마 18:17; 눅 6:32). 하늘 나라의 기업을 다 빼앗기고 그저 그리스도인이라는 이름만 우리에게 남아 있다면, 꽤나 다행스럽기도 하겠다!

아우구스티누스의 다음과 같은 발언도 이에 못지않게 설득력이 있다. "주께서 간음하지 말라고 명령하실 때에는, 친구의 아내는 물론 원수의 아내까지도 범하지 말라는 것이다. 도둑질하지 말라고 명령하실 때에는, 친구에게서든 원수에게서든 일체 도둑질을 하지 말라는 것이다."[20] 바울은 "도둑질하지 말라"와 "간음하지 말라"라는 이 두 가지 계명을 사랑의 규범과 연관시킨다. 사실, 그는 그 계명들이 "네 이웃을 네 자신과 같이 사랑하라"는 계명 속에 포함된 것으로 가르치고 있다(롬 13:9). 그렇다면, 바울이 율법을 그릇되게 해석했든가, 아니면 원수를 친구와 똑같이 사랑하라는 계명에서부터 그것이 필연적인 결과로 나오든가, 둘 중의 하나일 것이다. 그렇기 때문에 그 사람들은 하나님의 자녀들 모두에게 똑같이 해당되는 그 멍에를 방자하게 뒤흔들어 벗겨버림으로써 자기들이 사탄의 자녀들임을 스스로 드러내고 있는 것이다. 그런데 그들이 이런 그릇된 가르침을 퍼뜨리는 것이 무지의 소치인가, 아니면 그들의 뻔뻔스러움에서 나오는 것인가에 대해서 의혹을 가질 수도 있을 것이다. 교부들은 한결같이 이것들이 실질적인 계명들이라는 사실을 선포하고 있다. 심지어 그레고리우스의 시대에도 이 사실에 대해서 의심이 없었다. 그레고리우스 자신도 이를 강력하게 선언하고 있다. 그는 이것들이 계명이라는 사실을 논란의 여지 없는 사실로 받아들이는 것이다.[21]

그러니 그들의 주장이 얼마나 어리석은가! 이 계명이 그리스도인들에게 너무도 무거운 짐이 될 것이라니 말이다! 그렇게 따지면, 마음을 다하고 뜻을 다하고 힘을 다하여 하나님을 사랑하는 일보다 더 어려운 일이 어디 있겠는가? 이 계명과 비교하면, 그 어떠한 계명도 ─ 원수를 사랑하라는 계명이든, 우리 마음에서 복수심을 제거하라는 계명이든 ─ 이보다는 쉬운 것이다. 그러나 연약한 우리들에게는 이 모든 계명들이 ─ 심지어 율법의 지극히 사소한 것까지라도 ─ 다 힘들고 어렵다(참조. 마 5:18; 눅 16:17).

그러나 우리가 덕스럽게 행하는 것은 바로 주 안에서 그렇게 행하는 것이다. "주께서 명령하시는 바를 우리에게 주옵시고, 뜻하시는 바를 명령하옵소서."[22] 우리가 은혜의 법 아래에서 그리스도인이 되었다는 것은 율법 바깥에서 마음대로 방황한다는 것이 아니라, 그리스도 안에 접붙임을 받아 그의 은혜로 우리가 율법의 저주에서 해방되었고, 또한 그의 성령으로 말미암아 우리 마음에 율법이 새겨졌다는 것을 의미하는 것이다(렘 31:33). 이 은혜를 바울은 "법"이라 부르는데(롬 8:2), 이는 엄밀한 의미가 아니라, 그가 은혜와 대비되는 것으로 말하는 하나님의 율법을 암시하는 것뿐이다. 그런데 이 사람들은 이 "법"이라는 용어를 자기들의 온갖 헛된 사색들의 근거로 이용하고 있는 것이다.

58. "소죄"의 구분의 부당함

그들은 첫째 돌판을 어기는 은밀한 불경건함이나, 마지막 계명을 직접적으로 어기는 것을 가리켜 "소죄"(小罪: 경미한 죄)라 부르는데, 이에 대해서도 같은 말을 해야 할 것이다. 그들은 "소죄"를, 고의적인 동의가 따르지 않는 욕망으로서 마음에 오래 남아 있지 않는 것이라고 정의하고 있다. 그러나 나는, 율법에서 요구하는 것들이 마음속에 없는 경우가 아니고서는 그것이 마음에 스며들 수조차 없다고 단언한다. 율법은 "다른 신들을 두지 말라"고 명령하고 있다. 불신앙의 교묘한 책략에 의해서 마음이 침체되어 다른 곳을 두리번거리거나, 갑자기 다른 곳에서 행복감을 찾고자 하는 욕망이 생겨날 때에, 그런 유혹들을 받아들이고자 하는 무언가 공허한 구석이 영혼 속에 있기 때문이 아니라면, 대체 이런 잠깐 지나가는 충동들이 생기는 이유가 무엇이란 말인가?

구태여 논리를 더 길게 전개하지 않아도, "마음과 뜻과 힘을 다하여 하나님을 사랑하라"는 계명이 이미 우리에게 주어져 있다. 그러므로, 우리 영혼의 모든 것이 하나님을 사랑하는 데에 모아지지 않으면, 우리는 이미 그 계명에 대한 복종을 저버린 것이다. 하나님의 나라를 대적하여 일어나 그의 계명들을 방해하는 원수들이 우리의 양심 속에 있다는 것은, 바로 하나님의 보좌가 우리의 양심 속에 확고하게 서 있지 못하다는 것을 입증해 주는 것이기 때문이다. 마지막 계명이 바로 여기에 해당된다는 것을 앞에서 이미 입증한 바 있다. 욕망이 우리 마음에 끼어들었는가? 그러면 우리는 이미 탐심의 죄를 지은 것이고, 결국 율법을 범한 자들인 것이다. 주께서는 다른 사람에게 손해를 끼치는 일을 도모하거나 계획하지 말라고 명령하실 뿐 아니라, 더 나아가서 탐심이 속에서 불 일듯 하는 것까지도 금하고 계시기 때문이다. 그런데 율법을 범하게 되면 하나님의 저주가 거기에 가해진다. 그러므로 아무리 가벼운 탐심이라도 사형 판결에서 면제받을 근거가 없는 것이다.

아우구스티누스는 이렇게 말하고 있다. 죄의 경중(輕重)을 따질 때에 "그릇된 저울을 가져다 놓고 우리가 좋아하는 것을 우리가 좋아하는 때에 우리가 좋아하는 방식대로 무게를 달아서 '이것은 무겁다, 이것은 가볍다'는 식으로 판단하지 말자. 성경이라는 하나님의 저울을 하나님의 보고(寶庫)에서 가져다 놓고 그것으로 무엇이 무거운지를 재도록 하자. 아니, 다시 잴 필요가 없다. 이미 주께서 재어놓으신 것을 인정하도록 하자."[23]

이 문제에 대해서 성경은 과연 무어라고 말씀하는가? 바울은 사망을 "죄의 삯"이라고 부르는데(롬 6:23), 여기서 그는 이와 같은 역겨운 구별에 대해서 전혀 모르고 있음을 드러내고 있는 것이다. 우리는 부당하게도 외식의 방향으로 항상 기울어지기 때문에, 이처럼 완화제(緩和劑)를 덧붙여서 우리의 게으른 양심을 더욱 나태하게 하는 일이 있어서는 절대로 안 될 것이다.

59. 죄는 모두가 죽을 죄임

그리스도께서는 "누구든지 이 계명 중의 지극히 작은 것 하나라도 버리고 또 그같이 사람을 가르치는 자는 천국에서 지극히 작다 일컬음을 받을 것이요"(마 5:19)라고 말씀하셨는데, 그들은 이 말씀이 무슨 뜻인지를 생각해 보는 것이 좋을 것이다. 감히 그들이 율법을 범하는 일을 마치 사형 판결에 해당되지 않는 것처럼 가볍게 이야기한다면, 그들이 이 말씀에 해당되지 않겠는가? 그들은 율법이 명령하는 내용만이 아니라 그런 명령을 주시는 분이 누구신지를 진지하게 따져보았어야 옳았다.

하나님께서 친히 명령하신 계명을 범하였다면 아무리 사소한 것이라도 그것은 하나님의 권위를 무시한 것이다. 어떤 문제에서든 하나님의 위엄을 침범한다면 그것이 과연 사소한 문제이겠는가? 하나님이 율법에서 그의 뜻을 계시해 놓으셨다면, 그 법에 반하는 것은 무엇이든 하나님을 거스르는 것이다. 하나님의 진노가 지극히 미약하기 때문에 사형 선고가 곧바로 뒤따르지 않는다고 생각하는가? 말도 안 되는 교묘한 논리로 분명한 진리를 흐리게 만들지 않고 마음을 기울여 하나님의 음성을 듣는다면, 하나님께서 이 점에 대해서도 이미 분명하게 선언하셨다는 사실을 알게 될 것이다. 하나님은 이렇게 말씀하신다. "범죄하는 그 영혼은 죽으리라"(겔 18:4, 20). 바로 앞에서 인용한 다음 구절도 마찬가지다. "죄의 삯은 사망이요"(롬 6:23).

죄라는 것을 부인할 수가 없어서 죄로 고백하기는 하지만, 그들은 그것이 죽을 죄는 아니라고 주장한다. 그러나, 지금까지 그렇게도 자기들의 어리석음에 빠져 있었으니, 이제 한 번쯤은 제발 지혜로워지기를 배웠으면 좋겠다. 그런데도 계속해서 헛소리를 늘어놓는다면, 그 사람들에 대해서는 더 이상 염두에 둘 필요가 없고, 하나님의 자녀들로서는 모든 죄가 죽을 죄라는 사실을 직시해야 할 것이다. 그 어떠한 죄라도 하나님의 뜻을 거스르는 반역이요, 이는 필연적으로 하나님의 진노를 유발시키는 것이다. 또한 그 어떠한 죄라도 율법을 범하는 것이요, 이에 대해서는 단 하나의 예외도 없이 하나님의 심판이 선고되는 것이다. 성도들의 죄가 용서함을 받는 것은, 그들이 성도이기 때문이 아니라, 하나님의 긍휼하심으로 말미암아 죄 사함을 얻기 때문인 것이다.

주 ____

1. 참조. 제1권 7장 1-2절.

2. 참조. 제1권 1장 2절.

3. 참조. 1-6장.

4. 참조. 5장 10절; 7장 4절; 제3권 17장 1-3, 6, 7절.

5. Augustine, *City of God*, XIV. xii.

6. 첫 번째에 대해서는 6절을 참조할 것.

7. 레스보스(Lesbos) 섬에서 주형틀을 만들기 위해서 사용한 납으로 된 잣대로서, 아리스토텔레스는 이를 법에 명시되지 않은 것들을 가리키는 뜻으로 사용하였다. Aristotle, *Nicomachean Ethics*, V. 10. 1137b.

8. Origen, *Homilies on Exodus*, hom. viii. 3.

9. Augustine, *Against Two Letters of the Pelagians*, III. iv. 10.

10. Augustine, *Letters*, lv. 11.

11. Josephus, *Antiquities of the Jews*, III. v. 8. 101; III. vi. 5. 140.

12. 참조. 제1권 4장 3절.

13. 참조. 제1권 11장 2, 12절.

14. 참조. 28절

15. 참조. 제3권 7장 2-7절; 제3권 20장 38, 45-46절; 제4권 1장 11-19절 등.

16. Augustine, *Against Julian*, II. vii. 20.

17. P. Barth and W. Nisel, *Calvini Opera Selecta*, III. 383, note 2.

18. Augustine, *On the Spirit and the Letter*, xxxvi. 64-66.

19. Chrysostom, *De compuntione cordis*, I. 4; *Adversus oppugnatores vitae monasticae*, III. 14.

20. Augustine, *On Christian Doctrine*, I. xxx. 32.

21. Gregory the Great, *Homilies on the Gospels*, ii. 27. 1.

22. Augustine, *Confessions*, X. xxix. 40; xxxi. 45.

23. Augustine, *On Baptism, Against the Donatists*, II. vi. 9.

제 9 장

그리스도는 율법 아래에서 유대인들에게도 알려지셨으나
오직 복음 안에서 분명히 알려지셨음

(구약의 약속대로 성취된 그리스도의 은혜. 1-2)

1. 그리스도에 대한 구약 백성들과 신약 성도들의 이해

그 옛날 하나님께서 속죄와 희생 제사들을 통해서 자신이 아버지이심을 증거하시며 또한 자신을 위하여 택한 백성을 구별하고자 하신 것이 결코 헛된 일이 아니었다. 그러므로 하나님께서는 그 옛날에도 지금 우리에게 충만히 나타나시는 것과 똑같은 모습으로 알려지신 것이 분명하다. 그리하여 말라기는 유대인들에게 모세의 율법을 계속해서 지키라고 명한 후에 ― 그가 죽은 후에 선지자 직분이 중단될 것이었기 때문에 ― 곧바로 "공의로운 해"가 떠오를 것임을 선포하고 있다(말 4:2). 이는 곧, 율법이 경건한 자들로 하여금 계속해서 그리스도의 오심을 기대하게 하는 효과가 있지만, 그가 오시면 훨씬 더 큰 빛을 기대하게 될 것임을 시사하는 것이다.

그렇기 때문에 베드로는, 선지자들이 이 구원에 대하여 연구하고 부지런히 살폈는데(벧전 1:10) 그것이 복음으로 말미암아 분명하게 드러났다고 말씀하며, 또한 그것이 그들에게 계시된 것은 그들 자신이나 그들의 시대를 섬기기 위한 것이 아니라, 복음을 통해서 선포된 일들을 통해서 우리를 섬기기 위한 것이었다고도 말씀한다(벧전 1:12). 이런 일들에 대한 가르침이 그 옛 사람들에게는 쓸데없는 일이었다거나, 선지자들 자신에게는 가치가 없는 일이었다는 뜻이 아니고, 하나님께서 그들의 손을 통해서 우리에게 전해 주신 그 보배를 그들이 소유하지 못한 상태였다는 뜻이다. 그들이 증거한 그 은혜가 오늘날 우리의 눈 앞에 제시되어 있으니 말이다. 그들은 그것에 대해 그저 살짝 맛을 본 정도였으나, 우리는 그것을 더욱 풍성하게 누리고 있는 것이다.

그러므로, 그리스도께서는 모세가 자기를 증거하였음을 선언하시는데(요 5:46), 여기서 우리가 은혜의 분량에 있어서 유대인들을 훨씬 능가한다는 사실이 드러나는 것이다. 그는 제자들에게 이렇게 말씀하신다. "너희가 보는 것을 보는 눈은 복이 있도다. 내가 너희에게 말하노니, 많은 선지자와 임금이 너희가 보는 바를 보고자 하였으되 보지 못하였으며 너희가 듣는 바를 듣고자 하였으되 듣지 못하였느니라"(눅 10:23-24; 참조. 마 13:16-17).

하나님께서 탁월한 경건을 지녔던 저 거룩한 족장들보다도 우리를 선호하셨다는 사실은 복음 계시를 적지 않게 높여주는 것이다. 다른 구절에서는 아브라함이 그리스도의 때를 보고 기뻐하였다고 말씀하는데(요 8:56), 이 역시 이러한 사실과 일치하는 것이다. 멀리서 무언가를 바라보면 희미하게 밖에는 볼 수 없는 법이지만, 그럼에도 불구하고 아브라함은 선한 소망의 확신을 갖고 있었다. 바로 여기에서 기쁨이 왔고, 그는 죽을 때까지 그러한 기쁨 가운데 있었던 것이다.

또한 세례 요한은 "본래 하나님을 본 사람이 없으되 아버지 품 속에 있는 독생하신 하나님이 나타내셨느니라"(요 1:18)고 진술하지만, 그렇다고 해서 그리스도 이전에 죽은 경건한 자들이 그리스도에게서 비치는 그 지식과 빛의 교제에서 제외되는 것은 아니다. 그러나, 그들의 몫과 우리의 몫을 서로 비교함으로써, 그는 그들이 희미하게 윤곽만을 얼핏 보고 지나간 그 신비들이 우리에게 밝히 드러나고 있음을 가르치고 있는 것이다.

히브리서 기자도 이 점을 분명히 설명해 주고 있다. "옛적에 선지자들을 통하여 여러 부분과 여러 모양으로 … 말씀하신 하나님이 이 모든 날 마지막에는 아들을 통하여 우리에게 말씀하셨으니"(히 1:1-2). 오늘날 우리에게 "하나님의 영광의 광채시요 그 본체의 형상"이신(히 1:3) 그 독생자께서 그 옛날 유대인들에게도 알려지셨고, 그리하여 다른 곳에서도 인용했듯이 바울이 그리스도께서 옛시대의 구원의 지도자이셨음을 가르치는 것은 사실이다(참조. 고전 10:4). 그러나 더 나아가서, 바울이 다른 곳에서 가르치는 대로, "어두운 데에 빛이 비치라 말씀하셨던 그 하나님께서 예수 그리스도의 얼굴에 있는 하나님의 영광을 아는 빛을 우리 마음에 비추”신 것(고후 4:6)이 사실인 것이다. 과거에는 그의 모습이 뚜렷하지 않았고 그림자처럼 되어 있었으나, 그가 자신의 모습으로 나타나심으로써, 말하자면 자기 자신을 가시화(可視化)시키신 것이다. 그러니, 이처럼 밝은 대낮에 있으면서도 눈먼 상태에 있는 자들의 배은망덕과 부패함이야 얼마나 더 역겹고 가증스럽겠는가! 그리하여 바울은 “이 세상의 신이 믿지 아니하는 자들의 마음을 혼미하게 하여 그리스도의 영광의 복음의 광채가 비치지 못하게 함”(고후 4:4)이라고 말씀하는 것이다.

2. 복음의 탁월성

나는 복음이 그리스도의 신비를 명확히 드러낸다고 본다. 또한 바울이 복음을 “믿음의 도리”(딤전 4:6, 한글 개역 개정판은 “믿음의 말씀”으로 번역하고 있음: 역자 주)라고 부르고 있으므로, 율법에 흔히 나타나는 바 값없이 죄 사함을 주리라는 — 그리하여 하나님께서 사람들을 자기와 화목시키시리라는 — 모든 약속들도 복음의 일부로 간주된다는 것을 인정하는 것은 물론이다. 사도는 거기서 믿음을, 행위를 수단으로 하여 구원을 추구할 때에 양심을 괴롭히게 될 공포와 대립시키고 있기 때문이다. 그러므로 이렇게 본다면, 넓은 의미로 볼 때에 “복음”이라는 말에는 그 옛날 족장들에게 하나님께서 베푸셨던 그의 긍휼과 아버지다우신 사랑에 대한 증언들도 포함될 것이다.

그러나 좀 더 높은 의미에서는, “복음”이란 그리스도 안에서 드러난 은혜의 선포를 가리킨다고 본다. 이러한 용례가 일반적으로 통용되고 있으며, 그리스도와 사도들의 권위도 이를 뒷받침해 주고 있다. 그러므로 그리스도께서 하나님 나라의 복음을 전하셨다는 사실이 그의 특별한 특징 가운데 하나로 묘사되고 있으며(마 4:17, 23; 9:35; 막 1:14), 또한 마가는 “예수 그리스도의 복음의 시작”이라는 표현으로 그의 복음서 서두를 시작하고 있는 것이다(막 1:1). 이는 모두가 익히 잘 알고 있는 사실이므로 구태여 구절들을 계속 열거하여 입증할 필요가 없다.

바울은 “이제는 우리 구주 그리스도 예수의 나타나심으로 말미암아 … 사망을 폐하시고 복음으로써 생명과 썩지 아니할 것을 드러내신지라”(딤후 1:10)고 말하는데, 이는 하나님의 아들이 육신을 입으시기까지 족장들이 사망의 그늘 속에 갇혀 있었다는 뜻이 아니다. 오히려 그는 여기서 복음이 지니는 존귀한 특권을 말하고 있는 것이다. 곧, 복음이야말로 새롭고도 비범한 종류의 사신(使臣)으로서(참조. 고후 5:20) 하나님께서는 그가 전에 약속하셨던 바를 그 복음을 통해서 성취하셨음을 — 그 약속들이 하나님의 아들에게서 실현되었으므로 — 가르치고 있는 것이다. 신자들은 "하나님의 약속은 얼마든지 그리스도 안에서 예와 아멘이 되니"(고후 1:20)라는 바울의 말이 과연 참이라는 것을 이미 알고 있다. 그 약속들이 그들의 마음속에 인쳐진 바 되었기 때문이다(참조. 고후 1:22). 그러나, 그럼에도 불구하고 그리스도께서 육체 가운데서 우리의 구원의 모든 것을 이루셨으므로, 그 실체를 생생하게 드러내 주는 것이야말로 새롭고도 유일무이한 것으로 칭송을 받아 마땅한 것이다. 그리하여 그리스도께서는 "하늘이 열리고 하나님의 사자들이 인자 위에 오르락 내리락 하는 것을 보리라"(요 1:51)고 말씀하신다. 그는 여기서 족장 야곱이 이상 중에 본 사다리를 넌지시 빗대어 말씀하시는 것 같지만(창 28:12), 사실은 그의 오심이 얼마나 굉장한 일인가를 지적하시는 것이다. 곧, 그의 오심으로 말미암아 하늘의 문이 열려서, 우리들 한 사람 한 사람이 그리로 들어갈 수 있게 되었다는 것을 말씀하시는 것이다.

(율법과 복음의 관계에 대한 오류들을 반박함. 3-5)

3. 신약의 신자들에게도 약속이 남아 있음

여기서 우리는 세르베투스의 마귀적인 상상을 경계해야 한다. 그는 그리스도의 은혜의 위대함을 높이 찬양하기를 바라면서도 — 혹 그런 체하는지도 모르지만 — 약속들을 완전히 폐기시켜 버린다. 마치 그 약속들이 율법과 동시에 종결되기라도 한 것처럼 말이다. 그러면서, 복음을 믿음으로써 우리가 모든 약속들의 성취를 누리게 된다는 식으로 이야기하는 것이다. 우리가 그리스도 자신과 전혀 다를 게 없는 것처럼 말이다. 나는 방금 전에 그리스도께서 우리의 구원의 총체를 하나도 남김없이 다 이루셨다고 선언한 바 있다. 그러나 그렇다고 해서, 그리스도께서 베푸신 은혜들을 우리가 이미 다 소유하고 있다는 식으로 생각하는 것은 잘못이다. 만일 그렇다면, "우리가 소망으로 구원을 얻었으매"(롬 8:24; 참조. 골 3:3)라는 바울의 진술이 거짓이 되는 것이 아닌가! 그리스도를 믿으면 그 즉시 사망에서 생명으로 옮겨진다는 것은 나도 분명한 사실로 인정한다. 그러나 우리는 이와 동시에 요한의 말씀을 기억해야 한다. "우리가 지금은 하나님의 자녀라 장래에 어떻게 될지는 아직 나타나지 아니하였으나 그가 나타나시면 우리가 그와 같을 줄을 아는 것은 그의 참 모습 그대로 볼 것이기 때문이니"(요일 3:2). 그러므로 그리스도께서는 복음 안에서 지금 우리에게 영적인 은혜들을 충만히 베푸시지만, 그것들을 온전히 누리는 일은, 우리가 썩어질 육체를 벗고 우리보다 먼저 가신 그리스도의 영광으로 변화될 때까지, 소망의 보호 아래 감추어져 있는 것이다. 그때가 오기까지 성령께서는 우리에게 약속들을 의지하라고 명령하시니, 우리는 그의 권위로써 저 더러운 개들의 짖어대는 소리들을 잠잠하게 하여야 할 것이다.

바울의 말에 따르면, "경건은 … 금생과 내생에 약속이 있기" 때문이다(딤전 4:8). 그렇기 때문에, 바울은 자신이 "그리스도 예수 안에 있는 생명의 약속대로 그리스도 예수의 사도"가 되었음을 자랑으로 여기는 것이다(딤후 1:1). 그리고 다른 구절에서는 그 옛날 거룩한 사람들에게 주어진 것과 똑같이 우리들에게도 약속들이 주어져 있다고 가르치기도 한다(고후 7:1; 참조. 고후 6:16-18). 마지막으로, 그는 우리가 "약속의 성령"으로 인치심을 받은 사실을 우리의 행복의 극치로 여기고 있다(엡 1:13).

사실, 자기 자신에 대한 약속들 속에 싸여 계신 모습 그대로 그리스도를 받아들일 때에 비로소 우리가 그리스도를 누릴 수 있는 것이다. 그렇기 때문에, 그리스도께서 과연 우리 마음속에 거하시지만(참조. 엡 3:17), 그럼에도 불구하고 우리는 "몸으로 있을 때에는 주와 따로 있는 줄을 아노니 이는 우리가 믿음으로 행하고 보는 것으로 행하지 아니함이로라"(고후 5:6-7). 하늘의 완전한 생명과 관계되는 모든 것을 우리가 이미 그리스도 안에서 소유하고 있으나, 아직 눈으로 보지 못하는 그 선한 것들을 믿음으로 보는 것이다(참조. 히 11:1). 이 두 가지는 서로 잘 일치하는 것이다. 다만, 그 약속들의 본질에서, 혹은 질에서, 한 가지 차이가 있음을 보아야 한다. 즉, 율법은 그림자들로써 예표하였으나, 복음은 그것들을 손가락으로 가리켜 준다는 것이다.

4. 율법과 복음의 대비

그러므로 우리는 또한, 율법을 복음과 비교하되 그것을 그저 행위의 공로와 값없는 의의 전가를 서로 비교하는 것으로만 보는 자들에게도 오류가 있음을 보게 된다. 사실 이런 비교를 완전히 거부할 것은 아니다. 왜냐하면 바울은 "율법"이라는 용어로 하나님께서 그 자신의 것으로서 우리에게 요구하시는 바 ―

거기에 완전히 복종하지 않으면 삶의 소망의 여지를 주시지 않고, 조금이라도 거기에서 어긋나면 우리에게 저주를 내리시는 바 — 의로운 삶의 규범을 뜻하는 경우가 많기 때문이다. 바울은, 율법에 복종하면 상급이 약속되어 있으나 거기에 해당하는 자가 어디에도 없기 때문에, 우리가 하나님께 은혜를 입어 값없이 그에게 받아들여지며, 그의 용서하심을 받아 의로운 자로 인정된다는 것을 가르치면서, 율법을 그런 의미로 사용하고 있다. 그리하여 바울은 율법의 의와 복음의 의가 서로 대립되는 것으로 말하는 것이다(롬 3:21 이하; 갈 3:10 이하).

그러나 복음이 율법을 대치한 것은 사실이나, 전혀 다른 구원의 길을 제시할 만큼 그렇게 율법을 전적으로 폐지시킨 것은 아니다. 오히려, 복음은 율법이 약속했던 모든 것들을 확증하고 만족시켰으며, 그림자에게 실체를 제시한 것이다. 그리스도께서는 "율법과 선지자는 요한의 때까지요"(눅 16:16; 참조. 마 11:13)라고 말씀하시지만, 그렇다고 해서 율법 아래 매인 노예들이 피할 수 없이 받는 그 저주 아래 족장들을 가두어 두시는 것은 아니다. 그의 말씀은, 그들은 그저 초보적인 것에만 훈련을 받았으므로 복음의 가르침의 그 높이에는 전혀 미치지 못한다는 의미인 것이다.

그러므로 바울은 복음을 "모든 믿는 자에게 구원을 주시는 하나님의 능력"이라 부르면서(롬 1:16), 뒤에 가서는, 그것이 "율법과 선지자들에게 증거를 받은 것"이라고 덧붙이는 것이다(롬 3:21). 그리고 같은 서신 마지막 부분에서, 그는 예수 그리스도를 전파하는 것이 영세 전부터 감추어진 신비의 계시임을 가르치면서, 거기에다 그 계시를 "선지자의 글들로 말미암아 … 알게 하셨다"는 단서를 덧붙이고 있는 것이다(롬 16:25-26). 이로써 우리는, 율법 전체와 비교할 때에 복음은 그 내용의 명료성(明瞭性)에 있어서만 다를 뿐이라고 추론하게 된다. 그러나, 측량할 수 없이 풍성한 은혜가 그리스도 안에서 우리에게 제시되었기 때문에, 우리는 얼마든지 충분한 근거를 갖고서, 그리스도께서 오심으로써 하나님 나라가 이 땅에 세워졌다고도 말하는 것이다(참조. 마 12:28).

5. 세례 요한의 위치

세례 요한은 율법과 복음 사이에 서서, 양쪽 모두에게 관계되는 하나의 중간적 위치를 취하고 있다. 그는 그리스도를 가리켜 죄를 씻기 위해 제물로 드려지는 "하나님의 어린양"이라 불렀고(요 1:29), 그리하여 복음의 핵심을 제시하였다.

그러나 그는, 마침내 부활로써 드러난 그 비할 데 없는 권능과 영광에 대해서는 전혀 말하지 않았다. 그러므로, 그리스도께서는 세례 요한이라도 사도들에는 미치지 못한다고 말씀하셨다. "여자가 낳은 자 중에 세례 요한보다 큰 이가 일어남이 없도다 그러나 천국에서는 극히 작은 자라도 그보다 크니라"(마 11:11)라는 그의 말씀이 바로 그런 뜻이다. 그리스도께서는 여기서 사람들의 됨됨이를 말씀하시는 것이 아니다. 세례 요한을 모든 선지자들보다 앞에 세우신 다음, 복음을 선포하는 자들을 최고의 반열로 높이 올리신다. 다른 곳에서도 나타나지만, 그리스도께서는 그런 선포가 "천국"을 선포하는 것임을 가르치시는 것이다.

그러나 요한은 자기 자신은 그저 "소리"에 불과할 뿐이라고 대답한다(요 1:23; 참조. 사 40:3). 마치 그가 선지자들의 밑에 있는 것처럼 말이다. 요한은 겸손을 가장하여 그렇게 말한 것이 아니다. 오히려 진정한 사신(使臣)의 직분이 자기에게는 주어져 있지 않으며, 자기는 다만 말라기가 과거에 예언했던 말씀대로— "보라 여호와의 크고 두려운 날이 이르기 전에 내가 선지자 엘리야를 너희에게 보내리니"(말 4:5) — 선구자의 직분을 수행할 뿐이라는 뜻으로 그렇게 말한 것이다. 사실 그의 사역의 전 과정을 통해서 그가 한 것이라곤 그저 그리스도를 위하여 제자들을 예비한 것밖에는 없다. 그는 심지어 이사야 선지자를 인용하여 그것이 하나님께서 자기에게 명하신 사명임을 증명하기까지 한 것이다. 그런 의미에서 그리스도께서는 그를 가리켜 "비추이는 등불"이라고 부르셨다(요 5:35). 밝은 대낮이 아직 오지 않았기 때문이었다. 그러나 그렇다고 해서 그가 복음을 선포하는 자들의 대열에서 제외된 것은 아니다. 그는 실제로 후에 사도들에게 맡겨지게 되는 그 동일한 세례를 베풀었기 때문이다(요 1:33). 요한이 시작한 일을, 후에 그리스도께서 승천하신 후에 사도들이 훨씬 더 자유롭게 계속 시행하여 성취시킨 것이다.

제 10 장

구약과 신약의 유사점

(구약과 신약은 근본적으로 동일함. 1-6)

1. 문제의 제기

앞에서 이미 말한 사실들을 통해서 우리는, 하나님께서 창세 이후 그의 특별한 백성으로 취하신 모든 사람들은 우리와 동일한 조건과 동일한 도리 아래에서 하나님과의 언약 관계 속으로 받아들여졌다는 것을 분명히 알 수 있다. 이 점을 확실히 해두는 것은 매우 중요하다. 그러므로 나는, 그 옛날 족장들이 물론 우리와 똑같이 동일한 중보자의 은혜로 말미암아 동일한 기업에 참여했고 동일한 구원을 소망했지만, 그럼에도 불구하고 그들의 처지가 우리와 얼마나 차이가 있었는가를 일종의 부록처럼 다루고자 한다. 율법과 선지자들의 글에서 수집한 증언들은 하나님의 백성들에게 경외와 경건의 다른 규범이 있었던 적이 결코 없었다는 사실을 확실하게 입증해 준다. 그러나, 구약과 신약 사이의 차이에 대해서 저술가들이 상당히 길게 논지를 제시하는 경우가 많고, 그로 말미암아 단순한 독자들에게 상당한 혼란이 생기고 있기 때문에, 이 문제에 대해서 별도로 한 부분을 할애하여 좀 더 충실하고도 상세하게 논의하는 것이 합당할 것이다.

이 문제는 사실 우리에게 지극히 유익한 것이지만, 저 사악한 세르베투스와 재세례파에 속한 일부 미친 자들 때문에라도 어쩔 수 없이 이를 다루지 않을 수 없게 되었다. 그들은 이스라엘 백성들을 마치 돼지 떼들처럼 취급하며, 여호와께서 이 땅에서 그들을 살찌게 하셨지만 하늘의 불멸의 생명에 대한 소망은 전혀 그들과는 관계가 없었다는 식으로 떠벌리는 것이다. 그러므로, 경건한 자들의 뇌리에 이런 사악한 오류가 끼어들지 않도록 막고, 또한 동시에 구약과 신약의 차이에 대한 언급이 있을 때마다 늘상 생겨나게 마련인 모든 난제들을 해결하기 위하여, 여기서 잠시 그리스도의 강림 이전에 여호와께서 이스라엘 백성들과 맺으셨던 언약과 또한 그리스도께서 오신 이후에 우리와 지금 맺고 계신 언약 사이의 유사점과 차이점을 살펴보기로 하자.

2. 세 가지 요점

그 유사점과 차이점은 한 마디로 설명할 수가 있다. 모든 족장들과 맺으신 언약은 그 본질과 실체에 있어서 우리와 맺으신 언약과 너무도 흡사하기 때문에, 그 두 언약들은 그 시행의 양상이 다를 뿐, 실제로는 하나요 동일한 것이라는 것이다. 그러나 이런 짧은 진술로 문제를 명확히 이해할 수가 없기 때문에, 논의를 진행하기 위해서는 좀 더 충실한 설명이 필요하다. 그 둘 사이의 유사성 — 아니, 차라리 동일성이라 해야 옳겠지만 — 을 입증하기 위해서, 이미 살펴본 사실들을 새삼 자세하게 점검할 필요는 없을 것이다. 그리고 다른 곳에서 논의할 문제를 여기에다 뒤섞어 놓는다는 것도 적절하지 못할 것이다.

여기서 우리는 주로 다음의 세 가지 요점을 우리의 입장으로 취해야 할 것이다. 첫째로, 육신적인 번영과 행복은 유대인들이 사모해야 할 목표가 아니었다는 것이다. 오히려 그들은 불멸의 생명에 대한 소망에로 받아들여졌고, 이러한 사실에 대한 확신이 계시의 말씀과 율법과 선지자의 글들을 통해서 보증되었던 것이다. 둘째로, 그들을 여호와와 결속시켜 준 그 언약은 그들 자신의 행위의 공로를 통해서가 아니라 오로지 그들을 부르신 하나님의 긍휼하심을 통해서 뒷받침되었다는 것이다. 셋째로, 그들은 중보자이신 그리스도를 알고 있었고, 그를 통해서 그들이 하나님께로 결속되고 또한 그의 약속들을 함께 소유했다는 것이다. 그중 둘째 요점은 아직 충분히 이해하지 못할 것이기 때문에, 뒤에 적절한 곳에서 상세히 설명하게 될 것이다. 여호와께서 그의 백성들에게 주셨거나 약속하셨던 그 모든 축복들이 오로지 그의 선하심과 자비하심에서 비롯된다는 진리를 선지자들의 무수한 확실한 증언들을 통해서 확증하게 될 것이다. 셋째 요점에 대해서도 여러 곳에서 분명한 증거들을 제시한 바 있고, 첫째 요점에 대해서도 다루지 않고 그냥 내버려 두지는 않았다.

3. 구약의 관심은 내세의 생명에 있었음

첫째 요점이 지금 다루고자 하는 문제와 특별히 관계가 된다. 그리고 우리의 반대자들이 이에 대해서 더욱 반론을 제기하고 있기도 하다. 그러므로 이를 좀 더 면밀히 살펴보기로 하자. 그러나 설명을 하다가 혹 빠진 부분이 있을 때에는, 설명을 해 가는 도중에 채워 넣든지, 아니면 적절한 곳에 덧붙이든지 할 수 있을 것이다. 사도의 다음과 같은 진술들은 이 세 가지 요점에 대해서 모든 의심을 확실히 제거해 준다. 그는, 오래 전에 성부 하나님께서 선지자들을 통하여 복음을 성경에 미리 약속해 놓으셨고, 정하신 때에 "그의 아들에 관하여" 선포하셨다고 말한다(롬 1:2-3). 또한 이와 마찬가지로, 복음 자체를 통해서 가르쳐지는 바 믿음의 의를 율법과 선지자들이 증거해 준다고도 말한다(롬 3:21). 복음은 분명 사람들의 마음을 현세에서 즐거움을 찾는 데에만 가두어두지 않고, 그 마음을 높이 들어올려서 불멸의 생명을 소망하는 데에 이르게 하는 것이다. 이 땅의 쾌락거리들에 매어두지 않고, 하늘에 있는 소망을 선언함으로써, 말하자면 그들을 그리로 옮겨가게 해 주는 것이다.

바울은 다른 곳에서 그 점을 이렇게 표현하고 있다. "너희의 구원의 복음을 듣고 그 안에서 또한 믿어 약속의 성령으로 인치심을 받았으니 이는 우리 기업의 보증이 되사 그 얻으신 것을 속량하시고 그의 영광을 찬송하게 하려 하심이라"(엡 1:13-14). 또한: "그리스도 예수 안에 너희의 믿음과 모든 성도에 대한 사랑을 들었음이요 너희를 위하여 하늘에 쌓아둔 소망으로 말미암음이니 곧 너희가 전에 복음 진리의 말씀을 들은 것이라"(골 1:4-5). 또한: "우리의 복음으로 너희를 부르사 우리 주 예수 그리스도의 영광을 얻게 하려 하심이니라"(살후 2:14). 그러므로 복음을 가리켜 "구원의 말씀"(행 13:26)이라고도 하고, "믿는 자를 구원하는 하나님의 능력"(롬 1:16)이라고도 하고, "천국"(마 3:2; 13장)이라는 말로도 표현하는 것이다.

그런데 이처럼 복음의 가르침이 영적인 것이어서 우리에게 썩지 않는 생명을 소유하게 해 주는 것이라면, 그 복음의 약속을 받았고 또한 선언받았던 사람들이 영혼을 돌아보기를 소홀히 하고 마치 어리석은 짐승들처럼 육체적인 쾌락을 추구했다고 생각해서는 안 될 것이다. 여기서, 복음에 관한 약속은 율법과 선지자들에게는 인봉(印封)된 것으로, 새로운 백성들을 위해 주어진 것이라는 식의 사악한 말을 내뱉어서는 안 된다. 왜냐하면 사도는 복음이 율법에서 약속되었다고 말씀한 다음 곧바로 이렇게 덧붙이기 때문이다. "무릇 율법이 말하는 바는 율법 아래에 있는 자들에게 말하는 것이니"(롬 3:19). 물론 바울이 다른 맥락에서 이런 말씀을 했다는 것은 인정한다. 그러나 율법이 가르치는 모든 것이 유대인들에게 적용된다고 말할 때에, 그보다 몇 절 앞에서 복음이 율법에 약속되어 있다고 말씀한 것을 잊고 그 사실을 그냥 지나쳐버렸다고 볼 수는 없는 것이다(롬 1:2; 참조. 3:21). 복음의 약속이 율법에 포함되어 있다고 말씀함으로써, 사도는 구약이 미래의 생명에 대해서 특히 관심을 두고 있다는 것을 너무도 분명하게 입증한 것이다.

4. 구약의 근거는 하나님의 은혜임

똑같은 이유로, 우리는 구약이 하나님의 값없으신 긍휼하심에 근거하여 세워졌고 또한 그리스도의 중보로 말미암아 확증되었다는 결론에 이르게 된다. 왜냐하면 복음의 선포하는 내용 역시 다름이 아니라 죄인들이 자기들의 공로와는 관계없이 하나님의 아버지다우신 자비하심으로 말미암아 의롭다 하심을 얻는다는 사실을 선언하고 있기 때문이다. 그런데 그 모든 것이 그리스도 안에서 정리되는 것이다. 그렇다면, 누가 감히 유대인들을 그리스도와 떼어놓으려 하겠는가? 복음의 언약이 그들에게 주어졌고, 그 언약의 유일한 기초가 바로 그리스도이시니 말이다. 유대인들에게 믿음의 의의 도리가 제시되었는데, 누가 감히 그들을 값없는 구원의 선물에서 떼어놓으려 한단 말인가? 이미 명확히 드러난 것에 대해서 질질 끌며 논란을 벌일 필요는 없다.

우리에게는 주님의 유명한 말씀이 있다. "너희 조상 아브라함은 나의 때 볼 것을 즐거워하다가 보고 기뻐하였느니라"(요 8:56). 그리고 사도는 그리스도께서 거기서 아브라함에 대해 증언하신 사실이 믿는 사람 모두에게 보편적으로 적용되었음을 보여주고 있다. "예수 그리스도는 어제나 오늘이나 영원토록 동일하시니라"(히 13:8). 바울은 거기서 그저 그리스도의 영원하신 신성에 대해서만 말하는 것이 아니라, 그의 능력에 대해서, 신자들에게 영원토록 베풀어지는 능력에 대해서 말하는 것이다. 그러므로 동정녀 마리아와 사가랴가 부른 노래에서도, 그리스도 안에서 나타나는 구원을 가리켜 여호와께서 과거에 아브라함과 족장들에게 주신 약속들이 실현된 것으로 말하고 있는 것이다(눅 1:54-55, 72-73). 만일 여호와께서 그의 그리스도를 나타내심으로써 그가 옛적에 하신 맹세를 시행하셨다면, 구약은 언제나 그리스도와 영생을 그 목표로 삼았다고 말하지 않을 수가 없을 것이다.

5. 언약의 표징이 유사함

사도는 사실, 이스라엘 백성들이 언약의 은혜에 있어서 뿐 아니라 성례의 의미에 있어서도 우리와 동등한 것으로 본다. 그 옛날 이스라엘 백성들이 징계로서 받았던 형벌들을 실례로 들면서, 사도는 고린도 사람들에게 그와 유사한 악행에 빠지지 말라고 경고하고 있다. 여기서 그는 다음과 같은 사실을 전제로 하고 있다. 곧, 그들이 당한 하나님의 징벌을 우리는 당하지 않고 면제받을 무슨 특권이 있는 것처럼 주장할 이유가 하나도 없다는 것이다.

여호와께서는 그들에게 우리와 동일한 은혜를 베푸셨을 뿐 아니라 우리와 동일한 상징들을 통해서 그들 가운데 그의 은혜를 드러내셨기 때문이다(참조. 고전 10:1-6, 11). 그것은 마치 이런 뜻과도 같다. "가령 너희가 세례로 말미암아 인치심을 받았고 또한 날마다 성찬에 참여하고 있어서 훌륭한 약속을 부여받고 있다고 해서 그 때문에 너희가 위험에서 벗어나 있다고 믿으면서도, 한편으로 하나님의 선하심을 멸시하고 방자하게 행하고 있다고 생각해 보라. 그렇다면, 유대인들에게도 그런 상징들이 없었던 것이 아닌데도 여호와께서는 그들에게 극심한 심판을 내리셨다는 사실을 알아야 할 것이다. 그들은 바다를 건너고, 구름 아래에서 태양의 열기에서 보호하심을 받을 때에 세례를 받은 것이다." 우리의 반대자들은 그 바다를 건넌 일을 가리켜 육신적인 세례라고 부르면서, 그것이 어느 정도 우리의 영적 세례와 일치한다고 한다. 그러나 그런 논리를 사실로 받아들이게 되면, 사도의 논지는 효력을 상실하고 말 것이다. 바울은 여기서 그리스도인들이 자기들이 세례의 특권을 누림으로써 유대인들보다 우월하다는 식의 생각을 하지 못하도록 막고자 하는 의도로 그런 말을 하기 때문이다. 뿐만 아니라 그 다음에 이어지는 "모두가 같은 신령한 음식을 먹으며 모두가 같은 신령한 음료를 … 마셨으니"(고전 10:3-4)라는 진술도 그 사람들의 트집거리가 될 수 없다. 이것을 바울은 그리스도를 지칭하는 것으로 해석하기 때문이다.

6. 요한복음 6:49, 54을 근거로 한 반론에 대한 반박

그들은 바울의 이러한 진술을 뒤집기 위해서, 다음과 같은 그리스도의 말씀을 근거로 삼아 반론을 제기한다. "너희 조상들은 광야에서 만나를 먹었어도 죽었거니와"(요 6:49), "내 살을 먹고 내 피를 마시는 자는 영생을 가졌고"(요 6:54). 그러나 이 두 구절은 별 어려움 없이 서로 조화시킬 수가 있다. 주께서는 그때에 음식으로 배만 채우려 하고 영혼의 참된 양식에 대해서는 전혀 관심을 두지 않는 청중들에게 말씀하고 계셨기 때문에, 그들에게 맞도록 자신의 언어를 다소간 조정하셔서 말씀하신 것이다. 특히 그들이 이해할 수 있도록 만나와 자기 자신의 몸을 비교하여 말씀하신 것이다. 그들은 그리스도께서 그의 권위를 세우시려면 무언가 이적을 통해서 ─ 그 옛날 모세가 광야에서 하늘로부터 만나가 내리도록 한 것과 같은 그런 이적을 통해서 ─ 자기의 능력을 입증해야 한다고 주장했다. 그러나 그들은 "만나"를 그저 그 당시 사람들을 괴롭히던 육체적인 굶주림을 해결하는 것 이상 아무것도 아닌 것으로 이해하였다. 그들로서는 바울이 관심을 가졌던 그보다 더 깊은 신비에까지는 전혀 도달하지 못했던 것이다. 그리하여 그리스도께서는 옛날 조상들이 모세에게서 받은 것보다 훨씬 더 큰 은혜를 자신에게서 기대해야 할 것임을 보여주시기 위하여 그렇게 비교하신 것이다.

여호와께서 모세를 통하여 그의 백성들에게 하늘의 양식을 주셔서 그들이 광야에서 굶주리지 않도록 하시고, 잠시 동안 그들을 연명하게 하신 일이 크고 정말 기억에 남을 이적이라고 생각한다면, 하물며 영생을 주는 양식을 베푸신다는 것은 과연 얼마나 더 굉장한 일이겠는가! 자, 여기서 그리스도께서 만나의 중요한 특질은 그냥 지나치시고 가장 저급한 용도만을 주목하신 까닭을 알게 된다. 그것은 바로 유대인들이 그리스도를 비난하고자, 모세를 그와 대립시켰기 때문이다. 모세는 만나로써 백성들의 필요한 것을 채워주었다는 것이었다. 이에 대해서 그리스도께서는 자신은 그보다 훨씬 더 높은 은혜를 베푸는 분이라고 대답하신다. 그 고귀한 은혜와 비교하면, 백성들의 육체적인 필요를 채워준 것은 ─ 그들은 오직 이것만을 최고로 높이고 있지만 ─ 아무것도 아닌 것으로 취급해야 마땅하다는 것이었다. 바울은, 여호와께서 하늘로부터 만나를 내리셨을 때에 그저 백성들의 배만 채우고자 그렇게 하신 것이 아니고, 우리가 그리스도 안에서 영적 생명을 얻는 것을 미리 보여주는 하나의 신령한 신비로서 그것을 내리신 것임을 알고 있었다(고전 10:1-5). 그러므로 그는 이 점을 소홀히 여기지 않았고, 우리가 생각해야 할 중요한 사실의 하나로 본 것이다. 이로 보건대 우리는 충만한 확신으로 이렇게 결론지을 수가 있다. 곧, 주께서는 유대인들에게 우리가 지금 누리는 것과 동일한 영원한 하늘의 생명의 약속들을 전해주셨을 뿐 아니라, 그 약속들을 진정한 영적 성례들로써 인치셨다는 것이다. 아우구스티누스는 마니교도인 파우스투스를 반박하는 그의 저서에서 이 문제를 매우 상세하게 다루고 있다.

(구약 족장들의 실례를 근거로 살펴본 구약 백성들의 소망의 목표. 7-14)

7. 조상들과 하나님의 말씀, 그리고 영생

그러나 독자들은, 우리가 율법과 선지자들의 글에 나타나는 증언들을 인용하여, 그리스도와 사도들의 말씀처럼 영적 언약이 족장들에게도 공통적으로 주어졌다는 사실을 증명해 주기를 바랄 것이다. 자, 그러면 그들이 바라는 대로 하기로 하자. 사실 그렇게 하면 반대자들의 논리를 더 확실하게 반박할 수 있고, 또한 그렇게 인용하고 나면 그들이 문제를 도저히 회피할 수가 없을 것이니, 나로서도 기꺼이 그렇게 하고 싶다.

그러면 우선 한 가지 증거부터 제시하겠는데, 이에 대해서 재세례파들은 무의미하고 심지어 어리석은 증거라고 생각하여 멸시하지만, 사실 건전한 생각을 갖고 있고 또한 배우고자 하는 사람들에게는 이 증거야말로 가장 귀중할 것이라 여겨진다. 나는 하나님의 말씀에 생명력이 있어서 거기에 참여하도록 하나님께서 허락하신 모든 사람들의 영혼을 그것이 살려 준다는 것을 당연한 사실로 받아들인다. 하나님의 말씀이 "살아 있고 항상 있는" 썩지 아니할 씨앗이라는 베드로의 진술(벧전 1:23)은 이사야의 말씀(벧전 1:25; 사 40:8)과 연관되는 것으로서 언제나 진리였기 때문이다.

자, 하나님께서 옛날 유대인들을 이러한 거룩한 끈으로 자기 자신과 엮어놓으셨으니, 그가 그들을 구별하셔서 영원한 생명에 대한 소망을 갖게 하셨다는 것에 대해서는 의심이 있을 수 없다. 나는 여기서 그들이 그 말씀을 받아들여서 하나님과 더 친밀하게 연합되었다고 말하고자 하는데, 이는 하늘과 땅에, 그리고 온 세상의 피조물들 가운데 다 퍼져 있는 일반적인 의사 소통의 방식을 의미하는 것이 아니다. 물론, 그런 의사 소통 방식도 만물을 각기 그 본질의 정도에

따라서 일깨워주기도 하지만, 그러나 부패라는 절박한 처지에서는 해방시켜 주
지 못하는 것이다. 나의 말은 오히려, 경건한 자의 영혼을 조명(照明)하여 하나
님을 알게 하며, 어떤 의미에서, 그 사람을 하나님과 연결시켜 주는 그런 특별한
의사 소통 방식을 의미하는 것이다. 아담, 아벨, 노아, 아브라함 등을 비롯한 족
장들은 그런 말씀의 조명으로 말미암아 하나님께 가까이 나아갈 수 있었던 것
이다. 그러므로 나는 조금도 의심 없이 그들이 하나님의 영원한 나라에 들어갔
다고 단언한다. 그들은 진정으로 하나님께 참여했으며, 그런 일에는 영원한 생
명의 축복이 없을 수가 없기 때문이다.

8. 언약의 문구에 담긴 의미

그래도 불분명한 점이 있는 것 같은가? 그렇다면, 언약의 문구 그 자체를 보
도록 하자. 그렇게 하면 건전한 사고를 가진 사람은 만족할 것이고, 또한 이를
반대하고자 하는 자들은 그들의 무지가 분명하게 드러날 것이다. 여호와께서는
그의 종들과 언제나 다음의 말씀으로 언약을 맺으셨다. "나는 너희 하나님이 되
고 너희는 나의 백성이 되리라"(레 26:12). 이 말씀 속에 생명과 구원과 축복의 모
든 것이 들어 있다는 사실을 선지자들이 늘상 설명하고 있다. 다윗은, "여호와
를 자기 하나님으로 삼는 백성은 복이 있도다"(시 144:15), "여호와를 자기 하나님
으로 삼는 나라 곧 하나님의 기업으로 선택된 백성은 복이 있도다"(시 33:12)라고
선언하는데, 여기에는 그만한 이유가 있는 것이다. 이것은 여호와께서 이 땅의
행복을 주시기 때문이 아니라, 그가 자기 백성으로 택하신 자들을 사망에서 구
원하시고, 그의 영원한 긍휼하심으로 그들을 영원토록 보호하시기 때문인 것이
다. 다른 선지자들도 이와 비슷하게 말씀하고 있다. "여호와 나의 하나님 … 주
께서 계시니 우리가 사망에 이르지 아니하리이다"(합 1:12), "여호와는 우리의 왕
이시니 그가 우리를 구원하실 것임이라"(사 33:22), "이스라엘이여 너는 행복한
사람이로다 여호와의 구원을 너 같이 얻은 백성이 누구냐?"(신 33:29).

쓸데없이 다른 것을 찾느라 애쓸 필요가 없다. 선지자들에게서 다음과 같은
가르침이 계속해서 나오고 있기 때문이다. 곧, 여호와께서 우리의 하나님이신
한, 우리에게는 모든 풍성한 선한 일과 또한 구원에 대한 확신에 전혀 부족한 것
이 없다는 것이다. 과연 옳은 말이다! 여호와의 얼굴이 비쳐지는 순간, 그의 얼
굴이 구원의 보증이 된다면, 그가 사람에게 그의 하나님으로서 자신을 드러내

시면서 어떻게 그 구원의 보배들을 그에게 열어 주시지 않겠는가? 그는 모세를 통하여 증언하신 것처럼(레 26:11) 그가 우리 가운데 거하신다는 조건으로 우리의 하나님이 되시는 것이다. 그러나 하나님의 그러한 임재를 얻으면, 동시에 생명을 소유하게 되는 것이다. 더 이상 다른 표현이 없고 "나는 너희의 하나님이 되리니"(출 6:7)라는 말씀만 있다 할지라도, 거기에는 영적인 생명에 대한 충분한 약속이 확실히 담겨 있는 것이다. 하나님께서 그들의 하나님이 되신다는 것은 그저 그들의 육체에게만 하나님이 되신다는 뜻이 아니고, 특히 그들의 영혼에게 하나님이 되신다는 뜻이기 때문이다. 그러나, 의로 말미암아 하나님과 연합되지 않는 한 영혼은 여전히 사망 가운데서 하나님과 동떨어진 상태에 있는 것이다. 그러나 반대로, 그런 연합이 있을 때에는 거기에 영원한 구원이 함께 수반되는 것이다.

9. 하나님의 축복은 죽음을 초월함

뿐만 아니라 여호와께서는 자신이 그들의 하나님이실 뿐 아니라 영원토록 그들의 하나님이 되실 것을 약속하셨고, 그렇게 함으로써 그들의 소망이 현재의 은혜에만 만족하지 않고 영원에까지 이어지게 하셨다. 여러 구절들에서 나타나지만, 미래의 생명에 대한 이러한 사실은 신자들에게 큰 위로를 주었다. 그들은 하나님께서 절대로 그들을 그냥 버려두지 않으신다는 사실을 생각함으로써 현재의 곤경에서는 물론 미래에 대해서까지도 위로를 받았던 것이다. 더 나아가서, 그 약속의 두 번째 부분에서 그는 하나님의 축복이 지상의 삶의 한계를 초월하여 그들에게 베풀어질 것이라는 사실을 더욱 분명하게 확신시켜 주셨다. "내가 … 너와 네 후손의 하나님이 되리라"(창 17:7). 하나님께서 죽은 자들의 후손을 복 주심으로써 그 죽은 자들을 향하여 자비하심을 보이실 것이라면, 그 죽은 자들 자신을 향해서는 훨씬 더 긍휼을 베푸실 것이 아니겠는가? 하나님은 사람들과는 다르시다. 사람은 친구에게 호의를 베풀고 싶어도 그가 죽어서 그 기회가 없어지면 그 자녀들에게 대신 호의를 베푼다. 그러나 하나님은 죽음 따위로 자비하심을 베푸실 기회가 사라지는 것이 아니므로, 그의 긍휼하심의 열매를 죽은 자들에게서 물리지 않으시며, 또한 그들을 위하여 천 대에 이르기까지 복을 베푸시는 것이다(출 20:6). 그러므로 여호와께서는 후손들 대대로 축복이 넘칠 것이라고 말씀하심으로써, 그들이 죽은 이후에 누리게 될 그 자신의 선하심이 얼마나 풍성하고 위대한지를 이처럼 찬란한 증거를 통해서 입증하신 것이다. 아브라함과 이삭과 야곱이 죽은지 오랜 세월이 흐른 후에 여호와께서는 자기 자신을 그들의 하나님이라 부르셨는데(출 3:6), 여기서 이 약속의 신실성이 인쳐졌고, 어떤 의미에서는 성취되기도 한 것이다. 여호와께서 왜 그렇게 하셨는가? 자기 자신을 가리켜 이미 죽은 사람들의 하나님이라 부르시는 것은 어리석은 일이 아니었을까? 마치 "나는 존재하지 않는 자들의 하나님이니라"라는 뜻처럼 되어버리지 않았겠는가? 그리하여 복음서 기자들은 그리스도께서 바로 이 증거로써 사두개인들을 반박하셨음을 보도하고 있다(마 22:23-32; 눅 20:27-38). 이 증거로 인해서 사두개인들은 모세가 죽은 자의 부활을 증언한 사실조차도 부인하지 못했다. 그들은 모세로부터 모든 성도들이 여호와의 수중에 있다는 사실(신 33:3)을 가르침 받았기 때문이었다. 이로 보건대, 생명과 사망의 심판자이신 하나님께서 그의 보호와 보살피심과 인도하심 속에 받아들이신 자들은, 심지어 죽는다 해도 결코 소멸되는 것이 아니라는 결론을 쉽게 얻을 수 있는 것이다.

10. 옛 조상들이 당한 고난

그러면 이제 이 논쟁의 주요 쟁점을 살펴보기로 하자. 곧, 과연 여호와께서 신자들에게, 내세에 그들을 위하여 더 나은 삶이 있음을 생각하고서 이 땅의 삶을 멸시하고 하늘의 생명을 묵상할 것을 가르치셨는가 하는 것이 그것이다. 첫째로, 하나님께서 그들에게 명하신 삶의 방식은 계속적인 훈련의 의미를 지니는 것이었다. 그들은 그런 훈련을 통해서, 만일 이 세상의 삶에서만 행복하다면 자기들이야말로 모든 사람들 중에서 가장 비참한 자들이라는 것을 각성하였다. 아담은 잃어버린 자신의 행복을 기억하기만 해도 지극히 괴로움을 느끼는 상태에서, 고된 수고를 통해서 자기의 필요를 겨우 채우며 살았다. 물론 위로가 남아 있기는 했으나, 하나님의 저주로 육체적인 노동을 하는 것만으로도 부족한 듯이(창 3:17) 그런 가운데서도 극한 슬픔이 계속되었다. 두 아들 가운데서 하나가 다른 하나를 사악하게 죽인 것이다(창 4:8). 아담은 그 남은 아들을 볼 때마다 끔찍스럽고 괴로웠을 것이다. 아벨은 한창 나이에 잔인하게 죽임을 당하여 인간의 재난의 표본이 되었다.

온 세상의 사람들이 쾌락을 따라 마음대로 살 때에, 노아는 오랜 기간을 방주를 짓는 고달픈 일에 전념했다(창 6:22). 그는 죽음을 피하기는 했으나, 백 번 죽는 것보다 더 큰 어려움을 겪었다. 방주 속에서 그냥 십 개월 동안 지내는 것만도 마치 무덤 속에서 지내는 것 같았을 것인데, 그렇게 오랜 기간을 각종 짐승들의 오물 속에 가득 싸여 지냈으니 그 고통이 오죽했겠는가! 그런 엄청난 어려움을 극복하자, 그에게는 새로운 슬픔이 닥쳤다. 자기 아들이 자기를 조롱하는 것을 몸소 보았고, 하나님께서 크신 은혜로 홍수에서 안전하게 건지신 그 아들을 자기 입으로 저주하지 않을 수 없는 처지가 된 것이다(창 9:24-25).

11. 아브라함의 삶

아브라함의 믿음을 생각하면, 그 믿음은 신앙의 가장 훌륭한 모범으로 우리 앞에 제시되며, 그는 과연 십만 명과도 맞먹는 사람이었다. 뿐만 아니라 하나님의 자녀가 되기 위해서는 우리가 그의 족속의 일원으로 인정되어야 한다(창 12:3). 아브라함이 모든 믿는 자들의 조상이면서도(참조. 창 17:5) 그들 중에서 심지어 지극히 초라한 한 모퉁이조차 차지하지 못했다면, 이보다 더 우스꽝스러운 일이 어디 있겠는가? 그러나 그를 믿는 자들의 숫자에서 제거시키면 ― 심지어 가장 높은 존귀의 위치에서 제거시키면 ― 그것은 온 교회 전체를 제거하는 것이 되어버리는 것이다.

자, 그의 생애의 경험들을 살펴보자면, 그는 처음 하나님의 명령으로 부르심을 받을 때에(창 12:1) 그의 고향과 부모와 친구 등, 사람들이 보통 인생에서 가장 소중한 것들로 생각하는 것들로부터 떠나게 된다. 하나님께서는 마치 의도적으로 그에게서 모든 인생의 즐거움을 빼앗으려 하신 것처럼 보이기까지 한다. 하나님께서 거하라고 명하신 그 땅에 도착하자마자, 그는 기근으로 인하여 그 땅을 떠나게 된다(창 12:10). 도움을 얻기 위해서 피하여 간 곳에서 그는 자기 생명을 구하기 위해서 자기 아내를 내어줄 수밖에 없었는데(창 12:11 이하), 이는 여러 번 죽음을 당하는 것보다 더 쓰라린 일이었을 것이다. 하나님께서 거하라고 명하신 그 땅에 다시 돌아온 후에도, 그는 다시 기근으로 인하여 그 땅을 떠나게 된다. 자주 굶주림을 당하며, 떠나지 않으면 굶어 죽는 일까지 있는 그런 땅에 거하다니, 이것이 대체 무슨 행복이란 말인가? 아비멜렉의 땅에서도 그는 똑같은 곤경에 처하여, 자기가 살기 위해서 자기 아내를 잃어버릴 처지가 되었다(창 20:1 이하). 여러 해 동안 안정되지 못한 상태에서 이리저리 방황하는 동안, 그는 종들

사이에 시비가 끊이지 않아서, 자기 아들처럼 아끼던 조카를 어쩔 수 없이 떠나보냈는데(창 13:5-9), 이는 분명 자기의 수족(手足)을 도려내는 듯한 아픔이었을 것이다. 그리고 얼마 후, 아브라함은 그의 조카가 원수들에게 사로잡혔다는 소식을 듣는다(창 14:14-16). 가는 곳마다 그의 주위에는 정말로 끔찍스럽게 야만스런 이웃들에게 시달림을 당했다. 심지어 자기가 큰 수고를 하여 파놓은 우물까지도 빼앗기기도 했다. 우물을 억지로 빼앗긴 사실이 없었더라면, 그가 그랄 왕에게서 그것의 사용권을 되찾는 일도 없었을 텐데 말이다(창 21:25-31). 그리고 그는 노년에 이르러서도 자식이 없었는데(창 15:2), 당시로서는 이것이야말로 가장 서럽고 쓰라린 일이었다. 그런데 모든 예상을 뒤엎고, 드디어 그가 이스마엘을 얻게 된다(창 16:15). 그러나 이 아들의 출생으로 인하여 그는 큰 대가를 치러야 했다. 그가 여종의 교만을 부추겨서 그 스스로 가정 불화의 원인이 되었다는 식으로 불평하는 사라의 태도로 인하여 큰 괴로움을 겪게 되는 것이다(창 16:5).

그리고 마침내 이삭이 출생한다(창 21:2). 그러나 동시에 장자인 이스마엘을 마치 원수처럼 내쫓아 버리지 않을 수 없게 된다(창 21:9 이하). 이제 이삭이 홀로 남아, 그에게서 노년의 지친 삶에 쉼을 얻는가 했는데, 이번에는 이삭을 제물로 드리라는 명령을 받는다(창 22:1 이하). 아버지가 자기 아들을 죽여야 하다니, 이보다 더 끔찍한 일을 어떻게 상상할 수 있겠는가? 이삭이 병으로 죽었더라도, 아브라함이야말로 노인들 중에서 가장 비참한 사람이었다고 모두들 생각했을 것이다. 노년에 얻은 아들이 그렇게 허망하게 죽었다면, 차라리 아들이 없는 것보다 그 쓰라림이 배나 더 했을 것이 아닌가! 그 아들이 만일 사람에게 죽임을 당했다면, 재난에다 치욕이 덧붙여져서 괴로움이 컸을 것이다. 그러나 아들이 자기 아버지의 손에 살육을 당하는 일이야말로 모든 재난을 능가하는 극한 괴로움이었던 것이다.

요컨대, 그는 평생을 이리저리 흔들리고 괴로움을 당했다. 혹 누군가가 파란만장한 인생을 소재로 그림으로 그리려 한다면, 아브라함의 인생보다 더 적절한 모델은 없을 것이다. 그가 그렇게 큰 어려움을 다 극복하고 마침내 안정을 찾았으니 그의 인생이 완전히 불행한 것만은 아니었다는 식으로 반론을 제기해서는 안 될 것이다. 우리는, 오랫동안 무수한 어려움을 겪으며 싸우는 사람을 가리켜 그 사람이 행복한 삶을 산다고 말하지는 않는다. 불행을 겪지 않고 이 세상의 갖가지 혜택을 고요히 누리는 사람을 가리켜 행복한 삶을 산다고 말하는 것이다.

12. 이삭과 야곱의 삶

이삭은 그보다 고통이 심하지 않았다. 그러나 그는 최소한의 행복도 누리지 못했다. 그 역시 온갖 어려움을 겪었고, 이 땅의 행복을 누리지 못했다. 그는 기근으로 인하여 가나안 땅에서 쫓겨났다(창 26:1). 그의 아내를 품에서 빼앗겼고(창 26:7 이하), 이웃들이 온갖 일로 그를 모욕하고 괴롭혔고, 물(水) 문제로 인하여 싸우지 않을 수가 없었다(창 26:12 이하). 집안에서는 며느리들이 그에게 근심거리가 되었으며(창 26:34-35), 아들들이 서로 싸워 그를 괴롭혔고(창 27:41 이하), 이런 일을 해결하기 위해 사랑하는 아들을 멀리 보낼 수밖에 없었다(창 28:1, 5).

야곱으로 말하자면, 그는 오로지 지극한 불행만을 겪은 사람의 두드러진 표본이다. 그는 형의 위협을 받으며 지극히 괴로운 소년 시절을 겪었고, 결국 그 위협에 굴복하고 말았다(창 27:41-45). 부모와 고향을 떠난 후에도 — 그렇게 쫓겨나는 쓰라림 이외에도 — 외삼촌 라반에게서 친절한 환대를 받지 못했다(창 29:15 이하). 야곱은 칠 년 동안 혹독하고 잔인한 종살이를 했으나 그것도 부족해서(창 29:20) 사악한 흉계에 속아 다른 여자를 아내로 맞기까지 했다(창 29:23-26). 둘째 아내를 위하여 그는 새로이 종살이를 해야 했고(창 29:27), 그 자신이 토로하듯이, 낮에는 더위와 싸우며 밤에는 추위를 무릅쓰고 눈 붙일 겨를도 없이 온갖 고생을 감내하였던 것이다(창 31:40). 이렇게 혹독한 삶을 이십 년 동안이나 겪는 동안, 그는 장인의 부당한 행위로 인하여 날마다 어려움을 당하였다(창 31:41). 그리고 그의 가정에서도 아내들이 서로 미워하고 싸우고 경쟁하는 탓에 집안이 항상 어수선했고 거의 흐트러진 상태였다(창 30:1 이하). 고향으로 돌아가라는 명령을 받고서도, 그는 마치 부끄럽게 도망치듯 그 땅을 떠나야 했다(창 31:17 이하). 그러나 장인의 사악함 때문에 여행 중에도 온갖 모욕과 악행을 당해야 했다(창 31:23). 그리고 곧이어 더 잔인스러운 괴로움이 그에게 닥친다. 형에게 가까이 나아갈 때에, 그는 잔인한 원수가 저지를 수 있는 만큼 끔찍한 살육이 자기 앞에 있음을 예상하게 된다. 그리하여, 그는 에서가 오기를 기다리는 동안 정말로 몸서리치는 두려움에 휩싸이게 된다(창 32:7, 11). 야곱은 에서를 만날 때에 거의 죽은 자처럼 그의 발 아래 엎드렸고, 에서는 예상과는 달리 그를 환대하였다(창 33:1 이하). 그리고 고향으로 돌아온 다음, 그는 극진히 사랑했던 아내 라헬을 잃는다(창 35:16-20). 그리고 얼마 후, 그는 라헬에게서 얻었기 때문에 다른 아들들보다 더 사랑하던 아들이 맹수에게 찢겨 죽었다는 소식을 듣는다

(창 37:31-32). 아들의 죽음에 대한 슬픔을 이기지 못하고, 그는 오랫동안 슬피 울고 나서 모든 위로를 고집스럽게 물리치고, 자기로서는 슬피 울며 아들의 무덤 속으로 내려가는 길밖에는 없다고 선언하기까지 한다. 그러는 중에 그의 딸이 붙잡혀 강간을 당하였고(창 34:2, 5), 그의 아들들이 이에 대하여 대담한 복수극을 꾸민 탓에(창 34:25), 그는 그 땅의 모든 거민들에게 미움을 당하게 되고, 항상 살해의 위험 속에서 전전긍긍하게 된다(창 34:30). 그러니 근심과 슬픔과 혐오가 얼마나 컸겠는가? 그런데 게다가 그의 맏아들 르우벤의 극악무도한 범죄가 이어지는데, 그것은 그 이상 심각한 일이 없을 만큼 정말로 심각한 사건이었다(창 35:22). 아내가 능욕을 당하는 일이야말로 가장 큰 불행 중의 하나로 여겨지는데, 하물며 자기의 친아들이 그런 범죄를 저질렀으니, 대체 무어라 말을 할 수 있겠는가? 그리고 얼마 후 그 가족은 다시 근친상간으로 더럽혀진다(창 38:18).

그 어떠한 재난에도 끄떡하지 않는 강인한 정신을 가진 사람이라도, 이렇게 부끄러운 일들이 계속 일어난다면 어쩔 수 없이 좌절을 겪을 것이다. 그의 생애의 종말이 가까워 올 무렵, 자기 자신과 가족들의 굶주림을 해결하고자 애쓸 때에 또 한 가지 재난의 소식을 접하게 된다. 아들 하나가 감옥에 갇히게 되었다는 소식이 그것이었다. 그를 데려오기 위해서, 야곱은 그의 유일한 기쁨인 베냐민을 다른 형제들의 손에 맡기지 않을 수 없었다(창 42:34, 38). 그처럼 불행이 홍수처럼 밀려오는 상황 속에서 그가 과연 평안 가운데 숨을 쉴 틈이 있었을지를 누가 상상이나 할 수 있겠는가? 그리하여 그는 바로에게 말하는 중에 자신의 생애를 돌아보면서, 자신이 짧은 생을 살았으나 험악한 세월을 보내었다고 이야기하는 것이다(창 47:9). 그는 자신이 끊임없이 이어지는 불행 가운데서 생을 보냈다고 단언하면서, 여호와께서 그에게 약속하셨던 번영과 축복을 누렸다는 것을 완전히 부인하는 것이다. 그러므로, 야곱이 하나님의 은혜에 대해서 대적하였고 배은망덕하였거나, 아니면 자신이 이 땅에서 비참한 생활을 했음을 진실로 고백한 것이거나 둘 중의 하나인 것이다. 만일 그의 이런 단언이 옳다면, 그는 결국 이 땅의 것들에 대해서 소망을 둔 것이 아니었다는 결론이 나오는 것이다.

13. 족장들은 영생을 바라보았음

이 거룩한 족장들이 하나님께로부터 복된 삶을 구했다는 것이 분명한데, 그렇다면 그들은 그 복된 삶을 이 땅의 삶이 아닌 다른 것으로 보았던 것이다. 사도는 이 점을 아주 멋지게 보여주고 있다. "믿음으로 아브라함은 … 이방의 땅에 있는 것같이 약속의 땅에 거류하여 동일한 약속을 유업으로 함께 받은 이삭 및 야곱과 더불어 장막에 거하였으니 이는 그가 하나님이 계획하시고 지으실 터가 있는 성을 바랐음이라. … 이 사람들은 다 믿음을 따라 죽었으며 약속을 받지 못하였으되 그것들을 멀리서 보고 환영하며 또 땅에서는 외국인과 나그네임을 증언하였으니 그들이 이같이 말하는 것은 자기들이 본향 찾는 자임을 나타냄이라. 그들이 나온 바 본향을 생각하였더라면 돌아갈 기회가 있었으려니와 그들이 이제는 더 나은 본향을 사모하니 곧 하늘에 있는 것이라 이러므로 하나님이 그들의 하나님이라 일컬음을 받으심을 부끄러워하지 아니하시고 그들을 위하여 한 성을 예비하셨느니라"(히 11:8-10, 13-16).

그들이 바라본 것이 다른 곳이 아니라 바로 이 땅에서 이루어질 소망이었다면, 이루어지지도 않는 약속들을 계속해서 바라본 그들의 처사는 정말이지 목석(木石)보다도 더 어리석은 짓이었을 것이다. 바울은 무엇보다도 그들이 이 땅의 삶을 "나그네 길"로 부르고 있음을 지적하는데, 이는 모세도 그렇게 기록하고 있다(창 47:9). 그들이 가나안 땅에서 외국인이요 나그네로서 살았다면, 그들이 아브라함을 이어 기업으로 받을 여호와의 약속하신 땅은 과연 어디였는가? 여호와께서 그들에게 소유로 약속하신 것은 분명 그것과는 전혀 다른 것이었을 것이다. 그러므로 그들은 가나안 땅에서 무덤 이외에는 "발 붙일 만한 땅"도 유업으로 받지 못했던 것이다(행 7:5). 그들은 이러한 사실로써 자기들이 약속의 열매를 죽은 후에 받을 것으로 소망했음을 증거해 주고 있다. 그렇기 때문에 야곱은 그 땅에 묻히기를 너무나 사모하여 아들 요셉에게 그렇게 해 줄 것을 맹세하도록 하였다(창 47:29-30). 그리고 그렇기 때문에 요셉도 자기가 죽은 후 자기의 뼈를 ― 수백 년이 지나 그 뼈들이 흙이 되더라도 ― 그 땅으로 옮겨갈 것을 명령하였던 것이다(창 50:25).

14. 죽음 이후의 영생이 삶의 목표였음

마지막으로, 족장들이 이 땅에서의 삶 속에서 수고하는 동안 미래의 복된 삶을 그들의 목표로 삼았다는 것이 분명히 드러난다. 만일 야곱이 더 높은 축복을 바라지 않았다면, 어째서 그가 장자의 권리를 그렇게 위험을 무릅쓰면서까지 추구했겠는가? 그는 그로 인하여 먼 곳으로 쫓겨가서 거의 가족과 의절할 지경에 처하기까지 했고, 그러면서도 소득이 전혀 없었으니 말이다(창 27:41). 그는 마지막 숨을 거두면서 다음과 같이 자신의 의도를 밝혔다. "여호와여 나는 주의 구원을 기다리나이다"(창 49:18). 야곱이 죽음이야말로 새생명의 시작이라는 것을 깨닫고 있지 않았다면, 자기가 죽어가고 있다는 것을 알고 있는 상황에서 대체 무슨 구원을 더 기다릴 수 있었단 말인가? 심지어 진리를 공격하던 자들에게서도 이런 일에 대한 어렴풋한 깨달음이 나타났다면, 거룩한 사람들과 하나님의 자녀들에 대해서 무엇 때문에 논란을 벌인단 말인가? 다음과 같은 발람의 말은 대체 무슨 의미인가: "나는 의인의 죽음을 죽기 원하며 나의 종말이 그와 같기를 바라노라"(민 23:10)? 그가 다윗의 다음과 같은 선포에 담긴 것과 같은 느낌을 가진 것이 아닌가: "그의 경건한 자들의 죽음은 여호와께서 보시기에 귀중한 것이로다"(시 116:15), 그러나 "악이 악인을 죽일 것이라"(시 34:21). 죽음이 최종의 경계요 목표였다면, 의로운 자나 불의한 자나 서로 다를 것이 전혀 없을 것이다. 그러나 죽음 이후에 그들을 기다리고 있는 것에 대해서 그들은 전연 다른 처지에 있는 것이다.

(구약의 나머지 부분에서 나타나는 증거들. 15-22)

15. 다윗에게서 나타나는 증거

우리는 아직 모세의 책들 이상을 넘어가지 못했다. 우리의 반대자들은, 모세는 그저 육신적인 생각에 젖어 있는 백성들에게 풍요한 수확과 모든 것들의 풍족함을 약속함으로써, 그들로 하여금 하나님을 예배하도록 유도한 일밖에는 없었다고 주장한다. 그러나 우리가 성경에 제시되어 있는 빛을 고의로 회피하지만 않는다면, 우리에게는 이미 영적 언약에 대한 분명한 확증들이 있다. 그리고 선지자들에게로 넘어가면, 그들에게서는 영생과 그리스도의 나라가 지극히 충만하게 찬란히 나타나는 것이다.

첫째로, 다윗은 시기적으로 다른 사람들보다 앞서며, 하나님의 경륜의 질서를 따라서 보더라도 다른 사람들보다는 더 희미하게 하늘의 신비에 대해서 말하였다. 그러나 그러면서도 그는 자신의 모든 진술들을 통해서 바로 그 목표를 분명하고도 확실하게 제시하였다. 다음의 말씀은 그가 이 땅의 삶에 어느 정도나 가치를 두었는지를 잘 보여준다. "나는 주와 함께 있는 나그네이며 나의 모든 조상들처럼 떠도나이다"(시 39:12), "나의 일생이 주 앞에는 없는 것 같사오니 사람은 … 진실로 모두가 허사뿐이니이다 진실로 각 사람은 그림자 같이 다니고 헛된 일로 소란하며"(시 39:5-6), "주여 이제 내가 무엇을 바라리요! 나의 소망은 주께 있나이다!"(시 39:7).

이 땅에 견고한 것이나 안정된 것이 아무것도 없음을 고백하면서 하나님을 믿는 확고한 믿음을 붙드는 자는 자기의 행복을 다른 곳에서 찾는 법이다. 그런데 다윗은 신자들에게 참된 위로를 주고자 할 때에는 언제든지 그것을 생각하도록 촉구하고 있다. 다른 구절에서 그는 사람의 인생이 짧고 덧없이 지나가는 것임을 말한 다음 이렇게 덧붙이고 있다. "여호와의 인자하심은 자기를 경외하는 자에게 영원부터 영원까지 이르며"(시 103:17). 이는 시편 102편에 나타나는 그의 말과 매우 유사하다. "주께서 옛적에 땅의 기초를 놓으셨사오며 하늘도 주의 손으로 지으신 바니이다. 천지는 없어지려니와 주는 영존하시겠고 그것들은 다 옷 같이 낡으리니 의복 같이 바꾸시면 바뀌려니와 주는 한결같으시고 주의 연대는 무궁하리이다. 주의 종들의 자손은 항상 안전히 거주하고 그의 후손은 주 앞에 굳게 서리이다"(시 102:25-28). 천지가 없어지더라도 경건한 자는 주 앞에서 굳게 선다면, 그들의 구원은 바로 하나님의 영원하심과 연계된다는 뜻이 되는 것이다.

그러나 이사야서에서 주어지는 다음과 같은 약속에 기반을 두지 않고서는 이러한 소망은 절대로 설 수가 없다. "하늘이 연기 같이 사라지고 땅이 옷 같이 해어지며 거기에 사는 자들이 하루살이 같이 죽으려니와 나의 구원은 영원히 있고 나의 공의는 폐하여지지 아니하리라"(사 51:6). 여기서 공의와 구원이 영원할 것을 말하는데, 이는 공의와 구원이 하나님께 영원히 있을 것이라는 뜻이 아니라 사람들이 공의와 구원을 영원토록 누릴 것을 말하는 것이다.

16. 시편에 나타난 증거

그리고 시편에 나타나는 여러 구절에서 신자들의 번영에 대해서 노래하고 있지만, 그 번영을 하늘의 영광에 적용시키지 않고서는 그 의미를 제대로 파악할 수가 없다. 다음의 구절들이 이에 해당된다. "그가 그의 성도의 영혼을 보전하사 악인의 손에서 건지시느니라"(시 97:10), "의인을 위하여 빛을 뿌리고 마음이 정직한 자를 위하여 기쁨을 뿌리시는도다"(시 97:11), "그의 의가 영구히 있고 그의 뿔이 영광 중에 들리리로다"(시 112:9), "악인들의 욕망은 사라지리로다"(시

112:10), "진실로 의인들이 주의 이름에 감사하며 정직한 자들이 주의 앞에서 살리이다"(시 140:13), "의인은 영원히 기억되리로다"(시 112:6), "여호와께서 그의 종들의 영혼을 속량하시나니 그에게 피하는 자는 다 벌을 받지 아니하리로다"(시 34:22).

여호와께서는 그의 종들이 악인의 욕심으로 인하여 괴로움을 당하고 또한 찢겨지고 죽도록 내버려 두시는 경우가 많기 때문이다. 그는 선한 이들로 하여금 어둠과 누추함 속에서 괴로워하게 하고, 악인으로 하여금 별처럼 빛나게 하기도 하시는 것이다. 또한 그는 자기의 환한 얼굴의 광채로 신자들의 사기를 돋구셔서 그들에게 영구한 행복을 누리도록 하지도 않으신다. 그렇기 때문에 다윗마저도, 신자들이 눈을 감고 현실만을 생각하게 되면 마치 의로운 삶에 대해서 하나님께서 자비도 상급도 베풀어주시지 않는 것 같은 극심한 유혹에 빠지게 될 것이라는 사실을 숨기지 않는 것이다. 불경건함이 크게 번성하고 흥왕하므로, 경건한 자들은 치욕과 빈곤, 멸시와 온갖 종류의 십자가에 짓눌려 있는 것이다. 다윗은 이렇게 말한다. "나는 거의 넘어질 뻔하였고 나의 걸음이 미끄러질 뻔하였으니 이는 내가 악인의 형통함을 보고 오만한 자를 질투하였음이로다"(시 73:2-3). 그러나 그러면서도 그는 그의 진술을 이렇게 결론짓고 있다. "내가 어쩌면 이를 알까 하여 생각한즉 그것이 내게 심한 고통이 되었더니 하나님의 성소에 들어갈 때에야 내가 깨달았나이다"(시 73:16-17).

17. 현세를 넘어 내세를 바라봄

그러므로 다윗의 이러한 고백에서 배워야 할 것은, 하나님께서 그의 종들에게 약속하시는 바를 이 세상에서 거의 혹은 전혀 이루지 않으신다는 것을 구약 시대의 거룩한 족장들이 잘 깨닫고 있었다는 것이며, 또한 그들이 마음을 하나님의 성소에게로 높이 들어올려서 이 땅의 삶의 그림자 속에 나타나지 않는 것이 거기에 감추어져 있음을 보았다는 사실이다. 그곳은 바로 하나님의 마지막 심판대였는데, 그들은 물론 그것을 눈으로 분명히 분별할 수는 없었으나, 믿음으로 깨닫는 것으로 만족하였다. 그들은 이러한 확신에 의지하여, 세상에서 무슨 일이 일어나든 간에 하나님의 약속들이 성취될 때가 반드시 오리라는 것을 의심하지 않았다. 다음과 같은 진술들이 이를 잘 증거해 주고 있다. "나는 의로운 중에 주의 얼굴을 뵈오리니 … 주의 형상으로 만족하리이다"(시 17:15), "나는 하나님의 집에 있는 푸른 감람나무 같음이여"(시 52:8), "의인은 종려나무 같이 번성하며 레바논의 백향목 같이 성장하리로다 이는 여호와의 집에 심겼음이여 우리 하나님의 뜰 안에서 번성하리로다 그는 늙어도 여전히 결실하며 진액이 풍족하고 빛이 청청하니"(시 92:12-14), "여호와의 … 주의 생각이 매우 깊으시니이다. 악인들은 풀 같이 자라고 악을 행하는 자들은 다 흥왕할지라도 영원히 멸망하리이다"(시 92:5, 7). 이 겉으로 보이는 세상이 하나님 나라의 나타남으로 말미암아 뒤집어질 때가 아니라면, 대체 신자들의 아름다움과 은혜가 어디에서 나타나겠는가? 그들은 눈을 들어 영원을 바라보면서, 이 땅의 온갖 재난들이 주는 일시적인 고통을 멸시하였고, 다음과 같은 말을 두려움 없이 내어뱉었던 것이다. "그가 너를 붙드시고 의인의 요동함을 영원히 허락하지 아니하시리로다 하나님이여 주께서 그들로 파멸의 웅덩이에 빠지게 하시리이다"(시 55:22-23). "그들의 날을 행복하게 지내다가 잠깐 사이에 스올에 내려가느니라"(욥 21:13)라는 말씀에서 악인이 이 땅에서 누리는 행복이 묘사되고 있는데, 과연 악인을 삼켜버리는 영원한 파멸의 웅덩이가 세상 어디에 있는가? 다윗이 도처에서 탄식하고 있는 것처럼, 성도들이 극심하게 뒤흔들림을 당하고 철저하게 억압을 당하고 먹히고 있으니, 과연 성도들에게 있을 그 위대한 안정이라는 것이 어디에 있단 말인가? 다시 말해서, 그는 세상에서 일어나는 온갖 변화들 — 이는 바다의 파도보다도 더 불안정하다 — 을 바라보지 않고, 여호와께서 심판대에 앉으셔서 하늘과 땅의 영원한 상태를 결정하실 그때에 그가 행하실 일을 바라보고 있었던 것이다.

시편 기자는 이를 다른 구절에서 적절히 묘사해 주고 있다. "자기의 재물을 의지하고 부유함을 자랑하는 자는 아무도 자기의 형제를 구원하지 못하며 그를 위한 속전을 하나님께 바치지도 못할 것은 그들의 생명을 속량하는 값이 너무 엄청나서 영원히 마련하지 못할 것임이니라 그가 영원히 살아서 죽음을 보지 않을 것인가 그러나 그는 지혜 있는 자도 죽고 어리석고 무지한 자도 함께 망하며 그들의 재물은 남에게 남겨 두고 떠나는 것을 보게 되리로다. 그러나 그들의 속 생각에 그들의 집은 영원히 있고 그들의 거처는 대대에 이르리라 하여 그들의 토지를 자기 이름으로 부르도다. 사람은 존귀하나 장구하지 못함이여 멸망하는 짐승 같도다. 이것이 바로 어리석은 자들의 길이며 그들의 말을 기뻐하는 자들의 종말이로다. 그들은 양 같이 스올에 두기로 작정되었으니 사망이 그들의 목자일 것이라. 정직한 자들이 아침에 그들을 다스리리니 그들의 아름다움은 소멸하고 스올이 그들의 거처가 되리라"(시 49:6-14).

그처럼 신뢰할 수 없고 덧없이 사라져 가는 세상의 "복들"에 기대어 마음의 평안을 찾는 어리석은 자들을 이렇게 조롱하고 있다는 사실에서 우리는 우선 지혜로운 자들이 그런 것과는 전연 다른 종류의 행복을 추구했다는 것을 알게 된다. 또한 동시에 시편 기자는 악인들이 멸망에 빠진 후에 하나님께서 경건한 자들의 나라를 일으키시리라고 말씀하여, 부활의 비밀을 더 분명하게 드러내 주고 있다. "아침"이 온다는 것은(참조. 시 30:5) 곧 현 시대의 종말 이후에 새로운 생명이 나타날 것을 가리키는 것이 아니고 무엇이겠는가?

18. 악인들의 미래

그리하여 신자들은 다음과 같은 사실을 사모하는 것을 통하여 불행 중에 위로로 삼고 고난에 대한 해결책으로 삼았다. "그의 노염은 잠깐이요 그의 은총은 평생이로다"(시 30:5). 그들이 거의 평생에 걸쳐서 괴로움을 당했는데, 그들의 괴로움을 어떻게 한순간에 종식시킬 수 있었는가? 거의 맛보지도 못했는데, 그들이 어떻게 그런 장구한 하나님의 자비하심을 바라볼 수 있었단 말인가? 이 땅의 삶에 집착했더라면, 그들은 이런 것은 하나도 찾지 못했을 것이다. 그러나 하늘을 바라보았기 때문에, 그들은 성도들이 여호와의 손에 의하여 "잠시" 십자가의 고난을 겪으나 영원히 주의 자비를 얻을 것임을 인정했던 것이다(사 54:7-8). 이와 반대로 그들은 악인들은 마치 꿈을 꾸듯이 하루 동안 행복을 누리지만, 그들에게 영원하고도 끝이 없는 파멸이 그들에게 임할 것을 예견하고 있었다. 다음의 진술들이 이를 보여준다. "의인을 기념할 때에는 칭찬하거니와 악인의 이름은 썩게 되느니라"(잠 10:7), "그의 경건한 자들의 죽음은 여호와께서 보시기에 귀중한 것이로다"(시 116:15), "악이 악인을 죽일 것이라"(시 34:21). 또한 사무엘서에서도 이렇게 말씀하고 있다. "그가 그의 거룩한 자들의 발을 지키실 것이요 악인들을 흑암 중에서 잠잠하게 하시리니"(삼상 2:9).

이 구절들을 통해서 우리는, 성도들이 아무리 괴로움에 시달리더라도 그들의 결국은 생명과 구원이며, 악인의 길은 즐겁고 행복한 것처럼 보이지만 점점 죽음의 소용돌이 속으로 미끄러져 들어가는 것임을 옛 조상들이 잘 알고 있었음을 알 수 있다. 그리하여 그들은 악인의 죽음을 가리켜 "할례 받지 않은 자의 죽음”이라 부르는데(겔 28:10; 참조. 31:18; 32:19 이하), 이는 곧 그들이 부활의 소망에서 끊어져버렸음을 의미하는 것이다. 그러므로 다윗은 “생명책에서 지우사 의인들과 함께 기록되지 말게” 되는 것보다 더 심각한 저주는 없는 것으로 생각하였다(시 69:28).

19. 욥의 증언

다른 구절들보다 더 두드러지는 것은 다음과 같은 욥의 발언이다. “내가 알기에는 나의 대속자가 살아 계시니 마침내 그가 땅 위에 서실 것이라 내 가죽이 벗김을 당한 뒤에도 내가 육체 밖에서 하나님을 보리라. 내가 그를 보리니 내 눈으로 그를 보기를 낯선 사람처럼 하지 않을 것이라”(욥 19:25-27). 자기들의 똑똑함을 자랑하고 싶어하는 자들은 이에 대해서 트집을 잡으면서, 이것은 마지막의 부활을 가리키는 것이 아니고 욥이 소망한 바 하나님께서 자기를 좀 더 자비로이 대해 주실 첫 날을 가리키는 것이라는 식으로 이야기한다. 물론 부분적으로 인정되는 점도 있다. 그러나 그들로서는 싫든 좋든, 욥의 생각이 이 땅에 머물러 있었더라면 그는 도저히 이런 고귀한 소망에 이르지 못했을 것이라는 점을 인정하지 않을 수 없을 것이다. 그러므로 우리는 그가 눈을 들어 미래의 불멸의 생명을 바라보았음을 인정하지 않을 수 없다. 왜냐하면 그는 자기가 무덤 속에 누워 있는 동안에도 그의 대속자가 자기와 함께 계시리라는 것을 보았기 때문이다. 사실 이 땅의 삶만을 생각하는 사람에게는 죽음이 최후의 절망일 수밖에 없다. 그러나 죽음도 욥의 소망은 앗아갈 수 없었다. “그가 나를 죽이실지라도 나는 그를 의뢰하리라”(욥 13:15).

트집을 잡기를 좋아하는 자들은, 이런 진술은 그저 몇몇 사람에게서만 볼 수 있으며, 유대인 전체가 그런 것을 믿었다는 것을 입증하기에는 부족하다는 식으로 비판을 늘어놓지만, 나는 즉시 그들에게 이렇게 답변할 것이다. 곧, 그 몇몇 사람들이 그 진술들에서, 지극히 탁월한 능력을 가진 자들만이 사사로이 개인적으로 가질 수 있는 그런 비밀한 지혜를 나타내 보인 것이 아니라는 것이다. 그들은 성령으로 말미암아 일반 백성들의 교사들로 지명된 자들이므로, 그들이 가르치도록 지명함을 받은 ─ 또한 백성들의 신앙의 원리가 되어야 마땅할 ─ 하나님의 신비한 도리들을 널리 공포한 것이다.

그러므로, 성령의 공적(公的)인 말씀을 들으며, 또한 성령께서 그 말씀 속에서 유대인의 교회에 있어야 할 영적 삶에 대해서 그렇게 분명하고도 확실하게 논의하신 것을 듣고 있으므로, 그 말씀들을 육체적인 언약에 관한 것으로만 돌리고, 이 땅과 이 땅의 부귀에 대해서만 말씀하는 것으로 본다는 것은 도저히 용납할 수 없는 완악함이라 아니할 수 없는 것이다.

20. 선지자들의 증언

후기의 선지자들에게로 내려오면, 우리는 말하자면 우리의 마당에 온 듯 자유롭게 걸을 수 있다. 다윗과 욥과 사무엘서의 경우에 우리의 논지를 별 어려움 없이 입증했다면, 선지자들의 글에서는 그보다 훨씬 쉽게 입증할 수가 있기 때문이다. 여호와께서는 그의 긍휼의 언약을 시행하시는 중에 다음과 같은 계획을 질서 있게 이루어 가셨다. 곧, 시간이 경과하여 충만한 계시의 때가 가까워올수록 날마다 그만큼 더 밝히 계시를 나타내신 것이다. 그리하여 맨처음 구원의 첫 약속이 아담에게 주어질 때에는(창 3:15) 그 계시가 마치 약한 불꽃처럼 희미하게 비쳤다. 그리고 그 후에는 그 불꽃이 더 덧붙여져서 빛이 점점 강해지고 그 광채를 더욱 넓게 비치게 되었다. 그리고 드디어 모든 구름이 다 걷힐 때에, 의의 태양이신 그리스도께서 온 땅에 충만하게 빛을 비추신 것이다(참조. 말 4장). 선지자의 글들에서 우리의 논지를 입증하려 할 때에 혹 실망할까봐 걱정할 필요가 없다. 마치 울창한 수풀처럼 빽빽이 들어찬 증거들이 우리 앞에 제시되어 있기 때문이다. 이를 상세히 살피기 위해서는 본서의 계획보다도 훨씬 더 길게 이를 다루어야 할 것이고, 사실 긴 책이 별도로 필요할 것이다. 그러나 내가 이미 오솔길을 잘 표시해 두었으니, 어느 정도 분별력이 있는 독자라면 실족하지 않고 충분히 이 수풀 속을 통과할 수 있을 것이라 믿는다. 그러므로 여기서는 불필요하게 장광설을 늘어놓지는 않을 것이다.

그러나 여기서 한 가지 경계해 둘 것은 내가 이미 독자들의 손에 쥐어준 열쇠를 가지고 길을 열어가야 한다는 것을 기억해야 한다는 것이다. 곧, 선지자들이 신자들의 복락을 말씀하지만 이 땅의 삶에서 볼 수 있는 행복은 거의 흔적조차 나타나지 않으므로, 우리로서는 다음과 같은 특성을 염두에 두어야 하는 것이다. 즉, 선지자들은 하나님의 선하심을 더 높이 기리기 위하여, 말하자면, 그것을 세상적인 혜택들의 옷을 입혀서 사람들에게 표현하였다는 사실이다. 그러나 동시에 그들은 그 백성들의 생각을 높이 들어올려서 이 땅의 초등학문(참조. 갈

4:3)과 멸망하는 이 세대를 뛰어넘도록 하고, 그리하여 장차 올 영적 생명의 복락을 필연적으로 바라보도록 만든 것이다.

21. 에스겔의 환상

여기서 한 가지 실례를 들어보기로 하자. 이스라엘 백성들이 바벨론으로 끌려갔을 때에, 그들은 자기들의 포로 상태가 죽음의 상태와 흡사하다고 생각했다. 그리하여 그들은 자신들이 회복되리라는 에스겔의 예언을 한낱 우화(寓話)에 불과한 것으로 취급했다. 그들의 그런 생각을 버리게 만들기가 매우 어려웠다. 그들은 에스겔의 말씀이 문자 그대로 썩어져 가는 시체들이 생명을 회복할 것을 뜻하는 것으로 이해했기 때문이다. 여호와께서는, 이런 어려움이 있더라도 그의 은혜가 여전히 역사한다는 사실을 입증하시고자, 에스겔에게 한 가지 환상을 보여주셨다. 곧, 마른 뼈들이 들판에 가득한데, 그것들에게 여호와께서 오직 그의 말씀의 능력으로 생명을 주시고 한순간에 자라게 하시는 환상을 보여주신 것이다(겔 37:1-14).

그 환상은 그 당시 백성들의 불신앙을 교정시켜 주었다. 그러나 동시에 여호와의 권능이 유대인들을 그저 회복시키는 것으로 그치지 않고 훨씬 더 넓은 범위로 확대될 것이라는 사실도 깨닫게 해 주었다. 한 마디 명령으로 이 흩어져 있는 마른 뼈들이 생명을 회복했으니 말이다. 그러므로 에스겔서의 이 말씀은 이사야서의 한 구절과 상통한다 하겠다. "주의 죽은 자들은 살아나고 그들의 시체들은 일어나리이다. 티끌에 누운 자들아 너희는 깨어 노래하라. 주의 이슬은 빛난 이슬이니 땅이 죽은 자들을 내놓으리로다. 내 백성아 갈지어다. 네 밀실에 들어가서 네 문을 닫고 분노가 지나기까지 잠깐 숨을지어다. 보라, 여호와께서 그의 처소에서 나오사 땅의 거민의 죄악을 벌하실 것이라 땅이 그 위에 잦았던 피를 드러내고 그 살해 당한 자를 다시는 덮지 아니하리라"(사 29:19-21).

22. 이사야서와 다니엘서의 실례

그러나, 모든 구절들을 이러한 원칙에 맞추어 해석한다면, 그것은 어리석은 짓일 것이다. 신자들을 위하여 하나님 나라에 미래의 영생이 예비되어 있다는 사실을 숨김없이 보여주는 구절들도 있기 때문이다. 이에 대해서 이미 몇 구절들을 소개한 바 있는데, 다른 구절들 대부분도 같은 의미다. 이 가운데 특히 두 구절을 소개하자면 다음과 같다. 하나는 이사야서의 구절이다. "내가 지을 새 하늘과 새 땅이 내 앞에 항상 있는 것 같이 너희 자손과 너희 이름이 항상 있으리라. … 매월 초하루와 매 안식일에 모든 혈육이 내 앞에 나아와 예배하리라. 그들이 나가서 내게 패역한 자들의 시체들을 볼 것이라. 그 벌레가 죽지 아니하며 그 불이 꺼지지 아니하여 모든 혈육에게 가증함이 되리라"(사 66:22-24).

나머지 하나는 다니엘서의 구절이다. "그 때에 네 민족을 호위하는 큰 군주 미가엘이 일어날 것이요 또 환난이 있으리니 이는 개국 이래로 그 때까지 없던 환난일 것이며 그 때에 네 백성 중 책에 기록된 모든 자가 구원을 받을 것이라. 땅의 티끌 가운데에서 자는 자 중에서 많은 사람이 깨어나 영생을 받는 자도 있겠고 수치를 당하여서 영원히 부끄러움을 당할 자도 있을 것이며"(단 12:1-2).

23. 결론

두 가지 사실이 남아 있는데, 그것은 곧 구약의 조상들이 (1) 그리스도를 그들의 언약의 보증으로 삼았다는 것과, (2) 미래의 축복에 대한 모든 소망을 그리스도 안에 두었다는 것이다. 이 사실들에 대해서는 구태여 입증하고자 애쓸 필요가 없다. 이 사실들은 논란의 소지도 적고 또한 더 분명하기 때문이다. 그러므로 마귀의 온갖 공격에도 무너지지 않는 한 가지 원리를 담대하게 세우도록 하자. 그것은 곧, 여호와께서 이스라엘과 맺으신 구약 혹은 옛 언약은 이 땅의 것들에 한정된 것이 아니라, 영원한 영적 생명의 약속을 포함하는 것이었다는 것이다. 그 언약에 진실로 동의한 모든 사람들의 마음에 그 영생에 대한 기대가 각인되어 있었던 것이 틀림없는 사실이다. 여기서 우리는, 여호와께서 유대인들에게 약속하신 것이 — 혹은 그들이 스스로 추구했던 것이 — 다른 것이 아니라 그저 배를 채우는 것이나 육체의 쾌락이나, 부귀 영화나, 외형적인 권력이나, 자녀의 축복이나, 기타 자연인이 귀하게 여기는 것들이었다는 식의 사고를 버려야 한다. 그런 사고는 정신 나간 것이요 위험스러운 것이다.

주 그리스도께서 오늘날 그를 따르는 자들에게 "천국"을 약속하시지만, 그것은 "아브라함과 이삭과 야곱과 함께 앉는" 천국 이외에 다른 것이 아닌 것이다(마 8:11). 베드로는 그 당시의 유대인들을 향하여 그들이 복음의 은혜의 상속자들이라 선포했는데, 그것은 그들이 "선지자들의 자손이요 또 하나님이 그 조상과 더불어 세우신 언약의 자손"이었기 때문이었다(행 3:25). 주께서는 이를 말씀으로만 증거하는 것으로 그치지 않으시고 직접 행동으로도 증거하셨다. 그리스도께서 부활하신 그 순간에, 그는 성도들 가운데 여러 사람들을 자기의 부활에 함께할 가치가 있는 자들로 여기셨고, 그리하여 그들을 살리셔서 예루살렘 성에서 보이게 하신 것이다(마 27:52-53). 이로써 그리스도께서는 그가 영원한 구원을 이루시기 위하여 행하시고 당하신 모든 일들이 오늘날 우리 자신들에게와 똑같이 구약의 신자들에게도 해당된다는 확실한 보증을 주신 것이다. 베드로가 증거하듯이, 우리를 생명으로 거듭나게 하는 동일한 믿음의 성령이 구약의 신자들에게도 똑같이 주어진 것이다(행 15:8). 우리들에게, 말하자면, 영생의 불꽃과도 같아서 "우리 기업의 보증"(엡 1:14)이라고도 불리는 성령께서 구약의 신자들에게도 동일하게 거하신 것이다. 그렇다면, 어떻게 감히 그들에게서 그 생명의 기업을 빼앗는단 말인가? 성경이 부활과 영혼의 존재를 그렇게도 분명한 증언들을 통해서 인쳐 놓았는데도, 그 옛날 사두개인들은 그 두 가지를 모두 부인하는 어리석음에 빠졌으니(마 22:23; 행 23:8), 이 얼마나 놀라운 일인가!

온 유대 민족이 그렇게도 우둔하여 오늘날 메시야의 지상 왕국이 이루어지기를 기다리고 있는 것도 그에 못지않게 놀라운 일이 아닐 수 없다. 그러나 성경은 이미 오래 전부터 그들이 복음을 거부한 것에 대한 형벌로 그런 상태에 빠질 것을 예언해 놓고 있다. 하나님께서는 그의 의로우신 심판으로, 하늘의 빛이 베풀어지는 것을 거부하는 자들의 생각을 어둡게 하셔서 그들 스스로 어둠 속에 빠지게 하시기를 기뻐하신 것이다. 그러므로 그들이 모세의 글들을 읽고 계속해서 그 글들을 묵상하지만, 여전히 그 마음이 수건으로 가려져 있어서 그리스도의 얼굴에서 비치는 빛을 바라보지 못하고 있는 것이다(고후 3:13-15). 그리고 그들이 그리스도께로 회심하기 전에는, 계속해서 그렇게 수건에 가려진 상태에서 그리스도와 모세를 할 수 있는 만큼 분리시키려 애를 쓸 수밖에 없는 것이다.

제 11 장

구약과 신약의 차이점

(구약과 신약의 첫째 차이점: 구약은 영적 축복을 세속적인 것들로 표현함. 1-3)

1. 이 땅의 혜택들은 하늘의 것들에게로 이끄는 것임

그렇다면 무슨 말인가? 구약과 신약이 전혀 차이가 없다는 뜻인가? 그렇게 되면 구약과 신약이 서로 완전히 다르다고 말씀하는 여러 구절들은 대체 어떻게 되는가? 라는 의문이 생길 것이다.

구약과 신약이 서로 차이가 있다는 것을 나도 인정하고, 또 그 점에 대해 주목해야 한다고 본다. 그러나 그렇다 할지라도 이미 분명히 제시한 성경의 통일성이 손상되어서는 안 되는 것이다. 순서대로 차근차근 논의를 하고 나면, 이 점이 더 분명해질 것이다. 구약과 신약의 차이점은, 내 기억으로는 크게 네 가지이다. 혹시 한 가지를 덧붙여서 다섯 가지라고 이야기해도, 나는 반대하지 않을 것이다. 그러나 단언하건대, 여기서 입증하게 되겠지만, 이런 차이점들은 모두가 본질의 차이가 아니라 시행 방식의 차이에 관한 것들이다. 그러므로 구약과 신약의 약속들이 결국 동일하며, 또한 둘 다 그리스도를 토대로 하고 있다는 사실을 가로막는 것이 아무것도 없는 것이다.

첫 번째 차이는 이것이다. 곧, 여호와께서는 그 옛날 그의 백성들이 하늘의 기업에 마음을 두기를 바라셨으나, 그러한 소망을 갖도록 그들을 잘 양육하시기 위하여, 말하자면 이 땅에 속한 혜택들을 통해서 하늘의 기업을 바라보고 맛보도록 그렇게 나타내셨다는 것이다. 그러나 이제 복음이 미래의 생명의 은혜를 더욱 확실하고도 분명하게 드러내었으므로, 주께서는 과거 이스라엘 백성들에게 사용하셨던 그런 저급한 훈련 방식을 물리시고, 그 은혜를 직접 묵상하도록 우리의 생각을 이끄시는 것이다.

이런 하나님의 계획을 주목하지 않는 자들은 옛날의 백성들은 육체에 대해서 약속된 혜택들을 넘어서지 못했다고 생각한다. 그들은 가나안 땅이 하나님의 율법을 지키는 자들에게 주어진 훌륭한 — 그리고 유일한 — 상급이라는 말에 귀를 기울인다. 여호와께서는 그의 율법을 범하는 자들에게 이 땅에서 내어쫓겨 이방의 땅으로 흩어지게 하는 것으로 벌하신다는 것(참조. 레 26:33; 신 28:36)에 귀를 기울인다. 모세가 말씀한 축복과 저주의 총체가 바로 거기에 있다고 보는 것이다.

그리하여 그들은 그런 증거에 근거하여, 유대인들이 다른 모든 민족들에게서 구별된 것은 자기들 자신이 아니라 다른 민족들의 유익을 위한 것이었으며, 기독교 교회로 하여금 외형을 보고 그것으로 영적인 것들의 증거를 삼도록 하기 위한 것이라고 주저 없이 결론을 짓는다. 그러나 성경은 때때로, 하나님께서는 이런 온갖 지상적인 은혜들을 유대인들에게 베풀어주시면서 그들을 친히 손으로 이끄사 하늘에 속한 것들에 소망을 갖도록 하시기를 원하셨음을 보여주고 있다. 그러므로 이런 하나님의 역사하심을 생각하지 않는다는 것은 그야말로 무지의, 아니 우매함의 극치인 것이다.

그런 사람들과 우리가 서로 논란을 벌이는 쟁점은 바로 이것이다. 곧, 그들은 이스라엘 백성들이 가나안 땅을 소유하는 일을 그들의 최고의 궁극적인 축복으로 여겼고, 또한 그리스도께서 나타나신 이후의 우리들에게는 그것이 하늘의 기업을 예표하는 것이라고 가르치는데 반해서, 우리는 그들이 물론 땅의 소유를 누렸으나, 동시에 그들은 그렇게 땅의 소유를 누리는 가운데서도, 자기들을 위하여 하늘에 예비되어 있다고 믿은 그 미래의 기업을 마치 거울로 보듯이 바라보았다고 주장하는 것이다.

2. 구약 백성은 후견인의 보호 아래 있는 어린아이의 상태였음

이 점은 바울이 갈라디아서에서 행한 비유에서 더 잘 드러난다. 그는 유대 민족을 어린 상속자, 즉 아직 스스로 자립할 수가 없어서 후견인 또는 청지기의 책임에 맡겨져 있어서 그의 보호를 받는 그런 어린아이에 비유하고 있다(갈 4:1-2). 바울은 주로 구약의 의식들을 이에 비유한 것이지만, 지금 우리의 당면 문제에 대해서도 이를 아무 거리낌 없이 지극히 적절하게 적용할 수 있는 것이다. 그러므로, 유대 민족이나 우리에게나 동일한 유업이 지정되어 있었으나, 그들은 아직 어려서 그것들을 받아서 운영할 수가 없었다. 그들에게도 동일한 교회가 존재하였으나, 아직 어린 유아기의 상태를 면치 못하고 있었던 것이다. 그러므로, 주께서는 그들을 이러한 후견인의 보호 아래 두셨고, 영적인 약속들을 있는 그대로 노골적으로 제시하시지 않고, 그들의 분량에 맞추어서 이 땅에 속한 약속들로써 예표하는 방식으로 제시하신 것이다. 그리하여, 주께서는 아브라함과 이삭과 야곱과 그들의 후손들을 영생의 소망 속으로 받아들이시면서, 그들에게 가나안 땅을 하나의 유업으로 약속하셨다. 그 땅은 물론 그들의 소망의 최종적인 목표가 아니었고, 그것을 바라보는 가운데 그들의 진정한 유업을 ― 아직 그들에게 나타나지 않은 유업을 ― 소망하도록 그들을 훈련시키고 확인시키기 위해 주신 것이었다. 그리고 그들로 하여금 속지 않도록 하기 위하여, 더 높은 약속을 주셔서, 그 땅이 하나님의 최고의 은혜가 아니라는 것을 확증시켜 주셨다. 그리하여, 아브라함은 그 땅에 대한 약속을 받고 난 후에도 그냥 안일하게 있을 수가 없었고, 더 큰 약속을 바라보며 생각을 여호와께로 늘 향하게 했다. 그는 주께로부터 다음과 같은 말씀을 들은 것이다. "아브람아 두려워하지 말라. 나는 네 방패요 너의 지극히 큰 상급이니라"(창 15:1).

여기서 우리는, 아브라함의 최종적인 상급은 오로지 여호와 하나님께만 있었음을 보게 된다. 그러므로 그는 이 세상의 초등 학문(참조. 갈 4:3)에 속한 덧없이 흘러가는 상급이 아니라, 썩지 않고 사라지지 않는 상급을 구하였던 것이다. 그 다음에 하나님은 그 땅에 대한 약속을 덧붙이시지만, 가나안 땅에 대한 약속은 오로지 하나님의 자비하심을 상징하는 것에 불과했고, 하늘의 기업의 모형일 뿐이었다. 그리하여 다윗은 이 땅의 축복들 위로 높이 올라가서 지극히 높은 궁극적인 축복을 바라본다. 그는 이렇게 말하고 있다. "내 육체와 마음은 쇠약하나 하나님은 내 마음의 반석이시요 영원한 분깃이시라"(시 73:26), "여호와는 나의 산업과 나의 잔의 소득이시니 나의 분깃을 지키시나이다"(시 16:5), "여호와여 내가 주께 부르짖어 말하기를, 주는 나의 피난처시요 살아 있는 사람들의 땅에서 나의 분깃이시라 하였나이다"(시 142:5). 감히 이렇게 말하는 자들은, 그들이 세상과 모든 이 땅의 은혜들을 초월하는 그런 것에 소망을 두고 있음을 스스로 드러내는 것이다.

그러나 선지자들의 경우에는 장차 올 내세의 축복을 자기들이 여호와께로부터 받은 모형을 통해서 표현하는 예가 더 많이 나타난다. 다음의 말씀은 바로 이런 의미로 이해해야 한다. "대저 정직한 자는 땅에 거하며 완전한 자는 땅에 남아 있으리라"(잠 2:21), "그러나 악인은 땅에서 끊어지겠고 간사한 자는 땅에서 뽑히리라"(잠 2:22; 참조. 욥 18:17). 이사야서의 여러 구절에서도 예루살렘이 온갖 종류의 부귀로 가득 찰 것이요 시온에 모든 것들이 풍성하게 넘칠 것이라고 말씀한다(참조. 사 35:10; 52:1 이하; 60:4 이하; 62장). 그러나 이런 모든 말씀들은 이 세상의 삶이나, 이 땅의 예루살렘에게 적용될 수 없고, 오로지 신자들의 참된 본향이요 "여호와께서 복을, 곧 영생을 명령하신"(시 133:3) 그 하늘의 도성에게 적용되는 것이다.

3. 이 땅의 축복과 형벌은 모형들임

그렇기 때문에 구약 시대의 성도들은 오늘날 우리에게 합당한 정도 이상으로 이 세상의 삶과 그 축복들을 높이 기렸다. 그들은 이 땅에서의 경주가 끝나도 거기서 그치지 않는다는 것을 잘 알고 있었지만, 그럼에도 불구하고 여호와께서 그들에게 베푸신 것들이 그들의 연약함에 맞추어 그들을 훈련시키기 위하여 은혜의 증표로 주신 것들임을 알고 있었으므로, 하나님의 은혜를 직접 바라보았을 경우보다는 오히려 더 이 땅의 축복들에게 매혹되었던 것이다. 그러나 여호와께서는, 신자들을 향한 그의 자비하심을 이 땅의 좋은 것들로써 입증하시고 그런 모형과 상징들을 통해서 영적 행복을 예표하셨고, 또한 그와 반대로, 악인들에 대하여 장차 있을 그의 심판을 육체적인 형벌들을 통해서 입증하셨다. 그리하여, 하나님이 은혜로 베풀어주시는 것들이 이 땅의 것들에서 더욱 두드러지게 나타났듯이, 그의 형벌 또한 마찬가지였다.

무식한 자들은 형벌과 상급 사이에 이러한 유사점과 일치점이 있음을 생각하지 못하고, 하나님께서 그렇게 변화무쌍하시다는 것에 놀란다. 과거에는 하나님께서 인간의 모든 범죄에 대해서 엄격하고도 끔찍한 형벌을 즉각 내리셨는데, 지금은 그런 과거의 진노의 자세를 제쳐 두시고 훨씬 더 부드럽고 또 더 희귀하게 형벌을 내리시는 것 같으니 말이다. 그리하여 그들은 마치 마니교도들처럼, 구약의 하나님과 신약의 하나님을 서로 다른 분으로 상상하기까지 한다. 그러나 앞에서 지적한 하나님의 이러한 경륜을 주시한다면, 이런 오류는 곧바로 제거할 수 있을 것이다. 이스라엘 백성에게 수건에 가려진 형식으로 언약을 베푸시는 기간 동안, 하나님께서는 미래의 영원한 행복이라는 은혜를 이 땅의 혜택들로 나타내고 표현하며, 영적 죽음의 위중함을 육체적인 형벌들로써 표현하고자 하신 것이다.

(두 번째 차이점: 구약은 형상과 의식들을 통해서 실체를 표현함. 4-6)

4. 옛 언약과 새 언약

구약과 신약의 두 번째 차이점은 상징에 있다. 즉, 구약은 실체가 없고 다만 실체의 형상과 그림자를 보여준 것뿐이었으나, 신약은 진리의 실체 그 자체를 계시해 주고 있다는 것이다. 이러한 차이는 신약을 구약과 대조시킬 때마다 거의 언급되고 있지만, 다른 곳에서보다도 특히 히브리서에서 이 점에 대하여 충실하게 논의하고 있다. 거기서 사도는, 모세의 율법을 지키는 것을 없애버리면 신앙 전체를 다 망치는 것이 된다고 생각하는 사람들을 반박하여 논지를 전개한다. 이런 오류를 반박하기 위해서 그는 선지자 다윗이 그리스도의 제사장직에 관하여 예언한 내용을 전제로 한다(시 110:4; 히 7:11). 그리스도께 영원한 제사장직이 주어졌으므로, 제사장이 매일 교체되는 그런 제사장직은 폐지된 것이 분명하다(히 7:23). 이 새로운 제사장 제도는 맹세로써 세워진 것이므로 확실한 효용이 있을 것이다(히 7:21).

그 다음 그는 이렇게 제사장직이 변경되면서 언약도 변화되었다는 사실을 덧붙인다(히 8:6-13). 그는 율법이 연약하여 완전으로 이끌 수가 없었기 때문에 그런 변화가 불가피했다고 선언한다(히 7:19). 그리고 이어서 이 연약함의 본질을 다룬다. 곧, 율법은 외형적이며 육체적인 의의 행위를 규정하였으나, 율법으로는 그것을 지키는 자들을 양심으로 완전하게 만들 수가 없다는 것이다. 짐승을 드리는 제사를 통해서는 우리의 죄를 씻을 수도, 참된 거룩함을 이룰 수도 없기 때문이었다. 그리하여 사도는, 율법은 "장차 올 좋은 일의 그림자일 뿐이요 참 형상이 아니라"고 결론짓는다(히 10:1). 그러므로 율법의 유일한 기능은 복음 안에서 나타나는 바 더 나은 소망에게로 인도하는 것이었던 것이다(히 7:19; 시 110:4; 히 7:11; 9:9; 10:1).

여기서 우리는 율법의 언약이 복음의 언약과 어떻게 비교되며, 그리스도의 사역과 모세의 사역이 어떻게 서로 비교되는지를 살펴보아야 할 것이다. 만일 그 비교가 약속들의 본질에 관계되는 것이라면, 구약과 신약은 서로 크나큰 차이가 있을 수밖에 없을 것이다. 그러나, 논지의 결론이 우리를 다른 방향으로 이끌어 주므로, 진리를 찾기 위해서는 그것을 좇아가야 한다. 그러니, 우리는 그가 영원하고 절대로 사라지지 않을 것으로 세워놓으신 그 언약을 제시하도록 하자. 그 언약을 최종적으로 확증하고 비준하는 그 성취는 바로 그리스도시다. 그런 확증을 기다리는 동안, 주께서는 모세를 통하여 의식들을 지정하셨는데, 그 의식들은, 말하자면 그런 확증을 보여주는 엄숙한 상징들이었다. 율법에서 제정된 의식들이 과연 그리스도에게 길을 내어주어야 마땅한가 하는 문제를 놓고 논란이 일었다. 그런데 이 의식들은 언약의 부수적인 내용들, 혹은 첨가물과 부속물, 혹은 장식물에 불과했으나 그 언약을 시행하는 수단이었으므로, 다른 성례들의 경우에도 흔히 그렇듯이 그것들을 가리켜 "언약"이라고 부르는 것이다. 요컨대, 여기서 일반적으로 볼 때에 "구약"이란 의식들과 희생 제사들에 포함된 그 언약을 확증하는 엄숙한 방식을 의미하는 것이다.

그 방식 이면에까지 나아가지 않는 이상 거기에는 본질적인 내용이 없으므로, 사도는 그 방식이 종결되고 폐지되어, 더 나은 언약의 보증자시요 중보자이신 그리스도께 자리를 내어주어야 마땅하다고 주장한다(참조. 히 7:22). 그리스도께서는 바로 그 언약에 근거하여 택한 자들을 단번에 거룩하게 하시며, 율법 아래 남아 있던 그들의 범죄를 도말하시는 것이다.

그렇지 않으면 이렇게 이해할 수도 있다. 곧, 여호와의 구약은, 의식들을 지키는 그림자 같고 효과가 없는 방식으로 싸여 있는 유대인들에게 전해진 언약이었다는 것이요, 또한 그 언약은 그것에 대한 확고하고도 본질적인 확증이 이르기까지, 말하자면 공중에 떠있는 상태로 있었기 때문에, 잠정적인 성격을 지니고 있었다는 것이다. 그 언약은 그리스도의 피로 말미암아 거룩하게 구별되고 확립된 후에야 비로소 새롭고 영원한 것이 되는 것이었다. 그리하여 그리스도께서는 마지막 만찬에서 제자들에게 잔을 주시면서, 그것을 가리켜 "내 피로 세우는 새 언약"이라고 부르시는 것이다(눅 22:20). 이는 곧, 하나님의 언약이 그리스도 자신의 피로 말미암아 인쳐져서 새롭고 영원한 것이 될 때에 비로소 참되게 실현된다는 의미인 것이다.

5. 어린아이의 상태와 성숙한 상태

그러므로, 그리스도께서 육체로 나타나시기 전에 유대인들이 율법의 보호와 지도를 받아 그리스도께로 인도함을 받았다는 사도의 말씀이 무슨 의미인가 하는 것이 분명해진다(갈 3:24; 참조. 갈 4:1-2). 사도는 또한 그들이 하나님의 자녀들이요 상속자들이었으나, 그들이 어려서 후견인의 책임 아래 맡겨졌다고도 말씀한다. 그러니 의의 태양이 떠오르기 전에는 위대하고 찬란한 계시도, 분명한 깨달음도 없었던 것은 지극히 당연한 일이었다. 그러므로 여호와께서는 그의 말씀의 빛을 그들에게 주셨으나, 그들은 여전히 멀리 어두운 가운데서 그 빛을 바라보았던 것이다. 그리하여 바울은 이런 연약한 깨달음의 상태를 "어렸을 때"라는 말로 묘사하고 있다(갈 4:3). 마침내 그리스도께서 빛을 발하시고 그를 통하여 신자들의 지식이 성숙하게 되는 때가 오기까지(참조. 엡 4:13), 이처럼 어린 상태에 있는 유대인들을 이 세상의 초등 학문과 사소한 외형적인 행위들로 훈련 받도록 하는 것이 여호와의 뜻이었던 것이다.

그리스도께서도 다음과 같은 말씀에서 친히 이 점을 시사하신 바 있다. "율법과 선지자는 요한의 때까지요 그 후부터는 하나님 나라의 복음이 전파되어 사람마다 그리로 침입하느니라"(눅 16:16; 참조. 마 11:13). 율법과 선지자가 그 당시 사람들에게 무엇을 가르쳤는가? 그것들은 언젠가는 명확히 드러나게 될 그 지혜를 미리 맛보게 해 주었고, 멀리서 반짝반짝 빛나는 그것을 가리켜준 것이다. 그러나 그리스도를 손가락으로 지적해 줄 수 있게 될 때가 되자, 그때에 하나님의 나라가 활짝 열린 것이다. "모든 지혜와 지식의 모든 보화"가 그리스도 안에서 드러났고(골 2:3), 그것을 통해서 우리는 거의 하늘의 은밀한 성소에까지 이르는 것이다.

6. 구약의 위대한 성도들도 어린아이의 상태에 있었음

물론, 기독교 교회에서 아브라함에 비견할 만큼 탁월한 믿음을 지닌 사람이 하나도 없다는 것이 사실이며, 또한 구약의 선지자들이 성령의 능력에 있어서 오늘날까지도 온 세상을 환하게 비칠 정도로 탁월하다는 것도 사실이다. 그러나 그럼에도 불구하고 우리의 논지는 조금도 영향을 받지 않는다. 여기서 우리가 주목하는 것은 하나님께서 몇몇 사람들에게 어떤 은혜를 베푸셨는가 하는 것이 아니라, 그의 백성들을 가르치시면서 어떠한 방식을 일상적으로 취하셨는가 하는 것이기 때문이다. 다른 사람들과는 다른 특별한 통찰을 부여받은 선지자들 자신의 가르침에서도 그런 점을 볼 수 있다. 그들의 가르침도 마치 먼 곳에 있는 것을 바라보듯 그렇게 희미하며, 또한 모형들을 통해서 제시되고 있기 때문이다. 뿐만 아니라, 그들이 가졌던 그 지식이 아무리 놀랍고 탁월했다 할지라도, 그들 역시 필연적으로 그 백성들과 똑같이 후견인에게 굴복하여야 하는 상태에 있었으므로, 그들 역시 어린아이들로 분류될 수밖에 없는 것이다. 또한, 그 당시에는 어느 누구도 시대의 희미함에 영향을 받지 않을 만큼 확실한 분별력을 소유한 사람이 하나도 없었다.

그렇기 때문에 그리스도께서는, "많은 선지자와 임금이 너희가 보는 바를 보고자 하였으되 보지 못하였으며 너희가 듣는 바를 듣고자 하였으되 듣지 못하였느니라"(눅 10:34)고 말씀하셨고, 또한 "너희 눈은 봄으로, 너희 귀는 들음으로 복이 있도다"(마 13:16)라고 말씀하신 것이다. 그리스도께서 계시다는 것은 과연 그토록 놀라운 사실인 것이다. 그가 계심으로써 하늘의 비밀들이 더 분명하게 드러나게 되었으니 말이다. 선지자들이 계시를 받았으나 그들의 수고는 주로 우리 시대를 위한 것이라는 베드로전서의 말씀을 앞에서 인용했지만, 그 말씀도 동일한 사실을 보여주는 것이다(벧전 1:12).

(세 번째 차이점: 구약은 조문에 근거하며 신약은 영에 근거함. 7-8)

7. 예레미야와 바울의 논의

이제 세 번째 차이점을 다룰 차례가 되었는데, 예레미야서에서 그것을 볼 수 있다. "여호와의 말씀이니라. 보라, 날이 이르리니 내가 이스라엘 집과 유다 집에 새 언약을 맺으리라. 이 언약은 내가 그들의 조상들의 손을 잡고 애굽 땅에서 인도하여 내던 날에 맺은 것과 같지 아니할 것은 내가 그들의 남편이 되었어도 그들이 내 언약을 깨뜨렸음이라. 여호와의 말씀이라. 그러나 그 날 후에 내가 이스라엘 집과 맺을 언약은 이러하니 곧 내가 나의 법을 그들의 속에 두며 그들의 마음에 기록하여 나는 그들의 하나님이 되고 그들은 내 백성이 될 것이라. 여호와의 말씀이니라. 그들이 다시는 각기 이웃과 형제를 가리켜 이르기를, 너는 여호와를 알라 하지 아니하리니 이는 작은 자로부터 큰 자까지 다 나를 알기 때문이라. 내가 그들의 악행을 사하고 다시는 그 죄를 기억하지 아니하리라. 여호와의 말씀이니라"(렘 31:31-34).

사도는 이 말씀을 근거로 삼아 율법과 복음을 서로 비교하면서, 율법은 조문(條文)으로 된 것이요 복음은 영으로 된 것이며, 율법은 돌판에 쓴 것이요 복음은 사람의 마음판에 쓴 것이며, 율법은 죽음을 전하는 것이요 복음은 생명을 전하는 것이며, 율법은 정죄에 속하는 것이요 복음은 의에 속한 것이며, 율법은 없어질 것이요 복음은 길이 있을 것이라고 말씀한다(고후 3:6-11). 사도의 의도는 선지자의 말씀의 의미를 해석하고자 하는 것이었으므로, 그 중 한 사람의 말씀만을 살펴보면 두 사람의 취지를 다 이해할 수가 있다. 그러나 두 사람 사이에 약간의 차이가 있다. 사도는 선지자에 비해서 율법에 대해서 더 나쁘게 말하고 있다는 것이다. 그러나 이는 율법 그 자체를 그렇게 말한 것이 아니라, 율법에 대해 거짓 열심을 지닌 자들이 의식에 대한 왜곡된 열성으로 복음의 명료성을 흐리기 때문에 그렇게 말한 것이다. 그들의 오류와 어리석은 왜곡된 열성 때문에 바울이 율법의 본질에 대해 논의하게 된 것이다. 그러므로 우리는 바울에게서 그러한 특수한 점을 살펴야 할 것이다. 그러나 예레미야와 바울 모두 구약과 신약을 서로 대조시키고 있으므로, 오로지 율법에 본질적으로 속하는 것들만을 다루는 것이다. 예를 들어서, 율법의 여기저기에 긍휼에 대한 약속들이 담겨 있으나 율법의 본질만을 논의할 때에는 그 약속들은 율법의 일부로 간주되지 않는다. 율법에 속하는 것으로 간주되는 기능은, 바른 일을 명령하고, 악한 일을 금하며, 의를 지키는 자들에게 상급을 약속하고, 범법 행위를 형벌로 위협하는 것 등이다. 그러나 율법은 모든 사람들에게 본성적으로 있는 마음의 부패를 변화시키거나 교정시키지 못하는 것이다.

8. 구약과 신약의 차이에 대해 바울이 비교하는 내용들

자, 그러면 바울이 비교하고 있는 내용을 항목별로 차례로 설명하기로 하자. 구약이 조문에 속하는 것은, 그것이 성령의 역사하심이 없이 공포되었기 때문이다. 신약이 영으로 된 것은 주께서 그 언약을 사람의 마음에 영적으로 새겨놓으셨기 때문이다(고후 3:6). 두 번째 비교점은 첫 번째 것을 좀 더 명확하게 해 준다. 구약이 죽음을 가져오는 것은, 그것이 온 인류를 저주에 싸이게 만들 수밖에 없기 때문이다. 신약이 생명을 주는 도구인 것은, 그것이 사람들을 저주에서 해방시키고 하나님의 은혜에로 회복시키기 때문이다(고후 3:6). 구약이 정죄의 직분인 것은, 그것이 아담의 모든 자손들을 불의한 자들로 정죄하기 때문이다. 신약이 의의 직분인 것은, 그것이 우리를 의롭다 하심을 얻게 하여 하나님의 자비하심을 드러내기 때문이다(고후 3:9).

마지막 비교점은 의식법에 관계되는 것이다. 구약이 없어질 것들의 형상을 담고 있었으므로, 그것은 시간이 되면 죽고 없어지게 되어 있는 것이다. 그러나 복음은, 그 실체를 드러내는 것이므로 영원토록 있을 것이다(고후 3:10-11). 사실, 예레미야는 심지어 도덕법까지도 연약하고 무력한 언약으로 보고 있으나(렘 31:32), 그 이유는 다른 데 있다. 곧, 감사할 줄 모르는 백성들이 갑작스럽게 그 언약을 깨뜨렸기 때문이다. 그러나, 그렇게 깨뜨린 책임이 백성들에게 있기 때문에, 그 언약 자체에게 책임을 물을 수는 없는 것이다. 그런데 의식법의 경우는, 그 자체의 연약함 때문에 그리스도의 강림하실 때에 폐기되었으므로, 그 연약함의 원인이 그 자체 속에 있었던 것이다.

그러나 이처럼 조문과 영의 차이가 있다고 하여, 여호와께서 유대인들에게 그의 율법을 주신 것이 전혀 열매가 없는 일이었고, 그들 중 아무도 그에게로 돌아오지 않았다는 식으로 생각해서는 안 될 것이다. 그런 차이를 제시한 것은 넘치는 은혜를 높이 기리기 위함이었다. 그 동일하신 율법 제정자께서 ― 말하자면, 새로운 성격을 취하시고 ― 은혜를 풍성하게 베푸사 복음의 선포를 존귀하게 하셨기 때문이다. 복음의 선포를 통하여 그의 영으로 사람들을 중생케 하셔서, 모든 민족들로부터 무수한 사람들을 모으사 그의 교회의 교제 속에 들어오게 하시니 말이다. 그런데 이에 비하면, 그 옛날 이스라엘에서는 온 마음과 뜻을 다하여 여호와의 언약을 받아들인 사람이 매우 적었다 ― 거의 전무하다시피 했다. 물론 전체적인 비율을 따지지 않고 그 숫자만을 따지면 그런 사람들이 많았던 것은 사실이지만 말이다.

9. 바울의 가르침

세 번째 차이점에서 네 번째 차이점이 발생한다. 성경은 구약이 사람의 마음에 두려움을 만들어내기 때문에 구약을 가리켜 "종노릇"에 속하는 것으로 말씀하나, 신약은 신뢰와 확신을 갖게 하기 때문에 "자유"에 속한다고 말씀한다. 그리하여 바울은 로마서 8장에서 이렇게 진술하고 있다. "너희는 다시 무서워하는 종의 영을 받지 아니하고 양자의 영을 받았으므로 우리가 '아빠! 아버지!'라고 부르짖느니라"(15절). 히브리서의 구절도 여기에 적용된다. "너희는 만질 수 있고 불이 붙는 산과 침침함과 흑암과 폭풍과 나팔 소리와 말하는 소리가 있는 곳에 이른 것이 아니라 그 소리를 듣는 자들은 더 말씀하지 아니하시기를 구하였으니 이는 짐승이라도 그 산에 들어가면 돌로 침을 당하리라 하신 명령을 그들이 견디지 못함이라. 그 보이는 바가 이렇듯 무섭기로 모세도 이르되, 내가 심히 두렵고 떨린다 하였느니라. 그러나 너희가 이른 곳은 시온산과 살아 계신 하나님의 도성인 하늘의 예루살렘 … 이니라"(히 12:18-14).

바울은 우리가 인용한 로마서의 진술에서도 이를 간략하게 다루지만, 갈라디아서에서 이를 더 충실하게 해명하고 있다. 거기서 그는 아브라함의 두 아들을 다음과 같이 알레고리로 해석하고 있다. 즉, 여종인 하갈은 이스라엘 백성들이 율법을 받은 시내 산의 모형이며, 자유 있는 여자인 사라는 복음이 흘러나오는 하늘의 예루살렘의 모형이라는 것이다. 하갈의 후손은 종의 신분으로 출생하였으므로 절대로 기업을 받을 수 없다. 그러나 사라의 후손은 자유인의 신분으로서 기업을 받을 자격이 있다. 이와 마찬가지로 우리는 율법을 통해서 종노릇의 상태에 있으나 복음을 통해서 자유에로 회복되는 것이다(갈 4:22-31). 요컨대, 구약은 양심을 두려움과 떨림에 빠지게 하나, 신약의 은혜로 말미암아 양심이 해방되어 기쁨을 누리는 것이다. 구약은 종노릇의 멍에로 양심을 매어놓으나, 신약의 자유하게 하는 영으로 말미암아 양심을 해방시켜 자유를 누리게 하는 것이다.

그러나 가령 우리의 반대자들이 다음과 같이 반론을 제기한다고 하자. 이스라엘 백성 가운데서 거룩한 족장들은 예외였으니, 그들은 우리와 동일한 믿음의 성령을 부여받은 것이 분명하므로 그들 역시 우리와 동일한 자유와 기쁨을 누린 것이 된다고 말이다. 이에 대해 우리는, 그런 자유와 기쁨은 율법에서 오는 것이 아니라고 대답한다. 족장들은 율법을 통해서 스스로 자기들의 종노릇하는 처지에 압박을 받아 양심의 곤고함이 있을 때에, 복음을 피난처로 삼은 것이다. 그러므로 구약의 일상적인 율법과는 관계없이 그들이 그런 악한 처지에서 해방된 것이야말로 바로 신약의 특수한 열매였던 것이다. 더 나아가서 우리는, 그들이 자유와 확신의 영을 부여받았으므로 율법에서 나오는 두려움과 종노릇을 조금도 경험하지 않았다는 식의 사고는 받아들이지 않는다. 왜냐하면, 그들이 복음의 은혜를 통하여 받은 특권을 아무리 많이 누렸다 할지라도, 그들은 여전히 일반 백성들과 똑같이 의식들을 지켜야 하는 짐을 지고 있는 상태였기 때문이다. 그들은 그 의식들을 철저하게 지키지 않을 수 없었다. 그러나 그 의식들은 종노릇의 상태와 유사하게 후견인의 보호 아래 있음을 상징하는 것이었고(참조. 갈 4:2-3) 또한 법조문으로 쓴 증서로서(참조. 골 2:14), 그것을 통해서 그들은 자기들의 죄책을 지고 있고 의무에서 해방되지 않은 상태임을 고백했던 것이다. 그러므로, 여호와께서 그 당시 이스라엘 백성들을 대하시던 일상적인 경륜을 생각할 때에, 그들은 우리와는 대조적으로, 종노릇과 두려움의 언약 아래 있었다고 말할 수 있는 것이다.

10. 율법과 복음

앞에서 살펴본 세 가지 차이점들은 율법과 복음 사이의 차이점들이다. 거기서는 율법을 가리켜 "구약"이라 불렀고, 복음을 가리켜 "신약"이라 불렀다. 첫 번째 차이점은 그 자체 속에 율법 이전에 공포된 약속들까지도 포함하고 있으므로 그 적용 범위가 더욱 넓다. 그러나 아우구스티누스는, 이것들을 "구약"이라는 이름으로 불러서는 안 된다고 하였다. 이것은 매우 지각이 있는 생각이었다. 그의 생각은 우리가 지금 가르치는 것과 동일한 것이었다. 그는 구약을 은혜와 긍휼의 말씀과 별개의 것으로 구별짓는 예레미야와 바울의 진술들을 지칭하고 있었기 때문이다.

같은 구절에서, 그는 매우 적절하게 다음과 같은 내용을 덧붙이고 있다. 곧, 하나님으로 말미암아 거듭난 자로서 사랑으로 역사하는 믿음으로 말미암아 계명을 순종해온(갈 5:6) 약속의 자녀들(롬 9:8)은 태초부터 새 언약에 속해 있었다는 것이다. 그들이 그렇게 순종해온 것은 육신적이고 지상적이며 세속적인 것들에 대한 소망 때문이 아니라, 신령하며 하늘에 속하며 영원한 은혜들에 대한 소망 때문이었다. 그들은 특별히 중보자를 믿었고, 그를 통하여 성령께서 자기들에게 주어져서 그들이 선을 행할 수 있게 되고 또한 죄를 지을 때마다 용서함 받게 된다는 것을 의심하지 않았다는 것이다.[1]

내가 제시하고자 한 논지는 다음과 같은 것이다. 곧, 창세로부터 하나님께서 특별하게 택하신 것으로 성경이 말씀하는 모든 성도들은 우리와 함께 영원한 구원에 이르는 동일한 축복을 누려왔다는 것 말이다. 그렇다면, 우리의 논지는 아우구스티누스의 논지와 이런 차이가 있게 된다. 곧, 우리의 논지는, "율법과 선지자는 요한의 때까지요 그 후부터는 하나님 나라의 복음이 전파되느니라"(눅 16:16)라는 그리스도의 말씀에 따라서, 복음의 명료성과 그 이전에 있었던 좀 더 희미한 말씀의 경륜을 서로 구분하는 것인데 반하여, 아우구스티누스의 논지는 단순히 복음의 확실성과 율법의 연약함을 서로 분리시키는 것뿐이라는 것이다.

거룩한 족장들에 대해서도 다음과 같은 점을 주목해야 한다. 그들은 옛 언약 아래서 살았으나 그냥 거기에만 머물러 있지 않았고 언제나 새 언약을 사모하였고, 그리하여 그 새 언약 속에 진정으로 참여하였다는 사실이다. 사도는, 현재의 그림자들로 만족하여 그리스도께로 마음을 향하지 않은 자들을 우매하고 저주받은 자들로 정죄하고 있다. 다른 문제들도 있지만 구태여 언급할 필요가 없을 것이다. 짐승을 죽이는 것으로 죄가 갚아질 것으로 기대하는 것만큼 우매한 것이 어디 있겠는가? 물을 몸에다 뿌리는 것으로 영혼을 깨끗하게 씻을 것이라고 기대하는 것이나, 마치 하나님께서 냉랭한 의식들 자체를 기뻐하시기라도 하는 것처럼, 그런 냉랭한 의식들로 하나님을 기쁘시게 하려고 애쓰는 것이나, 대체 이런 어리석은 처사가 어디 있겠는가? 그리스도를 생각하지 않고 그저 율법의 준수만을 고집하는 자들은 바로 이런 온갖 어리석은 행위에 빠지기 마련인 것이다.

(다섯 번째 차이점: 구약은 한 민족을 다루나 신약은 모든 민족을 다룸. 11-12)

11. 유대인과 이방인 사이의 담이 그리스도로 말미암아 무너졌음

여기에 다섯 번째 차이점을 덧붙일 수도 있는데, 그 차이점은, 그리스도께서 오시기까지 주께서는 한 민족을 구별하셔서 그 민족에게 그의 은혜의 언약을 베푸셨다는 사실에서 찾을 수 있다. 모세는 이렇게 말씀하고 있다. "지극히 높으신 자가 민족들에게 기업을 주실 때에, 인종을 나누실 때에 … 여호와의 분깃은 자기 백성이라 야곱은 그가 택하신 기업이로다"(신 32:8-9). 또한 다른 곳에서는 백성들에게 이렇게 말씀한다. "하늘과 모든 하늘의 하늘과 땅과 그 위의 만물은 본래 네 하나님 여호와께 속한 것으로되, 여호와께서 오직 네 조상들을 기뻐하시고 그들을 사랑하사 그들의 후손인 너희를 만민 중에서 택하셨음이 오늘과 같으니라"(신 10:14-15).

그러므로 하나님께서는 모든 사람들 중에 오로지 그들만 자기에게 속한 것처럼 그 백성들에게만 자신의 이름을 아는 지식을 주셨다. 그는, 이를테면, 그들의 가슴에 그의 언약을 안겨 주셨고, 자신의 위엄을 그들에게 드러내 보이셨고, 그들에게 온갖 특권을 베풀어 주셨다.

그 이외에도 수많은 축복들이 있지만 그것들에 대해서는 생략하기로 하고, 현재 우리의 논의와 관계 있는 것 한 가지만을 살펴보기로 하자. 그의 말씀을 그들에게 전하시면서, 하나님께서는 그들을 자기 자신과 연결시키셔서 그들의 하나님이라 불리고 또한 그들의 하나님으로 높임을 받도록 하셨다. 그리고 그동안, "모든 민족으로 [헛되이] 자기들의 길들을 가게 방임하셨다"(행 14:16). 마치 그들 모두 하나님 자신과는 전혀 아무런 관계도 없는 것처럼 말이다. 그들의 치명적인 질병을 치료하는 유일한 방도인 말씀의 선포도 그들에게는 베풀지 않으셨다. 그때에 이스라엘은 여호와의 사랑하는 아들이었고, 다른 사람들은 모두 외인(外人)들이었다. 이스라엘은 신뢰와 안전한 보호를 받았으나, 다른 사람들은 자기들의 몽매함 속에 내버려져 있었다. 이스라엘은 하나님께서 거룩하게 하셨으나, 다른 이들은 더럽혀진 상태에 있었다. 이스라엘은 하나님의 임재와 더불어 존귀함을 받았으나, 다른 이들은 하나님께 나아가는 것이 완전히 막혀 있었다.

그러나 만물의 회복을 위하여 지정된 "때가 차매"(갈 4:4), 그리스도께서 하나님과 사람을 서로 화목시키는 자로서 나타나셨고, 오랫동안 하나님의 자비하심을 이스라엘의 경계 내에 가두어 두었던 "담"을 헐어버리셨다(엡 2:14). 그가 "먼 데 있는 자들에게 평안을 전하시고 가까운 데 있는 자들에게 평안을 전하셔서"(엡 2:17) 그들이 하나님과 화목하게 되고 한 백성으로 화하게 하셨다(엡 2:16). 그러므로, 유대인이나 헬라인이나(갈 3:28), 할례자나 무할례자나(갈 6:15) 서로 전혀 차이가 없고, "그리스도는 만유시요 만유 안에 계시니라"(골 3:11). "내가 이방 나라를 네 유업으로 주리니 네 소유가 땅 끝까지 이를 것이요"(시 2:8), 그리하여 "그가 바다에서부터 바다까지와 강에서부터 땅 끝까지 다스리리라"(시 72:8; 참조. 슥 9:10).

12. 이방인들을 부르심

그러므로 이방인들을 부르신 일이야말로 신약이 구약에 비해서 탁월하다는 뚜렷한 하나의 증표다. 사실, 그 일은 이전에도 선지자들의 수많은 분명한 발언들로 입증되었었지만, 그 성취는 메시야의 왕국이 임하기까지 연기되었던 것이다. 심지어 그리스도께서도 그의 사역 초기에는 그 일에 대하여 직접적인 조치를 취하지 않고 연기하셨다가, 후에 구속 사역을 완수하시고 그의 비하(卑下)의 때를 끝마치신 후에 아버지께로부터 "모든 이름 위에 뛰어난 이름"을 받으시고 모든 무릎이 그의 이름에 꿇게 될 때에(빌 2:9-10), 비로소 그 일을 이루신 것이다. 그렇기 때문에, 때가 아직 이르지 않았으므로, 그는 가나안 여인에게 자신이 "이스라엘 집의 잃어버린 양" 외에는 아무에게도 보내심을 받지 않았다고 말씀하셨고(마 15:24), 또한 사도들을 처음 전도 사역을 위하여 파송하실 때에도 이스라엘의 경계를 넘지 않도록 하신 것이다. 그는 이렇게 말씀하셨다. "이방인의 길로도 가지 말고 사마리아인의 고을에도 들어가지 말고 오히려 이스라엘 집의 잃어버린 양에게로 가라"(마 10:5).

그러나 성경의 수많은 증언들이 이방인을 부르시는 일을 선포했지만, 사도들이 몸소 그 일을 수행하려 할 때에는 그런 부르심이 너무도 새롭고 낯선 것으로 여겨져서, 그 일이 무슨 괴상한 일이라도 되는 것처럼 그 일을 행하기를 심히 꺼렸다. 그리고 드디어 그 일을 두려움으로 시행했지만 실수도 없지 않았다. 그도 그럴 것이, 그렇게 기나긴 세월 동안 모든 민족 중에서 이스라엘을 뽑아내셔서 특별히 대하셨던 여호와께서 갑자기 계획을 바꾸셔서 그러한 선택을 무효화시키신다는 것이 정말 이해할 수 없는 일로 여겨졌기 때문이었다. 예언들이 이 사실을 미리 말씀했었다. 그러나 사람들은 이 예언들을 깊이 생각할 수가 없었다. 눈 앞에 벌어지는 전혀 새로운 일들이 너무나 놀라웠기 때문이다.

게다가 장차 이방인들을 부르시리라는 사실에 대하여 하나님께서 과거에 그들에게 제시하신 증거들도 그들을 납득시키기에는 충분하지 못했다. 이전에도 매우 적은 수의 이방인들을 부르셨지만, 하나님께서는 그들을 아브라함의 권속에 접붙이셨고, 그리하여 그들을 자기 백성에게 덧붙이셨다. 이처럼 공적으로 이방인들을 부르심으로써, 하나님께서는 그들을 유대인들과 동등하게 만드셨을 뿐 아니라, 그들이, 말하자면 죽은 유대인들을 대신하게 되었다는 것이 분명하게 드러났다. 그런데 과거에도 하나님께서는 이방인들을 그의 교회의 몸 속에 받아들이셨었지만, 그들은 절대로 유대인들과 동등하게 되지 않았었던 것이다. 그리하여 바울은 충분한 근거를 갖고서 선언하기를, 이 일이 "만세와 만대로부터 감추어졌던 비밀"(골 1:26; 참조. 엡 3:9)이라고 하며, 또한 천사들이 보기에도 놀라운 일이라고 하는 것이다(참조. 벧전 1:12).

(경륜의 차이를 근거로 하나님의 공의와 일관성에 대하여 제기하는 반론들에 대한 반박, 13-14)

13. 방식은 다양하나 하나님은 언제나 동일하심

교리의 단순한 진술이 요하는 범위 내에서, 나는 이 네 가지 혹은 다섯 가지 차이점들로써 구약과 신약의 모든 차이를 충실하게 해명했다고 생각한다. 그러나 몇몇 사람들이 교회의 다스림(정치)에 있어서 이런 다양함과 가르침의 상이한 방식과 예식과 의식들의 큰 변화들을 조롱하고 있기 때문에, 다른 문제들로 넘어가기 전에 그것들에 대해서 답변할 필요가 있으리라 여겨진다. 그러나 굳이 힘들게 애써서 반박하지 않아도 쉽게 물리칠 수 있으므로, 이를 되도록 간결하게 다룰 수 있을 것이다.

그들은 말하기를, 언제나 스스로 일관성이 있으신 하나님께서 그렇게 큰 변화를 허용하시고, 한 번 명령하시고 높이 칭찬하신 것을 나중에 물리치신다는 것은 결코 합당한 것이 아니라고 한다. 이에 대해서 나는, 하나님께서 시대마다 그가 합당하게 여기시는 대로 다른 형식들을 채용하신다고 해서, 그것 때문에 하나님이 가변적(可變的)이시라고 생각해서는 안 된다고 답변하고자 한다. 가령 농부가 겨울에는 식구들에게 이런 임무를 맡기고, 여름에는 다른 임무를 맡긴다고 해도, 그 때문에 그 농부에게 일관성이 없다고 비난해서도 안 되고, 그가 농사의 적절한 법칙을 벗어난다고 생각해서도 안 되는 것이다. 농사의 법칙이란 자연의 계속되는 질서를 따라서 이루어지는 것이기 때문이다.

이와 마찬가지로, 만일 가장이 자녀가 어릴 때에는 이런 방식으로 훈육하고 지도하다가, 청년기가 될 때에는 다른 방식을 사용하고, 또한 성년이 되어서는 또다른 방식을 사용한다고 해도, 그 때문에 그 사람을 변덕쟁이라고 비난하거나, 그가 자기의 책임을 버렸다고 이야기해서도 안 되는 것이다. 그렇다면, 하나님께서 다양한 시대마다 적절하고도 합당한 표지(標識)를 통하여 구분하셨다고 해서, 그 때문에 일관성이 없다고 그를 비난하는 이유가 무엇인가? 후자의 비유만으로도 충분히 설명이 될 것이라 믿는다. 바울은 유대인들을 어린아이에 비유하고, 그리스도인들은 청년에 비유하고 있다(갈 4:1 이하). 하나님께서 유대인들의 연령에 맞도록 그들에게 초보적인 가르침만을 주셨고, 우리는 더 확고한,

말하자면 좀 더 남자다운 훈련 과정으로 우리를 교육시키셨다는 사실이 과연 무엇이 이치에 맞지 않는단 말인가? 하나님께서 모든 시대마다 동일한 도리를 가르치셨고 처음부터 명하신 대로 그의 이름에게 동일한 예배를 계속해서 요구하셨다는 사실에서 하나님의 시종여일하심이 찬란하게 드러난다. 그리고 그가 외형적인 형식과 방법을 변화시키셨다는 사실이 드러나지만, 그렇다고 해서 그가 가변성이 있으신 분으로 나타나는 것은 아니다. 오히려 그는, 언제나 가변적이어서 항상 변화하는 사람의 역량에 자기 자신을 맞추신 것이다.

14. 하나님께서 그의 지혜로 모든 일을 행하심

그러나 그들은 이렇게 반문한다. 하나님께서 원하지 않으셨다면 어디서 이런 다양성이 생겨나는가? 하나님께서는 태초부터 그리스도께서 강림하신 이후처럼 그렇게 상징이 없이 분명한 말씀으로 영생을 계시하실 수도 있지 않았겠는가? 그가 처음부터 그의 백성들에게 몇 가지 분명한 성례들로 가르치시고 성령을 주시고, 온 땅에 그의 은혜를 넘치게 하실 수도 있지 않았겠는가?

그러나 이는 마치 하나님께서 그가 실제로 세상을 창조하신 것보다 훨씬 더 일찍 창조하실 수도 있었는데 그렇게 하지 않으셨다고 하여 그와 쟁론을 벌이는 것과도 같고, 그가 겨울과 여름, 낮과 밤이 서로 교차하도록 하셨다고 해서 그에게 이의를 제기하는 것과도 같은 것이다. 우리로서는 하나님께서 모든 일을 지혜롭고도 정의롭게 행하셨다는 사실에 대해서 의심해서는 안 될 것이다. 어째서 그렇게 하셨는지 그 이유를 알 수 없는 경우가 많지만, 경건한 사람이라면 마땅히 그것을 믿어야 하는 것이다. 우리에게는 감추어져 있으나 하나님께서는 그의 계획에 대하여 합당한 이유를 갖고 계시는데, 이 사실을 인정하지 않는다면, 그것은 너무도 교만한 처사일 것이다.

그러나 그들은, 과거에는 하나님께서 짐승을 드리는 희생 제사들과 레위 제사장직의 모든 부수적인 사항들을 기뻐하셨는데 지금은 그 모든 것을 싫어하시고 가증스럽게 여기신다는 것은 정말 이상한 일이라고 말한다. 마치 이런 덧없이 지나가고 겉모양뿐인 것들 자체가 하나님을 기쁘시게 하거나 그에게 영향을 미칠 수 있기라도 했던 것처럼 말이다! 이미 말한 바와 같이, 하나님께서는 자기 자신을 위하여 이런 일들을 하신 것이 아니고, 오로지 사람들을 구원하시기 위하여 그 모든 것들을 그렇게 정리해 놓으신 것이다. 만일 의사가 젊은 사람의 질병을 최선의 방법을 사용하여 치료하고 난 다음, 그 사람이 늙은 후에는 다른 종류의 치료법을 사용한다면, 전에 좋아하던 치료법을 거부했다고 그 의사를 비난할 수 있겠는가? 결코 그럴 수 없다. 치료를 계속하지만, 나이의 요인을 고려하여 치료법을 적용시킨 것뿐인 것이다.

그러니 아직 오시지 않은 그리스도를 표현하고 선포하기 위해서 어떤 표지를 사용할 필요가 있었으나, 그리스도께서 오신 다음에는 다른 표지를 사용하여 표현하는 것이 합당한 것이다. 그리스도께서 임하신 이후로 하나님의 부르심은 모든 사람들에게로 널리 확대되었고, 성령의 은혜들도 그 이전보다 더 풍성하게 베풀어졌다. 그렇다면, 하나님께서 자기의 뜻대로 은혜들을 자유로이 베푸시며, 그가 원하시는 대로 민족들에게 빛을 비추어 주신다고 해서 누가 감히 그것을 타당하지 않다고 이야기하겠는가?

또한 하나님께서 원하시는 곳에서 그의 말씀을 전파하게 하신다고 해서, 그가 원하시는 만큼 또한 그가 원하시는 방식으로 그의 교리를 발전시키고 성공하게 하신다고 해서, 누가 감히 그것을 합당치 않다고 비난하겠는가? 그가 원하시는 시대에 세상의 배은망덕함 때문에 그의 이름을 아는 지식이 없도록 하시며, 또한 그가 원하시는 때에 다시 그의 긍휼하심으로 그 지식을 회복시키신다고 해서, 그것이 부당하다고 말할 사람이 어디 있겠는가? 그러므로 이런 반론들은 너무나도 유치한 중상모략으로서, 불경건한 자들이 무지한 백성들을 속이며 그들로 하여금 하나님의 의로우심이나 성경의 신빙성을 의심하게 만들기 위해서 사용하는 것들일 뿐이라는 것이 분명히 드러나는 것이다.

주
____

1. Augustine, *Against Two Letters of the Pelagians*, III. iv. 6-12, 특히 11.

제 12 장

그리스도께서는 중보자의 직분을 행하기 위하여 사람이 되셔야 했음

(중보자께서 하나님이요 동시에 사람이셔야 하는 이유들. 1-3)

1. 하나님이시요 사람이신 중보자의 필요성

자, 우리의 중보자가 되실 분이 참 하나님이시요 동시에 참 사람이시라는 것이 우리에게는 가장 중요한 문제였다. 어째서 이것이 필수적인 문제냐고 물을 사람이 있겠지만, 보통 사용하는 표현을 쓰자면 그저 단순한 필연성이나 혹은 절대적인 필연성이 있었던 것은 아니다. 오히려, 그것은 사람의 구원을 좌우하는 하늘의 작정(作定: decree)에서 나온 것이다. 지극히 자비하신 우리의 아버지께서는 우리를 위해서 최선의 것을 작정하셨다. 우리의 죄악이 마치 구름처럼 우리와 하나님 사이에 가득 끼여 있어서 우리를 천국에서 완전히 격리시켜놓았으므로(참조. 사 59:2), 하나님께 속한 자가 아니고서는 어느 누구도 평화를 회복시킬 중재자의 역할을 감당할 사람이 없었다. 아담의 자손 가운데서는 그 일을 감당할 자가 없었을까? 아니, 없었다. 그들은 모두 그 조상 아담처럼 하나님을 보기만 해도 두려움에 떨었다(창 3:8). 천사들 가운데는 없을까? 그들 역시 그들을 하나님께로 든든하게 전적으로 붙어 있게 해 줄 수 있는 머리가 필요했다(참조. 엡 1:22; 골 2:10).

그렇다면 어떻게 되는가? 하나님의 위엄 그 자체가 우리에게로 내려오지 않으셨더라면 상황은 정말이지 희망이 없었을 것이다. 우리로서는 그에게로 올라갈 능력이 없었으니 말이다. 그리하여, 하나님의 아들이 우리를 위하여 "임마누엘", 즉 우리와 함께 계시는 하나님이 되시고(사 7:14; 마 1:23), 그리하여 그의 신성과 우리의 인성(人性)이 서로 연합하여 하나가 될 필요가 있었던 것이다. 그렇지 않았으면, 우리가 아무리 가까워진다 해도, 아무리 하나님과 친근하다 해도, 하나님께서 우리와 함께 거하시기를 바랄 만큼은 가깝지 못했을 것이다. 우리의 부정함과 하나님의 완전한 순결 사이의 이질성(異質性)이 그만큼 컸던 것이다! 사람이 만일 모든 오점이 없는 상태였다 해도, 그의 상태가 너무나 비천하여 중보자 없이는 도저히 하나님께 이를 수 없었을 것이다. 그렇다면 사람의 처지는 어떠했는가? 자신의 치명적인 타락의 상태에서 죽음과 지옥 속으로 떨어지고, 온갖 오점으로 더러워져 있고, 자신의 부패함으로 얼룩져 있고, 모든 저주들로 인하여 완전히 압도되어 있는 처지였다. 그러므로, 바울이 중보자를 묘사하면서 그분이 사람이시라는 사실을 명확하게 제시하고 있는 것도 충분한 이유가 있는 것이다. "하나님과 사람 사이에 중보자도 한 분이시니 곧 사람이신 그리스도 예수라"(딤전 2:5).

그리스도 예수를 가리켜 "하나님"이라고 말할 수도 있었고, "하나님"이란 단어를 생략했듯이 "사람"이라는 단어도 생략할 수 있었을 것이다. 그러나 바울의 입을 통해서 말씀하시는 성령께서는 우리의 연약함을 알고 계셨으므로, 가장 적절한 순간에 가장 적절한 표현을 사용하셔서 우리의 연약함을 도우셨다. 그는 하나님의 아들을 우리와 같은 한 사람으로서 우리 가운데 친근하게 세우신 것이다. 그러므로, 어디서 중보자를 찾아야 하며 어떤 경로로 그에게 나아가야 하는지에 대해서 사람이 혼란을 겪지 않도록 하시기 위해서, 성령께서는 그를 "사람"이라 부르시고, 그리하여 그가 우리 가까이 계시다는 것을 ─ 사실 그가 우리와 같은 육체를 지니고 계시므로 그가 우리를 만지신다는 것을 ─ 우리에게 가르치시는 것이다. 다른 곳에서는 성령께서 이와 동일한 사실을 훨씬 더 상세하게 설명하신다. "우리에게 있는 대제사장은 우리의 연약함을 동정하지 못하실 이가 아니요 모든 일에 우리와 똑같이 시험을 받으신 이로되 죄는 없으시니라"(히 4:15).

2. 중보자의 자격 요건

그 중보자가 이루실 일이 결코 범상한 일이 아니었다는 점을 생각하면, 이 사실이 더욱 분명해질 것이다. 그의 사명은 우리를 하나님의 은혜에게로 회복시키셔서 사람의 자녀들인 우리를 하나님의 자녀로 만드는 것이었고, 게헨나(지옥)의 상속자들을 천국의 상속자들로 만드는 것이었다. 하나님의 아들이신 그분께서 사람의 아들이 되지 않으셨다면, 그리하여 그가 우리의 것들을 취하시고 그의 것을 우리에게 베푸시고 또한 본질상 그의 것인 것을 은혜로 우리의 것이 되게 하지 않으셨다면, 과연 누가 이런 일을 할 수 있었겠는가? 그러므로, 우리는 이러한 보증에 의지하여 우리가 하나님의 자녀들임을 신뢰하는 것이다. 하나님의 아들께서 자신을 위하여 우리의 몸을 취하여 자기의 몸을, 우리의 살을 취하여 자기의 살을, 우리의 뼈를 취하여 자기의 뼈를 이루셔서 우리와 하나가 되셨으니 말이다(엡 5:29-31; 참조. 창 2:23-24). 그는 기꺼이 우리의 본성을 스스로 취하시고 그의 것을 우리에게 베푸셨으며, 하나님의 아들이시며 동시에 우리와 동일하신 사람의 아들이 되신 것이다. 그리하여, 그 자신이 입으로 높이 칭송하신 바 거룩한 형제 관계가 생겨난 것이다. "내가 내 아버지 곧 너희 아버지, 내 하나님 곧 너희 하나님께로 올라간다"(요 20:17). 이렇게 해서 우리는 천국의 상속에 대하여 확신을 갖게 된다. 그 모든 것을 소유하신 하나님의 유일한 아들께서 우리를 그의 형제들로 받아주셨기 때문이다. 형제이면 그와 함께 상속자(후사)가 되는 것이다(롬 8:17).

또한 우리의 구속자가 되신 그분께서는 이와 똑같은 이유로 참 하나님이시며 동시에 참 사람이셔야만 했다. 죽음을 삼키는 것이 그의 사명이었으니, 스스로 생명이신 분이 아니시면 과연 누가 그런 일을 할 수 있었겠는가? 죄를 이기는 것이 그의 사명이었으니, 스스로 의(義)가 되시는 분이 아니시면 과연 누가 그 일을 할 수 있었겠는가? 세상과 공중의 권세들을 무찌르는 것이 그의 사명이었으니, 세상과 공중보다 더 높은 권세이신 분이 아니시면 과연 누가 그 일을 감당할 수 있었겠는가? 그러니, 그 생명이나 의, 하늘의 주권과 권세가 하나님 한 분 이외에 그 누구에게 있는가? 그러므로, 지극히 자비하신 우리 하나님께서는 우리를 구속하고자 하실 때에 그의 독생하신 아들 안에서 자기 자신을 우리의 구속자로 삼으신 것이다(참조. 롬 5:8).

3. 구속자의 사명

우리가 하나님과 화목하기 위한 두 번째 요건은 이것이었다. 곧, 사람이 불순종으로 인하여 잃어버린 상태가 되었으므로 순종으로 그것을 시정하고, 하나님의 심판을 만족시키고, 죄에 대하여 형벌을 치러야 한다는 것이 그것이었다. 그리하여 우리 주님이 참 사람으로 오셔서 아담의 인격과 이름을 취하셔서 아담을 대신하여 아버지께 순종을 이루시며, 우리의 육체를 대표하셔서 하나님의 의로우신 심판을 만족시키시는 값으로 내어놓으시고, 그 육체로써 우리가 치러야 할 형벌을 값으로 치르신 것이다. 요컨대, 하나님만으로는 죽음을 느끼실 수가 없고, 사람만으로는 죽음을 이기실 수가 없었으므로, 그는 신성과 인성을 동시에 취하셔서, 속죄를 위하여 자신의 인성의 연약함을 죽음에 굴복시키고 또한 신성의 권능으로 죽음과 싸우셔서 우리를 위하여 승리를 얻고자 하신 것이다. 그러므로 그리스도의 신성이나 인성 가운데 어느 하나라도 탈취해 버리는 사람들이 있다면, 그들은 그의 위엄과 영광을 약화시키며, 그의 선하심을 흐리게 만드는 자들인 것이다. 뿐만 아니라 그들은 사람들의 믿음도 약하게 만들고 뒤집어엎어서 그들에게 굉장한 해악을 끼치게 된다. 이러한 토대 위에 서 있지 않으면, 그 믿음이 올바로 설 수가 없기 때문이다.

게다가, 오랫동안 사람들이 기다려온 그 구속자는 하나님께서 율법과 선지자들의 글에서 과거에 약속하신 그 아브라함과 다윗의 자손이셔야 했다. 이 사실에서 경건한 사람들은 또 한 가지 유익을 얻는다. 그가 아브라함과 다윗의 후손이라는 것을 근거로, 그가 그렇게 많은 말씀들을 통해서 높이 칭송을 받은 바로 그 메시야(기름 부음을 받은 자)시라는 것을 더욱 분명하게 알게 되기 때문이다. 그러나 무엇보다도 우리는 특히 바로 앞에서 설명한 사실에 주의를 기울여야 할 것이다. 즉, 우리가 그리스도와 공통의 본성을 지니고 있다는 것이 우리와 하나님의 아들의 교제의 보증이며, 그가 우리의 육체로 옷 입으시고 죽음과 죄를 함께 정복하셔서 우리가 승리와 개선을 누리게 되었다는 사실이다. 그는 우리에게서 받으신 그 육체를 희생 제물로 드리셨고, 그리하여 그의 대속(代贖)의 행위로 말미암아 우리의 죄책(罪責)을 씻으셨고, 아버지의 의로우신 진노를 진정시키신 것이다.

(각종 반론들에 대한 반박. 4-7)

4. 그리스도의 성육신의 유일한 목적은 인류의 구속임

이 문제들에 대하여 정당한 주의를 기울여 생각하는 사람들은 경솔한 자들이나 색다른 것을 추구하는 자들을 사로잡는 희미한 사변들을 쉽게 물리칠 것이다. 그런 사변들 중 하나를 예로 들면, 혹시 인류를 구속할 필요가 없었다 할지라도 여전히 그리스도께서는 사람이 되셨을 것이라는 것이다. 본래의 창조질서와 타락하지 않은 자연의 상태에서도 그리스도께서는 천사들과 사람들의 머리로서 그들 위에 계셨다는 사실은 물론 나도 인정한다. 그렇기 때문에 바울은 그를 가리켜 "모든 피조물보다 먼저 나신 이"라고 부르는 것이다(골 1:15). 그러나 그리스도께서 우리의 구속자가 되시기 위해서 육체로 옷 입으셨음을 모든 성경이 선언하고 있으므로, 그 이외에 다른 이유나 다른 목적을 상상한다는 것은 너무나 주제넘은 짓이다. 애초부터 그리스도를 약속하신 이유를 우리는 잘 알고 있다. 곧, 타락한 세상을 회복시키시고 잃어버린 사람들을 구원하시기 위함이었다. 그러므로, 율법 아래에서는 그리스도의 형상이 희생 제사들 속에서 제시되어, 하나님께서 신자들의 죄를 위하여 행하여지는 속죄를 통하여 그들과 화목되신 후에 그들에게 은혜를 베푸시리라는 소망을 신자들에게 주었다. 어느 시대나, 심지어 아직 율법이 반포되기 이전에도, 피 없이 중보자만 약속된 적이 없으므로, 우리는 하나님의 영원하신 계획으로 말미암아 그 중보자가 지정된 것은 바로 사람들의 부정함을 씻기 위함이었다는 분명한 결론을 얻게 된다. 피를 흘리는 것이야말로 바로 속죄의 증표이기 때문이다(참조. 히 9:22). 그리하여 선지자들은 그에 관하여 말씀을 선포하는 가운데 그가 하나님과 사람을 서로 화목시키는 분이실 것임을 약속하였다.

이에 대한 모든 증언들 가운데 이사야 선지자의 유명한 증언 한 가지만 예로 들어보자: "그는 실로 우리의 질고를 지고 우리의 슬픔을 당하였거늘 우리는 생각하기를 그는 징벌을 받아 하나님께 맞으며 고난을 당한다 하였노라. … 그가 징계를 받으므로 우리는 평화를 누리 … 도다"(사 53:4-5). 그는 자기 자신을 제물로 드리실 대제사장이 되실 것이었다(히 9:11-12). "그가 채찍에 맞으므로 우리는 나음을 받았도다 우리는 다 양 같아서 그릇 행하여 각기 제 길로 갔거늘 여호와께서는 우리 모두의 죄악을 그에게 담당시키셨도다"(사 53:5-6). 이렇게 그리스도께서 비참한 죄인들을 돕기 위하여 하나님으로 말미암아 지명되셨다는 것이 분명히 드러나고 있으니, 이러한 한계를 넘어서 튀어 오르는 자들은 누구든지 어리석은 호기심에 지나치게 빠져 있는 것이다.

그리스도께서는 이 땅에 강림하신 후, 그 자신이 강림하신 목적이 하나님의 진노를 진정시키셔서 우리를 모아 죽음에서 생명으로 옮기는 데 있음을 선언하셨다. 사도들도 그에 관하여 동일한 사실을 증거하였다. 그리하여 요한도, "말씀이 육신이 되셨음"을 가르치기에 앞서서(요 1:14), 사람이 하나님을 반역한 사실을 말씀하고 있다(요 1:9-11). 그러나 무엇보다도 그리스도께서 친히 자신의 직분에 관하여 선포하시는 내용에 귀를 기울여야 한다. 그는 이렇게 말씀하셨다. "하나님이 세상을 이처럼 사랑하사 독생자를 주셨으니 이는 그를 믿는 자마다 멸망하지 않고 영생을 얻게 하려 하심이라"(요 3:16), "죽은 자들이 하나님의 아들의 음성을 들을 때가 오나니 곧 이때라 듣는 자는 살아나리라"(요 5:25), "나는 부활이요 생명이니 나를 믿는 자는 죽어도 살겠고"(요 11:25), "인자가 온 것은 잃은 자를 구원하려 함이니라"(마 18:11), "건강한 자에게는 의사가 쓸 데 없고"(마 9:12). 모든 증거를 다 열거하자면 끝이 없을 정도다!

사도들도 한결같이 우리에게 이 근원에게로 돌아갈 것을 촉구하고 있다. 분명한 사실이지만, 그가 하나님과 사람을 서로 화목시키기 위해 오신 것이 아니었다면, 그의 제사장직의 존귀함이 사라지고 말았을 것이다. 제사장이란 하나님과 사람 사이를 중재하는 임무를 위하여 임명된 중재인이기 때문이다(히 5:1). 또한 그가 우리의 의(義)가 되시지도 않았을 것이다. 왜냐하면 하나님께서 우리의 죄를 우리에게 돌리지 않으시게 하기 위하여 그가 우리를 위하여 제물이 되셨기 때문이다(고후 5:19). 그리고 마지막으로, 성경이 그에게 베푸는 모든 칭호들이 다 무효가 되고 말 것이다. 또한 바울의 다음과 같은 진술도 헛것이 되어 버릴 것이다. "죄로 말미암아 자기 아들을 죄 있는 육신의 모양으로 보내어 육신에 죄를 정하사 육신을 따르지 않고 그 영을 따라 행하는 우리에게 율법의 요구가 이루어지게 하려 하심이니라"(롬 8:3-4). 뿐만 아니라 그리스도께서 우리의 구속자로 오셨을 때에 하나님의 선하심과 그의 한량없으신 사랑이 사람들에게 나타났다는 그의 가르침도 무너지고 말 것이다(참조. 딛 2:11).

요컨대, 하나님의 아들이 기꺼이 우리의 육체를 취하사 아버지의 이 명령을 수행하신 유일한 이유로서 성경이 제시하는 것은, 바로 자신이 제물이 되셔서 우리를 대신하여 아버지의 진노를 진정시키고자 하는 것이었다는 것이다. "이같이 그리스도가 고난을 받고 … 그의 이름으로 죄 사함을 받게 하는 회개가 … 전파될 것이 기록되었으니"(눅 24:46-47), "나는 양을 위하여 목숨을 버리노라. … 이로 말미암아 아버지께서 나를 사랑하시느니라. … 이 계명은 내 아버지에게서 받았노라"(요 10:15, 17, 18), "모세가 광야에서 뱀을 든 것 같이 인자도 들려야 하리니"(요 3:14), "아버지여 나를 구원하여 이때를 면하게 하여 주옵소서. 그러나 내가 이를 위하여 이때에 왔나이다. 아버지여, 아버지의 이름을 영광스럽게 하옵소서"(요 12:27-28). 여기서 그는 자신이 육체를 취하신 목적을 분명하게 암시하고 계신다. 곧, 친히 제물이 되시사 우리의 죄를 제거하는 속죄를 이루시기 위함이라는 것이다. 이와 마찬가지로 사가랴도 그가 족장들에게 행하신 약속대로 "어둠과 죽음의 그늘에 앉은 자에게" 빛을 비추시기 위하여 강림하셨음을 선언하고 있는 것이다(눅 1:79). 우리는 이 모든 것들이 하나님의 아들에 관하여 말씀된 것임을 잘 기억하고 있다. 그 하나님의 아들은, 바울이 다른 곳에서 증언하듯이, "그 안에는 지혜와 지식의 모든 보화가 감추어져" 있는 분이시다(골 2:3). 그리고 바울은, 그분 이외에는 아무것도 알지 아니하기로 작정하였다고 선언하고 있다(고전 2:2).

5. 엉뚱한 상상에 의한 반론들에 대한 반박

혹시, 이러한 것들이 모두 사실이라 할지라도, 그리스도께서는 ─ 물론 그가 정죄 받은 사람들을 구속하신 것도 사실이지만 ─ 사람들의 육체를 취하셔서, 구원받아 안전한 상태에 있는 사람들을 향하여 그의 사랑을 보여주시기도 한다고 반론을 제기하는 사람이 있다면, 이에 대한 나의 답변은 아주 간단하다. 곧, 하나님의 영원한 작정에 의하여 이 두 가지가 하나로 합쳐졌음을 성령께서 선포하시므로, 그리스도께서 어떻게 우리의 구속자가 되셨고 또한 동시에 어떻게 우리의 본성을 함께 나누신 자가 되셨는가에 대해서 더 이상 궁금증을 갖는 것은 정당한 일이 아니라는 것이다. 하나님의 변함없으신 규례에 만족하지 않고 무언가 더 알려는 욕심에 이끌리는 사람은, 우리의 구속의 값으로 우리에게 주어지신 바 된 이 그리스도로도 만족하지 않는 법이기 때문이다. 사실 바울은 그리스도께서 보내심을 받은 목적이 무엇인지를 설명할 뿐 아니라 또한 하나님의 예정의 그 고상한 신비에까지 높이 올라가면서, 인간 본성이 지니고 있는 모든 방자함과 경망스런 호기심을 매우 적절하게 억제시키고 있다. "아버지께서 창세 전에 그리스도 안에서 우리를 택하사"(엡 1:4) "그 기쁘신 뜻대로" 우리를 자기의 아들들로 입양시키셨고(엡 1:5), 그의 사랑하시는 아들 안에서 우리를 받아주셨으며(엡 1:6), "우리는 … 그의 피로 말미암아 속량 … 을 받았느니라"(엡 1:7).

여기서는 분명 아담의 타락이 하나님의 작정보다 시기적으로 앞서는 것으로 전제되어 있지 않다. 그러나 우리는 만세 전에 하나님께서 결정하신 사실을 주목하게 되는데, 하나님께서는 그때부터 인류의 불행을 치유하시기를 뜻하신 것이다. 가령 우리의 반대자들이 여기서 또다시, 하나님의 이러한 계획은 그가 예견하신 바 사람의 멸망 상태에 좌우된 것이었다고 반론을 제기한다고 해도, 나로서는 다음과 같은 말로써 충분히 반박하고도 남을 것이다. 곧, 하나님께서 그의 은밀한 작정으로 정하신 것 이상으로 그리스도에 대해 더 궁금해하거나 더 알려고 하는 자들은 모두 불경스러운 뻔뻔스러움으로 무언가 새로운 그리스도를 조작해 내려고 덤비고 있는 것이라는 것이다.

바울도 그리스도의 참된 직분을 논의한 후에 에베소 교인들에게 깨닫는 영을 주시기를 기도하고 있다. 곧, "지식에 넘치는 그리스도의 사랑을 알고 그 너비와 길이와 높이와 깊이가 어떠함을" 깨닫게 해 달라고 간구하는 것이다(엡 3:14-19). 바울은 그리스도께서 언급되실 때마다 우리가 조금이라도 그 화목의 은혜에서 이탈하지 않도록 하기 위하여, 이를테면 우리의 생각에 울타리를 쳐 두고자 한 것이다. 그러므로 바울의 증언에 따르면, "그리스도 예수께서 죄인을 구원하시려고 세상에 임하셨다"는 말씀이야말로 "모든 사람이 받을 만한" 확실한 말씀이므로(딤전 1:15), 나 역시 기꺼이 이 말씀을 받아들인다. 또한 같은 사도께서는 다른 곳에서, 지금 복음 안에서 나타난 그 은혜는 "영원 전부터 그리스도 예수 안에서" 우리에게 주신 은혜임을 가르치고 있으므로(딤후 1:9), 나는 끝까지 확고하게 이 사실을 견지할 결심이다.

그런데, 오지안더(Osiander: 1498-1552)는 이러한 정숙한 자세에 대하여 부당하게 반론을 제기한다.[1] 과거에 몇몇 사람들이 가볍게 언급하고 지나간 문제를, 불행하게도 그가 우리 시대에 새롭게 제기하고 나선 것이다. 그는, 혹시 아담이 타락하지 않았을 경우 하나님의 아들이 육체로 임하셨을 것이라는 것을 부인하는 자들에 대하여 경솔하다고 비난한다. 성경의 그 어떠한 증언도 그것을 부인하지 않기 때문이라는 것이다. 사도 바울이 이런 사악한 호기심을 물리치지 않는가! 바울은 그리스도로 말미암은 구속에 대해서 말한 후에, 우리에게 "어리석은 변론"을 피하라고 분명히 말하고 있는 것이다(딛 3:9). 또 어떤 이들은 자기들의 재치를 드러내 보이려고 어리석은 공론을 거듭하면서, 하나님의 아들이 과연 나귀의 본성을 취하실 수는 없었는가 하는 문제를 제기하기까지 하니 이 얼마나 미친 짓인지 모른다.[2] 경건한 사람들 모두가 이를 역겹고 가증스러운 것으로 여기는 이 미친 공론을 오지안더는 한 번 변명해보라. 성경 어느 곳에서도 그런 공론을 분명하게 반박하지 않는다는 구실을 대면서 말이다. "십자가에 못 박히신 그리스도 외에는" 아무것도 중요하게 여기지도 않고 알지도 않겠다고 한 (고전 2:2) 사도 바울이 나귀를 구주로 인정한단 말인가! 바울은 다른 곳에서, 아버지의 영원한 계획으로 말미암아 그리스도께서 만물의 머리가 되사 만물을 통일되게 하셨다고 선포하고 있으니(엡 1:10, 참조. 22절), 구속의 사명을 부여받지 않은 또다른 머리를 인정하는 일은 결코 없었을 것이다.

6. 하나님의 형상에 대한 오지안더의 견해에 대한 반박

그러나 오지안더가 근거를 두고 있는 원리란 경박스럽기 짝이 없는 것이다. 그는 사람이 하나님의 형상으로 창조된 것은, 장차 오실 메시야의 모양대로 지으심을 받았기 때문이요, 이는 아버지께서 메시야를 사람의 육체로 옷 입으시도록 이미 작정하셨으므로 사람이 그 메시야를 닮도록 하기 위함이었다고 단언한다. 이를 근거로 하여, 오지안더는 만일 아담이 그의 본래의 의로운 상태에서 타락한 일이 없었더라도 그리스도께서는 여전히 사람이 되셨을 것이라고 추정한다. 그러나 건전한 판단력을 지닌 사람이라면 이것이 얼마나 하찮고 왜곡된 논리인지를 곧바로 알 것이다. 한편, 오지안더는 하나님의 형상이 무엇인지를 자기가 비로소 처음 바로 보았다고 생각한다. 곧, 하나님의 영광이 아담에게 주어진 비상한 재능들 속에서 빛난 것은 물론 하나님께서 본질적으로 아담 안에 거하셨다는 것이다.

하나님과 교제하는 동안에는 아담이 하나님의 형상을 지녔고, 인간의 존엄성의 최고의 완전함이 바로 거기에 있었다는 것을 나도 인정한다. 그러나, 이 형상은 하나님께서 아담을 다른 모든 생물들 위에 뛰어나도록 구별하시기 위하여 그에게 부여하신 그 탁월한 표지(標識)들에서만 찾아야 한다고 본다. 그 때에도 그리스도께서 하나님의 형상이었다는 것은 모든 사람들이 한결같이 인정하는 사실이다. 그러므로, 아담에게 어떠한 탁월한 점들이 부여되었다 할지라도, 그것들은 모두가 아담이 독생하신 아들을 통하여 그의 창조주의 영광에 가까이 나아갔다는 사실에서 비롯되는 것이다. 사람이 하나님의 형상대로 창조되었다 (창 1:27)는 것은 곧 창조주께서 자기의 영광이 사람 안에서 마치 거울로 보이듯이 그렇게 보이기를 뜻하셨다는 것이다. 아담은 독생하신 아들로 말미암아 이러한 존귀를 입은 것이다. 그러나 여기에 덧붙일 것이 있다. 곧, 아들 자신은 천사들과 사람들의 공통의 머리셨다는 것이다. 그러므로, 사람에게 부여된 그 존엄성은 천사들에게도 있었던 것이다. 천사들을 가리켜 "하나님의 아들들"이라 부르는 것을 들으므로(시 82:6), 그들이 무언가 아버지를 닮은 특질을 부여받았다는 것을 부인한다는 것은 온당치 못할 것이다. 하나님께서 만일 그의 영광이 천사들과 사람들 모두에게서 나타나고 또한 두 본성들 모두에서 드러나기를 바라셨다면, 천사들은 그리스도의 모습을 지니지 않았기 때문에 사람보다 밑에 있다는 오지안더의 발언은 무식한 허튼 소리에 지나지 않는 것이다. 그들이 하나님을 닮지 않았다면 어떻게 계속해서 하나님을 직접 대면할 수가 있었겠는가? 또한 바울도 이와 비슷하게, 사람이 천사들과 더불어 한 머리 아래서 서로 밀착될 때에 비로소 사람이 하나님의 형상을 따라 새롭게 하심을 입는 것임을 가르치고 있다(참조. 골 3:10).

요컨대, 우리가 그리스도를 믿으면, 하늘로 영접될 때에 우리가 천사들처럼 될 것이고(마 22:30), 이것이 우리의 최종적인 행복이 될 것이다. 그러나 만일 하나님의 형상의 가장 주된 모형이 사람이신 그리스도 안에 있었다는 오지안더의 추론을 허용한다면, 누구든지 그와 동일한 것을 근거로 하여, 천사들이 하나님의 형상을 소유하고 있었으므로 그리스도께서 천사의 본성을 취하여야 했을 것이라고 주장할 수 있을 것이다.

7. 오지안더의 여러 가지 잡다한 반론에 대한 반박

그러므로, 하나님의 마음속에 아들의 성육신에 관한 확고부동한 작정이 없었다면, 하나님이 거짓말쟁이가 되실 수도 있다는 오지안더의 염려는 결국 하등 근거가 없는 것이다. 만일 아담의 의로움이 무너지지 않았더라면 그는 천사들과 더불어 하나님과 같이 되었을 것이요, 또한 하나님의 아들이 사람이든 천사든 되실 필요가 없었을 것이기 때문이다. 또한 오지안더는, 사람의 창조 이전에 하나님의 확고부동한 계획에 따라 그리스도께서 구속자로서가 아니라 첫 사람으로서 나시도록 되지 않았다면, 그리스도께서는 그 존귀한 위치에서 떨어지고 마셨을 것이라고 염려한다. 왜냐하면 그렇게 되면 그리스도께서는 잃어버린 인류를 구원하여야 한다는 역사적인 필요를 위해서 나신 것이 아닌 것이 되어 버리는데, 이는 결국 그리스도께서 아담의 형상으로 창조함 받았다는 뜻이 되기 때문이라는 것이다. 그러나 이 역시 근거 없는 어리석은 염려에 불과한 것이다. 그리스도께서 죄를 제외하고는 모든 점에서 우리와 같이 되셨다고 성경이 그렇게도 분명하게 가르치는데(히 4:15), 오지안더는 어째서 이에 대해서 그렇게 치를 떤단 말인가? 누가도 마찬가지로 그리스도를 아담의 자손으로 인정하기를 주저하지 않는다(눅 3:38). 또한 바울은 그리스도를 가리켜 "둘째 아담"이라 부르는데(고전 15:47), 그리스도께서 아담의 자손들을 멸망의 상태에서 꺼내고자 인간의 조건이 그에게 주어진 것이 아니라면 대체 바울이 어째서 그를 그렇게 부른단 말인가? 만일 그리스도께서 창세 전에 오셨다면, 그를 마땅히 "첫째 아담"이라 불러야 할 것이 아닌가?

오지안더는, 사람이신 그리스도를 하나님의 마음에서 이미 알고 계셨기 때문에, 그를 모형으로 삼아 사람들을 지으신 것이라고 경솔하게 주장한다. 그러나 바울은 그리스도를 "둘째 아담"이라 부름으로써 사람의 최초의 기원과 또한 그리스도를 통하여 얻는 회복 사이에 타락을 상정하고 있다. 타락으로 말미암아 그 이전의 상태로 본질이 회복될 필요성이 제기된 것이다. 그렇다면, 바로 이러한 동일한 원인 때문에 하나님의 아들이 나셔서 사람이 되신 것이라는 논리가 성립되는 것이다. 한편, 오지안더는, 아담이 의로운 상태로 남아 있었다면 그는 그리스도의 형상이 아니라 자기 자신의 형상이었을 것이라는 식으로 아주 어리석고도 부당한 논리를 전개한다.

그러나 나는, 이와 반대로, 하나님의 아들이 인간의 육체를 취하시는 일이 없었더라도 하나님의 형상이 그의 몸과 영혼 속에서 빛났을 것이라고 답변하고 싶다. 그리스도께서 참으로 머리이시며 또한 만물의 으뜸이 되신다는 것이 이 형상의 광채 속에서 언제나 드러나기 때문이다. 오지안더는, 아담의 죄와는 관계 없이, 만일 하나님께서 그의 아들을 육체로 옷 입으시도록 작정하지 않으셨더라면, 천사들에게는 그 머리가 없었을 것이라는 논리를 유포하는데, 그의 이런 헛된 교묘한 논리가 이렇게 해서 물리쳐지는 것이다.

그런데 오지안더는 정신이 온전한 사람이라면 절대로 인정하지 못할 그런 것을 경솔하게 주장한다. 곧, 그리스도께서 사람이 되시는 경우가 아니고서는 그가 천사들의 머리가 되실 수 없고, 천사들도 그를 자기들의 우두머리로 인정하지 않을 것이라고 주장하는 것이다. 그러나 이에 대한 올바른 견해는 바울의 말씀에서 곧바로 나타난다. 첫째로, 그리스도께서 하나님의 영원하신 말씀이신 한, 그는 "모든 피조물보다 먼저 나신 이"(골 1:15)이시다. 이것은 그가 창조되셨기 때문이거나 그가 피조물에 속하셔야 했기 때문이 아니라, 태초에 최고의 아름다움을 입고 있었을 때처럼 손상되지 않은 상태에서는 세상이 다른 어느 누구에게가 아니라 그리스도께 기원을 두고 있었기 때문이다. 둘째로, 그리스도께서 사람이 되신 한 그는 "죽은 자들 가운데서 먼저 나신 이"(골 1:18)이셨다. 사도는 짧은 한 구절 속에서 두 가지 사실을 제시하고 있다. (1) "만물이 그에게서 창조되"신 것은 그가 천사들을 다스리시기 위함이라는 것(골 1:16)이며, (2) 그가 사람이 되신 것은 우리의 구속자가 되시기 위함이라는 것이다(참조. 골 1:14).

그리스도께서 사람이 되지 않으셨다면 사람들은 그를 자기들의 왕으로 모시지도 않았을 것이라는 오지안더의 발언에서도 이와 똑같은 무식이 드러난다. 이는, 영원하신 하나님의 아들이 ― 인간의 육체를 취하지 않으셨더라도 ― 천사들과 사람들을 그의 하늘의 영광과 생명의 교제 속으로 모아들이시고 그 자신이 그들 모두의 으뜸이 되시지 않으셨다면, 하나님의 나라가 설 수 없었다는 식의 논리가 아닌가! 그러나 오지안더는, 그리스도께서 육체로 나타나지 않으셨다면 교회에 머리가 없었을 것이라는 그릇된 원리 때문에 항상 속고 있는 ― 아니면 자신을 속이고 있는 ― 것이다. 천사들이 그리스도의 머리 되심을 누린 것처럼, 그리스도께서 그의 신적인 권능으로 사람들을 다스리시며 그의 성령의 은밀한 권능으로 마치 그 자신의 몸에게 하시듯 그렇게 그들을 일깨우시고 양육시키시며, 또한 하늘에 모아들여진 후에는 그들로 하여금 천사들과 똑같이 생명을 누리게 하지 못하실 이유가 어디 있단 말인가?

오지안더는, 지금 내가 막 반박한 이런 하찮은 것들을 가장 확고한 말씀으로 여긴다. 자기 자신의 사변의 달콤함에 젖어서, 어리석게도 그는 아무것도 아닌 것을 찬양하고 있는 것이다. 그리고 후에 그는 자신이 더 확고한 증거라 여기는 것을 제시하고 있다. 곧, "아담의 예언"이 그것인데, 아담은 자기 아내를 보고서 "이는 내 뼈 중의 뼈요 살 중의 살이라"고 말했다는 것이다(창 2:23). 하지만 이 말이 예언이라는 것을 과연 오지안더는 어떻게 증명하는가? 마태복음을 보면, 그리스도께서 동일한 말씀을 하나님의 말씀으로 돌리고 있기 때문이라는 것이다. 마치 하나님께서 사람들을 통해서 말씀하신 것에는 무조건 무언가 예언이 들어 있기라도 한 것처럼 말이다! 그렇다면 오지안더는 하나님께로서 온 것이 분명한 율법의 몇몇 강령들에도 예언이 들어 있다고 말하겠는가?

뿐만 아니라, 만일 그리스도께서 문자 그대로의 의미만으로 제한하셨다면, 그리스도의 생각은 분명 유치하고 세속적인 것에 지나지 않았을 것이다(마 19:4-6). 그러나 여기서 그리스도는 그가 교회에게 은혜로 베푸신 그 신비한 연합을 지칭하신 것이 아니라, 그저 혼인의 정절을 지칭하신 것이다. 그렇기 때문에 그리스도는 하나님께서 남자와 그 아내를 한 몸이 되게 하셨으므로 어느 누구도 그 분리할 수 없는 결속의 관계를 이혼으로 깨뜨리려 해서는 안 된다고 가르치시는 것이다. 만일 이러한 단순한 교훈이 싫다면, 오지안더는 그리스도께서 아버지의 말씀을 좀 더 교묘하게 해석하여 신비 속으로 제자들을 이끌지 않으신다고 그를 비난해야 할 것이다.

바울은 우리가 그리스도의 살 중의 살이라고 말하면서(엡 5:30-31), 곧바로 그것이 "비밀"임을 강조하고 있다(엡 5:32). 바울은 아담이 그 말을 한 의미를 밝히려고 한 것이 아니고, 오히려 혼인의 모습과 상징을 통해서, 그리스도와 하나가 되는 그 거룩한 연합을 제시하고자 한 것이었다. 그 말씀 자체가 이 사실을 드러내 준다. 바울은 자신이 그리스도와 교회에 대하여 말하고 있다는 것을 알리면서, 혼인의 법칙과, 그리스도와 교회의 영적 연합을 서로 구별하고 있기 때문이다. 그러므로 오지안더의 이런 어리석은 주장은 곧바로 무너지고 만다. 그런 쓰레기 같은 것을 더 이상 다루는 것도 불필요하다고 믿는다. 이렇게 짤막한 반박으로도 그 논리의 허망함이 모두 드러나니 말이다. 하나님의 자녀들이 온전하게 양육을 받는 데에는 다음과 같은 진지한 진리만으로도 족하고도 남는다. "때가 차매 하나님이 그 아들을 보내사 여자에게서 나게 하시고 율법 아래에 나게 하신 것은 율법 아래에 있는 자들을 속량하시고 우리로 아들의 명분을 얻게 하려 하심이라"(갈 4:4-5).

주
____

1. Osiander, *An filius Dei fuerit incarnandus*, folios. A. 4a-B la.

2. William of Ockham, *Centilogium theologicum*, concl. 7 .A.

제 13 장

그리스도께서 인간 본성의 참 본질을 취하셨음

1. 그리스도가 참 사람이신 증거

그리스도의 신성은 다른 곳에서 분명하고도 확고한 증언들을 통해서 입증한 바 있다.[1] 그러므로, 내가 잘못 아는 것이 아니라면, 여기서 그것을 구태여 다시 논의할 필요는 없을 것이다. 그렇다면, 우리에게 남은 일은 그리스도께서 우리의 육체로 옷 입으시고 어떻게 중보자의 직분을 수행하셨는가를 살피는 일일 것이다. 사실, 그리스도의 인성(人性)의 순전함은 오래 전에 이미 마니교도들과 마르키온주의자들(Marcionites)이 부인한 바 있었다. 마르키온주의자들은 그리스도의 몸이 그저 그렇게 보였을 뿐이라고 상상했고, 마니교도들은 그리스도께서 천상적인 육체를 부여받으셨다고 꿈꾸었다. 그러나 성경의 수많은 강력한 증언들이 이 둘을 모두 반대하고 있다. 하늘의 씨나 유령 같은 사람에게가 아니라, 아브라함과 야곱의 씨에 축복이 있을 것을 약속하고 있기 때문이다(창 12:3; 17:2, 7; 18:18; 22:18; 26:4). 뿐만 아니라 허공에 뜬 사람이 아니라 다윗의 자손이요 그의 허리에서 난 자에게 영원한 보좌가 약속되고 있는 것이다(시 45:6; 132:11). 그렇기 때문에, 그는 육체로 나타나셔서 "아브라함과 다윗의 자손"으로 불리신 것이다(마 1:1). 이것은 그가 공중에서 창조되어 동정녀의 몸에서 탄생하셨기 때문이 아니라, 바울의 해석에 따르면 그가 "육신으로는 다윗의 혈통에서" 나셨기 때문인 것이다(롬 1:3). 이와 비슷하게, 바울은 다른 구절에서 그가 유대인에게서 나셨다고 가르치기도 한다(롬 9:5). 그렇기 때문에, 주님 자신은 그냥 "사람"이라는 이름으로 만족하지 않고, 흔히 자기 자신을 가리켜 "인자"(사람의 아들)라 부르시며, 그리하여 자신이 정말로 인간의 씨에서 난 사람이심을 더욱 분명하게 표현하신 것이다. 성령께서 여러 가지 도구들을 사용하시고 또한 매우 진지하고도 간결하게 이러한 명백한 사실을 선언하셨으니, 감히 속임수를 써서 그 사실을 더럽힐 정도로 뻔뻔한 자들이 있을 것을 누가 상상이나 했겠는가?

그런데 증거를 더 모으려고 하면, 다른 증언들도 얼마든지 제시할 수가 있다. 예를 들어서, 바울은 "하나님이 그 아들을 보내사 여자에게서 나게 하셨다"고 진술한다(갈 4:4). 그리고 그리스도께서 주림과 목마름, 추위 등 인간 본성의 연약함을 지니셨다는 다른 증거들이 무수히 나타나고 있다. 우리는 이런 무수한 증거들 가운데서 우리를 참된 신뢰 가운데 세워줄 수 있는 것들을 택해야 한다. 말하자면 다음과 같은 것들이다. 그는 천사들의 본성을 취하실 만큼 그들에 대해 관심을 갖지 않으셨고(히 2:16) 오히려 우리의 본성을 취하셨는데, 이는 혈과 육을 지니사 "죽음을 통하여 죽음의 세력을 잡은 자 곧 마귀를 멸하시려 하심이었다"(히 2:14). 또다른 증거를 들면, 우리가 그와 연루된 덕분에 그의 형제들로 인정된다는 것이다(참조. 히 2:11). 또한 "그가 범사에 형제들과 같이 되심이 마땅하도다. 이는 하나님의 일에 자비하고 신실한 대제사장이 되어 백성의 죄를 속량하려 하심이라"(히 2:17). "우리에게 있는 대제사장은 우리의 연약함을 동정하지 못하실 이가 아니시다"(히 4:15) 등이다.

우리가 조금 앞에서 언급하고 지나간 것도 이 문제와 관련이 있다. 곧, 바울이 분명하게 선포하듯이, 세상의 죄가 우리의 육체 안에서 속해져야 했다는 것 말이다(롬 8:3). 그렇기 때문에, 아버지께서 그리스도께 부여하신 것은 무엇이든 우리와 관련이 있는 것이다. 왜냐하면 그는 우리의 머리시요, "그에게서 온 몸이 각 마디를 통하여 도움을 받음으로 연결되기" 때문이다(엡 4:16). 그렇다. 만일 그렇지 않으면, "하나님의 성령을 [그에게] 한량없이 주신" 것은(요 3:34) "우리가 다 그의 충만한 데서 받으려" 함이라는(요 1:16) 진술이 힘을 잃어버리고 말 것이다. 하나님께서 무언가 우연한 은사를 받아 그의 본질이 더 풍성하게 된다는 사고처럼 어리석은 것은 없는 것이다. 그렇기 때문에라도, 그리스도께서는 친히 다른 곳에서 "그들을 위하여 내가 나를 거룩하게 하오니"(요 17:19)라고 말씀하시는 것이다.

2. 그리스도의 인성에 관한 반론들에 대한 반박

그들은 그들의 오류를 확증하고자 성경 구절들을 심각하게 왜곡시켜서 제시한다. 그들은 또한 앞에서 내가 입증한 내용을 무너뜨리고자 갖가지 하찮은 논리를 교묘하게 제시하지만, 아무것도 이루지 못한다. 마르키온(Marcion)은 그리스도께서 "사람들과 같이 되셨고 사람의 모양으로 나타나"셨다는 바울의 말씀(빌 2:7-8)을 근거로, 그리스도께서 사람의 몸이 아니라 유령(幽靈)을 입으신 것이라고 상상한다. 그러나 그는 거기서 바울의 의도를 완전히 무시하고 있는 것이다. 바울은 거기서 그리스도께서 어떤 유의 몸을 취하셨는지를 가르치고자 한 것이 아니었다. 오히려, 그는 그리스도께서 그의 신성을 밝히 드러내실 수 있었고 또한 그것이 정당했지만, 스스로 낮고 천한 사람으로서 자신을 드러내셨음을 말하고자 한 것이다. 그리스도의 모범을 제시하여 우리에게 복종할 것을 권고하기 위하여, 사도는 그리스도께서 하나님으로서 세상에 직접 자기의 영광을 드러내실 수도 있었으나, 자신의 권리를 버리시고 자의로 자신을 비우셨음을 말한 것이다. 그리스도께서는 종의 형상을 취하셨고, 그런 비천함으로 만족하셨으며, 그의 신성이 육체라는 휘장으로 가려지도록 하신 것이다(참조. 빌 2:5-7). 여기서 바울은 사실 그리스도께서 어떤 식으로 나타나셨는가가 아니라 그가 어떻게 스스로 처신하셨는가를 가르치고 있는 것이다.

전체의 문맥에서도 우리는 그리스도께서 자신을 비우사 참 사람의 본성을 취하셨다는 것을 쉽게 알 수 있다. 잠시 신적인 영광이 비치지 않고 오로지 낮고 천한 상태에 있는 인간의 모습만 드러났다는 뜻이 아니라면, "사람의 모양으로 나타나셨다"(빌 2:8)는 말씀은 대체 무슨 뜻이란 말인가? "그리스도께서 … 육체로는 죽임을 당하시고 영으로는 살리심을 받으셨으니"(벧전 3:18)라는 베드로의 말씀도, 인성을 지니신 하나님의 아들께서 연약한 상태에 계시지 않으셨다면 성립이 되지 않는다. 바울은 "그리스도께서 약하심으로 십자가에 못 박히셨음"을 선언하여, 이 점을 더욱 분명하게 설명해 주고 있다(고후 13:4). 그리스도께서 자신을 낮추신 이후에 다시 새로운 영광을 얻으셨음을 분명히 말하고 있는 것이다. 여기에 그의 승귀(昇貴: exaltation, 높아지심)가 있다. 그가 인간의 육체와 영혼을 부여받은 일이 없었다면, 이런 높아지심도 있을 수가 없었을 것이다.

마니(Mani)는 그리스도가 공기(空氣)로 된 몸을 입었다고 날조한다. 그리스도에 대하여 "둘째 사람은 하늘에서 나셨느니라"(고전 15:47)고 말씀하기 때문이라는 것이다. 그러나 이 구절에서 사도는 그리스도의 몸의 본질이 하늘에 속한 것임을 말하고자 한 것이 아니라, 그리스도께서 신령한 능력을 부으셔서 우리를 살리신다는 사실을 말하고자 한 것이다. 그런데 우리가 이미 살펴본 대로, 베드로와 바울은 그 능력을 그리스도의 육체와는 별개의 것으로 말하고 있다. 오히려 이 구절은 그리스도의 인성에 관한 정통 교리를 놀랍게 확증해 주는 것이다. 그리스도께서 우리와 동일한 육체의 본성을 지니지 않으셨다면, 바울이 그렇게 열정적으로 전개해 나가는 다음과 같은 논리가 모두 무의미한 것이 되어 버리고 말 것이기 때문이다. 그리스도께서 살아나셨으면, 우리도 살아날 것이요, 우리가 살아나지 않으면, 그리스도께서도 살아나지 않으신 것이다(참조. 고전 15:12-20). 그 옛날 마니교도들이나 오늘날 그들의 제자들이 온갖 교묘한 논리로 이 증거를 회피하려고 애쓰지만, 결코 성공하지 못하고 있는 것이다.

또한, 그리스도께서 "인자"라 불리는 것은 오로지 그가 사람들에게 약속되셨다는 뜻일 뿐이라는 그들의 허무맹랑한 주장 역시 비열한 회피에 지나지 않는다. 히브리어 숙어로 "인자"란 참 사람을 뜻한다는 것이 명백하기 때문이다. 그리스도께서는 그의 모국어의 이 용어를 그대로 쓰신 것이 분명하다. 또한 "아담의 아들"에 대하여 일반적으로 받아들여지고 있는 이해도 논란의 여지가 없다. 더 상세히 나아갈 필요도 없이, 사도들이 그리스도께 적용시키는 시편 8편의 예만으로도 충족할 것이다. "사람이 무엇이기에 주께서 그를 생각하시며 인자가 무엇이기에 주께서 그를 돌보시나이까?"(시 8:4; 히 2:6). 곧, "인자"라는 말로써 그리스도의 참된 인성을 표현하고 있는 것이다. 비록 인간 아버지에게서 직접 나신 것은 아니지만, 그의 기원은 아담에게서 비롯된 것이다. 그렇지 않다면, 이미 인용한 바 있는 다음의 말씀이 성립되지 않는다. "그도 또한 같은 모양으로 혈과 육을 함께 지니심은" 그의 자녀들을 자기 자신에게로 모아들여 하나님께 순종하게 하기 위함이다(히 2:14).

이 말씀들 속에서 그리스도는 분명 우리와 동일한 본성을 지니신 동료와 형제로 선언되시는 것이다. 이런 의미에서 또한 "거룩하게 하시는 이와 거룩하게 함을 입은 자들이 다 한 근원에서 난지라"(히 2:11)고 말씀한다. 문맥상 이 표현은 본성을 공유(共有)하는 것을 지칭한다. 왜냐하면 곧바로 "그러므로 형제라 부르시기를 부끄러워하지 아니하셨다"고 덧붙이고 있기 때문이다. 그가 앞에서 신자들이 하나님께로부터 났다고 말씀하고 있으니, 그런 크나큰 존귀를 입은 자들을 부끄러워할 이유가 어디 있단 말인가? 그러나 그리스도께서 그의 한없으신 은혜로 스스로 그 미천한 사람들과 연합하셨기 때문에, 그가 "부끄러워하지 아니하셨다"고 말하는 것이다(히 2:11).

뿐만 아니라 그들은, 그렇다면 불경건한 자들도 그리스도의 형제들이 될 것이라고 하며 반론을 제기하는데, 이 역시 근거가 없다. 왜냐하면 하나님의 자녀들은 혈과 육으로 나는 것이 아니라(참조. 요 1:13) 믿음을 통하여 성령으로 나는 것이며 따라서 육체만으로는 형제 관계가 성립되지 않기 때문이다. 사도는 신자들만이 그리스도와 하나 되는 존귀함을 입는 것으로 말씀하지만, 그렇다고 해서 불신자들이 육체를 따라 동일한 근원에서 나지 못한다는 것은 아니다. 예를 들어서, 그리스도께서 우리를 하나님의 자녀로 만드시기 위하여 사람이 되셨다고 말할 때에 이 표현은 모든 사람들에게 다 적용되는 것이 아니다. 믿음이 개입하여 우리를 그리스도의 몸에 영적으로 접붙여 주어야 하는 것이기 때문이다.

그들은 또 "맏아들"이라는 표현에 대해서 논쟁을 불러일으킨다. 곧, 그리스도께서 "형제 중에서 맏아들"이 되시기 위해서는(롬 8:29) 처음부터 그가 아담에게서 나셔야만 했다고 주장하는 것이다. 여기서 "맏아들"이란 출생한 차서(次序)를 뜻하는 것이 아니고 존귀와 높은 권세의 정도를 가리키는 것인데도 말이다!

그들은 또한, 그리스도께서 천사의 본성을 취하지 않으시고 사람의 본성을 취하셨는데(히 2:16) 이는 곧 그가 인류를 은혜 속으로 받아들이셨음을 의미한다는 식으로 떠들지만, 이 역시 설득력이 없는 것이다. 바울은 그리스도께서 우리에게 베푸신 존귀를 드높이고자 우리를 천사들과 비교하며, 이런 점에서 우리를 천사들보다 귀히 여기셨다고 말하는 것이다. 여자의 후손이 뱀의 머리를 부수리라는 모세의 증언(창 3:15)을 조심스럽게 따져보면, 이에 대한 논쟁은 말끔히 해결될 것이다. 그 진술은 그리스도뿐 아니라 온 인류 전체에게 관련되는 것이기 때문이다. 우리가 그리스도를 통하여 승리를 얻어야 하기 때문에, 하나님께서는 일반적인 의미로 그 여자의 후손이 마귀를 이길 것을 선언하시며, 그리하여 그리스도께서 인류에게서 나신 것이다. 하나님께서 하와에게 그 말씀을 주신 것은 하와로 하여금 절망 가운데 빠지지 않도록 소망을 갖게 하시기 위함이었던 것이다.

3. 동정녀 탄생과 관련한 반론들에 대한 반박

어리석고도 사악하게 우리의 반대자들은 그리스도를 아브라함의 자손이요 다윗의 몸의 소생이라는 증언들을 풍유(알레고리)로 얽어맨다. 만일 "자손"(씨)이라는 말을 풍유로 사용한 것이라면, 바울은 아브라함의 자손 가운데 구속자가 여럿이 아니고 오로지 그리스도 한 분뿐이라고 분명하고도 직설적으로 말할 때에(갈 3:16) 그 점에 대해서 침묵을 지키지 않았을 것이다. 그들은 또한 그리스도께서 "다윗의 자손"이라 불리신 이유는 오직 하나, 그가 약속하신 바 되었고 마침내 자기 때에 나타나셨다는 사실 때문이라고 주장하는데, 이 역시 헛된 논리일 뿐이다. 바울은 그를 "다윗의 자손"이라 부르면서 곧바로 "육신으로는"이라는 말을 덧붙임으로써, 그리스도의 인성을 지칭하는 것임을 분명하게 보여주고 있는 것이다. 그리하여 9장에서도 그는 그리스도를 "찬양을 받으실 하나님"이라 부르면서, 그가 "육신으로 하면" 유대인에게서 나셨음을 별도로 말하는 것이다(롬 9:5). 자, 만일 그리스도께서 참으로 다윗의 자손으로 나지 않으셨다면, 그를 가리켜 그 모친의 "태 중의 아이"(참조. 눅 1:42)라고 하는 표현은 전혀 무의미한 것이 되어 버리지 않겠는가? 그리고 "네 몸의 소생을 네 왕위에 둘지라"(시 132:11; 참조. 삼하 7:12; 행 2:30)는 약속은 대체 어떻게 되겠는가?

그런데 그들은 마태복음의 그리스도의 족보에 대해서도 교묘하게 헛된 논리를 편다. 마태는 마리아의 조상들이 아니라 요셉의 조상들을 열거하고 있다(마 1:16). 마태로서는, 그 당시 잘 알려져 있는 일을 언급하는 것이기 때문에 요셉이 다윗의 씨에서 났음을 보여주는 것으로 충분했다. 마리아가 요셉과 같은 가문 출신이라는 것은 이미 명백히 드러나 있는 사실이었기 때문이다. 누가는 이를 한층 더 강조하면서, 그리스도께서 베푸시는 구원이 모든 인류에게 해당되는 것임을 가르친다. 구원을 베푸시는 그리스도께서 모든 인류의 공통의 조상인 아담에게서 나셨기 때문이다(눅 3:38). 그리스도께서 동정녀에게서 나셨어야만 그가 다윗의 자손이시라는 사실을 족보에서 이끌어낼 수 있다는 것은 나도 인정한다. 그러나 신(新) 마르키온주의자들은 자기들의 오류를 위장하기 위하여 — 그리스도께서 무(無)에서 그의 몸을 취하셨다는 것을 입증하기 위하여 — 여자들에게는 씨가 없다는 식의 오만한 주장을 서슴지 않는다. 이리하여 그들은 자연의 원리마저 뒤집고 있는 것이다.

그러나 이것은 신학적인 문제가 아니다. 그들이 제시하는 논리는 너무나 헛된 것이어서 별 어려움 없이 곧바로 반박할 수가 있다. 그러므로 철학과 의학에 속한 이런 문제들에 대해서는 다루지 않을 것이다. 다만, 그들이 성경을 근거로 제시하는 반론들에 대해서 반박하는 것으로 족할 것이다. 그들은, 아론과 여호야다가 유다 지파에서 아내를 취하였는데(출 6:23; 대하 22:11), 만일 여자들에게 생육의 씨가 있다면, 지파들 간의 구분이 완전히 혼란스러워졌을 것이라고 한다. 그러나 사회 질서와 관련하여 남성의 계보를 따라 혈통을 따지는 것은 이미 충분히 아는 사실이다. 그러나 이처럼 남성이 우위의 지위에 있다고 해서 여자의 씨가 생식의 행위에서 한 몫을 담당한다는 사실을 부인할 수 있는 것은 아닌 것이다.

이러한 해결책은 또한 모든 족보들에게 확대 적용된다. 성경이 인간의 목록을 제시할 때에 남자들만을 거명하는 경우가 허다하다. 그렇다고 해서, 과연 여자들은 아무것도 아니라고 말할 수 있겠는가? 아니다. 여자들이 "사람"이라는 말 속에 포함된다는 것은 어린아이들도 아는 사실이 아닌가! 여자들이 남편들에게 자녀를 낳아준다고 말하는 것은 가족의 이름이 언제나 남자들의 소유이기 때문이다. 자녀들이 그 아버지의 지위에 따라서 존귀하게 대접받기도 하고 비천하게 취급받기도 한다는 사실에서 남성의 우위가 드러난다고 할 수 있다. 이와 반대로, 노예들의 경우는, "자손은 태(胎)를 따른다"(partus sequitur ventrem)는 법률가들의 말처럼, 어머니의 지위에 따라서 그 자녀의 지위가 인정되는 것이다. 그러므로 우리는 자녀가 어머니의 씨에서 발생하는 것이라고 보지 않을 수가 없다. 또한 어머니들을 가리켜 "생산자들"이라 부르는 것이 오랫동안 여러 민족들의 공통적인 관습이기도 했었다. 그리고 이러한 사실은 하나님의 법과도 일치한다. 만일 그렇지 않다면, 외숙과 질녀를 근친(近親) 간으로 보아 서로 혼인을 금한 그 법이 잘못된 것이 되어 버릴 것이다. 또한 남자가 자기와 아버지가 다른 — 어머니는 같은 — 누이와 혼인하는 것이 정당한 것이 되었을 것이다. 여자에게 주어진 힘이 수동적이라는 것은 나도 인정한다. 그러나 나는 남자나 여자나 가리지 않고 모두 그 힘이 수동적이라고 주장한다. 그리스도에 대해서도, 그가 여자로 말미암아 나셨다고 말씀하지 않고 여자에게서 나셨다고 말씀하는 것이다(갈 4:4). 그런데 그들 중의 어떤 자들은 부끄러움도 모르고 방자하게 묻기를, 그렇다면 그리스도께서 동정녀의 월경의 씨에서 발생되었다는 뜻이냐고 한다. 이에 대해서 나는 그들에게 그리스도께서 그 어머니의 피와 연합하지 않으셨느냐고 묻고자 한다. 그들도 이 점은 시인할 수밖에 없을 것이다.

그러므로, 마태의 말씀에서 우리는 그리스도께서 마리아에게서 나셨으므로, 그는 마리아의 씨에서 생산되신 것이며, 이는 보아스가 라합에게서 났다고 말하는 것과(마 1:5) 유사한 생산을 뜻하는 것임을 알게 된다. 마태는 여기서 동정녀를 그리스도를 나오게 한 하나의 통로로 묘사하지 않고, 오히려 그리스도께서 그녀를 통하여 다윗의 자손으로 나셨다고 진술함으로써 그 놀라운 생식의 방식을 일상적인 생각과 구별짓고 있는 것이다. 이삭이 아브라함에게서, 솔로몬이 다윗에게서, 요셉이 야곱에게서 나신 것과 동일한 방식으로, 그리스도께서도 그의 어머니에게서 나셨다고 말씀하는 것이다. 마태가 그의 말의 순서를 그렇게 정리해 놓고 있는 것이다. 그리스도께서 다윗의 자손이심을 증명하는 것이 유일한 목적이었으므로, 그는 그리스도께서 마리아에게서 나셨다는 한 가지 사실로 만족한 것이다. 이로 보건대, 마태는 마리아가 요셉과 친척간이었다는 것을 누구나 인정하는 사실로 취급한 것이 분명한 것이다.

4. 그리스도의 죄 없으심에 관한 반론들에 대한 반박

그들은 온갖 어리석은 논리로 우리를 압도하려 하지만, 그것들은 모두가 유치한 비방들에 불과하다. 그들은 만일 그리스도께서 사람들에게서 나셨다면, 그것은 그리스도께 수치와 치욕이 될 것이라고 한다. 그렇게 되면 아담의 자손 모두가 한 사람의 예외도 없이 죄 아래 있다는 것을 포함하여 인간에게 공통적인 모든 원리에서 그리스도께서 제외될 수가 없었을 것이기 때문이라는 것이다. 그러나 바울의 말씀을 비교해 보면 이런 어려움은 곧바로 제거된다. “한 사람으로 말미암아 죄가 세상에 들어오고 죄로 말미암아 사망이 들어왔나니 … 한 의로운 행위로 말미암아 많은 사람이 의롭다 하심을 받아 생명에 이르렀느니라”(롬 5:12, 18). 바울의 또다른 말씀을 비교해도 이와 일치한다. “첫 사람은 땅에서 났으니 흙에 속한 자이거니와 둘째 사람은 하늘에서 나셨느니라”(고전 15:47). 사도는 다른 구절에서도 동일한 사실을 가르친다. 곧, 그리스도께서 율법의 요구를 이루게 하기 위하여 “죄 있는 육신의 모양으로” 보내심을 받았다는 것이다(롬 8:3-4). 그리하여 바울은 그리스도와 보통 사람을 아주 조리 있게 구별하여, 그리스도께서 참 사람이시지만 허물과 부패가 없으심을 말씀하고 있는 것이다.

그러나 그들은 아주 유치하게 떠들어댄다. 곧, 만일 그리스도께서 오점이 전혀 없으시며 또한 성령의 은밀한 역사를 통하여 마리아의 씨에서 나셨다면, 여자의 씨는 부정하지 않고 오로지 남자의 씨만 부정한 것이 될 것이라는 것이다. 그러나, 그리스도께서 오점에 전혀 없으시다고 하는 것은 비단 그의 모친이 남자와 동침하지 않고 그를 낳으셨기 때문만이 아니라 그가 성령으로 말미암아 거룩하게 되어 아담의 타락 이전에 있었을 그런 순전하고도 더럽혀지지 않은 그런 상태로 생산되셨기 때문이었던 것이다.

그러므로 우리로서는 다음과 같은 내용을 확실한 사실로 받아들여야 할 것이다. 곧, 성경이 그리스도의 순결하심을 말씀하실 때에는 언제나 그의 참된 인성을 두고 하는 말로 이해해야 한다는 것이다. 왜냐하면 하나님이 순결하시다는 말은 구태여 할 필요조차 없는 말이기 때문이다. 또한 요한이 17장에서 말씀하는 거룩하게 하심도 그의 신성을 일컫는 말씀일 수가 없었을 것이다(요 17:19). 그렇다고 해서 아담의 자손이 두 가지라는 것을 시사하는 것도 아니다. 물론 인간의 오염의 상태가 그리스도께 전달되지는 않았으나, 그렇다고 해서 인간의 생식 그 자체가 부정하고 악한 것은 아니다. 다만 타락의 결과로 나타난 부수적인 현상일 뿐이다. 그러므로, 순전함을 회복하셔야 할 그리스도께서 그런 인류 공통의 부패성을 면하셨다고 해서 전혀 이상할 것이 없는 것이다!

그들은 또한 하나님의 말씀이 육신이 되셨다면 그는 이 땅의 육체라는 좁은 감옥에 갇혀졌을 것이라는 엉뚱한 논리를 제시하지만, 이는 그야말로 억지에 불과한 것이다. 측량할 수 없는 본질을 지니신 말씀이 사람의 본성과 연합하여 한 인격이 되셨다 하더라도, 우리는 그가 그 속에 갇히게 되었다고는 상상하지 않는다. 여기에 놀라운 사실이 있다. 하나님의 아들이 하늘로부터 내려오셨으나 하늘을 떠나지 않으셨으며, 그가 동정녀의 몸에서 나시고 이 땅에서 사시고 또한 십자가에 달리시기를 바라셨으나 그는 태초부터 하셨던 것처럼 언제나 세상을 가득 채우고 계셨던 것이다.

주

1. 참조. 제 1권 13장 7-13절.

제 14 장

중보자의 두 본성이 한 위격을 이룸

(그리스도의 신성과 인성에 대한 해명. 1-3)

1. 신성과 인성의 연합

그러나 말씀이 육신이 되셨다(요 1:14)고 말할 때에, 말씀이 육신으로 변했다거나 육신과 뒤섞여 혼합되었다는 의미로 이해해서는 안 된다. 오히려 이 말은, 말씀이 동정녀의 몸을 자신이 거할 성전으로 선택하셨으므로, 하나님의 아들이신 그가 사람의 아들이 되신 것이요, 이는 본질의 혼합으로 된 일이 아니고, 위격(位格)의 통일로 된 일이라는 의미인 것이다. 우리는 그리스도의 신성이 그의 인성과 하나로 연합하였으되, 그 각각의 본성이 손상되지 않고 그대로 보존되었고 그러면서도 두 본성이 한 그리스도를 이루었다고 단언하는 것이다.

이러한 지극히 큰 신비와 비슷한 것을 인간사에서 굳이 찾는다면, 가장 근사한 것은 사람이 두 가지 본질로 이루어져 있다는 사실일 것 같다. 이 두 가지는 각기 자기의 고유한 본질을 유지하지 못할 만큼 서로 혼합되어 있는 것이 아니다. 영혼은 육체가 아니며, 또한 육체는 영혼이 아니다. 그러므로, 육체에는 절대로 적용되지 않고 영혼에만 고유하게 해당되는 사실이 있으며, 육체에 대해서도, 영혼에게는 전혀 해당되지 않는 사실들이 있고, 또한 영혼이나 육체에게 구별되어 적용되지 않고, 전인(全人)에게 해당되는 사실들이 있는 것이다. 마지막으로, 때때로 영혼의 특성이 육체에게 전해지고, 육체의 특성이 영혼에게 전해지기도 하지만, 이 두 부분으로 되어 있는 사람은 여럿이 아니고 한 사람인 것이다. 이런 표현들은 사람의 한 인격이 두 가지 요소가 서로 연합하여 이루어지며, 또한 두 가지 상이한 본질들이 이 인격을 이룬다는 것을 의미하는 것이다.

성경도 그리스도에 대하여 그렇게 말씀한다. 때로는 오로지 그의 인성에만 해당되는 사실을 말씀하기도 하고, 때로는 오로지 신성에 속하는 것들을 말씀하기도 하며, 또한 때로는 두 본성 모두를 포괄하고 그 어느 것 하나에게만 해당되는 것이 아닌 사실들을 말씀하기도 하는 것이다. 그리고 성경은 이처럼 두 본성이 그리스도 안에서 연합되어 있음을 아주 조심스럽게 표현하는 나머지, 때로는 그것들을 서로 교환시키기까지 한다. 이런 비유적인 표현법을 가리켜 옛날의 교부들은 "속성간의 교류"(ἰδιωμάτων κοινωνία, communicatio idiomatum)라고 불렀다.[1]

2. 신성과 인성의 상호 관계

자주 나타나는 여러 성경 구절들이, 이런 사실들이 결코 인간적으로 조작된 것이 아님을 증명해 주지 않는다면, 이런 사실들은 지극히 설득력이 없는 것이 되고 말 것이다. 그리스도께서는 자신에 대하여 "아브라함이 나기 전부터 내가 있느니라"라고 말씀하셨는데(요 8:58), 이는 그의 인성과는 너무나 어긋나는 발언이었다. 그릇된 생각을 가진 사람들이 비뚤어진 논리로 이 구절을 왜곡시킨다는 사실을 나는 잘 알고 있다. 곧, 그가 만세 전부터 계셨던 것은 성부의 계획에서나 경건한 자들의 마음속에서나 그가 이미 구속자로서 알려지셨기 때문이라는 것이다. 그러나 그리스도께서 자신이 이 땅에 나타나신 날을 그의 영원하신 본질과 분명하게 구별하시며, 또한 자신의 권위가 아브라함의 권위보다 시기적으로 앞선다는 점을 분명하게 높이고 계시므로, 그가 여기서 자신의 신성에 해당되는 사실을 말씀하시는 것이라는 것이 의심의 여지가 없는 것이다. 바울은 그리스도께서 "모든 피조물보다 먼저 나신 이"이시며 "그가 만물보다 먼저 계시고 만물이 그 안에 함께 섰다"는 사실을 선언하고 있다(골 1:15, 17). 또한 그리스도께서는 자신이 "창세 전에 아버지와 함께 영화"를 가졌음을 말씀하며(요 17:5), 또한 자신이 아버지와 함께 일하고 계심을 말씀하시는 것이다(요 5:17). 이런 특질들은 사람에게는 전혀 해당되지 않으며, 따라서 그의 신성에게 적용되는 것들이다.

그러나 그는 또한 "아버지의 종"(사 42:1 등)이라 불리며, 그가 "지혜와 키가 자라가며 하나님과 사람에게 더욱 사랑스러워 가셨고"(눅 2:52), 그 자신의 영광을 찾지 않으셨고(요 8:50), 마지막 때를 알지 못하시며(막 13:32; 참조. 마 24:36), 스스로 말씀하지 않으시고(요 14:10), 자신의 뜻을 행하지 않으시며(요 6:38), 그를 보고 만졌다고도 한다(눅 24:39). 이는 모두가 그리스도의 인성에만 해당된다. 그가 하나님이신 한, 그는 어떤 면에서도 자라실 수가 없고, 또한 자기 자신을 위하여 모든 일을 행하시며, 그에게 감추어진 것이 하나도 없으며, 그의 뜻의 결정에 따라 모든 일을 행하시며, 또한 볼 수도 만질 수도 없다. 그러나 동시에 그는 이런 특질들을 그의 인성에게만 돌리시는 것이 아니라 중보자의 직분에 어울리는 것으로 자기 자신에게 적용시키시는 것이다.

그러나 특성 혹은 속성들의 교류는, 하나님이 자기 피로 교회를 사셨다(행 20:28)는 것이나 영광의 주께서 십자가에 못 박히셨다는(고전 2:8) 바울의 진술에서 나타난다. 요한도 동일한 사실을 말씀한다. "생명의 말씀에 관하여는 … 눈으로 본 바요 … 손으로 만진 바라"(요일 1:1). 하나님은 분명 피가 없으시고, 고난당하지도 않으시고, 또한 손으로 만질 수도 없는 분이시다. 그러나, 참 하나님이시요 동시에 참 사람이신 그리스도께서 우리를 위하여 십자가에 달리사 피를 흘리셨으므로, 여기서 그가 그의 인성으로 행하신 일들이 그의 신성에게로 전이되는데, 물론 이유가 없지는 않으나 이는 부적절한 것이다. 여기 또 비슷한 실례가 있다. 요한은 하나님이 우리를 위하여 목숨을 버리셨다고 가르치는 것이다(요일 3:16). 그러므로 인성의 속성을 그의 신성이 함께 공유하는 것으로 나타나는 것이다. 뿐만 아니라, 그리스도께서는 이 땅에 아직 사실 때에 이렇게 말씀하셨다. "하늘에서 내려온 자 곧 인자 외에는 하늘에 올라간 자가 없느니라"(요 3:13). 이 말씀을 하실 당시에 그는 사람으로서 육체를 취하신 상태에 계셨으므로, 아직 하늘로 올라가신 것이 아니었다. 그러나 동일한 한 분이 하나님이시요 동시에 사람이셨으므로, 두 본성의 연합을 위하여 그는 한 쪽에 속한 것을 다른 쪽에도 속하는 것으로 말씀하신 것이다.

3. 중보자의 위격

그러나 두 가지 본성을 동시에 포괄하는 구절들 — 이는 요한복음에서 매우 많이 나타난다 — 에서 그의 참된 본질이 가장 분명하게 제시된다. 거기서는 신성이나 인성만이 아니라 두 본성 모두를 동시에 지칭하는 내용들이 나타나는 것이다. 그는 아버지께로부터 죄를 사하는 권세를 받으셨고(요 1:29), 원하는 자를 다시 살리는 권세를 받으셨고, 의와 거룩함과 구원을 베푸는 권세를 받으셨으며, 아버지와 같이 그도 존귀를 받기 위하여 산 자와 죽은 자의 심판자로 지명되셨다(요 5:21-23). 또한 그는 "세상의 빛"으로(요 9:5; 8:12), "선한 목자"(요 10:11)로, 유일한 "문"으로(요 10:9), "참 포도나무"(요 15:1)로 불리신다. 하나님의 아들은 육체로 나타나실 때에 그러한 대권(大權)들을 부여받으셨던 것이다. 그는 창세 이전에도 아버지와 더불어 계셨으나, 그때에는 그런 방식으로 그런 권한을 부여받지 않으셨었고, 또한 그런 대권들은 그저 사람에 불과한 존재에게는 결코 부여될 수 없는 것들이었다.

바울에게서 나타나는 다음의 말씀도 이와 동일한 의미로 이해해야 할 것이다. 곧, 심판 후에 "그가 … 나라를 아버지 하나님께 바치리라"는 말씀 말이다(고전 15:24). 하나님의 아들의 나라는 분명 시작도 없었고 또한 끝도 없을 것이다. 그는 육체의 비천함 속에 계시고 "자기를 비워 종의 형체를 가지신" 동안에도(빌 2:7) 아버지께 복종하셨다(참조. 빌 2:8). 그리고 이러한 굴복의 상태를 완수하신 후, 그는 "영광과 존귀로 관을 쓰셨고"(히 2:9), 최고의 주권자의 위치로 오르셔서 그 앞에서 모든 무릎이 꿇게 되었다(빌 2:10). 그때에 그가 아버지께 그의 이름과 영광의 면류관을, 그리고 그가 아버지께로부터 받으신 모든 것을 다 드리셔서 "하나님이 … 만유 안에 계시게" 하실 것이다(고전 15:28). 그리스도를 통하여 아버지께서 우리를 다스리고자 하신 것이 아니면 무슨 목적으로 그리스도께 권세와 주권을 주셨단 말인가? 그리스도께서 아버지의 우편에 앉아 계시는 것으로 말씀하는 것도 이런 의미이지만(참조. 막 16:19; 롬 8:34), 이것은 우리가 하나님을 직접 뵙는 영광을 누리게 될 때까지 일시적으로 지속될 일이다.

옛날 교부들은 중보자의 위격에 대해서 주의를 기울이지 않았고, 그리하여 요한복음에 나타나는 거의 모든 가르침의 진정한 의미를 흐리게 만들었고, 스스로 온갖 올무에 얽혀 들어갔는데, 이런 오류에 대해서 변명을 늘어놓을 수는 없을 것이다. 그러므로, 다음과 같은 사실을 올바른 이해의 열쇠로 삼아야 할 것이다. 곧, 중보자의 직분에 적용되는 것들에 대해서는 그리스도의 신성이나 인성 중 어느 하나에 속하는 것으로 말하지 않는다는 것이다. 그러므로, 세상의 심판주로 임하시기까지 그리스도께서는 통치를 계속하실 것이며, 또한 우리의 연약함이 허용하는 만큼 우리를 아버지께 연결시키신다. 그러나 우리가 하늘의 영광에 참여한 자들이 되어 하나님을 있는 그대로 보게 될 때에는, 그리스도께서는 이미 중보자의 직분을 다 완수하셨으므로 아버지의 사신(使臣) 역할도 끝내실 것이요, 창세 전에 그가 누리셨던 그 영광으로 만족하실 것이다.

"주"라는 칭호가 그리스도께 적용될 때에도, 그것은 그가 하나님과 우리의 중간에 위치하신다는 점에서 그렇게 적용되는 것이다. 바울의 다음과 같은 진술도 이와 일치한다. "한 하나님 곧 아버지가 계시니 만물이 그에게서 났고 … 또한 한 주 … 께서 계시니 만물이 그로 말미암고 우리도 그로 말미암아 있느니라"(고전 8:6). 즉, 우리가 아버지의 위엄을 직접 대면하여 볼 때까지, 아버지께서 그에게 주권(lordship)을 맡겨두셨다는 뜻이다. 그 이후에는 그가 주권을 다시 아버지께로 돌려 드리시고, 그리하여 ─ 그 자신의 위엄이 사라지기는커녕 ─ 그 주권이 더욱 밝히 빛나게 될 것이다. 그때에 하나님께서도 그리스도의 머리이시기를 그만두실 것이다. 지금은 마치 수건에 가려진 것처럼 비쳐지고 있는 그리스도 자신의 신성이 그때에 가서는 그 스스로 빛을 발할 것이기 때문이다.

(네스토리우스, 유티케스, 세르베투스의 오류들에 대한 반박. 4-8)

4. 두 본성을 혼합하거나 분리해서는 안 됨

독자들이 적절히 적용해 준다면, 이러한 내용들은 갖가지 난점들을 해결하는 데에 적지 않게 도움이 될 것이다. 아주 무지한 자들이나 심지어 어느 정도 교육을 받은 자들까지도, 이런 표현들이 그리스도께 적용되는 것을 보면서, 그것들이 그의 신성이나 그의 인성에 전혀 적절하지 못하다는 것 때문에 얼마나 혼란스러워하는지 정말 이상한 일이다. 이는 그들이 그 표현들이 그가 하나님과 사람으로 나타나시는 그의 위격에나 또는 그의 중보자의 직분에나 적합한 것으로 여기지 않기 때문이다. 그러나 그 크나큰 신비들을 그에 합당한 대로 경건하게 살펴보는 진지한 해석자의 손에서는 그 갖가지 진술들이 얼마나 아름답게 서로 일치하는지 모른다.

그러나 저 미친듯이 날뛰는 사람들은 무엇이든 뒤흔들어 놓지 않는 것이 없는 것이다. 그들은 그리스도의 인성에 속한 속성들에 사로잡힌 나머지 그의 신성을 무시해버리거나, 아니면 그의 신성에 속한 속성들에 사로잡혀서 그의 인성을 무시해버리기도 하며, 또한 두 본성 모두에 적용되고 특별히 그 중 어느 한 본성에 적용되지 않는 속성들에 사로잡혀서 아예 신성과 인성 모두를 무시해버리기도 하는 것이다. 그러나 이것은, 그리스도께서 하나님이시므로 사람이 아니라거나, 그리스도께서 사람이시므로 하나님이 아니라거나, 혹은 그가 사람이시요 동시에 하나님이시므로 사람도 아니요 하나님도 아니라는 것이 아니면 무엇이겠는가?

그러므로 우리는 그리스도께서 — 그가 하나님이시요 사람이시므로 — 서로 연합되었으나 혼합된 것은 아닌 두 본성으로 이루어지신 분으로서, 심지어 그의 인성을 따라서도 — 그러나 인성 때문은 아니다 — 우리의 주요 또한 참되신 하나님의 아들이신 분이시라고 믿는다.

네스토리우스(Nestorius)의 오류는 배격해야 한다. 그는 그리스도의 본성을 구분하기보다는 서로 완전히 분리시켜서 두 분의 그리스도를 만들어내고 만 것이다! 그러나 우리는 성경이 이를 대적하여 아주 분명한 목소리로 외치고 있는 것을 본다. "하나님의 아들"이라는 칭호가 동정녀에게서 난 그분에게 적용되며(눅 1:32), 동정녀 자신도 "내 주의 어머니"라 불려지고 있는 것이다(눅 1:43).

또한 유티케스(Eutyches)의 정신 나간 논리도 경계해야 한다. 그렇지 않으면 위격의 통일성을 주장하려 하다가 두 본성 모두를 다 파괴하고 말 것이기 때문이다. 그리스도의 신성을 그의 인성과 구별짓는 수많은 증언들을 이미 인용한 바 있고, 그 이외에도 많은 증언들이 또 있으므로, 아무리 호전적인 사람이라도 그 증언들이 그 입을 막아줄 것이다.

잠시 후에[2] 나는 그들의 헛된 논리를 더 효과적으로 깨뜨려 주는 몇 가지 증언들을 덧붙일 것이다. 지금으로서는 한 구절만 언급하는 것으로 족할 것이다. 만일 신성이 몸과는 구별되는 것으로 그리스도의 몸 속에 거하지 않았다면, 그리스도께서는 자신의 몸을 성전이라 부르시지 않았을 것이다(요 2:19). 그리하여 네스토리우스는 에베소 공의회(Council of Ephesus: 431년)에서 정당하게 정죄받았고, 또한 유티케스는 후에 콘스탄티노플 공의회(Council of Constantinople: 448년)와 칼케돈 공의회(Council of Chalcedon: 451년)에서 정당하게 정죄받은 것이다. 그리스도의 두 본성을 한데 뒤섞는 것이든, 완전히 분리시키는 것이든, 모두 결코 용납할 수 없는 일이기 때문이다.

5. 그리스도는 영원 전부터 하나님의 아들이심

그런데, 오늘날 우리 시대에도 그에 못지 않은 치명적인 괴물이 등장하였다. 미카엘 세르베투스가 바로 그 사람인데, 그는 하나님의 아들이 하나님의 본질, 영, 육체, 그리고 세 가지 창조되지 않은 요소들이 혼합된 허구(虛構)라고 여겼다. 우선, 그는 그리스도가 하나님의 아들인 것은 오로지 그가 동정녀의 몸에서 성령으로 탄생하였기 때문이라고 하며, 다른 모든 이유를 부인한다. 그의 교묘함은 다음과 같은 방향을 취한다. 곧, 두 본성의 구별을 무너뜨린 다음, 그는 그리스도를 신적인 요소와 인간적인 요소의 혼합으로 보며, 따라서 하나님도 사람도 아니라고 여기는 것이다. 그의 이러한 논리는, 그리스도께서 육체로 나타나시기 전에는 하나님 안에는 오로지 그림자 같은 형상들만 있었고, 말씀이 ─ 이는 하나님의 아들이 되는 존귀를 얻도록 되어 있었다 ─ 진정으로 하나님의 아들이 되기 시작했을 때에 비로소 이 형상들의 진상 혹은 효과가 나타난 것이라는 사고에 근거하는 것이었다.

자, 우리는 동정녀에게서 나신 중보자께서 진정으로 하나님의 아들이시라고 고백한다. 사람이신 그리스도는, 자신이 독생하신 하나님의 아들이시며 또한 그렇게 불리시는 위엄이 그에게 주어지지 않은 이상, 하나님의 무한하신 은혜의 거울이실 수가 없을 것이다. 그러나 교회의 정의는 확고부동하다. 곧, 만세 전에 아버지께로서 나신 말씀이 위격적 연합 가운데(in hypostatic union) 인성을 취하셨기 때문에 그를 하나님의 아들로 믿는 것이다. 옛 교부들은 "위격적 연합"을 두 본성이 한 위격을 구성하는 것이라 정의한 바 있다. 이 표현을 고안해 낸 것은 네스토리우스의 오류를 반박하기 위함이었다. 그는 하나님의 아들이 육체 속에 거하신 것이므로 사람이 아니었다고 상상했던 것이다. 세르베투스는, 우리가 영원한 말씀이 육체로 옷 입으시기 전부터 이미 하나님의 아들이셨다고 말하여 결국 하나님의 아들을 둘로 만든다고 비난한다.[3] 마치 우리가 말씀이 육체로 나타나셨다는 뜻 이외에 다른 뜻으로 말하기라도 하는 듯이 말이다. 그가 사람이 되시기 전부터 하나님이셨다면, 사람이 되시면서 새로이 하나님이 되기 시작하신 것이 아닌 것이다!

또한 하나님의 아들이 육체로 나타나셨으나, 영원한 나심으로 인하여 언제나 아들이셨었다는 우리의 주장도 결코 어리석은 것이 아니다. 천사가 마리아에게 한 말씀이 이 점을 시사해 준다. "나실 바 거룩한 이는 하나님의 아들이라 일컬어지리라"(눅 1:35). 이는 마치 "아들"이라는 이름이 율법 아래에서는 다소 희미했었으나 이제 그 이름이 어디에서나 뛰어난 이름으로 알려질 것이라는 뜻 과도 같은 것이었다. 바울 역시 이와 일치한다. 우리가 이제 그리스도로 말미암 아 하나님의 아들들이 되었으므로, 우리는 자유로이 신뢰를 갖고 "아빠! 아버 지!"라고 부르짖는다는 것이다(롬 8:14-15; 갈 4:6). 그 옛날 거룩한 족장들도 하나 님의 아들들이라 불리지 않았던가? 그렇다. 이 권리를 근거로 하여 그들은 하나 님을 아버지로 불렀던 것이다. 그러나 하나님의 독생자께서 이 땅에 오신 후에, 하나님의 아버지 되심이 더욱 분명하게 알려지게 되었다. 그리하여 바울은 이 러한 특권을, 말하자면 그리스도의 나라에 돌리는 것이다.

그러나 여기서 다음과 같은 사실을 흔들림 없이 견지해야 할 것이다. 곧, 독 생자와의 관계를 떠나서는 천사에게도 사람에게도 하나님께서 아버지이신 적 이 없으며, 특히 사람들의 경우는 그들의 범죄로 인하여 하나님께 미움을 받는 상태에서 값없이 양자가 되어 하나님의 자녀들이 된다는 것이다. 그리스도께 서 본성적으로 하나님의 아들이시기 때문이다. 세르베투스는 이 사실이 하나님 께서 그 자신과 더불어 작정하신 부자(父子) 관계에 근거한다는 것을 그렇게 격 렬하게 반대하지만, 그것은 전혀 사실 무근인 것이다. 양자 삼음의 문제는, 마치 짐승의 피로써 속죄가 제시될 경우처럼 상징의 문제가 아니기 때문이다. 오히 려, 그들의 양자 됨이 그 머리에 기초하지 않는다면, 그들은 실제로 하나님의 자 녀들이 될 수 없었던 것이다. 따라서, 지체들이 공통으로 갖고 있는 것을 그 머 리에게서 제거한다는 것은 불합리한 것이다.

여기서 한 걸음 더 나아가서, 성경은 천사들을 "하나님의 아들들"이라 부르 는데(시 82:6), 그들의 높은 위엄은 장차 이루어질 구속에 의존하는 것이 아니었 다. 그러나 그리스도께서 지위상 그들 위에 계셔서 그들을 아버지와 화목시키 셔야 했던 것이다. 나는 이 진술을 다시 간략하게 되풀이하면서, 인류에게도 그 것을 적용시킬 것이다. 창조시에 천사와 사람들은 하나님께서 그들의 공통적인 아버지가 되시도록 그렇게 지어졌다. 그러므로, 그리스도께서 항상 머리가 되셔 서 만물 중에 먼저 나신 자로서 만물의 으뜸이 되셨다는 바울의 진술이 옳다면 (참조. 고전 1:15 이하), 그가 창세 이전에도 역시 하나님의 아들이셨다는 나의 추론 이 합당할 것이라고 본다.

6. 그리스도는 하나님의 아들이시며 인자(人子)이심

그러나 만일 그리스도의 아들 되심이, 말하자면 그가 육체로 나타나신 때부터 시작되었다면, 인성과 관계해서도 그가 아들이셨다는 것이 될 것이다. 세르베투스 및 그처럼 미친 자들은, 육체로 나타나신 그리스도께서 하나님의 아들이셨던 것은 육체를 떠나서는 그 이름을 부여받을 수 없었기 때문이라는 식으로 생각한다. 그들은 대답해 보라. 과연 그리스도께서 두 본성에 따라서, 두 본성과 관계해서 아들이신가를 말이다. 그들은 이렇게 지껄이지만, 바울의 가르침은 전혀 다른 것이다. 그리스도께서 인간의 육체를 입으신 상태에서 "아들"이라 불리신다는 것은 우리도 인정한다. 그러나, 신자들이 아들들인 것이 오직 양자됨과 은혜로 말미암은 것인 반면에, 그리스도께서는 참되고 본성적이며, 따라서 유일하신 아들이시며, 이로써 그가 다른 모든 사람들과 구별되시는 것이다. 하나님께서는 새 생명 속으로 거듭난 우리들에게 "아들들"이라는 이름으로 존귀하게 하시지만, "참된 독생자"란 이름을 오직 그리스도께만 부여하시는 것이다. 우리가 아들인 것은 선물로 주어진 것이지만 그가 아들이신 것은 본래부터 그렇게 소유하고 계신 것이다. 그것이 아니라면, 어떻게 그가 그렇게 많은 형제들 중에서 "독생하신" 아들일 수가 있겠는가?

우리는 이러한 존귀를 중보자의 위격 전체에까지 확대하고자 한다. 그러므로 그는 과연 동정녀에게서 나셔서 자기 자신을 십자가 위에서 아버지께 희생 제물로 드리신 참되고 정당하신 하나님의 아들이신 것이다. 그러나 이것은 그의 신성과 결부되는 것이다. 바울도 자신의 소명과 관련하여 이렇게 가르치고 있다. "바울은 사도로 부르심을 받아 하나님의 복음을 위하여 택정함을 입었으니 이 복음은 … 그의 아들에 관하여 … 미리 약속하신 것이라 … 그의 아들에 관하여 말하면 육신으로는 다윗의 혈통에서 나셨고 … 능력으로 하나님의 아들로 선포되셨으니"(롬 1:1-4).

바울이 여기서 그리스도를 육신으로는 다윗의 자손이라고 명확하게 진술하면서도, 그가 하나님의 아들로 선포되셨다고 별도로 말하는 이유가 무엇인가? 그리스도께서 하나님의 아들이신 것이 그의 육체 자체 이외의 그 무엇에 의존했다는 것을 알리고자 한 것이 아니고 무엇이겠는가? 이런 의미에서 바울은 다른 곳에서 이렇게 말한다. "그리스도께서 약하심으로 십자가에 못 박히셨으나 하나님의 능력으로 살아 계시니"(고후 13:4). 그리하여 그는 여기서 두 본성을 구분짓고 있는 것이다. 그들도 이 사실은 인정할 수밖에 없을 것이다. 곧, 그가 그의 어머니로부터 "다윗의 자손"이라 불릴 근거를 받으신 것처럼, 그의 아버지께로부터는 "하나님의 아들"이라 불릴 근거를 받으셨다는 사실 말이다. 그런데 이것은 그의 인성과는 다른 것이요 구별되는 것인 것이다.

성경은 그에게 두 가지 이름을 부여한다. 어느 때에는 그를 하나님의 아들이라 부르고, 어느 때에는 인자(즉, 사람의 아들)라 부른다. 두 번째 이름에 대해서 그들은 논쟁을 일으킬 수가 없다. 왜냐하면 히브리어에서는 그를 "인자"로 부르는 것이 일상적인 용례이기 때문이다. 그가 아담의 후손에 속하기 때문이다. 그러나 반면에, 나는 그가 하나님의 아들로 불리시는 것이 그의 신성과 영원한 본질에 근거하는 것이라 주장하고자 한다. 그를 가리켜 "인자"라 부르는 사실이 곧 그의 인성을 지칭하는 것이듯이, 그를 가리켜 "하나님의 아들"이라 부른다는 사실이 그의 신성을 지칭하는 것으로 보는 것도 합당한 것이다.

정리하자면, 내가 언급한 이 구절 ― "그 아들에 관하여 말하면 육신으로는 다윗의 혈통에서 나셨고 … 능력으로 하나님의 아들로 선포되셨으니"(롬 1:3-4) ― 의 가르침은 다음의 바울의 진술과 동일한 것이다. 육신으로 하면 유대인들에게서 나신 그리스도께서 "세세에 찬양을 받으실 하나님이시니라"(롬 9:5). 만일 이 두 진술들이 그리스도의 두 본성의 구별을 지적하고 있다면, 우리의 반대자들은 대체 무슨 권리로, 그리스도께서 육신으로는 인자이시며 신성으로는 하나님의 아들이시라는 것을 부인한단 말인가?

7. 세르베투스의 어리석은 논리에 대한 반박

그들은 자기들의 오류를 변호하느라 시끄럽게 주장한다. 곧, 하나님께서 자기 아들을 아끼지 아니하셨다고 말씀하며(롬 8:32), 또한 천사는 동정녀에게 나실 자가 "지극히 높으신 이의 아들"이라 부를 것을 명령했다는 것이다(눅 1:32). 그러나 그들의 논리가 얼마나 타당성이 있는가를 우리와 더불어 잠시 살펴보게 되면, 그런 헛된 반론을 자랑으로 삼지 못할 것이다. 만일, 잉태된 자를 가리켜 "아들"이라 부르고 있으니 그가 잉태된 때부터 하나님의 아들이기 시작했다고 결론짓는 것이 옳다면, 그는 육체로 나타나심과 더불어 말씀이기 시작했다는 결론이 이어질 것이다. 왜냐하면 요한의 진술에 따르면, 그가 손으로 만진 바 된 생명의 말씀이시기 때문이다(요일 1:1). 선지자의 글에서 읽는 내용도 요한의 진술과 유사하다. "베들레헴 에브라다야 너는 유다 족속 중에 작을지라도 이스라엘을 다스릴 자가 네게서 내게로 나올 것이라. 그의 근본은 상고에, 영원에 있느니라"(미 5:2; 참조. 마 2:6). 그들이 그런 식으로 주장할 결심이라면, 이 구절은 어떻게 해석하겠는가? 나는 이미, 우리가 두 분의 그리스도를 상정하는 네스토리우스의 견해에 절대로 동의하지 않는다는 사실을 확언한 바 있다. 우리는 그리스도께서 형제의 관계를 통하여 우리를 자기와 함께 하나님의 아들들이 되게 하셨다고 가르치는 것이다. 그는 우리에게서 육체를 받으셨는데, 그 육체를 입으신 상태에서 그가 독생하신 하나님의 아들이시기 때문이다.

아우구스티누스는 우리에게 아주 지혜롭게 경계하기를, 그는 하나님의 놀랍고도 특별하신 은혜의 밝은 거울이시라고 하였다. 그는 사람으로서는 도저히 합당하지 않은 그런 존귀를 얻으셨기 때문이라는 것이다.[4] 그러므로 그리스도께서는 육신으로, 심지어 배 속에서부터, 하나님의 아들이 되는 이 고귀함을 입으신 것이다. 그러나 그의 위격의 통일성을 생각하는 중에 신성과 인성이 서로 혼합되는 것으로 보아 결국 그의 신성에 속하는 것을 제거해 버리는 오류를 범해서는 안 될 것이다. 하나님의 영원하신 말씀과 그리스도께서 ― 두 본성이 한 위격 속으로 연합되었으니 ― 여러 가지 방식으로 "하나님의 아들"이라 불리신다는 것이나, 그가 여러 가지 면에서 어떤 때에는 하나님의 아들로, 어떤 때에는 인자로 불리신다는 것이나, 모두 지극히 합리적인 것이다.

세르베투스의 또다른 트집도 별로 당황스러울 것이 없다. 그는 그리스도께서 육체로 나타나시기 전에는 상징적인 의미 이외에는 어디서도 "하나님의 아들"로 불려지신 적이 없다고 주장한다. 물론 그 당시는 그에 관한 묘사가 다소 희미하긴 했지만, 그가 영원하신 하나님이셨음이 분명히 입증된다. 왜냐하면 그는 영원하신 아버지로 말미암아 나신 말씀이셨기 때문이다. 또한 이 "하나님의 아들"이라는 이름이 중보자의 위격에게 속한다는 것도 분명히 드러난다. 그가 그 직분을 스스로 취하신 것은 오로지 그가 육체로 나타나신 하나님이셨기 때문이었던 것이다. 또한 "하늘과 땅에 있는 각 족속에게 이름을 주신"(엡 3:14-15) 하나님께서 태초부터 아들과의 관계가 없으셨다면, 그때부터 "아버지"라 불리신 일도 없었을 것이라는 것도 분명하다. 이 증거를 통해서 우리는 그가 교회 안에서 "하나님의 아들"이란 이름으로 널리 알려지기 이전에 율법과 선지자들 아래서도 하나님의 아들이셨다고 곧바로 결론지을 수 있을 것이다. 그러나 가령 그들이 솔로몬이 하나님의 한량없는 높으심을 말하는 이 한 구절에 대해서 논란을 벌인다고 생각해 보자. 솔로몬은 하나님과 그의 아들 모두 이해할 수 없음을 말하고 있다. "그의 이름이 무엇인지, 그의 아들의 이름이 무엇인지 너는 아느냐?"(잠 30:4). 논쟁을 좋아하는 사람들은 이 증거로는 만족하지 못할 것이라는 것을 나도 알고 있다. 그러므로 나는, 그리스도께서 사람이 되신 경우를 제외하고는 그가 하나님의 아들이 아니었다고 주장하는 자들이 과연 사악한 훼방꾼들이라는 사실을 이 구절이 보여주지 않는다면, 이 구절에 그다지 무게를 두지 않을 것이다.

그 밖에도, 고대의 교부들 역시 한결같이 이 사실을 너무도 확실하게 증언하고 있으므로, 감히 이레나이우스(Irenaeus)와 테르툴리아누스(Tertullian)에게 호소하여 우리를 비방하려는 자들의 뻔뻔스러움이란 정말로 역겹고도 어리석은 것이다. 이 두 저술가들은 하나님의 아들이 눈으로 볼 수 없었으나 나중에 눈에 보이게 나타났다고 고백하는 것이다.

8. 세르베투스의 가르침에 대한 전반적인 반박

세르베투스는 다른 사람들이 동의하지 않을 끔찍스러운 독단(獨斷)들을 계속 주장한다. 그러나 오로지 육체에 있는 한에서만 그리스도께서 하나님의 아들이심을 인정하는 자들을 더 면밀하게 살펴보면, 그들이 제기하는 근거가 다른 것이 아니라 그가 성령으로 말미암아 동정녀의 몸에서 잉태되셨다는 것뿐임을 그들 스스로 인정하는 것을 보게 될 것이다. 그 옛날 마니교도들도 똑같은 것을 상상했다. 그들은 하나님이 아담에게 생기를 불어넣으셨다(창 2:7)는 말씀에 근거하여 사람의 영혼이 하나님께로부터 나왔다고 가르친 것이다. 그들은 "아들"이라는 이름에 너무 집착한 나머지 본성들 간의 구별의 여지를 전혀 남겨두지 않는다. 오히려 그들은, 인성에 따라서 하나님께로서 나셨기 때문에 사람이신 그리스도께서 하나님의 아들이시라며 혼란스럽게 떠든다. 그리하여 솔로몬이 말하는 바 영원한 지혜의 나심(집회서 24:9; 참조. 잠 8:22이하)을 말살시켜 버리며, 중보자에게서 신성을 전혀 고려하지 않으며, 참 사람 대신 그저 사람 같은 모습만을 제기하는 것이다.

세르베투스의 더 심각한 속임수를 반박하는 것이 유익할 것이다. 그는 그런 속임수로 자기 자신은 물론 다른 이들까지도 속였는데, 경건한 독자들은 이런 실례를 통하여 교훈을 받아 계속해서 진지하고도 겸손한 태도를 견지할 수 있을 것이다. 그러나 이미 내가 별도로 책을 통해서 다루었기 때문에,[5] 굳이 여기서 반복할 필요가 없다고 본다. 문제의 요점은 이런 것이다. 세르베투스로서는, 하나님의 아들은 태초부터 하나의 관념이었고, 심지어 그때에도 하나님의 본질적인 형상이 되실 사람이 되도록 예정되어 있었다는 것이다. 그는 겉으로 찬란하게 빛나는 말씀 이외에는 다른 하나님의 말씀을 인정하지 않는다. 그는 그리스도의 나심을 다음과 같이 이해한다. 즉, 아들을 낳으시겠다는 뜻은 만세 전에 하나님께서 품으셨고, 행동으로써 창조 자체에까지 확대되었다는 것이다. 한편, 그는 성령과 말씀을 혼동하여, 하나님께서 눈에 보이지 않는 말씀과 성령을 육체와 영혼 속에 분배하셨다고 주장한다.

요컨대, 세르베투스의 사고에서는, 그리스도를 낳는 구체적인 일이 그에 대한 비유적인 표현으로 대체되는 것이다. 그러나 그는 말하기를, 그때에 겉으로 보기에 그림자와 같던 아들이 드디어 말씀을 통해서 낳으신 바 되었다고 한다. 그리하여 그는 말씀에게 씨의 기능을 부여하고 있는 것이다.

그러나 이렇게 본다면, 개나 돼지도 하나님의 말씀이라는 본래의 씨로부터 창조함 받았으므로 그것들 역시 하나님의 아들들이라 해야 옳을 것이다. 그는 세 가지 창조되지 않은 요소들로 그리스도를 혼합시켜서 그를 하나님의 본질에서 낳으신 바 된 분으로 만든다. 그럼에도 불구하고, 그는 그리스도를 모든 피조물 가운데 처음 나신 분으로 보면서도, 물론 정도는 다르지만 돌(石)들에도 동일한 본질적인 신성이 어느 정도 있다는 식으로 상상한다. 그러나 그리스도에게서 신성을 제거하는 것처럼 보이지 않으려고, 그는 그리스도의 육체는 하나님과 동일 본질이었고, 또한 육체가 하나님으로 전환됨으로써 말씀이 사람이 된 것이라고 선언한다. 그리하여 그는, 그리스도의 육체가 하나님의 본질로부터 나와서 하나님으로 전환되지 않는다면, 그리스도가 하나님의 아들이라는 것은 생각할 수도 없다고 하여, 결국 말씀의 영원한 위격을 아무것도 아닌 것으로 만들어 버리며, 또한 우리의 구속자로서 약속되셨던 다윗의 자손을 우리에게서 빼앗아 버리는 것이다.

그는 다음과 같은 사상을 매우 자주 반복하여 표현한다. 곧, 아들이 지식과 예정으로 하나님께 나신 바 되었으나, 그가 마침내 사람이 되신 것은 태초에 하나님의 임재 속에 있던 세 가지 요소들 ― 그때에 세상의 최초의 빛(창 1:3)과 불기둥과 구름기둥(출 13:21)에서 나타난 요소들 — 에서 나타난 그 물질로 된 것이라는 것이다.

그뿐 아니라, 세르베투스가 때때로 얼마나 부끄럽게 스스로 자가당착에 빠지는가를 이야기하자면 너무 지루할 것이다. 건전한 사고를 지닌 독자들이라면 이 요약한 내용을 읽고서 이 더러운 개(犬)가 간교하게 요리조리 회피하면서 구원의 소망을 완전히 꺼뜨려 버렸다는 것을 알게 될 것이다. 만일 육체가 신성 그 자체라면, 그것이 어떻게 신성의 성전일 수가 있겠는가? 오직 아브라함과 다윗의 혈통에서 나셔서 육신으로 참 사람이 되신 그분만이 우리의 구속자이실 수가 있는 것이다. 세르베투스는 자신의 입장을 "말씀이 육신이 되어"(요 1:14)라는 요한의 말씀을 기초로 삼지만, 이는 사악하기 이를 데 없는 짓이다. 왜냐하면, 이 말씀은 네스토리우스의 오류를 반박할 뿐 아니라, 유티케스가 처음 지어낸 이 불경스러운 조작에 대해서도 전혀 뒷받침하지도 않기 때문이다. 요한의 유일한 목적은 바로 두 본성이 하나의 위격을 이루었음을 밝히고자 하는 것이었던 것이다.

주

1. 예. 테르툴리아누스, 오리겐, 니사의 그레고리우스, 에피파니우스 등.

2. 참조. 6-8절.

3. Servetus, *De Trinitatia erroribus*, I. 54ff., folios. 38aff.

4. Augustine, *City of God*, X. xxix. 1.

5. 이는 칼빈의 *Defensio orthodoxae fidei de sacra Trinitate* (1554)를 가리킨다.

성부께서 그리스도를 보내신 목적과 그리스도께서 우리에게 주신 것을 알기 위해서는 무엇보다도 선지자직, 왕직, 제사장직 등, 그의 세 가지 직분을 보아야 함

(그리스도의 세 가지 직분. 선지자직. 1-2)

1. 이 교리에 대한 이해의 필요성

아우구스티누스가 올바로 진술하듯이,[1] 이단들도 물론 그리스도의 이름을 전하기는 하지만 그들의 기초는 신자들과는 전혀 다른 것이며, 신자들의 기초는 오직 교회에 있는 것이다. 그리스도에 관한 일들을 부지런히 살펴보면, 이단들에게는 그리스도가 실체가 없고 그저 이름뿐이라는 것을 알게 될 것이다. 그리하여 오늘날 교황주의자들의 입에서 "하나님의 아들이요 세상의 구속자"라는 말이 계속 나오는 것이다. 그러나 그들은 그 이름의 허울 좋은 겉모양으로 만족하여 그의 권세와 위엄을 다 빼앗아 버리고 있으니, "머리를 붙들지 아니하는지라"(골 2:19)는 바울의 말씀이 그들에게 그대로 적용되는 것이다.

그러므로, 믿음이 그리스도 안에 있는 구원을 위한 확고한 기반을 찾고 그리스도 안에서 안식을 누리기 위해서는, 다음과 같은 원리를 반드시 세워야 한다. 곧, 아버지께서 그리스도께 명하신 직분이 세 부분으로 되어 있다는 것이 그것이다. 그리스도께서는 선지자와 왕과 제사장으로 주어지셨기 때문이다. 그러나 그 직분들의 목적과 용도를 올바로 이해하지 못하고 이 이름들만 아는 것은 별 가치가 없을 것이다. 교황주의자들도 이 이름들을 사용한다. 그러나 이 칭호들이 담고 있는 내용을 전혀 모르기 때문에 그저 냉랭하고 효과도 없이 사용할 뿐인 것이다.

앞에서 이미 말한 바와 같이,[2] 하나님께서 그의 백성들에게 끊임없이 선지자들을 보내셔서 구원을 위하여 충분하고도 유익한 가르침들을 언제나 그들에게 남겨두셨으나, 경건한 자들의 마음은 언제나 메시야가 오셔야만 모든 것을 충만한 빛 가운데서 깨달을 수 있으리라는 확신으로 가득 차 있었다. 사마리아 여인의 말에서 나타나듯이, 참 신앙을 전혀 알지 못했던 사마리아 사람들에게까지도 퍼져 있었다. "메시야 곧 그리스도라 하는 이가 … 오시면 모든 것을 우리에게 알려 주시리이다"(요 4:25). 또한 유대인들이 경솔하게 자기들의 머리로 이런 것을 상상해 낸 것이 아니라, 분명한 하나님의 말씀으로 가르침을 받아서 그렇게 믿은 것이다. 이사야의 말씀이 특히 유명하다. "보라, 내가 그를 만민에게 증인으로 세웠고 만민의 지도자와 명령자로 삼았나니"(사 55:4). 다른 곳에서 이사야는 그를 가리켜 "기묘자"(奇妙者)요 "모사"(謀士)라 불렀다(사 9:6).

그리하여 사도는 복음 교리의 완전함을 높이 찬양하면서 먼저, "옛적에 선지자들을 통하여 여러 부분과 여러 모양으로 말씀하신 하나님이"(히 1:1)라고 말씀한 다음, "이 모든 날 마지막에는 아들을 통하여 우리에게 말씀하셨으니"(히 1:2)라고 말씀하는 것이다. 그러나, 선지자들에게 공통으로 부과된 임무가 바로 교회가 기대를 잃지 않도록 하고 중보자께서 오시기까지 그 기대를 그대로 유지하도록 하는 일이었기 때문에, 포로로 끌려가 있던 신자들이 자기들이 그런 일상적인 은혜를 빼앗겼다고 탄식하는 것을 보게 된다. "우리의 표적은 보이지 아니하며 선지자도 더 이상 없으며 이런 일이 얼마나 오랠는지 우리 중에 아는 자도 없나이다"(시 74:9). 그러나 그리스도께서 머지 않아 오시게 될 즈음에는, "환상과 예언이 인봉(印封)될" 기한을 다니엘에게 지정해 주셨다(단 9:24, 한글 개역 개정판은 "환상과 예언이 응하며"로 번역되어 있다. 역자주). 이는 거기 언급된 예언의 말씀이 권위 있게 세워질 것이라는 뜻인 동시에, 모든 계시들이 충만히 완성될 때가 가까웠으므로 신자들이 선지자들이 없이 잠시 동안 참고 나아가야 할 것을 말씀하는 것이다.

2. 그리스도의 선지자직의 의미

자, 여기서 "그리스도"라는 칭호가 이 세 가지 직분에 관계된다는 사실에 주목해야 할 것이다. 율법 아래에서 제사장들과 왕들은 물론 선지자들도 거룩한 기름으로 부음을 받았다는 것을 우리가 알고 있기 때문이다. 그리하여 약속하신 중보자에게도 "메시야"라는 존귀한 이름이 주어진 것이다. 다른 곳에서 제시한 바와 같이,[3] 나는 그리스도께서 특히 그의 왕직과 관련하여, 그의 왕직 덕분에 메시야라 불려지셨다고 본다. 그러나 그가 선지자로서 및 제사장으로서 기름 부음을 받았다는 것도 분명한 사실이고, 따라서 이를 무시해서는 안 될 것이다. 이사야는 그리스도의 선지자직에 대하여 다음과 같이 명확하게 언급하고 있다. "주 여호와의 영이 내게 내리셨으니 이는 여호와께서 내게 기름을 부으사 가난한 자에게 아름다운 소식을 전하게 하려 하심이라 나를 보내사 마음이 상한 자를 고치며 포로된 자에게 자유를 … 선포하며 여호와의 은혜의 해와 우리 하나님의 보복의 날을 선포하여"(사 61:1-2; 참조. 눅 4:18). 이처럼 그가 성령으로 말미암아 기름 부음을 받아 아버지의 은혜를 선포하는 전령(傳令)과 증인이 되시는 것을 보게 된다. 그리고 그것은 일상적인 방식으로 된 것이 아니었다. 그는 비슷한 직분을 지닌 다른 교사들과는 완전히 구별되는 분이셨기 때문이다.

반면에 우리는 다음과 같은 점을 주의해야 한다. 곧, 그는 교사의 직분을 감당하실 수 있도록 자신을 위해서 기름 부음을 받으셨지만 동시에 성령의 능력이 복음을 선포하는 일에서 계속 임재해 있도록 그의 몸 전체를 위하여 기름 부음을 받으셨다는 것이다. 그러나 확실한 것은, 그가 전하신 완전한 교리가 모든 예언들을 종결지었다는 사실이다. 그러므로, 복음으로 만족하지 않고 그 이외의 것을 가져다 복음에다 엮어놓는 자들은 모두 그리스도의 권위를 깎아 내리는 것이다. 하늘로부터 우레와 같이 들려온 음성, 곧 "이는 내 사랑하는 아들이요 … 너희는 저의 말을 들으라"(마 17:5; 참조. 마 3:17)는 말씀은 다른 모든 사람들과 비교도 되지 않는 특별한 권위의 위치로 그를 높이 들어올린 것이다. 그리고 요엘의 예언 ― "내가 내 영을 만민에게 부어 주리니 너희 자녀들이 장래 일을 말할 것이며"(욜 2:28) ― 처럼, 이 기름 부음이 머리에서부터 그 지체들에게까지 확산되었다.

그러나 바울은 그가 우리에게 우리의 지혜로서 주어지셨다(고전 1:30)고도 말씀하며 또한 "그 안에는 지혜와 지식의 모든 보화가 감추어져 있느니라"(골 2:3)고도 말씀하는데, 여기서 그는 약간 다른 의미를 제시하고 있다. 즉, 그리스도 이외에는 아무것도 알 만한 가치가 있는 것이 없으며, 그가 어떤 분이신가를 믿음으로 깨닫는 자들은 누구나 하늘의 은혜의 그 광대함을 깨달은 것이라는 것이다. 그렇기 때문에, 바울은 다른 곳에서 이렇게 말한다. "내가 … 예수 그리스도와 그가 십자가에 못 박히신 것 외에는 아무것도 알지 아니하기로 작정하였음이라"(고전 2:2). 이것은 정말 사실이다. 왜냐하면 복음의 단순함을 넘어서려 하는 것은 합당한 일이 아니기 때문이다. 그리고 그리스도 안에 있는 선지자적인 위엄을 생각할 때에, 우리는 그가 우리에게 제시하신 교리의 대요(大要) 속에 완전한 지혜의 모든 부분들이 담겨 있다는 것을 알게 되는 것이다.

(그리스도의 왕직과 그 영적 성격. 3-5)

3. 그리스도의 나라의 영원성

이제는 왕직을 다룰 차례가 되었다. 먼저 독자들에게 이것이 영적인 성격을 띤 것이라는 사실을 미리 경계하지 않으면, 이것을 논의하는 것이 무의미해질 것이다. 그리스도의 왕직의 힘과 영원성은 물론 우리에게 미치는 효능과 유익이 바로 이 영적인 성격을 근거로 추론되는 것이기 때문이다. 그런데 다니엘서에서는 천사가 이 영원성을 그리스도께 돌리며(단 2:44), 누가복음에서는 천사가 그 영원성을 그 백성의 구원에게 적용시키고 있다(눅 1:33).

그러나 이 영원성은 또한 두 종류이거나 혹은 두 가지로 생각해야 한다. 첫째는 교회의 몸 전체에 관한 것이요, 둘째는 그 개개의 지체에게 해당되는 것이다. 시편에 나타나는 다음의 진술은 첫째 종류에 속하는 것으로 보아야 한다. "내가 나의 거룩함으로 한 번 맹세하였은즉 다윗에게 거짓말을 하지 아니할 것이라. 그의 후손이 장구하고 그의 왕위는 해 같이 내 앞에 항상 있으며 또 궁창의 확실한 증인인 달 같이 영원히 견고하게 되리라"(시 89:35-37). 하나님께서는 여기서, 그의 아들의 손을 통하여 그가 그의 교회의 영원한 보호자요 수호자가 되실 것임을 약속하고 계신 것이다. 이 예언은 오직 그리스도에게서 성취되었다. 왜냐하면 솔로몬의 사망 직후 왕국의 큰 부분에 대한 통치권이 붕괴되었고, 그것이 한 개인에게로 넘어가서 다윗 가문에게 수치를 안겨주었으며(참조. 왕상 12장), 또한 그 이후로 점점 약화되어 결국 슬프고도 부끄러운 종말을 맞고 말기 때문이다(참조. 왕하 24장).

이사야의 외침도 같은 뜻이다. "그 세대 중에 누가 … 말하였으리요?"(사 53:8). 그는 그리스도께서 죽음을 이기사 그 자신을 그의 지체들과 하나로 묶으실 것을 선언하는 것이다. 그러므로, 그리스도께서 영원한 능력으로 무장하셨다는 말을 들을 때마다 교회가 영원토록 보호하심을 받을 것이 보장되어 있다는 사실을 기억해야 할 것이다. 그리하여, 격렬한 소요가 일어나 계속해서 어려움이 닥치고, 극도로 무서운 폭풍이 밀려와서 무수한 재난들로 위협하는 가운데서도, 교회는 여전히 안전하게 남아 있는 것이다. 다윗은 하나님과 그의 기름 부으신 자의 멍에를 던져버리려 하는 그의 원수들의 대담함을 비웃으면서 말하기를, 세상의 군왕들이 나서며 관원들이 서로 꾀하여 일어나나, 하늘에 거하신 이가 강력하셔서 그들의 공격을 충분히 무너뜨리시므로, 그 모든 것이 "헛된 일"이 되고 말 것이라고 한다(시 2:1-4). 그리하여 그는 경건한 자들에게 교회가 영원히 보존될 것임을 확신시켜 주며, 또한 아무리 억압을 당하는 일이 있더라도 소망을 가질 것을 격려하는 것이다. 다른 곳에서 다윗은 하나님을 빙자하여 이렇게 말한다. "내가 네 원수들로 네 발판이 되게 하기까지 너는 내 오른쪽에 앉아 있으라"(시 110:1). 여기서 그는, 아무리 강력한 원수들이 교회를 전복시키려 계교를 꾸미더라도, 그의 아들로 영원한 왕을 삼으신 하나님의 불변하는 작정을 뒤집을 수는 없을 것임을 단언하고 있는 것이다. 그렇다면 마귀가 아무리 세상의 온갖 재원을 다 사용하여 공격한다 해도, 그리스도의 영원한 보좌 위에 서 있는 교회를 무너뜨릴 수는 없는 것이다.

자, 이 사실이 우리들 각자에게 특별히 적용되는 점에 대해서 말하자면, 그 동일한 "영원성"이 우리를 감동시켜서 그 복된 영생에 대한 소망을 갖게 되어야 마땅할 것이다. 땅의 것은 무엇이든 세상과 시간에 속한 것이며, 따라서 덧없이 흘러가는 것임을 알기 때문이다. 그러므로 그리스도께서는 우리의 소망을 하늘에까지 끌어올리기 위하여, "내 나라는 이 세상에 속한 것"이 아니라고 선언하신다(요 18:36). 요컨대, 누구든지 그리스도의 왕권이 영적이라는 말을 들으면, 이 말씀에 격려를 받아 더 나은 생명에 대한 소망을 갖게 되어야 할 것이다. 그리고 현재의 생명이 그리스도의 손으로 보호하심을 받고 있으므로, 이 은혜가 내세(來世)에서 완전히 결실할 것을 기다려야 할 것이다.

4. 그리스도의 왕직에서 오는 영적 축복

앞에서 말했듯이, 그리스도의 왕직이 영적인 것임을 깨달아야만 비로소 그 힘과 유익을 알 수 있다. 이 점은 우리가 이 세상을 살며 십자가 아래에서 싸우는 동안, 우리의 조건이 어렵고 쓰라리다는 사실에서도 충분히 드러난다. 그럴다면, 이 땅의 생활 저 너머에서 하늘의 왕의 통치의 은혜를 누릴 것에 대한 확신이 없다면, 그 왕의 통치 아래 모이는 것이 무슨 유익이 있겠는가? 그렇기 때문에 우리는 그리스도 안에서 우리에게 약속된 행복이 외형적인 것에 ― 예컨대, 즐겁고 평화로운 인생을 사는 것이나 재물이 많은 것이나, 모든 재난에서 안전히 지내는 것이나, 육신이 사모하는 모든 쾌락 등에 ― 있는 것이 아니라는 것을 알아야 한다. 아니다. 우리의 행복은 하늘의 생명에 속한 것이다! 이 세상에서는 사람들의 번영과 복지가 부분적으로는 모든 선한 것들의 풍성함과 가정의 화목에 달려 있고, 부분적으로는 외부의 공격으로부터 그들을 보호하는 강력한 방위에 달려 있다. 이와 마찬가지로, 그리스도께서도 영혼의 영원한 구원을 위하여 필요한 모든 것들을 그의 백성들에게 풍성하게 베푸시며 또한 영적 원수들의 모든 공격을 대적하여 든든히 설 수 있도록 용기로 그들을 막아 주시는 것이다.

이로 보건대, 그리스도께서 안팎으로 통치하시는 것이 자기 자신보다는 우리를 위한 것임을 알 수 있다. 그리하여 하나님께서는 우리에게 유익한 대로, 본래는 우리에게 없는 성령의 은사들을 우리에게 주시는 것이다. 우리는 이런 첫 열매들을 통해서 우리가 완전한 복락 가운데서 하나님과 진정으로 연합되어 있음을 깨닫게 된다. 그러므로 우리는 성령의 능력을 의지하고서, 언제나 마귀와 세상과 온갖 해로운 것들에 대하여 승리를 거둘 것임을 의심치 말아야 할 것이다. 바리새인들에게 대답하시는 중에 "하나님의 나라는 볼 수 있게 임하는 것이 아니요 … 하나님의 나라는 너희 안에 있느니라"라고 하신 그리스도의 말씀의 뜻이 바로 이것이었다(눅 17:20-21). 아마도 그리스도께서 스스로 왕이시며 따라서 하나님의 최고의 축복이 자기에게서 온다고 말씀하셨기 때문에, 바리새인들이 이를 비아냥거리면서 그 증거를 보여 달라고 그리스도께 요구했을 것이다. 그러나 그는 그들에게 자기들의 양심을 들여다보라고 명하신 것이다. 왜냐하면 "하나님의 나라는 … 오직 성령 안에 있는 의와 평강과 희락"이기 때문이다(롬 14:17). 그가 이렇게 하신 것은, 땅에 속한 일에 지나치게 마음이 쏠려서 하찮은 영화(榮華)를 꿈꾸는 데에 빠지지 않도록 막으시기 위함이었던 것이다. 이 짧은 말씀은 그리스도의 나라가 우리에게 무엇을 베풀어주는지를 가르쳐 주고 있다. 그 나라는 이 땅에 속한 것도, 육신적인 것도 아니어서 부패할 염려가 없으며, 영적인 것으로서 우리를 영생에까지 높이 들어올리는 것이다.

그러므로, 우리가 비록 온갖 비참함과 굶주림, 냉대와 멸시, 질책 등 괴로움을 다 견디며 이 땅의 인생을 살아간다 할지라도, 우리의 싸움이 끝나 우리가 승리로 개선할 그때까지 우리의 왕께서는 결코 우리를 핍절한 상태로 내버려두지 않으시고 우리의 필요를 채우실 것이다. 그의 통치의 본질이 그렇기 때문에, 그는 그가 아버지께로부터 받으신 모든 것을 우리와 함께 나누시는 것이다. 그의 권능으로 우리를 무장시키시며, 그의 아름다움과 웅대함으로 우리를 꾸미시며, 그의 부귀로 우리를 부요하게 하시는 것이다. 그러므로 이러한 은혜들은 우리에게 자랑할 지극히 풍부한 기회를 주며, 또한 마귀와 죄와 사망을 대적하여 두려움 없이 싸우도록 확신을 우리에게 가져다주는 것이다. 마지막으로, 우리는 그의 의로 옷 입고서 세상의 모든 비난들을 용감하게 극복할 수가 있다. 그리고 그가 친히 그의 은사들을 값없이 우리에게 풍성하게 주시는 것처럼, 우리도 그에 보답하여 그의 영광을 위하여 열매를 맺게 되는 것이다.

5. 그리스도의 왕직의 영적 성격

그러므로, 그 왕의 기름 부음은 이 땅의 기름이나 향기 나는 연고(軟膏)로 되는 것이 아니다. 그를 가리켜 하나님의 "기름 부음 받은 자"(그리스도)라 부르는 것은, "그의 위에 여호와의 영 곧 지혜와 총명의 영이요 모략과 재능의 영이요 지식과 여호와를 경외하는 영이 강림"하셨기 때문이다(사 11:2). 이것이야말로 시편 기자가 "왕의 동료보다 뛰어나게 하셨나이다"라고 선포하는 바 "즐거움의 기름"인 것이다(시 45:7). 그에게 이런 존귀함이 없다면, 우리 모두는 가련하고 굶주린 상태에 있을 수밖에 없을 것이다. 이미 말한 대로, 그는 자기 자신을 부요하게 하시지 않고, 그의 풍성함을 주리고 목마른 자들에게 부어 주시고자 하신 것이다. 아버지께서는 아들에게 "성령을 한량없이 주셨다"고 하는데(요 3:34), 그 이유가 다음과 같이 표현되고 있다. "우리가 다 그의 충만한 데서 받으니 은혜 위에 은혜러라"(요 1:16). 그리고 이 샘에서 바울이 말하는 풍성함이 흘러나오는 것이다. "우리 각 사람에게 그리스도의 선물의 분량대로 은혜를 주셨나니"(엡 4:7). 이 말씀들은 내가 말한 바를 충족히 확증해 준다. 곧, 그리스도의 나라는 이 땅의 쾌락이나 안락함에 있지 않고 성령 안에 있다는 것 말이다. 그러므로 그 나라에 참여하려면, 이 세상을 버려야 하는 것이다.

이 신성한 기름 부음의 눈에 보이는 상징이 그리스도의 세례 시에 나타났다.

곧, 성령께서 비둘기 모양으로 그의 위에 머물렀던 것이다(요 1:32; 눅 3:22). 성령과 그의 은사들을 "기름 부음"이라는 말로 부르는 것은 새로운 일도 아니고 따라서 부당하게 여겨서는 안 된다(요일 2:20, 27). 우리가 힘을 얻는 방법은 오로지 이것밖에 없기 때문이다. 특히 하늘의 생명과 관련해서는, 성령께서 베푸시는 것이 아니면 단 한 방울도 힘을 얻을 수가 없는 것이다. 성령께서 그리스도를 그의 거소(居所)로 택하셔서, 우리에게 그렇게도 필요한 그 하늘의 은혜들이 그에게서부터 풍성하게 흘러나오게 하셨고, 그리하여 신자들은 그들의 왕의 힘을 통하여, 또한 그들 속에 풍성히 있는 영적 은혜들을 통하여, 무너지지 않고 든든히 서 있는 것이다. 그렇기 때문에 그들을 그리스도인이라 불러 마땅한 것이다.

바울이 다음과 같이 말하고 있으나, 이 진술들도 우리가 말한 이 영원성을 전혀 훼손시키는 것이 아니다. "그 후에는 마지막이니 그가 … 나라를 아버지 하나님께 바칠 때라"(고전 15:24), "아들 자신도 그때에 만물을 자기에게 복종하게 하신 이에게 복종하게 되리니 이는 하나님이 만유의 주로서 만유 안에 계시려 하심이라"(고전 15:28). 그는 다만 그 완전한 영광 속에서 그 나라의 통치가 지금과 같지 않을 것임을 말하는 것뿐이다. 아버지께서는 아들에게 모든 권세를 주셔서, 아들의 손을 통해서 그가 우리를 다스리시고 양육하시고 지탱시키시며, 우리를 그의 보호하심 아래 두시고 우리를 도우시고자 하셨다. 그리하여, 잠시 우리가 아버지께로부터 떨어져서 방황하는 동안에도, 그리스도께서 우리 가운데 계셔서 우리를 이끄사 조금씩 하나님과의 견고한 연합에 이르게 하시는 것이다.

또한 그리스도께서 아버지의 우편에 앉아 계시다는 말은, 그를 아버지의 대리자로 ― 곧, 하나님의 통치의 모든 권세를 소유하신 대리자로 ― 부르는 것과도 같은 뜻이다. 바울은 에베소서 1장에서, 그리스도께서 아버지의 오른편에 앉으사 그의 몸인 교회의 머리가 되셨다고 설명하고 있다(엡 1:20-23). 그가 다른 곳에서 가르치는 것도 같은 의미이다. "하나님이 … 모든 이름 위에 뛰어난 이름을 주사 … 모든 무릎을 예수의 이름에 꿇게 하시고 모든 입으로 … 하나님 아버지께 영광을 돌리게 하셨느니라"(빌 2:9-11). 이 말씀은 또한 우리의 현재의 연약함에 필요한 대로 그리스도의 나라의 질서를 높이는 것이기도 하다. 결국 바울의 추론은 이런 것이다. 곧, 그때에는 교회를 보호하시는 그리스도의 임무들이 완성될 것이므로, 하나님께서 친히 교회의 유일한 머리가 되실 것이라는 것이다. 똑같은 이유로 성경은 보통 그리스도를 "주"라 부르는데, 이는 아버지께서 그리스도를 우리 위에 세우사 그 아들을 통하여 자신의 통치를 시행하시기 때문인 것이다. 이 세상에서 "주"로 높임을 받는 자들이 많지만(참조. 고전 8:5), 바울은 말하기를, "우리에게는 한 하나님 곧 아버지가 계시니 만물이 그에게서 났고 우리도 그를 위하여 있고 또한 한 주 예수 그리스도께서 계시니 만물이 그로 말미암고 우리도 그로 말미암아 있느니라"(고전 8:6)라고 한다.

이로써 우리는 그가 이사야의 입을 통하여 친히 교회의 왕이요 율법 제정자이심을 선포하신 바로 그 동일하신 하나님이심을(사 33:22) 정당하게 추정하게 된다. 아들은 시종일관 자신이 소유하신 모든 권세를 가리켜 "아버지의 은혜와 선물"이라 부르시지만, 그것은 자신이 신적인 권세로 다스리신다는 의미일 뿐이다. 그가 무엇 때문에 중보자의 위격을 취하셨겠는가? 그가 아버지의 품에서와 말할 수 없는 영광에서 내려오신 것은 우리에게 가까이 오시기 위함이었다. 그러므로, 우리는 더욱더 복종하여야 하며, 또한 하나님의 뜻에 복종하고자 하는 크나큰 열심을 가져야 할 것이다. 이제 그리스도께서는, 기꺼이 복종으로 굴복하는 경건한 자들에게는 왕과 목자의 임무를 수행하신다. 그러나 동시에 우리는 그가 "철장으로 그들을 깨뜨림이여 질그릇 같이 부수리라"(시 2:9)라는 말씀을 듣고, 또한 그가 이방인들을 "심판하여 시체로 가득하게 하시고 여러 나라의 머리를 쳐서 깨뜨리시 … 리로다"(시 110:6-7)라는 말씀도 듣는다. 오늘날 이 사실의 여러 가지 실례들이 나타나고 있다. 그러나 완전한 증거는, 그리스도의 통치의 마지막 조치라고 볼 수 있는 그의 마지막 심판에서 나타날 것이다.

6. 그리스도의 제사장직

이제는 그리스도의 제사장직의 목적과 용도에 대해서 간략하게 논의하고자 한다. 이는 곧, 그리스도께서 순결하고 흠 없으신 중보자로서 그의 거룩하심으로 말미암아 우리를 하나님과 화목시키고자 하는 것이다. 그러나 하나님의 의로우신 저주로 인하여 우리가 그에게로 나아갈 수가 없으며, 또한 하나님께서는 심판주로서 우리에 대하여 진노를 발하고 계시다. 그러므로, 그리스도께서 제사장으로서 우리를 위하여 하나님의 자비하심을 얻고 그의 진노를 누그러뜨리기 위해서는 반드시 속죄(贖罪)가 중간에 개입해야만 한다. 그리하여, 그리스도께서 이 직분을 담당하시기 위해서는 희생 제물과 더불어 나서시지 않을 수 없었던 것이다. 율법 아래에서도, 피가 없이는 제사장이 성소에 들어갈 수가 없었는데(히 9:7), 이는 제사장이 그들의 대리자로서 하나님과 그들 사이에 서 있다 할지라도 그들의 죄가 속해지지 않는 한 하나님의 진노를 누그러뜨릴 수가 없다는 것을 알게 하기 위함이었다(레 16:2-3).

사도는 히브리서 7장에서부터 10장 거의 끝 부분까지를 할애하여 이 점에 대해서 길게 다루고 있다. 그의 논지를 정리하자면 다음과 같다. 곧, 제사장직은 오직 그리스도께만 속하는 것이다. 왜냐하면 그의 죽으심의 제사를 통해서 그가 우리 자신의 죄책을 제거하셨고 우리 죄를 대신 만족시키셨기 때문이다(히 9:22). 결코 변하지 않는 하나님의 엄숙한 맹세가 있었다는 사실이 과연 이 문제가 ― “너는 멜기세덱의 서열을 따라 영원한 제사장이라”(시 110:4; 참조. 히 5:6; 7:15)는 것이 ― 얼마나 중대한 것인지를 잘 깨우쳐 준다. 하나님께서는 분명 이 말씀에서 우리의 구원의 모든 문제가 걸려 있는 이 중대한 사실을 제정하고자 하신 것이다.

이미 말한 바와 같이, 우리의 대제사장이신 그리스도께서 우리의 죄를 씻으신 다음 우리를 거룩하게 하시고, 또한 우리가 범죄와 악행들로 인하여 얻지 못했던 은혜를 우리를 위하여 얻으시지 않는 한, 우리나 혹은 우리의 기도들은 결코 하나님께로 나아갈 수가 없기 때문이다. 그러므로, 그리스도의 제사장직의 효능과 혜택이 우리에게 미치게 하기 위해서는 그리스도의 죽으심에서부터 시작해야 한다는 것을 깨닫게 된다.

결국 그리스도께서는 영원한 중재자이시다. 그의 간구하심을 통해서 우리가 하나님께 자비하심을 얻는다. 바로 여기에서 기도에 대한 신뢰가 생겨나며, 경건한 양심들의 평안도 생겨난다. 경건한 양심은 하나님의 아버지다우신 긍휼하심에 안전하게 기대어, 중보자를 통해서 거룩하게 구별된 것은 무엇이든 하나님께 기뻐하심이 된다는 사실을 확신하며, 그것을 근거로 평안을 누리는 것이다. 율법 아래에서는 하나님께서 짐승을 제물로 드릴 것을 명령하셨으나, 그리스도 안에서는 새로운 다른 질서가 제시되었으니, 곧 동일한 한 분이 제사장도 되시고 또한 동시에 제물도 되신 것이다.

이는 우리의 죄에 대해서는 다른 것으로는 결코 보상할 것이 없었고, 또한 독생자를 하나님께 드리기에 합당한 사람이 달리 있을 수 없었기 때문이다. 그리하여, 그리스도께서는 제사장의 임무를 행하시는데, 이는 영원한 화목의 법을 통해서 아버지를 우리에게 자비와 긍휼을 베푸시도록 만들기 위함이었으며 동시에 우리를 이 위대한 직분에 함께 동참하는 자로 받아들이시기 위함인 것이다(계 1:6). 우리들 자신은 더러우나 그리스도 안에서 우리는 제사장들이다. 그리하여 우리는 우리 자신과 우리의 모든 것을 하나님께 드리며, 또한 값없이 하늘의 성소에 들어가서 기도와 찬미의 제사를 드릴 때에 그것이 하나님 앞에서 받으실 만한 향기로운 제물이 되는 것이다. 그리스도의 다음과 같은 진술의 의미가 바로 이것이다. "그들을 위하여 내가 나를 거룩하게 하오니"(요 17:19).

그리스도께서 자기 자신과 더불어 우리를 아버지 앞에서 거룩하게 하셨으므로, 우리가 그의 거룩하심으로 가득 차 있게 되었고, 그리하여 비록 우리 자신은 하나님께 가증스럽지만, 그런 우리가 순결하고 깨끗한 자들로, 심지어 거룩한 자들로서 하나님을 기쁘시게 하는 것이다. 그렇기 때문에 다니엘서에서 언급하는 대로(단 9:24), 성소(개역개정판: 지극히 거룩한 이)에 기름을 부은 것이다. 우리는 이 기름 부음과 또한 그 당시 사용되었던 그림자와 같은 기름 부음이 서로 다르다는 사실을 주목해야 한다. 이는 천사가 마치, "그림자가 걷혀진 이후에 참된 제사장직이 그리스도 안에서 빛나리라"라고 말씀한 것과도 같은 것이다. 그러니, 그리스도의 제사장직으로 만족하지 않고, 그리스도를 새로이 제물로 드리겠다고 생각해온 자들의 거짓이 얼마나 더 역겹겠는가! 교황주의자들은 날마다 이를 시도하고 있다. 미사(the Mass)를 그리스도를 제물로 드리는 것으로 생각하면서 말이다.

주
____

1. Augustine, *Enchiridion*, I. 5.
2. 참조. 6장 2-4절.
3. 참조. 6장 3절.

제 16 장

그리스도께서는 우리의 구원을 이루는 구속자의 기능을 어떻게 행하셨는가. 그리스도의 죽으심과 부활과 승천에 관한 논의

(죄로 말미암아 하나님께로부터 멀어진 우리가 그의 사랑으로 말미암아 그리스도를 통하여 하나님과 화목되었음. 1-4)

1. 구원자 예수

지금까지 그리스도에 관하여 우리가 논의한 내용은 다음과 같은 한 가지 결과로 이어진다. 곧, 우리 스스로 정죄 받고 죽고 잃어버린 상태에 있으니, "천하 사람 중에 구원을 받을 만한 다른 이름을 우리에게 주신 일이 없음이라"(행 4:12)는 베드로의 말씀이 가르치듯이, 그리스도 안에서 의와 자유와 생명과 구원을 구해야 한다는 것이다. "예수"라는 이름이 그에게 주어진 것은 아무런 이유도 없이, 혹은 우연히, 혹은 사람의 결정에 따라서 된 일이 아니라, 최고의 작정의 선포자인 천사를 통하여 하늘로부터 이루어진 일이었다(눅 1:28-33). 그리고 그 이름이 주어진 이유가 제시되었다. 곧, 그는 "자기 백성을 그들의 죄에서 구원할 자이심"이라는 것이다(마 1:21; 눅 1:31). 이 말씀 속에서 우리는, 이미 다른 곳에서[1] 잠깐 언급한 내용을 주목하게 된다. 곧, 구속자의 직분이 그에게 맡겨져서 그가 우리의 구주가 되셨다는 사실이다.

그러나 그렇더라도 그가 우리를 계속 인도하셔서 구원의 마지막 목표에까지 이르게 하지 않으신다면, 우리의 구속은 불완전한 것일 수밖에 없을 것이다. 그러므로, 우리가 조금이라도 그에게서 떠나게 되면, 그리스도 안에 든든히 서 있는 우리의 구원이 바로 그 순간부터 점점 사라지고 마는 것이다. 그리하여, 그리스도 안에 거하지 않는 자들은 모두 모든 은혜를 스스로 버리고 마는 것이다. 여기서 베르나르의 권고는 기억해 둘 만한 가치가 있다. "예수라는 이름은 빛일 뿐 아니라 양식이기도 하다. 그것은 또한 기름이기도 하니, 그것이 없으면 영혼의 모든 양식이 메말라진다. 그것은 소금이니, 그 맛이 없으면 우리 앞에 있는 모든 것이 무미건조해진다. 그리고 마지막으로, 그것은 입에는 꿀이요, 귀에는 아름다운 곡조요, 마음에는 즐거움이요, 동시에 좋은 약(藥)이다. 예수라는 이름을 말씀하지 않는 강론(講論)에는 향기가 없다."[2]

그러나 여기서 우리는 그가 어떻게 우리를 위하여 구원을 이루시는지를 진지하게 살펴보아야 할 것이다. 그가 과연 우리의 구원을 이루시는 분이심을 확신하기 위해서는 물론이요, 이런저런 방향으로 우리를 끌어내리는 모든 것들을 다 거부하고 우리의 믿음을 충족하고도 견고한 토대 위에 세우기 위해서라도 그렇게 하는 것이 매우 중요하다. 누구든지 자기 속으로 깊숙이 들어가 진지하게 자기의 모습을 살피면, 자기 자신을 향한 하나님의 진노와 적의(敵意)를 느끼지 않을 수 없을 것이다.

그렇게 되면, 그는 하나님의 그 진노를 누그러뜨릴 수 있는 방법과 수단을 안타깝게 찾게 되는데, 이는 보상(報償)이 없이는 안 되는 일이다. 이것은 보통 확신으로는 안 된다. 왜냐하면 죄인의 죄책이 사면되기 전에는 언제나 하나님의 진노와 저주가 그 위에 드리워져 있기 때문이다. 하나님은 의로운 재판관이시므로, 그의 율법을 어기는 것을 형벌 없이 그냥 내버려 두시지 않고, 반드시 그대로 처벌할 준비를 갖추고 계시는 것이다.

2. 하나님의 진노와 저주에 대한 깨달음이 먼저 있어야 함

그러나 논의를 계속하기 전에, 그의 긍휼하심으로 우리를 미리 보시는 하나님께서 그리스도를 통하여 우리와 화목하시기까지 우리와 원수이셨다는 말이 어떻게 성립이 되는가를 잠시 살펴보아야겠다. 이미 값없이 베푸시는 자비하심으로 우리를 용납하신 것이 아니라면, 어떻게 그의 독생자 안에서 우리를 향하신 그의 사랑을 그렇게 특별하게 보증하실 수 있었겠는가? 자, 여기서 일종의 모순 같은 것이 생겨나는데, 이 난제를 처리하기로 하자. 성령께서는 성경에서 대개 다음과 같이 말씀하신다. 곧, 사람이 그리스도의 죽으심으로 말미암아 은혜에로 화목되기 전에는 하나님이 그들의 원수이셨고(롬 5:10), 그리스도의 희생으로 말미암아 그들의 죄악이 속해지기까지 그들은 저주 아래 있었다(갈 3:10, 13), 그리스도의 몸을 통하여 화목되기까지 그들은 하나님으로부터 멀리 떠난 상태였다(골 1:21-22). 이런 유의 표현들은, 그리스도를 떠난 상태에서 우리의 처지가 얼마나 비참하고 가련한가를 더 잘 이해하도록 우리의 능력에 맞추어 말씀한 것들이다. 하나님의 진노와 저주와 영원한 죽음이 우리에게 드리워져 있다는 사실을 분명하게 진술하지 않았다면, 하나님의 긍휼이 없었다면 우리가 얼마나 비참했는가를 잘 깨닫지도 못했을 것이고, 그리하여 구원의 축복을 별로 값있게 생각하지 못했을 것이니 말이다.

예를 들어서, 가령 어떤 사람이 이런 말을 듣는다고 하자: "그대가 아직 죄인이었을 때에 하나님께서 그대를 미워하셔서 그대를 버리셨다면 ― 그렇게 되어 마땅하지만 ― 무서운 멸망이 그대를 기다리고 있었을 것이네. 그러나 하나님께서 스스로 그의 값없는 자비하심으로 그대를 은혜 안에 두셨고, 그리하여 그대가 하나님에게서 멀어지는 것을 허락하지 않으셨기 때문에, 이렇게 그대를 그 위험에서 구원하신 것이네."

그러면 반드시 이 사람은 자기에게 베풀어진 하나님의 긍휼하심이 얼마나 큰지를 어느 정도라도 체험하고 느끼게 될 것이다. 한편, 가령 그 사람이, 성경이 가르치듯이, 자기 자신이 죄로 인하여 하나님께로부터 멀어졌고, 진노의 자식이요, 영원한 죽음의 저주 아래 있어서 구원의 소망이 전혀 없고, 하나님의 축복과는 거리가 멀며, 사탄의 종이요, 죄의 멍에에 매인 종으로서, 처참한 멸망에 이미 속해 있고 또한 그 멸망에 결국 이르게 될 존재라는 말을 듣는다고 하자. 또한 이때에 그리스도께서 그의 대언자로 개입하셔서, 하나님의 의로우신 판단에 근거하여 모든 죄인들을 위협하는 그 형벌을 그가 대신 지시고 당하셨으며, 죄인들을 하나님께 혐오스럽게 만들었던 그 악들을 그가 자신의 피로 친히 씻으셨으며, 또한 이러한 속죄를 통해서 그가 하나님 아버지께 합당한 보상과 희생을 치르셨으며, 중재자로서 그가 하나님의 진노를 가라앉히셨으며, 바로 이러한 토대 위에서 하나님의 평안이 사람들에게 있는 것이며, 이러한 유대 관계를 통해서 그의 자비하심이 사람들에게 지속된다는 말을 듣는다고 하자. 그가 얼마나 큰 재난에서 구원받았는가를 이 말이 그렇게도 생생하게 그려주니, 그 사람이 이 말에서 더 크게 감동을 받을 것이 아니겠는가?

요컨대, 먼저 우리의 마음이 하나님의 진노에 대한 두려움과 영원한 죽음에 대한 공포로 완전히 압도되지 않고서는, 하나님의 긍휼하심이 있어도 우리의 마음이 생명을 붙잡는 열심이 부족하거나, 생명을 받으면서도 감사한 마음이 부족할 수밖에 없는 것이다. 그러므로 성경은, 그리스도를 떠나서는 하나님께서 이를테면 우리의 원수가 되시며, 그의 손이 우리를 멸망시키기 위해 무장하고 있다는 것을 깨닫도록, 그리하여 오직 그리스도 안에서만 하나님의 자비하심과 아버지다우신 사랑을 포용해야 한다는 것을 깨닫도록 가르치는 것이다.

3. 그리스도 안에서 우리를 자기와 화목하게 하시는 하나님의 사랑

이것이 물론 우리의 연약한 능력에 맞춘 것이기는 하지만, 거짓을 말한 것은 아니다. 최고의 의(義)이신 하나님께서는 우리 모두에게서 보이는 불의를 사랑하실 수가 없기 때문이다. 그러므로 우리 모두 하나님의 미움을 받아 마땅한 그 무엇을 우리 자신 속에 지니고 있는 것이다. 우리의 부패한 본성과 거기에 뒤따르는 악한 삶으로 인하여, 우리는 모두 하나님을 노엽게 할 뿐 아니라 그의 보시기에 죄악되며, 따라서 날 때부터 지옥의 저주를 받은 자들인 것이다. 그러나 주께서는 우리 안에 있는 자기의 것을 잃기를 원치 않으시며, 그리하여 그의 자비하심으로 여전히 사랑하실 그 무엇을 찾으신다. 우리 자신의 허물로 말미암아 우리가 아무리 죄인이 되었다 할지라도, 우리는 여전히 그의 피조물들로 남아 있다. 아무리 우리가 스스로 죽음을 자초했다 할지라도, 그는 우리를 살도록 창조하셨다.

그리하여 하나님은 우리를 향하신 값없이 주시는 순결한 사랑으로 말미암아 우리를 은혜 안으로 영접하시는 것이다. 그러나, 의와 불의 사이에 도저히 일치할 수 없는 영구한 괴리가 있으므로, 우리가 죄인들로 남아 있는 한 하나님께서는 우리를 완전히 영접하실 수가 없다. 그러므로, 모든 적의의 원인을 제거하고 우리를 완전히 그 자신과 화목시키기 위하여, 하나님께서는 그리스도의 죽으심으로 이루어진 속죄로 말미암아 우리 속에서 모든 악을 씻으시며, 그리하여 이전에 부정하고 불순했던 우리가 하나님 보시기에 의롭고 거룩한 자로 나타나게 하신 것이다. 그러므로, 성부 하나님께서는 그의 사랑으로 먼저 나아가사, 그리스도 안에서 이루어지는 우리와의 화목을 예견하시는 것이다. 과연 하나님이 먼저 우리를 사랑하셨기 때문에(요일 4:19) 후에 그가 우리를 자기와 화목시키시는 것이다. 그러나 그리스도께서 그의 죽으심으로 우리를 구원하시기까지, 하나님의 진노를 받아 마땅한 불의가 우리 속에 그대로 남아 있으며, 하나님 앞에서 저주를 받고 정죄를 받는 상태에 있다. 그러므로, 그리스도께서 우리를 자기와 연합시키실 때에야 비로소 우리가 하나님과 충만하고도 견고하게 연합할 수가 있는 것이다. 그러므로, 하나님께서 우리를 기뻐하시고 우리에게 자비를 베푸신다는 것을 확신한다면, 우리는 우리의 눈과 마음을 오직 그리스도께 고정시켜야 할 것이다. 사실상, 우리의 죄가 우리에게 전가되는 것이나 그로 인하여 하나님의 진노가 우리에게 전가되는 것을 피하는 길은 오직 그리스도를 통하는 것밖에는 없는 것이다.

4. 그리스도의 속죄는 하나님의 사랑에서 비롯됨

그렇기 때문에 바울은 하나님께서 "창세 전에" 우리를 받아 주신 그 사랑이 그리스도 안에 근거를 두었다고 말씀한다(엡 1:4-5). 이것들은 명백하며 또한 성경과도 일치하며, 하나님께서 그의 독생자를 주사 죽게 하신 데에서 우리를 향한 그의 사랑을 선포하셨다고 말씀하는 그런 구절들과도(참조. 요 3:16), 또한 반대로, 그리스도의 죽으심으로 우리를 다시 자비롭게 받으시기 전에는 하나님께서 우리의 원수이셨다고 말씀하는 구절들과도(참조. 롬 5:10) 멋지게 조화를 이룬다. 그러나 고대 교회의 증언을 요구하는 자들이 있으므로, 그들 역시 이 문제에 대해서 확실히 알도록, 아우구스티누스의 구절 중에서 이 문제를 가르치는 부분을 인용하기로 하자.

그는 이렇게 말한다. "하나님의 사랑은 헤아릴 수 없고 변함이 없다. 우리가 그의 아들의 피로 말미암아 그와 화목된 이후에 그가 우리를 사랑하기 시작하신 것이 아니다. 오히려, 세상이 창조되기 이전부터 그는 우리를 사랑하셨고, 우리가 아직 아무것도 되기도 전에 하나님은 그의 독생자와 더불어 우리가 그의 아들들이 되도록 하셨다. 우리가 그리스도의 죽으심으로 말미암아 화목되었다는 사실은, 마치 그의 아들이 우리를 그에게 화목시킴으로써 비로소 그가 — 그 전에는 우리를 미워하셨는데 — 우리를 사랑하기 시작하신 것처럼 이해해서는 안 된다. 오히려, 우리의 죄 때문에 우리가 원수가 되어 있었으나 그는 언제나 우리를 사랑하셨고, 그리하여 우리가 화목하게 된 것으로 이해해야 옳다. 내가 과연 진실을 말하고 있는지를 사도께서 증명해 줄 것이다. '우리가 아직 죄인 되었을 때에 그리스도께서 우리를 위하여 죽으심으로 하나님께서 우리에 대한 자기의 사랑을 확증하셨느니라'(롬 5:8). 그러므로, 우리가 하나님을 향하여 적의를 품고 악을 행하였을 때에도 그는 우리를 사랑하신 것이다. 이리하여 정말 놀랍고도 신적인 방식으로 그는 심지어 그가 우리를 미워하실 때에도 우리를 사랑하신 것이다. 자신이 지으시지 않은 것이 우리에게 있는 것을 보시고 우리를 미워하셨으면서도, 우리의 사악함이 그의 손으로 지으신 바를 완전히 소멸하지는 않았기 때문에, 그는 우리 속에서 우리가 만들어놓은 것들을 모두 미워하시는 동시에 또한 우리 속에 남아 있는 그가 지으신 것을 사랑하신 것이다."[3] 이것은 아우구스티누스의 말이다.

5. 그리스도께서 죽기까지 순종하심으로 우리를 구속하셨음

그런데 어떤 사람은 묻기를, 그리스도께서는 과연 어떻게 해서 죄를 제거하셨고, 우리와 하나님 사이의 분리된 상태를 없애셨으며, 또한 의를 얻으셔서 하나님으로 하여금 우리를 향하여 자비와 친절을 베푸시게 만드셨느냐고 한다. 이에 대한 우리의 일반적인 답변은 곧, 그의 복종의 전 과정을 통해서 우리를 위해 이를 이루셨다는 것이다. 이것은 바울의 증언으로 증명된다. "한 사람이 순종하지 아니함으로 많은 사람이 죄인 된 것 같이 한 사람이 순종하심으로 많은 사람이 의인이 되리라"(롬 5:19). 또다른 구절에서 바울은 율법의 저주에서 우리를 자유롭게 한 그 용서의 근거를 그리스도의 전 생애에까지 확대시키고 있다. "때가 차매 하나님이 그 아들을 보내사 여자에게서 나게 하시고 율법 아래에 나게 하신 것은 율법 아래에 있는 자들을 속량하시 … 려 하심이라"(갈 4:4-5). 그리하여 그리스도께서는 그의 세례 시에도 자신이 아버지의 명령을 순종으로 시행함으로써 의의 한 부분을 이루셨다고 단언하셨다(마 3:15). 요컨대, 종의 형체를 취하신 때로부터, 그는 우리를 구속하시기 위하여 해방의 대가를 치르기 시작하신 것이다.

그러나 구원의 길을 좀 더 정확하게 규명하기 위해서, 성경은 그것이 특별히 그리스도의 죽으심으로 말미암아 이루어졌음을 말씀하고 있다. 그리스도께서는 친히 "인자가 온 것은 … 자기 목숨을 많은 사람의 대속물로 주려 함이니라"(마 20:28)고 선언하신다. 바울은 "예수는 우리가 범죄한 것 때문에 내줌이 되셨다”(롬 4:25)고 가르치며, 세례 요한은 그를 가리켜 “세상 죄를 지고 가는 하나님의 어린양”이라고 선언하였다(요 1:29). 다른 구절에서 바울은 우리가 “그리스도 예수 안에 있는 속량으로 말미암아 하나님의 은혜로 값없이 의롭다 하심을 얻은 자 되었느니라 이 예수를 하나님이 그의 피로써 믿음으로 말미암는 화목제물로 세우셨으니”(롬 3:24-25)라고 가르치며, 또한 “우리가 그의 피로 말미암아 의롭다 하심을 받았으니 … 그 아들의 죽으심으로 말미암아 하나님과 화목하게 되었은즉”(롬 5:9-10)이라고도 말씀하며, 또한 “하나님이 죄를 알지도 못하신 이를 우리를 대신하여 죄로 삼으신 것은 우리로 하여금 그 안에서 하나님의 의가 되게 하려 하심이라”(고후 5:21)고도 말씀하는 것이다. 모든 구절을 다 열거하자면 끝이 없을 것이므로 더 이상 열거하지 않겠다. 그리고 여러 구절들은 그때그때 필요한 대로 제시하게 될 것이다.

그렇기 때문에, 이른바 “사도신경”이 그리스도의 탄생에서부터 그의 죽으심과 부활에 이르기까지를 — 완전한 구원의 모든 것이 거기에 있다 — 단번에 가장 적절한 순서대로 다루고 있다 하겠다. 그러나 물론 그가 그의 생애에서 드러내 보이신 순종의 나머지 부분도 간과해서는 안 될 것이다. 바울은 그 시초부터 마지막까지 모든 것을 포괄하여 이렇게 말씀하고 있다. “자기를 비워 종의 형체를 가지사 사람들과 같이 되셨고 사람의 모양으로 나타나사 자기를 낮추시고 죽기까지 복종하셨으니 곧 십자가에 죽으심이라”(빌 2:7-8).

그리고 심지어 죽음 그 자체에 있어서도 그리스도의 기꺼운 순종이 매우 중요하다. 자발적으로 드려지지 않은 희생물은 의를 이룰 수가 없었을 것이니 말이다. 그러므로, 주님은 “양을 위하여 목숨을 버리노라”고 말씀하신 다음(요 10:15) “이를 내게서 빼앗는 자가 있는 것이 아니라 내가 스스로 버리노라”(요 10:18)고 적절히 덧붙이셨다. 이런 의미에서 이사야 선지자도, 그가 “마치 도수장으로 끌려가는 어린양과 털 깎는 자 앞에서 잠잠한 양 같이” 되셨다고 말씀한다(사 53:7; 참조. 행 8:32). 그리고 복음서도 그가 나아가 군졸들을 만나셨고(요 18:4), 빌라도 앞에서도 자신을 변명하지 않으시고 그저 심판을 그대로 받아들이셨다고 전하고 있다(마 27:12, 14).

물론 갈등이 없이 그 일을 이루신 것이 아니다. 그는 우리의 연약함을 지고 계셨고, 그리하여 그가 아버지께 보여 드리신 그 순종이 시험받아야 했던 것이다! 여기서 우리를 향하신 그의 비할 데 없는 사랑을 입증해 주는 큰 증거가 나타나고 있다. 무서운 공포와 싸우시고, 그 잔인한 괴로움 중에서도 자기 자신에 대한 생각을 일체 떨쳐버리시고, 우리를 위해 자신을 주셨으니 말이다. 우리가 굳게 붙들어야 할 사실은 이것이다. 곧, 그리스도께서 자기 자신의 감정을 무시하시고 전적으로 아버지의 뜻에 자기 자신을 굴복시키시고 복종하시지 않았다면, 하나님께 합당한 희생 제물이 드려질 수가 없었을 것이라는 것이다. 이 점과 관련해서 사도는 시편에 나타난 증언을 적절히 인용하고 있다. "두루마리 책에 나를 가리켜 기록된 것과 같이(히 10:7) … '보시옵소서 내가 하나님의 뜻을 행하러 왔나이다'"(히 10:7, 9; 참조. 시 40:7, 8). 그러나 두려워 떠는 양심들은 죄를 대속하는 희생 제물과 깨끗이 씻음이 없이는 안식을 찾지 못하므로, 우리가 바로 거기로 이끌림을 받으며, 우리의 생명의 근원이 바로 그리스도의 죽으심 속에서 제시되는 것이다.

(빌라도에게서 정죄 받으심)

우리의 죄책으로 인한 저주가 하나님의 마지막 심판을 위하여 그대로 남아 있었으므로, 성경은 그리스도께서 유대 총독 본디오 빌라도 앞에서 정죄 받으신 사실을 보도함으로써 우리가 받아야 할 형벌이 이 의로운 사람에게 부과되었다는 것을 가르쳐 준다. 우리는 하나님의 그 끔찍한 심판을 피할 수 없었다. 그러므로 우리를 그 심판으로부터 구원하시기 위하여, 그리스도께서는 스스로 자신을 허락하셔서 죽을 사람 앞에서 — 그것도 사악하고 불경건한 자 앞에서 — 정죄를 받으신 것이다. "총독"이라는 칭호를 언급한 것은 성경의 보도의 신실함을 입증하기 위함이기도 하거니와, 이사야가 가르치는 바를 우리에게 가르치기 위함이기도 하다. "그가 징계를 받으므로 우리는 평화를 누리고 그가 채찍에 맞으므로 우리는 나음을 받았도다"(사 53:5).

우리의 정죄를 제거하기 위해서는, 그리스도께서는 그냥 아무렇게나 죽음을 당하셔서는 안 되는 것이었다. 우리의 구속을 위해 보상하기 위해서는, 우리의 정죄를 자기 자신에게로 옮기며 또한 우리의 죄책을 자기 자신에게 지우심으로써 우리를 자유하게 하는 그런 죽으심이 되어야 했고, 그러기 위해서는 죽으심의 형태를 택하셔야만 했던 것이다. 만일 그가 도둑에게 살해 당하셨거나 폭도들에게 집단으로 상해를 당하셔서 돌아가셨다면, 그런 죽음에서는 그가 보상을 치르셨다는 증거가 전혀 드러나지 않았을 것이다. 그러나 그가 재판정에서 범죄자로 서서 증언에 의해서 고발을 당하고 심문을 당하며, 재판장의 입으로 정죄를 받아 사형을 선고받으셨으므로, 우리는 바로 이런 증거들을 통해서 그가 죄인과 행악자의 역할을 맡으셨다는 것을 아는 것이다.

여기서 우리는 선지자들의 말씀으로 예언된 바 있는 두 가지 사실을 주목해야 한다. 이는 우리에게 큰 위로가 되고 또한 우리의 믿음을 확증시켜 주는 것이기도 하다. 그리스도께서 재판정에서 사형장으로 끌려가셔서 도둑들 사이에 매어 달리셨다는 말을 들을 때에, 우리는 복음서 기자가 인용하는 대로, "그가 불법자와 함께 인정함을 받았다"(막 15:28, 한글 개역 개정판의 난외주를 보라; 참조. 사 53:12)는 예언이 성취되었음을 아는 것이다. 어째서 그렇게 죽으셨는가? 그것은 의인이나 무죄한 자의 죽음이 아니라 죄인을 대신하는 죽음을 죽으시기 위함이었다. 그는 무죄함 때문이 아니라 죄 때문에 죽임을 당하신 것이기 때문이다. 그러나 반면에, 그가 그를 정죄한 바로 그 사람에게서 무죄를 인정받았다는 말을 들으므로 ─ 빌라도는 여러 번 공중 앞에서 그리스도의 무죄함을 증언하지 않을 수 없었으므로(예컨대, 마 27:23) ─ 다른 선지자의 말씀이 떠오르게 된다. "내가 빼앗지 아니한 것도 물어주게 되었나이다"(시 69:4).

이렇게 해서 우리는 죄인과 행악자의 모습이 그리스도 안에서 나타나는 것을 보게 되지만, 동시에 그의 찬란한 무죄함에서 그가 자기 자신의 죄가 아닌 다른 사람의 죄를 대신 지고 계시다는 것이 분명히 드러나는 것이다. 그러므로 그는 본디오 빌라도에게서 고난을 당하셨고, 그 총독의 공식적인 선고에 의해서 범죄자 중 하나로 인정받으신 것이다. 그러나 사실은 범죄자가 아니셨다. 그의 재판장이 그를 의로운 자로 선언하였기 때문이다. 빌라도는 "나는 그에게서 아무 죄도 찾지 못하였노라"라고 인정했던 것이다(요 18:38). 여기에 우리의 무죄 선언이 있다. 곧, 형벌 받아야 마땅할 우리의 죄책이 하나님의 아들의 머리에게로 옮겨졌다는 사실이다(사 53:12). 그러므로 우리는 무엇보다 이러한 대치(代置: substitution)의 사실을 기억해야 한다. 그렇지 않으면 우리는 평생토록 두려워 떨며 염려 가운데 있게 될 것이다. 하나님의 아들이 이미 하나님의 의로운 보응을 친히 당하셨는데도, 마치 그 보응이 여전히 우리 위에 있기라도 한 것처럼 말이다.

6. "십자가에 못 박혀"

그리스도의 죽으심의 형식 자체도 아주 놀라운 진리를 드러내 준다. 십자가는 그저 사람의 생각에서만이 아니라 하나님의 율법의 규정에 의해서 저주를 받은 것이었다(신 21:23). 그리하여, 그리스도께서 십자가에 달리신다는 것은 바로 자기 자신을 그 저주에 굴복시키신다는 뜻이었다. 우리의 죄로 인하여 우리를 기다리고 있는, 혹은 우리 위에 드리워져 있는 그 모든 저주를 우리에게서 걷어올려서 그에게로 옮겨가도록 하기 위해서는 반드시 그 일이 일어나야 했던 것이다. 이는 또한 율법에서도 미리 예시된 바 있다. 죄를 위하여 바쳐진 희생 제물과 보상을 가리켜 "아슈못"[4]이라 불렀는데, 이는 죄 그 자체를 뜻하는 히브리어 단어다. 성령께서는 이 용어를 상징적인 의미로 사용하셔서 이것들이 마치 스스로 죄에 대한 저주를 지고 가는 속죄 염소[5]와도 같다는 사실을 시사하고자 하신 것이다. 모세의 희생 제사법에 상징적으로 제시되어 있는 것이 바로 상징들의 원형이신 그리스도에게서 나타나는 것이다. 그러므로, 완전한 대속을 이루시기 위하여, 그리스도께서는 자기 자신의 목숨을 "아샴"[6]으로서, 즉 선지자의 말처럼 죄에 대한 대속의 제물로서(사 53:10) ― 우리의 오점과 형벌이 그 위에 전가되는 그런 제물로서 ― 드리신 것이다.

사도는 다음의 말씀에서 이 사실을 더욱 명백하게 증거하고 있다. "하나님이 죄를 알지도 못하신 이를 우리를 대신하여 죄로 삼으신 것은 우리로 하여금 그 안에서 하나님의 의가 되게 하려 하심이라"(고후 5:21). 아무런 흠도 전혀 없으신 하나님의 아들께서 우리의 죄악의 부끄러움과 치욕을 스스로 지셨고, 그 대신 우리를 그 자신의 순결함으로 옷 입히신 것이다. 하나님께서 그리스도의 육신에 죄를 정하셨다는 사도 바울의 말씀도 이와 같은 의미인 것 같다(롬 8:3). 아버지께서는 죄의 저주가 그리스도의 육신에게로 옮겨질 때에 죄의 세력을 깨뜨리신 것이다.

그러므로 이 말씀의 의미는 이런 것이다. 즉, 그리스도께서 죽으심으로 대속의 희생 제물로 아버지께 드려지심으로써 그의 희생을 통하여 모든 보상이 이루어졌으므로, 우리가 하나님의 진노하심을 두려워하지 않게 되었다는 것이다. 그러므로 "여호와께서는 우리 모두의 죄악을 그에게 담당시키셨도다"(사 53:6)라는 선지자의 말씀의 의미는 너무도 분명하다. 곧, 그 죄악의 더러움을 씻으실 그분께서 전가를 통해서 그 더러움을 스스로 덮어쓰셨다는 것이다. 그가 못 박히신 십자가가 바로 이 사실의 상징이었다. 사도도 이렇게 증언하고 있다. "그리스도께서 우리를 위하여 저주를 받은 바 되사 율법의 저주에서 우리를 속량하셨으니 기록된 바, '나무에 달린 자마다 저주 아래에 있는 자라' 하였음이라. 이는 그리스도 예수 안에서 아브라함의 복이 이방인에게 미치게 하고 또 우리로 하여금 믿음으로 말미암아 성령의 약속을 받게 하려 함이라"(갈 3:13-14; 참조. 신 21:23). 그리스도께서 "친히 나무에 달려 그 몸으로 우리 죄를 담당하셨으니"라는 베드로의 말씀도 동일한 뜻이다(벧전 2:24). 저주의 상징인 십자가를 볼 때에 우리는 우리를 짓눌렀던 짐이 그리스도께 지워졌다는 것을 더욱 분명하게 깨닫게 되는 것이다. 그러나 우리는 그리스도께서 그 저주에 압도되어 무너지셨다는 식으로 이해해서는 안 된다. 그리스도께서 오히려 그 저주를 친히 지시고서, 그 모든 힘을 깨뜨리시고 부수시고 흩어버리신 것이다.

그리하여 믿음은 그리스도의 정죄 속에서 무죄의 사면을 깨달으며, 그의 저주 속에서 축복을 깨닫는 것이다. 그러므로 바울은 그리스도께서 십자가 위에서 친히 이루신 승리를 아주 위엄 있게 선포한다. 마치 수치로 가득한 십자가가 개선(凱旋)하는 병거(兵車)로 변한 것처럼 말이다. 그는 이렇게 말씀하고 있다. 그리스도께서 "우리를 거스르고 불리하게 하는 법조문으로 쓴 증서를 지우시고 제하여 버리사 십자가에 못 박으시고 통치자들과 권세들을 무력화하여 드러내어 구경거리로 삼으시고 십자가로 그들을 이기셨느니라"(골 2:14-15). 이것은 당연한 일이다. 사도의 다른 말씀처럼, 그리스도께서 영원하신 성령으로 말미암아 흠 없는 자기를 드리셨고(히 9:14), 그리하여 십자가의 성격이 바뀌게 되었기 때문이다.

그러나 이 일들이 우리 마음에 깊이 든든하게 뿌리를 박게 하기 위해서, 우리는 그리스도의 희생과 죄 씻음을 언제나 마음에 담고 있어야 할 것이다. 그리스도께서 희생 제물이 되지 않으셨다면, 그가 우리의 구속자요, 속량물이시요, 진노를 가라앉히는 제물이시라는 것을 확신을 갖고 믿을 수 없을 것이기 때문이다. 그렇기 때문에 성경이 구속의 방식을 논의할 때마다 언제나 피를 언급하는 것이다. 그러나 그리스도께서 흘리신 피는 우리의 죄에 대한 보상이었을 뿐 아니라 동시에 우리의 부패를 씻어내는 대야의 역할을 하기도 한 것이다(참조. 엡 5:26; 딛 3:5; 계 1:5).

7. "죽으시고 장사되어"

그 다음 사도신경은 "죽으시고 장사되어"라고 한다. 그리스도께서 모든 면에서 일일이 우리를 대신하셔서 우리의 구속의 값을 치르셨다는 사실을 여기서 다시 한 번 보게 된다. 죽음이 우리를 그 멍에 아래 사로잡고 있었다. 그런데 그리스도께서 우리를 대신하여 자기 자신을 그 죽음의 권세에 내어주셔서 우리를 거기서 구원해 주신 것이다. 그가 "모든 사람을 위하여 죽음을 맛보려 하셨다"(히 2:9)는 사도의 말씀 역시 이런 의미이다. 그가 친히 죽으심으로써, 우리가 죽지 않을 것을 보장하셨고, 혹은 ― 결국 동일한 뜻이지만 ― 그 자신의 죽으심을 통하여 우리를 생명에로 구속하신 것이다. 그러나 그는 다음과 같은 점에서 우리와는 다르셨다. 그는 말하자면 스스로 죽음에 삼킨 바 되도록 자신을 내어주신 것이지, 어쩔 수 없어서 그 죽음의 깊은 바다에 삼켜지신 것이 아니셨다. 오히려 그는 우리를 곧 삼키게 될 그 죽음을 친히 삼켜버리신 것이다(참조. 벧전 3:22). 그는 친히 죽음에 굴복하셨으나, 그것은 그 권세에 압도당하기 위함이 아니라, 우리를 위협하고 우리의 무너진 상태를 기뻐하며 날뛰는 그 죽음의 권세를 친히 굴복시키기 위함이었던 것이다. 마지막으로, 그의 목적은 "죽음을 통하여 죽음의 세력을 잡은 자 곧 마귀를 멸하시며 또 죽기를 무서워하므로 한평생 매여 종 노릇 하는 모든 자들을 놓아주려 하심"(히 2:14-15)이었다. 이것이 그의 죽으심이 우리에게 가져다준 첫 열매인 것이다.

그리스도의 죽으심이 우리에게 미친 두 번째 효과는 이것이다. 곧, 우리가 거기에 참여함으로써, 그의 죽으심이 우리의 이 땅의 지체들을 죽여서 그것들이 그 기능을 행하지 못하도록 하는 것이며, 또한 그의 죽으심이 우리 속에 있는 옛 사람을 죽여서 그 옛 사람으로 하여금 번성하여 열매를 맺지 못하도록 만드는 것이다. 그리스도의 장사되심도 동일한 효과를 낸다. 곧, 우리 자신이 거기에 참여함으로써 우리도 그리스도와 함께 죄에 대하여 장사되는 것이다.

사도는 이렇게 가르치고 있다. "우리가 그의 죽으심과 같은 모양으로 연합한 자가 되었고"(롬 6:5), "그와 함께 장사되었나니"(롬 6:4), "그리스도로 말미암아 세상이 나를 대하여 십자가에 못 박히고 내가 또한 세상을 대하여 그러하니라"(갈 2:19; 6:14), "너희가 죽었고 너희 생명이 그리스도와 함께 하나님 안에 감추어졌음이라"(골 3:3). 이 진술들을 통해서 바울은 우리에게 그리스도의 죽으심의 모범을 나타내 보이라고 권면하며, 동시에 그리스도의 죽음을 헛되게 하고 무익하게 만들 의도가 아닌 이상, 그의 죽으심의 효력이 모든 그리스도인들에게서 나타나야 할 것임을 선언하고 있는 것이다.

그러므로 그리스도의 죽으심과 장사되심에는 우리가 누릴 두 가지 축복이 제시되어 있다. 곧, 우리를 얽매었던 그 죽음으로부터 해방되었다는 것과, 또한 우리의 육체를 죽이는 일이 바로 그것이다.

(그리스도의 지옥 강하 교리에 대한 해명. 8-12)

8. "지옥에 내려가사"

여기서 그의 지옥 강하(降下)를 빠뜨려서는 안 될 것이다. 이는 구속을 이루는 데 있어서 결코 작지 않은 문제이다. 그러나 옛 저술가들의 글들을 보면, 사도신경에 있는 이 문구가 한때 교회에서 별로 사용되지 않았던 것으로 나타난다. 그러나 교리를 정리하여 제시할 때에는 반드시 이 문제를 다루어야 한다. 왜냐하면 매우 중요한 문제에 관한 아주 유용하고도 결코 무시할 수 없는 신비가 거기에 담겨 있기 때문이다. 고대의 저술가들 중에 최소한 몇 명은 이를 삭제하지 않는다. 이로써 우리는 그 문구가 어느 정도 시간이 지난 후에 삽입되었으며, 또한 교회에서 즉시 통용된 것이 아니고 점차적으로 통용되었다고 추측할 수 있을 것이다. 그러나 확실한 것은, 그 문구에 모든 경건한 자들의 공통된 믿음이 반영되어 있다는 점이다. 각각 해석은 다르지만, 교부들 가운데서 그리스도의 지옥 강하를 언급하지 않는 사람은 하나도 없기 때문이다.

그러나 이 문구를 누가 언제 삽입했느냐 하는 문제는 별로 중요하지 않다. 오히려 사도신경에 대해서 주목할 것은, 거기에 우리의 신앙의 요체가 충분하고도 완전하게 세세히 들어 있고, 또한 하나님의 순전한 말씀에서 나온 것 이외에는 아무것도 들어 있지 않다는 사실이다. 혹시 이 조항을 신경에 포함시키는 문제에 대하여 거리낌이 있는 사람이 있을 수도 있겠지만, 우리의 구속 전체를 위하여 이것이 얼마나 중요한가 하는 것이 곧 명백하게 드러날 것이다. 이 조항이 삭제되면, 그리스도의 죽으심의 많은 은택을 잃어버리게 되는 것이다.

반대로, 어떤 이들은 이 조항에 새로운 내용이 없고, 그리스도의 장사되심에 대해서 한 말씀을 그대로 반복하는 것뿐이라고 생각하기도 한다. "지옥"이란 말은 성경에서 무덤을 지칭하는 뜻으로 많이 쓰인다는 것이다. 물론 "지옥"이 "무덤"의 의미로 이해되는 경우가 많다는 그들의 주장은 나도 인정한다. 그러나 그들의 견해를 반대하는 두 가지 이유가 있다. 나도 이를 근거로 그들과 의견을 달리하는 것이다. 그 자체로서는 전혀 어렵지 않은 분명하고도 쉬운 말로 진술한 내용을, 좀 더 분명하게 하기는커녕 오히려 애매하게 만드는 말로 다시 제시한다면, 그 얼마나 부주의한 처사이겠는가! 같은 일을 같은 문맥에서 두 가지로 표현할 때에는 언제나 후자의 표현이 전자의 표현을 해명해 주는 것이어야 한다. 그러나 "그리스도께서 장사되셨다"는 표현은 곧 "그가 지옥에 내려가셨다"라는 뜻이라고 말한다면, 그것을 어떻게 해명이라고 할 수 있겠는가? 둘째로, 우리의 믿음의 주요 요점들을 가능한 한 짧은 말로 간결하게 정리해 놓은 이 내용 속에, 이런 식의 쓸데없는 반복이 끼어들었을 가능성이 별로 없어 보인다. 이 문제를 조금이라도 신중하게 살펴본 사람이라면 모두 나와 견해를 같이할 것이라는 것을 믿어 의심치 않는다.

9. 그리스도께서 지하 세계에 내려가셨다는 논지

어떤 사람들은 이를 좀 더 달리 해석한다. 곧, 그리스도께서는 율법 아래서 죽은 족장들의 영혼에게로 내려가셔서, 그가 이루신 구속을 선포하시고 그들을 그 갇혀 있는 감옥에서 자유하게 하셨다고 보는 것이다. 이 해석을 뒷받침하기 위해서 그들은 시편의 한 구절을 잘못 이해하여 증거로 제시하고 있다. "그가 놋문을 깨뜨리시며 쇠빗장을 꺾으셨음이로다"(시 107:16). 또한 스가랴서의 말씀도 증거로 제시한다. "내가 네 갇힌 자들을 물 없는 구덩이에서 놓았나니"(슥 9:11). 그러나 그 시편의 말씀은 먼 나라들에서 종 노릇 하는 상태에 있는 자들을 해방시키실 것을 예언하는 말씀이며, 스가랴서의 말씀은 백성들이 당했었던 바벨론 포로의 재난을 메마른 구덩이에 비유하는 동시에, 온 교회의 구원이 바로 저 깊고 깊은 곳에서 해방된 것과 같다는 것을 가르치는 것이다.

그리하여 그 후 세대의 사람들은 어찌어찌하여 그것을 지하의 어떤 장소라 생각하게 되었고, 그것을 가리켜 "림보"(Limbo)라는 이름으로 부르게 된 것이다. 그러나, 위대한 저자들이 이 이야기를 반복하고 있고 또 오늘날에도 여러 사람들이 진리로 진지하게 변호하기도 하지만, 어디까지나 이야기에 불과한 것이다. 죽은 사람의 영혼을 감옥 속에 집어넣는다는 논리 자체가 유치하기 짝이 없는 것이다. 그런데 무엇 때문에 그리스도의 영혼이 그들을 해방시키시러 그리로 내려 가신단 말인가?

그리스도께서 그의 영의 능력으로 그들을 비추셨고, 그리하여 그들이 소망 가운데서 맛만 보았던 그 은혜가 이제 온 세상에 나타났다는 것을 깨달을 수 있게 하셨다는 것은 나도 얼마든지 인정한다. 베드로서에 있는 구절도 이런 의미로 설명할 수 있을 것이다. "그가 또한 영으로 가서 망대 — 혹은 보통 번역하는 대로 '옥' — 에 있는 영들에게 선포하시니라"(벧전 3:19). 전후의 문맥을 볼 때에 우리는 이 구절을, 그 이전에 죽은 신자들이 우리와 함께 동일한 은혜를 나누게 되었다는 뜻으로 보게 된다. 베드로는 그리스도의 죽으심의 능력이, 심지어 죽은 자들에게까지 — 그들이 간절히 기다렸었던 그것이 실현되는 것을 경건한 자들의 영혼이 눈으로 보는 기쁨을 누리는 동안에 — 미쳤다는 식으로 그 능력을 칭송하고 있기 때문이다. 그러나 악인들은 그들이 모든 구원에서 배제되었음을 한층 분명하게 인식하게 되었다. 베드로는 경건한 자들과 불경건한 자들을 분명하게 구분하지는 않으나, 그렇다고 해서 그가 그들을 차별 없이 그냥 뒤섞어 놓는 것으로 이해해서는 안 되는 것이다. 그의 말씀은 다만 두 그룹 모두 그리스도의 죽으심을 똑같이 인식하였음을 가르치고자 하는 것뿐이다.

10. "지옥에 내려가사"는 그리스도께서 당하신 영적 고통을 나타내는 표현임

그러나 우리는 사도신경과는 별개로, 그리스도께서 지옥에 내려가셨다는 더 확실한 해명을 구해야 한다. 하나님의 말씀 속에서 주어지는 설명이야말로 거룩하고 경건함은 물론, 놀라운 위로로 충만한 것이다. 만일 그리스도께서 그저 육체의 죽음만 죽으셨다면, 그것은 효력이 없었을 것이다. 그렇다. 동시에 하나님의 보응의 처절함을 그대로 받으셔야 했고, 그의 진노를 가라앉히시고 그의 공의로운 심판을 만족시키셔야 했던 것이다. 그렇기 때문에, 그는 또한 지옥의 군대들과 영원한 죽음의 쓰라림을 친히 당하셔야 했던 것이다. 조금 전에 우리는 선지자의 진술을 언급한 바 있다. 곧, "그가 상함은 우리의 죄악 때문이라 그가 징계를 받으므로 우리는 평화를 누리고 그가 채찍에 맞으므로 우리는 나음을 받았도다"(사 53:5). 선지자가 말하는 뜻은 바로 그리스도께서 행악자들을 대신하여 보증물과 담보물이 되셨고 — 심지어 자기 자신을 저주에 굴복시키셨고 — 그들이 받아야 마땅할 모든 형벌들을 친히 다 당하셨다는 것이다. 단, 한 가지 예외의 사실이 있었으니, 곧 "그가 사망에 매여 있을 수 없었음"(행 2:24)이었다.

그러니, 그리스도께서 지옥에 내려가셨다고 말해도 이상할 것이 하나도 없다. 하나님께서 그의 진노하심으로 악인들에게 가하셨던 그 죽음을 그가 친히 당하셨으니 말이다. 어떤 이들은 장사되심 이전에 일어난 일을 장사되심 이후에 언급해 놓았으니 말이 되지 않는다고 하며 순서가 뒤바뀌었다고 말하기도 하지만, 이는 매우 하찮은 어리석은 반론에 불과한 것이다. 여기서 말하고자 하는 요점은, 사도신경은 그리스도께서 사람들이 보는 앞에서 당하신 일을 제시하고, 그 다음에 그가 하나님 보시기에 당하신 눈에 보이지 않고 깨달을 수도 없는 심판을 적절히 언급하며, 그렇게 함으로써 그리스도의 몸이 우리의 구속의 값으로 드려졌을 뿐 아니라 그의 영혼으로도 정죄받고 버림받은 사람의 처절한 고통을 당하심으로써 더 크고 더 훌륭하게 값을 치르셨다는 사실을 알려주고 있다는 사실인 것이다.

11. 성경 본문의 증거들

이런 의미에서 베드로는 "하나님께서 그를 사망의 고통에서 풀어 살리셨으니 이는 그가 사망에 매여 있을 수 없었음이라"(행 2:24)고 말씀한다. 베드로는 그저 죽음만을 말씀할 뿐 아니라, 하나님의 아들이 하나님의 저주와 진노에서 비롯되는 바 죽음의 고통에 ─ 곧, 죽음의 근원에 ─ 붙잡혀 계셨다는 사실을 분명하게 진술하는 것이다. 아무것도 두려워할 것이 없이 나아가셔서, 마치 그저 장난하듯이 그렇게 죽임을 당하셨다면, 얼마나 작은 일이었겠는가! 그러나 그는 그 죽음을 처절하게 두려워하시면서도 죽기를 마다하지 않으셨으니, 이것이야말로 그의 한량없는 긍휼하심의 진정한 증거였던 것이다.

사도가 히브리서에서 하는 다음과 같은 말씀도 동일한 의미라는 것이 분명하다. 그리스도께서 "그의 두려워하심으로 말미암아 들으심을 얻었느니라"(히 5:7). 다른 사람들은 여기의 "두려워하심"을 "경건하심"으로 번역하지만, 그것이 얼마나 부적절한지는 어법에서는 물론 사실 그 자체에서도 드러난다(한글 개역 개정판도 이를 "경건하심"으로 번역하고 있다. 역자주). 그러므로 그리스도께서 "심한 통곡과 눈물로 간구와 소원을 올렸고 그의 두려워하심으로 말미암아 들으심을 얻었느니라"(히 5:7). 그리스도께서는 죽음을 면하게 해 달라고 기도하지 않으시고, 죄인으로서 죽음에 삼키운 바 되지 않게 해 달라고 기도하셨다. 그는 거기서 우리의 본성을 지고 계셨기 때문이다.

하나님께로부터 버림받고 멀어지며, 또한 그 상태에서 하나님을 불러도 응답이 없다는 사실보다 더 끔찍한 구렁텅이는 생각할 수가 없는 것이다. 그것은 마치 하나님께서 친히 우리의 멸망을 꾸미신 것과도 같은 것이다. 그리스도께서는 이처럼 깊은 고뇌 가운데서, "나의 하나님, 나의 하나님, 어찌하여 나를 버리셨나이까?"(마 27:46; 시 22:1)라고 부르짖지 않을 수 없도록 그렇게 버림을 당하신 것이다. 그런데 어떤 이들은 이 말이 그리스도 자신의 느낌이 아니라 다른 사람들의 생각을 나타내는 것이라고 주장하기도 한다. 그러나 그것은 전혀 개연성이 없다. 이 말씀은 그의 마음속에 깊이 드리워져 있는 고뇌에서부터 나온 것임이 분명하기 때문이다.

그러나, 우리의 논지는 하나님이 그리스도를 향하여 미워하셨다거나 노하셨다는 것이 아니다. 그의 사랑하시고 기뻐하시는 아들(참조. 마 3:17)을 향하여 어떻게 화를 내실 수 있었겠는가? 만일 그리스도 자신이 하나님께 미움을 받으셨다면, 그가 어떻게 다른 사람을 향한 아버지의 진노를 진정시키실 수가 있었겠는가? 우리가 말하고자 하는 것은 바로 이것이다. 곧, 그리스도께서 하나님의 극심한 형벌의 위중함을 다 당하셨다는 것이다. 그가 하나님의 손으로 채찍에 맞고 징계를 받으시고(참조. 사 53:5), 그리하여 하나님의 진노와 보응을 모두 당하셨기 때문이다.

그러므로 힐라리우스는 이렇게 논리를 전개한다. 곧, 그가 지옥에 내려가심으로써 우리는 그가 죽음을 이기셨다는 사실을 얻는다는 것이다. 다른 구절에서 그는 우리의 견해와 다르지 않은 견해를 제시한다. "십자가, 죽음, 지옥 — 이것들이 우리의 생명이다." 또다른 곳에서는 이렇게 말한다. "하나님의 아들은 지옥에 계시지만, 사람은 하늘로 들려올림을 받는다."7)

그러나 사도의 말씀이 있는데, 어째서 사사로운 한 개인의 증언을 인용하고만 있겠는가? 사도는 이러한 승리의 열매를 상고하면서 동일한 사실을 증언하고 있다. 곧, "죽기를 무서워하므로 한평생 매여 종 노릇 하는 모든 자들"이 이로써 놓임을 받았다는 것이다(히 2:15). 그러므로 그는 본질상 모든 사람들을 끊임없이 괴롭게 하고 짓누르는 그 두려움을 이기셔야 했고, 그리고 이를 위해서 그 두려움과 싸우셔야 했던 것이다. 그러니 그의 슬픔과 고뇌가 그저 보통의 슬픔이나 사소한 원인 때문에 생겨난 고뇌가 아니었다는 것이 곧 더 확실히 드러날 것이다. 그러므로, 그리스도께서는 마귀의 권세와, 죽음에 대한 두려움과, 지옥의 고통과 친히 맞붙어 싸우심으로써 그것들을 이기시고 개선하셨고, 그리하여 우리는 지금 죽임을 당한다 해도, 우리의 왕께서 이미 삼켜 버리신 그것들을 두려워하지 않게 된 것이다(참조. 벧전 3:22).

12. 각종 오해와 오류에 대한 반박

여기서 몇몇 무식한 사람들이 무지보다는 악의에 휩싸여서, 내가 그리스도를 끔찍스럽게 모욕한다고 외쳐댄다. 그들은 그리스도께서 자신의 영혼의 구원에 대하여 두려워하셨다는 것이 도저히 말이 되지 않는다고 보기 때문이다. 그리하여 그들은 더 심한 비방을 퍼붓는다. 곧, 내가 하나님의 아들이 믿음과는 정반대되는 절망을 가지셨다고 주장한다는 것이다. 우선 이 사람들은 사악하게도 복음서 기자들이 그렇게도 분명하게 보도하고 있는 바 그리스도의 두려움과 공포에 대해서 논쟁을 제기한다. 죽음의 때가 다가오기 전에, 그는 "심령이 괴로워" 하셨으며(요 13:21) 슬픔에 싸이셨고, 죽음이 다가올 때에는 그는 더욱 강렬한 두려움으로 떨기까지 하셨음을 보도하고 있는 것이다(참조. 마 26:37). 그가 그렇게 두려운 척하셨을 뿐이라고 말하는 것은 문제를 회피하려 하는 비열한 수작이다. 그러므로 암브로시우스가 올바로 가르치는 것처럼, 우리가 십자가를 부끄러워하지 않는 한, 우리는 그리스도의 슬픔을 확신을 갖고 고백해야 하는 것이다.[8]

그리고 단언하건대, 그의 영혼이 형벌을 함께 당하지 않았다면, 그리스도는 그저 육체의 구속자에 지나지 않았을 것이다. 그는 절망에 빠진 자들을 일으키기 위하여 싸우셔야 했다. 그의 선하심이 — 이는 아무리 찬양해도 부족하다 — 여기서 밝히 드러난다. 그는 우리의 연약함을 스스로 취하기를 마다하지 않으신 것이다. 그렇기 때문에, 그가 우리의 연약함을 취하셨음에도 불구하고 그의 하늘의 영광은 여전히 빛나는 것이다. 사도께서 가르치듯이, 여기에서 우리의 고뇌와 슬픔에 대한 큰 위로가 생기는 것이다. 곧 이 중보자께서는 우리의 연약함을 친히 체험하셔서 우리를 비참한 상태에서 더 잘 구원하실 수 있는 분이시라는 것이다(히 4:15).

그들은 주장하기를, 그 자체로서 악한 것을 그리스도께 돌린다는 것은 부당한 일이라고 한다. 그러나 이것은, 이를 조화시키시는 하나님의 성령보다도 우리가 더 지혜 있다는 것이 아니고 무엇이란 말인가? "그리스도는 모든 일에 우리와 똑같이 시험을 받으신 이로되 죄는 없으시니라"(히 4:15). 그리스도의 연약하심에 그렇게 경계심을 가질 이유가 하나도 없다. 그는 억지로 어쩔 수 없이 그렇게 되신 것이 아니라, 순전히 우리를 향하신 사랑으로 또한 그의 긍휼하심으로 우리의 연약함을 스스로 취하신 것이기 때문이다. 그러나 그가 우리를 위하여 스스로 모든 일을 당하셨다 할지라도 그의 권세가 조금도 손상되는 것이 아니다.

이 훼방꾼들은 바로 이 한 가지 사실에서 속고 있는 것이다. 그들은 그리스도께서는 언제나 순종의 범주 속에 자신을 지키셨기 때문에 그리스도의 연약하심은 순결했고 악이 전혀 없었다는 것을 깨닫지 못하는 것이다. 우리의 타락한 본성은, 그 격렬하고 혼란스런 감정들이 한계가 없으므로, 따라서 절제가 없다. 그런데 우리의 반대자들은 하나님의 아들을 바로 그것을 표준으로 하여 재는 오류를 범하고 있는 것이다. 그러나 그리스도는 부패하지 않으셨으므로, 슬픔과 두려움과 쓰라림 등의 그의 모든 감정들 속에 지나친 것을 억제하는 절제가 충만히 있었고(참조. 히 2:17), 그런 점에서 우리와는 전연 다르셨던 것이다.

이런 반박에 맞서서 우리의 반대자들은 또 하나의 오해에로 비약한다. 곧, 그리스도께서 죽음을 두려워하신 것은 사실이지만, 하나님의 저주와 진노는 두려워하지 않으셨다는 것이다. 그 자신은 그런 것에서 안전하다는 것을 알고 계셨기 때문이라는 것이다. 그러나 경건한 독자들은 한 번 생각해 보라. 만약 그렇다면, 그리스도께서 대부분의 일반 사람들보다 얼마나 더 남자답지 못하고 비겁한 분이 되셨을지를 말이다! 도둑들이나 기타 범죄자들은 오만하게도 빨리 죽게 해 달라고 재촉한다. 많은 사람들이 오만한 만용으로 죽음을 경멸한다. 그리고 어떤 이들은 고요히 죽음을 견디기도 한다. 그렇다면, 하나님의 아들께서 죽음에 대한 두려움 때문에 놀라며 거의 마비의 상태에까지 가셨다면, 거기에 무슨 지조나 위대함이 있었겠는가? 그에 관해서 보통 이적이라 생각하는 그런 일이 보도되고 있다. 곧, 고통이 극심하여, 그의 얼굴에서 핏방울이 흘러내렸다는 것이다(눅 22:44). 그리스도께서 그저 보통의 죽음에 대해서 그렇게 핏방울이 흘러내릴 정도로 괴로워하셨고, 천사들이 나타나서야 겨우 진정되실 정도였다면(눅 22:43), 이 얼마나 수치스러운 나약함이었겠는가? 천만에! 도저히 믿기 어려운 마음의 쓰라림에서 나오는 기도 — "내 아버지여 만일 할 만하시거든 이 잔을 내게서 지나가게 하옵소서"(마 26:39) — 가 세 번씩이나 반복되었다는 사실에서, 그리스도께서 그저 일상적인 죽음보다 더 극심하고 더 어려운 싸움을 하고 계셨다는 것을 보여주지 않는가?

이로 보건대, 내가 지금 싸우고 있는 이 궤변가들은 아무것도 알지 못하면서 대담하게 이리저리 지껄이는 것이 분명하다. 우리가 하나님의 심판에서 구속함을 받았다는 것이 무엇인지, 혹은 무슨 의미인지를 그들은 한 번도 진지하게 생각해 본 일이 없다. 그러나 이 점에서 우리는 지혜를 갖고 있다. 우리의 구원이 하나님의 아들에게 얼마나 큰 희생을 치르게 했는가를 우리는 똑똑히 알고 있는 것이다.

가령 누군가가, 그리스도께서 죽음을 면하게 해 달라고 기도하셨을 때에 과연 그가 지옥에 내려가셨는가 하고 질문을 던진다고 하자. 그러면 나는 이렇게 답할 것이다. 곧, 그 기도는 괴로움의 시작이었고, 우리는 그 기도에서 그가 하나님의 심판대 앞에서 우리를 대신하여 범죄자로 서실 때에 그가 견디셔야 했을 그 괴로움이 얼마나 처절하고 끔찍했는가를 추정할 수가 있다는 것이다. 그의 영의 신적인 능력이 잠시 동안 감추어져 있어서 그의 육체의 연약함이 역사하였으나, 고통과 두려움의 느낌에서 나오는 시련이 믿음과 모순되는 것이 아니었다는 사실을 우리는 알아야 할 것이다. 그리고 베드로의 설교에 나타나는 다음의 진술이 이렇게 해서 성취된 것이다. "그가 사망에 매여 있을 수 없었음이라"(행 2:24). 말하자면, 자신이 하나님께 버림을 받으셨다는 느낌을 가지셨으나, 그의 선하심을 신뢰하는 데에서는 조금도 흔들림이 없었던 것이다. 이는 그가 극심한 고뇌 가운데서 하나님께 부르짖으신 놀라운 기도를 통해서 입증된다. "나의 하나님, 나의 하나님, 어찌하여 나를 버리셨나이까?"(마 27:46). 한없는 고통을 당하시면서도, 그는 그를 그의 하나님으로 부르기를 중단하지 않으셨고, 자신이 버림 받으셨음을 그에게 토로하셨으니 말이다.

이 사실은 소위 단의론자(單意論者: Monothelites)의 오류는 물론 아폴리나리스(Apollinaris)의 오류까지도 반박해 준다. 아폴리나리스는 그리스도께서 영원한 영을 지니셨으나 영혼은 없으셨고, 그리하여 그는 절반쯤만 사람이셨다고 주장했다. 마치 그가 아버지께 순종하는 것 이외에 다른 방식으로도 얼마든지 우리의 죄를 대속하실 수 있었던 것처럼 말이다! 그러나, 영혼에 있었던 것이 아니라면 순종할 마음이나 의지가 대체 어디에 있었단 말인가? 우리는 그리스도의 영혼이 괴로워하신 것이 바로, 우리의 영혼들에게서 두려움을 몰아내고 평안과 안식을 가져다주시기 위함이었다는 것을 알고 있는 것이다.

단의론자들의 논지에 반대해서, 우리는 그리스도께서 그의 신성에 따라서 뜻하신 바는 그저 사람으로서 뜻하신 것과는 달랐다고 본다. 이 사실은 다음과 같은 위대한 역설에서 명백하게 나타나는 것이다. "아버지여 나를 구원하여 이 때를 면하게 하여 주옵소서. 그러나 내가 이를 위하여 이때에 왔나이다. 아버지여, 아버지의 이름을 영광스럽게 하옵소서"(요 12:27-28). 이러한 곤란 중에서도 그에게는, 우리가 우리 자신을 통제하려고 굉장히 애쓸 때에 나타나는 그런 격렬한 행동이 결코 없었던 것이다.

(그리스도의 부활, 승천, 그리고 보좌에 앉으심. 13-16)

13. "사흘만에 죽은 자 가운데서 다시 살아나시며"

그 다음에는 죽은 자 가운데서 부활하신 일이 이어지는데, 이 부활이 없이는 지금까지 논의한 모든 것이 불완전해지고 만다. 그리스도의 십자가와 죽으심과 장사되심에서 오로지 연약함만이 나타나므로, 믿음이 그 충만한 힘에 이르기 위해서는 이 모든 것들 위로 뛰어올라야만 하는 것이다. 그리스도의 죽으심에서 구원이 완전히 성취되었다. 왜냐하면 그것을 통해서 우리가 하나님과 화목되었고, 그의 의로우신 심판이 보상되었고, 저주가 제거되었고, 형벌이 완전히 값을 치른 것이기 때문이다. 그럼에도 불구하고, 우리는 그리스도의 죽으심을 통해서가 아니라, "예수 그리스도를 죽은 자 가운데서 부활하게 하심으로 말미암아 우리를 … 산 소망이 있게 하셨다"(벧전 1:3)고 말씀하고 있다. 그가 다시 사심으로써 죽음을 이기신 자로 나타나심과 같이, 우리의 믿음이 죽음을 이기는 것이 오직 그의 부활에 있기 때문인 것이다.

바울의 말이 그 본질을 더 잘 표현해 주고 있다. "예수는 우리가 범죄한 것 때문에 내줌이 되고 또한 우리를 의롭다 하시기 위하여 살아나셨느니라"(롬 4:25). 이는 마치 이런 뜻과도 같다. "그의 죽으심으로 말미암아 죄가 제거되었고, 그의 부활하심으로 말미암아 의가 소생하고 회복되었다." 그리스도께서 죽음에 굴복해버리셨다면, 어떻게 그의 죽으심이 우리를 죽음에서 해방시킬 수 있었겠는가? 그가 그 싸움에서 지셨다면, 그가 어떻게 우리를 위해서 승리를 얻으실 수 있었겠는가?

그러므로, 우리는 그리스도의 죽으심과 부활 사이에서 우리의 구원의 실체를 다음과 같이 구분한다. 그의 죽으심을 통해서는 죄가 제거되었고 죽음이 소멸되었으며, 그의 부활을 통해서는 의가 회복되었고 생명이 일어났으며, 그리하여 ― 그의 부활 덕분에 ― 그의 죽으심이 그 능력과 효력을 우리에게 나타내게 된 것이다. 그러므로 바울은 그리스도께서 "죽은 자들 가운데서 부활하사 능력으로 하나님의 아들로 선포되셨다"고 진술한다(롬 1:4). 그때에 비로소 그가 자신의 하늘의 능력을 드러내셨으며, 부활이야말로 그의 신성의 명확한 거울이며 동시에 우리의 믿음을 굳게 지탱해주는 것이기 때문이다. 다른 곳에서도 그는 비슷하게 가르치고 있다. "그리스도께서 약하심으로 십자가에 못 박히셨으나 하나님의 능력으로 살아 계시니"(고후 13:4). 동일한 의미에서 바울은 다른 곳에서 완전성을 논의한다. "내가 그리스도와 그 부활의 권능 … 을 알고자 하여"라고 말씀하면서, 곧바로 "그의 죽으심을 본받아 … 죽은 자 가운데서 부활에 이르려 하노니"라고 덧붙인다(빌 3:10-11). 베드로의 진술도 이것과 정확히 일치한다. "너희는 그를 죽은 자 가운데서 살리시고 영광을 주신 하나님을 그리스도로 말미암아 믿는 자니 너희 믿음과 소망이 하나님께 있게 하셨느니라"(벧전 1:21). 그리스도의 죽으심에 근거를 두는 믿음이 흔들린다는 뜻이 아니라, 믿음으로 우리를 지켜주시는 하나님의 능력이 부활 그 자체에서 특별히 나타난다는 뜻이다.

그러므로, 그리스도의 죽으심만 언급되면 언제나 그의 부활에 속한 것을 동시에 이해해야 하는 것이다. 또한, "부활"이라는 말에 대해서도 동일한 제유법(提喩法)이 적용된다. 즉, 그것이 죽음과 별도로 언급되면 언제나 우리는 특별히 그의 죽으심과 관계되는 것도 포함되는 것으로 이해해야 한다는 말이다. 그러나 그리스도께서 다시 사심으로 말미암아 승리자의 상을 얻으셨으므로 — 그리하여 부활과 생명이 있게 되었으므로 — 바울은 "그리스도께서 다시 살아나신 일이 없으면 너희의 믿음도 헛되고 너희가 여전히 죄 가운데 있을 것"이라고 올바르게 주장한다(고전 15:17). 따라서, 다른 구절에서 — 그리스도의 죽으심을 정죄의 두려움에 대비하여 높인 후에 — 그는 강조의 의미로 이렇게 덧붙이고 있다. "죽으실 뿐 아니라 다시 살아나신 이는 그리스도 예수시니 그는 … 우리를 위하여 간구하시는 자시니라"(롬 8:34).

더 나아가서, 앞에서 우리의 육체를 죽이는 일이 그리스도의 십자가에 참여하는 것에 달려 있음을 설명했듯이, 동시에 그의 부활에서도 동등한 혜택을 얻는다는 것을 이해해야 한다. 사도는 이렇게 말씀한다. "우리가 그의 죽으심과 합하여 세례를 받음으로 그와 함께 장사되었나니 이는 … 그리스도를 죽은 자 가운데서 살리심과 같이 우리로 또한 새 생명 가운데서 행하게 하려 함이라"(롬 6:4). 그리하여 사도는 다른 구절에서는, 우리가 그리스도와 함께 죽었다는 사실을(골 3:3) 우리가 이 땅의 지체들을 죽여야 한다는 증거로 삼는다(참조. 골 3:5). 그리고 또한 우리가 그리스도와 함께 살리심을 받았음을 근거로 하여, 우리가 이 땅의 것이 아닌 위의 것을 구해야 한다고 추론한다(골 3:1-2). 이 말씀들을 통해서 우리는 부활하신 그리스도를 본받아 새로운 생명을 좇도록 권고를 받을 뿐 아니라, 우리가 그의 능력으로 의로 거듭났다는 사실을 가르침 받는 것이다.

우리는 그리스도의 부활에서 세 번째 혜택도 받는다. 곧, 그리스도의 부활에서 일종의 보증을 받음으로써 우리 자신의 부활에 대해서 확신을 갖게 된다는 것이다. 바울은 이 문제를 고린도전서 15:12-26에서 매우 심도 있게 다루고 있다. 그러나 여기서 주목할 것은, 그리스도께서 "죽은 자 가운데 다시 살아나셨다"고 말씀한다는 점이다. 이 말씀들은 그의 죽으심과 부활의 실상을 표현해 주는 것으로 마치 이런 뜻과도 같은 것이다. 곧, 그리스도께서는 다른 사람들이 자연적으로 죽는 것과 동일한 죽음을 맞으셨고, 그가 취하신 그 동일한 죽을 인간의 몸으로 불멸의 상태를 받으셨다는 것이다.

14. "하늘에 오르사"

부활에 이어서 승천이 아주 적절히 연결된다. 낮고 천한 인생의 삶의 상태와 십자가의 수치를 벗어버리고, 그리스도께서는 부활하심으로써 다시 그의 영광과 권능을 더욱 완전하게 나타내기 시작하셨다. 그러나 그의 나라를 진정으로 시작하신 것은 승천하신 때였다. 사도는 그리스도께서 "모든 하늘 위에 오르신 자니 이는 만물을 충만하게 하려 하심이라"(엡 4:10)고 말씀하여 이를 잘 보여주고 있다. 겉으로는 모순처럼 보이나, 바울은 거기에 놀라운 일치가 있음을 보여준다. 그리스도께서는 우리를 떠나셨으나, 오히려 그렇게 떠나가신 것이 그가 계신 것보다 ― 그가 이 땅에 거하시는 동안 미천하게 육체로 계셨었는데 그러한 것보다 ― 더 우리에게 유익이 되도록 하셨기 때문이다. 그러므로 요한은 "누구든지 목마르거든 내게로 와서 마시라"(요 7:37)는 귀한 초청의 말씀을 보도한 후에, "예수께서 아직 영광을 받지 않으셨으므로 성령이 아직" 신자들에게 "계시지 아니하시더라"고 덧붙이고 있다(요 7:39).

주님께서도 친히 제자들에게 이를 증거하셨다. "내가 떠나가는 것이 너희에게 유익이라 내가 떠나가지 아니하면 보혜사가 너희에게로 오시지 아니할 것이요"(요 16:7). 그는 자신이 육신으로 함께 계시지 않는 일에 대해서 제자들을 위로 하시면서, 그들을 고아처럼 버려두지 않으시고 장차 눈에 보이지 않으나 더 바람직한 방식으로 그들에게 다시 오실 것임을 약속하셨다(요 14:18-19; 16:14). 사실 그들은 그때에 더 확실한 체험을 통해서, 그리스도께서 행하시는 권세와 권능이 신자들이 복되게 살고 또한 행복하게 죽는 데에 충족하다는 것을 배웠다. 그때에 그리스도께서 그의 성령을 얼마나 더 풍성하게 부어주셨으며, 얼마나 놀랍게 그의 나라를 전진하게 하셨으며, 그의 백성들을 돕고 그의 원수들을 흩어버리는 일에 얼마나 큰 능력을 행하셨는지를 우리가 잘 알고 있는 것이다. 그러므로, 그리스도께서 하늘에 오르셔서 그의 육체적인 임재가 우리의 시야에서 사라졌지만(행 1:9), 그는 신자들이 이 땅을 순례하는 동안 그들과 계속해서 함께 계시며, 더 직접적인 권능으로 하늘과 땅을 다스리시는 것이다.

그리스도께서는 승천하심으로써 자신이 하셨던 약속을 이루셨다. 곧, 세상 끝까지 우리와 함께 계시겠다는 약속 말이다(참조. 마 28:20). 그의 몸이 하늘 위로 들려 올라가신 것과 같이, 그의 권능과 힘은 하늘과 땅의 모든 경계를 넘어 확산되고 퍼져 나갔다. 이 점에 대해서는 나 자신의 말보다는 아우구스티누스의 말로써 설명하는 것이 좋겠다. "그리스도께서는 죽으셔서 아버지의 우편으로 가시게 되어 있었고, 거기서부터 산 자와 죽은 자를 심판하러 오시게 되어 있다. 순전한 교리와 믿음의 규범에 따라서 보건대, 그는 육체적으로 임재하셔서 그 일을 행하실 것이다. 그의 승천 이후에는 영적 임재를 통해서 그들과 함께 계시게 되어 있었기 때문이다."[9]

다른 곳에서 그는 좀 더 충실하고도 분명하게 이를 표현하고 있다. "그가 말씀하신 약속이 말로 형언할 수도 없고 눈에 보이지도 않는 은혜를 따라 성취될 것이다. 곧, '볼지어다, 내가 세상 끝날까지 너희와 항상 함께 있으리라'(마 28:20)라는 말씀이 그것이다. 말씀이 스스로 취하신 그 육체를 따라서는, 그가 동정녀에게 나셨다는 그 사실에 따라서는, 그가 유대인들에게 붙잡히셔서 나무에 달리셨고, 십자가에서 내려져서 세마포에 몸이 싸여지셨고, 무덤에 안치되셨으며, 부활로 나타나셨다는 그 사실에 따라서는, '나는 항상 함께 있지 아니하리라'(마 26:11)라는 말씀이 성취되었다. 왜? 그는 사십 일 동안 제자들과 함께 육체로 계셨고, 그동안 그들이 그와 함께 다녔으며, 그를 보지만 그를 따라가지는 못했다. 그가 하늘로 올리셔서(행 1:3, 9) 이 땅에 계시지 않게 된 것이다. 하늘에서 그가 아버지의 우편에 앉아 계시기 때문이다(막 16:19). 그러나 그는 여기에 계시다. 왜냐하면 위엄의 임재가 사라진 것이 아니기 때문이다(참조. 히 1:3). 그러므로 위엄의 임재에 따라서는 그리스도께서 언제나 우리와 함께 계시는 것이다. 그러나 그의 육체적 임재에 대해서는 '나는 항상 함께 있지 아니하리라'(마 26:11)라는 제자들에게 주신 말씀이 옳았다. 교회는 그의 육체적 임재를 그저 며칠밖에는 모시지 못했었고, 이제는 그를 믿음으로 모시며, 눈으로는 그를 보지 못하기 때문이다."[10]

15. "하나님 우편에 앉아 계시다가"

그리하여 다음의 말씀이 곧바로 이어진다. "하나님 우편에 앉아 계시다가." 이는 왕이 그를 대신하여 정사의 임무를 담당하는 신하들을 자기 옆에 앉히는 것에 비유하는 것이다. 그처럼, 하나님께서는 그의 뜻이 그리스도에게서 높임을 받고 그의 손을 통해서 다스림이 이루어지기를 바라시므로, 그를 하나님의 우편에 영접하신 것으로 말씀하는 것이다. 이는 마치 그리스도께서 하늘과 땅의 주권을 취하셨고, 그에게 맡겨진 통치를 엄숙하게 수행하게 되신 것과도 같은 의미이다. 그는 그 통치권을 한 번 소유하실 뿐 아니라, 심판 날에 재림하실 때까지 계속해서 통치권을 행사하실 것이다. 사도는 이 점을 다음과 같이 잘 해명해 주고 있다. "하늘에서 자기의 오른편에 앉히사 모든 통치와 권세와 능력과 주권과 이 세상뿐 아니라 오는 세상에 일컫는 모든 이름 위에 뛰어나게 하시고"(엡 1:20-21; 참조. 빌 2:9). 또한 "만물을 그 발 아래에 두셨다"(고전 15:27)고도 말하고, "만물을 그 발 아래 복종하게 하시고"(엡 1:22)라고도 말한다.

하나님 우편에 앉으신 목적은 분명하다. 곧, 하늘과 땅의 피조물들이 그의 위엄을 우러러 바라보며, 그의 손으로 말미암아 다스림을 받으며, 그의 명령에 복종하고, 그의 권능에 굴복하게 하기 위함인 것이다. 사도들이 그리스도께서 하나님 우편에 앉으셨음을 그렇게 자주 언급했는데, 그들의 의도는 바로 모든 일이 그리스도의 결정에 맡겨져 있음을 가르치고자 한 것이었다(행 2:30-36; 3:21; 4장; 히 1:8). 그러므로, 그리스도께서 하나님 우편에 앉아 계시다는 것이 단순히 그리스도의 복락을 가리킨다는 생각은 잘못이다. 사도행전에서 스데반은 그리스도께서 서 계시는 것을 본다고 선언하는데(행 7:55), 이는 별 문제가 아니다. 왜냐하면 거기서 중요한 것은 그의 몸의 자세가 아니라 그의 권위의 위엄이기 때문이다. 그러므로, "앉아 계시다"는 것은 그저 하늘의 심판대를 주재하신다는 뜻인 것이다.

16. 그리스도의 승천이 우리에게 주는 유익

그리스도의 승천에서 우리의 믿음은 여러 가지 유익을 얻는다. 첫째로, 아담 때문에 천국에 들어가는 길이 닫혔었으나, 주께서 하늘로 올라가심으로써 그 길을 여셨다는 것을 깨닫는 것이다(요 14:3). 그리스도께서 우리와 같은 육체로 — 마치 우리의 이름을 지니신 것처럼 그렇게 — 하늘에 들어가셨으니, 사도의 말씀처럼 어떤 의미에서 우리가 이미 하나님과 함께 하늘에 앉은 것과도 같으며(엡 2:6), 그리하여 우리는 그저 소망만으로 하늘을 기다리는 것이 아니라, 우리의 머리이신 그리스도 안에서 이미 하늘을 소유하고 있는 것이 되는 것이다.

둘째로, 믿음이 인정하듯이, 그리스도께서 아버지와 함께 거하신다는 것은 우리에게 큰 유익이 된다. 왜냐하면 그리스도께서는 손으로 짓지 아니한 하늘의 성소에 들어가셔서, 우리의 한결같으신 대언자요 간구자로서 아버지의 면전에 나타나시기 때문이다(히 7:25; 9:11-12; 롬 8:34). 그리하여 그는 아버지의 시선을 그 자신의 의에게로 돌리게 하셔서, 우리의 죄를 보지 않으시도록 하시는 것이다. 그는 아버지의 마음을 우리에게로 화목시키셔서, 그의 간구하심으로 우리가 아버지의 보좌에 나아가도록 길을 예비하신다. 가련한 죄인들이 두려움으로 가득 차게 되었을 그 보좌를 그가 은혜와 자비로 가득 채우시는 것이다.

셋째로, 믿음은 그의 권능을 깨닫는다. 우리의 힘과 능력과 부귀와, 지옥을 대적하는 자랑이 바로 그의 권능에 있다. "그가 위로 올라가실 때에 사로잡혔던 자들을 사로잡으시고"(엡 4:8; 참조. 시 68:18), 원수들의 것을 다 빼앗으시고, 그의 백성을 부요하게 하시며 날마다 영적 풍성함으로 그들을 채워 주시는 것이다. 그러므로 그는 하늘 위에 높이 앉으셔서, 우리에게 그의 권능을 부어 주셔서, 우리를 영적 생명으로 살리시며, 그의 성령으로 우리를 거룩하게 하시며, 그의 은혜의 다양한 은사들을 그의 교회에 베풀어주시고, 그의 보호하심으로 교회를 온갖 해로운 것에서 지켜 주시고, 그의 손의 힘으로 그의 십자가와 우리의 구원의 원수들을 제압하시며, 마지막으로 하늘과 땅의 모든 권세를 쥐고 계시는 것이다. 그의 모든 원수들 — 이들은 동시에 우리의 원수들이기도 하다 — 을 굴복시키시고(고전 15:25; 참조. 시 110:1) 교회를 세우는 일을 완성하기까지 이 모든 일을 행하실 것이다. 바로 이것이 그의 나라의 진면목이다. 이것이야말로 아버지께서 그에게 맡기신 권능이다. 그는 마지막에 산 자와 죽은 자를 심판하러 오셔서 그의 최종적인 일을 이루실 것이다.

17. "거기로부터 산 자와 죽은 자를 심판하러 오시리라"

그리스도께서는 그의 백성들에게 자신의 권능을 분명하게 증거하신다. 그러나 이 땅에서는 그의 나라가, 말하자면 육체의 비천함 아래에 숨겨져 있다. 그러므로, 그리스도께서 마지막 날에 드러내실 그 눈에 보이는 그리스도의 임재를 믿음으로 바라보는 것이 옳은 것이다. 하늘로 올리심을 본 그대로 그가 하늘로부터 강림하실 것이기 때문이다(행 1:11; 마 24:30). 그리고 그가 그의 나라의 말할 수 없는 위엄으로, 영원한 생명의 광채로, 한없는 신성의 권능으로, 천사들의 호위를 받고서 모든 사람들에게 나타나실 것이기 때문이다. 그러므로 우리는 그가 그날에 우리의 구속자로서 임하시기를 기다리라는 명령을 받고 있는 것이다. 그는 오셔서 양과 염소를, 택한 자들과 버림받은 자들을 분리하실 것이다(마 25:31-33). 산 자든 죽은 자든 어느 누구도 그의 심판을 피하지 못할 것이다. 나팔 소리가 땅 끝에서부터 들릴 것이요, 그 소리로써 모든 사람들이 ― 그날에 살아 있을 사람들과 그 이전에 죽었던 자들이 모두 ― 그의 심판대 앞에 소집될 것이다(살전 4:16-17).

그런데 "산 자와 죽은 자"라는 말을 달리 설명하는 사람들이 있다. 이 표현을 설명하는 방법에 대해서 일부 고대의 저술가들 중에 의심을 품은 사람들이 있었다는 것을 우리는 잘 알고 있다. 그러나 바로 앞에서 제시한 의미가 분명하고도 명백하고, 사도신경에 훨씬 더 가깝다. 사도신경은 분명 일반 사람들이 이해하도록 작성된 것이니 말이다. 그리고 우리의 이해는 바울의 진술과도 어긋나지 않는다. "한 번 죽는 것은 사람에게 정해진 것이요"(히 9:27). 마지막 심판 날에 목숨이 아직 붙어 있는 자들의 경우, 자연적인 방식이나 질서대로 죽지는 않을 것이지만, 그들이 당하게 될 변화를 가리켜 ― 그 변화가 마치 죽음과도 같기 때문에 ― "죽음"이라 부른다 해도 부적절하다 할 수 없을 것이다.

과연 "우리가 다 잠 잘 것이 아니요 … 순식간에 홀연히 다 변화될"(고전 15:51) 것이다. 이것은 무슨 뜻인가? 그들의 육신의 삶이 "순식간에" 멸해지고 삼킨 바 되고 직접 새로운 본성으로 곧바로 변화될 것이라는 것이다(고전 15:52). 이처럼 육신이 멸해지는 것이 죽음이라는 것은 아무도 부인하지 못할 것이다. 그러나 동시에 산 자와 죽은 자가 모두 심판대 앞에 설 것이라는 것도 여전히 사실인 것이다. "그리스도 안에서 죽은 자들이 먼저 일어나고 그 후에 우리 살아 남은 자들도 그들과 함께 구름 속으로 끌어올려 공중에서 주를 영접하게 하시리니"(살전 4:16-17). 이 "산 자와 죽은 자"라는 표현은 누가가 보도하는 베드로의 설교와(행 10:42) 또한 바울이 디모데에게 행한 엄숙한 훈계에서(딤후 4:1) 따온 것일 가능성이 매우 높다.

18. 우리의 구속자께서 심판주이심

그리하여 우리는 놀라운 위로를 얻게 된다. 이미 우리로 하여금 자기와 더불어 심판하는 존귀를 나누게 하기로 정하신 바로 그분의 손으로 심판이 이루어진다는 것을 깨달으니 왜 아니 그렇겠는가(참조. 마 19:28)! 그가 심판대에 오르시는 것은 결코 우리를 정죄하기 위함이 아니다! 우리의 지극히 자비하신 왕께서 어떻게 그의 백성을 멸하실 수 있겠는가? 머리가 어떻게 자기의 지체들을 흩어버리실 수 있겠는가? 우리의 대언자께서 자기 자신의 보호 아래 있는 우리들을 어떻게 정죄하실 수 있겠는가? 그리스도께서 우리를 위하여 간구하시니 나서서 우리를 정죄할 자가 아무도 없다고 사도께서 감히 외치고 있다면(롬 8:33, 34), 대언자이신 그리스도께서 그의 보살핌과 보호 아래 친히 받아들이신 자들을 정죄하지 않으실 것이라는 것은 그보다 훨씬 더 확실한 것이다. 다른 심판대가 아니라 바로 우리가 구원을 구해야 할 우리의 구속자의 심판대 앞에 우리가 나서게 된다는 것은 결코 하찮은 확신이 아닌 것이다. 뿐만 아니라, 지금 복음을 통해서 영원한 복락을 약속하시는 그분께서 그때에 심판을 통해서 그의 약속을 이행하실 것이다. 그러므로, 아버지께서는 아들에게 모든 심판을 맡기심으로써(요 5:22) 아들을 존귀하게 하신 목적은 바로 심판에 대한 두려움으로 떠는 그의 백성들의 양심을 그로 하여금 보살피게 하고자 하심인 것이다.

지금까지 나는 사도신경의 순서를 그대로 따랐는데, 이는 그것이 우리의 구속의 중요한 점들을 몇 마디 말로 정리해주며, 그리하여 그리스도 안에서 우리가 생각해야 할 것들을 하나씩 명확하게 보도록 해 주는 일종의 도표(圖表)와도 같은 역할을 하기 때문이다. 내가 이를 사도신경이라 부르지만, 그것이 실제로 사도들의 저작인가 하는 문제에 대해서는 나는 조금도 관심이 없다. 고대의 저술가들은 그것을 사도들의 저술로 보는 데에 상당히 견해가 일치하고 있다. 사도들이 공동으로 써서 반포했다고 보기도 하고, 그들의 손으로 전달된 가르침을 요약한 것으로서 건전한 신앙 가운데서 모아진 것이며, 따라서 그런 이름으로 부르기에 합당하다는 것이다. 이 신경의 출처가 어디든 간에, 교회가 처음 시작되던 사도 시대에 그것이 모든 사람들의 동의로 공적인 고백으로 받아들여졌다는 것에 대해 나는 의심하지 않는다.

어느 한 사람이 사사로이 쓴 것은 아닌 듯하다. 왜냐하면 사람들이 기억할 수 있는 만큼 오랜 옛날부터 모든 경건한 자들 사이에서 그것이 신성한 권위를 가졌던 것이 분명하기 때문이다. 우리는 다음과 같은 한 가지 사실에 관심을 두어야 하는데, 이에 대해서는 논란의 여지가 없다고 본다. 그것은 곧, 우리의 믿음의 전 역사가 그 속에 간결하고도 명확한 순서로 정리되어 있으며, 또한 성경의 순전한 증거들로 보증되지 않는 것은 하나도 거기에 들어 있지 않다는 것이다. 이 사실을 이해한다면, 사도신경의 저자 문제를 놓고 홀로 고민하거나 혹은 다른 사람과 논쟁을 벌이는 따위의 일은 정말 무의미한 것이다. 혹시 성령의 특정한 진리를 지니고 있는 것만으로는 부족하고, 동시에 그것이 누가 이야기한 것이고 누구의 손으로 기록되었는지를 알아야만 된다고 생각하지 않는다면 말이다.

19. 오직 그리스도만이 모든 축복의 근원이심

우리의 구원의 총체가, 그리고 그 각 부분이 그리스도 안에 있다는 사실을 안다면(행 4:12), 아무리 작은 부분이라도 그것을 그 이외의 다른 곳에서 이끌어 오는 일이 없도록 경계를 다해야 할 것이다. 우리가 구원을 찾는다면, 바로 예수라는 이름부터가 그 구원이 그에게 속해 있다는 것을 가르쳐주는 것이다(고전 1:30). 만일 우리가 성령의 다른 은사들을 구한다면, 그리스도의 기름 부으심에서 그것들을 찾게 될 것이다. 힘을 구한다면, 그것은 그리스도의 다스림에 있다. 순결을 구한다면, 그의 잉태되심에서 찾으며, 온유함을 구한다면, 바로 그의 탄생에서 나타날 것이다. 그의 탄생하심을 통해서 그는 모든 점에서 우리와 같이 되셔서(히 2:17) 우리의 고통을 직접 느끼기를 배우게 되셨기 때문이다(참조. 히 5:2). 만일 우리가 구속을 구한다면, 그것은 그의 고난에 있다. 죄 사함을 구한다면, 그의 정죄받으심에서 찾을 수 있으며, 저주를 면한 것을 구한다면 그의 십자가에서 찾을 수 있다(갈 3:13). 그리고 죄에 대한 보상을 찾는다면, 그것은 그의 희생에서 드러나며, 정결하게 되는 것을 구한다면, 그것은 그의 피에서 찾을 수 있다. 화목을 구한다면, 그가 지옥에 내려가신 일에서 찾을 수 있고, 육체를 죽이는 것을 구한다면, 그의 무덤에서 찾으며, 새로운 생명을 구한다면, 그의 부활하심에서 찾을 수 있고, 영원한 생명을 구한다면, 똑같이 부활에서 찾을 수 있다. 천국의 기업을 구한다면, 그가 하늘에 올라가신 일에서 찾을 수 있고, 보호하심과 안전과 충만한 축복을 구한다면, 그의 나라에서 찾을 수 있고, 안심하고 심판을 기대하기를 구한다면, 그가 심판주로서 지니신 권능에서 찾을 수가 있다.

요컨대, 모든 종류의 선이 그에게 풍성하게 구비되어 있으므로, 다른 샘을 구하지 말고 바로 이 샘에서 마음껏 마시자는 것이다. 어떤 이들은 그리스도 한 분으로 만족하지 못하고 이런저런 소망을 갖고 이리저리 헤매기도 한다. 물론 주로 그리스도에 대해서 관심을 갖기는 하지만, 그들의 생각의 일부를 다른 방향으로 돌려서 올바른 정도(正道)에서 벗어나는 것이다. 그러나 사람들이 과연 그리스도의 축복의 풍성함을 진정으로 알았다면, 그런 불신이 결코 끼어들 수가 없는 것이다.

주 ____

1. 참조. 6장 1절.

2. Bernard, _Sermons on the Song of Songs_, xv. 6.

3. Augustine, _John's Gospel_, cx. 6.

4. אשמות.

5. καθαρμάτων.

6. אשם.

7. Hilary, _On the Trinity_, IV. xlii; III. xv.

8. Ambrose, _Exposition of Luke's Gospel_, x. 56–62.

9. Augustine, _John's Gospel_, lxxviii. 1.

10. Augustine, _John's Gospel_, I. 13.

그리스도께서 자신의 공로로 하나님의 은혜와 구원을 우리를 위해 얻으셨다는 진술은 올바르고도 적절함

1. 그리스도의 공로와 하나님의 값없는 은혜는 서로 모순이 아님

여기서 덧붙여서 한 가지 문제를 더 살펴보아야겠다. 교묘하게 궤변을 일삼는 어떤 사람들은, 우리가 그리스도로 말미암아 구원을 얻는다고 고백하면서도 "공로"라는 말에 굉장한 반감을 표명한다. 그 말이 하나님의 은혜를 흐리게 만든다고 생각하는 것이다. 그리하여 그들은 그리스도를 베드로가 부르듯이 생명의 주나 지도자 혹은 왕이 아니라(행 3:15), 그저 도구나 시종(侍從)에 불과한 것으로 만들려 한다. 사실, 그리스도 그 자신을 하나님의 심판 앞에 세워놓으면, 거기에는 공로가 낄 자리가 없어진다는 것은 나도 인정한다. 하나님의 자비하심을 받기에 합당한 그런 가치 있는 것이 사람에게서는 전혀 발견되지 않을 것이기 때문이다.

아우구스티누스의 다음의 진술은 참으로 타당하다. "예정과 은혜의 가장 밝은 빛은 바로 인간이신 구주 그리스도 예수시다. 그는 사전의 행위나 믿음의 공로를 통해서가 아니라 자기 속에 있는 인성을 통하여 이를 이루셨다. 자, 구하노니, 내게 대답해 보라. 그 사람이 무엇 때문에 하나님의 독생자가 되기에 합당했으며 또한 하나님과 동일하게 영원한 말씀에 의해서 위격의 통일을 얻기에 합당했는가? 그러므로 우리는 우리의 머리를 은혜의 터전으로서 인식해야 한다. 그로부터 그의 모든 지체들에게까지 각기 분량에 따라서 퍼지는 그 은혜 말이다. 사람이 그 믿음의 시초부터 그리스도인이 되는 것은, 그리스도이신 그 사람으로 하여금 시초부터 그리스도가 되시도록 한 바로 그 동일한 은혜로 말미암는 것이다."[1]

이와 마찬가지로 다른 구절에서는 이렇게 말씀한다. "중보자 그 자신보다 더 놀라운 예정의 실례는 없다. 다윗의 자손에 속한 이 사람을 ― 그에 앞서는 어떤 의지의 공로가 전혀 없이 ― 의인으로 만드시고 절대로 불의하지 않게 만드신 그분께서는 또한 그 머리의 지체들인 자들을 불의한 상태에서 의로운 상태로 바꾸시는 것이다."[2]

그리스도의 공로를 논의할 때에 우리는 공로의 시작이 그의 안에 있는 것으로 보지 않고, 최초의 원인이 되는 바 하나님의 결정에게로 거슬러 올라간다. 하나님께서 오로지 자신의 선한 기뻐하심으로 그를 중보자로 지명하셔서 우리를 위해서 구원을 얻으시도록 하신 것이기 때문이다.

그러므로 그리스도의 공로와 하나님의 긍휼하심을 서로 대치시키는 것은 어리석은 짓이다. 왜냐하면 다른 것에 종속되는 것은 그 다른 것과 모순을 일으키지 않는다는 것이 일반적인 법칙이기 때문이다. 그렇기 때문에 우리로서는 사람들이 오직 하나님의 긍휼하심으로 말미암아 값없이 의롭다 하심을 받으며, 동시에 하나님의 긍휼하심에 종속되는 그리스도의 공로가 또한 우리를 대신하여 개입한다는 사실을 인정하지 못할 것이 아무것도 없는 것이다. 하나님의 값없으신 자비나 그리스도의 순종이나 모두 각기 그 나름대로 적절하게 우리의 행위들과 대립되는 것이다. 하나님의 선하신 뜻을 떠나서는 그리스도께서는 아무 공로도 이루지 못하셨다. 그러나 그가 공로를 이루신 것은 그가 자신의 희생으로 하나님의 진노하심을 진정시키고 또한 그의 순종하심으로 우리의 범죄들을 제거하시도록 먼저 지명되셨기 때문이었던 것이다.

정리하자면, 그리스도의 공로가 오직 하나님의 은혜 ― 우리를 위하여 이러한 구원의 방식이 결정지어진 것이 그 은혜였다 ― 에 의존하기 때문에, 그리스도의 공로 역시 하나님의 은혜와 마찬가지로 모든 인간의 의로움과 적절히 대립되는 것이다.

2. 그리스도의 공로와 하나님의 은혜의 관계에 대한 성경의 증거

이러한 구별은 성경의 무수한 구절들에서 찾을 수 있다. "하나님이 세상을 이처럼 사랑하사 독생자를 주셨으니 이는 그를 믿는 자마다 멸망하지 않고 영생을 얻게 하려 하심이라"(요 3:16). 여기서 우리는 하나님의 사랑이 최고의 원인 혹은 근본으로서 첫째 자리를 차지하며, 그리스도를 믿는 믿음이 둘째 부수적인 원인으로서 이를 뒤따르는 것을 보게 된다. 가령 어떤 사람이 그리스도는 하나의 형상인(形相因)일 뿐이라고 반론을 제기한다고 하자. 그렇다면 그 사람은 방금 인용한 말씀이 가르치는 것 이상으로 그리스도의 권능을 감소시키는 것이다. 만일 우리가 그리스도 안에 거하는 믿음으로 말미암아 의를 얻는다면, 당연히 우리의 구원의 질료(質料)를 그에게서 구해야 할 것이다. 성경의 여러 구절들이 이 점을 분명히 입증하고 있다. "사랑은 여기 있으니 우리가 하나님을 사랑한 것이 아니요 하나님이 우리를 사랑하사 우리 죄를 속하기 위하여 화목 제물로 그 아들을 보내셨음이라"(요일 4:10). 이 말씀은 다음과 같은 사실을 명확하게 드러내 주고 있다. 곧, 하나님의 사랑이 우리에게 오지 못하도록 중간에 가로막는 것이 아무것도 없도록 하기 위하여, 하나님께서는 우리를 자기 자신에게 화목시키는 수단으로 그리스도를 지명하셨다는 사실 말이다.

여기서 "가라앉히다"라는 말이 매우 중요하다. 그리스도 안에서 우리와 화목하시기까지, 말로 설명할 수 없는 모종의 방식으로 하나님께서는 우리를 사랑하시면서도 동시에 우리를 향하여 진노하고 계셨기 때문이다. 다음의 모든 진술들에서 나타나는 뜻이 바로 이것이다. "그는 우리 죄를 위한 화목 제물이니"(요일 2:2), "아버지께서는 … 그의 십자가의 피로 화평을 이루사 만물 … 이 그로 말미암아 자기와 화목하게 되기를 기뻐하심이라"(골 1:19-20), "하나님께서 그리스도 안에 계시사 세상을 자기와 화목하게 하시며 그들의 죄를 그들에게 돌리지 아니하시고"(고후 5:19), "그가 사랑하시는 자 안에서 우리에게 거저 주시는 바 그의 은혜"(엡 1:6), "십자가로 이 둘을 한 몸으로 하나님과 화목하게 하려 하심이라"(엡 2:16).

이 비밀에 대한 설명이 에베소서 1장에서 나타난다. 거기서 바울은 우리가 그리스도 안에서 택하심을 받았음을 가르친 다음, 동시에 우리가 그 동일한 그리스도 안에서 자비를 얻었다고 덧붙이는 것이다(엡 1:4-5). 하나님께서는 그가 창세 전부터 사랑하셨던 그들을 어떻게 그의 자비로 껴안으시기 시작하셨는? 오직 그리스도의 피로 말미암아 그가 우리와 화목되셨을 때에 그가 그의 사 나타내신 것이다. 하나님은 모든 의의 근원이시다. 따라서 사람은 죄인으로 남아 있는 한, 반드시 하나님을 원수요 심판자로 생각할 수밖에 없는 것이다. 그러므로, 바울이 다음과 같이 묘사하듯이, 사랑의 시초는 의에 있는 것이다. "하나님이 죄를 알지도 못하신 이를 우리를 대신하여 죄로 삼으신 것은 우리로 하여금 그 안에서 하나님의 의가 되게 하려 하심이라"(고후 5:21). 이는 곧, "본질상 진노의 자녀"요(엡 2:3), 죄로 말미암아 하나님께로부터 멀어져 있는 우리가 그리스도의 희생으로 말미암아 값없이 의롭다 하심을 얻어서 하나님의 진노를 가라앉히게 되었다는 뜻이다. 그러나 그리스도의 은혜와 하나님의 사랑이 서로 연결될 때마다 이러한 구분이 나타나는 것이다. 이로써 우리는 그리스도께서 그가 얻으신 것 가운데 일부를 우리에게 베푸신다고 생각할 수 있다. 그렇지 않다면, 이 공로를 성부께 돌리지 않고 그에게 돌린다는 것은, 즉 은혜를 그리스도의 것으로 보며 그에게서 나오는 것으로 본다는 것은 합당치 않은 것이 되어 버릴 것이다.

3. 그리스도의 공로에 대한 성경의 증거

그러나 그리스도께서는 그의 순종으로 말미암아 진정 공로를 이루셨고 우리를 위하여 성부께 은혜를 얻어 주신 것이다. 성경의 여러 구절들이 이 사실을 확실하고도 든든하게 증거해 준다. 그리스도께서 우리의 죄에 대하여 보상을 하셨다면, 우리가 진 형벌을 그가 치르셨다면, 그가 자신의 순종으로 하나님의 진노를 가라앉히셨다면 ― 한 마디로, 그가 의인으로서 불의한 사람을 위하여 고난을 당하셨다면 ― 그것은 곧, 그가 자신의 의로 말미암아 우리를 위하여 구원을 얻어주신 것이며 또한 이것은 결국 그의 공로로 이루신 것과 같다는 사실을 지극히 당연한 것으로 받아들여야 한다고 생각한다.

그러나 바울의 말처럼, "우리가 원수 되었을 때에 그의 아들의 죽으심으로 말미암아 하나님과 화목하게 된" 것이다(롬 5:10). 그런데, 노여움이 먼저 있는 경우가 아니라면, 화목이 있을 수가 없다. 그러므로 이 말의 의미는 이런 것이다. 곧, 죄로 인하여 우리가 하나님의 미워하심이 되었으나, 하나님께서 그의 아들의 죽으심으로 말미암아 그 진노를 가라앉히시고 우리를 향하여 자비를 베풀게 되셨다는 것이다. 그리고 우리는 바로 그 다음에 이어지는 대조법을 부지런히 주목해야 한다. "한 사람이 순종하지 아니함으로 많은 사람이 죄인 된 것 같이 한 사람이 순종하심으로 많은 사람이 의인이 되리라"(롬 5:19). 이는 곧, 아담의 죄로 말미암아 우리가 하나님께로부터 멀어져서 멸망하게 되어 있었던 것처럼, 그리스도의 순종하심으로 말미암아 우리가 의인으로서 자비로 영접을 받는다는 뜻이다. 본문에서 동사의 미래형이 사용되고 있으나, 문맥에서 드러나듯이 이는 현재의 의로움을 배제하는 것은 아니다. 왜냐하면 바울이 앞에서 미리 말한 것처럼, 많은 범죄에 이어지는 값없는 은사가 의롭다 하심에 이르게 하기 때문인 것이다(롬 5:16).

4. 그리스도의 대속

그러나 그리스도의 공로로 말미암아 은혜가 우리에게 베풀어졌다고 말할 때에 그 의미는 곧, 그의 피로 말미암아 우리가 깨끗이 씻겨졌고, 그의 죽으심으로 말미암아 우리의 죄가 대속되었다는 뜻이다. "그 아들 예수의 피가 우리를 모든 죄에서 깨끗하게 하실 것이요"(요일 1:7), "이것은 죄 사함을 얻게 하려고 … 흘리는 바 나의 피 곧 언약의 피니라"(마 26:28; 참조. 눅 22:20). 그리스도께서 피를 흘리신 결과로 우리의 죄가 우리에게 전가되지 않는다면, 그것은 곧 하나님의 심판이 그 값으로 보상되었다는 뜻이 된다. 세례 요한의 말씀이 바로 여기에 적용된다. "보라 세상 죄를 지고 가는 하나님의 어린양이로다"(요 1:29). 그는 그리스도를 율법의 모든 희생 제사와 대조하여 제시함으로써 그 상징들이 보여주는 바가 오직 그에게서 성취된다는 것을 가르친 것이기 때문이다. 모세도 자주 이렇게 말하고 있다. "악과 과실과 죄를 용서하리라"(출 34:7; 참조. 레 16:34). 요컨대, 옛 상징들은 그리스도의 죽으심의 힘과 능력을 잘 가르쳐 주는 것이다.

그리고 히브리서에서 사도는 이 원리를 기술적으로 사용하여 이 점을 설명하고 있다. "피흘림이 없은즉 사함이 없느니라"(히 9:22). 그리고 그는 이를 근거로, 그리스도께서 "자기를 단번에 제물로 드려 죄를 없이 하시려고 세상 끝에 나타나셨느니라"(히 9:26)라고 결론짓는다. 또한, "그리스도도 많은 사람의 죄를 담당하시려고 단번에 드리신 바 되셨고"(히 9:28). 그는 그 앞에서도 다음과 같이 말한 바 있다. "염소와 송아지의 피로 하지 아니하고 오직 자기의 피로 영원한 속죄를 이루사 단번에 성소에 들어가셨느니라"(히 9:12). 그리고 다음과 같이 논지를 전개하고 있다. "염소와 황소의 피와 및 암송아지의 재를 부정한 자에게 뿌려 그 육체를 정결하게 하여 거룩하게 하거든 하물며 … 그리스도의 피가 어찌 양심을 죽은 행실에서 깨끗하게 … 하지 못하겠느냐?"(히 9:13-14). 여기서,

그리스도의 희생에, 대속하고 진노를 가라앉히고 보상을 하는 능력이 있음을 인정하지 않게 되면 그리스도의 은혜가 너무나 약화된다는 것이 곧바로 드러난다. 그가 조금 뒤에 다음과 같이 덧붙이듯이 말이다. "이로 말미암아 그는 새 언약의 중보자시니 이는 첫 언약 때에 범한 죄에서 속량하려고 죽으사 부르심을 입은 자로 하여금 영원한 기업의 약속을 얻게 하려 하심이라"(히 9:15).

여기서 특히, 그리스도께서 우리를 위하여 저주가 되셨다는 바울의 말을 깊이 생각할 필요가 있다(갈 3:13). 다른 사람들이 빚진 것을 갚음으로써 그들을 위하여 의를 얻게 될 것이 아니었다면, 그리스도께서 저주를 지신다는 것은 쓸데없는 일이고 심지어 어리석은 일이기까지 했을 것이다. 이사야의 증언도 분명하다. "그가 징계를 받으므로 우리는 평화를 누리고 그가 채찍에 맞으므로 우리는 나음을 받았도다"(사 53:5). 그리스도께서 우리의 죄에 대하여 보상하신 것이 아니었다면, 우리가 당할 형벌을 그가 친히 담당하심으로써 하나님의 진노를 가라앉히셨다는 말씀도 없었을 것이다. 바로 그 다음에 이어지는 말씀도 이와 일치한다. "그가 … 끊어짐은 … 내 백성의 허물 때문이라"(사 53:8). 여기에 베드로의 해석을 추가하면 모든 불확실한 점이 사라질 것이다. 그가 "친히 나무에 달려 … 우리 죄를 담당하셨으니"(벧전 2:24). 그는, 그리스도께서 정죄의 짐을 친히 담당하셔서 우리가 그 정죄에서 자유함을 얻은 사실을 말하고 있는 것이다.

5. 그리스도의 죽으심은 우리의 구속의 대가임

사도들은 그리스도께서 값을 지불하심으로 우리를 죽음의 형벌에서 구속하셨음을 분명히 진술하고 있다. "그리스도 예수 안에 있는 속량으로 말미암아 하나님의 은혜로 값없이 의롭다 하심을 얻은 자 되었느니라 이 예수를 하나님이 그의 피로써 믿음으로 말미암는 화목제물로 세우셨으니"(롬 3:24-25). 바울은 하나님께서 그리스도의 죽음으로 구속의 값을 주셨다는 점에서(롬 3:24) 그의 은혜를 높이 기리며, 그리고 나서 그리스도의 피를 피난처로 삼으라고 우리에게 명한다. 의를 얻었으므로 우리가 하나님의 심판대 앞에 안전하게 서게 되었다는 것이다(롬 3:25). 베드로의 진술도 같은 뜻이다. "너희가 … 대속함을 받은 것은 은이나 금 같이 없어질 것으로 된 것이 아니요 오직 흠 없고 점 없는 어린양 같은 그리스도의 보배로운 피로 된 것이니라"(벧전 1:18-19). 우리의 죄에 대하여 보상이 이루어지지 않았다면, 이러한 비교는 성립되지 않을 것이다. 그렇기 때문에 바울은 우리가 "값으로 산 것이 되었으니"(고전 6:20)라고 말하는 것이다. 만일 우리가 받아야 할 형벌이 그리스도께 지워지지 않았다면, 바울의 다른 진술역시 성립되지 않을 것이다. "중보자도 한 분이시니 … 그가 모든 사람을 위하여 자기를 대속물로 주셨으니"(딤전 2:5-6). 그렇기 때문에 사도는 그리스도의 피로 말미암은 구속을 "죄 사함"으로 정의하고 있다(골 1:14). 그의 말은, "그 피가 우리에 대한 보상이 되기 때문에 우리가 하나님 앞에서 의롭다 하심, 혹은 사하심을 얻는 것이다"라는 뜻과도 같은 것이다. 또다른 구절도 이와 일치한다. "우리를 거스르고 불리하게 하는 법조문으로 쓴 증서를 지우시고 제하여 버리사 십자가에 못 박으시고"(골 2:14). 거기서 그는 우리의 죄책을 사면시켜 주는 대가나 보상을 염두에 두고 있는 것이다.

그리고 바울의 다음과 같은 말씀도 매우 중요하다. "만일 의롭게 되는 것이 율법으로 말미암으면 그리스도께서 헛되이 죽으셨느니라"(갈 2:21). 이를 근거로 우리는, 누구든지 율법을 지키는 자에게 주어질 그것을 그리스도께 구해야 한다고, 혹은 ― 결국 같은 것이지만 ― 하나님께서 우리의 행위에 대하여 율법에서 약속하신 바를 ― "사람이 이를 행하면 그로 말미암아 살리라"(레 18:5) ― 우리가 그리스도의 은혜를 통하여 얻는다고 생각하게 되는 것이다. 또한 안디옥에서 행한 설교에서도 이 사실이 분명하게 확증되고 있다. 그리스도를 믿음으로 말미암아 "모세의 율법으로 … 얻지 못하던 모든 일에도 … 의롭다 하심을 얻는"다는 것이다(행 13:39). 만일 의가 율법을 지키는 것에 있다면, 그리스도께서 친히 그 짐을 지시고 우리를 하나님과 화목시키셔서 마치 우리가 율법을 지킨 것처럼 만드셨으니, 그리스도께서 그의 공로로 우리를 위하여 자비를 얻으셨다는 것을 과연 누가 부인하겠는가?

갈라디아서에서 가르치는 내용도 같은 목적을 지닌다. "하나님이 그 아들을 보내사 … 율법 아래에 나게 하신 것은 율법 아래에 있는 자들을 속량하시 … 려 하심이라"(갈 4:4-5). 우리가 지불할 수 없는 것을 친히 지불하셔서 우리를 위하여 의를 얻으시기 위함이 아니라면, 그리스도께서 율법 아래에 계신 목적이 과연 무엇이었단 말인가? 그리하여 행위로 말미암지 않는 의의 전가에 대한 논의가 이어지는 것이다(롬 4장). 그리스도 안에 있는 의가 우리의 것으로 간주되기 때문이다. 그리스도의 살을 가리켜 "참된 양식"(요 6:55)이라고 부르는 유일한 이 그리스도 안에 생명의 본질이 있기 때문이다. 그런데 그 능력은 오로지 하나님의 아들께서 우리의 의의 대가로 십자가에 못 박히신 사실에서 생겨나는 것이다. 바울이 말하듯이, "그리스도께서 … 우리를 위하여 자신을 버리사 향기로운 제물과 희생제물로 하나님께 드리셨느니라"(엡 5:2). 다른 곳에서도, "예수는 우리가 범죄한 것 때문에 내줌이 되고 또한 우리를 의롭다 하시기 위하여 살아나셨느니라"(롬 4:25).

이를 근거로 우리는 다음과 같이 결론짓는다. 곧, 그리스도로 말미암아 구원이 우리에게 베풀어졌을 뿐 아니라, 그의 은혜로 성부께서 이제 우리를 향하여 궁휼히 여기시게 되었다는 것이다. 하나님께서 이사야를 통하여 상징적으로 하신 다음의 말씀이 그리스도 안에서 완전하게 성취되었다는 것이 의심할 여지도 없기 때문이다. "내가 나를 위하여 내 종 다윗을 위하여 … 구원하리라"(사 37:35). 사도가 이에 대한 최고의 증인이다. 그는 "너희 죄가 그의 이름으로 말미암아 사함을 받았음"(요일 2:12)이라고 말씀한다. 비록 "그리스도"라는 이름은 언급하지 않으나, 요한은 그의 습관을 따라서 "그"[3]라는 대명사를 사용하여 그를 지칭하고 있는 것이다. 주께서도 같은 의미로, "내가 아버지로 말미암아 사는 것 같이 나를 먹는 그 사람도 나로 말미암아 살리라"(요 6:57)고 말씀하신다. 바울의 다음과 같은 진술도 이와 일치한다. "그리스도를 위하여 너희에게 은혜를 주신 것은 다만 그를 믿을 뿐 아니라 또한 그를 위하여 고난도 받게 하려 하심이라"(빌 1:29).

6. 그리스도는 자기를 위하여 공로를 얻은 것이 아님

그러나 롬바르드나 스콜라 신학자들이 하듯,[4] 그리스도께서 과연 자기 자신을 위해서 공로를 세우신 것이 있느냐고 묻는 것은 어리석은 호기심에 지나지 않는다. 그것은 그런 질문에 대해서 그렇다고 대답하는 것과 똑같이 만용일 뿐이다. 하나님의 독생자께서 새로이 자신을 위해서 무언가를 얻기 위하여 강림하실 필요가 대체 어디 있단 말인가? 하나님께서는 자신의 계획을 밝히시면서, 모든 의심을 완전히 제거해 주신다. 아들의 공로를 보시고 그 아들의 필요를 아버지께서 공급하셨다고 말씀하지 않고, 그가 "세상을 … 사랑하사"(요 3:16; 참조. 롬 8:35, 37) 그 아들을 죽음에 넘기시고 그를 아끼지 아니하셨다고 말씀하기 때문이다(롬 8:32). 그리고 선지자들의 표현들도 주목해야 한다. "한 아기가 우리에게 났고"(사 9:6), "시온의 딸아 크게 기뻐할지어다! … 보라 네 왕이 네게 임하시나니"(슥 9:9). 또한 그렇지 않다면, 그리스도께서 그의 원수들을 위하여 죽임을 당하셨다는 하나님의 사랑에 대한 바울의 확증도 무용지물이 될 것이다(참조. 롬 5:10). 이를 근거로 우리는 그리스도께서 자신을 돌아보지 않으셨다고 결론을 짓게 된다. 그리스도께서도 친히 "그들을 위하여 내가 나를 거룩하게 하오니"(요 17:19)라고 분명히 말씀하고 계시다. 자신의 거룩함의 열매를 다른 사람들에게 주신 그분께서 자기 자신을 위해서는 아무것도 얻지 않으셨음을 증거하시는 것이다. 그리스도께서는 우리를 구원하시는 일에 온전히 헌신하셨고 어떤 의미에서 자기 자신을 잊으셨다는 점을 주목할 필요가 있다. 그러나 그들은 "이러므로 하나님이 그를 지극히 높여 모든 이름 위에 뛰어난 이름을 주셨다"(빌 2:9)는 바울의 증언을 어리석게도 여기에 적용시킨다. 그들은 이렇게 묻는다. 모든 사람들과 천사들의 능력과 덕으로도 천분의 일만큼도 얻지 못할 것을 한 개인이 얻었는데, 즉 이 사람은 무슨 공로를 세웠기에 세상의 심판자요 천사들의 머리가 되었고, 하나님의 최고 통치권을 얻었으며 자기 속에 그 위엄을 지니게 되었는가?

그러나 이에 대해서는 완전한 대답이 있다. 바울은 거기서 그리스도께서 높아지신 이유를 논하는 것이 아니고, 우리로 하여금 본받게 하기 위해서, 그리스도의 낮아지심 뒤에 그의 높아지심이 따른다는 사실을 보여주는 것뿐이라는 것이다. 이 말씀은 다른 곳에 나타나는 다음의 말씀과 사실상 같은 의미인 것이다. "그리스도가 이런 고난을 받고 자기의 영광에 들어가야 할 것이 아니냐?"(눅 24:26).

<hr>

주

1. Augustine, *On the Predestination of th Saints*, xv. 30, 31.

2. Augustine, *On the Gift of Perseverance*, xxiv. 67.

3. αὐςτός.

4. Lombard, *Sentences*, III. xviii. 1; Aquinas, *Summa Theologia*, III. lix. 3; Bonaventura, *In sententias*, III. xviii. 1, 2.

● 독자 여러분들께 알립니다!

'CH북스'는 기존 '크리스천다이제스트'의 영문명 앞 2글자와
도서를 의미하는 '북스'를 결합한 출판사의 새로운 이름입니다.

세계기독교고전 44

기독교강요(상)

1판 1쇄 발행 2003년 4월 15일
2판 1쇄 발행 2015년 11월 19일
2판 9쇄 발행 2024년 12월 3일

지은이 장 칼뱅
옮긴이 원광연
발행인 박명곤　**CEO** 박지성　**CFO** 김영은
기획편집1팀 채대광, 김준원, 이승미, 김윤아, 백환희, 이상지
기획편집2팀 박일귀, 이은빈, 강민형, 이지은, 박고은
디자인팀 구경표, 유채민, 윤신혜, 임지선
마케팅팀 임우열, 김은지, 전상미, 이호, 최고은

펴낸곳 CH북스
출판등록 제406-1999-000038호
전화 070-4917-2074　**팩스** 0303-3444-2136
주소 서울시 강서구 마곡중앙6로 40, 장흥빌딩 10층
홈페이지 www.hdjisung.com　**이메일** support@hdjisung.com
제작처 영신사

© CH북스 2015